KB158401

제 2 판

금융법강의

정찬형 · 김택주 · 이성남

박영사

Lecture on Financial Law

Second Edition

By

Dr. Chan-Hyung Chung &

Dr. Taeg-Joo Kim &

Dr. Sung-Nam Lee

Seoul

Parkyoung Publishing&Company

제2판 서　　문

현대의 경제생활에서 개인이든 기업이든 금융자산 및 이의 운용의 중요성은 매우 크고 또한 다양한 금융상품의 출현과 금융기관의 겸업의 증대로 금융기관 간 경쟁이 심화되고 이에 따른 금융소비자 보호의 문제도 매우 중대되고 있다. 이러한 국민의 금융자산을 맡아 운용하는 금융기관으로는 크게 은행·보험회사 및 금융투자업자가 있고, 이러한 금융기관을 규율하는 특별법으로는 은행법·보험업법 및 자본시장법(자본시장과 금융투자업에 관한 법률)이 있다. 이러한 금융기관은 주로 주식회사로서 원칙적으로 그의 조직에 있어서는 상법 제3편 회사법의 규율을 받고 또한 그의 활동에 대하여는 민법 및 상법의 규율을 받지만, 위의 특별법에서 그의 조직·활동 및 감독 등에 관하여 많은 특별규정을 두고 있다. 이러한 금융기관에 대하여는 위의 특별법뿐만 아니라 민법과 상법 및 많은 금융관련법령(예컨대, 금융회사의 지배구조에 관한 법률, 금융산업의 구조개선에 관한 법률, 금융위원회의 설치 등에 관한 법률 등)이 적용되기 때문에 이를 종합적으로 정리하여 이해하는 것은 쉽지 않다. 따라서 이를 위하여 본인이 은행업(은행법) 분야를 집필하고, 국민대 김택주 교수가 금융투자업(자본시장법) 분야를 집필하며, 목포대 이성남 교수가 보험업(보험업법) 분야를 집필하여 「금융법강의」를 출간하기로 2016년에 합의하고 2017년에 박영사와 출판권설정계약을 체결하였다.

이 책은 은행업(은행법)·금융투자업(자본시장법) 및 보험업(보험업법)의 각각에 대하여 원칙적으로 조직법·거래법 및 감독법의 순서로 그 내용을 소개하였는데, 다만 2016년 8월 1일부터 시행하는 「금융회사의 지배구조에 관한 법률」(제정: 2015. 7. 31, 법 13453호)에 의하여 금융회사의 지배구조는 동일하게 되었으므로 이에 대하여는 은행업(은행법) 분야에서 설명한 내용이 금융투자업 및 보험업에도 동일함을 밝혀둔다.

아무쪼록 이 책이 금융법에 관심을 갖고 있는 많은 학생·학자·법조계 및 실무가들이 금융법을 이해하는 데 조금이라도 도움이 될 수 있기를 바란다.

끝으로 이 책의 출간을 위하여 도와주신 박영사 안종만·안상준 대표이사님,

조성호 이사 및 편집부 이승현 차장에게 깊은 감사를 드린다.

2022년 5월
공저자를 대표하여
정 찬 형 씀

서 문

은행업·금융투자업·보험업을 모두 포괄하는 「金融法」의 책이 학계 및 실무계에서 모두 그 필요성을 인정하면서도 이러한 책이 지금까지 발간되지 못한 것은 그 내용이 公法과 私法을 모두 포섭해야 하면서 그 범위가 방대하기 때문일 것으로 본다. 또한 이 분야의 모두에 대하여 이론과 실무에 해박한 분은 아주 드물 것으로 본다. 따라서 어느 특정인이 이러한 「金融法」을 집필한다는 것은 매우 어려울 것으로 생각된다. 따라서 본인은 오래 전부터 이 분야에 대하여 이론과 실무에 밝은 전문가와 함께 공동으로 「金融法」을 집필할 것을 구상하였는데, 오랜 동안 한국은행·금융감독원 등에서 근무하면서 풍부한 실무경험을 갖고 또한 본인의 지도로 이 분야에 관하여 고려대학교에서 法學博士學位를 받아 이론에도 해박한 崔東俊 博士(현재 KB부동산신탁 주식회사 상임감사)와 미국 위스콘신주립대학교에서 금융법으로 博士學位를 취득하고 현재 고려대학교 법학전문대학원에서 金融法 교수로 재직하고 있는 金容載 교수와 함께 그 뜻을 실현하여 이번에 「로스쿨 金融法」의 책을 발간하게 된 것을 무한한 기쁨으로 생각한다. 원래 저자들은 이 책을 (기본적으로) 이론서로서 발간할 계획이었으나, 그동안 로스쿨이 출범되고 또한 많은 로스쿨의 교과목에 金融法이 설강되어 있는 점을 감안하여 이러한 로스쿨에서 교재로 쓸 수 있도록 (특히 금융거래법에서) 사례(판례) 위주로 이 책을 집필하여 책명을 「로스쿨 金融法」으로 하게 된 것이다.

이 책의 집필에서는 다음의 요령으로 하였다.

은행업·금융투자업 및 보험업을 모두 포괄하는 의미로 금융(업)이라는 용어를 쓰고, 금융(업)에 대하여는 크게 금융조직법·금융거래법 및 금융감독법으로 나누어 썼으며, 각각에 대하여 은행업·금융투자업 및 보험업으로 나누어 썼다. 이 중에서 본인은 금융거래법 중 은행업과 보험업에 대하여 썼고, 김용재 교수는 금융거래법 중 금융투자업에 대하여 썼으며, 나머지(총설, 금융조직법, 금융감독법)는 최동준 감사가 썼다. 금융거래법에서는 원칙적으로 판례와 금감원 금융분쟁조정사례를 중심으로 기술하였는데, 각 주제별로 A. 기본판례(사례)·B. 이론요약·C. 관련판례(사례) · D. 관련논점의 순으로 집필하였다.

아무쪼록 이 책을 통하여 독자들이 금융법에 대하여 더 큰 관심과 흥미를 갖고 이를 보다 쉽고 정확하게 이해하여 실무에서 발생하는 문제를 잘 해결할 수 있게 된다면, 이 책의 저자들은 큰 보람과 무한한 긍지를 갖게 될 것이다.

끝으로 이 책의 出版을 맡아주신 博英社 안종만 회장님과 이를 위하여 애써주신 조성호 부장, 또한 이 책의 편집부터 출간까지 제반업무를 헌신적으로 맡아 수고하여 주신 노현 부장에게 깊은 감사를 드린다.

2009. 8.

공저자를 대표하여

鄭 燦 亨 씀

주요목차

제1편 은 행 법

제2편 자본시장법

제1부 총 설

제2부 금융투자업자 규제

제3부 증권의 발행 및 유통

제4부 불공정거래규제

제 5 부 집합투자

제 6 부 금융투자상품시장

제 7 부 증권감독기관과 관계기관

제3편 보 험 법

세부목차

제1편 은 행 법

제1장 총 설

제 2 장 은행조직법

제 3 장 은행거래법

제 4 장 은행감독법

제 5 장 기 타

제 2 편 자본시장법

제 1 부 총 설

제 1 장 개 설

제 2 장 금융투자상품

제 3 장 투 자 자

제 4 장 금융투자업

제 2 부 금융투자업자 규제

제 1 장 진입규제

제 2 장 금융투자업자의 지배구조

제 3 장 건전성 규제

제 4 장 영업행위 규제

제 3 부 증권의 발행 및 유통

제 1 장 발행시장의 규제

제 2 장 유통시장의 규제

제 3 장 기업의 인수 · 합병에 대한 규제

제 4 장 주권상장법인에 대한 특례

제 4 부 불공정거래규제

제 1 장 내부자거래

제 2 장 시세조종 등 불공정거래행위의 금지

제 3 장 부정거래행위

제 4 장 시장질서 교란행위의 금지

제 5 부 집합투자

제 1 장 총 설

제 2 장 사모펀드

제 3 장 은행 · 보험에 대한 특칙

제 6 부 금융투자상품시장

제 1 장 금융투자상품거래의 법률관계

제 2 장 금융투자상품의 청산 · 결제

제 7 부　증권감독기관과 관계기관

제 1 장　증권감독기관

제 2 장　금융투자업 관계기관

제3편 보험법

제1장 서 론

제2장 보험감독법

주요 참고서적 및 인용약어표

Ⅰ. 주요 참고서적

〔한 국 서〕 (가나다순)

저 자	서 명	발행년도	인용약어
곽 윤 직	제 6 판 채권각론	2014	채권각론
김 용 재	제 2 판 은행법원론	2012	은행법(김)
정 찬 형	제25판 상법강의(상)	2022	상법강의(상)
정 찬 형	제22판 상법강의(하)	2020	상법강의(하)
정 찬 형	제 7 판 어음·수표법강의	2009	어음·수표법
정찬형(편집대표)	주석금융법(Ⅰ)[은행법]	2007	주석(은행)
정찬형(편집대표)	주석금융법(Ⅲ)[자본시장법]	2013	주석(자본 1)
정 찬 형 최 동 준 도 제 문	제 3 판 은행법강의	2015	은행법강의
정 찬 형 최 동 준 김 용 재	로스쿨 금융법	2009	로스쿨 금융법
한 국 은 행	우리나라의 금융제도	2011	금융제도
한 국 은 행	우리나라의 금융시장	2012	금융시장

〔일 본 서〕

저 자	서 명	발행년도	인용약어
酒 井 良 清 鹿 野 嘉 昭	金融システム	2014	金融
小 山 嘉 昭	詳解金融法	2012	詳解

Ⅱ. 법령약어(가나다순)

〔검 제〕 …………… 금융기관 검사 및 제재에 관한 규정(개정: 2022. 3. 3, 금융위원회고시 2022－8호)
〔검 제 시〕 …………… 금융기관 검사 및 제재에 관한 규정 시행세칙(개정: 2022. 3. 2, 금융감독원세칙)
〔금 산〕 …………… 금융산업의 구조개선에 관한 법률(약칭: 금융산업구조개선법)(개정: 2021. 4. 20, 법 18115호)
〔금 산 시〕 …………… 금융산업의 구조개선에 관한 법률 시행령(개정: 2021. 6. 29, 대통령령 31861호)
〔금 설〕 …………… 금융위원회의 설치 등에 관한 법률(약칭: 금융위원회법)(개정: 2021. 4. 20, 법 18113호)
〔금 설 시〕 …………… 금융위원회 설치 등에 관한 법률 시행령(개정: 2021. 3. 23, 대통령령 31553호)
〔금 지〕 …………… 금융지주회사법(개정: 2021. 4. 20, 법 18116호)
〔금 지 시〕 …………… 금융지주회사법 시행령(개정: 2022. 2. 17, 대통령령 32449호)
〔기 은〕 …………… 중소기업은행법(개정: 2020. 3. 24, 법 17112호)
〔담 사〕 …………… 담보부사채신탁법(개정: 2021. 4. 20, 법 18120호)
〔대 부〕 …………… 대부업 등의 등록 및 금융이용자 보호에 관한 법률(약칭: 대부업법)(개정: 2022. 1. 4, 법 18713호)
〔대 부 시〕 …………… 대부업 등의 등록 및 금융이용자 보호에 관한 법률 시행령(개정: 2022. 2. 17, 대통령령 32449호)
〔독 규〕 …………… 독점규제 및 공정거래에 관한 법률(개정: 2021. 12. 28, 법 18661호)
〔민〕 ……………………… 민법(개정: 2021. 1. 26, 법 17905호)
〔민 소〕 …………… 민사소송법(개정: 2021. 8. 17, 법 18396호)
〔부 경〕 …………… 부정경쟁방지 및 영업비밀보호에 관한 법률(약칭: 부정경쟁방지법)(개정: 2021. 12. 7, 법 18548호)
〔보 험〕 …………… 보험업법(개정: 2021. 8. 17, 법 18435호)
〔보 험 시〕 …………… 보험업법 시행령(개정: 2022. 4. 19, 대통령령 32599호)
〔비 송〕 …………… 비송사건절차법(개정: 2020. 2. 4, 법 16912호)
〔산 은〕 …………… 한국산업은행법(개정: 2020. 3. 24, 법 17112호)
〔상〕 ……………………… 상법(개정: 2020. 12. 29, 법 17764호)
〔상 시〕 …………… 상법 시행령(개정: 2021. 12. 28, 대통령령 32274호)
〔상 호〕 …………… 상호저축은행법(개정: 2021. 1. 26, 법 17915호)
〔상 호 시〕 …………… 상호저축은행법 시행령(개정: 2022. 2. 17, 대통령령 32449호)
〔수〕 ……………………… 수표법(개정: 2010. 3. 31, 법 10197호)

〔수　　은〕 ·············· 한국수출입은행법(개정: 2020. 6. 9, 법 17339호)
〔수　　협〕 ·············· 수산업협동조합법(개정: 2020. 2. 18, 법 17007호)
〔신　　탁〕 ·············· 신탁법(개정: 2017. 10. 31, 법 15022호)
〔실　　명〕 ·············· 금융실명거래 및 비밀보장에 관한 법률(약칭: 금융실명법)(개정: 2021. 1. 26, 법 17914호)
〔실 명 시〕 ·············· 금융실명거래 및 비밀보장에 관한 법률 시행령(개정: 2022. 2. 17, 대통령령 32449호)
〔약　　규〕 ·············· 약관의 규제에 관한 법률(약칭: 약관법)(개정: 2020. 12. 29, 법 17799호)
〔어〕 ·························· 어음법(개정: 2010. 3. 31, 법 10198호)
〔여　　전〕 ·············· 여신전문금융업법(개정: 2020. 3. 24, 법 17112호)
〔여 전 시〕 ·············· 여신전문금융업법 시행령(개정: 2021. 12. 28, 대통령령 32274호)
〔예　　보〕 ·············· 예금자보호법(개정: 2021. 8. 17, 법 18436호)
〔예 보 시〕 ·············· 예금자보호법 시행령(개정: 2022. 2. 17, 대통령령 32449호)
〔유　　사〕 ·············· 유사수신행위의 규제에 관한 법률(약칭: 유사수신행위법)(개정: 2010. 2. 4, 법 10045호)
〔유 사 시〕 ·············· 유사수신행위의 규제에 관한 법률 시행령(개정: 2019. 1. 8, 대통령령 29477호)
〔외　　감〕 ·············· 주식회사 등의 외부감사에 관한 법률(개정: 2020. 5. 19, 법 17298호)
〔외 감 시〕 ·············· 주식회사 등의 외부감사에 관한 법률 시행령(개정: 2022. 5. 3, 법 32626호)
〔외　　환〕 ·············· 외국환거래법(개정: 2021. 6. 15, 법 18244호)
〔외 환 시〕 ·············· 외국환거래법 시행령(개정; 2021. 9. 14, 대통령령 31976호)
〔은　　감〕 ·············· 은행업감독규정(개정: 2022. 4. 27, 금융위원회고시 2022－16호)
〔은 감 세〕 ·············· 은행업감독업무시행세칙(개정: 2022. 3. 10, 금융감독원세칙)
〔은　　행〕 ·············· 은행법(개정: 2021. 4. 20, 법 18126호)
〔은 행 시〕 ·············· 은행법 시행령(개정: 2022. 5. 9, 대통령령 32640호)
〔자　　금〕 ·············· 자본시장과 금융투자업에 관한 법률(약칭: 자본시장법)(개정: 2021. 12. 21, 법 18585호)
〔자 금 시〕 ·············· 자본시장과 금융투자업에 관한 법률 시행령(개정: 2022. 3. 22, 대통령령 32545호)
〔전　　금〕 ·············· 전자금융거래법(개정: 2020. 6. 9, 법 17354호)
〔전 금 시〕 ·············· 전자금융거래법 시행령(개정: 2022. 2. 17, 대통령령 32449호)
〔전　　어〕 ·············· 전자어음의 발행 및 유통에 관한 법률(약칭: 전자어음법)(개정: 2020. 6. 9, 법 17354호)
〔전 어 시〕 ·············· 전자어음의 발행 및 유통에 관한 법률 시행령(개정: 2022. 2. 8, 대통령

령 32393호)

〔지　　배〕 ············· 금융회사의 지배구조에 관한 법률(약칭: 금융사지배구조법)(제정: 2015. 7. 31, 법 13453호, 시행: 2016. 8. 1.)(개정: 2020. 12. 29, 법 17799호)

〔지 배 시〕 ············· 금융회사의 지배구조에 관한 법률 시행령(개정: 2022. 2. 17, 대통령령 32449호)

〔특　　금〕 ············· 특정 금융거래정보의 보고 및 이용 등에 관한 법률(약칭: 특정금융정보법)(개정: 2021. 12. 28, 법 18662호)

〔파〕 ························ 채무자 회생 및 파산에 관한 법률(약칭: 채무자회생법)(개정: 2021. 12. 28, 법 18652호)

〔파　　시〕 ············· 채무자 회생 및 파산에 관한 법률 시행령(개정: 2022. 2. 17, 대통령령 32449호)

〔한　　은〕 ············· 한국은행법(개정: 2018. 3. 13, 법 15427호)

〔한 은 시〕 ············· 한국은행법 시행령(개정: 2016. 12. 30, 대통령령 27751호)

제 1 편

은 행 법

제 1 장 총 설

제 1 절 우리나라의 금융제도

Ⅰ. 금융제도 개관

1. 금융·금융거래의 의의

1) 현대의 경제생활에서 화폐의 유통은 재화·서비스 등 물건의 교환과 관련되어 유통되는 산업적 유통과 이와 관련 없이 유통되는 금융적 유통으로 구분될 수 있는데, 「금융(finance)」은 후자에 해당하는 것으로서 "화폐(돈)를 빌리거나 빌려주는 화폐가치의 이전"이라고 볼 수 있다. 금융이란 한 마디로 "금전의 융통"이라고 볼 수 있다.[1] 이러한 「금융」은 돈과 관련한 변제능력과 변제의사에 대한 믿음(신뢰, 평판)을 뜻하는 「신용(credit)」과 구별된다. 그런데 신용을 기초로 하여 금융이 발생하고, 금융이 발전하면서 신용이 객관화되고 또한 계량화되므로 양자는 밀접한 관련을 갖는다고 볼 수 있다.[2]

2) 「금융거래(financial transactions)」는 돈이 남는 자금공급자와 돈을 필요로 하는 자금수요자간에 이루어진다. 금융거래의 당사자간에는 그 상환 여부·부도가능성·계속적 거래 여부 등에 대한 정보의 불균형이 존재하므로, 이러한 문제점을 해결하기 위하여 공시제도·신용정보 집중관리제도·금융거래조건의 차별화 등이 운영되고 있다.[3] 금융거래는 자금수요자가 자기명의로 발행한 증권(주권·채권 등)을 자금공급자에게 공급하고 자금을 조달하는 거래인 「직접금융거래」와, 은행 등과 같

1) 로스쿨 금융법, 3면.

2) 로스쿨 금융법, 5면.

3) 로스쿨 금융법, 3~4면.

은 금융중개기관(financial intermediaries)을 통하여 자금공급자로부터 자금수요자에게 자금이 이전되는 거래(예금·대출 등)인 「간접금융거래」가 있다.[1] 상법에서는 간접금융거래에서 이와 같은 "수신·여신·환 기타의 금융거래"(상 46조 8호) 등을 기본적 상행위로 규정하고, 이러한 행위를 자기명의로 하는 자(금융중개기관)를 당연상인(상 4조)으로 규정하고 있다.

2. 금융제도

1) 금융을 매개로 하는 것에는 금융을 중개하거나 보조하는 「금융기관」, 금융이 이루어지는 장소인 「금융시장」, 금융의 수단인 「금융상품」이 있다. 그리고 금융시장 참가자의 행위기준과 보호권익을 규정하는 「금융관련법규」와 금융거래가 원활하게 이루어지도록 지원하는 「금융하부구조」가 있다. 금융하부구조(financial infrastructure)는 금융제도의 구조적 요소인데, 지급결제제도·예금보호제도·금융감독제도 등이 이에 해당한다. 이와 같이 금융제도(financial system)는 금융기관·금융시장·금융상품으로 구성되는데, 이러한 구성요소·이들의 형성·운영과 관계되는 법규와 관행 및 금융하부구조를 「금융제도」라고 볼 수 있다. 이러한 금융제도로 인하여 자금수요자와 자금공급자간에 존재하는 정보격차와 거래비용이 줄어들어 금융거래는 더욱 활성화될 수 있다.[2]

2) 금융제도는 국가 경제질서의 구성요소로서, 경제성장 등 실물경제와도 관계가 있으므로 합리적이고 효율적인 운영을 위하여 금융정책의 수립이 필요하다. 「금융정책」은 금융현상을 대상으로 하는 경제정책으로서 광의로는 통화정책과 금융규제(financial regulation)를 말하는데, 협의로는 금융규제만을 의미한다. 그런데 금융제도의 운영에서 효율성과 안전성이 상호 상충하는 문제가 있다. 적은 비용으로 자금을 배분하는 금융제도의 효율성은 금융시장에서 경쟁원리에 의한 금융거래, 경쟁제한적인 금융규제의 완화에 의하여 증대된다. 그러나 금융상품가격의 안정·금융기관 도산의 예방·신용질서의 확립 등 금융제도의 안전성을 위하여 금융기관의 행위기준인 금융규제가 필요하게 되고, 금융규제에 따라 경쟁이 제한되어 금융제도의 효율성이 저하되는 것이다. 이와 같은 상충문제를 조화하기 위하여 금융제도의 적절한 운영이 요구된다.[3]

---

1) 은행법강의, 4면; 금융시장, 3면.

2) 로스쿨 금융법, 5~6면.

3) 로스쿨 금융법, 6면.

이러한 금융정책으로는 겸업주의(universal system)로 할 것인가 또는 전업주의(specialized system)로 할 것인가의 문제, 금융자본과 산업자본을 분리할 것인가의 문제, 금융기관 구조조정을 위하여 어떠한 특칙을 규정할 것인가의 문제 등이 있다. 이하에서는 금융제도의 구성요소에 대하여 좀 더 상세히 살펴보겠다.

Ⅱ. 금융제도의 구성요소

1. 금융기관

가. 금융기관의 의의

「금융기관」이란 "금융업을 영업으로 하는 자"라고 볼 수 있는데,[1] 달리 표현하면 "금융시장에서 자금의 수요자와 공급자 사이에서 자금을 중개하는 자"라고 볼 수 있다.[2] 이러한 금융기관으로는 그가 영위하는 금융업의 내용에 따라 은행·보험자·금융투자업자·서민금융업자 및 전자금융업자 등으로 분류할 수 있다.[3]

(1) 은행법(개정: 2021. 4. 20, 법 18126호)상 「은행」은 "은행업을 규칙적·조직적으로 경영하는 한국은행 외의 모든 법인"을 말하는데(은행 2조 1항 2호), 「은행업」이란 "예금을 받거나 유가증권 또는 그 밖의 채무증서를 발행하여 불특정 다수인으로부터 채무를 부담함으로써 조달한 자금을 대출하는 것을 업(業)으로 하는 것"을 말한다(은행 2조 1항 1호). 법인이 아니면 은행업을 경영할 수 없고(은행 4조), 또한 은행업을 경영하려는 자는 금융위원회의 인가를 받아야 한다(은행 8조 1항). 따라서 자연인은 은행업을 영위할 수 없고, 법인만이 은행업을 영위할 수 있는데 은행법상 다른 규정(은행 15조 이하 등)에서 볼 때 법인 중에서도 주식회사만이 은행업을 영위할 수 있다. 또한 상법상 주식회사의 설립에는 준칙주의(엄격준칙주의) 입법이나, 은행의 설립에는 설립면허주의 입법을 취하고 있다고 볼 수 있다.[4] 또한 은행은 자기명의로 "수신·여신·환 기타의 금융거래"를 영업으로 하는 자로서 「당연상인」이다(상 4조, 46조 8호). 따라서 상인이 아닌 자라도 상인인 은행과 거래하는 경우에는 상사법정이율(연 6퍼센트)·상사시효(5년) 등 상법이 적용되는 경우가 많다.[5](상 3조, 54조, 64조 등).

---

1) 로스쿨 금융법, 11면.

2) 금융제도, 4면.

3) 로스쿨 금융법, 12면.

4) 상법강의(상)(제25판), 493~494면.

5) 이에 관하여는 상법강의(상)(제25판), 219~221면, 228~229면 참조.

(2) 「보험자」는 "보험계약의 직접 당사자로서 보험사고가 발생한 때에 보험금액을 지급할 의무를 지는 자"인데,[1] 보험업법(개정: 2021. 8. 17, 법 18435호)상 "보험업을 경영하는 자로서 보험종목(생명보험업·손해보험업 및 제3보험업)별로 금융위원회의 허가를 받은 자"라고 볼 수 있다(보험 2조 6호, 4조). 이 때 「보험업」이란 "보험상품의 취급과 관련하여 발생하는 보험의 인수(引受), 보험료 수수 및 보험금 지급 등을 영업으로 하는 것으로서, 생명보험업·손해보험업 및 제3보험업"을 말한다(보험 2조 2호). 보험업을 허가받을 수 있는 자는 주식회사·상호회사 및 외국보험회사로 제한하며, 금융위원회로부터 허가를 받은 외국보험회사의 국내지점(외국보험회사 국내지점)은 보험업법에 따른 보험회사로 본다(보험 4조 6항). 따라서 상호회사 및 외국보험회사를 제외하면 보험자는 전부 주식회사인데, 일반 주식회사와는 달리 보험회사인 주식회사를 설립하기 위하여는 설립면허주의 입법을 취하고 있다고 볼 수 있다. 또한 보험회사는 자기명의로 보험업을 영업으로(기본적 상행위) 하는 자로서 상법상 당연상인이다(상 4조, 46조 17호). 따라서 상인이 아닌 자라도 보험회사와 거래하면 상사법정이율·상사시효 등 상법이 적용되는 경우가 많다(상 4조, 54조, 64조 등).

(3) 자본시장과 금융투자업에 관한 법률(개정: 2021. 12. 21, 법 18585호)(이하 '자본시장법으로' 약칭함)상 「금융투자업자」란 "금융투자업에 대하여 금융위원회의 인가를 받거나 금융위원회에 등록하여 이를 영위하는 자"를 말하는데(자금 8조 1항), 이 때 「금융투자업」이란 "이익을 얻을 목적으로 계속적이거나 반복적인 방법으로 행하는 행위로서, (i) 투자매매업·(ii) 투자중개업·(iii) 집합투자업·(iv) 투자자문업·(v) 투자일임업 또는 (vi) 신탁업의 하나에 해당하는 업(業)"을 말한다(자금 6조 1항). 이러한 금융투자업 중 「투자매매업」이란 "누구의 명의로 하든지 자기의 계산으로 금융투자상품의 매도·매수, 증권의 발행·인수 또는 그 청약의 권유, 청약, 청약의 승낙을 영업으로 하는 것"을 말하고(자금 6조 2항), 이러한 투자매매업을 영위하는 자를 금융투자업자 중 「투자매매」라고 한다(자금 8조 2항). 금융투자업 중 「투자중개업」이란 "누구의 명의로 하든지 타인의 계산으로 금융투자상품의 매도·매수, 그 중개나 청약의 권유, 청약, 청약의 승낙 또는 증권의 발행·인수에 대한 청약의 권유, 청약, 청약의 승낙을 영업으로 하는 것"을 말하고(자금 6조 3항), 이러한 투자중개업을 영위하는 자를 금융투자업자 중 「투자중개업자」라고 한다(자금 8조 3항). 금융투자업 중 「집합투자업」이란 "집합투자(2인 이상의 투자자로부터 모은 금전 등

1) 상법강의(하)(제22판), 571면.

을 투자자로부터 일상적인 운용지시를 받지 아니하면서 재산적 가치가 있는 투자대상자산을 취득·처분, 그 밖의 방법으로 운용하고 그 결과를 투자자에게 배분하여 귀속시키는 것)를 영업으로 하는 것"을 말하고(자금 6조 4항·5항), 이러한 집합투자업을 영위하는 자를 금융투자업자 중 「집합투자업자」라고 한다(자금 8조 4항). 금융투자업 중 「투자자문업」이란 "금융투자상품, 그 밖에 대통령령으로 정하는 투자대상자산(이하 '금융투자상품 등'이라 함)의 가치 또는 금융투자상품 등에 대한 투자판단(종류, 종목, 취득·처분, 취득·처분의 방법·수량·가격 및 시기 등에 대한 판단을 말함)에 관한 자문에 응하는 것을 영업으로 하는 것"을 말하고(자금 6조 7항), 이러한 투자자문업을 영위하는 자를 금융투자업자 중 「투자자문업자」라고 한다(자금 8조 5항). 금융투자업 중 「투자일임업」이란 "투자자로부터 금융투자상품 등에 대한 투자판단의 전부 또는 일부를 일임받아 투자자별로 구분하여 그 투자자의 재산상태나 투자목적 등을 고려하여 금융투자상품 등을 취득·처분, 그 밖의 방법으로 운용하는 것을 영업으로 하는 것"을 말하고(자금 6조 8항), 이러한 투자일임업을 영위하는 자를 금융투자업자 중 「투자일임업자」라고 한다(자금 8조 6항). 금융투자업 중 「신탁업」이란 "신탁을 영업으로 하는 것"을 말하고(자금 6조 9항), 이러한 신탁업을 영위하는 자를 금융투자업자 중 「신탁업자」라고 한다(자금 8조 7항).

투자매매업·투자중개업·집합투자업 또는(및) 신탁업을 영위하려는 자는 금융위원회로부터 인가를 받아야 하고(자금 12조), 투자자문업 또는(및) 투자일임업을 영위하려는 자는 금융위원회에 금융투자업 등록을 하여야 한다(자금 18조). 금융투자업자는 상법에 따른 주식회사(또는 대통령령으로 정하는 금융기관)이어야 하는데(자금 12조 2항 1호 가., 18조 2항 1호 가.), 일반 주식회사와는 달리 (투자매매업·투자중개업·집합투자업 및 신탁업을 영위하는) 금융투자업자인 주식회사를 설립하기 위하여는 설립면허주의 입법을 취하고 있다고 볼 수 있다. 또한 금융투자업자는 자기명의로 기본적 상행위(상 46조 1호, 8호, 10호, 11호, 12호, 15호 등)를 하는 자로서 상법상 당연상인(상 4조)으로 볼 수 있는 경우가 많을 것으로 본다. 이 경우 상인이 아닌 자라도 금융투자업자와 거래하면 상사법정이율·상사시효 등 상법이 적용되는 경우가 많다(상 3조, 54조, 64조 등).

(4) 「서민금융업자」란 상호저축은행업·여신전문금융업·대부업 등 서민금융업을 영위하는 금융업자라고 볼 수 있다.

상호저축은행업에 대하여는 상호저축은행법(개정: 2021. 1. 26. 법 17915호)이 있는데, 동법은 상호저축은행의 건전한 운영을 유도하여 서민과 중소기업의 금융편의를 도모하고 거래자를 보호하며 신용질서를 유지함으로써 국민경제의 발전에 이바지함을 목적으로 하고 있다(상호 1조). 상호저축은행은 영리를 목적으로 조직적·계속적으로 (i) 신용계 업무(일정한 계좌수와 기간 및 금액을 정하고 정기적으로 계금을 납입하게 하여 계좌마다 추첨·입찰 등의 방법으로 계원에게 금전을 지급할 것을 약정하여 행하는 계금의 수입과 급부금의 지급업무를 말함—상호 2조 2호), (ii) 신용부금 업무(일정한 기간을 정하고 부금을 납입하게 하여 그 기간중에 또는 만료 시에 부금자에게 일정한 금전을 지급할 것을 약정하여 행하는 부금의 수입과 급부금의 지급업무를 말함—상호 2조 3호), (iii) 예금 및 적금의 수입업무, (iv) 자금의 대출업무, (v) 어음의 할인업무, (vi) 내·외국환업무, (vii) 보호예수업무, (viii) 수납 및 지급대행업무, (ix) 기업합병 및 매수의 중개·주선 또는 대리업무, (x) 국가·공공단체 및 금융기관의 대리업무 등을 수행한다(상호 11조 1항). 상호저축은행의 형태는 주식회사이고(상호 3조), 상호저축은행의 업무를 영리를 목적으로 조직적·계속적으로 하려는 자는 다른 법률에 특별한 규정이 없으면 금융위원회로부터 상호저축은행의 인가를 받아야 한다(상호 6조 1항). 따라서 상호저축은행을 설립하기 위하여는 설립면허주의 입법을 취하고 있다. 상호저축은행의 영업구역은 주된 영업소(본점) 소재지를 기준으로 서울특별시, 인천광역시·경기도를 포함하는 구역, 부산광역시·울산광역시·경상남도를 포함하는 구역, 대구광역시·경상북도·강원도를 포함하는 구역, 광주광역시·전라남도·전라북도·제주특별자치도를 포함하는 구역, 대전광역시·세종특별자치시·충청남도·충청북도를 포함하는 구역의 어느 하나에 해당하는 구역으로 한다(상호 4조 1항). 상호저축은행은 자기명의로 기본적 상행위의 하나인 "상호부금 기타 이와 유사한 행위"를 영업으로 하므로 상법상 당연상인이다(상 4조, 46조 16호). 따라서 상인이 아닌 자라도 상호저축은행과 거래하면 상사법정이율·상사시효 등 상법이 적용되는 경우가 많다(상 3조, 54조, 64조 등).

여신전문금융업에 대하여는 여신전문금융업법(개정: 2020. 3. 24. 법 17112호)이 있는데, 동법은 신용카드업·시설대여업·할부금융업 및 신기술사업금융업을 하는 자의 건전하고 창의적인 발전을 지원함으로써 국민의 금융편의를 도모하고 국민경제의 발전에 이바지함을 목적으로 한다(여전 1조). 따라서 여신전문금융업자에는 신용카드업자·시설대여업자·할부금융업자 및 신기술사업금융업자가 있다(여전 2조 1호). 「신용카드업」을 하려는 자는 원칙적으로 금융위원회의 허가를 받아야 하는데(여전 3조 1항 본문)(「시설대여업」·「할부금융업」 또는 「신기술사업금융업」을 하고 있거나 하려는 자는 금융위원회에 등록하면 할 수 있음—여전 3조 2항), 경영하고 있는 사업의 성격상 신용카드업을 겸하여 경영하는 것이 바람직하다고 인정되는 자로서 대통령령으로 정하는 자는 금융위원회에 등록하면 신용카드업을 할 수 있다(여전 3조 1항). 이와 같이 금융위원회로부터 신용카드업의 허가를 받은(또는 금융위원회에 신용카드업의 등록을 한) 자가 「신용카드업자」이다(여전 2조 2의 2). 「시설대여업」·「할부금융업」 또는 「신기술사업금융업」을 하고 있거나 하려는 자로서 여신전문금융업법의 적용을 받으려는 자는 업별(業別)로 금융위원회에 등록하여야 하는데(여전 3조 2항), 이와 같이 여신전문금융업에 대하여 금융위원회의 허가를 받거나 금융위원회에 등록한 자로서 여신전문금융업법 제46조 제 1 항 각 호에 따른 업무를 전업(專業)으로 하는 자를 「여신전문금융회사」라고 한다(여전 2조 15호). 여신전문금융업의 허가를 받거나 등록을 하여 여신전문금융회사가 될 수 있는 자는 주식회사로서 자본금이 일정한 금액 이상이어야 한다(여전 5조).

대부업에 대하여는 「대부업 등의 등록 및 금융이용자 보호에 관한 법률」(개정: 2022. 1. 4. 법 18713호)(이하 '대부업법'으로 약칭함)이 있는데, 동법은 대부업·대부중개업의 등록 및 감독에 필요한 사항을 정하고 대부업자와 여신금융기관의 불법적 채권추심행위 및 이자율 등을 규제함으로써 대부업의 건전한 발전을 도모하는 한편, 금융이용자를 보호하고 국민의 경제생활 안정에 이바지함을 목적으로 한다(대부 1조). 대부업 또는 대부중개업(이하 '대부업 등'이라 함)을 하고자 하는 자(여신금융기관은 제외함)는 영업소별로 해당 영업소를 관할하는 특별시장·광역시장·특별자치시장·도지사 또는 특별자치도지사(이하 '시·도지사'라 함)에게 등록하여야 한다(다만, 여신금융기관과 위탁계약 등을 맺고 대부중개업을 하는 자는 해당 위탁계약 범위에서는 그러하지 아니한다)(대부 3조 1항). 그러나 둘 이상의 특별시·광역시·특별자치시·도·특별자치도(이하 '시·도'라 함)에서 영업소를 설치하려는 자, 대부채권매입추심을 업으로 하려는 자 등은 금융위원회에 등록하여야 한다(다만, 대출모집인은 해당 위탁계약 범위에서는 그러하지 아니하다)(대부 3조 2항). 이와 같이 시·도지사에 대부업의 등록을 한 자를 「대부업자」라고 하고(대부 2조 1호 가.), 대부중개업의 등록을 한 자를 「대부중개업자」라고 하며(대부 2조 3호), 대통령령으로 정하는 법령에 따라 인가 또는 허가 등을 받아 대부업을 하는 금융기관을「여신금융기관」이라 한다(대부 2조 4호). 「대부업」이란 "금전의 대부(어음할인·양도담보, 그 밖에 이와 비슷한 방법을 통한 금전의 교부를 포함한다. 이하 '대부'라 함)를 업(業)으로 하거나, 대부업자 또는 여신금융기관으로부터 대부계약에 따른 채권을 양도받아 이를 추심(대부채권추심)하는 것을 업(業)으로 하는 것"을 말하고(대부 2조 1호 본문), 「대부중개업」이란 "대부중개를 업

(業)으로 하는 것"을 말한다(대부 2조 2호). 시·도지사에 등록을 하여야 하는 대부업자 또는 대부중개업자는 일정한 요건을 갖춘 자연인 또는 법인인데(대부 3조의 5 1항), 금융위원회에 등록을 하여야 하는 대부업자 등은 일정한 요건을 갖춘 법인이어야 한다(대부 3조의 5 2항). 대부업자가 개인이나 일정한 소규모 법인(중소기업기본법 제2조 제2항에 따른 소기업에 해당하는 법인)에 대부를 하는 경우 그 이자율은 연 100분의 27.9 이하의 범위에서 대통령령으로 정하는 율(100분의 20)을 초과할 수 없고(대부 8조 1항, 대부시 5조 2항), 이를 초과하는 부분에 대한 이자계약은 무효이다(대부 8조 3항·4항, 대부시 5조 2항).

(5) 「전자금융업자」란 "전자금융거래법(개정: 2020. 6. 9. 법 17354호) 제28조의 규정에 따라 금융위헌회의 허가를 받거나 등록을 한 자(금융회사는 제외함)"를 말한다(전금 2조 4호). 전자금융거래법상 「전자금융거래」란 "금융회사 또는 전자금융업자가 전자적 장치를 통하여 금융상품 및 서비스를 제공(전자금융업무)하고, 이용자가 금융회사 또는 전자금융업자의 종사자와 직접 대면하거나 의사소통을 하지 아니하고 자동화된 방식으로 이를 이용하는 거래"를 말한다(전금 2조 1호). 전자화폐의 발행 및 관리업무를 행하고자 하는 자는 금융위원회의 허가를 받아야 하고(다만, 은행법에 따른 은행 그 밖에 대통령령이 정하는 금융회사는 그러하지 아니하다)(전금 28조 1항), 이러한 허가를 받고자 하는 자는 주식회사로서 자본금이 50억원 이상이어야 한다(전금 30조 1항). (i) 전자자금이체업무·(ii) 직불전자지급수단의 발행 및 관리·(iii) 선불전자지급수단의 발행 및 관리·(iv) 전자지급결제대행에 관한 업무·(v) 그 밖에 대통령령이 정하는 전자금융업무를 행하고자 하는 자는 금융위원회에 등록하여야 하는데(다만, 은행법에 따른 은행 그 밖에 대통령령이 정하는 금융회사는 그러하지 아니하다)(전금 28조 2항), 위 (i)~(iii)의 업무를 하고자 금융위원회에 등록할 수 있는 자는 상법상 합명회사·합자회사·유한책임회사·주식회사 또는 유한회사로서 업무의 종류별로 자본금 또는 출자총액이 20억원 이상으로서 대통령령이 정하는 금액 이상이어야 하고(전금 30조 2항), 위 (iv)~(v)의 업무 및 전자채권의 등록 및 관리업무를 행하고자 금융위원회에 등록할 수 있는 자는 상법상 합명회사·합자회사·유한책임회사·주식회사 또는 유한회사이거나 또는 민법 제32조의 법인으로서 업무의 종류별로 자본금·출자총액 또는 기본재산이 5억원(분기별 전자금융거래 총액이 30억 원 이하의 범위에서 금융위원회가 정하는 기준 이하로 운영하고자 하는 자는 3억원) 이상으로서 대통령령이 정하는 금액 이상이어야 한다(전금 30조 3항).

나. 금융기관의 분류

금융기관은 고유업무의 성격, 중개기능의 방식, 관련법규 등에 따라 다음과 같이 다양하게 분류된다.

(1) 금융기관은 고유업무의 성격에 따라 은행[일반은행(시중은행, 지방은행, 외국은행 국내지점)·특수은행], 비은행예금취급기관, 금융투자업자, 보험회사, 기타 금융기관으로 나뉜다.[1)]

(2) 금융기관은 중개기능의 방식에 따라 금융중개기관(financial intermediaries)과 시장중개기관(market intermediaries)으로 구분된다. 금융중개기관이란 자금의 공급자와 수요자 사이에서 직접 거래 당사자로서 스스로 금융상품을 조달하고, 이를 자금 수요자에게 공급하는 은행과 비은행예금취급기관 등이다. 시장중개기관은 자금수요자가 발행하는 금융상품의 형태를 바꾸지 않고 단순히 거래를 알선하거나 자금공급자의 위탁사무를 실행하는 금융투자회사 등이다.[2)]

(3) 관련법규에 의하면 금융기관을 다음과 같이 열거하고 있다.

「금융위원회의 설치 등에 관한 법률」 제38조에 의하면 금융감독원의 검사를 받는 금융기관을 다음과 같이 열거하고 있다. 즉, (ⅰ) 「은행법」에 따른 인가를 받아 설립된 은행, (ⅱ) 「자본시장과 금융투자업에 관한 법률」에 따른 금융투자업자·증권금융회사·종합금융회사 및 명의개서 대행회사, (ⅲ) 「보험업법」에 따른 보험사업자, (ⅳ) 「상호저축은행법」에 따른 상호저축은행과 그 중앙회, (ⅴ) 「신용협동조합법」에 따른 신용협동조합 및 그 중앙회, (ⅵ) 「여신전문금융업법」에 따른 여신전문금융회사 및 겸영여신업자, (ⅶ) 「농업협동조합법」에 따른 농업은행, (ⅷ) 「수산업협동조합법」에 따른 수협은행, (ⅸ) 다른 법령에서 금융감독원이 검사하도록 규정한 기관, (ⅹ) 그 밖에 금융업 및 금융관련업무를 하는 자로서 대통령령이 정하는 자이다.

「전자금융거래법」에서 규정하는 금융기관은 다음과 같다(전금 2조 3호). 즉, (ⅰ) 「금융위원회의 설치 등에 관한 법률」 제38조 제1호부터 5호까지 제7호 및 제8호에 해당하는 기관, (ⅱ) 「여신전문금융업법」에 따른 여신전문금융회사, (ⅲ) 「우체국예금·보험에 관한 법률」에 따른 체신관서, (ⅳ) 「새마을금고법」에 따른 새마을금고 및 새마을금고연합회, (ⅴ) 그 밖에 법률의 규정에 따라 금융업 및 금융관련업무를 행하는 기관이나 단체 또는 사업자로서 대통령령이 정하는 자(한국산업은

---

1) 금융제도, 27면.

2) 로스쿨 금융법, 13면.

행, 중소기업은행, 한국수출입은행, 산림조합과 그 중앙회의 신용사업부문, 농업협동조합, 수산업협동조합, 한국거래소, 한국예탁결제원, 전자등록기관, 금융지주회사 등, 보험협회와 보험요율산출기관, 한국화재보험협회, 한국금융투자협회, 신용정보회사와 채권추심회사 및 종합신용정보집중기관, 한국자산관리공사, 한국주택금융공사, 신용보증기금, 기술보증기금 및 온라인투자연계금융업자)이다(전금 2조 3호, 전금시 2조).

다. 금융기관의 기능

금융기관은 다음과 같은 다양한 기능을 수행한다.[1)]

(1) 금융기관은 금융시장에서 자금의 수요자와 공급자 사이의 자금의 중개기능을 수행한다.

(2) 금융기관은 자금공급자에게는 수익으로써 경제적 부(富)를 제공하고, 자금수요자에게는 생산성이나 구매력을 향상시킨다.

(3) 금융기관의 여신심사·신용정보관리 등에 관한 전문적인 지식은 자금배분의 효율성을 높이고 자금공급자의 손실위험을 축소시킨다.

(4) 금융기관의 지급결제기능은 금융거래를 간편하고 신속하게 완결시켜 경제활동을 촉진시킨다.

2. 금융시장

가. 금융시장의 의의

「금융시장(financial market)」이란 "돈이 거래되는 장소"이다. 달리 말하면 "기업·가계·정부·금융기관 등 경제주체들이 금융상품을 거래하여 필요한 자금을 조달하고 여유자금을 운용하는 조직화된 장소"를 말한다.[2)] 금융시장은 상품을 거래하는 시장처럼 구체적 장소뿐만 아니라, 금융의 전자화로 추상적인 시장인 경우도 있다. 금융시장이란 보통 직접금융시장을 의미하나, 간접금융시장도 포함된다. 자금의 수요자 및 공급자를 대리·중개하거나 자금을 중개하는 금융기관이 금융시장을 구성하고 중심적인 역할을 수행한다. 금융시장에서 주주·예금자 및 채권자 등 시장참가자들의 시장규율(market discipline)에 의하여 금융시장의 투명성이 제고되고, 시장기능이 활성화된다. 시장규율은 자금수요자인 기업·자금중개자인 금융기관 등이 기업의 건전성 제고를 위하여 위험추구행위를 감시하는 시장감시(market monitoring)

---

1) 이에 관하여는 로스쿨 금융법, 13~14면; 은행법강의, 9~10면 참조.

2) 금융제도, 3면.

와 영향력행사(influence)로 구분된다. 시장감시란 시장참가자들이 기업의 경영상황을 충분히 파악하고 이를 주가·채권가격 등 시장신호(market signal)에 신속히 반영하는 것을 의미하고, 영향력행사란 기업의 영업행태를 변화시키기 위하여 시장참가자가 취하는 보유 주식이나 채권 등 유가증권의 처분·거래중단·경영권 교체 등의 조치를 의미한다. 이와 같이 금융기관은 자본시장에서 투자자인 동시에 시장조성자(market player)이다.[1]

금융정책은 금융시장에서 구체적으로 시현된다. 감독기관은 시장규율에 맞추어 규제수준과 감독방식을 설정하고, 시장규율은 금융정책으로 환원되어 반영되는 관계로 감독기관은 늘 금융시장을 관찰(monitoring)한다.[2]

나. 금융시장의 분류

(1) 우리나라의 금융시장은 크게 자금공급자와 자금수요자간에 직거래가 이루어지는가의 여부에 따라 「직접금융시장」과 「간접금융시장」으로 나뉜다.

(2) 직접금융시장에는 거래되는 금융상품의 만기(보통 1년)를 기준으로 단기금융시장인 「자금시장」과 장기금융시장인 「자본시장」이 있다. 또한 직접금융시장에는 이 외에도 금융상품의 특성에서 발생하는 「외환시장」과 「파생금융상품시장」이 있다.

「자금시장(money market)」은 일시적인 자금수급의 불균형을 해소하기 위하여 만기 1년 미만의 단기금융상품이 거래되는 시장인데, 이에는 콜자금(call money)이 거래되는 「콜시장」, 기업어음(CP: commercial paper)이 거래되는 「기업어음시장」, 양도성정기예금증서(CD: certificate of deposit)이 거래되는 「양도성정기예금증서시장」, 표지어음(CB: cover bill)이 거래되는 「표지어음시장」, 환매조건부채권(RP: repurchase agreements)이 거래되는 「환매조건부채권매매(RP)시장」, 통화안정증권이 거래되는 「통화안전증권시장」 등이 있다. 이러한 단기금융상품은 약정기일까지 확정이자를 지급받는 채무증서라는 점에서, 다음에서 보는 주식시장과 차이가 있다.

「자본시장(capital market)」은 기업·국가·공공기관 등이 그가 필요로 하는 자금을 직접 조달하는 시장을 의미하는데, 이는 넓은 의미로는 은행의 시설자금대출 등 장기대출시장을 포함하나, 좁은 의미로는 주식(주권)이 발행되고 유통되는 「주식시장」과 국채·회사채 등 채권이 발행되고 유통되는 「채권시장」을 의미하다. 자본

---

1) 로스쿨 금융법, 31면.

2) 로스쿨 금융법, 31면.

시장은 좁게 보면 증권시장을 의미하나, 자본시장을 넓게 보면 장기성 자금이 거래되는 직·간접금융을 포괄하는 점에서 보면 자본시장과 증권시장은 구별된다.[1] 증권시장은 기업이 투자자들에게 증권(주권·채권)을 발행하고 자금을 조달하는 「발행시장」(primary market)과 이미 발행된 증권이 투자자들 사이에서 거래되는 「유통시장」(secondary market)이 있다. 또한 증권시장에는 채무증권·지분증권·수익증권·투자계약증권·파생결합증권·증권예탁증권의 매매를 위하여 한국거래소가 개설하는 시장인 「유가증권시장」과(자금 9조 13항 1호), 유가증권시장에 상장되지 아니한 사채권·주권 등의 매매를 위하여 한국거래소가 개설하는 시장인 「코스닥시장」이 있다(자금 9조 13항 2호).

「외환시장」은 서로 다른 종류의 통화가 거래되는 시장인데, 이에는 외국환은행간 외환매매가 이루어지는 은행간시장(interbank market)과 은행과 비은행 고객간 외환매매가 이루어지는 「대고객시장」(customer market)이 있다.[2]

「파생금융상품시장」은 금융상품의 가격변동위험과 신용위험 등 위험관리를 위하여 발생된 파생금융상품이 거래되는 시장이다. 우리나라의 파생금융상품시장은 외환파생상품시장을 중심으로 발전되어 왔는데, 1990년대 중반 이후 주가지수 선물 및 옵션, 채권 선물 등이 도입되면서 거래수단이 다양화되고 거래규모도 크게 확대되었다.[3]

(3) 간접금융시장에는 「예대시장」, 「집합투자(펀드)시장」, 「신탁업시장」, 「보험시장」 등이 있다.

(4) 이 외에도 금융시장은 거래장소(규칙)에 따라 한국거래소와 같이 다수의 자금공급자와 수요자가 구체적인 장소에 모여 거래하는 시장인 「장내시장」과, 전화나 전산망을 통하여 거래하는 시장인 「장외시장」이 있다.[4]

이러한 금융시장의 구조를 도표로 표시하면 다음과 같다.[5]

---

1) 로스쿨 금융법, 32면.
2) 은행법강의, 6면.
3) 은행법강의, 6~7면.
4) 은행법강의, 7면.
5) 은행법강의, 7면; 금융시장, 8면.

[금융시장의 구조]

다. 금융시장의 기능

(1) 금융시장은 자금의 공급자와 수요자를 연결하는 자금중개기능을 하고, 자금을 효율적으로 배분하여 국민경제의 발전을 증대하는 기능을 한다.

(2) 금융시장은 자금의 수요와 공급의 원칙 및 경쟁원리에 의하여 금융수단인 금융상품의 가격결정기능을 한다.

(3) 금융시장은 탐색비용이나 정보비용 등 금융거래에 따라 발생하는 비용과 시간을 줄여주는 기능뿐만 아니라, 시장참가자들에게 위험관리를 도와주는 기능을 한다.

(4) 금융시장은 자금수요자에게는 장기·안정적인 자금을 조달할 수 있는 기능을 하고, 자금공급자(투자자)에게는 다양한 투자수단을 제공할 뿐만 아니라 높은 유동성을 제공한다.

3. 금융상품

가. 금융상품의 의의

「금융상품」(financial instruments)이란 “금융시장에서 금융기관 또는 자금수요자에 의하여 만들어지는 금융형식”이다. 금융상품을 금융자산(financial assets)이라고도 한다(실명 2조 2호). 금융상품의 법적 성질은 “현재 또는 미래의 현금흐름에 대한 채권적 청구권을 나타내는 (화폐)증서”라고 볼 수 있다. 이러한 채권적 계약에서 채무자의 이행사항 등 부수적인 법률관계를 규정하는 것이 금융약관이다.[1]

금융상품은 금융기관 수익의 기반이므로 금융기관은 소비자의 금융수요·조달금리·금융환경 등을 감안하여 금융상품을 개발하고 있다. 즉, IMF경제위기 이후에는 파생상품·인터넷전용금융상품·펀드(fund) 등이 많이 만들어졌고, 최근에는 주식·채권·보험이 결합한 복합금융상품이 판매되고 있다. 이와 같이 금융상품에는 많은 종류가 있고, 그 내용이 매우 복잡하다.[2]

나. 금융상품의 분류

금융상품은 크게 원본손실의 가능성이 있는 금융투자상품(자금 3조 1항)과 원본손실의 가능성(투자성)이 없는 비금융투자상품으로 구별된다.

(1) 금융투자상품

금융투자상품에는 증권과 파생상품(장내파생상품과 장외파생상품)이 있다.[3]

1) 증권에는 채무증권, 지분증권, 수익증권, 투자계약증권, 파생결합증권 및 증권예탁증권이 있다(자금 4조 2항). 이 중 채무증권·지분증권·수익증권 및 증권예탁증권은 전통적 증권이고, 투자계약증권과 파생결합증권은 신종증권이다.[4]

「채무증권」은 국채증권, 지방채증권, 특수채증권(법률에 의하여 직접 설립된 법인이 발행한 채권), 사채권, 기업어음증권(기업이 사업에 필요한 자금을 조달하기 위하여 발행한 약속어음), 그 밖에 이와 유사한 것으로서 지급청구권이 표시된 것이다(자금 4조 3항).

「지분증권」은 주권·신주인수권이 표시된 것·법률에 의하여 직접 설립된 법인

1) 로스쿨 금융법, 14면.

2) 로스쿨 금융법, 15면.

3) 증권과 파생상품의 차이점은 증권은 투자원금까지만 손실 발생이 가능한데, 파생상품은 투자원금 이상 손실 발생이 가능하다는 데 있다(은행법강의, 11면).

4) 로스쿨 금융법, 16면.

이 발행한 출자증권, 합자회사·유한책임회사·유한회사·합자조합·익명조합의 출자지분, 그 밖에 이와 유사한 것으로서 출자지분 또는 출자지분을 취득할 권리가 표시된 것을 말한다(자금 4조 4항).

「수익증권」은 금전신탁계약에 의하여 신탁업자가 발행하는 수익증권(자금 110조), 투자신탁을 설정한 집합투자업자가 발행한 수익증권(자금 189조), 그 밖에 이와 유사한 것으로서 신탁의 수익권이 표시된 것이다(자금 4조 5항). 특히 집합투자증권은 집합투자기구에 대한 출자지분(투자신탁의 경우 수익권)이 표시된 것인데(자금 9조 21호), 증권 중에서 지분증권과 수익증권에 해당하는 금융투자상품이다.[1]

「투자계약증권」은 신종증권으로서 특정 투자자가 그 투자자와 타인(다른 투자자 포함)간의 공동사업에 금전 등을 투자하고 주로 타인이 수행한 공동사업의 결과에 따른 손익을 귀속받는 계약상의 권리가 표시된 것이다(자금 4조 6항).

「파생결합증권」은 기초자산의 가격·이자율·지표·단위 또는 이를 기초로 하는 지수 등의 변동과 연계하여 미리 정하여진 방법에 따라 지급하거나 회수하는 금전 등이 결정되는 권리가 표시된 것이다(자금 4조 7항). 여기에서 기초자산이란 (ⅰ) 금융투자상품, (ⅱ) 통화(외국통화를 포함함), (ⅲ) 일반상품(농산물·축산물·수산물·임산물·광산물·에너지에 속하는 물품 및 이 물품을 원료로 하여 제조하거나 가공한 물품, 그 밖에 이와 유사한 것을 말함), (ⅳ) 신용위험(당사자 또는 제삼자의 신용등급의 변동파산 또는 채무재조정 등으로 인한 신용의 변동을 말함), (ⅴ) 그 밖에 자연적·환경적·경제적 현상 등에 속하는 위험으로서 합리적이고 적정한 방법에 의하여 가격·이자율·지표·단위의 산출이나 평가가 가능한 것의 하나에 해당하는 것을 말한다(자금 4조 10항).

「증권예탁증권」은 앞에서 언급한 채무증권·지분증권·수익증권·투자계약증권·파생결합증권을 예탁받은 자가 그 증권이 발행된 국가 외의 국가에서 발행한 것으로서 그 예탁받은 증권에 관련된 권리가 표시된 것이다(자금 4조 8항).

2) 파생상품이란 광의로는 그 상품의 가치가 다른 기초자산으로부터 파생되어진 모든 유형의 상품을 총체적으로 말하는 것이고, 협의로는 그 수익이나 가치가 파생상품이 근거로 하고 있는 기초자산의 수익이나 가치로부터 파생되고 기초자산의 거래를 미래 어느 시점에서 행하기로 미리 약속하는 계약형태인 금융상품을 말한다.[2]

파생상품은 선물(futures), 선도(forwards), 옵션(options), 스왑(swaps)의 어느

---

1) 로스쿨 금융법, 17면.

2) 로스쿨 금융법, 17면.

하나에 해당하는 계약상의 권리이다(자금 5조 1항). 「선물」과 「선도」는 거래되는 시장, 상품의 규격에 대한 제한, 감독기관의 규제 등 형식적인 면에서 차이가 있다. 「선물」은 한국거래소에서 거래되고 상품의 규격이 표준화되어 있고 인도시기나 정산절차가 엄격한 규정의 적용을 받는 반면, 「선도」는 개별적 거래로서 장외시장에서 거래된다. 「선물」 내지 「선도」는 기초자산이나 기초자산의 가격·이자율·지표·단위 또는 이를 기초로 하는 지수 등에 의하여 산출된 금전 등을 장래의 특정 시점에 인도할 것을 약정하는 계약이다(자금 5조 1항 1호). 「옵션」은 당사자 어느 한쪽의 의사표시에 의하여 기초자산이나 기초자산의 가격·이자율·지표·단위 또는 이를 기초로 하는 지수 등에 의하여 산출된 금전 등을 수수하는 거래를 성립시킬 수 있는 권리를 부여하는 것을 약정하는 계약이다(자금 5조 1항 2호). 그리고 「스왑」은 장래의 일정기간 동안 미리 정한 가격으로 기초자산이나 기초자산의 가격·이자율·지표·단위 또는 이를 기초로 하는 지수 등에 의하여 산출된 금전 등을 교환할 것을 약정하는 계약이다(자금 5조 1항 3호).

파생상품은 파생상품시장 등에서 거래되는 「장내파생상품」과 장내 파생상품이 아닌 「장외파생상품」으로 구분된다(자금 5조 2항·3항).

(2) 비금융투자상품

비금융투자상품은 투자성이 없는 상품으로서 은행상품, 보험상품이 있다.[1)]

1) 은행상품은 저축상품, 대출상품, 파생상품, 복합금융상품으로 나뉜다.

「저축상품」은 예금, 적금(상호부금 포함), 신탁, 유가증권 및 채무증서 등 은행이 이용자에게 판매하는 저축 또는 결제수단이다(은감세 59조 4호). 예금은 일시적으로 돈을 보관하는 요구불예금과 이자수입을 목적으로 하는 저축성예금이 있다. 요구불예금에는 보통예금·별단예금·당좌예금 등이 있고, 저축성예금에는 정기예금·정기적금·상호부금·장기주택마련저축 등이 있다. 또한 언제든지 돈을 넣었다가 빼낼 수 있는 금융상품으로 요구불예금과 다른 것으로는 확정금리형의 수시입출식 예금(MMDA)과 실적배당형의 머니마켓펀드(MMF) 및 수시입출식 특정금전신탁(MMT)이 있다.[2)] 그리고 만기가 짧은 금융상품으로는 양도성예금증서(CD)와 환매조건부채권(RP)이 있다.

---

1) 로스쿨 금융법, 20~21면.

2) 은행의 수시입출식 예금(MMDA)은 증권회사의 종합자산관리계좌(CMA)와 비교된다. 종합자산관리계좌는 체크카드를 발급받을 수 있고 공과금 및 신용카드결제기능이 있어 월급통장으로도 사용할 수 있어 소액을 맡기기에 좋은 상품이다. 은행의 수시입출식 특정금전신탁(MMT)은 증권회사에서도 판매하고 있다(로스쿨 금융법, 20면 주1).

「대출상품」은 은행이 이용자에게 공여하는 대출 또는 신용수단이다(은감세 59조 5호). 은행은 예금으로 조달된 자금을 자금수요자에게 공급하는 자금중개기관이다. 일반적으로 대출보다 넓은 의미로 은행이 신용공여하는 것을 여신이라고 한다. 여신은 (ⅰ) 원화대출, (ⅱ) 원화지급보증 중 융자담보용 지급보증, 사채발행지급보증, 상업어음보증, 무역어음인수, (ⅲ) 특정기업에 대한 여신에 갈음하는 유가증권 매입 중 사모사채 인수, 보증어음 매입, (ⅳ) 외화대출 중 하나에 해당하는 것이다(은감세 59조 2호).

「파생상품」은 통화, 채권, 주식 등 기초자산의 가격이나 자산가치 지수의 변동에 의해 그 가치가 결정되는 금융계약이다(은감세 59조 6호).

「복합금융상품」은 개별 금융상품을 연계 또는 복합하여 운용하는 상품이다(은감세 59조 7호).

2) 보험상품은 보험업의 구분에 따라 생명보험상품, 손해보험상품, 제3보험상품으로 대별된다(보험시 1조의 2 2항~4항).

「생명보험상품」에는 생명보험, 연금보험(퇴직보험 포함) 등이 있다.

「손해보험상품」에는 화재보험, 해상보험(항공·운송보험 포함), 자동차보험, 보증보험, 재보험, 책임보험, 기술보험, 권리보험, 도난보험, 유리보험, 동물보험, 원자력보험, 비용보험, 날씨보험 등의 상품이 있다.

「제3보험상품」에는 상해보험, 질병보험, 간병보험 등의 상품이 있다.

다. 금융상품의 기능

(1) 자금공급자는 저축 내지 투자의 수단으로 금융상품을 보유하는 점에서 금융상품은 투자·저축기능을 한다. 저축은 확정이자를 받는 안정적 재산증식방법인데 반하여, 투자는 원금손실을 초래할 수 있는 시장위험·금리위험·인플레이션위험·부도위험 등 위험성과 수익성이 높은 재산증식방법이다.

(2) 투자성향·자금여력에 따라 자금공급자가 선택하는 파생상품·보험상품 등의 금융상품은 위험헤지기능을 한다.

(3) 수표·외국환·직불카드 등의 금융상품은 지급결제기능, 국제간 거래기능, 이종통화거래기능을 한다.[1]

---

1) 로스쿨 금융법, 21면.

4. 금융관련법규(금융법)

가. 금융법의 의의

금융법은 금융시장에서 금융거래의 질서를 유지하기 위하여 금융시장의 조직과 운영에 관한 사항을 규정한 개별 금융법의 총체로서, 금융제도의 형성과 운영에 관한 법률의 총체라고 볼 수 있다. 우리나라의 금융업은 은행업·보험업·금융투자업간 업무영역이 비교적 엄격히 구분되는 전업주의 입법에 기초로 하고 있는 결과, 금융규제는 금융업종에 따라 규제방식·규제대상 등 그 내용을 다르게 개별법규로 규정하고 있다. 또한 금융업 이외의 금융거래·금융유관기관 및 금융하부구조에 대하여도 규제할 필요가 있으므로, 이에 관하여도 개별법규가 존재한다. 따라서 금융규제를 성문화한 것이 개별 금융법인데, 이러한 개별 금융법의 총체를 금융법이라고 볼 수 있다.[1)]

금융법은 상법·행정법·경제법 등과 밀접하게 관련되어 있으면서, 금융의 특성을 반영하므로 다음과 같은 특성을 갖는다.[2)] (i) 금융거래는 기본적 상행위(상 46조 8호, 10호, 11호, 12호, 15호, 16호, 17호 등)로서 이를 영업으로 하는 금융기관은 당연상인으로 당연히 상법의 적용을 받아야 할 것이나, 개별 금융법은 금융의 특성을 반영하여 국민경제적 입장에서 기업활동을 구속하고 시장경제를 통제하는 규정을 두고 있으므로 이러한 점에서는 경제법의 성질을 갖고 있다고 볼 수 있다. (ii) 금융법은 국가가 금융의 위해방지·지도 및 정책촉진의 목표 아래 행정기관의 권한과 의무·시장참가자의 권리와 의무에 대하여 규정하므로, 금융에 대한 국가적 규제에 관한 (경제)행정법의 성격을 갖는다고 볼 수 있다. 또한 금융법은 시장 참가자의 이해관계를 공정하게 보호하고 금융거래를 공정하게 함으로써 금융시장에 대한 신뢰를 보호하면서 금융소비자의 권익을 보호하기 위한 목적으로 제정되고, 이의 위반에 대하여 제재(행정벌, 행정제재)와 책임에 대하여 규정하므로, 이러한 점에서도 (경제)행정법의 성격을 갖는다고 볼 수 있다. (iii) 금융법은 상법전·민법전 등과 같이 단일의 법전을 갖지 못하고 있으므로, 실질적 의의의 금융법은 있으나 형식적 의의의 금융법은 없는 특성이 있다.

---

1) 동지: 로스쿨 금융법, 50면.

2) 동지: 로스쿨 금융법, 50~51면.

나. 금융법의 분류

(1) 금융법을 행정법과 같이 「금융행정조직법」·「금융행정작용법」·「금융행정구제법」으로 분류할 수 있다.

(2) 금융제도가 금융기관 등과 금융하부구조로 구성되는 점을 반영하여 금융법을 「금융업법」과 「금융하부구조법」으로 분류할 수 있다.

(3) 개별 금융법은 금융업의 내용에 따라 「은행법」, 「보험업법」, 「자본시장과 금융투자업에 관한 법률」, 「상호저축은행법」, 「여신전문금융업법」, 「대부업 등의 등록 및 금융이용자 보호에 관한 법률」 등으로 분류할 수 있다.

(4) 개별 금융법은 제정 주체에 따라 법률, 시행령(대통령령), 시행규칙(총리령), 개별 금융법령의 위임에 따라 제정된 감독규정 및 감독세칙이 있다. 이 외에 자율규제기관이 제정하는 자칙법규도 있다.

금융위원회는 금융정책과 금융제도를 수립하는 중앙행정기관으로서, 소관 사무에 관련된 법령 및 규정의 제정·개정 및 폐지에 관한 권한을 갖는다(금설 17조 7호). 그러나 금융위원회는 국무총리의 직속기관이므로 국무총리가 법률안을 제안한다.

5. 금융하부구조

금융하부구조에는 지급결제제도·예금보험제도·금융감독제도 등이 있다.[1)]

가. 지급결제제도

(1) 지급결제의 기능

실물경제의 상품구매에 대한 대금지급과 같이 금융상품을 구입하는 대가는 일반적으로 현금, 어음·수표, 신용카드의 제시, 전자자금이체 등의 지급수단으로 지급한다. 정보통신기술의 발전에 따라 전통적인 지급수단 이외에 새로이 발생한 지급수단으로 전자지급수단에는 전자자금이체(지급이체, 추심이체), 전자화폐, 선불전자지급수단, 직불전자지급수단, 신용카드, 전자채권, 전자어음 등이 있다(전금 2조 11호, 전어).

이 중 현금을 제외한 비현금성 지급수단은 지급·청산·결제의 세 단계를 거쳐 지급결제가 이루어진다. 여기에서 지급(payment)이란 지급수단을 통하여 정당한 수취인에게 화폐청구권을 이전하는 행위이고, 청산(clearing)이란 수취인이 지급수단을 거래은행 및 은행간 결제중계·청산기구(금융결제원)를 거쳐 현금화하는 것이며, 결

1) 이에 관하여는 로스쿨 금융법, 34~41면.

제(settlement)란 지정시점에 중앙은행에 개설된 각 은행의 당좌예금계좌에서 관련 은행간 자금이체가 이루어져 자금결제가 완료되는 것을 의미한다. 이와 같이 비현금성 지급수단이 지급 및 청산 절차를 거쳐 결제가 종료될 때까지의 일련의 제도적 장치를 통칭하여 지급결제제도(payment system)라고 한다.[1)]

안전하고 효율적인 지급결제제도는 경제활동을 촉진시키고, 금융제도의 안정을 도모하는 역할을 하고 있다. 지급결제가 원활히 이루어지지 않으면 금융거래 당사자간의 채권·채무관계를 정리할 수 없게 되고, 금융기능인 자금의 효율적 배분의 달성이 곤란하게 되며, 경제활동은 촉진되지 않게 된다. 그리고 어떤 금융기관이 유동성 부족으로 고객이나 다른 금융기관에 지급할 수 없게 되면, 다른 금융기관도 연쇄적으로 결제불이행을 하게 되어 금융불안정을 초래할 수 있다.

(2) 지급결제기구

1) 한국은행과 금융결제원

한국은행은 한은금융망(BOK－wire)의 운영기관 및 민간이 운영하는 지급결제제도의 감시기관이고, 금융기관과 연결된 한은금융망을 통하여 콜거래·외환거래·증권거래 등 금융기관간의 거액자금거래를 실시간 총액결제한다.

금융결제원은 금융공동망의 구축·운영을 위하여 어음교환업무를 수행하는 전국어음교환관리소와 지로업무를 수행하는 은행지로관리소를 통합하여 1986. 6월에 설립된 사단법인 형태의 지급결제 전문기관이다. 금융결제원은 어음교환과 지로업무 이외에 CD(현금자동인출기)공동망, 타행환공동망, 전자금융공동망, CMS(자금관리서비스)공동망, 신용 및 직불카드공동망, 지방은행공동정보망, 전자화폐(K－CASH)공동망, 외환동시결제(CLS)공동망을 통하여 소액결제하고 있다. 또한 인터넷지로, 전자상거래 지급결제중계(BANKPAY PG, BANK B2B), 모바일 지급결제(UbI), 전자어음 등의 전자결제서비스를 제공한다.

2) 한국거래소와 한국예탁결제원

한국거래소는 증권 및 장내파생상품의 가격형성과 그 매매거래를 하는 유통시장을 개설하고 관리하기 위한 주식회사이다.[2)] 그리고 한국예탁결제원은 증권의 집

1) 박구용, "지급결제제도의 결제완결성," 「금융법연구」(한국금융법학회), 제3권 제1호(통권 제5호)(2006), 54면.

2) 기획재정부는 2009. 1. 29. 한국거래소(구 증권선물거래소)를 준정부기관형 공공기관으로 지정하였다. 동 지정에 따라 한국거래소는 공공기관 표준정관 사용, 경영진·감사와 이사회 구성원 전원에 대한 정부의 선임 및 임명, 매년 경영진 성과평가 및 재신임 여부 결정, 인건비 예산 및 집행현황 등 주요 경영사항 공시, 정부의 사업계획 및 예산 승인, 감사원 감사 및 국정감사 수감 등을 의무적으로 이행하여야 한다.

중예탁과 계좌간 대체 및 유통의 원활화를 위한 특수법인이다. 이들 기관들은 모두 자본시장법에 설립근거를 두고 있다. 일반적으로 증권·파생상품 등 금융투자상품의 매매는 계약의 체결, 거래조회 및 다수 거래자의 채권·채무를 차감하는 청산, 계약의 이행행위인 결제의 단계를 거친다. 증권거래는 효율적인 결제를 위하여 한국예탁결제원의 계좌대체시스템을 통하여 결제되지만, 대금은 한은금융망을 통하여 결제된다.

한국거래소는 증권 및 장내파생상품의 거래에 따른 매매확인, 채무인수, 차감, 결제증권·결제품목·결제금액의 확정, 결제이행보증, 결제불이행에 따른 처리 및 결제지시에 관한 업무를 수행하는 청산기관이다(자금 377조). 그리고 한국예탁결제원은 증권시장 내·외에서 또는 외국예탁결제기관과의 계좌설정을 통하여 증권의 매매거래에 따른 증권인도와 대금지급에 관한 업무를 수행하는 증권시장의 결제기관이다(자금 296조). 다만 장내파생상품의 매매거래에 따른 품목인도 및 대금지급에 관한 업무는 한국거래소가 수행하므로, 파생상품의 결제기관은 한국거래소이다(자금 377조).

나. 예금보험제도

(1) 예금보험의 기능

금융기관이 영업정지나 파산 등으로 고객의 예금을 지급하지 못하게 될 경우 예금자는 금융기관을 신뢰하지 않게 되어 예금인출사태뿐만 아니라 신용경색사태를 초래한다. 이러한 사태를 방지하기 위하여 예금자보호법에 의하여 예금지급을 보장하는 것이 예금보험제도이다.

보험의 원리를 이용하여 금융기관으로부터 보험료(예금보험료)를 받아 기금(예금보험기금)을 적립한 후, 금융기관이 예금을 지급할 수 없게 되면 금융기관을 대신하여 예금을 지급하는 것이다. 이러한 예금보험제도는 금융제도에 대한 신뢰 저하로 발생하는 예금인출사태를 방지함으로써 금융제도의 안정성을 유지하고, 정보접근이 용이하지 않은 소액예금자를 보호하는 기능을 한다.

(2) 예금보험기구

우리나라의 예금보험기구는 예금자보호법에 의하여 설립된 예금보험공사이다. 예금보험공사는 금융기관이 파산 등으로 예금 등을 지급할 수 없는 경우 예금의 지급을 보장함으로써 예금자를 보호하고 금융제도의 안정성을 유지하고자 예금자보호법에 의거하여 무자본특수법인으로 설립되었다. 금융안전망(financial safety net)으로서 그 주요 업무는 예금보험기금 및 상환기금의 관리·운용, 보험사고 발생에 따른 예금보험금 지급, 부실금융회사의 정리 및 사후관리, 손해배상청구권의 대위행사 등이다(예보 18조).

금융구조조정기금과 예금보험기금의 분리로 예금보험 본래의 기능회복이 요구됨에 따라, 예금보험공사는 부보금융기관들의 보험료수입만으로 부실금융기관을 정리하게 되었다(예보 24조의 3, 24조의 4). 이에 따라 예금보험공사는 예금보험기금의 건전운영과 부실금융기관발생의 예방을 위한 위험관리기능을 주요한 역할로 하고 있다.

다. 금융감독제도

(1) 금융감독의 기능

자금의 효율적 배분이라는 금융중개기능은 국민경제의 성장과 발전에 크게 영향을 주기 때문에 효율적인 금융제도가 필요하다. 특히 금융제도의 구성요소인 금융기관과 금융시장의 기능이 제대로 수행되어야 한다. 금융제도의 효율성은 적절한 금융규제에 의하여 확보될 수 있고, 금융규제의 실효성 확보를 위하여 금융규제 내지 금융법이 제대로 시행되는지에 대한 감시가 필요하다. 금융감독이란 시장참가자가 금융규제에 위배되지 않도록 하는 행위, 다시 말하면 금융기관의 건전경영과 금융시장에서의 공정거래를 유도하고 감시하는 행위다. 그 기능은 금융규제의 일반목적과 같이 금융제도의 안정과 금융소비자 보호이다. 이와 같이 금융감독을 정의하게 되면, 금융감독제도는 금융중개기능이 원활히 작동하게 하는 금융의 하부구조로서, 금융기관·자금공급자와 자금수요자 등 시장참가자의 금융규제의 준수 여부를 감시하는 장치라고 할 수 있다.

우리나라에서는 금융감독을 하는 주체와 그 효율성과 관련하여 오랫동안 논의가 지속되고 있다. 금융감독기구는 정부조직형태가 되어야 한다는 입장은 정부기구로 하는 경우 (i) 금융감독의 책임성을 극대화할 수 있고, (ii) 헌법·정부조직법 등 현행 법체계에 부합하며, (iii) 감독업무의 공권력적 특성으로 공무원조직이 오히려 효율적인 업무수행이 가능한 장점이 있지만, 민간기구로 할 경우에는 (i) 민간기구가 공권력적 작용을 수행함에 따른 위헌소지가 있고, (ii) 권한만 있고 그에 따른 책임성은 담보되지 않는 거대 민간기구화할 가능성이 있어 금융감독의 책임성 확보가 곤란하며, (iii) 정부정책과 연계된 감독업무 수행이 곤란하고, (iv) 여러 행정상·법률상 애로로 인해 감독업무를 강력하게 수행하지 못할 가능성이 있으며,

(v) 방만한 조직·예산 운영의 가능성이 있고, (vi) 영국과 호주를 제외한 대부분의 국가에서 금융감독권을 정부의 권한으로 하고 있다는 점 등을 근거로 들고 있다.

반면에 금융감독기구를 공적 민간기구로 해야 한다는 입장은 민간기구가 (i) 조직의 유연성 및 전문성 확보에 유리하고, (ii) 금융감독업무에 대한 정치권과 정부로부터의 간섭배제가 용이하여 감독업무의 독립성 및 중립성의 제고가 가능하며, (iii) 금융자율화 추세에 부합하고 시장친화적인 감독이 가능한 반면에, 정부기구로 하면 (i) 금융감독정책이 거시경제·금융정책의 수단으로 전락될 우려가 있고, (ii) 관치금융이 강화되고 작은 정부 구현에 배치되며, (iii) 조직·예산상의 경직성으로 인하여 조직운영의 탄력성이 저하되고 유능한 전문인력 확보가 곤란한 점 등을 근거로 들고 있다. 또한, 민간기구가 공권력적 행정작용을 수행하는 것은 위헌소지가 있다는 주장에 대하여는, 금융감독권을 누가 행사할 것인지는 입법권을 지닌 국회가 정책적으로 결정할 문제이므로 해당 기관이 법률에 의하여 직접 부여된 고유의 소관사무를 수행하는 것은 헌법·정부조직법 등 현행 법체계에 위반되지 않는다는 입장이다.[1)]

(2) 금융감독체계

1) 금융감독체계의 의의

금융감독체계란 금융기관 및 금융시장에 대한 금융감독의 책무를 보유한 기관과 금융감독의 기관구조(institutional structure of supervision)를 말한다. 금융감독기관이란 광의의 개념으로 기획재정부·금융위원회·금융감독원·한국은행·예금보험공사를 들 수 있으나[「금융기관의 책임경영과 금융행정의 투명성 보장에 관한 규정」(2012.6.1 국무총리 훈령 제587호) 제 2 조 참조], 일반적으로는 협의의 개념으로 금융위원회와 금융감독원을 말한다.

이러한 각 금융감독기관의 역할은 다음과 같다. 기획재정부는 화폐업무 및 국제금융·외환업무를 소관업무로 한다. 한국은행은 설립시부터 예금취급기관에 대한 감독·검사 등 금융감독기능을 수행하여 왔다. 그러나 IMF 경제위기에 따른 금융개혁 과정에서 한국은행법의 개정으로 통화신용정책 운영의 자율성이 상당히 제고된 반면 금융감독기능은 제한적 기능으로 축소되었다. 한국은행은 금융통화위원회가 통화신용정책의 수행을 위하여 필요하다고 인정한 경우에는 금융감독원에 대하여 금융기관에 대한 검사를 요구하거나 검사에 공동으로 참여할 수 있도록 하여 줄 것

---

1) 국회 재정경제위원회, "금융감독기구의 설치등에 관한 법률 일부개정법률안 심사 보고서"(2008. 2.), 7면 주 2.

을 요구할 수 있고, 금융통화위원회는 금융위원회가 통화신용정책과 직접 관련되는 조치를 하는 경우 이의가 있는 때에는 재의를 요구할 수 있다(금설 62조, 63조). 예금보험공사는 앞에서 설명한 바와 같이 예금보험기구의 책무를 보유하는 이외에 부보금융기관에 대하여 자료제출요구권·조사권이 있고, 공공기관 등에 부실관련자·이해관계인의 재산·업무에 관한 자료 또는 금융거래정보를 포함한 정보제공을 요구할 수 있다(예보 21조, 21조의 3, 21조의 4). 예금보험공사는 업무수행을 위하여 필요하다고 인정하는 경우 금융감독원에 대하여 부보금융기관에 대한 검사를 요청하거나, 검사에 공동으로 참여할 수 있도록 요청할 수 있다(예보 21조, 금설 66조). 협의의 금융감독기관은 감독정책기능을 포함한 금융정책을 담당하는 금융위원회와 감독집행기능의 금융감독원으로 구성된다.

금융감독기관의 감독대상과 범위는 개별 금융법에 의하여 규정되어 있는 관계로, 감독의 중복이나 사각지대가 발생할 수 있다. 이를 예방하기 위하여 금융감독기관간의 정보공유 등 업무협조가 특별히 필요하다. 금융위원회의 설치 등에 관한 법률은 금융감독기관 상호간의 업무협조·자료협조관계를 특별히 규정하고 있다(금설 61조~67조).

2) 금융감독체계의 변천

㈎ 금융위원회 설립 이전의 감독체계

IMF 경제위기 이전의 금융감독은 한국은행 금융통화운영위원회(은행감독원)와 재무부를 중심 감독기관으로 하고, 권역별 중간감독기관(은행감독원, 증권감독원, 보험감독원, 신용관리기금)으로 분산된 기관감독의 구조이었다. 이러한 다수 감독기관에 의하여 분산된 감독체계는 감독의 범위 및 책임소재가 불분명하고, 권역별 감독기준과 방법의 차이에 따른 규제차익의 현상을 노출하였으며, 감독기관간 업무협력이나 견제를 할 수 있는 총괄 감독기관이 존재하지 않는 점의 비효율성을 나타내게 되었다. 비록 감독기관이 다수 존재하였으나 실제적인 감독권한은 재무부에 집중되어 중간감독기관의 독립성이 보장되지 않고 감독업무의 전문성 결여가 초래되었다.

이에 따라 감독기능의 효율성을 높이기 위하여 복잡다기한 감독기관의 일원화, 통합된 금융감독기구의 독립성의 확립 등 감독체계의 개편을 추진하는 과정에서 IMF의 권고에 따라 「금융감독기구의 설치 등에 관한 법률」(1979. 12. 31.)이 제정되었다. 이러한 새로운 감독체계는 금융권 또는 금융기관간 감독차별화에 따른 불평등한 경쟁요소를 제거하고 감독책임을 명확하게 하기 위하여 금융감독기능을 통합하고, 금융정책기능으로부터 금융감독기능을 분리하게 되었다. 재정경제부(현

기획재정부)는 금융법령 제·개정업무를 수행하여 전반적인 금융정책을 담당하고, 금융감독은 총괄감독기능을 수행하는 감독정책업무의 금융감독위원회와 기능적 감독기능을 수행하는 감독집행업무의 금융감독원으로 기능적으로 구분하였다. 그리고 한국은행과 예금보험공사는 물가안정과 예금보호라는 기능별 감독을 각각 수행하게 되었다.

(나) 금융위원회 설립에 따른 감독체계

종전의 금융감독체계는 재정경제부(현 기획재정부)(금융정책국)의 전반적인 금융정책담당, 금융감독은 금융감독위원회의 감독정책업무와 금융감독원의 감독집행업무 등 3단계 구조로 되어 있었다. 이러한 감독체계는 금융정책과 금융감독을 분리함으로써, 정치적·정책적 판단에 따라 금융감독이 좌우될 경우 발생할 수 있는 개별 금융기관의 부실 및 금융시스템 불안정 등의 문제를 방지하는 데 있어 일정부분 효과적이었다고 볼 수 있었으나, 3단계의 중층적 감독체계로 인하여 각 기관간 업무영역이 중첩되고 금융정책업무와 감독업무, 또는 감독정책업무와 집행업무간의 구분이 모호한 경우가 발생하여 조직 운영상 비효율을 유발할 수 있으며, 특히 감독대상인 금융기관의 부담 가중을 초래하고 금융시장의 갑작스러운 변화나 위기 발생시 효율적으로 대처하기 곤란하다는 문제가 지속적으로 제기되어 왔다.[1)]

이에 따라 대형화·겸업화·국제화 등 급격히 변화하는 금융환경에 능동적으로 대응하고 금융산업의 발전을 위하여, 금융정책기능과 감독정책기능을 통합하고, 금융정책과 감독집행사항을 명확히 구분하여 금융행정의 책임성을 강화함으로써 금융산업 선진화의 발전 기반을 마련하고자 「금융위원회의 설치 등에 관한 법률」(2008. 2. 29.)이 제정·시행되었다. 그 결과 현행의 감독체계는 종전의 3단계에서 금융위원회와 금융감독원의 2단계로 축소되는 한편, 한국은행과 예금보험공사는 물가안정과 예금보호라는 기능별 감독을 수행할 수 있도록 하였다.

Ⅲ. 금융제도의 효율화

금융제도는 각 국가의 정치적·경제적·사회적·문화적 상황에 따라 또한 경제발전단계에 따라 상이한 특성을 보이고 있다.

---

1) 국회 재정경제위원회, 전게 심사보고서, 5면.

1. 은행중심 금융제도와 자본시장중심 금융제도

금융제도는 연혁적으로 금융과 실물경제 사이의 관계에 따라 은행중심 금융제도(bank based financial system)와 자본시장중심 금융제도(capital market based financial system)로 구분된다. 은행중심 금융제도는 금융이 실물경제의 발전을 선도하는 독일·일본 등 후발산업국가의 경우이고, 자본시장중심 금융제도는 금융이 실물경제 발전의 영향을 받는 영미국가의 경우이다. 양 금융제도는 금융방식, 금융상품, 기업감시 등의 분야에서 차이점을 나타낸다. 예컨대, 기업의 자금조달은 은행중심 금융제도의 경우 간접금융인 은행대출을 중심으로, 자본시장중심 금융제도의 경우 직접금융인 증권발행을 통하여 이루어진다. 그러나 금융제도의 효율성은 금융하부구조에 크게 의존하므로, 어느 유형의 금융제도가 일률적으로 우월하다고 단언할 수는 없고, 오히려 양 금융제도는 금융겸업화·금융상품의 개발·금융시장의 통합화 등으로 인하여 상호접근하고 있는 실정이다.[1]

2. 전업주의와 겸업주의

(1) 은행의 업무영역과 관련하여 은행이 증권업 등을 겸영하지 않는 미국·영국·일본 등은 전업주의(specialized system)를 채택하고, 은행이 증권업 등을 겸영하는 독일 등의 국가는 겸업주의(universal system)를 채택하여 운영한다. 은행중심 금융제도의 국가는 은행의 증권업이나 보험업의 겸업을 전면 내지 제한적으로 허용하고, 자본시장중심 금융제도의 국가는 이를 금지한다. 예를 들면, 독일의 은행은 증권업을 겸영하며, 주식소유에 의한 자회사 방식으로 보험업을 영위할 수 있다. 그러나 미국의 은행은 우리나라와 같이 전업주의를 유지하면서, 부수업무로서 투자자문·증권인수 등 일부 증권업을 영위할 수 있다.[2]

(2) 금융의 통합(financial integration)이란 금융자율화와 개방화, 특히 금융규제의 완화에 기인하여 전업주의에서 겸업주의로 나아가는 은행의 비은행업무로의 진출, 금융투자회사의 계좌이체업무수행으로 은행고유업무로의 진출 등 금융업무 영역의 변화를 말한다. 금융통합에는 다른 금융업의 본질적 요소를 제외한 업무를 활용하기 위한 전략적 제휴관계 체결, 금융기관 내부적으로(in-house) 다른 금융업종의 업무추가, 다른 금융기관과의 공동소유관계에 의한 업무추가 등의 방법이 있다.

---

1) 로스쿨 금융법, 6면.

2) 로스쿨 금융법, 7면.

예를 들면, 은행은 업무의 위·수탁계약에 의하여 대출채권회수를 하거나, 보험상품을 판매하는 방카슈랑스, 금융지주회사방식에 의하여 증권자회사·보험자회사를 두는 것이다. 특히 지주회사방식에 의한 겸업은 경영의 효율성과 투명성을 가진다. 지주회사가 컨트롤타워(control tower) 역할을 수행하여 그룹내 경영자원을 효율적으로 배분할 수 있고, 이종 업무를 별도의 조직이 영위하여 마찰요인을 축소할 수 있다. 그리고 지주회사제도는 수직적 조직구조 및 단순 소유구조에 의하여 부실전염위험이 낮고, 비용절감 효과가 있으며, 경영의 유연성과 탄력성을 높일 수 있다.[1)]

은행이 내부적으로 증권업 등을 겸하는 겸업주의(내부겸업주의)는 독일의 경우를 제외하고는 거의 없으나, 은행이 지주회사 내지 자회사의 방식으로 증권업 등을 겸하는 겸업주의(외부겸업주의)는 우리나라를 비롯하여 미국·영국·일본 등 주요 국가에 있다. 오늘날 주요국은 지주회사 내지 자회사의 방식으로 업종간 경계를 허물고 사실상 다른 업종의 금융업을 영위하고, 또한 최근 각종 파생상품이나 연금 등 어느 특정 금융기관의 고유업무라 할 수 없는 공통 업무영역이 늘어나고 있는 점에서, 전업주의와 겸업주의를 명확하게 구분하는 것은 쉽지 않고 또한 거의 그 의미가 없게 되었다고 볼 수 있다.[2)]

(3) 금융통합에 반대되는 개념으로 금융업 중 일부업무를 분할·폐기하고 수익성이 높은 업무만을 영위하는 금융분할현상이 있다. 금융분할(financial disintegration)이란 금융업무 중에서 경쟁력이나 수익성이 높은 전문화된 업무에 특화하는 현상이다. 예를 들면, 은행이 은행업을 인터넷전문으로 영위한다든지, 예금 또는 대출만을 취급하는 비은행은행(non-bank bank), 통신수단을 이용하여 보험을 모집하는 통신판매전문 보험회사 등이 이에 해당된다.[3)]

3. 금산분리 여부

(1) 금산분리(金産分離)란 '금융과 산업의 분리'의 약칭으로서, 금융자본과 산업자본이 결합하는 것을 제한하는 제도이다. 금융자본이란 일반적으로 비은행금융업을 제외한 은행업을 말하고, 산업자본이란 제조업을 의미한다. 따라서 금산분리는 은산분리(銀産分離)라고도 한다. 이는 은행의 소유제한의 문제이다. 은행업은 타인자본의 비중이 커서 안정적인 경영을 하려는 속성을 가진 반면, 산업은 위험을

1) 로스쿨 금융법(제1판), 7면.
2) 동지: 은행법강의, 27~28면.
3) 로스쿨 금융법(제1판), 7~8면.

부담하면서 성장경영을 추구하므로 은행업과 산업의 경영주체는 상호교차소유가 안 되게 분리되어야 한다는 것이다. 우리 은행법은 '산업자본의 은행지배 방지'를 위하여 동일인 주식보유한도제를 규정하고 있다(은행 15조~16조의 5). 그러나 산업자본의 비은행 금융기관의 소유는 제한을 두지 않고 있다.

(2) 금산분리의 논의는 일반적으로 금융업의 특성과 역할 및 금융업종간 시스템리스크의 차이(은행>보험>증권)를 감안하여 산업의 은행 소유·지배관계를 대상으로 하고 있다. 금산분리의 찬성론에 대한 논거는 다음과 같다.[1)]

첫째, 금산분리는 경제력 집중방지와 공정경쟁을 유도한다. 금융의 기능은 자금의 효율적 배분인데, 자금을 지원받는 산업자본이 자금지원의 주체인 은행을 지배하게 되면, 여신취급이 사업성분석에 기초하지 않고 편중되어 자금 배분이 제대로 되지 않는다. 기업과 은행의 결합은 그 자체로도 거대 기업집단화할 수 있을 뿐 아니라 차입자금으로 지배력을 확장할 수 있는 등 경제력 집중 가능성이 높아진다. 그리고 산업의 은행소유 여부에 따라 경쟁기업 사이에 자금조달·상품판매 등에 있어 차이가 발생하는 공정경쟁을 저해할 수 있다.

둘째, 금산분리는 금융제도의 안정성을 유지하게 한다. 은행을 소유한 산업자본이 부실화되면 산업자본의 손실이 은행의 건전성에 전가되고, 은행의 신뢰도 하락으로 예금인출 사태의 가능성이 높게 된다. 한편 은행은 여신의 사후관리로서 기업구조조정을 수행하는데, 대기업집단에 속하는 산업자본이 부실화되면, 계열은행은 계속적 자금지원으로 부실계열기업의 퇴출을 지연하고 자금배분의 왜곡과 은행 건전성의 악화를 초래할 수 있다.

셋째, 금산분리는 지배주주와 소액주주·고객간 이해상충 문제를 해소할 수 있다. 산업이 은행을 지배하게 되면, 은행의 경영진이 소액주주 및 채권자보다 지배주주인 산업자본의 이익을 우선적으로 고려할 수 있다. 예를 들면, 은행은 계열기업에 우대금리의 여신을 제공하고, 계열기업의 경쟁사에 여신을 불승인할 수 있다. 그리고 은행은 증권·현금 등 유동성자산을 불공정하거나 불법적인 방법으로 계열기업에 유용하거나 전용하여 고객관계에서 잠재적 이해상충 가능성이 있다.

---

1) 김선웅, "금산분리의 원칙은 강화되어야 한다," 「월간금융」(전국은행연합회), 2008. 2월호, 31면; 이병윤, "금산분리 관련 제도의 현황과 논점," 「금융연구」(한국금융연구원), 20권 별책(2006. 8), 22~23면, 26~29면; 동, "은·산분리와 로렌조 오일," 「주간 금융브리프」(한국금융연구원), 제15권 제16호(2006. 4), 7면; 김동환, 「산업·금융자본 결합규제에 관한 연구」(한국금융연구원), 2006. 6, 36~66면; 전성인, "산업자본과 금융자본의 분리에 관한 제도적 검토: 한국과 미국의 경우를 중심으로," 「산업조직연구」(산업조직학회), 제12집 제2호(2004. 6), 87면 외.

(3) 금산분리의 반대론에 대한 논거는 다음과 같다.[1)]

첫째, 금산분리정책이 국내자본을 배제하고 외국자본을 우대하는 역차별을 초래하였고, 은행이 외국자본에 넘어가면 수많은 기업정보가 유출될 뿐만 아니라 정부가 마음대로 금융정책을 펼치기도 어렵다.

둘째, 국내에 형성된 거대자본은 현실적으로 산업자본밖에 없으므로 이러한 산업자본을 활용하여 은행에 투자할 수 있도록 하여야 한다. 최근 세계적으로 금융산업의 중요성이 부각되고 있는 만큼 우리도 외국의 대형 금융회사와 경쟁하기 위해서는 대형 금융자본이 필요하고, 이를 위하여 국내 산업자본을 활용하는 방안을 모색하여야 한다.

셋째, 산업자본이 은행을 지배하여 은행 규모가 커지면 규모의 경제가 발생할 수 있고 이는 궁극적으로 금융소비자에게 이익이 될 수 있으며, 또한 산업자본이 은행에 추가적인 증자 등을 통하여 거대한 은행을 유지한다면 은행산업에 효율적인 생산을 가져온다.

(4) 생각건대, 금산분리를 완화하여야 한다고 본다. 금융규제는 규제환경이 변화함에 따라 그 내용을 변경할 수 있는데, 은행법상 주식보유한도제가 1982년 12월 은행법의 개정에 의하여 도입된 이후 수차에 걸쳐 변경된 것은 이를 반영한다. 우리가 외국의 대형 금융회사와 경쟁하기 위하여는 대형 금융자본이 필요한데 이를 위해서는 국내 산업자본을 활용하는 방법밖에 없고, 또한 우리나라에서 산업자본의 비은행금융회사 소유는 허용하면서 산업자본의 은행 소유만을 엄격히 제한하는 것도 불균형하다고 본다. 특히 은행법이 동일인 주식보유한도를 규제하면서 비금융주력자에 대하여 주식보유한도를 다시 규제하는 것은 이중규제 내지 중복규제에 해당한다고 본다. 산업자본의 은행주식 소유규제에 대한 국제기준도 없다. 금산분리를 완화하면 은행이 재벌의 사금고화 된다고 보는 것은 오늘날 현실에서 볼 때 무리라고 본다.[2)]

1) 현대경제연구원, "금산분리 논의의 쟁점과 개선방향," 「VIP리포트」, 2007. 10, 3면; 윤창현, "금산분리원칙은 완화되어야 한다," 「월간금융」(전국은행연합회), 2008. 2월호, 18면, 20면; 김용재, "산업자본의 은행소유와 관련한 법적 쟁점," 「증권법연구」(한국증권법학회), 제2권 제 2 호(2001), 209면 외.

2) 이에 관한 상세는 정찬형, "은행법상 금산분리의 문제점 및 개선방안," 「저스티스」(한국법학원), 통권 제104호(2008. 6), 21~25면 참조.

제 2 절 은행제도와 은행법

I. 은행제도

1. 주요국의 은행제도

가. 미 국

(1) 미국은 1929년 대공황의 여파로 시작된 은행도산이 고수익 추구를 위하여 위험이 큰 증권업에 지나치게 참여한 데 따른 것으로 판단하고, 1933년 「은행법」(Banking Act of 1933, Glass-Steagall Act) 제정을 통하여 은행의 증권업무 취급을 엄격히 금지하였다.

그러나 1970년대 중반 이후 금융혁신·금융증권화 등으로 금융산업간 경쟁이 격화되면서 은행지주회사가 자회사 등을 통하여 법규해석상 금지 여부가 모호한 증권업무에 진출하였다. 이는 대부분의 법원과 연방준비제도에 의하여 합법화되거나 제한이 완화되다가, 1999년 11월에 「금융개혁법」(Financial Service Modernization Act of 1999)이 제정되어 은행·증권·보험 상호간의 업무장벽이 철폐되어 이들간의 겸업이 가능하게 되었다. 겸업의 형태는 종전까지 지주회사 중심의 제한된 겸업화가 이루어졌으나, 이 법률의 발효로 은행의 증권중개업 영위 등 겸업확대와 함께 금융지주회사의 자회사 방식으로 제한 없이 해당 업종의 고유업무를 영위할 수 있게 되었다.

2008년 리먼 브라더스 사태로 촉발된 글로벌 금융위기의 재발을 막기 위하여 오바마 행정부가 2010년 7월 「금융개혁법」(Dodd-Frank Act of 2010)를 발표하였는데, 이 법의 주요내용은 금융회사에 대한 규제 및 감독 강화·금융감독기구 개편·중요 금융회사 정리절차 개선·금융지주회사 등에 대한 감독 강화·지급결제시스템에 대한 감독 강화 등이었다. 특히 이 법에서는 금융지주회사에 대한 감독 강화방안의 하나로 상업은행과 투자은행의 역할을 분리한 이른바 「볼커룰」(Volcker Rule)이 포함되어 있는 점이다.[1)]

(2) 미국의 은행은 설립의 근거법에 따라 국법은행(國法銀行)과 주법은행(州法銀行)의 이원적 상업은행제도(Dual Banking System)를 갖고 있다. 즉, 연방법(12 U.S.C. 3102, 12 CFR Part 28)에 의하여 통화감독청(OCC)의 설립인가와 감독을 받는

1) 은행법강의, 28~29면.

은행을 국법은행(National Bank)이라고 하고, 주(州)은행법에 의하여 해당 주정부의 설립인가와 감독을 받는 은행을 주법은행(State Bank)이라고 한다. 국법은행은 연방준비제도(FRS)에 의무적으로 가입하여야 하고, 또한 연방예금보험공사에도 가입하여야 한다. 주법은행은 연방준비제도의 가입이 임의적이나, 연방준비제도 가입시에는 연방예금보험공사에도 의무적으로 가입하여 연방준비제도와 연방예금보험공사의 감독을 받는다. 연방준비제도에 가입하지 않은 주법은행은 주법에 따라 연방예금보험공사에 부보할 수 있는데, 이 경우 연방예금보험공사의 감독을 받는다.[1]

이외에도 소액예금·주택금융 등을 취급하는 저축금융기관으로 저축대부조합(savings and loan association), 상호저축은행(mutual savings banks) 및 신용조합(credit union) 등이 있다.

나. 영　국

(1) 영국은 연혁적으로 단기상업금융과 소매금융업무를 전문적으로 취급하는 예금은행(clearing banks)과 기업금융과 증권인수업을 전문으로 하는 상인은행(merchant banks)이 있었는데, 1960년대 후반부터 예금은행들이 자회사를 통하여 상인은행의 업무에 진출한 이후 양 은행에 대한 업무구분 규제가 폐지되었고 1980년대에는 본격적으로 자회사를 통한 겸업주의가 확립되었다. 그런데 영국도 리먼사태 이후 대형은행이 파산하게 되어 겸업제한을 강화하는 방안을 마련하였다. 즉, 2013년 12월 은행개혁법(Banking Reform Act 2013)을 제정하여 은행의 예금취급업무와 투자금융업무를 분리하여 은행의 고유업무를 보호하는 장치를 마련하였다.[2]

(2) 영국의 은행에는 예금은행·상인은행(도매금융기관)·외국은행·금융회사·할인회사 등이 있고, 예금수취가 허용된 비은행금융기관으로 신탁저축은행·국민저축은행·주택대출조합 등이 있다.[3]

다. 독　일

(1) 독일은 은행이 여·수신업무 외에도 증권투자업을 내부적으로(in-house) 제한없이 영위할 수 있는 겸업주의의 대표적인 국가이다(독일 신용조직법〈KWG〉 1조 1항 참조). 그러나 은행이 보험업을 직접 겸영할 수는 없고, 보험회사와 업무제휴를

1) 은행법강의, 35면.
2) 은행법강의, 29면.
3) 은행법강의, 38면.

하여 보험상품을 판매한다.[1)]

(2) 독일의 은행은 크게 일반은행(universal banks)과 특수은행(special banks)으로 구분된다. 일반은행은 다시 상업은행·저축은행그룹·신용협동조합은행으로 분류되고, 상업은행은 다시 대형은행(Deutsche Bank, Commerzbank, Dresdner Bank 등)·지방은행 및 외국은행으로 분류된다. 특수은행은 모기지은행·건축대부조합 및 특수목적은행으로 분류된다. 일반은행과 특수은행은 모두 독일연방감독청의 감독을 받는다.[2)]

라. 일　본

(1) 일본은 근대적인 은행제도의 도입 당시 영국의 금융제도를 참조하여 은행의 증권업 겸영을 금지하는 전업주의 관행을 유지하여 오다가, 1945년 이후에는 미국의 금융제도의 영향을 받아 원칙적으로 은행의 증권업무 취급을 금지하는 전업주의 입법을 하였다. 그러나 1970년대 이후 국채 소화 촉진 등의 이유로 은행의 증권업무 취급범위가 점차 확대되다가, 1994년에는 은행의 증권업무 취급 자회사 설립이 허용되었고, 1997년 12월에는 미국형 은행지주회사제도를 도입하여 은행지주회사가 증권·보험 등 금융업을 영위하는 자회사를 소유할 수 있도록 하였다.[3)]

(2) 일본의 은행제도는 도시은행·장기신용은행·신탁은행·지방은행 및 특수금융기관으로 분류된다. 특수금융기관에는 신용금고·신용협동조합·농업협동조합·농림중앙금고 등이 있다.[4)]

마. 중　국

중국의 은행은 크게 정책은행·상업은행·농촌신용조합 및 기타 은행으로 분류된다. 정책은행은 정부의 전액 출자로 설립되고 개인예금은 취급하지 않으며 국가의 산업·지역발전정책을 수행하는 것을 목적으로 하는데, 이에는 국가개발은행·중국수출입은행·중국농촌발전은행 등이 있다. 상업은행은 우리나라의 일반은행에 해당하는데, 이에는 대형상업은행·주식제상업은행·도시상업은행·농촌상업은행 등이 있다. 농촌신용조합은 농민·농촌지역의 중소기업 등이 출자하여 주로 출자자를 위

1) 은행법강의, 30면.
2) 은행법강의, 37면.
3) 金融, 31면.
4) 金融, 32면.

한 금융서비스를 제공하는 금융기관이다. 기타 은행에는 농촌합작은행·신형농촌금융기관·우정저축은행·외자은행 등이 있다.[1]

2. 우리나라의 은행제도

(1) 우리나라의 금융업은 전업주의(분업주의)에 따라 은행업·보험업·금융투자업(증권업) 및 서민금융업으로 크게 분류된다.[2] 이 중 은행업은 "예금을 받거나 유가증권 또는 그 밖의 채무증서를 발행하여 불특정 다수인으로부터 채무를 부담함으로써 조달한 자금을 대출하는 것을 업(業)으로 하는 것"을 말하고(은행 2조 1항 1호), 이러한 "은행업을 규칙적·조직적으로 경영하는 한국은행 외의 모든 법인"을「은행」이라 한다(은행 2조 2호). 법인이 은행에 해당하는지 여부는 금융위원회가 결정하는데, 금융위원회는 이를 결정하기 위하여 필요하면 해당 법인에 장부와 그 밖의 서류를 제출하도록 요구할 수 있다(은행 7조). 상호저축은행 중앙회가 내국환업무 및 국가·공공단체 또는 금융기관의 대리업무 등 일정한 업무를 수행하는 경우에는 은행법 제2조에 따른 은행으로 본다(상호 36조 4항).

은행업무에는 고유업무(예금·적금의 수입 또는 유가증권 그 밖의 채무증서의 발행, 자금의 대출 또는 어음의 할인 및 내국환·외국환)(은행 27조 2항), 부수업무(채무의 보증 또는 어음의 인수, 상호부금, 팩토링, 보호예수, 수납 및 지급대행, 지방자치단체의 금고대행, 전자상거래와 관련한 지급대행 등)(은행 27조의 2 1항·2항) 및 겸영업무(자본시장법상 파생상품의 매매·중개업무, 파생결합증권의 매매업무, 국채증권·지방채증권 및 특수채증권의 인수·매출업무, 국채증권·지방채증권·특수채증권 및 사채권의 매매업무, 국채증권·지방채증권 및 특수채증권의 모집·매출 주선업무, 집합투자업, 투자자문업, 투자일임업, 신탁업, 집합투자증권에 대한 투자매매업 및 투자중개업 등, 보험업법에 의한 보험대리점의 업무, 여신전문금융업법에 의한 신용카드업 등)(은행 28조 1항, 은행시 18조의 2 1항~4항)를 운영하는데, 겸영업무를 통하여 보험업·금융투자업의 업무의 일부를 운영한다. 또한 금융지주회사법에 의하여 은행은 지주회사 또는 자회사의 방식으로 보험업 및(또는) 증권투자업 등의 다른 금융업 등을 영위할 수도 있다(금지 2조 1항 1호~6호, 금지시 2조 1항). 따라서 우리나라에서의 전업주의는 많이 완화되었거나, 또는 사실상 겸업주의를 취하고 있다고 보아야 할 것이다.[3]

---

1) 은행법강의, 36면.

2) 로스쿨 금융법, 12면.

3) 동지: 은행법강의, 27~28면.

(2) 우리나라의 은행에는 크게 그 설립근거법에 따라 은행법에 의하여 설립되는 일반은행과 개별 특별법에 의하여 설립되는 특수은행이 있다. 일반은행은 법인이어야 하는데(은행 4조), 은행법상 다른 규정(은행 15조 이하 등)에서 볼 때 은행은 주식회사임을 전제로 하고 있다. 은행은 모두 특별법상의 회사인데, 은행법상의 일반은행은 일반특별법상의 회사이고 특별법상의 특수은행은 특정특별법상의 회사이다.[1] 일반은행은 상법상 (당연)상인이므로(상 4조, 46조 8호) 상법이 적용되는데, 은행법 및 한국은행법이 상법이나 그 밖의 법령에 우선하여 적용된다(은행 3조 2항).

일반은행에는 전국을 영업구역으로 하는 시중은행, 일정한 지역을 영업구역으로 하는 지방은행 및 외국 법령에 따라 설립되어 외국에서 은행업을 경영하는 외국은행의 국내지점(은행 58조)이 있다.

특수은행에는 한국산업은행법(개정: 2020. 3. 24, 법 17112호)에 의한 한국산업은행, 중소기업은행법(개정: 2020. 3. 24, 법 17112호)에 의한 중소기업은행, 한국수출입은행법(개정: 2020. 6. 9, 법 17339호)에 의한 한국수출입은행이 있다. 신용협동조합(이하 '신협'이라 약칭함)과 새마을금고(이하 '금고'라 약칭함)는 조합원·회원으로부터 예탁금·적금을 수납하고 대출을 하는 등 신용사업을 영위하지만(신용협동조합법〈개정: 2021. 4. 20, 법 18125호〉 39조 1항, 새마을금고법〈개정: 2021. 10. 19, 법 18492호〉 28조 1항), 이러한 신협·금고는 비영리법인일 뿐만 아니라 또한 이러한 신용사업도 불특정 다수인이 아닌 그 조합원·회원만을 대상으로 하므로 은행이 될 수 없다.[2] 또한 이들의 중앙회도 신협·금고로부터 예탁금 등 여유자금을 수납하고 대출을 하는 등 신용사업을 영위하고(신용협동조합법 78조 1항, 새마을금고법 67조 1항) 일정한 신용사업 부문은 은행으로 간주되지만(신용협동조합법 6조 3항, 새마을금고법 6조 1항), 신협·금고의 중앙회는 비영리법인이고 중앙회의 신용사업도 그 회원인 신협·금고를 대상으로 하므로 그 대상이 제한적이며 또한 「중앙회의 신용사업부문」은 독립된 법인이 아니므로 「중앙회의 신용사업부문」은 은행법상 은행이 될 수 없다고 본다.[3] 또한 보험업법에 의한 보험사업자, 상호저축은행법에 의하여 상호저축은행업무만을 경영하는 회사 또는 자본시장과 금융투자업에 관한 법률에 의하여 신탁업무만을 경영하는 회사는 은행으로 보지 아니한다(은행 6조). 이러한 특수은행은 자금운용면에서 일반은행의 취약점(재원·수익성 및 전문성 등의 제약)을 보완하는 전문금융기관으

---

1) 상법강의(상)(제25판), 481면.

2) 동지: 은행법강의, 65면.

3) 동지: 주석(은행), 207면.

로서의 기능을 담당하여 왔으나, 최근에는 경제환경의 변화로 전통적인 정책금융 수요가 감소하고 일반은행이 특수은행의 업무영역에 많이 진출함에 따라 특수은행의 업무성격이 일반은행과 큰 차이가 없게 되었다.[1] 한국산업은행·중소기업은행에 대하여는 은행법과 금융회사의 지배구조에 관한 법률이 원칙적으로 적용되는데(산은 3조 1항, 기은 3조 3항), 한국수출입은행에 대하여는 한국은행법·은행법과 금융회사의 지배구조에 관한 법률이 적용되지 아니한다(수은 2조 3항).

Ⅱ. 은 행 법

1. 은행법의 의의

(1) 광의의 은행법과 협의의 은행법

광의의 은행법이란 「은행업을 규율하는 법규의 전체」라고 볼 수 있는데, 이에는 은행공법과 은행사법이 있다.

「은행공법」이란 은행업에 관한 공법적 법규의 총체인데, 이에는 은행업의 인가 등에 관한 법규정·은행업 감독법규정 등이 있는데 이는 주로 은행법에 있다.

「은행사법」이란 은행업에 관한 사법적 법규의 총체인데, 이에는 크게 은행기업조직법과 은행기업활동법이 있다. 이러한 은행사법을 협의의 은행법이라고 볼 수 있다. 은행기업조직법에 관한 법규는 주로 은행법과 금융회사의 지배구조에 관한 법률 등에 규정되어 있는데, 이에 규정이 없는 사항은 상법(회사편)의 규정이 적용된다. 은행기업활동법에 관하여는 은행법에서는 은행이 운영할 수 있는 업무의 범위 등에 대하여만 규정하고 있고(은행 27조~33조의 5), 은행업무에 관한 일반적인 사법적 법률관계에 대하여는 규정하고 있지 않다. 따라서 이에 관하여는 민법·상법·은행약관 및 은행의 내규 또는 규약 등이 적용된다. 은행과 고객과의 거래에서 당사자간의 권리·의무에 대하여는 특히 은행약관이 적용되는데, 이러한 은행약관은 보험약관이나 운송약관과 같은 사전의 행정적 규제도 없다.[2] 은행업무에 관한 사법적 법률관계에 적용되는 민법·상법 등은 후술하는 바와 같이 (실질적 의의의) 은행법의 법원(法源)이 되나, 은행약관은 그 자체가 법규범이 될 수는 없으므로 (실질적 의의의) 은행법의 법원이 될 수는 없고 약관이 당사자간의 계약

1) 금융제도, 84면.

2) 상법강의(상)(제25판), 51~52면 참조.

의 내용이 되기 때문에(법률행위설, 의사설 또는 계약설) 당사자를 구속하는 것으로 보아야 할 것이다.[1] 은행의 내규 또는 규약도 (실질적 의의의) 은행법의 법원이 될 수는 없다.

입법론으로는 미국의 통일상법전(Uniform Commercial Code: U.C.C.)과 같이 우리나라의 경우도 은행업무와 관련한 기본적인 사법적 법률관계를 은행법 등 법률에서 규정하고 은행약관에 대하여도 사전에 행정적 규제를 받도록 하여야 할 것으로 본다. 이와 같이 하는 것이 다른 금융업에 관한 법률과 형평에 맞고 또한 은행거래에 따른 당사자의 권리·의무 및 책임을 명확히 하며 나아가 은행업의 발전과 국제화에 부응하는 것이라고 본다.[2]

(2) 실질적 의의의 은행법과 형식적 의의의 은행법

실질적 의의의 은행법이란 「은행법이라는 성문법의 존재 유무를 불문하고 은행의 조직과 활동 등에 관하여 규율하는 법규의 전체」라고 볼 수 있다. 따라서 이러한 의미의 은행법에는 성문법인 은행법 외에도 많은 특별법, 은행거래에 적용되는 민법·상법의 규정 및 이러한 법규를 보충하는 많은 시행령·규칙·규정(예컨대, 금융위원회의 은행업감독규정 등) 등을 포함한다고 볼 수 있다. 이러한 법령은 대부분 (실질적 의의의) 은행법의 법원(法源)이 된다고 볼 수 있고, 이에는 공법적 규정과 사법적 규정을 모두 포함한다고 볼 수 있다. 은행의 조직을 규율하는 법률로는 은행법 이외에도 상법(개정: 2020. 12. 29, 법 17764호), 금융회사의 지배구조에 관한 법률(개정: 2020. 12. 29, 법 17799호), 금융지주회사법(개정: 2021. 4. 20, 법 18116호), 금융복합기업집단의 감독에 관한 법률(제정: 2020. 12. 29, 법 17800호), 한국은행법(개정: 2018. 3. 13, 법 15427호), 한국산업은행법(개정: 2020. 3. 24, 법 17112호), 중소기업은행법(개정: 2020. 3. 24, 법 17112호), 한국수출입은행법(개정: 2020. 6. 9, 법 17339호), 금융위원회의 설치 등에 관한 법률(개정: 2021. 4. 20, 법 18113호), 금융산업의 구조개선에 관한 법률(개정: 2021. 4. 20, 법 18115호) 등이 있다. 은행의 활동(업무)을 규율하는 법률로는 은행법 이외에도 민법(개정: 2021. 1. 26, 법 17905호), 상법(개정: 2020. 12. 29, 법 17764호), 자본시장과 금융투자업에 관한 법률(개정: 2021. 12. 21. 법 18585호), 보험업법(개정: 2021. 8. 17, 법 18435호), 금융소비자 보호에 관한 법률(제정: 2020. 12. 29, 법 17799호, 시행:2021. 3. 25), 한국은행법, 금융위원회의 설치 등에 관한 법률, 주식회사 등의 외부감사에 관한 법률(개정: 2020. 5. 19, 법 17298호), 신

1) 상법강의(상)(제25판), 46~47면.

2) 동지: 은행법강의, 43면.

탁법(개정: 2017. 10. 31, 법 15022호), 외국환거래법(개정: 2021. 6. 15, 법 18244호), 금융실명거래 및 비밀보장에 관한 법률(개정: 2021. 1. 26, 법 17914호), 예금자보호법(개정: 2021. 8. 17, 법 18436호), 약관의 규제에 관한 법률(개정: 2020. 12. 29, 법 17799호), 독점규제 및 공정거래에 관한 법률(개정: 2021. 12. 28, 법 18661호), 여신전문금융업법(개정: 2020. 3. 24, 법 17112호), 담보부사채신탁법(개정: 2021. 4. 20, 법 18120호), 전자금융거래법(개정: 2020. 6. 9, 법 17354호), 전자상거래 등에서의 소비자보호에 관한 법률(개정: 2020. 12. 29. 법 17799호), 채권의 공정한 추심에 관한 법률(개정: 2020. 2. 4. 법 16957호), 서민의 금융생활 지원에 관한 법률(개정: 2021. 6. 8. 법 18227호), 채무자 회생 및 파산에 관한 법률(개정: 2021. 12. 28. 법 18652호), 신용보증기금법(개정: 2021. 12. 31. 법 18667호), 기술보증기금법(개정: 2021. 10. 19. 법 18511호), 보증인 보호를 위한 특별법(개정: 2020. 2. 11. 법 16998호), 신용정보의 이용 및 보호에 관한 법률(개정: 2020. 12. 29. 법 17799호), 유사수신행위의 규제에 관한 법률(개정: 2010. 2. 4. 법 10045호), 특정금융거래정보의 보고 및 이용 등에 관한 법률(개정: 2021. 12. 28. 법 18662호) 등이 있다.

형식적 의의의 은행법이란 「은행법이란 명칭의 성문법」을 말한다. 우리 은행법은 1950년 5월 5일 법률 제139호로 (한국은행법과 함께) 제정·공포되었는데, 그 후(최근개정: 2021. 4. 20, 법 18126호) 20회 이상의 개정이 있었다.[1] 은행법은 제1장 총칙, 제2장 은행업의 인가 등, 제3장 은행 주식의 보유한도 등, 제4장 지배구조, 제5장 은행업무, 제6장 건전경영의 유지, 제7장 감독·검사, 제8장 합병·폐업·해산, 제9장 외국은행의 국내지점, 제10장 보칙, 제11장 과징금 등의 부과 및 징수, 제12장 벌칙으로 규정되어 있다. 이러한 은행법의 내용은 주식회사인 은행의 조직과 활동에 대하여 상법(회사법)의 「특별법적 성격」을 갖는 규정도 있으나(이러한 규정도 대부분 강행규정이고, 은행의 영업행위에 대하여는 주로 규제와 조정을 목적으로 한 규정임), 대부분 「행정법적 성격」을 갖는 규정(은행업의 영위에 대한 인가, 은행의 업무에 대한 각종 제한과 감독, 은행과 그 임직원에 대한 제재, 과징금·이행강제금·과태료의 부과·징수에 관한 규정 등)과 「형사법적 성격」을 갖는 규정(준수사항과 금지사항을 위반하는 경우의 징역형과 벌금형에 관한 규정)으로 구성되어 있다.[2] 따라서 은행법에 은행거래에 따른 당사자간의 권리·의무·책임 등에 관한 (사법적) 규정은 없고 이에 관하여는 거의 전부 은행약관에 의하여 해결하고 있는데, 앞에서 본 바와 같이 입법론상

1) 이에 관한 상세는 은행법강의, 45~51면 참조.

2) 동지: 은행법강의, 44~45면.

이러한 사법적 규정을 은행법에서 규정하여야 할 것으로 본다.

2. 은행법의 목적

은행법은 제 1 조(목적)에서 "이 법은 은행의 건전한 운영을 도모하고 자금중개기능의 효율성을 높이며 예금자를 보호하고 신용질서를 유지함으로써 금융시장의 안정과 국민경제의 발전에 이바지함을 목적으로 한다"고 규정하여, 은행법의 목적을 한 마디로 표현하고 있다. 은행법은 그 목적을 세 단계로 나누어 「금융시장의 안정과 국민경제의 발전」을 지도원리로 하고, 그 지도원리를 구현하기 위한 정책과제로 「자금중개기능의 효율성 제고」·「예금자 보호」 및 「신용질서의 유지」를 제시하며, 이들 세 가지 정책과제를 이룩하기 위한 직접적인 수단(실천과제)으로 「은행의 건전한 운영」을 실천과제로 규정하고 있다.[1] 이하에서 차례로 간단히 살펴본다.

(1) 은행의 건전한 운영

은행의 건전한 운영은 기업으로서의 은행의 존립과 공정거래에 대한 시장의 신뢰를 확보함을 의미한다. 특히 은행은 예금자의 인출요구가 있을 경우 언제든지 응할 수 있는 지급능력에 대한 신뢰를 주어야 하고, 고객과 거래를 함에 있어 우월적 지위를 남용하여서는 아니 된다.[2]

은행법은 은행의 건전한 운영을 유도하기 위하여 두 가지 측면에서 규정하고 있는데, 하나는 「제도상의 규제」이고, 다른 하나는 「감독당국의 은행에 대한 감독·검사활동」이다.

「제도상의 규제」는 다시 조직·재무구조에 관한 규제와 소비자인 고객과의 업무행위에 대한 규제로 나눌 수 있다. 제도상의 규제 중 조직·재무구조에 관한 규제에는 진입·퇴출 규제, 소유 및 경영지배구조 규제, 자기자본 규제, 자산건전성 및 유동성 규제, 동일차주·대주주에 대한 여신 제한 및 기타 자산운용 규제 등이 있다. 제도상의 규제 중 소비자인 고객과의 업무행위에 대한 규제에는 경영공시 기타 정보공개 규제, 은행약관 규제 등이 있다.

「감독당국의 은행에 대한 감독·검사활동」은 금융감독원이 은행이 금융관련 법령을 준수하고 있는지 여부를 감독하고, 은행의 업무와 재산 상황을 검사하는 것 등이다. 이러한 것은 모두 은행의 건전한 운영을 확보하기 위한 제도적 장치

---

1) 은행법강의, 51~52면; 주석(은행), 41면.

2) 주석(은행), 42면.

이다.[1)]

(2) 자금중개기능의 효율성 제고

은행은 예금 등을 통하여 일반공중으로부터 모집한 자금을 대출의 형식으로 공급함을 주된 업무로 하므로, 개별 자금공급자로서는 공급할 수 없는 자금을 자금수요자가 필요로 하는 기간 동안 제공하여 자금조달비용을 절감함으로써 자금수요자의 원활한 경제활동에 기여한다. 은행의 이러한 자금중개기능은 기업의 투자 및 생산을 촉진함으로써 국민경제의 양적인 성장과 발전에 기여한다. 은행은 공익적 성격을 갖고 있으므로 자금중개과정에서 차입자인 기업의 자금사용을 조정·감시함으로써 국민경제 내에서 한정된 자원의 효율적인 배분에 기여한다. 따라서 은행법은 은행의 자금중개기능의 효율성 제고를 목적으로 한다.[2)]

(3) 예금자 보호

은행예금은 다양한 금융상품 중 상대적으로 상환의 안정성과 수익의 안정성이 높은 것으로 인식되어 있는 상품으로 누구나 쉽게 가입할 수 있으므로, 그 가입자 수가 많고 모든 계층의 국민이 가입하고 있다. 따라서 은행예금은 가계의 재산형성 초기단계에 많이 활용되는 수단이고 가계가 보유하는 금융자산으로서 매우 중요한 부분을 차지한다. 이러한 점에서 예금의 안전성이 확보되지 않을 경우, 이는 경제적인 이익 상실 정도가 아니라 사회적인 문제로 확대될 수 있다. 한편, 은행은 높은 부채의존도·예금과 대출의 만기 불일치·은행간 위험 전이 가능성 등으로 인하여 위험이 있음에도 불구하고, 예금자는 은행경영에 대한 평가능력과 관심의 결여 등으로 은행의 위험에 대한 자기방어능력이 취약하다. 이러한 예금자 보호는 은행의 자금중개기능의 효율성 제고 및 신용질서의 유지의 전제가 되고 있다. 따라서 은행법에 의한 예금자 보호는 궁극적으로 은행의 지급불능사태의 발생을 예방함으로써 예금자의 손해발생을 사전에 예방함을 목적으로 한다. 이와 함께 예금자를 사후에 보호하는 제도에는 예금자보호법에 의한 예금보호제도, 금융감독기구의 설치 등에 관한 법률에 의한 금융분쟁 조정제도 등이 있다.[3)]

(4) 신용질서의 유지

은행은 예금자로부터 신용을 인수하고 자금수요자에게 신용을 제공함으로써 자금중개기능인 신용의 전환기능을 수행하는데, 이의 전제는 자신의 신용을 유지하

1) 주석(은행), 42면; 은행법강의, 56면.

2) 주석(은행), 43면.

3) 주석(은행), 43~44면.

면서 자금차입자의 신용능력을 감시함으로써 신용질서를 유지하는 점이다. 또한 은행은 중앙은행과 자금의 최종수요자 사이에서 통화신용의 전달경로로서 역할을 하고, 가계·기업 등 경제주체간의 신용거래로부터 발생하는 채권·채무를 청산하는 지급결제과정에서도 신용과 관련된 중요한 기능을 담당한다. 따라서 개별은행에 발생한 신용위험은 이러한 지급결제시스템을 통하여 은행권 전체 또는 다른 금융권에도 파급되어 전체 신용질서를 파괴할 수 있다.[1] 우리가 IMF 외환위기시 경험한 바와 같이 은행의 신용위험은 예금인출사태·은행의 퇴출·신용질서의 파괴·경제활동의 경색·대규모의 실업 및 불황으로 연결되어 국민경제에 막대한 손실을 초래한다.[2] 따라서 은행법은 신용질서의 유지를 그 정책과제의 하나로서 규정하고 있는 것이다.

(5) 금융시장의 안전과 국민경제의 발전

은행법은 위에서 본 자금중개기능의 효율성 제고·예금자 보호 및 신용질서의 유지라는 정책과제를 통하여 종국적으로는 금융시장의 안정과 국민경제의 발전에 이바지함을 목적으로 한다.

금융감독정책과 중앙은행의 통화신용정책이 추구하는 목적으로 「금융안정」(financial stability)이 있는데, 이에는 「금융시장의 안정」(market stability)과 「금융기관의 안정」(institution stability)이 있다. 「금융시장의 안정」이란 금융시장에서 형성되는 가격(예컨대, 금리·주가·환율 등)이 국민경제의 기초여건(fundamental)을 제대로 반영하고 있어 기초여건이 변하지 않는 한 가격변동이 심하지 않은 상태를 말한다. 「금융기관의 안정」이란 개별 금융기관이 자체능력으로 별 어려움이 없이 정상적인 영업활동을 할 수 있고 시장참가자들이 이를 신뢰하는 상태를 말한다.[3] 「금융기관(은행)의 안정」은 은행법이 실천과제로 규정하고 있는 「은행의 건전한 운영」에 해당하는 것으로 보면 「금융시장의 안정」에는 「금융기관(은행)의 안정」이 포함되지 않는 것으로 볼 수 있는 여지도 있으나, 금융기관(은행)의 안정은 금융시장의 안정과 상호 밀접하게 관련되어 있는 점을 감안하면 「금융시장의 안정」에는 넓게 「금융기관(은행)의 안정」을 포함한다고 볼 수 있다.

「금융경제의 발전」은 은행법 등 금융관계법뿐만 아니라 일반 경제관계법에서 거의 공통적으로 규정하고 있는 목적이다.

---

1) 주석(은행), 45면.
2) 은행법강의, 55면.
3) 주석(은행), 46면.

은행법은 이와 같이 「금융시장의 안정」과 「국민경제의 발전」을 지도원리로 하고 있으므로, 은행법은 공공성을 갖는 은행업을 규제하는 경제규제법의 하나라고 볼 수 있다.[1)]

1) 이에 관한 상세는 은행법강의, 52~53면 참조.

제 2 장 은행조직법

제 1 절 은행의 설립

I. 총 설

은행은 법인이어야 하는데(은행 4조), 은행법의 제 규정(은행 8조 2항, 15조 이하)에서 볼 때 법인 중에서도 주식회사임을 전제로 하고 있다. 따라서 은행을 설립하기 위하여는 상법상 주식회사의 설립절차를 밟아야 한다(엄격준칙주의). 그런데 은행업을 영위하기 위하여는 금융위원회의 인가를 받아야 하므로(은행 8조), 은행의 설립에 관한 입법주의는 실질적으로 설립면허주의의 입법을 취하고 있다고 볼 수 있다. 은행의 설립에 관하여는 특별법인 은행법 등이 상법에 우선하여 적용되므로 은행법 등 특별법에 규정이 있는 사항에 대하여는 상법의 적용이 배제된다. 따라서 은행의 설립에는 주식회사의 설립에 관한 엄격준칙주의가 그대로 적용된다고 볼 수 없다.

주식회사의 설립에 관한 사항은 상법(회사법)에 미루고,[1] 이하에서는 은행법상 규정된 사항에 대하여만 살펴본다.

II. 은행업의 인가

1. 인가의 의의 및 필요성

(1) 은행업을 경영하려는 자는 금융위원회의 「인가」를 받아야 한다(은행 8조 1항). 이 때 인가의 대상은 앞에서 본 바와 같이 장차 은행업을 목적으로 하는 법인(은행)의 설립에 관한 것이 아니고, 그 법인(은행)이 영위하는 영업(은행업)에 관한 것

1) 상법강의(상)(제25판), 659~710면.

이다.[1] 이 때의 은행업은 "예금을 받거나 유가증권 또는 그 밖의 채무증서를 발행하여 불특정 다수인으로부터 채무를 부담함으로써 조달한 자금을 대출하는 것을 업(業)으로 하는 것"을 말하는데(은행 2조 1항 1호), 은행의 고유업무를 말한다[2](은행 27조 2항). 은행업무 중 부수업무는 별도의 인가 없이 영위할 수 있고(다만, 은행 27조의 2 2항 각 호에서 규정하고 있는 업무 이외에는 그 업무를 운영하려는 날의 7일 전까지 금융위원회에 신고하여야 한다), 신탁업무·신용카드업무 등 겸영업무는 은행업이 아니고 동 업무를 영위하기 위하여는 관련 법령에서 별도의 인가 등을 받아야 한다(은행 28조).

그러나 은행이 목적하는 사업(은행업)에 대하여 금융위원회의 인가를 받지 못하면 은행업을 영위할 목적으로 하는 법인(주식회사)의 설립은 무의미하게 될 것이다. 또한 은행업을 영위할 목적으로 설립하는 법인(주식회사)의 설립등기에는 주무관청의 허가서 또는 그 인증이 있는 등본을 첨부하도록 하고 있어(비송 63조 2항 3호) 은행업에 관한 인가가 없으면 은행업을 영위하고자 하는 주식회사의 설립이 불가능하게 된다.[3]

행정법상 「인가」는 '제 3 자의 법률행위에 동의를 보충하여 그 행위의 효력을 완성시키는 행정행위'이고, 「허가」는 '일반적 금지를 특정한 경우에 해제하여 적법하게 일정한 행위를 할 수 있게 하여 주는 처분'이며, 「특허」는 '제 3 자에게 직접 권리·능력·법적 지위·포괄적 법률관계를 설정하는 행위'라고 볼 수 있는데, 실제로 법령이나 실무에서는 이러한 용어에 맞게 사용되는 것은 아니다. 은행업에 관하여도 은행법에서는 「인가」라는 용어를 사용하고 있으나(은행 8조), 이는 행정법상 일반적 금지를 해제하는 「허가」라고 볼 수 있다.[4] 그러나 은행업에 대한 인가가 없는 자가 하는 여·수신행위를 사법상(私法上) 무효로 볼 수는 없다.[5]

(2) 은행은 그 신용에 기초하여 일반국민으로부터 자금을 예탁받아 각 경제주체에게 필요한 자금을 공급하는 기능을 담당하므로, 은행에 대하여는 일반기업과는 다르게 영리성과 함께 공공성이 강조되는 것이다.[6] 또한 자본금이나 주주구성 또는 경영진의 자질 등에 비추어 공적인 신용기관인 은행이 되기에 부적절한 자가 일단

---

1) 동지: 주석(은행), 134면; 은행법강의, 78면.
2) 동지: 주석(은행), 134면.
3) 동지: 은행법강의, 78면.
4) 동지: 은행법강의, 79면; 주석(은행), 134면; 00, 75면(일본의 은행법 제 4 조 제 1 항은 '면허〈免許〉'라는 용어를 사용하고 있으나, 이는 행정법상 '허가'로 보고 있다).
5) 동지: 은행법강의, 79면; 주석(은행), 134면.
6) 로스쿨 금융법, 73면.

은행을 설립한 후 제 기능을 다하지 못할 경우, 정부가 이를 사후적으로 감독하여 경영을 정상화한다는 것은 매우 어려운 일이고, 이의 결과 예금자 등 은행이용자에게는 큰 피해를 입히고, 이는 사회경제적으로 엄청난 해악을 끼치게 된다. 따라서 정부는 은행의 설립단계에서 불건전한 은행이 발생하지 않도록 사전에 규제함으로써 사회경제적 장래의 불안을 제거하고자 하는 것이다.

은행업에 관한 진입규제의 특성으로는 자본금, 소유구조 및 지배구조의 특수성을 들 수 있다. 즉, 은행법은 은행업을 영위하기 위하여는 일정한 자본금을 요하고(은행 8조 2항 1호) 또한 대주주는 충분한 출자능력이 있음을 요하며(은행 8조 2항 4호), 산업자본의 은행지배를 방지하기 위하여 동일인 주식보유한도를 제한하고 있고(은행 15조, 16조의 2), 경영의 투명성을 확보하기 위하여 사외이사 중심의 이사회제도(원칙적으로 사외이사 중에서 이사회 의장을 선임하도록 함)(지배 12~13조)와 이사회 의결에 의한 주요업무집행자의 임면(지배 8조 1항) 및 이사회내 위원회로서 임원후보추천위원회·감사위원회·위험관리위원회·보수위원회를 의무적으로 설치하도록 하고 있다(지배 16조 1항).

2. 인가의 요건 및 절차

(1) 은행업을 경영하려는 자는 금융위원회의 인가를 받아야 하는데(은행 8조 1항), 은행업 인가를 받으려는 자는 다음 각 호의 요건을 모두 갖추어야 한다(은행 8조 2항).

① 자본금이 1,000억원 이상이어야 하는데, 지방은행의 자본금은 250억원 이상이어야 한다. 우리 상법상 주식회사의 설립에는 최저자본금에 관한 제한이 없다.

② 은행업 경영에 드는 자금 조달방안이 적정하여야 한다.

③ 주주 구성계획이 은행법 제15조(동일인의 주식보유한도 등), 동 제15조의 3(경기관전용 사모집합투자기구 등의 주식보유에 대한 승인 등) 및 제16조의 2(비금융주력자의 주식보유제한 등)에 적합하여야 한다.

④ 대주주가 충분한 출자능력이 있고, 건전한 재무상태 및 사회적 신용을 갖추어야 한다.

⑤ 사업계획이 타당하고 건전하여야 한다. 이 때의 「사업계획」에는 추정재무제표와 수익전망이 타당하고 실현가능성이 있어야 하며, 은행법 제34조 제 2 항(자본의 적정성·자산의 건전성·유동성 및 그 밖의 경영의 건전성 확보를 위하여 필요한 사항)에 따른 경영지도기준을 충족하여야 하고, 위험관리와 금융사고 예방 등을 위한 적절

한 내부통제장치가 마련되어야 하며, 은행이용자 보호를 위한 적절한 업무방법을 갖추어야 한다(은행 8조 2항 5호, 은행시 1조의 7 1항).

⑥ 발기인(개인인 경우만 해당한다) 및 임원이 금융회사의 지배구조에 관한 법률 제 5 조(임원의 자격요건)에 적합하여야 한다.

⑦ 은행업을 경영하기에 충분한 인력, 영업시설, 전산체계 및 그 밖의 물적 설비를 갖추어야 한다. 이를 위하여 은행업에 관한 전문성과 건전성을 갖춘 인력과 은행업을 경영하기 위한 전산요원 등 필요한 인력을 적절하게 갖추어야 하고, 은행업을 경영하기 위하여 필요한 전산설비와 통신수단·전산설비 등의 물적 설비를 안전하게 보호할 수 있는 보안설비 및 정전이나 화재 등의 사고가 발생할 경우 업무의 연속성을 유지하기 위하여 필요한 보완설비의 물적 설비를 갖추어야 한다(은행 8조 2항 7호, 은행시 1조의 7 2항).

이 외에도 은행업 인가의 세부요건은 금융위원회가 정하여 고시하는데(은행시 1조의 7 3항), 이에는 은행업인가지침이 있다.

(2) 은행업 영위 인가의 절차는 크게 예비인가(사전인가 또는 내인가)[1]와 (본)인가의 2단계로 구분된다.

은행법 제 8 조에 따른 인가(본인가)를 받으려는 자는 미리 금융위원회에 예비인가를 신청할 수 있다(은행 11조의 2 1항). 예비인가를 신청하려는 자는 (i) 상호, (ii) 본점과 지점 등 영업소의 소재지, (iii) 발기인(개인인 경우만 해당한다) 및 임원에 관한 사항, (iv) 자본금 등 재무에 관한 사항, (v) 사업계획에 관한 사항 (vi) 인력·영업시설·전산체계 및 그 밖의 물적 설비에 관한 사항, (vii) 주주 구성계획 및 (viii) 그 밖에 예비인가 요건의 심사에 필요한 사항으로서 금융위원회가 정하여 고시하는 사항을 적은 예비인가 신청서를 금융위원회에 제출하여야 한다(은행 11조의 2 5항·11조, 은행시 3조의 2 1항). 이러한 예비인가 신청서에는 (i) 정관이나 정관안, (ii) 본점과 지점, 그 밖의 영업소의 소재지와 명칭을 적은 서류, (iii) 발기인총

---

1) 예비인가란 인가사항에 대한 사전심사 및 확실한 실행을 위하여 인가 이전에 예비적으로 하는 인가권자의 의사표시를 말하는데, 인가의 효력을 갖지 아니한다. 은행업의 인가를 받기 위하여는 많은 비용과 시간이 소요되는데, 인가를 위한 이러한 준비활동이 수포로 돌아가지 않도록 하기 위하여, 미리 인가권자의 의사를 타진하는 절차로 예비인가제도를 두고 있다고 볼 수 있다(은행법강의, 81면).

이러한 예비인가는 일반적으로 행정기관이 상대방에게 자기구속을 할 의도로 장래에 특정행위를 할 것을 약속하는 의사표시로서 상대방의 기대이익을 보장하기 위하여 하는 행정상의 확약의 일종인데, 예비인가제도는 국민의 권리·이익과 밀접하게 관련되므로 은행법에 제도운영의 명시적인 근거가 있어야 하고(은행 11조의 2, 은행시 3조의 2) 예비인가절차를 경유할 것인지 여부는 신청인의 의사에 맡겨야 할 것으로 본다[동지: 주석(은행), 140면].

회, 창립주주총회 또는 이사회의 의사록 등 설립이나 인가 신청의 의사결정을 증명하는 서류, (iv) 발기인(개인인 경우만 해당한다) 및 임원이 금융회사의 지배구조에 관한 법률 제 5 조(임원의 자격요건) 제 1 항 각 호의 어느 하나에 해당하지 아니함을 증명하는 서류, (v) 최근 3개 사업연도의 재무제표와 그 부속명세서(설립중인 법인은 제외하며, 설립일부터 3개 사업연도가 지나지 아니한 법인의 경우에는 설립일부터 최근 사업연도까지의 재무제표와 그 부속명세서를 말한다), (vi) 업무 개시 후 3개 사업연도의 사업계획서(추정재무제표를 포함한다) 및 예상수지계산서, (vii) 인력·영업시설·전산체계 및 그 밖의 물적 설비 등(채용·구매 등이 예정된 인력 및 물적 설비 등을 포함한다)의 현황을 확인할 수 있는 서류, (viii) 주주 구성계획이 은행법 제15조(동일인의 주식보유한도 등)· 제15조의 3(기관전용 사모집합투자기구 등의 주식보유에 대한 승인 등) 및 제16조의 2(비금융주력자의 주식보유제한 등)에 적합함을 증명하는 서류 및 (ix) 그 밖에 예비인가 요건의 심사에 필요한 서류로서 금융위원회가 정하여 고시하는 서류를 첨부하여야 한다(은행 11조의 2 5항·11조, 은행시 3조의 2 2항). 금융위원회는 예비인가 신청에 따른 예비인가 여부를 결정할 때 예비인가를 받으려는 자가 본인가 요건을 모두 충족할 수 있는지를 확인하여야 한다(은행 11조의 2 2항). 금융위원회는 예비인가 신청에 따른 예비인가에 조건을 붙일 수 있는데(은행 11조의 2 3항), 예비인가를 받은 자가 본인가를 신청하는 경우에는 이러한 예비인가 조건을 이행하였는지와 본인가 요건을 모두 충족하는지를 확인한 후 본인가 여부를 결정하여야 한다(은행 11조의 2 4항).

은행업 (본)인가를 받으려는 자는 신청서를 금융위원회에 제출하여야 하는데(은행 11조 1항), 이러한 신청서의 기재사항과 첨부서류는 예비인가 신청서의 그것과 거의 동일하다(은행 11조 2항, 은행시 3조 1항·2항). 다만 예비인가에 조건을 붙인 경우에는 그 조건의 이행을 증명하는 서류를 (본)인가 신청서에 첨부하여야 한다(은행시 3조 2항 9호). 예비인가를 신청한 자로서 은행업 인가를 받으려는 자는 예비인가를 신청할 때 제출한 예비인가 신청서 및 첨부서류의 내용이 변경되지 아니한 경우에는 그 부분을 구체적으로 제시하여 이를 참조하는 뜻을 적는 방법으로 (본)인가신청서의 기재사항 중 일부를 적지 아니하거나 첨부서류 중 일부의 제출을 생략할 수 있다(은행 11조 2항, 은행시 3조 3항). 금융위원회는 (본)인가를 하는 경우에 금융시장의 안정·은행의 건전성 확보 및 예금자 보호를 위하여 필요한 조건을 붙일 수 있다(은행 8조 4항). 이러한 조건이 붙은 은행업 인가를 받은 자는 사정의 변경·그 밖의 정당한 사유가 있는 경우에는 금융위원회에 그 조건의 취소 또는 변경을 신청할 수 있는데, 이 경우 금융위원회는 2개월 이내에 조건의 취소 또는 변경 여부를 결정하고 그 결과를 지체 없이 신청인에게 문서로 알려야 한다(은행 8조 5항). 금융위원회의 은행업 인가는 법규재량행위에 해당한다고 볼 수 있는데,[1] 금융위원회가 인가시에 자의로 조건을 붙인다면 이러한 법규재량행위에 반할 수 있다. 따라서 금융위원회는 심사의 기준에 비추어 공익상 필요가 있다고 인정할 때에만 인가에 조건을 붙이거나 이에 변경을 가할 수 있다고 본다.[2]

이외에 은행업 인가신청과 심사에 필요한 사항은 금융위원회가 정하여 고시하는데(은행 8조 3항, 11조 2항, 은행시 3조 4항), 이에는 은행업인가지침이 있다.[3] 은행업 인가절차를 하나의 표로 나타내면 다음과 같다.

[은행업 인가절차]

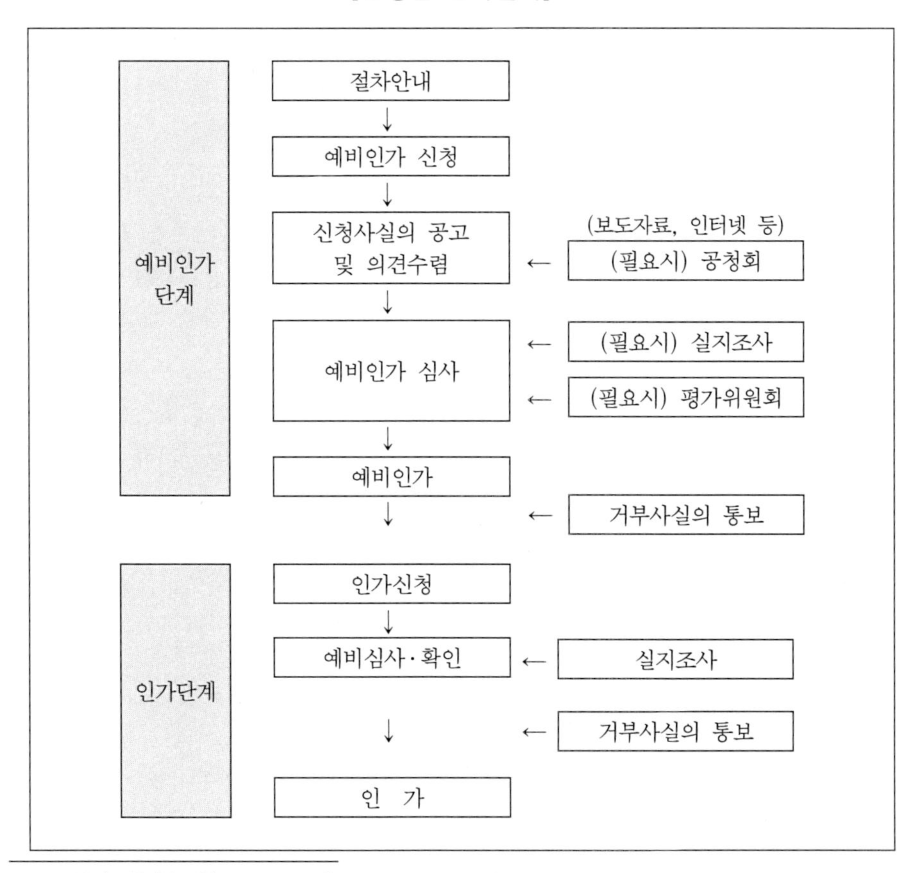

1) 동지: 주석(은행), 138~139면.

2) 동지: 은행법강의, 82면.

3) 이에 따른 인가절차의 상세는 주석(은행), 135~137면 참조.

금융위원회가 은행업의 인가를 하거나(은행 8조) 또는 이러한 인가를 취소한 경우에는(은행 53조 2항) 지체 없이 그 내용을 관보에 공고하고 인터넷 홈페이지 등을 이용하여 일반인에게 알려야 한다(은행 12조). 이는 예금자 등 이해관계인이 피해를 입지 않도록 하기 위하여 금융위원회로 하여금 그 사실을 일반인에게 널리 알리도록 한 것이다.[1)]

Ⅲ. 은행의 자본금

1. 자본금의 의의

은행법은 은행이 법인이어야 할 것을 요구하고 있는데(은행 4조), 앞에서 본 바와 같이 은행법은 은행이 주식회사임을 전제로 하여 규정하고 있다. 따라서 은행의 자본금에 관하여는 은행법상 특별한 규정이 없으면 상법(회사편)상 주식회사의 자본금에 관한 규정이 적용된다.

상법상 주식회사의 자본금은 액면주식을 발행하는 경우에는 원칙적으로 「발행주식의 액면총액」이다(상 451조 1항). 주식회사가 액면주식을 발행하는 경우 이러한 자본금의 정의에 대한 예외로는 상환주식의 상환(상 345조)·배당가능이익으로써 취득한 자기주식의 소각(상 343조 1항 단서)이 있다. 이 때에는 자본금 감소절차에 따른 주식의 소각이 아니기 때문에 자본금의 감소가 생기지 않는데, 이로 인하여 소각되는 주식수만큼 자본금의 계산의 기초가 되는 주식수와 현재의 주식수간에 불일치가 생기게 된다.[2)] 액면주식의 경우 1주의 금액은 100원 이상이어야 하고, 또한 균일하여야 한다(상 329조 2항·3항).

주식회사가 무액면주식을 발행하는 경우에는 「주식의 발행가액에서 자본금으로 계상하기로 한 금액의 총액」이 자본금이다(상 451조 2항). 주식회사가 무액면주식을 발행하는 경우 회사의 이사회(신주발행을 정관에서 주주총회의 결의사항으로 정한 경우에는 주주총회)는 주식의 발행가액의 2분의 1 이상의 금액으로서 자본금으로 계상하기로 한 금액을 정할 수 있는데, 발행가액 중 자본금으로 계상하기로 한 금액의 총액이 자본금이 되고, 주식의 발행가액 중 자본금으로 계상하지 아니하는 금액은 자본준비금으로 적립된다(상 451조 2항). 주식회사는 정관으로 정한 경우에만 주

1) 동지: 주석(은행), 154면.

2) 상법강의(상)(제25판), 651면.

식의 전부를 무액면주식으로 발행할 수 있는데, 이 경우에는 액면주식을 발행할 수 없다(상 329조 1항). 주식회사는 정관으로 정하는 바에 따라 (주식병합의 절차에 의하여) 발행된 액면주식을 무액면주식으로 전환하거나 무액면주식을 액면주식으로 전환할 수 있는데(상 329조 4항·5항), 이 경우 자본금은 변경할 수 없다(상 451조 3항).

주식회사의 자본금은 「회사가 보유하여야 할 순재산액의 기준」으로 추상적이고 (증자 또는 감자의 절차를 밟지 않는 한) 불변적인 계산상의 수액(數額)을 의미하므로, 「회사가 현재 보유하고 있는 순재산액」으로서 회사의 경영상태 또는 물가의 변동에 따라서 변동하는 구체적이고 가변적인 재산과는 구별된다.[1] 또한 자본금은 액면주식을 발행하는 경우 「회사가 발행한 주식의 (액면)총액」(상 451조 1항)을 의미하는 것이므로, 「회사가 발행할 주식의 (액면)총액」(상 289조 1항 3호 참조)을 의미하는 수권자본과도 구별된다.[2] 또한 상법상의 자본금은 법률상의 개념이므로 준비금이나 타인자본(부채)을 포함하는 경제상의 자본과도 구별된다.[3]

2. 은행의 최저자본금

(1) 전국을 영업구역으로 하는 시중은행의 최저자본금은 1,000억원이고, 전국을 영업구역으로 하지 않는 지방은행의 최저자본금은 250억원이다(은행 8조 2항 1호). 은행이 금융위원회의 인가를 받아 은행업을 경영할 때에는 이러한 최저자본금을 유지하여야 한다(은행 9조). 은행의 이러한 자본금은 은행업 영위에 필요한 기본자금을 공급하고, 은행이 예상하지 못한 손실이나 보유자산의 가치 하락에 의한 손실을 흡수할 수 있는 안전판 역할을 하며, 예금자보호제도에 의하여 보호되지 않는 예금자에 대한 보호기능을 하므로,[4] 은행법은 은행의 최저자본금에 대하여 특별히 규정하고 있는 것이다.

상법상 주식회사의 최저자본금은 주식회사의 남설을 방지하기 위하여 1984년 개정상법에서 5,000만원으로 규정하였는데(1984년 개정 상 329조 1항), 이 제도의 실효성에 회의가 있고 또한 회사의 설립을 촉진한다는 이유로 2009년 5월 개정상법에서는 주식회사의 최저자본금제도를 폐지하였다. 따라서 은행의 최저자본금제도는 상법상 주식회사와 가장 구별되는 사항 중의 하나라고 볼 수 있다.

---

1) 상법강의(상)(제25판), 651면.
2) 상법강의(상)(제25판), 651면.
3) 상법강의(상)(제25판), 652면.
4) 주석(은행), 142면.

(2) 시중은행의 최저자본금은 1950년 은행법 제정 당시 1억원으로 설정된 이후, 1962년 개정시 15억원, 1977년 개정시 250억원, 1991년 개정시 1,000억원으로 상향 조정되어 현재에 이르고 있다(은행 8조 2항 1호 본문). 한편 지방은행의 최저자본금은 1969년 은행법 3차 개정시 1억 5천만원으로 처음 규정된 이후, 1977년 개정시 10억원, 1982년 개정시 30억원, 1991년 개정시 250억원으로 상향 조정되어 현재에 이르고 있다(은행 8조 2항 1호 단서).[1)]

참고로 주요국의 경우에도 은행의 최저자본금을 규정하고 있는데, 미국의 국법은행의 경우 100만달러, 일본의 경우 20억엔(일본 은행법 5조, 동 시행령 3조), 유럽연합의 경우 500만 유로이다[The Second Banking Co-ordination Directive(1993. 1) 4조].

(3) 은행의 자본금이 은행법에서 규정한 최저자본금 미만으로 감소되는 경우에는, 금융위원회는 은행법 제53조 제1항에 따라 시정명령을 내린 후, 은행이 이러한 시정명령을 이행하지 않으면 그 은행에 대하여 6개월 이내의 기간을 정하여 영업의 전부정지를 명하거나 은행업의 인가를 취소할 수 있다고 본다[2)](은행 53조 1항 1호·2항 4호).

3. 은행의 자본금 감소의 신고

(1) 은행법은 자본금 감소의 방법에 관하여는 특별히 규정하고 있지 않으므로, 이에 관하여는 상법상 주식회사의 자본금 감소의 방법에 의한다. 상법상 자본금 감소에는 회사의 재산이 감소하는 실질상의 자본금 감소와 회사의 재산이 원칙적으로 변동이 없는 명의상의 자본금 감소가 있다. 상법상 주식회사가 자본금을 감소하면 그만큼 회사가 유보하여야 할 현실재산이 감소하게 되므로 대외적으로는 회사채권자에게 불리하게 되고, 대내적으로는 주주의 권리의 존재와 범위에 영향을 주게 된다.[3)] 이러한 점으로 인하여 상법은 자본금 감소가 정관변경사항은 아니지만, 이에 대하여 주주총회의 특별결의와 채권자보호절차 등 엄격한 절차를 밟도록 규정하고 있다(자본금 감소제한의 원칙).

자본금을 감소하는 방법에는 액면주식의 경우 주금액의 감소·주식수의 감소 또는 양자의 병행이 있다. 액면주식의 경우 주금액을 감소하는 방법에는 주주가 납

---

1) 주석(은행), 143면.

2) 동지: 주석(은행), 144~145면.

3) 상법강의(상)(제25판), 1203면.

입주금액의 일부를 포기하여 주주의 손실에서 주금액을 감소시키는 「절기」(切棄)와 회사가 주금액의 일부를 주주에게 반환하고 남은 주금액으로만 주금액을 감소하여 새로이 정하는 「환급」(還給)이 있고, 주식수를 감소하는 방법에는 다수의 주식을 합하여 소수의 주식으로 하는 주식의 「병합」과(상 440조~443조) 특정한 주식을 절대적으로 소멸시키는 주식의 「소각」이 있다(상 343조 1항 본문, 2항). 회사가 무액면주식을 발행한 경우 자본금을 감소하는 방법에는 자본금 자체를 감소하거나(이는 액면주식의 경우 주금액의 감소에 해당) 또는 자본금을 감소하면서 주식수를 감소할 수 있다(이는 액면주식의 경우 주식수의 감소에 해당).[1] 그런데 금융산업의 구조개선에 관한 법률은 금융기관이 주식을 소각하거나 병합하여 자본금 감소를 결의하는 경우 채권자의 이의 제출 및 주주총회의 소집기간과 절차를 간소화하는 규정을 두고 있다(금산 5조의 2). 또한 동 법률은 금융위원회로부터 자본금 감소명령을 받은 부실금융기관 등의 자본금 감소에 관한 특례도 규정하고 있다(금산 12조).

주식회사의 자본금 감소는 주주에게 중대한 이해관계가 있으므로(즉, 주주의 권리를 감소 또는 소멸시키는 것이므로) 정관변경의 경우와 같이 주주총회의 특별결의를 받아야 한다(상 438조 1항). 그러나 부실화 우려 있는 금융기관이 금융위원회로부터 자본금 감소를 명령받은 때에는 상법의 규정에도 불구하고 그 부실금융기관의 「이사회」에서 자본금 감소를 결의하거나 자본금 감소의 방법과 절차 등을 정할 수 있는데(금산 12조 4항), 이것은 주주 재산권의 본질적 내용을 침해하는 것이 아니라고 보고 있다.[2] 또한 결손의 보전을 위한 자본금의 감소는 주주총회의 보통결의(상 368조 1항)에 의한다(상 438조 2항). 자본금 감소를 결의하기 위한 주주총회의 소집통지에는 의안의 요령을 적어야 하고(상 438조 3항), 또 자본금 감소에 관한 주주총회의 결의에서는 자본금 감소의 방법도 결정하여야 한다(상 439조 1항). 실질상의 자본금 감소는 회사의 순재산을 감소시키고 또 명의상의 자본금 감소는 회사의 순재산의 공제금액을 감소시켜 이익배당을 가능하게 하므로, 어떤 경우든 자본금 감소는 직접·간접으로 사내 유보재산의 액을 감소하게 하여 회사 채권자의 일반적 담보력을 감소시킨다. 따라서 상법은 자본금 감소의 경우 채권자보호를 위하여 회사는 자본금 감소 결의일부터 2주간 내에 일정한 기간(1월 이상)을 정하여 그 기간 내에 채권자는 자본금 감소에 이의(異議)가 있으면 이를 제출하도록 하는 일반적 공고를 하고, 알고 있는 채권자에 대하여는 각별로 최고하도록 하고 있다(상 439조 2항 본문,

1) 이에 관한 상세는 상법강의(상)(제25판), 1157면, 1203~1205면 참조.
2) 대판 2010. 4. 29, 2007 다 12012.

232조 1항). 그러나 결손의 보전을 위한 자본금 감소의 경우에는 이러한 채권자보호 절차가 필요 없다(상 439조 2항 단서). 사채권자가 이의를 하자면 사채권자집회의 결의가 있어야 하는데, 이 경우에 법원은 이해관계인의 청구에 의하여 사채권자를 위하여 이의제기기간을 연장할 수 있다(상 439조 3항). 회사의 채권자가 이의를 제출한 때에는 회사는 그 채권자에게 변제하거나, 상당한 담보를 제공하거나, 또는 이를 목적으로 하여 신탁회사에 상당한 재산을 신탁하여야 한다(상 439조 2항 본문, 232조 3항). 그러나 회사의 채권자가 이의제기기간 내에 이의를 제출하지 아니한 때에는 자본금 감소를 승인한 것으로 본다(상 439조 2항 본문, 232조 2항).

자본금 감소의 효력은 원칙적으로 자본금 감소의 모든 절차, 즉 주주총회의 결의·채권자보호절차·주식에 대한 조치가 완료한 때에 생긴다.[1] 그러나 강제소각 및 주식병합의 경우에는 예외적으로 주권제출기간의 만료시(만일 채권자보호절차가 아직 종료하지 아니한 때에는 그 종료시)에 그 효력이 생긴다(상 343조 2항, 440조, 441조). 자본금이 감소하면 자본금의 액·때로는 발행주식총수가 감소하므로 자본금 감소의 효력이 생기면 소정 기간 내에 변경등기를 하여야 하는데(상 317조 2항 2호·3호, 4항, 183조), 이 등기는 자본금 감소의 효력발생요건이 아니다.[2]

자본금 감소의 절차 또는 그 내용에 하자가 있으면 자본금 감소의 무효원인이 되는데, 자본금 감소의 무효는 주주·이사·감사·청산인·파산관재인 또는 자본금의 감소를 승인하지 아니한 채권자만이 자본금 감소로 인한 변경등기가 된 날부터 6개월 내에 소(訴)만으로 주장할 수 있다(상 445조). 자본금 감소의 무효의 소에서 원고가 승소하면 그 판결의 효력은 대세적 효력과 소급효가 있다(상 446조, 190조 본문).

(2) 은행이 주식수를 줄이거나 주식의 금액을 낮추어 자본금을 실질적으로 감소시키는 행위를 하려는 경우에는 금융위원회의 승인을 받아야 한다(은행 10조 1항, 은행시 2조 1항). 이러한 자본금 감소에 따른 승인을 받으려는 은행은 자본금 감소가 관계 법령에 위반되지 않고 재무구조의 개선 목적 등 자본금 감소의 불가피성이 인정되며, 예금자 등 은행이용자의 권익을 침해하지 아니한다는 요건을 모두 갖추어(은행 10조 2항), 일정한 사항을 적은 승인신청서(은행시 2조 2항)를 일정한 서류를 첨부하여(은행시 2조 3항) 금융위원회에 제출하여야 한다(은행시 2조 2항). 금융위원회는 자본금 감소의 신청이 있는 때에는 신청일로부터 30일 이내에 승인 여부를 결정하여야 하고(은행 10조 3항), 이러한 승인을 하는 경우에는 은행의 인가시와 같은 필요

1) 상법강의(상)(제25판), 1208면.

2) 상법강의(상)(제25판), 1208면.

한 조건을 붙일 수 있다(은행 10조 5항).

은행법이 이와 같이 은행이 자본금 감소를 하는 경우에 금융위원회의 승인을 받도록 하는 것은 은행의 자본금 충실을 도모하고 공신력을 제고하도록 하여 예금자를 보호하고자 하는데 제1차적인 목적이 있다고 보아야 할 것이다. 따라서 은행의 감독기관인 금융위원회는 은행의 자본금 감소가 관계 법령에 위반되거나 자본금 감소의 불가피성이 인정되지 않거나 은행이용자의 권익을 침해할 우려가 있으면 자본금 감소의 승인을 신청한 은행에 대하여 그 승인을 거부할 수 있도록 한 것이다(은행 10조 2항). 이는 은행의 특수성으로 인하여 상법(주식회사)에는 없는 특칙을 규정한 것이다.

은행이 자본금을 실질적으로 감소시키는 경우에만 금융위원회의 승인을 받아야 하고(은행 10조 1항), 그 이외의 자본금 감소의 경우에는 금융위원회에 사후 즉시 보고사항이다(은행 47조 2호, 은행시 24조의 2 1항 본문). 즉, 은행이 자본금을 형식적으로 감소시키는 경우 등에는 금융위원회에 대한 사전 승인신청의무가 없다고 본다. 또한 은행은 특수한 경우(금산 11조 4항 2호 등 참조)를 제외하고는 원칙적으로 은행법상 최저자본금 미만으로 자본금을 감소할 수 없다고 본다.[1] 은행법 등 특별법상 다른 규정이 없는 한 상법상 자본금에는 법정준비금(자본준비금 및 이익준비금)(상 458조, 459조)이 포함되지 않으므로, 법정준비금을 감소하는 경우에는 금융위원회에 대한 사전 승인신청의무가 없다고 본다.[2] 또한 자본금의 감소를 가져오지 않는 이익소각의 경우에도(상 343조 1항 단서) 금융위원회에 대한 사전 승인신청의무가 없다고 본다.

Ⅳ. 유사상호(商號)의 사용금지

은행법은 "한국은행과 은행이 아닌 자는 그 상호 중에 은행이라는 문자를 사용하거나 그 업무를 표시할 때 은행업 또는 은행업무라는 문자를 사용할 수 없으며, 은행·은행업 또는 은행업무와 같은 의미를 가지는 외국어 문자로서 bank 또는 banking(그 한글표기문자를 포함한다)이나 그와 같은 의미를 가지는 다른 외국어문자(그 한글표기문자를 포함한다)를 사용할 수 없다"고 규정하여(은행 14조, 은행시 3조의

1) 동지: 주석(은행), 153면.

2) 반대: 주석(은행), 152면(이익잉여금의 감소를 초래하는 이익소각도 자본금의 감소와 동일하게 규율한 필요성은 있다고 한다).

4), 은행이 아닌 자는 은행·은행업 등의 문자를 사용하지 못하게 하고 있다. 이에 위반하여 은행과의 유사상호를 사용한 자는 1억원 이하의 과태료의 처분을 받는다(은행 69조 1항 2호).

은행은 상법상 당연상인이고(상 4조, 46조 8호) 또한 주식회사이므로, 은행이 "주식회사 ○○은행" 등으로 사용하는 상호는 상법상 상호로서 보호받는다. 상법상 회사의 상호에는 회사의 종류에 따른 문자(예컨대, 주식회사 등)를 사용할 의무만을 규정하고 있는데(상 19조), 은행법은 은행의 상호에는 (간접적으로) 업종(예컨대, 은행·은행업 등)까지 사용하도록 규정하고 있는 점에서(은행 14조) 상법에 대한 특칙을 규정하고 있다. 따라서 상법에서는 "회사가 아니면 상호에 회사임을 표시하는 문자를 사용하지 못한다"고 규정하면서(상 20조), 또한 "누구든지 부정한 목적으로 타인의 영업으로 오인할 수 있는 상호를 사용하지 못한다"고(상 23조 1항) 포괄적으로만 규정하고 있다. 이에 반하여 은행법은 "은행이 아닌 자는 그 상호 중에 은행이라는 문자를 사용하거나 그 업무를 표시할 때 은행업 또는 은행업무라는 문자 등을 사용할 수 없다"고 규정하고 있다(은행 14조). 이에 위반한 자에 대하여도 상법은 200만원 이하의 과태료에 처하도록 규정하고 있는데(상 28조), 은행법은 이보다 훨씬 올려서 1억원 이하의 과태료에 처하도록 규정하고 있다(은행 69조 1항 2호). 따라서 은행법상 상호에 관한 특칙이 없는 사항에 대하여는 상법 및 특별법에서 규정하고 있는 보호를 받는다.

은행은 주식회사이므로 회사(법인)의 명칭이 바로 상호가 되어 기업(영업)활동에는 이 상호가 사용되며, 이 상호는 정관의 절대적 기재사항이고(상 289조 1항 2호) 또한 등기사항이다(상 317조 2항 1호). 이러한 상호는 명칭이므로 문자로 표시되고 발음할 수 있는 것이어야 한다. 따라서 기호·도안 같은 것은 상호가 될 수 없으므로, 상호는 상품의 표시인 상표나 영업의 기호 또는 도안인 영업표와 다르다.[1] 또한 은행은 동일한 영업에는 단일상호를 사용하여야 한다(상호단일의 원칙)(상 21조 1항). 따라서 은행이 은행업 이외에 신탁업, 신용카드업 등을 겸영하고 있는 경우에도 언제나 하나의 상호를 사용하여야 한다.[2] 그러나 은행이 수 개의 영업소를 가지는 경우에는 본점과의 종속관계를 표시하여야 한다(상 21조 2항).

은행은 자기가 적법하게 선정한 상호를 타인의 방해를 받지 않고 사용할 수 있는 권리(상호사용권)를 갖는다. 이러한 상호사용권은 일종의 절대권으로서 이에 대

1) 상법강의(상)(제25판), 115면.
2) 동지: 주석(은행), 164면.

한 침해는 민법상의 불법행위를 구성할 것인데(민 750조), 상법은 이를 특수화하여 상호전용권으로 규정하고 있다(이는 등기 유무와 무관하게 인정되는데, 등기에 의하여 그 배타성이 강화된다).[1] 즉, 누구든지 부정한 목적으로 타인의 영업으로 오인할 수 있는 상호를 사용하지 못하는데(상 23조 1항), 이에 위반하여 상호를 사용하는 자가 있는 경우에는 이로 인하여 손해를 받을 염려가 있는 자는 이를 증명하여(미등기 상호권자) 또는 상호를 등기한 자(등기 상호권자)는 (그가 손해를 받을 염려가 있음을 증명하지 않고도) 자기상호를 부정사용한 자에 대하여 그 폐지를 청구할 수 있다(상호 사용폐지청구권)(상 23조 2항). 이 때 동일한 특별시·광역시·시·군에서 동종영업으로 타인이 등기한 상호를 사용하는 자는 부정한 목적으로 사용하는 것으로 추정되므로(상 23조 4항), 등기 상호권자는 타인(가해자)의 부정목적을 증명할 필요가 없으나, 미등기 상호권자는 타인(가해자)의 부정목적을 증명하여야 한다.[2] 등기 상호권자는 이 외에도 타인에 대한 사전 등기배척권을 갖는다. 즉, 타인이 등기한 상호는 동일한 특별시·광역시·시·군에서 동종영업의 상호로 등기하지 못한다(상 22조). 타인의 상호의 부정사용으로 상호권자에게 손해가 발생한 경우에는, 상호권자는 상호의 사용폐지청구권을 행사하는 것과는 별도로 타인인 가해자에 대하여 손해배상청구권을 행사할 수 있다(손해배상청구권)(상 23조 3항). 이는 민법상의 불법행위에 기한 손해배상청구권을 특수화하여 규정한 것이므로, 상호권자는 불법행위의 요건을 전부 증명할 필요는 없고 상호의 부정사용으로 인하여 실제로 손해가 발생하였음을 증명하면 된다.[3]

상호는 부정경쟁방지 및 영업비밀보호에 관한 법률(이하 '부정경쟁방지법'으로 약칭함)(전문개정: 1986. 12. 31, 법 3897호, 개정: 2021. 12. 7, 법 18548호)에 의해서도 보호된다.[4] 동법은 국내에 널리 알려진 타인의 상표·상호(商號) 등을 부정하게 사용하는 등의 부정경쟁행위와 타인의 영업비밀을 침해하는 행위를 방지하여 건전한 거래질서를 유지함을 목적으로 한다(부경 1조). 이 때의 "부정경쟁행위"란 국내에 널리 인식된 타인의 성명, 상호, 상표, 상품의 용기·포장, 그 밖에 타인의 상품임을

1) 상법강의(상)(제25판), 121면.

2) 상법강의(상)(제25판), 123~125면.

3) 상법강의(상)(제25판), 125면.

4) 상법상 상호는 모든 상호를 보호대상으로 하면서 동일한 특별시·광역시·시·군에서 동종영업으로 타인이 등기한 상호를 사용하면 '부정목적'으로 사용한 것으로 추정하는데(상 23조 4항), 부정경쟁방지법에서는 전국을 하나의 지역으로 파악하여 '국내에 널리 인식된 상호'를 보호대상으로 한다(은행법강의, 90면).

표시한 표지(標識)와 동일하거나 유사한 것을 사용하거나 이러한 것을 사용한 상품을 판매·반포 또는 수입·수출하여 타인의 상품과 혼동하게 하는 행위 등을 말한다(부경 2조 1호). 이러한 부정경쟁행위로 인하여 자신의 영업상의 이익이 침해되거나 침해될 우려가 있는 자는 부정경쟁행위를 하거나 하고자 하는 자에 대하여 법원에 그 행위의 금지 또는 예방을 청구할 수 있는데(부경 4조 1항), 이 때에는 그 부정경쟁행위를 조성한 물건의 폐기·부정경쟁행위에 제공된 설비의 제거·부정경쟁행위의 대상이 된 도메인이름의 등록 말소·그 밖에 부정경쟁행위의 금지 또는 예방을 위하여 필요한 조치를 함께 청구할 수 있다(부경 4조 2항). 고의 또는 과실에 의한 부정경쟁행위로 타인의 영업상의 이익을 침해하여 손해를 입힌 자는 그 손해를 배상할 책임을 진다(부경 5조). 이 때 법원은 영업상의 이익이 침해된 자의 청구에 의하여 손해배상을 갈음하거나 손해배상과 함께 영업상의 신용을 회복하는 데 필요한 조치(예컨대, 신문지상의 사죄광고 등)를 명할 수 있다(부경 6조). 또한 부정경쟁행위를 한 자는 3년 이하의 징역 또는 3천만원 이하의 벌금인 형사처벌을 받는다(부경 18조 3항 1호). 은행의 상호는 부정경쟁방지법상 '국내에 널리 인식된 상호'이므로 타인이 이러한 은행의 상호를 부정하게 사용하면, 상호권자는 상법상 상호전용권의 행사뿐만 아니라 부정경쟁방지법상 필요한 모든 조치를 취할 수 있다.

상호저축은행은 2001년 3월 상호신용금고법이 상호저축은행법으로 개정되면서 2002년부터 종래의 상호신용금고를 상호저축은행으로 사용하고 있는데, 이는 은행법 제14조(유사상호 사용금지)와 상충된다고 본다. 따라서 은행법상 은행이 아니면서 '은행'이라는 명칭을 사용하도록 한 입법은 잘못되었다고 본다. 이로 인하여 일반공중은 상호저축은행을 은행법상의 은행으로 오인할 우려가 크고 또한 이는 은행법 제14조에도 반하므로 다시 입법적으로 은행이 아닌 용어로 변경하는 것이 타당하다고 본다.[1)]

은행의 상호는 정관의 절대적 기재사항이므로(상 289조 1항 2호), 이러한 상호의 변경은 상법상 정관변경사항으로 주주총회의 특별결의를 요하고(상 434조), 은행법상 금융위원회에 지체 없이 보고하여야 한다(사후보고사항)(은행 47조 1호·5호, 은행시 24조의 2 1항 본문).

1) 동지: 은행법강의, 92면.

V. 은행의 영업소

1. 영업소의 의의와 종류

(1) 은행의 영업소란 「은행의 존재와 활동을 공간적으로 통일하는 일정한 장소」이다. 자연인의 경우에는 그 주소가 일반생활의 중심지가 되는 것과 같이, 은행의 영업소는 은행의 경영(영업)활동의 중심지이다.[1]

이러한 영업소에 관한 법률상의 효과는 다음과 같다.[2]

1) 상행위로 인한 채무이행의 장소가 된다(특정물인도채무를 제외하고는 채권자의 영업소)(상 56조, 민 467조 2항).

2) 증권채무의 이행장소가 된다(채무자의 영업소)(어 2조·4조·21조 이하·48조·52조·60조·76조·77조, 민 516조·524조 등).

3) 등기소 및 법원의 관할결정의 표준이 된다(상인의 영업소 소재지의 법원)(상 34조, 민소 5조·12조)

4) 민사소송법상의 서류송달의 장소가 된다(수령인의 영업소)(민소 183조 1항).

(2) 상법상의 영업소의 종류에는 「본점」과 「지점」뿐이다. 본점은 은행활동 전체의 지휘명령의 중심점으로서의 지위를 가진 영업소이고, 지점은 본점의 지휘를 받으면서도 부분적으로는 독립된 기능을 하는 영업소를 말한다. 출장소·사무소 등은 본점 또는 지점에 있어서의 조직·활동의 구성부분을 이루는 데 불과하고 그 자체는 영업소가 아니지만, 경우에 따라 영업소의 성질을 가지고 있는 경우도 있다. 그러므로 영업소인가 아닌가는 실질에 따라 결정될 것이지, 은행이 붙인 명칭 여하에 의하지 않는다.[3] 은행의 점포 외에 설치하는 현금자동지급기(CD) 또는 현금자동예입인출기(ATM) 등의 기계설비를 설치한 무인점포는 상법상의 영업소에는 해당하지 않고,[4] 영업소의 부속설비에 해당한다고 본다. 또한 임시점포나 이동식 영업소도 어느 영업소에 종속하여 영업하므로, 상법상 독립된 영업소가 될 수 없다고 본다.

은행의 본점과 지점은 은행이 동일한 영업을 경영하는 경우에 있어서 각 영업

---

1) 상법강의(상)(제25판), 150~151면.

2) 상법상의(상)(제25판), 151~152면.

3) 상법강의(상)(제25판), 150면; 은행법 해설, 75면.

4) 동지: 은행법강의, 98면(그러나 은행 영업소의 개념에는 포함된다고 한다); 주석(은행), 159면(은행법상 감독목적에 따라 영업소의 개념에 포함될 수도 있다고 한다).

소간의 주종(主從)관계라고 볼 수 있다.[1)]

이하에서는 은행의 본점과 지점에 관한 은행법상의 규정을 중심으로 좀더 상세히 살펴보겠다.

2. 은행의 본점

(1) 은행은 법인(주식회사)으로서(은행 4조) 본점소재지는 은행의 주소가 되고(상 171조), 은행은 (금융위원회로부터 설립인가를 받은 후) 본점소재지에서 설립등기를 함으로써 성립한다(상 172조).

상법상 회사 본점의 (일반적인) 법률상의 효과는 다음과 같다.[2)]

1) 회사설립무효·취소의 소 등 각종 회사법상의 소는 「본점소재지」를 관할하는 지방법원 합의부의 관할에 속한다(상 186조, 240조, 430조 등).

2) 회사회생사건도 회사의 「본점소재지」를 관할하는 지방법원 합의부의 관할에 전속한다(파 3조 1항).

3) 주식회사의 사채(社債)에 관한 비송사건은 사채를 발행한 회사의 「본점소재지」의 지방법원 합의부 관할로 하고(비송 109조), 주식회사의 청산에 관한 비송사건은 본점소재지의 지방법원 합의부의 관할로 한다(비송 117조).

4) 주식회사의 주주총회는 정관에 다른 정함이 없는 한 「본점소재지」 또는 이에 인접한 지에서 소집하여야 한다(상 364조).

(2) 은행법상 은행의 본점이 그 본점이 소재한 특별시·광역시·도·특별자치도(이하 '시·도'라 함)에서 다른 시·도로 이전한 때에는, 은행은 지체 없이 금융위원회에 보고하여야 한다(사후 보고 사항)(은행 47조 3호, 은행시 24조의 2 1항 본문). 1998년 개정 은행법 이전에는 본점의 이전에 금융감독당국의 인가를 받도록 하였으나, 2010년 개정 은행법은 현재와 같이 이를 사후 보고 사항으로 변경하였다. 이는 금융의 국제화·개방화·자유화 추세에 따른 조치라고 볼 수 있다.[3)]

3. 은행의 지점 등

(1) 우리 상법상 주식회사의 지점의 설치·이전 또는 폐지에는 (집행임원 비설치회사의 경우) 이사회의 결의를 요하고(상 393조 1항), 이에 관한 그 밖의 다른 규

---

1) 상법강의(상)(제25판), 150면.

2) 은행법강의, 96면.

3) 은행법강의, 97면.

제규정은 없다. 우리 상법상 지점은 독립한 영업소로서 다음과 같은 법률상의 의미를 갖는데, 독립한 법인격을 전제로 한 능력(예컨대, 소송능력)을 갖지 못한다.[1]

1) 지점영업만을 위하여 지배인을 선임할 수 있다(상 10조, 13조).

2) 표현지배인의 여부를 결정하는 표준이 된다(상 14조).

3) 상업등기의 대항력을 결정하기 위한 독립적 단위가 되고, 지점에 있어서의 등기가 없는 이상 본점에 있어서의 등기를 지점거래에 원용할 수 없다(상 35조, 38조).

4) 지점에서의 거래로 인한 채무이행의 장소가 된다(상 56조).

5) 지점만을 독립적으로 영업양도·양수의 대상으로 할 수 있다(상 374조 1항 1호·3호, 576조 1항).

(2) 은행법은 1998년 개정 은행법 이전에는 은행이 지점·대리점 기타 영업소의 신설·폐쇄 또는 이전을 할 경우에는 금융감독당국의 인가를 받도록 하였으나, 2000년 개정 은행법은 이러한 사항을 전면 자유화하고, 오로지 국외지점 등의 신설 등의 경우에만 금융위원회의 사전 신고 또는 사후 보고를 하도록 하였다(은행 13조, 47조 4호).

1) 은행이 대한민국 외에 소재하는 자회사 등(이하 '국외현지법인'이라 한다)[2] 또는 지점(이하 '국외지점'이라 한다)을 신설하려는 경우에는 신설계획을 수립하여야 한다(은행 13조 1항). 이러한 국외현지법인 또는 국외지점의 신설계획을 수립한 은행 중, 해당 은행·그 국외현지법인 및 국외지점의 경영건전성, 해당 은행의 국외현지법인 및 국외지점의 진출방식과 업무범위 및 소재할 국가의 특성 등을 고려하여 해당 은행의 개별 국외현지법인 또는 국외지점에 대한 투자액이 은행 자기자본의 100분의 1을 초과하는 경우로서 다음 각 호의 어느 하나에 해당하는 은행은 미리 금융위원회에 신고하여야 하는데(사전 신고의무)(은행 13조 2항, 은행시 3조의 3), 금융위원

1) 상법강의(상)(제25판), 151면.

2) 은행은 원칙적으로 다른 회사 등의 의결권 있는 지분증권의 100분의 15를 초과하는 지분증권을 소유할 수 없는데(은행 37조 1항), 예외적으로 금융위원회가 정하는 업종에 속하는 회사 등에 출자하는 경우 또는 기업구조조정 촉진을 위하여 필요한 것으로 금융위원회의 승인을 받은 경우에는 의결권 있는 지분증권의 100분의 15를 초과하는 지분증권을 소유할 수 있다(은행 37조 2항 본문). 은행이 의결권 있는 지분증권의 100분의 15를 초과하는 지분증권을 소유하는 회사 등(이하 '자회사 등'이라 한다)에 대한 출자총액은 (ⅰ) 은행 자기자본의 100분의 20 범위에서 대통령령으로 정하는 비율(100분의 15)에 해당하는 금액 또는 (ⅱ) 은행과 그 은행의 자회사 등의 경영상태 등을 고려하여 금융위원회가 정하여 고시하는 요건을 충족하는 경우에는 은행 자기자본의 100분의 40의 범위에서 대통령령으로 정하는 비율(100분의 30)에 해당하는 금액을 초과하지 못한다(은행 37조 2항 단서, 은행시 21조 1항·4항).

회는 이와 같이 신고받은 내용이 은행의 경영건전성 및 금융시장의 안전성을 해칠 우려가 있는 경우에는 신설계획의 보완·변경 및 제한을 명할 수 있다(은행 13조 3항).

① 해당 은행이 (ⅰ) 해당 은행의 전 분기 말 현재 국제결제은행의 기준에 따른 위험가중자산에 대한 자기자본비율이 금융위원회가 정하여 고시하는 기준 이하인 경우, 또는 (ⅱ) 해당 은행에 대한 경영건전성을 평가한 결과가 금융위원회가 정하여 고시하는 기준 이하인 경우에 해당하는 경우

② 해당 은행이 금융위원회가 해당 은행의 자기자본 등을 고려하여 고시하는 규모를 초과하는 법인으로서 (ⅰ) 금융위원회가 정하여 고시하는 투자적격 이하인 법인, 또는 (ⅱ) 해당 법인의 경영건전성을 평가한 결과가 금융위원회가 정하여 고시하는 기준에 미치지 못하는 법인에 대하여 출자 또는 인수·합병의 방법으로 국외현지법인을 설립하려는 경우

③ 국외현지법인이 (ⅰ) 은행법 제27조에 따른 은행업무(이하 '은행업무'라 한다), (ⅱ) 은행법 제27조의 2에 따른 부수업무(이하 '부수업무'라 한다) 및 (ⅲ) 은행법 제28조에 따른 겸영업무(이하 '겸영업무'라 한다) 외의 업무를 수행할 예정인 경우, 또는 국외지점이 해당 은행이 국외지점을 설립하려는 때에 수행하고 있는 업무 외의 업무를 수행할 예정인 경우

④ 국외현지법인 또는 국외지점이 있는 국가가 (ⅰ) 금융위원회가 정하여 고시하는 투자적격 이하인 국가, 또는 (ⅱ) 대한민국과 수교하지 아니한 국가에 해당하는 경우

⑤ 그 밖에 금융위원회가 정하여 고시하는 경우

2) 은행이 위 1)에 해당하지 아니하는 국외현지법인 또는 국외지점을 신설한 때, 은행이 국외현지법인 또는 국외지점을 폐쇄한 때, 국외사무소 등을 신설·폐쇄한 때에는 지체 없이 그 사실을 금융위원회에 보고하여야 한다(사후 보고의무)(은행 47조 4호, 은행시 24조의 2 1항 본문).

은행의 국외현지법인 또는 국외지점이 현지 감독기관으로부터 제재를 받거나 금융사고가 발생하는 등 주요 변동사항이 있을 때에도, 이는 은행의 건전한 경영을 해치거나 예금자 등 은행이용자의 이익을 해칠 우려가 있는 행위이므로, 해당 은행은 지체 없이 그 사실을 금융위원회에 보고하여야 한다(사후 보고의무)(은행 47조 10호, 은행시 24조의 2 1항 본문·2항 1호).

제 2 절 은행주식의 보유한도 등

I. 총 설

(1) 금융자본과 산업자본이 결합하는 형태에는 '산업자본이 은행을 지배하는 형태'와 '은행이 비금융회사를 지배하는 형태'가 있는데, 우리나라에서는 전자에 대한 논의가 매우 활발하고 또한 첨예하게 대립되어 있다.

금산분리(金産分離)란 금융자본과 산업자본이 결합하는 것을 제한하는 제도라고 볼 수 있는데, 우리나라에서는 은행법상 산업자본이 은행을 소유하는 것을 엄격하게 제한하고 있으므로 은산분리(銀産分離)라고 볼 수 있다.

우리 은행법은 동일인의 은행주식 보유한도를 원칙적으로 10%로 규정하면서(은행 15조) 비금융주력자(산업자본)의 경우에는 다시 원칙적으로 4%로 제한하고 있다(은행 16조의 2). 이는 산업자본에 의한 은행소유를 철저히 배제하고자 하는 것이다. 이러한 금산분리(은산분리)에 대하여 우리나라에서도 앞에서 본 바와 같이 찬성론과 반대론이 있다. 찬성론자는 그 이유로 산업자본에 의한 은행소유를 허용하면 은행은 재벌의 사금고로 전락할 우려가 있는 점, 금융시장의 안정성이 붕괴될 우려가 있는 점, 산업의 균형발전을 저해하게 되는 점 등을 든다. 이에 반하여 반대론자는 그 이유로 금산분리정책이 국내자본을 배제하고 외국자본을 우대하는 역차별을 초래한 점, 산업자본을 금융자본으로 활용할 필요가 있는 점, 금융회사의 국제경쟁력을 강화할 필요가 있는 점 등을 든다. 생각건대, 금산분리 찬성론자의 이유는 근본적으로 우리나라의 재벌에 대한 부정적인 시각에서 연유되는데, 오늘날 우리나라의 기업(재벌)도 과거에 비하여 그 지배구조나 의식에서 많이 달라졌으므로 현재와 같은 엄격한 금산분리는 완화되어야 한다고 본다. 우리 은행법과 같이 산업자본에 의한 은행소유를 원천적으로 제한하는 입법례는 외국의 경우에도 거의 없다. 또한 우리 은행법이 동일인에 의한 은행주식의 소유제한을 규정하면서 비금융주력자(산업자본)에 의한 은행주식의 보유를 다시 제한하는 것은 이중(중복)규제라고 볼 수 있다. 또한 1997년 외환위기 이후 공적자금의 투입으로 국유화한 은행들을 다시 민영화할 필요가 있는데 이러한 은행들을 인수할 능력 있는 자본은 실제로 산업자본밖에 없는 점, 국내은행들이 외국의 대형 금융기관과 경쟁하기 위하여는 대형 금융자본이 필요한데 이를 위하여는 국내 산업자본을 활용하는 방안이 모색되어야 한다는 점, 글로벌 핀테크(Fin-tech)의 확산에 따라 ICT(정보통신기술)기업에 의한 인터넷전문은행의 도입이 필요한 점 등과 같이 오늘날 국내 금융환경이 많이 변화되었다. 따라서 이러한 변화된 금융환경을 고려하고 은행법상 이중규제의 문제점을 해결하기 위하여 현행 은행법상 비금융주력자(산업자본)에 의한 은행주식의 보유제한을 이중으로 규제하는 것은 폐지되어야 한다고 본다. 또한 우리 은행법상 동일인에 의한 은행주식의 보유를 제한함으로써 은행산업에 있어서 책임 있는 최대주주(지배주주)가 존재하지 않게 되어 대리인비용을 증가시켜 왔고 효율적인 경영체제를 확립하지 못하였다. 따라서 국제 경쟁력을 증대하고 효율적인 책임경영체제를 확립하며 글로벌 핀테크의 추세에 부응하기 위하여 최대주주(지배주주)를 배양할 수 있는 정도의 동일인의 은행주식 보유한도를 확대할 필요가 있다고 본다.[1] 이와 함께 은행의 사후감독체제를 강화하여 소유완화에 대응할 필요가 있다.

(2) 은행이 비금융회사를 지배하는 것을 규제하는 형태로, 은행법은 은행은 원칙적으로 다른 회사 등의 의결권 있는 지분증권의 100분의 15를 초과하는 지분을 소유할 수 없도록 하고 있다(은행 37조 1항). 또한 금융지주회사법은 금융지주회사는 원칙적으로 자회사 등이 아닌 회사의 발행주식총수의 100분의 5 이내에서 다른 회사의 주식을 소유할 수 있도록 하고 있다(금지 44조 1항 본문). 또한 금융산업의 구조개선에 관한 법률은 은행 등 금융기관은 원칙적으로 다른 회사의 의결권 있는 발행주식총수의 100분의 20 이상을 소유하게 되는 경우 등에는 대통령령으로 정하는 기준에 따라 미리 금융위원회의 승인을 받도록 하고 있다(다만, 그 금융기관의 설립근거가 되는 법률에 따라 인가·승인 등을 받은 경우에는 그러하지 아니하다)(금산 24조 1항).[2] 이는 은행이 산업자본을 지배하는 것을 방지하기 위한 것이다.[3]

---

1) 동지: 정찬형, "은행법상 금산분리의 문제점 및 개선방안," 「저스티스」(한국법학원), 통권 제104호(2008. 6), 6~40면; 정희수, "인터넷전문은행 도입의 법적 이슈와 영향," 「금융법연구」(한국금융법학회), 제12권 제 3 호(2015), 3~35면(은산분리 문제를 해결하지 않고는 ICT기업이 주도하는 인터넷전문은행을 설립할 수 없다고 한다); 문종진, "시대착오적인 은산분리 규제," 매일결제신문, 2016. 4. 1(금).자 A38면(현행 금산분리제도는 실질적으로 61개에 달하는 대기업집단 전체에 적용하는 시대착오적인 규제라고 한다); 홍성준, "산업자본의 금융기관 소유규제에 관한 연구," 법학석사학위논문(2009. 2, 고려대 법무대학원), 106면(은행의 책임 있는 대주주로서 금융산업을 한층 발전시킬 수 있는 건전하고 유능한 경영능력을 구비한 산업자본만이 은행을 소유·지배할 수 있는 제도적 장치가 다양한 측면에서 지속적으로 보완되어야 한다고 한다).

2) 이에 관한 상세는 박준우, "금융산업의 구조개선에 관한 법률 제24조에 관한 연구," 법학석사학위논문(2009. 2, 고려대 법무대학원) 참조.

3) 주석(은행), 482면.

Ⅱ. 은행주식의 보유한도

은행법은 은행주식의 보유한도에 관하여 동일인의 은행주식 보유한도(은행 15조), 비금융주력자(산업자본)의 은행주식 보유제한(은행 16조의 2, 16조의 3), 기관전용 사모집합투자기구 등의 은행주식 보유에 대한 특칙(은행 15조의 3, 15조의 4, 15조의 5), 한도초과 보유 주주 등에 대한 조치(은행 16조, 16조의 4), 외국은행 등에 대한 특례(은행 16조의 5)에 대하여 규정하고 있다. 이하에서 차례대로 살펴보겠다.

1. 동일인에 대한 규제

가. 동일인의 은행주식보유한도

(1) 동일인[1]은 원칙적으로 은행(은행지주회사의 경우는 '은행지주회사'를 의미함. 이

---

1) "동일인"이라 함은 본인 및 그와 은행법시행령 제 1 조의 4가 정하는 특수관계에 있는 자(이하 "특수관계인"이라 함)를 말한다(은행 2조 1항 8호). 은행법시행령 제 1 조의 4 제 1 항이 규정하고 있는 특수관계에 있는 자란 본인과 다음 각 호의 어느 하나에 해당하는 관계에 있는 자(이하 "특수관계인"이라 한다)를 말한다.

1. 배우자, 6촌 이내의 혈족 및 4촌 이내의 인척, 다만 「독점규제 및 공정거래에 관한 법률 시행령」 제 3 조의 2 제 1 항 제 2 호 가목에 따른 독립경영자 및 같은 목에 따라 공정거래위원회가 동일인관련자의 범위로부터 분리를 인정하는 사람은 제외한다.
2. 본인 및 제 1 호 또는 제 4 호의 사람이 임원의 과반수를 차지하거나 이들이 제 3 호 또는 제 5 호의 자와 합하여 100분의 50 이상을 출연하였거나 이들 중의 1명이 설립자로 되어 있는 비영리법인·조합 또는 단체
3. 본인 및 제 1 호·제 2 호·제 4 호의 자가 의결권 있는 발행주식 총수(지분을 포함한다. 이하 같다)의 100분의 30 이상을 소유하고 있거나 이들이 최다수 주식소유자로서 경영에 참여하고 있는 회사
4. 본인, 제 2 호 또는 제 3 호의 자에게 고용된 사람(사용자가 법인·조합 또는 단체인 경우에는 임원을 말하고, 개인인 경우에는 상업사용인, 고용계약에 따라 고용된 사람 또는 그 개인의 금전이나 재산으로 생계를 유지하는 사람을 말한다)
5. 본인 및 제 1 호부터 제 4 호까지의 자가 의결권 있는 발행주식 총수의 100분의 30 이상을 소유하고 있거나 이들이 최다수 주식소유자로서 경영에 참여하고 있는 회사
6. 본인이 「독점규제 및 공정거래에 관한 법률」 제 2 조 제 2 호에 따른 기업집단(이하 "기업집단"이라 한다)을 지배하는 자(이하 "계열주"라 한다)인 경우에 그가 지배하는 기업집단에 속하는 회사(계열주가 단독으로 또는 「독점규제 및 공정거래에 관한 법률 시행령」 제 3 조 제 1 호 각 목의 어느 하나 및 같은 조 제 2 호 각 목의 어느 하나에 해당하는 관계에 있는 자와 합하여 같은 조 제 1 호 및 제 2 호의 요건에 해당하는 외국법인을 포함한다. 이하 이 조에서 같다) 및 그 회사의 임원
7. 본인이 계열주와 제 1 호 또는 제 2 호에 따른 관계에 있는 자이거나 계열주가 지배하는 기업집단에 속하는 회사의 임원인 경우에 그 계열주가 지배하는 기업집단에 속하는 회사 및 그 회사의 임원
8. 본인이 기업집단에 속하는 회사인 경우에 그 회사와 같은 기업집단에 속하는 회사 및 그 회사의 임원
9. 본인 또는 제 1 호부터 제 8 호까지의 자와 합의 또는 계약 등으로 은행의 발행주식에 대한 의

하 같음)의 의결권 있는 발행주식총수의 10%를 초과하여 은행의 주식을 보유할 수 없다(은행 15조 1항 본문, 금지 8조 1항 본문). 동일인이 주식보유한도를 초과하여 보유하는 경우, 초과보유 주식에 대하여 의결권행사가 제한되며, 지체 없이 그 한도에 적합하도록 하여야 한다(즉, 초과보유분을 스스로 지체 없이 처분하여야 한다)(은행 16조 1항, 금지 10조). 한도초과 보유주식을 스스로 처분하지 않는 경우 금융위원회(원래는 '금융감독위원회'인데, 2008년부터 '금융위원회'로 명칭이 변경됨. 이하 같음)는 6월 이내의 기간을 정하여 처분명령을 할 수 있는데(은행 16조 3항, 금지 10조 3항), 동 처분명령 불이행시 이행기한이 지난 날부터 매 1일당 처분대상 주식의 장부금액에 0.03% 범위에서 이행강제금을 부과할 수 있다(은행 65조의 9 1항, 금지 69조의 2 1항).

(2) 그러나 다음과 같은 예외상황이 있다.

① 정부 또는 예금자보호법에 따른 예금보험공사가 은행의 주식을 보유하는 경우(은행 15조 1항 1호, 금지 8조 1항 1호).

② 지방은행의 의결권 있는 발행주식총수의 15% 이내에서 보유하는 경우(은행 15조 1항 2호, 금지 8조 1항 3호).

③ (i) 당해 은행의 의결권 있는 발행주식총수의 10%(지방은행의 경우에는 15%), (ii) 당해 은행의 의결권 있는 발행주식총수의 25%, (iii) 당해 은행의 의결권 있는 발행주식총수의 33%의 한도를 각각 초과할 때마다 한도초과 보유요건을 충족하여 금융위원회의 승인[1]을 얻어 은행의 주식을 보유하는 경우(은행 15조 3항, 금지 8조 3항). 이 때 각 단계별로 금융위원회의 승인을 얻어야 한다(은행 15조 3항 본문, 금지 8조 3항 본문). 다만, 금융위원회는 은행업의 효율성과 건전성에 기여할 가능성, 해당 은행 주주의 보유지분 분포 등을 고려하여 필요하다고 인정되는 경우에만 각 단계별 한도 외에 따로 구체적인 보유한도를 정하여 승인할 수 있으며, 이 경우 승인한도 초과시 다시 승인을 얻어야 한다(은행 15조 3항 단서, 금지 8조 3항 단서).

④ 은행지주회사의 경우는 금융지주회사가 지배하는 당해 은행지주회사의 주식을 보유하는 경우(금지 8조 1항 2호).

나. 동일인의 보고의무

(1) 동일인(정부·예금보험공사·한국산업은행을 제외함)은 다음 각 호의 어느 하나에 해당하게 된 경우에는 은행 주식보유상황 또는 주식보유비율의 변동상황 확인을

결권(의결권의 행사를 지시할 수 있는 권한을 포함한다)을 공동으로 행사하는 자

1) 은행법 15조 5항, 은행법 시행령 8조 2항, 은행업감독규정 [별표 2-2].

위하여 필요한 사항으로서 (i) 동일인에 관한 사항, (ii) 경영참여형 사모집합투자기구 등의 경우는 주주 또는 사원에 관한 사항과 경영참여형 사모집합투자기구의 유한책임사원·무한책임사원의 출자액에 관한 사항, (iii) 주식보유 또는 변동의 현황 및 사유에 관한 사항, (iv) 주식보유의 목적 및 은행에 대한 경영 관여 여부에 관한 사항 및 (v) 그 밖에 주식보유상황 또는 주식보유비율의 변동상황을 확인하기 위하여 필요한 세부사항으로서 금융위원회가 정하여 고시하는 사항을 금융위원회에 보고하여야 한다(사후 보고의무)(은행 15조 2항, 은행시 4조의 2 1항·2항).[1]

① 은행(지방은행을 제외한다. 이하 이 항에서 같다)의 의결권 있는 발행주식총수의 100분의 4를 초과하여 주식을 보유하게 되었을 때

② 위 ①에 해당하는 동일인이 해당 은행의 최대주주가 되었을 때

③ 위 ①에 해당하는 동일인의 주식보유비율이 해당 은행의 의결권 있는 발행주식총수의 100분의 1 이상 변동되었을 때

④ 은행의 의결권 있는 발행주식총수의 100분의 4를 초과하여 보유한 기관전용 사모집합투자기구의 경우 그 사원의 변동이 있을 때

⑤ 은행의 의결권 있는 발행주식총수의 100분의 4를 초과하여 보유한 투자목적회사의 경우 그 주주 또는 사원의 변동이 있을 때(해당 투자목적회사의 주주 또는 사원인 기관전용 사모집합투자기구의 사원의 변동이 있을 때를 포함한다).

동일인의 금융위원회에 대한 위와 같은 보고의무는 금융위원회로 하여금 지분권 변동에 의하여 사실상의 영향력을 행사할 수 있는 은행 주주의 실체를 적시에 파악하도록 하기 위한 규정으로 은행예금자 등 일반공중을 보호하고 산업자본에 의한 은행의 지배를 방지하고자 하는 규정이라고 볼 수 있다. 따라서 은행의 소수주주들은 동 규정에 의하여 보고의무를 이행하지 않은 주주를 상대로 당해 은행에 회복할 수 없는 피해가 발생하였음을 들어 책임을 추궁할 수는 없다고 본다.[2] 그러나 이러한 소수주주는 은행의 이사에 대하여는 대표소송 또는 다중대표소송을 제기할 수 있다(상 403조, 406조의 2).

(2) 위와 같은 금융위원회에 대한 보고의무가 있는 동일인은 그 보고사유에 해

1) 주권상장법인의 경우 동 법인의 주식을 대량보유(본인과 그 특별관계자가 보유하게 되는 주식 등의 수의 합계가 당해 주식 등의 총수의 5% 이상인 경우를 말한다)하게 된 자는 그날부터 5일 이내에 그 보유상황·보유목적·그 보유주식 등에 관한 주요 계약내용 등을 금융위원회와 거래소에 보고하여야 하고, 그 보유주식 등의 수의 합계가 그 주식 등의 총수의 1% 이상 변동된 경우에는 그 변동된 날부터 5일 이내에 그 변동내용을 금융위원회와 거래소에 보고하여야 한다(5% Rule)(자금 147조 1항).

2) 동지: 은행법(김), 97면; 주석(은행), 175면.

당하게 된 날(해당 동일인이 은행의 주식을 취득하거나 매각하지 아니하였음에도 불구하고 보고사유에 해당하게 된 경우에는 그 사유에 해당하게 된 사실을 안 날을 말한다. 이하 같다)부터 5영업일 이내에 보고하여야 할 사항(은행시 4조의 2 2항)을 금융위원회에 보고하여야 하는데, 이 경우 (동일인 중) 본인과 특수관계인이 함께 보고하는 경우에는 보유주식의 수가 가장 많은 자를 대표자로 선정하여 연명(連名)으로 보고할 수 있다(은행 15조 5항, 은행시 4조의 2 3항). 그러나 기금 등 그 밖에 금융위원회가 정하여 고시하는 자는 그 보고사유에 해당하게 된 날이 속하는 분기의 다음 달 10일까지 보고할 수 있다(은행 15조 5항, 은행시 4조의 2 4항). 주식보유상황 등의 보고에 필요한 그 밖의 사항은 금융위원회가 정하여 고시한다(은행 15조 5항, 은행시 4조의 2 5항).

동일인이 이러한 보고의무를 이행하지 않으면 1억원 이하의 과태료의 처벌을 받는다(은행 69조 1항 3호).[1)]

다. 동일인의 금융위원회 승인에 의한 은행주식의 3단계 초과취득

(1) 은행법은 동일인의 주식보유한도를 의결권 있는 발행주식총수의 10%로 규정하면서(은행 15조 1항), 다시 금융위원회의 승인에 의한 은행주식의 3단계 초과취득에 대하여 규정하고 있다(은행 15조 3항). 즉, 동일인은 은행의 의결권 있는 발행주식총수의 10%(지방은행의 경우는 15%), 25%, 33%를 각각 초과할 때마다 금융위원회의 승인을 받아 은행의 주식을 보유할 수 있다(은행 15조 3항 본문).[2)] 그런데 이와는 별도로 금융위원회는 은행업의 효율성과 건전성에 기여할 가능성·해당 은행 주주의 보유지분 분포 등을 고려하여 필요하다고 인정되는 경우에만 3단계 초과취득 외에 따로 구체적인 보유한도를 정하여 승인할 수 있으며, 동일인이 그 승인받은 한도를 초과하여 주식을 보유하려는 경우에는 다시 금융위원회의 승인을 받아야 한다(은행 15조 3항 단서).

---

1) 동일인의 보고의무 위반에 대하여 (은행법 제16조의 실효성을 확보하기 위하여) 자본시장법 제150조 제1항 및 동법 시행령 제158조를 준용하여 의결권을 제한하여야 한다는 견해도 있는데[은행법(김), 130~131면], 자본시장법을 은행법에 준용하는 것도 부적절할 뿐만 아니라 명백한 법적 근거 없이 주주의 의결권을 제한하는 것도 타당하지 않다고 본다.

2) 1999년 2월 최초로 도입된 10%, 25%, 33%의 3단계 지분취득에 대한 금융위원회의 승인규정은 원래 내국인보다는 외국인을 염두에 둔 규정이었는데, 내국인 역차별의 문제점이 부각되고 국내 금융시장도 급속히 정상화를 회복하게 되면서, 은행법 제15조 제3항의 3단계 승인조항은 내국인에게도 동일하게 적용되는 방식으로 개정되었다고 한다[은행법(김), 101면; 주석(은행), 179~180면].

(2) 은행법 제15조 제 3 항 본문과 단서의 관계는 다음과 같이 볼 수 있다. 본문은 일반적으로 주주의 지분이 10% 초과, 25% 초과 또는 33% 초과시의 승인사항이다. 따라서 33% 초과에 대한 승인을 받았다면 그 후 추가의 승인 없이 100%에 달할 때까지 주식을 취득할 수 있다고 본다. 그러나 단서는 은행업의 효율성과 건전성에 기여할 가능성, 해당 은행 주주의 보유지분 분포(특히 2대주주와의 지분관계) 등을 고려하여 필요하다고 인정되는 경우에만 예컨대 "15%까지 보유함을 승인함," "29%까지 보유함을 승인함," 또는 "57.27%까지 보유함을 승인함" 등으로 승인하는 경우이고,[1] 동일인이 이 한도를 초과하여 주식을 보유하려는 경우에는 다시 금융위원회의 승인을 받아야 한다.

(3) 은행법 제15조 3항 본문에 의한 승인이든 단서에 의한 승인이든 은행의 주식을 보유할 수 있는 자의 자격, 주식보유와 관련한 승인의 요건 및 절차, 그 밖에 필요한 사항은 (i) 해당 은행의 건전성을 해칠 위험성, (ii) 자산규모 및 재무상태의 적정성, (iii) 해당 은행으로부터 받은 신용공여의 규모 및 (iv) 은행업의 효율성과 건전성에 기여할 가능성 등을 고려하여 은행법 시행령으로 정한다(은행 15조 5항). 이에 따라 은행법 시행령 제 5 조 및 [별표1]에서는 은행의 주식을 위와 같이 은행법 제15조 제 5 항에 따라 보유하려는 자는 (i) 은행 등 금융기관, (ii) 자본시장법에 따른 투자회사·투자유한회사·투자합자회사 및 투자조합, (iii) 기금 등, (iv) 기타 내국법인, (v) 내국인으로서 개인, (vi) 외국인, (vii) 경영참여형 사모집합투자기구 등에 따라 다음과 같이 각각의 초과보유요건을 규정하고 있다.

[별표 1] 〈개정 2018.10.30.〉

한도초과보유주주의 초과보유 요건(은행법 시행령 제 5 조 관련)

구분	요건
1. 한도초과보유주주가 「금융위원회의 설치 등에 관한 법률」 제38조에 따라 금융감독원으로부터 검사를 받는 기관(제 2 호, 제 3 호 및 제 7 호에 해당하는 내국법인은	가. 해당 기관에 적용되는 재무건전성에 관한 기준으로서 금융위원회가 정하는 기준을 충족할 것 나. 금융거래 등 상거래를 할 때 약정한 날짜까지 채무를 변제하지 않은 자로서 금융위원회가 정하는 자가 아닐 것 다. 승인신청하는 내용이 법 제35조의 2 제 1 항에 적합할 것 라. 승인신청시 제출한 서류에 따라 은행의 지배주주로서 적합하고 그 은행의 건전성과 금융산업의 효율화에 기여할 수 있음을 확인할 수 있을 것 마. 다음의 요건을 충족할 것. 다만, 해당 위반 등의 정도가 경미하다고 금

1) 그러나 "15% 주식취득을 승인함," "29% 주식취득을 승인함," "57.27% 주식취득을 승인함"은 은행법 제15조 제 3 항 본문에 의한 승인으로 볼 수 있다.

제외한다)인 경우	융위원회가 인정하는 경우는 제외한다. 1) 최근 5년간 「금융산업의 구조개선에 관한 법률」에 따라 부실금융기관으로 지정되었거나 금융관련법령에 따라 영업의 허가·인가 등이 취소된 기관의 최대주주·주요주주(의결권 있는 발행주식 총수의 100분의 10을 초과하여 보유한 주주를 말한다) 또는 그 특수관계인이 아닐 것. 다만, 법원의 판결로 부실책임이 없다고 인정된 자 또는 부실에 따른 경제적 책임을 부담하는 등 금융위원회가 정하는 기준에 해당하는 자는 제외한다. 2) 최근 5년간 금융관계법령, 「독점규제 및 공정거래에 관한 법률」 또는 「조세범 처벌법」을 위반하여 벌금형 이상에 해당하는 형사처벌을 받은 사실이 없을 것
2. 한도초과보유주주가 「자본시장과 금융투자업에 관한 법률」에 따른 투자회사·투자유한회사·투자합자회사 및 투자조합인 경우	가. 비금융주력자인 동일인에 속하는 집합투자업자(「자본시장과 금융투자업에 관한 법률」 제8조 제4항에 따른 집합투자업자를 말한다)에 자산운용을 위탁하지 않을 것 나. 제1호 나목부터 마목까지의 요건을 충족할 것
3. 한도초과보유주주가 기금 등인 경우	제1호 나목부터 마목까지의 요건을 충족할 것
4. 한도초과보유주주가 제1호, 제2호, 제3호 및 제7호 외의 내국법인인 경우	가. 부채비율(최근 사업연도 말 현재 대차대조표상 부채총액을 자본총액으로 나눈 비율을 말한다. 이하 같다)이 100분의 200 이하로서 금융위원회가 정하는 기준을 충족할 것 나. 해당 법인이 「독점규제 및 공정거래에 관한 법률」에 따른 기업집단에 속하는 회사인 경우에는 해당 기업집단(법 제2조 제1항 제9호 가목에 따른 비금융회사로 한정한다)의 부채비율이 100분의 200 이하로서 금융위원회가 정하는 기준을 충족할 것 다. 주식취득 자금이 해당 법인이 최근 1년 이내에 유상증자 또는 보유자산의 처분을 통하여 조달한 자금 등 차입금이 아닌 자금으로서 해당 법인의 자본총액 이내의 자금일 것 라. 제1호 나목부터 마목까지의 요건을 충족할 것
5. 한도초과보유주주가 내국인으로서 개인인 경우	가. 주식취득 자금이 제1호에 따른 기관으로부터의 차입금이 아닐 것 나. 제1호 나목부터 마목까지의 요건을 충족할 것
6. 한도초과보유주주가 외국인인 경우	가. 외국에서 은행업, 투자매매업·투자중개업, 보험업 또는 이에 준하는 업으로서 금융위원회가 정하는 금융업을 경영하는 회사(이하 "외국금융회사"라 한다)이거나 해당 외국금융회사의 지주회사일 것 나. 자산총액, 영업규모 등에 비추어 국제적 영업활동에 적합하고 국제적 신인도가 높을 것 다. 해당 외국인이 속한 국가의 금융감독기관으로부터 최근 3년간 영업정지 조치를 받은 사실이 없다는 확인이 있을 것 라. 최근 3년간 계속하여 국제결제은행의 기준에 따른 위험가중자산에 대한 자기자본비율이 100분의 8 이상이거나 이에 준하는 것으로서 금융위원회가

	정하는 기준에 적합할 것 마. 제 1 호 나목부터 마목까지의 요건을 충족할 것
7. 한도초과보유주주가 경영참여형 사모집합투자기구 등인 경우	경영참여형 사모집합투자기구의 업무집행사원과 그 출자지분이 100분의 30 이상인 유한책임사원 및 경영참여형 사모집합투자기구를 사실상 지배하고 있는 유한책임사원이 다음 각 목의 어느 하나에 해당하거나 투자목적회사의 주주나 사원인 경영참여형 사모집합투자기구의 업무집행원과 그 출자지분이 100분의 30 이상인 주주나 사원 및 투자목적회사를 사실상 지배하고 있는 주주나 사원이 다음 각 목의 어느 하나에 해당하는 경우에는 각각 다음 각 목의 구분에 따른 요건을 충족할 것 가. 제 1 호의 기관인 경우: 제 1 호의 요건을 충족할 것 나. 제 2 호의 투자회사·투자유한회사·투자합자회사 및 투자조합인 경우: 제 2 호의 요건을 충족할 것 다. 제 3 호의 기금 등인 경우: 제 3 호의 요건을 충족할 것 라. 제 4 호의 내국법인인 경우: 제 4 호의 요건을 충족할 것 마. 제 5 호의 내국인으로서 개인인 경우: 제 5 호의 요건을 충족할 것 바. 제 6 호의 외국인인 경우: 제 4 호 가목(외국금융회사는 제외한다)·다목(외국금융회사는 제외한다)·라목 및 제 6 호 나목부터 라목까지의 요건을 충족할 것

※ **비고**

1. 최대주주 또는 주요주주를 판정할 때에는 해당 주주 및 그 특수관계인이 보유하는 의결권 있는 주식을 합산한다.
2. 자본총액을 산정할 때에는 최근 사업연도 말 이후 승인신청일까지의 자본금의 증가분(자본총액을 증가시키는 것으로 한정한다)을 포함하여 계산할 수 있다.
3. 기업집단에 속하는 비금융회사 전체의 부채비율을 산정할 때 해당 기업집단이 「주식회사 등의 외부감사에 관한 법률」에 따른 결합재무제표 작성 대상 기업집단인 경우에는 결합재무제표에 의하여 산정한 부채비율을 말한다.
4. 이 표 제 6 호를 적용하는 경우 한도초과보유주주인 외국인이 지주회사여서 이 표 제 6 호 각 목의 전부 또는 일부를 그 지주회사에 적용하는 것이 곤란하거나 불합리한 경우에는 그 지주회사가 인가 신청할 때 지정하는 회사(그 지주회사의 경영을 사실상 지배하고 있는 회사 또는 그 지주회사가 경영을 사실상 지배하고 있는 회사만 해당한다)가 이 표 제 6 호 각 목의 전부나 일부를 충족하면 그 지주회사가 그 요건을 충족한 것으로 본다.
5. 이 표 제 7 호를 적용하는 경우 이 표 제 1 호 다목의 요건을 충족하는지를 판단할 때에는 다음 각 목의 어느 하나에 해당하는 자는 제 1 조의 4 제 1 항에도 불구하고 경영참여형 사모집합투자기구 등의 특수관계인으로 본다.
   가. 경여참여형 사모집합투자기구 출자총액의 100분의 10 이상의 지분을 보유하는 유한책임사원인 비금융주력자
   나. 다른 상호출자제한기업집단(「독점규제 및 공정거래에 관한 법률」에 따른 상호출자제한기업집단을 말한다. 이하 같다)에 속하는 각각의 계열회사(「독점규제 및 공정거래에 관한 법률」에 따른 계열회사를 말한다. 이하 같다)가 보유한 경영참여형 사모집합투자기구의 지분의 합이 경영참여형 사모집합투자기구 출자총액의 100분의 30 이상인 경우, 해당 경영참여형 사모집합투자기구의 유한책임사원 또는 업무집행사원이 아닌 무한책임사원으로서 상호출자제한기업집단에 속하는 계열회사. 다만, 서로 다른 상호출자제한기업집단 사이에는 특수관계인으로 보지 않는다.

금융위원회가 은행주식의 보유한도(10%) 초과 승인을 할 때에는(은행 15조 3항)

신청인의 자격요건, 은행의 소유지분 분포 등에 비추어 보아 필요하다고 인정하면 주식취득의 시기 및 방법 등을 제한할 수 있다(은행시 8조 1항). 또한 금융위원회로부터 은행주식의 보유한도(10%) 초과 승인을 받으려는 자는 (ⅰ) 신청인에 관한 사항, (ⅱ) 은행이 발행한 주식의 보유 현황 및 (ⅲ) 은행이 발행한 주식의 취득 계획을 적은 승인신청서를 금융위원회에 제출하여야 하고(은행시 8조 2항), 이 승인신청서에 정관(법인인 경우)·외국기업의 경우에는 법인 등기사항증명서에 준하는 서류·최근 사업연도 말 현재 재무제표 및 최근 사업연도 말 이후 반기재무제표(법인인 경우) 및 이에 따른 재무제표에 대한 회계감사인의 감사보고서와 검토보고서 등을 첨부하여야 한다(은행시 8조 3항). 이러한 승인신청서를 받은 금융위원회는 「전자정부법」 제36조 제1항에 따른 행정정보의 공동이용을 통하여 법인 등기사항증명서(국내 법인인 경우)·주민등록표 등본(사업자등록증으로 갈음할 수 있음) 및 주식을 취득하려는 은행의 법인 등기사항증명서의 행정정보를 확인하여야 한다. 다만, 신청인이 주민등록표 등본의 확인에 동의하지 아니한 경우에는 그 서류를 첨부하게 하여야 한다(은행시 8조 4항). 이 외에 은행 주식의 보유에 대한 승인신청서의 서식, 승인신청의 방법 및 절차 등에 관하여 필요한 세부사항은 금융위원회가 정하여 고시한다(은행시 8조 5항).

라. 한도초과주식에 대한 제재

(1) 동일인이 금융위원회의 승인 없이 은행의 의결권 있는 발행주식총수의 10%를 초과하여 보유하거나 또는 3단계 초과취득하거나 또는 비금융주력자가 은행의 의결권 있는 발행주식총수의 4%(지방은행의 경우는 15%)를 초과하여 보유하는 경우에는 그 한도를 초과하는 주식에 대하여는 의결권을 행사할 수 없으며, 지체 없이 그 한도에 적합하도록 하여야 한다(은행 16조 1항). 상법상 주주가 보유하는 주식에 대하여 의결권이 제한되는 경우는 의결권이 없거나 제한되는 종류주식(상 344조의 3 1항 전단), 회사가 보유하는 자기주식(상 369조 2항), 비모자회사간에서의 상호보유주식(상 369조 3항), 특별이해관계인의 소유주식(상 368조 3항), 감사(감사위원회 위원)의 선임(해임)에 있어서 발행주식총수의 3%를 초과하는 수의 주식(상 409조 2항, 542조의 12 4항·4항, 542조의 7 3항)이 있다. 은행법이 금융위원회의 승인 없는 한도초과주식에 대하여 의결권을 제한하는 것은, 은산분리를 실현하고 특정인(동일인)이 은행을 소유하지 못하도록 하는 정책목적을 실현하기 위하여 특별법(은행법)에 의한 추가적인 주주의 의결권의 제한이라고 볼 수 있다.

(2) 이 경우 주주가 「한도초과주식에 대하여는 그 의결권을 행사하지 못한다」는 의미는, 주주총회의 결의에 관하여 특별이해관계인이 그가 가진 주식에 대하여 의결권을 행사하지 못하는 경우(상 368조 3항)와 같다. 따라서 한도초과주식 자체에 의결권이 있음은 물론 그 주식을 주주가 소유하고 있는 동안에도 원칙적으로 의결권이 있는데, 다만 금융위원회의 승인이 없는 경우에만 휴지(休止)될 뿐이다. 따라서 한도초과주식을 소유하는 주주가 이에 대하여 금융위원회의 승인을 받으면(이러한 금융위원회의 승인은 한도초과 자체에 대한 승인도 있으나, 산업자본인 경우 금융자본으로의 전환에 관한 승인 등도 있음) 휴지가 해제되어 의결권이 부활한다. 또한 한도초과주식에 대하여는 발행주식총수에는 산입되고, 다만 의결권의 수(의결정족수)에는 산입되지 아니한다(상 371조 2항). 따라서 주주총회의 보통결의방법인 상법 제368조 제 1 항을 적용함에 있어 「발행주식총수의 4분의 1 이상」에는 산입되고, 「의결권」에서만 산입되지 않는다.[1)]

이 경우 「한도초과주식에 대하여는 지체 없이 그 한도에 적합하도록 하여야 한다」는 의미는, 주주가 한도초과주식에 대하여 제 3 자에 매도하는 등의 방법으로 그 한도에 적합하도록 하거나 또는 요건을 갖추어 금융위원회의 승인을 받아야 한다고 본다.[2)]

(3) 한도초과주식을 주주가 스스로 그 한도에 적합하도록 하지 않으면, 금융위원회는 6개월 이내의 기간을 정하여 그 한도를 초과하는 주식을 처분할 것을 명할 수 있다(은행 16조 3항). 금융위원회의 이러한 한도초과주식의 처분명령도 은산분리 등 정책목적을 실현하기 위한 것으로 주주의 자유로운 주식처분권을 제한하는 것으로 볼 수 있다. 금융위원회는 이러한 주식처분명령을 받은 자가 그 정한 기간 이내에 그 명령을 이행하지 아니하면, 이행기한이 지난 날부터 1일당 그 처분하여야 하는 주식의 장부가액의 10,000분의 3을 곱한 금액을 초과하지 아니하는 범위에서 이행강제금을 부과할 수 있다(은행 65조의 9 1항). 이러한 이행강제금은 주식처분명령에서 정한 이행기간의 종료일 다음 날부터 주식처분을 이행하는 날(주권 지급일)까지의 기간에 대하여 부과하는데(은행 65조의 9 2항), 금융위원회는 주식처분명령을 받은 자가 주식처분명령에서 정한 이행기간의 종료일부터 90일이 지난 후에도 그 명령을 이행하지 아니하면 그 종료일부터 매 90일이 지나는 날을 기준으로 하여 이행

---

1) 상법강의(상)(제25판), 904~905면.

2) 동지: 은행법(김), 114면(한도에 적합한 조치란 금융위원회의 승인절차를 밟거나 비금융주력자가 아닌 자로 전환하기 위한 전환계획을 금융위원회에 제출하여 승인을 받는 것 등을 의미한다).

강제금을 징수한다(은행 65조의 9 3항).

금융위원회가 이러한 주식의 처분명령을 내릴 때 장내매각 등과 같은 조건을 붙일 수 있는지 여부의 문제가 있다. 이에 대하여 금융위원회의 주식 처분명령은 재량행위이고 장내매각 등과 같은 조건은 (재량행위인) 행정행위의 부관이므로 긍정하는 견해도 있을 수 있으나, 이는 법률상 근거도 없이 주주의 주식양도방법을 다시 제한하는 것이고 주주의 이익을 보호하여야 한다는 점에서 볼 때 부정하는 것이 타당하다고 본다.

(4) 금융위원회의 승인을 받지 않고 한도초과주식을 취득하였거나 또는 금융위원회의 승인이 무효·취소된 경우에 한도초과주식 취득(매수)의 사법상 효력이 있는지 여부의 문제가 있다. 이는 또한 은행법 제15조 등이 효력규정인지 또는 단속규정인지의 문제이기도 하다. 이에 대하여 은행의 경우 은산분리 또는 특정인(동일인)이 은행을 소유하지 못하도록 하는 정책목적이 매우 중대하므로 금융위원회의 승인 없는 한도초과 은행주식의 취득은 사법상 무효로 보아야 한다는(즉, 은행법 제15조 등을 효력규정으로 보아야 한다는) 견해도 있을 수 있다. 그러나 (i) 은산분리 또는 특정인(동일인)이 은행을 소유하지 못하도록 하는 정책목적은 은행법 제16조에서 규정하는 한도초과 은행주식에 대한 의결권 제한 및 처분명령으로서 충분하고 또 은행법 제16조는 은행주식 취득의 사법상 유효를 전제로 하여 의결권 제한 및 처분명령을 규정하고 있는 점(만일 한도초과 은행주식 취득이 사법상 효력이 없으면 이에 대하여 의결권 제한 및 처분명령을 규정할 필요가 없는 점), (ii) 은행주식의 사법상 취득(매수)제한에 관하여는 은행법에 특별규정이 없으므로 이에 관하여는 상법이 적용되고 상법에 규정이 없으면 민법이 적용되는데(상 1조), 상법과 민법의 규정에서 은행주식의 사법상 취득제한이 없는 점, (iii) 상법상 정관의 규정에 의하여 이사회의 승인을 얻어 주식을 양도할 수 있는 주주가 이사회의 승인 없이 주식을 양도한 경우에는 회사에 대하여는 주주로서의 효력이 없으나(상 335조 2항), 이에 대하여 양도의 당사자간에는 그 양도의 효력이 있다고 해석하는 점[1](상 335조의 7 참조) 등에서 볼 때, 금융위원회의 승인 없는 한도초과 은행주식 취득의 사법상 효력을 부인할 수는 없다고 본다. 즉, 은행법 제15조 등은 단속규정이지 효력규정이라고 볼 수 없다.[2]

은행법 제15조 등과 유사한 금융산업의 구조개선에 관한 법률 제24조 등의 해석에서, 우리 대법원은 다음과 같이 단속규정으로 해석하고 있다.[3]

1) 상법강의(상)(제25판), 801면.

2) 동지: 은행법강의, 102면.

"금융산업의 구조개선에 관한 법률 제24조에 위반하여 사전 승인을 받지 아니한 금융기관의 주식소유행위 자체가 그 사법상의 효력까지도 부인하지 않으면 안 될 정도로 현저히 반사회성·반도덕성을 지닌 것이라고 할 수 없을 뿐만 아니라, 그 행위의 사법상의 효력을 부인하여야만 비로소 입법목적을 달성할 수 있다고 볼 수 없다. 또한 위 규정을 효력규정으로 보아 이에 반한 금융기관의 주식소유행위를 일률적으로 무효라고 할 경우, 승인기준에 해당하여 결과적으로 위 규정에 의하여 규제될 필요가 없는 행위나, 담보권실행으로 인한 주식취득 등 불가피한 사정이 있는 행위도 단지 사전승인을 받지 않았다는 이유로 그 효력이 부인되어 주식거래의 안전을 해칠 우려가 있을 뿐만 아니라, 금융기관간의 건전한 경쟁을 촉진하고 금융업무의 효율성을 높임으로써 금융산업의 균형 있는 발전에 이바지함을 목적으로 입법된 법의 취지에 반하는 결과가 될 수 있으므로, 위 규정은 효력규정이 아니라 단속규정이라고 보아야 한다."

금융위원회의 승인을 받은 한도초과 은행주식의 취득이 그 후 금융위원회의 승인취소 또는 승인의 당연무효가 있는 경우, 이에 의하여 그러한 주식취득이 사법상 영향을 받는가의 문제가 있다. 위에서 본 바와 같이 금융위원회의 승인 없는 한도초과 은행주식 취득의 사법상 효력이 유효하다고 보면, 금융위원회의 승인취소 또는 승인의 당연무효에 의하여 한도초과 은행주식 취득의 사법상 효력에는 영향이 없다고 본다. 이 경우 한도초과 은행주식은 의결권이 없고 또한 처분명령의 대상이 되는데, 의결권을 행사하였고 또한 처분하지 않은 결과가 된다. 그러나 (많은 이해관계인이 있는) 한도초과 은행주식의 의결권 행사 등을 소급하여 무효로 할 수는 없는 것이므로(상법이 민법과 다른 점), 금융위원회 승인취소 또는 당연무효에도 소급효는 제한된다고 본다.

2. 비금융주력자(산업자본)의 은행주식 보유제한

(1) 비금융주력자(산업자본)[1]는 동일인의 은행주식 보유한도(은행 15조 1항)에도

---

3) 대판 2003. 11. 27, 2003 다 5337.

1) "비금융주력자"라 함은 다음 각목의 1에 해당하는 자를 말한다(은행 2조 1항 9호). 독점규제 및 공정거래에 관한 법률 제32조에 따라 상호출자제한기업집단 등에서 제외되어 비금융주력자에 해당하지 아니하게 된 자로서 그 제외된 날부터 3개월이 지나지 아니한 자를 포함한다(은행 16조의 2 1항, 은행시 11조 1항).

가. 동일인 중 비금융회사(대통령령으로 정하는 금융업이 아닌 업종을 영위하는 회사를 말한다. 이하 같다)인 자의 자본총액(재무상태표상 자산총액에서 부채총액을 차감한 금액을 말한다. 이하 같다)의 합계액이 동일인 중 회사인 자의 자본총액의 합계액의 100분의 25 이상인 경우

불구하고 은행(은행지주회사)의 의결권 있는 발행주식총수 4%(지방은행은 15%)를 초과하여 은행의 주식을 보유할 수 없다(은행 16조의 2 1항, 금지 8조의 2 1항).

(2) 그러나 다음과 같은 예외사항이 있다.

① 4% 초과 주식보유분에 대한 의결권을 행사하지 아니하는 조건으로 재무건전성 등 은행법 시행령 제11조 제2항 및 [별표 2][1)]가 정하는 요건을 충족하여 금

의 그 동일인.

나. 동일인 중 비금융회사인 자의 자산총액의 합계액이 2조원 이상으로서 대통령령으로 정하는 금액(2조원)(은행시 1조의 5 2항) 이상인 경우의 그 동일인.

다. 「자본시장과 금융투자업에 관한 법률」에 따른 투자회사(이하 "투자회사"라 한다)로서 가목 또는 나목의 자가 그 발행주식총수의 100분의 4를 초과하여 주식을 보유(동일인이 자기 또는 타인의 명의로 주식을 소유하거나 계약 등에 의하여 의결권을 가지는 것을 말한다. 이하 같다)하는 경우의 그 투자회사.

라. 「자본시장과 금융투자업에 관한 법률」에 따른 기관전용 사모집합투자기구(이하 "기관전용 사모집합투자기구"라 한다)로서 다음 각각의 어느 하나에 해당하는 기관전용 사모집합투자기구
  1) 가목부터 다목까지의 어느 하나에 해당하는 자가 기관전용 사모집합투자기구 출자총액의 100분의 10 이상 지분을 보유하는 유한책임사원인 경우(이 경우 지분계산에 있어서 해당 사원과 다른 유한책임사원으로서 해당 사원의 특수관계인의 지분을 포함한다)
  2) 가목부터 다목까지의 어느 하나에 해당하는 자가 기관전용 사모집합투자기구의 무한책임사원인 경우[다만, 가목부터 다목까지의 어느 하나에 해당하지 아니하는 무한책임사원이 다른 기관전용 사모집합투자기구를 통하여 비금융회사의 주식 또는 지분에 투자함으로써 가목부터 다목까지의 어느 하나에 해당하게 된 경우로서 해당 기관전용 사모집합투자기구의 유한책임사원(해당 사원과 다른 유한책임사원으로서 해당 사원의 특수관계인을 포함한다)이 그 다른 기관전용 사모집합투자기구에 출자하지 아니한 경우에는 이를 제외한다]
  3) 다른 상호출자제한기업집단(「독점규제 및 공정거래에 관한 법률」에 따른 상호출자제한기업집단을 말한다. 이하 같다)에 속하는 각각의 계열회사(「독점규제 및 공정거래에 관한 법률」에 따른 계열회사를 말한다. 이하 같다)가 취득한 기관전용 사모집합투자기구의 지분의 합이 기관전용 사모집합투자기구 출자총액의 100분의 30 이상인 경우

마. 라목에 해당하는 기관전용 사모집합투자기구(「자본시장과 금융투자업에 관한 법률」에 따른 투자목적회사의 주식 또는 지분을 취득한 자 중 이 호 가목부터 다목까지의 어느 하나에 해당하는 자를 포함한다)가 투자목적회사의 주식 또는 지분의 100분의 4를 초과하여 취득·보유하거나 임원의 임면 등 주요 경영사항에 대하여 사실상의 영향력을 행사하는 경우의 해당 투자목적회사

1) 은행법 시행령 제11조 제2항에서 정하는 [별표 2]의 요건은 다음과 같다.
[별표 2] 〈개정 2018.10.30.〉
비금융주력자의 의결권을 행사하지 아니하는 주식보유승인 요건
(은행법 시행령 제11조 제2항 관련)

1. 해당 기관에 적용되는 재무건전성에 관한 기준으로서 금융위원회가 정하는 기준을 충족할 것
2. 부채비율이 100분의 200 이하로서 금융위원회가 정하는 기준을 충족할 것
3. 해당 법인이 「독점규제 및 공정거래에 관한 법률」에 따른 기업집단에 속하는 회사인 경우에는 해당 기업집단(은행법 제2조 제1항 제9호 가목에 따른 비금융회사로 한정한다)의 부채비율이 100분의 200 이하로서 금융위원회가 정하는 기준을 충족할 것
4. 주식취득 자금이 해당 법인이 최근 1년 이내에 유상증자 또는 보유자산의 처분을 통하여 조달한 자금 등 차입금이 아닌 자금으로서 해당 법인의 자본총액 이내의 자금일 것

융위원회의 승인을 얻은 경우, (지방은행을 제외한) 은행의 의결권 있는 발행주식 총수의 10%까지 보유가 가능하다(의결권의 불행사를 조건으로 한도초과의 승인)(은행 16조의 2 2항, 금지 8조의 2 2항).

이러한 사례로서는 2004년 금융감독위원회의 테마섹의 하나은행 주식보유한도 초과승인건이 있다.

② 2년 이내에 비금융주력자가 아닌 자로 전환하기 위한 전환계획을 금융위원회에 제출하여 승인을 받은 비금융주력자의 경우, 은행의 의결권 있는 발행주식총수의 10%(지방은행의 경우는 15%)까지 보유가 가능하다(금융자본으로의 전환계획의 승인)(은행 16조의 2 3항 1호, 금지 8조의 2 3항 1호).

이러한 전환계획을 금융위원회에 제출하여 승인을 신청하려는 비금융주력자는 전환계획을 금융위원회에 제출하여야 하고, 금융위원회는 전환계획에 대한 전문기관의 평가가 필요하다고 인정하는 경우에는 금융위원회가 정하는 바에 따라 그 평가를 할 수 있다(은행 16조의 3 1항). 이러한 전환계획은 (ⅰ) 시장상황에 대한 전망 등 전환계획의 전제가 된 가정이 합리적이어야 하고, (ⅱ) 처분 대상인 비금융회사의 발행주식규모, 자산규모 등에 비추어 전환계획이 제시된 이행기간 내에 실현될 수 있어야 하며, (ⅲ) 분기별 이행계획이 포함되어 있어야 하는 요건을 갖추어야 한다(은행시 11조의 2 1항). 금융위원회는 이러한 요건에 관한 구체적인 기준을 정하여 고시할 수 있다(은행시 11조의 2 3항 전단).

금융위원회는 이러한 전환계획에 대한 승인을 받아 4%를 초과하여 은행의 주식을 보유하는 비금융주력자(이하 '전환대상자'라 함)의 전환계획 이행상황을 분기별로 정기적으로 점검하고 그 결과를 인터넷 홈페이지 등을 이용하여 공시하여야 한다(은행 16조의 3 2항, 은행시 11조의 2 2항). 금융위원회는 이러한 점검방법 등 전환계획 이행상황의 점검을 위하여 필요한 사항을 정하여 고시할 수 있다(은행시 11조의 2 3항)

금융위원회는 이러한 점검 결과 전환대상자가 전환계획을 이행하지 아니하고 있다고 인정되는 경우에는 6개월 이내의 기간을 정하여 그 이행을 명할 수 있고(은행 16조의 3 3항), 금융위원회로부터 이러한 이행명령을 받은 전환대상자 또는 전환대상자가 차입금의 급격한 증가나 거액의 손실 발생 등 재무상황의 부실화로 인하여 은행과 불법거래를 할 가능성이 크다고 인정되는 경우에 해당하여 은행의 매월 업무보고서에 따라 금융감독원장의 검사 결과 은행과의 불법거래 사실이 확인된 전환대상자는 4%를 초과하여 보유하는 은행의 주식에 대하여 의결권을 행사할 수 없다(은행 16조의 3 4항). 또한 금융위원회는 전환대상자가 금융위원회의 이행명령을 이행하지 아니하는 경우나 은행과의 불법거래 사실이 확인된 경우에는 6개월 이내의 기간을 정하여 4%를 초과하여 보유하는 은행의 주식을 처분할 것을 명할 수 있다(은행 16조의 3 5항).

이 경우에도 해당 은행의 의결권 있는 발행주식총수의 10%, 25%, 33%를 각각 초과할 때마다 금융위원회의 승인을 받아 보유할 수 있다(은행 16조의 2 3항·15조 3항, 금지 8조의 2 3항·8조 3항).

③ 외국인투자촉진법에 따른 외국인(이하 "외국인"이라 함)의 은행에 대한 주식보유비율 이내에서 은행의 (의결권 있는) 주식을 보유하는 외국인은 비금융주력자라 하더라도 은행의 의결권 있는 발행주식총수의 10%(지방은행의 경우는 15%)까지 보유가 가능하다(외국인의 주식보유)(은행 16조의 2 3항 2호). 이 때 10%까지는 금융위원회의 승인 없이 보유할 수 있고, 10%(지방은행의 경우는 15%), 10%, 25%, 33%를 각각 초과하여 보유하는 경우에는 금융위원회의 한도초과 승인을 얻어야 한다(은행 16조의 2 3항, 15조 3항). 다만, 1개 은행에 한하고(은행 16조의 2 6항), 외국인 주식보유비율의 초과보유분의 의결권행사가 제한되며(은행 16조의 2 4항), 금융위원회는 1년 이내의 기간을 정하여 동 초과보유주식의 처분명령을 할 수 있다(은행 16조의 2 5항 본문).

금융지주회사의 경우는 이에 관한 특칙규정이 없다.

④ 국가재정법 제 5 조에 따른 기금 또는 그 기금을 관리·운용하는 법인(법률에 따라 기금의 관리·운용을 위탁받은 법인을 포함하며, 이하 '기금 등'이라 함)으로서, (i) 은행의 주식을 보유한 기금 등과 은행의 예금자, 다른 주주 등 이해관계자 사이에 발생할 수 있는 이해상충을 방지하기 위하여 대통령령으로 정하는 체계[1]를 갖추고,

---

1) 이 때 "대통령령으로 정하는 체계"란 다음 각 호의 요건을 모두 갖춘 체계를 말한다(은행시 11조의 3 1항).

1. 이행상충을 방지할 수 있는 의결권 행사기준을 마련할 것. 이 경우 해당 기준에는 의결권 행사기준에 마련되어 있지 아니한 사안에 대하여 의결권을 행사하는 경우로서 기금 등이 보유한 은행의 주식 수가 은행법 제16조의 2 제 1 항에서 정한 한도에 해당하는 주식 수를 초과하는 경우에는 기금 등이 보유한 주식을 발행한 은행의 주주총회에 참석한 주주가 보유한 주식 수에서 기금 등이 보유한 주식 수 중 은행법 제16조의 2 제 1 항에서 정한 한도를 초과하는 주식 수를 뺀 주식 수의 결의 내용에 영향을 미치지 아니하도록 의결권을 행사한다는 내용이 포함되어야 한다.
2. 주식을 보유한 은행의 주주로서 취득한 정보는 주주권 행사 목적 외로 활용되지 아니하도록 관리하는 등 이해상충이 발생할 가능성을 파악·평가·관리할 수 있는 내부통제기준을 갖출 것
3. 그 밖에 이해상충을 방지하기 위하여 필요한 사항으로 금융위원회가 정하여 고시하는 사항

(ii) (i)의 이해상충의 방지를 위하여 금융위원회가 정하여 고시하는 기관으로부터 필요한 범위 내에서 감독 및 검사를 받으며, (iii) 그 밖에 기금 등의 주식보유가 은행의 건전성에 미치는 영향 등을 대통령령으로 정하는 요건[1]을 모두 갖추어 금융위원회의 승인을 받은 비금융주력자는 은행의 의결권 있는 발행주식총수의 10%(지방은행의 경우는 15%)까지 보유가 가능하다(기금 등에 대한 승인)(은행 16조의 2 3항 3호, 금지 8조의 2 3항 2호). 이 경우 해당 은행의 의결권 있는 발행주식총수의 10%, 25%, 33%를 각각 초과할 때마다 금융위원회의 승인을 받아야 한다(은행 16조의 2 3항·15조 3항, 금지 8조의 2 3항·8조 3항).

3. 기관전용 사모집합투자기구 등의 은행주식 보유에 대한 특칙

가. 자본시장법상 사모집합투자기구

(1) 자본시장법상 "집합투자기구"란 집합투자[2]를 수행하기 위한 기구로서, (i) 신탁 형태의 집합투자기구인 투자신탁, (ii) 주식회사 형태의 집합투자기구인 투자회사, (iii) 유한회사 형태의 집합투자기구인 투자유한회사, (iv) 합자회사 형태의 집합투자기구인 투자합자회사, (v) 유한책임회사 형태의 집합투자기구인 투자유한책임회사, (vi) 합자조합 형태의 집합투자기구인 투자합자조합, (vii) 익명조합 형태의 집합투자기구인 투자익명조합이 있다(자금 9조 18항).

(2) 자본시장법에서 "사모집합투자기구"란 집합투자증권을 사모로만 발행하는 집합투자기구로서, 국가·한국은행·은행 등·예금보험공사 등·외국정부 등이 아니고 또한 법률에 따라 설립된 기금 및 그 기금을 관리·운용하는 법인 또는 법률에 따라 공제사업을 경영하는 법인 중 금융위원회가 정하여 고시하는 자가 아닌, (전문)투자자의 총수가 100인(일반투자자의 총수는 49인) 이하인 것을 말한다(자금 9조 19항, 자금시 14조). 사모집합투자기구에는 일정한 전문투자자만을 사원으로 하는 투자합자회사인 사모집합투자기구(기관전용 사모집합투자기구)(자금 9조 19항 1호, 249조 11 6항)와 기관전용 사모집합투자기구를 제외한 사모집합투자기구(일반 사모집합투자기구)(자금 9조 19항 2호)가 있다

(3) 자본시장법에서 "기관전용 사모집합투자기구"란 집합투자증권을 사모로만

---

1) 이 때 "대통령령으로 정하는 요건"이란 기금 등이 「국가재정법」 제79조에 따라 정한 자산운용지침을 준수하는 것을 말한다(은행시 11조의 3 2항).

2) "집합투자"란 2인 이상의 투자자로부터 모은 금전 등을 투자자로부터 일상적인 운용지시를 받지 아니하면서 재산적 가치가 있는 투자대상자산을 취득·처분, 그 밖의 방법으로 운용하고 그 결과를 투자자에게 배분하여 귀속시키는 것을 말한다(자금 6조 5항 본문).

발행하는 투자합자회사로서 사원은 1인 이상의 무한책임사원과 1인 이상의 유한책임사원으로 하되 사원의 총수는 100인 이하이고(자금 249조의 11 1항), 투자합자회사의 유한책임사원은 개인(자본시장법 제168조 제1항에 따른 외국인, 해당 기관전용 사모집합투자기구의 업무집행사원의 임원 또는 운용인력을 제외함)이 아닌 자로서 (i) 전문투자자로서 대통령령으로 정하는 투자자 또는 (ii) 그 밖에 전문 또는 위험감수능력 등을 갖춘 자로서 대통령령으로 정하는 투자자이어야 한다(자금 9조 19항 1호, 249조의 11 6항, 자금시 217조의 14 3항·4항).

자본시장법은 기관전용 사모집합투자기구에 대하여 특칙규정을 두고 있다(자금 249조 10~249조의 21). 즉, 기관전용 사모집합투자기구의 사원은 1인 이상의 무한책임사원(General Partner: GP)과 1인 이상의 유한책임사원(Limited Partner: LP)으로 구성되는데, 사원의 총수는 100인 이하로 한다(자금 249조 11 1항). 기관전용 사모집합투자기구에서 유한책임사원은 기관전용 사모집합투자기구의 집합투자재산[1]인 주식이나 지분의 의결권 행사 및 대통령령으로 정하는 업무집행사원의 업무에 관여해서는 아니 된다(자금 249조 11 4항). 왜냐하면 이는 무한책임사원들 중 선임되는 1인 이상의 업무집행사원의 고유권한에 속하기 때문이다.[2] 기관전용 사모집합투자기구는 정관으로 무한책임사원중 1인 이상을 업무집행사원으로 정하여야 하는데,[3] 이 경우 그 업무책임사원이 회사의 업무를 집행할 권리와 의무를 가진다(자금 249조의 14 1항).

(4) 이러한 기관전용 사모집합투자기구나 기관전용 사모집합투자기구가 설립한 투자목적회사(Special Purpose Company: SPC)를 통하여 은산분리의 정책을 탈법하는 것을 방지하기 위하여 다음에서 보는 바와 같이 은행법은 기관전용 사모집합투자기구에 대하여 특칙규정을 두고 있다.[4]

나. 은행법상 기관전용 사모집합투자기구 등에 대한 특칙

(1) 기관전용 사모집합투자기구 등의 은행주식 보유에 대한 특칙

1) 기관전용 사모집합투자기구 또는 투자목적회사(SPC)(이하 '기관전용 사모집

---

1) "집합투자재산"이란 집합투자기구의 재산으로서 투자신탁재산, 투자회사재산, 투자유한회사재산, 투자합자회사재산, 투자유한책임회사재산, 투자합자조합재산 및 투자익명조합재산을 말한다(자금 9조 20항).

2) 동지: 은행법(김), 108면.

3) 이에 반하여 투자합자회사는 업무집행사원 1인 외에 무한책임사원을 둘 수 없고(자금 214조 1항 1문), 이 경우 업무집행사원은 집합투자업자이어야 한다(자금 214조 1항 2문).

4) 동지: 은행법강의, 105면, 107면; 은행법(김), 107~108면.

합투자기구 등'이라 함)가 은행주식의 3단계 초과취득에 따른 승인(은행 15조 3항)을 받고자 하는 경우에는 다음 각 호의 요건을 모두 갖추어야 한다(은행 15조의 3 2항).

① 기관전용 사모집합투자기구의 업무집행사원에 관한 요건으로서, (i) 법인으로서 자신이 업무집행사원으로 있거나 그 재산운용을 위탁받은 기관전용 사모집합투자기구 등의 다른 사원 또는 주주의 특수관계인이 아니어야 하고, (ii) 자신이 업무집행사원으로 있거나 그 재산운용을 위탁받은 기관전용 사모집합투자기구 등의 다른 사원 또는 주주가 해당 기관전용 사모집합투자기구 등의 재산인 주식 또는 지분에 대하여 영향력을 행사하는 것을 배제할 수 있을 정도의 자산운용능력·경험 및 사회적 신용을 갖추어야 한다.

② 그 밖에 기관전용 사모집합투자기구 등의 주식보유가 해당 은행의 건전성에 미치는 영향 등을 고려하여 대통령령으로 정하는 요건[1]을 충족하여야 한다.

2) 금융위원회는 은행주식의 3단계 초과취득에 따른 승인(은행 15조 3항)을 위한 심사를 함에 있어서 위 1)의 요건에 해당하는지 여부를 확인하기 위하여

1) 은행법 제15조의 3 제 2 항에 따른 승인을 받으려는 기관전용 사모집합투자기구 등은 그 기관전용 사모집합투자기구의 업무집행사원 또는 그 업무집행사원의 임원(상법 제401조의 2 제 1 항 제 3 호에 해당하는 자를 포함한다. 이하 이 항에서 같다)이 다음 각 호의 기준을 모두 충족하여야 한다(은행 15조의 3 7항, 은행시 10조 2항).

1. 업무집행사원이 법인이며, 해당 법인 설립 후 3년이 지났을 것
2. 업무집행사원의 임원은 「금융회사의 지배구조에 관한 법률」 제 5 조 제 1 항 각 호의 어느 하나에 해당하지 아니할 것
3. 다음 각 목의 기준을 충족할 것. 다만, 금융위원회가 그 위반 등의 정도가 경미하다고 인정하는 경우는 제외한다.
   가. 최근 5년간 「금융화사의 지배구조에 관한 법률 시행령」 제 5 조에 따른 법령(이하 "금융관련법령"이라 한다), 「독점규제 및 공정거래에 관한 법률」 또는 「조세범 처벌법」을 위반하여 벌금형 이상에 해당하는 형사처벌을 받은 사실이 없을 것
   나. 최근 5년간 「금융산업의 구조개선에 관한 법률」에 따라 부실금융기관으로 지정되었거나 금융관련법령에 따라 영업의 허가·인가 등이 취소된 기관의 최대주주, 의결권 있는 발행주식 총수의 100분의 10을 초과하여 보유한 주주 또는 그 특수관계인이 아닐 것. 다만, 법원의 판결에 의하여 부실책임이 없다고 인정된 자 또는 부실에 따른 경제적 책임을 부담하는 등 금융위원회가 정하여 고시하는 기준에 해당하는 자는 제외한다.
4. 자신이 업무집행사원으로 있거나 있었던 기관전용 사모집합투자기구 등이 다음 각 목의 어느 하나에 해당할 것
   가. 1개의 기관전용 사모집합투자기구 등에 출자된 가액(해당 업무집행사원이 출자한 가액은 제외한다)이 5천억원 이상으로서 금융위원회가 정하여 고시하는 금액 이상인 경우
   나. 1개의 기관전용 사모집합투자기구 등에 대하여 그 자산 운용대상을 미리 정하지 아니하고 주주 또는 사원이 기관전용 사모집합투자기구 등에 출자하여 2개 이상의 투자대상기업에 실제 투자된 가액(해당 업무집행사원이 출자한 가액 중 투자된 가액은 제외한다)이 3천억원 이상으로서 금융위원회가 정하여 고시하는 금액 이상인 경우
5. 그 밖에 자산운용 능력·경험 및 사회적 신용 등에 관하여 필요한 세부사항으로서 금융위원회가 정하여 고시하는 기준

필요한 경우에는 해당 기관전용 사모집합투자기구 등의 정관·그 밖에 그 주주 또는 사원 사이에 체결된 계약내용 등 대통령령이 정하는 정보 또는 자료[1]의 제공을 요구할 수 있다(은행 15조의 3 3항).

3) 금융위원회는 은행주식의 3단계 초과취득에 따른 승인(은행 15조 3항)을 하지 아니하는 경우에는 승인신청을 받은 날부터 30일(다만, 승인신청서의 흠을 보완하는 기간 등 금융위원회가 정하여 고시하는 기간은 처리기간에 산입하지 아니한다) 이내에 신청인에게 그 사유를 명시하여 통지하여야 한다(은행 15조의 3 4항, 은행시 10조 4항).

4) 금융위원회는 은행주식의 3단계 초과취득에 따른 승인(은행 15조 3항)을 함에 있어서 해당 은행 주주의 보유지분분포·구성내역, 해당 기관전용 사모집합투자기구 등의 사원 또는 주주의 구성내역 등을 고려하여 해당 기관전용 사모집합투자기구 등이 은행의 주요 경영사항에 대하여 사실상 영향력 행사의 가능성이 높은 경우에는 경영관여 등과 관련하여 필요한 조건을 붙인 수 있다(은행 15조의 3 6항).

5) 기관전용 사모집합투자기구 등의 은행주식 보유 승인에 관하여는 은행주식의 3단계 초과취득에 따른 승인절차에 의한다(은행 15조의 3 7항, 은행시 10조 5항·8조 2항~5항).

6) 은행주식의 3단계 초과취득에 따른 승인(은행 15조 3항)을 받아 은행주식을 보유한 기관전용 사모집합투자기구 등이 은행주식의 3단계 초과취득에 따른 승인을 위하여 금융위원회에 제출한 정보 또는 자료(은행 15조의 3 3항)의 내용에 변경이 있는 경우에는 지체 없이 그 사실을 금융위원회에 보고하여야 한다(은행 15조의 4).

7) 기관전용 사모집합투자기구 등 또는 그 주주·사원은 은행주식의 3단계 초과취득에 따른 승인(은행 15조 3항)을 받아 은행주식을 보유한 경우, 다음 각 호의 어느 하나에 해당하는 행위를 하여서는 아니 된다(은행 15조의 5).

① 기관전용 사모집합투자기구의 유한책임사원 또는 SPC(투자목적회사)로부터 재산운용을 위탁받은 기관전용 사모집합투자기구의 업무집행사원 이외의 자가 기관

---

1) 은행법 제15조의 3 제3항에서 "기관전용 사모집합투자기구 등의 정관, 그 밖에 그 주주 또는 사원 사이에 체결된 계약내용 등 대통령령으로 정하는 정보 또는 자료"란 다음 각 호의 정보 또는 자료를 말한다(은행시 10조 3항).

1. 기관전용 사모집합투자기구 등의 정관
2. 기관전용 사모집합투자기구 등의 주주 또는 사원 사이에 체결된 계약내용
3. 기관전용 사모집합투자기구 등의 주주 및 사원 내역
4. 기관전용 사모집합투자기구 등의 주주 및 사원의 특수관계인의 내역
5. 그 밖에 은행법 제15조의 3 제2항의 승인 요건에 해당하는지를 확인하기 위하여 필요한 것으로서 금융위원회가 정하여 고시하는 정보 또는 자료

전용 사모집합투자기구 등이 보유한 은행주식의 의결권 행사에 영향을 미치는 행위

② 비금융회사의 주식 또는 지분에 투자함으로써 의결권 있는 발행주식총수(또는 출자총액)의 10% 이상 또는 임원의 임면 등 투자하는 회사의 주요 경영사항에 대하여 사실상 지배력 행사가 가능하도록 하는 투자행위(자금 249조의 7 5항 1호 또는 2호의 요건을 충족하게 되는 행위)

③ 은행법 또는 동법에 따른 명령을 위반하는 행위

④ 주주 또는 사원 사이에 은행법 또는 다른 금융관련 법령을 위반하는 계약을 체결하는 행위 등 대통령령으로 정하는 행위[1)]

(2) 기관전용 사모집합투자기구의 비금융주력자에 관한 특칙

1) 기관전용 사모집합투자기구로서 다음 각각의 어느 하나에 해당하는 경우에는 비금융주력자에 해당한다(은행 2조 1항 9호 라.).

① (i) 동일인 중 비금융회사인 자의 자본총액의 합계액이 동일인 중 회사인 자의 자본총액의 합계액의 25% 이상인 경우의 그 동일인, (ii) 동일인 중 비금융회사인 자의 자산총액의 합계액이 2조원 이상인 경우의 그 동일인, 또는 (iii) 자본시장법상 투자회사로서 위 (i) 또는 (ii)의 자가 그 발행주식총수의 4%를 초과하여 주식을 보유(동일인이 자기 또는 타인의 명의로 주식을 소유하거나 계약 등에 의하여 의결권을 가지는 것을 말함)하는 경우의 그 투자회사가(즉, 비금융주력자가), 기관전용 사모집합투자기구 출자총액의 10% 이상 지분을 보유하는 유한책임사원인 경우(이 경우 지분계산에 있어서 해당 사원과 다른 유한책임사원으로서 해당 사원의 특수관계인의 지분을 포함함)

② 위 ①의 (i)~(iii)까지의 어느 하나에 해당하는 자(즉, 비금융주력자)가 기관전용 사모집합투자기구의 무한책임사원인 경우(다만, 위 ① (i)~(iii)까지의 어느 하나에 해당하지 아니하는 무한책임사원이 다른 기관전용 사모집합투자기구를 통하여 비금융회사의 주식 또는 지분에 투자함으로써 위 ① (i)~(iii)까지의 어느 하나에 해당하게 되는 경우로서 해당 기관전용 사모집합투자기구의 유한책임사원이 그 다른 기관전용 사모집합투자기구에 출자하지 아니한 경우에는 이를 제외함)

③ 독점규제 및 공정거래에 관한 법률상 다른 상호출자제한기업집단에 속하는 각각의 계열회사가 취득한 기관전용 사모집합투자기구 지분의 합이 기관전용 사모집합투자기구 출자총액의 30% 이상인 경우

2) 또한 비금융주력자인 위 1)의 기관전용 사모집합투자기구가 투자목적회사

1) 이에 관한 은행법 시행령의 규정은 아직 없다.

(SPC)의 주식 또는 지분의 4%를 초과하여 취득·보유하거나 임원의 임면 등 주요 경영사항에 대하여 사실상의 영향력을 행사하는 경우의 해당 투자목적회사(SPC)는 비금융주력자이다(은행 2조 1항 9호 마.).

4. 한도초과 보유 주주 등에 대한 적격성 심사

가. 금융위원회의 적격성 심사

(1) 금융위원회는 동일인의 은행주식의 3단계 초과취득에 따른 승인(은행 15조 3항) 및 비금융주력자의 은행주식의 한도초과취득에 따른 승인(은행 16조의 2 3항)을 받아 은행주식을 보유하는 자(이하 '한도초과보유주주 등'이라 함)가 그 주식을 보유한 후에도 그 자격 및 승인의 요건(은행 15조 5항 및 15조의 3 7항)(이하 '초과보유 요건 등'이라 함)를 충족하는지 여부를 반기(半期)마다 정기적으로 심사하여야 한다(한도초과보유주주 등과 은행과의 불법거래 징후가 있는 경우 등 특별히 필요하다고 인정할 때에는 수시 심사를 할 수 있다)(은행 16조의 4 1항, 은행시 11조의 4 1항). 이러한 한도초과보유주주 등에 대한 적격성 심사의 절차·방법 등에 관하여 필요한 세부사항은 금융위원회가 정하여 고시한다(은행시 11조의 4 2항).

금융위원회는 이러한 심사를 위하여 필요한 경우에는 은행 또는 한도초과보유주주 등에 대하여 필요한 자료 또는 정보의 제공을 요구할 수 있다(은행 16조의 4 2항). 이에 응하지 않는 은행 또는 주주 등은 1억원 이하의 과태료의 처벌을 받는다(은행 69조 1항 4호).

(2) 금융위원회는 위의 한도초과보유요건 등의 충족 여부를 심사할 경우 국가재정법 제 5 조에 따른 기금 등이 은행주식을 10%까지 보유할 수 있는 요건을 충족하고 있는지 여부를 심사하여야 한다(은행 16조의 4 6항).

(3) 금융위원회가 위와 같이 특정한 주주의 은행주식 한도초과보유를 승인한 경우에도 그 주주가 승인의 자격 및 승인요건을 유지하고 있는지 여부를 정기적 또는 필요시에 사후적으로 적격성 심사를 하도록 하여, 초과보유요건을 갖추지 못하면 시정명령·의결권 제한·처분명령 등의 조치를 할 수 있도록 한 것은, 금융위원회가 은행경영관여자인 대주주를 상시 감독하기 위한 것이다.[1]

나. 위반에 따른 조치

(1) 금융위원회는 위의 적격성 심사 결과 한도초과보유주주 등이 초과보유요건

---

1) 동지: 은행법강의, 107면.

등을 충족하지 못하고 있다고 인정되는 경우에는 6개월 이내의 기간을 정하여 초과보유요건 등을 충족하도록 명할 수 있다(이행명령)(은행 16조의 4 3항).

(2) 위 (1)의 명령을 받은 한도초과보유주주 등은 그 명령을 이행할 때까지 그 한도(은행 15조 3항 1호, 16조의 2 1항)를 초과하여 보유하는 은행의 주식에 대하여 의결권을 행사할 수 없다(주식의 의결권 제한)(은행 16조의 4 4항). 이에 대하여는 앞에서 설명한 바와 같다.

(3) 금융위원회는 위 (1)의 이행명령을 받은 한도초과보유주주 등이 그 명령을 이행하지 아니하는 경우에는 6개월 이내의 기간을 정하여 그 한도초과보유주주 등이 10%(지방은행의 경우에는 15%)를 초과하여 보유하는 은행의 주식을 처분할 것을 명할 수 있다(주식의 처분명령)(은행 16조의 4 5항).[1] 이러한 주식의 처분명령을 받은 자가 그 정한 기간 이내에 그 명령을 이행하지 아니하면 이행기한이 지난 날부터 1일당 그 처분하여야 하는 주식의 장부가액에 10,000분의 3을 곱한 금액을 초과하지 아니하는 범위에서 이행강제금을 부과할 수 있다(은행 65조의 9 1항).

이러한 주식의 처분명령은 단순히 은행소유규제를 준수하기 위한 이행명령으로 어떠한 방식으로든 주식을 처분하면 된다는 명령으로 보아야 할 것이다.[2] 따라서 이러한 주식의 처분명령을 징벌적 제재의 일환으로 볼 수는 없다고 보며, 또한 법률상 근거도 없이 이러한 주식의 처분명령에 장내매각 등과 같은 조건을 붙일 수도 없다고 본다.

(4) 금융위원회의 적격성 심사 결과 한도초과보유주주 등이 초과보유요건 등을 충족하지 못한 경우에도 한도초과주식에 대한 주주의 사법상 지위에는 변함이 없다

1) 은행법 제16조의 4에 의한 주식의 처분명령에 관한 대표적인 사례는 론스타펀드 사건이다. 외환카드사 주가조작을 이유로 외환은행의 대주주인 론스타펀드에게 벌금 250억원을 선고한 형사판결(서울고등법원 2011. 10. 6. 선고 2011 노 806 판결)이 확정됨에 따라, 론스타펀드는 은행법 시행령 제 5 조 및 [별표 1]에서 규정한 "최근 5년간 금융관련 법령 등 위반으로 처벌받은 사실이 없을 것"이라는 요건을 충족하지 못하게 되어 동일인 주식보유한도 초과보유를 할 수 없게 되었다. 결국 금융위원회는 2011. 10 25. 은행법 제16조의 4 제 3 항의 규정에 따라 론스타펀드에게 2011. 10. 28.까지 한도초과보유요건을 충족할 것을 명하는 충족명령을 하였고, 론스타펀드는 동법 동조 제 4 항의 규정에 따라 충족명령이행시까지 외환은행의 의결권 있는 발행주식 총수의 10%를 초과하여 보유하는 주식에 대하여 의결권을 행사할 수 없게 하였다. 당시 외환은행에 대해 51.02%인 329,042,672주를 보유하였던 론스타펀드가 금융위원회의 충족명령을 이행하지 않자, 금융위원회는 2011. 11. 18. 임시회의를 개최하여, 은행법 제16조의 4 제 5 항에 기하여 론스타펀드에게 2012. 5. 18.까지 6개월의 기간 동안 의결권 있는 발행주식총수의 100분의 10을 초과하여 보유하는 외환은행 주식의 처분을 명하는 조치안을 의결하였고, 이에 입각한 처분명령을 하였다[은행법(김), 126~127면].

2) 동지: 은행법(김), 127~128면(다만, 은행법을 개정하여 주식처분의 방법과 효력에 대한 세부내용을 구체화하여야 한다고 한다).

고 본다. 이는 금융위원회의 승인을 받지 않고 한도초과주식을 취득하였거나 또는 금융위원회의 승인이 무효·취소된 경우에 한도초과주식 취득(매수)의 사법상 효력이 있는 점과 같다고 본다.

5. 외국은행 등에 대한 특례

(1) 금융위원회는 외국에서 은행업을 주로 경영하는 회사 또는 해당 법인의 지주회사(이하 '외국은행 등'이라 함)를 포함하는 동일인이 비금융주력자(은행 2조 1항 9호 가. 나.)에 해당하는지 여부를 판단할 때, 외국은행 등이 (i) 자산총액·영업규모 등에 비추어 국제적 영업활동에 적합하고 국제적 신인도가 높고, (ii) 해당 외국의 금융감독기관으로부터 해당 외국은행 등의 건전성 등과 관련한 감독을 충분히 받고 있으며, (iii) 금융위위원회가 해당 외국의 금융감독당국과 정보교환 등 업무협조 관계에 있는 경우로서, 그 외국은행 등의 신청이 있으면, 은행법 제2조 제1항 제8호의 동일인임에도 불구하고, 그 외국은행 등이 직접적·간접적으로 주식 또는 출자지분을 보유하는 외국 법인으로서 외국법에 따라 설립된 법인(또는 이에 준하는 것으로서 금융위원회가 인정하는 단체·조합 등을 포함함)을 동일인의 범위에서 제외할 수 있다(은행 16조의 5 1항 본문). 즉, 외국인의 경우 국내은행 주식취득과 전혀 관계 없는 해외 계열회사들을 동일인의 범위에서 배제한다는 것이다.[1]

그러나 그 외국 법인이 그 외국은행 등이 주식을 보유하는 은행의 주식을 직접적·간접적으로 보유하는 경우에는 동일인의 범위에 포함된다(은행 16조의 5 1항 단서).

금융위원회는 이에 따른 요건의 세부기준·해당 외국은행 등의 신청의 절차 및 방법 등에 관하여 필요한 사항을 정하여 고시할 수 있다(은행 16조의 5 2항).

(2) 종래부터 금융감독당국은 외국인 본인과 국내은행의 주식취득에 직·간접적으로 관련된 외국인의 외국 소재 계열회사 및 국내 소재 계열회사만을 동일인으로 파악하여 비금융주력자 여부를 판단하여 왔다. 이는 금융감독당국이 외국법인의 해외 계열회사를 모두 확인한다는 것이 현실적으로 불가능하기 때문이다. 은행법 제16조의 5는 외국인들의 국내은행 주식취득과 관련한 기존 금융감독당국의 유권해석을 조문화한 것이다.[2]

---

1) 은행법(김), 130면.

2) 은행법(김), 130면.

제 3 절 금융회사의 지배구조

I. 총 설

은행법은 은행을 주식회사임을 전제로 규정하고 있으므로(은행 2조 1항 10호 외) 은행의 지배구조에 관하여는 원칙적으로 상법상 주식회사의 지배구조에 관한 규정이 적용된다. 그런데 종래의 은행법은 은행의 지배구조에 관하여 상법에 대한 특칙을 많이 규정하고 있었으나(은행 18조 이하) 은행법상의 이러한 은행의 지배구조에 관한 규정을 2015년 7월 31일 삭제하고, 이에 갈음하여 동 일자에 「금융회사의 지배구조에 관한 법률」(이하 '지배구조법'으로 약칭함)이 제정되었는데(2015. 7. 31. 법 13453호, 시행: 2016. 8. 1.), 동법은 은행법에 규정이 없으면 상법에 우선하여 적용된다(지배 4조). 따라서 은행의 지배구조에 관하여는 은행법이 제1차로 적용되고 그 다음 지배구조법이 제2차로 적용되며, 상법상 주식회사의 지배구조에 관한 규정이(은행법 및 지배구조법에 규정이 없는 경우) 제3차로 적용된다.

또한 지배구조법은 은행뿐만 아니라, 자본시장법상 금융투자업자 및 종합금융회사, 보험업법상 보험회사, 상호저축은행법상 상호저축은행, 여신전문금융업법상 여신전문금융회사, 금융지주회사법상 금융지주회사, 그 밖의 법률에 따라 금융업무를 하는 회사로서 대통령령으로 정하는 회사(한국산업은행, 중소기업은행, 농협은행, 수협은행)에도 적용되므로(지배 2조 1호, 지배시 2조), 금융회사의 지배구조에 관한 통일법이라고 볼 수 있다. 그런데 금융회사는 각각 다른 특성이 있음에도 불구하고 이와 같이 통일적인 법에 의하여 규정하는 것은 문제가 있으며, 또한 금융회사의 지배구조에 관하여는 기본적으로 상법상 주식회사의 지배구조에 관한 규정이 적용되고 각 금융회사별 특색이 있는 부분에 관하여는 각 금융회사에 관한 특별법에서 규정하면 충분한데, 다시 지배구조법에 의하여 규정하는 것은 이중규제가 되는 것으로 바람직하지 못하다고 본다.[1)]

이하에서는 금융회사의 지배구조에 관하여 임원, 업무집행기관, 감독기관 및 감사기관에 대하여 살펴보겠다. 업무집행기관과 감독기관 및 감사기관에 대하여는 해당 금융회사가 상법상 집행임원 설치회사인가 또는 집행임원 비설치회사인가로

---

1) 이에 관한 상세는 정찬형 "금융기관 지배구조 개선을 통한 금융안정 강화방안," 「백산상사법논집 Ⅱ」(백산 정찬형 박사 고희기념), 박영사, 2018, 1024~1025면; 동, "금융회사 지배구조법에 관한 일고(一考)," 「백산상사법논집 Ⅱ」(백산 정찬형 박사 고희기념), 박영사, 2018, 1655~1656면 참조.

나누어 살펴보겠다.

Ⅱ. 임 원

1. 임원의 의의

(1) 지배구조법은 (금융회사의) 「임원」의 정의규정을 두고 있는데, 이에 의하면 「임원」이란 "이사·감사·집행임원(상법에 의한 집행임원을 둔 경우로 한정한다) 및 업무집행책임자를 말한다"고 규정하고 있다(지배 2조 2호).[1] 이는 광의의 임원이라 볼 수 있고, 협의의 임원은 구체적으로 업무집행을 담당하는 상법상 집행임원(상 408조의 2~408조의 9) 및 지배구조법상 업무집행책임자 등이라고 볼 수 있다.[2] 이와 같이 보면 사외이사·감사 등은 협의의 임원이 아니라고 볼 수 있다.

지배구조법상 「이사」란 "사내이사, 사외이사 및 그 밖에 상시적인 업무에 종사하지 아니하는 이사(이하 '비상임이사'라 함)를 말한다"(지배 2조 3호). 이 경우 「사외이사」란 "상시적인 업무에 종사하지 아니하는 이사로서 임원후보추천위원회(지배 17조)에 따라 선임되는 사람을 말한다"(지배 2조 4호). 사내이사, 사외이사 및 비상임이사의 성명과 주민등록번호는 등기사항이다(상 317조 2항 8호).

지배구조법상 「업무집행책임자」란 "이사가 아니면서 명예회장·회장·부회장·사장·부사장·행장·부행장·부행장보·전무·상무·이사 등 업무를 집행할 권한이 있는 것으로 인정될 만한 명칭을 사용하여 금융회사의 업무를 집행하는 사람을 말한다"(지배 2조 5호). 이는 상법상 이사나 집행임원이 아니면서 그와 같은 업무를 집행할 권한이 있는 것으로 인정될 만한 명칭을 사용하여 회사의 업무를 집행하는 표현이사·표현집행임원에게 그 책임을 묻기 위한 규정(상 401조의 2 1항 3호, 408조의 9)의 내용과 유사하게 규정하고 있는데, 이는 잘못된 것으로 본다. 왜냐하면 지배구조법상 업무집행책임자는 표현이사나 표현집행임원이 아니라 실제로 금융회사의 업무를 집행하는 자이고, 또한 때로는 이사의 직무를 겸하는 자도 있기 때문이다.[3]

---

1) 참고로 한국산업은행법 제10조는 "한국산업은행에 임원으로 회장·전무이사·이사 및 감사를 둔다"고 규정하고, 한국수출입은행법 제8조는 "수출입은행에 임원으로서 은행장 1명, 전무이사 1명, 5면 이내의 이사와 감사 1명을 둔다"고 규정하며, 금융산업의 구조개선에 관한 법률 제2조 7호는 "임원이란 금융기관의 이사 및 감사(상법 또는 관계 법령에 따라 감사위원회를 설치한 경우 그 위원회의 위원을 포함한다)를 말한다"고 규정하고 있다.

2) 동지: 주석(은행), 208면.

3) 동지: 정찬형, 전게 백산상사법논집 Ⅱ, 1045~1046면.

이러한 업무집행책임자는 상법상 집행임원 설치회사에서는 집행임원에 해당하고 집행임원 비설치회사에서는 '사실상 집행임원'(비등기임원)에 해당한다고 보는데,[1] 이러한 업무집행책임자 중 대통령령으로 정하는 주요업무를 집행하는 업무집행책임자가 '주요업무집행책임자'이다(지배 8조, 지배시 9조). 그런데 금융회사의 집행임원이라 하여 상법상 용어와 달리 사용하여야 하는지는 의문이며, 이와 같이 달리 사용하는 경우 상법상 집행임원과 혼란을 야기시킬 우려도 있다.

(2) 임원과 금융회사와의 관계에 대하여 지배구조법은 주요업무집행책임자와 해당 금융회사의 관계에 대하여만 민법 중 위임관계라고 규정하고 있다(지배 8조 3항). 그러나 이사·감사 및 (상법상) 집행임원과 금융회사와의 관계는 상법에 의하여 위임관계이다(지배 4조 2항, 상 382조 2항·408조의 2 2항·415조).

따라서 금융회사의 주요업무집행책임자가 아닌 업무집행책임자와 금융회사와의 관계가 위임관계인지 또는 고용관계인지에 대하여 지배구조법상 규정이 없다. 그러한 업무집행책임자가 상법상 집행임원 설치회사의 집행임원이면 상법에 의하여 위임관계이므로(상 408조의 2 2항) 아무런 문제가 없다. 그런데 상법상 집행임원 비설치회사인 경우에는 이러한 업무집행책임자를 지배구조법상 임원으로 규정하면서 금융회사와의 관계에서 그의 지위가 위임관계인지 또는 고용관계인지에 대한 규정이 없어 이러한 업무집행책임자와 금융회사와의 관계에서 퇴직금 등 많은 법률문제를 야기할 수 있다. 따라서 입법론으로는 이러한 업무집행책임자와 금융회사와의 관계를 위임관계라고 규정하여야 할 것이고(또는 상법상 집행임원 설치회사에서의 집행임원에 준하는 것으로 규정하여야 할 것이고), 해석론으로서도 상법상 집행임원 설치회사에서의 집행임원에 준하여 위임관계로 해석하여야 할 것으로 본다.

2. 임원의 자격요건

(1) 지배구조법상 다음 각 호의 어느 하나에 해당하는 사람은 금융회사의 임원이 되지 못한다(지배 5조 1항, 지배시 7조 1항~3항). 금융회사의 임원으로 선임된 사람이 다음 각 호의 어느 하나에 해당하게 된 경우에는 그 직(職)을 잃는다. 다만, 지배구조법 또는 금융관계법령에 따라 임직원 제재조치(퇴임 또는 퇴직한 임직원의 경우 해당 조치에 상응하는 통보를 포함한다)를 받은 사람으로서 조치의 종류별로 5년을 초과하지 아니하는 범위에서 대통령령으로 정하는 기간이 지나지 아니한 사람으로서 대통령령으로 정하는 경우에는 그 직을 잃지 아니한다(지배 5조 2항, 지배시 7조 2항·4

1) 동지: 정찬형, 상게서, 1042~1045면.

항).

① 미성년자·피성년후견인 또는 피한정후견인

② 파산선고를 받고 복권(復權)되지 아니한 사람

③ 금고 이상의 실형을 선고받고 그 집행이 끝나거나(집행이 끝난 것으로 보는 경우를 포함한다) 집행이 면제된 날부터 5년이 지나지 아니한 사람

④ 금고 이상의 형의 집행유예를 선고받고 그 유예기간 중에 있는 사람

⑤ 지배구조법 또는 금융관계법령에 따라 벌금 이상의 형을 선고받고 그 집행이 끝나거나(집행이 끝난 것으로 보는 경우를 포함한다) 집행이 면제된 날부터 5년이 지나지 아니한 사람

⑥ 다음 각 목의 어느 하나에 해당하는 조치를 받은 금융회사의 임직원 또는 임직원이었던 사람(그 조치를 받게 된 원인에 대하여 직접 또는 이에 상응하는 책임이 있는 사람으로서 대통령령으로 정하는 사람으로 한정한다)으로서 해당 조치가 있었던 날부터 5년이 지나지 아니한 사람

가. 금융관계법령에 따른 영업의 허가·인가·등록 등의 취소

나. 「금융산업의 구조개선에 관한 법률」 제10조 제 1 항에 따른 적기시정조치

다. 「금융산업의 구조개선에 관한 법률」 제14조 제 2 항에 따른 행정처분

⑦ 지배구조법 또는 금융관계법령에 따라 임직원 제재조치(퇴임 또는 퇴직한 임직원의 경우 해당 조치에 상응하는 통보를 포함한다)를 받은 사람으로서 조치의 종류별로 5년을 초과하지 아니하는 범위에서 대통령령으로 정하는 기간이 지나지 아니한 사람

⑧ 해당 금융회사의 공익성 및 건전경영과 신용질서를 해칠 우려가 있는 경우로서 대통령령으로 정하는 사람

(2) 지배구조법은 금융회사의 임원 중 사외이사의 자격요건에 대하여 별도로 규정하고 있는데(지배 6조, 지배시 8조), 적극적 요건과 소극적 요건을 규정하고 있다.

1) 적극적 요건 금융회사의 사외이사는 금융, 경제, 경영, 법률, 회계 등 분야의 전문지식이나 실무경험이 풍부한 사람으로서 대통령령으로 정하는 사람이어야 한다(지배 6조 3항, 지배시 8조 4항).

2) 소극적 요건 다음 각 호의 어느 하나에 해당하는 사람은 금융회사의 사외이사가 될 수 없다. 다만, 사외이사가 됨으로써 최대주주의 특수관계인(최대주주 및 그의 특수관계인이 법인인 경우에는 그 임직원을 말한다)에 해당하게 되는 사람은 사외이사가 될 수 있다(지배 6조 1항, 지배시 8조 1항~3항). 금융회사의 사외이사가

된 사람이 다음 각 호의 어느 하나에 해당하게 된 경우에는 그 직을 잃는다(지배 6조 2항).[1]

① 최대주주[2] 및 그의 특수관계인(최대주주 및 그의 특수관계인이 법인인 경우에는 그 임직원을 말한다)

② 주요주주 및 그의 배우자와 직계존속·비속(주요주주가 법인인 경우에는 그 임직원을 말한다)

③ 해당 금융회사 또는 그 계열회사(「독점규제 및 공정거래에 관한 법률」 제 2 조 제 3 호에 따른 계열회사를 말한다. 이하 같다)의 상근(常勤) 임직원 또는 비상임이사이거나 최근 3년 이내에 상근 임직원 또는 비상임이사이었던 사람

④ 해당 금융회사 임원의 배우자 및 직계 존속·비속

⑤ 해당 금융회사 임직원이 비상임이사로 있는 회사의 상근 임직원

⑥ 해당 금융회사와 대통령령으로 정하는 중요한 거래관계가 있거나 사업상 경쟁관계 또는 협력관계에 있는 법인의 상근 임직원이거나 최근 2년 이내에 상근 임직원이었던 사람

⑦ 해당 금융회사에서 6년 이상 사외이사로 재직하였거나 해당 금융회사 또는 그 계열회사에서 사외이사로 재직한 기간을 합산하여 9년 이상인 사람

⑧ 그 밖에 금융회사의 사외이사로서 직무를 충실하게 이행하기 곤란하거나 그 금융회사의 경영에 영향을 미칠 수 있는 사람으로서 대통령령으로 정하는 사람

사외이사의 자격요건(소극적 요건)에 대하여는 상장주식회사에 대하여는 상법 제542의 8 제 2 항[3]에서 규정하고 있고, 또한 (모든) 주식회사에 대하여는 상법 제

1) 지배구조법 제 6 조 제 1 항 단서와 동조 제 2 항은 상호 모순이 되는 것은 아닌지 의문이다.

2) 금융회사의 의결권 있는 발행주식(출자지분을 포함함) 총수를 기준으로 본인 및 그와 대통령령으로 정하는 특수한 관계에 있는 자(특수관계인)가 누구의 명의로 하든지 자기의 계산으로 소유하는 주식(그 주식과 관련된 증권예탁증권을 포함함)을 합하여 그 수가 가장 많은 주주를 말한다(지배 2조 6호 가., 지배시 3조).

3) 상법 제542조의 8 제 2 항:

상장회사의 사외이사는 제382조 제 3 항 각 호 뿐만 아니라 다음 각 호의 어느 하나에 해당되지 아니하여야 하며, 이에 해당하게 된 경우에는 그 직을 상실한다. 〈개정 2011.4.14., 2018. 9. 18〉

1. 미성년자, 피성년후견인 또는 피한정후견인
2. 파산선고를 받고 복권되지 아니한 자
3. 금고 이상의 형을 선고받고 그 집행이 끝나거나 집행이 면제된 후 2년이 지나지 아니한 자
4. 대통령령으로 별도로 정하는 법률을 위반하여 해임되거나 면직된 후 2년이 지나지 아니한 자
5. 상장회사의 주주로서 의결권 없는 주식을 제외한 발행주식총수를 기준으로 본인 및 그와 대통령령으로 정하는 특수한 관계에 있는 자(이하 "특수관계인"이라 한다)가 소유하는 주식의 수가 가장 많은 경우 그 본인(이하 "최대주주"라 한다) 및 그의 특수관계인
6. 누구의 명의로 하든지 자기의 계산으로 의결권 없는 주식을 제외한 발행주식총수의 100분의

382조 제3항[1])에서 규정하고 있으므로, 금융회사가 이에 해당하는 경우에는 금융회사의 사외이사는 각각 이의 요건도 구비하여야 한다.

(3) 금융회사는 임원을 선임하려는 경우 위 (1)(지배 5조) 및 위 (2)(지배 6조)의 자격요건을 충족하는지를 확인하여야 한다(지배 7조 1항). 금융회사는 임원을 선임한 경우에는 지체 없이 그 선임사실 및 자격요건 적합 여부를 금융위원회가 정하여 고시하는 바에 따라 인터넷 홈페이지 등에 공시하고 금융위원회에 보고하여야 한다(지배 7조 2항). 금융회사는 임원을 해임(사임을 포함한다)한 경우에는 금융위원회가 정하여 고시하는 바에 따라 지체 없이 그 사실을 인터넷 홈페이지 등에 공시하고 금융위원회에 보고하여야 한다(지배 7조 3항).

3. 임원의 의무

금융회사의 임원의 의무에 대하여 은행법은 비공개정보 누설 등의 금지의무를 규정하고(은행 21조의 2), 지배구조법은 겸직제한의무를 규정하고 있다(지배 10조, 지배시 10조). 이 외에도 금융회사의 임원은 상법상 많은 의무를 부담한다.

가. 은행법상 비공개정보 누설 등의 금지의무

은행의 임직원(임직원이었던 자를 포함함)은 업무상 알게 된 공개되지 아니한 정보 또는 자료를 외부(은행의 대주주 또는 그 대주주의 특수관계인을 포함함)에 누설하

---

10 이상의 주식을 소유하거나 이사·집행임원·감사의 선임과 해임 등 상장회사의 주요 경영사항에 대하여 사실상의 영향력을 행사하는 주주(이하 "주요주주"라 한다) 및 그의 배우자와 직계 존속·비속

7. 그 밖에 사외이사로서의 직무를 충실하게 수행하기 곤란하거나 상장회사의 경영에 영향을 미칠 수 있는 자로서 대통령령으로 정하는 자

1) 상법 제382조 제3항:

사외이사(社外理事)는 해당 회사의 상무(常務)에 종사하지 아니하는 이사로서 다음 각 호의 어느 하나에 해당하지 아니하는 자를 말한다. 사외이사가 다음 각 호의 어느 하나에 해당하는 경우에는 그 직을 상실한다. 〈개정 2011.4.14.〉

1. 회사의 상무에 종사하는 이사·집행임원 및 피용자 또는 최근 2년 이내에 회사의 상무에 종사한 이사·감사·집행임원 및 피용자
2. 최대주주가 자연인인 경우 본인과 그 배우자 및 직계 존속·비속
3. 최대주주가 법인인 경우 그 법인의 이사·감사·집행임원 및 피용자
4. 이사·감사·집행임원의 배우자 및 직계 존속·비속
5. 회사의 모회사 또는 자회사의 이사·감사·집행임원 및 피용자
6. 회사와 거래관계 등 중요한 이해관계에 있는 법인의 이사·감사·집행임원 및 피용자
7. 회사의 이사·집행임원 및 피용자가 이사·집행임원으로 있는 다른 회사의 이사·감사·집행임원 및 피용자 [전문개정 2009.1.30.]

거나 업무목적 외로 이용하여서는 아니 된다(은행 21조의 2). 은행의 임직원이 이에 위반하면 10년 이하의 징역 또는 5억원 이하의 벌금의 처벌을 받는다(은행 66조 1항 1호).

나. 지배구조법상 겸직제한의무

(1) 금융회사의 상근 임원은 원칙적으로 다른 영리법인의 상시적인 업무에 종사할 수 없다(지배 10조 1항 본문). 이 경우 「다른 영리법인」이란 주로 다른 회사를 말하는데, 이에는 외국회사를 포함한다고 본다.[1] 따라서 금융회사의 상근 임원은 어떠한 다른 회사의 상시적인 업무를 수행하는 임직원을 겸할 수 없다. 그러나 금융회사의 상근 임원이 가계소득을 늘리기 위하여 법인이 아닌 주택 임대업을 하거나, 개인소유의 토지를 활용하여 주차장 영업 등은 할 수 있다고 본다.[2] 금융회사의 상근 임원의 겸직금지 대상을 법인으로 제한하는 것은 입법론상 재검토할 필요가 있다고 본다.[3]

그러나 예외적으로 (i) 「채무자 회생 및 파산에 관한 법률」 제74조에 따라 관리인으로 선임되는 경우, (ii) 「금융산업의 구조개선에 관한 법률」 제10조 제 1 항 제 4 호에 따라 관리인으로 선임되는 경우, 또는 (iii) 금융회사 해산 등의 사유로 청산인으로 선임되는 경우에는, 상시적인 업무에 종사할 수 있다(지배 10조 1항 단서).

또한 금융회사의 상근 임원은 (i) 은행인 경우 그 은행이 의결권 있는 발행주식 총수의 100분의 15를 초과하는 주식을 보유하고 있는 다른 회사의 상근 임직원을 겸직할 수 있고(지배 10조 2항 1호), (ii) 상호저축은행인 경우 그 상호저축은행의 의결권 있는 발행주식 총수의 100분의 15를 초과하는 주식을 보유하고 있는 다른 상호저축은행의 상근 임직원을 겸직할 수 있으며(지배 10조 2항 2호), (iii) 보험회사인 경우 그 보험회사가 의결권 있는 발행주식 총수의 100분의 15를 초과하는 주식을 보유하고 있는 다른 회사의 상근 임직원을 겸직할 수 있고(「금융산업의 구조개선에 관한 법률」 제 2 조 제 1 호 가목부터 아목까지 및 차목에 따른 금융기관의 상근 임직원을 겸직하는 경우는 제외함)(지배 10조 2항 3호), (iv) 그 밖에 이해상충 또는 금융회사의 건전성 저해의 우려가 적은 경우로서 대통령령으로 정하는 경우에는 다른 회사의 상근

---

1) 동지: 은행법강의, 139면.
2) 동지: 은행법강의, 139면.
3) 동지: 은행법강의, 139면.

임직원을 겸할 수 있다(지배 10조 2항 4호, 지배시 10조 1항).

(2) 은행의 임직원은 원칙적으로 한국은행, 다른 은행 또는 (금융지주회사법 제2조 제1항 제5호에 따른) 은행지주회사의 임직원을 겸직할 수 없다(지배 10조 3항 본문). 그러나 예외적으로 (은행법 제37조 제5항에 따른) 자은행의 임직원이 되는 경우에는 겸직할 수 있다(지배 10조 3항 단서).

또한 금융지주회사의 임직원은 해당 금융지주회사의 자회사 등의 임직원을 겸직할 수 있고, 금융지주회사의 자회사 등(금융업을 영위하는 회사 또는 금융업의 영위와 밀접한 관련이 있는 회사로서 대통령령으로 정하는 회사로 한정함)의 임직원은 다른 자회사 등의 임직원을 겸직할 수 있다(그러나 자본시장법상 집합투자업이나 보험업법상 변액보험계약에 관한 업무 등은 겸직할 수 없다)(지배 10조 4항, 지배시 10조 2항·3항).

(3) 은행의 상근 임원이 그 은행이 의결권 있는 발행주식 총수의 100분의 15를 초과하는 주식을 보유하고 있는 다른 회사의 상근 임직원을 겸직하려는 경우 등에는(지배 10조 2항~4항), 금융회사는 이해상충 방지 및 금융회사의 건전성 등에 관하여 대통령령으로 정하는 기준(겸직기준)을 갖추어 미리 금융위원회의 승인을 받아야 한다(지배 11조 1항 본문, 지배시 11조 1항·4항~6항). 그러나 이해상충 또는 금융회사의 건전성 저해의 우려가 적은 경우로서 대통령령으로 정하는 경우에는, (i) 겸직하는 회사에서 수행하는 업무의 범위, (ii) 겸직하는 업무의 처리에 대한 기록 유지에 관한 사항 및 (iii) 그 밖에 이해상충 방지 또는 금융회사의 건전성 유지를 위하여 필요한 사항으로서 대통령령으로 정하는 사항을, 대통령령으로 정하는 방법 및 절차에 따라 금융위원회에 보고하여야 한다(지배 11조 1항 단서, 지배시 11조 2항·3항·7항·8항).

금융회사는 해당 금융회사의 임원이 다른 금융회사의 임원을 겸직하는 경우(지배 10조에 따른 겸직은 제외한다)로서 대통령령으로 정하는 경우에는 대통령령으로 정하는 방법 및 절차에 따라 지배구조법 제11조 제1항 각 호의 사항을 금융위원회에 보고하여야 한다(지배 11조 2항, 지배시 11조 9항·10항).

금융위원회는 금융회사가 겸직기준을 충족하지 아니하는 경우 또는 지배구조법 제11조 제1항 단서에 따른 보고 방법 및 절차를 따르지 아니하거나 보고한 사항을 이행하지 아니하는 경우에는 해당 임직원 겸직을 제한하거나 그 시정을 명할 수 있다(지배 11조 3항).

임직원을 겸직하게 한 금융지주회사와 해당 자회사 등은 금융업의 영위와 관련하여 임직원 겸직으로 인한 이해상충 행위로 고객에게 손해를 끼친 경우에는 연대하여 그 손해를 배상할 책임이 있다(지배 11조 4항 본문). 그러나 (ⅰ) 금융지주회사와 해당 자회사 등이 임직원 겸직으로 인한 이해상충의 발생 가능성에 대하여 상당한 주의를 한 경우, (ⅱ) 고객이 거래 당시에 임직원 겸직에 따른 이해상충 행위라는 사실을 알고 있었거나 이에 동의한 경우, 또는 (ⅲ) 그 밖에 금융지주회사와 해당 자회사 등의 책임으로 돌릴 수 없는 사유로 손해가 발생한 경우로서 대통령령으로 정하는 경우에는, 그 손해를 배상할 책임이 없다(지배 11조 4항 단서).

다. 상법상 의무

(1) 상법상 이사(집행임원 설치회사에서는 '집행임원'을 포함한다. 이하 같다)와 회사와의 관계는 위임관계이므로(상 382조 2항, 408조의 2 2항), 이사는 일반적인 의무로서 회사에 대하여 선량한 관리자의 주의의무(선관의무)를 부담한다(민 681조). 또한 이사는 회사에 대하여 충실의무를 부담한다(상 382조의 3). 따라서 금융회사의 이사도 금융회사에 대하여 당연히 이러한 선관의무(민 681조) 및 충실의무(상 382조의 3)를 부담한다.

상법상 이사는 구체적으로 경업피지의무(상 397조, 408조의 9)·회사기회유용금지의무(상 397조의 2, 408조의 9)·자기거래금지의무(상 398조, 408조의 9)·비밀유지의무(상 382조의 4, 408조의 9) 및 이사의 감사(監事) 또는 감사위원회에 대한 보고의무(상 412조의 2, 415조의 2 7항, 408조의 9)와 판례에서 인정한 다른 이사에 대한 감시의무[1]를 부담한다. 금융회사의 이사도 주식회사의 이사로서 당연히 이러한 의무를 부담한다. 다만 비밀유지의무(상 382조의 4, 408조의 9)와 관련하여 은행법은 특칙을 규정하고 있는데(은행 21조의 2), 이러한 특칙에 해당하지 않는 사항에 대하여는 은행의 이사는 상법에 의하여 비밀유지의무를 부담한다고 본다. 또한 상법상 경업피지의무에서 겸직금지의무(상 397조 1항 후단)는 지배구조법상 겸직제한의무(지배 10조 1항 본문, 3항 본문)와 중복되는 부분에서는 의미가 없다고 보겠다.

(2) 상법상 감사(監事)는 선관주의의무(상 415조· 382조 2항, 민 681조) 외에도, 이사회에 대한 보고의무(상 391조의 2 2항)·비밀유지의무(상 415조, 382조의 4)·주주총회에 대한 의견진술의무(상 413조)·감사록의 작성의무(상 413조의 2) 및 감사보고서의 작성·제출의무(상 447조의 4 1항)를 부담한다. 금융회사의 감사(監事)도 당연히 이러한 의무를 부담한다.

또한 금융회사의 감사도 상법상 주식회사의 감사와 같이 같은 금융회사 및 자

---

1) 대판 1985. 6. 25, 84 다카 1954 외.

은행의 이사 또는 지배인 기타의 사용인의 직무를 겸하지 못한다(상 411조).

(3) 지배구조법상 업무집행책임자에게도 위와 같은 상법상 이사의 의무에 관한 규정이 적용되는지 여부이다. 지배구조법상 업무집행책임자가 상법상 집행임원 설치회사에서의 집행임원에 해당하면 집행임원의 의무에 관한 규정이 당연히 적용되므로 문제가 없는데, 상법상 집행임원 비설치회사인 경우에 문제가 된다. 금융회사가 상법상 집행임원 비설치회사인 경우 업무집행책임자에 대하여는 (지배구조법상 근거는 없으나) 해석상 상법상 이사(또는 집행임원 설치회사에서의 집행임원)와 같은 의무를 부담하는 것으로 보아야 하고, 입법론으로는 지배구조법에서 업무집행책임자는 상법상 이사(또는 집행임원 설치회사에서의 집행임원)와 같은 의무와 책임을 부담하는 것으로 규정하여야 한다고 본다. 특히 주요업무집행책임자가 아닌 업무집행책임자와 금융회사와의 관계는 위임관계에 관한 규정이 없기 때문에 이에 관한 명문규정이 필요하다고 본다. 업무집행책임자의 책임에 대하여도 그가 표현이사 또는 표현집행임원이 아니라는 점, 구체적인 의무위반이 있어야 책임을 물을 수 있는 점 등에서 볼 때, 상법 제401조의 2 제 1 항 제 3 호만으로는 부족하고 이에 관한 명문규정을 두어야 할 것이다. 이러한 모든 문제점을 명확히 해결하기 위하여는 감독형 이사회를 가진 금융회사(지배 12조 1항, 2항 본문)는 상법상 집행임원 설치회사이어야 하고, 지배구조법상 업무집행책임자는 상법상 집행임원에 해당하는 것으로 규정하면 될 것이다.[1]

Ⅲ. 업무집행기관

1. 집행임원 비설치회사인 경우

가. 상법상 업무집행기관

금융회사가 상법상 집행임원 비설치회사인 경우 상법상 금융회사(주식회사)의 업무집행기관은 이사회와 대표이사이다.

(1) 이사회

이러한 이사회는 금융회사의 업무집행에 관한 의사결정 및 이사의 직무집행을 감독할 권한을 갖는다(상 393조 1항·2항). 즉, "(금융회사의) 중요한 자산의 처분 및 양도, 대규모 재산의 차입, 지배인의 선임 또는 해임과 지점의 설치·이전 또는 폐

1) 동지: 정찬형, 전게 백산상사법논집 Ⅱ, 1664면.

지 등 금융회사의 업무집행은 이사회의 결의로 하고"(상 393조 1항), "이사회는 이사의 직무집행을 감독한다"(상 393조 2항).

(2) 대표이사

대표이사는 원칙적으로 이사회의 결의로 선임되는데, 예외적으로 정관에 규정이 있으면 주주총회에 의하여 선임된다(상 389조 1항). 이러한 대표이사는 대내적으로는 금융회사의 업무를 집행하고 대외적으로는 금융회사를 대표한다(상 389조 3항, 209조). 금융회사의 업무집행에 관한 의사결정권은 이사회에게 있는데(상 393조 1항), 대표이사는 이사회로부터 구체적으로 위임받은 사항 및 일상업무에 한하여 업무집행에 관한 의사결정권을 갖는다고 해석한다.[1)]

나. 지배구조법상 업무집행기관

지배구조법은 금융회사의 업무집행기관에 대하여 명확한 규정을 두고 있지 않은데, 이사회와 업무집행책임자에 대하여 다음과 같이 규정하고 있다.

(1) 이사회

1) 지배구조법상 금융회사는 이사회에 사외이사를 3명 이상 두어야 하고(지배 12조 1항), 사외이사의 수는 원칙적으로 이사 총수의 과반수가 되어야 한다(다만, 대통령령으로 정하는 금융회사의 경우 이사 총수의 4분의 1 이상을 사외이사로 하여야 한다)(지배 12조 2항, 지배시 12조). 또한 이사회 의장은 원칙적으로 매년 사외이사 중에서 이사회에서 선임되는데(지배 13조 1항), 다만 이사회가 사외이사가 아닌 자를 이사회 의장으로 선임하는 경우에는 그 사유를 공시하고 사외이사를 대표하는 자(선임사외이사)를 별도로 선임하여야 한다(지배 13조 2항). 이러한 선임사외이사는 (i) 사외이사 전원으로 구성되는 사외이사회의의 소집 및 주재, (ii) 사외이사의 효율적인 업무수행을 위한 지원 및 (iii) 사외이사의 책임성 제고를 위한 지원의 업무를 수행한다(지배 13조 3항). 금융회사 및 그 임직원은 선임사외이사가 이러한 업무를 원활하게 수행할 수 있도록 적극 협조하여야 한다(지배 13조 4항).

금융회사는 사외이사의 원활한 직무수행을 위하여 대통령령으로 정하는 바에 따라 충분한 자료나 정보를 제공하여야 하고(지배 18조 1항, 지배시 15조), 사외이사는 해당 금융회사에 대하여 그 직무를 수행할 때 필요한 자료나 정보의 제공을 요청할 수 있는데, 이 경우 금융회사는 특별한 사유가 없으면 이에 따라야 한다(지배 18조 2항).

1) 상법강의(상)(제25판), 1013~1014면.

2) 이사회는 (i) 경영목표 및 평가에 관한 사항, (ii) 정관의 변경에 관한 사항, (iii) 예산 및 결산에 관한 사항, (iv) 해산·영업양도 및 합병 등 조직의 중요한 변경에 관한 사항, (v) 지배구조법 제24조에 따른 내부통제기준 및 지배구조법 제27조에 따른 위험관리기준의 제정·개정 및 폐지에 관한 사항, (vi) 최고경영자의 경영승계 등 지배구조 정책 수립에 관한 사항, (vii) 대주주·임원 등과 회사 간의 이해상충행위 감독에 관한 사항을 심의·의결한다(지배 15조 1항). 이사회의 심의·의결 사항은 정관으로 정하여야 한다(지배 15조 2항). 상법 제393조 제 1 항에 따른 이사회의 권한 중 지배인의 선임 또는 해임과 지점의 설치·해임과 지점의 설치·이전 또는 폐지에 관한 권한은 정관에서 정하는 바에 따라 위임할 수 있다(지배 15조 3항).

금융회사는 주주와 예금자, 투자자, 보험계약자, 그 밖의 금융소비자의 이익을 보호하기 위하여 그 금융회사의 이사회의 구성과 운영, 이사회내 위원회의 설치, 임원의 전문성 요건, 임원 성과평가 및 최고경영자의 자격 등 경영승계에 관한 사항 등에 관하여 지켜야 할 구체적인 원칙과 절차(지배구조내부규범)를 마련하여야 한다(지배 14조 1항). 지배구조내부규범에 규정하여야 할 세부적인 사항과 그 밖에 필요한 사항은 대통령령으로 정한다(지배 14조 2항, 지배시 13조 1항). 금융회사는 (i) 지배구조내부규범을 제정하거나 변경한 경우 그 내용 및 (ii) 금융회사가 매년 지배구조내부규범에 따라 이사회 등을 운영한 현황을 금융위원회가 정하는 바에 따라 인터넷 홈페이지 등에 공시하여야 한다(지배 14조 3항).

3) 금융회사는 상법 제393조의 2에 따른 위원회로서 (i) 임원후보추천위원회, (ii) 감사위원회, (iii) 위험관리위원회 및 (iv) 보수위원회를 (의무적으로) 설치하여야 한다(지배 16조 1항 1문). 이 경우 감사위원회는 상법 제415조의 2에 따른 감사위원회로 보고(지배 16조 1항 2문), 금융회사의 정관에서 정하는 바에 따라 감사위원회가 임직원의 보수 등을 심의·의결하는 경우에는(지배 22조 1항) 보수위원회를 설치하지 아니할 수 있다(다만, 대통령령으로 정하는 금융회사〈최근 사업연도 말 현재 자산 총액이 5조원 이상인 금융회사〉의 경우에는 그러하지 아니하다)(지배 16조 2항, 지배시 14조). 이러한 위원회 위원의 과반수는 사외이사로 구성하고(지배 16조 3항), 위원회의 대표는 사외이사로 한다(지배 16조 4항). 그러나 최초로 이사회(지배 12조 1항)를 구성하는 금융회사가 그 임원을 선임하는 경우에는 이러한 규정을 적용하지 아니한다(지배 17조 6항). 이러한 위원회 중 감사위원회에 대하여는 후술하고(감사기관에서) 임원후보추천위원회, 위험관리위원회 및 보수위원회에 관한 지배구조법상 규정을 살펴보면

다음과 같다.

임원후보추천위원회는 임원(사외이사, 대표이사, 대표집행임원, 감사위원에 한정한다) 후보를 추천한다(지배 17조 1항). 임원후보추천위원회는 3명 이상의 위원으로 구성한다(지배 17조 2항). 그러나 최초로 이사회(지배 12조 1항)를 구성하는 금융회사가 그 임원을 선임하는 경우에는 적용하지 아니한다(지배 17조 6항). 금융회사는 주주총회 또는 이사회에서 임원을 선임하려는 경우 임원후보추천회의 추천을 받은 사람 중에서 선임하여야 한다(지배 17조 3항). 임원후보추천위원회가 사외이사 후보를 추천하는 경우에는 소수주주권의 권리행사(지배 33조 1항)에 따른 주주제안권을 행사할 수 있는 요건을 갖춘 주주가 추천한 사외이사 후보를 포함시켜야 한다(지배 17조 4항). 임원후보추천위원회의 위원은 본인을 임원 후보로 추천하는 임원후보추천위원회 결의에 관하여 의결권을 행사하지 못한다(지배 17조 5항).

위험관리위원회는 (i) 위험관리의 기본방침 및 전략 수립, (ii) 금융회사가 부담 가능한 위험 수준 결정, (iii) 적정투자한도 및 손실허용한도 승인, (iv) 지배구조법 제27조에 따른 위험관리기준의 제정 및 개정, (v) 그 밖에 금융위원회가 정하여 고시하는 사항을 심의·의결한다(지배 21조).

보수위원회는 대통령령으로 정하는 임직원에 대한 보수와 관련한 (i) 보수의 결정 및 지급방식에 관한 사항, (ii) 보수지급에 관한 연차보고서의 작성 및 공시에 관한 사항 및 (iii) 그 밖에 금융위원회가 정하여 고시하는 사항을 심의·의결한다(지배 22조 1항, 지배시 17조 1항).

금융회사는 임직원이 과도한 위험을 부담하지 아니하도록 보수체계를 마련하여야 한다(지배 22조 2항). 금융회사는 대통령령으로 정하는 임직원(임원 및 직원)에 대하여 보수의 일정비율 이상을 성과에 연동(連動)하여 미리 정해진 산정방식에 따른 보수(성과보수)로 일정기간 이상 이연(移延)하여 지급하여야 하는데, 이 경우 성과에 연동하는 보수의 비율·이연 기간 등 세부 사항은 대통령령으로 정한다(지배 22조 3항, 지배시 17조 2항·3항). 금융회사는 대통령령으로 정하는 임직원(임원 및 직원)의 보수지급에 관한 연차보고서를 작성하고 결산 후 3개월 이내에 금융위원회가 정하는 바에 따라 인터넷 홈페이지 등에 그 내용을 공시하여야 하는데(지배 22조 4항, 지배시 17조 2항), 이러한 연차보고서에는 (i) 보수위원회의 구성, 권한 및 책임 등과 (ii) 임원의 보수총액(기본급, 성과보수, 이연 성과보수 및 이연 성과보수 중 해당 회계연도에 지급된 금액 등)이 포함되어야 하고, 연차보고서의 작성에 관한 세부 기준은 대통령령으로 정한다(지배 22조 5항, 지배시 17조 4항).

(2) 업무집행책임자

지배구조법은 금융회사의 업무집행책임자에 대하여 정의규정(이사가 아니면서 명예회장·회장·부회장·사장·부사장·행장·부행장·부행장보·전무·상무·이사 등 업무를 집행할 권한이 있는 것으로 인정될 만한 명칭을 사용하여 금융회사의 업무를 집행하는 사람)을 두면서(지배 2조 5호), 이러한 업무집행자가 임원에 포함된다는 점(지배 2조 2호)만을 규정하고 있다.

업무집행책임자 중 전략기획·재무관리·위험관리 및 그 밖에 이에 준하는 업무로서 대통령령으로 정하는 주요업무를 집행하는 업무집행책임자(주요업무집행책임자)에 대하여는, 이사회의 의결을 거쳐 임면한다는 점(지배 8조 1항, 지배시 9조), 그의 임기는 정관에 다른 규정이 없으면 3년을 초과하지 못한다는 점(지배 8조 2항) 및 그와 해당 금융회사의 관계에 관하여는 민법 중 위임에 관한 규정을 준용한다는 점(지배 8조 3항)에 대하여 규정하고 있다.

다. 현행법상 금융회사의 업무집행기관

위에서 본 바와 같이 지배구조법은 금융회사의 업무집행책임자(및 주요업무집행책임자)와 이사회에 관하여 규정을 두고 있으면서, 가장 중요한 사항인 금융회사의 업무집행에 관하여 누가 의사를 결정하고 결정된 의사를 누가 집행하는지에 대하여는 규정을 두고 있지 않다. 따라서 금융회사가 상법상 집행임원 비설치회사이면 업무집행기관은 이사회와 대표이사라고 볼 수 있다. 즉, 금융회사의 업무집행에 관한 의사결정은 원칙적으로 이사회가 하고(상 393조 1항), 이를 집행하는 자는 대표이사라고 볼 수 있다(상 389조 3항, 209조). 그런데 이와 같이 해석하면 지배구조법상의 업무집행책임자(및 주요업무집행책임자)와 이사회에 관한 규정의 해석에서 다음과 같은 많은 문제가 발생한다.

(1) 업무집행책임자(및 주요업무집행책임자)와 상법상 대표이사와의 관계에 관한 규정이 없어 누가 금융회사를 대표하여야 하는지의 문제가 있다. 예컨대, 은행장을 주요업무집행책임자로서 은행을 대표하는 자로 하려면, 은행장(주요업무집행책임자)을 이사회에서 선임하는 것(지배 8조 1항, 지배시 9조)만으로는 그 은행장이 은행을 대표할 수는 없고, 그 은행장을 상법상 이사로서 선임한 후 다시 대표이사로서 선임하는 절차를 밟아야 한다. 만일 정관으로 대표이사를 주주총회에서 선정할 것을 정한 경우에는 그 은행장을 주주총회에서 대표이사로 선임하는 절차를 밟아야 한다(상 389조 1항 단서).

따라서 금융회사가 상법상 집행임원 비설치회사이면 대표이사와 업무집행책임자(또는 주요업무집행책임자)와의 관계를 규정하였어야 한다고 본다.

(2) 지배구조법은 주요업무집행책임자는 이사회의 의결을 거쳐 임면되고(지배 8조 1항, 지배시 9조) 그 임기가 정관에 다른 규정이 없으면 3년을 초과하지 못하며(지배 8조 2항) 금융회사와의 관계는 위임관계임을(지배 8조 3항) 규정하고 있는데, 이는 상법상 집행임원 설치회사에서의 집행임원과 매우 유사하게 규정하고 있다(상 408조의 2 3항 1호, 408조의 3 1항, 408조의 2 2항). 그런데 지배구조법은 이러한 주요업무집행책임자의 권한(즉, 대표이사와 같은 업무집행권한이 있는지 여부), 의무, 책임, 등기 유무 등에 대하여는 전혀 규정이 없다. 따라서 이러한 주요업무집행자는 상법상 대표이사 또는 집행임원과의 관계에서 어떠한 지위를 갖는지가 매우 의문이고, 그의 권한·의무·책임 등에 관하여 해석상 많은 문제를 야기할 우려가 있다고 본다. 해석상 그의 권한·의무·책임에 관하여는 상법상 집행임원에 관한 규정을 유추적용하여야 할 것으로 본다. 입법론상 이러한 주요업무집행책임자에 대하여는 등기사항으로 하여야 하고, 그의 권한·의무·책임에 대하여는 상법상 집행임원에 관한 규정을 준용하는 규정을 두든가 또는 별도로 규정을 (반드시) 두어야 할 것으로 본다. 그렇지 않으면 이러한 주요업무집행책임자는 상법상은 대표이사도 아니고 집행임원도 아닌 '사실상 집행임원'(비등기임원)에 불과한 지위를 갖게 되는 문제점이 있다.[1]

(3) 지배구조법은 주요업무집행책임자가 아닌 업무집행책임자에 대하여는 정의규정(지배 2조 5호)과 임원에 포함되는 점(지배 2조 2호)만을 규정하고, 회사와의 관계에서 위임관계인지 여부, 누가 임면하는지, 권한(업무집행권이 있는지 여부)·의무·책임에 대하여는 전혀 규정이 없고, 상법상 집행임원과의 관계에 대하여도 전혀 규정이 없다. 이러한 업무집행책임자를 임원에 포함시키는 점에서 볼 때(지배 2조 2호) 그의 지위(위임관계)·권한·의무·책임에 대하여 상법상 집행임원에 관한 규정을 유추적용하고, 입법론상 이에 관한 규정을 두어야 할 것으로 본다. 그렇지 않으면 이러한 업무집행책임자도 주요업무집행책임자와 같이 상법상은 대표이사도 아니고 집행임원이 아닌 '사실상 집행임원'(비등기임원)에 불과한 지위를 갖게 되는 문제점이 있다. 이러한 업무집행책임자를 등기사항으로 할 것인지 여부는 정책적인 검토사항이나, 지배인도 등기사항인 점에서 볼 때(상 13조) 등기사항으로 하여야 할 것으로 본다.

---

1) 동지: 정찬형, 전게 백산상사법논집 Ⅱ, 1642~1644면.

(4) 상법상 집행임원 비설치회사인 금융회사의 경우 업무집행에 관한 의사결정권을 (원칙적으로) 이사회가 갖는다고 볼 수밖에 없다(상 393조 1항). 이와 같이 해석하면 사외이사가 (원칙적으로) 과반수인 감독형 이사회에 업무집행권(업무집행에 관한 의사결정권)을 부여하게 되어 상호 모순되고 또한 업무집행의 효율성을 크게 저하시키게 된다.[1] 또한 이러한 해석이 지배구조법상 이사회의 권한에 관한 규정(지배 15조)의 취지에 맞는 것인지에 대하여 의문이다. 즉, 지배구조법은 금융회사의 (구체적) 업무집행에 관한 의사결정에 관한 사항이 아니라 금융회사의 주요 업무에 관한 사항을 이사회의 심의·의결 사항으로 열거하면서(지배 15조 1항), 이사회의 심의·의결 사항은 정관으로 정하여야 한다고 규정하고 있다(지배 15조 2항). 또한 상법 제393조 제 1 항에 따른 권한 중 지배인의 선임 또는 해임과 지점의 설치·이전 또는 폐지에 관한 권한은 정관에서 정하는 바에 따라 위임할 수 있는 것으로 규정으로 규정하고 있다(지배 15조 3항). 지배구조법상 이러한 이사회의 권한에 관한 규정은 상법 제393조 제 1 항에 대한 특칙으로 이사회는 금융회사의 주요한 업무에 관한 사항만을 심의·의결하는 것으로 해석된다. 그렇다면 금융회사의 (구체적) 업무집행에 관한 의사결정권은 누구에게 있는지 명확한 규정을 하였어야 할 것으로 본다. 특히 상법상 집행임원 설치회사에서의 이사회의 권한과의 관계를 규정하였어야 할 것으로 본다. 지배구조법상 「이사회의 심의·의결 사항은 정관으로 정하여야 한다」고 규정하고 있는데(지배 15조 2항), 만일 정관에서 (구체적) 업무집행에 관한 의사결정권을 이사회에 부여하면 이는 상법 제393조 제 1 항과 같게 되어 의미가 없고, (구체적) 업무집행에 관한 의사결정권을 이사회에 부여하지 않으면 상법 제393조 제 1 항에 반한 정관의 효력이 문제될 뿐만 아니라 누가 (구체적) 업무집행에 관한 의사결정권을 갖는지가 문제된다.[2] 입법론상 이사회의 권한에 (구체적) 업무집행에 관한 의사결정권을 부여하지 않고 이를 집행임원(업무집행책임자)에게 부여할 의도라면 상법상 집행임원 설치회사임을 규정하였더라면 명백하고 이에 따른 법률관계가 훨씬 간명하였을 것으로 본다.

(5) 지배구조법상 업무집행책임자 및 이사회에 관한 규정과 관련하여 볼 때, 금융회사의 업무집행(이에 관한 이사결정 및 집행)은 업무집행책임자가 하고 이사회는 금융회사의 주요사항을 결정하고 업무집행책임자 등의 감독에 관한 사항을 심의·

1) 이에 관한 상세는 정찬형, "우리 주식회사 지배구조의 문제점과 개선방안," 「상사법연구」(한국상사법학회), 제34권 2호(2015. 8.), 20~21면.

2) 이에 관한 상세는 정찬형, 전게 백산상사법논집 Ⅱ, 1653~1654면.

의결하도록 하는 취지로 추측된다. 이는 사외이사를 (원칙적으로) 이사 총수의 과반수로 하고(지배 12조 2항 본문) 또한 이사회 의장을 (원칙적으로) 사외이사 중에서 선임하도록 하여(지배 13조 1항) (감독형) 이사회를 두도록 한 점 및 감사위원회를 의무적으로 두도록 한 점(지배 16조 1항)과 조화하는 것이다. 그러한 취지라면 상법상 집행임원 설치회사임을 명백히 규정하였더라면 이에 따른 법률관계가 훨씬 간명하였을 것이다. 그런데 지배구조법은 동법에 특별한 규정이 없으면 상법을 적용한다고 하면서(지배 4조 2항) 상법의 기존 제도와 관련한 규정을 두지 않음으로써 많은 법률상 혼란과 의문을 야기시키고 있다.

2. 집행임원 설치회사인 경우

(1) 금융회사가 상법상 집행임원 설치회사라면 지배구조법상 업무집행책임자는 해석상 상법상 집행임원으로 보아야 할 것이고, 입법론상 이와 같은 규정을 두어야 할 것이다. 이와 같이 해석하면 지배구조법상 업무집행책임자는 상법상 집행임원으로서 등기하여야 하고(지배 4조 2항, 상 317조 2항 8호), 집행임원으로서의 권한을 갖고 의무와 책임을 부담한다고 보아야 할 것이다(지배 4조 2항, 상 408조의 2~408조의 9). 이와 같이 해석하면 지배구조법 제 8 조 제 1 항(주요업무집행책임자는 이사회의 의결을 거쳐 임면) 및 제 3 항(주요업무집행책임자와 금융회사와의 관계는 위임관계)은 상법의 규정(상 408조의 2 3항 1호, 2항)과 중복되므로 특칙으로서의 의미가 없고, 동조 제 2 항(주요업무집행책임자의 임기는 정관에 다른 규정이 없으면 3년)은 상법 제408조로의 3 제 1 항(집행임원의 임기는 정관에 다른 규정이 없으면 2년)에 대한 특칙으로서 의미가 있다고 본다.[1)]

(2) 금융회사가 상법상 집행임원 설치회사라면 이사회의 권한에 대하여는 상법 제408조의 2 제 3 항이 적용되는데, 지배구조법 제15조(이사회의 권한)는 이에 상충되거나 추가되는 규정으로 볼 수 있다.[2)] 지배구조법 제15조는 (일반적으로) 상법상 집행임원 비설치회사에 적용되는 상법 제393조 제 1 항(이사회의 권한)에 대한 특칙으로 볼 수 있어, 지배구조법 제15조는 이사회가 (구체적) 업무집행에 관한 의사결정을 함을(즉, 참여형 이사회제도를) 전제로 한 규정이라기 보다는 이사회가 금융회사의 주요사항만을 결정하고 금융회사의 (구체적) 업무집행에 관한 의사결정은 별도의 업무집행기관(업무집행책임자)이 함을 전제로 한 규정으로 볼 수 있다.

---

1) 동지: 정찬형, 상게서, 1655면.

2) 동지: 정찬형, 상게서, 1655면.

Ⅳ. 업무집행기관에 대한 감독기관

1. 집행임원 비설치회사인 경우

지배구조법 제15조는 업무집행기관에 대한 감독규정을 두고 있지 않다. 따라서 이사회의 업무집행기관에 대한 감독권한은 상법 제393조 제 2 항(이사회는 이사의 직무집행을 감독한다)에서 그 근거를 찾을 수밖에 없다. 그런데 동 규정에 의하여 이사회가 업무집행기관(이사)에 대하여 감독권한을 가질 때에는 다음과 같은 문제점이 발생한다.

(1) 상법상 집행임원 비설치회사의 경우 (구체적) 업무집행에 관한 의사결정권은 이사회에 있는데(상 393조 1항) 이와 같이 업무집행에 관한 의사결정에 참여한 이사회가 다시 이사회의 구성원인 이사의 직무집행을 감독한다는 것은 자기감독의 모순이 있을 뿐만 아니라 감독의 실효성(實效性)을 처음부터 불가능하게 한다.[1)]

(2) 상법 제393조 제 2 항에 의하여 이사회가 이사의 직무집행을 감독하는 경우, 이사가 아니면서 실제로 금융회사의 업무집행을 담당하는 업무집행책임자(주요업무집행책임자를 포함함)(지배 2조 5호)는 이사회의 감독을 받지 않게 되어, 이사회의 업무집행기관에 대한 감독기능은 사실상 유명무실하게 된다.[2)] 이는 사외이사를 과반수로 하여 이사회(감독형 이사회)의 업무집행기관에 대한 감독기능을 강화하고자 하는 입법취지에 반하고 또한 사외이사의 기능을 유명무실하게 한다.

2. 집행임원 설치회사인 경우

금융회사가 상법상 집행임원 설치회사인 경우 이사회의 업무집행기관(집행임원 또는 업무집행책임자)에 대한 감독권한은 (지배구조법상 이에 관한 규정이 없으므로) 상법 제408조의 2 제 3 항에 의하여 부여받는다. 이 경우 이사회 의장에 관한 지배구조법 제13조는 상법 제408조의 2 제 4 항에 대한 특칙으로 볼 수 있다.

이 경우에는 금융회사의 업무집행기관과 감독기관(이사회)이 분리되므로 이사회는 업무집행기관에 대하여 효율적인 감독을 할 수 있다. 이는 또한 이사회의 구성을 사외이사가 과반수로 하여 감독형 이사회로 한 취지에 맞고(지배 12조 2항 본

---

1) 동지: 정찬형, "금융기관의 지배구조의 개선방안," 「금융법연구」(한국금융법학회), 제12권 제 1 호(2015), 69면; 동, 전게논문(상사법연구 제34권 2호), 23면, 24면, 25~26면; 동, 상게서(백산상사법논집 Ⅱ), 1650~1651면.

2) 동지: 정찬형, 상게서(백산상사법논집 Ⅱ), 1651면.

문), 또한 사외이사의 원래의 취지 및 그 효율성에도 부합한다.

V. 업무집행기관에 대한 감사기관

1. 집행임원 비설치회사인 경우

가. 상법상 감사기관

(1) 상법상 비상장회사 및 자산총액 2조원 미만인 상장회사는 업무집행기관에 대한 감사기관으로 감사(監事) 또는 감사위원회를 둘 수 있다(상 415조의 2 1항).

1) 감사는 주주총회에서 보통결의로 선임되는데(상 409조 1항), 소수주주의 의사가 반영될 수 있도록 하기 위하여 의결권 없는 주식을 제외한 발행주식 총수의 100분의 3(정관에서 더 낮은 주식보유비율을 정한 경우에는 그 비율로 한다)을 초과하는 수의 주식을 가진 주주는 그 초과하는 주식에 관하여 감사의 선임에서 의결권을 행사하지 못한다(감사의 선임에서 단순 3% rule)(상 409조 2항). 감사의 해임에 있어서는 이사의 경우와 같이 의결권을 제한하지 않고 주주총회의 특별결의를 받도록 하고 있다(상 415조, 385조).

상장회사의 경우에는 최대주주는 그와 그의 특수관계인·그 밖에 대통령령으로 정하는 자(최대주주 또는 그 특수관계인의 계산으로 주식을 보유하는 자, 또는 최대주주 또는 그 특수관계인에게 의결권〈의결권의 행사를 지시할 수 있는 권한을 포함함〉을 위임한 자〈해당 위임분만 해당함〉)가 소유하는 상장회사의 의결권 있는 주식의 합계가 그 회사의 의결권 없는 주식을 제외한 발행주식 총수의 100분의 3(정관에서 더 낮은 주식보유비율을 정한 경우에는 그 비율로 한다)을 초과하는 경우 감사를 선임하거나 해임할 때에 그 초과하는 주식에 관하여 의결권을 행사하지 못한다(감사의 선임·해임에서 최대주주에 대하여 합산 3% rule)(상 542조 12 7항 본문, 상시 38조 1항).

2) 상법상 비상장회사 및 자산총액 2조원 미만의 상장회사는 감사에 갈음하여 이사회내 위원회의 하나로서 감사위원회를 둘 수 있다(상 415조의 2 1항). 이 경우 감사위원회 위원은 3명 이상이어야 하고, 사외외사가 감사위원회 위원의 3분의 2 이상이어야 한다(상 415조의 2 2항). 감사위원회 위원은 이사회의 결의(보통결의)로 선임되고(상 393조의 2 2항 3호, 391조 1항), 이사 총수의 3분의 2 이상의 이사회의 결의로 해임된다(상 415조의 2 3항).

그런데 감사위원회는 원래 집행임원 설치회사에서 감독형 이사회내 위원회의 하나로서 이러한 이사회와 분리된 업무집행기관(집행임원)에 대한 감사기능을 수행하는 것이다. 그런데 우리 상법이 집행임원 비설치회사가 감사(監事)에 갈음하여 감사위원회를 둘 수 있도록 규정하고(상 415조의 2 1항) 이에 따라 집행임원 비설치회사가 이사회내 위원회의 하나로서 이사회의 결의로 감사위원회를 두면 업무집행(의사결정)에 참여하였던 (사외)이사가 자기가 한 업무에 대하여 감사하는 것이 되어(즉, 자기감사의 결과가 되어) 종래의 감사(監事)보다도 그 독립성이 훨씬 더 떨어지고 또한 감사의 효율성에서도 종래의 감사(監事)보다도 훨씬 더 떨어지게 되었다. 따라서 집행임원 비설치회사에서는 감사위원회를 두지 못하도록 하고 (상임)감사(監事)만 두도록 하여야 할 것이다.[1] 이와 같이 하기 위하여는 현행 상법 제415조의 2 제 1 항 제 1 문을 "집행임원 설치회사는 본법 제393조의 2의 규정에 의한 위원회로서 감사위원회를 설치하여야 한다"로 개정하면 된다.[2]

최근 사업연도 말 현재의 자산총액이 1,000억원 이상이고 2조원 미만인 상장회사는 주주총회 결의에 의하여 회사에 상근하면서 감사업무를 수행하는 감사(常勤監事)를 1명 이상 두어야 할 의무가 있는데(상 542조의 10 1항 본문, 상시 36조 1항), 자산총액 2조원 이상인 상장회사와 같은 감사위원회를 설치한 경우에는 이러한 상근감사를 두어야 할 의무가 없다(상 542조의 10 1항 단서). 그런데 위에서 본 바와 같이 이러한 상장회사가 집행임원 비설치회사인 경우에는 감사의 독립성과 효율성에서 상근감사를 두도록 하고, 감사위원회를 둘 수 없도록 하여야 할 것이다.[3]

(2) 자산총액 2조원 이상인 상장회사는 업무집행기관에 대한 감사기관으로 감사위원회를 의무적으로 설치하여야 한다(상 542조의 11 1항, 상시 37조 1항).

1) 이 경우 감사위원회 위원은 3명 이상이고 사외이사가 위원의 3분의 2 이상이어야 하는 점은 비상장회사의 경우와 같은데(상 542조의 11 2항 전단, 415조의 2 2항), 감사위원회 위원 중 1명 이상은 대통령령으로 정하는 회계 또는 재무 전문가이어야 하고 감사위원회의 대표는 사외이사이어야 하는 추가요건이 있다(상 542조의 11 2항 후단, 상시 37조 2항).

2) 이 경우 감사위원회 위원을 선임(보통결의)·해임(특별결의)하는 권한은 (비상장회사의 경우와 달리) 이사회가 아니라 주주총회에 있다(상 542조의 12 1항·3항). 이

1) 동지: 정찬형, 전게논문(금융법연구 제12권 제 1 호), 81면; 동, 상사법연구 제34권 2호, 29면; 동, 상게서(백산상사법논집 Ⅱ), 1659면.

2) 동지: 정찬형, 상게논문(상사법연구 제34권 2호), 29면.

3) 동지: 정찬형, 전게논문(상사법연구 제34권 2호), 32면; 동, 전게논문(백산상사법논집 Ⅱ), 1659면.

러한 상장회사는 주주총회에서 이사를 선임한 후 선임된 이사 중에서 감사위원회 위원을 선임하여야 한다(일괄선출방식)(상 542조의 12 2항 본문). 다만 감사위원회 회의원 중 1명(정관에서 2명 이상으로 정할 수 있으며, 정관으로 정한 경우에는 그에 따른 인원으로 한다)은 주주총회 결의로 다른 이사들과 분리하여 감사위원회 위원이 되는 이사로 선임하여야 한다(분리선출방식)(상 542조의 12 2항 단서).

이러한 감사위원회 위원을 선임 또는 해임할 때에는(감사의 선임에서와 같이) 단순 3% rule을 적용하고 사외이사가 아닌(상근) 감사위원회 위원을 선임 또는 해임할 때에는 최대주주에 대하여 합산 3% rule을 적용한다(상 542조의 12 4항).

이와 같은 주주의 의결권 제안은 일괄선출방식에서는 그 의미가 거의 없고 분리선출방식에서는 그 의미가 크다고 볼 수 있다

3) 앞에서 본 바와 같이 감사위원회는 원래 집행임원 설치회사에서 감독형 이사회내 위원회의 하나로서 이사회와 분리된 업무집행기관(집행임원)에 대한 감사기능을 수행하는 것인데, 집행임원 비설치회사에 대하여 감사위원회를 의무적으로 두도록 하는 것은 위에서 본 바와 같이 감사(監事)보다 그 독립성과 효율성이 훨씬 더 떨어지는 감사위원회를 의무적으로 두도록 한 것으로 매우 문제점이 많은 입법이라고 본다.[1] 따라서 이러한 상장회사로서 집행임원 비설치회사에서는 이와 같이 감사위원회를 의무적으로 두도록 한 규정(상 542조의 11 1항)을 폐지하고 오히려 (상근) 감사(監事)를 의무적으로 두도록 하여야 할 것으로 본다.[2] 이와 같이 하면 집행임원 비설치회사에게는 상법 제542조의 11 및 542조의 12(5항~7항은 제외)가 적용될 여지가 없다.[3]

나. 지배구조법상 감사기관

지배구조법은 금융회사의 업무집행기관에 대한 감사기관으로 감사위원회(원칙)와 상근감사(예외)를 규정하고, 또한 이와 관련한 금융회사의 의무를 규정하고 있다.

(1) 감사위원회(원칙)

1) 금융회사는 상법 제393조의 2에 따른 이사회내 위원회의 하나로서 감사위원회를 의무적으로 설치하여야 한다. 이 경우 감사위원회는 상법 제415조의 2에 따

1) 이러한 문제점에 관한 상세는 정찬형, 전게논문(금융법연구 제12권 제 1 호), 77~81면 참조.

2) 동지: 정찬형, 상게논문, 81면; 동, 전게논문(상사법연구 제34권 2호), 34면.

3) 동지: 정찬형, 상게논문(상사법연구 제34권 2호), 34~35면.

른 감사위원회로 본다(지배 16조 1항). 이러한 감사위원회는 3명 이상의 이사로 구성되는데, 이 경우 감사위원회 위원(이하 '감사위원'이라 함) 중 1명 이상은 대통령령으로 정하는 회계 또는 재무 전문가이어야 한다(지배 19조 1항, 지배시 16조 1항). 이사회내 위원회 위원의 과반수는 사외이사로 구성하는데(지배 16조 3항), 이에 불구하고 감사위원회에는 사외이사가 감사위원의 3분의 2 이상이어야 한다(지배 19조 2항). 금융회사는 감사위원의 사임·사망 등의 사유로 감사위원의 수가 이러한 감사위원회의 구성요건(지배 19조 1항·2항)에 미치지 못하게 된 경우에는 그 사유가 발생한 후 최초로 소집되는 주주총회에서 이러한 요건을 충족하도록 조치하여야 한다(지배 19조 3항).

감사위원회를 포함한 이사회내 모든 위원회의 대표는 사외이사로 한다(지배 16조 4항). 이는 위에서 본 자산총액 2조 이상의 상장회사의 감사위원회의 경우와 거의 같다.

감사위원 후보는 이사회내 위원회의 하나인 임원후보추천위원회(지배 16조 1항 1호)에서 추천하는데, 이 경우 동 위원 총수의 3분의 2 이상의 찬성으로 의결한다(지배 19조 4항). 임원후보추천위원회는 3명 이상의 위원으로 구성하는데(지배 17조 2항), 사외이사·대표이사·대표집행임원 및 감사위원에 한정하여 후보를 추천하다(지배 17조 1항). 금융회사는 주주총회 또는 이사회에서 임원을 선임하려는 경우 임원후보추천위원회의 추천을 받은 사람 중에서 선임하여야 한다(지배 17조 3항). 임원후보추천위원회의 위원은 본인을 임원 후보로 추천하는 임원후보추천위원회의 결의에 관하여 의결권을 행사하지 못한다(지배 17조 5항). 이러한 사항은 상법에는 없고 지배구조법에만 있다.

금융회사는 감사위원이 되는 사외이사 1명 이상에 대해서는 다른 이사와 분리하여 선임하여야 한다(분리선출방식)(지배 19조 5항). 2020년 개정상법에서도 자산총액 2조원 이상인 상장회사에서 감사위원회 중 1명(정관에서 2명 이상으로 할 수 있으며, 정관으로 정한 경우에는 그에 따른 인원으로 한다)은 다른 이사들과 분리하여 선임하도록 하고 있다(분리선출방식)(상 542조의 12 2항 단서). 상법상 상장회사의 감사위원의 선임·해임 등에 대주주의 의결권을 제한하고 있는데(상 542조의 12 4항), 이는 일괄선출방식(주주총회에서 이사를 선임한 후 선임된 이사 중에서 감사위원을 선임하는 방법)에 의한 감사위원의 선임·해임에는(상 542조의 12 2항 본문) 그 의미가 거의 없다. 따라서 감사위원의 선임·해임에 대주주의 의결권 제한이 의미를 갖기 위하여는 분리선출방식에 의하여야 한다는 논의가 있었는데, 지배구조법에서는 감사위원 전부가 아닌 일부(감사위원이 되는 사외이사 1명 이상)에 대하여만 의무적으로 분리선출방식에 의하도록 규정하고(지배 19조 5항), 상법에서는 자산총액 2조원 이상인 상장회사에서 감사위원회 중 1명(정관에서 2명 이상으로 정한 경우에는 그에 따른 인원)을 의무적으로 분리선출방식에 의하도록 규정하고 있다(상 542조의 12 2항 단서) 그런데 이와 같이 감사위원 중 일부를 분리선출방식에 의하도록 하면서 주주의 의결권을 제한하는 것은 이사의 선임에 주주의 의결권을 제한하는 것으로서 주주평등의 원칙에 반하는 등 많은 문제점이 있다.[1)]

지배구조법상 감사위원을 선임하거나 해임하는 권한은 주주총회에 있는데, 이 경우 감사위원이 되는 이사의 선임에 관하여는 감사 선임시 의결권 행사의 제한에 관한 상법 제409조 제 2 항(선임시의 단순 3% rule)을 준용한다(지배 19조 6항). 또한 최대주주에 대하여는 감사위원이 되는 이사를 선임하거나 해임할 때에 합산 3% rule을 적용한다(지배 19조 7항). 즉, 최대주주에 대하여는 감사위원이 되는 이사의 선임·해임시에 합산 3% rule을 적용하고, 그 이외의 주주에 대하여는 감사위원이 되는 이사의 선임시 단순 3% rule을 적용한다.

2) 지배구조법 제19조 제 6 항 및 제 7 항이 감사위원이 되는 이사의 선임(최대주주의 경우에는 감사위원이 되는 이사의 선임·해임)시에 주주의 의결권을 제한하여 의결권 제한의 목적을 이미 달성하고 있으므로, 동법 동조 제 5 항이 감사위원의 일부에 대하여 (의결권 제한의 목적을 달성하기 위하여) 분리선출방식을 규정하는 것은 아무런 의미가 없다고 본다.[2)]

또한 지배구조법 제19조 제 6 항 및 제 7 항은 감사위원이 되는 이사의 선임·해임시 주주 또는 최대주주의 의결권을 제한하고 있는데(지배구조법 제19조 제 5 항도 이를 전제로 함), 이는 감사(監事)와는 달리 이사의 선임·해임에서 주주의 의결권을 제한하는 것으로서 주주평등의 원칙에 반한다고 본다.[3)]

또한 지배구조법 제19조 제 5 항~제 7 항에서의 감사위원이 되는 이사가 이사회내 다른 위원회(예컨대, 임원후보추천위원회, 위험관리위원회 또는 보수위원회)의 위원을 이사회 결의로 겸직할 수 있는지(또는 감사위원을 사임하고 다른 위원회 위원이 될 수 있는지) 여부가 문제된다. 만일 감사위원인 이사는 이사로 있는 동안은 감사위원만이 될 수 있다고 하면, 이는 상법 제393조의 2에 따른 이사회내 위원회의 취지에

---

1) 이에 관한 상세는 상법강의(상)(제25판), 1138~1139면 주1 참조.

2) 이에 관한 상세는 정찬형, 전게 백산상사법논집 Ⅱ, 1659~1660면 참조.

3) 동지: 정찬형, 상게서, 1660~1661면.

반하고 또한 다른 위원회의 위원과 심히 균형을 잃는다고 본다.[1)]

또한 상근감사의 경우는 선임시에만 주주의 의결권을 제한하는데(지배 19조 9항), 감사위원이 되는 이사의 경우는 최대주주의 경우 선임 및 해임시에 의결권을 제한하는 것으로 한 것도(지배 19조 7항) 균형을 잃은 입법이라고 본다.

(2) 상근감사(예외)

1) 지배구조법상 자산규모 등을 고려하여 대통령령으로 정하는 금융회사(최근 사업연도 말 현재 자산총액이 1,000억원 이상〈신용카드업을 영위하지 아니하는 여신 전문금융회사로서 주권상장법인이 아닌 경우에는 최근 사업연도 말 현재 자산총액이 2조원 이상〉인 금융회사 중 외국 금융회사의 국내지점·그 밖의 영업소 등을 제외한 금융회사를 말함 — 지배시 16조 3항)는 회사에 상근하면서 감사업무를 수행하는 감사(이하 '상근감사'라 함)를 1명 이상 두어야 하는데, 다만 지배구조법에 따른 감사위원회를 설치한 경우에는 상근감사를 둘 수 없다(지배 19조 8항).

상근감사를 선임하는 경우 감사 선임시 의결권 행사의 제한에 관하여는 최대주주에 대하여는 합산 3% rule(지배 19조 7항)이 적용되고, 그 외의 주주에 대하여는 단순 3% rule(상 409조 2항)이 적용된다(지배 19조 9항).

금융지주회사가 발행주식 총수를 소유하는 자회사 및 그 자회사가 발행주식 총수를 소유하는 손자회사(손자회사가 발행주식 총수를 소유하는 증손회사를 포함한다. 이하 '완전자회사 등'이라 함)는 경영의 투명성 등 대통령령으로 정하는 요건에 해당하는 경우에는 사외이사를 두지 아니하거나 이사회내 위원회를 설치하지 아니할 수 있는데(지배 23조 1항, 지배시 18조), 이에 따라 완전자회사 등이 감사위원회를 설치하지 아니할 때에는 상근감사를 선임하여야 한다(지배 23조 2항).

2) 최근 사업연도 말 현재의 자산총액이 1,000억원 이상인 금융회사는 감사위원회를 두어야 하는가(지배 16조 1항) 또는 상근감사를 1명 이상 두어야 하는가(지배 19조 8항, 지배시 16조 3항)의 문제가 있다. 지배구조법 제16조 제 1 항은 모든 금융회사는 의무적으로 감사위원회를 설치하도록 하고, 이에 대한 예외를 규정하고 있지 않다. 따라서 자산총액 1,000억원 미만인 금융회사도 의무적으로 감사위원회를 설치하여야 한다. 이와 같이 해석하면 지배구조법 제19조 제 8 항 본문은 동법 제16조 제 1 항과 상충한다. 따라서 지배구조법 제16조 제 1 항에는 감사위원회에 대한 예외규정을 두어야 할 것으로 본다.

---

1) 동지: 정찬형, 상게서, 1661면.

(3) 금융회사의 의무

감사위원회 또는 감사는 금융회사의 비용으로 전문가의 조력을 구할 수 있다(지배 20조 1항). 금융회사는 감사위원회 또는 감사의 업무를 지원하는 담당부서를 설치하여야 한다(지배 20조 2항).

금융회사는 감사위원회 또는 감사의 업무 내용을 적은 보고서를 정기적으로 금융위원회가 정하는 바에 따라 금융위원회에 제출하여야 한다(지배 20조 3항).

감사위원(감사)에 대한 정보제공에 관하여는 사외이사에 대한 정보제공에 관한 규정(지배 18조)을 준용한다(지배 20조 4항).

다. 현행법상 금융회사의 업무집행기관에 대한 감사기관

위에서 본 바와 같이 지배구조법은 금융회사의 업무집행기관에 대한 감사기관으로 (자산총액 2조원 이상인 상장회사의 경우와 유사하게) 감사위원회를 의무적으로 설치할 것을 규정하고 있다(지배 16조 1항, 19조 1항·2항). 또한 이러한 감사위원의 선임 또는 해임할 권한을 주주총회에 부여하면서, 최대주주에 대하여는 감사위원이 되는 이사의 선임·해임시에 합산 3% rule을 적용하고, 그 이외의 주주에 대하여는 감사위원이 되는 이사의 선임시에 단순 3% rule을 적용하고 있다(지배 19조 6항·7항). 이는 앞에서 본 바와 같이 다음과 같은 많은 문제점이 있다.

(1) 감사위원회는 원래 집행임원 설치회사에서 감독형 이사회내 위원회의 하나로서 이사회와 분리된 업무집행기관(집행임원)에 대한 감사기능을 수행하는 것인데, 금융회사가 집행임원 비설치회사의 지배구조를 선택한 경우 지배구조법에 의하여 의무적으로 감사위원회를 설치하면 업무집행(의사결정)에 참여하였던 이사(감사위원)가 자기감사를 하는 결과가 되어 종래의 감사(監事)보다 그 독립성과 효율성이 더 떨어지는 문제점이 발생한다. 이러한 문제점을 해결하기 위하여는 입법론적으로 집행임원 비설치회사의 지배구조를 선택한 금융회사에 대하여는 (의무적으로) 상근감사만을 두도록 하고, 집행임원 설치회사의 지배구조를 선택한 금융회사에 대하여만 (의무적으로) 감사위원회를 두도록 하여야 할 것이다.[1)]

(2) 집행임원 설치회사에서의 감사위원회와 집행임원 비설치회사의 감사는 그 성격이 다른데,[2)] 지배구조법은 집행임원 비설치회사의 지배구조를 선택한 금융회

---

1) 동지: 정찬형, 전게 백산상사법논집 Ⅱ, 1659면.

2) 집행임원 설치회사에서의 감사위원회는 업무집행기관(집행임원)과 독립된 감독기관인 이사회에 종속되어 업무집행기관(집행임원)에 대한 감사업무를 수행하고 이사회의 지휘·감독을 받는데(상

사에 대하여도 (의무적으로) 감사위원회를 두도록 하면서(지배 16조 1항 2호), 이러한 감사위원의 선임(해임)을 주주총회가 하도록 하고(지배 19조 6항 1문) 또한 이 경우 감사위원이 되는 이사의 선임(해임)시에 주주의 의결권을 제한하고 있다(지배 19조 6항 2문, 7항). 감사위원의 선임(해임)권을 주주총회에 부여하는 것도 타당하지 않을 뿐만 아니라, 더욱이 감사위원인 이사의 선임(해임)시에 주주의 의결권을 제한하는 것은 (정당한 사유 없이) 주주평등의 원칙에 반하는 것으로 더 큰 문제를 야기하게 된다고 본다.[1] 집행임원 비설치회사인 지배구조를 선택한 금융회사에 대하여는 상근감사를 두도록 하면 이러한 문제는 없게 된다.

2. 집행임원 설치회사인 경우

금융회사가 집행인원 설치회사이면 업무집행기관(집행임원 또는 업무집행책임자)에 대한 감독기관은 이사회이므로(상 408조의 2 3항) 이사회내 위원회의 하나인 감사위원회가 업무집행기관에 대하여 감사업무를 수행하는 것은 당연하고 합리적이다. 따라서 지배구조법이 이러한 감사위원회를 의무적으로 두도록 한 것은(지배 16조 1항 2호) 집행임원 설치회사인 지배구조를 선택한 금융회사에 대하여는 잘 조화하는 규정이라고 볼 수 있다.

그러나 지배구조법이 감사위원의 선임(해임)권을 주주총회에 부여하고 또한 감사위원이 되는 이사의 선임(해임)시에 주주의 의결권을 제한하는 규정은(지배 19조 5항~7항), 위에서 본 바와 같이 집행임원 설치회사에서의 감사위원회는 업무집행기관의 감독기관인 이사회내 위원회의 하나로서 이사회에 종속되고 이사회의 지휘·감독을 받는 점에 반하고, 또한 감사위원인 이사의 선임(해임)시에 주주의 의결권을 제한하는 것은 주주평등의 원칙에 반하는 큰 문제점이 있다. 따라서 입법론으로는 지배구조법 제19조 제 5 항~제 7 항을 삭제하고, 이는 상법 제393조의 2에 맡기는 것이 타당하다고 본다.[2]

393조의 2 4항 참조), 집행임원 비설치회사에서의 감사(監事)는 업무집행(의사결정)을 담당하는 이사회와 독립되어 업무집행을 담당하는 (대표)이사의 직무의 집행을 감사한다(상 412조 1항). 따라서 감사위원은 이사회에 의하여 선임·해임되는데(상 393조의 2 2항 3호), 감사(監事)는 (이사와 같이) 주주총회에 의하여 선임·해임되면서(상 409조 1항, 415조·385조) 이사를 선임한 대주주가 다시 감사를 선임하는 것을 피하기 위하여 그 선임에서 대주주의 의결권을 제한한 것이다(상 409조 2항).

1) 동지: 정찬형, 전게 백산상사법논집 Ⅱ, 1660~1661면.

2) 동지: 정찬형, 상게서, 1662면.

Ⅵ. 준법감시인 및 위험관리책임자

지배구조법은 준법감시인과 위험관리책임자에 대하여 다음과 같이 규정하고 있다(지배 24조 이하). 금융회사는 지배구조법상 내부통제기준 및 준법감시인을 두어야 하므로, (상장회사인 경우에도) 상법상 준법통제기준 및 준법지원인을 둘 의무가 없다(상 542조의 13, 상시 39조 단서).

1. 준법감시인

(1) 내부통제기준

금융회사는 법령을 준수하고, 경영을 건전하게 하며, 주주 및 이해관계자 등을 보호하기 위하여 금융회사의 임직원이 직무를 수행할 때 준수하여야 할 기준 및 절차(이하 '내부통제기준'이라 함)를 마련하여야 한다(지배 24조 1항). 그러나 금융지주회사가 금융회사인 자회사 등의 내부통제기준을 마련하는 경우 그 자회사 등은 내부통제기준을 마련하지 아니할 수 있다(지배 24조 2항).

내부통제기준에서 정하여야 할 세부적인 사항과 그 밖에 필요한 사항은 대통령령으로 정한다(지배 24조 3항, 지배시 19조).

(2) 준법감시인의 임면

금융회사(자산규모 등을 고려하여 대통령령으로 정하는 투자자문업자 및 투자일임업자 〈자본시장법에 따른 투자자문업이나 투자일임업 외의 다른 금융투자업을 겸영하지 아니하는 자로서 최근 사업연도 말 현재 운용하는 투자일임재산의 합계액이 5,000억원 미만인 자〉는 제외함)는 내부통제기준의 준수 여부를 점검하고 내부통제기준을 위반하는 경우 이를 조사하는 등 내부통제 관련 업무를 총괄하는 사람(이하 '준법감시인'이라 함)을 1명 이상 두어야 하며, 준법감시인은 필요하다고 판단하는 경우 조사결과를 감사위원회 또는 감사에게 보고할 수 있다(지배 25조 1항, 지배시 20조 1항).

금융회사는 사내이사 또는 업무집행책임자 중에서 준법감시인을 선임하여야 하는데, 다만 자산규모·영위하는 금융업무 등을 고려하여 대통령령으로 정하는 금융회사(최근 사업연도 말 현재 자산총액이 7,000억원 미만인 상호저축은행 5조원 미만인 금융투자업자·보험회사·여신전문금융회사 등을 말하는데, 주권상장법인으로서 자산총액이 2조원 이상인 자는 제외함) 또는 외국금융회사의 국내지점은 사내이사 또는 업무집행책임자가 아닌 직원 중에서 준법감시인을 선임할 수 있다(지배 25조 2항, 지배시 20조 2항). 금융회사가 이와 같이 준법감시인을 직원 중에서 선임하는 경우 「기간제 및 단시간근로자 보호 등에 관한 법률」에 따른 기간제근로자 또는 단시간근로자를 준법감시인으로 선임하여서는 아니 된다(지배 25조 5항).

금융회사(외국금융회사의 국내지점은 제외함)가 준법감시인을 임면하려는 경우에는 이사회의 의결을 거쳐야 하고, 해임할 경우에는 이사 총수의 3분의 2 이상의 찬성으로 의결한다(지배 25조 3항).

준법감시인의 임기는 2년 이상으로 한다(지배 25조 4항).

금융회사는 준법감시인에 대하여 회사의 재무적 경영성과와 연동하지 아니하는 별도의 보수지급 및 평가 기준을 마련하여 운영하여야 한다(지배 25조 6항).

(3) 준법감시인의 자격요건

준법감시인은 다음 각 호의 요건을 모두 충족한 사람이어야 한다(지배 26조, 지배시 21조).

① 최근 5년간 지배구조법 또는 금융관계법령을 위반하여 금융위원회 또는 금융감독원(「금융위원회의 설치 등에 관한 법률」에 따른 금융감독원을 말함)의 원장(이하 '금융감독원장'이라 함), 그 밖에 대통령령으로 정하는 기관(해당 임직원이 소속되어 있거나 소속되었던 기관 또는 금융위원회와 금융감독원장이 아닌 자로서 금융관계법령에서 조치 권한을 가진 자)으로부터 지배구조법 제35조 제 1 항 각 호(해임요구, 6개월 이내의 직무 정지 또는 임원의 직무를 대행하는 관리인의 선임, 문책경고, 주의적 경고, 주의) 및 제 2 항 각 호(면직, 6개월 이내의 정직, 감봉, 견책, 규의)에 규정된 조치 중 문책경고 또는 감봉요구 이상에 해당하는 조치를 받은 사실이 없을 것. 준법감시인이 된 사람이 이의 요건을 충족하지 못하게 된 경우에는 그 직을 잃는다.

② 다음 각 목의 어느 하나에 해당하는 사람. 다만, 다음 각 목(㉱목 후단의 경우는 제외함)의 어느 하나에 해당하는 사람으로서 ㉱목 전단에서 규정한 기관에서 퇴임하거나 퇴직한 후 5년이 지나지 아니한 사람은 제외한다.

㉮ 「금융위원회의 설치 등에 관한 법률」 제38조에 따른 검사 대상 기관(이에 상당하는 외국금융회사를 포함한다)에서 10년 이상 근무한 사람

㉯ 금융 관련 분야의 석사학위 이상의 학위소지자로서 연구기관 또는 대학에서 연구원 또는 조교수 이상의 직에 5년 이상 종사한 사람

㉰ 변호사 또는 공인회계사의 자격을 가진 사람으로서 그 자격과 관련된 업무에 5년 이상 종사한 사람

㉱ 기획재정부, 금융위원회, 「금융위원회의 설치 등에 관한 법률」 제19조에 따른 증권선물위원회, 감사원, 금융감독원, 한국은행, 「예금자보호법」 제 3 조에 따

라 설립된 예금보험공사(이하 '예금보험공사'라 함), 그 밖에 금융위원회가 정하여 고시하는 금융 관련 기관에서 7년 이상 근무한 사람. 이 경우 예금보험공사의 직원으로서 「예금자보호법」 제 2 조 제 5 호에 따른 부실금융회사 또는 같은 조 제 6 호에 따른 부실우려 금융회사와 같은 법 제36조의 3에 따른 정리금융회사의 업무 수행을 위하여 필요한 경우에는 7년 이상 근무 중인 사람을 포함한다.

㉴ 그 밖에 ㉮목부터 ㉱목까지의 규정에 준하는 자격이 있다고 인정되는 사람으로서 대통령령으로 정하는 사람(전국은행연합회·한국금융투자협회·생명보험협회·생명보험협회·손해보험협회·상호저축은행중앙회 여신전문금융업협회 등에서 7년 이상 종사한 사람 등)

2. 위험관리책임자

(1) 위험관리기준

금융회사는 자산의 운용이나 업무의 수행, 그 밖의 각종 거래에서 발생하는 위험을 제때에 인식·평가·감시·통제하는 등 위험관리를 위한 기준 및 절차(이하 '위험관리기준'이라 함)를 마련하여야 하는데(지배 27조 1항), 이에도 불구하고 금융지주회사가 금융회사인 자회사 등의 위험관리기준을 마련하는 경우 그 자회사 등은 위험관리기준을 마련하지 아니할 수 있다(지배 27조 2항).

위험관리기준에서 정하여야 할 세부적인 사항과 그 밖에 필요한 사항은 대통령령으로 정한다(지배 27조 3항, 지배시 22조 1항).

(2) 위험관리책임자의 임면

1) 금융회사(자산규모 및 영위하는 업무 등을 고려하여 대통령령으로 정하는 투자자문업자 및 투자일임업자〈준법감시인의 경우와 같음 〉는 제외함)는 자산의 운용이나 업무의 수행, 그 밖의 각종 거래에서 발생하는 위험을 점검하고 관리하는 위험관리책임자를 1명 이상 두어야 한다(지배 28조 1항, 지배시 23조 1항).

2) 위험관리책임자의 임면, 임기 등에 관하여는 준법감시인의 경우(지배 25조 2항~6항)와 같다(지배 28조 2항).

3) 위험관리책임자는 위험관리에 대한 전문적인 지식과 실무경험을 갖춘 사람으로서 다음 각 호의 요건을 모두 충족한 사람이어야 한다(지배 28조 3항, 지배시 23조 2항·3항).

① 최근 5년간 지배구조법 또는 금융관계법령을 위반하여 금융위원회 또는 금융감독원장, 그 밖에 대통령령으로 정하는 기관(준법감시인의 경우와 같음)으로부터

지배구조법 제35조 제1항 각 호 및 제2항 각 호에 규정된 조치 중 문책경고 또는 감봉요구 이상에 해당하는 조치를 받은 사실이 없을 것. 위험관리책임자가 된 사람이 이의 요건을 충족하지 못하게 된 경우에는 그 직을 잃는다(지배 28조 4항, 지배시 23조 2항).

② 다음 각 목의 어느 하나에 해당하는 사람일 것. 다만, 다음 각 목의 어느 하나에 해당하는 사람으로서 ㉰목에서 규정한 기관에서 퇴임하거나 퇴직한 후 5년이 지나지 아니한 사람은 제외한다.

㉮ 「금융위원회의 설치 등에 관한 법률」 제38조에 따른 검사 대상 기관(이에 상당하는 외국금융회사를 포함함)에서 10년 이상 근무한 사람

㉯ 금융 관련 분야의 석사학위 이상의 학위소지자로서 연구기관 또는 대학에서 위험관리와 관련하여 연구원 또는 조교수 이상의 직에 5년 이상 종사한 사람

㉰ 금융감독원, 한국은행, 예금보험공사, 그 밖에 금융위원회가 정하는 금융 관련 기관에서 위험관리 관련 업무에 7년 이상 종사한 사람

㉱ 그 밖에 ㉮목부터 ㉰목까지의 규정에 준하는 자격이 있다고 인정되는 사람으로서 대통령령으로 정하는 사람(전국은행연합회·한국금융투자협회·생명보험협회·손해보험협회·상호저축은행중앙회·여신전문금융업협회 등에서 7년 이상 종사한 사람)

3. 준법감시인 및 위험관리책임자의 의무

(1) 선관주의의무

준법감시인 및 위험관리책임자는 선량한 관리자의 주의로 그 직무를 수행하여야 한다(지배 29조 전단).

(2) 겸직금지의 의무

준법감시인 및 위험관리책임자는 다음 각 호의 업무를 수행하는 직무를 담당해서는 아니 된다(지배 29조 후단, 지배시 24조).

① 자산 운용에 관한 업무

② 해당 금융회사의 본질적 업무(해당 금융회사가 인가를 받거나 등록을 한 업무와 직접적으로 관련된 필수업무로서 대통령령으로 정하는 업무〈은행업무, 금융투자업의 종류별로 정한 업무, 보험회사가 취급하는 일정한 보험에 관한 업무, 상호저축은행의 업무, 상호저축은행의 업무, 여신전문금융회사의 업무〉를 말함) 및 그 부수업무

③ 해당 금융회사의 겸영(兼營)업무

④ 금융지주회사의 경우에는 자회사 등의 업무(금융지주회사의 위험관리책임자가

그 소속 자회사 등의 위험관리업무를 담당하는 경우는 제외함)

⑤ 그 밖에 이해가 상충할 우려가 있거나 내부통제 및 위험관리업무에 전념하기 어려운 경우로서 대통령령으로 정하는 업무(위험관리책임자는 준법감시인의 내부통제 관련 업무이고, 준법감시인은 위험관리책임자의 위험점검·관리업무임)

4. 금융회사의 의무

금융회사는 준법감시인 및 위험관리책임자가 그 직무를 독립적으로 수행할 수 있도록 하여야 한다(지배 30조 1항). 금융회사는 준법감시인 및 위험관리책임자를 임면하였을 때에는 대통령령으로 정하는 바에 따라(임면일로부터 7영업일 이내) 그 사실을 금융위원회에 보고하여야 한다(지배 30조 2항, 지배시 25조). 금융회사는 준법감시인 및 위험관리책임자였던 사람에 대하여 그 직무수행과 관련된 사유로 부당한 인사상의 불이익을 주어서는 아니 된다(지배 30조 4항).

금융회사 및 그 임직원은 준법감시인 및 위험관리책임자가 그 직무를 수행할 때 필요한 자료나 정보의 제출을 요구하는 경우 이에 성실히 응하여야 한다(지배 30조 3항).

제 4 절 은행의 합병·폐업·해산

I. 총 설

은행법 제8장은 합병·폐업·해산에 관한 특칙을 두고 있다. 즉, 은행의 분할·합병(분할합병을 포함함)·해산·(은행업의) 폐업·영업의 전부 또는 (대통령령으로 정하는) 중요한 일부의 양도나 양수에 (대통령령으로 정하는 바에 따라) 금융위원회의 인가를 받도록 하고(은행 55조, 은행시 24조의 9) 은행업의 인가가 취소된 경우를 해산사유로 규정하면서 이 경우 청산인의 선임·해임에 관한 특칙을 두고 있으며(은행 56조), 은행이 해산하거나 파산한 경우 청산인이나 파산관재인의 선임에 관한 특칙을 규정하고 있다(은행 57조).

Ⅱ. 분할 및 합병

1. 분 할

가. 개 념

회사의 분할이란 「1개 회사가 2개 이상의 회사로 나누어져, 분할 전 회사(분할회사)의 권리의무가 분할 후 회사에 포괄승계되고 (분할 전 회사가 소멸하는 경우에는 청산절차 없이 소멸되며) 원칙적으로 분할 전 회사의 사원이 분할 후 회사의 사원이 되는 회사법상의 법률요건」을 말한다.[1] 회사분할은 회사합병에 반대되는 제도이다. 상법은 회사의 분할을 단순분할[2](회사가 분할에 의하여 1개 또는 수개의 회사를 설립하는 것)과 분할합병(회사가 분할에 의하여 1개 또는 수개의 존립 중의 회사와 합병하는 것)으로 구분하고 있다. 또한 상법은 회사가 단순분할과 분할합병을 겸할 수도 있음을 규정하고 있다(상 530조의 2 3항).

회사의 분할은 복합적인 사업을 경영하는 대기업에 있어서 특정사업부문의 기능별 전문화, 부진사업이나 적자사업의 분리에 의한 경영의 효율화, 이익분산에 의한 절세, 주주들 간의 이해조정, 기타 국민경제적 목적 등 다양한 목적에 의하여 이루어지고 있다.[3]

나. 인 가

은행이 분할을 하려는 경우에는 금융위원회의 인가를 받아야 한다(은행 55조 1항 1호). 금융위원회는 분할 인가를 하려는 때에는 (i) 금융산업의 효율화와 신용질서의 유지에 지장을 주지 아니할 것, (ii) 분할에 따른 영업계획 및 조직운영계획이 적정할 것, (iii) 분할에 따른 은행의 소유구조 변경이 법령에 적합할 것, (iv) 상법 및 자본시장법, 그 밖의 관계법령에 따른 절차 이행에 하자가 없을 것의 기준을 충족하는지를 심사하여야 한다(은행시 24조의 9 1항). 금융위원회가 분할 인가를 하는 경우에는 금융시장의 안정, 은행의 건전성 확보 및 예금자 보호를 위하여 필요한 조건을 붙일 수 있다(은행 55조 2항, 8조 4항). 이러한 조건의 취소 또는 변경은 은행업의 인가의 경우와 같다(은행 55조 2항, 8조 5항)

---

1) 상법강의(상)(제25판), 529~530면.

2) 상법(530조의 2 1항)은 "분할"로 규정하고 있으나, "분할합병"과 구분을 위하여 이를 강학상 "단순분할"이라고 한다.

3) 상법강의(상)(제25판), 531면.

2. 합병 및 분할합병

가. 개 념

합병이란 「2개 이상의 회사가 상법의 특별규정에 의하여 청산절차를 거치지 않고 합쳐져 그 중 한 회사가 다른 회사를 흡수하거나(흡수합병) 신회사를 설립함으로써(신설합병), 1개 이상의 회사의 소멸과 권리의무(및 사원)의 포괄적 이전을 생기게 하는 회사법상의 법률요건」이다.[1] 합병제도는 경제적으로는 경영의 합리화·영업비의 절약·사업의 확장·경쟁의 회피를 통한 시장의 독점 등의 목적을 달성하기 위하여 이용되고, 법률적으로는 해산하는 회사의 청산절차를 생략하고 재산의 이전에 따르는 세금을 감경할 수 있으며 또 영업권을 상실하는 것을 방지하기 위하여 이용된다.[2]

은행법은 분할합병을 합병의 개념에 포함시키고 있는데, 이는 합병되는 부분이 분할되는 은행의 일부분이라는 것을 제외하고는 합병의 일종으로 볼 수 있고, 감독당국에서도 합병과 분할합병의 인가를 달리 취급할 필요가 없기 때문이다.[3] 우리나라에서는 대부분이 흡수합병이고,[4] 신설합병의 예는 적다. 그 이유는 신설합병의 경우는 회사를 설립하는 절차와 비용으로 인하여 인적 및 물적인 부담이 크고, 당사회사가 갖고 있는 영업에 관한 허가·인가 등 무형의 권리를 잃게 되며, 또 세제상으로도 불리하기 때문이다.[5]

회사는 어느 종류의 회사와도 자유로이 합병할 수 있는 것이 원칙이나, 은행은 감독당국의 인가를 받은 경우에 한하여 합병할 수 있다.

나. 금융산업의 구조개선에 관한 법률상의 특례

(1) 개 요

금융산업의 개방화·국제화·겸업화가 급속히 진전되면서 금융기관간 경쟁이 심화되어 금융기관의 부실가능성이 높아지고 있는 가운데 금융산업의 대외경쟁력제

---

1) 상법강의(상)(제25판), 511면.

2) 상법강의(상)(제25판), 510면.

3) 은행법강의, 162면.

4) 은행간 합병, 은행과 비은행간 합병의 경우에도 흡수합병의 경우가 대부분이었으나, 2001. 11. 1. 합병한 (구)국민은행과 (주)한국주택은행은 신설합병 형태를 취하였다(은행법강의, 162~163면, 주 4).

5) 상법강의(상)(제25판), 512면.

고와 합병·전환을 통한 금융기관의 대형화를 유도하기 위하여 정부는 1991년 「금융기관의 합병 및 전환에 관한 법률」을 제정하였다. 이후 금융기관의 합병·전환 또는 정리 등 구조개선을 지원하는 한편, 금융기관의 부실화를 사전에 예방하고 부실금융기관 발생시 이를 원활히 수습할 수 있는 제도적 장치를 마련하기 위하여 1997년 「금융기관의 합병 및 전환에 관한 법률」을 「금융산업의 구조개선에 관한 법률」(이하 '금융산업구조개선법'이라 함)로 변경하게 되었다. 금융산업구조개선법은 경제위기 극복을 위한 IMF와의 협의사항을 이행하는 금융개혁법적인 성격에 따라 금융기관 구조조정의 수단을 제공하는 역할을 하였다.[1)]

금융산업구조개선법은 합병절차의 간소화, 합병에 관한 지원사항 등을 규정하고 있다. 금융기관은 같은 종류 또는 다른 종류의 금융기관과 서로 합병하여 같은 종류 또는 다른 종류의 금융기관이 될 수 있고, 단독으로 다른 종류의 금융기관으로 전환할 수 있는데, 금융기관이 금융산업구조개선법에 따른 합병 또는 전환을 하려면 미리 금융위원회의 인가를 받아야 한다(금산 3조·4조 1항). 금융기관이 금융산업구조개선법에 의한 합병 또는 전환의 인가를 받으면 관련 법률에 따른 금융기관의 영업, 영업의 폐업 또는 합병에 대한 인가·허가 또는 지정을 받은 것으로 간주하고 있다(금산 5조 1항). 신용카드업을 겸영하고 있지 아니하는 은행과 신용카드회사가 합병하는 경우에는 금융산업구조개선법에 의한 합병인가 이외에 여신전문금융업법에 의한 신용카드업 영위 허가 및 은행법에 의한 신용카드업 겸영 인가를 받을 필요가 없을 뿐만 아니라 신용카드업 폐업관련 인허가를 받지 않아도 된다.[2)]

(2) 은행법과의 관계

은행법은 은행의 합병을 금융위원회의 인가사항으로 규정하고 있다. 그러나 금융산업구조개선법에 의하면 금융기관의 합병 및 전환, 부실금융기관에 대한 조치, 금융기관의 청산 및 파산 등에 관하여 금융산업구조개선법에서 정하는 것을 제외하고는 그 금융기관의 영업의 인가·허가 등의 근거가 되는 법률과 상법, 비송사건절차법, 그 밖의 관계 법령의 규정에 따르도록 규정함으로써, 금융기관의 합병 등에는 금융산업구조개선법이 우선 적용된다(금산 24조의 4).[3)] 따라서 은행의 합병의 경우 인가의 기준·절차의 간소화·합병에 관한 지원·벌칙 등에 관하여는 금융산업

1) 은행법강의, 163면.

2) 은행법강의, 163면.

3) IMF 경제체제의 금융구조조정으로 이루어진 은행간 합병, 은행과 비은행간 합병은 모두 금융산업구조개선법에 의한 인가를 받았다(은행법강의, 164면, 주 1).

구조개선법이 은행법 내지 상법에 우선하여 적용된다.[1] 또한 금융산업구조개선법은 금융기관이 영업의 전부를 다른 금융기관에 양도하고 소멸하는 경우와 다른 금융기관의 영업의 전부를 양수하는 경우에 금융산업구조개선법 중 합병에 관한 규정을 준용한다고 규정하고 있기 때문에(금산 26조), 은행이 영업을 전부 양도하거나 전부 양수하는 경우에도 금융산업구조개선법이 은행법 내지 상법의 규정에 우선하여 적용된다.

(3) 합병절차의 간소화

금융산업구조개선법에서는 금융기관이 주주총회에서 합병의 결의를 한 경우에는 상법의 규정(527조의 5 1항)[2]에 불구하고 채권자에 대하여 10일 이상의 기간을 정하여 이의를 제출할 것을 2개 이상의 일간신문에 공고할 수 있도록 함과 아울러, 동 공고를 하는 경우에는 개별채권자에 대한 최고를 생략할 수 있도록 하여 채권자 보호절차의 간소화를 규정하고 있다(금산 5조 3항).

은행과 같이 예금자를 비롯한 수많은 채권자를 갖고 있는 회사가 상법에 따라 개별 채권자에게 일일이 최고를 해야 한다면, 엄청난 인적·물적 비용이 소요될 것이고, 합병 그 자체가 사실상 불가능해질 수도 있을 것이다. 그러나 은행은 상시 감독당국의 감독하에 있다는 점, 상법에서 규정하는 최고를 하지 않더라도 알고 있는 채권자인 예금자를 보호한다는 취지는 충분히 달성할 수 있다는 점 등에서 은행이 합병을 결의한 경우에는 알고 있는 채권자 전원에게 따로 따로 해야 하는 최고는 불필요한 것이다.[3]

이 경우의 채권자의 범위에 대하여는 특별히 규정하고 있지 않으나, 보호예수계약에 의한 채권자 기타 은행의 업무와 관계되는 다수인을 상대로 하는 정형적 계약의 채권자도 포함되는 것으로 보아야 할 것이다.[4] 보호예수는 은행의 부수업무의 하나이나, 오늘날에는 그 계약자가 상당수이므로, 따로 따로 최고할 필요가 없는 채권자로 보아야 할 것이다.[5]

이와 같이 금융산업구조개선법은 상법의 일반적 합병요건에 인가행위라는 행

---

1) 은행법강의, 164면.

2) 회사는 주주총회의 합병승인결의가 있은 날부터 2주 내에 채권자에 대하여 합병에 이의가 있으면 1월 이상의 기간내에 이를 제출할 것을 공고하고 알고 있는 채권자에 대하여는 따로 따로 이를 최고하여야 한다(상 527조의 5 1항).

3) 은행법강의, 164면; 詳解, 433면.

4) 은행법강의, 165면.

5) 은행법강의, 165면; 詳解, 433면.

정상의 처분을 가중하는 한편, 합병시 가장 어려운 문제인 채권자보호절차를 간소화하였다. 이 점에서는 은행의 합병은 일반회사보다 그 절차가 더 용이하다고 볼 수도 있으나, 이는 은행업이 인가업종이고 건전경영의 확보를 위하여 은행법상 각종의 규제 내지 감독이 따르고 합병 자체도 감독당국의 인가사항으로 되어 있기 때문에, 일부 절차를 간소화하더라도 예금자보호 등에 관하여는 충분히 배려되었다고 보기 때문이다.[1)]

이외에도 금융산업구조개선법에서는 주주명부 폐쇄공고(상 354조 4항, 금산 5조 6항), 합병승인 주주총회 소집통지 및 공고(상 363조 1항, 금산 5조 4항), 재무상태표의 공시(상 522조의 2 1항, 금산 5조 5항), 주식매수청구기한 및 매수가액(상 522조의 3 2항, 530조 2항, 374조의 2 2항~5항, 금산 12조 8항) 등에서 상법에 대한 특칙을 규정하고 있다.

(4) 적기시정조치로서의 강제합병

금융위원회는 은행의 자기자본비율이 일정수준에 미달하는 등 재무상태가 기준에 미달하거나, 거액의 금융사고 또는 부실채권의 발생으로 인하여 은행의 재무상태가 기준에 미달하게 될 것이 명백하다고 판단되면, 은행의 부실화를 예방하고 건전한 경영을 유도하기 위하여 해당 은행이나 그 임원에 대하여 합병을 권고·요구 또는 명령하거나 그 이행계획을 제출할 것을 명하여야 한다(금산 10조 1항 본문 및 7호). 이는 부실은행의 정비차원에서 이루어지는 이른바 적기시정조치의 일환으로 합병이 강제되는 경우이다.[2)]

금융위원회는 은행에 대하여 합병을 명하는 경우에는 다른 금융기관을 지정하여 명령의 대상이 되는 은행과의 합병을 권고할 수 있는데, 예금보험공사는 합병을 권고받은 은행에 대하여 그 이행을 전제로 예금자보호법(2조 7호)에 따른 자금지원의 금액과 조건 등을 미리 제시할 수 있다(금산 11조 1항·2항). 또한 예금보험공사는 은행이 적기시정조치를 원활하게 이행할 수 있도록 하기 위하여 필요하다고 인정되면 금융기관 간의 합병을 알선할 수 있다(금산 11조 3항).

다. 인 가

은행이 은행법 제55조 제 1 항 제 1 호에 따라 합병을 하려는 때에는 금융위원회는 분할인가의 경우와 같은 심사기준을 충족하는지를 심사하여야 한다(은행시 24

1) 은행법강의, 165면.

2) 은행법강의, 165면.

조의9 1항). 그런데 은행은 합병절차가 간소화되어 있고 합병관련 조세를 감면받을 수 있으며 정부의 지원을 받을 수 있는 금융산업구조개선법에 따른 합병을 선호할 것이다.[1]

금융위원회는 금융산업구조개선법에 따른 합병인가를 할 때, (i) 합병의 목적이 금융산업의 합리화와 금융구조조정의 촉진 등을 위한 것일 것, (ii) 합병이 금융거래를 위축시키거나 기존 거래자에게 불이익을 줄 우려가 없는 등 금융산업의 효율화와 신용질서의 유지에 지장이 없을 것, (iii) 합병이 금융기관 간 경쟁을 실질적으로 제한하지 아니할 것, (iv) 합병 후에 하려는 업무의 범위가 관계 법령 등에 위반되지 아니하고 영업계획이 적정할 것, (v) 합병 후 업무를 할 수 있는 조직 및 인력의 체제와 능력을 갖추고 있을 것, (vi) 상법, 자본시장법, 그 밖의 관계 법령에 위반되지 아니하고, 그 절차의 이행에 흠이 없을 것, (vii) 자기자본비율, 부채 등이 적절한 수준일 것, (viii) 대통령령으로 정하는 주요 출자자가 충분한 출자능력과 건전한 재무상태를 갖추고 있을 것의 기준에 적합한지를 심사하여야 한다(금산 4조 3항, 금산시 5조). 금융위원회는 금융기관 간의 합병을 인가하려면 금융기관 간의 경쟁을 실질적으로 제한하지 아니하는지에 대하여 미리 공정거래위원회와 협의하여야 한다(금산 4조 4항). 또한 인가심사기준에 비추어 금융산업의 건전한 발전을 위하여 필요하다고 인정하면 인가에 조건을 붙일 수 있다(금산 4조 5항).

Ⅲ. 해산 및 폐업

1. 총 설

가. 은행업의 종료원인

은행이 해산 또는 폐업 등의 사유로 은행업을 종료하는 경우는, 은행 측의 의사에 따라 은행업무를 종료하는 임의종료와 은행 측의 의사에 반하는 강제종료로 대별할 수 있다. 임의종료는 은행의 자의에 의한 해산 또는 폐업이고, 강제종료는 은행이 은행법 등의 규정에 의하여 은행업 인가가 취소되어 강제해산되는 경우이다.[2]

임의종료원인 중 해산이란 은행이 영업활동을 종료하고 재산관계의 청산에 들

1) 은행법강의, 166면.

2) 은행법강의, 166면.

어가는 상태를 말하고, 폐업이란 은행업을 폐지하고 난 후 타업 등을 영위하는 것을 말한다.[1)]

나. 은행업의 종료에 대한 제한

은행법은 은행업의 영위, 은행의 합병, 영업의 양도·양수 등이 감독당국의 인가사항으로 되어 있는 것처럼, 은행의 해산이나 은행업의 폐지와 같이 은행업을 종료한다는 중대한 결정에 대하여도 이를 당사자의 자유에 맡기지 않고 감독당국의 인가사항으로 규정하고 있다(은행 55조 1항 2호).

예금자보호나 신용질서유지 등 공공성의 관점에서 본다면, 합병이나 영업의 양도·양수보다도 오히려 은행의 해산이나 폐업 등에 감독당국의 규제 내지 감독이 더 필요할 것이다. 또한 그 후의 채무관계의 정리과정, 즉 청산·파산 등에 관하여도 예금자보호의 관점에서 계속적인 감독이 필요할 것이다.[2)]

일반적으로 회사가 도산하는 경우 채권자가 실력을 행사하여 자의로 채권을 회수할 수 없다. 이 경우에는 경매·강제집행 등의 방법으로 권리의 실현을 도모해야 하는데, 이는 사회질서를 유지하기 위함이다. 그리고 채무자의 총재산을 대상으로 전채권자를 위하여 공평하게 배당을 하거나, 기업의 재건을 도모하면서 공평하게 변제를 할 수 있게 하는 법제도가 있다. 공평배당을 목적으로 하는 파산, 회생을 목적으로 하는 채무자 회생 등의 제도가 이에 해당한다.[3)]

은행이 해산 또는 폐업하려는 경우에는 은행의 채권자인 예금자를 최대한 보호할 필요가 있다. 또한 우리나라 전체 내지 영업지역에 있어서의 금융경제에 미치는 영향과 일반고객의 금융서비스 수혜확보 문제 등을 고려하여야 하고, 은행 측의 사정만으로 이 문제를 처리할 수 없기 때문에, 감독당국의 관여가 필요한 것이다. 이러한 취지에서 은행법은 이에 대하여 특별히 제한(인가)을 하고 있는 것이다.[4)]

2. 해 산

가. 개 념

회사의 해산이란 「회사의 법인격(회사의 권리능력)을 소멸시키는 원인이 되는

---

1) 은행법강의, 166~167면.
2) 은행법강의, 167면; 詳解, 446면.
3) 은행법강의, 167면; 詳解, 446면.
4) 은행법강의, 167면; 詳解, 446~447면.

법률요건」을 말한다.[1] 회사의 법인격의 소멸을 가져오는 원인이 되는 법률사실을 해산이라고 하고, 해산에 이어 기존의 법률관계를 마무리하는 절차를 청산이라고 한다. 회사의 법인격은 해산에 의하여 곧 소멸하는 것이 아니라, 해산에 의하여 청산의 절차에 들어가게 되고 이 청산절차가 종료한 때에 비로소 소멸하게 된다.[2]

나. 인 가

(1) 해산인가의 사유

일반적으로 주식회사는 해산함으로써 임의로 영업을 종료할 수 있고, 이에 대하여 상법상의 제약은 없다. 상법은 주식회사의 경우, (i) 존립기간의 만료 기타 정관으로 정한 사유의 발생, (ii) 합병, (iii) 파산, (iv) 법원의 명령 또는 판결, (v) 회사의 분할 또는 분할합병, (vi) 주주총회의 결의 등을 해산사유로 규정한다(상 517조). 은행은 상법상 해산사유에 해당하는 경우에도 은행업무의 공공성, 예금자보호 등을 위하여 감독당국의 인가를 받아야 해산할 수 있다(은행 55조 1항 2호).

그런데 상법상의 해산사유의 모두에 감독당국의 인가가 필요한가의 문제가 있다. 분할(분할합병 포함)과 합병의 경우에는 이미 금융위원회의 인가사항으로 되어 있으므로(은행 55조 1항 1호), 이로 인한 해산에 다시 금융위원회의 인가를 받을 필요는 없다고 본다.[3] 또한 파산 및 법원의 명령 또는 판결에 의한 해산의 경우에는 법원의 통제 하에 적정절차를 거쳐 수행되므로 은행법상 다시 금융위원회의 인가를 받을 필요는 없을 것으로 본다.[4] 또한 '존립기간의 만료 기타 정관으로 정한 사유의 발생'은 법률행위가 아니고 단순한 사실행위 또는 사건의 발생일 경우이므로, 이 경우에는 감독당국의 인가 없이 곧바로 해산의 효력이 발생한다고 본다.[5] 왜냐하면 행정법상의 인가란 제 3 자의 법률행위에 동의를 부여하여 그 행위의 효력을 보충함으로써 법률상의 효력을 완성시키는 행정행위이기 때문이다. 따라서 금융위원회의 인가를 받아야 하는 해산사유는 '주주총회의 특별결의'에 의한 경우뿐이라고 본다.[6]

---

1) 상법강의(상)(제25판), 552면.

2) 은행법강의, 167~168면.

3) 동지: 은행법강의, 168면.

4) 동지: 은행법강의, 168면. 그런데 재정경제부(현재는 금융위원회)는 파산, 법원의 명령 또는 판결에 의하여 해산하는 경우에도 은행업인가 취소는 필요하다고 하여, 5개 퇴출은행에 대하여 1998. 9. 29. 은행업인가를 취소한 바 있다(은행법강의, 168면, 주 1).

5) 동지: 은행법강의, 168면. 그러나 은행이 원시정관에 존립기간 또는 해산사유를 규정하거나 정관변경을 통하여 존립기간 또는 해산사유를 규정할 가능성은 거의 없다(은행법강의, 168면, 주 2).

(2) 인가 심사기준

은행의 해산은 당해 은행의 예금자나 거래처와 국민 및 국민경제 전반에 미치는 영향이 매우 크기 때문에 이를 은행의 의사에만 맡겨두지 않고 금융위원회의 인가를 받도록 하고 있다(은행 55조 1항 2호). 금융위원회는 은행의 해산인가를 하려는 때에는, (i) 해당 은행의 경영 및 재무상태 등에 비추어 부득이할 것, (ii) 예금자 등 이용자보호와 신용질서 유지에 지장을 주지 아니할 것, (iii) 상법 및 자본시장법, 그 밖의 관계 법령에 따른 절차 이행에 하자가 없을 것의 기준을 충족하는지를 심사하여야 한다(은행시 24조의 9 2항).

3. 폐 업

은행은 주주총회의 특별결의로 은행업을 폐지한다는 취지의 정관변경을 하고, 감독당국의 인가를 받으면 폐업할 수 있다[1](은행 55조 1항 2호). 은행업의 폐지는 해산과는 구별되나, 사실상 해산과 동일한 효과를 가져 오는 것이므로 감독당국의 인가를 받도록 한 것과 인가기준은 해산의 경우와 동일하다(은행시 24조의 9 2항).

은행의 정관에는 은행업을 규정하고 있으므로, 은행은 목적을 변경하여 은행업을 전부 폐지하고 다른 업종으로 전환하거나 일부를 폐지하고 계속 은행업을 영위할 수도 있다. 그런데 은행이 은행업을 전부 폐지하고 다른 종류의 금융기관으로 전환하는 경우에는 금융산업구조개선법에 따라 처리하도록 되어 있으므로(금산 3조, 4조) 은행법에 의한 폐업의 인가는 은행이 은행업을 전부 폐지하는 경우에 해당한다.[2] 은행업 폐지의 효력은 감독당국의 폐업인가를 받아야 발생하고, 그 시점에서 그 때까지 부여되어 있던 은행업인가도 실효된다.[3]

은행업과 은행업무(고유업무, 부수업무, 겸영업무)는 다른 개념이나, 부수업무와 겸영업무는 은행업의 정의에 포함되지 않으므로(은행 2조 1항 1호) 고유업무 이외의 업무의 폐지는 은행업의 폐지에 포함되지 않는다고 본다.[4] 그리고 은행업의 일부 폐지(예컨대, 환업무를 폐지하는 경우)는 은행업의 폐지인가의 대상은 아니라고 본다.[5]

---

6) 동지: 은행법강의, 168면.

1) 은행법강의, 169면.

2) 동지: 은행법강의, 169면.

3) 동지: 은행법강의, 169면.

4) 동지: 은행법강의, 169면.

5) 동지: 은행법강의, 169면.

Ⅳ. 영업의 전부 또는 일부의 양도·양수

1. 개 념

일반적으로 영업은 주관적 의미에서의 영업과 객관적 의미에서의 영업이라는 두 가지 의미로 이해된다. 주관적 의미에서의 영업은 상인의 영리활동을 의미하고, 객관적 의미에서의 영업은 상인의 영업목적을 위하여 결합시킨 재산의 전체를 의미한다.[1)]

영업양도란 영업의 동일성을 유지하면서 객관적 의의의 영업(영업용 재산과 재산적 가치 있는 사실관계가 합하여 이루어진 조직적·기능적 재산으로서의 영업재산의 일체)의 이전을 목적으로 하는 채권계약이다.[2)] 영업양도는 유기적 일체로서의 영업을 양도하는 것이 원칙이나, 전체적으로 영업의 동일성이 인정되는 한 구성부분의 일부를 제외(예컨대, 은행의 경우 일부 지점을 제외)하더라도 무방하다. 한편, 영업양수는 영업양도에 대비되는 개념이다.

자본주의의 발전과 더불어 경영을 합리화하고 이윤을 극대화하기 위한 목적으로 기업의 집중현상이 일어나게 된다. 영업의 양도·양수는 합병과 마찬가지로 기업집중현상의 한 형태이다.[3)]

2. 영업양도·양수에 대한 은행법상 규제

가. 인 가

상법상으로는 영업의 전부 또는 중요한 일부의 양도, 회사의 영업에 중대한 영향을 미치는 다른 회사의 영업 전부 또는 일부의 양수의 경우에만 주주총회의 특별결의를 필요로 하나(상 374조 1항 1호·3호), 은행법에서는 영업의 전부 또는 대통령령으로 정하는 중요한 일부의 양도·양수에 대하여 금융위원회의 인가를 받아야 한다(은행 55조 1항 3호). '대통령령으로 정하는 중요한 일부의 양도·양수'란 고유업무 또는 겸영업무 일부의 양도·양수를 말한다(은행시 24조의 9 5항). 예를 들면, 은행이 겸영하고 있는 신탁업, 신용카드업을 양도·양수하고자 하는 경우에 이러한 인가대상에 해당된다. 그러나 부수업무 일부에 관한 영업의 양도·양수는 대통령령으로 정하는 중요한 영업의 일부가 아니므로 인가사항이 아니라고 본다.[4)]

---

1) 상법강의(상)(제25판), 172면.
2) 상법강의(상)(제25판), 176면.
3) 상법강의(상)(제25판), 510면.

은행의 영업양도는 그 방법이나 규모 여하에 따라서 합병과 아주 유사한 면이 있다. 은행법상 영업양도의 인가도 합병의 경우와 동일하게 행정법상의 인가로서, 행정당국이 제3자의 행위를 보충하여 그 법률상의 효과를 완성시키는 행정행위이다. 따라서 인가를 받지 아니한 은행의 영업양도는 무효이다.[1]

은행의 영업 자체는 아니지만 '영업용 중요재산'을 양도하거나 양수하고자 하는 경우에도 인가를 받아야 하는지 여부가 문제될 수 있다. 영업 및 영업양도의 개념을 상법상의 그것에 따르는 이상 영업용 중요재산의 양도나 양수의 경우에는 인가대상에 포함되지 않는다고 보아야 할 것이다.[2]

나. 인가의 심사기준

영업양도에 의한 기업의 집중은 그 경제적 효과에 있어서는 사실상 합병과 거의 같은 효과를 가져오기 때문에, 은행법 시행령은 인가시 심사기준에 있어서 영업양수의 인가에 관하여는 분할 또는 합병에 관한 심사기준을 준용하고, 영업양도의 인가에 관하여는 해산 또는 은행업 폐지의 심사기준을 각각 준용한다고 규정하고 있다(은행시 24조의 9 3항).

금융산업구조개선법에서도 금융기관이 영업의 전부를 다른 금융기관에 양도하고 소멸하는 경우와 다른 금융기관의 영업의 전부를 양수하는 경우에 관하여는 금융산업구조개선법 제3조부터 제5조(금융기관의 합병 및 전환, 인가, 합병·전환에 관한 절차의 간소화 등)까지, 제5조의 2(자본감소 및 주식병합절차의 간소화), 제6조부터 제8조(전환 전 금융기관의 사업연도 종료일, 인가사항 실행의 보고 및 인가의 실효, 금융기관의 합병·전환에 관한 지원)까지 및 제9조 제1항(합병 또는 전환에 따른 업무계속 등) 중 합병에 관한 규정을 준용한다고 규정한다(금산 26조).

다. 영업양도의 절차

일반회사의 경우 영업양도는 양도인과 양수인의 두 당사자가 체결하는 채권계

4) 동지: 은행법강의, 170면.

1) 동지: 은행법강의, 170면; 詳解, 442면.

2) 동지: 은행법강의, 170면; 상법강의(상)(제24판), 171면(객관적 의의의 영업이란 영업에 바쳐진 개개인 재산 또는 그 전체를 말하는 영업용 재산을 의미하는 것이 아니라, 영업을 위하여 조직화된 한 덩어리의 재산으로서 이와 관련된 재산적 가치 있는 사실관계〈영업권〉을 포함한다), 175면(영업양도는 개개의 영업용 재산 또는 단순한 영업용 재산의 전부의 양도와는 구별된다). 금융감독위원회는 2002. 4. 한빛은행(우리은행)의 전산부문 양도 인가신청에 대하여 이 조에 의한 인가대상이 아니라고 판단하여 인가신청을 반려한 바 있다(은행법강의, 170~171면, 주 3).

약(개인법상의 법현상)에 의하여 그 법률상의 효력이 발생하는데, 이 점은 상법의 특별규정에 의하여 그 법률상의 효력이 발생하는 합병(단체법상의 법현상)과 근본적으로 구별된다.[1]

영업양도는 당사자 간의 의사에 기한 계약에 의하여 특별승계 되는 것이므로, 당사자의 의사와는 무관하게 포괄승계되는 합병과는 구별된다.[2] 따라서 영업양도의 경우에는 양도인은 재산의 종류에 따라 각별로 이전행위를 해야 한다. 즉, 부동산에 관하여는 등기가 있어야 하고, 동산에 관하여는 인도가 있어야 한다. 또 지명채권에 관하여는 채무자에 대한 통지 또는 채무자의 승낙이 있어야 한다.[3] 은행의 경우에는 다수의 지명채권자가 있기 때문에, 이러한 개별 채권자에 대하여 각별로 통지를 해야 한다면 막대한 비용과 노력이 필요할 것이다. 이 점에 대하여 금융산업구조개선법에서는 금융기관이 영업의 전부를 양도·양수하는 경우에 동법 중 합병에 관한 규정을 준용한다고 규정하고 있고(금산 26조), 합병에 관한 규정 중에는 채권자에게 10일 이상의 기간을 정하여 이의를 제출할 것을 2개 이상의 일간신문에 공고함으로써 개별 채권자에 대한 최고를 생략할 수 있는 절차간소화 조항을 두어(금산 5조 3항), 이러한 문제를 입법적으로 해결하고 있다.

V. 은행업의 강제종료

1. 총 설

해산·폐업·영업양도 등은 은행이 일정한 사유에 의하여 임의로 은행업을 종료하는 경우이나, 은행은 강제로 은행업을 종료해야 하는 경우도 있다. 은행법상 은행업의 강제종료에 해당되는 경우로는 금융위원회에 의한 은행업의 인가취소에 의한 강제해산이 있고(은행 53조 2항·56조 2항), 금융산업구조개선법상 행정처분으로서의 인가취소에 의한 강제해산이 있으며(금산 14조 2항·4항), 상법상 법원의 해산명령 또는 해산판결에 의하여 해산되는 경우(상 517조 1호, 227조 6호) 등이 있다.

2. 은행법상의 강제해산

은행은 은행업인가가 취소된 경우에는 해산하는데(은행 56조 2항, 금산 14조 4

1) 이에 관한 상세는 상법강의(상)(제25판), 178~179면 참조.

2) 상법강의(상)(제25판), 178면.

3) 이에 관한 상세는 상법강의(상)(제25판), 184~185면 참조.

항), 이 경우의 해산은 강제해산에 해당한다. 법원은 은행이 강제해산된 경우에는 이해관계인이나 금융위원회의 청구 또는 법원의 직권으로 청산인을 선임하거나 해임할 수 있다(은행 56조 3항).

은행이 은행업인가를 취소당하면 은행업을 영위할 수 없으므로 더 이상 은행이 될 수 없고 은행법의 적용대상에서 제외된다. 그러나 단순히 은행이 아닐 뿐 주식회사로서의 존재는 계속 유지된다. 은행법 제56조의 강제해산규정은 은행업인가가 취소된 주식회사가 자발적으로 해산하지 않는 한 예금자를 그대로 둔 채로 계속 존속하게 되는 현상을 부정하고 해산을 강제하는 법적 근거이다.[1)]

은행업인가가 취소된 은행은 인가취소사유에 비추어, 재무상태 내지 경영상황이 현저히 불량하여 개선의 가망이 없거나 극히 곤란한 사정 등이 있거나, 영업의 내용이 반사회적이어서 존속 자체가 사회적 위험을 초래할 우려가 있는 등의 사정이 있다고 보아야 하기 때문에(은행 53조 2항 참조), 조속히 청산절차로 이행하여 채권·채무의 정리를 도모하는 것이 예금자보호 등 공공성의 목적에서 타당하다.[2)]

은행이 본업인 은행업의 인가를 취소당하였다면 해산이 불가피하나, 그 결과 타법률에 의하여 영위하는 겸영업무의 수행도 또한 허용되지 않는다. 이는 은행이 겸영을 인가받은 타업은 어떠한 것이든 본업으로서의 은행 또는 은행업의 신용과 기능을 전제로 하고 있기 때문이다. 예컨대, 은행업인가가 취소되면 은행이 타 법률에 의하여 인가받은 겸영업무인 신탁업무나 신용카드업무 등도 당연히 종료된다.[3)]

3. 금융산업구조개선법상의 강제해산

금융산업구조개선법상의 강제해산은 부실금융기관의 정리를 위한 행정처분에 의하여 은행업이 강제종료되는 경우이다. 금융위원회는 부실금융기관이 일정한 요건에 해당하는 경우에는 그 부실금융기관에 대하여 계약이전의 결정, 6개월 이내의 영업정지, 영업의 인가·허가의 취소 등 필요한 처분을 할 수 있다(금산 14조 2항 본문). 금융기관이 이러한 행정처분에 의하여 영업의 인가·허가 등이 취소된 때에는 해산한다(금산 14조 4항). 이러한 행정처분의 요건은, (i) 적기시정조치(금산 10조 1항)

---

1) 동지: 은행법강의, 172면.

2) 동지: 은행법강의, 172면; 詳解, 457면.

3) 동지: 은행법강의, 172~173면; 詳解, 457면~458면.

또는 주식의 소각 또는 병합명령(금산 12조 3항)에 따른 명령을 이행하지 아니하거나 이행할 수 없게 된 경우, (ii) 적기시정조치에 의한 명령 및 예금보험공사의 알선[1]에 따른 부실금융기관의 합병 등이 이루어지지 아니하는 경우, (iii) 부채(負債)가 자산을 뚜렷하게 초과하여 적기시정조치에 의한 명령의 이행이나 부실금융기관의 합병 등이 이루어지기 어렵다고 판단되는 경우, (iv) 자금사정의 급격한 악화로 예금 등 채권의 지급이나 차입금의 상환이 어렵게 되어 예금자의 권익이나 신용질서를 해칠 것이 명백하다고 인정되는 경우 등의 어느 하나에 해당하는 경우이다(금산 14조 2항).

Ⅵ. 청 산

1. 총 설

가. 의 의

회사는 합병(주식회사의 경우는 분할 및 분할합병을 포함)의 경우를 제외하고는 해산으로 바로 소멸하지 않는데, 이 점은 은행도 동일하다. 즉, 기존의 법률관계를 처리하기 위하여 청산 내지 파산의 절차가 종료할 때까지는 청산 내지 파산의 목적의 범위 내에서 해산 전의 은행과 동일한 인격을 유지한다.[2]

청산이란 「회사가 해산 후 그 재산적 권리의무를 정리한 후 회사의 법인격을 소멸시키는 것」을 말한다.[3] 합병(분할 및 분할합병 포함)과 파산이 해산사유인 경우에는 청산을 필요로 하지 않는다. 해산 후 청산 중의 회사를 청산회사라고 하는데, 청산회사는 청산의 목적범위 내에서만 활동하고 그 법인격은 종전의 회사와 동일하다. 주식회사가 해산하면, 합병·분할·분할합병과 파산의 경우를 제외하고는 청산을 하여야 하는데, 청산회사의 권리능력은 청산의 목적범위내에서 존속하는 것으로 본다(상 542조 1항, 245조).

나. 종 류

청산절차에는 임의청산과 법정청산의 두 가지가 있다. 임의청산은 인적회사가

---

1) 예금보험공사는 금융기관이 적기시정조치를 원활하게 이행할 수 있도록 하기 위하여 필요하다고 인정되면 금융기관 간의 합병이나 영업의 양도·양수 또는 제 3 자에 의한 인수를 알선할 수 있다(금산 11조 3항).

2) 상법강의(상)(제25판), 555면.

3) 상법강의(상)(제25판), 555면.

해산한 경우에 정관 또는 총사원의 동의로 회사재산의 처분방법을 임의로 정하는 청산방법이다(상 247조). 임의청산의 경우에도 채권자보호절차를 취하여야 한다(상 247조 3항, 248조, 249조, 269조). 이에 대하여 법정청산은 물적회사 및 유한책임회사가 해산한 경우 또는 인적회사에서 임의청산의 방법에 의하지 않는 경우에 이용되는 청산방법인데, 그 절차에 관하여 상법은 상세히 규정하고 있다. 법정청산의 경우 상법은 회사채권자와 사원을 보호하기 위하여 엄격하게 규정하고 있다[1](상 250조 이하, 269조, 287조의 45, 542조 1항, 613조 1항).

주식회사에 있어서는 회사재산만이 회사채권자의 유일한 담보이고 또 이해관계인이 다수이고 그 기구가 복잡하기 때문에 그 청산방법을 회사에 임의로 맡길 수 없고 상법에서 강행법규로 규정할 필요가 있다. 따라서 주식회사의 청산에는 인적회사와는 달리 임의청산이 없고 법정청산만이 있다.[2] 이에 따라 주식회사인 은행의 청산 내지 파산은 법원의 감독 하에서 이루어진다. 이 단계에서는 당사자의 자율성은 제한되고 법원의 권한이 강화되는 한편, 감독당국의 의견진술 등 협조가 필요하므로, 법원과 감독당국의 긴밀한 협력관계가 매우 중요하다.[3]

다. 은행청산의 특수성

은행도 일반적으로 주식회사이기 때문에 청산의 경우 법정청산에 의한다. 주식회사의 청산의 경우에는 채권자보호를 위한 제도가 있기는 하지만, 법정의 범위 내에서 당사자의 자치적 처리에 맡기는 것을 원칙으로 하고 있다(상 531조 1항, 539조 1항).

그러나 은행의 경우에는 예금자 등 거대한 채권자집단이 있다. 이러한 은행의 청산은 일반 주식회사의 청산에 비하여 공공적 견지에서 보다 엄격한 감독 하에서 수행될 것이 요청된다. 따라서 일반공중인 예금자 등은 그 숫자는 많지만 횡적연대가 없는 집단이기 때문에, 이러한 채권자들이 청산의 과정에서 거액채권자인 대기업거래처 등에 비하여 불리한 취급을 받지 않도록 법제도면에서 충분한 조치가 필요하다.[4] 따라서 은행법에서는 은행이 은행업의 인가취소로 강제해산 되는 경우에는 법원이 이해관계인이나 금융위원회의 청구 또는 법원의 직권으로 청산인을 선임

1) 상법강의(상)(제25판), 556면.
2) 상법강의(상)(제25판), 1349면.
3) 은행법강의, 174면; 詳解, 469면.
4) 은행법강의, 174~175면; 詳解, 466면.

하거나 해임할 수 있도록 규정하고 있고(은행 56조 3항), 은행이 해산하거나 파산한 경우에는 금융감독원장 또는 그 소속 직원 1명이 청산인이나 파산관재인으로 선임되도록 규정하고 있으며(은행 57조 1항), 금융산업구조개선법에서는 금융위원회에 청산인 등의 추천권을 부여하고 있다(금산 15조 1항).

2. 청 산 인

가. 의 의

청산회사는 영업을 하지 않으므로 청산회사에서는 해산 전의 회사의 업무집행기관은 그 권한을 잃는다. 청산회사의 업무집행기관은 청산인인데, 이 청산인은 해산 전의 회사의 업무집행기관과는 다르다. 주식회사가 청산에 들어가면 청산인을 선임하여야 한다. 청산인은 「청산중의 회사의 청산사무을 담당하는 자」이다.[1] 청산인의 수에 대하여는 상법상 제한이 없으므로(상 542조에서 383조를 준용하지 않음) 1인 이상이면 무방하다고 보는데, 청산인이 1인이면 그가 대표청산인이 된다. 청산인이 3인 이상 복수로서 청산인회를 구성하는 경우에는 이사회에 관한 규정이 준용된다(상 542조 2항, 390조~393조의 2).[2] 이러한 청산인회와 대표청산인은 존속중의 회사에서의 이사회와 대표이사에 대응된다.

나. 직무권한과 의무

청산인의 직무권한은 (i) 현존사무의 종결, (ii) 채권의 추심과 채무의 변제, (iii) 재산의 환가처분, (iv) 잔여재산의 분배 등이다(상 542조 1항, 254조 1항). 이 중에서 법률적으로 가장 문제가 되는 것은 채무의 변제이므로 상법은 이에 관하여 상세한 규정을 두고 있다(상 535조~537조).

청산인은 그 직무와 관련하여 많은 의무를 부담한다. 즉, 청산인은 법원에 대한 청산인의 취임신고의무(상 532조), 회사재산의 조사보고의무(상 533조), 대차대조표 및 그 부속명세서와 사무보고서의 감사에 대한 제출의무 및 본점비치와 열람제공의무(상 534조 1항~4항), 정기총회에 대한 대차대조표 및 사무보고서의 승인요구의무(상 534조 5항), 파산원인을 발견한 경우 파산선고의 신청의무(상 542조 1항·254조 4항, 민 93조, 파 295조 2항) 등을 부담한다.

---

1) 상법강의(상)(제25판), 555면, 1349면.

2) 상법강의(상)(제25판), 1349면.

다. 선임과 해임

(1) 상법의 규정

청산인은 제1차적으로 자치적으로 선임되는데, 이렇게 자치적으로 선임되지 않으면 제2차적으로 해산 전의 회사의 업무집행기관(인적회사의 경우는 업무집행사원, 유한책임회사의 경우는 업무집행자, 물적회사의 경우는 이사)이 된다(상 251조, 287조, 287조의 45, 531조 1항 본문, 613조 1항). 주식회사의 경우 청산인은 합병·분할·분할합병 또는 파산의 경우 외에는 이사가 되는 것이 원칙이지만(법정청산인), 예외적으로 정관에서 다른 정함을 하거나 주주총회의 결의로 이사 외의 자를 선임할 수 있다(상 531조 1항).

(2) 은행법의 규정

은행의 강제해산으로 인한 청산의 경우에는 엄격감독의 필요상 감독당국이 개입하고 법원이 관여한다. 은행은 해산 전까지는 은행법에 의하여 감독당국의 엄격한 감독하에 있지만, 예금자보호 등의 공공목적을 위하여는 청산과정에서도 상법상의 청산절차 외에 은행법 등에서 특칙을 두어 엄격히 감독할 필요가 있다. 은행의 경우에는 은행법 등에서 예금자보호 등의 관점에서, 해산이든 폐업이든 어떠한 영업종료사유에 있어서도 이를 상법의 원칙이나 은행의 임의에 맡기지 않고 있다.[1)]

은행법은 은행이 은행업의 인가취소로 강제해산되는 경우에는 법원이 이해관계인이나 금융위원회의 청구 또는 법원의 직권으로 청산인을 선임하거나 해임할 수 있도록 규정하고(은행 56조 3항), 은행이 해산하거나 파산한 경우에는 금융감독원장 또는 그 소속 직원 1명이 청산인이나 파산관재인으로 선임되도록 규정함으로써(은행 57조 1항), 은행의 청산과정에 감독당국이 계속 관여할 수 있는 길을 열어 두고 있다. 은행업의 인가취소에 의한 해산으로 청산절차에 들어가더라도 인가취소에 책임이 있는 인가취소 당시의 이사가 청산인이 되는 것은 불합리하므로, 감독당국은 인가취소의 당사자로서 인가 취소의 취지가 제대로 구현되도록 법원에 청산인의 선임을 청구할 수 있도록 한 것이다.[2)] 은행법은 은행의 강제해산시 청산인의 선임권을 은행의 자치에 맡기지 않고 이를 법원의 권한으로 규정함으로써, 일반회사의 청산과는 달리 은행의 청산의 경우에는 법원의 관여를 제도화하였다. 이것은 강제해산의 대상이 된 은행은 영업상태가 현저히 불량하다던가, 그 은행의 존속 자체가 공공의 이익을 크게 해할 우려가 있었던 경우로서, 그러한 은행의 임원 등에게 청

1) 은행법강의, 176면.

2) 은행법강의, 176면.

산절차를 맡긴다는 것은 예금자 등의 이익을 해할 우려가 있다고 보기 때문이다.[1)]

(3) 금융산업구조개선법상의 청산인 추천권

금융산업구조개선법에 의하면 금융위원회는 금융기관이 해산하거나 파산한 경우에는 상법 및 채무자 회생 및 파산에 관한 법률의 규정에도 불구하고, (i) 대통령령으로 정하는 금융전문가, (ii) 예금보험공사의 임직원 중에서 1명을 청산인 또는 파산관재인으로 추천할 수 있으며, 법원은 금융위원회가 추천한 사람이 금융 관련 업무지식이 풍부하고 청산인 또는 파산관재인의 직무를 효율적으로 수행하기에 적합하다고 인정되면 청산인 또는 파산관재인으로 선임하여야 한다. 이 경우 금융위원회는 그 금융기관이 예금자보호법에 따른 부보금융기관으로서 예금보험공사 또는 정리금융회사가 그 금융기관에 대하여 대통령령으로 정하는 최대채권자에 해당하면 예금보험공사의 임직원을 추천하여야 한다(금산 15조 1항, 금산시 5조의 11).

라. 청산인의 선임·해임 등의 재판

청산인의 선임 또는 해임의 재판에 대하여는 불복의 신청을 할 수 없다(비송 119조). 이 점은 법원이 은행의 청산의 감독에 관하여 한 명령에 대하여도 같다.

3. 청산절차

청산인은 법원에 대한 취임신고(상 532조), 회사재산의 조사(상 533조) 등의 절차에 이어서, 채권추심·채무변제·재산의 환가처분 등의 사무를 처리하고, 잔여재산을 귀속권리자에게 분배한다(상 542조 1항, 254조 1항). 이러한 절차는 회사가 채무를 완제할 수 있는 경우이다. 그런데 청산중 회사의 재산이 그 채무를 완제하기에 부족한 것이 분명하게 되어 파산원인을 발견한 경우에는 지체 없이 파산선고를 신청하여야 한다(상 542조 1항·254조 4항, 민 93조). 파산선고 후에는 파산관재인에 의해서 채권자·채무자의 이해조정이 이루어진다. 일반적으로 채무초과의 상태에 있더라도 회사를 해체하는 것보다는 오히려 회생의 방법을 취하는 경우도 있다. 즉, 채무자 회생 및 파산에 관한 법률에 의한 회생절차 등이 이에 해당한다.[2)]

회사의 해산 후 청산목적의 범위 내에서 존재하는 법인인 청산법인은 이상의 청산절차가 완료됨과 동시에 소멸한다. 청산사무가 종결된 때에는 청산인은 지체없이 결산보고서를 작성하고, 이를 주주총회에 제출하여 승인을 얻은 후(상 540조 1

1) 은행법강의, 176~177면; 詳解, 467면.

2) 은행법강의, 177면.

항), 소정의 기간 내에 청산종결의 등기를 하여야 한다(상 542조 1항, 264조).

청산이 사실상 종결되지 아니한 경우에는, 청산종결의 등기를 하였더라도 그 등기에는 공신력이 없고 또한 회사의 법인격도 소멸되지 않는다.[1)]

4. 청산에 관한 비송사건절차법상의 특칙

은행의 청산에 관한 사건의 처리는 일반회사의 경우와 같이 비송사건절차법에 의한다. 은행의 청산에 관한 사건은 주식회사인 경우 그 관할법원은 본점소재지의 지방법원 합의부의 관할로 한다(비송 117조 2항). 또한 은행의 청산에 대한 감독권은 일반회사의 경우와 같이 법원에 있다(비송 118조 1항).

은행의 청산사무감독을 적정하고 효율적으로 수행하기 위해서는 청산에 관한 감독주체인 법원과 감독당국인 금융위원회 상호간에 밀접한 협조관계의 유지가 필요하다. 이러한 필요에 따라 은행청산 실무에 있어서 법원은 은행의 업무를 감독하는 관청에 의견의 진술을 요청하거나 조사를 촉탁할 수 있고(비송 118조 2항), 또한 은행의 업무를 감독하는 관청은 법원에 그 은행의 청산에 관한 의견을 진술할 수 있다(비송 118조 3항).

---

1) 대판 1968. 6. 18, 67 다 2528 외.

제 3 장 은행거래법

제 1 절 총　　설

Ⅰ. 은행업무의 범위

은행은 은행법 또는 그 밖의 관계 법률의 범위에서 은행업에 관한 모든 업무(이하 '은행업무'라 함)를 운영할 수 있다(은행 27조 1항). 은행법은 은행이 운영할 수 있는 업무에 대하여 「은행업무(고유업무)」(은행 27조 2항), 「부수업무」(은행 27조의 2) 및 「겸영업무」(은행 28조)에 대하여 규정하고 있다.[1] 은행법이 이와 같이 은행이 운영할 수 있는 업무를 제한하고 있는 이유는 다음과 같다. (i) 은행처럼 공공성이 강한 기업은 가능한 한 그 본업에 전념하고, 여신·수신의 양면에서 사회적 의무와 경제적 기능을 충실히 발휘하여야 하는 점, (ii) 은행이 법령에서 정한 업무 외의 업무를 영위하는 것을 허용한다면 은행의 주된 업무가 그 영향을 받아 고객에 대한 서비스의 수준 저하를 초래하고, 나아가 예금자의 자산과 거래처의 안전을 해칠 우려가 있다는 점 등이다.[2]

이하에서는 은행업무(고유업무), 부수업무 및 겸영업무에 대하여 은행법의 규정 내용을 살펴보겠다.

1) 종전의 은행법(2010. 5. 17. 개정 전)에서는 은행업의 범위를 대통령령에 위임하고, 부수업무도 정부의 고시(告示) 등으로 정하도록 되어 있었으나, 2010. 5. 17. 개정 은행법은 은행이 영위할 수 있는 모든 업무를 법제화함으로써 정부의 자의로 은행의 업무범위가 변동되는 일이 없도록 하였다.

2) 은행법강의, 181~182면.

1. 은행업무(고유업무)

은행업무란 은행의 본질적인 업무를 말하는데, 이를 고유업무라고 부르기도 한다. 은행업무의 범위는 다음과 같다(은행 27조 2항).

① 예금·적금의 수입 또는 유가증권 기타 채무증서의 발행

② 자금의 대출 또는 어음의 할인

③ 내국환·외국환

불특정다수를 대상으로 ① 예금·적금을 수입하거나 또는 유가증권 기타 채무증서의 발행업무와 ② 자금의 대출 또는 어음의 할인업무를 함께 영위하는 것이 「은행업」(은행 2조 1항 1호)에 해당하는 것이고, ③의 내국환·외국환업무는 「환업무」로서 별도로 규정하지 않더라도 은행업을 영위함에 있어서 필수불가결한 업무이다.[1] 이러한 고유업무를 영업으로 할 경우 상법상의 「기본적 상행위」가 되고, 이를 영위하는 자는 「당연상인」이 된다(상 4조, 46조 8호).

2. 부수업무

(1) 은행은 은행업무(고유업무)에 부수하는 업무(이하 '부수업무'라 함)를 운영할 수 있다(은행 27조의 2 1항). 부수업무는 원칙적으로 「신고사항」이다(은행 27조의 2 2항 본문). 그러나 다음의 업무는 신고를 하지 아니하고 운영할 수 있다(은행 27조의 2 2항 단서, 은행시 18조 1항).

① 채무의 보증 또는 어음인수

② 상호부금

③ 팩토링(기업의 판매대금 채권의 매수·회수 및 이와 관련된 업무를 말한다)

④ 보호예수

⑤ 수납 및 지급대행

⑥ 지방자치단체의 금고대행

⑦ 전자상거래와 관련한 지급대행

⑧ 은행업과 관련된 전산시스템 및 소프트웨어의 판매 및 대여

⑨ 금융관련 연수, 도서 및 간행물 출판업무

⑩ 금융관련 조사 및 연구업무

⑪ 그 밖에 은행업무에 부수하는 업무로서 대통령령으로 정하는 업무인데, 이

1) 은행법강의, 182면.

때의 “대통령령으로 정하는 업무”란 다음의 업무이다(은행시 18조 1항).

(a) 부동산의 임대. 다만, 업무용 부동산(은행시 21조의 2 4항)이 아닌 경우에는 은행법 제39조(비업무용 자산 등의 처분)에 따라 처분하여야 하는 날까지의 임대로 한정한다.

(b) 수입인지, 복권, 상품권 또는 입장권 등의 판매 대행

(c) 은행의 인터넷 홈페이지, 서적, 간행물 및 전산 설비 등 물적 설비를 활용한 광고 대행

(d) 그 밖에 은행법 제27조의 2 제4항 각 호(은행의 경영건전성을 해치는 경우, 예금자 등 은행이용자의 보호에 지장을 가져오는 경우, 금융시장 등의 안전성을 해치는 경우)의 어느 하나에 해당할 우려가 없는 업무로서 금융위원회가 정하여 고시하는 업무

(2) 은행이 부수업무를 운영하려는 경우에는 위 (1)에서 본 바와 같이 원칙적으로 그 업무를 운영하려는 날의 7일 전까지 금융위원회에 신고하여야 하는데(은행 27조의 2 2항 본문), 이러한 신고를 하는 경우에는 업무계획 및 예상손익에 관한 서류 등 대통령령으로 정하는 서류(업무계획서, 손익예상서, 정관, 부수업무 운영을 결의한 이사회 의사록 사본, 그 밖에 부수업무 운영과 관련된 서류로서 금융위원회가 정하여 고시하는 서류)를 첨부하여야 한다(은행 27조의 2 3항, 은행시 18조 2항).

금융위원회는 이러한 신고내용이 (i) 은행의 경영건전성을 해치는 경우, (ii) 예금자 등 은행이용자의 보호에 지장을 가져오는 경우, (iii) 금융시장 등의 안전성을 해치는 경우에는, 그 부수업무의 운영을 제한하거나 시정할 것을 명할 수 있다(은행 27조의 2 4항).

금융위원회는 신고받은 부수업무(은행 27조의 2 2항 본문)에 대하여는, 신고일부터 7일 이내에 (i) 은행의 명칭, (ii) 부수업무의 신고일, (iii) 부수업무의 개시 예정일 및 (iv) 부수업무의 내용을 인터넷 홈페이지 등에 공고하여야 한다(은행 27조의 2 5항, 은행시 18조 3항). 또한 금융위원회는 제한 또는 시정명령을 한 부수업무(은행 27조의 2 4항)에 대하여는, 그 내용과 사유를 인터넷 홈페이지 등에 공고하여야 한다(은행 27조의 2 5항, 은행시 18조 4항).

(3) 은행이 위의 부수업무를 운영하고자 할 경우에는 원칙적으로 금융위원회에 신고하여야 하고(은행 27조의 2 2항 본문), 다음에서 보는 겸영업무를 직접 운영하고자 할 경우에는 금융위원회에 신고하여야 한다(은행 28조 2항). 문제는 이러한 신고를 하지 않고 운영한 업무의 사법상의 효력이다. 부수업무와 겸영업무의 범위라는

것도 시대와 함께 변화하는 탄력적인 것이기 때문에 일반 고객에게는 신고사항의 구체적 범위와 신고 여부를 알기 어렵다. 따라서 이에 위반하였다 하여 그 거래의 사법상 효력까지 부정한다면 거래의 안전을 해하고, 또한 은행법은 행정법적인 규정이지 직접 「사법상」의 효력형성을 목적으로 하는 규정이 아니므로, 이에 위반한 법률행위의 「사법적」 효력까지 부정하는 것은 아니라고 본다.[1] 그러나 은행 또는 그 임·직원이 법령에 위반한 행위를 한 경우, 그 행위 자체의 사법상 효력에는 영향이 없더라도, 제재 내지 벌칙의 처벌을 받는 것은 별개의 문제이다. 부수업무(신고를 요하는 업무에 한함) 또는 겸영업무를 신고 없이 영위한 자에게는 1억원 이하의 과태료를 부과한다(은행 69조 1항 1호).

3. 겸영업무

(1) 은행은 은행업이 아닌 업무로서 다음과 같은 업무를 「겸영업무」로 직접 운영할 수 있다(은행 28조 1항). 은행이 겸영업무를 직접 운영하려는 경우에는 금융위원회에 「신고」하여야 한다(은행 28조 2항).

① 대통령령으로 정하는 법령(금융관련법령)(은행시 18조의 2 1항)에서 인가·허가 및 등록 등을 받아야 하는 업무 중 대통령령으로 정하는 금융업무(은행 28조 1항 1호, 은행시 18조의 2 2항)인데, 이에는 다음과 같은 것들이 있다

(a) 「자본시장법」에 따른 업무로서 파생상품의 매매·중개 업무, 파생결합증권(금융위원회가 정하여 고시하는 파생결합증권으로 한정함)의 매매업무, 국채증권·지방채증권 및 특수채증권의 인수·매출 업무, 국채증권·지방채증권·특수채증권 및 사채권의 매매업무, 국채증권·지방채증권 및 특수채증권의 모집·매출 주선업무, 집합투자업(투자신탁을 통한 경우로 한정함), 투자자문업, 투자일임업, 신탁업, 집합투자증권에 대한 투자매매업, 집합투자증권에 대한 투자중개업, 일반사무관리회사의 업무, 명의개서대행회사의 업무, 환매조건부매도 및 환매조건부매수의 업무

(b) 「보험업법」에 따른 보험대리점의 업무

(c) 「근로자퇴직급여 보장법」에 따른 퇴직연금사업자의 업무

(d) 「여신전문금융업법」에 따른 신용카드업

(e) 「담보부사채신탁법」에 따른 담보부사채에 관한 신탁업

(f) 「신용정보의 이용 및 보호에 관한 법률」에 따른 본인신용정보관리업

(g) 그 밖에 금융관련법령에 따라 인가·허가 및 등록 등을 받은 금융업무

---

1) 동지: 은행법강의, 187면.

② 대통령령으로 정하는 법령(금융관련법령)(은행시 18조의 2 3항)에서 정하는 금융 관련 업무로서, 해당 법령에서 은행이 운영할 수 있도록 한 업무(은행 28조 1항 2호)

은행법 및 은행법 시행령 또는 은행업감독규정에서 열거하고 있는 은행의 부수업무 또는 겸영업무를 제외하고, 대통령령으로 정하는 법령(금융관련법령)(은행시 18조의 2 3항)에서 정하는 금융 관련 업무로서, 해당 법령에서 은행이 (인·허가 또는 등록 없이) 위탁받아 운영할 수 있도록 한 업무는 다음과 같은 것들이 있다.[1]

(a) 선박투자회사법 제2조 제3호의 자산보관회사(자본시장법에 따른 신탁업자로서 선박투자회사의 위탁을 받아 그 자산의 보관 및 이와 관련된 업무를 하는 회사) 업무

(b) 한국주택금융공사법 제45조 제1항에 따른 주택저당채권의 관리·운용 및 처분에 관한 수탁업무

③ 그 밖에 그 업무를 운영하여도 은행법 제27조의 2 제4항각 호(은행의 경영건전성을 해치는 경우 등)의 어느 하나에 해당할 우려가 없는 업무로서 대통령령으로 정하는 금융업무(은행 28조 1항 3호, 은행시 18조의 2 4항)인데, 이에는 다음과 같은 것들이 있다

(a) 「자산유동화에 관한 법률」에 따른 유동화전문회사의 유동화자산 관리의 수탁업무 및 채권추심 업무의 수탁업무

(b) 「주택저당채권유동화회사법」에 따른 주택저당채권유동화회사의 유동화자산 관리의 수탁업무 및 채권추심 업무의 수탁업무

(c) 기업의 인수 및 합병의 중개·주선 또는 대리 업무

(d) 기업의 경영, 구조조정 및 금융 관련 상담·조력 업무

(e) 증권의 투자 및 대차거래 업무

(f) 상업어음 및 무역어음의 매출

(g) 금융관련법령에 따라 금융업을 경영하는 자의 금융상품 및 「무역보험법」에 따른 무역보험의 판매 대행

(h) 대출 및 대출채권매매의 중개·주선 또는 대리 업무

(i) 국외지점이 소재하는 국가의 관련 법령에 따라 영위할 수 있는 업무(해당 국외지점이 영위하는 경우로 한정한다)

(j) 그 밖에 해당 업무를 운영하여도 은행법 제27조의 2 제4항 각 호(은행의

---

1) 은행법강의, 184면.

경영건전성을 해치는 경우 등)의 어느 하나에 해당할 우려가 없는 업무로서 금융위원회가 정하여 고시하는 업무[1)]

(2) 은행이 겸영업무를 직접 운영하려는 경우에는 다음 각 호에 따라 금융위원회에 신고하여야 한다(은행 28조 2항).

① 대통령령으로 정하는 금융 관련 법령(은행시 18조의 2 1항)에서 인가·허가 및 등록 등을 받아야 하는 업무 중 대통령령으로 정하는 금융업무(은행 28조 1항 1호, 은행시 18조의 2 2항): 금융 관련 법령에 따라 인가·허가 및 등록 등을 신청할 때 신고

② 대통령령으로 정하는 법령(은행시 18조의 2 3항)에서 정하는 금융관련 업무로서 해당 법령에서 은행이 운영할 수 있도록 한 업무 및 그 밖에 대통령령으로 정하는 금융업무(은행 28조 1항 2호 및 3호, 은행시 18조의 2 4항): 그 업무를 운영하려는 날의 7일 전까지 신고

금융위원회는 위의 신고내용이 (i) 은행의 경영건전성을 해치는 경우, (ii) 예금자 등 은행이용자의 보호에 지장을 가져오는 경우 또는 (iii) 금융시장 등의 안전성을 해치는 경우(은행 27조의 2 4항)의 어느 하나에 해당할 우려가 있는 경우에는 그 겸영업무의 운영을 제한하거나 시정할 것을 명할 수 있다(은행 28조 3항).

(3) 은행이 위의 신고를 하지 않고 한 겸영행위의 사법상 효력이 있는 점은 앞에서 본 부수업무의 경우와 같다.

은행법상 은행의 업무범위를 도시(圖示)하면 다음과 같다.[2)]

---

1) 은행업감독규정 제25조의 2 3항 : 은행법 시행령 제18조의 2 제 4 항 제10호에서 "금융위원회가 정하여 고시하는 업무"란 다음 각 호의 업무를 말한다.

1. 신용정보서비스
2. 상법 제480조의 2에 따른 사채관리회사의 업무
3. 중소기업협동조합법 제115조에 따른 소기업·소상공인공제(중소기업중앙회가 당해 공제의 약관에 대해 금융감독원과 사전 협의한 경우에 한한다)의 판매대행
4. 중소기업 인력지원 특별법 제35조의 5 제 1 호에 따른 성과보상공제의 판매대행
5. 중소기업진흥에 관한 법률 제61조의 2 제 1 호에 따른 중소기업매출채권보험의 모집대행
6. 그 밖에 3.~5.의 업무에 준하는 업무로서 금융위원회가 인정하는 업무

2) 은행법강의, 185면 참조.

[은행의 업무범위]

구 분	업무내용	근거규정
고유업무	– 예금·적금의 수입 또는 유가증권 기타 채무증서의 발행 – 자금의 대출 또는 어음의 할인 – 내국환·외국환	은행법 27조 2항
부수업무	금융위원회에 신고하고 부수업무를 운영할 수 있는데, 이러한 신고의무가 면제된 부수업무는 다음과 같다. – 채무의 보증 또는 어음의 인수 – 상호부금 – 팩토링 – 보호예수 – 수납 및 지급대행 – 지방자치단체의 금고대행 – 전자상거래와 관련한 지급대행 – 은행업과 관련된 전산시스템 및 소프트웨어의 판매 및 대여 – 금융 관련 연수, 도서 및 간행물 출판업무 – 금융 관련 조사 및 연구업무 등	은행법 27조의 2 2항
겸영업무	– 금융 관련 법령에서 인가·허가 및 등록 등을 받아야 하는 업무 중 대통령령으로 정하는 금융업무 – 금융 관련 법령에서 정하는 금융 관련 업무로서 해당 법령에서 은행이 운영할 수 있도록 한 업무 – 그 밖에 대통령령으로 정하는 금융업무	은행법 28조 1항

II. 은행거래에 적용될 법규

은행의 고유업무는 기본적 상행위로서(상 46조 8호) 은행은 당연상인이다(상 4조). 따라서 은행과 거래하는 자는 (그가 상인이든 상인이 아니든 불문하고) 상법의 적용을 받는다(상 3조). 은행거래에 상법에 규정이 없으면 상관습법에 의하고 상관습법이 없으면 민법의 규정에 의한다(상 1조). 우리 민법과 상법에는 은행거래에 관한 특별규정은 없다. 따라서 임치(소비임치)·소비대차·위임·계약의 해석에 관한 일반원칙 등이 적용되다. 입법론으로는 은행거래에 관한 기본적인 사법적(私法的) 법률관계를 규율하는 성문법규의 제정이 필요하다고 본다.[1]

은행거래에 관한 민법·상법 등 성문법규의 불비로 은행들은 주로 그들이 작성한 보통거래약관에 의하여 거래를 하는데, 이러한 약관은 성문법을 거래의 실정에

---

1) 동지: 은행법강의, 191면.

맞도록 변경하거나 보충하는 기능을 한다. 이러한 약관에 대하여는 「약관의 규제에 관한 법률」(제정: 1986. 12. 31. 법 3922호, 개정: 2020. 12. 29. 법 17799호)이 적용된다. 이러한 은행거래약관에 관하여는 다음에서 좀 더 상세히 살펴본다.

Ⅲ. 은행거래약관

1. 은행과 고객 사이의 계약(금융거래)의 특징

은행과 고객은 예금계약·대출계약 등 수많은 종류의 다양한 계약을 체결하는데, 이에는 다음과 같은 특징이 있다.[1)]

가. 부합계약

은행과 고객과의 계약은 그 기초로서 보통거래약관의 일종인 은행거래약관에 의하여 이루어지므로 부합계약의 특징이 있다. 즉, 고객은 그 계약의 체결 여부만을 결정할 자유를 가질 뿐 그 내용에 관하여 결정할 자유를 갖지 못하고, 계약의 체결 여부도 은행의 경제적 우위로 인하여 고객은 계약을 체결하지 않을 수 없는 지위에 있게 되는 특징이 있다.

은행과 고객과의 계약은 보통 기본계약에 따른 은행거래약관이 있고, 이에 부수하는 계약에 따른 수많은 특별약관이 있다.

나. 계속적 채권계약

은행과 고객과의 계약은 예금계약이든 대출계약이든 보통 장기간에 걸친 계속적 채권계약의 특징이 있다. 민법은 계속적 채권계약이라는 유형을 특별히 인정하고 있지 않으나, 계속적 계약의 특징을 고려하여 일부 규정을 두고 있다(민 543조, 547조, 551조, 629조, 651조, 690조, 717조 외). 민법의 전형계약 중 소비대차·사용대차·임대차·고용·위임·임치·조합·종신정기금 등은 계속적 계약에 속한다고 볼 수 있는데, 소비임치에 해당하는 예금계약과 소비대차에 해당하는 대출계약 등은 계속적 채권계약에 해당한다.

1) 이에 관한 상세는 은행법강의, 192~198면 참조.

다. 위임계약의 병존

은행과 고객과의 계약에는 '사무처리의 위임'을 포함하므로 위임계약(민 680조)이 병존한다. 따라서 수임인인 은행은 선관주의의무(민 681조)를 부담하고, 은행법상 금융거래상 중요정보의 제공의무(은행 52조의 2, 은행시 24조의 5)·비공개정보의 누설금지의무(은행 21조의 2) 등을 부담한다.

1. 은행거래약관[1)]

가. 의의 및 종류

(1) 의 의

은행거래약관은 보통거래약관의 일종인데, (보통거래)약관이란 「그 명칭이나 형태 또는 범위에 상관없이 계약의 한 쪽 당사자가 여러 명의 상대방과 계약을 체결하기 위하여 일정한 형식으로 미리 마련한 계약의 내용」을 말한다(약규 2조 1호). 보통거래약관은 정형계약서에 의한 계약을 포함하나, 하나의 모델에 불과한 표준계약서 서식이나 모범약관 등에 의한 계약과는 구별된다.[2)]

보통거래약관 중에서 금융기관이 고객과의 거래시 이용하는 약관을 특히 「금융거래약관」이라 한다. 따라서 금융거래약관이란 함은 「그 명칭이나 형태를 불문하고 금융기관이 금융거래와 관련하여 다수의 이용자와 계약을 체결하기 위하여 미리 작성한 계약의 내용」을 말한다(은감 85조 참조). 이러한 금융거래약관 중에서 은행거래에 이용되는 보통거래약관이 은행거래약관이다.[3)]

(2) 종 류[4)]

1) 수신거래에 관하여는 현재 약 20여 종의 표준약관이 있는데, 이는 기본약관과 예금별 약관으로 이원화되어 있다. 예금거래기본약관은 예금거래에 일반적이며 공통적으로 적용되는 사항을 정하고 있고, 예금별 약관은 예금의 종류별로 개별적이고 기본적인 사항을 정하고 있다.[5)]

2) 여신거래에 관하여는 기업용·가계용 기본약관 등 약 50여 종의 표준약관이

---

1) 은행거래약관에 관한 상세는 정찬형, "은행대출약관," 「법과 약관」, 삼영사, 1984; 한상문, 「여신실무법률(상)」, 한국금융연수원, 2013; 이주홍, "은행거래약관," 「금융거래법강의Ⅱ」, 법문사, 2001 등 참조.

2) 상법강의(상)(제25판), 45면.

3) 은행법강의, 199면.

4) 공정거래위원회에 의하면, 현재 은행거래와 관련된 은행거래약관은 약 1,000여 종이 있다고 한다.

5) 은행법강의, 199~200면.

제정되어 있다. 은행여신거래기본약관(여기에는 가계용과 기업용이 따로 있음)이란 여신거래 전반(증서대출·어음대출·어음할인·당좌대출·지급보증 등)에 걸쳐 일반적이고 공통적으로 적용되는 보통약관을 말한다. 이는 여신의 총칙적 조항, 담보에 관한 조항, 위험부담과 면책에 관한 조항, 상계에 관한 조항, 어음거래에 관한 조항 등으로 구성되어 있다. 여신거래실무에서는 여신거래기본약관에 부수하여 거래의 종류별로 특수한 사항만을 규정하는 약정서(여신거래약정서, 당좌거래약정서, 어음거래약정서, 근저당권설정약정서 등)가 따로 있어 기본약관과 같이 적용된다. 이러한 약정서의 내용도 약관규제법 제 2 조 제 1 호에서 정의하고 있는 「약관」으로서 동법의 규제대상이 된다.[1]

3) 이밖에 은행은 기타 업무의 특성에 맞추어 금전신탁거래기본약관, 전자금융거래기본약관, 외환거래기본약관 등을 따로 두고 있다.

나. 은행거래약관의 구속력의 근거

은행거래약관은 앞에서 본 바와 같아 보통거래약관의 일종이다. 보통거래약관에 의한 계약(부합계약)에서 그 약관의 적용에 관하여 당사자가 구체적이고 명시적으로 개별적 합의를 하지 않았다 하더라도 그 약관은 당사자를 구속하는 것이 일반적이다. 그런데 그 근거가 무엇이냐가 문제된다. 이에 대하여는 약관은 그 자체가 법규범이 될 수 없고, 고객이 약관에 의한다는 점을 밝히고 또 고객이 볼 수 있게 약관을 제시한 경우에 한해서 개별계약의 내용을 구성하는 것이며, 이렇게 약관이 계약의 내용이 되기 때문에 당사자를 구속한다는 견해(법률행위설)가 타당하다고 본다.[2]

우리나라의 약관규제법은 사업자에게 약관의 명시 및 설명의 의무를 부과하고 있고, 이를 이행하지 않은 약관은 계약의 내용으로 주장하지 못하게 하고 있는 점이(약규 3조) 법률행위설을 뒷받침하고 있다고 볼 수 있다.[3]

대법원 판례는 보험약관에 대하여 일관하여 법률행위설을 취하고 있다. 즉, "보통보험약관이 계약당사자에 대하여 구속력을 갖는 것은 그 자체가 법규범 또는 법규범적 성질을 가진 계약이기 때문이 아니라, 보험계약당사자 사이에서 계약내용에 포함시키기로 합의하였기 때문이다"라고 판시하고 있다.[4] 또한 은행거래약관의

1) 은행법강의, 200면.
2) 상법강의(상)(제25판), 46~47면.
3) 상법강의(상)(제25판), 47면.

구속력에 대한 그 후의 대법원 판례도 이러한 취지로 "은행거래약관도 다른 일반거래약관과 마찬가지로 그 본질은 계약의 초안, 즉 예문에 불과하므로 그것이 계약당사자에 대하여 구속력을 가지려면 계약당사자 사이에서 계약내용에 포함시키기로 하는 합의가 있어야 할 것이지만, 일반적으로 계약당사자 사이에 약관을 계약내용에 포함시킨 계약서가 작성된 경우에는 계약당사자가 그 약관의 내용을 알지 못하는 경우에도 그 약관의 구속력을 배제할 수 없다"고 판시하고 있다.[1]

다. 은행거래약관에 대한 규제

은행거래약관은 은행이 일방적으로 제정하는 일이 많으므로 이로 인하여 고객의 이익이 희생되는 문제점이 있다. 따라서 이를 해결하기 위하여 약관에 대한 기본적인 규제방법으로 입법적 규제·행정적 규제·사법적 규제가 있고, 이 외에도 약관은 공정거래위원회에 의하여 규제되기도 하고(약규 17조의 2) 또 당사자간의 자율적인 협상을 통하여 규제되는 경우도 있다.[2] 은행거래약관에 대하여는 행정적 규제는 없고, 다음에서 보는 은행법상 규제 등은 개별적인 입법적 규제라고 볼 수 있다.

(1) 은행법상의 규제

은행은 은행법에 따른 업무를 취급할 때 은행 이용자의 권익을 보호하여야 하며, 금융거래와 관련된 약관을 제정하거나 변경하는 경우에는 약관의 제정 또는 변경 후 10일 이내에 금융위원회에 보고하여야 한다. 다만, 이용자의 권리나 의무에 중대한 영향을 미칠 우려가 있는 경우로서 대통령령으로 정하는 경우에는 약관의 제정 또는 변경 전에 미리 금융위원회에 신고하여야 한다(은행 52조 1항, 은행시 24조의 4). 금융위원회는 이에 따른 약관의 제정 또는 변경에 대한 보고 또는 신고의 절차 및 방법 등을 정하여 고시한다 (은행 52조 5항).

은행은 약관을 제정하거나 변경한 경우에는 인터넷 홈페이지 등을 이용하여 공시하여야 한다(은행 52조 2항).

약관을 보고 또는 신고받은 금융위원회는 그 약관을 공정거래위원회에 통보하여야 한다. 이 경우 공정거래위원회는 통보받은 약관이 약관규제법 제 6 조부터 제 14조까지의 규정에 해당하는 사실이 있다고 인정될 때에는 금융위원회에 그 사실을 통보하고 그 시정에 필요한 조치를 취하도록 요청할 수 있으며, 금융위원회는 특별

---

4) 대판 1985. 11. 26, 84 다카 2543; 동 1986. 10. 14, 84 다카 122 외 다수.

1) 대판 1992. 7. 28, 91 다 5624.

2) 상법강의(상)(제25판), 51~52면.

한 사유가 없는 한 이에 응하여야 한다(은행 52조 3항).

금융위원회는 건전한 금융거래질서를 유지하기 위하여 필요한 경우에는 은행에 대하여 약관의 변경을 권고할 수 있다(은행 52조 4항).

(2) 은행업 감독규정상 규제

1) 은행업감독규정상 은행의 금융거래약관의 작성 및 운용기준은 다음과 같다(은감 86조 1항).

① 신의성실의 원칙에 따라 공정하게 작성하여야 한다.

② 은행 이용자의 권익을 최대한 보호하여야 한다.

③ 건전한 금융거래질서가 유지될 수 있도록 하여야 한다.

④ 약관규제법 등 관계법령에 위배되지 아니하여야 한다.

⑤ 약관의 제정 및 변경 절차, 약관의 관리방법, 약관의 공시 및 임직원 교육 등 약관의 작성·운영에 관한 기본적인 기준을 정하여야 한다.

⑥ 약관을 제정하거나 변경하는 경우 약관내용의 관련 법규 위반여부, 은행 이용자의 권익 침해 및 분쟁발생 소지 등에 대하여 준법감시인의 심의를 거쳐야 한다.

2) 은행업 감독규정상 금융거래약관의 심사기준은 다음과 같다(은감 87조).

① 은행의 고의 또는 중대한 과실로 인한 법률상의 책임을 배제하는 조항 유무

② 상당한 이유 없이 은행의 손해배상범위를 제한하거나 은행이 부담하여야 할 위험을 이용자에게 이전시키는 조항 유무

③ 이용자에 대하여 부당하게 과중한 지연배상금 등의 손해배상의무를 부담시키는 조항 유무

④ 법률의 규정에 의한 이용자의 해제권 또는 해지권을 배제하거나 그 행사를 제한하는 조항 유무

⑤ 은행에게 법률에서 규정하고 있지 아니하는 해제권·해지권을 부여하거나 법률의 규정에 의한 해제권·해지권의 행사요건을 완화하여 이용자에 대하여 부당하게 불이익을 줄 우려가 있는 조항 유무

⑥ 상당한 이유 없이 은행이 이행하여야 할 급부나 이용자의 채무내용 등을 은행이 일방적으로 결정·변경할 수 있도록 권한을 부여하는 조항 유무

⑦ 법률의 규정에 의한 이용자의 항변권, 상계권 및 대위권 등의 권리를 상당한 이유 없이 배제 또는 제한하는 조항 유무

⑧ 이용자에게 부여된 기한의 이익을 상당한 이유 없이 상실하게 하는 조항

유무

⑨ 이용자의 제 3 자와의 계약체결을 부당하게 제한하는 조항 유무

⑩ 은행과 이용자의 의사표시와 관련한 부당한 의제를 통하여 이용자에게 부당하게 불이익을 주는 조항 유무

⑪ 보증인 또는 담보제공인에게 과도하게 책임을 부담시키거나 책임한계를 모호하게 함으로써 보증인 또는 담보제공인에게 부당하게 불이익을 주는 조항 유무

⑫ 기타 약관규제법 등 관계법령에서 정한 사항에 위배되는 조항 유무

(3) 약관규제법에 의한 규제

우리나라의 약관규제법에서는 약관의 명시의무와 설명·교부의무를 규정하고, 당사자간의 의사(계약)의 해석원칙 등을 규정하고 있다.

1) 약관의 명시의무와 설명·교부의무

은행거래약관도 약관규제의 필요성에 있어서는 다른 약관과 다를 바 없으므로, 은행거래약관에 대하여도 약관규제법이 규정하는 약관의 명시의무·설명·교부의무가 그대로 적용된다. 즉, 약관규제법 제 3 조 제 1 항 본문은 "사업자는 고객이 약관의 내용을 쉽게 알 수 있도록 한글로 작성하고, 표준화·체계화된 용어를 사용하며, 약관의 중요한 내용을 부호·색채·굵고 큰 문자 등으로 명확하게 표시하여 알아보기 쉽게 약관을 작성하여야 한다"고 규정하고, 동조 제 2 항 본문은 "사업자는 계약을 체결할 때에는 고객에게 약관의 내용을 계약의 종류에 따라 일반적으로 예상되는 방법으로 분명하게 밝히고, 고객이 요구할 경우 그 약관의 사본을 고객에게 내주어 고객이 약관의 내용을 알 수 있게 하여야 한다"고 규정하며, 동조 제 3 항 본문은 "사업자는 약관에 정하여져 있는 중요한 내용을 고객이 이해할 수 있도록 설명하여야 한다"고 규정하여, 이른바 약관의 「명시의무」와 「설명·교부의무」를 규정하고 있다. 또한 동조 제 4 항은 "사업자가 이러한 설명·교부의무에 위반하여 계약을 체결한 때에는 당해 약관을 계약의 내용으로 주장할 수 없다"고 규정하고 있다.[1)]

이러한 약관규제법의 취지에 따라 예금거래기본약관 전문에서는 "은행은 이

1) 대판 1998. 11. 10, 98 다 20058(예금채권은 금전채권의 일종으로서 일반거래상 자유롭게 양도될 필요성이 큰 재산이므로, 은행거래약관에서 예금채권에 관한 양도금지의 특약을 정하고 있는 경우, 이러한 특약은 예금주의 이해관계와 밀접하게 관련되어 있는 중요한 내용에 해당하므로, 은행으로서는 고객과 예금계약을 체결함에 있어서 이러한 약관의 내용에 대하여 구체적이고 상세한 명시·설명의무를 지게 되고, 만일 은행이 그 명시·설명의무에 위반하여 예금계약을 체결하였다면, 은행거래약관에 포함된 양도금지의 특약을 예금계약의 내용으로 주장할 수 없다).

약관을 영업점에 놓아두고, 거래처는 영업시간 중 언제든지 이 약관을 볼 수 있고 또한 그 교부를 청구할 수 있다"고 규정하였고, 또한 은행여신거래기본약관 전문에서도 이와 동일한 내용으로 규정하고 있다. 약관의 명시는 방법 여하를 불문하나, 적어도 계약체결 이전에 상대방인 고객이 그 내용을 현실적으로 인식·이해하는 것을 기대할 수 있는 방법이어야 한다.[1)]

2) 약관규제법상의 의사해석원칙

① 개별약정우선의 원칙

약관에서 정하고 있는 사항에 관하여 사업자와 고객이 약관의 내용과 다르게 합의한 사항이 있을 때에는 당해 합의사항은 약관에 우선한다(약규 4조). 은행거래약관도 이러한 약관규제법의 취지에 따라 "은행과 거래처 사이에 개별적으로 합의한 사항이 약관 조항과 다를 때는 그 합의사항을 약관에 우선하여 적용한다"고 규정함으로써(예금거래기본약관 21조, 전자금융거래기본약관 26조 등 참조), 「개별합의우선원칙」을 반영하고 있다.[2)]

② 신의성실의 원칙

약관은 신의성실의 원칙에 따라 공정하게 해석되어야 하며, 고객에 따라 다르게 해석되어서는 아니 된다(약규 5조 1항).[3)]

③ 작성자 불이익의 원칙

약관의 뜻이 명백하지 아니한 경우에는 고객에게 유리하게 해석되어야 한다(약

---

1) 동지: 은행법강의, 204면; 이주홍, 전게 "은행거래약관," 51면.

2) 대판 2001. 3. 9, 2000 다 67235(금융기관의 여신거래기본약관에서 금융사정의 변화 등을 이유로 사업자에게 일방적 이율 변경권을 부여하는 규정을 두고 있으나, 개별약정서에서는 약정 당시 정해진 이율은 당해 거래기간 동안 일방 당사자가 임의로 변경하지 않는다는 조항이 있는 경우, 위 약관조항과 약정서의 내용은 서로 상충된다 할 것이고, 약관의 규제에 관한 법률 제4조의 개별약정우선의 원칙 및 위 약정서에서 정한 개별약정 우선적용 조항에 따라 개별약정은 약관조항에 우선하므로 대출 이후 당해 거래기간이 지나기 전에 금융기관이 한 일방적 이율 인상은 그 효력이 없다).

3) 대판 1995. 4. 7, 94 다 21931(채권자가 보증인에게 주채무의 전부 이행을 청구하는 것이 신의칙에 반하는 것으로 판단될 만한 특별한 사정이 있는 경우에 한하여 보증인의 책임을 합리적인 범위 내로 제한할 수 있다); 동 2014. 7. 24, 2013 다 214871(약관의 규제에 관한 법률 제6조 제1항, 제2항 제1호에 따라 고객에 대하여 부당하게 불리한 조항으로서 '신의성실의 원칙에 반하여 공정을 잃은 약관조항'이라는 이유로 무효라고 보기 위해서는, 그 약관조항이 고객에게 다소 불이익하다는 점만으로는 부족하고, 약관 작성자가 거래상의 지위를 남용하여 계약 상대방의 정당한 이익과 합리적인 기대에 반하여 형평에 어긋나는 약관 조항을 작성·사용함으로써 건전한 거래질서를 훼손하는 등 고객에게 부당하게 불이익을 주었다는 점이 인정되어야 한다. 그리고 이와 같이 약관조항의 무효 사유에 해당하는 '고객에게 부당하게 불리한 조항'인지 여부는 그 약관조항에 의하여 고객에게 생길 수 있는 불이익의 내용과 불이익 발생의 개연성, 당사자들 사이의 거래과정에 미치는 영향, 관계 법령의 규정 등 모든 사정을 종합하여 판단하여야 한다).

규 5조 2항).[1]

제 2 절 은행업무(고유업무)

은행법은 은행업무(고유업무)에 대하여 「예금·적금의 수입 또는 유가증권 그 밖의 채무증서의 발행」(수신업무), 「자금의 대출 또는 어음의 할인」(여신업무) 및 「내국환·외국환」(환업무)의 세 가지를 규정하고 있다(은행 27조 2항). 이하 이러한 은행업무에 대하여 상세히 살펴보겠다.

Ⅰ. 수신업무(예금·적금의 수입 또는 유가증권·그 밖의 채무증서의 발행)

A. 예금·적금의 수입

1. 예금의 기능과 특징

(1) 예금은 은행이 수행하는 자금중개의 기능을 하고, 예금자에게는 미래에 대비하는 저축수단을 제공하는 기능을 한다. 또한 보통예금이나 당좌예금 등 요구불예금은 계좌간의 이체를 통하여 결제수단으로서의 기능을 한다(즉, 이러한 예금은 현금통화와 동일한 결제수단의 기능을 한다).[2]

(2) 예금은 「원본보장성」이 있는 점에서 증권이나 파생상품과 같은 금융투자상품과 구별되는 특징이 있다. 또한 은행의 예금이 신용협동조합 등 비은행예금취급기관이 취급하는 예금과 구별되는 특징은 「불특정다수인(일반공중)」으로부터의 금전을 수입하는 점에 있다. 예금계약인 소비임치가 소비대차와 실질적으로 유사함에도 무담보거래가 되는 중요한 이유는 일반공중의 「은행에 대한 신용」이다. 따라서 은행법 등은 이러한 불특정다수의 예금채권자를 보호하기 위하여 많은 규정을 두고 있다.[3]

---

1) 대판 1998. 10. 23, 98 다 20752(보통거래약관의 내용은 개개 계약체결자의 의사나 구체적인 사정을 고려함이 없이 평균적 고객의 이해가능성을 기준으로 하여 객관적, 획일적으로 해석하여야 하고, 고객보호의 측면에서 약관 내용이 명백하지 못하거나 의심스러운 때에는 고객에게 유리하게, 약관작성자에게 불리하게 제한 해석하여야 한다).

2) 은행법강의, 216~217면.

3) 은행법강의, 216면.

2. 예금계약의 의의 및 법적 성질

(1) 예금계약이란 「예금자(위탁자)가 은행 기타 금융거래를 업으로 하는 자(금융기관)(수탁자)에게 금전의 보관을 위탁하고, 이러한 금전의 소유권을 취득한 금융기관이 예금자에 대하여 이를 반환할 것을 약정하는 계약」이라고 볼 수 있다. 이러한 예금은 은행의 자금조달에 있어서 가장 중요하다.[1]

(2) 예금계약의 법적 성질은 예금자를 임치인으로 하고 은행 기타 금융기관을 수치인으로 하는 「금전의 소비임치계약」이라는 점에 대하여 거의 이견이 없다.[2] 소비임치계약에는 반환시기에 관한 규정(민 702조 단서, 603조 2항)을 제외하고는 소비대차에 관한 규정이 준용된다(민 702조). 원래 임치계약에서는 수치인이 임치인의 동의 없이 임치물을 사용하지 못하는데(민 694조), 당사자간의 특약에 의하여 목적물의 소유권을 수치인에게 이전하고 수치인은 임치물을 소비할 수 있으며 이 경우 수치인은 임치인에게 동종·동질·동량의 것을 반환하기로 하면 소비임치계약이 되는 것이다(민 702조).

소비대차에서 반환기간의 약정이 없는 경우 대주(貸主)는 상당한 기간을 정하여 반환을 최고하여야 하나(그러나 차주는 언제든지 반환할 수 있음)(민 603조 2항), 소비임치의 경우 임치인은 언제든지 그 반환을 청구할 수 있는 점(민 702조 단서)에서 양자는 구별된다.

3. 예금계약의 성립시기

(1) 예금계약은 위에서 본 바와 같이 소비임치계약이고 소비임치계약에는 소비대차에 관한 규정이 준용되므로(민 702조 본문), 예금계약의 성립시기는 소비대차계약의 성립시기와 같다고 볼 수 있다. 그런데 소비대차계약은 낙성계약이므로(민 598조), 예금계약도 예금자와 은행간의 합의만으로 성립하는 낙성계약이다. 따라서 예금증서나 예금통장의 작성·교부는 예금계약의 성립요건이 아니고, 또 증서·통장의 작성시기가 예금계약의 성립시기로 되는 것도 아니다.[3] 그런데 「예금계약의 성립시기」와 「예금반환채권의 발생시기」는 구분된다. 예금계약이 유효하게 성립되었다고 하여 예금주에게 바로 예금반환채권이 발생하는 것은 아니다. 왜냐하면 예금반

---

1) 은행법강의, 217면.

2) 어음·수표법, 260면; 은행법강의, 217면; 대판 1985. 12. 24, 85 다카 880.

3) 은행법강의, 219면.

환채권은 예금주의 입금을 조건으로 발생되는 것으로 보아야 하기 때문이다.[1)]

우리 대법원 판례는 예금계약의 성립시기와 관련하여, "예금계약은 예금자가 예금의 의사를 표시하면서 금융기관에 돈을 제공하고 금융기관이 그 의사에 따라 그 돈을 받아 확인을 하면 그로써 성립하며, 금융기관의 직원이 그 받은 돈을 금융기관에 입금하지 아니하고 이를 횡령하였다고 하더라도 예금계약의 성립에는 아무런 지장이 없다"고 판시하여,[2)] 예금계약을 요물계약과 같은 취지로 판시하고 있는데, 위 판례에서의 예금계약의 성립시기를 엄격히 말하여 「예금반환채권의 발생시기」로 보아야 할 것이다.[3)]

(2) 예금거래기본약관에서 「예금이 되는 시기」를 (i) 현금으로 입금한 경우에는 은행이 이를 받아 확인한 때, (ii) 현금으로 계좌송금하거나 또는 계좌이체한 경우에는 예금원장에 입금의 기록을 한 때, (iii) 증권으로 입금하거나 계좌송금한 경우에는 은행이 그 증권을 교환에 돌려 부도반환시한이 지나고 결제를 확인한 때(다만 개설점에서 지급하여야 할 증권은 그 날 안에 결제를 확인한 때)[4)]로 규정하고 있는데,[5)] 이때 「예금이 되는 시기」는 사실상 입금이 되는 시기로서 이는 「예금계약의

1) 어음·수표법, 260면; 은행법강의, 219면.

2) 대판 1996. 1. 26, 95 다 26919. 동지: 대판 1975. 11. 11, 75 다 1224(예금주가 예금취급소 창구계원에게 예금을 할 의사를 표명하면서 금원을 제공하여 예금취급소장이 예금증서를 각 교부하였으나 동 예금취급소장은 그 예금을 입금절차를 밟지 아니하고 횡령하였다 할지라도 동 예금취급소와 예금계약이 성립된 것이다); 동 1977. 4. 26, 74 다 646(예금계약은 예금자가 예금의 의사를 표시하면서 금전을 제공하고 금융기관이 이에 따라서 그 금전을 받아 확인하면 성립된다); 동 1984. 8. 14, 84 도 1139.

3) 동지: 은행법강의, 219면.

4) 이 때 위 (iii)의 약속어음 등 증권으로 입금하는 경우, 예금계약의 성립시기(예금반환채권의 발생시기)에 대하여 대법원은 "은행수신거래기본약관의 '증권으로 입금하는 경우에는 은행이 교환에 돌려 부도반환시한이 지나고 결제를 확인한 때, 다만 개설점이 지급장소인 증권이면 그 날 안에 결제를 확인한 때'에 예금이 완료된다는 규정은, 다른 점포에서 지급될 약속어음 등 증권으로 입금하는 경우에는 이를 교환에 돌려 지급지 점포에서 액면금을 추심하여 그 결제를 확인한 때에 예금계약이 체결된 것으로 본다는 의미이며, 지급지 점포에서 당해 증권이 정상적으로 추심되었는지 또는 부도처리되어 추심이 이루어지지 않았는지 여부에 관계없이 추심을 의뢰한 점포에 위 약관 소정의 부도반환시한까지 부도통지가 없으면 무조건 예금계약이 성립된 것으로 본다는 취지라고는 볼 수 없다"고 판시하고 있다(대판 1999. 2. 5, 97 다 34822).

5) 예금거래기본약관 제 7 조(예금이 되는 시기) : ① 제 6 조에 따라 입금한 경우, 다음 각호의 시기에 예금이 된다.

1. 현금으로 입금한 경우: 은행이 이를 받아 확인한 때
2. 현금으로 계좌송금하거나 또는 계좌이체한 경우: 예금원장에 입금의 기록을 한 때
3. 증권으로 입금하거나 계좌송금한 경우: 은행이 그 증권을 교환에 돌려 부도반환시한이 지나고 결제를 확인한 때. 다만, 개설점에서 지급하여야 할 증권은 그날 안에 결제를 확인한 때

② 제 1 항 제 3 호에도 불구하고 증권이 자기앞수표이고 지급제시기간 안에 사고신고가 없으며 결제될 것이 틀림없음을 은행이 확인한 경우에는 예금원장에 입금의 기록이 된 때 예금이 된다.

성립시기」라기보다는 「예금반환채권의 발생시기」로 이해하여야 할 것이다[1](동 약관 제7조).

위와 같은 은행의 예금거래기본약관에 의하여 예금(반환)채권의 성립시기가 결정되는데, 이러한 약정이 없는 경우에 예금자가 타점권을 입금하는 경우 언제 예금(반환)채권을 갖는지가 문제된다. 이에 대하여 예금자가 은행에 타점권을 입금하는 것을 추심위임계약(숨은 추심위임배서)으로 보아 예금자는 후일 동 증권이 추심결제되는 것을 조건으로 하는 「정지조건부 예금채권」을 갖는다는 추심위임설[2]과, 예금자는 은행에 타점권을 입금(양도배서)하는 즉시 예금채권을 가지나 동 증권이 후일 부도되는 것을 해제조건으로 하는 「해제조건부 예금채권」을 갖는다는 양도설[3]이 있다. 실제에 있어서는 은행의 예금거래기본거래약관상 특약에 의하여 예금반환채권의 성립시기가 결정되므로 위의 어느 설에 의하든 그 결과에 있어서는 차이가 없으나, 예금자의 입장에서 보다 더 유리하고 법률관계가 명확한 양도설이 타당하다고 본다.[4]

4. (진정한) 예금주

(1) 예금계약에 있어서 진정한 예금주가 누구인가에 관하여 분쟁이 발생하는 경우가 종종 있다. 이에 관하여는 1993년 금융실명제 실시 이전과 1993년 금융실명제 실시 이후 및 2014년 금융실명법 개정 이후로 나누어 살펴본다.

1) 1993년 금융실명제 실시 이전: 이때에는 스스로의 출연에 의하여 자기의 예금으로 하는 의사로 은행에 대하여 스스로 또는 대리인·사자를 통하여 예금계약을 한 자(즉, 금전의 출연자)를 예금주로 보는 「객관설」, 예금 당시에 예금행위자가 특별히 다른 사람(명의인)이 예금주임을 명시적·묵시적으로 표시하면 그 명의인을 예금주로 보는 「주관설」 및 원칙적으로 객관설에 의하여 금전의 출연자가 예금주이지만 예외적으로 명의인(예금행위자)이 자기의 예금이라고 명시적·묵시적으로 표시한 때에는 명의인이 예금주라고 하는 「절충설」이 있었다.[5] 이때의 다수의 학설[6]과 판

---

③ 은행은 특별한 사정이 없는 한 제1항 및 제2항의 확인 또는 입금기록을 신속히 하여야 한다.

1) 동지: 은행법강의, 219면.

2) 대판 1988. 1. 19, 86 다카 1954.

3) 대판 1966. 2. 22, 65 다 2505 외.

4) 어음·수표법, 263면.

5) 이러한 설에 대한 소개로는 이재용, "예금에 관한 법적 연구," 법학석사학위논문(고려대, 2001. 2), 31~33면; 윤진수, "예금계약,"「금융거래법 강의Ⅱ」, 17면; 로스쿨 금융법(제1판), 155~156

례[1])는 「객관설」에 따라 예금주의 명의 여하를 묻지 않고 실제로 자금을 출연하고 예금을 지배하는 자를 예금주로 보았다.

2) 1993년 금융실명제 실시 이후: 1993. 8. 12. 대통령긴급재정경제명령 제16호로 「금융실명거래 및 비밀보장에 관한 긴급재정명령」(이는 1997. 12. 31. 법률 제5493호인 「금융실명거래 및 비밀보장에 관한 법률」〈이하 '금융실명법'으로 약칭함〉로 대체입법되어 그 내용이 거의 그대로 유지되고 있음)이 공포되었는데, 동 긴급명령에 의하면 금융기관은 거래자의 실지명의에 의하여 금융거래를 하도록 하고(동 긴급명령 3조 1항), 실지명의는 주민등록표상의 명의 등으로 정의하고 있다(동 긴급명령 2조 4호). 따라서 이러한 긴급명령이 시행된 이후에 우리 대법원판례는 "금융기관에 예금을 하고자 하는 자는 원칙적으로 직접 주민등록증과 인감을 지참하고 금융기관에 나가 자기 이름으로 예금을 하여야 하고, 대리인이 본인의 주민등록증과 인감을 가지고 가서 본인의 이름으로 예금하는 것이 허용된다고 하더라도, 이 경우 금융기관으로서는 특별한 사정이 없는 한, 주민등록증을 통하여 실명확인을 한 예금명의자를 긴급명령 제3조 제1항 소정의 거래자로 보아 그와 예금계약을 체결할 의도라고 보아야 할 것이다"고 판시하여,[2]) 「주관설」에 따라 명의인을 예금주로 보았다. 그런데 예외적으로 "특별한 사정으로서 출연자와 금융기관 사이에 예금 명의인이 아닌 출연자에게 예금반환채권을 귀속시키기로 하는 명시적 또는 묵시적 약정이 있는 경우에는 출연자를 예금주로 보아야 한다"고 판시하여,[3]) 예외적으로 출연자를 예금주로 보는 객관설을 가미하였다.

그런데 그 후 우리 대법원은 전원합의체판결로써 예외적으로 특별한 사정에 의하여 출연자를 예금주로 보는(즉, 객관설에 따라 출연자를 예금주로 보는) 것을 극히 제한하면서 기존 대법원판례를 변경하는 판결을 다음과 같이 하였다.

"금융실명법에 따라 실명확인절차를 거쳐 예금계약을 체결하고 그 실명확인 사실이 예금계약서 등에 명확히 기재되어 있는 경우에는, 일반적으로 그 예금계약서에 예금주로 기재된 예금명의자나 그를 대리한 행위자 및 금융기관의 의사는 예

면 등 참조.

6) 김황식, "예금에 관한 법적 문제," 「판례자료」, 제32집(은행거래·임대차 사건의 제문제)(법원행정처, 1986), 66면 이하 및 69면 이하; 이준상, 「금융판례연구(1982~1991)」, 1992, 98면 이하; 이창구, "예금주의 인정에 관하여," 「대법원판례해설」, 통권 제8호(1987년 하반기), 92면 이하 등.

1) 대판 1987. 10. 28, 87 다카 946 외.

2) 대판 1998. 6. 12, 97 다 18455. 동지: 대판 1996. 4. 23, 95 다 55986; 동 1998. 1. 23, 97 다 35658 외.

3) 대판 1998. 11. 13, 97 다 53359; 동 2002. 5. 14, 2001 다 75660.

금명의자를 예금계약의 당사자로 보려는 것이라고 해석하여야 한다. 이와 달리 예금명의자가 아닌 출연자 등을 예금계약의 당사자라고 볼 수 있으려면, 금융기관과 출연자 등과 사이에서 실명확인절차를 거쳐 서면으로 이루어진 예금명의자와의 예금계약을 부정하여 예금명의자의 예금반환청구권을 배제하고, 출연자 등과 예금계약을 체결하여 출연자 등에게 예금반환청구권을 귀속시키겠다는 명확한 의사의 합치가 있는 극히 예외적인 경우로 제한되어야 할 것이고, 이러한 의사의 합치는 금융실명법에 따라 실명확인절차를 거쳐 작성된 예금계약서 등의 증명력을 번복하기에 충분할 정도의 명확한 증명력을 가진 구체적이고 객관적인 증거에 의하여 매우 엄격하게 인정하여야 한다. 본 판결은 전원합의체 판결로서 이러한 사안에 관한 기존 대법원 판결들을 모두 본 판결의 견해에 배치되는 범위 내에서 변경한다."[1]

3) 2014년 금융실명법 개정 이후: 2014년에는 금융실명법을 개정하여 "실명이 확인된 계좌 또는 외국의 관계 법령에 따라 이와 유사한 방법으로 실명이 확인된 계좌에 보유하고 있는 금융자산은 명의자의 소유로 추정한다"로 규정하였다(실명 3조 5항). 이는 차명계좌에 있는 재산에 대해서는 실소유주가 따로 있더라도 명의자 소유의 재산으로 추정한다는 것이다. 이러한 금융실명법의 개정취지는 조세포탈, 비자금 조성, 자금세탁, 횡령 등 불법·탈법 행위나 범죄 수단으로 활용될 수 있는 차명거래를 전면 금지하는 데 있다. 이러한 법 개정의 취지에 비추어 가족 간 합의된 차명거래 역시 원칙적으로 금지된다고 본다.[2] 다만, 조세포탈 등의 목적에 해당하지 않는 경우의 차명거래가 허용되는 경우가 있다. 예컨대, 불법의 목적이 아닌 동창회, 종친회 통장 등 이른바 「선의의 차명계좌」는 허용되는 것으로 본다.[3] 결국 「선의」의 여부는 사실 판단에 의해 이루어지므로 증명이 중요하게 된다. 왜냐하면, 이 법률의 개정 전에는 실소유주와 명의자가 합의에 의해 차명거래를 한 경우에는 해당 자산에 대해 실소유주의 소유권을 인정하였으나, 개정법률 이후에는 해당 자산에 대해서는 명의자 소유의 재산으로 추정돼 이를 번복하기 위해서는 소송을 통해 증명하여야 할 것이다.[4]

2014년 금융실명법 개정내용의 취지는 앞에서 본 대법원 전원합의체판결[5]의

1) 대판(전원합의체판결) 2009. 3. 19, 2008 다 45828.

2) 동지: 은행법강의, 223면.

3) 동지: 은행법강의, 223면.

4) 동지: 은행법강의, 223~224면.

5) 대판(전원합의체판결) 2009. 3. 19, 2008 다 45828(금융실명법상 원칙적으로 예금명의자를 예금계약의 당사자로 보아야 하는데, 예외적으로 출연자를 예금주로 보려면 금융실명법에 따라 실명확

취지와 같다고 볼 수 있다.

5. 예금채권과 예금통장

(1) 예금자는 은행에 대하여 예입된 것과 동액의 금전을 반환받을 수 있는 권리 및 약정된 이자를 지급받을 수 있는 권리를 갖는데, 이것이 「예금채권」이다. 이러한 예금채권은 양도성예금을 제외하고는 보통 민법상 「지명채권」이다(민 449조 이하). 따라서 이러한 예금채권은 당사자간의 특약에 의하여 양도금지가 가능한데(민 449조 2항 본문), 은행이 예금거래약관에 양도금지의 특약을 하면 이 내용을 예금자에게 명시·설명할 의무가 있다고 본다.[1]

은행이 이러한 예금에 대하여 고객에게 교부하는 예금통장 또는 예금증서는 유가증권이 아니고 단순한 면책증권이다.[2] 그런데 이러한 예금통장과 그에 찍힌 인영과 같은 인장을 소지하고 있는 자는 「예금채권의 준점유자」가 된다.[3]

(2) 양도성예금증서(negotiable cerificate of deposit: CD)는 금융통화운영위원회가 제정한 「양도성예금증서 발행업무와 관련된 수신이율 및 부대조건」(1984. 5. 17. 제12차 회의에서 제정되고, 그 후 다수 개정됨)에 의하여 1984년 6월에 최초로 발행되었는데, 무기명 할인식 양도가능증서로 발행되고 최단 만기가 30일이어야 하는 제한 등이 있다. 보통의 예금통장 또는 예금증서는 기명식으로 되어 있고 또 통장 또는 증서상에 기재된 약관에 의하여 양도를 금지하고 있어 유가증권으로 볼 수 없고 면책증권으로 보고 있으나, 양도성예금증서는 예금채권 및 이자를 표창하고 동 권리의 이전 및 행사에 증서의 소지를 요하는 불완전유가증권으로 볼 수 있다. 또한 양도성예금증서는 은행이 지급을 약속한 증서이므로 그 실질에 있어서는 은행이 발행한 약속어음과 유사하게 볼 수 있다.[4]

인절차를 거쳐 작성된 예금계약서 등의 증명력을 번복하기에 충분할 정도의 명확한 증명력을 가진 구체적이고 객관적인 증거에 의하여 매우 엄격하게 인정하여야 한다).

1) 동지: 대판 1998. 11. 10, 98 다 20059(예금채권은 금전채권의 일종으로서 일반거래상 자유롭게 양도될 필요성이 큰 재산이므로 은행거래약관에서 예금채권에 관한 양도금지의 특약을 정하고 있는 경우, 이러한 특약은 예금주의 이해관계와 밀접하게 관련되어 있는 중요한 내용에 해당하므로 은행으로서는 고객과 예금계약을 체결함에 있어서 이러한 약관의 내용에 대하여 구체적이고 상세한 명시·설명의무를 지게 되고, 만일 은행이 그 명시·설명의무에 위반하여 예금계약을 체결하였다면 은행거래약관에 포함된 양도금지의 특약을 예금계약의 내용으로 주장할 수 없다); 동 1994. 10. 14, 94 다 17970; 동 1996. 3. 8, 95 다 53546; 동 1996. 6. 25, 96 다 12009; 동 1998. 6. 23, 98 다 14191.

2) 어음·수표법, 10면; 은행법강의, 225면.

3) 대판 1985. 12. 24, 85 다카 880.

우리나라에서는 현재 무기명식 양도성예금증서만이 발행되므로 이의 양도방법은 무기명채권의 양도방법에 의하여 동 증서의 교부만으로 가능하다(동 약관 2조). 따라서 이러한 무기명식 양도성예금증서의 소지인은 적법한 소지인으로 추정되어, 이의 양수인은 특별한 사정이 없는 한 발행인이나 전 소지인에게 반드시 실질적 권리를 확인한 후에 이를 취득하여야 할 주의의무가 없다.[1]

6. 예금의 종류[2]

(1) 예금은 고객의 다양한 수요에 부응하도록 여러 가지 종류로 구분되어 있다. 그러나 각종의 예금에 대하여 법령상의 규정이 있는 것은 아니고, 각종 예금의 명칭이나 내용은 고객의 수요와 사회경제적 필요성에 따라 은행업의 역사와 함께 정형화된 것이다.

(2) 일반은행이 취급하고 있는 예금의 종류는 지급결제 편의 또는 일시적 보관을 목적으로 하는 「요구불예금」(입출금이 자유로운 예금)과, 저축 또는 이자수입을 주목적으로 하는 「저축성예금」으로 대별된다. 그러나 요구불예금과 저축성예금의 구분은 편의상 거치기간의 설정 여부가 기준이 되었으나, 저축 및 결제기능이 혼합된 새로운 예금제도의 도입으로 그 구분기준이 불분명한 경우도 있다.

요구불예금이란 「예금자의 요구에 응하여 수시로 자유로이 지급이 이루어지는 예금을 총칭하는 것」으로서 당좌예금·보통예금 등이 그 대표적인 예인데, 이 외에도 가계당좌예금·별단예금 등이 있다. 언제라도 자유로이 입출금이 가능한 요구불예금은, 은행의 입장에서 보면 운용자산의 안정성이라는 측면에서 저축성예금에 비하여 취약하기 때문에 예금이자는 저축성예금보다 낮다. 요구불예금을 고객의 입장에서 본다면, 저축·이자증식기능은 저축성예금에 미치지 못하지만, 수수기능·각종결제기능·보관기능에서는 우수하여 고객의 지갑·금고대용 내지는 금전출납부대용으로 널리 이용되고 있다.

저축성예금이란 「일정기간은 원칙적으로 지급되지 않는 예금」으로서 정기예금이 그 대표적인 예인데, 정기적금·근로자우대저축·장기주택마련저축 등이 있다.

(3) 은행예금을 기명예금과 무기명예금으로 구분하는 경우도 있다.

기명예금이란 「예금주의 성명을 예금통장 또는 예금증서에 기재하는 것」이다.

---

4) 어음·수표법, 20~21면.

1) 대판 2000. 5. 16, 99 다 71573.

2) 이하 예금의 종류에 대하여는 은행법강의, 230~243면; 금융제도, 94~98면 참조.

무기명예금이란 「예금증서에 예금주의 성명이 기재되어 있지 않은 것」이다.

(4) 은행은 법령에 저촉되지 않는 한 어떠한 종류의 예금을 받더라도 무방한 것으로 해석한다.[1] 최근 들어서 은행은 수신기반 확충을 위하여 증권·보험 등과 연계한 예금상품을 도입하고 있다. 예를 들면, 고객이 증권회사에 주식매매를 주문하면 고객의 은행예금계좌를 통하여 자동으로 결제되는 사이버(cyber) 증권투자용 계좌의 개설, 방카슈랑스(bancassurance)에 따른 계좌의 개설 등이 이에 해당한다.[2]

가. 당좌예금

(1) 개 념

당좌예금은 은행과 당좌거래계약을 체결한 거래처가 발행한 당좌수표 및 약속어음 또는 당좌거래처가 (인수한) 환어음의 지급을 은행에 위임하고자 개설하는 예금이다(수 3조 참조). 이때 은행은 당좌수표 및 환어음의 경우는 지급인의 지위에서, 약속어음은 지급담당자의 지위에서 동 어음 또는 수표상의 권리자에게 지급한다. 당좌예금은 예금주(거래처)의 입장에서는 일상의 지급거래를 위한 결제예금의 성격을 지니는데, 은행법상 「상업금융업무」를 영위하는 은행만이 당좌예금을 취급할 수 있다(은행 32조). 은행의 입장에서는 당좌대월에 의해 신용창출의 원천이 된다.[3]

당좌예금은 위에서 설명한 바와 같이 편리한 점도 있지만, 또한 폐단도 있어 당좌거래가 악용될 소지가 있는 것이다. 즉, 당좌예금계좌에 충분한 자금도 없이 거래처가 수표 등을 남발한다면 부도가 발생하여 신용질서가 문란해질 우려가 있다. 이러한 폐단을 미연에 방지하기 위하여 은행은 당좌계정 개설시 상대방인 고객의 신용도를 면밀하게 조사하여 신중하게 대응하여야 한다.[4]

(2) 특징과 기능

1) 당좌예금은 언제라도 인출이 가능하다는 점과 인출은 반드시 어음·수표에 의한다는 점의 두 가지에 특징이 있다.[5] 예를 들면, A은행에 당좌예금을 보유하는 B가 C에게 금전지급을 하여야 하는 경우에, B는 현금대신 A은행을 지급인으로 한

1) 은행법강의, 231면; 詳解, 120면.
2) 은행법강의, 230~231면.
3) 은행법강의, 231~232면.
4) 은행법강의, 233면; 금융제도, 94면.
5) 은행법강의, 232면.

당좌수표를 발행하여 C에게 교부한다. C는 이를 A은행에 제시하면 A은행은 B의 당좌예금으로부터 인출하여 그 수표금을 지급한다.

2) 당좌예금은 주로 기업의 결제계좌로서 이용되고 있다. 기업간의 거래는 통상 거액이고 빈번하다. 각 기업이 상시 현금의 형태로 거액의 결제용 자금을 주고받는다면 매우 불편하여, 이러한 기능을 대행하는 것이 당좌예금이다. 기업은 은행과 당좌거래계약을 체결한 후, 거래은행을 지급인으로 하여 발행한 당좌수표 또는 환어음과 거래은행을 지급장소로 하는 약속어음에 대하여 당좌예금을 인출하여 결제를 한다. 오늘날 기업은 당좌예금을 개설하지 않고서는 원활히 상거래를 수행하는 것이 거의 불가능하다.

당좌예금은 요구불예금의 전형으로서 예금통화의 중심을 이룬다. 당좌예금은 어음 등의 발행을 통하여 예금을 실질적으로 양도하는 기능을 하고, 현금을 대신하여 채무를 변제한다. 마치 통화와 같은 결제기능을 하는 것이다.

당좌예금에 있어서 은행은 단순히 금전을 보관하는 외에도 예금자의 지급청구에 응하고 이에 수반된 계산을 함으로써, 예금자의 회계사무를 대행하는 기능까지 수행하게 된다. 따라서 당좌예금의 이용자는 일상의 자금출납으로 인한 번잡으로부터 벗어날 수 있는 편의가 있다.[1)]

(3) 법적 성격

1) 당좌예금계약은 수표 등의 지급사무를 내용으로 하는 수표계약과, 지급자금이 될 금전의 수납 및 보관을 목적으로 하는 소비임치계약 내지는 그 예약을 포함한 계속적·포괄적인 계약이다. 또한 당좌예금에 있어서 은행은 단순히 금전을 보관하는 외에도 수표 등의 지급청구에 응하고 이에 수반된 예금자의 회계사무까지 대행하는데, 이러한 제사무는 민법상의 위임계약에 의한 사무이다(민 680조 이하).[2)]

2) 보통 당좌계정을 전제로 당좌대출(당좌대월)계약이 체결된다. 당좌대출(당좌대월)계약이란 만일 당좌예금의 잔고가 없는 경우에도 수표 등의 제시가 있을 경우 일정한 한도액까지는 지급을 약속하는 계약으로서 당좌예금계약과는 별개의 독립의 계약이다.[3)]

3) 수표의 자금관계(수표의 지급인인 은행이 지급을 하는 원인이 되는 법률관계)는 수표법상 명문으로 규정하고 있다. 즉, "수표의 발행인이 수표를 제시한 때에 처

---

1) 은행법강의, 232면.

2) 은행법강의, 232면.

3) 은행법강의, 232~233면.

분할 수 있는 자금이 있는 은행을 지급인"으로 하여야 하므로(수 3조), 수표의 발행인은 지급인(은행)과 당좌계정거래계약을 체결하여야 한다. 이 당좌계정거래계약은 (i) 당좌예금계약 또는 당좌차월(당좌대출)계약, (ii) 수표계약, (iii) 상호계산계약을 말한다.[1)]

수표관계와 자금관계는 분리되어 자금관계에 위반하여 발행된 수표도 완전히 유효하나(수 3조 단서), 다만 발행인은 수표법상 과태료의 제재를 받는다(수 67조).

나. 가계당좌예금

(1) 가계당좌예금은 일반대중의 은행이용도를 제고함으로써 현금선호성향을 낮추어 신용사회를 이룩하고, 가계저축을 증대시키기 위하여 1977년에 도입되었다.[2)] 가계당좌예금은 일반당좌예금과는 달리 이자를 지급하고 있는데, 이자는 3개월마다 원금에 가산된다. 한편 가계당좌예금의 가입대상은 신용상태가 양호한 개인으로 제한되어 있는데, 구체적인 자격기준은 각 은행이 자율적으로 정하고 있고, 대출한도도 예금가입자의 신용도 등을 감안하여 자율적으로 정하고 있다.[3)]

가계당좌예금거래에 있어서 이자지급방식·가계수표 장당 발행최고한도·대출한도·불량거래자에 대한 조치 등에 대하여는 한국은행의 「금융기관 여수신이율 등에 관한 세칙」에서 상세히 규정하고 있다.

(2) 개인이 은행과 가계당좌거래계약을 체결하고 은행에 있는 수표자금의 범위 내에서 발행하는 수표를 「가계수표」라고 하는데, 이는 수표법에서 규정하는 전형적인 형식의 수표이다. 다만 가계수표는 (i) 사업자(기업)가 아닌 개인이 발행하고, (ii) 수표금액에 제한이 있는 점 등에서 당좌수표와 구별된다.[4)]

가계수표의 피지급성을 높여 동 수표의 이용을 증대하기 위하여 가계수표의 지급인이 동 수표의 발행인을 위하여 발행하는 「가계수표보증카드(수표카드)」와 보증가계수표의 제도가 있다.[5)]

---

1) 어음·수표법, 257면.

2) 동 예금의 명칭은 가계당좌예금에서 1981년 7월 가계종합예금으로 변경되었다가, 1992년 12월 다시 가계당좌예금으로 환원되었다(은행법강의, 233면 주 2; 금융제도, 94면).

3) 은행법강의, 233~234면; 금융제도, 94면.

4) 어음·수표법, 73면.

5) 어음·수표법, 73면.

다. 보통예금

(1) 특징과 기능

보통예금은 1원 이상의 단위로 예입 및 인출할 수 있는 요구불예금의 전형으로서 다음과 같은 특징이 있다. 즉, (i) 고객이 인출시 수표 등을 발행하지 않고(이 점이 당좌예금과 다른 점임), (ii) 계속적 거래로서 해약을 하지 않는 한 예금잔고가 없더라도 구좌는 해지되지 않으며, (iii) 1개의 계좌에는 1개의 통장을 사용하는데 개개로 예입된 금액은 1개의 예금채권을 구성한다(이 점이 정기예금과 다른 점임).

보통예금은 거래대상·예치금액·예치기간·입출금 회수 등에 아무런 제한이 없어 자유롭게 거래할 수 있는 예금으로서, 일반 개인 또는 당좌예금계정을 개설하지 않은 중소상공업자의 출납예금으로 많이 이용되고 있는 예금이다.[1]

은행의 고객은 보통예금을 통하여 계좌간의 자금이체나 연금·배당금 등의 수취, 공공요금·세금·보험료·신용카드대금 등의 결제서비스를 받는다. 이와 같이 보통예금은 단기의 저축수단임과 동시에 결제계좌로서의 역할을 하고 있다.[2]

(2) 법적 성격

보통예금은 기간을 정하지 않은 금전의 「소비임치계약」이다. 또한 예입·인출이 반복·계속되는 포괄적·계속적 예금거래이다. 예금채권은 예입금마다 개별적으로 성립하는 것이 아니고, 합산되어 1개의 채권으로 성립된다. 즉, 반복되는 예입·인출에 따른 금액의 증감에 관계 없이 언제나 1개의 잔고채권으로서 취급된다.[3]

(3) 계좌의 개설

은행은 보통예금에 대하여 특별한 조사 없이 개설해 주는 것이 관행이다. 이는 당좌예금에 비하여 법률관계가 단순하고, 제 3 자와의 관계에서 문제가 생길 소지가 거의 없기 때문이다. 그러나 은행 측은 보통예금의 계좌개설신청에 반드시 응해야 된다는 법률상의 의무를 부담하고 있는 것은 아니다. 보통예금의 취지에 따라 이용되지 않을 것이 명백할 때에는, 예외적으로 은행은 보통예금의 계좌개설을 거부할 수 있다.[4]

(4) 예입과 인출

1) 고객은 은행의 영업시간 내에는 언제든지 보통예금의 인출을 청구할 수 있

---

1) 은행법강의, 234면; 금융제도, 94면.

2) 은행법강의, 234면.

3) 은행법강의, 234면.

4) 동지: 은행법강의, 234~235면.

다. 은행창구에서 보통예금을 인출할 경우에는 은행 소정의 전표용지에 금액을 기재하고 기명날인 또는 서명한 후 통장과 함께 은행창구에 제출하고 비밀번호를 누른다. 이 경우 은행 측은 신고된 인감 또는 서명과 비교하여 육안으로 주의 깊게 대조하여 틀림없다고 인정하고 비밀번호가 신고한 것과 같아서 지급 등의 취급을 하였을 경우에는 은행은 이로서 면책된다(예금거래기본약관 16조).

2) 오늘날은 주로 현금자동지급기(CD: cash dispenser)·현금자동예입지급기(ATM: automatic teller machine) 등 기계를 통하여 보통예금의 예입·인출이 이루어진다. CD나 ATM을 이용할 경우에는 현금카드가 발행되고, 그 이용에 관해서는 각 은행이 제정한 전자거래에 관한 약관과 규정이 적용된다. 그러나 전자거래에 관한 이러한 약관만으로는 이에 관하여 발생하는 고객과 은행과의 각종 법률문제를 해결하는데 미흡한 경우가 많으므로, 이 문제에 관한 입법적인 해결이 요망된다.[1]

라. 별단예금

(1) 개 념

별단예금은 환·대출·보관 등 은행의 업무수행상 발생하는 미결제·미정리자금 또는 타예금계정으로 취급할 수 없는 자금 등 일시적 보관금에 붙이는 편의적 계정명칭으로, 후일 다른 계정으로 대체되거나 지급될 예금을 말한다. 별단예금으로 취급되는 주요 예수금은 자기앞수표 발행자금·공탁금·부도대금[2]·미지급송금·당좌예금 해지잔액 등이다. 따라서 별단예금에 대하여는 일정한 거래기한이나 거래약관이 없고, 예금증서나 통장도 발행되지 않으며, 필요한 경우에는 예치증·영수증 또는 확인서 등을 발행하여 줄 뿐이다.[3]

별단예금은 사무처리중에 일시 예치하는 예금이므로 이자를 지급하지 않는 것

---

1) 동지: 은행법강의, 235면.

2) 대판 1992. 10. 27, 92 다 25540(원래 약속어음의 채무자가 어음의 도난, 분실 등을 이유로 지급은행에 사고신고와 함께 그 어음금의 지급정지를 의뢰하면서 그 어음금액에 해당하는 돈을 별단예금으로 예치한 경우, 이 별단예금은 일반의 예금채권과는 달리 부도제재 회피를 위한 사고신고의 남용을 방지함과 아울러 어음소지인의 어음상의 권리가 확인되는 경우에는 당해 어음채권의 지급을 담보하려는 데 그 제도의 취지가 있는 것이므로, 이와 같은 별단예금채권을 압류한 당해 어음채권자에 대한 관계에 있어서 그 예금을 수동채권으로 하는 은행의 상계는 원칙적으로 허용될 수 없고, 이를 예치받은 은행으로서는 어음소지인이 정당한 권리자임이 판명된 경우에는 그에게 이를 지급하는 것이 원칙이고, 어음소지인이 정당한 권리자가 아니라고 판명되기도 전에 이를 함부로 어음발행인에게 반환하거나 그에 대한 반대채권과 상계할 것도 아니며, 이를 어음발행인에게 반환하거나 그에 대한 반대채권과 상계하는 것은 사고신고담보금을 별단예금으로 예치하게 한 목적이나 취지에도 어긋난다고 할 것이다).

3) 은행법강의, 235면; 금융제도, 94면.

이 원칙이나, 따로 약정하는 경우(수표분실에 따른 공탁금에 대하여 은행과 예금주가 상호 합의한 경우 등)에는 최고이율 범위 내에서 이자를 지급할 수 있다.[1)]

(2) 특 징

별단예금은 다양한 성격의 각종 예금 등을 정리하기 위한 임시의 계정이므로, 그 성격이 특정되지 않아 특정 약관도 존재하지 않는다. 또한 특약이 없는 한 예입기간도 없다. 따라서 그의 법적 성격을 통일적으로 규정할 수는 없는 것이 그 특징이다.[2)]

별단예금은 예금자 단위의 계좌가 아니고, 자금의 종류·내용별로 적절히 내역이 관리된다. 별단예금의 종류는 고객이 환급을 청구할 수 있는 예금적인 성격의 것과, 환급을 청구할 수 없는 가수금적인 성격의 것이 있다.[3)]

마. 공공예금

공공예금은 지방자치단체와의 금고사무취급계약에 의하여 재산세·등록세·주민세 등의 지방세와 수도료 등의 공공요금 수납대행업무를 취급하는 예금이다. 공공예금은 예수 및 지급업무가 해당 지방자치단체와의 개별계약에 의해서만 이루어진다는 점에 그 특징이 있고, 일반적으로 보통예금이율이 적용된다.[4)]

바. 정기예금

(1) 개 념

정기예금은 「예금자가 이자 수취를 목적으로 예치기간을 사전에 약정하여 일정금액을 예입하는 기한부예금」이다. 즉, 예입기간이 일정기간으로 확정되어 그 기간 내에는 인출청구를 할 수 없는 예금을 말한다. 정기예금은 은행 측에서 볼 때 일정기간 예금인출 가능성이 낮아 자금운용의 안정성이 보장되는 이점이 있다.[5)] 정기예금은 저축성예금의 대표적인 상품이다.

(2) 특 징

정기예금의 예치한도 및 가입대상에 대한 제한은 (원칙적으로) 없고, 예치기간

1) 은행법강의, 235면; 금융제도, 94면.
2) 은행법강의, 235~236면.
3) 은행법강의, 236면.
4) 은행법강의, 236면; 금융제도, 95면.
5) 은행법강의, 236~237면; 금융제도, 95면.

은 1개월 이상이며, 금리는 자유화되어 있다. 정기예금의 예치기간은 일반적으로 월 또는 년으로 정해진다. 예금자의 입장에서는 그 기간중에 원칙적으로 인출할 수 없는 구속을 받는 반면, 이율은 각종 예금 중에서 가장 높아서 자금운용으로 유리하고 저축성이 강하다. 은행의 입장에서는 예입기간중 예금인출의 가능성이 적기 때문에 지급준비를 하지 않아도 되므로 가장 안전성이 높은 자금운용을 할 수 있게 된다. 정기예금은 이와 같이 고객 측 및 은행 측 쌍방에 이점이 많으므로, 오늘날 은행권 총 수신잔고의 거의 절반을 차지하여 우리나라 경제발전에 큰 기여를 하고 있는 상품이다.[1)]

(3) 법적 성격

정기예금의 법적 성격은 기간을 정한 금전의 「소비임치」이다. 계약기간이 경과한 후에는 자동계속 정기예금의 약정이 없는 한 요구불예금으로 된다. 예금채권은 예입의 건별로 성립한다. 이 점에서 보통예금과 차이가 있다. 통장식 정기예금은 1책의 통장에 복수의 계좌가 개설되고 잔고가 표시된다. 그러한 경우에도 지급기간은 각 계좌마다 정해지는 독립된 예금이다. 고객과의 거래약정은 정기예금의 다양한 종류에 따라 각각 차이가 있을 수 있다.[2)]

(4) 계좌의 개설

예금계약의 체결은 보통예금의 경우와 거의 유사하다. 은행은 정기예금계좌를 개설할 때 고객으로부터 인감 등을 신고 받고, 금액·만기일 등의 명세를 표시한 정기예금증서 또는 통장을 작성하여 교부한다. 정기예금증서는 증거증권이면서 면책증권이다.[3)] 예금통장은 복수계좌로 예입되는 경우에 주로 교부된다. 그러나 이러한 통장은 수 개의 정기예금채권을 편의상 1개의 통장에 기재한 것이고, 예금마다 각각 별개로 수입과 인출이 기재된다. 다만 무기명식 정기예금은 증서를 발행하고, 인감 또는 서명감을 받지 아니한다. 이의 원리금의 지급시에는 정기예금증서 및 청구서를 받고 처리한다.[4)]

---

1) 은행법강의, 237면.

2) 은행법강의, 237면.

3) 대판 1987. 11. 10, 87 다카 1557(은행의 지점장대리와 예금자간의 3개월 만기 정기예금계약의 형식을 빌어서 한 수기통장식 예금계약은, 위 지점장대리의 대리권 남용에 의한 계약이므로 그 정기예금계약은 은행이 책임질 수 없는 것이어서 같은 계약을 원인으로 한 예금자의 정기예금반환청구권은 유효하게 성립될 수 없다).

4) 은행법강의, 237면.

(5) 중도해지

정기예금은 원칙적으로 기한 전에는 인출할 수 없다고 약정되어 있는 예금이다. 예금자 측으로부터 기한 전 인출청구가 있을 경우, 은행은 기한의 이익을 포기하고 중도해약에 응한다. 그러한 경우 예입기간에 따른 본래의 정기예금이율보다 상당히 낮은 기한전 해약이율(중도해약이율)이 적용된다.[1)]

사. 저축예금

저축예금은 가계저축의 증대를 도모하기 위한 가계우대저축의 하나로 수시 입출금이 가능한 결제성 예금이면서도 이자가 지급되고 있다. 또한 최근에는 예금거래실적 등에 따라 마이너스대출이 제공되기도 한다. 저축예금은 1977년 7월 당시 한국주택은행이 최초로 도입하였는데, 1978년 1월부터 취급기관이 모든 은행으로 확대되었으며, 가입대상은 개인으로 한정되어 있다. 저축예금은 보통예금·가계당좌예금과 더불어 가계생활자금 저축의 일종인 예금상품이다. 한편 1997년 7월에 4단계 금리자유화의 실시에 맞추어 투자회사의 단기금융상품펀드(MMF: Money Market Funds)나 종합금융회사의 어음관리계좌(CMA: Cash Management Account) 등과 경쟁이 가능한 고금리의 시장금리부 수시입출식예금(MMD: Money Market Deposit Account)이 저축예금의 일종으로 도입되었다. 동 상품은 일반 저축예금처럼 수시입출이 가능하고, 최고예치한도에 대한 제한은 없으나 최초 가입시 일정금액 이상을 예치해야 한다.[2)]

아. 기업자유예금

기업자유예금은 1988년 12월 금리자유화조치 당시 개인기업이나 법인, 지방자치단체 등의 일시여유자금의 운용수단을 제공하기 위하여 도입하였다. 그러나 2003년 12월 가입대상 제한이 폐지되면서 금리는 보통예금 수준으로 낮아졌다. 기업자유예금에도 수시입출이 가능한 시장금리부 수시입출금식예금이 있다.[3)]

자. 양도성예금증서(CD)

이에 관하여는 앞에서 본 바와 같다. 이는 정기예금에 양도성을 부여한 금융상

---

1) 은행법강의, 238면.

2) 은행법강의, 238면; 금융제도, 95면.

3) 은행법강의, 238면; 금융제도, 95면.

품으로서 은행의 수신경쟁력을 제고하고 금리자유화의 기반을 조성하는 동시에 시중 여유자금을 도입하기 위하여 (1961년에 Citibank가 처음 도입하였고) 1984년 6월에 재도입되어 현재에 이르고 있다. 양도성예금증서는 2000년 말까지는 예금보험대상이었으나, 2001년부터는 그 대상에서 제외되었다.[1]

차. 외화예금

(1) 종 류

외화예금은 「대외지급수단에 의한 예금」으로서 외국환거래법에 의하여 규제되고 있다. 외화예금은 예금주체에 따라 대외계정·거주자계정 및 해외이주자계정으로 구분되고, 예금의 종류로는 당좌예금·보통예금·통지예금·정기예금·정기적금의 5종이 있는데 이 중 정기적금은 해외이주자계정에서는 취급되지 않는다.[2]

(2) 대외계정

대외계정은 비거주자, 개인인 외국인거주자, 우리나라 재외공관 근무자 및 그 동거가족 등이 개설하는 예금계정이다. 동 계정에는 외국으로부터 송금된 대외지급수단, 기타 외국환거래법에 의하여 취득 또는 보유가 인정된 대외지급수단을 예치할 수 있다. 예금의 처분은 대외송금, 대외지급수단으로의 인출 또는 원화를 대가로 한 매각 등의 용도로만 가능하다.[3]

(3) 거주자계정

거주자계정은 「개인인 외국인거주자, 우리나라 재외공관 근무자 및 그 동거가족 등을 제외한 거주자가 개설할 수 있는 예금계정」이다. 동 계정에는 취득 또는 보유가 인정된 대외지급수단과 원화를 대가로 외국환은행으로부터 매입한 대외지급수단을 예치할 수 있다. 동 계정의 예금은 자기명의 및 다른 거주자명의의 거주자계정에의 이체, 자기명의 거주자계정에의 예치를 위한 다른 외국통화표시 대외지급수단 또는 외화채권의 매입, 대외지급수단으로의 인출, 인정된 거래에 따른 대외지급수단으로의 지급, 원화를 대가로 한 매각의 용도로만 처분할 수 있다. 다만 원화를 대가로 하여 외국환은행 등으로부터 매입한 대외지급수단을 예치하는 거주자계정의 경우에는 인정된 거래에 따른 지급을 위한 경우를 제외하고는 거주자계정에의 이체 또는 대외지급수단으로 인출할 수 없다.[4]

---

1) 은행법강의, 239면.

2) 은행법강의, 241면; 금융제도, 97면.

3) 은행법강의, 241~242면; 금융제도, 97면.

(4) 해외이주자계정

해외이주자계정은 「해외이주자 또는 재외동포가 개설하는 예금계정」이다. 동 계정에는 국내재산 처분자금으로 매입한 대외지급수단을 예치할 수 있고, 원화를 대가로 한 매각 또는 해외이주비 및 부동산처분대금 송금으로만 처분할 수 있다.[1]

카. 예금과 유사한 상품

(1) 적 금

은행법은 은행의 고유업무로서 예금 외에 「적금」의 수입을 규정하고 있다. 적금은 기능적으로는 예금과 극히 유사한 은행 수신상품의 하나로, 일정 기간을 계약하고 정기적 또는 비정기적으로 금액을 불입하여 계약 기간이 만료된 후 이를 이자와 함께 일괄적으로 돌려받는 것이다. 예금은 돈을 굴리기 위한 것이라면, 적금은 돈을 모으기 위한 것이다.[2]

적금은 불입방식에 따라 「정기적금」과 「자유적립식 적금(자유적금)」이 있다. 정기적금은 「계약금액과 계약기간을 정하고 예금주가 일정금액을 정기적으로 납입하면 은행이 만기일에 계약금액을 지급하는 적립식 예금」이다. 정기적금은 가입대상 및 예치한도에 (원칙적으로) 제한이 없고, 계약기간은 6개월 이상이다. 정기적금은 예금주가 일정기간(일반적으로 1/4회차 정도) 납입하면 적금계약액 범위 내에서 대출이 가능하고(적금대출), 또한 적금납입액의 90% 이내에서 대출(적금담보대출)을 받을 수 있는 이점이 있다.[3] 자유적금이란 「계약금액과 계약기간을 정하고 예금주가 일정금액을 비정기적(수시)으로 납입하면 은행이 만기일에 계약금액을 지급하는 것」이다.

적금에 있어서 적금합계액과 지급액과의 차액은 예금이자에 상당하다고 볼 수 있다. 만기시 지급금은 예금의 경우와는 달리 법적으로는 맡긴 것을 반환하는 것이 아니고, 은행으로부터의 일방적인 급부에 해당된다. 따라서 지급금과 적립합계액과의 차액은 법적으로 보면 이자는 아니다. 이 점에서 적금은 적립식 정기예금과 구별된다.[4]

---

4) 은행법강의, 242면; 금융제도, 97면.

1) 은행법강의, 242면; 금융제도, 97면.

2) 은행법강의, 243면.

3) 은행법강의, 243면; 금융제도, 95면.

4) 은행법강의, 243면.

(2) 상호부금

상호부금업무에는 신용계업무와 신용부금업무가 있는데(상호 11조 1항 1호·2호), 「신용계업무」란 "일정한 계좌수와 기간 및 금액을 정하고 정기적으로 계금을 납입하게 하여 계좌마다 추첨·입찰 등의 방법으로 계원에게 금전을 지급할 것을 약정하여 행하는 계금의 수입과 납부금의 지급업무"이고(상호 2조 2호), 「신용부금업무」란 "일정한 기간을 정하고 부금을 납입하게 하여 그 기간의 중도 또는 만료시에 부금자에게 일정한 금전을 급부함을 약정하여 행하는 부금의 수입과 급부금의 지급업무"를 말한다(상호 2조 3호). 이와 같이 상호부금업무는 예금과는 다른 특색이 있기 때문에 은행법은 이를 부수업무의 하나로 규정하고 있다(은행 27조의 2 2항 2호). 또한 상법은 상호부금업무(상 46조 16호)를 은행의 금융거래(상 46조 8호)와는 달리 규정하고 있다.[1]

7. 어음교환제도

가. 의 의

은행의 수신업무와 밀접한 관계가 있는 제도의 하나로서 어음교환제도가 있다. 어음교환이란 「일정한 지역 내에 있는 다수의 은행 또는 금융기관이 상호 추심해야 할 어음·수표 등의 증권(교환증권)을 일정한 장소에 지참하여 제시·교환하고, 그 교환차액만을 수수하여 다수 증권의 추심 및 지급을 일시에 해결하는 집단적 결제제도」를 말한다.[2]

은행이 그 업무를 통하여 고객으로부터 받은 많은 어음·수표 등을 일일이 지급은행에 추심하면 많은 시간과 노력 및 비용이 들고 또한 위험이 따른다. 따라서 각 은행의 이러한 개별적인 추심에 따른 불편과 불리한 점을 제거하기 위하여 발생한 것이 어음교환제도이다. 즉, 은행 간의 채권·채무는 그 결제를 개별적으로 하지 않고, 각 은행마다 타 은행에 대한 채권·채무액을 합계하여 상호간의 채권·채무의 차액만을 집단적으로 결제하는 방법을 말한다.[3]

어음교환은 어음교환참가기관(주로 은행) 간의 계약(어음교환업무규약)에 기하여 수행되고, 이를 위한 장소 또는 시설을 어음교환소라고 부른다. 이러한 어음교환업무는 은행과 고객간의 업무는 아니지만, 은행과 고객간의 거래와 관련하여

---

1) 상법강의(상)(제25판), 68~69면.
2) 어음·수표법, 342~343면. 동지: 대판 1985. 2. 13, 84 다카 1832.
3) 어음·수표법, 242면; 은행법강의, 244면.

발생하는 업무로서 모든 은행에 있어서 공통되는 기본적이고 중요한 업무 중의 하나이다.[1)]

나. 어음교환의 법적 성질

어음교환(엄격히는 어음교환에 의한 결제)의 법적 성질에 대하여, (i) 어음교환에 참가하는 은행이 상호 어음채권과 어음채무를 대등액에 대하여 상계하는 것이라고 보는 상계설, (ii) 어음교환에 참가하는 은행간에 상호 대립하는 채권·채무를 일괄하여 결제하는 것이라고 보는 상호계산설, (iii) 무수한 기장을 생략하기 위한 대체결제라고 보는 대체결제설, (iv) 어음교환에 참가하는 은행간의 규약(어음교환업무규약)에 기한 특별한 결제방법 내지 지급방법이라고 보는 특수결제방법설로 나뉘어 있는데, 특수결제방법설이 타당하다고 본다.[2)]

다. 어음교환의 효력

(1) 어음교환의 효력발생시기

어음교환의 효력은 교환어음의 차액이 한국은행에 있는 참가은행 당좌예금계정에서 결제된 때에 발생한다고 본다[3)](어음교환업무규약 13조 참조). 다만 한국은행에 예치한 참가은행의 당좌예금 잔액이 교환어음의 차액에 부족한 경우에는 참가은행이 그 부족액을 「결제일 영업종료시까지」 납입한 때(어음교환업무규약 14조 2항) 또는 이를 납입하지 않은 경우에는 소정의 절차[4)]에 따라 다시 교환어음의 차액결제절차를 밟은 때에 그 효력이 발생한다고 본다.[5)]

(2) 개별적인 어음의 지급의 효력

어음교환의 효력발생에 의하여 그 교환에 편입되었던 개개의 어음도 지급의 효력이 발생하는데, 다만 지급은행에 의한 부도처리를 해제조건으로 하여 지급의 효력이 발생한다고 볼 수 있다.[6)]

---

1) 어음·수표법, 342면.

2) 어음·수표법, 343~344면.

3) 어음·수표법, 348면.

4) 이때 "소정의 절차"란 어음교환소가 한국은행으로부터 결제일 영업종료시까지 부족자금을 납입하지 않은 은행을 통보받은 경우 「은행경영상 긴급상황 발생시 어음교환에 관한 긴급조치규약」에서 정한 바에 따르는 절차를 말한다(어음교환업무규약 14조 2항 참조).

5) 어음·수표법, 348면.

6) 어음·수표법, 348면.

(3) 부도어음이 발생한 경우

1) 어음의 부도란 광의로는 "어음소지인이 적법한 지급제시를 하였으나 지급이 거절된 모든 경우"를 의미하는데, 협의로는 "어음교환을 통하여 지급제시를 하였으나 지급은행이 지급에 응하지 못하는 경우"만을 의미한다. 이렇게 부도된 어음을 「부도어음」이라고 한다.[1]

교환제시된 어음 중 부도어음이 있을 때 지급은행은 소정의 부도표시를 하고 부도확인 번호를 기재한 후 부도어음대금회수용 영수증에 첨부하여 부도발생 「익영업일」에 어음교환을 통하여 제시은행에 반환하여야 한다(어음교환업무규약 15조 1항, 동 시행세칙 104조 1항). 한편 부도어음을 반환하는 은행은 매 부도어음마다 그 대금임을 기재한 부도어음대금회수용 영수증을 발행하여 첨부하고 이를 당일 수납한 어음에 포함, 교환에 회부하여 부도어음대금을 회수한다(동 시행세칙 106조 1항). 따라서 부도어음의 제시와 부도어음의 대금의 회수가 모두 부도발생 「익영업일」에 이루어지는 점에서 볼 때, 어음교환결과 일부 부도어음이 발생한 경우에도 전체로서의 어음교환의 효력은 여전히 발생하고, 다만 해당어음에 한하여 지급의 효력이 발생하지 않을 뿐이다.[2]

8. 예금보호(보험)제도

가. 예금보험제도의 의의

(1) 은행의 파산으로 예금자가 손실을 입게 될 위험이 있다면 예금자는 은행에 대하여 예금하는 것을 주저하게 될 것인데, 이는 결과적으로 은행의 중요한 국가경제적 기능인 자금중개기능이 제대로 이루어질 수 없게 된다. 따라서 대부분의 국가에서는 예금보험의 형태로 예금보호제도를 두고 있는데, 우리나라도 예금자보호법의 제정과 더불어 1996년부터 예금보호제도를 시행하고 있다.[3]

(2) 예금보호제도는 기본적으로 「은행의 예금지급 불능시에 예금자에게 예금지급을 보장하여 주는 제도」이다. 예금보호제도는 소액예금자를 보호함으로써 예금인출요구가 연쇄적으로 발생하는 것을 방지하고, 대형은행에 비하여 파산의 위험이 큰 소형은행에 대하여 일정한 경쟁력을 제공하여 준다(예금자는 예금보장만 확

---

1) 어음·수표법, 350면.

2) 어음·수표법, 348~349면.

3) 은행법강의, 246면; 이재용, "예금에 관한 법적연구," 법학석사학위논문(고려대, 2001. 2.), 98~100면.

실하다면 소형은행에도 예금을 할 것이다). 그런데 이러한 예금보호제도는 예금자가 거래은행의 경영상태에 관심을 덜 가지게 됨으로써 시장의 자율감시기능이 약화되고, 은행도 위험도가 높은 거래를 선호하는 도덕적 해이(moral hazard)를 가져올 우려도 있다.[1)]

(3) 예금보험제도는 일반적인 다른 보험과 같이 보험의 원리, 즉 통계적 확률에 근거한 대수의 법칙에 의하여 이루어진다. 또한 보험자는 은행을 비롯한 부보금융기관으로부터 예금보험료를 갹출한 후[2)] 지급사유 발생시 동 금융기관을 대신하여 예금자에게 보험금을 지급하게 된다.[3)]

나. 예금보험 운영기구(예금보험공사)

현재 우리나라에서 예금보험제도를 운영하는 기구로 예금보험공사가 있다. 1995년 12월에 제정된 예금자보호법에 의하여 1996년 4월에 설립된 예금보험공사는 금융기관이 파산 등으로 예금·보험금·예탁금 등을 지급할 수 없는 경우 이의 지급을 보장하는 역할을 담당하는 무자본 특수법인이다(예보 4조 1항).[4)]

설립 당시에는 은행만을 대상으로 하는 예금보험기구이었으나, 그 후 1997년 12월 예금자보호법의 개정으로 금융권별로 분산되어 있던 예금보험관련기금이 예금보험공사내의 예금보험기금으로 통합되었다. 이에 따라 예금보험 적용대상 부보금융기관은 은행에서 투자매매업자·투자중개업자·보험회사·종합금융회사·상호저축은행 및 상호저축은행중앙회로 확대되었다(예보 2조 1호 참조).

동 공사의 주요업무는 예금보험기금의 관리 및 운용·보험료의 수납 및 보험금의 지급(예보 18조), 부실금융기관의 합병 알선 및 자금지원(예보 36조, 38조), 정리금융기관의 설립 및 지도·감독업무(예보 36조의 3, 36조의 5) 등이다. 또한 예금자보호법은 예금보험공사가 이러한 업무를 원활히 수행할 수 있도록 동 공사에게 부실금융기관의 업무·재산상황에 대한 조사권·검사요구권 등(예보 21조)의 강력한 권한을 부여하고 있다.

---

1) 은행법강의, 246면; 최장봉·안종길·김기홍, 「예금보호제도의 도입방안과 외국사례 분석」(한국조세연구원, 1996. 4.), 68~71면.

2) 은행의 경우 분기별 보험료는 예금 등의 분기별 평균잔액의 0.02%이다(예보시 16조 1항 별표 1 〈개정 2020. 6. 23〉 참조).

3) 은행법강의, 246면.

4) 은행법강의, 246~247면.

다. 보험관계의 성립

예금보험공사와 부보금융회사 및 예금자 등 사이의 보험관계는 예금자 등이 부보금융회사에 대하여 예금 등 채권을 가지게 된 때에 성립한다(예보 29조 1항). 각 부보금융회사는 매년 일정한 보험료를 예금보험공사에 납부하여야 한다(예보 30조).

라. 예금보험사고와 보험금의 지급

예금보험기금에서 예금자에게 보험금을 지급하는 예금보험사고의 종류에는 제1종 보험사고와 제2종 보험사고가 있다. 「제1종 보험사고」란 부보금융회사의 예금 등 채권의 지급정지이고, 「제2종 보험사고」란 부보금융회사의 인가·허가의 취소, 해산결의 또는 파산선고이다(예보 2조 8호).

보험금은 보험금 지급공고일 현재 각 예금자의 예금 등 채권의 합계액에서 각 예금자 등이 해당 부보금융회사에 대하여 지고 있는 채무(보증채무는 제외) 합계액을 공제한 금액으로 하고(예보 32조 1항 본문), 예금자에 대한 1인당 보장한도는 5천만원이다(예보 32조 1항, 예보시 18조 6항). 또한 예금자의 보험금청구권은 예금보험공사가 공고한 지급 개시일부터 5년간 행사하지 아니하면 시효로 인하여 소멸한다(예보 31조 7항).

9. 예금·적금업무에 대한 규제

가. 유사수신행위의 규제

(1) 유사수신행위의 규제에 관한 법률(개정: 2010. 2. 4, 법 10045호)(이하 '유사수신행위법'으로 약칭함)상 유사수신행위란 "다른 법령에 따른 인가·허가를 받지 아니하거나 등록·신고 등을 하지 아니하고 불특정 다수인으로부터 자금을 조달하는 것을 업으로 하는 일정한 행위"를 말한다(유사 2조).[1]

(2) 유사수신행위법은 다음의 행위를 규제한다.

---

1) 동지: 대판 2013. 11. 14, 2013 도 9769(유사수신행위를 규제하는 입법 취지는 관계 법령에 의한 허가나 인가를 받지 않고 불특정 다수인으로부터 출자금 등의 명목으로 자금을 조달하는 행위를 규제하여 선량한 거래자를 보호하고 건전한 금융질서를 확립하려는 데에 있다. 이러한 입법 취지 등에 비추어 볼 때, 광고를 통하여 투자자를 모집하는 등 전혀 면식이 없는 사람들로부터 자금을 조달하는 경우는 물론, 평소 알고 지내는 사람에게 직접 투자를 권유하여 자금을 조달하는 경우라도 자금조달행위의 구조나 성격상 어느 누구라도 희망을 하면 투자에 참여할 수 있는 기회가 열려 있다고 한다면 이는 불특정 다수인으로부터 자금을 조달하는 행위로서 유사수신행위에 해당한다. 이 경우 모집의 대상이 특정 직업군 등으로 어느 정도 제한되어 있다고 하더라도 달리 볼 것은 아니다).

1) 누구든지 다른 법령에 따른 인가나 허가 등을 받지 아니하고 불특정 다수인으로부터 자금을 조달하는 것을 업으로 하는 일정한 행위인 유사수신행위를 하여서는 아니 된다(유사 3조). 은행업의 인가 없이 은행의 고유업무의 하나인 예금 등을 일반공중으로부터 수입하는 행위는 은행법에 의해서도 처벌된다(5년 이하의 징역 또는 2억원 이하의 벌금)(은행 66조 2항).

2) 유사수신행위를 하기 위하여 광고 등을 하는 행위와 그 상호 중에 금융업으로 인식될 수 있는 명칭을 사용하는 행위를 금지한다(유사 4조, 5조; 유사시 2조). 은행법에서도 한국은행과 은행이 아닌 자는 그 상호 중에 은행이라는 문자를 사용하거나 그 업무를 표시할 때 은행업 또는 은행업무라는 문자를 사용할 수 없다고 규정하고(은행 14조), 이를 위반할 경우 1억원 이하의 과태료의 부과 대상이 된다(은행 69조 1항 2호).

3) 유사수신행위법을 위반하여 유사수신행위를 한 자에 대하여는 5년 이하의 징역 또는 5천만원 이하의 벌금에 처하고(유사 6조), 유사수신행위를 위한 표시 또는 광고를 한 자는 2년 이하의 징역 또는 2천만원 이하의 벌금에 처한다(유사 6조 2항).

나. 수신업무에 대한 공법적 규제

(1) 예금지급준비금 규제

1) 은행은 예금채무에 대한 지급준비를 위하여 한국은행법에서 정한 최저율 이상의 지급준비금과 지급준비자산을 보유하여야 한다. 다만, 신탁업무에 대하여는 지급준비금과 지급준비자산을 보유하지 아니할 수 있다(은행 30조 1항).[1]

2) 통화신용정책과 관련 「은행이 유지하여야 하는 최저지급준비율」에 관한 사항을 심의·의결하는 기관은 한국은행 금융통화위원회이다(한은 28조 2호). 따라서 금융통화위원회는 각 은행이 보유하여야 할 지급준비금의 최저율(지급준비율)을 정하고, 필요하다고 인정할 때에는 이를 변경할 수 있다(한은 56조 1항).

---

1) 예금지급준비제도는 19세기 중반 미국에서 은행권의 유통성 확보 및 예금자 보호를 위한 수단으로 처음 도입되었으나, 1913년 최종대부자기능을 수행하는 미국 연방준비은행이 설립되면서 예금자보호기능은 크게 퇴색한 반면 은행의 신용창조능력을 조절하는 통화정책수단으로서의 역할이 부각되었다. 그 후 동 제도는 다른 국가로 보급되어 1950년대 이후에는 거의 모든 국가가 이를 해외부문의 통화급증 등에 대처하는 중심적인 유동성조절수단으로 활용하게 되었다. 그리고 당초에는 은행예금에 대해서만 적용되었으나, 금융자유화와 금융혁신의 진전으로 비은행금융기관의 신종금융상품과 은행예금간의 대체성이 크게 높아진 1970~1980년대에는 미국·일본 등 주요국들이 지급준비제도의 적용을 비은행금융기관의 예금유사채무에까지 확대하기도 하였다. 이러한 추세에 따라 우리나라의 경우 1950년 한국은행법의 제정과 함께 예금지급준비제도를 도입하여 오늘에 이르고 있다(은행법강의, 212면 주 1; 한은법해설, 212면 이하).

3) 은행이 외부로부터 자금을 수입하는 고유의 수신업무에는 예금의 수입과 유가증권 또는 기타 채무증서의 발행이라는 두 가지 방법이 있다(은행 27조 2항 1호). 이에 따라 「예금채무」 외에 대통령령으로 정하는 채무[1]를 지급준비금 적립대상채무로 하고 있다(한은 55조 1항, 은행 30조 1항).

4) 지급준비율은 원칙적으로 100분의 50 이하로 하며, 모든 금융기관에 일률적으로 적용한다(한은 56조 2항). 은행은 예금지급준비금을 원칙적으로 한국은행에 개설된 당좌예금계정에 예금의 형태로 보유한다(「금융기관 예금지급준비규정〈2008. 3. 6.부터 시행〉」 4조 1항). 그런데 최저지급준비금의 35%까지 은행권으로 그 금융기관에 보유할 수 있도록 허용하고 있다(동 규정 4조 2항).

5) 금융통화위원회는 현저한 통화팽창기에 있어서 필요하다고 인정하는 경우에는 금융통화위원회가 지정하는 날의 지급준비금 적립대상 채무액을 초과하는 증가액에 대하여 지급준비율을 적용하여 산정한 금액을 초과하여 전액까지를 최저지급준비금으로 추가로 보유하도록 요구할 수 있다(한은 57조).

6) 각 은행이 보유하여야 할 최저지급준비금은 월별로 계산하되 그 구체적인 방법은 금융통화위원회가 정한다(한은 59조 1항). 은행의 최저지급준비금은 대한민국에 있는 그 본점·지점 및 출장소를 종합하여 계산한다(한은 59조 2항).

(2) 수신이율 및 기타 조건에 관한 규제

1) 은행은 「한국은행법」에 따른 금융통화위원회가 정하는 은행의 각종 예금에 대한 이자 및 그 밖의 지급금의 최고율에 관한 결정 및 제한 등을 준수하여야 한다(은행 30조 2항 1호). 그러나 은행의 수신업무에 관련된 이자와 기타 지급금의 최고율은 각 은행이 자율적으로 정한다. 다만 당좌예금은 무이자로 한다(「금융기관여수신이율 등에 관한 규정〈개정 2003. 12. 24. 제27차 금통위 의결〉」 2조).

2) 만기, 가입대상 등 금융기관 수신의 기타조건은 일정한 경우(별표에서 하는 경우)를 제외하고는 각 금융기관이 자율적으로 정한다(「금융기관여수신 이율 등에 관한 규정〈개정 2003. 12. 24. 제27차 금통위 의결〉」 3조 1항).

다. 수신업무에 따른 각종 의무

(1) 금융거래상 중요 정보 제공의무

은행은 예금자 등 은행이용자를 보호하고 금융분쟁의 발생을 방지하기 위하여

1) 만기 2년 이하의 원화표시 채권으로써 현저한 통화팽창기에 발행되는 금융채, 농업금융채권, 수산금융채권, 중소기업금융채권, 산업금융채권이 있다(한은시 12조의 2).

은행이용자에게 금융거래상 중요 정보를 제공하는 등 적절한 조치를 마련하여야 한다(은행 52조의 2 2항). 즉, 은행은 금리·계약해지 및 예금자 보호에 관한 사항 등 은행이용자가 유의하여야 할 사항을 공시하여야 하고, 금융거래(「금융소비자 보호에 관한 법률」에 따른 금융상품의 계약에 따른 거래는 제외함)가 단계별로 해당 정보나 자료를 제공하고 그 내용을 설명하여야 한다(계약체결을 권유하는 경우에는 계약조건·거래비용 등 계약의 주요 내용이고, 은행이용자가 청약하는 경우에는 약관이며, 계약을 체결하는 경우에는 계약서류임)(은행 52조의 2 3항, 은행시 24조의 2 2항). 다만, 이미 체결된 계약과 같은 내용으로 계약을 갱신하는 경우 등 금융위원회가 정하여 고시하는 경우에는 정보나 자료의 제공 및 설명을 생략할 수 있다(은행 52조의 2 3항, 은행시 24조의 5 2항 2호 단서). 은행이용자는 약관 및 계약서류에 대한 열람을 신청할 수 있는데, 이 경우 은행은 정당한 사유가 없으면 이에 따라야 한다(은행 52조의 2 3항, 은행시 24조의 2 2항).

(2) 예금자보호법에 의한 보험료 납부의무

예금보험공사에 예금보험을 가입한 부보금융회사는 매년 예금 등의 잔액에 1천분의 5를 초과하지 아니하는 범위에서 대통령령으로 정하는 비율을 곱한 금액을 연간 보험료로 동 공사에 내야 할 의무가 있다(예보 30조 1항 1문).

(3) 실명거래 의무

1) 금융실명법은 실지명의(實地名義)에 의한 금융거래를 실시하고 그 비밀을 보장하여 금융거래의 정상화를 꾀함으로써 경제정의를 실현하고 국민경제의 건전한 발전을 도모함을 목적으로 한다(실명 1조). 즉, 차명거래를 규제하여 불법자금의 원천을 차단함으로써 거래의 투명성을 확보하고 조세정의와 금융정의를 실현하는 것이 주된 목적이었다. 그러나 종전의 금융실명법은 금융자산의 명의자와 실제의 거래자가 다른 비실명거래 즉, 「차명거래」를 금지대상으로 규정하고 있었으나, 「합의에 의한 차명거래」에 대해서는 사실상 허용함으로써[1] 재산은닉·불법대출 등 많은 사회적 문제를 야기하게 되었다.[2]

2) 위와 같은 폐단을 해소하기 위하여, 2014년 5월 금융실명법이 획기적으로

---

1) 종전에는 차명거래가 적발되더라도 증여세, 소득세 등 세금 회피 목적으로 확인되었을 경우에 한하여 거래의 당사자는 증여세, 소득세 등 세금 및 가산세가 추징되고 차명거래를 중개한 금융회사 임직원은 과태료(500만 원 이하) 제재를 받았을 뿐이었다(은행법강의, 214면 주 1).

2) 이와 같이 처음부터 본법의 취지에 맞지 않게 합의에 의한 차명거래를 전면적으로 허용함으로써 주가조작 등 주식불공정 거래의 62%, 저축은행 불법대출의 90%가 차명계좌를 활용한 것으로 나타나, 금융실명법은 '금융범죄 조장법'의 역할을 하고 있다는 사회적 비판을 받아 왔다(은행법강의, 214면 주 2).

개정되어 2014년 12월부터 시행되고 있다. 개정법률의 핵심내용은 "합의에 의한 차명"을 원칙적으로 금지하고, 이를 위반한 자에 대하여는 엄격한 벌칙을 가하는 것을 내용으로 하는데, 그 주요내용은 다음과 같다.

① 누구든지 불법재산의 은닉, 자금세탁행위 또는 공중협박자금조달행위 및 강제집행의 면탈, 그 밖에 탈법행위를 목적으로 타인의 실명으로 금융거래를 하여서는 아니 된다(실명 3조 3항).

② 실명이 확인된 계좌 또는 외국의 관계 법령에 따라 이와 유사한 방법으로 실명이 확인된 계좌에 보유하고 있는 금융자산은 명의자의 소유로 추정한다(실명 3조 5항).

③ 금융위원회는 금융회사 등이 금융실명법 또는 동법에 따른 명령이나 지시를 위반한 사실을 발견하였을 때에는 위반행위의 시정명령 또는 중지명령, 위법행위로 인한 조치를 받았다는 사실의 공표명령 또는 게시명령, 기관경고, 기관주의 가운데 어느 하나에 해당하는 조치를 하거나, 해당 금융회사 등의 영업에 관한 행정제재처분의 권한을 가진 관계 행정기관의 장에게 그 조치를 요구할 수 있다(실명 5조의 2 1항).

④ 금융위원회는 금융회사의 임원 또는 직원이 금융실명법 또는 동법에 따른 명령이나 지시를 위반한 사실을 발견하였을 때에는, 임원의 경우 해임·6개월 이내의 직무정지·문책경고·주의적 경고·주의(직원의 경우는 면직·6개월 이내의 정직·감봉·견책·주의)의 조치를 하여 줄 것을 해당 금융회사 등의 장에게 요구할 수 있다(실명 5조의 2 3항). 또한 금융실명법 중 차명거래 금지규정 등을 위반한 자에 대하여는 5년 이하의 징역 또는 5천만원 이하의 벌금에 처한다(실명 6조 1항).

(4) 비밀보장의 의무

1) 금융기관 등에 종사하는 자는 명의인의 서면상의 요구나 동의를 받지 아니하고는 그 금융거래의 내용에 대한 정보 또는 자료를 타인에게 제공하거나 누설하여서는 아니 되며, 또한 이에 위반하여 거래정보 등의 제공을 요구받은 경우에는 이를 거부하여야 할 의무가 있다. 그러나 법원의 제출명령 또는 법관이 발부한 영장에 의한 경우, 조세에 관한 법률에 의하여 제출의무가 있는 경우 등 많은 예외가 있다(실명 4조 1항, 3항). 비밀보장의무에 위반한 자에 대하여는 5년 이하의 징역 또는 5천만원 이하의 벌금에 처한다(실명 6조 1항).

2) 은행의 임직원(임직원이었던 자를 포함한다)은 업무상 알게 된 공개되지 아니한 정보 또는 자료를 외부(은행의 대주주 등)에 누설하거나 업무목적 외로 이용하여

서는 아니 된다(은행 21조의 2). 이에 위반 한 자에 대하여는 10년 이하의 징역 또는 5억원 이하의 벌금에 처한다(은행 66조 1항 1호).

(5) 특정 금융거래정보의 보고의무

1) 불법재산 등으로 의심되는 거래의 보고 특정 금융거래정보의 보고 및 이용 등에 관한 법률(개정 2020. 5. 19, 법 17299호)(이하 '특정금융정보법'으로 약칭함)상 은행은 다음 중 어느 하나에 해당하는 경우에는 대통령령으로 정하는 바에 따라 지체 없이 그 사실을 금융정보분석원장에게 보고하여야 한다(특금 4조 1항).

① 금융거래 등과 관련하여 수수(授受)한 재산이 불법재산이라고 의심되는 합당한 근거가 있는 경우

② 금융거래 등의 상대방이 금융실명법 제3조 제3항을 위반하여 불법적인 금융거래 등을 하는 등 자금세탁행위나 공중협박자금조달행위를 하고 있다고 의심되는 합당한 근거가 있는 경우

③ 범죄수익의 규제 및 처벌 등에 관한 법률 제5조 제1항 및 공중 등 협박목적 및 대량살상무기확산을 위한 자금조달행위의 금지에 관한 법률 제5조 제2항에 따라 금융회사 등의 종사자가 관할 수사기관에 신고한 경우

2) 고액 현금거래 보고의무 특정금융거래정보법상 은행은 일반인이 원칙적으로 5천만원의 범위에서 대통령령으로 정하는 금액(2019. 4. 30. 개정: 1천만원) 이상의 현금 등을 금융거래 등의 상대방에게 지급하거나 그로부터 영수(領收)한 경우에는 그 사실을 30일 이내에 금융정보분석원장에게 보고하여야 한다(특금 4조의 2, 특금시 8조의 2 1항).

3) 의심고객 확인의무 특정금융거래정보법상 은행은 금융거래 등을 이용한 자금세탁행위 및 공중협박자금조달행위를 방지하기 위하여, ① 고객이 계좌를 신규로 개설하거나 대통령령으로 정하는 금액 이상으로 일회성 금융거래 등을 하는 경우, ② 고객이 실제 소유자인지 여부가 의심되는 등 고객이 자금세탁행위나 공중협박자금조달행위를 할 우려가 있는 경우, ③ 고객이 가상자산사업자인 경우에는 합당한 주의(注意)로써 일정한 사항의 확인 조치를 하여야 한다(특금 5조의 2 1항).

B. 유가증권 기타 채무증서의 발행

은행의 「유가증권 기타 채무증서의 발행」은 앞에서 본 「예금·적금의 수입」과 함께 은행 수신업무의 양대 축에 해당한다. 현재 은행이 불특정 다수인으로부터 자

금을 조달하기 위하여 발행하고 있는 유가증권 기타 채무증서로는 사채(금융채)·양도성예금증서(CD)·표지어음 등이 있다. 이 중 양도성예금증서에 관하여는 예금부분에서 이미 설명하였으므로, 이하에서는 사채(금융채)와 표지어음의 발행에 대하여 설명한다.

1. 사채(금융채)의 발행

가. 사채의 의의

사채의 법률적 의의는 「주식회사가 일반공중으로부터 비교적 장기의 자금을 집단적·대량적으로 조달하기 위하여 채권(債券)을 발행하여 부담하는 채무」이다.[1)] 경제학상 자본은 자기자본과 타인자본으로 구별되는데, 보통 「자기자본」은 주식발행에 의하여 조달되는 주식납입금이고(상 451조 참조), 「타인자본」은 회사의 신용에 의하여 조달되는 차입금이다. 타인자본은 차입금의 기간에 따라 단기자본조달형식과 장기자본조달형식이 있는데, 장기자본조달형식의 대표적인 것이 「사채」이다.[2)]

나. 사채와 차입금의 이동(異同)

사채는 주식회사가 자금조달을 위하여 타인으로부터 금전을 차입하는 것이고, 일정한 이자를 지급하며, 기한이 되면 원본의 상환이 예정되어 있는 점에서 소비대차인 보통의 차입금과 같다. 그러나 사채는 차주(借主)가 주식회사이고 대주(貸主)가 일반 공중이며, 모집총액이 거액이고, 반환시기가 장기이며, 사채금액이 균일하게 구분되고, 각 채권자에 대하여 조건이 동일하며, 채권(債券)이 발행되는 점에서 보통의 차입금과 본질적으로 다르다. 사채는 이와 같은 특색이 있기 때문에 그 법적 규제에서도 집단적 발행을 위한 기술적 처리, 사채권자의 단체적 취급, 사채권자의 보호 등이 필요하게 된다.[3)]

다. 사채와 주식의 이동(異同)

(1) 공 통 점

주식과 사채는 증권발행에 의한 장기자금 조달의 수단인 점, 원칙적으로 이사회가 발행을 결정하는 점, 유가증권화 하여 유통성이 높은 점, 증권을 공모하는 경

---

1) 상법강의(상)(제25판), 1269면.

2) 상법강의(상)(제25판), 1269면.

3) 은행법강의, 248면.

우에 모집 또는 매출가액이 대통령령으로 정하는 금액(10억 원)(2019. 8. 20. 개정 자금시 120조 1항) 이상인 경우에는 모집 또는 매출에 관한 신고서를 금융위원회에 제출하고 그 증권신고의 효력이 발생하는 날에 투자설명서를 금융위원회에 제출하여야 하며 이를 일정한 장소에 비치하고 일반인이 열람할 수 있도록 하여야 하는 점(자금 119조, 120, 123조) 등에서 같다.[1)]

(2) 차 이 점

주식과 사채는 다음의 점에서 다르다. ① 주식은 주주권 내지 주주의 지위를 뜻하고, 주식을 가지는 주주는 회사의 구성원으로서 주주인 지위에 기초하여 회사에 대하여 각종의 권리를 가진다. 이에 반하여 사채는 회사에 대한 채권이고, 사채권자는 회사의 채권자로서 순전히 개인법적인 성격의 채권을 가지는 데 불과하다. ② 주식은 회사의 자기자본을 구성하는 데 반하여, 사채는 회사의 타인자본을 구성한다. ③ 주식의 경우에는 현물출자가 인정되고 인수가액의 전액납입이 요구되나, 사채의 경우에는 금전납입만이 인정되고 분할납입이 인정된다. ④ 주식의 경우에는 이익이 있는 경우에만 이익배당을 할 수 있으나, 사채의 경우에는 이익의 유무에 관계 없이 확정이자를 지급하여야 한다. ⑤ 주식은 원칙적으로 존속 중에 상환되지 않으나(상환주식은 예외), 사채는 상환기에 상환된다. ⑥ 무기명식 주식제도가 폐지됨에 따라 주식에는 기명주식만이 인정되나, 사채에는 기명식과 무기명식이 인정되는 점이다.[2)]

(3) 주식과 사채의 접근

오늘날 주식과 사채는 서로 접근하여 가고 있다. 그리하여 "주식의 사채화"와 "사채의 주식화"의 현상이 일어나고 있다. 주식의 사채화 현상으로서는 의결권 없거나 제한되는 종류주식·상환주식 등이 있고, 사채의 주식화 현상으로서는 전환사채·신주인수권부사채, 이익참가부사채·교환사채 등이 있다.[3)]

라. 사채의 종류

사채는 사채권자에게 부여된 권리의 내용에 따라 일반(보통)사채와 특수사채로, 사채권에 사채권자의 성명이 기재되어 있는지 여부에 따라 기명사채와 무기명사채로, 사채를 위하여 물상담보가 설정되어 있는지 여부에 따라 무담보사채와 담

---

1) 이에 관한 상세는 상법강의(상)(제25판), 1270면 참조.

2) 이에 관한 상세는 상법강의(상)(제25판), 1270~1271면 참조.

3) 상법강의(상)(제25판), 1272면.

보부사채로, 사채의 등록 여부에 따라 현물사채와 (전자)등록사채로 구분된다.[1)]

마. 사채계약의 법적 성질

사채가 「채권(債權)」이라는 점에는 이론이 없다. 그런데 사채의 성립의 원인이 되는 사채계약의 법적 성질에 관하여는 소비대차설,[2)] 소비대차에 유사한 무명계약설,[3)] 「채권(債券)」매매설,[4)] 매출발행의 경우는 채권매매이고 그 이외의 경우는 소비대차에 유사한 무명계약이라고 하는 절충설[5)] 등이 있다. 우리 상법상 사채발행은 채권(債券)발행을 전제로 하여 규정하고 있는 점(상 478조, 488조 2호·5호·7호 참조), 또 종래의 공사채등록법에 의한 등록사채를 인정하는 경우에도 등록이 말소된 경우에는 채권(債券)의 발행을 청구할 수 있도록 한 점(공사채등록법 5조 3항) 등에서 볼 때, 채권(債券)이 발행되는 사채발행의 경우는 「채권(債券)매매설」이 가장 무난하다고 본다.[6)]

바. 사채의 모집방법

사채모집은 언제나 모집에 의한 방법에 의한다. 그런데 이러한 모집에 의한 방법에는 총액인수와 공모가 있다. 총액인수란 기채회사와 특정인간의 계약으로 특정인(인수인)에게 사채총액을 일괄하여 인수시키는 방법이다(상 475조 1문). 공모란 기채회사가 일반공중으로부터 사채를 모집하는 방법인데, 이에는 다시 직접모집·간접모집·매출발행 등이 있다.[7)]

사. 금 융 채

(1) 금융채의 의의와 발행근거

은행 및 기타 금융기관이 특별규정에 의하여 장기자금 등을 흡수할 목적으로 발행하는 일종의 사채를 금융채라고 하고, 이 금융채를 발행하는 은행을 채권발행은행이라 부른다. 금융채는 발행은행의 채무이다. 일반금융기관의 예금수입은 단기

1) 이에 관한 상세는 상법강의(상)(제25판), 1272~1273면 참조.
2) 이철송, 「회사법강의(제24판)」, 박영사, 2021, 1043면.
3) 최기원, 「신회사법론」, 박영사, 2012, 846면.
4) 정희철, 「상법학(상)」, 박영사, 1989, 588면.
5) 정동윤, 「상법(상)」, 법문사, 2012, 722면.
6) 상법강의(상)(제25판), 1274면.
7) 이에 관한 상세는 상법강의(상)(제25판), 1276~1277면 참조.

융자를 위한 자금을 조달하는 수단으로 행하여지나, 금융채의 발행은 장기융자를 위한 자금을 조달하는 수단으로 이용되는 점에 차이가 있다. 금융채의 상환방법에는 상환기가 미리 정해져 있는 것, 매입매각에 의하여 수시 상환되는 것, 또는 추첨에 의하여 기한 전에 상환되는 것 등 여러 가지가 있다. 일반적으로는 무기명채권으로 유통되는 것이 보통이다.[1)]

일반은행은 상법이 규정하는 사채(상 469조 1항·2항, 513조, 516조의 2), 자본시장법에 따른 사채(상각형 조건부자본증권, 은행주식 전환형 조건부 자본증권), 그 밖에 이에 준하는 사채(은행이 국제결제은행의 기준에 따라 발행한 채무증권 또는 금융업을 경영하는 자가 금융관련법령 및 이에 상당하는 외국의 금융관련법령에 따라 발행할 수 있는 채무증권으로서 금융위원회가 정하여 고시한 사채)를 자기자본의 5배의 범위 내에서 발행할 수 있다(은행 33조 1항, 은행시 19조 1항 본문 및 5항). 각 특수은행은 각각의 설립근거법에 정하여진 바에 따라 금융채를 발행할 수 있는데, 한국산업은행은 산업금융채권을(산은 23조 1항), 중소기업은행은 중소기업금융채권을(기은 36조의 2 1항), 한국수출입은행은 수출입금융채권을(수은 20조 1항) 각각 발행할 수 있다.

(2) 은행법상의 규제

㈎ 금융채의 발행한도

1) 금융채의 발행조건·발행방법 등에 관하여 필요한 사항은 대통령령으로 정한다(은행 33조 2항, 은행시 19조 2항~8항). 이 경우 금융채의 발행한도는 자기자본의 5배의 범위 내이다(은행 33조 1항, 은행시 19조 1항 본문).

2) 은행은 자기자본의 5배까지 금융채를 발행할 수 있는데(은행 33조 1항 본문, 은행시 19조 1항 본문), 다만 금융채를 새로 발행하지 아니하였음에도 불구하고 자기자본의 감소·합병·전환 등의 사유로 금융채의 발행금액이 자기자본의 5배를 초과하게 되는 경우에는 그 발행금액이 자기자본의 5배 이내가 될 때까지 새로이 금융채를 발행할 수 없다(은행시 19조 1항 단서).

3) 은행이 이미 발행한 금융채를 상환하기 위하여 새로 금융채를 발행하는 경우에는 상환할 금융채의 발행금액은 금융채의 발행한도(자기자본의 5배)에 산입하지 아니하는데, 이 경우 상환하기로 한 금융채는 새로 금융채를 발행한 후 1월 이내에 상환하여야 한다(은행시 19조 2항).

㈏ 금융채의 발행방법 등

은행은 금융채를 매출기간을 미리 정하여 매출의 방법으로 발행할 수 있다(은

1) 은행법강의, 250~251면.

행시 19조 3항). 은행이 조건부자본증권(은행 33조 1항 2호~4호)을 발행하는 경우 그 만기를 발행은행이 청산·파산하는 때로 할 수 있다(은행시 19조 6항). 그 밖에 조건부자본증권의 발행절차 등에 대하여는 은행법과 동법 시행령에서 상세하게 규정하고 있다(은행 33조의 2, 33조의 3, 33조의 4, 은행시 19조의 2).

2. 표지어음의 발행

가. 의의 및 기능

표지어음이란 「은행 등 금융기관이 할인·보유하고 있는 상업어음 또는 무역어음(이하 '원어음'이라 함)을 분할 또는 통합하여 할인식으로 발행하는 약속어음의 일종」이다.[1] 기업들은 자금조달을 목적으로 상업어음이나 무역어음 등을 발행하거나 취득하여 은행 등 금융기관에서 할인하는 경우가 많다. 은행 등은 이러한 어음을 근거로 표지어음을 발행하여 일반투자자들에게 판매한다.

금융기관이 이와 같이 표지어음을 발행하는 목적은 원어음의 할인에 따른 자금부담을 경감하고 또한 원어음 할인금리와 표지어음 발행금리간의 금리차익을 획득하기 위한 것이다. 표지어음을 발행한 금융기관은 원어음의 부도 여부에 관계 없이 표지어음의 지급의무를 부담한다(어음행위의 무인성). 이러한 표지어음은 금융기관이 자금융통의 목적으로 발행하는 것이므로 융통어음과 유사하고, 또한 할인어음에 의하여 자금화하므로 할인어음이다.[2]

나. 발행조건 등

표지어음의 만기는 원어음의 잔여만기 이내에서 30일 이상이고 중도환매가 불가능하다. 다만, 잔여만기가 30일 이상인 수 개의 원어음을 통합하여 발행하는 경우에는 각 원어음의 잔여기간 중 최장만기 이내로 한다. 은행 등 금융기관별 발행한도(일별 발행잔액 기준)는 상업어음 및 무역어음 할인잔액에서 일반매출 잔액을 차감한 금액 이내로 제한되어 있다.[3]

---

1) 어음·수표법, 71면.

2) 어음·수표법, 71~72면.

3) 금융기관 표지어음의 발행조건(한국은행 금융통화위원회규정).

Ⅱ. 여신업무(자금의 대출 또는 어음의 할인)

A. 자금의 대출

1. 대출의 법적 성질

(1) 일반적으로 자금의 대출이란 「이자를 받을 목적으로 금전을 대여하는 행위」이다. 법률상 또는 은행실무상 용어로서는 대출·대부·융자 등으로 다양하게 사용되나, 그 의미는 동일하다. 금융기관이 이러한 여신행위를 할 경우에는 고객으로부터 차용증서 또는 어음을 수취하고 자금을 대여하는 방식으로 하는데, 이의 법적 성질은 「금전소비대차계약」이다(민 598조).[1]

소비대차란 「당사자의 일방(대출자)이 금전 기타의 대체물의 소유권을 상대방(차입자)에게 이전할 것을 약정하고, 상대방은 동종·동질·동량의 물건을 반환할 것을 약정함으로써 성립하는 민법상 전형계약의 일종」이다(민 598조). 그 특징은 차입자가 빌린 물건 그 자체를 반환하지 않고 다른 「동종·동질·동량」의 것을 반환하면 되는 데 있다. 연혁적으로 소비대차는 현물소비대차에서 금전소비대차로, 무이자 소비대차에서 이자부 소비대차로, 그리고 소비신용을 위한 것에서 생산신용을 위한 것으로 발달하여 왔다.[2]

(2) 민법상의 소비대차계약은 낙성계약이다. 즉, 당사자 사이의 합의만으로 성립한다(민 598조). 민법상의 소비대차는 무상계약임을 원칙으로 하나, 유상계약으로 체결되는 경우도 있다. 당사자 사이의 특약 또는 법률의 규정에 의하여 이자를 지급하여야 하는 경우에는, 유상계약이 된다. 특히 상인간에 금전의 소비대차를 한 때에는 대출자는 법정이자를 청구할 있다(상 55조 1항).

소비대차는 원칙적으로 편무계약이나, 쌍무계약일 수도 있다. 즉, 무이자 소비대차는 언제나 편무계약이나, 이자의 특약이 있는 이자부 소비대차는 언제나 쌍무계약이다.[3]

2. 대출의 종류

은행실무상 취급하는 대출은 자금의 종류, 취급통화, 약정기간, 차입자, 대출

1) 동지: 어음·수표법, 275면; 은행법강의, 260면.

2) 은행법강의, 260면.

3) 은행법강의, 260면.

형식 등에 따라 구분하고 있다. 취급자금의 종류에 따라 은행계정 대출·신탁계정 대출로 구분하고, 취급통화의 종류에 따라 원화대출·외화대출로 구분하며, 약정기간에 따라 단기대출(대출기간이 1년 이하인 대출)·장기대출(대출기간이 1년을 초과하는 대출)로 구분한다. 또한 차입자에 따라 가계자금대출[1]·기업자금대출[2]·공공 및 기타자금대출[3] 등으로 구분하고, 기업자금대출·공공 및 기타자금대출은 소요자금의 용도에 따라 다시 운전자금대출[4]과 시설자금대출[5]로 구분된다.[6]

또한 대출은 취급방식에 따라 증서대출·어음대출·당좌대출(대월) 및 어음할인으로 구분되는데, 당좌대출은 당좌예금에서 설명하였고, 어음할인은 별도로 설명할 것이므로, 이하에서는 증서대출과 어음대출에 대하여만 설명한다.

가. 증서대출

(1) 증서대출이란 「차주로부터 어음 대신 차용증서(보통 「여신거래약정서」를 징구한다)를 받고 취급하는 대출」을 말한다. 증서대출은 주로 특약 사항이 많은 대출이나, 한번 취급하면 상환시까지 재대출이 발생하지 않는 가계대출 또는 장기시설자금대출에 주로 활용되고 있다.[7]

(2) 증서대출은 대출시 증거로서 차용증서를 징구하는 점에 그 특징이 있고, 「증서」대출이라는 용어도 이러한 점에서 발생하였다. 차용증서는 계약의 성립이나 효력 자체에 영향을 미치는 것은 아니고, 계약의 성립과 그 내용을 확인하는 증거서류에 불과하다. 차용증서에는 대출금액·상환기간·이율·이자지급시기 및 방법 등이 기재된다. 증서대출은 기업에 대한 장기운전자금이나 설비자금의 공급 등 일반적으로 장기여신의 대표적인 대출방식이다.[8]

일반적으로 증서대출은 장기대출이므로 대주인 은행은 원본회수시까지 불안한

---

1) 개인에 대한 주택자금, 소비자금 등 비영리 목적을 위한 여신과 사업자로 등록되지 아니한 개인의 부업자금에 대한 대출을 말한다.

2) 영리법인(정부출자기업체와 정부재투자기관을 포함) 및 사업자등록증을 소지한 개인기업에 대한 대출을 말한다.

3) 국가기관, 지방자치단체 등 공공기관과 학교법인 등의 비영리단체에 대한 대출을 말한다.

4) 생산 및 판매활동 등에 소요되는 자금을 지원하는 대출을 말한다.

5) 설비의 취득, 신설, 확장, 복구 및 기술개발자금 등의 자본적 지출에 소요되는 자금을 지원하는 대출을 말한다.

6) 은행법강의, 261면.

7) 은행법강의, 261면.

8) 은행법강의, 261면.

지위에 놓여 있다. 따라서 채권보전을 위하여 부동산 등 담보를 징구하는 경우가 많다. 증서를 징구하고 대출하는 경우라도 채권담보를 위하여 어음을 징구하는 수도 있으나, 융자기간이나 융자목적 등의 사항으로 미루어 보아 실질이 증서에 더 무게를 둘 경우에는 역시 증서대출로 분류함이 타당하다.[1)]

나. 어음대출

(1) 어음대출이란 「대출채권을 담보하기 위하여 차주로부터 약속어음[2)]을 수취하고 자금을 공급하는 방식으로 이루어지는 대출」로서, 약정기간이 1년 이내인 일시상환방식의 기업자금대출이나 공공 및 기타자금대출에 이용된다.[3)]

어음대출의 경우에 사용되는 어음은 은행을 수취인으로 하는 약속어음이다. 은행은 어음대출을 실행함으로써 어음채권과 금전소비대차계약상의 채권을 취득한다. 어음대출은 일반적으로 그 기간이 1개월·3개월 등 단기간의 대출에 이용된다. 어음대출의 경우 지급기일(만기)을 연장하는 방법으로 「어음개서」가 있는데, 이러한 어음개서에 의하여 기존채무는 소멸되지 않는다.[4)] 어음대출의 경우 은행에 따라 이자를 수취하는 방식에 차이가 있다. 즉, 증서대출과 마찬가지로 이자를 후취하는 은행도 있고, 할인료의 형식으로 이자에 해당하는 금액을 어음금액으로부터 차감하고 대출금을 교부함으로써 이자를 선취하는 은행도 있다.[5)]

(2) 대출의 형식에 따른 대출의 종류 중에서, 은행실무상 단기여신은 증서대출보다도 어음대출에 의하는 경우가 많다. 그 이유는 어음대출이 금전소비대차계약에 의한 민법상의 채권 외에 어음법상의 채권도 확보할 수 있어, 증서대출에 비해 회수가 간편하고 신속한 어음상의 권리를 행사할 수 있으므로 채권보전에 유리하기 때문이다. 또한 은행이 자금대출시 어음대출을 선호하는 이유는 다음과 같다.[6)]

① 어음은 추심절차가 간편하고 강력하다. 구체적으로는 대출은행이 어음의

---

1) 동지: 은행법강의, 261~262면.

2) 차주는 보통 약속어음을 발행하고 '대부용(대출용)'이라고 표시하여 대주(貸主)인 은행에게 교부한다. 차주가 이와 같이 발행한 어음을 「대부어음」이라고 하는데, 이는 차주가 배서하고 할인받는 「할인어음」 및 차주의 인적 보증인이 발행하는 「담보어음」과 구별된다(어음·수표법, 276면).

3) 어음·수표법, 276~277면; 은행법강의, 262면.

4) 어음·수표법, 277~279면; 대판 1992. 2. 25, 91 다 14192.

5) 은행법강의, 262면.

6) 은행법강의, 262~263면.

지급장소를 동 은행의 영업소로 하면 대출은행은 자기의 채무자의 당좌예금구좌에서 바로 대출금을 결제할 수가 있다. 또한 어음의 지급장소를 타행의 영업소로 하면 어음교환제도에 의하여 추심이 간편하다. 어음교환제도에 의하는 경우는 부도처분의 제재로 인한 심리적 강제가 있어 추심의 실행도 용이하다. 채무자가 채무를 상환하지 않는 때에, 차용증서에 의한 증서대출의 경우에는 민법의 일반원칙에 따라 이행청구나 손해배상을 청구하게 되나, 어음에 의한 어음대출의 경우에는 어음법에 따라 어음상의 권리를 간편하고 확실하게 행사할 수가 있다.

② 어음대출에서는 대출은행은 그 어음으로써 한국은행으로부터 재할인을 받아 간편하게 현금화할 수 있는 방법이 있다.[1] 또한 타행으로부터 차입이나 콜거래시 그 어음을 담보로 사용할 수도 있다.

③ 채권양도에 있어서 증서대출의 경우에는 지명채권양도방법에 의하므로 확정일자 있는 문서에 의하여 채권양도를 통지하거나 채무자의 승낙이 필요하다(민 450조). 그러나 어음채권의 양도는 어음의 배서만으로 가능하다(어 11조).

3. 여신업무에 대한 규제

가. 편중여신의 규제

은행이 일반공중으로부터 예금 등의 형태로 조성된 자금을 얼마나 적정하게 운용하는가의 문제는 국가경제적으로 매우 중요한 과제가 되고 있다. 따라서 은행법 등 관계법령에서는 자금의 적정배분이라는 실천과제를 위하여 편중여신의 규제 등 각종 규제를 가하고 있다.[2]

(1) 은행법상의 규정

㈎ 동일차주 등에 대한 신용공여한도

동일차주 등에 대한 신용공여의 한도규제는 구체적으로는 동일차주에 대한 신용공여한도(은행 35조 1항), 동일한 개인이나 법인 각각에 대한 신용공여한도(은행 35조 3항), 거액신용공여총한도(은행 35조 4항) 등이 이에 해당된다.[3]

---

1) 한국은행은 금융통화위원회가 정하는 바에 따라 금융기관이 받은 약속어음·환어음 또는 그 밖의 신용증권의 재할인·할인 및 매매의 여신업무를 할 수 있는데(다만, 한국은행이 취득한 날부터 1년 이내에 만기가 되는 증권으로 한정함)(한은 64조 1항 1호), 일반은행이 기업에 대하여 대출하여 준 상업어음 할인·무역금융·소재부품생산자금대출·기업구매자금대출·전자방식 외상매출채권 담보대출 등의 취급실적의 일정비율을 총액한도대출방식으로 저리로 대출하여 주고 있다(한국은행의 금융기관대출규정).

2) 편중여신 규제의 취지에 관한 상세는 은행법강의, 253~254면 참조.

3) 은행법상 동일인 등에 대한 거액여신 규제는 금융지주회사의 경우에도 동일하다(금지 45조).

1) 은행은 동일한 개인·법인 및 그와 대통령령이 정하는 신용위험을 공유하는 자[1](동일차주)에 대하여 원칙적으로 그 은행의 자기자본의 100분의 25를 초과하는 신용공여를 할 수 없다(은행 35조 1항 본문).

그러나 국민경제를 위하여 또는 은행의 채권확보의 실효성을 높이기 위하여 필요한 경우로서, 「채무자 회생 및 파산에 관한 법률」에 따른 회생절차가 진행중이거나 기업구조조정 등을 위하여 은행 공동으로 경영정상화를 추진중인 회사에 대하여 추가로 신용공여를 하는 경우 등에는 은행의 자기자본의 100분의 25를 초과하여 신용공여를 할 수 있다(은행 35조 1항 단서 1호, 은행시 20조의 5 1항). 또한 은행이 추가로 신용공여를 하지 아니하였음에도 불구하고 자기자본의 변동·동일차주 구성의 변동 등으로 인하여 위 한도를 초과하게 되는 경우로서, 환율변동에 따라 원화환산액이 증가한 경우 등에도 은행의 자기자본의 100분의 25를 초과하여 신용공여를 할 수 있다(은행 35조 1항 단서 2호, 은행시 20조의 5 2항).

2) 은행은 동일한 개인이나 법인 각각에 대하여 그 은행의 자기자본의 100분의 20을 초과하는 신용공여를 할 수 없다(은행 35조 3항 본문). 그러나 위에서 본 바와 같은 은행법 제35조 제 1 항 단서의 경우에는 그러하지 아니한다(은행 35조 3항 단서).

3) 동일한 개인이나 법인 또는 동일차주 각각에 대한 은행의 신용공여가 그 은행의 자기자본의 100분의 10을 초과하는 거액신용공여인 경우 그 총합계액은 그 은행의 자기자본의 5배를 초과 할 수 없다(은행 35조 4항 본문). 그러나 위에서 본 바와 같은 은행법 제35조 제 1 항 단서의 경우에는 그러하지 아니한다(은행 35조 4항 단서).

㈏ 대주주에 대한 신용공여한도

1) 은행이 그 은행의 대주주(국외현지법인을 제외한 특수관계인을 포함함)에게 할 수 있는 신용공여는 그 은행 자기자본의 100분의 25의 범위 안에서 대통령령이 정하는 비율(자기자본의 100분의 25)에 해당하는 금액과 그 대주주의 그 은행에 대한 출자비율에 해당하는 금액 중 적은 금액을 초과할 수 없다(은행 35조의 2 1항, 은행시 20조의 7 1항).

2) 은행이 그 은행의 전체 대주주에게 할 수 있는 신용공여는 그 은행 자기자

---

1) 이 때 "대통령령이 정하는 신용위험을 공유하는 자"라 함은 독점규제 및 공정거래에 관한 법률(이하 '공정거래법'으로 약칭함) 제 2 조 제 2 호의 규정에 따른 기업집단에 속하는 회사를 말한다(은행시 20조의 4).

본의 100분의 25의 범위 안에서 대통령령이 정하는 비율(자기자본의 100분의 25)에 해당하는 금액을 초과할 수 없다(은행 35조의 2 2항, 은행시 20조의 7 3항).

3) 은행은 위 1) 및 2)에 따른 신용공여한도를 회피하기 위한 목적으로 다른 은행과 교차하여 신용공여를 하여서는 아니 된다(은행 35조의 2 3항).

㈐ 자회사에 대한 대출규제

은행은 그 은행의 자회사 등과 거래를 할 때 다음 각 호의 어느 하나에 해당하는 행위를 하여서는 아니 된다(은행 37조 3항, 은행시 21조 5항·6항·8항).

① 그 은행의 자회사 등에 대한 신용공여로서 대통령령으로 정하는 기준(자회사 등 각각에 대해서는 해당 은행 자기자본의 100분의 10을, 자회사 등 전체에 대해서는 해당 은행 자기자본의 100분의 20을 말함)을 초과하는 신용공여(그 은행의 자회사 등이 합병되는 등 대통령령으로 정하는 경우〈은행 이사회에서 합병하기로 결의한 자회사 등에 대하여 신용공여를 하는 것이 불가피한 경우 등〉는 제외함)

② 그 은행의 자회사 등의 지분증권을 담보로 하는 신용공여와 그 은행의 자회사 등의 지분증권을 사게 하기 위한 신용공여

③ 그 은행의 자회사 등의 임직원에 대한 대출(금융위원회가 정하는 소액대출은 제외)

④ 그 밖에 그 은행의 건전한 경영을 해치거나 예금자 등 은행이용자의 이익을 해칠 우려가 있는 경우로서 대통령령으로 정하는 행위(정당한 사유 없이 자회사 등이 부담하여야 할 경비를 부담하는 행위 등)

나. 여신에 관한 금지업무

은행법은 다음과 같은 대출을 금지하고 있다(은행 38조).

① 자본시장법상 일정한 증권에 대한 투자의 총 합계액이 은행의 자기자본의 100분의 100의 범위에서 대통령령으로 정하는 비율(100분의 100)에 해당하는 금액을 초과하는 투자(은행 38조 1호 1문, 은행시 21조의 2 1항)

② 대통령령으로 정하는 업무용 부동산(영업소·사무소 등 영업시설, 연수시설, 복리후생시설 등)이 아닌 부동산(저당권 등 담보권의 실행으로 취득한 부동산은 제외함)의 소유(은행 38조 2호, 은행시 21조의 2 4항)

③ 자기자본의 100분의 100의 범위에서 대통령령으로 정하는 비율(100분의 60)에 해당하는 금액을 초과하는 업무용 부동산의 소유(은행 38조 3호, 은행시 21조의 2 5항)

④ 직접·간접을 불문하고 해당 은행의 주식을 담보로 하는 대출(은행 38조 4호)

⑤ 직접·간접을 불문하고 해당 은행의 주식을 사게 하기 위한 대출(은행 38조 5호)

⑥ 해당 은행의 임직원에 대한 대출(금융위원회가 정하는 소액대출은 제외)(은행 38조 6호)

다. 한국은행법상의 규제

(1) 「금융기관여신운용규정」상의 운용지침

한국은행 금융통화위원회는 통화신용정책에 관하여 한국은행의 금융기관에 대한 재할인 또는 그 밖의 여신업무의 기준 및 이자율을 심의·의결한다(한은 28조 3호). 이에 따라 한국은행 금융통화위원회는 은행의 건전한 여신 및 투자 운용을 유도하기 위하여 필요한 사항을 정할 목적으로 금융기관여신운용규정을 제정하였다(재정 1982. 7. 22. 제20차 금통운위 의결, 개정 1999. 8. 19. 제24차 금통위 의결). 동 금융기관여신운용규정에 의하면, 금융기관은 불건전한 여신 또는 투자를 초래하지 않도록 다음과 같은 운용지침을 두고 있다(동 규정 2조).

① 원칙적으로 자체조달재원 범위 내에서 자금운용

② 자금운용 및 조달의 각종 위험에 대한 종합분석과 사후관리 등을 통한 자산·부채의 건전성 유지

③ 국민경제의 균형 있는 발전을 위한 여신의 지역별 및 부문별 균점 배분

④ 차주의 소요자금규모와 종합적인 신용의 분석을 통한 적정한 여신의 공급 및 여신취급후 용도 외 유용여부와 차주의 신용상태 변경상황 등의 파악을 통한 여신의 효율성과 건전성 유지

⑤ 비업무용 부동산의 담보취득에 따른 기업의 부동산 취득조장의 방지 및 신용에 의한 여신취급 확대

⑥ 금융기관 여신에 과다하게 의존하는 기업에 대한 재무구조 개선과 직접금융의 유도를 통한 과다 여신의 억제

⑦ 여신업무와 관련된 예·적금 등의 가입강요 지양을 통한 금융거래질서의 건전화

⑧ 중소기업에 대한 대출의 확대, 특히 시중은행은 원화금융자금대출 증가액의 45% 이상, 지방은행은 60% 이상, 외국은행 국내지점은 35% 이상을 각각 중소기업자에게 지원

⑨ 한국은행총재가 정하는 무역어음 인수업무의 취급기준 준수

(2) 금융통화위원회 결정사항의 준수

은행은 대출업무를 영위함에 있어서 한국은행 금융통화위원회가 행하는 다음과 같은 각종 결정 및 제한사항을 준수하여야 한다. 이에 대하여는 은행법 제30조와 한국은행법 제28조에서 동일한 내용을 규정하고 있다.

① 은행의 각종 대출 등 여신업무에 대한 이자 및 그 밖의 요금의 최고율의 결정(은행 30조 2항 2호, 한은 28조 16호)

② 은행 대출의 최장기한 및 담보의 종류에 대한 제한(은행 30조 2항 3호, 한은 28조 17호)

③ 극심한 통화팽창기 등 국민경제상 절실한 경우 일정 기간 내의 은행의 대출과 투자의 최고한도 또는 분야별 최고한도의 제한(은행 30조 2항 4호, 한은 28조 18호)

④ 극심한 통화팽창기 등 국민경제상 절실한 경우 은행의 대출에 대한 사전승인(은행 30조 2항 5호, 한은 28조 19호)

(3) 정부대행기관에 대한 대출제한

한국은행법에 따른 「정부대행기관」에 대한 은행의 대출은 그 원리금의 상환에 관하여 정부가 「보증」한 경우에 한한다(은행 36조). 이때 「정부대행기관」이라 함은 "생산·구매·판매 또는 배급에 있어서 정부를 위하여 공공의 사업 또는 기능을 수행하는 법인으로서 정부가 지정한 법인"을 말한다(한은 77조 2항).

B. 어음할인

1. 어음할인의 의의 및 기능

(1) 어음할인이라 함은 「만기가 도래하지 않은 어음을 어음소지인(할인의뢰인)이 은행 등 금융업자(할인인)에게 양도하고, 은행 등이 만기까지의 이자 및 기타 비용(할인료)을 공제한 금액을 어음소지인에게 지급하는 거래」를 말한다. 어음할인은 유가증권으로서의 어음을 보통의 상품과 동일하게 취급하는 점에서, 어음이 소비대차의 차용증서에 대신하여 수수되는 어음대출과 근본적으로 구별된다.[1)]

(2) 할인의뢰인의 입장에서는 (i) 수취한 어음을 지급기일 전에 자금화할 수 있

1) 어음·수표법, 280면; 로스쿨 금융법, 253면, 대판 1994. 11. 22, 94 다 20709.

게 되는 주된 기능이 있고, (ii) 수취한 어음의 관리나 추심의 책임을 은행에 전가시킬 수 있는 부수적 효과도 기할 수 있다.[1)]

상업은행에 있어서는 할인어음은 가장 기본적인 여신형태로서, (i) 최적의 단기금융의 수단으로서 할인어음을 활성화하면 거래처 기반을 확대해 나갈 수 있고, 할인료 수익도 올릴 수 있으며, (ii) 지급기일에 교환 등의 간편한 제시방법에 의하여 할인의뢰인에게 교부한 자금을 회수할 수 있는 장점이 있고, (iii) 인적항변의 절단 등에 의하여 어음 양수인의 권리가 어음법에 의하여 강력하게 보호되며, (iv) 어음 부도시에는 거래정지처분이라는 경제적 제재가 수반하므로 이행을 간접적으로 강제하는 효과도 기대할 수 있고, (v) 한국은행에서 재할인을 할 수 있으므로 은행이 자금운용의 탄력을 기할 수 있는 이점이 있다.[2)]

2. 어음할인의 법적 성질

어음할인의 법적 성질에 대하여는 매매설·소비대차설·병존설 및 무명계약설 등이 있으나, 오늘날 「매매설」이 통설이고 타당하다고 본다.[3)] 우리 대법원의 판례는 "단자회사가 할인매수한 어음을 다시 일반 제 3 자에게 어음할인의 방식으로 매출한 것은 그 성질이 어음의 매매라고 볼 것이다"고 판시하여, 금융기관과의 어음할인의 법적 성질을 매매로 보고 있다.[4)] 그러나 금융기관이 아닌 사인간의 어음할인에 대하여는 "어음할인이 대출에 해당하는지 어음의 매매에 해당하는지는 약정의 내용과 거래의 실태 등을 종합적으로 고려하여 결정하여야 할 것이다"라고 판시하고 있다.[5)]

3. 어음할인의 대상이 되는 어음[6)]

어음할인의 대상이 되는 어음은 크게 상업어음·은행인수어음 및 화환어음의 셋으로 분류할 수 있는데, 이하에서 차례로 간단히 살펴본다.

---

1) 은행법강의, 264~265면.

2) 은행법강의, 265면; 한상문, 「여신실무법률(상)」, 한국금융연수원, 2013, 144면.

3) 어음·수표법, 283~285면; 로스쿨 금융법, 253면.

4) 대판 1984. 11. 15, 84 다카 1227.

5) 대판 2002. 9. 24, 2000 다 49374. 동지: 대판 2008. 1. 18, 2005 다 10814; 동 2002. 4. 12, 2001 다 55598.

6) 이에 관하여는 어음·수표법, 286~288면; 로스쿨 금융법, 253~254면 참조.

가. 상업어음(약속어음)

상업어음이란 현실로 상거래가 원인이 되어 발행되는 어음으로, 자금융통의 목적으로 발행되는 융통어음에 대립되는 어음이다. 상업어음은 융통어음과는 달리 현실적으로 상거래가 원인이 되어 발행되었고 또 어음발행인 등의 신용에 의하여 그 지급이 확실하므로 어음할인의 대상이 되는 대표적인 어음이다. 은행이 상업어음을 할인하는 경우에는 어음발행인 등을 우량업체 등으로 분류하여, 각각에 따라 할인율을 달리한다. 또 은행은 할인한 어음을 중앙은행으로부터 다시 할인받는데 이를 「상업어음의 재할인」이라고 한다.

은행은 과거에 금융통화위원회규정 등에 의하여 상업어음만을 할인하도록 되어 있었는데, 이러한 규정 등에 위반하여 은행이 융통어음을 할인한 경우에 그 효력이 어떠한가의 문제가 있었다. 이에 대하여 우리 대법원은 "융통어음의 할인을 금하는 각 법령규정은 이른바 단속규정에 지나지 않고 효력규정이라고 볼 수 없으므로, 이러한 규정에 위반하였다 하여 어음할인대출의 사법상 효력까지 부인되는 것은 아니다"고 판시하여,[1] 그 효력을 인정하였다. 그러나 현재는 금융기관이 대출로 취득한 어음은 한국은행이 취득한 날부터 1년 이내에 만기가 도래하는 어음인 이상, 모두 재할인 대상이 되는 것으로 그 제한을 두지 않았으므로(한국은행의 금융기관대출규정〈개정 2020. 4. 9. 제8차 금통위〉 4조1항 1호) 이러한 문제가 없게 되었다.

나. 은행인수어음(환어음)

은행인수어음은 원래는 환어음상 지급인으로 되어 있는 은행이 어음법상 인수를 한 어음을 말하는데, 은행이 어음법상 인수를 하지 않아도 배서인 또는 보증인으로서 상환(소구)의무를 부담하는 경우에도 그 지급이 확실하므로 현재는 이러한 어음도 은행실무상 널리 은행인수어음이라고 말하고 있다. 이러한 은행인수어음은 그 지급이 확실하므로 어음할인의 대상이 되는 어음이다. 무역어음이란 신용장 등을 보유한 기업체가 신용장을 근거로 하여 발행한 어음을 금융기관이 인수한 어음을 말하는데, 이러한 무역어음을 할인하는 것은 은행인수어음을 은행이 할인하는 것으로 볼 수 있다.

다. 화환어음(환어음)

화환어음이란 운송중의 물건(운송증권)에 의하여 담보되어 있는 환어음을 말하

1) 대판 1989. 2. 14, 87 다카 3048. 동지: 1988. 11. 22, 87 다카 1836.

는데, 일종의 담보부어음이다.[1] 이러한 화환어음은 물적 담보가 첨부되어 있기 때문에 어음할인의 대상이 되고 있으며, 화환어음의 할인(네고, negotiation)은 현재 수출대금의 조기회수를 위한 대표적인 업무가 되고 있다. 화환어음에는 운송중 물건을 대표하는 서류(운송증권)만이 첨부된 것과, 이 위에 상업신용장(인적 신용)이 다시 첨부된 것의 두 가지가 있다. 또 화환어음에는 동 어음의 만기 및 부속서류(운송증권)의 인도방법에 따라 「서류지급어음」(D/P bill)과 「서류인수어음」(D/A bill)의 두 종류가 있다. 즉, 서류지급어음은 화환어음의 만기가 일람출급이기 때문에 대금의 지급과 상환으로 부속서류를 교부하는 어음이고, 서류인수어음은 화환어음의 만기가 일람후정기출급이기 때문에 인수와 상환으로 부속서류를 교부하는 어음이다.

화환어음에는 대금회수방법에 따라 할인화환어음과 추심화환어음이 있는데, 어음할인과 관련되는 화환어음은 할인화환어음이고 또 이것이 일반적이다.

4. 어음할인과 환매청구권[2]

어음할인의 법적 성질을 매매로 보는 경우, 어음할인은 어음이라는 유가증권이 표창하는 금전채권의 매매라고 볼 수 있다. 이러한 어음의 매매는 매도인(거래처)이 어음을 매수인(은행)에게 교부하고 매수인이 매도인에게 할인대금을 지급하면 매매계약의 이행은 끝나게 되고, 이렇게 매매계약의 이행이 끝난 이상 당사자간에는 아무런 법률문제가 남지 않게 된다. 이러한 점에서 어음할인은 어음대출과 근본적으로 구별된다. 그런데 어음의 매매는 어음 자체의 매매가 아니고 어음이 표창하는 금전채권의 매매이므로, 채무자의 자력·신용에 기초를 둔 매매이다. 이러한 점에서 어음채무자의 신용이 매매 당시의 예상에 반하여 그 후 악화하여 만기에 어음이 부도되거나 또는 부도가 예상되는 경우가 있다. 만기에 어음이 부도된 경우에, 할인은행은 배서인인 할인의뢰인 등에 대하여 어음상의 상환청구권을 행사할 수도 있고 또 채권매매에 있어서 매도인의 담보책임(민 579조)을 물을 수도 있겠으나, 이것만으로는 불충분하므로(특히 어음채무자의 신용이 악화하여 부도가 예상되는 경우) 할인은행은 할인의뢰인과의 특약(은행여신거래기본약관 8조 등)에 의하여 어음의 주채무자 등이 지급기일에 지급하지 않거나 또는 일정한 신용악화의 사실이 있는 경우에는 할인의뢰인이 할인어음의 환매채무를 부담하는 것으로 규정하고 있다. 이와 같은 것은 어음대출의 경우 차주의 신용이 악화한 경우 대주(은행)가 차주의 기한의

---

1) 이에 반하여 물적 담보가 없는 어음을 무화환어음(clean bill)이라고 한다.

2) 이에 관한 상세는 어음·수표법, 288~294면 참조.

이익을 상실시켜 대출금을 회수할 수 있도록 한 점을 어음할인의 경우에는 그의 특수성으로 인하여 환매로 특약한 것으로 볼 수 있다.

이러한 환매청구권은 「할인어음이 부도되거나 또는 부도될 우려가 있는 경우와 같이 할인어음의 신용이 악화된 경우에, 할인은행이 할인의뢰인에 대하여 할인어음의 환매를 청구할 수 있는 권리」를 말하는데, 은행여신거래기본약관에는 할인은행의 통지·최고 등이 없이 할인의뢰인이 당연히 할인어음의 환매채무를 지는 경우와 할인은행의 청구에 의하여 할인의뢰인이 환매채무를 지는 경우의 두 가지를 규정하고 있다(동 약관 8조).

5. 어음할인을 대체하는 새로운 대출제도[1)]

1997년 IMF 금융위기 이후 어음할인제도의 감소를 위하여 정부는 어음할인을 대체하는 새로운 대출제도를 다음과 같이 만들었다.

가. 기업구매자금 대출제도

이는 납품업체(중소기업)가 물품을 구매기업(대기업)에 납품한 후 구매기업을 지급인으로 하고 납품대금을 지급금액(어음금액)으로 하는 환어음을 발행하여 거래은행에 추심의뢰하고, 구매기업은 거래은행을 통하여 통보받은 환어음의 지급결제시 거래은행과 사전에 약정한 대출한도 범위 내에서 기업구매자금을 융자받아 구매대금을 결제하는 제도이다.

이는 국제거래에서 화환어음의 추심과 유사한데, 다만 은행이 매수인을 위하여 이 어음금액을 대출하여 주는 것과 결합된 점이 다르다고 볼 수 있다. 이러한 대출을 통하여 구매기업도 종래 물건을 구입하고 상업어음을 발행하여 신용을 얻는 점과 동일한 효과를 얻고 있다.

나. 전자방식에 의한 외상매출채권 담보대출제도

이는 구매기업(대기업)이 물품구매대금을 어음으로 지급하는 대신, 납품업체(중소기업)가 거래은행으로부터 외상매출채권을 담보로 대출받아 납품대금을 조기에 현금으로 회수하고, 일정기간이 지난 후 구매기업이 이 대출금을 대신 상환하는 방식의 새로운 형태의 상거래대금 결제제도이다.

이는 납품업체가 구매기업에 대한 외상매출채권을 거래은행에 양도하고 그 대

---

1) 이에 관하여는 로스쿨 금융법, 256~257면; 은행법강의, 270~275면 참조.

금을 선급받고 거래은행이 납품업체로부터 매출채권을 추심하는 형식으로, 팩토링과 아주 유사하다고 볼 수 있다. 다만 외상매출채권 담보대출제도는 자금결제가 전용통신망 또는 인터넷망을 통하여 이루어지기 때문에 투명성과 효율성이 크게 제고되는 점이 특색이며, 위에서 본 기업구매자금 대출제도와는 어음이 결부되지 않고 또한 차주가 납품업체라는 점에서 구별되고 있다.

다. 기업구매전용 카드제도

이는 카드사(은행 포함)가 자체적으로 신용카드를 이용하여 구매업체와 납품업체간 상거래대금의 결제를 대행하여 주는 제도이다.

이 제도에서 구매업자는 카드회원에 대응하고 납품업체는 카드가맹점에 대응하는 것으로, 이 제도는 신용카드의 법률관계와 매우 유사하다고 볼 수 있다. 구매업체와 납품업체는 어음을 이용하지 않고 구매대금(납품대금)을 상호 결제한다는 점에 특색이 있다고 볼 수 있다.

Ⅲ. 환(換)업무

1. 환(換)의 의의 및 기능

가. 환의 의의

환거래업무는 예금·대출과 함께 은행의 3대 고유업무의 하나이다(은행 27조 2항 3호). 환이란 「격지간의 채권·채무의 결제 또는 자금수수를 당사자간의 직접적인 현금 수수 없이 은행을 매개로 결제하는 금융거래」를 말한다.[1] 이러한 환거래는 넓게는 대고객 환업무 이외에 은행간 또는 은행내부의 자금대차·교환결제자금·부도대금 등의 결제를 포함하는데, 일반적으로는 대고객 환업무만을 의미한다.[2]

환거래의 기본적인 구조는 금전대차의 결제 내지 자금의 이동을 필요로 하는 자(의뢰인)가 A 지역에 있는 은행에게 송금 내지 추심을 의뢰하면, B 지역에 있는 은행이 상대방에게 현금을 지급하거나 현금을 추심함으로써 이루어진다. 따라서 이 구조에서 환거래의 법률관계는 의뢰인과 A 지역의 은행 간의 거래관계, A 지역의 은행과 B 지역의 은행 간의 관계, B 지역의 은행과 상대방과의 관계를 중심으로 형

1) 로스쿨 금융법, 259면.
2) 어음·수표법, 294~295면.

성된다. A 지역의 은행과 B 지역의 은행이 동일은행의 영업소라면 동일은행내의 내부관계가 될 것이다.[1)]

나. 환의 기능

(1) 개인이나 기업은 은행의 환업무를 이용함으로써 원격지간에 안전하고 신속하게 자금을 수수할 수가 있고, 원격지가 지급장소인 어음이나 수표의 대금을 추심할 수가 있다. 채권자와 채무자 사이에 채권채무를 결제하기 위하여 현금을 운반하는 경우 도난·분실 등의 위험이 있고 경비나 시간이 소요되어 그 불편이 매우 클 것이다. 여기에 환업무의 존재의의가 있다.[2)]

환업무는 예금이나 대출업무와 같이 자금의 조달과 운용에 따르는 이자의 획득을 목적으로 하는 것은 아니지만, 은행은 동 업무를 통하여 수수료 수입을 얻을 뿐만 아니라 송금 또는 추심대전을 단기간 은행에 머물게 함으로써 운용자금의 확대효과도 누릴 수 있다. 또한 환업무는 현금수수에 따른 위험배제, 시간과 경비의 절감 등을 통하여 국민경제내의 자금유통을 원활히 하는 데도 크게 기여하고 있다.[3)]

(2) 고객간의 환거래에는 신용관계가 전제된다. 환거래를 영업으로 하는 자가 신용이 없다면 환거래의 이용자는 불안정한 상황에 처하게 된다. 은행법에서 환거래를 은행의 고유업무로 규정하고 있는 것은 은행의 신용기능을 신뢰하는 데 그 이유가 있다. 은행법 제27조 제 2 항 제 3 호에서 규정하는 「내국환·외국환」이란 환거래 일체를 포괄적으로 지칭한다고 본다.[4)]

이러한 환의 수단으로 이용되는 대표적인 것이 어음·수표이었으나 오늘날에는 컴퓨터의 도입으로 인하여 동일은행 본·지점간은 물론 타행간에도 온라인화가 되어 있어, 어음·수표를 통한 은행의 환업무는 거의 그 의미를 상실해 가고 있고 그 이용도 현저하게 줄고 있다. 또한 전자금융의 발달에 따라 내국환의 경우에는 예금거래로 흡수되는 경향이 현저하다.[5)]

(3) 은행을 이용한 자금결제방법은 통신수단과 전자기술의 비약적인 발전에 따

---

1) 은행법강의, 276면.

2) 은행법강의, 276면.

3) 은행법강의, 276면; 로스쿨 금융법, 259면; 금융제도, 104면.

4) 동지: 은행법강의, 277면.

5) 은행법강의, 277면; 로스쿨 금융법, 259~260면.

라 그 중요성을 더해 가고 있다. 과거에는 개인간의 결제수단에는 주로 현금이, 기업간의 결제수단으로는 주로 어음·수표 등이 이용되었다. 그러나 오늘날은 개인이든 기업이든 거의 모든 경제주체 사이에는 보통예금이나 당좌예금 등의 결제기능을 갖는 예금이 널리 보급되어 예금계좌를 통한 자금결제가 보편화되었다.[1)]

특히 계좌이체는 자금결제수단으로서 안전하며 정확하고 신속하다. 또한 그 편리성으로 인하여 전통적인 결제수단인 어음·수표의 지위를 능가하고 있다. 계좌이체는 수취인이 당좌예금계좌를 갖는 것을 요건으로 하던 시대에는 그 이용범위가 한정되어 있었으나, 지금은 보통예금계좌를 갖는 자는 누구나 계좌이체가 가능하게 됨으로써, 일반인도 이의 이용이 보편화되어 오늘날 지급결제에 있어서 가장 유력한 수단이 되었다. 이와 관련하여 전자자금이체(Electronic Fund Transfer)의 법률문제가 크게 대두되고 있다.[2)]

2. 환의 종류

가. 내국환과 외국환

환은 환거래의 당사자 쌍방이 국내에 있는가 또는 당사자 일방이 국내에 있는가에 따라 내국환과 외국환이 있다. 즉, 자금의 대차결제 내지 자금의 이동이 동일 국내에서 이루어지는 경우를 「내국환」이라 하고, 다른 나라 사이에서 이루어지는 경우를 「외국환」이라 한다. 내국환이든 외국환이든 양자의 법률관계는 동일하다. 그러나 외국환의 경우는 통화가 다른 나라 사이의 자금의 이동이므로, 환율 즉 이종통화간의 교환비율인 환시세가 형성되어 있다는 점에서 차이가 있다. 따라서 외국환의 경우에는 일반적으로 외국화폐가 개입되기 때문에 이의 관리·통제를 위하여 부분적으로 외국환거래법(개정: 2021. 6. 15, 법 18244호)의 규제를 받고, 또 지정통화에 한하여 외국환이 가능하다.[3)] 외국환업무의 영위는 금융기관 등(은행 또는 은행 외의 다른 외국환업무취급기관)에 한하고, 또한 이를 영위하고자 하는 자는(일정한 금융회사 등을 제외하고) 정부(기획재정부장관)에 등록하여야 한다(외환 8조 1항·2항, 외환시 13조~14조). 이러한 점에서 은행의 외국환업무는 겸영업무의 성격이 강하다고 볼 수 있다.

또한 외국환거래법상 '외국환'이란 대외지급수단·외화증권·외화파생상품 및

1) 은행법강의, 277면.

2) 은행법강의, 277면; 로스쿨 금융법, 259~260면.

3) 은행법강의, 277~278면; 로스쿨 금융법, 260면.

외화채권을 말한다(외환 3조 1항 13호). 따라서 은행법에서는 외국환이 은행업무 중 한 가지를 의미하지만(은행 27조 2항 3호), 외국환거래법에서는 외국환거래 및 외국환업무의 물적 대상을 의미한다. 그리고 외국환거래법상 '외국환업무'란 (ⅰ) 외국환의 발행 또는 매매, (ⅱ) 대한민국과 외국 간의 지급·추심 및 수령, (ⅲ) 외국통화로 표시되거나 지급되는 거주자와의 예금·금전의 대차 또는 보증, (ⅳ) 비거주자와의 예금, 금전의 대차 또는 보증, (ⅴ) 그 밖에 (ⅰ)~(ⅳ)와 유사한 업무로서 대통령령으로 정하는 업무를 말하므로(외환 3조 1항 16호, 외환시 6조) 은행법상의 고유업무·부수업무 및 겸영업무와 무관하다. 이러한 점에서 은행법상의 '외국환' 및 '외국환업무'는 외국환거래법상의 그것과 다르다.

나. 송금환과 추심환

내국환은 다시 채무자가 은행을 통하여 채권자에게 자금을 송금하는 형태인 송금환과, 채권자가 은행을 통하여 채무자에 대한 채권의 회수를 의뢰하는 형태인 추심환(대금추심·역환)으로 구분된다.[1] 1989년 12월부터는 타행환시스템[2]이 가동되어 송금인과 수취인의 거래은행이 다르더라도 송금업무를 쉽게 처리할 수 있게 됨으로써 은행의 업무효율 및 대고객서비스가 크게 제고되었다.[3]

송금환에는 종래 금융기관을 경유하여 채무자가 채권자에게 자금을 송부하고 채권·채무를 결제하는 방법인 「송금」과 수취인의 예금계좌에 일정금액을 입금하는 방법인 「계좌이체(지급이체)」의 두 가지가 있었으나, 전산제도의 발달에 따라 현재 내국환에서는 「송금」은 없고 「계좌이체(지급이체)」만이 있다.[4] 이와는 달리 추심환(대금추심)은 채권자가 어음 등의 증권류를 금융기관을 통하여 채무자로부터 추심하는 방법이다. 최근에는 동일은행 본지점은 물론 타행간에도 온라인화가 되어 있어, 어음·수표를 통한 은행의 환업무는 그 이용이 현저히 줄어 그 의미를 상실하고, 전자자금이체의 하나인 추심이체가 많이 이용되고 있다.[5]

내국환업무의 취급 결과 발생한 은행간의 환대차는 원칙적으로 어음교환소에서 교환결제되는데, 교환결제자금은 은행이 한국은행에 지급준비금으로 예치한 당

---

1) 로스쿨 금융법, 260면; 은행법강의, 278면.
2) 다른 은행간의 자금이체시스템을 말한다.
3) 은행법강의, 278면.
4) 로스쿨 금융법, 260면; 은행법강의, 278면.
5) 어음·수표법, 295면; 은행법강의, 278면.

좌예금이 이용되므로 결국 각 은행간의 환대차는 한국은행 지급준비예치금계정의 대체결제로써 정리된다.[1)]

이하에서는 환거래를 구성하는 주요제도인 계좌이체(지급이체)와 대금추심(추심이체)에 대하여 간단히 살펴본 후, 외국환과 전자자금이체에 대하여 살펴보겠다.

3. 계좌이체(지급이체)[2)]

(1) 계좌이체(지급이체)의 개념

계좌이체(지급이체)란 「수취인의 예금계좌에 일정금액을 입금할 것을 내용으로 하는 환업무」이다. 이는 먼저 지급을 하고자 하는 의뢰인이 은행(송금은행)에 소요자금과 수수료를 지급하고 계좌이체를 의뢰한다. 의뢰인으로부터 계좌이체 의뢰를 받은 송금은행은 의뢰인이 지정한 수취인의 거래은행 즉 지급은행에 대하여 당해 수취인의 예금계좌에 일정금액을 입금할 것을 위탁한다. 이를 위탁받은 수취인의 거래은행(지급은행)은 수취인의 예금계좌에 이 금액을 입금한다. 송금은행은 지급은행에 대하여 수취인의 계좌에 일정금액의 계좌이체가 있다는 사실을 통지하고, 통지를 받은 지급은행은 이를 수취인의 예금계좌에 기장하고 수취인에게 통지한다. 수취인은 예금계좌에 입금된 이체금액에 대하여 예금채권을 취득함으로써 환거래절차가 완결된다. 자금은 의뢰인, 송금은행, 지급은행, 수취인의 순으로 이전된다.[3)]

(2) 계좌이체(지급이체)의 특징

1) 이러한 계좌이체에는 수취인이 지급은행에 예금계좌를 갖는 것을 전제로 한다. 수취인의 예금계좌는 보통예금이든 당좌예금이든 요구불예금이라면 상관없다. 계좌이체(지급이체)가 송금과 다른 점은, 송금은 수취인이 거래은행(지급은행)을 갖지 않거나 송금인이 수취인의 은행예금계좌를 이용할 의사가 없는 경우에 이루어지나, 계좌이체(지급이체)는 은행의 결제계좌의 이용이 전제가 되고 있는 점이다. 또한 계좌이체가 대금추심(추심이체)과 다른 점은, 대금추심(추심이체)은 자금이 채무자(지급인)로부터 의뢰인(채권자)으로 이동하는 것으로서 채권자 측의 행위이나, 계좌이체(지급이체)는 자금이 의뢰인(채무자)으로부터 채권자(수취인)로 이동하는 것으로서 채무자 측의 행위이다.[4)]

---

1) 은행법강의, 278면.

2) 지급이체의 법률구조에 관한 상세는 어음·수표법, 837~843면 참조.

3) 은행법강의, 278~279면.

4) 은행법강의, 279면.

2) 계좌이체(지급이체)의 또 다른 특징은 앞에서 본 바와 같이 송금방법으로서 가장 안전하고 확실하며 또한 간편하다는 점에 있다. 지급은행은 송금은행으로부터 지시된 바에 따라 자동적으로 자행의 예금계좌에 입금기장하면 충분하고, 수취인의 확인 등의 의무는 부과되어 있지 않다.[1)]

(3) 계좌이체(지급이체)의 법률관계[2)]

1) 계좌이체(지급이체)의 법률관계로서 우선 이체의뢰인과 송금은행과의 관계는, 의뢰인이 송금은행에 대하여 지급은행에 개설된 수취인의 계좌로 일정한 금액을 이체할 것을 의뢰하는데 이는 「위임계약」이다. 이로써 송금은행은 지급은행에 계좌이체통지를 하여 지급은행에 있는 수취인의 예금계좌에 일정한 금액을 입금시킬 법률상의 의무를 부담하고, 이체의뢰인은 이체자금과 위임의 보수인 수수료를 지급할 의무를 부담한다.

2) 송금은행과 지급은행의 관계는, 송금은행이 미리 정해진 취급규정에 따라 지급은행에 대하여 수취인의 계좌로 이체할 것을 위임하는 「위임계약」이다.

3) 지급은행과 그 은행에 계좌를 갖고 있는 수취인과의 관계는 지급은행의 일방적 기장에 의하여 수취인의 예금이 된다. 이 경우에는 개별적으로 예금계약이 필요하지 않고 바로 수취인의 예금채권이 된다.

4. 대금추심(추심이체)[3)]

(1) 대금추심(추심이체)의 개념

대금추심(추심이체)이란 「은행이 고객·거래은행 또는 자기의 지점 등의 의뢰에 의하여 각종의 유가증권 등에 기한 금전채권의 지급을 청구하는 것」을 말한다.[4)] 채권에는 거리상 격지자간의 채권도 있고 또 시간상 기한부채권도 있는데, 이들은 모두 채무자로부터 즉시로 변제받을 수 없고 추심을 요한다. 그런데 이러한 채권은 각 채권자마다 개별적으로 추심해야 한다면 시간과 비용의 면에서 막대한 불편이 따른다. 그러나 채권자가 환거래망이 완비된 은행을 이용하여 추심한다면 위와 같은 불편은 거의 해소되는데, 이는 대금추심(추심이체)이 은행을 통하여 많이 이용되는 이유이다.[5)]

1) 은행법강의, 279면.

2) 은행법강의, 279~280면; 어음·수표법, 837~843면.

3) 추심이체의 법률구조에 관한 상세는 어음·수표법, 844~847면 참조.

4) 어음·수표법, 297면.

대금추심(추심이체)의 대상이 되는 유가증권 등은 은행이 지급인 또는 지급장소로 되어 있는 각종의 유가증권 등인데, 어음·수표에 한하지 않고 예금증서·우편환·채권·이표(利票)·주식배당금증서 등을 포함한다.[1]

대금추심은 지급지가 추심은행의 어음교환지역 내인 「당소대금추심」과 지급지가 추심은행의 어음교환지역 외인 「타소대금추심」이 있는데, 타소대금추심인 경우에는 추심은행은 지급인의 어음교환구역 내의 본지점 또는 다른 환거래은행에 다시 추심을 의뢰하는데 이를 전송추심이라고 한다.[2]

(2) 대금추심(추심이체)의 특징

어음·수표 등의 결제방법으로서의 대금추심(추심이체)제도는 다른 환거래인 송금 또는 계좌이체(지급이체)와 비교할 경우 자금의 흐름이 반대이다. 송금과 계좌이체(지급이체)의 경우에는 자금이 의뢰인으로부터 수취인으로 이동함에 비하여, 대금추심(추심이체)의 경우에는 자금이 지급인으로부터 의뢰인으로 이동하는 역환이다. 또한 송금과 계좌이체(지급이체)는 채무자 측의 행위고 그 법률상의 의미는 채무의 이행에 해당하나, 대금추심(추심이체)은 채권자 측의 행위이고 채권추심에 해당한다.[3]

(3) 대금추심(추심이체)의 법률관계[4]

1) 추심의뢰인과 추심은행·추심은행과 수탁은행의 관계는 각각 위임관계이다. 특히 추심의뢰인은 보통 추심은행에 예금계좌를 갖고 있는 고객인데, 이때 추심의뢰인과 추심은행간의 법률관계는 위임계약과 조건부예금계약이 병존하는 것으로 볼 수 있다.[5] 따라서 추심은행은 추심의뢰인에 대하여, 수탁은행은 추심은행에 대하여 각각 위임계약의 수임인으로서 선량한 관리자의 주의로써 추심사무를 처리하여야 할 의무가 있다. 즉, 수임인의 보고의무(민 683조)로서 입금보고 또는 부도통지의무가 있고, 수취물 인도 등의 의무(민 684조)로서 추심대금을 인도할 의무가 있다.[6] 그러나 이러한 추심은행은 위임계약에 기한 엄격한 선관의무를 부담하는 것은 아니라고 본다. 따라서 백지어음을 추심의뢰받은 추심은행이 백지를 보충하지 않고 지

5) 어음·수표법, 297~298면.

1) 어음·수표법, 298면.

2) 어음·수표법, 298면.

3) 은행법강의, 280~281면.

4) 은행법강의, 281면; 어음·수표법, 844~847면.

5) 어음·수표법, 298면.

6) 은행법강의, 281면.

급제시하여 부도가 난 경우에도, 추심은행은 보충의무가 없으므로 추심의뢰인에 대하여 손해배상책임이 없다.[1)]

2) 추심은행은 추심의 대상이 되는 어음·수표 등의 자체에 의하여 채무자에 대하여 추심할 수 있는 권한이 있어야 한다. 추심은행의 이러한 권한은 추심의뢰인으로부터 어음·수표 등에 추심위임배서를 받음으로써 취득한다. 그러나 일반적으로 (추심목적의) 신탁양도의 형식을 취하고 있다.[2)]

5. 외국환

가. 우리나라 외국환업무의 연혁

우리나라는 1961년 외국환관리법 제정 이후 외화자금의 효율적 운용·국제수지 균형유지 및 통화가치의 안정 등을 주요 목적으로 비교적 엄격한 외환관리제도를 운용함에 따라 은행의 외국환업무도 상당히 제한적이었다. 그러나 1980년대 후반 이후 국제수지의 흑자 전환 등을 배경으로 일련의 외환자유화조치가 실시됨으로써 은행의 외국환업무 취급범위 및 규모가 크게 확대되었다. 1997년의 외환위기 이후에는 외환자유화가 더욱 급속히 진전되어 주식 및 단기금융상품에 대한 외국인투자 자유화·기업의 중장기 외화차입 및 해외증권발행 자유화 등의 조치가 단행되었다.[3)]

외환자유화 추세에 맞추어 1998년 9월에는 외국환관리법을 폐지하고 외환거래에 대한 사전규제보다 사후관리에 중점을 둔 외국환거래법을 제정하여 1999년 4월부터 시행하고 있다. 금융의 국제화·세계화 등으로 외환업무의 수요가 증가함에 따라 외국환거래법에서는 은행뿐만 아니라 다른 금융기관 등(보험회사, 금융투자회사, 저축은행 등)도 외국환업무가 가능하도록 허용하는 외국환업무 취급기관 「등록제」를 채택하였다(일정한 금융회사 등은 이러한 등록을 요하지 않음)(외환 8조 1항, 외환시 13조).[4)]

나. 외국환업무의 개념

은행법상 외국환업무는 「국제간의 대차관계를 현금수송에 의하지 않고 외국환

---

1) 어음·수표법, 298면. 동지: 대판 1992. 10. 27, 91 다 24724.

2) 어음·수표법, 299면.

3) 은행법강의, 281~282면; 금융제도, 105면.

4) 은행법강의, 282면.

업무 취급기관의 중개에 의하여 결제하는 업무」라고 볼 수 있다.[1)]

그런데 외국환거래법에서는 「외국환」을 대외지급수단·외화증권·외화파생상품 및 외화채권으로 정의하고 있다(외환 3조 1항 13호). 이 때 「대외지급수단」이란 외국통화·외국통화로 표시된 지급수단·그 밖에 표시통화에 관계 없이 외국에서 사용할 수 있는 지급수단을 말한다(외환 3조 1항 4호). 「외화증권」이란 외국통화로 표시된 증권 또는 외국에서 지급을 받을 수 있는 증권을 말하고(외환 3조 1항 8호), 「외화파생상품」이란 외국통화로 표시된 파생상품 또는 외국에서 지급받을 수 있는 파생상품을 말하며(외환 3조 1항 10호), 「외화채권」이란 외국통화로 표시된 채권 또는 외국에서 지급받을 수 있는 채권을 말한다(외환 3조 1항 12호). 또한 외국환거래법상 「외국환업무」는 (i) 외국환의 발행 또는 매매, (ii) 대한민국과 외국 간의 지급·추심 및 수령, (iii) 외국국통화로 표시되거나 지급되는 거주자와의 예금, 금전의 대차 또는 보증, (iv) 비거주자와의 예금, 금전의 대차 또는 보증, (v) 그 밖에 (i)~(iv)와 유사한 업무로서 대통령령으로 정하는 업무를 말한다(외환 3조 1항 16호, 외환시 6조). 이에 관하여는 뒤에서 상세히 살펴본다.

따라서 은행법상의 외국환업무와 외국환거래법상의 그것과는 구별된다.

다. 외국환업무 취급기관

(1) 외국환업무 취급기관(금융회사 등)

외국환거래법에서는 은행뿐만 아니라 다른 금융회사 등도 외국환업무를 할 수 있도록 외국환업무 취급기관에 대해여 원칙적으로 「등록제」를 채택하고 있는데(외환 8조 1항 본문, 외환시 13조 1항~8항), 예외적으로 기획재정부 장관이 업무의 내용을 고려하여 등록이 필요하지 아니하다고 인정하여 대통령령으로 정하는 금융회사 등(체신관세)은 그러하지 아니하다(외환 8조 1항 단서, 외환시 13조 9항). 통상적으로 외국환은행이라 함은 외국환업무를 취급하는 은행이란 의미이다.

외국환업무는 금융회사 등(외국환업무취급기관)만 할 수 있고, 외국환업무를 하는 금융회사 등은 대통령령으로 정하는 바에 따라 그 금융회사 등의 업무와 직접 관련되는 범위에서 외국환업무를 할 수 있다(외환 8조 2항, 외환시 14조). 따라서 금융회사가 은행인가의 여부에 따라 외국환업무의 범위에서 차이가 있게 되는데, 외국환은행의 외국환업무의 범위가 가장 넓다.

1) 동지: 은행법강의, 282면.

(2) 전문외국환업무 취급업자(금융회사 등이 아닌 자)

금융회사 등이 아닌 자가 (i) 외국통화의 매입 또는 매도, 외국에서 발행한 여행자수표의 매입(환전 업무), (ii) 대한민국과 외국 간의 지급 및 수령과 이에 수반되는 외국통화의 매입 또는 매도(소액 해외송금업무), (iii) 그 밖에 외국환거래의 편익 증진을 위하여 필요하다고 인정하여 대통령령으로 정하는 외국환업무(기타 전문외국환업무) 중 하나에 해당하는 외국환업무를 업으로 하려는 경우에는 대통령령으로 정하는 바에 따라 해당 업무에 필요한 자본 시설 및 전문인력 등 대통령령으로 정하는 요건을 갖추어 미리 기획재정부장관에 등록하여야 한다(외환 8조 3항, 외환시 15조, 15조의 2~15조의 6).

라. 외국환업무의 내용

은행이 취급하는 외국환업무는 다음과 같다(외환 8조 2항·외환시 14조 1호, 3조 1항 16호·외환시 6조).

(1) 외국환의 발행 또는 매매업무(외환 3조 1항 16호 가.)

1) 외국환 발행업무는 은행이 해외에서 자금을 차입하기 위하여 외화표시채권 또는 외화증권을 발행하거나 기업 등 다른 기관의 발행에 관하여 인수를 담당하는 업무를 말한다.[1)]

2) 외국환매매업무는 「일반적인 외국환매매업무」와 「외국환은행 등과의 외국환매매업무」로 구분된다. 「일반적인 외국환매매업무」에는 무역거래에 수반하는 수출환어음의 매입, 수입대금결제, 여행자에 대한 외화현찰 및 여행자수표 등의 매매, 기타 외채원리금 상환을 위한 외국환매매 등이 있다. 이에 따른 매매율은 당일자 매매기준율(미달러화 이외의 통화의 경우에는 재정환율)[2)]과 외국환은행간 매매율을 감안하여 외국환업무 취급은행장이 자율적으로 정하고 있다. 한편 은행은 은행간 매매를 통하여 대고객 외국환 매매거래에서 발생하는 외화자금의 과부족을 조절하거나 외국환포지션을 조정한다.[3)]

「외국환은행 간의 외국환매매업무」는 외국환중개회사를 경유하거나 외국환은행 간 직접거래로 이루어지는데, 매매환율은 외국환의 수급상황에 의하여 결정되고

1) 은행법강의, 283면.

2) 재정환율은 최근 국제금융시장에서 형성된 당해 통화와 미달러화와의 매매중간율을 시장평균환율로 재정하여 산출된다(은행법강의, 283면 주1).

3) 은행법강의, 283면; 금융제도, 106면.

있다.[1]

「외국환매매거래」에는 매매계약과 동시에 외국환의 수도가 일어나는 「현물환거래」, 매매계약 후 일정기간이 지난 후 외국환의 수도가 이루어지는 「선물환거래」 및 결제일이 서로 다른 외환거래를 반대 방향으로 동시에 체결하는 「스왑거래」가 있다.[2]

(2) 대한민국과 외국간의 지급·추심 및 수령(외환 3조 1항 16호 나.)

우리나라와 외국간의 지급·추심 및 수령업무는 경상거래에서 발생하는 외국환 결제업무에서 파생된다. 이는 내국환의 경우와 마찬가지로 결제방법에 따라 「송금환」과 「추심환」으로 나누어진다. 「송금환」은 국내의 채무자(수입상 등)가 외국환은행을 통하여 해외의 채권자(수출상 등)에게 대금을 송금하는 것이고, 「추심환」은 채권자가 채무자를 지급인으로 하고 어음매입(또는 추심)은행을 수취인으로 하는 환어음을 발행하여 채무자로부터 대금을 추심하는 방식이다.[3]

(3) 외국통화로 표시되거나 지급되는 거주자와의 예금, 금전의 대차 또는 보증 (외환 3조 1항 16호 다.)

외화로 표시되거나 지급되는 예금·금전의 대차 또는 보증업무란 외화예금 및 외화대출업무, 수입신용장 개설 등 대외 외화표시 보증업무를 말한다.[4]

(4) 비거주자와의 예금, 금전의 대차 또는 보증(외환 3조 1항 16호 라.)

비거주자를 거래상대방으로 하는 업무는 은행의 업무의 종류(고유업무, 부수업무, 겸영업무)와 관계 없이 모두 외국환업무라고 볼 수 있다(외환시 6조 4호 참조).

(5) 그 밖에 (1)부터 (4)까지의 규정과 유사한 업무로서 대통령령으로 정하는 업무(외환 3조 1항 16호 마., 외환시 6조)

이에 해당하는 업무는 (i) 비거주자와의 내국통화로 표시되거나 지급되는 증권 또는 채권의 매매 및 매매의 중개, (ii) 거주자 간의 신탁·보험 및 파생상품거래(외국환과 관련된 경우에 한정된다) 또는 거주자와 비거주자 간의 신탁·보험 및 파생상품거래, (iii) 외국통화로 표시된 시설대여(여신전문금융업법에 따른 시설대여를 말함) 및 (iv) 외환거래법 제3조 제1항 제16호의 가목부터 라목까지 및 위 (i)~(iii)까지의 업무에 딸린 업무이다(외환시 6조).

1) 은행법강의, 283면; 금융제도, 106면.
2) 은행법강의, 283면; 금융제도, 106면.
3) 은행법강의, 284면; 금융제도, 106~107면.
4) 은행법강의, 284면.

6. 전자자금이체

가. 전자자금이체제도에 대한 규제

1) 오늘날 금융기관들은 컴퓨터통신망을 이용한 전자자금이체제도(Electronic Fund Transfer System: EFTS)를 도입하여 금융거래에 있어서 자금의 이동을 전자적으로 신속하게 처리하고 있으며, 고객들의 이용은 계속 확대되고 있다. 이러한 새로운 제도는 금융기관 및 고객에게 여러 가지 편의를 제공하고 비용과 시간을 절약하는 효과도 가져오지만, 다른 한편 전에 예기치 않았던 아주 새로운 법률문제를 야기하게 되었다.[1)]

우리나라에서는 이러한 추세에 따라 2007년부터 전자금융거래법(제정: 2006. 4. 28. 법 7929호)(개정: 2020. 6. 9. 법 17354호)이 시행되어 전자금융거래와 전자자금이체에 따른 여러 가지 법률문제를 입법적으로 해결하고 있다.[2)]

(2) 미국은 전자자금이체와 관련하여 소비자보호를 목적으로 1978년에 소비자신용보호법(Consumer Credit Protection Act of 1978)의 제 9 편(Title Ⅸ)으로서 새로이 "전자자금이체법"(Electronic Fund Transfer Act of 1978)을 추가하였고,[3)] 동법의 위임에 따라 미국연방준비위원회(Federal Reserve Board)는 규칙 E(Regulation E)를 제정하였다. 위 법과 규칙은 「전자자금이체」의 정의를 비롯하여 모범약관·이체의 조건·이체의 기록과 주기적 통보·잘못된 이체의 해결·부정이체된 경우의 손실부담·은행의 책임 등 여러 가지 문제에 관하여 상세하게 규정하고 있다.

또한 미국은 1989년에 통일상법전(UCC) 제4A장을 신설하여 자금이체(Funds Transfers)에 관하여 규정하고 있다.[4)] 연방법인 전자자금이체법은 소비자 사이에서 소액으로 행하여지는 이른바 「소비자 전자자금이체」(Consumer EFT)를 규율하는 것임에 반하여, 통일상법전 제4A장은 「상업적 전자자금이체」(Commercial EFT) 내지 「대규모 전자자금이체」(wholesale wire transfer)를 규율하는 법이라는 점에서 양자는 차이가 있다.[5)]

---

1) 어음·수표법, 829면.

2) 그 밖에 전자상거래 등 전자적 업무를 규율하기 위한 법률로서 「전자문서 및 전자거래 기본법」(전자문서법), 「전자상거래 등에서의 소비자보호에 관한 법률」(전자상거래법), 「전자서명법」 등이 있다.

3) 이 법의 전문 번역으로는 정찬형, "미국의 Electronic Fund Transfer Act," 「상법학의 현대적 과제」(단야 서정갑 박사 고희기념 논문집)(삼영사, 1986), 75~106면 참조.

4) 이의 법률관계에 관하여는 정찬형, 전자자금이체의 법적 문제 및 입법론적 검토(디지털 경제법 제4)(한국법제연구원, 2002), 23~38면 참조.

나. 전자자금이체의 의의

(1) 개 념

「전자자금이체」라 함은 "지급인과 수취인 사이에 자금을 지급할 목적으로 금융회사(은행 등)(금융회사에 연결된 계좌를 가진 전자금융업자를 포함함. 이하 같다)에 개설된 계좌에서 다른 계좌로 전자적 장치에 의하여 (i) 금융회사에 대한 지급인의 지급지시(송금환) 또는 (ii) 금융회사에 대한 수취인의 추심지시(추심이체)(추심환)의 방법으로 자금을 이체하는 것"을 말한다(전금 2조 12호). 전자지급수단이란 「전자자금이체 · 직불전자지급수단 · 선불전자지급수단 · 전자화폐 · 신용카드 · 전자채권 그 밖에 전자적 방법에 따른 지급수단」을 말하므로(전금 2조 11호), 전자자금이체란 전자지급수단(방법)의 일종이다.

전자자금이체는 전자적 장치(전금 2조 8호)에 의하여 자금을 이체하는 것이므로, 지급지시 또는 추심지시가 서면에 의하여 이루어지는 서면자금이체와 구별된다.[1] 전자자금이체는 금융실무상 '자동이체'라고 부르기도 한다.[2]

(2) 자금이체와의 관계

전자자금이체는 자금이체의 일종이다. 자금이체의 전형적인 형태는 「채무자와 채권자가 동일은행 또는 타은행에 계좌를 갖고 있는 경우에 채무자의 계좌에서 차기(借記)하여 채권자의 계좌에 대기(貸記)하는 계좌이체」이다. 전자자금이체도 서면자금이체와 마찬가지로 지급지시와 추심지시가 있다는 점에서는 동일하다. 전자자금이체는 환업무의 일종인 계좌이체가 전자적 장치에 의하여 이루어진다는 점에서 차이가 있다.[3]

(3) 지로제도와의 관계

지로제도는 「중앙대체기관에 설정된 은행이나 우체국 또는 금융투자회사의 계좌를 통하여 채무자와 채권자 간의 각종 자금거래를 장부상의 자금이체방식으로 결제하는 제도」라고 볼 수 있다. 채권자가 현금으로 지급받지 않고, 채무자의 지급의뢰가 증권에 의하지 않고 지급이 이루어지는 방식이다. 따라서 이러한 지로는 계좌간의 이체를 요하지 않으므로 전자자금이체와 구별된다.[4] 참고로 현금에 의한 자금

---

5) 은행법강의, 285면.

1) 어음 · 수표법, 831면.

2) 은행법강의, 285면.

3) 이에 관한 상세는 어음 · 수표법, 831~832면 참조.

4) 어음 · 수표법, 832~833면.

의 이체(입금이체), 어음·수표 등 증권에 의한 자금의 이체나 신용카드 등에 의한 자금의 이체는 지로도 아니고 전자자금이체도 아니다.

이때 지로에 의한 지급결제가 서면방식이 아닌 자기테이프로 이루어지는 경우에는 광의의 전자자금이체의 일종이라고 볼 수도 있다.[1)]

다. 전자자금이체의 법률문제[2)]

전자자금이체는 (서면이체의 경우와 같이) 「지급이체」와 「추심이체」가 있다.

(1) 지급이체의 법률문제

1) 지급이체(대변이체)(credit transfer)란 「채무자(지급인, 지급이체의뢰인)가 그의 거래은행(지급은행)에 지급지시(payment order)를 하여 채무자의 계좌로부터 이체금액을 출금기장(借記)하여 수취은행에 있는 채권자(수취인, 이체수취인)의 계좌에 입금기장(貸記)함으로써 당사자간의 자금이전을 실현하는 절차」를 말한다.

전자금융거래법은 지급이체에 대하여 다음과 같이 규정하고 있다. 금융회사는 지급인 또는 수취인과 전자지급거래를 하기 위하여 체결한 약정에 따라 수취인이나 수취인의 금융회사에게 지급인 또는 수취인이 거래지시한 금액을 전송하여 지급이 이루어지도록 하여야 한다(전금 12조 1항). 금융회사는 자금의 지급이 이루어질 수 없게 된 때에는 전자지급거래를 하기 위하여 수령한 자금을 지급인에게 반환하여야 한다. 이 경우 지급인의 과실로 인하여 지급이 이루어지지 아니한 때에는 그 전송을 하기 위하여 지출한 비용을 공제할 수 있다(전금 12조 2항). 「전자지급거래」라 함은 자금을 주는 자(지급인)가 금융회사로 하여금 전자지급수단을 이용하여 자금을 받는 자(수취인)에게 자금을 이동하게 하는 전자금융거래를 말한다(전금 2조 2호).

2) 지급이체의 당사자간의 법률관계는 지급인(채무자)과 지급은행간의 법률관계, 지급은행과 수취은행간의 법률관계, 수취은행과 수취인(채권자)간의 법률관계 및 지급인과 수취인의 법률관계로 나뉘어진다(추심이체의 법률관계도 이와 유사하다).

① 지급인과 지급은행간에는 기본계약(위임계약)이 있고, 이에 근거하여 지급지시(자금이체의뢰)가 발생한다고 볼 수 있다.

② 지급은행과 수취은행(또는 중개은행)과의 법률관계는 양자가 동일은행인 경우에는 문제가 되지 않고, 다른 경우에는 환거래계약(위임계약 및 상호계산계약)이 체

1) 은행법강의, 286면.

2) 전자자금이체에서 지급이체 및 추심이체의 법률구조에 관한 상세는 어음·수표법, 837~847면 참조.

결된다.

③ 수취은행과 수취인의 법률관계는 계좌개설계약에 포함된 계약내용의 하나로서 수취은행은 지급이체된 금액을 수취인의 계좌에 입금처리할 의무를 부담한다. 따라서 수취인은 입금기장되기 전에는 수취은행에 대하여 입금기장청구권을 갖고, 입금기장된 후에는 무인적인 지급청구권을 갖는다.

④ 지급인(채무자)과 수취인(채권자)과의 법률관계는 채무자와 채권자의 관계에서 채무의 이행에 관한 법률관계이다. 이는 대물변제 또는 변제에 갈음하는 이행이라고 볼 수 있다.

(2) 추심이체의 법률문제

추심이체(차변이체)(debit transfer)란 「채권자(수취인, 추심이체의뢰인)가 그의 거래은행(추심은행)에 추심의뢰(자동이체청구서의 제출 등에 의한 인출지시)를 하면 수취은행이 채무자(지급인, 납부자)의 거래은행(지급은행)에 요청을 하고 지급은행은 채무자와 이미 체결한 출금동의 또는 출금위탁계약(자동이체계약 등)에 기하여 채무자의 계좌로부터 이체금액을 출금기장하여(借記하여) 채권자의 계좌에 입금기장(貸記)을 함으로써 당사자간의 자금이전을 실현하는 절차」를 말한다.

전자금융거래법은 추심이체에 대하여 지급인의 동의에 관하여 규정하고 있는데, 이는 다음과 같다. 금융회사는 추심이체를 실행하기 위하여 대통령령이 정하는 바에 따라 미리 지급인으로부터 출금에 대한 동의를 얻어야 한다(전금 15조 1항). 지급인은 수취인의 거래지시에 따라 지급인의 계좌의 원장에 출금기록이 끝나기 전까지 금융회사에게 동의의 철회를 요청할 수 있다(전금 15조 2항). 금융회사는 대량으로 처리하는 거래 또는 예약에 따른 거래 등의 경우에는 미리 지급인과 정한 약정에 따라 동의의 철회시기를 달리 정할 수 있다(전금 15조 3항). 금융회사는 동의의 철회방법 및 절차와 약정에 관한 사항을 약관에 기재하여야 한다(전금 15조 4항).

(3) 전자자금이체의 효력발생시기와 철회

(가) 효력발생시기

1) 전자자금이체의 경우 거래지시된 금액의 정보에 대하여 수취인의 계좌가 개설되어 있는 금융회사의 계좌의 원장에 입금기록이 끝난 때 그 지급의 효력이 생긴다(전금 13조 1항 1호).[1]

---

1) 기타의 전자금융거래의 경우 다음과 같은 시점에 그 지급의 효력이 생긴다(전금 13조 1항 2호·3호·4호).

2호. 전자적 장치로부터 직접 현금을 출금하는 경우: 수취인이 현금을 수령한 때

3호. 선불전자지급수단 및 전자화폐로 지급하는 경우: 거래지시된 금액의 정보가 수취인이 지정한

2) 총자산 등을 감안하여 대통령령으로 정하는 금융회사는 이용자가 원하는 경우 대통령령으로 정하는 절차와 방법에 따라 이용자가 거래지시를 하는 때부터 일정 시간이 경과한 후에 전자자금이체의 지급 효력이 발생하도록 하여야 한다(전금 13조 2항).

㈏ 철 회

이용자는 지급의 효력이 발생하기 전까지 거래지시를 철회할 수 있다(전금 14조 1항). 그러나 이러한 전자자금이체의 경우에는 보통 입금의뢰와 동시에 자금이체가 이루어지므로 사실상 지급이체를 철회하는 것은 불가능하나, 기술상으로는 자금이체에 관한 모든 정보를 입력한 후에 일정한 기간이 지난 뒤에 이체수취인의 계좌에 입금되도록 할 수는 있다. 따라서 전자금융거래법은 "금융회사와 이용자는 대량으로 처리하는 거래 또는 예약에 따른 거래 등의 경우에는 미리 정한 약정에 따라 거래지시의 철회시기를 달리 정할 수 있다"고 규정하고 있다(전금 14조 2항). 금융회사는 거래지시의 철회방법 및 절차와 약정에 관한 사항을 약관에 기재하여야 한다(전금 14조 3항).

(4) 부정(무권한) 자금이체의 책임

부정자금이체란 현금카드 등 접근매체의 위조나 변조, 도난·분실 등에 의한 부정사용에 의하여 무권한 전자자금이체가 있는 경우 등이다. 문제는 접근매체가 부정사용된 경우에 이에 따른 손실을 누가 부담할 것인가이다. 이때 금융회사의 책임 여부에 대하여 전자금융거래법은 (i) 접근매체의 위조나 변조로 발생한 사고, (ii) 계약체결 또는 거래지시의 전자적 전송이나 처리과정에서 발생한 사고, (iii) 전자금융거래를 위한 전자적 장치 또는 정보통신망에 침입하여 거짓이나 그 밖의 부정한 방법으로 획득한 접근매체의 이용으로 발생한 사고, (iv) 접근매체의 분실이나 도난으로 발생한 사고 등으로 나누어 규정하고 있다(전금 9조, 10조).

㈎ 접근매체의 위조나 변조 등의 책임

1) 접근매체의 위조나 변조로 발생한 사고, 계약체결 또는 거래지시의 전자적 전송이나 처리과정에서 발생한 사고 및 전자적 장치 또는 정보통신망에 침입하여 거짓이나 그 밖의 부정한 방법으로 획득한 접근매체의 이용으로 발생한 사고로 인하여 이용자에게 손해가 발생한 경우에는, 원칙적으로 금융회사가 그 손해를 배상

전자적 장치에 도달한 때
4호. 그 밖의 전자지급수단으로 지급하는 경우: 거래지시된 금액의 정보가 수취인의 계좌가 개설되어 있는 금융회사의 전자적 장치에 입력이 끝난 때.

할 책임을 진다(전금 9조 1항 1호·2호·3호).

2) 위 1)에 불구하고 금융회사는 다음 각 호의 어느 하나에 해당하는 경우에는 그 책임의 전부 또는 일부를 이용자가 부담하게 할 수 있다(전금 9조 2항, 3항). 그러나 다른 법령에 이용자에게 유리하게 적용될 수 있는 규정이 있는 경우에는 그 법령을 우선적용한다(전금 10조 2항).

① 사고 발생에 있어서 이용자의 고의나 중대한 과실[1)]이 있는 경우로서 그 책임의 전부 또는 일부를 이용자의 부담으로 할 수 있다는 취지의 약정을 미리 이용자와 체결한 경우이다. 이용자의 고의나 중대한 과실은 대통령령이 정하는 범위 안에서 전자금융거래에 관한 약관에 기재된 것에 한한다.

② 법인인 이용자에게 손해가 발생한 경우로 금융회사가 사고를 방지하기 위하여 보안절차를 수립하고 이를 철저히 준수하는 등 합리적으로 요구되는 충분한 주의의무를 다한 경우이다.

3) 금융회사는 접근매체의 위조나 변조 등으로 발생한 손해에 대하여 책임을 이행하기 위하여 금융위원회가 정하는 기준에 따라 보험 또는 공제에 가입하거나 준비금을 적립하는 등 필요한 조치를 하여야 한다(전금 9조 4항).

(나) 접근매체의 분실과 도난 책임

금융회사는 이용자로부터 접근매체의 분실이나 도난 등의 통지를 받은 때에는 그 때부터 제 3 자가 그 접근매체를 사용함으로 인하여 이용자에게 발생한 손해를 배상할 책임을 진다. 다만, 선불전자지급수단이나 전자화폐의 분실 또는 도난 등으로 발생하는 손해로서 대통령령이 정하는 경우에는(선불전자지급 단이나 전자화폐의 분실 또는 도난의 통제를 하기 전에 저장된 금액에 대한 손해에 대하여 그 책임을 이용자의 부담으로 할 수 있다는 취지의 약정이 금융회사와 이용자 간에 미리 체결된 경우를 말함) 그러하지 아니하다(전금 10조 1항, 전금시 9조). 그러나 다른 법령에 이용자에게 유리하게 적용될 수 있는 규정이 있는 경우에는 그 법령을 우선 적용한다(전금 10조 2항). 이 규정으로 인하여 신용카드의 분실·도난 등의 경우에는 전자금융거래법 제10조 제 1 항은 적용될 여지가 없고, 카드회원에게 유리한 여신전문금융업법 제16조 제 1

1) 대판 2014. 1. 29, 2013 다 86489(갑이 금융기관인 을 주식회사 등에서 예금계좌를 개설하여 금융거래를 하면서 인터넷뱅킹서비스를 이용하여 왔는데, 병이 전화금융사기〈이른바 보이스피싱〉를 통하여 갑에게서 취득한 금융거래정보를 이용하여 갑 명의의 공인인증서를 재발급 받아 다른 금융기관들로부터 대출서비스 등을 받은 사안에서, 갑이 제 3 자에게 접근매체인 공인인증서 발급에 필수적인 계좌번호·계좌비밀번호·주민등록번호·보안카드번호·보안카드비밀번호를 모두 알려준 점 등 제반 사정에 비추어, 갑의 금융거래정보 노출행위가 전자금융거래법 등에서 정한 금융사고의 발생에 이용자의 '중대한 과실'이 있는 경우에 해당한다).

항~제 3 항 및 여신전문금융업법 시행령 제 6 조의 9(신용카드업자는 카드의 분실·도난 등의 통지 전에 생긴 신용카드의 사용에 대하여는 이러한 통지를 받은 날부터 소급하여 60일 전까지의 기간의 범위에서 책임을 진다)가 적용된다고 본다.

(5) 오류자금이체의 처리문제

1) 전자금융거래법은 「오류」에 대하여 정의규정을 두고 있다. 이에 의하면, "오류라 함은 이용자의 고의 또는 과실 없이 전자금융거래가 전자금융거래계약 또는 이용자의 거래지시에 따라 이행되지 아니한 경우를 말한다"고 규정하고 있다(전금 2조 18호). 이 경우의 오류에 의한 자금이체란 금융기관의 착오로 인하여 이용자가 지시하지 아니한 자금이체가 행하여지거나 금액 또는 수취인이 지시한 내용과 다르게 자금이체가 행하여지는 경우 등을 상정할 수 있다.[1]

이 경우 이용자는 전자금융거래에 오류가 있음을 안 때에는 그 금융회사에게 이에 대한 정정을 요구할 수 있으며, 금융회사는 오류의 정정요구를 받거나 스스로 오류가 있음을 안 때에는 이를 즉시 조사하여 처리한 후 정정요구를 받은 날부터 또는 오류가 있음을 안 날부터 2주 이내에 오류의 원인과 처리 결과를 대통령령으로 정하는 방법에 따라(문서·전화 또는 전자우편으로) 이용자에게 알려야 한다(전금 8조, 전금시 7조의 2).[2]

---

1) 은행법강의, 289면.

2) 대판 2012. 10. 25, 2010 다 47117(자금이체는 은행 간 및 은행점포 간의 송금절차를 통하여 저렴한 비용으로 안전하고 신속하게 자금을 이동시키는 수단이고, 다수인 사이에 다액의 자금이동을 원활하게 처리하기 위하여 그 중개역할을 하는 은행이 각 자금이동의 원인인 법률관계의 존부, 내용 등에 관여함이 없이 이를 수행하는 체제로 되어 있다. 따라서 예금거래기본약관에 따라 송금의뢰인이 수취인의 예금계좌에 자금이체를 하여 예금원장에 입금의 기록이 된 때에는 특별한 사정이 없는 한 송금의뢰인과 수취인 사이에 자금이체의 원인인 법률관계가 존재하는지에 관계 없이 수취인과 수취은행 사이에는 입금액 상당의 예금계약이 성립하고, 수취인은 수취은행에 대하여 입금액 상당의 예금채권을 취득한다. 이와 같은 법리는 출금계좌의 예금주가 수취인 앞으로의 계좌이체에 대하여 지급지시를 하거나 수취인의 추심이체에 관하여 출금 동의 등을 한 바가 없는데도, 은행이 그와 같은 지급지시나 출금 동의가 있는 것으로 착오를 일으켜 출금계좌에서 예금을 인출한 다음 이를 수취인의 예금계좌에 입금하여 그 기록이 완료된 때에도 동일하게 적용된다고 봄이 타당하므로, 수취인은 이러한 은행의 착오에 의한 자금이체의 경우에도 입금액 상당의 예금채권을 취득한다. 이 경우 은행은 입금기록이 완료됨과 동시에 수취인에 대하여 입금액 상당의 부당이득반환청구권을 취득하게 되는데, 전자금융거래법 제 8 조 제 3 항이 "금융기관 또는 전자금융업자는 스스로 전자금융거래에 오류가 있음을 안 때에는 이를 즉시 조사하여 처리한 후 오류가 있음을 안 날부터 2주 이내에 오류의 원인과 처리 결과를 대통령령으로 정하는 방법에 따라 이용자에게 알려야 한다"고 하여 오류정정이 허용될 경우의 처리절차에 관하여 규정하고 있는 점, 착오로 입금이 이루어진 수취인의 예금계좌가 그 은행에 개설되어 있는 경우 은행으로서는 수취인에 대한 부당이득반환청구권을 자동채권으로 하여 수취인의 예금채권과 상계할 수 있는 점 등에 비추어 보면, 은행은 위와 같은 상계로써 수취인의 예금채권에 관하여 이미 이해관계를 가지게 된 제 3 자 등에게 대항할 수 없다는 등 특별한 사정이 없는 한, 착오로 인한 자금이체에 의하여 발생한 채권채무관계를

2) 전자자금이체에서 또 하나의 문제는 이용자(의뢰인)의 과실(착오)로 인하여 금액 또는 수취인이 원인관계에 따른 내용과 다르게 자금이체가 된 경우이다. 예컨대, 이체하고자 의도하는 금액보다 많은 금액이 이체되거나 의도하지 않은 자(계좌)에게 이체되는 경우이다. 그런데 전자자금이체의 경우에는 자금이체가 실시간으로 처리되는 것이 보통이므로, 원인관계에 의한 항변으로써 지급의 효력이 발생하기(수취인의 계좌의 원장에 입금기록이 끝난 때) 전까지 거래지시를 철회하는 것은 사실상 불가능하다(전금 13조 1항 1호, 14조 1항). 따라서 이 경우에도 오류정정의 절차로서 자금이체를 취소할 수 있다고 본다.[1]

대법원 판례는 이용자의 과실(착오)로 인하여 이체하고자 의도하는 금액보다 많은 금액이 이체되거나 의도하지 않은 자(계좌)에게 이체되는 경우에도, 일단 수취인과 수취은행 사이에는 예금관계가 성립하게 된다고 보고 있다.[2] 그러나 이용자는 수취인에 대하여 오류부분에 대한 부당이득반환청구권을 갖고,[3] 수취인이 이를 고의로 인출하여 사용한 경우에는 형법상 횡령죄(형법 355조)가 성립한다.[4]

그런데 착오송금으로 인한 송금인(이용자 의뢰인)의 피해회복 지원을 위하여 예금보험공사에 착오송금반환지원 계정이 예금자보호법의 개정으로(개정: 2021. 1. 5, 법 17878호, 시행: 2021. 7. 6.) 신설되었다(예보 26조의 4) 따라서 수취인이 오류부분에 대한 부당이득반환을 거절하면 송금인(이용자)은 수취인에 대한 부당이득반환청구권을 예금보험공사에게 매도하고, 예금보험공사로부터 착오송금한 금액을 지급받

정리하기 위하여 수취인의 예금계좌에 대한 입금기록을 정정하여 자금이체를 취소시키는 방법으로 은행의 수취인에 대한 부당이득반환청구권과 수취인의 은행에 대한 예금채권을 모두 소멸시킬 수 있다).

1) 정찬형, "전자금융거래법상의 전자자금이체에 관한 연구," 「고려법학」(고려대 법학연구원), 제51호(2008), 585면; 어음·수표법, 850면.

2) 대판 2006. 3. 24, 2005 다 59673(직접적인 현금의 수수 없이 금융기관에 개설되어 있는 계좌상의 이체를 통하여 현금수수의 효과를 발생하게 하는 자금이체제도의 일종인 계좌이체에 있어서는, 계좌이체의뢰인의 자금이체지시에 따라 지급은행 및 수취은행을 통하여 수취인의 예금계좌로 이체자금이 계좌이체되면 수취인과 수취은행 사이에 예금관계가 성립하고, 비록 계좌이체의뢰인과 수취인 사이에 계좌이체의 원인이 되는 법률관계가 당초부터 성립하지 않았거나 또는 그 법률관계가 사후에 일정한 사유로 소멸하게 되더라도 특별한 사정이 없는 한 그와 같은 원인관계의 흠결은 계좌이체의 효력이나 계좌이체로 말미암아 형성된 수취인과 수취은행 사이의 예금관계의 효력에 영향을 미칠 수는 없다고 할 것이다).

3) 대판 2007. 11. 29, 2007 다 51239.

4) 대판 2010. 12. 9, 2010 도 891(어떤 예금계좌에 돈이 착오로 잘못 송금되어 입금된 경우에는 그 예금주와 송금인 사이에 신의칙상 보관관계가 성립한다고 할 것이므로, 피고인이 송금절차의 착오로 인하여 피고인 명의의 은행 계좌에 입금된 돈을 임의로 인출하여 소비한 행위는 횡령죄에 해당하고, 이는 송금인과 피고인 사이에 별다른 거래관계가 없다고 하더라도 마찬가지이다).

을 수 있다(예보 26조의 4 2항 2호 및 3항 1호 참조).

(6) 전자금융거래법상의 벌칙

1) 접근매체를 위조하거나 변조한 자, 위조되거나 변조된 접근매체를 판매알선·판매·수출 또는 수입하거나 사용한 자, 분실되거나 도난된 접근매체를 판매알선·판매·수출 또는 수입하거나 사용한 자 등에 대하여는 7년 이하의 징역 또는 5천만원 이하의 벌금에 처한다(전금 49조 2항).

2) 접근매체의 양도·양수금지(전금 6조 3항 1호)에 위반하여 접근매체를 양도하거나 양수한 자, 대가를 수수·요구 또는 약속하면서 접근매체의 대여 등의 금지(전금 6조 3항 2호)에 위반하여 접근매체를 대여받거나 대여한 자 또는 보관·전달·유통한 자 등에게는 5년 이하의 징역 또는 3천만원 이하의 벌금에 처한다(전금 49조 4항).

제3절 부수업무

앞에서 본 바와 같이 은행은 은행업무(고유업무)에 부수하는 업무(부수업무)를 운영할 수 있는데(은행 27조의 2 1항), 이러한 부수업무를 운영하기 위하여는 원칙적으로 금융위원회에 신고하여야 하나(은행 27조의 2 2항 본문), 채무의 보증 또는 어음의 인수 등 일정한 업무는 신고하지 아니하고 운영할 수 있다(은행 27조의 2 2항 단서).

이러한 부수업무가 되기 위하여는 질적으로 은행의 고유업무와 관련성이 있어야 하고, 양적으로 고유업무를 초과할 수 없으며, 원칙적으로 영업성이 있어야 한다.[1)]

은행의 이러한 부수업무는 사회경제의 변화, 전자금융의 발달, 금융기술 혁신 및 금융국제화에 따라 많은 변동이 있고 또한 확대되고 있다.[2)]

이하에서는 은행의 대표적인 부수업무인 (i) 채무의 보증 및 어음인수, (ii) 상호부금, (iii) 팩토링 및 (iv) 보호예수에 대하여만 간단히 살펴본다.

1) 동지: 은행법강의, 295~296면.

2) 동지: 은행법강의, 295면.

Ⅰ. 채무의 보증 및 어음인수

1. 채무의 보증

(1) 은행의 「채무보증」이란 지급보증을 말하는데, 이는 "은행이 고객의 의뢰에 의하여 동 고객이 제 3 자에게 부담하는 채무(확정채무)의 지급을 약정하거나 보증채무 등 장래에 부담하게 될 가능성이 있는 채무(우발채무)를 인수하는 것"을 말한다. 은행의 「지급보증」이란 "은행이 타인의 채무를 보증하거나 인수하는 것"을 말한다(은행 2조 1항 6호). 이는 은행의 「신용공여」(은행 2조 1항 7호)의 하나이다. 이러한 「지급보증」은 직접 자금의 공급이 수반되지 않는 점에서 대출과는 다르다.[1] 그러나 지급보증도 은행의 신용공여의 하나이므로(은행 2조 1항 7호) 은행의 여신거래기본약관에서는 지급보증도 대출과 같이 모두 여신의 일종으로 취급하고 있다(동 약관 1조). 이러한 지급보증의 법률관계는 주채무자인 고객과 은행간의 「지급보증위임계약」과 은행과 채권자간의 「보증계약」으로 구성되는데, 이는 민법상의 보증이다.[2] 지급보증은 크게 원화지급보증(대출보증·사채보증·어음보증 및 인수·무역어음인수·기타보증)과 외화지급보증(신용장관련 보증·차관보증·기타 외화지급보증 등)으로 구분된다.[3]

은행이 신용장을 개설하는 것도 이러한 지급보증의 하나의 형식이다.

(2) 화환신용장은 매수인(수입상)의 의뢰에 의하여 매수인의 거래은행이 개설하는데, 보통 매도인(수출상)이 그의 수출대금을 확실하게 수령하기 위하여 매수인에게 요청하고 매수인이 다시 자기의 거래은행에 요청하여 매수인의 거래은행이 개설하여 매도인에게 송부(통지)한다. 은행이 이와 같이 매수인을 위하여 신용장을 개설하는 것은 수입상을 지원하는 업무의 하나로서 이는 수입상을 위한 지급보증의 하나의 형태라고 볼 수 있다. 이러한 화환신용장의 개설과 관련하여 수입상의 거래은행은 수입상과 수입거래약정서에 의하여 담보 등 제반사항을 특약하고 있는데, 이러한 화환신용장에 대하여는 국제상관습법이라고 볼 수 있는 「화환신용장통일규칙」이 적용된다.[4]

(3) 신용장의 당사자간의 법률관계는 매수인(개설의뢰인)과 개설은행간의 법률관계, 개설은행과 매도인(수익자)과의 법률관계 및 매수인과 매도인의 법률관계가

---

1) 은행법강의, 296면.
2) 은행법강의, 297면.
3) 은행법강의, 299면.
4) 로스쿨 금융법, 275면.

있다.[1)]

1) 매수인(개설의뢰인)과 개설은행간의 법률관계는 준자금관계로서 위임계약이고, 이러한 위임계약은 유상·쌍무계약이다. 이러한 매수인과 개설은행간의 계약은 개설은행과 매도인(수익자)간의 관계와는 독립된 별개의 계약이고 이에는 신용장통일규칙이 적용되지 않으므로, 신용장개설계약시에 매수인과 개설은행 사이에 장차 매수인이 부담하게 되는 신용장대금 상환채무의 효력에 대하여 조건을 붙였다고 하더라도 이는 사적 영역에 속하는 것으로서 특별한 사정이 없는 한 유효하다.[2)]

2) 개설은행과 매도인(수익자)간의 법률관계는 개설은행의 매도인(수익자)에 대한 지급약속관계라고 볼 수 있는데, 이는 신용장 자체의 법률관계이다(신용장거래의 독립·추상성, 엄격일치의 원칙). 개설은행은 매도인에 대하여 일방적인 지급약속을 한 것이므로, 개설은행의 이러한 채무는 매도인의 승낙을 요하지 않고 그의 의사표시가 매도인에게 도달한 때에 그 효력이 발생하며 또한 이는 주채무이다.

3) 매수인과 매도인간의 법률관계는 매매계약인데, 동 계약상 매매대금지급은 신용장에 의한다고 특약되어 있다. 또한 매도인은 신용장조건에 일치하여 매매목적물을 매수인에게 인도할 의무를 부담한다.

2. 어음인수

(1) 어음의 인수란 “환어음의 지급인이 어음금액의 지급채무를 부담하는 어음행위”이다(어 21조~29조). 인수는 환어음에 특유한 제도로서 지급인은 인수에 의하여 약속어음의 발행인과 같이 주채무자가 된다. 환어음은 지급위탁증권으로서 발행인이 지급인에게 지급을 위탁하고 이에 따라 지급인이 어음소지인에게 어음금액을 지급하는 증권인데, 발행인이 제 3 자를 지급인으로서 기재하였다고 하여 제 3 자가 지급채무를 부담하는 것은 아니고, 제 3 자가 자기의 의사에 기하여 어음채무를 부담하겠다는 의사표시(즉, 인수)를 한 때에 비로소 어음채무를 부담하는 것이다. 따라서 인수에 의하여 지급인(인수인)이 주채무를 부담하는 것은 의사표시상의 효력이다.[3)]

(2) 무역어음이란 신용장 등을 받은 수출상(매도인)이 소요자금을 조달할 목적으로 수출상품을 선적하기 전에 수출대금(신용장상의 금액)의 범위 내에서 금융기관

1) 로스쿨 금융법, 275~276면.

2) 동지: 대판 2002. 4. 26, 2000 다 71074·71081.

3) 어음·수표법, 422~423면.

인 인수기관을 지급인으로 하여 발행한 자기지시환어음(발행인 겸 수취인)을 말하는데, 이러한 무역어음의 발행인(겸 수취인)은 금융기관으로부터 환어음의 인수를 받아 제3자(다른 금융기관 등)로부터 어음할인을 받아 현금화한다. 이 경우 금융기관(은행)이 이러한 무역어음을 인수하면 위에서 말한 어음법상 환어음의 지급인이 하는 인수가 된다. 또한 외국환거래에서 매도인(수출상)이 화환신용장 발행은행을 지급인으로 하여 환어음을 발행한 경우 이 화환신용장 발행인이 환어음의 지급인으로서 인수를 하면 어음법상 인수가 된다.

(3) 은행 실무상은 어음의 인수의 의미를 위와 같이 어음법상 인수의 의미로 엄격하게 보는 것은 아니고, 지급보증의 하나의 형태로 보고 있다[1](은행 2조 1항 6호 참조). 그런데 은행 실무상 환어음과 관련된 거래의 지급보증은 환어음의 인수방식으로 함을 원칙으로 하고 있다.[2]

어음의 인수도 은행법상 신용공여에 포함된다(은행 2조 1항 7호).

Ⅱ. 상호부금

(1) 상호부금이란 「일정한 기간을 정하고 부금을 납입하게 하여 그 기간 중에 또는 만료 시에 부금자에게 일정한 금전을 지급할 것을 약정하여 행하는 부금의 수입과 급부금의 지급 업무」를 말한다(상호 2조 3호). 이러한 상호부금은 수신거래로서 일반정기적금과 유사하나, 중도급부금의 지급이 처음부터 약정되어 있는 점이 다르다. 즉, 상호부금은 총납입횟수의 4분의 1회차 이상을 납입하면 고객의 급부요구에 응하는 것이 일반적이다.[3]

(2) 상호부금은 전통적인 상호금융인 계(契)가 변천된 제도로서, 과거에는 무진회사 형태로 성행되어 오다가, 1962년 국민은행법이 제정됨에 따라 제도금융으로 흡수되었고, 1983년 4월부터는 상호부금의 취급기관이 모든 은행으로 확대되었다.[4]

(3) 상호부금은 1990년 8월부터 급부금 취급방식의 개편으로 다른 예금·적금과 유사한 성격으로 변화되어, 1991년 2월부터는 상호부금에 대한 지준예치의무가 새로이 부과되었다.[5]

1) 은행법강의, 299면.
2) 은행법강의, 299면 주 6.
3) 로스쿨 금융법, 279면.
4) 로스쿨 금융법, 279면.

Ⅲ. 팩토링(채권매입업)[1]

(1) 팩토링이란 「거래기업이 그의 외상매출채권을 팩토링회사(채권매입업자)(은행)에 양도하고, 팩토링회사는 거래기업에 갈음하여 채무자로부터 매출채권을 추심하는 동시에 이에 관련된 채권의 관리·장부작성 등의 행위를 인수하는 것」을 말한다(상 168조의 11). 팩토링회사가 거래기업에 매출채권의 변제기 전에 이를 선급하여 주는 경우는, 매출채권을 담보로 한 금융(대출)과 유사하다.

팩토링회사가 매수하는 영업채권을 채무자로부터 회수하지 못하는 경우에 거래기업에 대하여 상환청구할 수 있는지 여부에 따라 「상환청구권이 없는 팩토링」과 「상환청구권이 있는 팩토링」이 있는데, 우리나라에서는 「상환청구권이 있는 팩토링」이 원칙이다(상 168조의 12 본문)

(2) 팩토링거래에 있어서는 팩토링회사와 거래기업간의 팩토링계약(기본계약)과 이에 기초하여 거래기업이 팩토링회사에 하는 외상매출채권의 양도가 있다. 팩토링계약의 법적 성질은 계속적 채권계약이고 특수한 혼합계약이다. 외상매출채권의 양도(개별 팩토링행위)의 법적 성질은 상환청구권이 있는 팩토링 및 선급팩토링을 전제하면 소비대차의 담보를 위하여 하는 (외상매출)채권의 양도라고 볼 수 있다.[2]

Ⅳ. 보호예수

(1) 보호예수는 「은행고객을 위하여 유가증권·보석·귀금속 등 부피는 적으나 고가에 해당하는 귀중품의 보관을 보통 유상으로 인수하는 계약」이다. 이의 법적 성질은 유상의 임치계약이다.

(2) 보호예수는 보관대상 물건의 내용을 밝히고 임치하는 개봉보호예수, 보관할 물건을 명시하지 않고 봉함하여 임치하는 봉함보호예수가 있다.

대여금고도 넓은 의미의 보호예수의 일종이라고 볼 수 있는데, 이의 법적 성질은 임대차계약이라고 볼 수 있다.[3]

---

5) 은행법강의, 300면.

1) 이에 관한 상세는 상법강의(상)(제25판), 437~444면 참조.

2) 로스쿨 금융법, 280면.

3) 로스쿨 금융법, 280면.

제4절 겸영업무

(1) 앞에서 본 바와 같이 은행은 은행업이 아닌 업무로서 겸영업무를 직접 운영할 수 있는데(은행 28조 1항 본문), 은행이 이러한 겸영업무를 직접 운영하려는 경우에는 일정한 날까지 금융위원회에 신고하여야 한다(은행 28조 2항).

(2) 이러한 은행의 겸영업무에 대하여 은행법은 크게 (i) 대통령령으로 정하는 금융관련법령에서 인가·허가 및 등록 등을 받아야 하는 업무 중 대통령령으로 정하는 금융업무(「자본시장법」상 일정한 금융업무, 「보험업법」에 따른 보험대리점의 업무, 「근로자퇴직급여보장법」에 따른 퇴직연금사업자의 업무, 「여신전문금융업법」에 따른 신용카드업, 「담보부사채신탁법」에 따른 담보부사채에 관한 신탁업, 「신용정보의 이용 및 보호에 관한 법률」에 따른 본인신용정보관리업 등)(은행 28조 1항 1호, 은행시 18조의 2 1항·2항), (ii) 대통령령으로 정하는 법령에서 정하는 금융관련 업무로서 해당 법령에서 은행이 운영할 수 있도록 한 업무(선박투자회사법상 자산보관회사 업무, 한국주택금융공사법상 주택저당채권의 관리·운용 및 처분에 관한 수탁업무 등)(은행 28조 1항 2호, 은행시 18조의 2 3항), (iii) 그 밖에 그 업무를 운영하여도 은행의 경영건전성 등을 해칠 우려가 없는 업무로서 대통령령으로 정하는 금융업무(「자산유동화에 관한 법률」에 따른 유동화전문회사의 유동화자산 관리의 수탁업무 및 채권추심 업무의 수탁업무 등)(은행 28조 1항 3호, 은행시 18조의 2 4항)의 세 가지를 규정하고 있다.

이하에서는 위 (i)의 겸영업무에 대하여 간단히 살펴보겠다.

Ⅰ. 「자본시장법」에 따른 겸영업무

1. 파생상품의 매매·중개업무

(1) 「금융투자상품」이란 이익을 얻거나 손실을 회피할 목적으로 현재 또는 장래의 특정 시점에 금전·그 밖의 재산적 가치가 있는 것(이하 '금전 등'이라 함)을 지급하기로 약정함으로써 취득하는 권리로서, 그 권리를 취득하기 위하여 지급하였거나 지급하여야 할 금전 등의 총액이 그 권리로부터 회수하였거나 회수할 수 있는 금전 등의 총액을 초과하게 될 위험(투자성)이 있는 것을 말한다(자금 3조 1항 본문). 이러한 금융투자상품의 종류에는 「증권」과 「파생상품」이 있고, 파생상품은 다시 「장내파생상품」과 「장외파생상품」으로 구분된다(자금 3조 2항).

1) 「증권」이란 내국인 또는 외국인이 발행한 금융투자상품으로서 투자자가 취득과 동시에 지급한 금전 등 외에 어떠한 명목으로든지 추가로 지급의무를 부담하지 아니하는 것을 말한다(자금 4조 1항). 이러한 증권은 채무증권, 지분증권, 수익증권, 투자계약증권, 파생결합증권 및 증권예탁증권의 6종으로 구분된다(자금 4조 2항).

2) 「파생상품」이란 다음 중 어느 하나에 해당하는 계약상의 권리를 말한다(자금 5조 1항 본문).

① 기초자산[1]이나 기초자산의 가격·이자율·지표·단위 또는 이를 기초로 하는 지수 등에 의하여 산출된 금전 등을 장래의 특정 시점에 인도할 것을 약정하는 계약(선도, 先渡)

② 당사자 어느 한쪽의 의사표시에 의하여 기초자산이나 기초자산의 가격·이자율·지표·단위 또는 이를 기초로 하는 지수 등에 의하여 산출된 금전 등을 수수하는 거래를 성립시킬 수 있는 권리를 부여하는 것을 약정하는 계약(옵션)

③ 장래의 일정기간 동안 미리 정한 가격으로 기초자산이나 기초자산의 가격·이자율·지표·단위 또는 이를 기초로 하는 지수 등에 의하여 산출된 금전 등을 교환할 것을 약정하는 계약(스왑)

④ ①부터 ③까지의 규정에 따른 계약과 유사한 것으로서 대통령령으로 정하는 계약

장내파생상품이란 (i) 파생상품시장에서 거래되는 파생상품, (ii) 해외 파생상품시장에서 거래되는 파생상품, 또는 (iii) 그 밖에 금융투자상품시장을 개설하여 운영하는 자가 정하는 기준과 방법에 따라 금융투자상품시장에서 거래되는 파생상품을 말한다(자금 5조 2항). 파생상품으로서 장내파생상품이 아닌 것은 장외파생상품이다(자금 5조 3항).

3) 이상과 같은 자본시장법의 규정으로 보아 예금과 증권 및 파생상품 간의 차

---

1) 자본시장법 제4조 ⑩ 이 법에서 "기초자산"이란 다음 각 호의 어느 하나에 해당하는 것을 말한다.
   1. 금융투자상품
   2. 통화(외국의 통화를 포함한다)
   3. 일반상품(농산물·축산물·수산물·임산물·광산물·에너지에 속하는 물품 및 이 물품을 원료로 하여 제조하거나 가공한 물품, 그 밖에 이와 유사한 것을 말한다)
   4. 신용위험(당사자 또는 제3자의 신용등급의 변동, 파산 또는 채무재조정 등으로 인한 신용의 변동을 말한다)
   5. 그 밖에 자연적·환경적·경제적 현상 등에 속하는 위험으로서 합리적이고 적정한 방법에 의하여 가격·이자율·지표·단위의 산출이나 평가가 가능한 것

이점은 다음과 같다. 예금과 금융투자상품의 차이점은 「원본손실의 가능성 유무」에 있다. 금융투자상품 중 증권과 파생상품의 차이점은 「투자원금 이상의 손실 발생 가능성 유무」에 있다. 즉, 증권은 투자원금까지만 손실발생이 가능하나, 파생상품은 투자원금 이상의 손실 발생이 가능하다.[1)]

(2) 매매란 「당사자 일방이 재산권을 상대방에게 이전할 것을 약정하고 상대방이 그 대금을 지급할 것을 약정하는 민법상의 계약」이다(민 563조). 은행이 일반인들과 파생상품의 매매거래를 할 경우에는 민법의 규정(민 563조~595조)이 적용되겠지만, 은행이 회사 등 상인과 파생상품을 매매할 경우에는 당사자 쌍방이 상인이므로 상사매매에 관한 상법의 특칙(상 67조~71조)이 적용된다. 상법에 규정된 상사매매에 관한 특칙은 대체로 매도인의 이익을 보호하기 위한 규정들이다. 상법이 이와 같은 특칙을 두게 된 이유는 상사매매에 따른 법률관계를 신속히 종결시켜 거래의 신속을 기하고, 당사자 간의 분쟁을 사전에 예방하여 기업의 신용을 유지시키고자 하는 데 있다.[2)]

(3) 중개란 「타인간의 법률행위의 체결에 힘쓰는 사실행위」이다.[3)] 상법상 중개인(상사중개인)은 「타인간의 상행위의 중개를 영업으로 하는 자」인데(상 93조), 이때 상행위는 적어도 타인의 일방이 상행위이면 된다.[4)] 따라서 은행이 파생상품을 중개하는 경우에는 적어도 타인의 일방은 상인이므로 이 경우 은행은 상사중개인으로서 상법이 적용된다(상 93조~100조).

중개인은 이와 같이 사실행위인 중개행위만을 하므로 제 3 자에 대하여 당사자가 되지 않을 뿐만 아니라, 위탁자의 대리권도 없다. 따라서 중개인은 자기의 이름으로 위탁자의 계산으로 매매계약을 체결하는 위탁매매인과 구별된다.[5)]

중개인과 중개를 의뢰한 당사자 간에 체결되는 중개계약은 보통 비법률행위적 사무인 중개의 위탁과 이의 인수로써 성립하는 위임계약이다(민 680조).[6)] 중개계약은 위임계약이므로 중개인은 수임인으로서 선량한 관리자의 주의로써 위임사무(중개행위)를 처리할 의무를 부담한다. 중개인은 제 3 자에 대하여 당사자로 나타나지도 않고 또 본인을 대리하여 계약을 체결하는 것도 아니므로, 중개인과 제 3 자간에는

1) 은행법강의, 312면.
2) 상법강의(상)(제25판), 239면.
3) 상법강의(상)(제25판), 307면.
4) 상법강의(상)(제25판), 306면.
5) 상법강의(상)(제25판), 307면.
6) 상법강의(상)(제25판), 308면.

원칙적으로 아무런 법률관계가 발생하지 않는다.[1)]

중개가 성공하여 당사자 간에 계약이 성립한 때에는 중개인은 지체 없이 당사자의 성명 또는 상호·계약의 연월일 및 그 요령을 기재한 서면을 작성하여 기명날인 또는 서명한 후 이를 각 당사자에게 교부하여야 하는데, 이 서면을 결약서라고 한다(상 96조 1항). 중개인은 상인이므로 중개에 의하여 당사자 간에 계약이 성립하고 결약서의 작성교부절차가 완료된 때에는 특약이 없는 경우에도 중개에 의한 보수, 즉 중개료를 청구할 수 있다(상 61조).

2. 파생결합증권의 매매업무

(1) 파생결합증권은 채무증권, 지분증권, 수익증권, 투자계약증권, 증권예탁증권과 함께 자본시장법에서 규정한 6종의 증권 중 하나이다(자금 4조 2항). 자본시장법에서는 「파생결합증권」을 "기초자산의 가격·이자율·지표·단위 또는 이를 기초로 하는 지수 등의 변동과 연계하여 미리 정하여진 방법에 따라 지급하거나 회수하는 금전 등이 결정되는 권리가 표시된 것"이라고 정의한다(자금 4조 7항 본문). 즉, 「파생결합증권」이란 "기초자산의 가격 등의 변동과 연계되어 이익을 얻거나 손실을 회피할 목적의 계약상의 권리가 표시된 증서"라고 볼 수 있는데, 이는 구 증권거래법 시행령상 규정되었던 주식워런트증권(ELW)[2)]·주가연계증권(ELS)[3)] 및 파생결합증권(DLS)[4)]을 포괄하는 개념이다. 자본시장법에서는 파생결합증권을 위한 기초자산의 범위가 확대됨으로써 파생결합증권의 포괄범위가 더욱 커졌다는 데 특징

1) 상법강의(상)(제25판), 310면.

2) 주식워런트증권(Equity Linked Warrent: ELW)이란 파생상품의 구조와 주식이 결합된 상품으로, 이 증권을 매매한다는 것은 특정주식 자체를 사는 것이 아니라 특정시점에 특정가격으로 '살 수 있는 권리' 또는 '팔 수 있는 권리'를 매매하는 것이다. 예를 들면 현재 5만원인 주식을 1년 뒤에 55,000원에 살 수 있는 권리를 3,000원에 매입하였다고 할 때, 나중에 실제 주식의 가격이 6만원이 되면 2,000원 이익을 얻을 수 있게 된다(은행법강의, 317면 주 1).

3) 주가연계증권(Equity Linked Securities: ELS)은 이자나 원금이 주가변동과 연계되어 있는 증권이다. 이것은 주가 또는 지수의 변동에 따라 만기 지급액이 결정되는 증권으로서, 일반증권에 특정한 구조가 내장되어 있는 증권의 일종이다. 주가연계증권은 채권·주식·워런트 세부분으로 구성하여 세 상품을 적절히 조합해 특정 조건에 맞는 수익률을 발생시키는 것으로, 투자자가 맡긴 돈 중 일정부분을 정기예금 또는 채권에 투자하고 나머지 부분을 주식이나 각종 파생상품에 투자하여 그 운용결과에 따라 수익의 발생 여부가 결정되는 구조를 가진다(은행법강의, 317면 주 2).

4) 파생결합증권(Deriavtive Linked Securities: DLS)은 주가연계증권과 유사한 것으로, 주식 대신 원자재·부동산·금리 등 기초자산을 다양화시킨 증권이다. 신용연계증권(Credit Linked Note: CLN) 등이 이에 해당하는데, 주가연계증권을 제외한 것을 합하여 파생결합증권(DLS)이라고도 한다(은행법강의, 317면 주 3).

이 있다.[1]

파생결합증권은 파생상품과 달리 주식거래와 동일하여 가격변동에 따른 추가 지급의무는 없다. 그 이유는 파생결합증권도 기초자산의 가격 등의 변동과 연계되어 있지만, 「증권」의 형태를 갖고 있기 때문이다.[2]

(2) 은행법 시행령에서는 은행이 영위할 수 있는 겸영업무의 하나로서 파생결합증권(자금 4조 2항 5호)의 매매업무를 열거하면서(은행시 18조의 2 2항 2호), 그 범위를 금융위원회가 정하여 고시하는 파생결합증권으로 한정하고 있다. 이에 따라 금융위원회가 고시한 파생결합증권은 「금적립계좌」 및 「은적립계좌」이다(은감 25조의 2 1항).[3]

3. 국채증권·지방채증권 및 특수채증권의 인수·매출업무

(1) 국채증권·지방채증권 및 특수채증권은 자본시장법상 증권 중 채무증권에 속한다(자금 4조 2항 1호).

「국채증권」이란 "정부가 국채법과 다른 법률에 따라 공공목적에 필요한 자금의 확보 등을 위하여 발행하는 채권(債券)"을 말한다(국채법 2조 1호). 국채증권의 종류는 (i) 「공공자금관리기금법」 제 2 조에 따른 공공자금관리기금의 부담으로 발행하는 국채(국고채권)와, (ii) 다른 법률에 특별한 규정이 있는 경우 그 법률에 따라 회계, 다른 기금 또는 특별 계정의 부담으로 발행하는 국채가 있다(국채법 4조 1항). 국채는 국회의 의결을 받아 기획재정부장관이 발행한다(국채법 5조 1항).

「지방채증권」이란 "지방자치단체가 공공시설사업, 공영사업, 재해복구사업 등 각종 지역개발 사업을 효율적으로 추진하기 위해서 재정적인 필요에 따라 지방의회의 의결 얻고 중앙정부의 승인을 얻어 발행하는 채권"이다.[4]

---

1) 은행법강의, 317면.

2) 은행법강의, 317면.

3) 이를 실무상 골드뱅킹(금계좌, gold banking) 또는 실버뱅킹(은계좌, silver banking)이라고 한다. 골드뱅킹이란 「고객이 은행 계좌에 넣은 돈을 바탕으로 금의 시세와 환율 등을 고려해 금을 통장에 적립할 수 있게 하는 투자방식」을 의미한다. 실버뱅킹은 투자 대상의 차이만 있을 뿐 골드뱅킹과 같은 구조로 운영된다. 골드뱅킹과 실버뱅킹은 저금리 추세가 장기화되면서 대안 투자처로 최근 인기를 끌고 있다. 이는 고객이 계좌에 돈을 입금하면 금이나 은의 국제 시세와 달러·원 환율 등을 고려해 이에 상응하는 무게로 환산한 후, 통장에 금이나 은을 직접 적립해 주는 방식으로 운영된다. 향후 현금화 시점에서 투자 대상인 금이나 은의 가격이 오르는 경우 시세차익을 올릴 수 있는 특징이 있다. 골드뱅킹은 그램(g) 단위로 금을 살 수 있는 만큼 소액으로도 금에 투자하는 것이 가능한 금융상품이다. 실버뱅킹은 은이 금에 비해 60분의 1가량 저렴한 만큼 소액으로도 투자가 가능하다는 점에서 향후 도입을 시도하는 은행들이 증가할 수 있다는 전망이 많다. 다만 은 가격은 금에 비해 변동성이 큰 만큼 리스크도 비례하는 특징을 지닌다(은행법강의, 318면 주 1).

「특수채증권」이란 "법률에 의하여 직접 설립된 법인이 발행한 채권"을 말한다.[1] 예컨대, 각 특수은행이 각각의 설립근거법에 정하여진 바에 따라 발행하는 금융채가 이에 해당한다.[2]

(2) 「인수」란 "제3자에게 증권을 취득시킬 목적으로 (i) 그 증권의 전부 또는 일부를 취득하거나 취득하는 것을 내용으로 하는 계약을 체결하는 것, 또는 (ii) 그 증권의 전부 또는 일부에 대하여 이를 취득하는 자가 없는 때에 그 나머지를 취득하는 것을 내용으로 하는 계약을 체결하는 것 중에서, 어느 하나에 해당하는 행위를 하거나, 그 행위를 전제로 발행인 또는 매출인을 위하여 증권의 모집·사모·매출을 하는 것"을 말한다(자금 9조 11항).

(3) 「매출」이란 "대통령령으로 정하는 방법에 따라 산출한 50인 이상의 투자자에게 이미 발행된 증권의 매도의 청약을 하거나 매수의 청약을 권유하는 것"을 말한다(자금 9조 9항, 자금시 11조).

4. 국채증권·지방채증권·특수채증권 및 사채권의 매매업무

(1) 국채증권, 지방채증권, 특수채증권 및 사채권은 모두 증권 중 채무증권에 속한다(자금 4조 2항 1호).

(2) 매매업무는 앞에서 본 파생상품의 매매업무와 같다.

5. 국채증권·지방채증권 및 특수채증권의 모집·매출·주선업무

(1) 국채증권·지방채증권 및 특수채증권은 자본시장법상 증권 중 채무증권에 속한다(자금 4조 2항 1호).

(2) 「모집」이란 "대통령령으로 정하는 방법에 따라 산출한 50인 이상의 투자자에게 새로 발행되는 증권의 취득의 청약을 권유하는 것"을 말한다(자금 9조 7항, 자금시 11조).

「매출」이란 "대통령령으로 정하는 방법에 따라 산출한 50인 이상의 투자자에게 이미 발행된 증권의 매도의 청약을 하거나 매수의 청약을 권유하는 것"을 말한다(자금 9조 9항, 자금시 11조).

---

4) 은행법강의, 318면.

1) 은행법강의, 318면.

2) 한국산업은행은 「산업금융채권」(산은 23조)을, 중소기업은행은 「중소기업금융채권」(기은 36조의 2)을, 한국수출입은행은 「수출입금융채권」을 각각 발행할 수 있다(수은 20조).

「주선」이란 "인수 이외에 증권의 발행인 또는 매출인을 위하여 해당 증권의 모집·사모·매출을 하거나 그 밖에 직접 또는 간접으로 증권의 모집·사모·매출을 분담하는 것"을 말한다(자금 9조 13항).

모집이나 매출은 청약대상자의 수를 50인을 기준으로 하고 있는데, 50인 수의 산정에 있어서 당해 취득청약의 권유 또는 매도청약이나 매수청약의 권유를 하는 날 이전 6개월 이내에 해당 증권과 같은 종류의 증권에 대하여 모집이나 매출에 의하지 아니하고 청약의 권유를 받은 자를 합산한다(자금시 11조 1항 본문). 이 경우 매출에 대하여는 증권시장 및 다자간 매매체결회사 밖에서 청약의 권유를 받는 자를 기준으로 그 수를 산출한다(자금시 11조 4항). 이는 50인 미만의 자를 대상으로 수회에 걸쳐 모집하는 경우에는 공모의 개념에 포함되지 않아 투자자 보호를 위한 발행공시규제를 회피해 갈 수 있기 때문에, 이를 규제하기 위한 것이다.[1]

6. 집합투자업

(1) 「집합투자업」이란 "자본시장법에서 규정한 금융투자업(투자매매업, 투자중개업, 집합투자업, 투자자문업, 투자일임업 및 신탁업) 중 하나로서 집합투자를 영업으로 하는 것"을 말한다(자금 6조 1항 3호·4항). 「집합투자」란 원칙적으로 "2인 이상의 투자자로부터 모은 금전 등을 투자자로부터 일상적인 운용지시를 받지 아니하면서 재산적 가치가 있는 투자대상 자산을 취득·처분, 그 밖의 방법으로 운용하고 그 결과를 투자자에게 배분하여 귀속시키는 것"을 말한다(자금 6조 5항 본문).

「집합투자업자」란 "위의 집합투자업무를 수행하는 자"를 말하는데, 2003년 12월 구 간접투자자산운용업법 제정을 계기로 종래의 증권투자신탁업법에 의한 투자신탁회사와 종래의 증권투자회사법에 의한 자산운용회사를 통합·개편함으로써 새롭게 도입된 「자산운용회사」가 이에 해당한다.[2]

(2) 「집합투자기구」란 집합투자를 수행하는 기구를 말하는데(자금 9조 18항), 이의 종류는 다음과 같다(자금 9조 18항 각호 참조).

① 집합투자업자인 위탁자가 신탁업자에게 신탁한 재산을 신탁업자로 하여금 그 집합투자업자의 지시에 따라 투자·운용하게 하는 신탁 형태의 집합투자기구(투자신탁)(계약형 집합투자기구)

② 「상법」에 따른 주식회사 형태의 집합투자기구(투자회사)(회사형 집합투자기구)

1) 주석(자본 1), 102면; 은행법강의, 319면.

2) 은행법강의, 321면.

③ 「상법」에 따른 유한회사 형태의 집합투자기구(투자유한회사)(회사형 집합투자기구)

④ 「상법」에 따른 합자회사 형태의 집합투자기구(투자합자회사)(회사형 집합투자기구)

⑤ 「상법」에 따른 유한책임회사 형태의 집합투자기구(투자유한책임회사)(회사형 집합투자기구)

⑥ 「상법」에 따른 합자조합 형태의 집합투자기구(투자합자조합)(조합형 집합투자기구)

⑦ 「상법」에 따른 익명조합 형태의 집합투자기구(투자익명조합)(조합형 집합투자기구)

또한 집합투자증권을 사모로만 발행하는 집합투자기구로서 대통령령으로 정하는 (전문)투자자의 총수가 대통령령으로 정하는 방법에 따라 산출한 100인(일반투자자의 총수는 49인) 이하인 사모집합투자기구가 있는데, 이에는 (i) 일정한 전문투자자만을 사원으로 하는 투자합자회사인 「기관전용 사모집합투자기구」(회사형 집합투자기구)와, (ii) 기관전용 사모집합투자기구를 제외한 「일반 사모집합투자기구」가 있다(자금 9조 19호). 이때 「사모」란 "새로 발행되는 증권의 취득의 청약을 권유하는 것으로서 모집에 해당하지 아니하는 것"을 말한다.

「계약형 집합투자기구」는 집합투자업자인 위탁자가 신탁업자에게 신탁한 재산을 신탁업자로 하여금 그 집합투자업자의 지시에 따라 투자·운용하게 하는 신탁형태의 투자신탁이다. 투자신탁은 위탁자인 집합투자업자가 수탁회사와의 신탁계약에 의하여 발행하는 수익증권을 수익자인 투자자가 취득하는 신탁제도로서 일본과 유럽국가들이 주로 채택하고 있다. 「회사형 집합투자기구」는 투자전문가가 투자전문회사를 설립하고 이 회사의 주식 또는 지분증권을 투자자가 매입하는 형태로 미국의 뮤추얼펀드에서 발전된 제도이다. 「조합형 집합투자기구」는 상법의 개정으로 투자합자조합이 도입됨에 따라 자본시장법에서 투자합자조합 및 투자익명조합을 신설한 집합투자기구이다.[1)]

(3) 집합투자업자는 투자신탁, 투자회사 등의 방식으로 설정·설립되는 집합투자기구의 재산을 운용하는 것을 주된 업무로 한다. 계약형 집합투자기구인 「투자신탁」은 수익증권을 발행하고 이를 통하여 다수의 투자자로부터 자금을 모아 증권 등의 자산에 투자하여 그 수익을 투자자에게 분배하는 방식인데, 우리나라 집합투자

1) 은행법강의, 321~322면.

기구의 대부분이 투자신탁방식으로 이루어지고 있다. 투자신탁의 조직은 「위탁회사」(투자신탁재산 운용), 「수탁회사」(신탁재산 보관) 및 「판매회사」(수익증권 판매)로 구성된다. 집합투자업자는 이 가운데 위탁회사의 역할을 담당한다. 수탁회사는 신탁회사이고 판매회사는 은행·증권회사 등이다.[1]

회사형 집합투자기구의 대표격인 「투자회사」는 증권 등을 자산으로 운용하고 그 수익을 주주에게 배분하는 방식이다. 투자회사는 상법상의 주식회사이나 본점 이외에 영업점을 설치하거나 직원의 고용 또는 상근 임원을 둘 수 없는 서류상의 회사이다. 투자회사는 자산의 운용, 보관, 모집·판매, 기타 일반사무를 각각 별도의 자산운용회사, 자산보관회사, 판매회사, 일반사무관리회사에 위탁하여야 한다. 투자회사의 위탁을 받아 자산을 운용하는 「자산운용회사」는 서류상 회사인 투자회사의 설립 및 주식 모집을 실질적으로 주관한다. 「자산보관회사」는 투자신탁에서의 신탁회사와 마찬가지로 신탁회사 또는 신탁업을 겸영하는 금융기관으로 제한되어 있다. 「판매회사」는 투자회사의 위탁을 받아 주식의 모집 또는 판매를 담당하는데, 주로 은행·금융투자회사·보험회사 등이 이 업무를 수행한다. 「일반사무관리회사」는 투자회사의 위탁을 받아 주식명의개서, 주식발행사무, 증권투자회사의 운영에 관한 사무 등을 담당하는 회사로 주로 자산운용회사가 맡고 있다.[2]

(4) 자본시장법은 집합투자업 겸영은행에 대하여 다음과 같은 특칙을 두고 있다.

㈎ 집합투자재산 운용위원회의 설치

은행으로서 자본시장법에 따라 집합투자업에 관한 금융투자업 인가를 받은 자는 인가받은 범위에서 투자신탁의 설정·해지 및 투자신탁재산의 운용업무를 영위할 수 있는데, 이를 「집합투자업 겸영은행」이라고 한다(자금 250조 1항). 집합투자업 겸영은행은 집합투자재산 운용업무와 관련한 의사결정을 위하여 은행법에 따른 업무·신탁업·일반사무관리회사의 업무를 수행하지 아니하는 임원 3인(사외이사 2인을 포함)으로 구성된 「집합투자재산 운용위원회」를 설치하여야 한다(자금 250조 2항 1문).

㈏ 집합투자 겸영은행의 금지행위

1) 집합투자업 겸영은행은 투자신탁재산의 운용과 관련하여 다음 중 어느 하나에 해당하는 행위를 하여서는 아니 된다(자금 250조 3항).

(i) 자기가 발행한 투자신탁의 수익증권을 자기의 고유재산으로 취득하는 행위

(ii) 자기가 운용하는 투자신탁의 투자신탁재산에 관한 정보를 다른 집합투자증

1) 은행법강의, 322면.

2) 은행법강의, 322면.

권의 판매에 이용하는 행위

(iii) 자기가 운용하는 투자신탁의 수익증권을 다른 은행을 통하여 판매하는 행위

(iv) 단기금융집합투자기구를 설정하는 행위

2) 집합투자재산의 보관·관리업무를 영위하는 은행은 그 집합투자기구의 집합투자재산에 관한 정보를 자기가 운용하는 투자신탁재산의 운용 또는 자기가 판매하는 집합투자증권의 판매를 위하여 이용하여서는 아니 된다(자금 250조 4항).

3) 일반사무관리회사의 업무를 영위하는 은행은 해당 집합투자기구의 집합투자재산에 관한 정보를 자기가 운용하는 투자신탁재산의 운용 또는 자기가 판매하는 집합투자증권의 판매를 위하여 이용하여서는 아니 된다(자금 250조 5항).

4) 투자매매업 또는 투자중개업 인가를 받아 집합투자증권의 판매를 영위하는 은행은 다음 중 어느 하나에 해당하는 행위를 하여서는 아니 된다(자금 250조 6항).

(i) 자기가 판매하는 집합투자증권의 집합투자재산에 관한 정보를 자기가 운용하는 투자신탁재산의 운용 또는 자기가 운용하는 투자신탁의 수익증권의 판매를 위하여 이용하는 행위

(ii) 집합투자증권의 판매업무와 「은행법」에 따른 업무를 연계하여 정당한 사유 없이 고객을 차별하는 행위

(다) 이해상충 방지체계의 구축

집합투자업 겸영은행은 자본시장법에 따라 집합투자업, 신탁업(집합투자재산의 보관·관리업무를 포함) 또는 일반사무관리회사의 업무를 영위하는 경우에는 임원을 두어야 하고, 임직원에게 (i) 「은행법」에 따른 업무, (ii) 집합투자업, (iii) 신탁업 및 (iv) 일반사무관리회사의 업무를 겸직하게 하여서는 아니 되며, 전산설비 또는 사무실 등의 공동사용 금지 및 다른 업무를 영위하는 임직원 간의 정보교류 제한 등 대통령령으로 정하는 이해상충방지체계를 갖추어야 한다(자금 250조 7항, 자금시 272조 4항·5항).

7. 투자자문업

(1) 「투자자문업」[1]이란 "금융투자상품, 그 밖에 대통령령으로 정하는 투자대상자산(금융투자상품 등)의 가치 또는 금융투자상품 등에 대한 투자판단에 관한 자문에 응하는 것을 영업으로 하는 것"을 말한다. 이 때의 금융투자상품 등에 대한 투자

1) 투자자문업이 제도화된 금융업의 하나로 자리잡게 된 것은 1987년 11월 증권거래법 개정으로 투자자문업에 대한 근거조항이 신설된 이후이다(은행법강의, 323면).

판단이란 종류, 종목, 취득·처분, 취득·처분의 방법·수량·가격 및 시기 등에 대한 판단을 말한다(자금 6조 7항). 투자자문사 또는 은행의 PB가 수행하는 자문업무가 이에 해당한다.[1)]

(2) 자문의 방법은 통상 금융투자상품의 가치 또는 금융투자상품 투자에 관하여 구술·문서 기타의 방법으로 조언하는 것이다. 그러나 불특정 다수인을 대상으로 발행 또는 송신되고, 불특정 다수인이 수시로 구입 또는 수신할 수 있는 간행물·출판물·통신물 또는 방송 등을 통하여 조언을 하는 경우에는 투자자문업으로 보지 아니한다(자금 7조 3항). 투자자문업은 자문에 응하는 것을 영업으로 하는 상행위이기 때문에(자금 6조 7항) 당연히 보수를 전제로 한다(상 61조). 따라서 따로 대가 없이 다른 영업에 부수하여 금융투자상품(자금 6조 7항) 등의 가치나 그 금융투자상품 등에 대한 투자판단에 관한 자문에 응하는 경우에는 투자자문업으로 보지 아니한다(자금 7조 6항 4호, 자금시 7조 4항 8호). 또한 집합투자기구평가회사, 채권평가회사, 공인회계사, 감정인, 신용평가를 전문으로 하는 자, 변호사, 변리사 또는 세무사, 그 밖에 이에 준하는 자로서 해당 법령에 따라 자문용역을 제공하고 있는 자(그 소속단체를 포함한다)가 해당 업무와 관련된 분석정보 등을 제공하는 경우에도 투자자문업으로 보지 아니한다(자금 7조 6항 4호, 자금시 7조 4항 9호).

8. 신 탁 업

(1) 신탁업은 신탁관계인·신탁재산 등의 개념과 수탁자의 권리의무 등 신탁에 관한 일반적인 「사법상」의 법률관계를 규정하고 있는 신탁법과, 「신탁회사 업무의 내용·감독 등」을 규정하고 있는 자본시장법 등에 의하여 규율되고 있다.[2)] 자본시장법에서 규정하고 있는 「신탁업」이란 "신탁을 영업으로 하는 것"을 말하는데(자금 6조 9항), 여기에서 신탁을 영업으로 한다는 의미는 「신탁의 인수」를 영업으로 하는 것을 말한다(상 46조 15호 참조).

「신탁」이란 "신탁을 설정하는 자(위탁자)와 신탁을 인수하는 자(수탁자) 간의 신임관계에 기하여 위탁자가 수탁자에게 특정의 재산(영업이나 저작재산권의 일부를 포함)을 이전하거나 담보권의 설정 또는 그 밖의 처분을 하고, 수탁자로 하여금 일정한 자(수익자)의 이익 또는 특정의 목적을 위하여 그 재산의 관리·처분·운용·개발·그 밖에 신탁 목적의 달성을 위하여 필요한 행위를 하게 하는 법률관계"를 말한

1) 은행법강의, 323면.
2) 은행법강의, 324면.

다(신탁법 2조). 자본시장법상의 신탁이란 위의 신탁법 제 2 조의 신탁을 말한다(자금 9조 24항). 신탁은 위탁자와 수탁자 간의 계약, 위탁자의 유언 등에 의하여 성립하게 되는 법률행위이다(신탁법 3조 1항 본문).

(2) 신탁업자로서는 은행, 금융투자업자(증권회사), 보험회사 등에 의한 신탁겸업사와 부동산 신탁회사가 있다. 겸업사의 경우 부동산신탁업무의 범위 등에서 다소 차이가 있는 점을 제외하고는 대체로 동일하다. 겸업사 신탁계정에서는 금전 및 재산을 신탁받아 이를 유가증권·대출금 등으로 운용하여 그 수익을 분배하는 업무가 이루어진다. 신탁업자는 일반적으로 자본시장법에 따라 신탁의 인수·신탁재산의 관리·운용·처분 등에 관한 업무 및 이에 부수하는 업무[1]를 영위하는데, 이와는 별도로 「신탁법」·「담보부사채신탁법」 등에 의한 신탁업무도 수행하고 있다.[2]

신탁업자인 수탁자는 선량한 관리자의 주의로 신탁사무를 처리하여야 하고(신탁법 32조 본문), 이에 더하여 수익자의 이익을 위하여 신탁사무를 처리하여야 하는 의무를 부담한다(신탁법 33조).

(3) 자본시장법상 신탁업자가 신탁계약에 따라 인수할 수 있는 재산은 (i) 금전, (ii) 증권, (iii) 금전채권, (iv) 동산, (v) 부동산, (vi) 지상권·전세권·부동산임차권·부동산소유권 이전등기청구권·그 밖의 부동산 관련 권리, (vii) 무체재산권(지식재산권 포함)으로 제한되어 있다(자금 103조 1항).

신탁의 종류는 신탁인수시의 재산에 따라 금전신탁·재산신탁 및 종합재산신탁으로 구분되는데, 금전신탁은 금전의 운용방법을 위탁자가 지정하였는지 여부에 따라 특정금전신탁과 불특정금전신탁으로 분류할 수 있고, 재산신탁은 증권신탁·금전채권신탁·동산신탁 및 부동산신탁 등으로 분류할 수 있다. 그리고 종합재산신탁은 위와 같은 재산을 함께 수탁하여 통합 관리하는 신탁이다.[3]

자본시장법에서는 수탁자에게 신탁재산의 처분권한이 부여되지 아니한 관리형 신탁의 수익권은 금융투자상품에서 제외하고 있다(자금 3조 1항 단서 2호). 또한 「담보부사채신탁법」에 따른 담보부사채에 관한 신탁업, 「저작권법」에 따른 저작권신탁관리업의 경우에는 신탁업으로 보지 아니한다(자금 7조 5항).

1) 부수업무로는 보호예수, 채무의 보증, 부동산매매의 중개, 금전 또는 부동산대차의 중개, 공채·사채 또는 주식의 모집, 그 불입금의 수입 또는 그 원리금·배당금지급의 취급, 재산에 관한 유언의 집행, 회계의 검사, 재산의 취득·관리·처분 또는 대차, 재산의 정리 또는 청산, 채권의 추심, 채무의 이행, 보험 등에 관한 대리사무 등이 있다(은행법강의, 325면 주 1).

2) 은행법강의, 325면.

3) 은행법강의, 325~326면.

(4) 「금전신탁」이란 "신탁인수시 신탁재산으로서 금전을 수탁하고 수탁받은 금전을 수탁자가 운용하여 신탁 해지시 원본과 수익을 금전의 형태로 수익자에게 교부하는 것"을 말하는데, 신탁재산이 금전인 이 신탁의 특성상 이익증식을 목적으로 한다.[1)]

금전신탁은 위탁자가 신탁재산인 금전의 운용방법을 지정하는지의 여부에 따라 「특정금전신탁」과 「불특정금전신탁」으로 구분된다(자금 103조 3항, 자금시 103조). 또한 수탁자의 신탁재산 운용방법에 따라 다른 신탁금전과 합동으로 운용되는 「합동운용신탁」과 단독으로 운용되는 「단독운용신탁」으로 나누어지는데, 불특정금전신탁은 합동운용방식을 취하고 특정금전신탁은 단독운용방식을 취한다. 또한 원본 또는 이익보전 여부에 따라 「약정배당신탁」과 「실적배당신탁」으로 구분된다.[2)]

금전신탁은 위탁자가 금전을 일정기간 예치하고 이자에 해당하는 신탁이익을 지급받게 되므로 예금과 유사하나, 실적배당을 원칙으로 하고 고유재산은 물론 다른 신탁재산과도 분별하여 관리 운용하여야 하는 등 예금과는 근본적인 차이점을 가지고 있다. 금전신탁과 예금의 차이점을 정리하면 아래와 같다.[3)]

[금전신탁과 예금의 차이점 비교]

구 분	금전신탁	예 금
관련법	신탁법, 자본시장법	은행법
재산관계	신탁재산(신탁계정)	고유재산(은행계정)
관계인	위탁자, 수익자, 수탁자	예금주, 은행
계약의 성질	신탁행위(계약, 유언)	소비임치계약
수탁(예수)자산	금전 및 금전 이외의 재산권	금전으로 제한
운용대상 및 방법	법령 또는 신탁계약이 정한 범위 내	원칙적으로 제한 없음
이익분배	실적배당(원칙)	약정이자
원본 및 이익보전	없음(원칙)	원금 및 약정이자 지급의무
특 약	가능	불가능
예금자 보호	원본보전약정분만 보호	보호대상

1) 은행법강의, 326면.
2) 은행법강의, 326면.
3) 은행법강의, 326면.

(5) 자본시장법은 신탁재산에 속하는 금전의 운용방법을 증권·장내외 파생상품 등 금융투자상품의 매수, 금융기관에의 예치, 금전채권의 매수, 대출, 어음의 매수, 실물자산의 매수, 무체재산권의 매수, 부동산의 매수 또는 개발, 그 밖에 신탁재산의 안전성·수익성 등을 고려하여 대통령령이 정하는 방법 등으로 제한하고 있다(자금 105조 1항).

9. 집합투자증권에 대한 투자매매업

(1) 자본시장법에서 「집합투자증권」이란 "집합투자기구에 대한 출자지분(투자신탁의 경우에는 수익권을 말한다)이 표시된 것"을 말한다(자금 9조 21항). 자본시장법에서는 집합투자증권을 일정한 경우에만 증권으로 보고 있다(자금 4조 1항 단서). 집합투자증권이 증권으로 인정되는 경우 투자신탁의 수익증권은 자본시장법상 수익증권(자금 4조 2항 3호)에 속하고, 회사형 집합투자기구와 조합형 집합투자기구의 주식 등 집합투자증권은 자본시장법상 지분증권(자금 4조 2항 2호)에 속한다.

(2) 자본시장법에서 「투자매매업」이란 "누구의 명의로 하든지 자기의 계산으로 금융투자상품의 매도·매수, 증권의 발행·인수 또는 그 청약의 권유, 청약, 청약의 승낙을 영업으로 하는 것"을 말한다(자금 6조 2항). 투자매매업은 자본시장법에서 정한 6종의 금융투자업(투자매매업·투자중개업·집합투자업·투자자문업·투자일임업 및 신탁업)의 하나이다(자금 6조 1항). 투자신탁의 수익증권 등을 제외하고는 자기가 증권을 발행하는 경우에는 원칙적으로 투자매매업으로 보지 아니한다(자금 7조 1항).

투자매매업이란 이른바 '딜링'을 의미하는 것으로 금융투자업자(증권회사)의 업무 중 자기계정을 이용하는 영업, 즉 장외파생상품 또는 파생결합증권을 발행하는 것이 대표적인 예이다. 그 밖의 기업공개, 회사채 발행과 같은 인수업무도 투자매매업에 해당한다. 그러나 투자매매업자 중 유가증권의 인수업을 하려는 자는 이에 대하여 별도의 인가를 받아야 한다.[1] 투자매매업은 자기의 계산으로 매매를 한다는 의미에서 투자중개업과 구별된다.

(3) 은행이 투자매매업(또는 투자중개업) 인가를 받아 집합투자증권의 판매를 영위하는 경우에는 다음 각 호의 어느 하나에 해당하는 행위를 하여서는 아니 된다(자금 250조 6항).

① 자기가 판매하는 집합투자증권의 집합투자재산에 관한 정보를 자기가 운용

1) 은행법강의, 328면.

하는 투자신탁재산의 운용 또는 자기가 운용하는 투자신탁의 수익증권의 판매를 위하여 이용하는 행위

② 집합투자증권의 판매업무와 「은행법」에 따른 업무를 연계하여 정당한 사유 없이 고객을 차별하는 행위

10. 집합투자증권에 대한 투자중개업

(1) 「집합투자증권」에 대하여는 앞에서 본 바와 같다.

(2) 「투자중개업」이란 "누구의 명의로 하든지 타인의 계산으로 금융투자상품의 매도·매수, 그 중개나 청약의 권유, 청약, 청약의 승낙 또는 증권의 발행·인수에 대한 청약의 권유, 청약, 청약의 승낙을 영업으로 하는 것"을 말한다(자금 6조 3항). 그러나 투자권유대행인이 투자권유를 대행하는 경우에는 투자중개업으로 보지 아니한다(자금 7조 2항).

이는 이른바 "브로커"를 의미한다. 예컨대, 금융투자업자(증권회사)가 자기계정에 미리 매입해 놓은 증권을 고객에게 판매하는 경우에는 투자매매업에 해당되지만, 증권거래소에 주문을 내어 고객에게 증권을 매입해 주거나 매도해 주는 경우에는 투자중개업에 해당된다. 즉, 금융투자업자와 고객 간의 거래는 「투자매매업」이고, 고객과 고객의 거래는 「투자중개업」에 해당되는 것이다.[1)]

(3) 자본시장법은 전담중개업무에 관한 규정을 두고 있다. 동법에서 「전담중개업무」란 "일반 사모집합투자기구 등에 대하여 다음 중 어느 하나에 해당하는 업무를 효율적인 신용공여와 담보관리 등을 위하여 대통령령으로 정하는 방법에 따라 연계하여 제공하는 업무"를 말한다(자금 6조 10항).

① 증권의 대여 또는 그 중개·주선이나 대리업무

② 금전의 융자, 그 밖의 신용공여

③ 일반 사모집합투자기구 등의 재산의 보관 및 관리

④ 그 밖에 일반 사모집합투자기구 등의 효율적인 업무 수행을 지원하기 위하여 필요한 업무로서 대통령령으로 정하는 업무

이는 일반 사모집합투자기구 등의 효율적인 업무 수행을 지원하기 위하여 필요한 업무로서, 새로 도입되는 종합금융투자사업자에 대하여 업무 다양화를 유도하기 위한 제도적 기반을 구축한다는 의미를 갖는다고 한다.[2)]

---

1) 은행법강의, 330면.

2) 주석(자본 1), 67면; 은행법강의, 330면.

(4) 은행이 이 업무를 겸영할 경우 집합투자증권에 대한 투자매매업자의 금지행위가 그대로 해당한다(자금 250조 6항).

11. 일반사무관리회사의 업무

(1) 회사형 집합투자기구에서는 대표적으로 증권 등을 자산으로 운용하고 그 수익을 주주에게 배분하는 투자회사 방식이 있다. 투자회사는 상법상의 주식회사이나 본점 이외에 영업점을 설치하거나 직원의 고용 또는 상근 임원을 둘 수 없는 서류상의 회사이다. 투자회사는 자산의 운용, 보관, 모집·판매, 기타 일반사무를 각각 별도의 자산운용회사, 자산보관회사, 판매회사, 일반사무관리회사 등에 위탁할 수밖에 없다. 그 중에서 「일반사무관리회사」란 "투자회사의 위탁을 받아 (i) 투자회사 주식의 발행 및 명의개서, (ii) 투자회사 재산의 계산, (iii) 법령 또는 정관에 의한 통지 및 공고, (iv) 이사회 및 주주총회의 소집·개최·의사록 작성 등에 관한 업무, (v) 그 밖에 투자회사의 사무를 처리하기 위하여 필요한 업무로서 대통령령이 정하는 업무를 처리하는 회사로서 금융위원회에 등록한 자"를 말한다(자금 184조 6항, 254조). 주로 자산운용회사가 이러한 업무를 맡고 있다.[1]

(2) 은행이 일반사무관리회사의 업무를 겸영하는 경우에는 해당 집합투자기구의 집합투자재산에 관한 정보를 자기가 운용하는 투자신탁재산의 운용 또는 자기가 판매하는 집합투자증권의 판매를 위하여 이용하여서는 아니 된다(자금 250조 5항). 금융위원회는 투자자를 보호하고 건전한 거래질서를 유지하기 위하여 일반사무관리회사에 대하여, (i) 고유재산의 운용에 관한 사항, (ii) 영업의 질서 유지에 관한 사항, (iii) 영업방법에 관한 사항 및 (iv) 그 밖에 투자자 보호 또는 건전한 거래질서를 위하여 필요한 사항으로서 대통령령으로 정하는 사항에 관하여 필요한 조치를 명할 수 있다(자금 256조 1항).

12. 명의개서 대행회사의 업무

(1) 주식의 양도는 주권의 교부에 의하여 그 효력이 발생하지만(상 336조 1항), 회사에 대항하기 위하여는 명의개서를 하여야 한다. 즉, 주식양수인(주권취득자)의 성명과 주소를 주주명부에 기재하여야 하는데(상 337조 1항), 이것을 「명의개서」라고 한다. 이러한 명의개서제도는 빈번하고 대량적으로 이루어지는 주식유통과정에서 회사가 명의개서된 주주만을 획일적으로 주주로 인정함으로써, 주주간의 분쟁에

1) 은행법강의, 331면.

서 회사를 보호하기 위한 기술적 제도이다.[1)]

「명의개서대리인」(transfer agent)이란 "회사를 위하여 명의개서사무를 대행하는 자"이다.[2)] 주식의 명의개서는 원래 회사가 함이 원칙이나, 주식이 거래소 등을 통하여 대량적·집단적으로 거래됨으로 인하여 발생하는 회사의 명의개서사무의 번잡을 덜고 또한 주식양수인의 편의를 위하여 상법은 명의개서대리인을 둘 수 있음을 규정하고 있다(상 337조 2항).[3)] 명의개서대리인은 명의개서를 대행하는 자이므로 민법상 회사의 대리인은 아니고, 이행보조자 또는 수임인의 지위를 가질 뿐이다.[4)] 따라서 자본시장법에서는 명의개서대행회사라고 표현하고 있다(자금 365~369조).

(2) 회사가 명의개서대리인을 두는 것은 임의적이나, 상장회사의 경우에는 한국거래소가 제정한 유가증권시장 상장규정에 의하여 명의개서 대행계약을 상장요건으로 하고 있으므로 명의개서대리인을 두는 것이 강제적이다(유가증권시장 상장규정 26조 동 시행세칙 20조 및 [별표 1] 7).

증권의 명의개서를 대행하는 업무를 영위하려는 자는 (i) 전자등록기관 또는 전국적인 점포망을 갖춘 은행일 것, (ii) 전산설비 등 대통령령으로 정하는 물적 설비를 갖출 것, (iii) 대통령령으로 정하는 이해상충방지체계를 구축하고 있을 것의 요건을 모두 갖추어 금융위원회에 등록하여야 한다(자금 365조 1항·2항). 명의개서대행회사는 등록 이후 그 영업을 영위함에 있어서 위의 각 등록요건을 계속 유지하여야 한다(자금 365조 8항).

(3) 명의개서대행회사는 증권의 배당·이자 및 상환금의 지급을 대행하는 업무와 증권의 발행을 대행하는 업무를 부수적으로 영위할 수 있다(자금 366조).

13. 환매조건부매도 및 환매조건부매수의 업무

(1) 「환매조건부매매」(Repurchase Agreement: RP, Repo)란 "현금으로 유가증권을 매도하는 계약과 장래의 일정한 날, 일정한 가격으로 동종·동량의 유가증권을 매수하기로 하는 계약이 동시에 이루어지는 유가증권의 매도·매수계약"이다.[5)] 환

1) 상법강의(상)(제25판), 810면.

2) 상법강의(상)(제25판), 817면.

3) 상법강의(상)(제25판), 817면.

4) 상법강의(상)(제25판), 818면.

5) 송종준, "Repo거래의 법률관계와 도산법상의 당사자지위," 「상사법연구」(한국상사법학회) 제21권 제2호(2002), 483면; 은행법강의 338면.

매조건부매도란 증권을 일정기간 후에 환매수할 것을 조건으로 매도하는 경우를 말하고, 환매조건부매수란 증권을 일정기간 후에 환매도할 것을 조건으로 매수하는 경우를 말한다. 환매조건부매도와 환매조건부매수를 환매조건부매매라 한다(자금시 7조 3항 3호 참조).

환매조건부매매는 일반적인 유가증권 매매와는 달리 유가증권과 자금의 이전이 영구적인 것이 아니라 일시적이라는 데 근본적인 특징이 있다. 통상 RP 매도자는 보유 유가증권을 활용한 자금의 조달이 가능하고, RP 매수자는 단기 여유자금의 운용 또는 공매도 후 결제증권의 확보 등이 가능하다.[1]

RP는 중도환매시 불이익이 생길 수 있고 예금자 보호대상은 아니지만, 대부분 국채 또는 예금보험공사에서 보증하는 채권으로 어느 정도의 안정성이 보장된다. 보유채권을 담보로 거래하는 RP거래는 자금수요자가 자금을 조달하는데 이용하는 금융거래방식의 하나로, 소액투자자의 채권시장 참여를 활성화하기 위하여, 금융기관 간에는 일시적인 자금부족을 해소하고 유가증권의 유동성과 활용성을 높이기 위하여 시행하는 제도이다.[2]

RP의 대상으로는 채권뿐만 아니라 주식 등도 가능하나, 시세변동이 크지 않아 가격이 안정적인 채권(환매조건부채권)을 주로 활용하고 있다. 따라서 RP거래는 채권시장의 수급에 영향을 줄 뿐 아니라, RP시장과 채권시장 간의 차익거래 기회를 제공하여 채권가격이 보다 합리적으로 형성되도록 한다. 이와 같이 RP시장은 단기금융시장과 자본시장을 연결시켜 통화정책의 금리파급경로가 원활히 작동하도록 함으로써 통화정책의 효율성 제고에도 기여한다.[3]

(2) RP시장은 매도기관, 매수기관 및 중개기관으로 구성된다. 매도기관은 RP거래를 이용하여 보유증권을 팔지 않고서도 일시적으로 필요한 자금을 조달할 수 있고, 보유증권을 담보로 제공하기 때문에 다른 수단에 비하여 비교적 낮은 금리로 자금을 조달할 수 있다. 또한 수익성은 높으나 유동성이 낮아 팔기 어려운 증권도 RP거래를 통해 유동화할 수 있는 장점이 있다. 한편 매수기관은 국채 등을 담보로 자금을 안전하게 운용할 수 있고, 중개기관은 매도기관과 매수기관을 연결해 주고 수수료 수입을 얻을 수 있다.[4]

---

1) 은행법강의, 339면.

2) 은행법강의, 339면.

3) 금융시장, 59면; 은행법강의, 339면.

4) 금융시장, 59면; 은행법강의, 339~340면.

(3) 자본시장법은 장외거래, 즉 거래소시장 또는 다자간매매체결회사 외에서 금융투자상품을 매매·그 밖의 거래를 하는 경우, 그 매매·그 밖의 거래방법 및 결제의 방법 등 필요한 사항은 대통령령으로 정한다고 규정하고 있다(자금 166조). 이에 따라 동법 시행령에서는 투자매매업자가 일반투자자 등과 환매조건부매매를 하는 경우에는 다음 각 사항의 기준을 준수하도록 규정하고 있다(자금시 181조 1항).

① 국채증권, 지방채증권, 특수채증권, 그 밖에 금융위원회가 정하여 고시하는 증권을 대상으로 할 것

② 금융위원회가 정하여 고시하는 매매가격으로 매매할 것

③ 환매수 또는 환매도하는 날을 정할 것. 이 경우 환매조건부매수를 한 증권을 환매조건부매도하려는 경우에는 해당 환매조건부매도의 환매수를 하는 날은 환매조건부매수의 환매도를 하는 날 이전으로 하여야 한다.

④ 환매조건부매도를 한 증권의 보관·교체 등에 관하여 금융위원회가 정하여 고시하는 기준을 따를 것

Ⅱ. 「보험업법」에 따른 보험대리점의 업무

1. 보험대리상의 법적 지위

(1) 보험대리상(insurance agent)이란 「일정한 보험자를 위하여 상시 그 영업부류에 속하는 보험계약의 체결 등을 대리함을 영업으로 하는 자」이다(상 87조, 646조의 2 1항).[1] 보험대리상에 관하여는 2014년 3월 개정상법에 의하여 최초로 상법 제4편(보험)에서 규정된 것인데, 이는 상법 제2편(상행위)에서의 대리상(상 87조) 중 체약대리상에 대한 특칙이라고 볼 수 있고, 또한 보험업법(개정: 2021. 8. 17, 법 18435호)상 보험대리점(보험 2조 10호)도 이에 해당한다고 볼 수 있다.[2] 보험대리상은 다수인에게 보험계약을 권유하고 모집할 기회를 가진 자의 신용이나 경험을 이용하기 위하여 두게 된다. 손해보험에서는 신속하게 계약을 체결할 필요가 있으므로 보험대리상(체약대리상)이 많지만, 인보험에서는 그것이 장기의 계약이고 또 신체검사 기타 계약이 성립할 때까지 시일이 걸리는 점 등에서 계약체결권을 보험자에게 집중시킬 필요가 있기 때문에 보험중개대리상인 경우가 많다.[3]

1) 상법강의(하)(제22판), 573면.

2) 상법강의(하)(제22판), 573~575면.

3) 상법강의(하)(제22판), 575면.

(2) 보험대리상은 일정한 보험자의 위탁을 받아(보험대리점 위임계약) 그 자를 위해서만 상시 계속적으로 보조하는 자인 점에서, 불특정다수의 보험자를 위하여 보조하는 보험중개인과 다르다.[1]

(3) 보험대리상(체약대리상)의 권한에 관하여 2014년 3월 개정상법은 당사자 간의 분쟁을 방지하고 보험대리상의 권한을 명확히 하기 위하여 명문규정을 두고 있다. 즉, 보험대리상은 보험료수령권한, 보험증권의 교부 권한, 보험계약자로부터 청약·고지·통지·해지·취소 등의 의사표시를 수령할 권한 및 보험계약의 체결·변경·해지 등의 의사표시를 할 권한을 갖는다(상 646조의 2 1항).

2. 금융기관보험대리점

(1) 은행은 보험대리점 또는 보험중개사로 등록할 수 있다(보험 91조 1항 1호). 은행이 보험대리점 업무를 겸영할 경우 이를 「금융기관보험대리점」이라 한다(보험 91조 2항).[2]

(2) 금융기관보험대리점이 모집[3]할 수 있는 보험상품의 범위는 금융기관에서의 판매 용이성, 불공정거래 가능성 등을 고려하여 보험업법 시행령(개정: 2022. 4. 19, 대통령령 32599호)으로 정한다(보험 91조 2항). 이에 따라 금융기관보험대리점 등이 모집할 수 있는 보험상품의 범위는 아래 표와 같다(보험시 40조 2항 본문 및 별표 5).

[별표 5](개정: 2011. 1. 24)

[금융기관보험대리점 등이 모집할 수 있는 보험상품의 범위]

생명보험	손해보험
가. 개인저축성보험 1) 개인연금 2) 일반연금 3) 교육보험 4) 생사혼합보험	가. 개인연금 나. 장기저축성보험 다. 화재보험(주택) 라. 상해보험(단체상해보험 제외) 마. 종합보험[5]

1) 상법강의(하)(제22판), 575면.

2) 은행이 겸영업무의 하나로서 보험대리점 업무를 영위하는 것을 은행(banque)과 보험(assurance)의 합성어인 방카슈랑스(bancassurance)라고 하는데, 방카슈랑스는 일반적으로 좁은 의미로는 은행 판매망을 이용하여 은행 고객들에게 보험상품 및 관련 서비스를 판매하는 것을 의미하고, 넓은 의미로는 은행과 보험사의 업무제휴 전반을 지칭한다. 우리나라의 경우는 방카슈랑스를 은행 등의 금융기관이 보험회사의 대리점 또는 중개사 자격으로 보험상품을 판매하는 제도로 한정함에 따라 좁은 의미의 방카슈랑스로 볼 수 있다(은행법강의, 341면).

3) 이때 「모집」이란 "보험계약의 체결을 중개하거나 대리하는 것"을 말한다(보험 2조 12호).

5) 그 밖의 개인저축성보험 나. 신용생명보험[4] 다. 개인보장성 보험 중 제3보험	바. 신용손해보험[6] 사. 개인장기보장성 보험 중 제3보험

(3) 금융기관보험대리점 등의 모집방법, 모집에 종사하는 모집인의 수, 영업기준 등과 그 밖에 필요한 사항은 대통령령으로 정한다(보험 91조 3항). 이에 따라 은행이 보험을 모집하는 방법은 은행의 점포 내의 지정된 장소에서 보험계약자와 직접 대면하여 모집하는 방법, 인터넷 홈페이지를 이용하여 불특정 다수를 대상으로 보험상품을 안내하거나 설명하여 모집하는 방법 및 전화·우편·컴퓨터통신 등의 통신수단을 이용하여 모집하는 방법이 있다(보험시 40조 3항). 은행은 그 은행의 본점·지점 등 점포별로 2명(보험설계사 자격을 갖춘 사람으로서 금융위원회가 정한 금융위원회가 정한 기준과 방법에 따라 채용된 사람은 제외함)의 범위에서 보험설계사로 등록된 소속 임원 또는 직원으로 하여금 모집에 종사하게 할 수 있다(보험시 40조 4항). 은행에서 보험모집에 종사하는 사람은 대출 등 불공정 모집의 우려가 있는 업무를 취급할 수 없다(보험시 40조 5항).

은행(최근 사업연도 말 현재 자산총액이 2조원 이상인 은행만 해당함)이 모집할 수 있는 1개 생명보험회사 또는 1개 손해보험회사 상품의 모집액은 매 사업연도별로 해당 금융기관보험대리점 등이 신규로 모집하는 생명보험회사 상품의 모집총액 또는 손해보험회사 상품의 모집총액 각각의 100분의 25(보험업법 시행령 제40조 7항에 따라 보험회사 상품의 모집액을 합산하여 계산하는 경우에는 100분의 33)를 초과할 수 없다(보험시 40조 6항). 이는 은행의 전국적인 점포조직 등 막강한 인적·물적 시설로 무한정 보험대리점 업무를 허용할 경우, 영세한 일반 보험대리점 또는 보험중개상과 이에 소속된 보험설계사의 영업범위가 위축되기 때문에 이들을 보호하기 위한 장치이다.[1]

은행이 보험계약의 체결을 대리하거나 중개할 때에는 금융위원회가 정하여 고

4) 이 표에서 "신용생명보험"이란 금융기관으로부터 대출을 받은 피보험자가 사망하였을 때 미상환액을 보상하는 보험을 말한다(보험업감독규정 4-13조 1항).

5) 이 표에서 "종합보험"이란 개인재물의 화재·도난·파손·폭발 등 재물손해, 신체손해 및 손해배상책임손해를 보상하는 가계성종합보험과 기업의 화재·기계·기업휴지·배상책임위험 중 2개 이상의 위험을 결합한 손해를 보상하는 기업성종합보험을 말한다(보험업감독규정 4-13조 2항).

6) 이 표에서 "신용손해보험"이란 금융기관으로부터 대출을 받은 피보험자가 상해로 인하여 사망하였을 때 미상환액을 보상하는 보험을 말한다(보험업감독규정 4-13조 3항).

1) 은행법강의, 344면.

시하는 바에 따라, 대리하거나 중개하는 보험계약의 주요 보장 내용, 대리하거나 중개하는 보험계약의 환급금 및 그 밖에 불완전 판매를 방지하기 위하여 필요한 경우로서 금융위원회가 정하여 고시하는 사항을 모두 보험계약자에게 설명하여야 한다(보험시 40조 9항).

Ⅲ. 「근로자퇴직급여보장법」에 따른 퇴직연금사업자의 업무

1. 근로자 퇴직급여제도

근로자퇴직급여보장법(개정: 2021. 4. 13, 법 18038호)은 근로자 퇴직급여제도의 설정 및 운영에 필요한 사항을 정함으로써 근로자의 안정적인 노후생활 보장에 이바지할 목적으로 제정된 법률이다(동법 1조).

퇴직연금제도에는 확정급여형 퇴직연금제도, 확정기여형 퇴직연금제도 및 개인형 퇴직연금제도가 있다(동법 2조 7호). 「확정급여형 퇴직연금제도」란 "근로자가 받을 급여의 수준이 사전에 결정되어 있는 퇴직연금제도"를 말한다(동법 2조 8호). 「확정기여형 퇴직연금제도」란 "급여의 지급을 위하여 사용자가 부담하여야 할 부담금의 수준이 사전에 결정되어 있는 퇴직연금제도"를 말한다(동법 2조 9호). 「개인형 퇴직연금제도」란 "가입자의 선택에 따라 가입자가 납입한 일시금이나 사용자 또는 가입자가 납입한 부담금을 적립·운용하기 위하여 설정한 퇴직연금제도로서 급여의 수준이나 부담금의 수준이 확정되지 아니한 퇴직연금제도"를 말한다(동법 2조 10호).

2. 퇴직연금사업자의 요건

「퇴직연금사업자」란 "퇴직연금제도의 운용관리업무 및 자산관리업무를 수행하기 위하여 법령에 따라 등록한 자"를 말한다(동법 2조 13호).

은행이 퇴직연금사업자가 되려는 경우에는 재무건전성 및 인적·물적 요건 등 대통령령으로 정하는 요건을 갖추어 고용노동부장관에게 등록하여야 한다(동법 26조 3호).

3. 퇴직연금사업자의 금지행위

(1) 퇴직연금사업자는 정당한 사유 없이 다음 각 호의 어느 하나에 해당하는

행위를 하여서는 아니 된다(동법 33조 3항).

① 법령에 따른 운용관리업무의 수행계약 체결을 거부하는 행위

② 법령에 따른 자산관리업무의 수행계약 체결을 거부하는 행위

③ 특정 퇴직연금사업자와 계약을 체결할 것을 강요하는 행위

④ 그 밖에 사용자 또는 가입자의 이익을 침해할 우려가 있는 행위로서 대통령령으로 정하는 행위

(2) 운용관리업무를 수행하는 퇴직연금사업자는 다음 중 어느 하나에 해당하는 행위를 하여서는 아니 된다(동법 33조 4항).

① 계약체결시 가입자 또는 사용자의 손실의 전부 또는 일부를 부담하거나 부담할 것을 약속하는 행위

② 가입자 또는 사용자에게 경제적 가치가 있는 과도한 부가적 서비스를 제공하거나 가입자 또는 사용자가 부담하여야 할 경비를 퇴직연금사업자가 부담하는 등 대통령령으로 정하는 특별한 이익을 제공하거나 제공할 것을 약속하는 행위

③ 가입자의 성명·주소 등 개인정보를 퇴직연금제도의 운용과 관련된 업무수행에 필요한 범위를 벗어나서 사용하는 행위

④ 자기 또는 제 3 자의 이익을 도모할 목적으로 특정 운용 방법을 가입자 또는 사용자에게 제시하는 행위

Ⅳ. 「여신전문금융업법」에 따른 신용카드업

1. 신용카드의 의의 및 당사자

(1) 신용카드란 여신전문금융업법(개정: 2020. 3. 24, 법 17112호)상 「이를 제시함으로써 반복하여 신용카드가맹점에서 일정한 거래(금전채무의 상환 등)를 제외한 사항을 결제할 수 있는 증표로서 신용카드업자(외국에서 신용카드업에 상당하는 영업을 영위하는 자를 포함함)가 발행한 것」을 말한다(여전 2조 3호).

이러한 신용카드는 유가증권이 아니고, 회원자격을 증명하는 증거증권에 불과하다.

(2) 신용카드 중에서 현재 가장 많이 이용되는 것은 3당사자카드인데, 이의 당사자는 카드회원·카드가맹점 및 신용카드업자이다.

1) 카드회원은 신용카드업자와 회원계약을 체결하고, 카드를 발급받은 후 회

원이 된다.

2) 카드가맹점은 신용카드업자와 가맹점계약을 체결하고, 가맹점규약에 의하여 카드회원이 유효한 카드를 제시하면 상품 또는 서비스를 신용으로 판매하거나 제공하여야한다.

3) 카드회원은 카드가맹점에 카드를 제시하고 매출전표에 카드상의 서명과 동일한 서명을 함으로써 상품을 구입하거나 서비스를 제공받을 수 있다.

2. 신용카드업자

신용카드업을 하려는 자는 원칙적으로 금융위원회의 허가를 받아야 한다(여전 3조 1항 본문). 신용카드업자는 원칙적으로 여신전문금융회사이거나 여신전문금융회사가 되려는 자로 제한되는데(여전 3조 3항 본문), 은행법에 따라 인가를 받은 은행 등은 이에 대한 예외로 여신전문금융회사가 아니어도 신용카드업을 할 수 있다(겸영여신업자)(여전 3조 3항 단서 1호, 여전시 3조 1항 1호). 은행이 겸영업무로서 신용카드업을 직접 운영하려는 경우에는 은행법에 따라 은행업 인가신청을 할 때 신고하여야 한다(은행 28조 1항 1호·2항 1호, 은행시 18조의 2 2항 16호).

3. 신용카드의 분실·도난 등의 경우 신용카드업자의 책임

(1) 여신전문금융업법상 신용카드의 분실·도난 등의 경우 신용카드업자의 책임은 다음과 같다.

1) 신용카드업자는 카드회원으로부터 그 카드의 분실·도난 등의 통지를 받은 때에는 그 회원에 대하여 그 카드의 사용에 따른 책임을 진다(여전 16조 1항).

신용카드업자는 위의 통지 전에 생긴 신용카드의 사용에 대하여는 분실·도난 등의 통지를 받은 날부터 (소급하여) 60일 전까지의 기간의 범위에서 책임을 진다(여전 16조 2항, 여전시 6조의 9 1항). 그러나 이 경우 신용카드업자는 신용카드의 분실·도난 등에 대하여 그 책임의 전부 또는 일부를 신용카드회원이 지도록 할 수 있다는 취지의 계약을 체결한 경우에는 그 신용카드회원에 대하여 그 계약내용에 따른 책임을 지도록 할 수 있다. 다만 저항할 수 없는 폭력이나 자기 또는 친족의 생명·신체에 대한 위해 때문에 비밀번호를 누설한 경우 등 신용카드회원의 고의 또는 과실이 없는 경우에는 그러하지 아니하다(여전 16조 3항).

2) 신용카드업자는 카드회원에 대하여 (i) 위조되거나 변조된 신용카드 등의 사용, (ii) 해킹·전산장애·내부자정보유출 등 부정한 방법으로 얻은 신용카드 등의

정보를 이용한 신용카드 등의 사용 및 (iii) 다른 사람의 명의를 도용하여 발급받은 신용카드 등의 사용(신용카드회원 등의 고의 또는 중대한 과실이 있는 경우는 제외함)으로 생기는 책임을 진다(여전 16조 5항).

그러나 신용카드업자가 위 (i) 및 (ii)에 따른 신용카드 등의 사용에 대하여 그 신용카드회원 등의 고의 또는 중대한 과실을 증명하면 그 책임의 전부 또는 일부를 신용카드회원 등이 지도록 할 수 있다는 취지의 계약을 신용카드회원 등과 체결한 경우에는 그 신용카드회원 등이 그 계약내용에 따른 책임을 지도록 할 수 있다(여전 16조 6항). 이때 신용카드회원 등의 고의 또는 중대한 과실의 범위는 (i) 고의 또는 중대한 과실에 의한 비밀번호의 누설, 또는 (ii) 신용카드를 양도 또는 담보목적으로의 제공 및 「전자금융거래법」 제9조 제2항 제1호(사고 발생에 있어서 이용자의 고의나 중대한 과실이 있는 경우로서 그 책임의 전부 또는 일부를 이용자의 부담으로 할 수 있다는 취지의 약정을 미리 이용자와 체결한 경우) 및 같은 법 시행령 제8조 각 호(이용자가 접근매체를 제3자에게 대여하거나 또는 양도나 담보의 목적으로 제공한 경우 등)의 어느 하나에 해당하는 경우를 의미한다(여전 16조 9항, 여전시 6조의 9 2항).

(2) 전자금융거래법상 신용카드의 분실·도난 등의 경우 신용카드업자의 책임은 다음과 같다.

1) 신용카드업자는 카드회원으로부터 신용카드의 분실이나 도난 등의 통지를 받은 때에는 그 때부터 제3자가 그 신용카드를 사용함으로 인하여 신용카드회원에게 발생한 손해를 배상할 책임을 진다(전금 10조 1항 본문). 그런데 다른 법령에 신용카드회원에게 유리하게 적용될 수 있는 규정이 있는 경우에는 그 법령을 우선 적용한다(전금 10조 2항). 이 규정으로 인하여 신용카드의 분실·도난 등의 경우에는 전자금융거래법 제10조 제1항은 적용될 여지가 없고, 여신전문금융업법 제16조 제1항~제3항이 적용된다고 본다.

2) 신용카드업자는 신용카드의 위조나 변조로 발생한 사고, 계약체결 또는 거래지시의 전자적 전송이나 처리과정에서 발생한 사고 및 신용카드거래를 위한 전자적 장치 또는 「정보통신망 이용촉진 및 정보보호 등에 정부보호 등에 관한 법률」 제2조 제1항 제1호에 따른 정보통신망에 침입하여 거짓이나 그 밖의 부정한 방법으로 획득한 신용카드의 이용으로 발생한 사고로 신용카드회원에게 손해가 발생한 경우에는 그 손해를 배상할 책임을 진다(전금 9조 1항).

그러나 (i) 사고 발생에 있어서 신용카드회원의 고의나 중대한 과실이 있는 경우로서 그 책임의 전부 또는 일부를 신용카드회원의 부담으로 할 수 있다는 취지의 약정을 미리 신용카드회원과 체결하거나, (ii) 법인인 신용카드회원에게 손해가 발생한 경우로 신용카드업자가 사고를 방지하기 위하여 보안절차를 수립하고 이를 철저히 준수하는 등 합리적으로 요구되는 충분한 주의의무를 다한 경우에는, 그 책임의 전부 또는 일부를 신용카드회원이 부담하게 할 수 있다(전금 9조 2항). 이때 (i)의 경우 신용카드회원의 고의 또는 중대한 과실의 범위는 (a) 신용카드회원이 신용카드를 제 3 자에게 대여하거나 그 사용을 위임한 경우 또는 양도나 담보의 목적으로 제공한 경우 또는 (b) 제 3 자가 권한 없이 신용카드회원의 신용카드를 이용하여 거래를 할 수 있음을 알았거나 쉽게 알 수 있었음에도 불구하고 신용카드를 누설하거나 노출 또는 방치한 경우이다(전금 9조 3항, 전금시 8조 1호·2호). 그런데 이 경우에도 다른 법령에 신용카드회원에게 유리하게 적용될 수 있는 규정이 있는 경우에는 그 법령을 우선 적용한다(전금 10조 2항). 이러한 전자금융거래법 제 9 조를 여신전문금융업법 제16조 제 5 항~제10항과 비교하여 보면 전체적으로 여신전문금융업법이 카드회원에게 보다 유리하게 규정하고 있다고 볼 수 있으므로, 신용카드에 관한 한 전자금융거래법은 거의 적용될 여지가 없다고 본다.

V. 「담보부사채신탁법」상 담보부사채에 관한 신탁업

1. 담보부사채의 개념

사채는 물상담보가 설정되어 있는지 여부에 따라 무담보사채와 담보부사채로 구분된다. 사채를 위하여 법정의 물상담보가 설정되어 있지 않은 사채를 무담보사채라고 하고, 이러한 물상담보가 설정되어 있는 사채를 담보부사채라고 한다.[1] 즉, 담보부사채」란 "사채권을 담보하기 위하여 물상담보가 붙어 있는 사채"를 말한다.[2]

사채발행의 경우에 기채회사(채무회사)가 사채권자에 대하여 개별적으로 담보권을 설정하는 것은 실제로 불가능하므로, 신탁의 법리에 의하여 수탁회사를 통하여 집단적 담보권을 설정할 수 있게 하는 「담보부사채신탁법」이 제정되었는데 (1962. 1. 10. 법 991호)(개정: 2021. 4. 20, 법 18120호), 보통 「담보부사채」라 함은 이 법에 의하여 담보권이 설정된 사채를 말한다.[3] 담보부사채는 물상담보가 붙여진 사

1) 상법강의(상)(제25판), 1272면.
2) 상법강의(상)(제25판), 1322면.
3) 상법강의(상)(제25판), 1322면.

채로서, 보통 수탁회사인 금융기관의 인적담보(보증)가 붙여진 보증사채와 구별된다.[1]

2. 담보부사채 신탁계약

1) 담보부사채신탁법에 의하면 사채에 대하여 물상담보권을 설정하고자 하는 경우에는 사채발행회사(기채회사)를 위탁회사로 하고, 자본시장법에 의한 신탁업자 또는 은행법에 따른 은행으로서 금융위원회에 등록한 자를 수탁회사로 하여(동법 5조), 양자간의 신탁계약에 의하여 사채를 발행하여야 한다(동법 3조). 이 때 수탁회사는 신탁증서에 적은 총사채를 위하여 물상담보권을 취득하는 동시에(동법 60조 1항) 이 담보권을 총사채권자를 위하여 보존하고 또 실행하여야 할 의무를 부담하므로(동법 60조 2항), 사채권자는 수익자로서 그 담보의 이익을 채권액에 비례하여 평등하게 받는다(동법 61조).

2) 담보부사채에 관한 신탁계약은 법정요건을 기재한 신탁증서에 의하여 체결되는 데(동법 12조 이하), 이러한 담보권은 다음과 같은 중요한 특징이 있다. 즉, (i) 신탁계약에 의한 물상담보가 사채(주채무)성립 이전에도 그 효력이 발생하는 점(동법 62조), (ii) 담보권의 주체(수탁회사)와 채권의 주체(사채권자)가 상이한 점(동법 60조 1항), (iii) 수탁회사가 신탁계약의 당사자가 아닌 사채권자에 대하여 선량한 관리자의 주의로써 신탁사무를 처리하여야 하는 의무를 부담하는 점(동법 59조), (iv) 사채에 붙일 수 있는 물상담보의 종류(동산질·증서가 있는 채권질·주식질·부동산저당이나 그 밖에 법령에서 인정하는 각종 저당)가 제한되어 있는 점(동법 4조) 등이다.[2]

3. 수탁회사의 업무

담보부사채신탁법상 수탁회사는 물상담보권의 귀속자로서 총사채권자를 위하여 담보권을 보존·실행하여야 하는 업무(동법 60조 2항) 외에, (i) 위탁회사를 위한 담보부사채의 모집에 관한 업무(동법 18조, 19조), (ii) 사채권자집회의 소집 및 결의의 집행업무(동법 41조, 54조 본문), (iii) 담보권의 실행 및 강제집행업무(동법 71조, 72조) 및 (iv) 채권의 변제를 받음에 필요한 모든 업무(동법 73조) 등을 수행할 권한을 갖는다.

---

1) 상법강의(상)(제25판), 1322면.
2) 상법강의(상)(제25판), 1323면.

제 5 절 은행의 제한업무와 금지업무

은행법 제37조는 다른 회사에 대한 출자제한 등에 대하여 규정하고, 동법 제38조는 은행의 금지업무에 대하여 규정하고 있다. 이하에서 간단히 살펴본다.

I. 은행법 제37조에 의한 은행의 제한업무

은행법 제37조에 의한 은행의 제한업무는 (i) 은행의 다른 회사 등에 대한 출자제한, (ii) 은행의 자회사 등과의 거래제한 및 (iii) 자은행의 행위제한으로 나누어 살펴보겠다.

1. 은행의 다른 회사 등에 대한 출자 제한

가. 원 칙

(1) 은행은 다른 회사 등의 의결권 있는 지분증권의 100분의 15를 초과하는 지분증권을 소유할 수 없다(은행 37조 1항). 이는 금융자본의 산업자본의 지배를 방지하기 위하여 은행법에서 주식양도의 자유를 제한한 것이다.[1] 이는 산업자본의 금융자본의 지배를 방지하기 위한(은산분리) 규정(은행 15조~16조의 5)에 대한 반대의 규정으로 볼 수도 있으나,[2] 은행의 제한업무의 하나로 볼 수도 있다.

(2) 「금융산업의 구조개선에 관한 법률」(개정: 2021. 4. 20, 법 18115호)(이하 '금산법'으로 약칭함)에서도 금융기관을 이용하여 산업자본을 지배하는 것을 금지하고 있다. 즉, 금융기관 및 그 금융기관과 같은 기업집단에 속하는 금융기관(이하 '동일계열 금융기관'이라 함)은 (i) 다른 회사의 의결권 있는 발행주식총수의 100분의 20 이상을 소유하게 되는 경우, (ii) 다른 회사의 의결권 있는 발행주식총수의 100분의 5 이상을 소유하고 동일계열 금융기관이나 동일계열 금융기관이 속하는 기업집단이 그 회사를 사실상 지배하는 것으로 인정되는 것으로서 대통령령으로 정하는 경우, (iii) 다른 회사의 의결권 있는 발행주식총수의 100분의 10 이상을 소유하고 동일계열 금융기관이나 동일계열 금융기관이 속하는 기업집단이 그 회사를 사실상 지배하는 것으로 인정되는 경우로서 대통령령으로 정하는 경우 또는 (iv) 다른 회사의 의

1) 상법강의(상)(제25판), 798면; 주석(은행), 482면.

2) 주석(은행), 482면.

결권 있는 발행주식총수의 100분의 15 이상을 소유하고 동일계열 금융기관이나 동일계열 금융기관이 속하는 기업집단이 그 회사를 사실상 지배하는 것으로 인정되는 경우로서 대통령령으로 정하는 경우 중 어느 하나에 해당하는 행위를 하려면 대통령령으로 정하는 기준에 따라 미리 금융위원회의 승인을 받아야 한다(금산 24조 1항 본문). 이는 금융기관을 이용한 기업집단의 지배적 확장 및 경제력 집중을 억제하기 위한 것이다.[1]

나. 예 외

(1) 은행은 (i) 금융위원회가 정하는 업종(은행업·금융투자업·보험업·상호저축은행업무·여신전문금융업·신용정보업·팩토링업 등－은행업감독규정 49조)에 속하는 회사 등에 출자하는 경우 또는 (ii) 기업구조조정 촉진을 위하여 필요한 것으로 금융위원회의 승인을 받은 경우에는, 의결권 있는 지분증권의 100분의 15를 초과하는 지분증권을 소유할 수 있다(은행 37조 2항 본문).

(2) 은행이 의결권 있는 지분증권의 100분의 15를 초과하는 지분증권을 소유하는 회사 등(이하 '자회사 등'이라 함)[2]에 대한 출자총액이 다음의 어느 하나의 금액을 초과하지 못한다(은행 37조 2항 단서).

① 은행 자기자본의 100분의 20의 범위에서 대통령령으로 정하는 비율(100분의 20－은행시 21조 1항)을 초과하지 못한다.

② 은행과 그 은행의 자회사 등의 경영상태 등을 고려하여 금융위원회가 정하여 고시하는 요건을 충족하는 경우에는 은행 자기자본의 100분의 40의 범위에서 대통령령으로 정하는 비율(100분의 30－은행시 21조 4항)에 해당하는 금액을 초과하지 못한다.

이 경우 금융위원회는 다른 회사의 지분증권을 취득할 수 있는 은행의 요건으로 (i) 은행의 경영상태, (ii) 은행이 이미 출자한 자회사 등(은행법 제37조 제 2 항 각 호 외의 부분 단서에 따른 자회사 등을 말함)의 경영상태 및 (iii) 자회사 등에 대한 출자

---

1) 박준우, 금융산업의 구조개선에 관한 법률 제24조에 관한 연구(법학석사학위논문)(고려대, 2009. 2), 35면.

2) 상법상 '모회사'는 다른 회사의 발행주식총수의 100분의 50을 초과하는 주식을 가진 회사인데(상 342조의 2 1항), 은행법상 '모회사(모은행)'는 다른 회사(은행)의 의결권 있는 지분증권의 100분의 15를 초과하는 지분증권을 소유하는 회사(은행 37조 2항 단서, 5항)인 점에서, 모자회사의 정의에서 은행법은 상법에 대한 특칙을 규정하고 있다. 또한 은행법에서는 손은행(孫銀行)을 자은행(子銀行)으로 의제하지 않은 점(은행 37조 5항)도 상법의 경우(상 342조의 2 3항 후단)와 구별되는 점이다.

의 총한도에 관한 요건을 정할 수 있다(은행시 21조 2항).

또한 이때 출자총액을 산정할 때에는 원본(元本) 보전(補塡)의 약정이 있는 신탁계정에서의 출자액은 포함하되, 법령에 따라 출자하는 금액과 구조조정 등에 드는 금액으로서 금융위원회가 인정하는 금액은 제외한다(은행시 21조 3항).

2. 은행의 자회사 등과의 거래제한

(1) 은행은 그 은행의 자회사 등 각각에 대하여 해당 은행 자기자본의 100분의 10을, 자회사 등 전체에 대하여는 해당 은행 자기자본의 100분의 20을 초과하는 신용공여를 하지 못한다(은행 37조 3항 1호, 은행시 21조 5항). 그러나 (i) 은행 이사회에서 합병하기로 결의한 자회사 등에 대하여 신용공여를 하는 것이 불가피한 경우와 (ii) 은행 공동으로 경영 정상화를 추진중인 자회사 등에 대하여 신용공여를 하기로 합의한 경우에는 그러하지 아니한다(은행 37조 3항 1호 단서, 은행시 21조 6항).

(2) 은행은 그 은행의 자회사 등의 지분증권을 담보로 하는 신용공여와 그 은행의 자회사 등의 지분증권을 사게 하기 위한 신용공여를 하지 못한다(은행 37조 3항 2호).

(3) 은행은 그 은행의 자회사 등의 임직원에 대한 대출을 하지 못한다. 그러나 금융위원회가 정하는 소액대출(일반자금대출은 2,000만원 이내이고 일반자금대출을 포함한 주택자금대출은 5,000만원 이내임－은행업감독규정 53조)은 그러하지 아니한다(은행 37조 3항 3호).

(4) 그 밖에 은행의 건전한 경영을 해치거나 예금자 등 은행이용자의 이익을 해칠 우려가 있는 경우로서 (i) 정당한 사유 없이 자회사 등이 부담하여야 할 경비를 부담하는 행위, (ii) 업무상 알게 된 은행이용자에 대한 정보를 은행이용자의 동의 없이 자회사 등에 제공하거나 자회사 등으로부터 제공받는 행위(다만, 법령에 따라 제공하거나 제공받는 경우는 제외함) 및 (iii) 그 밖에 정당한 사유 없이 자회사 등을 우대하는 행위로서 금융위원회가 정하여 고시하는 행위를 하지 못한다(은행 37조 3항 4호, 은행시 21조 8항).

3. 자은행의 행위 제한

(1) 자은행은 모은행 및 그 모은행의 다른 자은행(이하 '모은행 등'이라 함)이 발행한 주식을 소유할 수 없다(은행 37조 6항 1호). 이는 상법상 주식회사의 자회사도 모회사의 주식을 취득할 수 없는 점과 같은데(상 342조의 2 1항), 은행법에서는 모

자은행의 정의가 상법상 모자회사의 그것과 다르고(상 342조의 2 1항, 은행 37조 5항) 또한 은행법에서는 자은행이 모은행의 다른 자은행의 주식까지 취득하지 못하도록 한 점이 상법에 대한 특칙이라고 볼 수 있다.

그러나 (i) 자은행이 모은행(은행법 제37조 제5항에 따른 모은행을 말함)의 새로운 다른 자은행이 발행한 주식을 이미 소유하고 있는 경우, (ii) 모은행의 새로운 자은행이 그 모은행 또는 그 자은행이 발행한 주식을 이미 소유하고 있는 경우, 또는 (iii) 상법 제342조의 2 제1항에 따라 모은행 등(은행법 제37조 제6항 제1호에 따른 모은행 등을 말함)이 발행한 주식을 소유하고 있는 경우에는 그러하지 아니하다(은행 37조 6항 1호 단서, 은행시 21조 9항). 은행법에서는 자은행은 그 모은행의 다른 자은행이 발행한 주식도 소유할 수 없으므로(은행 37조 6항 1호 본문), 이에 대한 예외도 상법의 그것과(상 342조의 2 1항 1호·2호) 달리 규정하고 있다.

자은행이 예외적으로 모은행 등이 발행한 주식을 소유한 경우에는 그날부터 2년 이내에 해당 주식을 처분하여야 하는데, 금융위원회는 자은행이 소유한 주식의 규모·증권시장의 상황 등에 비추어 부득이하다고 인정되는 경우에는 그 기간을 연장할 수 있다(은행시 21조 10항). 상법에서는 자회사가 예외적으로 취득한 모회사의 주식을 그 취득한 날로부터 6월 이내에 처분하도록 규정하고 있는데(상 342조의 2 2항), 위의 은행법의 규정은 이러한 상법에 대한 특칙규정이라고 볼 수 있다.

(2) 자은행은 다른 은행의 의결권 있는 발행주식의 100분의 15를 초과하여 주식을 소유하지 못한다(은행 37조 6항 2호). 이로 인하여 은행에서는 자은행만 인정되고 손은행(孫銀行)이 인정되지 않는다.

(3) 자은행은 (i) 모은행에 대한 신용공여가 금지되고, (ii) 다른 자은행에 대한 신용공여는 해당 자은행 자기자본의 100분의 10을 초과하여 하지 못하며, (iii) 다른 자은행에 대한 신용공여의 합계액은 해당 자은행 자기자본의 100분의 20을 초과하여 하지 못한다(은행 37조 6항 3호, 은행시 21조 11항 본문). 다만 (i) 모자관계를 형성하기 이전에 이미 모은행에 신용공여를 한 경우, (ii) 모은행의 새로운 자은행에 대한 신용공여의 규모가 이미 다른 자은행 각각의 신용공여에 대하여는 해당 자은행 자기자본의 100분의 10 및 다른 자은행에 대한 신용공여의 합계액은 해당 자은행 자기자본의 100분의 20을 초과한 경우, 또는 (iii) 일정한 사유(환율변동에 따른 원화 환산액의 증가, 해당 은행의 자기자본 감소, 기업 간 합병 또는 영업의 양수 및 그 밖에 금융위원회가 인정하는 불가피한 사유)로 위 본문을 위반하게 된 경우에는, 그 사유가 발생한 날부터 2년 이내에 위 본문에 적합하게 하되, 자은행의 신용공여 규모 등에 비

추어 부득이하다고 인정되는 경우 금융위원회는 그 기간을 연장할 수 있다(은행시 21조 11항 단서, 12항).

(4) 그 밖에 그 자은행의 건전한 경영을 해치거나 예금자 등 은행이용자의 이익을 해칠 우려가 있는 행위로서, (i) 모은행 등이 발행한 주식을 담보로 하거나 이를 매입시키기 위한 신용공여, 및 (ii) 모은행 등의 임원 또는 직원에 대한 대출(금융위원회가 정하는 소액대출은 제외함)을 하지 못한다(은행 37조 6항 4호, 은행시 21조 13항).

(5) 자은행이 모은행 등에 대하여 신용공여를 하는 경우에는, 신용공여액의 100분의 150의 범위에서 유가증권·부동산 등 담보의 종류에 따라 금융위원회가 정하여 고시하는 비율 이상의 담보를 확보하지 아니하면, 신용공여를 하지 못한다(은행 37조 7항 본문, 은행시 21조 14항). 다만 (i) 해당 자은행과 모은행 등의 구조조정에 필요한 신용공여에 해당하는 경우, (ii) 해당 자은행이 모은행의 자은행이 되기 전에 한 신용공여에 해당하는 경우(다만 해당 자은행이 모은행의 자은행이 된 날부터 2년 이내에 은행법 시행령 제21조 제13항에 적합하게 하는 경우로 한정함), (iii) 자본시장법에 따른 자금중개회사를 통한 통상적 수준 이내에서의 단기자금거래에 해당하는 경우, (iv) 추심중에 있는 자산을 근거로 제공한 일시적 신용공여에 해당하는 경우, 또는 (v) 당일 자금상환을 조건으로 제공한 통상적 수준 이내에서의 당좌대출에 해당하는 경우에는 그러하지 아니하다(은행 37조 7항 단서, 은행시 21조 15항).

(6) 자은행과 모은행 등 상호 간에는 경영내용·재무상태 및 미래의 현금흐름 등을 고려할 때 상환에 어려움이 있거나 있을 것으로 판단되는 채무자 등에 대한 채권 등으로서 금융위원회가 정하여 고시하는 불량자산을 거래하여서는 아니 된다(은행 37조 8항 본문, 은행시 21조 16항). 다만, 그 자은행과 모은행 등의 구조조정에 필요한 거래 등 금융위원회가 정하는 요건에 해당하는 경우에는 그러하지 아니하다(은행 37조 8항 단서).

Ⅱ. 은행법 제38조에 의한 은행의 금지업무

은행법 제38조에 의한 은행의 금지업무는 (i) 증권에 대한 투자, (ii) 비업무용 부동산의 소유, (iii) 업무용 부동산의 소유, (iv) 대출로 나누어 살펴보겠다.

1. 증권에 대한 투자

(1) 은행은 (i) 상환기간이 3년을 초과하는 채무증권(다만, 국채 및 한국은행 통화안정증권, 「금융산업의 구조개선에 관한 법률」 제11조 제6항 제2호에 따른 정부가 원리금의 지급을 보증한 채권은 제외함), (ii) 지분증권(다만, 「금융산업의 구조개선에 관한 법률」 제11조 제6항 제1호에 따른 기존의 대출금 등을 출자로 전환함으로써 소유하게 된 주식은 제외함), (iii) 상환기간이 3년을 초과하는 파생결합증권, (iv) 상환기간이 3년을 초과하는 수익증권·투자계약증권 및 증권예탁증권에 대한 투자의 총 합계액이 은행의 자기자본의 100분의 100의 범위에서 대통령령으로 정하는 비율(100분의 100－은행시 21조의 2 1항)에 해당하는 금액을 초과하는 투자를 하여서는 아니 된다(은행 38조 1호 1문, 은행시 21조의 2 1항~3항).

은행은 조달한 자금을 대출에 운용하는 외에 유가증권 투자를 통하여 보유자산의 다양화와 수익성 제고를 도모하는데, 유가증권은 시장가치가 수시로 변화하는 위험자산이므로 은행법에서는 은행경영의 건전성 확보를 위하여 과도한 유가증권 투자를 규제하는 것이다.[1)]

(2) 금융위원회는 필요한 경우 같은 투자한도의 범위에서 위 (1)의 (i)~(iv)의 증권에 대한 투자한도를 따로 정할 수 있다(은행 38조 1호 2문).

(3) 참고로 은행은 그 은행의 대주주가 발행한 지분증권은 원칙적으로 자기자본의 100분의 1의 범위에서만 취득할 수 있다(은행 35조의 3 1항 본문, 은행시 20조의 8 1항).

2. 비업무용 부동산의 소유

(1) 은행은 (i) 영업소·사무소 등 영업시설, (ii) 연수시설, (iii) 복리후생시설 및 (iv) (i)호부터 (iii)호까지의 시설 용도로 사용할 토지·건물 및 그 부대시설(업무용 부동산)이 아닌 부동산(저당권 등 담보권의 실행으로 취득한 부동산은 제외함)을 소유하여서는 아니 된다(은행 38조 2호, 은행시 21조의 2 4항).

(2) 본 호의 규정에 의하여 은행은 업무용 부동산도 아니고 담보권 실행 등으로 취득한 부동산도 아닌 경우의 비업무용 부동산은 소유 그 자체를 원천적으로 금지하고 있다.[2)]

---

1) 은행법강의, 314면.

2) 주석(은행), 491면.

본 호에 의하여 은행은 원칙적으로 취득이 금지되어 있는 비업무용 부동산, 은행법 제38조 제3호에 의하여 보유한도를 초과한 업무용 부동산, 저당권 등 담보권의 실행으로 인하여 취득한 자산을 금융위원회가 정하는 바에 따라 처분하여야 한다(은행 39조).[1)]

3. 업무용 부동산의 소유

(1) 은행은 자기자본의 100분의 100 범위 내에서 대통령령으로 정하는 비율(100분의 60)에 해당하는 금액을 초과하는 업무용 부동산을 소유하여서는 아니 된다(은행 38조 3호, 은행시 21조의 2 5항).

(2) 본 호는 은행이 영업상 필요에 의하여 소유하게 되는 업무용 부동산의 경우에도 자금운용의 고정화를 방지하고 투기 목적의 부동산 취득을 금하기 위하여 그 보유한도를 제한하고 있다.[2)]

(3) 은행이 업무용 부동산을 새로 취득하지 아니하였음에도 불구하고 손실발생 등으로 부득이하게 자기자본이 감소하여 자기자본의 100분의 60을 초과하게 된 경우에는 초과하게 된 날부터 1년 이내에 그 한도에 적합하게 하여야 한다. 다만, 금융위원회는 은행이 초과 보유한 업무용 부동산의 규모, 부동산시장의 상황 등에 비추어 부득이하다고 인정되는 경우에는 해당 은행의 신청에 따라 그 기간을 연장할 수 있다(은행시 21조의 2 6항).

4. 대 출

(1) 은행은 (i) 직접·간접을 불문하고 해당 은행의 주식을 담보로 하는 대출(은행 38조 4호), (ii) 직접·간접을 불문하고 해당 은행의 주식을 사게 하기 위한 대출(은행 38조 5호) 및 (iii) 해당 은행의 임직원에 대한 대출(금융위원회가 정하는 소액대출은 제외함)(은행 38조 6호)을 하여서는 아니 된다.

(2) 상법상 주식회사는 (배당가능이익이 없는 경우) 일정한 경우(회사의 합병·영업전부의 양수 등)를 제외하고는 자기주식을 취득할 수 없도록 하고(상 341조의 2), 주식회사는 원칙적으로 발행주식총수의 20분의 1을 초과하여 자기주식을 질권의 목적으로 받지 못하게 하고 있다(상 341조의 3). 이는 모두 주식회사의 자본금 충실을 기하기 위함이다. 은행법도 이러한 취지에서 자기주식을 담보로 하는 대출 및 자기주

1) 금융감독원, 검사매뉴얼 중 자산분야 검사편 참조.

2) 주석(은행), 491면.

식을 사게 하기 위한 대출을 금하고 있다.[1] 이러한 은행법상의 규정은 상법에 대한 특칙이라고 볼 수 있다.

해당 은행의 임직원에 대한 대출을 원칙적으로 금지하는 것은 정실대출을 억제하는 데 그 취지가 있다.[2] 이에 대한 예외로 '금융위원회가 정하는 소액대출'은 은행업감독규정에서 규정하고 있다(일반자금대출은 2,000만원 이내이고, 일반자금대출을 포함한 주택자금대출은 5,000만원 이내이며-일반자금 및 주택자금대출을 포함한 사고금정리 대출은 6,000만원 이내임).

1) 은행법강의, 256면.
2) 은행법강의, 256면.

제 4 장 은행감독법

제 1 절 총 설

Ⅰ. 은행감독의 의의

(1) 금융감독이 없는 금융시장에서 독과점의 결과로 인하여 금융상품과 서비스가 과다하게 많거나 적게 제공되거나, 가격이 지나치게 높거나 낮을 때, 또는 쏠림현상 등으로 금융제도가 제대로 작동되지 않는 시장실패현상이 경제 전반에 전달되면 예금인출사태(bank-run)나 공황(panic)이 발생하게 되고 신용경색이 발생하여 은행이 문을 닫는 경우가 발생한다. 따라서 이를 사전에 예방하고 피해를 최소화하기 위하여 감독기관의 은행과 금융시장에 대한 상시감시가 필요하다.[1]

(2) 은행감독이란 감독기관이 은행의 경영건전성 확보·신용질서 및 공정거래관행 확립·은행소비자 보호 등을 도모하고자(은행 1조 참조), 은행업 인가·경영건전성 규제·검사 및 제재 등의 기능을 수행하는 제반활동이라 할 수 있고, 그 성격은 은행의 건전성을 확보하여 금융의 효율성과 안전성을 도모하고 은행소비자의 권익을 보호한다는 점에서 공공성을 갖는 행정행위라고 볼 수 있다.[2]

(3) 은행규제는 사전적으로 은행의 영업행위에 대한 행위기준의 설정이나, 은행감독은 은행의 동 행위기준의 준수여부를 감시하는 것이고 감독기관이 은행법 등 관련법규를 집행하는 것이다.[3]

1) 은행법강의, 357면 및 같은 면 주 1.

2) 은행법강의, 357~358면.

3) 은행법강의, 358면; 로스쿨 금융법, 573면.

Ⅱ. 은행감독의 수단

(1) 은행감독의 수단은 감독기관이 감독권을 행사하기 위한 방법이다. 이는 감독대상에 따라 개별 은행과 이해관계자에 대한 감독수단과 금융시장(특히, 자본시장)에 대한 감독수단으로 구분된다. 전자는 규제의 취지를 달성하기 위한 방법으로서 사전적·예방적 감독수단과 사후적·교정적 감독수단으로서 구분된다. 후자는 투명성을 확보하기 위한 공시(disclosure), 불공정거래 조사를 주요 수단으로 한다. 따라서 후자는 자본시장 감독에 속하는 사항이므로 이 곳에서 설명을 생략하고, 전자에 대하여만 간단히 살펴본다.

(2) 은행의 건전경영을 위한 사전적·예방적 감독수단으로 감독기관은 인가·승인·결정, 지시·명령, 신고·보고 등의 수단을 사용한다. 이외에도 협의, 지도, 권고 등과 같은 비강제적·비권력적인 감독수단을 사용하기도 한다.[1]

이러한 감독수단은 원칙적으로 행정절차법에 규정하고 있는 절차를 준수하여야 하고, 은행의 권리·의무에 제한을 가하는 권력적·침익적 감독수단은 행정심판이나 행정소송의 대상이 된다(금설 70조 참조).

(3) 은행의 영업활동에 대하여, 감독기관은 사후적·교정적으로 은행이 은행법규 및 건전성지도기준을 준수하였는지 여부를 확인한다. 이에 따른 감독기관의 (전통적인) 검사 및 제재는 사후적·교정적 감독수단에 해당한다. 이는 은행의 의무사항의 이행을 촉구하여 은행경영의 건전성 확보 등 은행감독의 실효성을 확보하기 위한 것이다.[2]

Ⅲ. 은행감독기관

(1) 은행감독기관이란 광의로는 기획재정부·공정거래위원회·금융위원회·금융감독원·한국은행·예금보험공사를 들 수 있는데, 협의로는 금융위원회와 금융감독원을 말한다.

기획재정부는 화폐업무·국제금융 및 외환업무를 소관업무로 하고, 공정거래위원회는 은행의 공동행위 감독 및 약관심사를 하며, 한국은행의 은행감독기능은 제한적 기능으로 축소되었고, 예금보험공사는 부보금융기관에 대하여 자료제출요구

1) 로스쿨 금융법, 575~577면; 은행법강의, 359면.

2) 로스쿨 금융법, 577면; 은행법강의, 359~360면.

권·조사권이 있다.[1)]

(2) 금융위원회는 국무총리소속하에 있는 중앙행정기관으로서, 금융정책·외국환업무취급기관의 건전성 감독 및 금융감독에 관한 업무를 독립적으로 수행한다(금설 3조).

금융위원회의 조직은 위원장 1인, 부위원장 1인, 당연직 위원 4인(기획재정부 차관, 금융감독원 원장, 예금보험공사 사장, 한국은행 부총재), 임명직 위원 3인[금융위원회 위원장이 추천하는 금융전문가 2인(상임), 대한상공회의소 회장이 추천하는 경제계대표 1인(비상임)] 등 9인으로 구성된다(금설 4조 1항). 그리고 금융위원회의 사무를 처리하기 위한 사무처가 있다(금설 15조).

위원장은 국무총리 제청으로 대통령이 임명하며, 부위원장은 위원장의 제청으로 대통령이 임명한다(금설 4조 2항). 위원장, 부위원장 및 임명직 위원의 임기는 3년이며 한 차례만 연임할 수 있다(금설 6조 1항). 위원장은 국무회의에 출석·발언권을 갖고, 부위원장은 소관사항에 대하여 금융통화위원회 회의에 열석하여 발언할 수 있는 권한을 가진다(금설 4조 6항, 한은 91조).

금융위원회의 소관사무는 (i) 금융에 관한 정책 및 제도에 관한 사항, (ii) 금융기관 감독 및 검사·제재에 관한 사항, (iii) 금융기관의 설립, 합병, 전환, 영업의 양수·양도 및 경영 등의 인가·허가에 관한 사항, (iv) 자본시장의 관리·감독 및 감시 등에 관한 사항, (v) 금융소비자의 보호와 비상 등 피해구제에 관한 사항, (vi) 금융중심지의 조성·발전에 관한 사항, (vii) 상기 (i)부터 (vi)까지의 사항에 관련된 법령 및 규정의 제정·개정 및 폐지에 관한 사항, (viii) 금융 및 외국환업무취급기관의 건전성 감독에 관한 양자·다자간 협상 및 국제협력에 관한 사항, (ix) 외국환업무취급기관의 건전성 감독에 관한 사항, (x) 그 밖에 다른 법령에서 금융위원회의 소관으로 규정한 사항이다(금설 17조).

(3) 금융감독원은 금융위원회나 증권선물위원회의 지도·감독을 받아 금융기관에 대한 검사·감독업무 등을 수행하기 위하여 설립된 무자본특수법인이다(금설 24조).

금융감독원의 조직은 원장 1인, 4인 이내의 부원장, 9인 이내의 부원장보 및 감사 1인으로 구성된다(금설 29조 1항). 원장·부원장·부원장보 및 감사의 임기는 3년이며 한 차례만 연임할 수 있다(금설 29조 5항). 원장 및 감사는 금융위원회 의결을 거쳐 금융위원회 위원장의 제청으로 대통령이 임명한다(금설 29조 2항·4항). 부원장은 원장의 제청으로 금융위원회가 임명하고, 부원장보는 원장에 의하여 임명된다

1) 은행법강의, 360~361면.

(금설 29조 3항). 원장은 위원장에게 금융감독원 업무의 범위 안에서 필요한 안건의 상정을 요청할 수 있는데, 이 경우 위원장은 특별한 사유가 없으면 그 요청에 따라야 한다(금설 11조 7항).

금융감독원의 소관사무는 (i) 금융기관의 업무 및 재산상황에 대한 검사, (ii) 검사결과에 따른 제재, (iii) 금융위원회 및 동 소속기관에 대한 업무지원, (iv) 기타 금융위원회의 설치 등에 관한 법률과 다른 법령에서 금융감독원이 수행하도록 하는 업무이다(금설 37조). 그리고 금융감독원은 금융위원회 및 증권선물위원회의 권한 일부를 수탁받아 업무를 수행할 수 있다(금설 71조).

(4) 금융위원회와 금융감독원의 관계는 다음과 같다.[1]

금융위원회는 금융감독원의 업무·운영·관리에 대한 지도·감독을 하고, 금융감독원의 정관변경 승인, 예산 및 결산 승인사항 등을 심의·의결한다(금설 18조). 금융감독원은 그 업무수행과 관련하여 필요한 경우에는 규칙을 제정할 수 있는데, 이러한 규칙을 제정 또는 변경한 경우 금융위원회에 즉시 보고하여야 하고, 금융위원회는 그 규칙이 위법·부당한 경우 사후적으로 시정명령을 할 수 있다(금설 39조). 그리고 금융위원회는 금융감독원의 처분이 위법하거나 공익 보호 또는 예금자 등 금융수요자 보호 측면에서 매우 부당하다고 인정하면 그 처분의 전부 또는 일부를 취소하거나 그 집행을 정지시킬 수 있다(금설 61조 2항).

금융감독원 원장은 금융기관의 업무 및 재산상황에 대한 검사결과 및 금융기관 임원의 해임권고 등 조치결과를 금융위원회에 보고하여야 하고(금설 59조), 금융위원회는 금융감독 등에 필요한 자료제출 및 금융감독원의 업무·재산 및 회계에 관한 사항의 보고를 요구할 수 있으며(금설 58조, 60조 전단), 금융위원회가 정하는 바에 따라 그 업무·재산상황·장부·서류 및 그 밖의 물건을 검사할 수 있다(금설 60조 후단).

금융위원회는 위원회의 권한 또는 업무의 효율적인 집행을 위하여, (i) 위원회의 결정을 집행하기 위하여 필요한 절차·방법 등에 관한 사항, (ii) 위원회가 정한 규정이나 명령 등에 의하여 그 처리기준이 명확하여 중요한 의사결정을 필요로 하지 아니하다고 인정되는 신고·보고 등의 처리와 등록에 관한 사항, (iii) 위원회가 절차와 기준을 정하여 시행하는 관리·감독·감시 및 조사업무 등의 집행에 관한 사항, (iv) 위원회 소송업무수행과 관련된 사항, (v) 기타 단순·반복적인 사무의 집행에 관한 사항을 금융감독원장에게 위임·위탁할 수 있다(금설 71조, 금융위원회 운영규

1) 로스쿨 금융법, 579면.

칙 17조).

Ⅳ. 은행감독의 원칙

금융감독원은 금융위원회의 규정과 지시에서 정하는 바에 따라 은행법, 그 밖의 관계 법률, 금융위원회의 규정·명령 및 지시에 대한 은행의 준수 여부를 감독하여야 한다(은행 44조). 이는 은행감독기관, 은행감독의 감독범위와 감독대상 등 은행감독의 기준을 정한 것이다. 이하에서는 은행감독기준에 대하여 살펴본다.

1. 은행감독의 기준

가. 감독범위

금융감독원은 은행감독에 있어 금융위원회의 규정과 지시가 정하는 바에 의하여야 한다. 은행감독권의 행사는 무제한 내지 임의적으로 이루어지는 것이 아니라 금융위원회가 정하는 방법에 의한 제한을 받는 것을 의미한다.

여기에서 '금융위원회의 규정'이란 금융위원회가 은행법령으로부터 위임받은 사항을 규정한 은행업감독규정 등 감독규정을 말한다. 감독규정의 범위는 은행에 관한 정책 및 제도에 관한 사항, 은행 감독 및 검사·제재에 관한 사항, 은행의 설립, 합병, 전환, 영업 양수·양도 및 경영 등의 인가·허가에 관한 사항 등에 관련된다(금설 17조 1호~3호). 그리고 '금융위원회의 지시'란 금융위원회가 금융감독원에 구체적이고 개별적으로 지시하는 은행감독사항을 말한다. 이는 금융위원회의 금융감독원 업무지도·감독권에 근거한다(금설 18조). 감독은 감시하고 지휘·명령하거나 제재를 가하는 추상적이고 포괄적인 반면, 지시는 감독에 비해 보다 구체적이고 개별적인 의미를 가진다.[1)]

나. 감독대상

은행감독은 은행의 은행법, 그 밖의 관계법률, 금융위원회의 규정·명령 및 지시의 준수 여부를 대상으로 하는 것이다(은행 44조). 이는 은행이 준수하여야 하는 대상과 감독기관이 감독하는 대상으로 구분할 수 있다. 은행의 준수의무가 있는 경우에 감독기관이 그 준수 여부를 감시하거나 확인할 수 있기 때문이다.

(1) 첫째, 은행은 은행법, 그 밖의 관계법률, 금융위원회의 규정·명령 및 지시

---

1) 로스쿨 금융법, 600면.

를 준수할 의무가 있다. 은행은 은행규제를 준수할 의무가 있으므로, 은행규제의 성문화 형식인 은행법과 그 밖의 관계법률, 이에 근거하여 마련되는 금융위원회의 감독규정·명령·지시를 준수하여야 하는 것은 당연하다. 그 밖의 관계법률은 개별 금융법을 의미한다. 은행법 제3조 제1항(대한민국에 있는 모든 은행은 은행법, 한국은행법, 금융위원회의 설치 등에 관한 법률, 금융회사의 지배구조에 관한 법률 및 이에 따른 규정 및 명령에 따라 운영되어야 한다)은 은행에 적용되는 중요한 법률로서 은행법, 한국은행법, 금융위원회의 설치 등에 관한 법률, 금융회사의 지배구조에 관한 법률을 예시한 데 불과하다. 은행은 은행규제와 관련되는 다수의 개별 금융법의 적용을 받고, 이들 법률을 준수하여야 한다.

금융위원회의 규정·명령 및 지시와 관련하여, 은행감독규정이 은행법과 그 밖의 관계법률이 금융위원회에 위임한 사항을 규정한 것과 같이, 금융위원회의 명령 및 지시도 금융법령이 금융위원회에 위임하거나 은행감독과 관련되는 사항이라고 할 것이다. 금융위원회의 명령에는 이행명령(은행 16조의 3 3항, 16조의 4 3항), 처분명령(은행 16조 3항, 16조의 2 5항, 16조의 3 5항, 16조의 4 5항) 등이 있고, 지시에는 예금지급불능 등에 대한 조치요구(은행 46조), 업무보고서 등의 제출요구(은행 47조) 등이 있다.

(2) 둘째, 금융감독원의 감독대상은 은행의 은행법규 준수 여부의 감독이다. 감독이란 업무보고서의 심사, 상시감시 및 현장검사 등을 포괄하는 광의의 개념이다. 은행감독은 은행의 은행법규와 금융위원회의 규정·명령 및 지시사항의 준수 여부를 임점검사를 통하여 확인할 뿐만 아니라 상시감시(off-site monitoring)를 통하여도 점검·확인을 하고 있다.

한편 한국산업은행·중소기업은행·한국수출입은행 등에 대하여는 이들 은행의 설립근거법에 의하여 감독기관의 감독권은 경영의 건전성 확보를 위한 감독·검사에 제한된다(산은 34조~36조, 기은 46조~49조, 수은 39조 2항·4항·6항).[1)]

2. 건전성감독의 원칙

가. 건전성 감독원칙의 의의

금융위원회는 경영지도기준을 정한다. 이 경영지도기준은 국제결제은행이 권고하는 건전성 감독원칙을 많이 참조한다. 국제기준에 부합하는 감독원칙의 취지는 은행감독업무의 국제적 정합성을 높이고, 아울러 국내은행의 경영상황에 대한 국제

1) 로스쿨 금융법, 600~601면.

적인 신뢰도를 제고하기 위한 것이다. 이때 국제결제은행(Bank for International Settlement: BIS)이란 구체적으로 국제결제은행 산하의 바젤은행감독위원회(Basel Committee on Banking Supervision: BCBS)를 의미한다. 바젤은행감독위원회는 은행감독업무의 질적 수준향상과 국제적인 표준화, 각국 감독제도의 잠재적 문제점에 대한 조기경보체제 개선, 각국 감독당국 간 협력증진 및 정보교환 촉진을 하고 있는 국제금융감독기구이다.

국제결제은행이 제정하여 권고하는 주요 은행감독지침은 은행의 국외점포의 감독에 관한 일반원칙(1975. 12.), 자기자본비율에 관한 국제적인 통일기준(1988. 7.), 다국적은행 감독기준(1992. 4.), 파생상품거래 위험관리지침(1994. 7.), 효과적인 은행감독을 위한 핵심준칙(1997. 9.), 금융그룹 감독방안(1999. 2.) 등이 있다.

건전성 감독원칙이란 광의로는 이러한 은행감독지침을 포괄하나, 협의로는 그 중 효과적인 은행감독을 위한 핵심준칙을 의미한다.[1]

나. 건전성 감독원칙의 내용[2]

건전성 감독원칙은 효과적인 은행감독을 위한 핵심준칙(core principles for effective banking supervision) 중 '건전성 규제 및 요건'(준칙 6 내지 15)을 의미하며, 그 내용은 다음과 같다.

(1) 은행감독당국은 모든 은행에 대하여 적정 수준의 최저 자기자본 비율을 설정하여야 한다. 이러한 자기자본 규제기준은 은행이 부담하는 위험을 반영해야 하고, 손실 흡수능력을 고려하여 자본의 구성요소를 규정하여야 한다. 또한 적어도 국제적 영업을 수행하는 은행의 경우에는 바젤협정에서 정한 수준보다 높은 자기자본 비율을 적용하여야 한다.

(2) 감독제도의 핵심적 사항은 은행의 여신취급, 투자, 대출 및 자산리스크 분산 등과 관련된 방침, 관행 및 절차를 평가하는 것이다.

(3) 은행감독당국은 은행이 자산건전성, 대손충당금 및 적립금의 적정성을 평가하기 위한 적절한 방침, 관행 및 절차를 수립·준수하고 있는지 여부를 확인하여야 한다.

(4) 은행감독당국은 은행경영진이 여신의 편중 여부를 판별할 수 있는 경영정보시스템을 보유하고 있는지를 확인하여야 하고, 동일인 및 동일계열 기업군에 대

1) 로스쿨 금융법, 602~603면.

2) 로스쿨 금융법, 603~604면.

한 편중여신을 규제하기 위해 건전성 규제기준을 도입하여야 한다.

(5) 은행감독당국은 내부자에 대한 대출남용을 방지하기 위하여 은행이 효과적인 감시가 가능한 범위 내에서만 동 대출을 취급하도록 적정한 한도를 설정하여야 하고, 동 리스크를 통제·완화하기 위한 적절한 조치를 취하여야 한다.

(6) 은행감독당국은 은행이 국제적 대출 및 투자업무와 관련된 국별 리스크를 확인하고 관리하기 위한 적절한 방침과 절차를 구비하고 있는지 여부와, 동 리스크에 대비한 적정수준의 준비금을 유지하고 있는지 여부를 감독하여야 한다.

(7) 은행감독당국은 은행이 시장리스크를 정확하게 측정하고 적절하게 관리하도록 하여야 하고, 시장리스크 익스포져에 대하여 일정한 한도를 설정하거나 자기자본요건을 충족하도록 하여야 한다.

(8) 은행감독당국은 은행으로 하여금 그 밖의 모든 리스크를 확인·측정·감시·관리하기 위한 포괄적인 리스크관리절차(경영진의 적절한 감독을 포함)를 마련하도록 하고, 필요한 경우 이들 리스크에 상응하는 자기자본을 보유하도록 하여야 한다.

(9) 은행감독당국은 은행으로 하여금 영업의 성격 및 규모에 적합한 내부통제제도를 구비하도록 하여야 한다. 내부통제제도에는 (i) 권한과 책임의 명확화, (ii) 은행의 계약 체결, 자금의 지출, 자산·부채의 회계처리 등과 관련된 기능의 분리, (iii) 상기 과정들의 조화로운 운영, (iv) 은행자산에 대한 안전장치, (v) 이러한 통제제도, 관련 법규 및 규정의 준수 여부를 점검하기 위한 독립적인 내부 또는 외부감사제도 등이 포함되어야 한다.

(10) 은행감독당국은 은행으로 하여금 금융부문의 도덕성과 전문성의 수준을 보다 제고시키고, 은행업이 범죄에 이용되는 것을 방지하기 위하여 적절한 방침(예컨대, 엄격한 고객신분 확인방침)·관행 및 절차를 구비하도록 하여야 한다.

제 2 절 은행의 건전경영의 유지

Ⅰ. 건전경영의 의의와 은행의 의무

1. 건전경영의 의의

은행의 건전경영은 은행이 나아가야 할 방향이고 은행법이 지향하고자 하는 목적이다(은행 1조 참조). 은행법의 거의 모든 조항이 은행의 건전성과 관련된다고 볼 수 있으나(8조, 13조, 15조, 15조의 3 2항, 16조의 2 2항, 27조의 2 4항, 28조 3항, 48조 3항, 50조, 53조, 54조, 60조 등), 건전경영은 은행의 자산운용과도 관련된다. 은행은 불특정다수인으로부터 예금과 채권으로 자금을 조달하여, 자금을 필요로 하는 자에게 대출하거나 투자를 하는 등 자산을 효율적으로 운용하면서 신용질서를 구축한다. 그러나 부실대출이나 부실투자의 발생으로 은행이 지급능력을 갖지 못하면 신뢰를 잃게 되어 신용질서를 해치고 더 나아가 금융시장의 불안정을 초래하게 될 것이다. 건전경영은 은행이 자산의 구성내용을 좋게 하여 그 재산을 견실하게 관리하는 것이라고 할 수 있다. 건전경영의 수단으로 중요한 것으로는 잠재적 지급불능에 대비한 완충(buffer)인 최소자기자본의 요구, 리스크예방을 위한 업무영역 및 업무행위의 제한, 부정직이나 무능한 경영으로부터 초래될 수 있는 파탄을 피하기 위하여 경영진의 정직과 능력 및 직무에 대한 감시 등이다.

은행의 경쟁력을 강화하기 위하여, 자본시장법과 보험업법의 개정에 맞추어 2010. 5. 17. 건전경영의 관련조항들을 정비하여 은행법에 '제 6 장 건전경영의 유지'가 새롭게 규정되었다. 이러한 규정들은 건전경영의 지도(은행 34조), 신용공여·증권취득의 한도(은행 35조~35조의 3), 대주주의 부당한 영향력 행사의 금지 및 대주주에 대한 자료제출 요구(은행 35조의 4, 35조의 5), 정부대행기관에 대한 대출조건(은행 36조), 출자제한(은행 37조), 금지업무(은행 38조), 회계관련 규정(은행 40조~43조), 업무보고서 등의 제출(은행 43조의 2), 경영공시(은행 43조의 3) 등이다. 이때의 '건전경영의 유지'란 은행이 건전경영을 양호하게 수행하여 국민의 신뢰를 확고히 유지하는 것이라 할 수 있다.[1]

2. 은행의 건전경영의무

은행업무의 다변화·겸업화·국제화가 진전됨에 따라 은행간 경쟁이 격화되고 다양한 금융리스크도 증대됨에 따라, 은행경영을 시장원리에만 맡겨둘 경우 은행이 부실화되고 금융시장 불안정의 가능성이 커지고 있다. 한편 은행이 부실화되는 경우, 주주·예금주·은행에 대한 다수의 채권자·거래관계에 있는 다른 은행 등 다수의 이해관계자들이 상당한 재산적 손실을 입을 것이 예상되고, 국민경제 전체에 미치는 부정적인 효과가 매우 크다. 이러한 은행업무의 공공성 측면과 은행의 자금수탁자적 입장을 감안할 때, 은행은 건전경영의 의무가 있다고 할 것이다.[2] 즉, 은행

1) 은행법강의, 363~364면.

은 은행업을 경영할 때 자가자본을 충실하게 하고 적정한 유동성을 유지하는 등 경영의 건전성을 확보하여야 한다(은행 34조 1항).

은행의 건전경영은 외부채권자에 대한 은행의 존재이유이다. 특히 은행은 장기적 안정성과 지급능력을 나타내는 자기자본과 단기적 지급능력을 나타내는 유동성을 적정하게 유지하여야 할 것이다.[1]

Ⅱ. 은행의 건전성 감독

1. 은행의 건전성 감독의 의의

은행의 건전성 감독(prudential supervision)이란 은행업의 신규진입·소유제한·업무영역 등의 직접적이고 경쟁제한적 규제와 대비되는 은행의 대차대조표(부외자산 포함) 구성내용에 대한 간접적인 규제를 대상으로 하고, 검사(임점검사 및 상시감시)와 불건전 은행에 대한 적기시정조치 등과 관련하여 감독기관이 운용하는 감독형태이다. 은행업은 리스크(금리, 외환, 신용 등)가 수반되므로 건전성 감독은 개별 은행의 리스크 예방에 초점을 두고, 리스크 관련 지표로써 건전성을 평가한다.[2]

건전성 감독의 핵심은 은행이 현재 또는 장래의 파산위험을 최소화하고 장기 안정적 성장을 가능하도록 함으로써 국민경제의 원활한 발전을 도모하는데 있다. 파산위험은 유동성위험과 청산위험으로 구분할 수 있는데, 유동성위험이란 은행이 단기적으로 부담하고 있는 예금 등 유동성부채에 대하여 적시에 대응하지 못함에 따라 파산할 수 있는 위험을 말하고, 청산위험이란 자산운용의 실패 또는 거액 금융사고 발생 등에 따른 손실의 누적으로 은행이 최종적으로 모든 부채를 청산할 수 없게 되는 상황을 말한다.[3]

2. 경영지도기준

가. 경영지도기준 일반

(1) 은행법은 은행의 경영지도기준에 대하여 규정하고 있다. 즉, 은행은 경영의 건전성을 유지하기 위하여 (i) 자본의 적정성에 관한 사항, (ii) 자산의 건전성에

2) 로스쿨 금융법, 604면.

1) 은행법강의, 365면.

2) 로스쿨 금융법, 581면.

3) 은행법강의, 365면.

관한 사항, (iii) 유동성에 관한 사항 및 (iv) 그 밖에 경영의 건전성 확보를 위하여 필요한 사항에 관하여 대통령령으로 정하는 바에 따라 금융위원회가 정하는 경영지도기준을 지켜야 한다(은행 34조 2항). 금융위원회가 이러한 경영지도기준을 정할 때에는 국제결제은행[1]이 권고하는 은행의 건전성 감독에 관한 원칙을 충분히 반영하여야 한다(은행 34조 3항).

이때 "대통령령으로 정하는 사항"으로서 경영지도기준에 포함되어야 하는 사항은 다음과 같다(은행시 20조 1항).

① 국제결제은행의 기준에 따른 위험가중자산에 대한 자기자본비율 등 은행의 신용위험에 대응하는 자기자본의 보유기준에 관한 사항

② 대출채권 등 은행이 보유하는 자산의 건전성 분류기준에 관한 사항

③ 신용공여를 통합하여 관리할 필요가 있다고 인정하여 금융위원회가 정하여 고시하는 자에 대한 신용공여 관리기준에 관한 사항

④ 유동성 부채에 대한 유동성 자산의 보유기준에 관한 사항

⑤ 그 밖에 은행 경영의 건전성 확보를 위하여 금융위원회가 정하여 고시하는 사항

경영지도기준에 관한 상세는 은행업감독규정 및 은행업감독규정 시행세칙에 규정되어 있다.

(2) 금융위원회는 은행이 위 (1)에 따른 경영지도기준을 충족시키지 못하는 등 경영의 건전성을 크게 해칠 우려가 있거나 경영의 건전성을 유지하기 위하여 불가피하다고 인정될 때에는 자본금의 증액, 이익배당의 제한, 유동성이 높은 자산의 확보, 일정한 규모의 조건부 자본증권(은행법 제33조 제 1 항 제 2 호부터 제 4 호까지의 사채를 말함)의 발행·보유 등 경영개선을 위하여 필요한 조치를 요구할 수 있다(은행 34조 4항). 금융위원회는 이에 따른 조치로서 은행이 은행법 시행령 제20조 제 1 항에 따른 경영지도기준을 준수하지 못할 우려가 있거나 경영상 취약한 부분이 있다고 판단되는 경우에는 해당 은행에 대하여 이의 개선을 위한 계획 또는 약정서를 제출하도록 요구하거나 해당 은행과 경영개선을 위한 협약을 체결할 수 있다(은행시 20조 2항). 이에 따른 계획 또는 약정서의 제출요구, 협약체결에 대한 절차, 방법, 그 밖에 필요한 사항은 금융위원회가 정하여 고시한다(은행시 20조 3항).

---

1) 이는 정확하게는 국제결제은행(BIS)의 산하 위원회 중의 하나인 바젤은행감독위원회(Basel Committee on Banking Supervision: BCBS)를 의미하는데, BCBS는 은행감독업무의 국제적 표준화·감독당국간 협력증진과 정보교환 촉진업무를 수행한다. 우리나라는 2009년에 회원으로 가입하였다(은행법강의, 366면 주 2).

(3) 경영지도기준은 국제결제은행이 권고하는 은행의 건전성 감독에 관한 원칙인 BCBS의 '효과적 은행감독을 위한 핵심원칙'(Core Principles for Effective Banking Supervision, 2012. 9. 30.)을 충분히 반영하여 금융위원회가 은행업감독규정에서 정한 경영지도비율(경영지도비율은 보통주자본비율·기본자본비율·총자본비율에 관한 최소준수비율, 유동성커버리지비율, 원화예대율을 말한다-은감 26조 참조), 자산건전성분류, 대손충당금적립, 리스크관리, 회계기준 및 결산을 말한다. 이러한 핵심원칙은 BCBS 등 국제금융규제기구가 제정하는 국제기준(global standards)의 하나로서, 이러한 감독규율의 권고로 각국의 금융규제는 서로 수렴하는 동조화현상이 나타나고 있다.[1)]

나. (최저)자기자본 규제

(1) 청산위험과 관련하여 은행은 예상치 못한 손실에 대비하기 위하여 충분한 수준의 자기자본을 유지하는 것이 필요하다. 자기자본은 손실에 대비한 최종안전판으로서의 기능 이외에, 영업을 위한 기본적 자금을 공급한다. 증자 등 발행비용과 투자의 기회비용을 감안할 때 자기자본의 보유비용은 상당히 높아서, 대규모로 보유하는 것이 반드시 좋은 것이 아니므로 '적정한 수준'에서 자기자본을 보유하도록 하는데, 이러한 자기자본규제는 자본적정성 규제로 부르기도 한다. 자본의 적정성은 은행이 영업활동에서 발생할 수 있는 손실을 흡수하고, 예금자 및 채권자에 대한 변제능력 확충을 위하여 최소수준의 자기자본 보유를 의무화하는 것이다.[2)]

(2) 자본적정성에 관한 경영지도비율은 은행이 '위험가중자산에 대한 자기자본비율'로서 최소한 준수하여야 하는 자본비율이다. 종전엔 은행이 위험가중자산 대비 최소한 준수하여야 하는 최저자본의 규모를 8% 이상으로만 규제하고 총자본은 기본자본·보완자본으로만 분류하였으나,[3)] 바젤Ⅲ 도입에 따라 자본의 유형별로 최저자본규제가 세분화되고 총자본은 보통주자본·기타기본자본·보완자본으로 분류되었다.[4)] 보통주자본(A)은 은행의 손실을 가장 먼저 보전할 수 있고, 은행 청산시

1) 은행법강의, 366면.

2) 은행법강의, 366면.

3) 1988년 BIS가 제시한 최초기준인 바젤Ⅰ은 국제적으로 활발히 영업하는 선진국 은행이 위험에 대비해 적정자본을 보유하도록 하자는 취지로 탄생하였다. 이후 금융혁신과 규제완화 추세에 부응하여 2004년에 바젤Ⅱ가 나오게 되었다. 바젤Ⅱ는 기본자본, 보완자본 등 자본별로 적정 보유비율을 정해 은행이 부실에 대비하도록 하였다. 글로벌 금융위기를 거치면서 기본자본 중에도 보통주 같이 질적 요건이 높은 자본은 아주 부족하다는 점을 인식하게 되어 2010년 자기자본규제가 위험에 진정한 대비가 되도록 하는 바젤Ⅲ를 발표하였다(은행법강의, 367면 주 1).

4) 국제적 자본규제에 발맞추어 2013. 7. 8. 은행업감독규정 개정을 통하여 2013. 12. 1.부터 바젤

최후순위이며 청산시를 제외하고는 상환되지 않는 자본(예컨대, 자본금, 보통주 발행과 관련된 자본잉여금, 이익잉여금)을, 기타기본자본(B)은 영구적 성격의 자본증권의 발행과 관련한 자본금과 자본잉여금 등[예컨대, 금리상향조건(step-up) 요건이 없고, 경영개선명령 등이 있는 경우 보통주로 전환되거나 감액되는 조건부자본증권 요건을 충족하는 영구적 성격의 신종자본증권]을, 보완자본(D)은 청산시 은행의 손실을 보전할 수 있는 후순위 채권 등(예컨대, 금리상향조건 요건이 없고, 조건부자본증권 요건을 충족하는 만기 5년 이상의 후순위채권)을 자본인정요건으로 한다.[1)]

한편 바젤Ⅲ는 위기상황에서도 최저 자본비율을 유지하고 자기자본규제의 경기순응성을 완화하기 위하여 자본보전 완충자본(conservation buffer) 및 경기대응 완충자본(countercyclical buffer)을 새롭게 도입하였다. 자본보전 완충자본은 모든 은행에 대하여 상시적으로 보통주자본 기준 2.5%를 추가 보유하도록 의무화하는 것이고, 경기대응 완충자본은 신용확장기에 최대 2.5%까지 자본을 추가로 부과하는 것이다.[2)]

바젤Ⅲ의 도입·시행에 따라 자기자본비율은 보통주자본비율, 기본자본비율, 총자본비율로 구분되어 유지하여야 하는 것으로 변경되었다. 다만, 자본확충에 따른 부담을 완화하기 위하여 2013년부터 단계적으로 도입하여 2019년부터는 완전한 규제수준을 적용한다.[3)]

[바젤III에 따른 최저자본규제 변동][4)]

(단위: %)	2013 12월	2014	2015	2016	2017	2018	2019
필요 총자본비율 (총자본비율+자본보전 완충자본비율)	8.0	8.0	8.0	8.625	9.25	9.875	10.5
총자본비율	8.0	8.0	8.0	8.0	8.0	8.0	8.0
기본자본비율	4.5	5.5	6.0	6.0	6.0	6.0	6.0
보통주자본비율	3.5	4.0	4.5	4.5	4.5	4.5	4.5
자본보전완충자본비율	-	-	-	0.625	1.25	1.875	2.5

Ⅲ에 따른 자본규제를 단계적으로 도입하였다(은행법강의, 367면 주 2).

1) 기본자본(C)=A+B이고, 총자본=C+D이다.

2) 은행법강의, 367면.

3) 은행법강의, 367면.

4) 은행법강의, 368면.

(3) 자기자본비율 산출시 회계상 자산으로 인식되나 자기자본비율의 성격상 자본으로 간주할 수 없는 계정항목은 제외(공제항목)하여 산출한다. 자기자본비율의 분모인 위험가중자산이란 대차대조표상의 모든 자산을 대상으로 자산종류별로 그 위험도에 따라 가중평균한 것을 의미한다. 위험가중자산금액은 자산가액에 소정의 위험가중치를 곱한 금액을 합산하여 산출하는데, 위험가중치(risk weights)는 (신용·시장·운영)리스크의 정도에 따라 결정된다.[1]

다. 자산건전성 규제

(1) 자산의 건전성은 은행이 다수 예금주로부터 조달한 자산의 운용과정에서 발생가능한 예상손실에 대한 손실흡수력을 확보하는 것이다. 그 내용은 자산건전성 분류와 대손충당금적립으로 구분된다.[2]

(2) 자산건전성분류는 은행이 보유한 자산의 건전성을 차주의 채무상환능력을 기초로 하여 연체기간·부도 여부 등 과거실적뿐만 아니라, 차주의 미래 상환능력까지 종합적으로 감안하여, 정상·요주의·고정·회수의문·추정손실의 5단계로 분류하는 것이다. 자산건전성 분류대상 자산은 원칙적으로 신용리스크가 있고 부실화가능성이 있는 자산이다.

(3) 대손충당금이란 자산의 예상손실을 흡수할 수 있는 완충장치인데, 손실이 예상되거나 실현되었을 때 상각비용으로 이용된다. 2011년부터 한국채택국제회계기준(K-IFRS) 도입으로 대출채권의 중요성[3]에 따라 개별적 또는 집합적으로 가치손상 여부를 평가하여 자산가치에 손상이 발생하였다는 객관적인 증거가 있는 경우에 한하여 발생손실을 대손충당금으로 적립하는 것이다.[4]

라. 유동성 규제

(1) 은행의 유동성은 고객의 예금청구에 대한 지급, 채무상환 및 신규대출의

---

1) 은행법강의, 368면.

2) 은행법강의, 368면.

3) 개별적으로 중요한 채권 중 손상이 개별적으로 식별될 경우 미래예상 현금흐름의 현재가치를 추정하여 개별대손충당금을 설정하고, 그렇지 않은 경우 유사한 자산군으로 분류하고 손상여부를 집합적으로 평가하여 집합대손충당금을 설정한다(K-IFRS 제1039호 문단 64).

4) K-IFRS에서는 최저적립률 또는 예상적립률이 허용되지 않음에 따라, 은행업감독규정은 K-IFRS 도입에 따른 손실흡수능력의 악화를 방지하기 위하여, 대손충당금이 자산건전성 분류별 최저적립률 또는 예상적립률에 미달할 경우 그 미달하는 금액을 대손준비금으로 적립하도록 하였다(은감 29조 1항 참조).

취급, 경영에 필요한 자산의 취득과 투자자금 등 은행의 자금수요에 적절히 대처할 수 있는 기능이다. 은행이 수요에 충분한 자금을 시의적절하게 그리고 합리적인 비용으로 조달할 수 있을 때에 유동성이 양호한 것으로 평가된다.[1] 이에는 유동성커버리지비율, 원화예대율 및 외환건전성관련 지도비율이 있다.

(2) 유동성커버리지비율(liquidity coverage ratio: LCR)은 유동성리스크에 대한 단기 복원력을 제고하기 위하여 은행이 유동성 위기상황에서 1개월 동안 생존할 수 있는 충분한 유동성 자산을 확보하도록 하는 단기 유동성비율 규제이다. 이는 향후 1개월간의 순현금유출액에 대한 고유동성자산 보유규모비율을 말하고, 은행은 이를 100% 이상 유지하여야 한다(은감 26조 1항 2호). 다만, 금융위원회가 급격한 경제 여건의 변화 또는 국민생활 안정 목적 등 불가피한 사유가 있다고 인정하여 6개월 이내의 기간을 정하는 경우 100% 미만에서 금융위원회가 정하는 비율 이상을 유지하여야 한다(은감 26조 1항 2호).[2] 일반은행 및 산업·기업·농협·수협 등의 특수은행은 100% 이상을, 외국은행지점은 60% 이상을 유지하여야 한다. 순현금유출액은 유동성 위기상황에서 향후 1개월간 예상되는 현금유출액에서 현금유입액을 차감한 금액으로 계산된다. 현금유출액은 소·중소기업 예금, 무담보자금조달, 미사용약정 등으로부터의 자금유출액을 의미하고, 현금유입액은 만기도래대출·예치금 등으로부터의 자금유입액을 의미한다. 고유동성자산은 유동성 위기상황에서도 큰 가치하락 없이 현금화가 용이한 자산을 말한다.[3]

(3) 원화예대율은 유동성리스크관리가 미흡한 상태에서 대내외 충격이 닥칠 경우 발생할 수 있는 시스템리스크요인 완화를 위한 직접규제 제도이다. 원화예대율은 원화예수금 월평잔 금액 대비 원화대출금 월평잔 금액으로 산출하며, 규제수준은 100% 미만이다.[4] 적용대상은 직전 분기말월의 원화대출금이 2조원 이상인 일반은행 및 외국은행지점과 농협은행이다. 중소기업 지원 및 사회적 약자 지원에 기여할 기반 마련, 커버드본드(이중상환청구권부 채권)[5] 발행 활성화 등을 위하여 예대

---

1) 은행법강의, 369면.

2) 유동성커버리지비율＝고유동성자산 보유규모÷향후 1개월간 순현금유출액≧최저 규제수준(은감 26조 1항 2호)

3) 은행법강의, 369면.

4) 원화예대율＝(원화대출금－정책자금대출 등)/(원화예수금＋커버드본드 등)×100(은감 26조 1항 3호)

5) 이중상환청구권부 채권(covered bond)이란 발행기관에 대한 상환청구권과 함께 발행기관이 담보로 제공하는 기초자산집합에 대하여 제 3 자에 우선하여 변제받을 권리를 가지는 채권으로서 「이중상환청구권부 채권 발행에 관한 법률」에 따라 발행되는 것을 말한다(동법 2조 3호).

율 산정시 온렌딩(onlending)대출 등 정책자금대출[1]은 대출에서 제외하고 예금에 커버드본드의 일정액과 원화시장성양도성예금증서 잔액을 포함한다(은감 26조 1항 3호).[2]

(4) 우리나라와 같은 소규모 개방경제 하에서 통화의 국제화가 이루어지지 않은 경우에는 금융위기 발생시 외화유동성 위기에 직면할 가능성이 높다. 또한 급격한 환율변동으로 외화자산 또는 외화부채의 가치가 크게 변동할 경우 은행의 재무건전성이 크게 훼손될 수 있다. 외화유동성과 환리스크를 관리하기 위한 외환건전성규제로는 외국환포지션 한도, 외화유동성커버리지비율, 중장기외화자금관리비율이 있다.

외국환은행의 경우 종합포지션은 자기자본의 50%, 선물환포지션은 자기자본의 30%(외국은행지점의 경우 자기자본의 150%)의 한도를 넘지 않도록 관리하여야 하고(은감 63조),[3] 일반은행은 외화유동성커버리지비율, 중장기외화자금관리비율을 일정 수준 이상[4] 유지하여야 한다(은감 63조의 2, 64조, 65조).

3. 경영실태평가와 적기시정조치

가. 경영실태평가

(1) 감독당국은 은행의 경영상태를 파악하기 위하여 경영실태평가라는 분석수단을 활용한다. 경영실태평가는 각 은행의 경영실적, 경영의 건전성, 경영진의 경영능력, 법규준수 상황 및 리스크관리실태 등 다양한 평가부문을 종합적이고 통일적인 방식에 따라 일정한 등급으로 평가하여 은행의 경영상태를 체계적이고 객관적으

---

1) ① 「중소기업기본법」에 따른 중소기업 또는 「중견기업 성장촉진 및 경쟁력 강화에 관한 특별법」에 따른 중견기업에 대하여 「한국산업은행법」에 따른 한국산업은행으로부터 차입한 자금을 이용한 대출, ② 「농림축산정책자금 대출업무 규정」 또는 「수산정책자금 대출 업무 규정」에 따라 정부로부터 차입한 자금을 이용한 대출, ③ 전국은행연합회의 「새희망홀씨 운영규약」에 따른 대출 ④ 한국주택금융공사의 「보금자리론 업무처리기준」에 따라 취급된 서민형 안심전환대출(은감 26조 1항 3호).

2) 은행법강의, 369~370면.

3) 외국환포지션은 외화자산(매입)과 외화부채(매각)의 차액을 말하며, 현물과 선물의 외화자산 · 부채의 차액을 산정하는 것을 종합포지션, 선물 외화자산·부채의 차액만을 산정하는 것을 선물환포지션이라고 한다(은행법강의, 370면 주 4).

4) ① 3개월 외화유동성비율=잔존만기 3개월 이내 외화자산/잔존만기 3개월 이내 외화부채×100≧85%, ② 7일 만기불일치비율=(기간별 외화자산－기간별 외화부채)/총외화자산×100≧△3%, ③ 1개월 만기불일치비율=(기간별 외화자산－기간별 외화부채)/총외화자산×100≧△10%, ④ 중장기외화자금조달비율=상환기간 1년초과 외화조달잔액/상환기간 1년이상 외화대출잔액×100≧100%(은행법강의, 370면 주 5.).

로 확인하는 방법의 하나이다.[1)]

(2) 평가부문은 일반은행 본점 및 현지법인의 경우 CAMEL-R방식으로 평가하는데, 자본적정성(Capital Adequacy), 자산건전성(Asset Quality), 경영관리적정성(Management), 수익성(Earnings), 유동성(Liquidity), 리스크관리(Risk Management) 등 6개 부문으로 구성된다. 한편 특수은행은 은행별 설립목적에 따른 영업의 특수성을 고려하여 CAMEL방식으로 평가하되 은행의 특성에 맞게 조정하여 평가하고, 외국은행지점 및 일반은행 국외지점은 지점의 영업활동 과정에서 발생하는 리스크를 측정하는 목적으로 ROCA방식으로 평가하는데, ROCA는 리스크관리(Risk Management)·경영관리 및 내부통제(Operational Controls)·법규준수(Compliance)·자산건전성(Asset Quality) 등 4개 부문으로 구성된다.[2)]

(3) 경영실태평가의 부문별 평가등급 및 종합등급은 1등급에서 5등급까지 5단계로 구분한다. 특히 일반은행의 경우 평가등급에서 각각 3단계(+, 0, −)로 세분화하여, 5등급, 15단계(1등급+~5등급−)로 평가등급을 산정한다.[3)]

(4) 경영실태평가는 감독당국이 은행본점에 대하여 종합검사를 실시할 때 평가하는 것이 원칙이고, 매 분기마다 각 은행의 업무보고서를 기준으로 경영관리부문 및 리스크관리부문을 제외한 나머지 부문에 대하여 간이계량평가를 실시한다.[4)]

나. 적기시정조치

(1) 감독기관은 은행의 경영상태를 상시 감시할 뿐만 아니라 경영부실위험을 적기에 파악하여 필요한 조치를 취함으로써 개별은행의 건전경영을 유도하고 금융안정을 도모하여야 한다. 경영실태평가를 실시하여, 부실화 소지가 있는 은행에 대하여 부실화가 크게 진전되기 이전에 적절한 경영개선조치를 취함으로써 조기에 경영정상화를 도모하고, 경영정상화 가능성이 없는 은행을 조기에 퇴출한다.[5)] 금융위원회는 은행이 경영지도기준을 충족시키지 못하는 등 경영의 건전성을 크게 해칠 우려가 있거나 경영의 건전성을 유지하기 위하여 불가피하다고 인정될 때에는 자본금의 증액, 이익배당의 제한 등 경영개선을 위하여 필요한 조치를 요구할 수 있다

1) 은행법강의, 371면.
2) 은행법강의, 371면.
3) 은행법강의, 371면.
4) 은행법강의, 371면.
5) 은행법강의, 371~372면.

(은행 34조 4항).

경영실태평가는 그 결과에 따라 경영개선권고, 경영개선요구, 경영개선명령 등의 적기시정조치(Prompt Corrective Action: PCA)에 활용된다.

(2) 경영개선권고 사유로는 (i) 총자본비율이 8.0% 미만 또는 기본자본비율이 6.0% 미만 또는 보통주자본비율이 4.5% 미만인 경우, (ii) 경영실태평가 결과 종합평가등급이 1등급 내지 3등급으로서 자산건전성 또는 자본적정성 부문의 평가등급을 4등급 또는 5등급으로 판정받은 경우, (iii) 거액의 금융사고 또는 부실채권의 발생으로 (i) 또는 (ii)의 기준에 해당될 것이 명백하다고 판단되는 경우의 어느 하나에 해당되는 경우이다(은감 34조 1항).

(3) 경영개선요구 사유로는 (i) 총자본비율이 6.0% 미만 또는 기본자본비율이 4.5% 미만 또는 보통주자본비율이 3.5% 미만인 경우, (ii) 경영실태평가 결과 종합평가등급을 4등급 또는 5등급으로 판정받은 경우, (iii) 거액의 금융사고 또는 부실채권의 발생으로 (i) 또는 (ii)의 기준에 해당될 것이 명백하다고 판단되는 경우, (iv) 경영개선권고를 받은 은행의 경영개선계획을 성실히 이행하지 아니하는 경우의 어느 하나에 해당되는 경우이다(은감 35조 1항).

(4) 경영개선명령은 (i) 「금융산업의 구조개선에 관한 법률」 제2조 제2호에 따른 부실금융기관, (ii) 총자본비율이 2.0% 미만 또는 기본자본비율이 1.5% 미만 또는 보통주자본비율이 1.2% 미만인 경우, (iii) 경영개선요구를 받은 은행이 경영개선계획의 주요사항을 이행하지 않아 그 이행촉구를 받았음에도 이를 이행하지 아니하거나 이행이 곤란하여 정상적인 경영이 어려울 것으로 인정되는 경우의 어느 하나에 해당되는 경우이다(은감 36조 1항).

(5) 은행법은 경영개선명령과 다른 긴급조치에 대해 규정한다. 즉, 금융위원회는 은행의 파산 또는 예금지급불능의 우려 등 예금자의 이익을 크게 해칠 우려가 있다고 인정할 때에는 예금 수입(受入) 및 여신(與信)의 제한, 예금의 전부 또는 일부의 지급정지, 그 밖에 필요한 조치를 명할 수 있다(은행 46조). 적기시정조치는 조치의 발동요건에 해당하는 경우 무차별적으로 시정조치를 시행하는 강행규정인 반면, 긴급조치는 감독당국의 재량행위라는 점에서 차이가 있다.[1]

금융위원회는 은행이 예금지급불능 등의 위험이 있는 경우 이를 제거하기 위하여 긴급조치를 취할 수 있으나, 금융위원회를 소집할 수 없는 긴급한 경우에는 위원장은 우선 필요한 긴급조치를 취할 수 있다. 이러한 긴급조치의 사유는 은행이,

1) 은행법강의, 372~373면.

(i) 유동성의 급격한 악화로 예금지급준비금 및 예금지급준비자산의 부족, 대외차입금의 상환불능 등의 사태에 이른 경우, (ii) 휴업, 영업의 중지, 예금인출 쇄도 또는 노사분규 등 돌발사태가 발생하여 정상적인 영업이 불가능하거나 어려운 경우, (iii) 파산위험이 현저하거나 예금지급불능상태에 이른 경우의 어느 하나에 해당되어 예금자의 이익을 크게 저해할 우려가 있다고 인정되는 경우이다(은감 38조 1항). 이 때 필요한 긴급조치란, (i) 예금의 수입 및 여신의 제한, (ii) 예금의 전부 또는 일부의 지급정지, (iii) 채무변제행위의 금지, (iv) 자산의 처분 중 일부 또는 전부에 해당하는 조치를 말한다(은감 38조 2항).

Ⅲ. 신용공여한도

신용공여한도제는 차주에 대한 신용공여의 총량을 일정한도내로 제한하여 거래처의 부실화시 은행이 동반 부실화되는 것을 예방하는 한편, 특수관계인이 은행과의 특수한 관계를 이용하여 과다한 신용공여를 제공받는 것을 방지하여 은행이 부당한 내부거래에 의하여 부실화되지 않도록 하여 신용리스크관리와 관계자거래제한을 통한 은행경영의 건전성을 확보하기 위한 감독수단이다. 신용공여한도제는 우량 대기업에의 여신집중을 방지하여 중소기업 및 벤처산업 등에 자금을 균형적으로 배분하여 국민경제의 균형적 발전을 도모하고 금융자본의 산업지배를 방지하는 기능을 한다.[1] 이에는 다음의 경우가 있다.

1. 동일인 등에 대한 신용공여한도

(1) 은행은 원칙적으로 동일한 개인이나 법인 각각에 대하여 그 은행의 자기자본의 20%를 초과하는 신용공여[2]를 할 수 없고(은행 35조 3항)(동일인 신용공여한도), 동일한 개인·법인 및 그 개인·법인과 신용위험을 공유하는 자(동일차주)[3]에 대하여 그 은행의 자기자본의 25%를 초과하는 신용공여를 할 수 없으며(은행 35조 1항)(동

---

1) 은행법강의, 373면.

2) 신용공여란 대출, 지급보증 및 유가증권의 매입(자금지원적 성격인 것만 해당), 그 밖에 금융거래상의 신용위험이 따르는 은행의 직접적·간접적 거래를 말하는데, 구체적으로는 은행업감독규정 〈별표2〉에서 신용공여의 범위를 구체적으로 열거하고 있으므로 이에 의하여 신용공여 해당여부를 판단하여야 한다.

3) 독점규제 및 공정거래에 관한 법률 제 2 조 제 2 호에 따른 기업집단에 속하는 회사를 말한다(은행시 20조의 4).

일차주 신용공여한도), 동일한 개인이나 법인 또는 동일차주 각각에 대한 은행의 신용공여가 그 은행의 자기자본의 10%를 초과하는 거액 신용공여인 경우 그 총합계액은 그 은행의 자기자본의 5배를 초과할 수 없다(은행 35조 4항)(거액신용공여 총액한도).[1)]

(2) 동일인·동일차주·거액신용공여 총액한도를 위반한 은행에 대해서 금융위원회는 초과한 신용공여액의 30% 이하의 과징금을 부과할 수 있고(은행 65조의 3 1호), 동일인·동일차주·거액신용공여 총액한도를 위반하여 신용공여를 한 자는 3년 이하의 징역 또는 1억원 이하의 벌금에 처한다(은행 67조 2호).

2. 대주주에 대한 신용공여한도

가. 신용공여한도

(1) 은행이 그 은행의 대주주(국외현지법인을 제외한 특수관계인을 포함)에게 할 수 있는 신용공여는 그 은행 자기자본의 25%의 범위에서 대통령령으로 정하는 비율(자기자본의 25%)에 해당하는 금액과 그 대주주의 그 은행에 대한 출자비율에 해당하는 금액[2)]중 적은 금액을 초과할 수 없고(개별 대주주 신용공여한도), 그 은행의 전체 대주주에게 할 수 있는 신용공여는 그 은행 자기자본의 25%의 범위에서 대통령령으로 정하는 비율(자기자본의 25%)에 해당하는 금액을 초과할 수 없다(전체 대주주 신용공여한도)(은행 35조의 2 1항·2항, 은행시 20조의 7 1항·3항). 은행은 신용공여한도를 회피하기 위한 목적으로 다른 은행과 교차하여 신용공여(cross-lending)를 하여서는 아니 된다(은행 35조의 2 3항). 이는 은행의 우회적인 탈법행위를 방지하기 위한 것이다. 은행법상 대주주는 특정요건을 충족하는 주주 1인을 의미하나, 신용공여한도 계산시에는 특수관계인을 포함한다. 대주주뿐만 아니라 그의 특수관계인에게 제공된 신용공여도 포함하여 신용공여한도를 적용한다는 것이다.[3)]

(2) 대주주에 대한 신용공여한도를 초과한 경우 초과한 신용공여액 이하의 과

---

1) 동일인한도(자기자본의 20% 이내)는 자금의 균형적배분과 산업지배방지에 중점을 두는 것이고, 동일차주한도(자기자본의 25% 이내)는 동일인한도만 적용하게 되면 계열 전체에 대한 실제 한도는 자기자본을 상회할 수 있어 편중여신 규제목적을 달성하고 BCBS(바젤은행감독위원회)의 '효과적 은행감독을 위한 핵심원칙'과의 정합성을 도모하기 위한 것이며, 거액여신한도(자기자본의 5배 이내)는 동일인한도 또는 동일차주한도로는 소수 대기업에 자금이 편중될 소지가 있어 편중여신의 총액한도관리로서 자산운용의 건전성을 도모하고자 하는 것이다(은행법강의, 374면 주 2).

2) 대주주가 보유하는 해당 은행의 의결권 있는 주식 수를 해당 은행의 의결권 있는 발행주식 총수로 나눈 비율에 해당 은행의 자기자본을 곱한 금액이다(은행시 20조의 7 2항).

3) 은행법강의, 375~376면.

징금을, 그리고 대주주의 다른 회사에 대한 출자를 지원하기 위한 신용공여하거나 대주주에게 자산을 무상양도하거나 통상의 거래조건에 비추어 그 은행에게 현저하게 불리한 조건으로 매매·교환하거나 신용공여를 한 경우 해당 신용공여액 또는 해당 자산의 장부가액 이하의 과징금을 은행에 부과할 수 있다(단일거래금액이 자기자본의 자기자본의 10,000분의 10 이상에 해당하는 금액 또는 50억원 중 적은 금액－은행 65조의 3 2호·15호). 대주주에 대한 신용공여한도를 위반하거나 대주주의 다른 회사에 대한 출자를 지원하기 위한 신용공여를 하거나 은행의 자산을 대주주에게 무상으로 양도하거나 통상의 거래조건에 비추어 은행에게 현저하게 불리한 조건으로 매매·교환하거나 신용공여를 한 경우, 그러한 신용공여·무상양도를 한 자와 그로부터 신용공여·무상양도를 받은 대주주 또는 자산을 매매·교환한 당사자는 10년 이하의 징역 또는 5억원 이하의 벌금에 처한다(은행 66조 1항 2호). 대주주에 대한 일정한 금액(은행시 20조의 7 5항) 이상의 신용공여시 이사회의 의결을 거치지 아니하거나, 이 경우 금융위원회에 대한 보고 또는 공시를 하지 아니한 은행에 대하여는 1억원 이하의 과태료를 부과한다(은행 69조 1항 6호·7호).

나. 대주주가 발행한 지분증권의 취득한도

(1) 은행은 원칙적으로 자기자본의 100분의 1의 범위에서 대통령령으로 정하는 비율(100분의 1)에 해당하는 금액을 초과하여 그 은행의 대주주(자회사 등을 제외한 특수관계인을 포함함)가 발행한 지분증권을 취득하여서는 아니 된다(은행 35조의 3 1항 본문, 은행시 20조의 8 1항). 금융위원회는 이러한 취득한도 내에서 지분증권의 종류별로 취득한도를 따로 정할 수 있다(은행 35조의 3 2항). 은행의 대주주가 아닌 자가 새로 대주주가 됨에 따라 은행이 위에서 말한 지분증권의 취득한도를 초과하게 되는 경우 그 은행은 대통령령으로 정하는 기간(1년) 이내에 그 한도를 초과하는 지분증권을 처분하여야 한다(은행 35조의 3 3항, 은행시 20조의 8 3항 본문).

은행이 그 은행의 대주주가 발행한 지분증권을 단일거래금액이 자기자본의 10,000분의 10에 해당하는 금액 또는 50억원 중 적은 금액 이상으로 취득하려는 경우에는 미리 이사회의 의결을 거쳐야 하는데, 이 경우 이사회는 재적이사 전원의 찬성으로 의결한다(은행 35조의 3 4항, 은행시 20조의 8 4항). 또한 은행이 그 은행의 대주주가 발행한 지분증권을 위의 금액 이상으로 취득한 경우에는 지체 없이 그 사실을 금융위원회에 보고하고 인터넷 홈페이지 등을 이용하여 공시하여야 한다(은행 35조의 3 5항, 은행시 20조의 8 4항). 은행은 그 은행의 대주주가 발행한 지분증권의 취득에 관한 사항을 매 분기말 현재 대주주가 발행한 지분증권을 취득한 규모, 분기중 보유한 지분증권의 증감액, 보유한 지분증권의 취득가격, 그 밖에 금융위원회가 정하여 고시하는 사항을 매 분기가 지난 후 1개월 이내에 인터넷 홈페이지 등을 이용하여 공시하여야 한다(은행 35조의 3 6항, 은행시 20조의 8 5항).

은행은 그 은행의 대주주가 발행한 지분증권의 의결권을 행사할 때 그 대주주 주주총회에 참석한 주주의 지분증권수에서 그 은행이 소유한 지분증권수를 뺀 지분증권수의 의결내용에 영향을 미치지 아니하도록 의결권을 행사하여야 한다. 그러나 대주주의 합병, 영업의 양도·양수, 임원의 선임, 그 밖에 이에 준하는 사항으로서 그 은행에 손실을 입히게 될 것이 명백하게 예상되는 경우에는 그러하지 아니한다(은행 35조의 3 7항).

(2) 대주주가 발행한 지분증권의 취득한도를 초과한 경우에는 그 초과 취득한 지분증권의 장부가액 합계액 이하의 과징금을 부과할 수 있다(은행 65조의 3 3호). 또한 대주주가 발행한 지분증권의 취득한도를 위반하여 대주주가 발행한 지분증권을 취득한 자는 10년 이하의 징역 또는 5억원 이하의 벌금에 처한다(은행 66조 1항 3호). 은행이 자기자본의 10,000분의 10에 해당하는 금액 또는 50억원 중 적은 금액 이상으로 대주주가 발행한 지분증권을 취득하면서 재적이사 전원의 찬성으로 하는 이사회의 의결을 거치지 아니하거나 또는 은행법 제35조의 3 제5항 및 제6항에 위반하여 금융위원회에 대한 보고 또는 공시를 하지 아니하면, 그 은행에 대하여는 1억원 이하의 과태료를 부과한다(은행 69조 1항 6호·7호).

다. 대주주의 부당한 영향력 행사의 금지

(1) 은행의 대주주는 그 은행의 이익에 반하여 대주주 개인의 이익을 취할 목적으로 다음의 하나에 해당하는 행위를 하여서는 아니 된다(은행 35조의 4, 은행시 20조의 9).

① 부당한 영향력을 행사하기 위하여 그 은행에 대하여 외부에 공개되지 아니한 자료 또는 정보의 제공을 요구하는 행위

② 경제적 이익 등 반대급부의 제공을 조건으로 다른 주주와 담합하여 그 은행의 인사 또는 경영에 부당한 영향력을 행사하는 행위

③ 경쟁사업자의 사업활동을 방해할 목적으로 신용공여를 조기 회수하도록 요구하는 등 은행의 경영에 영향력을 행사하는 행위

④ 개별 대주주 신용공여한도 및 전체 대주주 신용공여한도를 초과하여 은행

으로부터 신용공여를 받는 행위

⑤ 위 ④의 신용공여한도를 회피하기 위한 목적으로 다른 은행과 교차하여 신용공여를 받는 행위

⑥ 대주주의 다른 회사에 대한 출자를 지원하기 위하여 대주주가 신용공여를 받는 행위

⑦ 은행으로 하여금 대주주에게 자산의 무상양도·매매·교환 및 신용공여를 하게 하는 행위

⑧ 대주주가 발행한 지분증권의 취득한도(은행의 자기자본의 100분의 1)를 초과하여 은행으로 하여금 대주주의 주식을 소유하게 하는 행위

⑨ 경쟁사업자에 대한 신용공여시 정당한 이유 없이 금리, 담보 등 계약조건을 불리하게 하도록 요구하는 행위

⑩ 은행으로 하여금 공익법인 등(은행법 시행령 20조의 7 8항)에게 자산을 무상으로 양도하게 하거나 통상의 거래조건에 비추어 그 은행에게 불리한 조건으로 매매·교환 또는 신용공여를 하게 하는 행위

(2) 위 (1)에 위반한 대주주는 10년 이하의 징역 또는 5억원 이하의 벌금의 처벌을 받는다(은행 66조 1항 4호).

라. 대주주에 대한 자료제출요구 등

금융위원회는 은행 또는 그 대주주가 은행의 대주주에 대한 신용공여한도 등(은행 35조의 2), 대주주가 발행한 지분증권의 은행의 취득한도 등(은행 35조의 3), 대주주의 부당한 영향력 행사의 금지(은행 35조의 4)를 위반한 혐의가 있다고 인정할 때에는 은행 또는 그 대주주에 대하여 필요한 자료의 제출을 요구할 수 있다(은행 35조의 5 1항).

금융위원회는 은행 대주주(회사만 해당함)의 부채가 자산을 초과하는 등 재무구조의 부실화로 인하여 은행의 경영건전성을 현저히 해칠 우려가 있는 경우로서, (i) 부채가 자산을 초과하는 경우, (ii) 대주주에 대한 신용공여가 가장 많은 은행(해당 대주주가 대주주인 은행은 제외함)이 금융위원회가 정하여 고시하는 자산건전성 분류기준에 따라 그 대주주의 신용위험을 평가한 결과 금융위원회가 정하여 고시하는 기준 이하로 분류된 경우, 또는 (iii) 자본시장법 제335조의 3에 따라 신용평가업 인가를 받은 신용평가회사 둘 이상이 투자부적격 등급으로 평가한 경우에 해당하여, 그 대주주가 해당 은행과 불법거래할 가능성이 크다고 인정되는 경우에는, 그 은행

또는 그 대주주에 대하여 필요한 자료의 제출을 요구할 수 있다(은행 35조의 5 2항 전단, 은행시 20조의 10 1항). 이 경우에 금융위원회는 그 은행에 대하여 (i) 그 대주주에 대한 신규 신용공여의 금지, (ii) 자본시장법상 모집 또는 매출의 방법으로 발행되는 사채권의 취득의 제한, (iii) 대주주가 발행한 주식의 신규 취득 금지의 조치를 할 수 있다(은행 35조의 5 2항 후단, 은행시 20조의 10 2항).

3. 자회사에 대한 신용공여한도 등

(1) 은행은 그 은행의 자회사[1] 각각에 대해서는 해당 은행 자기자본의 10%를 초과하는 신용공여를 하여서는 아니되고(개별 자회사 신용공여한도), 자회사 전체에 대해서는 해당 은행 자기자본의 20%를 초과하는 신용공여를 하여서는 아니 된다(전체 자회사 신용공여한도)(은행 37조 3항 1호, 은행시 21조 5항).

또한 은행은 자회사와의 거래시 통상의 조건에 따라야 하는데, (i) 그 은행의 자회사 등의 지분증권을 담보로 하는 신용공여와 그 은행의 자회사 등의 지분증권을 사게 하기 위한 신용공여, (ii) 그 은행의 자회사 등의 임직원에 대한 대출(금융위원회가 정하는 소액대출[2]은 제외함), (iii) 정당한 사유 없이 자회사 등이 부담하여야 할 경비를 부담하는 행위, (iv) 업무상 알게 된 은행이용자에 대한 정보를 은행이용자의 동의 없이 자회사 등에 제공하거나 자회사 등으로부터 제공받는 행위 등을 하여서는 아니 된다(은행 37조 3항 2호~4호, 은행시 21조 8항).

(2) 자회사에 대한 신용공여한도를 초과한 경우에는 초과한 신용공여액의 30% 이하의 과징금을, 자회사의 주식을 담보로 하거나 자회사 주식을 사게 하기 위한 신용공여를 한 경우에는 해당 신용공여액의 5% 이하의 과징금을, 각각 부과할 수 있다(은행 65조의 3 1호·5호). 자회사에 대한 신용공여한도와 자회사와의 거래시 금지행위 중 어느 하나를 위반한 자는 3년 이하의 징역 또는 1억원 이하의 벌금에 처한다(은행 67조 2호).

4. 모·자은행 간의 신용공여 제한

(1) 자은행은 모은행에 대한 신용공여가 금지되고, 다른 자은행에 대한 신용공

1) 자회사란 은행이 의결권 있는 지분증권의 15%를 초과하는 지분증권을 소유하는 회사를 말한다(은행 37조 2항 단서).

2) 소액대출이란 2천만원 이내의 일반자금대출, 5천만원 이내의 주택자금대출(일반자금대출 포함)을 말하고, 대출조건은 일반고객과 동일하여야 한다(은감 53조 1항, 56조 1항 1호 및 2호).

여는 해당 자은행 자기자본의 10% 이내(개별 자은행 신용공여한도)이며, 다른 자은행에 대한 신용공여의 합계액은 해당 자은행 자기자본의 20% 이내(전체 자은행 신용공여한도)이다(은행 37조 6항 3호, 은행시 21조 11항).

자은행과 모은행 및 그 모은행의 다른 자은행(이하 '모은행 등') 상호간에 (i) 신용공여를 하는 경우에는 신용공여액의 150% 범위에서 유가증권, 부동산 등 은행업감독규정 제52조의 4에서 정하는 비율[1] 이상의 담보를 확보하여야 하고, (ii) 경영내용, 재무상태 및 미래의 현금흐름 등을 고려할 때 상환에 어려움이 있거나 있을 것으로 판단되는 채무자 등에 대한 채권 등으로서 금융위원회가 정하여 고시하는 자산(은감 52조의 5 1항－요주의 이하로 분류된 자산)(불량자산)을 거래하여서는 아니 된다. 다만 그 자은행과 모은행 등의 구조조정에 필요한 거래 등 금융위원회가 정하는 요건에 해당하는 경우에는 그러하지 아니하다(은행 37조 7항·8항, 은행시 21조 14항~16항).

(2) 자은행에 대한 신용공여한도를 초과하거나 자은행이 신용공여한도를 초과하여 모은행 등에 신용공여를 한 경우 초과한 신용공여액의 30% 이하의 과징금을 부과할 수 있고(은행 65조의 3 1호), 신용공여한도·금지행위 또는 담보확보의무 등의 규정 중 어느 하나를 위반한 자는 3년 이하의 징역 또는 1억원 이하의 벌금에 처한다(은행 67조 3호).

5. 정부대행기관에 대한 대출제한

한국은행법에 따른 정부대행기관은 생산·구매·판매 또는 배급에 있어서 정부를 위하여 공공의 사업 또는 기능을 수행하는 법인으로서 정부가 지정한 법인이다(한은 77조 2항). 지정법인에는 농업협동조합중앙회의 비료계정,[2] 부실채권정리기금

1) 은행업감독규정 제52조의 4(적정담보확보기준 등) 제 1 항: 은행법 시행령 제21조 제14항에서 "담보의 종류에 따라 금융위원회가 정하여 고시하는 비율"이라 함은 다음 각호의 어느 하나를 말한다.

1. 예·적금, 정부 및 한국은행에 대한 채권, 정부 및 한국은행이 보증한 채권, 정부 및 한국은행이 발행 또는 보증한 증권에 의해 담보된 채권: 100분의 100
2. 지방자치법에 의한 지방자치단체, 지방공기업법에 의한 지방공기업(다만, 결손이 발생하는 경우 정부 또는 지방자치단체로부터 제도적으로 결손보전이 이루어 질 수 있는 기관에 한한다), 「공공기관의 운영에 관한 법률」에 따른 공공기관(이하 "공공기관"이라 한다)에 대한 채권, 공공기관이 보증한 채권, 공공기관 등이 발행 또는 보증한 증권에 의해 담보된 채권: 100분의 110.
3. 제 1 호 및 제 2 호 이외의 자산: 100분의 130

2) 농림축산식품부장관은 시·도지사 또는 농업협동조합중앙회로 하여금 비료를 공급하게 할 수 있고, 이 경우 농업협동조합중앙회가 비료를 공급하는 경우에는 자체의 경리와 구분하여 비료계정을

[1]이 있다. 정부대행기관은 정부를 위하여 공공의 사업을 하는 기관으로서 그 사업의 효과가 실질적으로는 정부에 귀속된다. 한국은행법에 따른 정부대행기관에 대한 은행의 대출은 그 원리금의 상환에 관하여 정부가 보증한 경우에만 할 수 있다(은행 36조). 한국은행법 제77조 제3항[2]과 동일한 취지이다.

6. 다른 회사에 대한 출자제한

(1) 은행은 원칙적으로 다른 회사 등의 의결권 있는 지분증권의 15%를 초과하는 지분증권을 소유할 수 없다(은행 37조 1항). 이는 금융자본의 산업지배를 위한 과도한 출자로 경영건전성의 악화를 방지하기 위한 출자제한의 취지이다.[3]

(2) 위 (1)에 위반한 경우, 은행은 초과 소유한 지분증권의 장부가액 합계액의 100분의 30 이하에 해당하는 금액에 대하여 과징금을 부과받고(은행 65조의3 4호), 위반한 자는 3년 이하의 징역 또는 1억원 이하의 벌금의 처벌을 받는다(은행 67조 3호).

7. 비업무용 자산 등의 처분

은행은 업무용 부동산이 아닌 부동산(비업무용 부동산)을 원칙적으로 소유할 수 없다(은행 38조 2호). 은행은 그 소유물이나 그 밖의 자산 중 은행법에 따라 그 취득 또는 보유가 금지되거나 저당권 등 담보권의 실행으로 취득한 자산이 있는 경우에는 은행법의 규정에 부합되지 아니하는 날로부터 3년 이내에 처분하여야 한다. 다만, 공매유찰 및 공매보류의 사유로 비업무용자산 처분연기보고를 하였을 경우에는 연기보고일 이후 1년 이내에 처분하여야 한다(은행 39조, 은감 58조 1항).

8. 금융거래상 중요 정보 제공

(1) 은행은 예금자 등 은행이용자를 보호하고 금융분쟁의 발생을 방지하기 위하여 금융거래상 중요 정보를 제공하는 등 적절한 조치를 마련하여야 한다(은행 52

따로 설치·운영하여야 한다(비료관리법 7조 1항, 8조 1항).

1) 부실채권정리기금이 한국은행으로부터 자금을 차입하는 경우에 기금은 한국은행법 제77조 제2항에 따른 정부대행기관으로 지정된 것으로 본다(금융회사 부실자산 등의 효율적 처리 및 한국자산공사의 설립에 관한 법률 39조 3항).

2) 한국은행법 제77조(정부대행기관과의 여신·수신업무) ③ 한국은행의 정부대행기관에 대한 대출은 그 원리금 상환에 대하여 정부가 보증한 경우로 한정한다.

3) 은행법강의, 380면.

조의 2 2항). 즉, 은행은 금리·계약해지 및 예금자보호에 관한 사항 등 은행이용자가 유의해야 할 사항을 공시하여야 하고, 금융거래(「금융소비자 보호에 관한 법률」에 따른 금융상품의 계약에 따른 거래는 제외함) 단계별로 해당 정보나 자료를 제공하고 그 내용을 설명하여야 한다(계약체결을 권유하는 경우에는 계약조건·거래비용 등 계약의 주요 내용이고 은행이용자가 청약하는 경우에는 약관이며, 계약을 체결하는 경우에는 계약서류임)(은행 52조의 2 3항, 은행시 24조의 5 2항). 다만, 이미 체결된 계약과 같은 내용으로 계약을 갱신하는 경우 등 금융위원회가 정하여 고시하는 경우에는 정보나 자료의 제공 및 설명을 생략할 수 있다(은행 52조의 2 3항, 은행시 24조의 5 2항 2호 단서). 은행이용자는 약관 및 계약서류에 대한 열람을 신청할 수 있는데, 이 경우 은행은 정당한 사유가 없으면 이에 따라야 한다(은행 52조의 2 3항, 은행시 24조의 5 3항).

(2) 은행이 이에 위반하면 1억원 이하의 과태료의 처벌을 받는다(은행 69조 1항 9호).

9. 고개응대직원에 대한 보호 조치

(1) 은행은 은행법에 따른 업무를 운영할 때 고객을 직접 응대하는 직원을 고객의 폭언이나 성희롱, 폭행 등으로부터 보호하기 위하여 (i) 직원이 요청하는 경우 해당 고객으로부터의 분리 및 업무담당자 교체, (ii) 직원에 대한 치료 및 상담 지원, (iii) 고객을 직접 응대하는 직원을 위한 상시적 고충처리 기구 마련 및 (iv) 그 밖에 직원의 보호를 위하여 필요한 법적 조치 등 대통령령으로 정하는 조치(관할 수사기관 등의 고발 등—은행시 24조의 7)를 하여야 한다(은행 52조의 4 1항). 직원은 은행에 대하여 위와 같은 조치를 요구할 수 있고(은행 52조의 4 2항), 은행은 이러한 직원의 요구를 이유로 직원에게 불이익을 주어서는 아니 된다(은행 52조의 4 3항).

(2) 은행이 이에 위반하여 직원의 보호를 위한 조치를 하지 아니하거나 직원에게 불이익을 주면 3,000만원 이하의 과태료의 처벌을 받는다(은행 69조 3항).

10. 금지업무

(1) 은행의 금지업무는 다음과 같다.

1) 유가증권 투자한도: 은행의 경영 안정성을 도모하기 위하여 가격변동위험이 큰 주식이나 유동성위험 또는 금리변동위험이 큰 장기채권에 대한 보유는 은행이 흡수가능한 자본금 규모 이내로 제한할 필요가 있다.[1] 은행은 일정한 증권에 대

한 투자의 총 합계액이 은행의 자기자본의 100%에 해당하는 금액을 초과하는 투자를 하여서는 아니 된다. 이 경우 금융위원회는 필요한 경우 같은 투자한도의 범위에서 상환기간이 3년을 초과하는 채무증권, 지분증권, 파생결합증권 등에 대한 투자한도를 따로 정할 수 있다(은행 38조 1호, 은행시 21조의 2 1항~3항).

2) 업무용 부동산 소유한도: 은행은 비업무용 부동산을 소유하여서는 아니 되고(은행 38조 2호), 업무용 부동산이라도 자기자본의 60%에 해당하는 금액을 초과하는 업무용 부동산을 소유하여서는 아니 된다(은행 38조 3호, 은행시 21조의 2 5항). 과도한 업무용부동산 소유에 따른 자금의 고정화를 방지하기 위한 취지이다.[1] 업무용 부동산이란 (i) 영업소·사무소 등 영업시설, (ii) 연수시설, (iii) 복리후생시설, (iv) (i)부터 (iii)까지의 시설 용도로 사용할 토지·건물 및 그 부대시설을 말한다(은행 38조 2호, 은행시 21조의 2 4항).

3) 부당대출금지: 은행은 직접·간접을 불문하고 해당 은행의 주식을 담보로 하는 대출, 직접·간접을 불문하고 해당 은행의 주식을 사게 하기 위한 대출, 해당 은행의 임직원에 대한 대출(금융위원회가 정하는 소액대출은[2] 제외함)을 하여서는 아니 된다(은행 38조 4호~6호).

(2) 은행의 임원 등이나 직원이 위 (1)을 위반하여 금지업무를 한 경우에는 1년 이하의 징역 또는 3천만원 이하의 벌금의 처벌을 받는다(은행 68조 1항 4호).

11. 회계업무규제

(1) 회계업무와 관련하여 건전경영을 위한 규제에는 다음과 같은 것이 있다.

1) 이익준비금의 적립: 은행은 매년 결산시 주주에게 이익(순이익금)을 배당할 때마다 자본금의 총액이 될 때까지 세금 공제후 당기순이익의 10% 이상을 이익준비금으로 적립하여야 한다(은행 40조). 상법상 자본금의 50%에 달할 때까지 이익배당액의 10% 이상을 이익준비금으로 적립토록 하는 점(주식배당의 경우에는 그러하지 아니하다)(상 458조)[3]과 비교할 때, 이는 은행의 자본충실화를 위한 특칙으로 볼 수 있다.

---

1) 은행법강의, 382면.

1) 은행법강의, 382면.

2) 소액대출이란 2천만원 이내의 일반자금대출, 5천만원 이내의 주택자금대출(일반자금대출 포함), 6천만원 이내의 사고금정리대출(일반자금대출 및 주택자금대출 포함)을 말한다(은감 56조 1항).

3) 상법 제458조(이익준비금) 회사는 그 자본금의 2분의 1이 될 때까지 매 결산기 이익배당액의 10분의 1 이상을 이익준비금으로 적립하여야 한다. 다만, 주식배당의 경우에는 그러하지 아니하다.

자기자본은 손실에 대한 최종 안전판으로서의 기능 이외에 영업을 위한 기본적 자금을 공급하는데, 이러한 이익준비금 적립제도는 넓은 의미에서 자본적정성 규제의 하나이다.[1)]

2) 적립금 보유 및 손실처리의 요구: 금융감독원장은 은행의 경영건전성 유지를 위하여 필요하다고 인정할 때에는 은행에 대하여 불건전한 자산을 위한 적립금의 보유, 자산의 장부가격의 변경, 가치가 없다고 인정되는 자산의 손실처리를 요구할 수 있다(은행 50조, 은행시 24조의 3).

(2) 은행의 임원 등이나 그 직원이 은행법 제40조를 위반하여 이익준비금을 적립하지 아니한 경우에는, 1년 이하의 징역 또는 3천만원 이하의 벌금의 처벌을 받는다(은행 68조 1항 5호).

제 3 절 은행의 의무

은행감독은 은행의 금융법규의 준수 여부를 확인하고, 은행업무를 상시감시하며, 일반적으로 은행의 행위를 관찰하는 것이다. 이러한 목적을 달성하기 위하여 은행으로 하여금 소정의 정보를 감독기관에 보고하도록 할 필요가 있다. 은행법은 업무보고서의 제출, 분담금 납부, 경영공시, 은행약관 보고를 은행의 의무사항으로 규정하고 있다.[2)]

Ⅰ. 업무보고서의 제출

1. 업무보고서의 의의

업무보고서(call report)는 은행이 금융감독원장이 정하는 서식에 따라 작성하여 제출하는 업무내용을 기술한 보고서로서, 은행의 전반적인 재무상태를 나타내는 대차대조표 및 손익계산서를 주요내용으로 하고, 규제준수상황과 파생상품거래상황 등을 포함하고 있다.[3)] 은행은 매월의 업무내용을 기술한 보고서를 다음 달 말일까지 금융감독원장이 정하는 서식에 따라 금융감독원장에게 제출하여야 한다(은행 43

1) 은행법강의, 383면.

2) 로스쿨 금융법, 610면.

3) 로스쿨 금융법, 610면.

조의 2 1항).

업무보고서는 제출시기에 따라, 정형적인 정기보고서와 수시보고서로 구분된다.

2. 정기보고서

정기보고서는 매월의 업무내용을 다음 달 말일까지 금융감독원장에게 제출하는 보고서이다. 제출기한은 보고서 작성의 시간과 노력을 고려하여 다음 달 말일까지 1개월의 유예기간을 두고 있다(은행 43조의 2 1항 참조). 제출방법은 서류제출에 따른 부담을 완화하기 위하여 전자문서로 할 수 있다(은행 65조의 2, 은감세 99조 1항). 제출되는 보고서 서식의 적법성 및 내용의 정확성에 대한 책임소재를 명확히 하기 위하여 보고서에는 대표자와 담당 책임자 또는 그 대리인이 서명·날인하여야 한다(은행 43조의 2 2항).

3. 수시보고서

금융감독원은 정기보고서만으로 감독업무의 원활한 수행에 필요한 정보를 충분히 확보할 수 없는 경우가 있다. 수시보고서는 정기보고서의 보완적인 수단으로서, 금융감독원장이 감독 및 검사 업무수행을 위하여 요구하는 자료이다(은행 43조의 2 3항, 금설 40조 1항). 여기에서 '업무수행을 위하여 요구하는'의 의미는 감독행정의 기동성·신속성·일상성의 이유로서, 예컨대 은행의 업적 부진, 신용불안 등 특히 문제가 되는 구체적 사실의 발생이 없어도 감독상 필요가 있다고 인정되는 때에는 자료요구를 할 수 있다고 본다.[1] 그러나 자료요구의 범위는 감독업무수행, 다시 말하면 은행의 건전경영을 확보하기 위한 불가피한 경우에 한정하여 필요 최소한에 그쳐야 한다.[2]

Ⅱ. 경영공시

은행은 경영상태 및 위험에 대하여 주주·예금주·여신거래처 등 이해관계자에게 충분한 정보를 제공함으로써, 이해관계자들은 이러한 정보에 의하여 거래할 은행을 선정할 수 있다. 금융시장에서 정보비대칭성에 의한 문제점을 해소하고, 은행으로서는 경영의 투명성을 제고하기 위하여 경영공시가 필요하다.[3]

---

1) 동지: 은행법강의, 403면; 로스쿨 금융법, 611면; 詳解, 391면.

2) 로스쿨 금융법, 611면.

은행은 예금자와 투자자를 보호하기 위하여 필요한 사항으로서 (i) 재무 및 손익에 관한 사항, (ii) 자금의 조달 및 운용에 관한 사항 및 (iii) 은행법 제53조(은행에 대한 제재)에 따른 은행에 대한 제재 조치나 「금융산업의 구조개선에 관한 법률」 제10조 및 제14조에 따른 조치 또는 처분을 받은 경우에는 그 내용을 금융위원회가 정하는 바에 따라 공시하여야 한다(은행 43조의 3, 은행시 24조 1항). 금융위원회는 이러한 공시사항에 관한 세부기준을 정할 수 있다(은행 43조의 3, 은행시 24조 2항, 은감 41조). 즉, 경영공시(manangement disclosure)는 예금자 및 투자자의 보호를 위하여 은행의 경영실적을 시장에 알리는 것이다. 이는 주요 재무 및 경영지표 등에 관한 사항을 대상으로 하는 정기공시와, 경영상 중대한 변동사항을 대상으로 하는 수시공시로 구분된다. 이러한 경영공시를 은행이 허위로 공시하거나 중요한 사항을 누락하는 등 불성실하게 공시한 경우, 금융감독원장은 당해 은행에 대하여 정정공시 또는 재공시를 요구할 수 있다(은감 41조 5항).

1. 정기공시

정기공시사항은 (i) 조직 및 인력에 관한 사항, (ii) 재무 및 손익에 관한 사항, (iii) 자금조달·운용에 관한 사항, (iv) 건전성·수익성·생산성 등을 나타내는 경영지표에 관한 사항, (v) 경영방침, 리스크관리 등 은행경영에 중요한 영향을 미치는 사항인 5가지이다(은행시 24조 1항, 은감 41조 1항). 은행은 결산일로부터 3개월 이내, 분기별 가결산일로부터 2개월 이내에 각각 공시하여야 하는데, 구체적인 공시항목 및 방법은 금융감독원장이 정한다(은감 41조 2항).

2. 수시공시

수시공시는 정기공시 이외에 경영건전성을 크게 해치거나 해칠 우려가 있는 경우로서 은행경영에 중대한 영향을 미치는 현안을 즉각적으로 시장에 공시하도록 하고 있다. 그러나 해당 은행 또는 해당 은행이 속하는 은행지주회사가 주권상장법인인 경우 자본시장법에 의하여 공시하는 경우에는 이를 생략할 수 있다. 수시 공시사항은 (i) 부실여신이 발생한 경우, (ii) 적기시정조치(경영개선권고·요구·명령 등의 조치)를 받은 경우, (iii) 유동성커버리지비율 및 원화예대율을 위반한 경우, (iv) 재무구조에 중대한 변동을 초래하는 사항이 발생한 때 등이다(은행시 24조 2항, 은감 41조 3항). 수시공시와 관련된 공시대상, 내용, 방법 및 시기 등은 금융감독원장이 은

---

3) 로스쿨 금융법, 613면.

행업감독규정 시행세칙에서 정하고 있다(은행시 24조 2항, 은감 41조 4항).

3. 정기주주총회 보고사항

주주들은 은행에 보다 직접적인 이해관계가 있기 때문에 은행은 일정사항에 대해서는 정기주주총회에 보고하여야 한다. 이러한 보고사항은 (i) 당해 회계연도중 무수익여신 증감현황, (ii) 당해 회계연도중 거액 무수익여신 증가업체 현황(시중은행 20억 원, 지방은행 10억 원 이상), (iii) 대출 및 지급보증 지원금액이 100억 원 이상인 업체로서 당해 회계연도중 신규발생한 채권재조정업체 현황 및 동 업체에 대한 채권재조정 내역, (iv) 당해 회계연도중 지출한 기부금내역, (v) 자회사 등의 영업성과와 재무상태에 대한 경영평가 결과이다(은감 41조 6항).

Ⅲ. 정관변경 등의 보고

은행의 감독당국은 은행의 주요 동향에 대하여 파악할 필요가 있으므로, 상시 감시차원에서 은행의 정관변경 등이 있으면 은행에 대하여 지체 없이 그 사실을 금융감독원장에게 보고하도록 의무를 부여하고 있다.

1. 보고사항

은행이 다음의 어느 하나에 해당하는 경우에는 그 사실을 금융위원회에 지체 없이 보고하여야 한다(은행 47조, 은행시 24조의 2, 은감 84조 2항). 이러한 보고사항은, (i) 정관을 변경한 때, (ii) 은행법 제10조 제 1 항(주식수 감소 등으로 자본금을 감소하는 경우)에 해당하지 아니하는 자본금의 감소를 한 때, (iii) 본점이 그 본점이 소재한 특별시·광역시·도·특별자치도(이하 '시·도'라 함)에서 다른 시·도로 이전한 때, (iv) 은행법 제13조 제 2 항(국외현지법인 또는 국외지점의 신설계획)에 해당하지 아니하는 국외현지법인 또는 국외지점을 신설한 때, 은행이 국외현지법인 또는 국외지점을 폐쇄한 때, 국외사무소 등을 신설·폐쇄한 때, (v) 상호를 변경한 때, (vi) 자회사 등에 출자를 한 때(기업구조조정 촉진을 위하여 금융위원회의 승인을 받은 경우는 제외)(금융위원회가 정하여 고시하는 자회사 등에 유한책임사원으로 출자하는 경우에는 그 사실을 반기마다 보고할 수 있다), (vii) 다른 회사 등의 지분증권의 20%를 초과하는 지분증권을 담보로 하는 대출을 한 때, (viii) 외국은행이 지점 또는 대리점을 동일한 시·도로 이전하거나 사무소를 폐쇄한 때, (ix) 은행의 국외현지법인 또는 국외지점이 현지

감독기관으로부터 제재를 받거나 금융사고가 발생하는 등 주요 변동사항이 있을 때, (x) 외국은행의 지점이, 외국은행의 정관·상호·자본금에 변동이 있을 때, 외국은행의 은행장이 해임되었을 때, 외국은행이 합병 또는 해산되었을 때, (xi) 영업의 일부를 양도하거나 양수하였을 때(다만, 영업의 전부 또는 대통령령으로 정하는 중요한 일부의 양도·양수에 금융위원회의 인가를 받았을 때는 제외), (xii) 지방은행이 영업구역을 변경하는 경우, (xiii) 금융관련법령에 따라 인가·허가 및 등록 등을 받은 사항을 실행한 경우이다.

2. 감독당국의 심사 및 조치

금융감독원장은 위의 보고사항에 대하여 보고받은 내용이 심사기준에 적합한지를 심사하여 그 기준에 적합하지 아니한 경우에는 해당 은행에 대하여 그 시정 또는 보완을 권고할 수 있다. 이러한 심사기준은, (i) 관련 법규에 저촉되지 않을 것, (ii) 주식회사의 본질을 침해하지 않을 것, (iii) 은행의 건전한 경영(지방은행의 경우 지방경제의 발전 등 그 설립취지에 부합하는 것 포함)을 해칠 우려가 없을 것, (iv) 은행이용자의 권익을 침해하지 않을 것이다(은감 84조 4항).

Ⅳ. 약관의 보고 등

1. 약관의 제정·변경과 보고·신고

은행은 은행거래에 있어 다수의 불특정 거래자를 상대방으로 한다. 이에 은행은 다수의 거래에 사용할 것을 예상하여 계약의 표준서식을 작성하여 사용하는 데, 이를 보통 금융거래약관(이하 '약관'이라 함)이라고 부른다. 약관이란 그 명칭이나 형태를 불문하고 은행이 금융거래와 관련하여 다수의 이용자와 계약을 위하여 미리 작성한 계약의 내용을 말한다(은감 85조 본문). 은행거래시 약관을 수단으로 하므로 은행상품은 약관을 의미하고, 약관의 작성이란 은행상품의 개발이다.[1]

은행은 은행법에 따른 업무를 취급할 때 은행 이용자의 권익을 보호하여야 하며, 금융거래와 관련된 약관을 제정하거나 변경하는 경우에는 약관의 제정 또는 변경 후 10일 이내에 금융위원회에 보고하여야 한다(은행 52조 1항 본문 5항, 은감 86조의 2). 그러나 이용자의 권리나 의무에 중대한 영향을 미칠 우려가 있는 경우로서

---

1) 은행법강의, 406면.

대통령령으로 정하는 경우에는 약관의 제정 또는 변경 전에 미리 금융위원회에 신고하여야 한다(은행 52조 1항 단서, 은행시 24조의 4).

은행은 약관을 제정하거나 변경한 경우에는 인터넷 홈페이지 등을 이용하여 공시하여야 한다(은행 52조 2항). 이는 은행이용자가 은행거래상의 계약조건 등을 정확하게 알도록 하기 위한 것으로 은행이용자의 권익보호를 위한 방법이다.[1]

2. 금융위원회의 약관의 공정거래위원회에 대한 통보

약관을 보고 또는 신고받은 금융위원회는 그 약관을 공정거래위원회에 통보하여야 한다. 이 경우 공정거래위원회는 통보받은 약관이 약관규제법 제6조부터 제14조까지의 규정에 해당하는 사실이 있다고 인정될 때에는 금융위원회에 그 사실을 통보하고 그 시정에 필요한 조치를 취하도록 요청할 수 있고, 금융위원회는 특별한 사유가 없는 한 이에 응하여야 한다(은행 52조 3항).

감독기관의 감독대상과 범위는 그 설립근거법에 규정되어 있는 관계로, 감독의 중복이나 사각지대가 발생할 수 있다. 이를 예방하기 위하여 감독기관 간의 정보공유 등 업무협조가 필요하게 된다. 감독권의 중복은 정책의 효율성과 신뢰도를 추락시키고, 감독·규제 수요자인 금융기관의 부담을 가중시키므로 감독기관 간의 상호 존중과 협력이 필요하다. 이러한 점을 감안하여 은행법은 금융위원회로 하여금 보고받은 약관을 공정거래위원회에 통보하도록 하고, 공정거래위원회의 시정요구를 반영하도록 하여, 감독기관 상호간의 업무협조관계를 특별히 규정하고 있다.[2]

3. 금융위원회의 약관의 변경권고

금융위원회는 건전한 금융거래질서를 유지하기 위하여 필요한 경우에는 은행에 대하여 보고 또는 신고받은 약관의 변경을 권고할 수 있다(은행 52조 4항). 약관의 변경 필요성 여부를 확인하기 위하여 약관심사가 필요하다. 은행상품은 가격결정구조가 다양하고, 금융공학을 이용한 복잡한 금융상품이 증가추세에 있으며, 불공정한 은행상품의 유통을 방지하여 건전한 금융거래질서를 위하여 약관심사의 필요성이 커지고 있다. 금융감독원장은 은행 이용자의 권익을 보호하기 위하여 제출받은 약관을 일정한 심사기준에 따라 심사한다(은감 87조). 약관 심사는 약관제출서류를 확인하는 행정청의 사실행위이다.[3]

---

1) 은행법강의, 407면.

2) 은행법강의, 407~408면.

금융감독원장은 심사결과를 보고받은 날로부터 10영업일 이내에 해당 은행 앞으로 통지하고, 해당 약관에 대하여 변경을 권고하거나 다른 은행에 대하여도 변경을 권고할 수 있으며, 필요하다고 인정하는 경우 은행이 이미 사용하고 있는 약관에 대해서도 내용의 변경을 권고할 수 있다(은감세 61조). 변경권고는 감독당국이 의도하는 바를 실현하기 위하여 상대방의 주의적 협력을 기대하여 행하는 비권력적 행정행위로서 법적 구속력은 없다.[1] 변경권고를 받은 은행은 해당 권고를 받은 날로부터 5영업일 이내에 해당 권고의 수락 여부를 금융감독원장에게 보고하여야 하고, 금융감독원장의 변경권고를 수락한 경우 수락일로부터 5영업일 이내에 수정된 약관을 보고하여야 한다(은감세 62조).

제 4 절 검사 및 제재

Ⅰ. 검 사

1. 은행검사의 개요

은행감독은 사전·예방적인 감독활동과 사후·교정적인 검사활동으로 구분할 수 있다. 검사란 은행의 업무활동과 경영상태를 분석·평가하고 은행이 취급한 업무가 은행법규에 위배되지 않았는지를 확인·점검하여 적절한 조치를 취하는 활동이다. 감독업무와 검사업무는 상호 유기적·보완적·통합적 관계를 형성하고 있다.[2]

은행검사는 은행의 업무와 재산상황을 그 대상으로 하여(은행 48조 1항), 은행의 건전경영 여부를 확인·조사하는 은행감독의 실효성을 확보하기 위한 수단이다. 이때 은행의 업무란 고유업무·부수업무·겸영업무 등 직접적인 은행업무 및 간접적으로 임원선임·임원보수·이사회운영 등 경영일반사항을 의미하고, 재산상황이란 대차대조표에 나타난 자산과 부채·자본부문에 나타난 수치 및 실제치를 말한다.[3]

한편 한국산업은행·중소기업은행·한국수출입은행에 대한 검사는 각각의 설립근거법에 의하여 경영의 건전성 확보를 위한 사항으로 제한되어 있다(산은 34~36조,

3) 은행법강의, 408면.
1) 은행법강의, 408면.
2) 은행법강의, 384면.
3) 로스쿨 금융법, 616면.

기은 46~49조, 수은 39조 2항·4항·6항). 그리고 경영건전성 검사결과 금융위원회는 산업은행에 대하여 필요한 명령을 발할 수 있을 뿐이다(산은 34조 1항).

검사를 하는 사람은 그 권한을 표시하는 증표를 지니고 관계자에게 내보여야 하고(은행 48조 4항), 검사업무를 수행하면서 필요하다고 인정할 때에는 은행에 대하여 업무 또는 재산에 관한 보고, 자료의 제출, 관계자의 출석 및 의견의 진술을 요구할 수 있다(은행 48조 2항).

그리고 금융감독원장은 「주식회사 등의 외부감사에 관한 법률」에 따라 은행이 선임한 외부감사인(회계법인 등)에 대하여 그 은행의 감사 결과 알게 된 정보나 그 밖에 경영의 건전성에 관련되는 자료의 제출을 요구할 수 있다(은행 48조 3항).

2. 검사의 종류

가. 종합검사와 부문검사

검사대상, 주기 등 운영방식에 따른 구분이다. 종합검사는 은행의 업무전반 및 재산상황에 대하여 종합적으로 실시하는 검사이고, 부문검사는 금융사고예방·금융질서확립·기타 은행감독정책상의 필요에 의하여 은행의 특정부문에 대하여 실시하는 검사이다(검제 3조 3호·4호).

나. 현장검사와 서면검사

검사실시방법에 따른 구분이다. 현장검사는 검사원[1]이 은행을 방문하여 실시하는 검사이고, 서면검사는 검사원이 은행으로부터 자료를 제출받아 검토하는 방법으로 실시하는 검사이다(검제 3조 5호·6호).

다. 단독검사, 공동검사와 수탁검사

(1) 단독검사와 공동검사

검사원의 구성이 금융감독원 직원 이외에 다른 기관 직원의 포함 여부에 따른 구분이다. 한국은행은 금융통화위원회가 통화신용정책의 수행을 위하여 필요하다고 인정하는 경우에는 금융감독원장에게 구체적 범위를 정하여 은행에 대한 검사를 요구하거나 검사에 공동으로 참여할 수 있도록 하여 줄 것을 요구할 수 있고(한은 88조 1항), 예금보험공사는 예금자 등의 보호와 금융제도의 안정성 유지를 위하여 필

1) 검사원은 검사의 주체로서 금융감독원장의 명령과 지시에 의하여 검사업무를 수행하는 자이다(검제 3조 7호).

요하다고 인정하는 경우 금융감독원장에게 구체적 범위를 정하여 부보은행(및 그의 은행지주회사)에 대한 검사를 요청하거나 검사에 공동으로 참여할 수 있도록 요청할 수 있다(예보 21조 3항). 한국은행과 예금보험공사가 금융감독원에 검사를 요구하는 경우에는 금융감독원의 단독검사가 되고, 공동검사 참여요구의 경우에는 금융감독원과 한국은행·예금보험공사의 공동검사가 된다.

금융감독원이 한국은행의 공동검사의 요구에 응하지 않을 경우, 한국은행이 단독으로 서면 및 실지 조사권을 행사할 수 있을 것인가. 이것을 인정하면 금융감독원 이외에 한국은행에 병렬적으로 검사권을 부여하는 것으로, 통화신용정책과 금융감독기관을 분리하고 있는 법률체계에 위배될 소지가 있고 검사권이 중복적·병렬적으로 행사되는 경우 행정조직법리상 기관 간 명확한 권한배분의 원리와 상치되면서 권한과 책임소재의 불분명을 초래할 수 있다.[1]

(2) 수탁검사

금융관계법에 의하여 금융감독원장이 검사의 실시를 위탁받는 경우가 있다. 이 경우는 단독검사이면서 수탁검사라 할 수 있다. 한국은행과 예금보험공사의 검사요구로 실시하는 검사도 수탁검사에 해당한다. 수탁검사에는 외국환업무취급기관에 대한 검사(외환 20조 6항) 등이 있다.[2]

3. 검사의 절차

광의의 검사업무는 검사계획 수립, 검사사전준비, 검사의 실시, 검사결과의 보고, 검사서 심의·조정, 검사결과 통보, 검사결과의 사후관리 등의 일련의 과정을 포함한다. 검사서 심의·조정과 은행에 검사결과 통보의 절차는 제재부분과 중복되어 이를 생략하면, 검사는 일반적으로 다음과 같이 진행된다.[3]

가. 검사계획 수립

검사계획은 연간 검사계획, 분기 검사계획, 매회차별(은행별) 검사계획의 단계로 수립하는 것이 일반적이다. 검사계획에는 검사의 기본방향, 검사의 종류, 검사실시시기와 투입인원, 주요 검사 실시범위, 중점검사사항 등이 포함된다. 다만, 부문검사의 경우, 금융환경의 급격한 변화 등 금융감독 정책업무 수행을 위하여 불가

---

1) 은행법강의, 386면; 금융감독원, 「금융법무다이제스트」, 2010년 제 2 호(통권 22호), 108면.

2) 은행법강의, 386면.

3) 은행법강의, 387~390면.

피한 경우, 연간 검사계획에 포함되지 아니한 사항에 대하여도 검사를 실시할 수 있다. 수탁검사의 경우 중점검사사항을 통보받는 경우 이를 당해 은행에 대한 중점 검사사항 기본항목으로 운영한다. 이러한 검사계획에 따라 특정은행에 대한 검사 실시를 결정한다. 이때 사법당국의 조사 등 검사대상은행이 수검 가능한 상황인지 여부를 확인하고, 자체 감사와 감사원 등 다른 기관의 검사일정을 고려하여 검사의 시기를 정한다.

나. 검사사전준비

검사실시가 결정되면, 검사반이 편성된다. 검사사전준비는 검사진행에 필요한 제반 자료를 준비하는 한편, 검사원별 검사업무 분담, 검사사전준비반의 검토내용 파악, 중점검사사항에 대한 검사방향설정, 기타 효율적 검사방안 또는 대책수립 등에 대한 업무협의 등을 하는 것이다. 검사사전준비기간은 종합검사는 최소 5영업일, 부문검사는 최소 3영업일로 운영한다. 검사사전자료의 사실확인 및 기초자료수집 등을 위하여 필요한 경우 은행에 임점검사(사전검사)를 할 수 있다.

다. 검사의 실시

(1) 검사의 사전통지

현장검사를 실시하는 경우 검사목적 및 검사기간 등이 포함된 검사사전예고통지서를 해당 은행(또는 점포)에 검사착수일 1주일 전까지 통지하고, 검사사전징구자료를 요청한다. 이는 검사업무의 원활한 수행을 위하여 사전에 검사실시계획을 알려주는 것이다. 다만, 사전통보할 경우 자료·장부·서류 등의 조작·인멸, 대주주의 자산은닉 우려 등으로 검사목적 달성이 어려워질 우려가 있는 경우와 긴급한 현안사항 점검 등 시간적 여유가 없는 불가피한 경우에는 사전통보를 생략할 수 있다.

(2) 검사착수

검사착수란 검사 개시일에 은행(또는 점포)에 검사개시를 알리고 임점 검사원이 분장업무에 따라 검사를 개시하는 것을 말하는데, 원칙적으로 검사실시통보서 교부 후에 검사에 임하여야 한다.[1] 현물검사는 은행직원의 입회하에 우선 시재의 일치여부를 확인하고 불일치 사유 등 구체적인 질의는 현물검사 완료 후에 한다. 검사원은 그 권한을 표시하는 증표를 지니고 이를 관계자에게 내보여야 하는데(은행 48조 4항), 이는 금융감독원 신분증을 휴대하고, 검사실시통보서를 해당 은행의 장(또는

1) 금융감독원, 「은행검사매뉴얼」(2014. 11.), 19면.

지점장)에 교부하는 것이며, 검사개시의 통보이다. 은행검사권은 금융감독원장에 있는 것이나 실제 검사는 검사원이 수행하므로 검사실시통보서는 금융감독원장의 위임을 나타내는 증표이다. 은행검사반장이 검사개요, 검사방향, 감독정책의 주요내용 등을 설명하고 원활한 검사진행협조를 구하기 위한 검사개시면담을 한다.

검사는 합리적인 시간대, 원칙적으로 일출시부터 일몰시까지 또는 영업시간 내에 실시되어야 한다. 실력행사에 의하여 검사를 실시할 수 있는지 여부가 문제된다. 예컨대, 은행 직원들이 어떤 주장을 하면서 검사역의 출입을 저지하는 경우가 있다. 은행법이나 금융위원회의 설치 등에 관한 법률상 출입거부나 검사방해에 대하여는 검사의 실효성 확보를 위하여 과태료나 불이익처분을 규정하고 있으므로, 이에 의한 제재만이 가능하고, 검사원이 실력으로 상대방의 저항을 배제하고 필요한 검사를 할 수는 없다고 보아야 할 것이다.[1]

(3) 검사자료 등의 요구

검사원은 검사를 하면서 필요하다고 인정할 때에는 은행에 대하여 업무 또는 재산에 관한 보고, 자료의 제출, 관계자의 출석 및 의견의 진술을 요구할 수 있다(은행 48조 2항). 보고의 요구는 검사업무 수행상 참고사항을 파악하기 위한 것이고, 자료제출 등의 요구는 검사업무 수행의 필요에 의한 것이나 과도한 자료 징구 등으로 부담을 초래하지 않도록 자료제출요구서에 의하며 자료제출은 전자문서의 방법으로 할 수 있다. 그리고 은행이 선임한 외부감사인에게 그 은행을 감사한 결과 알게 된 정보나 그 밖에 경영의 건전성에 관련되는 자료의 제출을 요구할 수 있다(은행 48조 3항). 외부감사인이 직무상 알게 된 비밀을 누설하여서는 안되는 비밀엄수규정(주식회사 등의 외부감사에 관한 법률 20조)에 대해 은행법에 특별규정을 두어 예외를 허용하고 있는 것이다. 이는 은행의 공공성과 감독목적을 감안한 것이다.[2] 검사결과 나타난 은행 또는 임직원의 위법·부당행위에 대하여는 확인서, 문답서 또는 질문서, 의견서, 문서 사본 등의 증명자료를 받는다.

(4) 경영진면담

검사종료시 종합검사의 경우 검사반장은 경영진 면담을 실시하여, 경영진의 경영정책 및 방침, 감독 및 검사정책, 경영실태평가결과 경영상 취약점, 조치요구(예정)사항, 애로 및 건의사항을 협의한다. 부문검사의 경우에는 관련 임직원에게 검사결과를 설명하고 상호 의견을 교환한다. 이는 건전경영을 지도하고 경영상 문

---

1) 은행법강의, 388면.

2) 은행법강의, 389면.

제점에 대한 컨설팅기능을 위한 수단이다.

4. 검사결과의 보고

검사반장은 검사 종료 후 검사결과를 요약정리한 귀임보고서를 작성하여 검사실시부서장에게 보고하되, 중요사항이 있는 경우에는 지체 없이 금융감독원장에게 보고하여야 하고, 빠른 시일내에 검사결과를 종합정리한 검사서를 작성한다. 금융감독원장은 시스템리스크 초래, 은행 건전성의 중대한 저해, 다수 금융소비자 피해 등의 우려가 있다고 판단하는 경우에는 검사종료 후 지체 없이 그 내용을 금융위원회에 보고하여야 한다(검제 13조 2항).

5. 검사결과의 사후관리

검사결과의 사후관리는 검사서에 의하여 은행에 통보된 금융감독원장의 조치요구사항의 이행 및 조기정리를 촉진시키는 제반 관리업무이다. 은행은 조치요구사항에 대하여 특별한 사유가 있는 경우를 제외하고는 검사서를 접수한 날로부터 소정의 기한내(경영유의사항은 6월, 문책사항으로서 임직원에 대한 인사조치내용은 2월, 문책사항에 주의사항 또는 개선사항 등이 관련되어 있는 경우 경우·자율처리 필요·주의·변상·개선사항은 3월)에 이를 정리하고 그 결과를 기한종료일로부터 10일 이내에 금융감독원장에게 보고하여야 한다(검제 15조 1항). 검사실시부서장은 은행이 제출한 조치요구사항 정리보고서를 심사하여 요구내용대로 이행되었거나 재판상 절차가 진행중인 경우, 관련자의 사망 등으로 조치요구사항이 이행되기 어려운 경우에 해당되면 종결처리하고, 정리내용이 부적정·미흡하거나 미정리된 사항에 대하여는 정리에 필요한 적절한 기한을 정하여 재정리 요구한다.

6. 대주주 등에 대한 검사

금융위원회는 전환대상자(2년 이내에 비금융주력자가 아닌 자로 전환하기 위한 계획을 금융위원회에 제출하여 승인을 받은 비금융주력자)에 대하여 전환계획 이행 상황을 정기적으로 점검하고(은행 16조의3 2항), 한도초과보유주주 등에 대하여는 그 주식을 보유한 이후에도 자격 및 승인의 요건(초과보유요건 등)을 충족하는지 여부를 심사하여야 한다(은행 16조의4 1항). 그런데 이와 같은 전환계획의 점검, 한도초과보유주주 등에 대한 적격성심사 이외에도, 대주주 등의 부실화·부당한 경영개입 등의 점검과 확인을 위해 검사가 필요한 경우가 생길 수 있다.

금융위원회는 전환대상자·기금 등[1] 및 은행의 대주주(대주주가 되려고 하는 자를 포함)(이하 '대주주 등'이라 함) 중 어느 하나에 해당되는 자가 일정한 사유에 해당하는 경우에는 금융감독원장으로 하여금 그 목적에 필요한 최소한의 범위에서 해당 대주주 등의 업무 및 재산 상황을 검사하게 할 수 있다(은행 48조의 2 1항). 이를 분설하면 다음과 같다.

가. 검사의 사유

산업자본이 금융자본을 지배하지 못하도록 하는 은행주식보유한도제도의 취지를 살리고, 대주주 등의 부실로 인하여 은행의 건전경영에 위험을 초래하지 않도록 하기 위하여, 대주주 등에 대한 검사는 금융위원회의 승인·심사 등과 관련한 검사와 대주주 등의 부실화 우려 등과 관련한 검사로 구분할 수 있는데, 그 사유는 다음과 같다.

(1) 전환대상자

전환대상자에 대한 검사의 사유는, (i) 금융위원회가 전환계획 이행상황의 점검결과를 확인하기 위하여 필요한 경우와, (ii) 전환대상자가 차입금의 급격한 증가, 거액의 손실 발생 등 재무상황의 부실화로 인하여 은행과 불법거래를 할 가능성이 크다고 인정되는 경우이다(은행 48조의 2 1항 1호). 전환계획의 이행상황은 금융감독원장이 전환대상자가 직접 또는 해당 은행을 통하여 정기적으로 제출한 자료를 점검하고, 그 결과를 금융위원회에 보고하는데, 금융위원회가 보고받은 내용이 불명확하거나 의심스러울 때 점검결과를 확인하기 위한 것이다. 또한 전환대상자는 은행의 대주주이므로 자신의 영향력 하에 있는 은행과 위법·부당한 금융거래를 할 가능성이 많은데, 전환대상자가 재무상황의 부실화에 처한 경우에는 그 가능성이 크므로 검사사유로 하는 것이다.[2]

(2) 기금 등

기금 등에 대한 검사의 사유는, (i) 의결권 행사기준·내부통제기준 등 이해상충방지체계 구축, 국가재정법 제79조에 따른 자산운용지침의 준수 등의 요건을 충

---

1) 기금 등이란 "「국가재정법」 제 5 조에 따른 기금 또는 그 기금을 관리·운용하는 법인으로서 일정한 요건을 모두 갖추어 금융위원회의 승인을 받은 비금융주력자"를 말하는데(은행 16조의 2 3항 3호), 이러한 기금 등은 은행의 의결권 있는 발행주식 총수의 100분의 10까지(금융위원회의 단계별 한도 초과 주식보유 승인을 받은 경우에는 그 한도를 초과하여) 보유할 수 있다(은행 16조의 2 3항 본문, 15조 1항·3항).

2) 은행법강의, 391면.

족하는지 여부를 확인하기 위하여 필요한 경우, (ii) 해당 기금 등이 지배하는 비금융회사의 차입금의 급격한 증가 등 재무상황 부실로 인하여 은행과 불법거래를 할 가능성이 크다고 인정되는 경우이다(은행 48조의 2 1항 2호, 은행시 11조의 3). 기금 등의 적격성 심사시 초과보유요건의 충족 여부를 확인하고, 기금 등이 은행과 비금융회사를 동시에 지배할 가능성에 대비하고 비금융회사의 재무상황 부실의 경우 부실전이 예방을 위하여 이를 검사사유로 하는 것이다.[1)]

(3) 은행의 대주주

은행의 대주주(은행의 대주주가 되려고 하는 자 포함)에 대한 검사의 사유는, (i) 한도초과주식보유(10%, 25%, 33%)(은행 15조 3항)의 승인심사를 위하여 필요한 경우, (ii) 대주주의 부당한 영향력행사의 금지(은행 35조의 4)를 위반한 혐의가 인정되는 경우 및 (iii) 그 밖에 (i)과 (ii)에 준하는 경우로서 대통령령으로 정하는 경우이다(은행 48조의 2 1항 3호).

나. 검사의 범위

금융위원회는 금융감독원장으로 하여금 그 목적에 필요한 최소한의 범위에서 해당 대주주 등의 업무 및 재산 상황을 검사하게 할 수 있다(은행 48조의 2 1항). '그 목적에 필요한 최소한의 범위'의 의미는, 대주주 등은 당연검사대상기관이 아니고 법적으로 은행의 주주에 불과하고 금융위원회의 감독필요에 의하여 검사를 실시하므로, 예컨대 전환대상자의 경우 전환계획의 이행상황이나 은행과 불법거래 여부 등 검사사유의 점검·확인에 필요한 최소한으로 한정되어야지, 검사사유 이외의 사항으로 확대되어서는 아니 된다는 것이다. 대주주 등에 대한 검사는 은행에 미치는 영향이 크기 때문에 예외적으로 검사를 실시하는데, 특히 산업자본이 은행을 지배하지 못하도록 한 규정의 취지를 살리고 대주주 등의 부실로 인해 은행의 건전경영에 위험이 초래되지 않도록 하기 위함이다.[2)] 이에 따라 동 검사는 전환대상자의 경우 전환계획 및 동 계획 승인조건 등의 이행상황 확인, 전환대상자의 재무변동상황 및 금융거래 내역 등을 대상으로 실시한다(검제 47조의 3).

다. 검사의 절차

대주주 등에 대한 검사는 은행에 대한 검사절차와 동일하다(은행 48조의 2 3

1) 은행법강의, 391면.

2) 은행법강의, 391~392면.

항). 즉, 금융감독원장은 검사를 하면서 필요하다고 인정하는 때에는 대주주 등에 대하여 업무 또는 재산에 관한 보고, 자료의 제출, 관계자의 출석 및 의견의 진술을 요구할 수 있고, 검사를 하는 사람은 그 권한을 표시하는 증표를 지니고 이를 관계인에게 내보여야 한다. 또한 금융감독원장은 「주식회사 등의 외부감사에 관한 법률」에 따라 은행이 선임한 외부감사인에게 그 대주주 등을 감사한 결과 알게 된 정보나 그 밖에 경영의 건전성에 관련되는 자료의 제출을 요구할 수 있다(은행 48조의 2 3항, 48조 2항~4항).

라. 검사결과 조치 및 과태료 부과

검사결과 은행과의 불법거래사실이 확인된 전환대상자는 은행의 의결권 있는 발행주식 총수의 4%(지방은행의 경우 15%)를 초과하여 보유하는 은행주식에 대하여 의결권을 행사할 수 없고, 금융위원회는 6개월 이내의 기간을 정하여 4%(지방은행의 경우 15%) 한도를 초과하여 보유하는 은행의 주식을 처분할 것을 명할 수 있다(은행 16조의 3 4항 2호·5항 2호).

한편 검사를 거부·방해 또는 기피한 자에게는 1억원 이하의 과태료를 부과한다(은행 69조 1항 8호).

Ⅱ. 제 재

1. 제재의 의의

제재란 금융감독원의 검사결과 등[1]에 따라 은행 또는 그 임직원에 대하여 감독당국(금융위원회 또는 금융감독원장)이 금융기관 검사 및 제재에 관한 규정(개정: 2022. 3. 3, 금융위원회 고시 2022-8호)에 의하여 취하는 조치를 말한다(검제 3조 18호). 이는 은행경영의 건전성 확보 및 금융안정 도모 등 은행감독 목적의 실효성을 확보하기 위한 사후적 감독수단이다. 감독당국은 행위자의 구체적인 위법·부당행위가 과연 제재사유에 해당하는지 여부에 관하여 판단할 재량은 있지만, 동 사유에 해당하는 것이 명백한 경우에는 제재할 의무가 있다.[2] 감독당국이 조치하는 제재는 은행감독의 목적을 달성하기 위하여 감독객체에 부과하는 사후적 감독수단인 징계

1) 검사 이외에 상시감시결과에 따라 경영개선권고·경영개선요구·경영개선명령의 건의, 확약서·양해각서 체결 등의 조치를 취할 수 있다(은행법강의, 393면 주 1).

2) 대판 2007. 7. 12, 2006 도 1390 참조.

벌이라는 점에서, 은행의 장이 금융감독원장의 요구에 의하여 그 소속 직원에 대하여 취하는 면직·정직·감봉·견책 등의 신분상의 제재조치인 징계와 구별된다.[1)]

2. 제재의 종류

은행감독의 객체는 은행이고 은행업무의 행위자는 그 임원·직원이므로, 제재의 종류는 대상에 따라 은행에 대한 제재, 임원에 대한 제재 및 직원에 대한 제재로 구분할 수 있다. 은행법은 제재에 관하여 은행에 대한 제재(은행 53조), 기관전용 사모집합투자기구 등에 대한 제재(은행 53조의 2), 임직원에 대한 제재(은행 54조) 및 퇴임한 임원 등에 대한 조치 내용의 통보(은행 54조의 2)에 대하여 규정하고 있다. 이하에서 차례대로 간단히 살펴본다.

가. 은행에 대한 제재

(1) 위반행위에 대한 시정명령, 영업의 일부정지 및 위반행위의 중지 등

1) 제재의 사유는 은행이 은행법 또는 동 법에 따른 규정·명령 또는 지시를 위반하여 은행의 건전한 경영을 해칠 우려가 있다고 인정되거나, 「금융회사의 지배구조에 관한 법률」 별표 각 호의 어느 하나에 해당하는 경우 및 「금융소비자 보호에 관한 법률」 제51조 제1항 제4호·제5호 또는 같은 조 제2항 각 호 외의 부분 본문 중 대통령령으로 정하는 경우에 해당하는 경우(6개월 이내의 영업의 일부정지 조치로 한정함)이다(은행 53조 1항).

은행법규의 위반행위와 건전경영을 해하는 우려 사이에 인과관계가 있어야 한다. 은행규제는 건전경영을 위한 것이므로 건전경영을 해하는 것을 제재사유로 하는 것이다. 은행은 금융법규를 준수할 의무가 있으므로, 위반행위는 은행법규의 위반에 국한되는 것은 아니다(은행 3조, 44조). 그리고 건전경영을 해하는 것은 구체적인 결과가 나타난 경우 뿐만 아니라, 그러한 가능성이 있는 경우에도 해당된다. 제재사유에 해당하는 객관적인 사실이 발생하면 되는 것이고, 특별히 은행의 고의나 과실을 요하지 아니한다.[2)]

2) 금융위원회는 금융감독원장의 건의에 따라 당해 위반행위에 대한 시정명령, 6개월 이내의 영업의 일부정지를 할 수 있다(은행 53조 1항 전단 1호·2호). 금융감독원장이 금융위원회에 조치를 건의하는 것은 금융감독원장의 사전적 검토를 경유한

---

1) 은행법강의, 393면.

2) 로스쿨 금융법, 618면.

다는 것으로서 금융위원회의 조치의결에 신중을 기한다는 의미이다. 여기에서 최대 영업정지기간 6개월의 의미는 1회의 영업정지처분의 기간이 6개월을 넘지 않아야 한다는 것이고, 수 회의 영업정지처분의 총기간을 제한하는 것은 아니다.[1)]

금융위원회는 은행이 제재사유에 해당하는 것으로 판단하는 경우 언제든지 제재를 할 수 있다. 제재의 적정성 및 사유는 금융위원회의 제재시에 별개로 판단되어야 하는 것이고, 새로운 제재의 내용이 이전의 제재에 의하여 제약을 받지 않는다.[2)]

한편 은행의 금융법규의 위반행위가 계속되고 있어 이를 신속히 중지시킬 필요가 있는 경우, 금융위원회는 금융감독원장으로 하여금 당해 위반행위의 중지 및 경고 등 적절한 조치를 하게 할 수 있다(은행 53조 1항 후단). 여기에서 '적절한 조치'란 은행감독의 실효성을 확보하기 위하여 고의·중과실, 심각성, 정상참작의 사유, 비교상당성 등을 감안하여 유용한 제재방법과 적합한 수단을 강구할 수 있다는 비례원칙을 의미하는 것이다.[3)] 금융감독원장은 적절한 조치로서 기관경고, 기관주의를 할 수 있다(검제 17조 2항).

(2) 은행업의 인가취소, 영업의 전부정지

1) 은행업의 인가취소 또는 영업의 전부정지의 제재의 사유는 은행이 (i) 거짓이나 그 밖의 부정한 방법으로 은행업의 인가를 받은 경우, (ii) 인가내용 또는 인가조건을 위반한 경우, (iii) 영업정지 기간에 그 영업을 한 경우, (iv) 금융법규 위반행위에 대한 시정명령을 이행하지 아니한 경우, (v) (i) 내지 (iv) 이외의 경우로서 은행법 또는 동 법에 따른 명령이나 처분을 위반하여 예금자 또는 투자자의 이익을 크게 해칠 우려가 있는 경우, (vi) 「금융회사의 지배구조에 관한 법률」 별표 각 호의 어느 하나에 해당하는 경우(영업의 전부정지를 명하는 경우로 한정함), (vii) 「금융소비자 보호에 관한 법률」 제51조 제 1 항 제 4 호 또는 제 5 호에 해당하는 경우, 또는 (viii) 「금융소비자 보호에 관한 법률」 제51조 제 2 항 각 호 외의 부분 본문 중 대통령령으로 정하는 경우(영업의 전부정지를 명하는 경우로 한정함)이다(은행 53조 2항 1호~8호). 금융위원회는 은행이 이러한 제재사유의 어느 하나에 해당하면 그 은행에 대하여 6개월 이내의 기간을 정하여 영업의 전부정지를 명하거나 은행업의 인가를 취소할 수 있다(은행 53조 2항 본문). 이러한 인가취소 또는 영업의 전부정지는 은

1) 로스쿨 금융법, 618면.

2) 로스쿨 금융법, 618~619면.

3) 로스쿨 금융법, 619면.

행업의 퇴출 또는 그와 비슷한 수준의 치명적인 제재이므로 제재의 사유를 구체적으로 열거하고 있다.

한편 금융위원회는 외국은행의 본점이 (i) 합병·영업의 양도로 인하여 소멸한 경우, (ii) 위법행위, 불건전한 영업행위 등의 사유로 감독기관으로부터 징계를 받은 경우, 또는 (iii) 휴업하거나 영업을 중지한 경우에는, 우리나라에 있는 외국은행의 지점 또는 대리점에 대한 인가를 취소할 수 있다(은행 60조 1항). 외국은행의 본점이 해산 또는 파산하였거나 은행업을 폐업한 경우 또는 은행업의 인가가 취소된 경우에는 그 외국은행의 지점 또는 대리점에 대한 인가는 그 사유가 발생한 날에 취소된 것으로 본다(은행 60조 3항 본문).

2) 인가취소 및 6개월 이내의 기간을 정한 영업의 전부정지는 영업의 일부정지보다 높은 수준의 제재이다. 비록 명문상의 규정은 없다 하더라도 영업의 일부정지를 규정한 은행법의 규정을 고려할 때 금융위원회는 이러한 제재사유에 해당하는 경우 직권뿐만 아니라 금융감독원장의 건의에 따라 은행업의 인가취소, 6개월 이내의 기간을 정한 영업의 전부정지를 할 수 있다(검제 17조 2항). 그리고 금융위원회가 은행업의 인가취소의 처분을 하거나 외국은행의 지점 또는 대리점의 인가취소의 처분을 하려면 청문을 하여야 한다(은행 64조).

나. 기관전용 사모집합투자기구 등에 대한 제재 등

(1) 은행법 제15조의 3 제 2 항 및 동법 제15조의 5에 위반한 경우

앞에서 본 바와 같이 기관전용 사모집합투자기구는 은행의 의결권 있는 발행주식총수의 10%(지방은행의 경우 15%), 25%, 33%의 한도를 각각 초과할 때마다 금융위원회의 승인을 받아 은행의 주식을 보유할 수 있는데, 승인을 받고자 하는 경우에는 은행법 제15조의 3 제 2 항이 규정하는 초과보유요건을 모두 갖추어야 한다. 그리고 기관전용 사모집합투자기구 등 또는 그 주주·사원이 금융위원회의 위와 같은 주식보유한도 초과의 승인을 받아 은행 주식을 보유한 경우에는 은행법 제15조의 5에서 규정하는 행위를 하여서는 아니 된다. 그런데 기관전용 사모집합투자기구 등과 기관전용 사모집합투자기구 등의 주주 또는 사원이 이를 위반하는 경우에는 은행법상 다음과 같은 제재를 받는다.[1)]

1) 기관전용 사모집합투자기구 등은 자본시장법이 규정한 특수한 집합투자기구이기 때문에 이에 대한 제재의 유형은 자본시장법이 규정하는 제재의 유형을 은행법이 도입한 것이고, 이는 또한 기관전용 사모집합투자기구 등에 대한 제재의 특징이다(은행법강의, 399면).

㈎ **기관전용 사모집합투자기구 등에 대한 제재**

1) 의결권 행사의 제한 및 주식처분 명령

은행법 제15조 제 3 항에 따른 금융위원회의 한도초과 승인을 얻어 은행의 주식을 보유한 기관전용 사모집합투자기구 등과 그 주주 또는 사원이 은행법 제15조의 5를 위반하는 경우에는, 해당 기관전용 사모집합투자기구 등은 초과보유한 주식에 대하여 의결권을 행사할 수 없고, 초과보유한 주식을 지체 없이 처분하여야 한다(은행 53조의 2 1항).

기관전용 사모집합투자기구 등이 이를 준수하지 아니하는 경우에는, 금융위원회는 1개월 이내의 기간을 정하여 초과보유 주식을 처분할 것을 명할 수 있다(은행 53조의 2 2항).

2) 기관전용 사모집합투자기구 등에 대한 시정명령 등

기관전용 사모집합투자기구 등이 은행법 제15조의 5 각 호의 어느 하나에 해당하는 경우, 금융위원회는, (i) 해당 행위의 시정명령 또는 중지명령, (ii) 해당 행위로 인한 조치를 받았다는 사실의 공표명령 또는 게시명령, (iii) 기관경고, (iv) 기관주의, (v) 업무방법의 개선요구나 개선권고, (vi) 그 밖에 금융위원회가 은행법, 동 시행령, 그 밖의 관련 법령 등에 따라 할 수 있는 조치의 어느 하나에 해당하는 조치를 할 수 있다(은행 53조의 2 3항, 은행시 24조의 8 1항).

㈏ **기관전용 사모집합투자기구 등의 업무집행사원 등에 대한 제재**

1) 기관전용 사모집합투자기구 등의 재산 운용 등을 담당하는 업무집행사원이 은행법 제15조의 5 각 호의 어느 하나에 해당하는 경우, 금융위원회는 그 업무집행사원에 대하여, (i) 해임요구, (ii) 6개월 이내의 직무정지, (iii) 기관경고, (iv) 기관주의, (v) 업무방법의 개선요구나 개선권고, (vi) 그 밖에 금융위원회가 은행법, 동 시행령, 그 밖의 관련 법령 등에 따라 할 수 있는 조치의 어느 하나에 해당하는 조치를 할 수 있다(은행 53조의 2 4항 1호, 은행시 24조의 8 2항).

2) 기관전용 사모집합투자기구 등의 재산 운용 등을 담당하는 업무집행사원이 은행법 제15조의 5 각 호의 어느 하나에 해당하는 경우, 금융위원회는 그 업무집행사원(법인)의 임원에 대하여, (i) 해임요구, (ii) 6개월 이내의 직무정지, (iii) 문책경고, (iv) 주의적 경고, (v) 주의, (vi) 그 밖에 금융위원회가 은행법, 동 시행령, 그 밖의 관련 법령 등에 따라 할 수 있는 조치의 어느 하나에 해당하는 조치를 할 수 있다(은행 53조의 2 4항 2호, 은행시 24조의 8 3항).

3) 기관전용 사모집합투자기구 등의 재산 운용 등을 담당하는 업무집행사원이

은행법 제15조의 5 각 호의 어느 하나에 해당하는 경우, 금융위원회는 그 업무집행사원(법인)의 직원에 대하여, (i) 면직, (ii) 6개월 이내의 정직, (iii) 감봉, (iv) 견책, (v) 주의, (vi) 경고, (vii) 그 밖에 금융위원회가 은행법, 동 시행령, 그 밖의 관련 법령 등에 따라 할 수 있는 조치의 어느 하나에 해당하는 조치요구할 수 있다(은행 53조의 2 4항 3호, 은행시 24조의 8 4항).

(2) 기관전용 사모집합투자기구 등이 주식의 보유한도(은행법 15조 제 1 항·제 3 항)를 초과하여 은행의 주식을 보유하거나 주식처분명령(은행법 제16조의 4 제 5 항)을 받은 경우

㈎ 기관전용 사모집합투자기구 등에 대한 제재

기관전용 사모집합투자기구 등(그 주주 또는 사원을 포함)이 은행법 제15조 제 1 항·제 3 항에 따른 주식의 보유한도를 초과하여 은행의 주식을 보유하는 경우, 금융위원회는 1개월 이내의 기간을 정하여 초과보유 주식을 처분할 것을 명할 수 있다(은행 53조의 2 5항 1문·2항, 6항).[1] 또한 이 경우와 은행법 제16조의 4 제 5 항에 따라 주식처분명령을 받은 경우의 어느 하나에 해당하는 기관전용 사모집합투자기구 등(그 주주 또는 상원을 포함)에 대하여 대하여 금융위원회는 (i) 해당 행위의 시정명령 또는 중지명령, (ii) 해당 행위로 인한 조치를 받았다는 사실의 공표명령 또는 게시명령, (iii) 기관경고, (iv) 기관주의, (v) 업무방법의 개선요구나 개선권고, (vi) 그 밖에 금융위원회가 은행법, 동 시행령, 그 밖의 관련 법령 등에 따라 할 수 있는 조치의 어느 하나에 해당하는 조치를 할 수 있다(은행 53조의 2 5항, 3항).

㈏ 기관전용 사모집합투자기구 등의 업무집행사원 등에 대한 제재

1) 기관전용 사모집합투자기구 등(그 주주 또는 사원을 포함)의 재산 운용 등을 담당하는 업무집행사원이 은행법 제15조 제 1 항·제 3 항에 따른 주식의 보유한도를 초과하여 은행의 주식을 보유하거나 은행법 제16조의 4 제 5 항에 따라 주식처분명령을 받은 경우, 금융위원회는 기관전용 사모집합투자기구 등의 그 업무집행사원에 대하여, (i) 해임요구, (ii) 6개월 이내의 직무정지, (iii) 기관경고, (iv) 기관주의, (v) 업무방법의 개선요구나 개선권고, (iv) 그 밖에 금융위원회가 은행법, 동 시행령, 그 밖의 관련 법령 등에 따라 할 수 있는 조치의 어느 하나에 해당하는 조치

---

1) 은행법 제15조 제 1 항과 제 3 항에 따른 주식의 보유한도를 초과하여 동일인이 은행의 주식을 보유하면서 스스로 그 한도에 적합하도록 하지 않으면 금융위원회는 6개월 이내의 기간을 정하여 그 한도를 초과하는 주식을 처분할 것을 명할 수 있으나(은행 16조 3항), 기관전용 사모집합투자기구 등이 보유한도를 초과하여 주식을 보유하면서 초과보유한 주식을 스스로 처분하지 않으면 1개월 이내의 기간을 정하여 처분명령을 할 수 있다(은행 53조의 2 5항 1문·2항, 6항).

를 할 수 있다(은행 53조의 2 5항, 4항 1호).

2) 기관전용 사모집합투자기구 등(그 주주 또는 사원을 포함)의 재산 운용 등을 담당하는 업무집행사원이 은행법 제15조 제 1 항·제 3 항에 따른 주식의 보유한도를 초과하여 은행의 주식을 보유하거나 은행법 제16조의 4 제 5 항에 따라 주식처분명령을 받은 경우, 금융위원회는 기관전용 사모집합투자기구 등의 업무집행사원(법인)의 임원 및 개인인 업무집행사원(은행 53조의 2 5항 2문)에 대하여, (i) 해임요구, (ii) 6개월 이내의 직무정지, (iii) 문책경고, (iv) 주의적 경고, (v) 주의, (vi) 그 밖에 금융위원회가 은행법, 동 시행령, 그 밖의 관련 법령 등에 따라 할 수 있는 조치의 어느 하나에 해당하는 조치를 할 수 있다(은행 53조의 2 5항, 4항 2호).

3) 기관전용 사모집합투자기구 등(그 주주 또는 사원을 포함)의 재산 운용 등을 담당하는 업무집행사원이 은행법 제15조 제 1 항·제 3 항에 따른 주식의 보유한도를 초과하여 주식을 보유하거나 은행법 제16조의 4 제 5 항에 따라 주식처분명령을 받은 경우, 금융위원회는 기관전용 사모집합투자기구 등의 업무집행사원(법인)의 직원에 대하여, (i) 면직, (ii) 6개월 이내의 정직, (iii) 감봉, (iv) 견책, (v) 주의, (vi) 경고, (vii) 그 밖에 금융위원회가 은행법, 동 시행령, 그 밖의 관련 법령 등에 따라 할 수 있는 조치의 어느 하나에 해당하는 조치요구를 할 수 있다(은행 53조의 2 5항, 4항 3호).

다. 임직원에 대한 제재

(1) 임원에 대한 제재

(가) 제재의 사유는 은행의 임원이 은행법 또는 동 법에 따른 규정·명령 또는 지시를 고의로 위반하거나 은행의 건전한 운영을 크게 해치는 행위를 하는 경우이다(은행 54조 1항 전단). 은행법규 위반의 고의성은 미필적 고의나 인식 있는 과실을 포함한다.[1] 그리고 기관제재의 사유는 '은행의 건전한 경영을 해할 우려'인 반면(은행 53조 전단), 임원제재의 그것은 '은행의 건전한 운영을 크게 해치는 행위'이다. '건전한 운영'이란 은행의 보유자산을 법규에 맞추어 정당하게 업무를 처리한다는 건전한 금융질서의 유지와 관련되고, 건전한 경영은 은행수익구조와 관련되는 은행재산의 견실성을 뜻하는 것으로 구별될 수 있다. '크게 해치는 행위'의 개념은 통상적으로 기대되는 주의의무를 소홀히 한 결과 은행자산의 운영에 지장을 초래하고, 당시의 금융관행에 비추어 볼 때 은행수지에 미치는 영향이 심하다고 느끼는 행위

1) 로스쿨 금융법, 620면.

의 수준이다.[1)]

(나) 금융위원회는 제재사유에 해당하는 경우 금융감독원장의 건의에 따라 주주총회에 대하여 그 임원의 해임을 권고하거나, 해당 임원에 대하여 업무집행정지명령을 할 수 있다. 그리고 금융감독원장으로 하여금 경고 등 적절한 조치를 하게 할 수 있다(은행 54조 1항 후단). 업무집행정지기간은 6월 이내이고(검제 18조 6항), 적절한 조치에는 문책경고·주의적 경고·주의가 있다(검제 18조 2항).

(2) 직원에 대한 제재

(가) 제재의 사유는 임원에 대한 제재사유와 동일하다(은행 54조 2항 전단).

(나) 금융감독원장은 은행의 직원이 위의 제재사유에 해당하는 경우 면직·정직·감봉·견책 또는 주의 등의 제재조치를 취할 것을 해당 은행장에게 요구할 수 있다(은행 54조 2항 후단, 검제 19조 1항 후단). 직원에 대한 징계권자는 은행장이므로 금융감독원장은 문책요구를 하는 것이다. 그러나 일정한 사유가 있는 경우에는 금융감독원장은 금융위원회에 은행의 직원에 대한 면직요구 등을 건의 할 수 있다 (검제 19조 1항 전단). 사실상 이사·감사 등과 같은 미등기 임원 등에 대한 제재는 임원제재의 가중이 적용되는데, 이 경우 (임원에 대한 제재사유인) 해임권고·업무집행정지·문책경고·주의적 경고는 각각 (직원에 대한 제재사유인) 면직·정직·감봉·견책으로 본다(검제 25조 4항 참조).

라. 퇴임한 임직원에 대한 조치내용의 통보

(1) 은행법은 은행 임·직원에 대한 제재를 제재시점에 재임·재직중인 임·직원에 대하여만 제재함을 규정하고, 퇴직자에 대하여는 제재에 대하여 규정하고 있지 않다. 조치내용의 통보제도는 이러한 퇴직자에 대하여 법률상 제재근거가 없어 법률상의 불이익을 가하는 것이 곤란하다는 점을 악용하여, 임·직원이 재임 또는 재직시 법규 위반행위를 한 후 제재시점에서 퇴임 또는 퇴직하는 도덕적 해이를 예방하고, 동일·유사한 위반행위로 제재를 받는 재임·재직중인 임·직원과 제재형평성을 도모하기 위한 것이다.[2)]

조치내용 통보의 사유는 은행의 퇴임한 임원 또는 퇴직한 직원이 재임 중이었거나 재직 중이었더라면 임원제재 또는 직원제재에 해당하는 조치를 받았을 것으로 인정되는 경우이다(은행 54조의 2 1항 전단).

1) 로스쿨 금융법, 620~621면.

2) 로스쿨 금융법, 623면; 은행법강의, 395면.

(2) 금융위원회(금융감독원장)는 위의 조치를 받았을 것으로 인정되는 조치의 내용을 해당 은행의 장에게 통보할 수 있다(은행 54조의 2 1항 후단). '조치를 받았을 것으로 인정되는 조치의 내용'이란 퇴임한 임원 또는 퇴직한 직원이 근무할 당시에 행한 것으로서 인정된 위법·부당한 행위를 평가하여 결정된 제재수준을 의미한다.[1]

조치의 내용을 통보받은 은행의 장은 이를 당해 임원 또는 직원에게 통보하고, 그 내용을 인사기록부에 기록·유지하여야 한다(은행 54조의 2 2항).

1) 로스쿨 금융법, 623면.

제 5 장 기 타

제 1 절 외국은행의 국내지점

Ⅰ. 총 설

(1) 1967년 외국은행의 국내지점(이하 '외은지점'이라 약칭함) 설립이 은행법상 허용되면서 미국의 체이스맨해턴은행 등 5개 외은지점이 최초로 서울에 지점을 설립하여 국내에 진출한 이후, 1993년에는 52개의 외국은행 74개 국내지점의 진출로 그 수가 최고조에 달하였으나, 이후 본점간 합병 및 1997년 IMF 경제체제로 인한 철수 등으로 점진적으로 감소하여, 2015년 3월말 현재 23개국으로부터 58개 은행(46개 지점, 19개 사무소)이 진출하여 영업을 하고 있다.[1)]

(2) 외국회사는 외국법에 의하여 설립된 회사인데, 상법은 외국회사의 지위에 대하여 "외국회사는 다른 법률의 적용에 있어서는 법률에 다른 규정이 있는 경우 외에는 대한민국에서 성립된 동종 또는 가장 유사한 회사로 본다"고 규정하여(상 621조), 외국회사에 대하여 원칙적으로 내국회사와 동일한 권리능력을 인정하고 있다. 상법은 한국에서 영업하는 외국회사에 대한 감독규정으로, 대표자·영업소의 설정과 등기(상 614조 1항·2항)·등기 전의 계속거래의 금지(상 616조 1항)·대차대조표 등의 공고의무(상 616조의 2 1항)·영업소의 폐쇄와 청산(상 619조, 620조)에 관한 규정을 두고 있다.

(3) 외국회사인 외국은행이 국내에서 영업을 하려는 경우 지점, 합작은행, 현지법인[2)] 등의 형태로 진출할 수 있다. 은행법은 '제 9 장 외국은행의 국내지점'에서

1) 은행법강의, 411면.

외국은행의 은행업인가 등(58조), 외국은행에 대한 법 적용(59조), 인가취소 등(60조), 인가취소 시의 지점폐쇄 및 청산(61조), 외국은행의 국내 자산(62조), 자본금에 관한 규정의 적용(63조)의 6개 조문을 두고 있다. 그런데 은행법상 금융위원회의 인가를 받은 외국은행의 국내지점 또는 대리점은 은행법에 따른 은행으로 보며, 외국은행의 국내 대표자는 은행법에 따른 은행의 임원으로 본다(은행 59조 1항 본문). 그러나 외국은행 국내지점 또는 대리점에 대하여는 우리 은행법상 은행은 법인이어야 하는 규정(은행 4조), 최저자본금에 관한 규정(은행 9조), 동일인의 주식보유한도 등에 관한 규정(은행 15조), 기관전용 사모집합투자기구 등의 주식보유에 대한 승인 등·보고사항·의무에 관한 규정(은행 15조의 3~15조의 5), 한도초과주식의 의결권 제한 등에 관한 규정(은행 16조), 비금융주력자의 주식보유 제한 등·전환계획에 대한 평가 및 점검 등·한도초과보유주주 등에 대한 적격성 심사 등·외국은행 등에 대한 특례에 관한 규정(은행 16조의 2~16조의 5), 대주주 등에 대한 검사에 관한 규정(은행 48조의 2) 및 기관전용 사모집합투자기구 등에 대한 제재 등에 관한 규정(은행 53조의 2)이 적용되지 아니한다(은행 59조 1항 단서). 하나의 외국은행이 대한민국에 둘 이상의 지점 또는 대리점을 두는 경우 그 지점 또는 대리점 전부를 하나의 은행으로 본다(은행 59조 2항). 따라서 은행법상 이러한 규정들은 상법의 특칙으로서 지점 형태의 외국은행 국내지점을 은행으로 간주하고, 그 대표자·자본금·감독규제 등을 규정한 것이라고 볼 수 있다.[1]

Ⅱ. 진입과 퇴출

1. 신설·폐쇄 등의 인가

외국은행은 외국 법령에 따라 설립되어 외국에서 은행업을 경영하는 자(은행 58조 1항)인바, 대한민국에서 은행업을 경영하기 위하여 지점·대리점[2]을 신설하거나 폐쇄하려는 경우에는 은행법 제8조 제2항 및 제55조에도 불구하고 대통령령

2) 이에는 2004. 11월 씨티은행의 한미은행 인수, 2005. 4월 스탠다드차타드은행의 제일은행 인수(2005. 9월 SC제일은행, 2011. 10월 스탠다드차타드은행으로 상호변경) 사례가 있다(은행법강의, 411면 주 1).

1) 은행법강의, 411~412면.

2) 은행업 감독규정 〈별표 2-5〉 '외국은행의 지점 등 신설·폐쇄 인가 심사기준(2016. 12. 20)'에도 대리점이라는 용어는 없다. 대리점은 은행법에는 규정되어 있으나 현재 실무에서는 운용하지 않는 것 같다(은행법강의, 412면 주 1).

으로 정하는 바에 따라 금융위원회의 인가를 받아야 한다(은행 58조 1항). 이는 은행업의 특성을 감안한 상법 제614조 제1항[1]의 특칙이라고 볼 수 있다.

금융위원회가 외국은행의 지점·대리점의 신설인가를 하려는 때에는 해당 외국은행의 본점 및 대표자에 관한 사항을 확인하여야 한다(은행 58조 1항, 은행시 24조의10 1항). 또한 금융위원회가 외국은행의 지점·대리점의 폐쇄인가를 하려는 때에는, (i) 폐쇄에 따른 자산 및 부채의 정리계획이 적정하고 국내 예금자 등 채권자 보호에 지장을 주지 아니할 것, (ii) 내국인 근무 직원에 대한 퇴직금 지급 등의 조치계획이 적정할 것의 기준을 충족하는지를 심사하여야 한다(은행 58조 1항, 은행시 24조의10 2항).

금융위원회가 외국은행 지점·대리점의 신설 인가를 하는 경우에는 금융시장의 안정, 은행의 건전성 확보 및 예금자 보호를 위하여 필요한 조건을 붙일 수 있다(은행 58조 2항, 8조 4항). 이러한 조건이 붙은 은행업 인가를 받은 자는 사정의 변경·그 밖에 정당한 사유가 있는 경우에는 금융위원회에 그 조건의 취소 또는 변경을 신청할 수 있는데, 이 경우 금융위원회는 2개월 이내에 조건의 취소 또는 변경 여부를 결정하고, 그 결과를 지체 없이 신청인에게 문서로 알려야 한다(은행 58조 2항, 8조 5항). 외국은행은 최초지점 신설 이외의 지점신설을 하려는 경우에도 금융위원회의 인가를 받아야 한다. 은행단위의 포괄적 인가가 아니라 지점 단위의 인가를 요구하는 것은 외국은행의 국내 각 지점은 외국에 소재하는 본점에 직접 종속하므로 개별 지점단위로 감독을 하지 않으면 규제의 실효를 거두기 어렵기 때문이다.[2]

외국은행이 인가를 받은 지점 또는 대리점을 다른 시·도로 이전하거나 사무소를 신설하려는 경우에는 미리 금융위원회에 신고하여야 한다(은행 58조 3항).

2. 인가의 취소 등

(1) 금융위원회는, 외국은행의 본점이 (i) 합병이나 영업의 양도로 인하여 소멸한 경우, (ii) 위법행위·불건전한 영업행위 등의 사유로 감독기관으로부터 징계를 받은 경우, (iii) 휴업하거나 영업을 중지한 경우의 어느 하나에 해당하게 되면, 그 외국은행의 지점 또는 대리점에 관한 인가를 취소할 수 있다(은행 60조 1항). 외국은행의 지점·대리점 또는 사무소는 그 외국은행의 본점이 이러한 사유의 어느 하나

1) 상법 제614조 제1항: 외국회사가 대한민국에서 영업을 하려면 대한민국에서의 대표자를 정하고 대한민국 내에 영업소를 설치하거나 대표자 중 1명 이상이 대한민국에 그 주소를 두어야 한다.
2) 은행법강의, 412면.

에 해당하게 되면 그 사유가 발생한 날부터 7일 이내에 그 사실을 금융위원회에 보고하여야 한다(은행 60조 2항). 또한 외국은행의 본점이 해산 또는 파산하였거나 은행업을 폐업한 경우 또는 은행업의 인가가 취소된 경우에는, 그 외국은행의 지점 또는 대리점에 대한 인가는 그 사유가 발생한 날에 취소된 것으로 본다(은행 60조 3항 본문). 다만, 금융위원회는 예금자 등 은행이용자의 이익을 보호할 필요가 있는 경우 취소된 날을 달리 정할 수 있다(은행 60조 3항 단서).

(2) 외국은행의 지점 또는 대리점의 인가가 취소되거나 취소된 것으로 보게 되는 경우에는 그 지점 또는 대리점은 폐쇄되고, 대한민국에 있는 재산의 전부를 청산하여야 한다(은행 61조 1항). 이 경우에 법원은 이해관계인이나 금융위원회의 청구 또는 법원의 직권으로 청산인을 선임하거나 해임할 수 있다(은행 61조 2항). 청산인은 취임한 날로부터 2월내에 회사채권자에 대하여 일정한 기간(2월 이상이어야 함) 내에 그 채권을 신고할 것과 그 기간 내에 신고하지 아니하면 청산에서 제외될 뜻을 2회 이상 공고로써 최고하여야 하고, 알고 있는 채권자에 대하여는 각별로 그 채권의 신고를 최고하여야 하며 그 채권자가 신고하지 아니한 경우에도 이를 청산에서 제외하지 못한다. 그리고 청산인은 채권신고기간 내에는 채권자에 대하여 변제를 하지 못하나, 소액의 채권·담보 있는 채권 기타 변제로 인하여 다른 채권자를 해할 염려가 없는 채권에 대하여는 법원의 허가를 얻어 이를 변제할 수 있다. 청산에서 제외된 채권자는 분배되지 아니한 잔여재산에 대하여만 변제를 청구할 수 있다(은행 61조 3항, 상 620조 2항, 상 535조~537조·542조).

Ⅲ. 외국은행 지점 지위의 특례사항

1. 외국은행 지점의 은행 간주

앞에서 본 바와 같이 인가를 받은 외국은행의 지점 또는 대리점은 은행법에 따른 은행으로 본다(은행 59조 1항 본문 전단). 외국은행 지점은 외국회사의 국내 영업소로서 상법상의 지위를 보유하나(상 614조 1항), 은행법상 이 규정에 의하여 국내은행이라는 은행법상의 지위를 동시에 가진다. 그리고 하나의 외국은행이 대한민국에 둘 이상의 지점 또는 대리점을 두는 경우 그 지점 또는 대리점 전부를 하나의 은행으로 본다(은행 59조 2항). 은행법상의 증권에 대한 투자한도, 업무용부동산의 소유한도 등 각종 한도규제나 겸영업무의 인가 등은 외국은행 지점 또는 대리점 전체를 대상으로 판단하게 된다. 예컨대, 최초 지점에서 겸영업무의 인가를 받은 경우 추가 지점은 별도의 인가 없이 겸영업무를 수행할 수 있다.[1)]

2. 국내대표자의 은행임원 간주

인가를 받은 외국은행의 지점 또는 대리점의 국내 대표자는 은행법에 따른 은행의 임원으로 본다(은행 59조 1항 본문 후단). 또한 이러한 대표자는 상법에 따라 영업에 관하여 재판상 또는 재판외의 모든 행위를 할 권한이 있고, 그 업무집행으로 인하여 타인에게 손해를 가한 때에는 그 지점 또는 대리점은 그 대표자와 연대하여 배상할 책임이 있다(상 614조 4항).[2)] 외국은행의 최초 지점 이외에 수개의 추가지점이 있는 경우 각 지점마다 지점장이 있으나, 외국은행 지점의 국내 대표자는 1명이다. 이 경우 나머지 지점장은 지배인으로 등기한다.[3)]

3. 영업기금의 자본금 간주

외국은행의 지점에 대해서는 일정한 자금으로서(은행시 26조 1호~5호 중의 하나에 해당하는 자금) 금융위원회가 인정한 영업기금을 자본금으로 본다(은행 63조, 은행시 26조, 은감 11조). 이러한 영업기금은 갑기금과 을기금으로 구분한다. 갑기금은, (i) 외국은행의 지점 설치 및 영업행위를 위하여 그의 본점이 한국은행 등에 외화자금을 매각하여 해당 지점에 공급한 원화자금(은행시 26조 1호), (ii) 해당 외국은행의 지점 이익준비금에서 전입하는 자금(은행시 26조 2호), (iii) 외국은행의 지점을 추가로 설치하기 위하여 이미 국내에 설치된 외국은행의 지점 이월이익잉여금에서 전입하는 자금(은행시 26조 3호) 등이 이에 해당하고(은감 11조 2항), 외국은행의 지점마다 30억원 이상이어야 한다(은감 11조 3항). 을기금은, (iv) 외국은행의 지점이 한국은행에 외화자금을 매각하여 조달한 원화자금과(은행시 26조 4호), (v) 외국은행의 본점 또는 국외지점으로부터 상환기간이 1년을 초과하는 조건으로 차입한 자금 중 국내에서 운용하는 자금(본지점 장기차입금)(은행시 26조 5호)을 합산한 것으로 하되, 대차대조표상 자본총계의 2배를 초과할 수 없다(은감 11조 4항). 외국은행의 지점이 국내 수개 있는 경우 각 지점의 영업기금을 합산하여 이를 해당 외국은행의 자본금으로

---

1) 은행법강의, 413~414면.

2) 외국회사가 대한민국에서 영업을 하려면 대한민국에서의 대표자를 정하고(상 614조 1항), 외국회사의 한국에서의 대표자는 주식회사의 대표이사와 동일한 권한과 불법행위능력을 갖는다(상 614조 4항).

3) 은행법강의, 414면.

본다.[1] 수개의 지점 전부를 단일체로 인정하여 하나의 은행으로 보기 때문이다(은행 59조 2항).

Ⅳ. 외국은행 지점 감독의 특례사항

1. 경영건전성 규제

일반은행의 경영지도기준(BIS자기자본비율, 자산건전성분류기준 및 대손충당금적립, 원화유동성비율), 경영실태평가 및 적기시정조치, 신용공여한도, 업무용부동산보유한도, 유가증권투자한도 등은 외국은행의 지점에도 적용되나, 영업기금을 자본금으로 의제하여 은행법상의 자기자본에 관한 규정을 적용한다(은행 63조, 은행시 26조, 은감 11조). 그러나 외국은행의 본점의 외화유동성 지원능력을 감안하여 외화유동성커버리지비율(은감 63조의 2), 외화안전자산보유(은감 64조), 중장기외화자금관리(은감 65조), 외국환거래위험의 내부관리(은감 67조)는 외국은행의 지점에 적용하지 아니한다(은감 68조 2항).

2. 국내자산 보유의무

(1) 외국은행의 지점은 영업기금(갑기금+을기금)에 상당하는 원화 및 외화자금의 전부 또는 일부를 국내에 자산으로 보유하여야 한다(은행 62조 1항, 은행시 25조). 국내에 보유하는 자산이란 외국은행의 지점이 운용하는 자산의 소재지가 모두 국내로 되어 있는 것을 말한다. 이는 예금자 및 거래관계자를 보호하기 위한 취지이다.[2]

(2) 외국은행의 지점은 국내보유자산이 영업기금상당액에 미달하는 때에는 사유발생일로부터 90일 이내에 이를 보전하여야 한다. 금융감독원장은 필요하다고 인정하는 경우에는 이 기간 전이라도 보전을 명령할 수 있는데, 이 경우 외국은행의 지점은 해당 명령을 받은 날부터 30일 이내에 이를 보전하여야 한다. 보전은 국외보유자산의 국내로의 회수 또는 본점으로부터의 자금공급에 의한다(은감 12조).

(3) 외국은행의 지점 임직원 등이 국내자산보유의무를 위반한 경우 1년 이하의

1) 은행업 감독규정 11조 8항: 하나의 외국은행이 국내에 복수의 지점을 두는 경우에는 각 지점의 영업기금을 합산하여 이를 해당 외국은행의 자본금으로 본다.

2) 영업기금을 국내에 보유하도록 하는 것은 본점 자기자본을 불인정하는 차단막(ring-fencing : 외국은행 지점의 영업손실에 대한 본점의 채무이행의무를 제한하는 조항) 기능을 한다(은행법강의, 415면 주 1).

징역 또는 3천만원 이하의 벌금에 처하고(은행 68조 1항 8호), 외국은행의 지점이 국내에 보유하여야 하는 자산을 보유하지 아니한 경우 위반금액의 5% 이하의 과징금을 부과할 수 있다(은행 65조의 3 14호).

3. 국내채무 우선변제의무

금융위원회는 외국은행 지점의 폐쇄인가를 하려는 때에는 국내 예금자 등 채권자 보호에 지장을 주는지를 심사하여야 한다. 외국은행의 지점의 청산·파산시에도 마찬가지로 국내 채권자를 보호할 필요가 있다.[1] 이러한 취지로 은행법은 외국은행의 지점·대리점이 청산을 하거나 파산한 경우 그 자산, 자본금, 적립금, 그 밖의 잉여금은 대한민국 국민과 대한민국에 주소 또는 거소(居所)를 둔 외국인의 채무를 변제하는 데에 우선 충당되어야 한다고 규정하여(은행 62조 2항), 국내채무 우선변제의무를 규정하고 있다. 한국에 있어서의 이해관계인을 보호하기 위한 것이다.

제 2 절 은행의 회계

Ⅰ. 총 설

1. 은행회계의 의의

(1) 회계란 「회사에 발생한 거래나 그 밖의 사건 등을 자산·부채·자본·수익·비용의 각 항목으로 식별하고 화폐금액으로 측정한 자료를 분류·요약하여 재무정보의 형태를 전달하는 일련의 과정」을 말한다.[2]

(2) 은행회계는 은행업을 영위하는 법인인 은행의 영업활동을 대상으로 하는 회계로서 상법이 규제하는 기업회계의 한 특수분야라 할 수 있다. 동 회계의 대상이 되는 경제활동에는 금융자금의 중개, 격지자 간의 자금이체 및 결제, 지급보증 등 국민경제적 측면에서 매우 중요한 기능들이 포함된다.[3]

---

1) 상법은 외국회사에 대하여 법원의 해산명령에 갈음하여 영업소 폐쇄명령제도(상 619조)를 두고 있다. 영업소 폐쇄명령의 경우 법원은 대한민국에 있는 그 회사재산의 전부에 대하여 청산개시 명령 및 청산인 선임을 하여야 한다(상 620조 1항). 청산절차에서 채권자보호는 동일하다(상 620조 2항).

2) 법무부·한국회계기준원, 「중소기업회계기준해설」, 신영사, 2013, 10면; 은행법강의, 416면.

3) 은행법강의, 416면.

(3) 이러한 기능의 수행에 필요한 자금은 대부분 불특정 다수인으로부터 조달되는 예수금 등으로 구성된다. 따라서 은행은 이러한 일반공중의 귀중한 자산을 보호하여야 함은 물론 자금의 효율적 배분을 통한 국민경제의 균형있는 발전에도 기여하여야 하는 등 그 경영에 있어 공공성이 크게 요청된다. 이와 같이 은행이 수행하는 기능의 중요성 및 국민경제에 미치는 영향에 비추어, 은행회계에는 타 업종에 비하여 특별히 엄격한 규제가 있다.[1)]

2. 은행회계의 특징

은행회계는 다음과 같은 특징이 있다.[2)]

(1) 은행의 건전경영 및 신용질서유지 등 감독 정책목표 달성을 위하여 적절히 규제되고 있다.

(2) 일반투자자 이외의 다수 예금자 등 공공의 이익보호를 위한 지급능력의 적정표시가 중시될 뿐만 아니라, 통화금융정책의 수립 및 운용에 유익한 정보제공 등의 정책목적이 강조되고 있다.

(3) 은행회계는 순수한 회계목적 달성 이외에도 금융사고의 예방 및 내부통제의 확보수단으로 이용되고 있다.

3. 은행회계의 규제체계

(1) 은행은 일반적으로 「주식회사」이므로 은행회계에는 기본적으로 상법의 주식회사에 관한 규정이 적용된다. 그러나 은행회계에 관한 상당부분에 있어서는 은행법 등 기타 관계법규가 있기 때문에 상법보다 이러한 특례가 먼저 적용된다. 은행법 등 기타 관계법규에서 은행의 회계에 관하여 특별한 규정을 두고 있는 것은, 은행의 「특수성」과 「공공성」이라는 기본적인 성격에서 상법의 규정을 가중하거나 배제한다.[3)] 은행의 회계에는 은행법에 규정이 없으면 다음에서 보는 바와 같이 「한국채택국제회계기준(K-IFRS)」[4)]이 적용된다.

---

1) 은행법강의, 416면.

2) 은행법강의, 417면.

3) 은행법강의, 417면.

4) 한국채택국제회계기준은 「국제회계기준위원회(IASB)에서 영문으로 발표한 국제회계기준(IFRS)의 내용과 형식을 충실하게 반영하기 위하여 직역한 것을 바탕으로 하여, 주식회사 등의 외부감사에 관한 법률상의 회계처리기준의 제정절차에 따라 한국회계기준원에서 제정·공포한 것」이다(기업회계기준 전문 문단 22 참조). 한국채택국제회계기준은 국제회계기준과 같이 기업회계기준서와 기업회계기준해석서로 구성된다. 이 회계기준은 2011년부터 은행 등 금융기관뿐만 아니라 상장회

(2) 회사가 영업활동의 결과인 이익과 손실을 명확히 하는 것은 회사의 합리적 경영을 위하여 필요함과 동시에, 주주·회사채권자 등 회사의 이해관계인을 위하여도 필요하다. 이에 따라 상법은 주식회사의 회계관계를 명확히 하고 그 재산적 기초를 확보하기 위하여 회계에 관한 기준을 규정하여 주주와 회사채권자의 이익 보호를 도모하고 있다.[1]

회사의 회계는 상법과 대통령령으로 규정한 것을 제외하고는 일반적으로 공정하고 타당한 회계관행에 따른다(상 446조의 2). 여기에서 "대통령령으로 규정한 것"이란, (i) 「주식회사 등의 외부감사에 관한 법률」(개정: 2020. 5. 19, 법 17298호)(이하 '외부감사법'으로 약칭함) 제 4 조에 따른 외부감사 대상 회사의 경우에는 같은 법 제 5 조 제 1 항(금융위원회가 정한 회계처리기준)에 따른 회계처리기준, (ii) 「공공기관의 운영에 관한 법률」 제 2 조 에 따른 공공기관의 경우에는 같은 법에 따른 공기업·준정부기관의 회계 원칙, (iii) (i) 및 (ii)에 해당하는 회사 외의 회사 등의 경우에는 회사의 종류 및 규모 등을 고려하여 법무부장관이 중소벤처기업부장관 및 금융위원회와 협의하여 고시한 회계기준을 말한다(상시 15조).

(3) 은행법상의 은행은 외부감사법 제 4 조 제 1 항에 따른 외부감사대상에 해당되고, 은행에 대하여는 동법 제 5 조에 따른 회계처리기준의 적용대상이 된다. 외부감사법 시행령에 따르면 은행법상의 은행은 주권상장법인, 금융지주회사, 보험회사, 금융투자업자 등과 같이 「한국채택국제회계기준」을 적용하여 재무제표를 작성하여야 한다(외부감사법 5조 3항 2문, 동법 시행령 6조 1항).

(4) 은행은 회계처리 및 재무제표 작성에 있어서 외부감사법 제 5 조 제 1 항 제 1 호에 따른 국제회계기준위원회의 국제회계기준을 채택하여 정한 회계처리기준(한국채택국제회계기준)을 따라야 한다(외부감사법 시행령 6조 1항 4호, 은감 32조 1항). 다만 위의 한국채택국제회계기준에서 정하지 않은 회계처리, 계정과목의 종류와 배열순서 등 세부기준 및 외국환거래법 시행령에서 위탁한 외국환계정의 계리기준은 금융감독원장이 정하는 바에 따른다(은감 32조 2항).

사 등에 전면적으로 적용되고 있다(은행법강의, 418면).

1) 상법강의(상)(제25판), 1217면.

Ⅱ. 은행법상 회계에 대한 규제

1. 재무제표의 공고(기업의 공시)

(1) 은행은 그 결산일 후 3개월 이내에 금융위원회가 정하는 서식에 따라 결산일 현재의 재무상태표(대차대조표),[1] 그 결산기의 손익계산서 및 금융위원회가 정하는 연결재무제표[2]를 공고하여야 한다. 다만, 부득이한 사유로 3개월 이내에 공고할 수 없는 서류에 대하여는 금융위원회의 승인을 받아 그 공고를 연기할 수 있다(은행 41조 1항). 이 경우 재무상태표(대차대조표)·손익계산서 및 연결재무제표에는 대표자 및 담당책임자가 서명·날인하여야 한다(은행 41조 2항). 이러한 공고를 거짓으로 한 은행에 대하여는 1억원 이하의 과태료를 부과한다(은행 69조 1항 7의 2호).

(2) 주식회사는 상법의 규정에 의하여 「대차대조표」를 공고하여야 한다(상 449조 3항). 은행은 주식회사이므로 상법의 규정에 의해서도 당연히 대차대조표의 공고의무가 있다(상 449조 3항). 따라서 은행법상 재무제표 공고의무에 관한 규정(은행 41조)이 상법의 규정과 다른 점은, 상법이 요구하는 대차대조표 이외에 그 결산기의 「손익계산서」 및 「연결재무제표」의 공고의무가 추가되어 있다는 점, 제 서식은 금융위원회가 정한다는 점 등이다.[3]

2. 회계연도

(1) 회계연도란 일반적으로 「회사의 회계를 정리하고, 사업의 성과를 명확하게 하기 위해 설정된 일정 기간」을 말한다. 회사는 이러한 기간을 정하고 당해 기간중의 사업의 성과와 손익상황을 알고, 이에 기하여 이익배당을 하며, 장래의 사업을 준비한다.[4]

(2) 상법은 (주식회사의) 회계연도의 시기와 종기 및 기간을 규정하고 있지 않으나, 정기주주총회를 연 1회 일정시기에 소집하도록 규정하고(상 365조 1항), 또한 연

---

1) 대차대조표(balance sheet)에 대하여 외부감사법과 세법 등의 여러 법률과 한국채택국제회계기준과 일반기업회계기준에서는 재무상태표(statement of financial position)라는 명칭을 사용하고 있어 용어가 일치하지 않으나, 실질적인 의미나 구성항목에서는 큰 차이가 없다(은행법강의, 419면 주 1).

2) 금융위원회가 정하는 연결재무제표의 종류는 「연결대차대조표」와 「연결손익계산서」이다(은감 32조 3항).

3) 동지: 은행법강의, 419면.

4) 은행법강의, 419~420면.

2회 이상의 결산기를 정한 회사는 매기에 주주총회를 소집하도록 규정하고 있다(상 365조 2항).

(3) 은행법은 은행의 결산일을 원칙적으로 12월 31일로 규정하고, 다만 금융위원회는 결산일의 변경을 지시할 수 있으며, 은행은 금융위원회의 승인을 받아 결산일을 변경할 수 있다(은행 41조 3항). 현재 일부 외국은행이 본국은행의 결산일에 맞추기 위하여 은행법 제41조 제3항 단서조항에 의하여 결산일을 변경 시행하고 있다. 예컨대, 일본계 은행의 경우 3월 31일, 호주계 은행의 경우 9월 30일, 캐나다계 은행의 경우 10월 31일 등으로 각각 결산일을 정하고 있다.[1]

은행법이 이와 같이 상법과는 달리 모든 은행에 대하여 일률적으로 결산일을 12월 31일로 규정하고 1년 결산제도를 법정한 취지는, 은행의 회계에 기간적인 단위를 설정하고, 각 은행의 회계기간을 일치시킴으로써 특정 시점과 일정기간에 있어서 영업성적의 상호비교를 용이하게 하기 위함이다. 이는 주주·고객 등에게 편리할 뿐만 아니라 당국의 감독업무수행 등에 편의를 도모하기 위함이다.[2]

3. 이익금의 적립(이익준비금제도)

(1) 회사의 영업활동에 의해 회사의 순자산액이 자본금을 초과할 때에는 초과액 전액을 주주에게 배당해도 무방하나, 장래 불측의 손실을 당하였을 경우에 적립금이 없을 경우에는 회사의 재정적 기반이 위태로울 수가 있다. 그래서 장래의 만일의 손실에 대비하여 이를 보전할 목적으로 적립하여 두는 것이 「이익준비금」제도이다.[3]

(2) 은행법은 법정준비금 중 자본준비금에 대하여는 규정하고 있지 않으나 「이익준비금」에 대하여는 일반회사에 관한 상법의 규정과는 달리 적립의무를 가중하고 있다. 즉, 은행은 적립금이 자본금의 총액(은행 9조)이 될 때까지 결산 순이익금을 배당할 때마다 그 「순이익금」의 100분의 10 이상을 적립하여야 한다(은행 40조). 순이익금은 「법인세 차감전 순이익에 전기손익수정이익 또는 손실을 가감한 금액」을 의미한다.[4] 한편 외국은행 국내지점의 경우 적립시기는 「결산할 때」이다(은행시 23조). 또한 은행은 한국채택국제회계기준에 따라 대손충당금과 대손준비금을 적립하

---

1) 은행법강의, 420면.

2) 은행법강의, 420면.

3) 은행법강의, 420면.; 상법강의(상)(제25판), 1229~1231면.

4) 은행법강의, 423면.

여야 한다(은감 29조 1항).

(3) 이는 자본금의 2분의 1에 달할 때까지 매결산기 이익배당액(주식배당은 제외함)의 10분의 1 이상을 적립토록 정한 상법 제458조의 적립의무보다 엄격한 것이다. 이는 은행의 공공성에 비추어 은행의 경영과 회계의 건전성을 확보한다는 데 그 취지가 있다고 보아야 할 것이다.[1)]

(4) 은행법 제40조에 위반하여 이익준비금을 적립하지 않았을 때에는 당해 은행의 임원, 지배인 등은 1년 이하의 징역 또는 3천만원 이하의 벌금의 처벌을 받는다(은행 68조 1항 5호).

4. 겸영업무의 구분계리

은행은「대통령령으로 정하는 겸영업무 및 부수업무」의 경우에는「대통령령으로 정하는 바에 따라」은행업무와 구별하고 별도의 장부와 기록을 보유하여야 한다(은행 28조의 2 6항).

이때「대통령령으로 정하는 겸영업무 및 부수업무」란 (i) 집합투자업, (ii) 신탁업, (iii) 집합투자증권에 대한 투자매매업, (iv) 집합투자증권에 대한 투자중개업, 또는 (v) 신용카드업 중 어느 하나에 해당하는 업무를 말한다(은행시 18조의 3 3항).

위와 같은 겸영업무를 수행하는 은행은「대통령령으로 정하는 바에 따라」은행업무와 구별하고 별도의 장부와 기록을 보유하여야 하는데(은행 28조의 2 6항 후단), 이의 의미는 그 업무를 은행업무와 구별하고 별도의 장부와 기록을 보유하여야 하는데, 이 경우 특히 신탁업무를 수행하는 은행은 해당 업무에 속하는 자금·유가증권 또는 소유물을 구별하여 별도의 장부와 기록을 보유하여야 한다(은행시 18조의 3 4항).

5. 재무상태표 등의 제출

은행법에 의하면, 은행은 매월 말일을 기준으로 한 재무상태표를 다음 달 말일까지 한국은행이 정하는 서식에 따라 작성하여 한국은행에 제출하여야 한다(은행 42조 1항 전단). 은행은 법률에서 정하는 바에 따라 재무상태표 외에 한국은행의 업무수행에 필요한 정기적 통계자료 또는 정보를 한국은행에 제공하여야 한다(은행 42조 3항).[2)]

---

1) 은행법강의, 423면.

2) 금융감독원장에 대하여는 매월 제출하는 업무보고서에 재무상태표 등이 포함되어 있기 때문에

이러한 은행의 한국은행에 대한 자료제출의무에 관하여 한국은행법에서도 관련규정을 두고 있다. 동법에 의하면, 한국은행은 금융통화위원회가 통화신용정책 수행을 위하여 필요하다고 인정하는 경우 은행 등에 대하여 업무수행상 필요한 자료제출을 요구할 수 있으며, 이 경우 요구하는 자료는 은행의 업무부담을 충분히 고려하여 필요한 최소한의 범위로 한정하도록 되어 있다(한은 87조).

6. 소수주주권

「금융회사의 지배구조에 관한 법률」에서는 금융회사의 소수주주권에 대하여 특례를 규정하면서(지배 33조 1항~6항), 이러한 특례규정은 상법의 해당 규정에 따른 소수주주권의 행사에 영향을 미치지 아니한다고 규정하고 있다(지배 33조 8항). 따라서 이 「금융회사의 지배구조에 관한 법률」상 소수주주권을 행사할 수 있는 요건에 해당되지 않는 경우에도 상법상 소수주주권을 행사할 수 있는 요건에 해당하면 소수주주권을 행사할 수 있다. 「금융회사의 지배구조에 관한 법률」상 금융회사의 소수주주권의 특례는 다음과 같다.

(1) 주주제안권(상 363조의 2)을 행사할 수 있는 소수주주권자는 "6개월 전부터 계속하여 금융회사의 의결권 있는 발행주식총수의 10,000분의 10 이상에 해당하는 주식을 대통령령으로 정하는 바에 따라 보유한 자"이다(지배 33조 1항).

상법상 주주제안권을 행사할 수 있는 소수주주권자는 비상장회사의 경우는 "의결권 없는 주식을 제외한 발행주식총수의 100분의 3 이상에 해당하는 주식을 가진 주주"이고(상 363조의 2 1항), 상장회사의 경우는 "앞의 비상장회사의 경우와 같이 주식을 보유한 자" 또는 "6개월 전부터 계속하여 상장회사의 의결권 없는 주식을 제외한 발행주식총수의 1,000분의 10(대통령령으로 정하는 상장회사의 경우는 1,000분의 5) 이상에 해당하는 주식을 보유한 자"이다(상 542조의 6 2항, 10항).

(2) 임시주주총회의 소집을 청구할 수 있는 소수주주권자(상 366조) 또는 회사의 업무와 재산상태를 조사하게 하기 위하여 법원에 검사인의 선임을 청구할 수 있는 소수주주권자(상 467조)는 "6개월 전부터 계속하여 금융회사의 발행주식총수(임시주주총회의 소집의 경우는 의결권 있는 주식총수)의 10,000분의 150 이상(대통령령으로 정하는 금융회사의 경우에는 10,000분의 75 이상)에 해당하는 주식을 대통령령으로 정하는 바에 따라 보유한 자"이다(지배 33조 2항).

(은행 43조의 2 1항), 한국은행에 재무상태표 등 필요한 정보를 제출하도록 특별히 규정한 것이다(은행법강의, 424면 주 1).

상법상 임시주주총회의 소집을 청구할 수 있는 소수주주권자 및 법원에 검사인의 선임을 청구할 수 있는 소수주주권자는 비상장회사의 경우는 "발행주식총수의 100분의 3 이상에 해당하는 주식을 가진 주주"이고(상 366조 1항, 467조 1항), 상장회사의 경우는 "앞의 비상장회사의 경우와 같이 주식을 보유한 자" 또는 "6개월 전부터 계속하여 상장회사 발행주식총수의 1,000분의 15 이상에 해당하는 주식을 보유한 자"이다(상 542조의 6 1항, 10항).

(3) 이사·감사 및 청산인의 해임을 법원에 청구할 수 있는 소수주주권자는 "6개월 전부터 계속하여 금융회사의 발행주식총수의 100,000분의 250 이상(대통령령으로 정하는 금융회사의 경우에는 100,000분의 125 이상)에 해당하는 주식을 대통령령으로 정하는 바에 따라 보유한 자"이다(지배 33조 3항).

상법상 이사·감사 및 청산인의 해임을 법원에 청구할 수 있는 소수주주권자는 비상장회사의 경우는 "발행주식총수의 100분의 3 이상에 해당하는 주식을 가진 주주"이고 (상 385조 2항, 415조, 539조 2항), 상장회사의 경우는 "앞의 비상장회사의 경우와 같이 주식을 보유한 자" 또는 "6개월 전부터 계속하여 상장회사 발행주식총수의 10,000분의 50(대통령령으로 정하는 상장회사의 경우에는 10,000분의 25) 이상에 해당하는 주식을 보유한 자"이다(상 542조의 6 3항, 10항).

(4) 이사 등의 위법행위에 대한 유지청구권을 행사할 수 있는 소수주주권자는 "6개월 전부터 계속하여 금융회사의 발행주식총수의 1,000,000분의 250 이상(대통령령으로 정하는 금융회사의 경우에는 1,000,000분의 125 이상)에 해당하는 주식을 대통령령으로 정하는 바에 따라 보유한 자"이다(지배 33조 4항).

상법상 이사 등의 위법행위에 대한 유지청구권을 행사할 수 있는 소수주주권자는 비상장회사의 경우는 "발행주식총수의 100분의 1 이상에 해당하는 주식을 가진 주주"이고(상 402조), 상장회사의 경우는 "앞의 비상장회사의 경우와 같이 주식을 보유한 자" 또는 "6개월 전부터 계속하여 상장회사 발행주식총수의 100,000분의 50(대통령령으로 상장회사의 경우에는 100,000분의 25) 이상에 해당하는 주식을 보유한 자"이다(상 542조의 6 5항, 10항).

(5) 이사 등의 책임을 추궁할 소의 제기를 청구할 수 있는 소수주주권자는 "6개월 전부터 계속하여 금융회사의 발행주식총수의 100,000분의 1 이상에 해당하는 주식을 대통령령으로 정하는 바에 따라 보유한 자"이다(지배 33조 5항).

상법상 이사 등의 책임을 추궁할 소의 제기를 청구할 수 있는 소수주주권자는 비상장회사의 경우는 "발행주식총수의 100분의 1 이상에 해당하는 주식을 가진 주주"이고(상 403조 1항), 상장회사의 경우는 "앞의 비상장회사의 경우와 같이 주식을 보유한 자" 또는 "6개월 전부터 계속하여 상장회사 발행주식총수의 10,000분의 1 이상에 해당하는 주식을 보유한 자"이다(상 542조의 6 6항, 10항).

또한 상법에서는 다중대표소송을 인정하고 있는데(상 406조의 2), 다중대표소송을 청구할 수 있는 소수주주권자는 비상장회사의 경우는 "모회사 발행주식총수의 100분의 1 이상에 해당하는 주식"을 가진 주주이고(상 406조의 2 1항), 상장회사의 경우는 "앞의 비상장 회사 와 같이 주식을 보유한 자" 또는 "6개월 전부터 계속하여 계속하여 상장회사 발행주식총수의 10,000분의 50 이상에 해당하는 주식을 보유한 자"이다(상 542조의 6 7항, 10항).

이 경우 「금융회사의 지배구조에 관한 법률」은 "소수주주가 대표소송을 제기하여 승소한 경우에는 금융회사에 소송비용, 그 밖에 소송으로 인한 모든 비용의 지급을 청구할 수 있다"는 규정을 특별히 두고 있다(지배 33조 7항). 이 규정은 상법이 "승소한 주주는 회사에 대하여 소송비용 및 그 밖에 소송으로 인하여 지출한 비용 중 상당한 금액의 지급을 청구할 수 있다"(상 405조 1항 1문)고 규정한 것에 대한 특칙으로 볼 수 있다. 그러나 「금융회사의 지배구조에 관한 법률」 제33조 제 7 항의 해석에서도 상법 제405조 제 1 항과 동일 또는 유사하게 해석하여야 할 것으로 본다. 이와 같이 보면 「금융회사의 지배구조에 관한 법률」 제33조 제 7 항은 특칙으로서의 의미는 거의 없다고 본다.

(6) 금융회사의 회계장부와 서류의 열람권이 있는 소수주주권자는 "6개월 전부터 계속하여 금융회사의 발행주식총수의 100,000분의 50 이상(대통령령으로 정하는 금융회사의 경우에는 100,000분의 25 이상)에 해당하는 주식을 대통령령으로 정하는 바에 따라 보유한 자"이다(지배 33조 6항).

상법상 회사의 회계장부와 서류의 열람권이 있는 소수주주권자는 비상장회사의 경우는 "발행주식총수의 100분의 3 이상에 해당하는 주식을 가진 주주"이고(상 466조 1항), 상장회사의 경우는 "앞의 비상장회사의 경우와 같이 주식을 보유한 자" 또는 "6개월 전부터 계속하여 상장회사 발행주식총수의 10,000분의 10(대통령령으로 정하는 상장회사의 경우에는 10,000분의 5) 이상에 해당하는 주식을 보유한 자"이다(상 542조의 6 4항, 10항).

제 2 편

자본시장법

제 1 편 은 행 법

제 1 장 총 설

제 2 장 은행조직법

제 3 장 은행거래법

제 4 장 은행감독법

제 5 장 기 타

제 2 편 자본시장법

제 1 부 총 설

제 1 장 개 설

제 2 장 금융투자상품

제 3 장 투 자 자

제 4 장 금융투자업

제 2 부 금융투자업자 규제

제 1 장 진입규제

제 2 장 금융투자업자의 지배구조

제 3 장 건전성 규제

제 4 장 영업행위 규제

제 3 부 증권의 발행 및 유통

제 1 장 발행시장의 규제

제 2 장 유통시장의 규제

제 3 장 기업의 인수·합병에 대한 규제

제 4 장 주권상장법인에 대한 특례

제 4 부 불공정거래규제

제 1 장 내부자거래

제 2 장 시세조종 등 불공정거래 행위의 금지

제 3 장 부정거래행위

제 4 장 시장질서 교란행위의 금지

제 5 부 집합투자

제 1 장 총 설

제 2 장 사모펀드

제 3 장 은행·보험에 대한 특칙

제 6 부 금융투자상품시장

제 1 장 금융투자상품거래의 법률관계

제 2 장 금융투자상품의 청산·결제

제 7 부 증권감독기관과 관계기관

제 1 장 증권감독기관

제 2 장 금융투자업 관계기관

제 3 편 보 험 법

제 1 장 서 론

제 2 장 보험감독법

제 1 부 총　　설

제1장 개 설

Ⅰ. 자본시장법의 제정목적

세계의 금융시장은 금융자유화와 금융겸업화의 경향을 띠고 있고, 이러한 추세에 발맞추어 이에 적합한 법적 환경을 조성한다는 취지에서 자본시장에 관한 법률을 통합하여 「자본시장 및 금융투자업에 관한 법률」(자본시장법)을 제정하게 되었다.

제정이유에서도 밝힌바와 같이, 이는 자본시장에서의 금융혁신과 경쟁을 촉진하여 경쟁력 있는 투자은행이 출현할 수 있는 제도적 기반을 마련하고, 투자자 보호를 선진화하여 자본시장에 대한 신뢰를 높이는 것을 목적으로 하고 있다. 이에 따라 기존의 자본시장 관련 금융법은 폐지되고 새로운 단일의 법률로 통합됨으로써 자본시장에 대한 규율체제는 획기적인 변화를 맞이하게 되었다.[1)]

Ⅱ. 자본시장법의 특징

자본시장법은 자본시장의 규제개혁과 투자자 보호의 강화를 기본 취지로 하고 있다. 이를 반영하는 주요 특징적인 부분으로 금융 투자 상품 개념에 대한 포괄주의 도입과 금융투자업에 대한 기능별 규율체제의 도입, 업무범위의 확대와 투자자 보호제도의 선진화를 들 수 있다.

구체적으로 볼 때, 포괄주의의 도입은 금융투자회사의 취급가능상품의 확대를 가져오고, 이는 자본시장법의 적용범위를 넓히게 됨으로써 투자자 보호에 관한 규정의 적용 대상을 대폭 확대하게 되며, 결과적으로 투자자 보호의 사각지대를 없애

1) 자본시장법은 2007년 8월 3일 제정되어 2009년 2월 4일부터 시행되었다.

는 의미를 가지게 된다.

금융투자업에 대한 기능별 규율 체제의 도입으로 금융투자업, 금융투자상품, 투자자를 축으로 해서 경제적 실질에 따라서 이를 분류하게 되며, 동일한 기능을 수행하는 금융투자업자에 대하여 취급 금융기관을 불문하고 동일한 규제를 적용함으로써 기관별 규제차익을 없애게 된다.

업무범위의 확대와 관련하여 모든 금융투자업 상호간 겸영을 허용하며, 부수업무의 포괄적 영위를 허용하고 있다. 또한 투자권유대행인제도의 도입으로 장소적 제한을 받지 않고 금융투자업자가 영업할 수 있는 길을 열고 있다.

투자자 보호제도의 선진화와 관련하여 투자권유에 있어서 적합성의 원칙, 적정성의 원칙, 설명의무의 도입 기타 부당권유행위의 금지에 관한 규정 등을 도입하고 있으며,[1] 겸영허용을 통한 업무영역의 확대를 하면서 투자자 보호의 관점에서 금융투자업자 내 이해상충방지제도를 신설하고 있다.

---

1) 그러나 투자권유제한에 관한 규정은 2020년 자본시장법 개정으로 삭제되고 금융소비자보호법에서 규제하고 있다.

제 2 장 금융투자상품

제 1 절 서 설

Ⅰ. 금융상품의 분류

금융상품전체는 은행법 등의 적용을 받는 예금, 자본시장법의 적용을 받는 금융투자상품, 보험업법의 적용을 받는 보험계약으로 나누어진다. 이전에는 금융투자상품에 대하여 열거주의를 취하여 금융투자상품은 구 증권거래법 등의 규제대상인 유가증권, 파생상품과 규율법제가 없는 신종금융상품으로 나눌 수 있었다. 이처럼 구 증권거래법상 적용대상이 열거됨으로써 신종금융상품의 경우 증권거래법상의 보호의 범위를 벗어났지만 자본시장법상 포괄주의하에서는 이러한 상품도 자본시장법의 규율대상에 포함되게 되었다.

Ⅱ. 금융투자상품의 정의

자본시장법에서는 금융투자상품에 대한 정의규정을 신설하여 "이익을 얻거나 손실을 회피할 목적으로 현재 또는 장래의 특정시점에 금전, 그 밖의 재산적 가치가 있는 것을 지급하기로 약정함으로써 취득하는 권리로서, 그 권리를 취득하기 위하여 지급하였거나 지급하여야 할 금전 등의 총액이 그 권리로부터 회수하였거나 회수 할 수 있는 금전 등의 총액을 초과하게 될 위험이 있는 것"이라고 하였다.[1]

1) 구증권거래법에서는 유가증권의 개념을 이용하여 그 적용범위와 동시에 증권업의 범위도 확정하였다. 구 증권거래법 제 2 조와 시행령 제 2 조의 3에서는 국채, 지방채, 사채, 주권, 수익증권, 주식

다만 ① 원화로 표시된 양도성 예금증서 ② 수탁자에게 신탁재산의 처분권한이 부여되지 아니한 신탁재산(관리신탁)[1]의 수익권 ③ 주식매수선택권은 금융투자상품에서 제외한다(자금 3조 1항 단서, 자금시 3조 3항).

금융투자상품은 증권과 파생상품을 포함하는 것으로 위 규정에서는 투자목적, 금전 등의 이익, 계약상의 권리, 투자성, 즉 원본손실의 가능성이라는 4가지 개념적 요소로 정의하고 있다.

이러한 정의규정의 특징으로서는 첫째, '투자성'은 원본손실 가능성을 의미하는데 이러한 특징을 갖는 모든 금융상품을 포괄하는 개념으로 '금융투자상품'을 정의하고 있다. 둘째, 열거하지 않고 개념을 추상적으로 정의하여 동 정의에 해당하는 모든 금융투자상품을 법의 규율대상으로 하여 금융투자회사의 취급을 허용하고, 또한 자본시장법상의 투자자 보호를 위한 규정이 적용되게 하였다. 셋째, 이렇게 정의된 '금융투자상품'을 그 특성 즉 경제적 실질에 따라 증권, 장외파생상품과 장내파생상품으로 분류한 후 각각의 개념도 추상적으로 정의하여 포괄주의로 전환하고 있다. 넷째, 추상적 정의만으로 개념을 규정할 경우 법적 안정성이 저해될 수 있으므로 일부 금융상품을 예시적으로 열거한 후 마지막에 추상적으로 정의하는 방식을 채택하고 있다. 즉 예시적 열거주의가 가미된 포괄주의를 채택하고 있다.

Ⅲ. 금융투자상품의 구분

금융투자상품은 비금융투자상품과 달리 원본손실 가능성을 가지는 것으로, 금융투자상품은 원본초과손실 가능성 여부에 따라 증권과 파생상품으로 나뉘고, 파생상품은 거래소 시장 거래여부에 따라 장내파생상품과 장외파생상품으로 나뉜다. 증권과 파생상품의 개념에 대하여는 제 4 조와 제 5 조에서 따로 정하고 있다.

예탁증서, 출자증권, 기업어음, ELW, ELS, DLS 등 21개를 규정하고 있었다.

1) 자본시장법 제 3 조 제 1 항 2호:

「신탁법」 제78조 제 1 항에 따른 수익증권발행신탁이 아닌 신탁으로서 다음 각 목의 어느 하나에 해당하는 신탁(관리형신탁)의 수익권

가. 위탁자(신탁계약에 따라 처분권한을 가지고 있는 수익자를 포함한다)의 지시에 따라서만 신탁재산의 처분이 이루어지는 신탁

나. 신탁계약에 따라 신탁재산에 대하여 보존행위 또는 그 신탁재산의 성질을 변경하지 아니하는 범위에서 이용·개량 행위만을 하는 신탁

Ⅳ. 금융투자상품에 대한 제외조항

자본시장법에서는 금융투자상품에서 ① 원화로 표시된 양도성 예금증서 ② 관리형신탁의 수익권을 명시적으로 제외하고 있다(자금 3조 1항). 양도성 예금증서의 경우 만기까지 보유하면 원본손실위험이 없지만 만기 전에 매각하는 경우에는 투자손실이 발생할 수 있다. 따라서 투자성이 인정된다. 그러나 양도성 예금증서의 경우 금리변동에 따른 가치변동이 미미하고 은행만이 발행가능한 점 등을 고려하여 정책적인 관점에서 금융투자상품에서 제외하고 있다. 다만 외화로 표시된 양도성 예금증서의 경우에는 금융투자상품에 포함된다.

관리형신탁의 경우에도 투자성은 존재하지만 수탁자의 행위가 제한되고 손실자체가 수탁자의 행위가 아니라 신탁재산 자체의 가치변동에 의한 것으로 투자로서의 의미가 약하므로 정책적인 관점에서 금융투자상품에서 제외하고 있다. 그러나 개정 자본시장법에서는 수익증권이 발행되는 경우에는 금융투자상품에 포함시키고, 개정전에는 수탁자가 처분권한을 보유하지 않는 신탁만 관리형신탁으로 보았으나, 수탁자가 처분권한을 가지더라도 신탁재산의 보존행위 등으로 범위가 제한되는 경우도 제외조항에 해당하게 되었다(자금 3조 2항 2호).

제2절 증 권

증권이란 내국인 또는 외국인이 발행한 금융투자상품으로서 투자자가 취득과 동시에 지급한 금전 등 외에 어떠한 명목으로든 추가로 지급의무를 부담하지 아니하는 것을 말한다(자금 4조). 증권은 다음과 같이 6가지로 분류한다.

1. 채무증권

채무증권은 국채증권, 지방채증권, 특수채증권, 사채권, 기업어음증권 그밖에 이와 유사한 것으로서 지급청구권이 표시된 것을 말한다. 여기서 유사성 기준을 채택하여 그 적용범위를 넓히고 있다.

개정 자본시장법에서는 파생결합사채 중 원금이 보장되도록 설계된 이자나 과실에 대해서만 기초자산의 가격·이자율·지표·단위 또는 이를 기초로 하는 지수 등의 변동과 연계한 파생결합사채(이자연계 파생결합사채)에 한하여 채무증권으로 인정한다(자금 4조 3항). 상법의 개정에 의하여 파생결합사채도 사채에 포함되게 되었는데,[1] 이는 또한 자본시장법상 파생결합증권에도 포함되므로 개정 자본시장법에서는 이중에서 이자연계 파생결합증권에 해당하는 경우에는 파생결합증권의 범위에서 제외하고 이를 사채권의 범위에 포함되도록 하였다.

이에 따라 자본시장법 개정전에는 이자연계 파생결합사채로 분류될 수 있는 원금보장형 주가연계증권의 경우 파생결합증권 발행인가를 받은 투자매매업자만 발행이 가능하였으나, 법개정으로 이는 채무증권에 해당하게 되어 은행, 일반기업 등 투자매매업 인가를 받지 않아도 발행이 가능하게 되었다.[2]

2. 지분증권

지분증권은 주권, 신주인수권이 표시된 것, 법률에 의하여 직접 설립된 법인이 발행한 출자증권, 상법상 합자회사, 유한책임회사, 유한회사, 익명조합의 출자지분, 민법상 조합의 출자지분, 그밖에 이와 유사한 것으로서 출자지분 또는 출자지분을 취득할 권리가 표시된 것을 말한다.

3. 수익증권

수익증권은 신탁형 집합투자 등에 있어서 수익권을 표시한 것이다. 수익권은 신탁계약에서 정하는 바에 따라서 신탁재산의 운용에서 발생한 이익과 신탁원본의 상환을 받는 권리를 말한다. 수익증권은 수익권을 균등하게 분할하여 표시한 것이다.

4. 투자계약증권

투자계약증권이란 증권의 개념에 대하여 포괄주의를 채택하자는 주장을 반영한 대표적 증권으로, 특정 투자자가 그 투자자와 타인간의 공동사업에 금전 등을

---

1) "유가증권이나 통화 또는 그밖에 대통령령으로 정하는 자산이나 지표 등의 변동과 연계하여 미리 정하여진 방법에 따라 상환 또는 지급금액이 결정되는 사채"(상 469조 2항 3호)도 사채에 포함되게 되었다.

2) 원금보장형 파생결합증권의 경우 파생결합사채에 해당되어 회사가 발행할 수 있다고 하여도, 상법에 따를 때 사채의 모집은 이사회의 결의에 의하게 되므로(상 469조), 그 발행절차가 매우 번거로울 수 있다. 원금이 보장된다는 것도 만기까지 보유시 보장된다는 의미이며, 기초자산의 가격변동에 따라 상품의 가격변화를 가져오므로, 그 상품의 유통성을 전제로 하지 않고도 투자성을 가지게 된다.

투자하고 주로 타인이 수행한 공동사업의 결과에 따른 손익을 귀속받는 계약상의 권리가 표시된 것을 말한다(자금 4조 6항).[1]

투자계약증권은 타인의 노력에 의하여 수익력이 결정되는데 반하여 파생결합증권은 외생적 지표에 의하여 수익력이 결정된다는 점에서 차이가 난다.

개정 자본시장법에서 투자계약증권은 증권신고서 제출 등의 규제만 적용되는 증권에 해당한다(자금 4조 1항). 즉 투자계약증권은 집합투자규제를 적용하기 곤란한 비전형적 자금모집행위를 규율하기 위한 것으로, 그 유통을 전제로 하기보다는 불특정 다수의 투자자보호를 위해 공시규제를 하는데 그 취지가 있다고 하겠다.[2]

5. 파생결합증권

파생결합증권이란 기초자산[3]의 가격·이자율·지표·단위 또는 이를 기초로 하는 지수 등의 변동과 연계하여 미리 정하여진 방법에 따라 지급하거나 회수하는 금전 등이 결정되는 권리가 표시된 것을 말한다(자금 4조 7항).

이는 구증권거래법 시행령상 규정되었던 주식워런트증권(ELW), 주가연계증권(ELS) 및 파생결합증권(DLS)을 포괄적으로 규정한 것이다. 자본시장법에서는 파생결합증권을 위한 기초자산의 범위가 확대됨으로써 파생결합증권의 포괄범위가 더욱 커졌다는데 특징이 있다. 파생결합증권은 파생상품과 달리 주식거래와 동일하여 가격변동에 따른 추가지급의무는 없다.

현재 파생결합증권은 차액정산형, 즉 현금결제형만 인정된다고 보는 견해가 있으나,[4] 개정 자본시장법에서는 "금전 등"이라고 하여 현물이전형의 근거를 마련하고 있다. 또한 개정법에서는 파생결합증권에서 이자연계 파생결합증권, 옵션, 주식관련사채[5]는 명시적으로 제외하고 있으며, 자본시장법상 파생결합증권으로 포함

1) 이는 미국의 투자계약(Investment Contract)에 대해서 SEC v. Howey Co. 사건에서 제시되었던 Howey 기준을 적용한 것으로, 이 판결에서 "투자자가 공공 기업에 자기의 자금을 투자하여 오로지 발기인 또는 제3자의 노력에 의하여 이익을 기대하는 사람이 체결하는 계약"을 증권에 해당하는 투자계약이라고 정의하였다.

2) 처음부터 투자계약증권이라는 명칭으로 투자계약증권을 발행하는 경우보다는 결과론적으로 자본시장법상 투자계약증권으로 해석 또는 취급되어 공시규제의 적용과 그 위반에 따른 처벌을 받게 되는 것이 일반적일 것이다.

3) 다음에 보는 선도에서의 "기초자산"과 범위가 같다.

4) 한국증권법학회, 「자본시장법(주석서 I)」, 박영사, 2009, 25면; 유혁선, "파생상품의 법적 개념에 관한 소고", 「증권법연구」 제12권 제1호, 2011, 34~35면; 반대, 임재연, 「자본시장법」, 박영사, 2013, 48면, 이는 지급금액 또는 회수금액이 다른 자산이나 지표에 의하여 결정된다는 의미로 볼 것이라며 현금결제형으로 한정할 이유가 없다고 한다.

5) 조건부자본증권(자금 165조의 11 1항), 교환사채, 상환사채, 전환사채, 신주인수권부사채의 경

하는 것이 부적당한 증권에 대하여서도 금융위원회가 제외할 수 있는 근거를 마련하고 있다(자금 4조 7항 6호).

옵션을 제외하는 것은 옵션의 경우 파생상품임에도 불구하고 파생결합증권이 될 때 매수 후 추가지급의무를 부담하지 않는다는 점에서 증권의 개념과 혼동될 여지가 있으므로 동 조항에서 이를 제외하였다.

(1) 주식워런트증권(Equity linked Warrant)

주식워런트증권이란 파생상품의 구조와 주식이 결합된 상품으로 특정주식 자체를 사는 것이 아니라 특정시점에 특정가격으로 '살 수 있는 권리' 또는 '팔 수 있는 권리'를 사는 것이다. 예를 들면 현재 10만원인 주식을 1년 뒤에 105,000원에 살 수 있는 권리를 3,000원에 매입하였다고 할 때, 나중에 실제 주식의 가격이 11만원이 되면 2,000원의 이익을 얻을 수 있다.

이와 같이 주식워런트증권은 그 기본성격이 옵션과 동일하다. 따라서 콜옵션과 풋옵션의 형태가 있게 되는데, 콜의 형태는 발행자로부터 기초자산을 권리행사가격으로 인수할 수 있는 권리 또는 내재가치(결제가격－행사가격)을 수령할 권리가 부여되는 것이며, 풋의 형태는 보유자인 권리행사자가 기초자산을 권리행사가격으로 발행자에게 인도할 수 있는 권리 또는 내재가치를 수령할 수 있는 권리가 부여된 워런트이다. 다만 주식워런트증권은 상장되어 매매되고, 추가지급의무를 부담하지 않는다는 점에서 증권에 해당한다.

(2) 주가연계증권(Equity linked Securities)

주가연계증권은 이자나 원금이 주가변동과 연계되어 있는 증권으로 투자매매업자가 발행하게 된다. 이것은 주가 또는 지수의 변동에 따라 만기 지급액이 결정되는 증권으로서, 구조설계증권, 즉 일반증권에 특정한 구조가 내장되어 있는 증권의 일종이다. 이는 채권, 주식, 워런트[1] 세부분으로 구성하여 이들을 적절히 조합해 특정 조건에 맞는 수익률을 발생시키는 것으로, 투자자가 맡긴 돈 중 일정부분을 안정적인 정기예금 또는 채권에 투자하고 나머지 부분을 주식이나 각종 파생상품에 투자하여 그 운용결과에 따라 수익의 발생여부가 판가름 나는 구조를 가진다.[2]

우 명시적으로 제외하고 있다(자금 4조 7항 3호 내지 5호).

1) 일정한 주식을 일정한 가격에 살 수 있는 권한을 수여하는 증권(예: 주식매수권증권)을 말한다.

2) 주가연계증권과 연계한 연계불공정거래(현현연계 시세조종행위)가 논란이 되었는데, 그 중 주가연계증권의 백투백 헤지를 담당한 외국계 은행이 만기일에 대규모 매도주문으로 이익실현의 기준이 되는 종가를 기준가격 이하로 하락시켜 투자자들에게 큰 손실을 일으키는 사례도 있었다.

여기에는 안전한 우량채권 등에 대한 투자 비중을 높여 원금이 보장되는 유형과 원금의 일부만 보장해 주는 대신 파생상품에 대한 투자비중이 커지는 유형이 있다.

개정 자본시장법에서는 앞에서 본 바와 같이 원금보장형의 경우 채무증권으로 분류되게 되어 투자매매업 인가를 받지 않고도 발행이 가능하게 되었다.[1)]

(3) 파생결합증권(Derivative linked Securities)

구증권거래법 시행령상 파생결합증권은 주가연계증권과 유사한 것으로, 주식 대신 원자재나 부동산, 금리 등 기초자산을 다양화시킨 증권이다. 신용연계증권(CLN) 등이 이에 해당하며, 주가연계증권을 제외한 것을 합하여 파생결합증권(DLS)이라고도 한다.

6. 증권예탁증권

증권예탁증권이란 앞에서 제시한 증권을 예탁받은 자가 그 증권이 발행된 국가 외의 국가에서 발행한 것으로서 그 예탁받은 증권에 관련된 권리가 표시된 것을 말한다. 즉 외국기업이 발행한 증권 또는 증서를 자국의 증권예탁기관에 예탁하게 하고, 예탁기관이 이러한 원주권을 근거로 자국의 규제에 맞게 발행하는 증서(Depositary Receipt)를 말한다. 외국증권을 자국 시장에서 유통시키는 경우에 국외이송이나 언어, 표시통화 등의 차이로 인하여 문제가 생기므로 증권예탁증권을 발행하게 된다. 여기서 예탁기관이 투자자를 대신하여 원증권의 보관과 권리행사에 이르는 모든 것을 대행해 준다. 증권투자자는 증권을 직접 보유하지는 않지만 증권에 관한 모든 권리를 행사할 수 있다.

발행지역에 따라 우리나라의 경우 KDR, 미국의 경우 ADR,[2)] 유럽의 경우 EDR, 전 세계를 대상으로 하는 경우 GDR이라 한다.

---

1) 원금보장형의 경우 주가연계파생결합사채(ELB)라고 하며, 원금비보장형의 경우 주가연계파생결합증권(ELS)이라고 한다.

2) 예를 들어 포항제철의 ADR은 DR예탁업무를 수행하는 미국의 Bank of New York과 한국예탁결제원이 원주보관기관업무운용각서를 체결하여 원주를 한국예탁결제원이 보관하고, DR은 미국에서 발행하였다.

제3절 파생상품

Ⅰ. 의 의

파생상품이란 선도, 옵션, 스왑의 어느 하나에 해당하는 계약상의 권리를 말한다. 이전에서는 「선물거래법」에서 규정하였던 것을 자본시장법에서 통합하여 규정하고 있다. 파생상품은 거래소에서 거래의 대상이 되는 장내파생상품과 이를 제외한 장외파생상품[1])으로 나눌 수 있다.

개정 자본시장법에서는 대체거래소의 도입 등과 관련하여 금융투자상품시장을 개설하여 운영하는 자가 정하는 기준과 방법에 따라 금융투자상품시장에서 거래되는 파생상품이 장내파생상품에 추가되게 되었다(자금 5조 2항 3호).

파생상품에 대하여 "다만, 해당 금융투자상품의 유통 가능성, 계약당사자, 발행사유 등을 고려하여 증권으로 규제하는 것이 타당한 것으로서 대통령령으로 정하는 금융투자상품은 그러하지 아니하다."(자금 5조 1항 단서)고 규정하여 일정한 제외사유를 인정하고 있다. 시행령에 따르면 주식워런트증권, 신주인수권증서를 파생상품에서 제외하고 있다(자금시 4조의 3).

Ⅱ. 선 도

1. 의 의

선도란 기초자산이나 기초자산의 가격·이자율·지표·단위 또는 이를 기초로 하는 지수 등에 의하여 산출된 금전 등을 장래의 특정 시점에 인도할 것을 약정하는 계약을 말한다(자금 5조 1항 1호). 선도거래는 계약이 이루어지면 바로 이행을 하여야 하는 현물거래와 달리 그 이행을 계약체결 후 일정기간이 경과한 후에 하게 된다.

선도의 경우에 다음에 보는 옵션과 달리 매도인·매수인 모두 매매를 이행할 의무를 지게 된다.

여기에서 기초자산이란 파생결합증권에서의 기초자산과 같은 것으로 다음 어

---

1) 일반투자자가 장외파생상품을 거래하고자 하는 경우에는 헤지거래만 할 수 있다고 규정하고 있다. 즉 장외파생상품의 매매 및 그 중개·주선 또는 대리의 상대방이 일반투자자인 경우에는 그 일반투자자가 대통령령으로 정하는 위험회피목적의 거래를 하는 경우에 한하여 거래할 수 있다고 규정하고 있다(자금 166조의 2 1항).

느 하나에 해당하는 것을 말한다. ① 금융투자상품 ② 통화(외국의 통화를 포함한다) ③ 일반상품(농산물·축산물·수산물·임산물·광산물·에너지에 속하는 물품 및 이 물품을 원료로 하여 제조하거나 가공한 물품, 그밖에 이와 유사한 것을 말한다) ④ 신용위험(당사자 또는 제삼자의 신용등급의 변동, 파산 또는 채무재조정 등으로 인한 신용의 변동을 말한다) ⑤ 그밖에 자연적·환경적·경제적 현상 등에 속하는 위험으로서 합리적이고 적정한 방법에 의하여 가격·이자율·지표·단위의 산출이나 평가가 가능한 것.

기초자산의 범위는 구 증권거래법상의 기초자산의 범위에 비하여 대폭 확대된 것으로 특히 ⑤에서 합리적이고 적정한 방법에 의하여 가격·이자율·지표·단위의 산출이나 평가가 가능한 것을 기초자산으로 보기 때문에 기초자산의 범위에 대하여 제한을 두지 않는다. 이처럼 파생상품의 기초자산의 개념을 넓게 규정한 것은 가능한 모든 기초자산에 대한 파생상품이 개발될 수 있도록 허용하는데 그 취지가 있다.

다만 기초자산의 범위가 넓어짐으로써 이를 기초로 하는 파생상품과 도박의 한계가 모호해질 수 있다. 이를 고려하여 자본시장법에서는 금융투자업자가 금융투자업을 영위하는 경우에는 도박에 관한 「형법」 제246조를 적용하지 아니한다는 규정을 두고 있다(자금 10조 2항).

2. 선 물

(1) 의 의

선물도 선도에 해당한다. 다만 선도거래 중 거래소에서 이루어지고 이행이 확보되는 특징을 가진다. 선물도 계약체결시점에서 거래가격 및 수량에 대해서 약정을 한다. 즉 현재 계약체결을 하며, 다만 그 결제와 인수도를 미래에 하는 것이다.

현재 가장 활성화되어 있는 주가지수선물과 선도의 가장 큰 차이로 인수도와 정산(중간정산포함)을 들 수 있다. 주가지수선물은 계약시의 가격(약정지수×일정금액)과 최종결제일의 가격(현실지수×일정금액)과의 차액을 수수함으로써 거래가 종결되게 된다. 현재 결제월은 3월, 6월, 9월, 12월이며, 최장거래기간은 1년이 된다.[1)]

(2) 선물거래의 기능

1) 헤 지

헤지란 현물시장에서 포지션을 유지하고, 선물시장에서 그와 반대의 포지션을 취함으로써 가격변동위험을 회피하는 것이다.

---

1) 주가지수선물은 3, 6, 9, 12월물 네 가지가 상장되어 코스피200지수(코스닥50지수)를 기초자산으로 하여 산정된 그 당시의 선물지수에 따라 거래된다.

2) 차익거래, 재정거래(Arbitrage)

차익거래란 선물시장 가격이 일시적인 수급불일치로 균형가격인 이론가격에서 크게 벗어났을 때 이 차이를 이용해 무위험수익을 얻는 것을 말한다. 즉 선물시장 가격이 시장에서 형성된 실제 선물가격을 기초로 산출한 이론적인 선물가격과 괴리가 발생한 경우 선물과 현물 중 상대적으로 가격이 높은 것을 매도하고 동시에 가격이 낮은 것을 매수한 후 양 가격이 정상적인 관계로 되돌아왔을 때 양자를 반대매매하여 위험없이 괴리된 가격만큼 이익을 얻고자 하는 것이다.[1] 차익거래는 선물거래와 현물거래가 동시에 이루어져야 이익이 발생한다. 예를 들면 선물시장가격이 이론가격보다 낮을 때에 현물주식은 팔고 선물을 매입하여 양가격이 정상적인 관계로 돌아왔을 때 반대매매를 하여 차익을 실현하는 것이다.[2]

Ⅲ. 옵 션

옵션은 당사자 어느 한쪽의 의사표시에 의하여 기초자산이나 기초자산의 가격·이자율·지표·단위 또는 이를 기초로 하는 지수 등에 의하여 산출된 금전 등을 수수하는 거래를 성립시킬 수 있는 권리를 부여하는 것을 약정하는 계약이다(자금 5조 1항 2호). 유리한 가격조건에서만 행사하고 불리한 조건에서는 행사하지 않을 선택권이 주어진다.

옵션은 콜옵션과 풋옵션으로 나누어진다. 전자는 장래 일정한 날 또는 일정 기간 동안 기초자산 등을 일정 가격에 매수할 수 있는 계약상의 권리이고, 후자는 장래 일정한 날 또는 일정 기간 동안 기초자산 등을 일정 가격에 매도할 수 있는 계약상의 권리이다.[3]

1) 선물의 최종거래일이 되면 현물과 선물의 구분이 없어져 가격이 같아진다.

2) 프로그램매매에서는 선물가격과 현물가격의 차이(베이시스)를 이용한 차익거래가 이루어지고 있다. 콘탱고(선물가격이 현물가격보다 높은 상태)에서 매수차익거래(프로그램매수유입)가 이루어지고, 백워데이션(선물가격이 현물가격보다 낮은 상태)에서 매도차익거래(프로그램 매도)가 이루어진다.

3) 옵션의 상장결제월은 최근월물 3개와 3, 6, 9, 12월물 중 근접한 1개월물을 합하여 4개월물이 상장된다. 최종거래일은 해당 결제월의 두 번째 목요일이다. 옵션의 경우 선물과 달리 특정 투자시점에 있어서 위 예의 경우 110포인트, 115포인트 등 다른 행사가격으로 동시에 체결될 수 있다.

Ⅳ. 스 왑

스왑은 장래의 일정기간 동안 미리 정한 가격으로 기초자산이나 기초자산의 가격·이자율·지표·단위 또는 이를 기초로 하는 지수 등에 의하여 산출된 금전 등을 교환할 것을 약정하는 계약이다(자금 5조 1항 3호). 스왑거래는 미래의 이자율이나 환율의 변동으로 인하여 입을 수 있는 불측의 손해의 방지, 투기적 이익도모 등의 목적으로 이용된다.

대표적인 것으로 금리스왑과 통화스왑이 있다. 금리스왑은 고정금리와 변동금리 등 같은 통화로 다른 금리의 지급을 교환하는 거래이다. 금리스왑은 금리 경감을 목적으로 이용된다. 통화스왑은 장래의 일정기간에 원화와 달러 등 다른 통화를 상호 교환하는 것을 약속하는 거래이다. 통화스왑에 있어서는 원본이 다른 통화의 것이므로 스왑의 개시일과 만기일에 실제로 원본의 교환이 이루어지는 것이 일반적이다.[1)]

▶ 참조판례

"외국은행 국내지점이 계약일 또는 이자지급 약정일에 변동금리에 해당하는 이자금액과 고정금리에 해당하는 이자금액을 서로 주고 받지 아니하고 변동금리에 해당하는 이자상당액을 국내고객에게 선지급하고 만기에 고정금리에 해당하는 이자상당액을 후취하고 있는 형태의 스왑거래를 행하고 다시 외국에 있는 본점이나 다른 외국지점과 국내 스왑거래로부터 입을 수 있는 손실에 대비하기 위한 커버거래를 하였다면, 그 국내 스왑거래는 일종의 스왑거래에 해당하기는 하지만 실질에 있어서는 이자율 차액에 해당하는 금액의 외화대부에 해당한다고 밖에 할 수 없을 것이다."(대판 1997. 6. 13, 95 누 15476).

1) 통화스왑의 예로 원-엔 통화스왑이나 원-위안 통화스왑 등을 들 수 있다. 이는 무역거래 등에 기축통화로 사용되던 달러 대신 원화와 엔화, 원화와 위안화로 바로 결제할 수 있도록 한 것이다.

제 3 장 투 자 자

Ⅰ. 의 의

자본시장법은 투자자를 금융투자상품에 대한 전문성 구비여부, 소유자산 규모 등 위험감수능력을 기준으로 전문투자자와 일반투자자로 분류하고, 전문투자자에 대해서는 투자권유규제에 관한 규정의 적용을 배제하고 있다.

Ⅱ. 투자자의 종류

1. 전문투자자

자본시장법에서는 위험감수능력을 가진 투자자를 전문투자자라 하여 일반투자자와 구분하며, 이를 판단하는 기준으로 "금융투자상품에 대한 전문성 구비 여부, 소유자산 규모" 등을 들고 있다(자금 9조 5항).

위험감수능력을 갖춘 전문투자자자는 국가, 한국은행, 대통령령이 정하는 금융기관, 주권상장법인(다만 금융투자업자와 장외파생상품거래를 하는 경우에는 전문투자자와 같은 대우를 받겠다는 의사를 금융투자업자에게 서면으로 통지한 경우를 제외하고 일반투자자로 본다), 기타 시행령이 정하는 투자자로 구분된다(자금 9조 5항).

전문투자자는 다음과 같이 분류할 수 있다. 첫째, 일반투자자로 전환할 수 없는 전문투자자로 국가, 한국은행, 금융기관, 금융공기업 등이 이에 속한다.[1] 둘째,

1) 자본시장법 시행령 제10조 1항에서 다음을 들고 있다: 1. 국가 2. 한국은행 3. 제 2 항 제 1 호부터 제17호까지의 어느 하나에 해당하는 자 4. 제 3 항 제 1 호부터 제11호까지의 어느 하나에 해당하는 자 5. 제 3 항 제18호 가목부터 다목까지의 어느 하나에 해당하는 자 6. 제 3 호 및 제 4 호에

일반투자자로 전환 가능한 전문투자자로[1] 국내외 주권상장법인, 기금관리 운용법인, 지방자치단체, 공제사업자 등이 이에 속한다. 셋째, 전문투자자로 신고한 특정 법인 또는 개인, 즉 자발적 전문투자자를 들 수 있다. 법인의 경우 금융위원회에 전문투자자 신고를 한 날 전일의 금융투자상품 잔고가 100억 원 이상일 것이 요구되고, 개인의 경우 금융투자상품 잔고가 50억 원 이상이고 금융투자업자에 1년 이상 계좌를 가지고 있을 것이 요구된다. 자발적 전문투자자도 일반투자자로 전환이 가능하다.

2. 일반투자자

자본시장법상 전문투자자에 속하지 않는 투자자를 일반투자자라 한다. 일반투자자의 경우 원칙적으로 전문투자자로 전환할 수 없다. 다만 장외파생상품매매의 경우 일반투자자로 취급되는 주권상장법인은 의사를 통지함으로써 전문투자자로의 전환이 가능하다.

준하는 외국인.

1) 전문투자자 중 대통령령이 정하는 자가 일반투자자와 동일한 대우를 받겠다는 의사를 금융투자업자에게 서면으로 통지하고 금융투자업자가 이에 동의한 경우에는 일반투자자로 보게 된다(자금 9조 5항 단서).

제 4 장 금융투자업

제 1 절 서 설

금융투자업과 관련하여 가장 특징적인 부분으로 기능별 규율체제의 도입을 들 수 있다. 구자본시장관련 법령체계는 금융회사를 중심으로 규율하는 기관별 규율체제를 따르고 있었다. 증권회사, 선물회사, 자산운용회사 등 금융회사별로 각기 다른 법률이 존재하여 각 금융회사가 영위할 수 있는 금융업무를 열거하고 있었다. 이러한 상이한 규율체제의 적용으로 인하여 금융회사에 따라 규제차익이 생기고, 투자자 보호의 공백이 발생하는 문제점이 있었다.

자본시장법은 금융회사별로 규율하던 기관별 규율체제를 경제적 실질이 동일한 금융기능별로 규율하는 기능별 규율체제로 전환하여 규율방식을 체계적으로 정비하였다. 이에 따라서 업무가 동일한 경제적 기능이나 성질을 가진다면 그 업무를 어떠한 금융회사가 수행하더라도 동일한 규율의 적용을 받게 되었다.

자본시장법에서는 금융기능을 경제적 실질에 따라 크게 금융투자업, 금융투자상품, 투자자의 세 부류로 나누고 있다. 이에 따라서 다양한 조합의 금융투자회사가 탄생할 수 있다.[1)]

---

1) 다만 집합투자업이나 신탁업의 경우 금융투자상품에 따른 정의를 하지 않고 있으며, 금융투자업 인가업무단위에 관한 자본시장법 제12조 1항에 따라 집합투자업의 경우 집합투자기구에 따른 구분, 신탁업의 경우 신탁재산에 따른 구분 등 세분화가 추가로 가능하다.

제 2 절 금융투자업의 종류

Ⅰ. 서 설

자본시장법에서는 금융투자업을 투자매매업, 투자중개업, 집합투자업, 투자자문업, 투자일임업, 신탁업의 6가지로 분류하고 있다. 6가지 업을 각각 금융투자업으로 보기 때문에 6개업을 모두 영위하지 않고 한 가지 업만 영위하더라도 그 회사는 금융투자회사라고 할 수 있다. 여기서 금융투자업은 이익을 얻을 목적으로 계속적이거나 반복적인 방법으로 행하는 행위, 즉 영업활동을 하는 경우에 한하여 인정된다.

Ⅱ. 투자매매업

1. 의 의

투자매매업이란 누구의 명의로 하든지 자기의 계산으로 금융투자상품의 매도·매수, 증권의 발행·인수 또는 그 청약의 권유, 청약, 청약의 승낙을 영업으로 하는 것을 말한다.

딜링을 의미하는 것으로 증권회사의 업무 중 자기계정을 이용하는 영업, 즉 장외파생상품 또는 파생결합증권을 발행하는 것이 대표적인 예다. 그 외 기업공개, 회사채 발행과 같은 인수업무도 투자매매업에 해당된다.[1]

2. 금융투자상품의 매매

투자매매업은 자기의 계산으로 매매를 한다는 의미에서 투자중개업과 구별된다. 자기 계산으로 매매를 하여도 국가 또는 지방자치단체가 공익을 위하여 관련 법령에 따라 금융투자상품을 매매하는 경우나 한국은행이 「한국은행법」 제68조에 따라 공개시장 조작을 하는 경우에는 투자매매업으로 보지 아니 한다(자금시 7조 3항).

환매조건부매매(Repo거래)[2] 중 일반투자자를 상대로 하는 경우에는 투자매매

1) 투자매매업자 중 유가증권의 인수업을 하려고 하는 자는 이에 대하여는 별도의 인가를 받아야 한다.

업으로 보고, 전문투자자 등 일정한 조건에 해당하는 전문가들 사이의 환매조건부 매매는 투자매매업으로 보지 아니한다(자금시 7조 3항 3호).

3. 금융투자상품의 발행

금융투자업자가 스스로 증권을 발행하는 경우에는 투자매매업으로 보지 아니한다. 그러나 투자신탁의 수익증권, 파생결합증권 중 지분증권의 가격이나 이를 기초로 하는 지수의 변동과 연계된 파생결합증권, 발행과 동시에 투자자가 지급한 금전 등에 대한 이자 등 과실뿐만 아니라 그 금전 등도 해당 기초자산의 가격·이자율·지표·단위 또는 이를 기초로 하는 지수 등의 변동과 연계된 파생결합증권 및 투자성 있는 예금·보험을 발행하는 경우에는 투자매매업으로 본다.

예를 들어 주가연계증권(ELS)의 경우에 원금보장형의 경우는 채무증권으로 보아 그 발행을 위해 투자매매업자일 것이 요구되지 않으나, 원금 손실가능성이 있는 경우에는 위에서의 파생결합증권의 발행에 해당하여 투자매매업의 인가를 받아야 한다.

4. 금융투자상품의 인수

증권을 발행함에 있어서 사모의 방법에 의할 때와 달리 모집·매출에 의해 증권을 공모하는 경우에 간접공모에 따른 비용에도 불구하고 금융투자업자인 인수인을 통한 간접공모가 일반적으로 이용된다. 이는 인수기관의 공신력에 의하여 공모가 성공할 가능성이 높게 되고, 인수기관이 공모차질로 인한 위험을 부담하는 보험자의 역할을 하기 때문이다.

자본시장법상 인수는 총액인수와 잔액인수가 인정되는 것으로, 인수란 증권을 모집·사모·매출하는 경우 다음의 어느 하나에 해당하는 행위를 하는 것을 말한다(자금 9조 11항). 첫째, 제삼자에게 그 증권을 취득시킬 목적으로 그 증권의 전부 또는 일부를 취득하는 것. 둘째, 그 증권의 전부 또는 일부에 대하여 이를 취득하는 자가 없는 때에 그 나머지를 취득하는 것을 내용으로 하는 계약을 체결하는 것.

---

2) 일정기간 후에 환매하겠다는 것을 조건으로 하는 채권매매를 말한다. RP(Repurchase Agreement)라고 한다. 단기자금의 대차거래로서 채권이 담보의 성격을 가진다. 판례는 "환매특약부매매가 채권담보의 경제적 기능을 갖는 것은 사실이나, 그렇다고 하더라도 채권자(매수인)가 단순히 담보권만을 취득하는 것이 아니고 목적물의 소유권까지를 일단 취득하고 단지 채무자(매도인)가 환매기간 내에 환매할 수 있는 권리를 유보하는 부담을 갖는 데에 그치는 것"이라고 하고 있다(대판 1992. 5. 26, 92 다 84).

Ⅲ. 투자중개업

투자중개업이란 누구의 명의로 하든지 타인의 계산으로 금융투자상품의 매도·매수, 그 중개나 청약의 권유, 청약, 청약의 승낙 또는 증권의 발행·인수에 대한 청약의 권유, 청약, 청약의 승낙을 영업으로 하는 것을 말한다.

이는 브로커의 의미를 가진다. 예를 들어 증권회사가 자기계정에 미리 매입해 놓은 채권을 고객에게 중개할 때나 증권회사가 자기계정에 미리 매입해 놓은 채권을 고객에게 판매하는 경우에는 투자매매업에 해당되지만, 증권거래소에 주문을 내어 고객에게 채권을 매수해 주는 경우에는 투자중개업에 해당된다. 즉 금융투자회사 대 고객 간의 거래는 투자매매업이며, 고객 대 고객의 거래는 투자중개업에 해당되는 것이다.

개정 자본시장법에서는 전담중개업무(프라임브로커)에 관한 조항을 신설하고 있다(자금 6조 9항). 전담중개업무란 일반 사모집합집합투자기구 등에 대하여 ① 증권의 대여 또는 그 중개·주선이나 대리업무 ② 금전의 융자, 그 밖의 신용공여 ③ 일반 사모집합투자기구 등의 재산의 보관 및 관리 등의 업무를 제공하는 것이다. 이는 일반 사모집합투자기구 등의 효율적인 업무 수행을 지원하기 위하여 필요한 업무로서 새로 도입되는 종합금융투자사업자에 대하여 업무 다양화를 유도하기 위한 제도적 기반을 구축한다는 의미를 가진다.

Ⅳ. 집합투자업

1. 의 의

집합투자란 2인 이상의 투자자로부터 모은 금전 등 또는 「국가재정법」 제81조에 따른 여유자금을 투자자 또는 각 기금관리주체로부터 일상적인 운용지시를 받지 아니하면서 재산적 가치가 있는 투자대상자산을 취득·처분, 그 밖의 방법으로 운용하고 그 결과를 투자자 또는 각 기금관리주체에게 배분하여 귀속시키는 것을 말한다. 집합투자업이란 집합투자를 영업으로 하는 것으로 자산운용업이나 투자신탁업 등이 이에 해당한다.

2. 집합투자의 적용제외

다음의 경우에는 집합투자의 대상에서 제외한다. 첫째, 대통령령으로 정하는 법률[1)]에 따라 사모의 방법으로 금전 등을 모아 운용·배분하는 것으로서 투자자의 총수가 49인 이하인 경우 둘째, 「자산유동화에 관한 법률」 제3조의 자산유동화계획에 따라 금전 등을 모아 운용·배분하는 경우 셋째, 그밖에 행위의 성격 및 투자자 보호의 필요성 등을 고려하여 대통령령으로 정하는 경우

3. 집합투자의 요소

(1) 자산의 집합

집합투자는 그 개념정의상 "2인 이상의 투자자로부터 모은 금전 등"이라고 하여 다수의 투자자로부터 자산을 모으는 것을 전제로 한다. 즉 수익자가 2인 이상일 것을 요구한다.[2)] 자본시장법은 다수의 투자자로부터 자금을 집합하여 함께 운용하는 '집합투자'를 규제의 대상으로 함으로써, 1인의 투자자만으로 설정되었던 펀드는 투자일임업 또는 신탁업으로 운영되게 되었다.

그러나 「국가재정법」에 따른 여유자금은 이미 수인의 자산이 집합된 것으로 볼 수 있기 때문에 사모단독이라도 집합투자의 범위에 포함된다.

[자산집합의 과정]

자산운용사의 신탁약관 제정 및 신탁업자와 신탁계약 체결 → 투자신탁의 금융위원회 등록 → 증권신고서의 금융위원회 제출[3)] → 수익증권의 공모 → 수익증권발행가액의 납입 및 수익증권 발행 → 수익증권발행가액의 수탁회사 납입[4)]을 통한 투자신탁재산의 형성

1) 다음 각 호의 법률을 말한다(자금시칙 6조 1항). 1. 부동산투자회사법 2. 선박투자회사법 3. 문화산업진흥 기본법 4. 산업발전법 5. 중소기업창업 지원법 6. 여신전문금융업법 7. 벤처기업육성에 관한 특별조치법 8. 부품· 소재전문기업 등의 육성에 관한 특별조치법 9. 농림수산식품투자조합 결성 및 운용에 관한 법률

2) 구자본시장법에서는 "2인 이상에게 투자권유를 하여"라는 표현을 쓰고 있어 복수의 투자자에게 투자권유만 이루어진다면 자금자체가 반드시 2인 이상의 투자자로부터 모은 것임을 요하지 않았다. 따라서 환매 등을 통하여 결과적으로 1인 단독펀드가 되는 경우 강제로 펀드를 해지·해산해야 하는 것은 아니라고 보았다(김건식·정순섭, 「자본시장법」, 두성사, 2013, 130면).

3) 실제로는 투자신탁 등록과 증권신고서 제출은 동시에 이루어진다. 자본시장법 시행령 제211조 5항에서 "등록신청서를 증권신고서와 함께 제출하는 경우에는 그 증권신고서의 효력이 발생하는 때에 해당 집합투자기구가 등록된 것으로 본다."고 규정하고 있다.

4) 수익증권은 대부분 판매회사를 통해 판매되는데, 판매회사는 수익증권 판매대금을 자산운용사를

(2) 일상적 운용지시의 배제

집합투자는 투자자 또는 기금관리주체로부터 일상적인 운용지시를 받지 아니하면서 운용하는 것이다. 집합투자업의 경우 집합된 투자자의 자금 등에 대해서 자산운용을 전문으로 하는 집합투자업자가 투자자를 대신하여 운용하는 특성을 반영하여 투자자의 일상적인 운영지시를 배제하였으며, 이 점에서 투자일임 또는 신탁과 명백히 구별된다.

(3) 투자대상자산을 취득·처분, 그 밖의 방법으로 운용

집합투자는 집합투자업자가 투자자로부터 모은 금전 등으로 재산적 가치가 있는 투자대상자산을 취득, 처분, 그 밖의 방법으로 운용하여 수익을 창출하는 간접투자행위이다. 이는 투자대상자산의 성질을 변화시키는 능동적인 사업수행이 아니라 투자대상자산의 운용에 의하여 그 가치변동을 노리는 수동적인 사업수행을 말한다.[1)]

자본시장법에서는 "재산적 가치가 있는 투자대상자산"이라고 하여 투자대상자산에 대한 제한을 폐지하여 펀드의 투자대상자산과 운용방법에 포괄주의를 적용함으로써 집합투자업계와 투자자의 자율을 확대하였다.

집합투자에 있어서 자산의 운용은 집합투자업자가 하지만, 집합투자업자가 발행한 수익증권의 판매는 은행이나 증권회사 등 판매업자를 통해서 하게 된다. 이 경우 판매회사의 지위에 대하여 대법원은 "판매회사는 증권투자신탁에 있어 단순히 위탁회사의 대리인에 불과한 것이 아니라 자신의 책임으로 수익증권 판매업무 등을 수행하는 독립된 당사자로 보아야 할 것이다."라고 판시하여 판매회사를 독립된 당사자로 보았다.[2)]

(4) 운용실적의 배분

집합투자의 운용에 따른 위험은 투자자가 부담한다. 따라서 투자자는 이익이 발생하였든, 손해가 발생하였든 그 손익을 분담하게 된다. 이때 운용실적의 배분대상이 되는 투자자는 운용실적이 실제 배분되는 때의 투자자이다.

거치지 않고 직접 수탁회사로 보낸다(판매사는 수입당일 판매대금을 수탁회사에 송금하고, 자산운용사에 대해서는 판매내역금액만 통보한다). 이때 자산운용사가 수익증권을 직접 판매하는 경우도 자산운용사의 신탁계정으로 투자자의 자금이 들어가지 않고 수입당일 바로 수탁회사에 송금된다.

1) 김건식·정순섭, 전게서, 132면.

2) 대판 2006. 12. 8, 2002 다 19018; 동 2008. 6. 12, 2007 다 70100 등.

4. 집합투자기구 등

집합투자기구란 집합투자를 수행하기 위한 기구로서 ① 투자신탁 ② 투자회사 ③ 투자유한회사 ④ 투자합자회사 ⑤ 투자유한책임회사 ⑥ 투자합자조합 ⑦ 투자익명조합의 어느 하나에 해당하는 것을 말한다(자금 9조 18항).[1]

사모집합투자기구란 집합투자증권을 사모로만 발행하는 집합투자기구로서 전문투자자가 아닌 투자자[2]의 총수가 100인 이하인 것[3]을 말한다. 사모집합투자기구는 경영권 참여, 사업구조 또는 지배구조의 개선 등을 위하여 지분증권 등에 투자·운용하는 투자합자회사인 사모집합투자기구(기관전용 사모집합투자기구)와 기관전용 사모집합투자기구를 제외한 사모집합투자기구(일반 사모집합투자기구)로 나뉜다. 사모집합투자기구의 경우에도 위의 다양한 집합투자기구의 형태를 취할 수 있다.

집합투자재산이란 집합투자기구의 재산으로서 투자신탁재산, 투자회사재산, 투자유한회사재산, 투자합자회사재산, 투자합자조합재산 및 투자익명조합재산을 말한다.

집합투자증권이란 집합투자기구에 대한 출자지분(투자신탁의 경우에는 수익권을 말한다)이 표시된 것을 말한다.

5. 자본시장법상 집합투자업의 특징

(1) 집합투자기구(Vehicle)의 확대

자본시장법에서는 상법상 설립가능한 모든 기구(Vehicle)를 집합투자기구로 활용할 수 있도록 허용하고 있다. 여기서 기구의 형태를 신탁형, 회사형(투자회사, 투자유한회사, 투자합자회사, 투자유한책임회사), 조합형(투자합자조합, 투자익명조합, 투자합자조합)으로 나눌 수 있다. 다만 합명회사는 무한책임사원만으로 구성되어 활용될 수 없으므로 제외되었다.

(2) 펀드종류별 투자대상 자산제한 폐지

자본시장법에서는 7종류의 펀드구분을 4종류로 재분류하고, 펀드 종류별 운용

---

1) 집합투자기구는 집합투자재산의 운용대상에 따라 증권집합투자기구, 부동산집합투자기구, 특별자산집합투자기구, 혼합자산집합투자기구, 단기금융집합투자기구로 구분한다(자금 229조).

2) 자본시장법 제 9 조 제19항 및 자본시장법 시행령 제14조.

3) 자본시장법 제 9 조 제19항 및 자본시장법 시행령 제14조 제 2 항: 이 경우 투자자의 총수를 계산할 때 다른 집합투자기구가 그 집합투자기구의 집합투자증권 발행총수의 100분의 10 이상을 취득하는 경우에는 그 다른 집합투자기구의 투자자의 수를 더해야 한다.

대상 자산의 제한을 없앰으로써 MMF를 제외한 모든 펀드에 다양한 투자대상을 운용할 수 있게 하였다. 여기서 펀드의 주요 투자대상 자산(펀드자산의 50% 초과 투자자산)을 기준으로 증권펀드·부동산펀드·특별자산펀드·단기금융펀드(MMF)로 구분하고 있다. 그리고 각 펀드별 주요 투자대상 자산에 해당 기초자산과 관련된 파생상품을 포함시킴으로써 파생상품펀드를 별도로 구분하지 않고 있다.

또한 펀드자산을 실물자산에 투자하는 실물펀드와 특별자산에 투자하는 특별자산펀드를 통합하여 특별자산펀드로 하고 있으며, 재간접펀드는 운용대상 자산의 유형상 증권펀드에 해당하는 것으로 하고 있다. 그리고 주요투자대상 자산을 특정하지 않고 언제나 어떤 자산에나 자유롭게 운용할 수 있는 새로운 종류의 펀드 즉 혼합자산펀드를 신설하고 있다.

[펀드 종류구분]

구 분	증권펀드	부동산펀드	특별자산펀드	MMF	혼합자산펀드
증 권	○	○	○	○	○
파생상품	○	○	○	×	○
부 동 산	○	○	○	×	○
실물자산	○	○	○	×	○
특별자산	○	○	○	×	○

(3) 펀드의 자산운용방법에 대한 제한 폐지

자본시장법에서는 자산운용방법을 법령에서 열거하지 않고 "재산적 가치가 있는 투자대상자산을 취득, 처분, 그 밖의 방법으로 운용"으로 포괄적으로 규정하고 있다.[1] 다만 다른 금융관계법을 고려하여 펀드자산으로 금전을 대여하거나 채무보증 또는 담보제공을 하는 행위는 여전히 할 수 없도록 하였다(자금 83조 4, 5항). 이는 은행의 여수신 업무와 같이 볼 수 있기 때문이다.

(4) 펀드에 대한 환매금지 규제 완화

이전에는 부동산간접투자기구, 실물간접투자기구는 환매금지형으로만 운용하도록 규정하고 있어 간접투자재산 중 일부만 부동산 또는 실물자산에 투자하는 경우에도 환매가 금지되어 과도한 규제가 되는 문제가 있었다.

---

1) 이전 「간접투자자산운용업법」에 의하면 취득·매각, 대여(투자증권), 관리·개량·개발·임대(부동산) 등과 같이 펀드별 자산운용방법을 법률에서 열거하고 있었다.

자본시장법에서는 펀드의 운용대상자산에 대한 제한이 폐지되어 어느 펀드나 자유롭게 부동산·실물 등에 대한 투자를 할 수 있게 되었고, 환매금지 여부는 부동산, 실물 등 펀드가 투자하는 자산의 유동성(환금성)을 감안하여 운용사가 자율적으로 선택하도록 하였다.

V. 투자자문업

투자자문업이란 금융투자상품 등의 가치 또는 금융투자상품에 대한 투자판단에 관한 자문에 응하는 것을 영업으로 하는 것을 말한다(자금 6조 6항). 여기서 투자판단은 종류, 종목, 취득·처분, 취득·처분의 방법·수량·가격 및 시기 등에 대한 판단을 말한다. 투자자문사 또는 PB가 수행하는 자문업무가 이에 해당한다.

그러나 불특정 다수인을 대상으로 발행 또는 송신되고, 불특정 다수인이 수시로 구입 또는 수신할 수 있는 간행물·출판물·통신물 또는 방송 등을 통하여 조언을 하는 경우에는 투자자문업으로 보지 아니한다(자금 7조 3항). 이러한 경우는 유사투자자문업으로 분류된다.[1]

VI. 투자일임업

투자일임업이란 투자자로부터 금융투자상품에 대한 투자판단의 전부 또는 일부를 일임받아 투자자별로 구분하여 금융투자상품을 취득·처분, 그 밖의 방법으로 운용하는 것을 영업으로 하는 것을 말한다. 증권회사의 랩어카운트[2]가 여기에 해당한다.

투자일임업을 따로 두게 됨으로서 투자매매업자와 투자중개업자의 일임매매[3]는 금지된다. 따라서 일임매매를 하고자 하는 금융투자업자는 투자일임업 등록을 하고 법규제에 따라 행하여야 한다.

---

1) 임재연, 전게서, 65면.

2) 금융자산관리사 등이 예탁자산의 자산구성, 운용, 투자자문까지 통합적으로 관리한다. 특히 관심을 끄는 자문형 랩은 증권사가 별도의 계약을 맺은 투자자문사의 조언에 따라 고객이 맡긴 돈을 운용하는 것이 특징이다.

3) 과거 증권거래법상 수량, 가격, 매매시기에 대한 일임이 인정되었다. 다만 유가증권의 종류, 종목, 매매종류는 투자자가 결정하여야 했다. 그러나 실제 증권거래법에 정한 절차에 따른 일임매매는 거의 이루어지지 않고 당사자 간의 합의에 의한 일임매매, 포괄적 일임매매가 주로 행하여 졌다.

Ⅶ. 신 탁 업

신탁업이란 신탁을 영업으로 하는 것을 말한다. 여기서 신탁을 영업으로 한다는 의미는 신탁의 인수를 영업으로 하는 것을 말한다.

신탁이란 신탁설정자와 신탁을 인수하는 자와 특별한 신임관계에 기하여 위탁자가 특정의 재산권을 수탁자[1] 등에게 이전하거나 기타의 처분을 하고 수탁자로 하여금 일정한 자의 이익을 위하여 또는 특정의 목적을 위하여 그 재산권을 관리, 처분하게 하는 법률관계를 말한다(신탁 1조 2항). 신탁으로 인한 이익의 귀속자는 수익자로서 위탁자가 지정하게 된다.

신탁재산은 수탁자가 위탁자로부터 자기의 이름으로 양수하거나 처분받아 신탁목적에 따라 관리, 처분하여야 할 대상을 말한다.[2] 집합투자기구가 투자신탁 형태인 집합투자업자의 경우 집합투자업자가 위탁자로서 신탁재산을 신탁업자에게 신탁하게 된다.

신탁업자는 신탁을 함에 있어서 수익증권을 발행한다.

Ⅷ. 종합금융투자사업자

종합금융투자사업자란 투자매매업자 또는 투자중개업자 중 일정한 기준을 갖추어 금융위원회의 지정을 받은 자를 말한다(자금 8조 8항). 종합금융투자사업자는 투자은행으로서 기업금융 관련 업무를 수행하고 해제펀드를 대상으로 한 전담중개업무 외에 기업대출, 비상장주식에 대한 내부주문집행업무 등을 영위한다.

금융위원회는 투자매매업자 또는 투자중개업자로서 3조원 이상의 자기자본의 요건 등을 충족하는 자를 종합금융투자사업자로 지정할 수 있다(자금 77조의 2 1항).

---

1) 은행, 증권회사(자사주신탁－발행인이 증권회사에 신탁), 부동산 신탁 등.

2) 자본시장법 제103조(신탁재산의 제한 등) ① 신탁업자는 다음 각 호의 재산 외의 재산을 수탁할 수 없다. 1. 금전 2. 증권 3. 금전채권 4. 동산 5. 부동산 6. 지상권, 전세권, 부동산임차권, 부동산소유권 이전등기청구권, 그 밖의 부동산 관련 권리 7. 무체재산권(지식재산권을 포함한다)

실제로는 신탁재산 전체를 대상으로 하거나, 금전신탁이나 재산신탁으로 나누거나, 6, 7호를 묶어 인가업무단위로 신청을 한다고 한다.

Ⅸ. 겸영금융투자업자

겸영금융투자업자란 ① 은행 ② 보험회사 ③ 그밖에 대통령령으로 정하는 금융기관 등에 해당하는 자로서 금융투자업을 겸영하는 자를 말한다(자금 8조 9항).

제3절 금융투자업의 적용배제

금융투자업자는 금융투자상품을 대상으로 영업을 하는 자로서 자본시장법에서는 금융투자상품의 개념을 포괄적으로 정함으로써 그 대상이 광범위하여 기업의 일상적인 경영활동도 금융투자업으로 규제될 가능성이 있다. 따라서 자본시장법에서는 이에 대한 배제장치로서 금융투자업에 해당하는지 애매하거나, 비록 금융투자업에 해당하여도 정책적으로 필요한 일정한 경우에 금융투자업의 적용배제를 인정하고 있다.

다음과 같은 경우 자본시장법상 금융투자업으로 보지 않고, 따라서 자본시장법이 적용되지 않는다(자금 7조).

1. 투자매매업으로 보지 않는 경우

자기가 증권을 발행하는 경우에는 투자매매업으로 보지 아니한다(자금 7조 1항). 그러나 투자신탁의 수익증권,[1] 파생결합증권 중 대통령령으로 정하는 것[2] 및 투자성 있는 예금·보험의 경우에는 적용배제에 해당하지 않으므로 금융투자업 인가를 받아야 그 발행이 가능하다. 개정법에 따르면 파생결합증권은 자기가 발행하여도 투자매매업으로 보지만, 이에 대한 예외로 이종통화채권의 경우 자기발행을 허용하며,[3] 은행의 금적립계좌(골드뱅킹) 등도 투자성 있는 예금계약에 준하는 계약

1) 투자신탁의 수익증권은 집합투자업자가 발행하는 것으로서 자금조달의 목적이 아니라 판매를 목적으로 발행하는 것이므로 투자매매업으로 본다.

2) 다음 각 호의 어느 하나에 해당하는 것을 말한다(자금시 7조 1항).
1. 지분증권(지분증권과 관련된 증권예탁증권을 포함한다)의 가격이나 이를 기초로 하는 지수의 변동과 연계된 파생결합증권
2. 제1호 외의 파생결합증권으로서 발행과 동시에 투자자가 지급한 금전 등에 대한 이자 등 과실뿐만 아니라 그 금전 등도 해당 기초자산의 가격·이자율·지표·단위 또는 이를 기초로 하는 지수 등의 변동과 연계된 파생결합증권

에 따른 증권으로서 투자매매업의 적용을 배제하고 있다(자금시 7조 2항).

2. 투자중개업으로 보지 않는 경우

투자권유대행인이 투자권유를 대행하는 경우에는 별도의 규제가 적용되는 것으로서 투자중개업으로 보지 아니한다(자금 7조 2항). 한국거래소가 증권시장 및 파생상품시장을 개설·운영하는 경우나 한국금융투자협회가 비상장주권의 장외매매거래에 관한 업무를 하는 경우도 투자중개업으로 보지 아니 한다(자금 7조 6항 1호, 자금시 7조 3항 4호).

3. 투자자문업으로 보지 않는 경우

불특정 다수인을 대상으로 발행 또는 송신되고, 불특정 다수인이 수시로 구입 또는 수신할 수 있는 간행물·출판물·통신물 또는 방송 등을 통하여 조언을 하는 경우에는 투자자문업으로 보지 아니한다(자금 7조 3항). 실제 신문이나 방송 등을 통하여 투자조언 등이 많이 이루어지고 있는데, 이러한 활동을 투자자문업으로 보지 않음으로서 별도의 등록을 하지 않고도 가능하게 된다.

4. 투자일임업으로 보지 않는 경우

투자중개업자가 투자자의 매매주문을 받아 이를 처리하는 과정에서 금융투자상품에 대한 투자판단의 전부 또는 일부를 일임받을 필요가 있는 경우로서 대통령령으로 정하는 경우(자금시 7조 1항)에는 투자일임업으로 보지 아니한다(자금 7조 4항).

5. 신탁업으로 보지 않는 경우

「담보부사채신탁법」에 따른 담보부사채에 관한 신탁업, 「저작권법」에 따른 저작권신탁관리업 및 「컴퓨터프로그램 보호법」에 따른 프로그램저작권 위탁관리업무의 경우에는 신탁업으로 보지 아니한다(자금 7조 5항). 이는 주로 관리규제에 해당하는 행위이고 별도의 규제근거가 있다.

---

3) 자본시장법 시행령 제 7 조 제 1 항 1. 기초자산이 통화 또는 외국통화로서 지급하거나 회수하는 금전 등이 그 기초자산과 다른 통화 또는 외국통화로 표시될 것

6. 기 타

다음의 어느 하나에 해당하는 경우에는 대통령령으로 정하는 바에 따라 금융투자업으로 보지 아니한다(자금 7조 6항).

① 거래소가 증권시장 및 파생상품시장을 개설·운영하는 경우

② 투자매매업자를 상대방으로 하거나 투자중개업자를 통하여 금융투자상품을 매매하는 경우

③ 제9조 제29항에 따른 일반 사모집합투자업자가 자신이 운용하는 제9조 제19항 제2호에 따른 일반 사모집합투자기구의 집합투자증권을 판매하는 경우

④ 그밖에 해당 행위의 성격 및 투자자 보호의 필요성 등을 고려하여 금융투자업의 적용에서 제외할 필요가 있는 것으로서 대통령령으로 정하는 경우[1)]

제4절 금융투자업간 겸영 허용

Ⅰ. 의 의

자본시장법 이전에는 증권회사, 선물회사, 자산운용회사, 신탁회사 등 금융회사별로 금융투자업을 세분화하고 있었으며, 금융투자업 상호간에는 겸영을 엄격하게 금지하고 있어 겸업화·대형화된 금융회사(투자은행: IB)의 출현에 걸림돌이 되었다. 자본시장법에서는 기능별로 분류된 6개 금융투자업, 즉 투자매매업, 투자중개업, 집합투자업, 투자자문업, 투자일임업, 신탁업에 대해서 상호간 겸영을 허용하고 있다. 이에 따라 투자매매, 투자중개, 집합투자, 투자자문, 신탁 등 모든 금융투자업을 종합 영위하는 금융투자회사의 설립이 가능하게 되었다.[2)]

---

1) 1. 국가 또는 지방자치단체가 공익을 위하여 관련 법령에 따라 금융투자상품을 매매하는 경우 2. 한국은행이 「한국은행법」 제68조에 따라 공개시장 조작을 하는 경우 등이 해당한다(자금시 7조 3항).

2) 미국, 영국 등 주요국의 선진 투자은행은 기업금융(Investment Banking), 자산관리(Wealth Management), 직접투자(Principal Investment), 증권서비스(Securities Services) 등 모든 금융투자업을 종합적으로 영위하는 것이 가능하다(핵심 IB업무뿐만 아니라, 신생기업에 대한 모험자본의 공급(Risk Capital)·PI·프라임브로커 등 위험 인수(risk taking)를 바탕으로 하는 다양한 업무를 수행). 미국의 경우 증권거래법과 투자자문업법 등에서 증권업과 자산운용업 겸업을 제한하고 있지 않다. 따라서 SEC에 등록만 하면 증권업과 자산운용업의 겸업이 가능하다.

Ⅱ. 금융투자업간 겸영의 허용에 따른 이해상충의 방지

자본시장법에서는 금융투자업간 겸영에 있어서 투자자 보호를 위해서 이해상충을 방지하기 위한 여러 방안을 마련하고 있다. 이는 대별해서 이해상충 행위의 금지와 이해상충 관리시스템의 구축으로 나눌 수 있고, 후자 중 중요한 것으로 내부통제시스템의 구축과 정보교류차단장치의 마련을 들 수 있다. 내부통제시스템구축과 관련하여 자본시장법에서는 내부통제기준을 정하고 준법감시인을 둘 것을 의무화하고 있다.

제 2 부 금융투자업자 규제

제 1 장 진입규제

제 1 절 금융투자업의 인가 및 등록

Ⅰ. 인가요건 및 절차

1. 의 의

금융투자업자는 사전에 금융위원회로부터 인가를 받아야 금융투자업을 영위할 수 있다(투자자문업, 투자일임업 및 일반 사모집합투자업은 제외한다)(자금 11조). 이와 달리 투자자문업 및 투자일임업은 다음에 보는 바와 같이 사전에 금융위원회에 등록만 하면 된다(자금 11조, 17조).

투자성 있는 예금·보험에 대한 특례가 인정되어 은행이 투자성 있는 예금계약을 체결하는 경우에는 자본시장법 제12조에 따라 투자매매업에 관한 금융투자업인가를 받은 것으로 보며, 보험회사가 투자성 있는 보험계약을 체결하거나 그 중개 또는 대리를 하는 경우에는 자본시장법 제12조에 따라 투자매매업 또는 투자중개업에 관한 금융투자업인가를 받은 것으로 본다(자금 77조).

2. 인가업무단위

금융투자업을 영위하려는 자는 다음 사항을 구성요소로 하여 인가업무 단위의 전부나 일부를 선택하여 금융위원회로부터 하나의 금융투자업인가를 받아야 한다(자금 12조 1항).

① 금융투자업의 종류: 투자매매업, 투자중개업, 집합투자업 및 신탁업을 말하

되, 투자매매업 중 인수업을 포함한다.

② 금융투자상품의 범위: 금융투자상품은 증권, 장내파생상품, 장외파생상품 등으로 분류되지만, 집합투자업이나 신탁업의 경우 금융투자상품에 따른 정의를 하지 않고 그 범위를 달리 규정하고 있다.

금융투자상품의 범위는 증권, 장내파생상품 및 장외파생상품을 말하되, 증권 중 국채증권, 사채권, 그밖에 대통령령으로 정하는 것[1]을 포함하고 파생상품 중 주권을 기초자산으로 하는 파생상품·그밖에 대통령령으로 정하는 것[2]을 포함한다. 집합투자업의 경우에는 법 제229조에 따른 집합투자기구의 종류를 말하며, 신탁업의 경우에는 법 제103조 1항 각 호의 신탁재산을 말한다.

③ 투자자의 유형: 전문투자자 및 일반투자자를 말한다.

3. 인가의 요건

금융투자업인가를 받으려는 자는 상법에 따른 주식회사이거나 대통령령으로 정하는 금융기관으로서 인가업무 단위별로 5억 원 이상으로서 대통령령으로 정하는 금액 이상의 자기자본을 갖출 것 등이 요구된다(자금 12조 2항).

Ⅱ. 등록요건 및 절차

1. 의　　의

투자자문업과 투자일임업을 영위하려고 하는 자는 반드시 사전에 일정한 요건을 갖추어 금융위원회에 등록을 해야 한다. 이 경우에는 금융투자업자의 파산이나 유동성위기에 의하여 발생할 수 있는 위험이 고객에게 전가되지 않는다는 점에서 그 요건이 완화된 등록제를 취하고 있다.

2. 투자자문업 또는 투자일임업의 등록

투자자문업 또는 투자일임업을 영위하려는 자는 다음 사항을 구성요소로 하여

---

1) 다음 각 호의 것을 말한다(자금시 15조 2항).

1. 채무증권 2. 지방채증권 3. 자본시장법 제 4 조 제 3 항에 따른 특수채증권 4. 지분증권(집합투자증권은 제외한다) 5. 상장주권 6. 집합투자증권 7. 자본시장법 시행령 제181조 제 1 항 제 1 호에 따른 증권

2) 다음 각 호의 것을 말한다(자금시 15조 3항).

1. 주권 외의 것을 기초자산으로 하는 파생상품

2. 통화·이자율을 기초자산으로 하는 파생상품

등록업무 단위의 전부나 일부를 선택하여 금융위원회에 하나의 금융투자업 등록을 하여야 한다(자금 17조 1항). ① 투자자문업 또는 투자일임업 ② 금융투자상품 등의 범위(증권, 장내파생상품, 장외파생상품 및 그밖에 대통령령으로 정하는 투자대상자산을 말한다) ③ 투자자의 유형

3. 등록요건

금융투자업등록을 하려는 자는 상법에 따른 주식회사이거나 대통령령으로 정하는 금융기관으로서 등록업무 단위별로 1억 원 이상으로서 대통령령으로 정하는 금액 이상의 자기자본을 갖출 것 등이 요구된다(자금 18조 2항). 또한 투자자문업의 경우에는 투자권유자문인력으로서 상근 임직원 1인 이상이 있어야 하며, 투자일임업의 경우에는 투자운용인력으로서 상근 임직원 2인 이상이 있어야 한다.

제 2 장 금융투자업자의 지배구조

Ⅰ. 서 설

금융투자업자는 다수의 투자자를 대상으로 영업하는 공공적 성질을 가지므로 그 지배구조를 엄격하게 규제하고 있다. 「금융회사의 지배구조에 관한 법률」이 제정됨으로 인하여 금융투자업자의 지배구조와 관련한 그 자본시장법상의 규정은 대부분 삭제되고 위 규정에 따르게 되었다.

Ⅱ. 대주주[1]의 변경승인

금융투자업자의 건전성을 유지하기 위하여 대주주[2]의 자격을 제한하고 있다. 금융투자업자가 인가를 받으려는 경우나 금융투자업자가 다른 회사와 합병·분할하거나 분할합병을 하는 경우에 대주주는 충분한 출자능력, 건전한 재무상태 및 사회적 신용을 갖추어야 한다.

대주주의 변경과 관련하여 투자자문업자 및 투자일임업자를 제외한 금융투자업자가 발행한 주식을 취득하여 대주주가 되고자 하는 자는 건전한 경영을 위하여 대통령령으로 정하는 요건을 갖추어 미리 금융위원회의 승인을 받아야 한다(지배 31조 1항).

1) 대주주란 「금융회사의 지배구조에 관한 법률」 제2조 제6호에 따른 주주를 말한다. 이 경우 금융회사는 법인으로 본다(자금 9조 1항).

2) 최대주주의 특수관계인인 주주를 포함하며, 최대주주인 법인의 최대주주(최대주주인 법인을 사실상 지배하는 자가 그 법인의 최대주주와 명백히 다른 경우에는 그 사실상 지배하는 자를 포함한다), 최대주주인 법인의 대표자를 포함한다.

금융위원회는 승인을 받지 아니하고 취득 등을 한 주식과 취득 등을 한 후 승인을 신청하지 아니한 주식에 대하여 6개월 이내의 기간을 정하여 처분을 명할 수 있다(지배 31조 3항). 승인을 받지 아니하거나 승인을 신청하지 아니한 자는 승인 없이 취득하거나 취득 후 승인을 신청하지 아니한 주식에 대하여 의결권을 행사할 수 없다(지배 31조 4항).

이에 반하여 투자자문업자 및 투자일임업자는 대주주가 변경된 경우에 이를 2주 이내에 금융위원회에 보고하면 된다. 이 경우 투자자문업 또는 투자일임업과 투자매매업, 투자중개업, 집합투자업, 신탁업의 어느 하나에 해당하는 금융투자업을 함께 영위하는 자로서 금융위원회의 승인을 받은 때에는 보고를 한 것으로 본다(지배 31조 5항).

Ⅲ. 최대주주의 자격 심사

금융위원회는 금융회사의 최대주주 중 최다출자자 1인(적격성 심사대상)에 대하여 대통령령으로 정하는 기간마다 변경승인요건 중 「독점규제 및 공정거래에 관한 법률」, 「조세범 처벌법」 및 금융과 관련하여 대통령령으로 정하는 법령을 위반하지 아니하는 등 적격성 유지요건에 부합하는지 여부를 심사하여야 한다(지배 32조 1항).

금융위원회는 심사 결과 적격성 심사대상이 다음의 경우로서 법령 위반 정도를 감안할 때 건전한 금융질서와 금융회사의 건전성이 유지되기 어렵다고 인정되는 경우 5년 이내의 기간으로서 대통령령으로 정하는 기간 내에 해당 적격성 심사대상이 보유한 금융회사의 의결권 있는 발행주식(최다출자자 1인이 법인인 경우 그 법인이 보유한 해당 금융회사의 의결권 있는 발행주식을 말한다) 총수의 100분의 10 이상에 대하여는 의결권을 행사할 수 없도록 명할 수 있다(지배 32조 5항). ① 제 1 항에 규정된 법령의 위반으로 금고 1년 이상의 실형을 선고받고 그 형이 확정된 경우 ② 그밖에 건전한 금융질서 유지를 위하여 대통령령으로 정하는 경우

Ⅳ. 임원의 자격

금융투자업자의 임원의 자격에 관한 구 자본시장법 제24조는 삭제되었지만 임원에 대하여 금융사지배구조법 제 5 조가 적용되므로 그 규제가 그대로 적용된다.

이에 따를 때 미성년자·피성년후견인 또는 피한정후견인 등에 해당하는 사람

은 금융회사의 임원이 되지 못한다(지배 5조 1항).

V. 사외이사의 선임 및 이사회의 구성

1. 의 의

금융투자업자는 사외이사를 3인 이상 두어야 하며, 사외이사는 이사 총수의 2분의 1 이상이 되도록 하여야 한다(지배 12조 1항, 2항).

2. 사외이사의 자격요건

다음의 어느 하나에 해당하는 사람은 금융투자업자의 사외이사가 될 수 없다. 다만, 사외이사가 됨으로써 최대주주의 특수관계인에 해당하게 되는 사람은 사외이사가 될 수 있다(지배 6조 1항).

① 최대주주 및 그의 특수관계인(최대주주 및 그의 특수관계인이 법인인 경우에는 그 임직원을 말한다)

② 주요주주 및 그의 배우자와 직계존속·비속(주요주주가 법인인 경우에는 그 임직원을 말한다)

③ 해당 금융회사 또는 그 계열회사(독점규제 및 공정거래에 관한 법률 제2조 제3호에 따른 계열회사를 말한다)의 상근 임직원 또는 비상임이사이거나 최근 3년 이내에 상근 임직원 또는 비상임이사이었던 사람

④ 해당 금융회사 임원의 배우자 및 직계존속·비속

⑤ 해당 금융회사 임직원이 비상임이사로 있는 회사의 상근 임직원

⑥ 해당 금융회사와 대통령령으로 정하는 중요한 거래관계가 있거나 사업상 경쟁관계 또는 협력관계에 있는 법인의 상근 임직원이거나 최근 2년 이내에 상근 임직원이었던 사람

⑦ 해당 금융회사에서 6년 이상 사외이사로 재직하였거나 해당 금융회사 또는 그 계열회사에서 사외이사로 재직한 기간을 합산하여 9년 이상인 사람

⑧ 그밖에 금융회사의 사외이사로서 직무를 충실하게 이행하기 곤란하거나 그 금융회사의 경영에 영향을 미칠 수 있는 사람으로서 대통령령으로 정하는 사람

3. 이사회내 위원회

(1) 의 의

금융투자업자는 이사회내 위원회로서 ① 임원후보추천위원회 ② 감사위원회 ③ 위험관리위원회 ④ 보수위원회를 설치하여야 한다(지배 16조 1항).

다만 대통령령[1]으로 정하는 금융투자업자를 제외하고, 금융투자업자의 정관에서 정하는 바에 따라 감사위원회가 보수에 관한 사항을 심의·의결하는 경우에는 보수위원회를 설치하지 아니할 수 있다(지배 16조 2항). 위원회 위원의 과반수는 사외이사로 구성하며(지배 16조 3항), 위원회의 대표는 사외이사로 한다(지배 16조 4항).

(2) 감사위원회

감사위원회는 3명 이상의 이사로 구성하며, 사외이사가 감사위원의 3분의 2 이상이어야 한다. 이 경우 감사위원회 위원(감사위원) 중 1명 이상은 대통령령으로 정하는 회계 또는 재무 전문가이어야 한다(지배 19조 1항). 감사위원 후보도 임원후보추천위원회에서 추천하며, 이 경우 위원 총수의 3분의 2 이상의 찬성으로 의결한다(지배 19조 4항).

금융회사는 감사위원이 되는 사외이사 1명 이상에 대해서는 다른 이사와 분리하여 선임하여야 한다(지배 19조 5항). 감사위원을 선임하거나 해임하는 권한은 주주총회에 있다. 이 경우 감사위원이 되는 이사의 선임에 관하여는 상법상 감사 선임시 의결권 행사제한에 관한 규정[2]을 준용한다(지배 19조 6항).

최대주주, 최대주주의 특수관계인, 그 밖에 대통령령으로 정하는 자가 소유하는 금융회사의 의결권 있는 주식의 합계가 그 금융회사의 의결권 없는 주식을 제외한 발행주식 총수의 100분의 3을 초과하는 경우 그 주주는 100분의 3을 초과하는 주식에 관하여 감사위원이 되는 이사를 선임하거나 해임할 때에는 의결권을 행사하지 못한다. 다만, 금융투자업자는 정관으로 100분의 3보다 낮은 비율을 정할 수 있다(지배 19조 7항).[3]

상근감사에 관한 규정도 두어 자산규모 등을 고려하여 대통령령으로 정하는 금융투자업자[4]는 회사에 상근하면서 감사업무를 수행하는 감사(상근감사)를 1명 이

---

1) 최근 사업연도 말 현재 자산총액이 5조원 이상인 금융회사를 말한다(지배시 14조).
2) "의결권없는 주식을 제외한 발행주식의 총수의 100분의 3을 초과하는 수의 주식을 가진 주주는 그 초과하는 주식에 관하여 감사의 선임에 있어서는 의결권을 행사하지 못한다"(상 409조 2항).
3) 상법상은 사내이사인 감사위원선임에 대해서만 최대주주의 지분을 합산하여 제한한다.
4) 구자본시장법 시행령에 따르면 자산총액이 1천억원 미만인 금융투자업자 등의 경우에는 상근감

상 두어야 한다.[1] 다만, 이 법에 따른 감사위원회를 설치한 경우(감사위원회 설치 의무가 없는 금융회사가 이 조의 요건을 갖춘 감사위원회를 설치한 경우를 포함한다)에는 상근감사를 둘 수 없다(지배 19조 8항).

Ⅵ. 내부통제기준 및 준법감시인

1. 내부통제시스템의 구축

내부통제시스템(Internal Control System)이란 금융투자업자에 대해서 상시적으로 이해상충이 발생할 가능성을 정확히 파악하고 이를 평가하며, 내부통제기준이 정하는 바에 따라 이를 적절히 관리하도록 하는 시스템이라고 할 수 있다.

금융투자업자는 내부통제기준을 정하고 내부통제기준의 준수 여부를 점검할 준법감시인을 의무적으로 두어야 한다.

2. 내부통제기준의 설정

금융투자업자는 법령을 준수하고, 경영을 건전하게 하며, 주주 및 이해관계자 등을 보호하기 위하여 그 금융투자업자의 임·직원이 직무를 수행함에 있어서 준수하여야 할 적절한 기준 및 절차, 즉 내부통제기준을 정하여야 한다(지배 24조 1항).

3. 준법감시인

금융투자업자는 내부통제기준의 준수 여부를 점검하고 내부통제기준을 위반하는 경우 이를 조사하는 등 내부통제 관련 업무를 총괄하는 준법감시인을 1인 이상 두어야 한다(지배 25조 1항). 준법감시인은 필요하다고 판단하는 경우 조사결과를 감사위원회 또는 감사에게 보고할 수 있다.

준법감시인의 임기는 2년 이상으로 한다(지배 25조 4항).

준법감시인은 선량한 관리자의 주의로 그 직무를 수행하여야 하며, 자산 운용에 관한 업무 등을 수행하는 직무를 담당하여서는 아니 된다(지배 29조).

사를 두지 않아도 되었다(구 자금시 30조).

1) 금융투자업자의 경우에는 의무적으로 감사위원회를 두도록 하는 규정은(지배 16조) 자산규모 2조원 이하의 회사에는 적용되지 않는다.

Ⅶ. 위험관리기준 및 위험관리책임자

금융투자업자는 자산의 운용이나 업무의 수행, 그 밖의 각종 거래에서 발생하는 위험을 제때에 인식·평가·감시·통제하는 등 위험관리를 위한 기준 및 절차, 즉 위험관리기준을 마련하여야 한다(지배 27조 1항). 또한 금융투자업자(자산규모 및 영위하는 업무 등을 고려하여 대통령령으로 정하는 투자자문업자 및 투자일임업자는 제외한다)는 자산의 운용이나 업무의 수행, 그 밖의 각종 거래에서 발생하는 위험을 점검하고 관리하는 위험관리책임자를 1명 이상 두어야 한다(지배 28조 1항).

위험관리책임자의 임면, 임기 등에 관하여는 준법감시인에 관한 규정을 준용한다(지배 28조 2항).

Ⅷ. 파생상품업무책임자

일정한 금융투자업자[1]는 상근 임원으로서 파생상품업무책임자를 1인 이상 두어야 하며, 파생상품업무책임자를 지정·변경한 때에는 그 사실을 금융위원회에 통보하여야 한다(자금 28조의 2 1항).

Ⅸ. 소수주주권

1. 의 의

금융투자업자에 있어서 소수주주권은 상법상의 일반회사나 주권상장법인에 비하여 대폭 강화되어 있다. 이는 공공성을 가진 금융투자업자에 대한 경영의 투명성을 높이려는 취지가 반영된 것이다.

2. 소수주주권의 내용

첫째, 6개월 전부터 계속하여 금융투자업자의 의결권 있는 발행주식총수의 1만분의 10 이상에 해당하는 주식을 소유한 자는 주주제안권을 행사할 수 있다(지배

---

1) 파생상품업무책임자를 두어야 하는 금융투자업자는 다음에 해당하는 자를 말한다(자금시 32조의 2 1항).
  1. 장내파생상품에 대한 투자매매업 또는 투자중개업을 경영하는 자로서 최근 사업연도말일을 기준으로 자산총액이 1천억원 이상인 자
  2. 장외파생상품에 대한 투자매매업 또는 투자중개업을 경영하는 자

33조 1항).

둘째, 6개월 전부터 계속하여 금융투자업자의 발행주식총수의 1만분의 150(최근 사업년도말 현재 자본금이 1천억원 이상인 금융투자업자의 경우에는 100만분의 75) 이상에 해당하는 주식을 소유한 자는 임시주주총회소집청구권 및 검사인 선임청구권을 행사할 수 있다. 이 경우 임시주주총회소집청구권을 행사할 때에는 의결권 있는 주식을 기준으로 한다(지배 33조 2항).

셋째, 6개월 전부터 계속하여 금융투자업자의 발행주식총수의 10만분의 250(최근 사업년도말 현재 자본금이 1천억원 이상인 금융투자업자의 경우에는 100만분의 125) 이상에 해당하는 주식을 소유한 자는 법원에 대하여 이사 및 청산인에 대한 해임청구권을 행사할 수 있다(지배 33조 3항).

넷째, 6개월 전부터 계속하여 금융투자업자의 발행주식총수의 100만분의 250(최근 사업년도말 현재 자본금이 1천억원 이상인 금융투자업자의 경우에는 100만분의 125) 이상에 해당하는 주식을 소유한 자는 이사의 위법행위유지청구권을 행사할 수 있다(지배 33조 4항).

다섯째, 6개월 전부터 계속하여 금융투자업자의 발행주식총수의 10만분의 1 이상에 해당하는 주식을 소유한 자는 대표소송 제기권을 행사할 수 있다. 대표소송을 제기하여 승소한 경우에는 금융투자업자에게 소송비용, 그밖에 소송으로 인한 모든 비용의 지급을 청구할 수 있다(지배 33조 5항).

여섯째, 6개월 전부터 계속하여 금융투자업자의 발행주식총수의 10만분의 50(최근 사업년도말 현재 자본금이 1천억원 이상인 금융투자업자의 경우에는 10만분의 25) 이상에 해당하는 주식을 소유한 자는 회계장부열람권을 행사할 수 있다(지배 33조 6항).

제 3 장 건전성 규제

제 1 절 재무건전성

Ⅰ. 재무건전성 유지의무

자본시장법에서는 금융투자업자에 대한 건전성 규제를 강화하고 있다. 재무건전성 유지는 금융투자업자가 파산하는 경우에 투자자 및 이해관계자의 손실을 최소화하기 위해서 적정 수준의 자산을 회사가 보유하도록 하는 것을 목적으로 한다. 자본시장법에서는 재무건전성 규제와 관련하여 영업용순자본제도를 도입하여 이에 대한 유지의무를 부과하고 있다.

이러한 재무건전성에 대한 규제는 금융투자업자의 파산이나 유동성 위기에 의해 발생할 수 있는 위험이 고객에게 전가될 수 있는 금융투자업에 대해서만 적용되고, 그렇지 않은 경우에는 적용되지 않는다.

시행령에 따를 때 ① 투자자문업 ② 투자일임업 ③ 투자자문업 및 투자일임업 어느 하나에 해당하는 금융투자업만을 경영하는 금융투자업자는 영업용순자본 유지의무를 부담하지 않는다(자금시 34조 1항). 이들 금융투자업자의 경우 고객의 자산을 수탁하지 않기에 유동성의 위험이 투자자에게 전가되지 않으므로 적용제외를 인정하는 것이다.

겸영금융투자업자도 제외되는데, 겸영금융투자업자는 각 겸영금융투자업자를 규율하는 법령에 따라 건전성 규제가 이루어지므로 이 조항의 적용대상에서 제외된다(자금 30조 1항).[1)]

---

1) 겸영금융투자업자는 「은행법」의 적용을 받는 은행(농협협동조합중앙회, 수산업협동조합중앙회의

Ⅱ. 재무건전성 기준

1. 영업용순자본

금융투자업자는 영업용순자본 유지의무가 부과되어 영업용순자본이 총위험액 이상으로 유지되어야 한다. 영업용순자본은 자본금·준비금, 그밖에 총리령으로 정하는 금액[1]에서 고정자산, 그밖에 단기간 내에 유동화가 어려운 자산으로서 총리령으로 정하는 자산[2]을 뺀 금액으로 한다(자금 30조 1항).

금융투자업규정에 따르면 영업용순자본은 다음 산식에 따라 산정한 금액으로 한다(금융투자업규정 3－11조 1항). 여기서 차감항목은 고정자산 등 현금화가 어려운 자산들이고, 가산항목은 주로 후순위차입금 등 상환의무가 없는 부채이다.

영업용순자본 = 기준일 현재 재무상태표의 자산총액에서 부채총액을 차감한 잔액(순재산액) － 차감항목의 합계금액 ＋ 가산항목의 합계금액[3]

신용사업부문 포함)(자금 22조 1항), 「보험법」의 적용을 받는 보험회사(자금 22조 2항), 그 외 시행령에서 규정하는 한국산업은행, 중소기업은행, 한국수출입은행과 같은 특수은행, 증권금융회사, 종합금융회사, 자금중개회사, 외국환중개회사, 한국주택금융공사, 금융위원회가 고시한 금융기관이 포함되고(자금시 24조), 금융위원회가 고시한 금융기관으로는 상호저축은행, 여신전문금융회사, 신용협동조합 신용 신을 영위하는 지역농업협동조합, 품목별협동조합, 업종별협동조합, 신용 신을 영위하는 지구별수산업협동조합, 업종별수산업협동조합, 수산물가공수산업협동조합, 새마을금고, 체신관서 등이 있다(금융투자업규정 제－17조).

1) 다음 각 호의 사항에 해당하는 금액을 말한다(자금시칙 5조 1항).
   1. 유동자산에 설정한 대손충당금 2. 후순위 차입금 3. 금융리스 부채 4. 자산평가이익 5. 제 1 호부터 제 4 호까지에서 규정한 사항 외에 자본적 성격을 가지는 부채 등 법 제30조 제 1 항에 따른 영업용순자본에 포함시킬 필요가 있다고 금융위원회가 정하여 고시하는 사항

2) 다음 각 호의 사항에 해당하는 금액을 말한다(자금시칙 5조 2항).
   1. 선급금 2. 선급비용 3. 선급법인세 4. 자산평가손실 5. 제 1 호부터 제 4 호까지에서 규정한 사항 외에 단기간 내에 유동화가 곤란한 자산 등 영업용순자본에서 제외할 필요가 있다고 금융위원회가 정하여 고시하는 사항

3) 금융투자업규정 제3－12조(가산항목) ① 대손충당금 등 ② 후순위 차입금 ③ 금융리스부채 ④ 자산평가이익 ⑤ 부채로 분류되는 상환우선주 발행잔액이다.
   제3－14조(차감항목) ① 유형자산 ② 선급금, 선급법인세, 이연법인세자산 및 선급비용 ③ 잔존만기가 1년을 초과하는 예금 및 예치금 ④ 만기 자동연장조건 또는 만기시 재취득조건 등의 특약이 있거나 잔존만기가 3개월을 초과하는 대출채권 ⑤ 특수관계인 채권 등 ⑥ 자회사의 결손액 ⑦ 지급의무가 발생하였으나 아직 대지급이 일어나지 아니한 채무보증금액 ⑧ 기관전용 사모집합투자기구의 무한책임사원인 경우 동회사의 결손액 ⑨ 신탁계정대여금 금액의 100분의 16 ⑩ 상환우선주 자본금 및 자본잉여금 ⑪ 임차보증금 및 전세권 금액 ⑫ 제3－8조에 따라 적립한 대손준비금 잔액 ⑬ 신용위험 변동으로 인한 금융부채의 누적 미실현평가손익 ⑭ 이익잉여금 중 한국채택국제회계기준 전환일에 발생한 유형자산 재평가이익 ⑮ 무형자산 ⑯ 지급예정 현금배당액 ⑰ 금융투자협회 가입비

2. 총위험액

금융투자업자의 총위험액은 ① 시장위험액 ② 신용위험액 ③ 운영위험액을 합산한 금액으로 한다(금융투자업규정 3－11조 2항).

제 2 절 경영건전성

Ⅰ. 서 설

금융투자업은 거래당사자가 다수로서 공공성을 가지므로 금융투자업자가 부실화될 경우에 그로 인하여 많은 투자자가 손해를 입게 되며, 이로 인해서 국민경제에도 부정적 영향을 미치게 된다. 그런데 금융투자업의 국제화가 진행되고 금융투자업자간 경쟁이 심화됨에 따라 금융투자업자가 과도한 위험을 감수하면서 경영을 수행할 우려가 있게 되고, 이로 인한 경영의 부실화가 초래될 가능성이 커지게 되었다. 따라서 이에 대한 규제도 그만큼 필요하게 되었다.

자본시장법에서는 이를 방지하기 위하여 금융투자업자의 경영건전성을 위한 규제로서 경영건전성 기준을 제시하여 금융투자업자가 이를 따르도록 하였고, 또한 이를 위한 적절한 경영시스템을 구축하도록 하였으며, 이를 충족하지 못하는 경우에 일정한 제재를 가할 수 있도록 하였다.

Ⅱ. 경영건전성 기준

1. 자본의 적정성

금융투자업자는 자기자본비율 등 자본의 적정성을 유지하여야 한다. 회사의 자본은 대외적 신용의 기초가 되며 회사채권자에 대한 최소한도의 담보액으로서의 중요한 의미를 가지므로 이를 적정하게 유지하도록 하였다.

자본의 적정성과 관련하여 영업용순자본비율을 일정수준이상으로 유지하도록 하였다. 영업용순자본비율이란 총위험액에 대한 영업용순자본의 비율을 백분율(%)로 표시한 수치로서 「금융산업의 구조개선에 관한 법률」 제10조 1항에 따른 자기자본비율을 말한다(금융투자업규정 3－6조 1호). 그 비율이 일정수준 이하가 될 때는 금융위원회에 의한 경영규제의 대상이 된다.

2. 자산건전성

금융투자업자는 매분기마다 일정한 자산 및 부채[1]에 대한 건전성을 평가하여 이를 정상, 요주의, 고정, 회수의문, 추정손실의 5단계로 분류하여야 한다(금융투자업규정 3－7조). 자산건전성 평가의 대상이 되는 자산 및 부채는 주로 시장성이 없는 것을 중심으로 하는데, 이는 시장가격이 형성되지 않아서 그만큼 부당하게 계상될 가능성이 크기 때문이다.

그리고 금융투자업자는 대손충당금(채무보증충당금을 포함한다)을 적립하고, 동 대손충당금 적립액이 일정기준[2]에 미달하는 경우 그 미달 금액을 매 결산 시마다 대손준비금으로 적립하여야 한다(금융투자업규정 3－8조).

3. 유 동 성

자산이 충분하여도 유동성이 확보되지 않으면 유동성경색으로 인하여 금융투자업자가 위기에 처할 수 있다. 따라서 금융투자업자는 자신의 부채규모를 고려하여 적정한 유동성을 확보하여야 한다. 여기서 유동성의 확보 기준은 자본시장법 제30조(재무건전성 유지)에서 제시한 금액을 기준으로 그 이상 확보가 되어야 한다. 이에 따르면 영업용순자본 유지의무가 부과되는데, 영업용순자본이란 자본금 등에서 고정자산이나 유동화가 어려운 자산 등을 뺀 것을 의미하는 것으로서 영업용순자본을 유지하기 위해서는 유동자산의 확보가 요구된다.

4. 위험관리

금융투자업자는 각종 거래에서 발생하는 제반 위험을 적시에 인식·평가·감시·

---

1) 건전성 평가의 대상이 되는 것은 다음과 같다(금융투자업규정 3－7조 1항). ① 대출채권 ② 가지급금과 미수금 ③ 미수수익 ④ 대여금 ⑤ 대지급금 ⑥ 부도어음 ⑦ 부도채권 ⑧ 채무보증(사모투자전문회사의 무한책임사원인 경우 당해 투자전문회사의 차입 또는 채무보증을 포함한다) ⑨ 그 밖에 금융투자업자가 건전성 분류가 필요하다고 인정하는 자산

2) 대손충당금의 적립기준은 다음과 같다(금융투자업규정 3－8조 1항).
1. "정상"분류 자산의 100분의 0.5
2. "요주의"분류 자산의 100분의 2
3. "고정"분류 자산의 100분의 20
4. "회수의문"분류 자산의 100분의 75(부동산신탁업자의 경우 100분의 50)
5. "추정손실"분류 자산의 100분의 100

통제하는 등 위험관리를 위한 체제를 갖추어야 하며, 각종 거래에서 발생할 수 있는 시장위험, 운영위험, 신용위험 및 유동성위험 등 각종 위험을 종류별로 평가하고 관리하여야 한다(금융투자업규정 3-42조).

금융투자업자의 이사회는 위험관리에 관한 사항을 심의·의결한다(금융투자업규정 3-43조 1항). 다만 효율적인 위험관리를 위하여 필요하다고 인정되는 경우 이사회 내에 위험관리를 위한 위원회(위험관리위원회)를 두고 그 업무를 담당하게 할 수 있다(금융투자업규정 3-43조 1항). 장외파생상품에 대한 투자매매업의 인가를 받은 금융투자업자 또는 인수업을 포함한 투자매매업의 인가를 받은 금융투자업자는 경영상 발생할 수 있는 위험을 실무적으로 종합관리하고 이사회(위험관리위원회 포함)와 경영진을 보조할 수 있는 전담조직을 두어야 한다(금융투자업규정 3-43조 2항).

외국환업무취급 금융투자업자의 위험관리는 보다 엄격히 요구되어, 외국환업무취급 금융투자업자(외국환거래법 제 8 조 제 1 항에 따라 외국환업무의 등록을 한 금융투자업자를 말한다)는 「외국환거래법」 시행령 제21조 제 7 호에 따라 국가별위험, 거액신용위험, 시장위험 등 외국환거래에 따르는 위험의 종류별로 관리기준을 자체적으로 설정·운용하여야 하며(금융투자업규정 3-45조 1항), 외환파생상품 거래에 따르는 위험을 관리하기 위한 기준(외환파생상품거래위험관리기준)을 자체적으로 설정·운영하여야 한다(금융투자업규정 3-45조의 2 1항).

5. 외환건전성

외환건전성에 대한 규제란 외국환업무취급 금융투자업자가 영업을 함에 있어서 발생할 수 있는 외화유동성문제 등을 미연에 방지하기 위해서 외화자산 및 외화부채를 적절하게 운영하도록 규제하는 것이다.

이는 외화유동성 비율에 대한 규제와 외국환포지션규제로 나누어진다.

(1) 외화유동성비율

외국환업무취급 금융투자업자는 외화유동성비율을 일정 수준이상으로 유지하여야 한다. 외화유동성비율이란 금융투자업자가 보유하는 외화자산과 외화부채의 비율을 의미하는 것으로, 만기가 도래하는 외화부채를 상환할 충분한 외화자산을 보유하고 있는가를 평가하는 지표가 된다.

구체적으로 볼 때, 외국환업무취급 금융투자업자는 외화자산 및 외화부채를 각각 잔존만기별로 구분하여 관리하고 ① 잔존만기 3개월 이내 부채에 대한 잔존만기 3개월 이내 자산의 비율 100분의 80 이상 ② 외화자산 및 외화부채의 만기 불일치비율 ⓐ 잔존만기 7일 이내의 경우에는 자산이 부채를 초과하는 비율 100분의 0 이상 ⓑ 잔존만기 1개월 이내의 경우에는 부채가 자산을 초과하는 비율 100분의 10 이내의 비율을 유지하여야 한다(금융투자업규정 3-46조).

(2) 외국환포지션

외국환업무취급 금융투자업자는 외국환포지션을 일정한도 이내로 유지하여야 한다. 외국환포지션은 금융투자업자가 현물 또는 선물거래를 통하여 보유하게 되는 외국통화의 금액 현황을 의미하는 것으로서, 이를 다음과 같이 분류할 수 있다(금융투자업규정 3-47조).

① 종합매입초과포지션: 해당 외국통화의 현물자산잔액 및 선물자산잔액의 합계액이 현물부채잔액 및 선물부채잔액의 합계액을 초과하는 경우 동 차액

② 종합매각초과포지션: 해당 외국통화의 현물부채잔액 및 선물부채잔액의 합계액이 현물자산잔액 및 선물자산잔액의 합계액을 초과하는 경우 동 차액

③ 선물환매입초과포지션: 해당 외국통화의 선물자산잔액이 선물부채잔액을 초과하는 경우 동 차액

④ 선물환매각초과포지션: 해당 외국통화의 선물부채잔액이 선물자산잔액을 초과하는 경우 동 차액

외국환업무취급 금융투자업자의 종합포지션 한도는 자기자본의 100분의 50에 상당하는 금액이다(금융투자업규정 3-48조 1항).

Ⅲ. 경영건전성 확보를 위한 조치

1. 의 의

경영건전성 확보를 위해서 적기시정조치제도가 도입되었는데, 이는 금융투자업자의 부실화를 방지하고 경영의 정상화를 도모하기 위한 감독수단이라고 할 수 있다. 적기시정조치와 관련하여 금융투자업자의 부실화의 정도에 따라 금융감독당국의 조치가 구분되는데, 이에는 경영개선권고, 경영개선요구, 경영개선명령이 있다.

2. 경영개선권고

경영개선권고는 금융투자업자의 경영상태가 일정한 경영건전성 기준이하인 경우에 행해지는 가장 완화된 형태의 적기시정조치제도이다. 경영개선권고는 ① 영업

용순자본비율이 150% 미만인 경우 ② 경영실태평가 결과 종합평가등급이 3등급(보통)이상으로서 자본적정성 부문의 평가등급을 4등급(취약)이하로 판정받은 경우 ③ 거액의 금융사고 또는 부실채권의 발생으로 ① 또는 ②의 기준에 해당될 것이 명백하다고 판단되는 경우에 내려지게 된다(금융투자업규정 3-26조 1항). 위 경우에 금융위원회는 당해 금융투자업자에 대하여 ① 인력 및 조직운용의 개선 ② 경비절감 ③ 점포관리의 효율화 ④ 부실자산의 처분 ⑤ 영업용순자본감소행위의 제한 ⑥ 신규업무 진출의 제한 ⑦ 자본금의 증액 또는 감액 ⑧ 대손충당금 등의 설정의 조치를 이행하도록 권고를 하여야 한다(금융투자업규정 3-26조 2항).

3. 경영개선요구

경영개선요구는 경영개선권고 다음의 단계로 그 요건이 좀 더 엄격하게 규정되어 있다. 경영개선요구는 ① 영업용순자본비율이 120% 미만인 경우 ② 경영실태평가 결과 종합평가등급을 4등급(취약) 이하로 판정받은 경우 ③ 거액의 금융사고 또는 부실채권의 발생으로 ① 또는 ②의 기준에 해당될 것이 명백하다고 판단되는 경우에 내려지게 된다(금융투자업규정 3-27조 1항). 위 경우에 금융위원회는 당해 금융투자업자에 대해서 앞의 경영개선권고시의 조치 외에도 ① 고위험자산보유제한 및 자산처분 ② 점포의 폐쇄, 통합 또는 신설제한 ③ 조직의 축소 ④ 자회사의 정리 ⑤ 임원진 교체 요구 ⑥ 영업의 일부정지 ⑦ 합병·제 3 자 인수·영업의 전부 또는 일부의 양도·「금융지주회사법」에 따른 금융지주회사의 자회사로의 편입(단독 또는 다른 금융기관과 공동으로 금융지주회사를 설립하여 그 금융지주회사의 자회사로 편입하는 경우를 포함한다)에 관한 계획수립을 요구하여야 한다(금융투자업규정 3-27조 2항).

4. 경영개선명령

경영개선명령은 경영의 상태가 가장 부실한 경우에 내려지는 조치로서, 경영개선명령은 ① 영업용순자본비율이 100% 미만인 경우 ② 「금융산업의 구조개선에 관한 법률」 제 2 조 제 2 호에서 정하는 부실금융기관에 해당하는 경우에 내려지게 된다(금융투자업규정 3-28조 1항).

위 경우에 금융위원회는 앞의 경영개선요구시의 조치 외에도 ① 주식의 일부 또는 전부소각 ② 임원의 직무집행 정지 및 관리인 선임 ③ 합병, 금융지주회사의 자회사로의 편입 ④ 영업의 전부 또는 일부의 양도 ⑤ 제 3 자의 당해 금융투자업 인수 ⑥ 6개월 이내의 영업정지 ⑦ 계약의 전부 또는 일부의 이전의 조치를 취하게 된다(금융투자업규정 3－28조 2항).

제 3 절 회계처리

Ⅰ. 서 설

근래 기업회계기준은 국제적인 회계규범의 변화에 맞추어 꾸준히 변모하고 있다.[1] 회계처리의 진실·적정·명료한 운영은 투자자 및 채권자를 보호하며, 국민경제의 건전한 발전에도 도움을 준다. 이처럼 회계처리의 적정한 운영은 이해관계인의 보호뿐만 아니라 건전하고 투명한 경영을 위하여도 요구되는데, 특히 금융투자업자는 공공성을 가져 회계처리의 적정성이 더욱 강조된다.

자본시장법에서는 적정한 회계처리를 위하여 회계연도를 비롯한 회계처리에 있어서 요구되는 일정한 기준을 제시하고 있다.

Ⅱ. 회계기간

회계기간은 금융투자업별로 총리령으로 정하는 기간으로 하게 되는데(자금 32조 1항 1호), 자본시장법 시행규칙에 따르면 위 기간은 투자매매업, 투자중개업, 집합투자업, 투자자문업 및 투자일임업의 경우 매년 4월 1일부터 다음 해 3월 31일까지의 기간, 신탁업, 종합금융회사 및 자금중개회사의 경우 정관에서 정하는 기간이 된다(자금시칙 6조 1항).

Ⅲ. 구분계리

금융투자업자는 고유재산과 신탁재산, 그밖에 총리령으로 정하는 투자자재산

---

1) 자본시장법에 따른 투자매매업자, 투자중개업자, 집합투자업자, 신탁업자 및 종합금융회사도 한국채택국제회계기준을 적용하여 재무제표 및 연결재무제표를 작성하여야 한다(외감시 7조의 2 1항 5호). 한국채택국제회계기준이란 한국회계기준원이 제정한 회계처리기준으로서 국제회계기준위원회의 국제회계기준에 따라 채택한 기준을 말한다. 상법에서도 회계규정을 개정하여 대통령령으로 정하는 회사의 이사는 연결재무제표를 작성하여 이사회의 승인을 받도록 하였다(상 447조 2항).

을 명확히 구분하여 회계처리 하여야 하는데(자금 32조 1항 2호), 여기서 총리령으로 정하는 투자자재산이란 ① 투자자가 예탁한 재산 ② 집합투자재산 ③ ① 및 ②에서 규정한 사항 외에 고유재산, 신탁재산 및 ①·②의 재산과 명확히 구분하여 회계처리 할 필요가 있는 것으로서 금융위원회가 정하여 고시하는 투자자재산을 말한다(자금시칙 6조 2항).

Ⅳ. 회계처리기준

회계처리는 증권선물위원회의 심의를 거쳐 금융위원회가 정하여 고시하는 금융투자업자 회계처리준칙 및 「주식회사의 외부감사에 관한 법률」 제13조에 따른 회계처리기준에 따른다(자금 32조 1항 3호). 이에 따른 금융투자업규정 상 적용기준은 다음과 같다(금융투자업규정 3-5조). ① 별도의 규정이 있는 것을 제외하고는 종속회사와 연결되지 아니한 금융투자업자의 개별재무제표를 대상으로 한다. ② 기준이 되는 계정과목별 금액은 금융투자업자가 작성한 재무제표가 외부감사인이 수정한 재무제표와 일치하지 아니하는 경우에는 외부감사인의 수정 후 재무제표를 기준으로 산정한다. ③ 금융투자업자가 실질적으로 자신의 계산과 판단으로 운용하는 금전, 그 밖의 재산을 제 3 자의 명의로 신탁한 경우에는 그 금전, 그 밖의 재산을 당해 금융투자업자가 소유하고 있는 것으로 본다.

제 4 절 업무보고서 및 공시

Ⅰ. 서 설

업무보고서의 작성 및 공시의무란 상장법인의 기업공시제도에 대비되는 것으로, 금융투자업자에 대한 경영감독을 수행하고, 일정사항의 공시를 통해 투자자를 보호하는 것에 그 목적이 있다. 업무보고서란 금융투자업자가 금융위원회가 정한 사항에 관하여 일정한 서식에 따라 작성하여 금융위원회에 제출하는 보고서로서 이를 통하여 금융위원회는 금융투자업자의 경영상황 및 법규준수여부 등을 파악할 수 있으며, 금융투자업자에 대한 효율적인 감독업무를 수행할 수 있다.

그러나 업무보고서는 일정한 기간별로 제출의무가 부과되어 있어서 이것만으로 금융투자업자에 대한 경영감독을 충분히 수행할 수 없다. 따라서 금융투자업자에 대해서 경영상 변화가 발생할 때마다 금융위원회에 보고하도록 하였는데 이것이 경영상황보고의무이다.

이 외에도 금융투자업자는 경영상의 변화가 발생한 경우에는 투자자 보호를 위해서 공시해야 할 의무, 즉 경영공시의무를 부담한다.

Ⅱ. 업무보고서의 제출의무

금융투자업자는 월별 업무보고서 및 분기별 업무보고서를 작성하여 금융위원회에 제출하여야 한다(자금 33조 1항).

월별 업무보고서는 다음달 말일까지 제출해야 하며, 분기별 업무보고서의 제출기한은 분기 경과 후 45일이다(자금시 36조 1항). 금융투자업자는 분기별 업무보고서와 월별 업무보고서를 금융감독원장이 정하는 바에 따라 서면이나 전자문서의 방법으로 제출할 수 있다(금융투자업규정 3-66조 2항).

Ⅲ. 경영상황보고의무

금융투자업자는 거액의 금융사고 또는 부실채권의 발생 등 금융투자업자의 경영상황에 중대한 영향을 미칠 사항으로서 금융투자업의 종류별로 대통령령으로 정하는 사항(자금시 36조 2항)이 발생한 경우에는 금융위원회에 보고하여야 한다(자금 33조 3항). 위 보고 및 공시기한은 그 사실이 발생한 날의 다음날까지이다(자금시 36조 5항).

Ⅳ. 경영공시

1. 의 의

앞에서 본 금융위원회에 대한 업무보고서의 제출이나 경영상황보고의무는 금융투자업자에 대한 금융위원회의 경영감독을 효율적으로 수행하기 위한 수단으로서의 성격이 강하다. 자본시장법은 여기서 그치지 않고 위 사항을 일반에 공시하도록 하여 일반투자자가 금융투자업자에 대한 올바른 판단을 할 수 있도록 하고, 금융투자업자의 입장에서도 경영의 투명성을 제고하여 대외적 신인도를 높일 수 있게 하였다.

경영공시에는 정기경영공시와 수시경영공시가 있다. 전자는 업무보고서 중 중요사항을 발췌한 공시서류를 공시할 의무이고, 후자는 거액의 금융사고 또는 부실채권의 발생 등 금융투자업자의 경영상황에 중대한 영향을 미칠 사항으로서 금융투자업의 종류별로 대통령령으로 정하는 사항[1]이 발생한 경우에 인터넷 홈페이지 등을 이용하여 공시할 의무이다.

2. 정기경영공시

금융투자업자는 공시서류에 대한 공시의무를 지게 되는데, 공시서류란 업무보고서 중 중요사항을 발췌한 것으로(금융투자업규정에서는 "영업보고서"라 한다), 금융투자업자는 1년간 본점과 지점, 그 밖의 영업소에 이를 비치하고, 인터넷 홈페이지 등을 이용하여 공시하여야 한다(자금 33조 2항).[2]

금융투자업자가 자본시장법 제160조에 따라 반기보고서와 분기보고서를 제출한 경우에는 자본시장법 제33조 제 2 항에 따른 당해 분기의 공시서류를 공시한 것으로 본다(금융투자업규정 3-66조 4항).

3. 수시경영공시

금융투자업자는 앞에서의 경영상황보고사유와 동일한 사유가 발생시에 공시의무가 부과된다(자금 33조 3항). 여기서 공시 및 영업보고서의 세부적인 항목 및 공시방법 등은 금융투자협회가 정한다.

4. 정정공시 또는 재공시

금융위원회는 금융투자업자가 경영공시사항 중 자본시장법 제47조 제 3 항에 따른 중요사항[3]에 관하여 거짓의 사실을 공시하거나 중요사항을 빠뜨리는 등 불성

---

1) 앞에서의 경영상황 보고의무의 대상이 되는 사항과 그 범위가 같다.

2) 공시서류의 기재내용은 다음과 같다(자금시 36조 4항). ① 금융투자업자의 개요 ② 금융투자업자가 경영하고 있는 업무의 내용에 관한 사항 ③ 재무에 관한 현황 ④ 영업에 관한 사항 ⑤ 최대주주(그의 특수관계인을 포함한다)와 주요주주에 관한 사항 ⑥ 특수관계인과의 거래에 관한 사항 ⑦ 지점, 그 밖의 영업소와 인력의 관리에 관한 사항 ⑧ 그밖에 투자자에게 알릴 필요가 있다고 금융위원회가 정하여 고시하는 사항

3) 투자자의 합리적인 투자판단 또는 해당 금융투자상품의 가치에 중대한 영향을 미칠 수 있는 사항을 말한다.

실하게 공시하는 경우에는 금융투자업자에 대하여 정정공시나 재공시 등을 요구할 수 있다(자금시 36조 6항).

제 5 절 대주주와의 거래제한 등

Ⅰ. 대주주와의 거래제한

1. 거래제한의 내용

금융투자업자는 대주주나 계열회사와 일정한 거래가 금지된다(다만 겸영금융투자업자는 예외).

첫째, 증권 등의 소유가 금지되어, 금융투자업자는 그 금융투자업자의 대주주가 발행한 증권을 소유할 수 없다(자금 34조 1항 1호).

둘째, 계열회사 발행 주식·채권·약속어음 등의 소유가 제한되어, 금융투자업자는 그 금융투자업자의 특수관계인(금융투자업자의 대주주를 제외한다) 중 계열회사(자금시 37조 2항)가 발행한 주식, 채권 및 약속어음(기업이 사업에 필요한 자금을 조달하기 위하여 발행한 것에 한한다)을 소유할 수 없다(자금 34조 1항 2호). 다만, 자기자본의 100분의 8의 범위에서 소유하는 경우를 제외한다(자금시 37조 3항).

셋째, 기타 금융투자업자는 금융투자업자의 건전한 자산운용을 해할 우려가 있는 행위로서 ① 대주주나 특수관계인과 거래를 할 때 그 외의 자를 상대방으로 하여 거래하는 경우와 비교하여 해당 금융투자업자에게 불리한 조건으로 거래를 하는 행위 ② 대주주와의 거래제한을 회피할 목적으로 하는 행위로서 ㉮ 제 3 자와의 계약이나 담합 등에 의하여 서로 교차하는 방법으로 하는 거래행위 ㉯ 장외파생상품거래, 신탁계약, 연계거래 등을 이용하는 행위를 하지 못한다(자금시 37조 4항).

2. 제한의 예외

대주주와의 거래제한에 대한 예외를 인정하여, 담보권의 실행 등 권리행사에 필요한 경우, 안정조작 또는 시장조성을 하는 경우, 그밖에 금융투자업자의 건전성을 해치지 아니하는 범위에서 금융투자업의 효율적 수행을 위하여 대통령령으로 정하는 경우에는 거래가 허용된다(자금 34조 1항). 이 경우 금융위원회는 각 별로 그 소유기한 등을 정하여 고시할 수 있다.

Ⅱ. 신용공여의 제한

1. 의 의

금융투자업자는 대주주(그의 특수관계인을 포함한다)에 대하여 신용공여를 하여서는 아니 되며, 대주주는 그 금융투자업자로부터 신용공여를 받아서는 아니 된다(자금 34조 2항). 신용공여란 금전·증권 등 경제적 가치가 있는 재산의 대여, 채무이행의 보증, 자금 지원적 성격의 증권의 매입, 그밖에 거래상의 신용위험을 수반하는 직접적·간접적 거래로서 다음의 거래를 말한다(자금시 38조 1항).

① 대주주(그의 특수관계인을 포함한다)를 위하여 담보를 제공하는 거래

② 대주주를 위하여 어음을 배서(어음법 제15조 제 1 항에 따른 담보적 효력이 없는 배서는 담보적 효력이 없는 배서는 제외한다)하는 거래

③ 대주주를 위하여 출자의 이행을 약정하는 거래

④ 대주주에 대한 금전·증권 등 경제적 가치가 있는 재산의 대여, 채무이행의 보증, 자금 지원적 성격의 증권의 매입, ①부터 ③까지의 어느 하나에 해당하는 거래의 제한을 회피할 목적으로 하는 거래로서 다음의 어느 하나에 해당하는 거래

가. 제 3 자와의 계약 또는 담합 등에 의하여 서로 교차하는 방법으로 하는 거래

나. 장외파생상품거래, 신탁계약, 연계거래 등을 이용하는 거래

⑤ 그밖에 채무인수 등 신용위험을 수반하는 거래로서 금융위원회가 정하여 고시하는 거래

2. 제한의 예외

(1) 예외사유

임원에 대하여 연간 급여액(근속기간 중에 그 금융투자업자로부터 지급된 소득세 과세대상이 되는 급여액을 말한다)과 1억 원 중 적은 금액의 범위에서 하는 신용공여 등과 같이 금융투자업자의 건전성을 해할 우려가 없는 신용공여는 이를 할 수 있다(자금시 38조 2항).

(2) 이사회의 승인

금융투자업자는 대주주에 대하여 예외적으로 허용되는 증권 소유 및 신용공여

를 하고자 하는 경우에는 미리 이사회 결의를 거쳐야 한다. 이 경우 이사회 결의는 재적이사 전원의 찬성으로 한다(자금 34조 3항). 다만 단일거래 금액이 자기자본의 1만분의 10에 해당하는 금액과 10억원 중 적은 금액의 범위에서 소유하거나 신용공여하려는 경우에는 이사회의 결의를 거치지 않아도 된다. 이 때 해당 금융투자업자의 일상적인 거래분야의 거래로서 약관에 따른 거래 금액은 단일거래 금액에서 제외한다(자금시 39조 1항).

Ⅲ. 대주주의 부당한 영향력 행사 금지

금융투자업자의 대주주(그의 특수관계인을 포함한다)는 금융투자업자의 이익에 반하여 대주주 자신의 이익을 얻을 목적으로 다음의 어느 하나에 해당하는 행위를 하여서는 아니 된다(자금 35조).

① 부당한 영향력을 행사하기 위하여 금융투자업자에 대하여 외부에 공개되지 아니한 자료 또는 정보의 제공을 요구하는 행위(다만, 회계장부열람권의 행사에 해당하는 경우를 제외한다)

② 경제적 이익 등 반대급부의 제공을 조건으로 다른 주주와 담합하여 금융투자업자의 인사 또는 경영에 부당한 영향력을 행사하는 행위

③ 그밖에 이에 준하는 행위로서 대통령령으로 정하는 행위

Ⅳ. 벌칙조항

대주주 등과의 거래에 이사회의 승인이 필요한 경우에 이사회결의를 거치지 아니한 자, 보고 또는 공시를 하지 아니하거나 거짓으로 보고 또는 공시한 자는 5천만원 이하의 과태료를 부과한다(자금 449조 1항 16, 17호).

금융투자업자가 대주주와의 거래제한에 위반하여 대주주가 발행한 증권 등을 소유한 경우에 5년 이하의 징역 또는 2억원 이하의 벌금에 처한다(자금 444조 3호). 신용공여금지에 관한 제34조 제 2 항을 위반하여 신용공여를 한 금융투자업자와 그로부터 신용공여를 받은 자도 5년 이하의 징역 또는 2억원 이하의 벌금에 처한다(자금 444조 4호).

제 4 장 영업행위 규제

제 1 절 공통영업행위규제

Ⅰ. 신의성실의무

1. 의 의

자본시장법에서는 금융투자업자의 영업행위를 규제할 일반적인 주의의무로서 신의성실의무에 관한 규정을 두고 있다. 신의성실의 원칙은 사법상의 일반원칙으로서 「민법」(2조 1항)에 규정하고 있으므로 이를 따로 규정할 필요가 있는가라고 볼 수 있지만, 금융투자업자의 영업행위에 대하여 투자자 보호를 위한 여러 의무가 부과되는데 이에 대한 이론적 근거를 제공한다는 의미에서 이 조항의 의의를 찾을 수 있다.

2. 규정의 내용

자본시장법 제 2 조는 신의성실의무와 투자자이익우선의무를 그 내용으로 한다. 금융투자업자는 영업을 함에 있어서 일반적인 주의의무인 신의성실의 원칙에 따라 공정하게 금융투자업을 영위하여야 한다(자금 37조 1항). 신의성실의 원칙은 투자자 보호를 위한 것으로, 금융투자업자가 영업을 함에 있어서 투자자와의 사이에 분쟁이 발생한 경우에 이 원칙은 금융투자업자의 업무집행의 적절성을 판단하는 기준이 된다.

또한 금융투자업자는 금융투자업을 영위함에 있어서 정당한 사유 없이 투자자의 이익을 해하면서 자기가 이익을 얻거나 제삼자가 이익을 얻도록 하여서는 아니된다(자금 37조 2항). 투자자이익우선의무는 신의성실의 의무를 구체화하여 내용적으로 확인한 것으로 볼 수 있다.

▶ 참조판례: 신용거래에 있어서 반대매매에 관한 규정

"증권위탁매매업자인 증권회사가 선량한 관리자로서의 주의를 다하여 고객의 손실을 최소한도에 그치도록 조치하여야 할 일반거래상의 의무를 부담하는 것이지만, 원래 가격변동을 예견하는 일 자체가 매우 곤란한 주식의 신용거래에 있어서는, 어느 시점에서 담보물 처분을 위한 반대매매를 체결하여 그 신용거래관계를 종결하는 것이 결국에 있어 고객의 이익을 실현하는 것으로 되는지의 여부에 관하여 예견, 판단하기가 사실상 불가능에 가깝다고 할 수 있는 것임에 비추어 볼 때, 증권회사가 특별히 고객으로부터 위탁을 받지 아니하였음에도 불구하고 적극적으로 독자적인 판단에 따라 고객을 위하여 반대매매를 체결하여 거래관계를 종결하여야 할 의무까지 부담하는 것이라고 볼 수는 없다."(대판 1992. 7. 10, 92 다 6242).

Ⅱ. 겸영업무

1. 겸영업무의 종류

자본시장법에서 금융투자업자의 업무와 관련하여 금융투자업간의 상호겸영을 허용하고 있을 뿐만 아니라, 투자자 보호와 건전한 거래질서를 해할 우려가 없는 한도 내에서 다양한 금융업무의 겸영을 허용하고 있다. 종래 증권거래법상 인정되던 인가겸영업무[1]는 자본시장법상 제 6 조의 고유업무에 해당하므로 따로 인가겸영업무는 인정되지 않는다.

겸영금융투자업자, 그밖에 대통령령으로 정하는 금융투자업자[2]를 제외한 금융

---

1) 종래 증권거래법상으로는 증권회사의 겸영업무는 법정겸영업무(신용공여업무, 증권저축업무)와 인가겸영업무가 인정되었는데, 후자로는 금융감독위원회가 인가한 업무로 선물업무(주권 및 이에 기초한 업무에 한함), 장외파생상품업무, 투자자문, 투자일임업, 신탁업(별도의 신탁업인가를 받아야 한다)을 들 수 있다.

2) 다음 각 호의 어느 하나에 해당하는 금융투자업자를 말한다(자금시 43조 1항).
  1. 투자매매업 또는 투자중개업을 경영하지 아니하는 금융투자업자
  2. 다음 각 목의 어느 하나에 해당하는 금융투자업만을 경영하는 금융투자업자
    가. 투자자문업 나. 투자일임업 다. 투자자문업 및 투자일임업

투자업자는 다음의 금융업무를 영위할 수 있는데, 이 경우 금융투자업자는 그 업무를 영위하고자 하는 날의 7일 전까지 이를 금융위원회에 신고하여야 한다(자금 40조 1항).

① 자본시장법 또는 금융관련 법령[1]에서 인가·허가·등록 등을 요하는 금융업무 중 「보험업법」 제91조에 따른 보험대리점의 업무 또는 보험중개사의 업무, 그 밖에 대통령령으로 정하는 금융업무[2]

② 자본시장법 또는 금융관련 법령에서 정하고 있는 금융업무로서 해당 법령에서 금융투자업자가 영위할 수 있도록 한 업무

③ 국가 또는 공공단체 업무의 대리

④ 투자자를 위하여 그 투자자가 예탁한 투자자예탁금으로 수행하는 자금이체 업무

⑤ 그밖에 그 금융업무를 영위하여도 투자자 보호 및 건전한 거래질서를 해할 우려가 없는 업무로서 다음에 해당하는 금융업무(자금시 43조 5항)

가. 「자산유동화에 관한 법률」에 따른 자산관리자의 업무와 유동화전문회사업무의 수탁업무

나. 투자자계좌에 속한 증권·금전 등에 대한 제 3 자 담보권의 관리업무

다. 「상법」 제484조 제 1 항에 따른 사채모집의 수탁업무

라. 자본시장법 제71조 제 3 호에 따른 기업금융업무, 그밖에 금융위원회가 정하여 고시하는 업무와 관련한 대출업무[3]

마. 증권의 대차거래와 그 중개·주선 또는 대리업무[4]

바. 지급보증업무[5]

사. 원화로 표시된 양도성 예금증서의 매매와 그 중개·주선 또는 대리업무[6]

---

3. 그밖에 금융위원회가 정하여 고시하는 금융투자업자

1) 자본시장법 시행령 제27조 제 1 항 각 호의 법령을 말한다(자금시 43조 2항).

2) 다음 각 호의 어느 하나에 해당하는 금융업무를 말한다(자금시 43조 3항).

1. 일반사무관리회사의 업무 2. 외국환업무 및 외국환중개업무 3. 퇴직연금사업자의 업무 4. 담보부사채에 관한 신탁업무 5. 「동산투자회사법」에 따른 자산관리회사의 업무 6. 「산업발전법」에 따라 등록된 기업구조조정전문회사의 업무 7. 중소기업창업투자회사의 업무 8. 「여신전문금융업법」에 따른 신기술사업금융업 9. 그밖에 투자자 보호 및 건전한 거래질서를 해칠 염려가 없는 금융업무로서 금융위원회가 정하여 고시하는 금융업무

3) 증권에 대한 투자매매업을 경영하는 경우만 해당.

4) 해당 증권에 대한 투자매매업 또는 투자중개업을 경영하는 경우만 해당.

5) 증권 및 장외파생상품에 대한 투자매매업을 경영하는 경우만 해당.

6) 채무증권에 대한 투자매매업 또는 투자중개업을 경영하는 경우만 해당.

아. 대출채권, 그 밖의 채권의 매매와 그 중개·주선 또는 대리업무[1)]
차. 대출의 중개·주선 또는 대리업무
카. 그밖에 투자자 보호 및 건전한 거래질서를 해칠 염려가 없는 금융업무로서 금융위원회가 정하여 고시하는 금융업무

2. 신용공여업무

금융투자업자의 겸영업무 중 주목할 것으로 ① 투자자예탁금으로 수행하는 자금이체업무 ② 기업금융 관련 대출(기업금융업무를 수행하기 위하여 이루어지는 초단기대출) ③ 지급보증업무를 들 수 있다.

이 중에서 신용공여업무와 관계를 가지는 기업금융관련 대출업무, 지급보증업무에 대하여 보면, 기존 증권거래법상 금융투자는 유가증권담보대출, 신용매매자금대출 등 제한된 범위에서만 신용공여 기능이 허용되어 금융투자업자가 완벽한 투자은행업무를 수행함에 있어서 장애가 되었다. 자본시장법에서는 경쟁력 있는 투자은행을 육성한다는 취지에 비추어 금융투자회사의 지급보증업무와 기업금융 관련 신용공여업무의 겸영이 가능하게 규제를 완화하였다. 다만, 금융투자업자의 대주주 및 특수관계인에 대한 지급보증은 금지된다.

이러한 겸영업무의 확대에 따라 금융투자업자가 증권인수, M&A 등의 기업금융업무를 수행함에 있어서 신용공여 및 지급보증을 활용할 수 있게 되었다. 특히 M&A의 경우 주식이나 회사채를 통해 자금을 조달하기에는 한계를 가지므로 투자은행으로부터 Leverage Loan을 빌려 M&A에 임하고 사후적으로 주식이나 회사채를 발행하여 그 대출을 대체하는 방식의 이용이 가능하다는 점에서 의미를 가진다.

투자은행을 육성한다는 취지에서 종합금융투자사업자가 허용되었는데, 종합금융투자사업자는 투자은행으로서 기업금융 관련 업무를 수행하고 헤지펀드를 대상으로 한 전담중개업무 외에 기업대출, 비상장주식에 대한 내부주문집행업무 등을 영위하게 되었다.[2)]

---

1) 채무증권에 대한 투자매매업 또는 투자중개업을 경영하는 경우만 해당.
2) 현재 미래에셋대우, NH투자증권, 한국투자증권, 삼성증권, KB증권이 종합금융투자사업자로 지정되어 있다.

3. 자금이체업무

(1) 의 의

금융투자업자는 투자자를 위하여 투자자가 예탁한 투자자예탁금으로 수행하는 자금이체업무 및 국가 또는 공공단체 업무의 대리를 겸영업무로서 할 수 있다. 이에 따라서 2009년 7월부터 금융투자업자의 결제·송금 등 부가서비스 제공이 가능하게 되었다. 이전에 증권회사 등은 금융결제원의 소액결제시스템[1]에 가입되어 있지 않아 증권계좌를 통해 투자(위탁매매, 수익증권), 결제(신용카드, 지로납부, 자동이체 등), 송금(계좌이체), 수시 입출금(CD/ATM) 등 종합 금융서비스를 제공하는 증권종합계좌(CMA)의 운영이 불가능하였다. 일부 증권사가 은행과 펌뱅킹계약을 체결한 후 고객에게 은행 가상계좌를 통해 자금이체, CD/ATM 입출금 등 서비스를 하였으나, 입출금·자금이체 등에 제한이 존재하였다. 즉 계좌이체가 영업시간내로 제한되고 ATM/CD를 통한 입금, 은행 창구 출금, 카드·지로결제, 급여이체 등이 불가능하였다.

그러나 자본시장법에 금융투자업자가 결제·송금·수시입출금 등 부가서비스 제공이 가능하도록 관련 법적 근거를 마련하여, 금융투자업자가 금융결제원 회원으로서 가입하여 소액결제망에서 직접 계좌이체 서비스를 제공할 수 있게 되었다.

(2) 안정성의 확보

금융시장에서의 결제시스템은 금융시장의 안정성을 좌우하는 매우 중요한 요소이다. 자본시장법에서는 소액결제시스템의 안정성을 해치지 않도록 다중 안전장치를 마련하고 있다.

첫째, 법인고객이 아닌 개인고객에 한해서만 허용되며, 금융투자회사의 중개계좌(위탁매매)내의 현금(고객예탁금)만을 대상으로 하여, 증권의 가치변동 위험을 원천 차단하였다.

둘째, 대표 금융기관[2]을 통해 참여함으로써 개별 금융투자회사의 결제불능시 대표금융기관이 결제 책임을 부담하게 하였다. 소액결제망에 참여하는 대표금융기관에 대해서는 금융위원회가 은행 수준의 건전성 감독을 실시하도록 하였으며, 은행에 준하는 규제를 부과할 수 있도록 하였다.

---

1) 지로시스템, 은행공동망(CD/ATM, CMS, 타행환, 전자금융, 지방은행 등), 어음교환시스템 등 11개 시스템을 말한다.

2) 대표금융기관의 업무는 예치 또는 신탁받은 투자자예탁금 범위이내에서 수행하는 투자매매업자·투자중개업자 및 그 투자자를 위한 자금이체업무, 국가 또는 공공단체 업무의 대리이다.

셋째, 실제 자금결제는 차액결제 방식으로 대행은행에 의하여 이루어진다. 이에 의할 때 투자자가 금융투자업자에 대하여 입출금 지시를 할 경우에 고객계좌에서는 입출금이 즉시 이루어지지만, 실제 자금결제는 익일에 차액결제를 대행하는 은행이 한국은행 당좌계좌를 통해 차액결제를 실행함으로써 마무리 되게 된다. 이 때 결제은행의 입장에서는 자금이체를 먼저 하고 차액결제가 익일에 이루어짐에 따라 하루 동안 금융투자업자의 신용위험을 부담하게 된다. 따라서 결제대행은행은 금융투자업자에 대해서 미리 순채무한도를 설정하고 순채무한도에 상응하는 사전담보를 요구하게 된다. 이를 위해서 금융투자업자에 대하여 투자자예탁금의 일부를 투자자를 위한 순채무한도의 담보제공에 활용할 수 있도록 허용하고 있다(자금시 72조 3항, 금융투자업규정 4-38조 2항).

Ⅲ. 부수업무

1. 부수업무의 포괄적 허용

부수업무란 금융투자업이 아닌 업무로서 인가를 받거나 등록한 금융투자업에 부수되는 업무를 말한다. 이전의 금융투자관련법은 금융투자업자가 영위할 수 있는 부수업무를 사전에 법령에서 열거하고 있어서 부수업무의 확대를 위해서는 매번 법령의 개정이 필요하였다. 이때 증권업의 부수업무의 예로 유가증권의 평가업무, 보호예수업무 등이 있었다.

자본시장법에서는 영위 가능한 부수업무를 법률에 사전에 열거하지 않고 원칙적으로 모든 부수업무의 취급을 허용하되 예외적으로 제한하는 체제(네거티브 시스템)로 전환하고 있다.

2. 금융위원회의 조치

금융위원회는 부수업무 신고내용이 다음의 어느 하나에 해당하는 경우에는 그 부수업무의 영위를 제한하거나 시정할 것을 명할 수 있다(자금 41조 2항). ① 금융투자업자의 경영건전성을 저해하는 경우 ② 인가를 받거나 등록한 금융투자업의 영위에 따른 투자자 보호에 지장을 초래하는 경우 ③ 금융시장의 안정성을 저해하는 경우

이 때 제한명령 또는 시정명령은 그 내용 및 사유가 구체적으로 기재된 문서

로 하여야 한다.

Ⅳ. 금융투자업자의 업무위탁

1. 의 의

금융투자업자가 업무의 효율성을 위하여 자신의 업무의 일부를 외부기관에 위탁하는 것을 업무위탁이라고 한다.

자본시장법에서는 업무위탁을 원칙적으로 허용하면서 투자자 보호 또는 건전한 거래질서를 해할 우려가 있는 일정한 경우에 이를 금지하고 있다. 만일 인가나 등록에 의한 금융투자업자가 자신의 업무를 수행하지 않고 무분별하게 업무위탁을 하게 되면 인가나 등록을 받도록 한 규제가 사실상 형해화될 우려가 있기에 일정한 규제를 가하고 있다.

자본시장법 시행이전에는 금융위원회 규정인 「금융기관의 업무위탁 등에 관한 규정」에서 이를 규제하고 있었는데, 여기서는 본질업무에 대하여는 수탁자가 인가·등록업자인지를 불문하고 위탁이 금지되었고, 단순업무만 위탁이 허용되었다. 이에 반하여 자본시장법에서는 업무위탁을 원칙적으로 허용하는 네거티브 시스템으로 전환하여 위탁업무의 범위가 확대되게 되었다.

2. 업무위탁의 허용

금융투자업자는 금융투자업, 다른 금융업무 및 부수업무와 관련하여 그 금융투자업자가 영위하는 업무의 일부를 제삼자에게 위탁할 수 있다(자금 42조 1항). 다만, 대통령령으로 정하는 내부통제업무(해당 업무에 관한 의사결정권한까지 위탁하는 경우만 해당한다)는 제삼자에게 위탁하여서는 아니 된다.[1]

본질적 업무도 위탁이 제한되는데, 금융투자업자의 업무 중에 본질적 업무란 투자매매업인 경우에 투자매매업 관련 계약의 체결과 해지업무 등과 같이 금융투자업자가 인가를 받거나 등록을 한 업무와 직접 연관된 필수업무를 말하는 것(자금시 47조)으로 그 본질적 업무를 위탁받는 자는 그 업무 수행에 필요한 인가를 받거나 등록을 한 자로 제한된다(자금 42조 1항).

---

1) 다음 각 호의 업무를 말한다(자금시 45조). ① 준법감시인의 업무 ② 위험관리책임자의 업무 ③ 내부감사업무

3. 재위탁의 금지

금융투자업자의 업무를 위탁받은 자는 위탁한 자의 동의를 받은 경우에 한정하여 위탁받은 업무를 제삼자에게 재위탁할 수 있다(자금 42조 5항).

V. 이해상충방지

1. 의　　의

이해상충이란 투자자의 이익을 희생하여 금융투자업자의 고유계정의 이익을 추구하거나 다른 투자자의 이익을 추구하는 것을 의미한다. 단일의 금융투자업을 영위할 때에는 투자자의 이익을 희생하여 고유계정의 이익을 추구하거나 다른 투자자의 이익을 추구하는 경우에 발생하고, 복수의 금융투자업을 겸영할 때에는 특정 금융투자업의 투자자 이익을 희생하여 타 금융투자업으로부터 자신의 이익을 추구하거나 타 금융투자업의 투자자의 이익을 추구하는 경우에 발생하게 된다.

자본시장법에서는 투자자 보호를 위해서 이러한 이해상충을 방지하기 위한 여러 방안을 마련하고 있다. 이는 대별해서 이해상충행위의 금지와 이해상충관리시스템의 구축으로 나눌 수 있고, 후자와 관련하여 자본시장법에서는 이해상충의 관리와 정보교류차단장치에 관한 규정을 두고 있다.

2. 이해상충의 관리

(1) 이해상충의 관리의무

금융투자업자는 금융투자업의 영위와 관련하여 금융투자업자와 투자자간, 특정 투자자와 다른 투자자간의 이해상충을 방지하기 위하여 이해상충이 발생할 가능성을 파악·평가하고, 내부통제기준이 정하는 방법 및 절차에 따라 이를 적절히 관리하여야 한다(자금 44조 1항).

이것을 이해상충관리를 위한 내부관리시스템이라고 할 수 있는데, 금융투자업자는 이 시스템을 구축해야 할 의무를 지게 된다.

(2) 공시·거래제한의무

금융투자업자는 이해상충이 발생할 가능성을 파악·평가한 결과 이해상충이 발생할 가능성이 있다고 인정되는 경우에는 그 사실을 미리 해당 투자자에게 알려야 하며, 그 이해상충이 발생할 가능성을 내부통제기준이 정하는 방법 및 절차에 따라 투자자 보호에 문제가 없는 수준으로 낮춘 후 매매, 그 밖의 거래를 하여야 한다(자금 44조 2항). 금융투자업자는 그 이해상충이 발생할 가능성을 낮추는 것이 곤란하다고 판단되는 경우에는 매매, 그 밖의 거래를 하여서는 아니 된다.

3. 정보교류차단

(1) 의 의

자본시장법에서는 일정한 경우 정보교류차단장치(Chinese Wall)의 구축을 의무화하고 있는데, 금융투자업자는 금융투자업, 겸영업무, 부수업무 및 종합금융투자사업자에 허용된 업무(금융투자업 등)를 영위하는 경우 내부통제기준이 정하는 방법 및 절차에 따라 미공개중요정보 등 대통령령으로 정하는 정보의 교류[1]를 적절히 차단하여야 한다(자금 45조).

내부통제기준은 다음의 사항을 반드시 포함하여야 한다(자금 45조 3항).

① 정보교류 차단을 위해 필요한 기준 및 절차

② 정보교류 차단의 대상이 되는 정보의 예외적 교류를 위한 요건 및 절차

③ 그 밖에 정보교류 차단의 대상이 되는 정보를 활용한 이해상충 발생을 방지하기 위하여 대통령령으로 정하는 사항[2]

금융투자업자는 정보교류 차단을 위하여 다음의 사항을 준수하여야 한다(자금 45조 4항).

① 정보교류 차단을 위한 내부통제기준의 적정성에 대한 정기적 점검

---

1) 다음 각 호의 정보(교류차단대상정보)를 말한다. 다만, 투자자 보호 및 건전한 거래질서를 해칠 우려가 없고 이해상충이 발생할 가능성이 크지 않은 정보로서 금융위원회가 정하여 고시하는 정보는 제외한다(자금시 50조 1항)

1. 법 제174조 제 1 항 각 호 외의 부분에 따른 미공개중요정보
2. 투자자의 금융투자상품 매매 또는 소유 현황에 관한 정보로서 불특정 다수인이 알 수 있도록 공개되기 전의 정보
3. 집합투자재산, 투자일임재산 및 신탁재산의 구성내역과 운용에 관한 정보로서 불특정 다수인이 알 수 있도록 공개되기 전의 정보
4. 그 밖에 제 1 호부터 제 3 호까지의 정보에 준하는 것으로서 금융위원회가 정하여 고시하는 정보

2) 다음 각 호의 사항을 말한다(자금시 50조 2항).

1. 이해상충 발생을 방지하기 위한 조직 및 인력의 운영
2. 이해상충 발생 우려가 있는 거래의 유형화
3. 교류차단대상정보의 활용에 관련된 책임소재
4. 그 밖에 제 1 호부터 제 3 호까지의 사항에 준하는 것으로서 금융위원회가 정하여 고시하는 사항

② 정보교류 차단과 관련되는 법령 및 내부통제기준에 대한 임직원 교육

③ 그 밖에 정보교류 차단을 위하여 대통령령으로 정하는 사항[1)]

구 자본시장법에서는 구체적으로 금융투자상품의 매매에 관한 정보 등 이해상충의 소지가 있는 정보의 제공을 금지, 임·직원의 겸직금지 및 사무공간·전산설비 공동이용 등의 금지 등 규제 대상과 형식을 직접 규정하고 있었으나, 개정법에서는 정보교류 차단을 위한 필수원칙만 정하는 방식으로 개정되었다. 즉 법령에서는 정보교류 차단을 위한 필수원칙만 정하고 세부 사항은 회사가 자율적으로 설계·운영하는 방식으로 개선되었으며, 따라서 회사의 조직·인사와 관련된 사항을 사전적으로 규제하기 보다는 이해상충 관련 행위규제를 통해 차단하는 사후규제 방식으로 전환되었다.

(2) 계열회사 등과의 정보교류차단

금융투자업자는 금융투자업등을 영위하는 경우 계열회사를 포함한 제삼자에게 정보를 제공할 때에는 내부통제기준이 정하는 방법 및 절차에 따라 자본시장법 제174조에 따른 미공개중요정보 등 대통령령으로 정하는 정보의 교류를 적절히 차단하여야 한다(자금 45조 2항).

(3) 집합투자업 등을 겸영하는 은행·보험회사와의 정보교류차단

은행이나 보험회사가 이 법에 따라 집합투자업, 신탁업(집합투자재산의 보관·관리업무를 포함한다) 또는 일반사무관리회사의 업무를 영위하는 경우에는 임원(사실상 임원과 동등한 지위에 있는 자로서 대통령령으로 정하는 자를 포함한다)을 두어야 하고, 임·직원에게 다음의 업무를 겸직하게 하여서는 아니 되며, 전산설비 또는 사무실 등의 공동사용 금지 및 다른 업무를 영위하는 임·직원 간의 정보교류 제한 등 대통령령으로 정하는 이해상충방지체계를 갖추어야 한다. 다만, 임원의 경우 ①의 업무 중 ②부터 ④까지의 업무와 이해상충이 적은 업무로서 대통령령으로 정하는 업무와 ②부터 ④까지의 업무를 겸직할 수 있으며, ③ 및 ④의 업무간에는 겸직할 수 있다(자금 250조 7항, 251조 3항).

① 「은행법」에 따른 업무(제 2 호부터 제 4 호까지의 업무 및 대통령령으로 정하는 업

---

1) 다음 각 호의 사항을 말한다(자금시 50조 3항).

1. 정보교류 차단 업무를 독립적으로 총괄하는 임원 또는 금융위원회가 정하여 고시하는 총괄·집행책임자의 지정·운영
2. 정보교류 차단을 위한 상시적 감시체계의 운영
3. 내부통제기준 중 정보교류 차단과 관련된 주요 내용의 공개
4. 그밖에 제 1 호부터 제 3 호까지의 사항에 준하는 것으로서 금융위원회가 정하여 고시하는 사항

무는 제외한다)[1]

② 집합투자업

③ 신탁업

④ 일반사무관리회사의 업무

4. 이해상충방지의무 위반에 대한 제재

금융투자업자는 법령 등에 위반하는 행위를 하거나 그 업무를 소홀히 하여 투자자에게 손해를 발생시킨 경우에는 그 손해를 배상할 책임이 있다. 다만, 배상의 책임을 질 금융투자업자가 투자매매업 또는 투자중개업과 집합투자업을 함께 영위함에 따라 발생하는 이해상충과 관련된 경우에 그 금융투자업자가 상당한 주의를 하였음을 증명하거나 투자자가 금융투자상품의 매매, 그 밖의 거래를 할 때에 그 사실을 안 경우에는 배상의 책임을 지지 아니한다(자금 64조 1항).

그리고 정보교류차단에 대한 위반에 대하여 과징금부과에 대한 조항을 신설하여, 금융위원회는 금융투자업자 및 그 임직원이 제54조 제 2 항을 위반한 경우에는 그 금융투자업자, 임직원 및 정보교류 차단의 대상이 되는 정보를 제공받아 이용한 자에게 그 위반행위와 관련된 거래로 얻은 이익(미실현 이익을 포함한다) 또는 이로 인하여 회피한 손실액의 1.5배에 상당하는 금액 이하의 과징금을 부과할 수 있다(자금 428조 4항).

벌칙 조항도 두어서, 자본시장법 제54조 제 2 항을 위반하여 제45조 제 1 항 또는 제 2 항에 따라 정보교류 차단의 대상이 되는 정보를 정당한 사유 없이 본인이 이용하거나 제삼자에게 이용하게 한 자와 정보교류 차단의 대상이 되는 정보를 제공받아 이용한 자는 5년 이하의 징역 또는 2억원 이하의 벌금에 처한다(자금 444조의 6 2호).

VI. 투자권유의 규제

1. 의 의

자본시장은 고도의 위험이 존재하는 곳으로 이 시장에 참가하는 자는 고수익을 얻기 위하여 어느 정도의 위험을 감수하고 시장에 참가한다. 자본시장에서는 자

1) 보험회사의 경우 "「보험업법」에 따른 업무(제 2 호부터 제 4 호까지의 업무 및 대통령령으로 정하는 업무는 제외한다)"(자금 251조 3항 1호).

유시장원리가 강하게 적용되어 투자자는 그 결과에 대하여도 스스로 책임을 지는 것이 원칙이다. 즉 투자결정 및 정보수집과 그에 대한 가치판단을 스스로 하며, 금융투자업자로부터 정보의 제공을 받지만 그에 대한 최종적 판단은 자기 자신이 하여 그 결과에 대한 책임을 진다는 것이다.

반면에 자본시장법의 목적은 투자자를 보호하여 자본시장의 건전한 발전을 가져오는 데에 있다. 투자자 보호의 요청은 투자과정에서 투자자의 의사결정이 합리적으로 이루어져 그것이 왜곡되지 않도록 하는 것으로 나타난다. 이것을 금융투자업자의 측면에서 보면 그들은 금융투자상품 거래의 전문가로서 일반투자자의 투자결정이 올바른 방향으로 이루어지도록 전문적인 조언을 해야 한다는 것이다. 만일 금융투자업자에 의한 투자권유[1]가 적절하게 이루어지지 못하게 되면 투자자가 피해를 입게 될 뿐만 아니라 자본시장 자체가 신뢰를 잃게 되어 투자자의 외면을 받게 된다.

투자자에게 존재하는 정보의 비대칭성의 관점에서 볼 때도, 일반투자자들은 정보수집이나 정보분석능력이 떨어지므로 투자전문가인 금융투자업자 임·직원의 조언에 따라 투자를 행하는 것이 일반적이다. 따라서 이들을 보호하기 위하여 금융투자업자가 투자권유를 함에 있어서 일정한 주의의무가 부과된다.

이에 대하여 구자본시장법에서는 구체적인 주의의무로서 적합성의 원칙, 적정성의 원칙, 설명의무에 대해서 규정하고 있었다. 또한 구 증권거래법상 인정되던 부당권유행위의 규제에 대하여도 그 범위를 넓혀서 규정하였다. 그러나 「금융소비자보호에 관한 법률」의 제정으로 이에 대한 규정은 삭제되게 되었다.

▶ 참조판례

"금융투자업자를 대상으로 하는 자본시장법상의 적합성원칙 및 설명의무가 유사투자자문업 신고를 하고 불특정 다수인을 대상으로 간행물, 출판물, 통신물 또는 방송 등을 통하여 투자조언을 하는 유사투자자문업자(자본시장법 제101조)나 등록 없이 투자자문업을 하는 미등록투자자문업자에게는 적용된다고 볼 수 없다."(대판 2014. 5. 16, 2012 다 46644).

1) 자본시장법 제 9 조 ④ 이 법에서 "투자권유"란 특정 투자자를 상대로 금융투자상품의 매매 또는 투자자문계약·투자일임계약·신탁계약(관리형신탁계약 및 투자성 없는 신탁계약을 제외한다)의 체결을 권유하는 것을 말한다.

2. 적합성의 원칙

(1) 의의 및 연혁

적합성의 원칙은 금융투자업자가 투자권유를 함에 있어서 권유가 그 고객의 투자목적, 재산상태, 투자경험에 비추어 적합해야 한다는 것이다.[1] 적합성의 원칙에 따르면 정보개시가 적절하여도 투자권유가 부적절할 수 있다. 즉 정보개시만으로는 충분하지 않다는 의미를 가지게 된다. 예를 들면 특정의 금융투자상품을 여러 투자자에게 무차별적으로 권유하는 경우, 그 중에는 그 금융투자상품의 투자가 적합하지 않는 경우도 있게 된다. 이 과정에서는 비록 형식적으로는 정보개시가 이루어진 외관을 가졌다고 할지라도 제공된 정보가 아니고 권유 그 자체에 의해서 투자가 좌우된다. 따라서 정보개시 이상의 일정한 규제가 요구된다고 하겠는데, 위의 경우 투자권유가 특정의 투자자에게 적합하지 않는 경우에 그 권유를 하지 않아야 한다는 것이다. 이러한 점으로 보아 적합성의 원칙은 투자자의 투자결정보다 권유하는 측의 판단을 중시하는 원칙이라고 할 수 있다.

적합성의 원칙은 미국에 있어서 증권업협회(NASD)의 자주규제, 증권거래위원회의 규제[2] 등을 통하여 발달된 것이다. 미국에 있어서 적합성의 원칙은 자주규제기관 등의 규칙이라는 형태로 정해져 있지만 그 연혁은 간판이론에서 구해진다.

간판이론(Shingle Theory)은 연방증권법상의 사기금지규정(10조 b)의 해석과 관련하여 간판이론은 브로커·딜러는 고객에 대해서 공정해야 하는 것이 간판에 포함되어 있다는 이론이다. 구체적으로는 고객을 공정하고 전문가로서의 수준에 일치하여 다루어야 한다는 이론이다.[3]

간판이론과 관련하여 주목되는 점은 브로커·딜러가 증권거래의 권유를 하는 경우에는 합리적 근거를 가져야 한다는 점이다. 만일 브로커·딜러가 증권의 가치의

---

1) Stephen B. Coher, The Suitability Rule and Economic Theory, 80, The Yale Law Journal, 1605(1971); 자본시장법 제46조 제 3 항에서 "금융투자업자는 일반투자자에게 투자권유를 하는 경우에는 일반투자자의 투자목적·재산상황 및 투자경험 등에 비추어 그 일반투자자에게 적합하지 아니하다고 인정되는 투자권유를 하여서는 아니 된다."고 규정하였다.

2) 17 C.F.R. § 240, 15b 10−3(1984): 특히 SEC는 Penny Stock(극히 투기적이면서도 일반 투자자가 매력을 느끼도록 주당 발행가격이 매우 낮은($5 이하) 주식의 판매에 관심을 가져, 1989년 Rule 15c2−6을 채택하여 "Penny Stock의 딜러로 하여금 고객에게 판매하기 전에 고객의 매수확인서를 받고, 그러한 증권이 고객에 적합하다는 것을 확인하고, 그 적합성의 근거를 서면으로 고객에 제공하여야 한다."고 규정하였다.

3) W. Jennings, H. Marsh & C. Coffee, Securities Regulation(Cases and Materals), The Poundation Press(1992), p. 619.

판단에 대해서 중요한 정보에 대해서 알지 못하고 투자권유를 했다면 그 권유는 합리적 근거를 흠결하는 것이 되고, 연방증권법상의 사기금지규정에 위반하는 것이 된다. 간판이론이란 브로커·딜러가 고객을 공정하게 취급하였는가라는 문제이므로 적합성의 원칙은 간판이론의 한 장면이라고 할 수 있는 것이다.

(2) 투자자의 구분

금융투자업자는 투자자가 일반투자자인지 전문투자자인지를 확인해야 할 의무가 있다(금소 17조 1항). 전문투자자란 전문성 구비여부, 소유자산규모 등에 비추어 투자에 따른 위험감수능력이 있는 고객으로서 자본시장법 제 9 조 제 5 항에서 정하는 ① 국가 ② 한국은행 ③ 대통령령으로 정하는 금융기관 ④ 주권상장법인. 다만, 금융투자업자와 장외파생상품 거래를 하는 경우에는 전문투자자와 같은 대우를 받겠다는 의사를 금융투자업자에게 서면으로 통지하는 경우에 한한다. ⑤ 그밖에 대통령령으로 정하는 자를 말한다.

일반투자자란 전문투자자가 아닌 고객을 말하며, 투자권유를 받겠다는 의사를 표시한 투자권유희망고객과 투자권유불원고객으로 나눌 수 있다. 다만, 전문투자자 중 대통령령으로 정하는 자(자금시 10조 1항)가 일반투자자와 동일한 대우를 받겠다는 의사를 회사에 서면으로 통지하고 회사가 이에 동의한 경우에는 일반투자자로 본다(자금 9조 5항).

이렇게 투자자를 구분하여 위험감수능력이 낮은 일반투자자에게는 높은 수준의 투자자 보호제도가 적용되고 위험감수능력이 높은 전문투자자에게는 다소 낮은 수준의 투자자 보호제도를 적용함으로써 투자자 보호의 강화와 금융혁신의 촉진이라는 두 가지 목표를 동시에 달성할 수 있게 된다. 또한 전문투자자에 대해서는 규제를 완화함으로써 규제의 효율성을 제고하고, 규제비용의 낭비를 막을 수 있다.

전문투자자는 스스로 위험을 감내할 충분한 능력을 가진 자이기 때문에 적합성의 원칙을 비롯한 투자권유에 있어서 주의의무에 관한 규정이 적용되지 아니 한다. 「금융소비자보호법」에서는 금융상품판매업자등이 일반 사모집합투자기구의 집합투자증권을 판매하는 경우에는 적합성의 원칙에 관한 규정을 적용하지 아니한다고 규정하고 있다(금소 17조 5항).[1]

(3) 투자자정보 확인의무

금융투자업자는 일반투자자에게 투자성 상품[2] 등에 대한 투자권유를 하기 전

1) 다만, 적격투자자 중 일반금융소비자 등 대통령령으로 정하는 자가 대통령령으로 정하는 바에 따라 요청하는 경우에는 그러하지 아니하다(금융소비자보호법 17조 5항 단서).

에 면담·질문 등을 통하여 일반투자자의 투자목적·재산상황 및 투자경험 등의 정보를 파악하고, 일반투자자로부터 서명, 기명날인, 녹취 등의 방법으로 확인을 받아야 한다. 이는 소위 고객파악의무(Know Your Customer Rule)에 해당한다.

금융투자업자는 투자자정보를 투자자정보확인서에 따라 확인하고, 해당 고객으로부터 서명(전자서명을 포함한다), 기명날인, 녹취, 전자우편 또는 그밖에 이와 유사한 전자통신, 우편, 전화자동응답시스템의 방법으로 확인을 받아 유지·관리하여야 하며, 확인받은 내용을 일반투자자에게 지체없이 제공하여야 한다(금소 17조 2항). 투자자정보확인서의 기초정보 평가결과에 따라 고객의 투자성향을 안정형, 안정추구형, 위험중립형, 적극투자형, 공격투자형의 5단계로 분류하게 된다(표준투자권유준칙 5조).

(4) 적합성의 원칙의 위반과 민사책임

적합성의 원칙에 위반한 경우에 바로 위법성을 인정하여 손해배상책임을 물을 수 있는가가 문제된다. 이에 대하여 외국 판례의 태도와 비교하여 살펴보기로 한다.

1) 미 국[1]

이 원칙이 발달된 미국에 있어서도 적합성의 원칙에 위반한 것만을 이유로 민사책임을 인정하는 데에는 소극적이다.[2]

적합성의 원칙에 위반한 경우 바로 민사상 손해배상청구를 할 수 있는가에 대한 미국 판례의 태도를 보면, Buttrey v. Merrill Lynch, Pierce, Fenner & Smith, Inc. 사건[3]에서 NYSE의 Rule 405 위반이 그 자체로서 소송을 제기할 수 있는 것인가에 대해서 판단하지는 않았지만, 이 사건의 경우 피고의 판단 잘못이 파산한 피고의 고객에 대해서 사기에 해당하기 때문에 민사손해배상청구가 가능하다고 판시하였다. 그러나 이 판결은 대법원에서 파기되었다.[4]

이에 반하여 Craughead v. E.F. Hutton & Co., Inc.[5]에서 "연방법원에서

---

2) 금융소비자보호법에서 투자성 상품(온라인소액투자중개의 대상이 되는 증권 등 대통령령으로 정하는 투자성 상품은 제외한다) 및 운용 실적에 따라 수익률 등의 변동 가능성이 있는 금융상품으로서 대통령령으로 정하는 예금성 상품을 대상으로 하고 있다(금융소비자보호법 17조 2항 2호)

1) 영국에 있어서는 적합성의 원칙 등을 규정한 자주규제의 위반에 대하여 개인투자자의 경우 손해배상청구소송을 제기할 수 있다(금융서비스법(FSA) § 62, § 62A).

2) W. Jennings, H, Marsh & C. Coffee, op.cit., p. 640: 법원은 적합성의 원칙에 관한 규칙에 위반한 경우에 이것만을 근거로 배상을 받을 수 있다기 보다는 과당매매(Churning)의 일반이론 속에 포함시켜 판단하고 있다.

3) 410 F. 2d 135(7th Cir. 1969); 동지, Hecht v. Harris Upham & Co., 283 F. Supp. 417(N.D.Cal. 1968).

4) 396 U.S. 838(1969).

NYSE의 Rule 405의 위반이 바로 사적인 소제기의 권한을 의미하지 않는다는 지방법원의 태도를 따른다."면서 위와 반대의 태도를 취하였다. 이처럼 대법원이 책임을 인정함에 있어서 제한적인 경향을 취하자, 이로 인하여 모든 하급심 법원이 특정의 증권거래규칙이나 NASD 규칙을 책임의 기초로 하여 제기된 소송에 대해서 부인하는 태도를 보였다.[1)]

2) 일　본

판례에서 적합성의 원칙에 대한 위반이 바로 사법상의 위법으로 된다는 취지의 판시를 한 것을 볼 수 있는데, "이러한 법령, 통달, 내규 등은 공법상의 단속법규 내지 영업준칙으로서 성질을 가지는 것에 불과하고 이러한 규정에 위반한 증권회사의 고객에 대한 투자권유 등이 사법상으로도 바로 위법한 것이 되어 불법행위를 구성하는 것은 아니다. 그러나 증권거래의 특징과 특수성에 비추어 볼 때, 증권회사의 종업원은 투자자에 대하여 허위의 정보 또는 단정적 정보 등을 제공하여 투자자가 당해 거래에 수반하는 위험성에 대하여 올바른 인식을 하지 못하게 하여서는 아니 되고, 또한 투자자의 투자목적, 재산상태 및 투자경험에 비추어 과도한 위험을 수반하는 거래를 적극적으로 권유하는 등 사회적 상당성을 흠결한 수단 또는 방법에 의하여 부당하게 당해 거래를 권유해서는 아니 되는 주의의무가 있다. 증권회사의 종업원이 이에 위반한 때는 당해 거래의 일반적인 위험성의 정도 및 그 주지도, 투자자의 직업, 연령, 재산상태 및 투자경험, 그 외 당해 거래가 이루어진 구체적 상황에 비추어 사법상도 위법한 것이 된다."고 하였다.[2)]

3) 검　토

우리나라 대법원은 부당권유행위가 문제된 사안에서 그 위법성을 판단함에 있어서 고객에 대한 보호의무위반이 되어야 비로소 위법성이 인정된다고 하였다.[3)] 보건대 적합성의 원칙을 인정한다고 하여도 그 한계가 문제가 된다. 투자자에게 완벽하게 적합한 투자란 불가능하다. 금융투자는 투기적 성격을 가지고 있기 때문에 투자자는 자신에게 어느 정도의 위험이 있다는 것을 감수하고 투자를 하는 것이다. 또한 적합성의 원칙을 엄격하게 적용하면 자기책임의 원칙에 반할 수 있기 때문에 이 원칙의 위반은 부당한 방법에 의한 투자권유 등 다른 규제위반과 결합하여 위법성이 인정될 수 있다고 하겠다.[4)]

---

5) 899 F. 2d 485(6th Cir. 1990).

1) W. Jennings, H Marsh & C. Coffee, op. cit., p. 845.

2) 大阪支判 平 7.6.3. 判タ 890號 172면.

3) 대판 1994. 1. 11, 93 다 26205; 동 1996. 8. 23, 94 다 38199 등.

대법원도 최근의 판례에서 “투자자가 금융기관의 권유를 받고 어느 특정한 상품에 투자하거나 어떠한 투자전략을 채택한 데에 단지 높은 위험이 수반된다는 사정만으로 일률적으로 금융기관이 적합성의 원칙을 위반하여 부당하게 투자를 권유한 것이라고 단정할 수는 없으며, 투자자로서도 예상 가능한 모든 위험을 회피하면서 동시에 높은 수익률이 실현될 것을 기대할 수는 없고 위험과 수익률의 조합을 스스로 투자목적에 비추어 선택할 수밖에 없는 것이다.”[1]고 하여 적합성의 원칙의 적용에 있어서 자기책임의 원칙에 따른 제한을 인정하였다.

그런데 자본시장법에서 금융투자업자의 손해배상책임에 관한 규정(자금 64조)을 도입함으로써 금융투자업자가 적합성의 원칙에 위반한 행위를 한 경우에는 자본시장법상 법정책임으로서 손해배상책임[2]을 지게 된다. 그러나 적합성의 원칙에 대한 위반의 인정은 기존의 판례의 태도에 따라 고객에 대한 보호의무위반이 인정될 때 그에 대한 책임이 인정될 것으로 본다. 금융투자업자의 경우 임·직원의 행위에 대해서 사용자책임을 부담할 수 있지만 위 자본시장법 규정은 책임을 묻는데 완화된 요건을 제시하는 것으로 이것 대신에 사용자책임을 물을 가능성은 낮아 보인다.

▶ 참조판례

최근 2008년 세계금융위기때 수출 중소기업들에 3조원대의 손실을 안긴 파생금융상품인 키코(KIKO)에 대한 대법원 전원합의체 판결[3]이 나왔다. 판결 요지는 은행이 적합하지 아니한 KIKO 계약의 체결을 권유하여서는 안 된다는 적합성의 원칙과 거래상의 주요 정보를 설명할 설명의무가 인정되지만, 구체적인 책임범위 결정 때 기업의 잘못을 따져 과실상계를 할 수 있다는 것이다.[4] 특히 장외파생상

4) 설명의무와 달리 적합성의 원칙에 관한 규정은 일반적이고 추상적이라며, 적합성원칙 위반을 이유로 손해배상책임추정규정을 도입하기 위해서는 의무의 구체화작업이 선행되어야 한다는 견해도 있다. 김건식·정순섭, 전게서, 774면.

1) 대판 2010. 11. 11, 2010 다 55699.

2) “금융투자업자는 법령·약관·집합투자규약·투자설명서에 위반하는 행위를 하거나 그 업무를 소홀히 하여 투자자에게 손해를 발생시킨 경우에는 그 손해를 배상할 책임이 있다.”고 하여(자금 64조), 적합성의 원칙의 위반이 인정되면 위법성이 인정되지 않아도 요건이 완화된 이 규정에 의한 책임추궁이 가능해 진다. 임원의 경우도 귀책사유가 있으면 연대책임이 인정된다.

3) 대판 2013. 9. 26, 2011 다 53683, 2012 다 1146, 2013 다 26746, 2012 다 13637.

4) 적합성 원칙과 관련하여 “은행은 환 헤지 목적을 가진 기업과 통화옵션계약을 체결함에 있어서 해당 기업의 예상 외화유입액, 자산 및 매출 규모를 포함한 재산상태, 환 헤지의 필요 여부, 거래목적, 거래 경험, 당해 계약에 대한 지식 또는 이해 정도, 다른 환 헤지 계약 체결 여부 등의 경영상황을 미리 파악한 다음, 그에 비추어 해당 기업에 적합하지 아니한 통화옵션계약의 체결을 권유

품은 고도의 금융공학적 지식을 활용하여 개발된 것으로 예측과 다른 상황이 발생하였을 경우에는 손실이 과도하게 확대될 위험성이 내재되어 있고, 다른 한편 은행은 투자를 전문으로 하는 금융기관 등에 비하여 더 큰 공신력을 가지고 있어 은행의 권유는 기업의 의사결정에 강한 영향을 미칠 수 있으므로, 은행으로서는 위와 같이 위험성이 큰 장외파생상품의 거래를 권유할 때에는 다른 금융기관에 비하여 더 무거운 고객 보호의무를 부담한다고 하였다.

3. 적정성의 원칙

(1) 의 의

적정성의 원칙이란 금융투자업자가 일반투자자에게 투자권유를 하지 않고 투자성 상품[1]을 판매하려는 경우에 이것이 일반투자자에게 적정하지 아니한 경우에는 그 사실을 일반투자자에게 알리고 확인을 받아야 한다는 원칙이다(금소 18조 1항).

이 원칙에 따라 금융투자업자는 비록 고객이 직접 금융상품의 매입을 요청하여도 그 적정성 여부를 평가·고지하지 않고는 그 상품판매를 하여서는 안 된다.

적정성의 원칙은 EU 금융상품투자지침에 의하여 2007년 도입된 원칙이다. 영국에서도 투자권유가 없거나 투자자가 희망하는 상품을 지정해온 이른바 주문집행거래의 경우에도 일종의 적합성의 원칙과 유사한 판단이 필요하다는 적정성 원칙을 도입하였다.[2]

적합성의 원칙이 투자권유시에 요구되는 주의의무임에 반하여 적정성의 원칙은 투자권유가 없는 경우에 적용된다는 점에서 차이가 있다. 투자자가 투자권유를 받지 않는 경우에도 투자자의 상황에 비추어 과도한 위험성이 있는 투자결정을 할

하여서는 안 된다. 만약 은행이 이러한 의무를 위반하여 기업의 경영상황에 비추어 과대한 위험을 초래하는 통화옵션계약을 적극적으로 권유하여 이를 체결하게 한 때에는, 이러한 권유행위는 이른바 적합성의 원칙을 위반하여 고객에 대한 보호의무를 저버리는 위법한 것으로서 불법행위를 구성한다."고 판시하였다. 그리고 기업의 과실을 이유로 한 과실상계 가부에 대하여 "불법행위로 인한 손해의 발생 또는 확대에 관하여 피해자에게도 과실이 있는 때에는 가해자의 손해배상 범위를 정함에 있어 당연히 이를 참작하여야 하고, 가해행위가 사기, 횡령, 배임 등의 영득행위인 경우 등 과실상계를 인정하게 되면 가해자로 하여금 불법행위로 인한 이익을 최종적으로 보유하게 하여 공평의 이념이나 신의칙에 반하는 결과를 가져오는 경우에만 예외적으로 과실상계가 허용되지 않는다. 그런데 은행의 적합성의 원칙 및 설명의무 위반행위는 이러한 영득행위에 해당한다고 할 수 없으므로, 기업 측 과실은 손해배상 범위를 정함에 있어 참작함이 상당하다."고 하였다.

1) 온라인소액투자중개의 대상이 되는 증권 등 대통령령으로 정하는 투자성 상품은 제외한다(금융소비자보호법 17조 2항 2호).

2) 김건식·정순섭, 전게서, 775면.

때에는 투자자 보호의 관점에서 금융투자업자는 그 위험을 확인하고 투자자에게 알려주어야 할 의무를 부담하게 된다는 것이다.

(2) 적용대상

이 조항의 적용대상이 되는 금융투자상품은 구자본시장법(구 자금 46조의 2)에 의할 때[1] 파생상품과 위험성이 큰 것으로 ① 파생결합증권. 다만, 발행과 동시에 투자자가 지급한 금전 등에 대한 이자 등 과실만이 해당 기초자산의 가격·이자율·지표·단위 또는 이를 기초로 하는 지수 등의 변동과 연계된 증권은 제외한다. ② 자본시장법 제93조 제 1 항에 따른 집합투자기구의 집합투자증권. 다만, 금융위원회가 정하여 고시하는 집합투자기구의 집합투자증권은 제외한다. ③ 집합투자재산의 100분의 50을 초과하여 파생결합증권(① 단서에 따른 증권은 제외한다)에 운용하는 집합투자기구의 집합투자증권이다(자금시 52조의 2 1항).

(3) 투자자정보 확인의무

금융투자업자는 일반투자자의 투자목적·재산상황 및 투자경험 등에 비추어 해당 파생상품 등이 그 일반투자자에게 적정하지 아니하다고 판단되는 경우에는 그 사실을 알리고, 일반투자자로부터 서명, 기명날인, 녹취, 전자우편 또는 그밖에 이와 유사한 전자통신, 우편, 전화자동응답시스템의 방법으로 확인을 받아야 한다(금소 18조 2항).

4. 설명의무

(1) 서 설

자본시장의 건전한 발전을 위해서는 투자자에 대한 보호가 필요하고, 이는 자본시장법의 주요목적이기도 하다. 반면에 금융투자상품 시장은 항상 위험이 존재하고 이러한 위험을 감수하고 시장에 참가한 투자자는 자신의 투자결정에 대하여 책임을 져야 한다. 다만 일반투자자들은 정보수집이나 정보분석능력이 떨어지므로 투자전문가인 금융투자업자의 임·직원의 조언에 따라 투자를 행하는 것이 일반적이다. 이때 이들을 보호하기 위하여 금융투자업자가 투자권유를 함에 있어서 주어지는 주의의무의 하나로 설명의무가 인정된다.

설명의무는 투자자와 금융투자업자 간에 지식·정보자체를 대등하게 하는 것은 불가능하지만 적어도 투자자가 자기결정에 대해서 자기책임이 납득될 수 있는 정보가 금융투자업자에 의해서 제공되어야 한다는 점을 근거로 한다. 즉 투자자가 투자

1) 추후 금융소비자보호법 시행령에서 정하는 투자성 상품이 대상이 될 것이다.

결정을 위해서 충분한 정보를 가지지 못한 경우에 보호된다는 것에 그치지 않고, 투자자와 거래를 하는 금융투자업자 측에 정보를 제공할 적극적인 의무를 인정하여 그 의무의 위반의 경우에 금융투자업자의 책임을 부여한다는 관점에서 인정된 의무이다.

설명의무는 구증권거래법상으로도 증권거래의 공정성과 투자자 보호라는 증권거래법의 목적으로부터 그 존재를 인정할 수 있었지만, 자본시장법에서는 그 의무를 명문화하였다가 「금융소비자보호법」으로 이전하게 되었다.

(2) 설명의무의 의의

금융투자업자는 일반투자자를 상대로 투자성 상품에 대한 투자권유를 하는 경우에는 금융투자상품의 내용, 투자에 따르는 위험 등을 일반투자자가 이해할 수 있도록 설명하여야 할 의무를 부담한다(금소 19조).

금융투자업자는 위에 따른 설명을 함에 있어서 투자자의 합리적인 투자판단 또는 해당 금융투자상품의 가치에 중대한 영향을 미칠 수 있는 사항을 거짓 또는 왜곡(불확실한 사항에 대하여 단정적 판단을 제공하거나 확실하다고 오인하게 할 소지가 있는 내용을 알리는 행위를 말한다)하여 설명하거나 중요사항을 누락하여서는 아니 된다(금소 19조 3항).

설명의 정도에 대해서 대법원은 "어느 정도의 설명을 하여야 하는지는 당해 수익증권의 특성 및 위험도의 수준, 고객의 투자경험 및 능력 등을 종합적으로 고려하여 판단하여야 한다."면서, 투자신탁 수익증권을 판매하는 은행 직원이 고객에게 수익증권의 매수를 권유하면서 중도 환매가격에 대한 명확한 설명을 하지 않았으나, 고객이 그 후 중도 환매가격이 당초 이해한 것과 다르다는 설명을 듣고 신속한 환매를 권유받았음에도 중도 환매요청을 하지 않은 채 수익증권을 계속 보유함으로써 만기에 원금 대부분을 상실하는 손해를 입은 사안에서 "투자신탁 수익증권을 판매하는 은행 직원이 파생금융상품이나 이에 투자하는 투자신탁 수익증권을 매수한 경험이 없는 고객에게 신탁재산의 대부분을 파생금융상품인 주가지수연계증권(ELS)에 투자하는 투자신탁 수익증권의 매수를 권유하면서 중도 환매가격에 대하여 오해를 불러일으킬 수 있는 부실한 표시가 기재된 상품설명서를 제공하고, 그 환매가격에 대한 명확한 설명을 하지 않음으로써 고객으로 하여금 중도 환매 시 지급받을 수 있는 환매가격에 관하여 오해하게 하였다면, 이는 고객이 올바른 정보를 바탕으로 합리적인 투자판단을 할 수 있도록 고객을 보호하여야 할 주의의무를 위반한 것으로 고객에 대하여 불법행위를 구성한다."고 판시하였고,[1] 또한 "일반적으로 공사채형 투자신탁의 경우 투자에 따르는 위험과 관련하여 투자권유자는 채권시장의 시가 변동에 의한 위험, 발행주체의 신용 위험, 그리고 만약 외국채권을 신탁재산에 편입하는 때에는 환시세의 변동에 의한 위험이 존재하고 이로 인하여 원본 손실의 가능성이 있다는 사실 등을 설명하여야 할 것이다."고 하였다.[1)]

그러나 "금융기관이 일반 고객과 선물환거래 등 전문적인 지식과 분석능력이 요구되는 금융거래를 할 때에는, 상대방이 그 거래의 구조와 위험성을 정확하게 평가할 수 있도록 거래에 내재된 위험요소 및 잠재적 손실에 영향을 미치는 중요 인자 등 거래상의 주요 정보를 적합한 방법으로 설명할 신의칙상의 의무가 있다고 할 것이나, 계약자나 그 대리인이 그 내용을 충분히 잘 알고 있는 경우에는 그러한 사항에 대하여서까지 금융기관에게 설명의무가 인정된다고 할 수는 없다."고 하여 설명의무의 적용에 대한 제한을 인정하였다.[2)3)]

(3) 설명사항

금융투자상품의 내용, 투자에 따르는 위험뿐만 아니라 ① 대통령령으로 정하는 투자성 상품의 경우 대통령령으로 정하는 기준에 따라 금융상품직접판매업자가 정하는 위험등급 ② 그밖에 금융소비자가 부담해야 하는 수수료 등 투자성 상품에 관한 중요한 사항으로서 대통령령으로 정하는 사항도 설명해 주어야 한다(금소 19조 1항 1호 나목).

(4) 투자자의 확인

금융투자업자는 설명한 내용을 일반투자자가 이해하였음을 서명, 기명날인, 녹취, 전자우편, 그밖에 이와 비슷한 전자통신, 우편, 전화자동응답시스템의 방법 중 하나 이상의 방법으로 확인을 받아야 한다(금소 19조 2항).

---

1) 대판 2010. 11. 11, 2008 다 52369.

1) 대판 2003. 7. 11, 2001 다 11802: 투자신탁회사의 직원들이 고객에게 투자신탁 재산의 운용방법이나 투자계획 등에 관하여 구체적으로 설명하지 아니한 채 단순히 특별한 고수익상품이라는 점만을 강조하면서 수익증권의 매입을 적극 권유한 경우, 고객보호의무를 게을리 한 것으로 불법행위가 성립한다고 하였다.

2) 대판 2010. 11. 11, 2010 다 55699.

3) 최근 키코사건과 관련한 대법원 판례(대판 2013. 9. 26, 2011 다 53683, 2012 다 1146, 2013 다 26746, 2012 다 13637)에서 설명의무에 대하여 "금융기관은 당해 금융상품의 특성 및 위험의 수준, 고객의 거래목적, 투자경험 및 능력 등을 종합적으로 고려하여 고객이 거래상 주요 정보를 충분히 이해할 수 있을 정도로 설명하여야 한다. 특히 당해 금융상품이 고도의 금융공학적 지식에 의하여 개발된 것으로서 환율 등 장래 예측이 어려운 변동요인에 따라 손익의 결과가 크게 달라지는 고위험 구조이고, 고객의 예상 외화유입액 등에 비추어 객관적 상황이 환 헤지 목적보다는 환율변동에 따른 환차익을 추구하는 정도에 이른 것으로 보이는 경우라면, 그 거래의 위험성에 대하여 고객이 한층 분명하게 인식할 수 있도록 구체적이고 상세하게 설명할 의무가 있다."고 하였다.

(5) 손해배상책임

1) 의　　의

자본시장법에서는 설명의무위반에 대한 손해배상책임의 규정을 두어 설명의무의 이행을 강제하고 있다. 특히 손해액의 추정에 관한 규정을 두고 있는데, 이는 금융투자상품에 대한 전문적 지식이 떨어지는 투자자가 스스로 그 손해액을 증명해야 한다면 투자자가 자신의 권리구제에 적극적으로 임하기 어렵게 될 가능성이 있으므로 이를 구제하기 위해서 두어진 규정이다.

2) 내　　용

금융투자업자는 설명의무에 위반한 경우 이로 인하여 발생한 일반투자자의 손해를 배상할 책임이 있다(자금 48조, 금소 19조 1항, 3항). 이는 민법상 불법행위의 요건을 갖추지 못한 경우에도 손해배상책임을 인정한 것으로서 그 성질은 법정책임이라고 보겠다. 또한 손해액에 대한 추정규정을 두어서 투자권유와 손해사이에 인과관계가 없다는 증명책임을 금융투자업자가 부담하게 된다.

▶ 참조판례

"기업어음(cp)의 거래에 있어서 신용등급은 그 기업어음의 가치에 중대한 영향을 미치는 중요정보에 해당하므로, 증권회사가 고객에게 거래의 대상인 기업어음의 신용등급을 제대로 고지하지 않았다면, 달리 고객이 이미 그 신용등급을 알고 있었다거나 신용등급을 제대로 고지하였더라도 그 기업어음을 매수하였으리라는 등의 특별한 사정이 없는 한, 이로써 고객보호의무 위반으로 인한 손해배상책임이 성립한다."(대판 2006. 6. 29, 2005 다 49799).

5. 부당권유의 금지

(1) 부당권유행위의 의의

금융투자업자는 투자권유를 함에 있어서 부당한 방법을 이용할 수 없는 것으로서, 부당권유행위의 규제는 투자권유시에만 적용이 되므로 다음에 보는 투자광고 등의 경우에는 적용되지 않는다.

이러한 부당권유의 금지는 일정한 행위유형을 정하여 금융투자업자에 대해서 그러한 불공정행위를 하지 못하도록 규제하는 것으로서, 권유를 함에 있어서 투자자의 상황이 고려되는 것은 아니다.

부당권유금지에 관한 자본시장법 규정은 삭제되고 금융소비자보호법 제21조에서 규정하고 있다. 구증권거래법상 부당권유행위 등의 금지에 관한 규정에 있었던 손실보전 등의 금지에 관한 규정은 자본시장법 제55조에서 따로 정하고 있다.

(2) 부당권유의 유형

1) 부당권유의 금지

금융투자업자가 투자권유를 함에 있어서 불확실한 사항에 대하여 단정적 판단을 제공하거나 확실하다고 오인하게 할 소지가 있는 내용을 알리는 행위와 금융상품의 내용을 사실과 다르게 알리는 행위가 금지된다(금소 21조 1호, 2호). 위 사항은 설명의무위반의 사유가 되기도 한다(금소 19조 3항). 이처럼 동일한 행위유형에 대한 다른 규정의 적용이 인정되어 양자의 관계가 문제될 수 있는데, 설명의무위반이 인정되면 당사자는 손해배상추정규정의 적용을 받게 되고, 부당권유금지에 위반하면 손해배상추정규정은 적용되지 않지만 3년 이하의 징역 또는 1억원 이하의 벌금이라는 형사책임의 대상이 된다(자금 445조 6호).

그 외 금융상품의 가치에 중대한 영향을 미치는 사항을 미리 알고 있으면서 금융소비자에게 알리지 아니하는 행위와 금융상품 내용의 일부에 대하여 비교대상 및 기준을 밝히지 아니하거나 객관적인 근거 없이 다른 금융상품과 비교하여 해당 금융상품이 우수하거나 유리하다고 알리는 행위도 규제의 대상이다(금소 21조 3호, 4호).

2) 불초청투자권유의 규제[1]

투자자가 원하지 않는데도 적극적으로 투자권유를 하게 되면 투자자의 사생활의 침해를 가져오게 된다. 따라서 투자자로부터 투자권유의 요청을 받지 아니하고 방문·전화 등 실시간 대화의 방법을 이용하는 행위는 금지된다(금소 21조 6호 가목). 다만 모든 금융투자상품이 이 규제의 적용을 받게 되면 금융투자업자의 영업활동이 크게 제한받게 되므로, 장외파생상품과 같이 위험성이 높은 금융투자상품에 한하여 이 규정이 적용되며, 증권, 장내파생상품에 대한 투자권유시에 이 규정의 적용은 제외된다(자금시 54조 1항).

3) 재권유 금지

투자권유를 받은 투자자가 이를 거부하는 취지의 의사를 표시하였음에도 불구하고 투자권유를 계속하는 행위는 금지된다(금소 21조 6호 나목). 이는 투자결정에

---

1) 외국의 입법례를 보면 영국 FSA 56, 호주 FSRA 992A, 992AA, 일본 금융상품거래법 제38조 3호 등을 들 수 있다. 변재호 등, 「자본시장법」, 지원출판사, 2009, 210면.

있어서 투자자의 자유로운 의사결정을 보장하고 건전한 거래질서를 확보하기 위한 것이다.

여기서 투자자 보호 또는 건전한 거래질서를 해할 우려가 없는 경우에는 규제의 대상에서 제외되는데, 그 예로 ① 투자성 있는 보험계약에 대하여 투자권유를 하는 행위 ② 투자권유를 받은 투자자가 이를 거부하는 취지의 의사를 표시한 후 금융위원회가 정하여 고시하는 기간(1개월)이 지난 후에 다시 투자권유를 하는 행위 ③ 다른 종류의 금융투자상품에 대하여 투자권유를 하는 행위를 들 수 있다(자금시 54조 2항).

(3) 부당권유금지위반과 민사책임

1) 의 의

투자자의 피해구제를 위해서는 금융투자업자와 임·직원에 대해서 민사책임을 추궁하는 것이 유용할 것인데, 그 방안으로는 민법 제750조에 의한 불법행위가 성립한다고 하여 그 책임을 묻는 방법을 모색할 수 있을 것이다.[1)]

이 때 불법행위의 성립을 위해서는 위법성이 요구되는데, 특히 주의의무위반이나 규제위반의 경우 바로 위법성을 인정할 수 있을 것인가가 문제된다. 이하에서는 이러한 불법행위책임을 추궁함에 있어서 제기되는 문제점을 검토하기로 한다.

2) 규제위반과 위법성

부당권유행위는 자본시장법상 금지되고 있는데, 이러한 부당권유행위의 금지에 관한 규정을 위반한 경우 바로 위법성을 인정할 수 있을 것인가에 대해서는 찬·반양론이 있다.

대법원은 이익보장약정에 따른 주식거래를 한 후 손해가 발생하여 투자자가 증권회사에 대하여 불법행위에 의한 손해배상청구를 한 사안에서 "증권회사 직원이 투자수익보장약정의 위법성을 설명하지 않은 것이 원고들에게 불법행위를 구성한다고 보기 어렵다는 원심의 판단에 잘못이 없다"고 판시하였다.[2)]

이에 반하여 부당권유에 관한 사항은 아니지만, 자본시장법 제71조(불건전 영업

---

1) 자본시장법 제55조에서 보는 이익보장약정에 의한 투자권유의 경우에도 이익보장약정자체는 무효로 보지만 수탁계약자체는 유효로 하고 불법행위책임을 묻을 수 있다. 불법행위에 의해 유효한 계약이 성립될 수 있는가라는 의문을 제기하는 견해도 있지만, 대체로 투자자 보호라는 관점에서 불법행위책임의 추궁을 긍정하고 있다. 河本一郎, "證券·商品取引の 不當勸誘と 不法行爲責任", 「商事法の解釋と展望」(上柳克郎還暦記念), 有斐閣(1984), 494면 이하.

2) 김건식 교수는 부당권유행위의 불법행위성립에 대하여 보다 적극적으로 판단하고 있다. 김건식, "證券會社職員의 利益保證約定과 投資者의 救濟", 「민사판례연구」 제19집(1997), 박영사, 295면.

행위의 금지)와 관련하여 과당매매가 인정되면 일반적으로 위법성을 인정한다. 판례는 "포괄적 일임매매약정이 있는 경우에도 증권회사의 직원은 고객에 대하여 보호의무가 있어 선량한 관리자로서의 주의의무(충실의무)를 다하여야 할 것이고, 이를 위반하여 증권회사가 포괄적 일임매매약정을 하였음을 기화로 고객의 이익을 무시하고 회사의 영업실적만을 증대시키기 위하여 무리하게 빈번한 회전매매를 함으로써 고객에게 손해를 입힌 경우에는 불법행위가 된다."고 하였다.[1]

3) 위법성의 실질

우리나라 판례는[2] 이익보장약정에 의한 투자권유를 한 경우 "고객에 대한 보호의무를 져버린 경우"에 위법성을 인정하고 있다. 구체적으로 판례는 "증권회사의 임·직원이 강행규정에 위반된 이익보장으로 투자를 권유하였으나 투자결과 손실을 본 경우에 투자자에 대한 불법행위책임이 성립하기 위해서는 이익보장 여부에 대한 적극적 기망행위의 존재까지 요구하는 것은 아니라 하더라도, 적어도 거래경위와 거래방법, 고객의 투자상황(재산상태, 연령, 사회적 경험정도 등), 거래의 위험도 및 이에 관한 설명의 정도 등을 종합적으로 고려"하여야 하며, 위 보호의무의 위반의 기준으로서 "당해 권유행위가 경험이 부족한 일반투자자에게 거래행위에 필연적으로 수반되는 위험성에 관한 올바른 인식형성을 방해하거나 또는 고객의 투자상황에 비추어 과대한 위험성을 수반하는 거래를 적극적으로 권유한 경우"를 들고 있다.[3]

판례는 위법성을 판단함에 있어서 "거래경위와 거래방법, 고객의 투자상황(재산상태, 연령, 사회적 경험정도 등), 거래의 위험도 및 이에 관한 설명의 정도"등을 종합적으로 고려해야 한다고 하여, 금융투자업자의 임·직원에 대한 일정한 주의의무의 존재(적합성의 원칙, 설명의무 등)를 인정하고 있으나, 다만 그것은 위법성 판단을 위한 하나의 요소로서의 의미를 지닐 뿐이라고 보며, 이들을 종합적으로 검토하여 위법성 유무를 평가할 것이라고 한다.

이러한 관점에서 볼 때 위법성 유무를 판단함에 있어서 그 초점을 투자자가 아닌 금융투자업자의 임·직원이 일정한 한계를 벗어나서 영업활동을 했는가라는 점에 두어야 할 것이다. 즉, 일반적으로 금융투자업의 임·직원의 투자권유의 영업

1) 대판 1996. 8. 23, 94 다 38199; 동 2002. 3. 29, 2001 다 49128 등.
2) 대판 1994. 1. 11, 93 다 26205; 동 1996. 8. 23, 94 다 38199; 이와 관련하여 서울지법 남부지판 1997. 4. 30, 96 가합 11229에서는 투자자가 비록 금융기관이라고 하더라도 부당한 권유를 한 투신사에 대해서 고객에 대한 보호의무위반을 이유로 위법성을 인정하고 있다.
3) 대판 1996. 8. 23, 94 다 38199; 동 2007. 7. 12, 2006 다 53344 등: 판례가 제시한 보호의무기준에 대해서 큰 의미를 부여하는 견해로는, 권순일, "투자권유와 증권회사의 고객에 대한 보호의무", 「저스티스」 제31권 제 2 호(1998), 182면.

활동에는 어느 정도의 과장의 면이 있으므로, 이러한 규제위반의 행위가 사법상으로도 위법한 것이 되기 위해서는 사회적상당성의 흠결 즉 사회통념상 금융투자업자의 영업활동상 일반적으로 허용되는 한계를 넘어설 것이 요구된다고 하겠다.[1)]

(4) 손실보전·이익보장의 금지

1) 의 의

금융투자업자에게 금지되는 행위는 ① 투자자가 입을 손실의 전부 또는 일부를 보전하여 줄 것을 사전에 약속하는 행위 ② 투자자가 입은 손실의 전부 또는 일부를 사후에 보전하여 주는 행위 ③ 투자자에게 일정한 이익을 보장할 것을 사전에 약속하는 행위 ④ 투자자에게 일정한 이익을 사후에 제공하는 행위이다(자금 55조).

다만 자본시장법 제103조 제 3 항에 의한 신탁에 있어서는 손실의 보전 또는 이익의 보장과 관련하여 예외를 인정한다. 시행령에 따르면 원칙적으로 신탁업자의 손실의 보전이나 이익의 보장을 금지하면서, 연금이나 퇴직금의 지급을 목적으로 하는 신탁 중 금융위원회가 정하는 일부에 대해서 예외를 인정하고 있다(자금시 104조 1항).[2)]

▶ 참조판례

대법원은 손실보전·이익보장의 금지에 대하여 "이 규정은 손실보전 또는 이익보장의 약정이 위험관리에 의하여 경제활동을 촉진하는 증권시장의 본질을 훼손하고 안이한 투자판단을 초래하여 가격형성의 공정(公正)을 왜곡하는 행위로서 증권투자에 있어서의 자기책임원칙에 반하는 것이므로 이러한 부당권유행위를 금지하고, 더불어 증권회사가 거래경험과 지식이 부족한 일반 투자자들과의 증권거래에 있어서 존재하는 부당한 투자권유행위를 예방하기 위한 것이다."라며, A건설의 부족한 신용을 보강해 기업어음을 통한 자금조달을 용이하게 하기 위한 지급보증은 이를 투자와 관련한 손실보전 또는 이익보장약정이라고 볼 수는 없다고 하였다(대판 2005. 5. 13, 2003 다 57659).

---

1) 일본의 경우 판례는 일찍부터 규제위반이 위법한 것이 되기 위해서는 사회적 상당성의 일탈을 요구하고 있었고, 또한 규제는 사법상의 위법성을 판단함에 있어서 참조기준이라는 자세를 일관되게 취하고 있다. 清水俊彦, 전게논문, 26면; 東京地判 昭50.1.28. (判タ 323號 247면)에서는 "사회통념상 외무원의 외교활동상 일반적으로 허용된 범위를 넘었기 때문에 불법행위의 성립요건으로서 위법성을 가진다."고 판시하였다.

2) 금융위원회 규정에 따를 때 손실의 보전을 허용하는 경우는 다음의 경우이다(금융투자업규정 4-82조). ① 신노후생활연금신탁(노후생활연금신탁을 포함) ② 연금신탁(신개인연금신탁 및 개인연금신탁을 포함) ③ 퇴직일시금시탁

2) 사법상의 효력

일본에 있어서 금융투자거래에 있어서 이익보장 등은 공서양속위반으로 무효가 된다는 것이 통설[1]·판례[2]의 입장이다.

우리나라에서도 대체로 무효라는 입장을 취하고 있다.[3] 그 논거는 일본에서와 마찬가지로 공서양속위반행위라는 것이다.[4]

보건대, 이는 부당권유행위에 대한 규제의 이유[5]와 관련하여 검토할 필요가 있다. 자본시장의 공정성확보라는 관점에서 보면, 소량의 거래를 하는 투자자라 할지라도 책임있는 투자판단의 형성이 중요하고, 그것이 자본시장을 지킨다는 공익에 연결된다는 점을 인식할 필요가 있으므로 공정한 가격형성을 왜곡하는 투자권유[6]를 배제하고 규제의 실익을 얻기 위해서는 이익보장에 의해 고객이 얻은 이익을 취득할 수 없도록 무효설을 취해야 할 것이다.

판례도 이익보장약정의 무효를 인정하고 있는 바, 그 무효의 근거로 사회질서위반을 들고 있다. 판례의 태도를 보면 "증권회사 등이 고객에 대하여 증권거래와 관련하여 발생한 손실을 보전하여 주기로 하는 약속이나 그 손실보전행위는 위험관리에 의하여 경제활동을 촉진하는 증권시장의 본질을 훼손하고 안이한 투자판단을 초래하여 가격형성의 공정을 왜곡하는 행위로서, 증권투자에 있어서의 자기책임원칙에 반하는 것이라고 할 것이므로, 정당한 사유 없는 손실보전의 약속 또는 그 실행행위는 사회질서에 위반되어 무효라고 할 것이다."고 하였다.[7] "피고회사의 영업

1) 河內隆史, "證券會社における 利益保證 および 損失保證", 「企業の 社會的 役割と商事法」(田中誠二追悼論文集), 經濟法令硏究會(1995), 451면; 여기에 대해서 "계약자체는 증권회사에 대해서 효력을 가지지만 이 계약에 의거해서 고객이 증권회사에 대해서 이행을 구하고, 증권회사가 이행을 하면 양자 모두 벌칙의 적용을 받게 되고, 또한 고객이 소를 제기하여도 법원은 계약의 이행을 인정해야 하는 것은 아니다."는 견해도 있다. 堀口 亙, "證券會社の 社會的 役割の 一考察", 「企業の 社會的 役割と 商事法」(田中誠二追悼論文集), 經濟法令硏究會(1995), 465면.

2) 東京地裁 平成 6.3.8. 判決(判タ 838號, 94면) 등.

3) 그러나 안문택 박사는 보증자체의 사법상의 효력에는 영향이 없다고 하고 있다. 안문택, 「증권거래법개론」, 박영사(1983), 372면.

4) 김건식, 전게논문, 289면; 이와 달리 그 이론적 근거를 사회질서에 반하는 약정이라는 점에 두는 견해도 있다. 김신, "投資收益保障約定의 效力", 판례연구 제8집(1998), 부산판례연구회, 273면.

5) 구 증권거래법 제52조 3호에서 "투자자의 보호 또는 거래의 공정을 저해하거나 증권업의 신용을 추락시키는 것"을 예시하고 있었으며, 구 자본시장법 제49조 5호에서 "투자자보호 또는 건전한 거래질서를 해할 우려가 있는 행위"를 들고 있었다.

6) 上村達男, "損失保證·損失補塡の 法律問題", 「商事法務」 1257號, 12면: 증권회사는 공정한 가격형성을 이끌 공적인 의무를 지고 있는데, 손실보증 등에 의한 증권투자는 시장가격형성을 왜곡하게 된다고 한다.

7) 대판 2001. 4. 24, 99 다 30718.

직에 있는 영업부장이 원고에게 월 4푼 정도의 이득금을 지급하기로 한 약정",[1] "증권회사가 고객과의 채권매매 위탁계약에 의하여 이루어지는 채권매매거래로 인하여 손실이 발생하였는지의 여부와는 관계없이 항상 그 예탁금에 대하여 금융기관의 금리보다 연 1% 정도가 높은 비율에 의한 이익금의 지급을 보장하기로 한 이익금 약정",[2] "투자신탁회사와 지역금융기관인 고객 사이에 재정경제부 장관의 승인을 받고 그 내용이 기재되어 사전인가된 수익증권에 의하지 않고 개별적으로 이루어진 수익보장약정"[3]도 무효라고 하였으며, "투자수익보장이 강행법규에 위반되어 무효인 이상 증권회사의 지점장에게 그와 같은 약정을 체결할 권한이 수여되었는지 여부에 불구하고 그 약정은 여전히 무효이므로 표현대리의 법리가 준용될 여지가 없다."고 판시하였다.[4]

이처럼 이익보장약정의 효력은 무효로 보지만 이익보장약정은 부수적 약정이므로 그로 인해 위탁계약자체가 무효로 되는 것은 아니라는 것이 판례의 태도이다.[5]

그리고 이익보장약정을 하고 투자권유를 한 경우 이에 따른 불법행위에 기한 손해배상청구가 가능할 것인가는 부당권유에 의한 투자권유에서 논의한 바와 같이 투자자에 대한 보호의무에 위반한 경우에 위법성을 인정하고 그에 따른 책임을 묻는 것이 가능하다고 본다.

6. 투자권유준칙

(1) 의 의

금융투자업자의 임·직원의 투자권유는 다양한 형태로 이루어진다. 투자자 보호를 위해서 부당권유의 금지와 같이 투자권유를 함에 있어서 여러 가지 규제가 가해지지만, 다양하게 이루어지는 개별적 투자권유를 법령에서 세세하게 규정하기에는 어려움이 있다. 이 때 금융투자업자 스스로 일정한 기준을 정하고 이에 따라 내부적으로 투자권유에 대해 제한을 가하는 것이 자율성 보장의 측면에서 필요하고, 투자권유에 대한 좀 더 효율적인 규제방안이 될 수 있다. 이러한 취지에서 자본시

1) 대판 1997. 2. 14, 95 다 19140.
2) 대판 1980. 12. 23, 79 다 2156.
3) 대판 1998. 10. 27, 97 다 47989.
4) 대판 1996. 8. 23, 94 다 38199.
5) 대판 1996. 8. 23, 94 다 38199; 일본에서도 학설·판례는 대체로 유효하다는 입장을 취하고 있다. 河本一郎, 전게논문, 488면 이하; 河内隆史, 전게논문, 453면.

장법에서는 금융투자업자에 대해서 그 임·직원이 투자권유시에 준수하여야 할 구체적인 기준 및 절차를 정하고 이를 공시하도록 하고 있다.

(2) 내 용

금융투자업자는 투자권유준칙을 마련하고 이를 공시하여야 한다(자금 50조 1항, 2항). 한국금융투자협회는 투자권유준칙과 관련하여 금융투자업자가 공통으로 사용할 수 있는 표준투자권유준칙을 제정할 수 있다(자금 50조 3항). 협회의 표준투자권유준칙에 따르면 투자자를 안정형, 안정추구형, 위험중립형, 적극투자형, 공격투자형으로 분류하고 금융투자상품을 초고위험, 고위험, 중위험, 저위험, 초저위험으로 분류한 뒤 특정 유형의 투자자가 투자할 수 있는 금융투자상품의 범위를 제한하고 있다.

7. 투자권유대행인

투자권유대행인은 금융투자회사로부터 위탁을 받아 투자자에게 투자권유를 하는 자이다. 투자권유대행인을 통하여 투자자가 금융투자회사의 영업점을 방문하지 않고도 금융투자상품을 매수할 수 있게 됨으로써 투자자의 금융투자상품에 대한 보다 다양한 접근이 가능하게 되었다. 오늘날 전자매체를 통한 거래 등 영업점을 방문하지 않고 이루어지는 새로운 형태의 거래가 많아짐으로써 투자권유대행인의 역할이 더욱 커질 것으로 예상된다. 자본시장법에서는 투자권유대행인에 대해서 등록제를 채택함으로써 금융투자업자의 책임을 명확히 하고자 하였다. 등록된 투자권유대행인이 어떠한 명칭을 사용하든 영업소 이외의 장소에서 투자권유를 하는 경우에는 금융투자업자의 수임인의 지위에 서게 됨으로서 그 권유행위에 대해서 금융투자업자가 책임을 지게 된다.

투자권유대행인제도는 외국의 경우에 이미 이용되고 있는 판매권유자(Introducing Broker)[1)]제도를 모델로 한 것으로, 우리나라의 경우도 간접투자증권 취득권유인 제도를 2005년 「간접투자자산운영업법」 시행령 및 시행규칙에 도입하였고, 이를 2007년 「간접투자자산운영업법」상으로도 제도화 하였다.

투자권유대행인은 금융투자업자의 위탁을 받아 금융투자상품 판매의 중개업무만을 수행하는 자이다. 금융투자업자와 투자권유대행인 사이의 대행계약은 위탁자

---

1) 미국의 경우에는 1920년대부터 등록대리인(Registered Representative)이 존재하였으며 등록대리인은 자율규제기관인 뉴욕증권거래소(NYSE)와 전미증권업협회(NASD)의 감독을 받고 있다. 한국증권업협회, 「자본시장통합법 해설서」, 2007, 224면.

인 금융투자업자의 요청으로 투자권유대행인이 금융투자상품에 대한 투자권유업무를 대행하고 그 대가로 일정한 수수료를 받는 것으로서 위임에 속한다.

그런데 2008년도 세계 금융위기를 계기로 무분별한 투자권유로부터 투자자 보호의 필요성이 더욱 강조되게 되었고, 이를 반영하여 투자권유대행인은 위험성이 큰 파생상품에 대한 투자권유는 하지 못하도록 하였다(자금 51조 1항).

투자권유대행인은 법인이 아닌 개인으로 한정한다. 투자권유대행인은 금융투자업자가 금융위원회에 등록을 하여야 투자권유를 할 수 있다(자금 51조 3항). 또한 이미 다른 금융투자업자에 등록된 자는 투자권유대행인의 자격이 인정되지 않으며 투자권유대행인은 특정 금융투자업자에게 전속하여야 한다(자금 51조 1항 1호).

투자권유대행인에 대한 행위규제의 규정을 두고 있는데, 금융투자업자는 투자권유대행인 외의 자에게 투자권유를 대행하게 하여서는 아니 된다(자금 52조 1항). 또한 직무관련 정보의 이용금지, 손실보전 등의 금지에 관한 규정이 적용되며(자금 52조 6항), 구 자본시장법상 인정되었던 적합성의 원칙, 적정성의 원칙, 설명의무, 부당권유의 금지도 준용된다고 하였으나, 위의 자본시장법 규정이 삭제되어 투자권유대행인의 금지행위에서 제외하고 있다. 그러나 금융투자업자에 대한 위의 주의의무는 「금융소비자보호법」상 인정되므로 투자권유대행인도 여전히 그 주의의무를 부담하는 것으로 본다.

Ⅶ. 투자광고의 규제

자본시장법에서는 금융투자업자의 광고가 무분별하게 이루어져 투자자의 투자판단에 오인을 가져오는 것을 방지하기 위해서 광고규제를 도입하였다. 투자광고는 투자권유와 구별되는 것으로, 투자권유는 특정 투자자를 상대로 금융투자상품의 매매 등을 권유하는 행위임에 반하여, 투자광고는 불특정 투자자를 상대로 한다는 점에서 차이가 난다. 투자권유의 경우 적합성의 원칙, 설명의무 등 보다 엄격한 규제가 가해짐에 반하여, 투자광고의 경우 위와 같은 의무가 부과되면 사실상 광고가 불가능해지므로 그 의무의 적용을 받지 않는다.

투자광고에는 당해 금융투자업자의 명칭, 금융투자상품의 내용, 당해 금융투자상품의 투자에 따르는 위험, 그밖에 대통령령이 정하는 사항 등이 표시되어야 하며(자금 57조 2항), 금융투자업자가 집합투자증권에 대하여 투자광고를 하는 경우 ① 집합투자증권을 취득하기 전에 투자설명서 또는 간이투자설명서를 읽어 볼 것을 권고하는 내용 ② 집합투자기구는 운용결과에 따라 투자원금의 손실이 발생할 수 있으며, 그 손실은 투자자에게 귀속된다는 사실 ③ 집합투자기구의 운용실적을 포함하여 투자광고를 하는 경우에는 그 운용실적이 미래의 수익률을 보장하는 것은 아니라는 내용이 포함되도록 하여야 하며, 집합투자기구의 명칭, 집합투자기구의 종류에 관한 사항, 집합투자기구의 투자목적 및 운용전략에 관한 사항, 그밖에 집합투자증권의 특성 등을 고려하여 대통령령으로 정하는 사항 외의 사항을 투자광고에 사용하여서는 아니 된다(자금 57조 3항).

Ⅷ. 직무관련 정보의 이용금지 등

1. 직무관련 정보의 이용금지

금융투자업자는 업무특성상 고객의 정보를 비롯한 다양한 정보를 취급하게 된다. 이 때 금융투자업자가 직무상 알게 된 미공개정보를 이용하여 금융투자거래를 하는 것은 이와 같은 정보를 알지 못하는 일반투자자의 희생 하에 부당한 이득을 얻는 불공정거래가 되기 때문에 이를 규제하는 것이다.

금융투자업자는 직무상 알게 된 정보로서 외부에 공개되지 아니한 정보를 정당한 사유 없이 자기 또는 제삼자의 이익을 위하여 이용하지 못한다(자금 54조 1항). 또한 금융투자업자 및 그 임직원은 정보교류 차단의 대상이 되는 정보를 정당한 사유 없이 본인이 이용하거나 제삼자에게 이용하게 하여서는 아니 된다(자금 54조 2항).

금융위원회는 금융투자업자 및 그 임직원이 제54조 제 2 항을 위반한 경우에는 그 금융투자업자, 임직원 및 정보교류 차단의 대상이 되는 정보를 제공받아 이용한 자에게 그 위반행위와 관련된 거래로 얻은 이익(미실현 이익을 포함한다) 또는 이로 인하여 회피한 손실액의 1.5배에 상당하는 금액 이하의 과징금을 부과할 수 있다(자금 428조 4항).

금융투자업자가 직무상 알게 된 정보는 투자자의 매매주문동향 등과 같은 거래와 관련된 정보도 있을 것이고, 당해 금융투자업자의 내부정보를 비롯한 특정법인에 대한 내부정보도 있을 것이다. 특정법인에 대한 내부정보와 관련하여 만일 금융투자업자가 특정 법인에 대하여 법령에 의한 허가·인가·지도·감독 기타의 권한을 가지거나, 특정 법인과 계약을 체결하고 있거나, 체결을 교섭하고 있는 경우에는 준내부자가 되며, 내부자로부터 중요한 미공개정보를 전달받은 경우에는 정보수령자로서 역시 내부자에 속하게 된다.

어떤 경우이든 내부자의 미공개중요정보의 이용행위는 자본시장법 제174조상의 내부자거래의 규제대상이 된다. 다만 내부자거래의 규제대상이 되기 위해서는 중요성의 기준을 충족하여야 하며, 내부자가 2차 정보수령자인[1] 경우에는 규제의 대상이 되지 않는다. 내부정보의 이용이 내부자거래의 규제요건을 충족하지 못하여 규제의 대상에서 제외되어도 이는 이 조항의 규제 대상에는 포함될 수 있다. 따라서 이 조항은 내부자거래규제의 보완작용을 하는 면도 있다.

2. 계약서류의 교부 및 계약의 해제

자본시장법에서는 금융투자업자에 대해서 계약서류 교부의무를 부과하고(자금 59조 1항), 투자자에게는 조건없는 계약해제권을 부여함으로써 투자자를 보호하고자 한다. 계약서류 교부의무는 모든 금융투자업자에게 부과되는 것으로서 투자자로 하여금 계약내용을 확인할 수 있게 하여 부당한 계약체결을 방지하고자 하는 것이다.

계약해제(Cooling-Off) 제도란 투자자에게 금융투자상품 거래계약체결 후 일정기간 내에 무조건적인 해제권을 부여하는 것이다. 즉 투자자에게 일정한 숙려기간 내지 냉각기간을 부여하여 계약을 해제할 수 있도록 한 것이다. 계약해제제도는 보험과 같은 경우에도 인정되고 있지만 금융투자상품의 경우에는 그 시장가치가 급변하므로 계약해제제도를 모든 금융투자상품 거래계약에 적용하기는 어렵다. 예를 들면 투자일임계약을 체결하고 나서 주식과 관련된 상품을 구입한 후 시장가격하락으로 손해를 본 경우에 이 제도를 이용할 수 있도록 하면 해제의 효과가 소급하게 되어 금융투자업자가 부당하게 손해를 입을 수 있다. 따라서 그 적용범위를 제한하는 것이다. 시행령에 따르면 계약해제권은 투자자문계약을 맺은 경우에 한하여 인정된다(자금시 61조 2항).

금융투자업자와 계약을 체결한 투자자는 계약서류를 교부받은 날부터 7일 이내에 계약의 해제를 할 수 있다(자금 59조 2항).

---

1) 제1차 정보수령자로부터 미공개내부정보를 다시 전달받은 제2차 정보수령자가 증권의 매매 그 밖의 거래와 관련하여 전달받은 당해 정보를 직접 이용하는 경우에만 제1차 정보수령자가 처벌대상이 되고(2차 정보수령자는 처벌대상 아님), 제2차 정보수령자가 그 정보를 직접 이용하지 않고 다시 다른 사람에게 전달하여 이용하게 하는 경우에는 제1차 정보수령자도 처벌대상이 아니다(대판 2002. 1. 25, 2000도90).

3. 임·직원의 금융투자상품 매매

(1) 의 의

종래 증권거래법상 증권회사의 임원 및 직원은 증권저축의 경우를 제외하고 누구의 명의로 하든지 본인의 계산으로 유가증권의 매매거래 또는 그 위탁을 못하였다(구 증권거래법 42조). 그러나 미국, 일본 등 외국에서 임·직원의 자기매매는 원칙적으로 허용하되 내부통제장치를 강화하는 규제의 틀을 갖추고 있는 것을 반영하여,[1] 자본시장법에서는 금융투자업자의 임·직원의 금융투자상품에 대한 자기매매를 원칙적으로 허용하는 방향으로 입법하게 되었다.

(2) 대상 금융투자업자

여기에서 대상이 되는 금융투자업자에는 겸영금융투자업자가 포함된다(자금 63조 1항). 다만 은행, 보험회사, 한국산업은행, 중소기업은행, 한국수출입은행, 종합금융회사, 자금중개회사, 외국환중개회사, 한국주택금융공사 등의 경우에는 금융투자업의 직무를 수행하는 임·직원에 한한다(자금시 64조 1항).

(3) 대상 금융투자상품

금융투자업자의 임·직원의 자기매매에 있어서 규제의 대상이 되는 금융투자상품은 다음과 같다(자금시 64조 2항).

① 증권시장에 상장된 지분증권(자본시장법 제178조에 따른 장외거래 방법에 의하여 매매가 이루어지는 주권을 포함하며, 자본시장법 제9조 제18항 제2호에 따른 투자회사의 주권과 투자유한회사·투자합자회사·투자합자조합·투자익명조합의 지분증권은 제외한다)

② 증권시장에 상장된 증권예탁증권(상장된 지분증권과 관련된 증권예탁증권만 해당한다)

③ 주권 관련 사채권으로서 상장된 지분증권이나 상장된 증권예탁증권과 관련된 것

④ 상장된 지분증권, 상장된 증권예탁증권이나 이들을 기초로 하는 지수의 변동과 연계된 파생결합증권

⑤ 장내파생상품

⑥ 상장된 지분증권, 상장된 증권예탁증권이나 이들을 기초로 하는 지수의 변동과 연계된 장외파생상품

---

1) 재정경제부, 「자본시장과 금융투자업에 관한 법률 제정안」(2006. 12. 28), 89면.

(4) 내부통제

금융투자업자의 임·직원의 자기매매는 허용되지만 다음과 같은 내부통제기준을 충족하여야 한다(자금 63조 1항).

첫째, 자기의 명의로 매매할 것.

둘째, 투자중개업자 중 하나의 회사(투자중개업자의 임·직원의 경우에는 그가 소속된 투자중개업자에 한하되, 그 투자중개업자가 그 임·직원이 매매하려는 금융투자상품을 취급하지 아니하는 경우에는 다른 투자중개업자를 이용할 수 있다)를 선택하여 하나의 계좌를 통하여 매매할 것.

셋째, 매매명세를 분기별(투자권유자문인력, 자본시장법 제286조 제 1 항 제 3 호 나목의 조사분석인력 및 투자운용인력의 경우에는 월별로 한다)로 소속 금융투자업자에게 통지할 것.

넷째, 그밖에 불공정행위의 방지 또는 투자자와의 이해상충의 방지를 위하여 대통령령으로 정하는 방법 및 절차를 준수할 것.

4. 손해배상책임

(1) 의 의

자본시장법에서는 금융투자업자가 법령위반 등의 행위를 한 경우에 투자자에 대한 손해배상책임을 인정한다. 금융투자업자의 위법행위로 손해를 본 경우에 투자자는 민사상 불법행위에 기한 손해배상청구를 할 수 있지만 자본시장법에서는 투자자보호를 위하여 그 요건을 완화하여 금융투자업자의 손해배상책임을 인정하고 있다. 여기서 손해배상청구를 위한 요건으로서 위법성을 요구하지 않는 것 등에 비추어 이 조항의 책임은 법정책임이라고 볼 수 있다. 위 규정의 성질을 법정책임이라고 보았을 때 민사상 불법행위에 기한 손해배상책임과는 청구권경합의 관계에 서게 된다.

그러나 투자자의 입장에서는 요건이 완화된 자본시장법 규정에 의한 책임을 물을 것이고, 자본시장법 규정위반의 경우 금융투자업자는 항상 손해배상책임을 부담할 가능성이 존재하게 되어 그 부담은 가중이 된다.

(2) 내 용

금융투자업자는 법령·약관·집합투자규약·투자설명서에 위반되는 행위를 하거나 그 업무를 소홀히 하여 투자자에게 손해를 발생시킨 경우에는 그 손해를 배상할 책임이 있다. 다만 투자매매업 또는 투자중개업과 집합투자업을 함께 영위함에 따라 발생하는 이해상충과 관련된 경우에 한하여 예외를 인정하여 자본시장법 제37조 제 2 항(투자자의 이익을 해하면서 자기가 이익을 얻거나 제삼자가 이익을 얻는 행위의 금지), 제44조(이해상충의 관리), 제45조(정보교류의 차단), 투자매매업자 및 투자중개업자에 관한 제71조(불건전영업행위의 금지), 집합투자업자에 대한 제85조(불건전영업행위의 금지)에 위반한 경우에 그 금융투자업자가 상당한 주의를 하였음을 증명하거나 투자자가 금융투자상품의 매매, 그 밖의 거래를 할 때에 그 사실을 안 경우에는 배상의 책임을 지지 아니한다(자금 64조 1항).

이 조항의 제정과 관련하여 금융투자업자의 이해상충과 관련된 특칙의 마련에 대한 견해의 대립이 있었다. 금융투자업자의 겸영을 허용해 주는 대신, 금융투자업자가 고객의 이익을 증진하기 위한 행위였다는 것에 대한 증명을 해야 한다는 견해, 증명책임을 전환하면 남소의 우려가 있다는 견해, 이해상충행위로부터 투자자를 보호하여야 한다는 당위론과 금융투자업자의 사내겸영을 자유화해야 한다는 취지를 조화롭게 절충하여야 한다는 견해가 제시되기도 하였다.[1] 자본시장법 제64조의 규정은 위 견해들을 절충한 것으로서 금융투자업자의 무과실의 증명에 의한 면책을 인정하고 있다.

이 조항은 손해배상책임에 관한 일반규정이므로 손해배상책임에 관한 별도의 규정을 두고 있는 경우에는 적용되지 않는다.[2] 예를 들어 증권신고서나 투자설명서와 관련된 사항의 경우에는 자본시장법 제125조에서 거짓의 기재 등으로 인한 배상책임에 관하여 규정하고 있으므로 이 경우에만 손해배상책임이 인정된다고 보아야 한다.

금융투자업자의 책임이 인정되는 경우에 임원에게도 귀책사유가 있으면 양자는 연대책임이 인정된다(자금 64조 2항).

---

1) 증권업협회, 전게서, 313면.

2) 설명의무위반에 따른 손해배상책임(자금 48조), 증권신고서나 투자설명서의 거짓의 기재 등으로 인한 손해배상책임(자금 125조), 공개매수에 있어서 중요사항에 관하여 거짓의 기재 또는 표시가 있거나 중요사항이 기재 또는 표시되지 않은 경우(자금 142조), 사업보고서의 거짓기재(자금 162조), 미공개중요정보 이용행위(자금 175조), 시세조종행위에 따른 배상책임(자금 177조), 부정거래행위 등에 의한 배상책임(자금 179조), 투자권유대행인의 금지행위위반에 대한 책임(자금 52조 5항) 등의 경우에는 개별규정에 따른다.

제 2 절 금융투자업자별 영업행위규제

Ⅰ. 투자매매업자 및 투자중개업자

1. 매매형태의 명시

투자매매업자 또는 투자중개업자는 투자자로부터 금융투자상품의 매매에 관한 청약 또는 주문을 받는 경우에는 사전에 그 투자자에게 자기가 투자매매업자인지 투자중개업자인지를 밝혀야 한다(자금 66조). 금융투자업자가 투자매매업자인 경우에 투자자와 대립되는 지위에 서게 되고, 금융투자업자의 손익은 매매가에 의하여 결정된다. 이에 반하여 투자중개업자인 경우에는 금융투자업자의 수익은 수수료수입이며, 매매가로 인한 손익은 투자자에게 귀속될 뿐이다.

금융투자업자가 투자매매업자로서 매매주문 등을 받는 경우에 자신의 이익을 극대화하게 거래를 유인할 동기가 더욱 강해지고, 이러한 이해관계의 차이로 인하여 투자자의 이익이 침해될 가능성이 커지게 된다. 투자자의 입장에서도 금융투자상품을 매매하는 경우에 거래 상대방이 누구인가에 따라 그 신뢰의 정도가 차이가 날 수 있기 때문에 투자매매업자인가 투자중개업자인가 여부가 의미를 가진다. 이 때 매매형태를 사전에 명시하여 이에 대한 고객의 의사를 확인시킴으로써 금융투자업자의 기회주의적인 행동을 예방할 수 있게 된다.

이 규정은 훈시규정으로 볼 것이므로, 금융투자업자가 매매형태 명시의무에 위반한 경우에도 그 거래가 당연히 무효가 되는 것은 아니다.[1]

다만 벌칙규정이 적용되어 자본시장법 제66조를 위반하여 사전에 자기가 투자매매업자인지 투자중개업자인지를 밝히지 아니하고 금융투자상품의 매매에 관한 주문을 받은 자는 1년 이하의 징역 또는 3천만원 이하의 벌금에 처한다(자금 446조 11호).

2. 자기계약의 금지

(1) 의 의

투자매매업자 또는 투자중개업자는 금융투자상품에 관한 같은 매매에 있어 자신이 본인이 됨과 동시에 상대방의 투자중개업자가 되어서는 아니된다(자금 67조).

1) 임재연, 전게서, 202면.

민법 제124조에서는 대리인의 자기계약을 금지하고 있는데, 이는 대리인이 직접 당사자의 지위를 동시에 가지게 되면 본인의 이익보다는 자기의 이익을 우선시할 가능성이 있게 되므로 이를 금지하는 것이다. 투자중개업자는 위탁매매를 하는 것으로서 타인간의 매매를 주선하는 것을 업으로 하게 된다. 이때 위탁자와 위탁매매인의 관계는 위임으로서 이에 대한 자기계약을 금지하는 것은 위 민법규정과 같은 취지로 볼 수 있다. 즉 투자중개업자에 있어서 자신이 거래상대방이 된다는 것은 마치 투자매매업자로서 자기매매를 하는 것과 같게 된다. 금융투자상품의 가격은 수시로 변화되므로 투자매매업자 또는 투자중개업자가 자기매매나 위탁매매에 대한 선택이 가능하다면 투자자의 이익을 희생시키고 자신의 이익을 추구할 가능성이 있게 되므로 이를 금지하는 것이다.

투자매매업자가 동시에 상대방의 투자중개업자가 되는 경우도 위탁자에 대한 자기매매를 하는 것으로서 위와 같은 구조가 된다.

(2) 자기계약금지에 대한 예외

공정한 시세가 형성되는 금융투자상품의 경우에는 자기계약 금지의무를 적용할 필요가 없다. 따라서 투자중개업자가 투자자로부터 증권시장 또는 파생상품시장에서의 매매의 위탁을 받은 경우에는 자기계약의 금지 규정이 적용되지 않는다(자금 67조 단서). 이는 상법상 위탁매매인은 거래소의 시세가 있는 물건의 매매에 대하여 직접상대방이 될 수 있는 전면적 개입권을 가지는 것(상 107조)과 같은 취지의 규정이다. 이에 대하여 금융투자상품은 상법 제107조에서 말하는 "거래소의 시세 있는 물건"에 해당함에도 불구하고 투자매매업자나 투자중개업자의 개입권을 인정하지 않는다."고 해석하고 있으나,[1] 위 단서에서 시장을 통하여 매매하는 경우 등에 예외를 인정하는데, 이는 거래소의 시세가 있는 경우에 개입권을 인정하는 취지로 보인다.[2]

또한 시행령에 따르면 ① 투자매매업자 또는 투자중개업자가 자기가 판매하는 집합투자증권을 매수하는 경우 ② 투자매매업자 또는 투자중개업자가 다자간매매체결회사를 통하여 매매가 이루어지도록 한 경우 ③ 그밖에 공정한 가격 형성과 매

1) 증권법학회, 전게서, 314면. 구자본시장법에서는 단서 조항을 두고 있지 않아서 본문만 볼 때 개입권을 부정하기가 쉬우나, 구자본시장법 제68조(시장매매의무)에서 "투자중개업자는 투자자로부터 증권시장 또는 파생상품시장에서의 매매의 위탁을 받은 경우에는 반드시 증권시장 또는 파생상품시장을 통하여 매매가 이루어지도록 하여야 한다. 이 경우 제67조를 적용하지 아니한다."고 규정하므로, 기본규정의 취지는 동일하다고 생각된다. 다만 개정법하에서는 시행령에서 자기계약금지의 예외범위를 넓히고 있다는 특색이 있다.

2) 반대: 임재연, 전게서, 208면.

매, 거래의 안정성과 효율성 도모 및 투자자의 보호에 우려가 없는 경우로서 금융위원회가 정하여 고시하는 경우도 자기계약금지에 대한 예외를 인정하는데, ①의 경우 집합투자증권의 수익성은 자산운용사의 운용에 따르고, 판매가격도 법정되므로[1] 집합투자증권의 시세의 변동[2]에 따라 투자자가 손해를 입을 우려가 없기 때문이며, ②의 경우 거래소와 같은 의미를 가지므로 이때도 공정한 거래소의 시세가 형성된다는 점에서 예외를 인정한다.

3. 최선집행의무

(1) 의 의

구자본시장법에서는 "투자중개업자는 투자자로부터 증권시장 또는 파생상품시장에서의 매매의 위탁을 받은 경우에는 반드시 증권시장 또는 파생상품시장을 통하여 매매가 이루어지도록 하여야 한다."(구 자금 68조)고 하여 시장매매의무에 관하여 규정하고 있었으나, 개정 자본시장법에서는 이를 삭제하고 최선집행의무에 관한 규정을 도입하고 있다(자금 174조).

최선집행의무는 고객의 주문의 대상으로 된 금융투자상품이 복수의 시장에서 거래되는 경우에 고객이 특정 시장을 지정하지 않는 한, 금융투자업자는 고객에게 유리한 조건으로 거래할 수 있는 시장에서 매매를 성립시켜야 하는 의무이다. 자본시장법에서는 신의성실의무에 대하여 규정하고 있는데(자금 37조), 최선집행의무는 고객에 대한 성실의무가 거래를 집행하는 국면에서 구체화된 것이다.

개정전 자본시장법에서의 시장매매의무에 관한 규정의 취지는 금융투자상품의 거래를 거래소에 집중시켜 거래의 원활을 도모하며 시장에서의 금융투자상품의 수급을 조절하고 공정한 가격형성을 확보하기 위함이었다.[3] 이와 달리 최선집행의무는 복수의 거래소시장의 존재를 전제로 하는데, 개정 자본시장법상 복수의 거래소시장의 개설이 가능하게 됨으로써 최선집행의무에 관한 규정을 두게 되었다. 개정 자본시장법에서 거래소에 관한 법정 설립주의를 대신하여 거래소 허가제를 도입하는 한편, 다자간매매체결회사 및 거래소 허가제의 도입 등에 따라 금융투자상품시

1) 집합투자증권의 판매가격이 법정되어, 투자매매업자 또는 투자중개업자는 집합투자증권을 판매하는 경우 투자자가 집합투자증권의 취득을 위하여 금전 등을 납입한 후 최초로 산정되는 기준가격으로 판매하여야 한다. 다만, 투자자의 이익을 해할 우려가 없는 경우로서 대통령령으로 정하는 경우에는 대통령령으로 정하는 기준가격으로 판매하여야 한다(자금 76조).

2) 상장되어 거래되는 상장지수펀드(ETF)와 같은 경우 "증권시장 또는 파생상품시장에서의 매매의 위탁을 받은 경우"에 해당되어 자기계약금지에 대한 예외가 인정될 것이다.

3) 김건식, 「증권거래법」, 두성사(2006), 411면.

장의 개념을 정의하면서 현행 거래소 유사시설 금지조항을 무허가 시장개설금지 조항으로 대체함으로써, 복수의 시장을 통한 경쟁을 유도하고 있다.[1] 따라서 이전의 한국거래소가 독점적 지위를 유지하고 있을 때에는 최선집행의무에 관한 규정을 두어 규제할 이유가 없었지만, 이제는 투자자에 대한 보호의무로서 최선집행의무에 대하여 규정할 필요성이 있게 되었다.

외국의 입법례를 보면 EU 등에서 시장 간의 경쟁을 도모하려는 목적에서 시장매매원칙을 폐지하고 최선집행의무를 도입하였다.[2] 일본의 경우도 2004년 증권거래법 개정에서 거래소와 사설거래시스템의 경쟁 조건을 평등하게 함과 동시에 증권회사의 "최량집행의무"를 법정하고 거래소거래원칙도 폐지하였으며,[3] 이후 「금융상품거래법」도 이를 답습하고 있다.[4]

(2) 의무의 내용

1) 최선집행기준의 설정

금융투자업자는 금융투자상품의 매매에 관한 투자자의 청약 또는 주문을 처리하기 위하여 대통령으로 정하는 바에 따라 최선집행기준을 마련하고 이를 공표하여야 한다(자금 68조 1항). 즉 금융투자업자는 투자자의 주문에 대하여 최선의 거래의 조건으로 집행하기 위한 방침 및 방법을 정해야 할 의무를 부담하게 된다.

최선집행기준을 설정한 경우 투자매매업자 또는 투자중개업자는 최선집행기준에 따라 금융투자상품의 매매에 관한 청약 또는 주문을 집행하여야 한다(자금 68조 2항).

위 금융투자상품의 거래에서 시행령에서 정한 거래(자금시 66조의 2 1항)는 제외하게 되는데, 이에 따를 때 최선집행의무는 원칙적으로 복수의 시장에서 거래될 것으로 예정되는 상장증권 등에 한해서 적용되게 된다.

2) 의무위반의 효과

최선집행의무에 위반한 경우 금융투자업자는 투자자에 대하여 손해배상책임을 질 수 있다. 손해배상책임과 관련하여 최선집행인가 아닌가를 판단함에 있어서는 집행가격이 중요한 의미를 지닌다. 그러나 집행의 신속성 및 확실성도 더하여 판단

---

1) 개정 자본시장법에서는 '제7편 한국거래소'는 '제7편 거래소'로 개정하였다.

2) EU의 금융상품시장 지침(Richtlinie 2004/39/EG des Euripäischen Parlaments und des Rates vom 21.4. 2004 über Märkte für Finnanzinstrumente: MiFID) Art. 21(Verpflichtung zur kundengünstigsten Ausführung von Aufträgen).

3) 일본 구 증권법 제43조의 2, 구 증권법 시행령 제16조의 2.

4) 일본 금상법 제40조의 2, 금상법 시행령 제16조의 6.

할 필요가 있다. 따라서 사후적으로 검토하여 가격만으로 볼 때 최선이 아니어도 이것만으로 최선집행의무의 위반으로 볼 것은 아니다. 다만 당해 금융투자상품에 있어서 집행시점에 있어서 다른 시장가격과 현저하게 차이가 나는 가격으로 거래를 성립시킨 경우에 금융투자업자는 고객에 대하여 손해를 배상할 책임이 있게 된다.

4. 자기주식의 예외적 취득

과거에는 자기주식의 취득은 출자의 환급이 된다는 이유 등으로 이를 엄격히 제한하였으나. 지금은 자기주식의 취득에 대한 제한이 완화되어 상장여부를 가리지 않고 배당가능이익의 범위 내에서는 자기주식의 취득이 가능하게 되었다(상 341조). 다만 자기주식취득이 불공정거래에 이용될 수 있으므로 그 취득의 방법을 다음의 방법으로 제한한다(자금 165조의 2 2항). ① 증권시장에서 취득하는 방법 ② 공개매수의 방법 ③ 신탁계약에 따라 자기주식을 취득한 신탁업자로부터 신탁계약이 해지되거나 종료된 때 반환받는 방법. 다만, 신탁업자가 해당 법인의 자기주식을 ① 또는 ②에 따라 취득한 경우만 해당한다.

투자매매업자나 투자중개업자의 자기주식취득의 방법도 위와 같이 제한된다. 그런데 증권시장에서는 단위미만의 거래가 되지 않으므로 거래단위미만의 주식을 보유한 투자자의 경우에 이를 매도하기에 어려움을 겪을 수 있다. 이러한 상황을 감안하여 자본시장법에서는 투자매매업자는 투자자로부터 그 투자매매업자가 발행한 자기주식으로서 증권시장의 매매 수량단위 미만의 주식에 대하여 매도주문을 받은 경우에는 이를 증권시장 밖에서 취득할 수 있도록 하였다(자금 69조). 이 경우 취득한 자기주식은 취득일로부터 3개월 이내에 처분하여야 한다(자금 69조, 자금시 67조).

5. 임의매매의 금지

(1) 의　　의

임의매매란 투자매매업자 또는 투자중개업자가 투자자나 그 대리인으로부터 금융투자상품의 매매의 청약 또는 주문을 받지 아니하고 투자자로부터 예탁받은 재산으로 금융투자상품의 매매를 하는 것을 말한다(자금 70조). 이는 투자매매업자나 투자중개업자의 직원이 고객의 위탁 또는 위임 없이 고객의 재산으로 금융투자상품에 대한 거래행위를 하는 것으로서 위법성이 크다.

임의매매는 다음에 보는 바와 같이 형법 제356조상의 업무상 배임죄에 해당할 가능성이 있다. 그러나 배임이 성립하기 위해서는 당해 직원에게 자기의 행위가 임무에 반하며 타인에게 손해를 가한다는 점에 대하여 고의가 있어야 하는데, 횡령을 위한 임의매매가 아닌 경우에는 '고의'가 인정되기 어렵다.[1] 따라서 자본시장법에서 이를 규제하고, 그 위반에 대한 처벌규정을 두어 5년 이하의 징역 또는 2억 이하의 벌금에 처하도록 하였다(자금 444조 7호).

(2) 매매결과의 귀속과 추인

투자매매업자나 투자중개업자의 임의매매가 있는 경우에 증권시장에서 그 매매가 무효로 되는 것은 아니다. 그러나 투자자가 투자매매업자나 투자중개업자에 대하여 거래를 추인하지 않는 한 그 매매결과가 투자자에게 귀속되지는 않는다.

임의매매에 대한 추인이 가능할 것인가에 대하여는 본조가 투자자보호를 위한 규정이라는 점에서 일반적으로 이를 인정하고 있다.[2] 대법원은 묵시적 추인도 가능하다는 입장이다.[3]

추인과 관련하여 무단매수 후 투자자의 매도위탁에 의하여 매도한 경우에는 투자자가 무단매입에 대하여 묵시적 추인을 한 것으로 해석될 수 있으나, 묵시적 추인은 제한적으로 인정하여야 한다. 판례에서는 "증권회사의 고객이 그 직원의 임의매매를 묵시적으로 추인하였다고 하기 위하여는 자신이 처한 법적 지위를 충분히 이해하고 진의에 기하여 당해 매매의 손실이 자기에게 귀속된다는 것을 승인하는 것으로 볼 만한 사정이 있어야 할 것이고, 나아가 임의매매를 사후에 추인한 것으로 보게 되면 그 법률효과는 모두 고객에게 귀속되고 그 임의매매행위가 불법행위를 구성하지 않게 되어 임의매매로 인한 손해배상청구도 할 수 없게 되므로, 임의매매의 추인, 특히 묵시적 추인을 인정하려면, 고객이 임의매매 사실을 알고도 이의를 제기하지 않고 방치하였는지 여부, 임의매수에 대해 항의하면서 곧바로 매도를 요구하였는지 아니면 직원의 설득을 받아들이는 등으로 주가가 상승하기를 기다렸는지, 임의매도로 계좌에 입금된 그 증권의 매도대금(예탁금)을 인출하였는지 또는 신용으로 임의매수 한 경우 그에 따른 그 미수금을 이의 없이 변제하거나, 미수금 변제독촉에 이의를 제기하지 않았는지 여부 등의 여러 사정을 종합적으로 검토하여 신중하게 판단하여야 할 것이다."라고 판시하였다.[4]

이렇게 추인이 인정되므로 투자자로서는 투자매매업자나 투자중개업자에 대하

---

1) 김건식·정순섭, 전게서, 591면.
2) 증권법학회, 전게서, 319면, 임재연, 전게서, 205면, 김건식, 전게서, 437면.
3) 대판 2003. 12. 26, 2003 다 49542.
4) 대판 2002. 10. 11, 2001 다 59217.

여 거래를 추인하여 유효를 주장하거나, 거래가 고객에 대하여는 무효임을 전제로 거래대금상당액의 예탁금의 반환 혹은 원물반환을 청구할 수 있다.[1)]

(3) 투자자의 구제

1) 손해배상청구권

(가) 의 의

임의매매를 한 경우에는 채무불이행 또는 불법행위에 해당할 수 있다. 판례도 대체로 불법행위의 성립을 인정하고,[2)] 채무불이행 성립을 인정한 경우[3)]도 있다. 또한 자본시장법에서는 금융투자업자가 법령위반 등의 행위를 한 경우에 투자자에 대한 손해배상책임을 인정한다(자금 64조). 금융투자업자의 위법행위로 손해를 본 경우에 투자자는 민사상 불법행위에 기한 손해배상청구를 할 수 있지만, 자본시장법에서는 투자자보호를 위하여 그 요건을 완화하여 금융투자업자의 손해배상책임을 인정하고 있으므로 이 규정에 의한 손해배상책임의 가능성도 있게 된다.[4)]

(나) 손해배상의 기준시점

주가는 항상 변동하므로 손해액 산정의 기준시점을 언제로 할 것인가에 따라 손해배상액도 차이가 날 수 있다. 이에 대하여 임의매매시를 기준으로 하여야 한다는 견해는 손해배상채권의 내용은 원칙적으로 채권의 발생시, 즉 손해의 발생시를 기준으로 한다는 점을 논거로 한다. 이에 반하여 사실심변론종결시를 기준으로 하여야 한다는 견해는 투자자에게 피해가 없었던 상태로 돌리는 것이 손해배상의 이상이라고 한다.[5)]

투자자의 입장에서는 주가가 변동하므로 어느 한 견해를 취하는 것이 항상 유리하다고 볼 수는 없다. 임의매매와 관련하여 판례는 손해액의 산정은 처분시의 시가를 기준으로 결정하되 처분후의 주가상승으로 인한 손해는 특별손해로 본다고 하여,[6)] 처분시를 기준시점으로 삼고 있다.

---

1) 임재연, 전게서, 205면.

2) 대판 1993. 9. 28, 93 다 26618 외.

3) 대판 1994. 9. 9, 93 다 40256.

4) 여기서 손해배상청구를 위한 요건으로서 위법성을 요구하지 않는 것 등에 비추어 이 조항의 책임은 법정책임이라고 볼 수 있다. 이 규정의 성질을 법정책임이라고 보았을 때 민사상 불법행위에 기한 손해배상책임과는 청구권경합의 관계에 서게 된다(통설·판례).

5) 권순일, "증권회사 담보유가증권 보관·처분의 법률관계", 「상사판례연구(Ⅲ)」, 박영사, 1996, 459면.

6) 대판 1993. 9. 28, 93 다 26618; 동 1995. 10. 12, 94 다 16786; 동 2000. 11. 24, 2000 다 1327; 동 2006. 1. 26, 2002 다 12659 등.

㈐ 손해액의 산정

임의매매에 있어서 손해액은 임의매매가 없었던 상태에 투자자가 가지고 있던 주식평가액 및 예탁금 등의 잔고와 임의매매를 한 이후의 상태, 즉 고객이 임의매매사실을 알고 문제를 제기할 당시에 가지게 된 주식평가액 및 예탁금 등의 잔고의 차액이다.[1)]

판례는 무단매도로 인한 손해배상액에 대하여 무단처분시의 가격이 통상의 손해이고, 처분 후의 주가상승으로 인한 손해는 특별손해로 보고 있다. 따라서 불법행위자인 증권회사의 직원이 주가상승을 알았거나 알 수 있었던 경우에 한하여 손해배상책임이 인정되므로[2)] 다음에 보는 원물반환청구권을 행사하는 것이 유리하다.

투자매매업자나 투자중개업자가 고객의 주식을 임의로 처분함으로써 이들 주식으로부터 발생하였을 배당금을 수령하지 못한 경우와 신주발행이 있었으나 이를 인수하지 못한 경우에 이를 손해액의 산정에 포함시킬 수 있을 것인가도 문제된다. 배당금의 지급이나 무상신주를 배정 받을 권리는 주주권에 속하므로, 이를 받지 못함으로써 투자자가 입은 손해는 통상의 손해로 보아 손해액의 산정에 포함해야 할 것이다.[3)]

유상신주에 대해서는 달리 보아야 한다는 견해가 있다.[4)] 유상신주는 주주가 꼭 인수하는 것이 아니기 때문에 손해의 발생여부는 상당히 유동적이라고 할 수 있다. 다만 유상신주의 발행가격이 시가보다 현저히 낮아 투자자가 신주인수를 할 것으로 예상된 경우에는 그 차액이 특별손해에 해당한다고 볼 수 있으므로, 투자매매업자나 투자중개업자가 위 사정을 알거나 알 수 있었을 경우에 한하여 손해배상청구가 가능하다.[5)]

임의매매로 이득이 발행한 경우, 판례는 이득에 대하여 "증권회사 직원이 고객의 계좌를 이용하여 고객의 위임이 없이 임의로 주식거래를 함으로써 이득이 발생하였다고 할지라도 고객이 그 거래를 추인하면 그로 인한 이득은 적법하게 고객에

---

1) 대판 2003. 12. 26, 2003 다 49542.

2) 판례는 "불법행위자가 주식을 처분할 때 그와 같은 특별한 사정을 알았거나 알 수 있었고, 또 고객이 주식의 가격이 올랐을 때 주식을 매도하여 그로 인한 이익을 확실히 취득할 수 있었던 경우에 한한다."고 하였다(대판 2007. 6. 14, 2004 다 4553 등). 이에 따라 투자자가 특별손해를 배상받을 수 있는 경우는 사실상 거의 없을 것이라고 한다. 김건식·정순섭, 전게서, 593면.

3) 김건식, "고객의 주식을 보관하는 증권회사의 의무", 「상사판례연구(Ⅲ)」, 박영사, 1996, 500면; 권순일, 전게논문, 461면; 대판 1991. 5. 24, 90 다 14416.

4) 권순일, 상게논문, 462면, 판례도 달리 취급하고 있다. 대판 1991. 5. 24, 90 다 14416.

5) 권순일, 상게논문, 462면, 김건식교수는 유상신주의 경우에도 증권회사가 손해배상의무를 진다고 본다. 김건식, 전게논문, 500면.

게 귀속되는 것이므로 그 이득을 가지고 불법행위로 인한 손해산정에 있어서 손익상계를 할 수는 없다."고 판시하였다.[1]

2) 증권의 반환청구권

투자매매업자나 투자중개업자가 투자자의 증권을 임의로 처분한 후 주가가 상승한 경우에 주가 상승분은 특별손해로 배상을 받기가 어렵다. 이 때 투자자가 손해배상청구를 하는 대신에 주식의 반환을 청구할 수 있는가가 문제된다. 투자자는 임의매매의 효과를 무효로 볼 수 있으므로 원상회복청구권의 행사 즉 주식의 반환을 요구할 수 있다고 할 것이다.[2] 판례도 주권반환청구를 인정하고 있다.[3]

위와 반대로 투자매매업자나 투자중개업자가 투자자의 증권을 임의로 처분한 후 주가가 하락한 경우에 투자매매업자나 투자중개업자쪽에서 증권을 반환하는 것이 가능한가도 문제된다. 이에 대하여 투자자는 임의매매가 없었다면 주식의 계속보유로 주가하락에 따른 손실을 입었을 것이므로 투자매매업자나 투자중개업자도 금전배상 대신에 주식을 반환함으로써 채무를 면할 수 있다고 보기도 한다.[4] 그러나 이 견해에 의하면 주가가 지속적으로 하락한 경우에도 투자자가 그 손실을 떠안아야 하는데, 투자매매업자나 투자중개업자의 임의매매로 투자자의 입장에서는 증권을 보유하지 못하여 주식하락에 적절히 대응할 수 없는 입장에 있었는데도 주가하락으로 인한 손해를 투자자에게 부과하는 것은 부당하다.

판례도 신용거래 약정이 있는 경우에 증권회사가 증권을 임의로 처분한 사안에서, "원고의 손해는 특별한 사정이 없는 한 금전으로 배상하여야 한다."고 하여 주식의 반환에 대해서는 부정한다.[5]

(4) 업무상 배임죄의 성립

업무상 배임죄가 성립하기 위해서는 주관적으로 배임행위의 결과 본인에게 재산상의 손해가 발생 또는 발생될 염려가 있다는 인식과 자기 또는 제 3 자가 재산상의 이득을 얻는다는 인식이 있으면 족한 것이고, 자신의 행위가 임무에 반하며 본인에게 재산상의 손해를 가한다는 의사나 자기 또는 제 3 자에게 재산상의 이득을 얻게 하려는 목적까지는 요하지 않는다.

투자매매업자나 투자중개업자는 투자자에 대하여 선관주의의무에 따라 업무를

---

1) 대판 2003. 1. 24, 2001 다 2129.
2) 김건식·정순섭, 전게서, 593면; 증권법학회, 전게서, 322면; 권순일, 전게논문, 457면.
3) 대판 1992. 3. 27, 92 다 1698.
4) 권순일, 상게논문, 458면; 김건식·정순섭, 상게서, 594면.
5) 대판 1994. 9. 9, 93 다 40256.

처리해야 할 지위에 있다고 할 수 있다. 그런데 임의매매의 경우 유가증권의 시세 변동으로 인하여 고객에게 손해가 발생될 염려가 있다는 인식이 미필적으로나마 있었다고 할 것이고, 금융투자업자는 매매거래로 인한 수수료를 이득으로 취득할 것이므로 투자매매업자나 투자중개업자의 직원이 임의매매를 한 경우에는 특별한 사정이 없는 한 업무상 배임죄가 성립한다.

판례도 임의매매가 있는 경우에 증권회사에 대해서 특별한 사정이 없는 한 업무상 배임죄가 성립한다고 하였다.[1)]

▶ 참조판례: LBO와 업무상 배임

① "이른바 차입매수 또는 LBO(leveraged buy-out의 약어)란 일의적인 법적 개념이 아니라 일반적으로 기업인수를 위한 자금의 상당 부분에 관하여 피인수회사의 자산을 담보로 제공하거나 그 상당 부분을 피인수기업의 자산으로 변제하기로 하여 차입한 자금으로 충당하는 방식의 기업인수 기법을 일괄하여 부르는 경영학상의 용어로, 거래현실에서 그 구체적인 태양은 매우 다양하다. 이러한 차입매수에 관하여는 이를 따로 규율하는 법률이 없는 이상 일률적으로 차입매수 방식에 의한 기업인수를 주도한 관련자들에게 배임죄가 성립한다거나 성립하지 아니한다고 단정할 수 없는 것이고, 배임죄의 성립 여부는 차입매수가 이루어지는 과정에서의 행위가 배임죄의 구성요건에 해당하는지 여부에 따라 개별적으로 판단되어야 한다."며, 인수·합병 추진 계획이 있는 피인수회사의 이사로 취임한 甲이 미리 인수회사 그룹에 피인수회사의 매각업무에 관한 정보를 제공하고 인수회사의 대표이사 乙로부터 거액의 재산상 이익을 취득한 사안에서 배임죄 인정하였다(대판 2010. 4. 15, 2009 도 6634).

② "피인수회사로서는 주채무가 변제되지 아니할 경우에는 담보로 제공되는 자산을 잃게 되는 위험을 부담하게 되는 것이므로, 인수자가 피인수회사의 위와 같은 담보제공으로 인한 위험부담에 상응하는 대가를 지급하는 등의 반대급부를 제공하는 경우에 한하여 허용될 수 있다 할 것이다."며, 이른바 LBO 방식의 기업인수 과정에서, 인수자가 제 3 자가 주채무자인 대출금 채무에 대하여 아무런 대가 없이 피인수회사의 재산을 담보로 제공하였다면, 설사 주채무자인 제 3 자가 대출원리금 상당의 정리채권 등을 담보로 제공하고 있었다고 하더라도, 피인수회사로서는 이로 인하여 그 담보가치 상당의 재산상 손해를 입었다고 할 것이므로 배임

1) 대판 1995. 11. 21, 94 도 1598.

죄가 성립한다고 하였다(대판 2008. 2. 28, 2007 도 5987(동지: 대판 2012. 6. 14, 2012 도 1283)). ③ 회사정리절차에 있던 대상회사의 주식매수 및 신주인수 자금을 조달하기 위하여 피고인이 페이퍼 회사를 설립하고, 금융기관이 페이퍼 회사에 자금을 대여하여 피고인이 이 자금으로 주식매수 및 신주인수를 한 후 스스로 대상회사의 대표이사로 취임하여 대상회사의 자산을 자금을 대여한 금융기관에 담보로 제공한 경우에도 "부도로 인하여 회사정리절차가 진행 중인 주식회사의 경우에도 그 회사의 주주나 채권자들의 잠재적 이익은 여전히 보호되어야 한다."며 배임죄를 인정하였다(대판 2006. 11. 9, 2004 도 7027).[1]

④ "회사의 임원이 그 임무에 위배되는 행위로 재산상 이익을 취득하거나 제 3 자로 하여금 이를 취득하게 하여 회사에 손해를 가한 때에는 이로써 배임죄가 성립하고, 그 임무위배행위에 대하여 사실상 대주주의 양해를 얻었다거나, 이사회의 결의가 있었다고 하여 배임죄의 성립에 어떠한 영향이 있는 것이 아니며, 배임죄에 있어서 재산상 손해의 유무에 대한 판단은 본인의 전 재산 상태와의 관계에서 경제적 관점에 따라 판단되어야 하므로 법률적 판단에 의하여 당해 배임행위가 무효라 하더라도 경제적 관점에서 파악하여 본인에게 현실적인 손해를 가하였거나 재산상 실해 발생의 위험을 초래한 경우에는 재산상의 손해를 가한 때에 해당하여 배임죄를 구성한다."(대판 2000. 11. 24, 99 도 822).

6. 불건전 영업행위의 금지

(1) 의 의

자본시장법 제71조에서 투자매매업자 또는 투자중개업자에 대하여 일정한 불건전 영업행위를 하지 못하도록 금지하고 있다. 다만, 투자자 보호 및 건전한 거래질서를 해할 우려가 없는 경우로서 대통령령으로 정하는 경우에는 이를 할 수 있다.

(2) 선행매매의 금지

투자매매업자 또는 투자중개업자는 투자자로부터 금융투자상품의 가격에 중대한 영향을 미칠 수 있는 매수 또는 매도의 청약이나 주문을 받거나 받게 될 가능성

---

1) 이에 대하여 LBO에서 인수대상회사의 주식을 일부 취득한 경우에는 지배주주의 인수자금대출금채무에 관하여 피인수회사 자산을 담보로 제공하는 것은 소수주주의 이익을 침해하는 행위이므로 다른 특별한 사정이 없다면 전체로서의 주주의 이익을 위하여야 할 이사의 신인의무를 위반한 것으로서 원칙적으로 배임죄의 성립을 인정하여야 할 것이라는 견해도 있다. 윤영신, "차입매수(LBO)시 피인수회사의 자금을 담보로 제공하는 행위와 업무상배임", 「상사판례연구 7」, 박영사, 2007, 385면.

이 큰 경우 이를 체결시키기 전에 그 금융투자상품을 자기의 계산으로 매수 또는 매도하거나 제삼자에게 매수 또는 매도를 권유하는 행위를 하지 못한다(자금 71조 1호).

다만 다음의 경우에는 예외적으로 허용된다(자금시 68조 1항 1호). ① 투자자의 매매주문에 관한 정보를 이용하지 아니하였음을 증명하는 경우 ② 증권시장과 파생상품시장 간의 가격 차이를 이용한 차익거래, 그밖에 이에 준하는 거래로서 투자자의 정보를 의도적으로 이용하지 아니하였다는 사실이 객관적으로 명백한 경우

(3) 일임매매의 금지

1) 원칙적 금지

투자매매업자 또는 투자중개업자는 투자자로부터 금융투자상품에 대한 투자판단의 전부 또는 일부를 일임받아 투자자별로 구분하여 금융투자상품을 취득·처분, 그 밖의 방법으로 운용하는 행위를 하지 못한다(자금 71조 6호).

종래 증권거래법상으로는 "증권회사는 고객으로부터 유가증권의 매매거래에 관한 위탁을 받은 경우, 그 수량·가격 및 매매시기에 한하여 그 결정을 위임받아 매매거래를 할 수 있다. 이 경우 그 유가증권의 종류·종목 및 매매의 구분과 방법에 관하여는 고객의 결정이 있어야 한다."고 하여 일정범위 내에서의 일임매매를 허용하였다(구 증권거래법 107조). 그러나 실제 증권거래법에 따른 일임매매보다는 모든 매매의 결정을 증권회사에 위임하는 포괄적 일임매매가 성행하였고, 판례도 그 유효성을 인정하고 있었다.[1]

자본시장법에서는 종래 제한적으로 허용되던 일임매매의 유형도 원칙적으로 금지하고 있다.

2) 예외적 허용

자본시장법 제71조 제 6 호 단서 조항에서 "다만, 투자일임업으로서 행하는 경우와 제 7 조 제 4 항에 해당하는 경우에는 이를 할 수 있다."고 규정하고 있다. 따라서 투자매매업자 또는 투자중개업자가 투자일임업 등록을 한 경우와 투자중개업자가 따로 대가 없이 금융투자상품에 대한 투자판단의 전부나 일부를 일임받는 경우로서 "투자자가 금융투자상품의 매매거래일(하루에 한정한다)과 그 매매거래일의 총매수량이나 총매매금액을 지정한 경우로서 투자자로부터 그 지정 범위에서 금융투자상품의 수량·가격 및 시기에 대한 투자판단을 일임받은 경우" 등에는 일임매매를 할 수 있다(자금시 7조 2항).

---

1) 대판 1996. 8. 23, 94 다 38199 등.

3) 일임매매와 손해배상책임

종래의 포괄적 일임매매의 경우 충실의무 또는 보호의무위반을 이유로 손해배상청구권을 인정하는 것이 판례의 태도이다. 판례는 "금융투자업자가 일임매매약정을 하였음을 기화로 그 직원이 충실의무에 위반하여 투자자의 이익을 무시하고 회사의 영업실적의 증대를 위하여 무리하게 회전매매를 함으로써 투자자에게 손해를 입힌 경우에는 과당매매로서 불법행위가 성립한다."[1]고 하여, 충실의무 또는 보호의무에 위반하여 과당매매[2]를 한 경우에 불법행위의 성립을 인정하여 손해배상책임을 인정하였다.

자본시장법상으로는 일임매매가 예외적으로 허용되는 경우에 위 법리의 적용에 의한 손해배상책임이 인정될 것인가가 문제될 것이다.

▶ 참조판례: 과당매매에 있어서의 손해

① "과당매매의 불법행위로 인한 재산상의 손해는 위법한 가해행위로 인하여 발생한 재산상의 불이익, 즉 과당매매가 없었더라면 존재하였을 재산상태와 과당매매가 종료된 이후의 재산상태의 차이를 말한다."(대판 2006. 1. 26, 2002 다 12659 등)

② "과당매매가 없었더라면 존재하였을 재산 상태는, 정상적인 일임거래가 이루어졌을 경우의 투자위험이 반영되어야 하므로, 과당매매가 시작되는 시점의 예탁금 및 주식 등의 평가액으로부터, 주가지수 변동률 등을 사용하여 정상적인 일임거래가 이루어졌을 경우 발생되었을 것으로 예상되는 손실과 거래비용을 적절히 평가하여 이를 공제한 금액(정상거래 후 잔고)이라고 할 것이고, 결국 그 금액과 과당매매가 종료된 시점의 잔고(과당매매 후 잔고)의 차액을 과당매매로 인한 손해로 보아 이를 산정함이 원칙이라고 할 것이다."(대판 2007. 4. 12, 2004 다 38907)고 하였다.

---

1) 대판 2007. 7. 12, 2006 다 53344; 동 1997. 10. 24, 97 다 24603; 동 1996. 8. 23, 94 다 38199 등.

2) 과당매매인가 여부에 대하여 "고객 계좌에 대한 증권회사의 지배여부, 주식매매의 동기 및 경위, 거래기간과 매매횟수 및 양자의 비율, 매입주식의 평균적 보유기간, 매매주식 중 단기매매가 차지하는 비율, 동일 주식의 매입·매도를 반복한 것인지의 여부, 수수료 등 비용을 공제한 후의 이익 여부, 운용액 및 운용기간에 비추어 본 수수료액의 과다 여부, 손해액에서 수수료가 차지하는 비율, 단기매매가 많이 이루어져야 할 특별한 사정이 있는지의 여부 등 제반 사정을 참작하여 주식매매의 반복이 전문가로서의 합리적인 선택이라고 볼 수 있는지 여부를 기준으로 판단하여야 한다." 고 판시하였다(대판 2007. 4. 12, 2004 다 4980).

7. 신용공여

(1) 의 의

투자매매업자 또는 투자중개업자는 증권과 관련하여 금전의 융자 또는 증권의 대여의 방법으로 투자자에게 신용을 공여할 수 있다. 다만, 투자매매업자는 증권의 인수일부터 3개월 이내에 투자자에게 그 증권을 매수하게 하기 위하여 그 투자자에게 금전의 융자, 그 밖의 신용공여를 하여서는 아니 된다(자금 72조 1항). 인수와 관련하여 신용공여를 금지하는 것은 증권의 인수인이 된 투자매매업자가 인수한 증권을 투자자에게 신용공여를 하여 이를 취득하게 함으로써 인수에 따른 위험을 투자자에게 전가시키는 것을 방지하기 위한 것이다.

(2) 신용공여의 방법

투자매매업자 또는 투자중개업자는 ① 해당 투자매매업자 또는 투자중개업자에게 증권 매매거래계좌를 개설하고 있는 자에 대하여 증권의 매매를 위한 매수대금을 융자하거나 매도하려는 증권을 대여하는 방법 ② 해당 투자매매업자 또는 투자중개업자에 증권을 예탁하고 있는 자에 대하여 그 증권을 담보로 금전을 융자하는 방법으로 신용공여를 할 수 있다(자금시 69조 1항).

다만 투자매매업자 또는 투자중개업자가 전담중개업무를 제공하는 경우에는 ① 증권의 매매를 위한 매수대금을 융자하거나 매도하려는 증권을 대여하는 방법 ② 전담중개업무로서 보관·관리하는 집합투자재산인 증권을 담보로 금전을 융자하는 방법으로 그 전담중개업무를 제공받는 일반 사모집합투자기구에 대하여 신용을 공여할 수 있다(자금시 69조 2항).

8. 투자자예탁금의 별도예치

투자매매업자 또는 투자중개업자는 투자자예탁금(투자자로부터 금융투자상품의 매매, 그 밖의 거래와 관련하여 예탁받은 금전을 말한다)을 고유재산과 구분하여 증권금융회사에 예치 또는 신탁하여야 한다(자금 74조 1항). 이는 투자매매업자나 투자중개업자의 재산상태와 관계없이 투자자의 예탁자산을 보호하기 위한 것이다.

누구든지 예치기관에 예치 또는 신탁한 투자자예탁금을 상계·압류(가압류를 포함한다)하지 못하며, 투자자예탁금을 예치 또는 신탁한 투자매매업자 또는 투자중개업자(예치금융투자업자)는 대통령령으로 정하는 경우 외에는 예치기관에 예치 또는 신탁한 투자자예탁금을 양도하거나 담보로 제공하여서는 아니 된다(자금 74조 4항).

예치기관은 다음의 어느 하나에 해당하는 방법으로 투자자예탁금을 운용하여야 한다(자금 74조 7항). ① 국채증권 또는 지방채증권의 매수 ② 정부·지방자치단체 또는 대통령령으로 정하는 금융기관[1]이 지급을 보증한 채무증권의 매수 ③ 그 밖에 투자자예탁금의 안정적 운용을 해할 우려가 없는 것으로서 대통령령으로 정하는 방법[2]

9. 집합투자증권 판매 등에 관한 특례

(1) 의 의

투자매매업자 또는 투자중개업자는 집합투자증권을 판매하는 경우 투자자가 집합투자증권의 취득을 위하여 금전 등을 납입한 후 최초로 산정되는 기준가격으로 판매하여야 한다. 다만, 투자자의 이익을 해할 우려가 없는 경우로서 대통령령으로 정하는 경우에는 대통령령으로 정하는 기준가격[3]으로 판매하여야 한다(자금 76조).

(2) 판매의 금지

투자매매업자 또는 투자중개업자는 자본시장법 제92조 제 1 항[4](자본시장법 제186조 제 2 항에서 준용하는 경우를 포함한다)에 따른 통지를 받은 경우에는 해당 집합투자증권을 판매하여서는 아니 된다. 다만, 자본시장법 제92조 제 2 항[5](자본시장법 제186조 제 2 항에서 준용하는 경우를 포함한다)에 따른 통지를 받은 경우에는 판매를 다시 시작할 수 있다(자금 76조 2항).

---

1) 다음의 어느 하나에 해당하는 금융기관을 말한다(자금시 74조 1항). 1. 은행 2. 한국산업은행 3. 중소기업은행 4. 보험회사 5. 투자매매업자 또는 투자중개업자 6. 증권금융회사 7. 종합금융회사 8. 신용보증기금 9. 기술신용보증기금

2) 다음의 어느 하나에 해당하는 방법을 말한다(자금시 74조 2항). 1. 증권 또는 원화로 표시된 양도성 예금증서를 담보로 한 대출 2. 한국은행 또는 「우체국 예금·보험에 관한 법률」에 따른 체신관서에의 예치 3. 특수채증권의 매수 4. 그밖에 투자자예탁금의 안전한 운용이 가능하다고 인정되는 것으로서 금융위원회가 정하여 고시하는 방법

3) 다음과 같다(자금시 77조 2항).

1. 제 1 항의 제 1 호의 경우: 금전 등의 납입일부터 기산하여 제3영업일에 공고되는 기준가격
2. 제 1 항의 제 2 호 및 제 3 호의 경우: 금전 등의 납입일에 공고되는 기준가격
3. 제 1 항의 제 4 호의 경우: 금전 등의 납입일부터 기산하여 제3영업일 또는 그 이후에 공고되는 기준가격
4. 제 1 항의 제 5 호의 경우: 집합투자증권을 환매한 후 15일 이내에 집합투자규약에서 정하는 투자매매업자 또는 투자중개업자 변경의 효력이 발생하는 날에 공고되는 기준가격.

4) 집합투자증권의 환매를 연기한 경우나 집합투자기구에 대한 감사인의 감사의견이 적정의견이 아닌 경우가 해당된다.

5) 자본시장법 제92조 제 1 항의 사유가 해소된 경우가 해당된다.

투자매매업자 또는 투자중개업자는 집합투자기구가 자본시장법 제182조에 따라 등록되기 전에는 해당 집합투자증권을 판매하거나 판매를 위한 광고를 하여서는 아니 된다. 다만, 투자자의 이익을 해할 우려가 없는 경우로서 대통령령으로 정하는 경우[1]에는 판매를 위한 광고를 할 수 있다.

(3) 판매수수료

투자매매업자 또는 투자중개업자는 집합투자증권의 판매와 관련하여 판매수수료(집합투자증권을 판매하는 행위에 대한 대가로 투자자로부터 직접 받는 금전을 말한다) 및 판매보수(집합투자증권을 판매한 투자매매업자, 투자중개업자가 투자자에게 지속적으로 제공하는 용역의 대가로 집합투자기구로부터 받는 금전을 말한다)를 받는 경우 집합투자기구의 운용실적에 연동하여 판매수수료 또는 판매보수를 받아서는 아니 된다(자금 76조 4항).

판매수수료 및 판매보수는 다음의 한도를 초과하여서는 아니 된다. 다만, 사모집합투자기구에 대하여는 다음의 한도를 적용하지 아니한다(자금 76조 5항).

① 판매수수료: 납입금액 또는 환매금액의 100분의 3 이하로서 대통령령으로 정하는 한도[2]

② 판매보수: 집합투자재산의 연평균가액의 1천분의 15 이하로서 대통령령으로 정하는 한도[3]

10. 투자성 있는 예금·보험에 대한 특례

(1) 금융투자업인가의 간주

은행이 투자성 있는 예금계약을 체결하는 경우에는 자본시장법 제12조에 따라 투자매매업에 관한 금융투자업인가를 받은 것으로 본다(자금 77조 1항).

보험회사(보험업법 제 2 조 제 8 호부터 제10호까지의 자를 포함한다)가 투자성 있는 보험계약을 체결하거나 그 중개 또는 대리를 하는 경우에는 자본시장법 제12조에

---

1) 관련 법령의 개정에 따라 새로운 형태의 집합투자증권의 판매가 예정되어 있어, 그 집합투자기구의 개괄적인 내용을 광고하여도 투자자의 이익을 해칠 염려가 없는 경우를 말한다. 이 경우 관련 법령의 개정이 확정되지 아니한 경우에는 광고의 내용에 관련 법령의 개정이 확정됨에 따라 그 내용이 달라질 수 있음을 표시하여야 한다(자금시 77조 3항).

2) 납입금액 또는 환매금액의 100분의 2(자금시 77조 4항 1호).

3) 집합투자재산의 연평균가액의 100분의 1. 다만, 투자자의 투자기간에 따라 판매보수율이 감소하는 경우로서 금융위원회가 정하여 고시하는 기간을 넘는 시점에 적용되는 판매보수율이 100분의 1 미만인 경우 그 시점까지는 100분의 1에서부터 1천분의 15까지의 범위에서 정할 수 있다(자금시 77조 4항 2호).

따라 투자매매업 또는 투자중개업에 관한 금융투자업인가를 받은 것으로 본다(자금 77조 2항).

이 경우 기능별 규율체제에 따라서 금융투자업자로서 자본시장법의 규제에 따르게 된다.

(2) 적용제외

은행이 투자성 있는 예금계약, 그밖에 이에 준하는 것으로서 대통령령으로 정하는 계약을 체결하는 경우와 보험회사가 투자성 있는 보험계약을 체결하거나 그 중개 또는 대리를 하는 경우에는, 자본시장법 제15조(인가요건의 유지), 제39조부터 제45조까지(명의대여의 금지 등), 제56조(약관), 제58조(수수료), 제61조부터 제65조까지(소유증권의 예탁 등) 및 제2편 제2장(금융투자업자의 지배구조)·제3장(건전경영 유지)·제4장 제2절 제1관(투자매매업자 및 투자중개업자의 영업행위 규칙)을 적용하지 아니하며, 제3편 제1장(증권신고서)을 적용하지 아니한다(자금 77조 1항 단서).

은행의 경우에는 자본시장법 제3편 제1장(증권신고서)은 투자성 있는 외화예금계약을 체결하는 경우에만 적용하지 않고(자금 77조 1항), 보험회사는 제51조부터 제53조(투자권유대행인 등)까지도 적용되지 않는다(자금 77조 2항).

11. 종합금융투자사업자에 대한 특례

(1) 의 의

자본시장법에서는 종합금융투자사업자에 대하여 규정하면서, 종합금융투자사업자가 투자은행으로서 기업금융 관련 업무를 원활히 수행할 수 있도록 전담중개업무 외에 기업대출, 비상장주식에 대한 내부주문집행업무 등을 영위할 수 있도록 관련 규율체계를 정비하고 있다.

(2) 전담중개업무

종합금융투자사업자가 아니고는 전담중개업무를 영위할 수 없다(자금 77조의 3 1항). 종합금융투자사업자는 일반 사모집합투자기구등 중 투자대상, 차입 여부 등을 감안하여 대통령령으로 정하는 자[1]에 대하여 전담중개업무를 제공하는 경우에는 미리 해당 일반 사모집합투자기구등, 그밖에 대통령령으로 정하는 자[2]와 다음 각 호의 사항을 포함하는 내용에 관한 계약을 체결하여야 한다(자금 77조의 3 2항).

1) 자본시장법 시행령 제77조의 4 ① 일반 사모집합투자기구 등을 말한다.
2) 자본시장법 시행령 제77조의 4 ② 종합금융투자사업자로부터 법 제6조 제9항 제3호의 업무를 위탁받은 자 및 일반 사모집합투자기구등으로부터 법 제184조 제6항 제2호의 업무를 위탁받은 일반사무관리회사를 말한다.

① 전담중개업무와 관련된 종합금융투자사업자와 일반 사모집합투자기구등의 역할 및 책임에 관한 사항

② 종합금융투자사업자가 일반 사모집합투자기구등의 재산을 제삼자에 대한 담보, 대여, 그밖에 대통령령으로 정하는 방법[1]으로 이용하는 경우 그 이용에 관한 사항

③ 종합금융투자사업자가 ②에 따라 이용한 일반 사모집합투자기구등의 재산 현황 등에 관한 정보를 일반 사모집합투자기구등에게 제공하는 절차 및 방법

④ 그밖에 대통령령으로 정하는 사항

(3) 신용공여 등

종합금융투자사업자는 이 법 또는 다른 금융관련 법령에도 불구하고 다음의 업무를 영위할 수 있다(자금 77조의 3 3항).

① 기업에 대한 신용공여 업무[2]

② 그밖에 해당 종합금융투자사업자의 건전성, 해당 업무의 효율적 수행에 이바지할 가능성 등을 고려하여 종합금융투자사업자에만 허용하는 것이 적합한 업무로서 대통령령으로 정하는 것

종합금융투자사업자가 전담중개업무를 영위하는 경우에는 증권 외의 금전 등에 대한 투자와 관련하여 일반 사모집합투자기구 등에 신용공여를 할 수 있다(자금 77조의 3 4항).

종합금융투자사업자가 신용공여를 하는 경우에는 신용공여의 총 합계액이 자기자본의 100분의 200을 초과하여서는 아니 된다(자금 77조의 3 5항). 다만, 종합금융투자사업자 업무의 특성, 해당 신용공여가 종합금융투자사업자의 건전성에 미치는 영향 등을 고려하여 대통령령으로 정하는 경우[3]에는 그러하지 아니하다.

---

1) 자본시장법 시행령 제77조의 4 ③ 환매조건부매매, 그밖에 전담중개업무의 효율적인 수행 등을 고려하여 총리령으로 정하는 방법을 말한다.

2) 자본시장법 시행령 제77조의 5 ① 신용공여의 범위는 다음 각 호와 같다.
1. 대출 2. 지급보증[이에 따른 대지급금(代支給金)의 지급을 포함한다] 3. 기업어음증권에 해당하지 아니하는 어음의 할인·매입

3) 자본시장법 시행령 제77조의 5 ② 다음 각 호의 어느 하나에 해당하는 경우를 말한다.
1. 금융위원회가 정하여 고시하는 방법에 따라 일반 사모집합투자기구 등으로부터 받은 담보를 활용하여 제삼자로부터 조달한 자금으로 신용공여를 하는 경우
2. 기업의 인수·합병에 관한 조언업무나 그 인수·합병의 중개·주선 또는 대리업무와 관련하여 총리령으로 정하는 기간 이내의 신용공여를 하는 경우
3. 국가, 지방자치단체, 외국 정부, 제362조 제 8 항 각 호의 금융기관 또는 이에 준하는 외국 금융기관이 원리금의 상환에 관하여 보증한 신용공여(원리금의 상환이 보증된 부분에 한정한다)를 하는 경우

종합금융투자사업자가 신용공여를 하는 경우에는 다음의 신용공여를 제외한 신용공여의 합계액이 자기자본의 100분의 100을 초과하여서는 아니 된다(자금 77조의 3 6항). ① 기업금융업무 관련 신용공여 ② 중소기업에 대한 신용공여

종합금융투자사업자가 신용공여를 하는 경우 동일한 법인 및 그 법인과 대통령령으로 정하는 신용위험을 공유하는 자[1]에 대하여 그 종합금융투자사업자의 자기자본의 100분의 25의 범위에서 대통령령으로 정하는 비율에 해당하는 금액을 초과하는 신용공여를 할 수 없다(자금 77조의 3 7항).

종합금융투자사업자가 추가로 신용공여를 하지 아니하였음에도 불구하고 자기자본의 변동, 동일차주 구성의 변동 등으로 인하여 위 한도를 초과하게 되는 경우에는 그 한도를 초과하게 된 날부터 1년 이내에 그 한도에 적합하도록 하여야 한다(자금 77조의 3 8항).

(4) 계열회사에 대한 신용공여 등의 규제

종합금융투자사업자는 그와 계열회사의 관계에 있는 법인에 대하여 신용공여를 하거나 또는 그 법인이 운용하는 일반 사모집합투자기구에 대하여 전담중개업무를 제공하여서는 아니 된다(자금 77조의 3 9항).

(5) 적용제외

종합금융투자사업자에 대하여는 「한국은행법」과 「은행법」을 적용하지 아니한다(자금 77조의 3 10항).

12. 다자간매매체결회사에 관한 특례

(1) 의 의

개정 자본시장법에서는 전자증권중개업무에 관한 조항(구자금 78조 1항)은 삭제되고 대신에 다자간매매체결회사에 관한 특례조항을 두게 되었다. 여기서 전자적 방법으로 다수의 자를 각 당사자 또는 거래상대방으로 하여 상장주권 등의 매매체결업무를 하는 다자간매매체결회사(ATS)를 인가가 필요한 금융투자업자의 한 형태로 허용하여 유통시장에서 거래소와 경쟁이 가능하도록 하고 있다.

(2) 다자간매매체결회사의 업무기준

다자간매매체결회사는 다자간매매체결업무를 함에 있어서 다음의 사항에 대하여 대통령령으로 정하는 업무기준을 준수하여야 한다(자금 78조 1항, 자금시 78조).

① 매매체결대상상품 및 다자간매매체결회사에서의 거래에 참가하는 자(거래참

---

1) 자본시장법 시행령 제77조의 5 ③ 기업집단에 속하는 회사를 말한다.

가자)에 관한 사항

② 매매체결대상상품의 매매정지 및 그 해제에 관한 사항

③ 매매확인 등 매매계약의 체결에 관한 사항과 채무인수·차감 및 결제방법·결제책임 등 청산·결제에 관한 사항

④ 증거금 등 거래참가자의 매매수탁에 관한 사항

⑤ 매매체결대상상품의 발행인 등의 신고·공시에 관한 사항

⑥ 매매결과의 공표 및 보고에 관한 사항

⑦ 다자간매매체결업무의 개폐·정지 및 중단에 관한 사항

⑧ 그밖에 다자간매매체결업무의 수행과 관련하여 필요한 사항

(3) 소유의 제한

누구든지 다음의 어느 하나에 해당하는 경우를 제외하고는 다자간매매체결회사의 의결권 있는 발행주식총수의 100분의 15를 초과하여 다자간매매체결회사가 발행한 주식을 소유할 수 없다(자금 78조 5항).

① 집합투자기구가 소유하는 경우(사모집합투자기구가 소유하는 경우는 제외한다)

② 정부가 소유하는 경우

③ 그밖에 대통령령으로 정하는 바에 따라 금융위원회의 승인을 받아 소유하는 경우

소유제한을 위반하여 주식을 소유하는 경우 그 초과분에 대하여는 의결권을 행사할 수 없으며, 소유제한을 위반하여 주식을 소유한 자는 지체 없이 소유제한에서 정한 한도에 적합하도록 하여야 한다(자금 406조 3항).

금융위원회는 이를 준수하지 아니한 자에게 6개월 이내의 기한을 정하여 그 한도를 초과하는 주식을 처분할 것을 명할 수 있다(자금 406조 4항). 금융위원회는 주식처분명령을 받은 후 그 기한 이내에 그 주식처분명령을 이행하지 아니한 자에 대하여는 다시 상당한 이행 기한을 정하여 그 주식을 처분할 것을 명하고, 그 기한까지 주식처분명령을 이행하지 아니하는 경우에는 그 처분하여야 하는 주식의 취득가액의 100분의 5를 초과하지 아니하는 범위에서 이행강제금을 부과한다(자금 407조 1항).

(4) 거래량 초과시의 조치

다자간매매체결회사(경쟁매매의 방법에 따라 매매가격을 결정하는 다자간매매체결회사는 제외한다)는 매매체결대상상품의 거래량이 대통령령으로 정하는 기준을 넘는 경우[1)]에는 투자자 보호 및 매매체결의 안정성 확보 등을 위하여 대통령령으로 정

하는 조치(자금시 78조 8항)를 하여야 한다.

(5) 적용제외 및 준용

자본시장법 제40조(금융투자업자의 다른 금융업무 영위), 제72조(신용공여), 제73조(매매명세의 통지) 및 제419조 제 2 항부터 제 4 항까지의 규정(금융투자업자에 대한 검사)은 다자간매매체결회사에는 적용하지 아니한다(자금 78조 2항).

자본시장법 제383조 제 1 항·제 2 항(정보이용금지 등), 제408조(영업양도 등의 승인) 및 제413조(긴급사태시의 처분)는 다자간매매체결회사에 준용한다(자금 78조 6항).

Ⅱ. 집합투자업자

1. 선관주의의무 및 충실의무

집합투자업자는 투자자에 대하여 선량한 관리자의 주의로써 집합투자재산을 운용하여야 하고, 투자자의 이익을 보호하기 위하여 해당 업무를 충실하게 수행하여야 한다(자금 79조).

이처럼 선관주의의무 외에 충실의무에 대하여도 규정하고 있는데, 이는 「상법」에서 규정하고 있는 이사의 충실의무(상 382조의 3)와 같은 개념으로 볼 것이다.

2. 자산운용의 지시 및 실행

집합투자기구에 있어서 집합투자재산에 대한 사실상의 운용책임을 지는 집합투자업자와 집합투자재산을 보관·관리하는 신탁업자가 분리되어 있다. 또한 투자회사와 같이 집합투자기구가 별도의 법인격을 가지기도 하지만, 투자신탁의 경우 집합투자기구가 별도의 법인격을 가지지 않으므로 투자신탁의 집합투자업자는 투자신탁재산을 운용함에 있어서 그 투자신탁재산을 보관·관리하는 신탁업자에 대하여 대통령령으로 정하는 방법(자금시 79조 1항)에 따라 투자신탁재산별로 투자대상자산의 취득·처분 등에 관하여 필요한 지시를 하여야 하며, 그 신탁업자는 집합투자업

---

1) 자본시장법 시행령 제78조 ⑦ 매매체결대상상품의 거래량이 다음 각 호의 어느 하나에 해당하는 경우를 말한다.

1. 매월의 말일을 기준으로 법 제 4 조 제 2 항에 따른 증권의 구분별로 과거 6개월간 해당 다자간매매체결회사의 매매체결대상상품의 평균거래량이 같은 기간 중 증권시장에서의 매매체결대상상품의 평균거래량의 100분의 5를 초과하는 경우
2. 매월의 말일을 기준으로 과거 6개월간 해당 다자간매매체결회사의 종목별 매매체결대상상품의 평균거래량이 같은 기간 중 증권시장에서의 그 종목별 매매체결대상상품의 평균거래량의 100분의 10을 초과하는 경우

자의 지시에 따라 투자대상자산의 취득·처분 등을 하여야 한다(자금 80조 1항 본문).

위와 같이 집합투자업자가 자산운용을 지시하고 신탁업자가 이를 실행해야 한다면 수시로 가격이 변동하는 상장증권과 같은 경우 효율적인 운용을 할 수 없다. 이런 사정에 따라 집합투자업자는 투자신탁재산의 효율적 운용을 위하여 불가피한 경우로서 대통령령으로 정하는 경우에는 자신의 명의로 직접 투자대상자산의 취득·처분 등을 할 수 있다(자금 80조 1항 단서).

집합투자업자는 투자대상자산에 대한 직접 취득·처분 등의 업무를 수행하는 경우에는 투자신탁재산별로 미리 정하여진 자산배분명세에 따라 취득·처분 등의 결과를 공정하게 배분하여야 한다. 이 경우 집합투자업자는 자산배분명세, 취득·처분 등의 결과, 배분결과 등에 관한 장부 및 서류를 총리령으로 정하는 방법에 따라 작성하고 이를 유지·관리하여야 한다(자금 80조 3항).

3. 자산운용의 제한

집합투자업자가 집합투자재산을 집중하여 투자하는 경우 집합투자기구의 안정적 운용을 해할 수 있으므로 투자자 보호를 위해서 분산투자를 의무화하고 있다.

집합투자업자는 집합투자재산을 운용함에 있어서 10%를 초과하여 동일종목의 증권에 투자하는 행위 등을 하여서는 아니 된다(자금 81조 1항). 다만, 투자자 보호 및 집합투자재산의 안정적 운용을 해할 우려가 없는 경우로서 대통령령으로 정하는 경우[1] 에는 이를 할 수 있다.

4. 자기집합투자증권의 취득제한

투자신탁이나 투자익명조합의 집합투자업자는 집합투자기구의 계산으로 그 집합투자기구의 집합투자증권을 취득하거나 질권의 목적으로 받지 못한다(자금 82조). 자기집합투자증권을 취득하는 것은 자기주식취득과 같이 출자의 환급의 의미를 가지는 것으로 자본금 충실에 반하므로 이를 제한한다.

다만, ① 담보권의 실행 등 권리 행사에 필요한 경우 ② 반대수익자의 수익증권매수청구에 따라 수익증권을 매수하는 경우에는 집합투자기구의 계산으로 그 집합투자기구의 집합투자증권을 취득할 수 있다. 담보권의 실행 등 권리 행사에 필요

1) ① 국채증권 등의 경우에는 집합투자기구 자산총액의 100분의 100까지 투자하는 행위 ② 지방채증권 등의 경우에는 집합투자기구 자산총액의 100분의 30까지 투자하는 행위(자금시 80조 1항).

한 경우에는 취득한 집합투자증권은 취득일부터 1개월 이내에 소각 또는 투자매매업자 또는 투자중개업자를 통하여 매도하는 방법에 따라 처분하여야 한다(자금시 82조).

5. 금전차입 등의 제한

집합투자업자는 집합투자재산을 운용함에 있어서 집합투자기구의 계산으로 금전을 차입하지 못한다(자금 83조).

다만, ① 집합투자증권의 환매청구가 대량으로 발생하여 일시적으로 환매대금의 지급이 곤란한 때 ② 반대수익자의 수익증권매수청구(자금 191조) 및 투자회사 주주의 주식매수청구(자금 201조 4항)에 따른 매수청구가 대량으로 발생하여 일시적으로 매수대금의 지급이 곤란한 때에는 집합투자기구의 계산으로 금전을 차입할 수 있다.

예외적으로 집합투자기구의 계산으로 금전을 차입하는 경우 그 차입금의 총액은 차입 당시 집합투자기구 자산총액에서 부채총액을 뺀 가액의 100분의 10을 초과하여서는 아니 되며(자금 83조 2항), 그 차입금 전액을 모두 갚기 전까지 투자대상자산을 추가로 매수(파생상품의 전매와 환매는 제외한다)하여서는 아니 된다(자금시 83조 2항).

또한 금전의 대여도 제한되어, 집합투자업자는 집합투자재산을 운용함에 있어서 집합투자재산 중 금전을 대여(대통령령으로 정하는 금융기관[1]에 대한 30일 이내의 단기대출을 제외한다)하여서는 아니 된다(자금 83조 4항). 금전의 대여는 다른 금융업무를 수행하는 것과 같은 의미를 가지므로 이를 규제하는 것이다.

그리고 집합투자업자는 집합투자재산을 운용함에 있어서 집합투자재산으로 해당 집합투자기구 외의 자를 위하여 채무보증 또는 담보제공을 하여서는 아니 된다(자금 83조 5항).

6. 이해관계인과의 거래제한

집합투자업자가 이해관계인과 거래를 하는 경우에 투자자와 이해관계인 사이에 이해상충의 문제가 발생할 수 있기에 집합투자재산을 운용함에 있어서 임직원이나 배우자 등 이해관계인과 거래행위를 못하도록 규제하고 있다(자금 84조 1항 본

1) 자본시장법 시행령 제345조 제 1 항 각 호의 어느 하나에 해당하는 금융기관을 말한다(자금시 83조 3항).

문).

다만, 집합투자기구와 이해가 상충될 우려가 없는 거래로서 다음에 해당하는 거래의 경우에는 이를 할 수 있다.

① 이해관계인이 되기 6개월 이전에 체결한 계약에 따른 거래

② 증권시장 등 불특정 다수인이 참여하는 공개시장을 통한 거래

③ 일반적인 거래조건에 비추어 집합투자기구에 유리한 거래

④ 그밖에 대통령령으로 정하는 거래

집합투자업자는 예외적으로 허용되는 이해관계인과의 거래가 있는 경우 또는 이해관계인의 변경이 있는 경우에는 그 내용을 해당 집합투자재산을 보관·관리하는 신탁업자에게 즉시 통보하여야 한다(자금 84조 2항).

7. 자기 및 계열회사 증권의 취득제한

집합투자업자가 집합투자기구를 통해서 자기나 계열회사가 발행한 증권 등을 취득하는 경우 간접적인 자금지원의 의미를 가질 수 있고, 또한 주가 왜곡을 가져올 수 있으므로 이를 규제한다.

집합투자업자는 집합투자재산을 운용함에 있어서 집합투자기구의 계산으로 그 집합투자업자가 발행한 증권을 취득하여서는 아니 된다. 다만 투자신탁의 수익증권은 취득할 수 있다(자금 84조 3항).

집합투자업자는 집합투자재산을 운용함에 있어서 대통령령으로 정하는 한도를 초과하여 그 집합투자업자의 계열회사가 발행한 증권, 계열회사가 발행한 지분증권과 관련한 증권예탁증권 및 대통령령으로 정하는 투자대상자산[1]을 취득하여서는 아니 된다. 다만 투자신탁의 수익증권, 그밖에 대통령령으로 정하는 증권[2]은 취득할 수 있다(자금 84조 4항).

집합투자업자는 계열회사의 전체 주식을 각 집합투자기구 자산총액의 100분의

---

1) 다음 각 호의 어느 하나에 해당하는 투자대상자산을 말한다(자금시 86조 3항).
   1. 원화로 표시된 양도성 예금증서
   2. 기업어음증권 외의 어음
   3. 제 1 호 및 제 2 호 외에 대출채권, 예금, 그밖에 금융위원회가 정하여 고시하는 채권

2) 다음 각 호의 어느 하나에 해당하는 증권을 말한다(자금시 86조 2항).
   1. 집합투자증권(투자신탁의 수익증권은 제외한다) 및 법 제279조 제 1 항에 따른 외국 집합투자증권
   2. 파생결합증권
   3. 법 제110조에 따른 수익증권

10을 초과하여 취득하는 경우에는 집합투자기구 자산총액의 100분의 10을 기준으로 집합투자재산에 속하는 각 계열회사별 주식의 비중을 초과하는 계열회사의 주식에 대하여는 중립투표(Shadow Voting)로 의결권을 행사하여야 한다(자금시 86조 4항).

8. 불건전 영업행위의 금지

집합투자업자는 다음에 해당하는 행위를 하여서는 아니 된다(자금 85조 본문). 다만, 투자자 보호 및 건전한 거래질서를 해할 우려가 없는 경우로서 대통령령으로 정하는 경우에는 이를 할 수 있다.

① 집합투자재산을 운용함에 있어서 금융투자상품, 그 밖의 투자대상자산의 가격에 중대한 영향을 미칠 수 있는 매수 또는 매도 의사를 결정한 후 이를 실행하기 전에 그 금융투자상품, 그 밖의 투자대상자산을 집합투자업자 자기의 계산으로 매수 또는 매도하거나 제삼자에게 매수 또는 매도를 권유하는 행위. 이는 소위 선행매매를 규제하는 것이다.

② 자기 또는 대통령령으로 정하는 관계인수인[1]이 인수한 증권을 집합투자재산으로 매수하는 행위. 이는 인수인의 증권인수에 따른 위험을 집합투자기구의 투자자에게 전가할 수 있다는 점을 고려하여 이를 규제하는 것이다.

③ 자기 또는 관계인수인이 대통령령으로 정하는 인수업무[2]를 담당한 법인의 특정증권 등(자본시장법 제172조 제 1 항의 특정증권 등을 말한다)에 대하여 인위적인 시세(자본시장법 제176조 제 2 항 제 1 호의 시세를 말한다)를 형성하기 위하여 집합투자재산으로 그 특정증권 등을 매매하는 행위

④ 특정 집합투자기구의 이익을 해하면서 자기 또는 제삼자의 이익을 도모하는 행위[3]

⑤ 특정 집합투자재산을 집합투자업자의 고유재산 또는 그 집합투자업자가 운

---

1) 다음 각 호의 어느 하나에 해당하는 인수인을 말한다(자금시 87조 2항).
   1. 집합투자업자와 같은 기업집단(「독점규제 및 공정거래에 관한 법률」 제 2 조 제 2 호에 따른 기업집단을 말한다)에 속하는 인수인
   2. 집합투자업자가 운용하는 전체 집합투자기구의 집합투자증권을 금융위원회가 정하여 고시하는 비율 이상 판매한 인수인

2) 발행인 또는 매출인으로부터 직접 증권의 인수를 의뢰받아 인수조건 등을 정하는 업무를 말한다(자금시 87조 3항).

3) 대법원은 "신탁회사가 신탁재산으로 불량한 유가증권을 매입한 행위는 신탁회사에 대하여는 업무상배임행위가 됨과 동시에 수익자에 대해서는 구증권투자신탁업법상 수익자 외의 자의 이익을 위한 행위가 된다."고 하였다(대판 2004. 7. 9, 2004 도 810).

용하는 다른 집합투자재산, 투자일임재산(투자자로부터 투자판단을 일임받아 운용하는 재산을 말한다) 또는 신탁재산과 거래하는 행위

⑥ 제삼자와의 계약 또는 담합 등에 의하여 집합투자재산으로 특정 자산에 교차하여 투자하는 행위

⑦ 투자운용인력이 아닌 자에게 집합투자재산을 운용하게 하는 행위

⑧ 그밖에 투자자 보호 또는 건전한 거래질서를 해할 우려가 있는 행위로서 대통령령으로 정하는 행위

9. 성과보수의 제한

집합투자업자는 집합투자기구의 운용실적에 연동하여 미리 정하여진 산정방식에 따른 보수, 즉 성과보수를 받아서는 아니 된다(자금 86조 1항).

다만, 다음의 경우에는 성과보수를 받을 수 있다(자금 86조 1항 단서).

① 집합투자기구가 사모집합투자기구인 경우

② 사모집합투자기구 외의 집합투자기구 중 운용보수의 산정방식, 투자자의 구성 등을 고려하여 투자자 보호 및 건전한 거래질서를 해할 우려가 없는 경우로서 대통령령으로 정하는 경우

집합투자업자는 성과보수를 받고자 하는 경우에는 그 성과보수의 산정방식, 그밖에 대통령령으로 정하는 사항을 해당 투자설명서 및 집합투자규약에 기재하여야 한다(자금 86조 2항).

10. 의결권 행사

(1) 의결권 행사의 방법

1) 원 칙

구자본시장법에서는 일정한 경우에 중립적 의결권 행사의 의무에 관하여 규정하고 있었지만 개정 자본시장법에서는 이에 대한 규정을 삭제하고 의결권 행사에 있어서 충실의무에 관하여 규정하고 있다(자금 87조 1항). 이에 따라 원칙적으로 집합투자업자의 자유로운 의결권 행사가 인정된다. 이는 집합투자기구의 수익률에 영향을 미치는 사항에 대하여 집합투자업자의 적극적인 관여를 허용함으로써 투자자의 이익을 보호하기 위한 것이다.

2) 중립적 의결권 행사의 의무

집합투자업자(투자신탁이나 투자익명조합의 집합투자업자에 한한다)는 집합투자재산

에 속하는 주식의 의결권을 행사함에 있어서 다음의 경우에는 집합투자재산에 속하는 주식을 발행한 법인의 주주총회에 참석한 주주가 소유하는 주식수에서 집합투자재산에 속하는 주식수를 뺀 주식수의 결의내용에 영향을 미치지 아니하도록 의결권을 행사하여야 한다(자금 87조 2항).

① 다음의 어느 하나에 해당하는 자가 그 집합투자재산에 속하는 주식을 발행한 법인을 계열회사로 편입하기 위한 경우

가. 그 집합투자업자 및 그와 대통령령으로 정하는 이해관계가 있는 자[1)]

나. 그 집합투자업자에 대하여 사실상의 지배력을 행사하는 자로서 대통령령으로 정하는 자[2)]

② 그 집합투자재산에 속하는 주식을 발행한 법인이 그 집합투자업자와 다음 각 목의 어느 하나에 해당하는 관계가 있는 경우

가. 계열회사의 관계가 있는 경우

나. 그 집합투자업자에 대하여 사실상의 지배력을 행사하는 관계로서 대통령령으로 정하는 관계[3)]가 있는 경우

③ 그밖에 투자자 보호 또는 집합투자재산의 적정한 운용을 해할 우려가 있는 경우로서 대통령령으로 정하는 경우

3) 중립적 의결권 행사의무에 대한 예외

위의 사유에 해당하여도 집합투자업자는 법인의 합병, 영업의 양도·양수, 임원의 임면, 정관변경, 그밖에 이에 준하는 사항으로서 투자자의 이익에 명백한 영향을 미치는 사항(주요의결사항)에 대하여 중립적 의결권 행사의 방법에 따라 의결권을 행사하는 경우 집합투자재산에 손실을 초래할 것이 명백하게 예상되는 때에는 충실의무에 따라 의결권을 행사할 수 있다(자금 87조 3항).

그러나 이러한 예외는 상호출자제한기업집단에 속하는 집합투자업자에게는 적용하지 아니한다(자금 87조 3항). 상호출자제한기업집단에 속하는 집합투자업자가 집합투자재산으로 그와 계열회사의 관계가 있는 주권상장법인이 발행한 주식을 소유하고 있는 경우에는 다음의 요건을 모두 충족하는 방법으로만 의결권을 행사할 수

1) 특수관계인 및 공동보유자를 말한다(자금시 89조 1항).
2) 다음 각 호의 어느 하나에 해당하는 자를 말한다(자금시 89조 2항).
1. 관계 투자매매업자·투자중개업자와 및 그 계열회사
2. 집합투자업자(법 제87조 제 1 항에 따른 집합투자업자를 말한다)의 대주주(최대주주의 특수관계인인 주주를 포함한다)
3) 자본시장법 시행령 제89조 제 2 항의 어느 하나에 해당하는 자가 되는 관계를 말한다(자금시 89조 3항).

있다. ① 그 주권상장법인의 특수관계인(독점규제 및 공정거래에 관한 법률 제 7 조 제 1 항 제 5 호 가목에 따른 특수관계인을 말한다)이 의결권을 행사할 수 있는 주식의 수를 합하여 그 법인의 발행주식총수의 100분의 15를 초과하지 아니하도록 의결권을 행사할 것 ② 집합투자업자가 자산운용에 있어서 동일종목 투자한도에 대한 예외로서(자금 81조 1항 단서) 취득한 주식은 그 주식을 발행한 법인의 주주총회에 참석한 주주가 소유한 주식수에서 집합투자재산인 주식수를 뺀 주식수의 결의내용에 영향을 미치지 아니하도록 의결권을 행사할 것.

(2) 의결권의 제한

집합투자업자는 투자한도를 초과하여 취득한 주식에 대하여는 그 주식의 의결권을 행사할 수 없다(자금 87조 4항).

또한 집합투자업자는 제삼자와의 계약에 의하여 의결권을 교차하여 행사하는 등 의결권 행사제한에 관한 규정의 적용을 면하기 위한 행위를 하여서는 아니 된다(자금 87조 5항).

(3) 위법한 의결권 행사에 대한 규제

금융위원회는 집합투자업자가 의결권 행사제한에 관한 규정을 위반하여 집합투자재산에 속하는 주식의 의결권을 행사한 경우에는 6개월 이내의 기간을 정하여 그 주식의 처분을 명할 수 있다(자금 87조 6항).

11. 파생상품의 운용 특례

집합투자업자는 파생상품 매매에 따른 위험평가액(자본시장법 제81조 제 1 항 제 1 호 마목의 위험평가액을 말한다)이 집합투자기구 자산총액의 100분의 10을 초과하여 투자할 수 있는 집합투자기구의 집합투자재산을 파생상품에 운용하는 경우에는 계약금액, 그밖에 대통령령으로 정하는 위험에 관한 지표(자금시 96조 2항)를 인터넷 홈페이지 등을 이용하여 공시하여야 한다(자금 93조 1항, 자금시 96조 1항). 이 경우 그 집합투자기구의 투자설명서에 해당 위험에 관한 지표의 개요 및 위험에 관한 지표가 공시된다는 사실을 기재하여야 한다.

집합투자업자는 장외파생상품 매매에 따른 위험평가액이 집합투자기구 자산총액의 100분의 10을 초과하여 투자할 수 있는 집합투자기구의 집합투자재산을 장외파생상품에 운용하는 경우에는 장외파생상품 운용에 따른 위험관리방법을 작성하여 그 집합투자재산을 보관·관리하는 신탁업자의 확인을 받아 금융위원회에 신고하여야 한다(자금 93조 2항, 자금시 96조 4항).

12. 부동산의 운용 특례

(1) 금전의 차입

집합투자업자는 원칙적으로 금전의 차입을 하지 못하지만(자금 83조 1항), 집합투자재산으로 부동산을 취득하는 경우에는 대통령령으로 정하는 방법에 따라 집합투자기구의 계산으로 금전을 차입할 수 있다(자금 94조 1항).[1]

여기서 대통령령으로 정하는 방법이란 집합투자업자가 금융기관 등에게 부동산을 담보로 제공하거나 금융위원회가 정하여 고시하는 방법으로 금전을 차입하는 것을 말한다. 다만, 집합투자자총회에서 달리 의결한 경우에는 그 의결에 따라 금전을 차입할 수 있다(자금시 97조 1항).

(2) 금전의 대여

집합투자업자는 원칙적으로 금전을 대여할 수 없지만(자금 83조 4항), 집합투자재산으로 부동산개발사업을 영위하는 법인(부동산신탁업자, 그밖에 대통령령으로 정하는 자[2]를 포함한다)에 대하여 대통령령으로 정하는 방법(자금시 97조 3항)에 따라 금전을 대여할 수 있다(자금 94조 2항).

Ⅲ. 투자자문업자 및 투자일임업자

1. 선관주의의무 및 충실의무

투자자문업자는 투자자에 대하여 선량한 관리자의 주의로써 투자자문에 응하여야 하며, 투자일임업자는 투자자에 대하여 선량한 관리자의 주의로써 투자일임재산을 운용하여야 한다. 또한 투자자문업자 및 투자일임업자는 투자자의 이익을 보호하기 위하여 해당 업무를 충실하게 수행하여야 한다(자금 96조).

---

1) 집합투자업자가 법 제94조 제 1 항에 따라 금전을 차입하는 경우에 그 차입금 한도는 다음 각 호와 같다(자금시 97조 7항).

1. 부동산집합투자기구의 계산으로 차입하는 경우: 그 부동산집합투자기구의 자산총액에서 부채총액을 뺀 가액의 100분의 200. 다만, 집합투자자총회에서 달리 의결한 경우에는 그 의결한 한도
2. 부동산집합투자기구가 아닌 집합투자기구의 계산으로 차입하는 경우: 그 집합투자기구에 속하는 부동산 가액의 100분의 100의 범위에서 금융위원회가 정하여 고시하는 비율. 이 경우 부동산 가액의 평가는 법 제238조 제 2 항에 따른 평가위원회(집합투자재산평가위원회)가 같은 조 제 3 항에 따른 집합투자재산평가기준에 따라 정한 가액으로 한다.

2) 「부동산투자회사법」에 따른 부동산투자회사 또는 다른 집합투자기구를 말한다(자금시 97조 2항).

2. 불건전 영업행위의 금지

(1) 투자자문업자 또는 투자일임업자의 금지행위

투자자문업자 또는 투자일임업자는 다음에 해당하는 행위를 하여서는 아니 된다. 다만, 투자자 보호 및 건전한 거래질서를 해할 우려가 없는 경우로서 대통령령으로 정하는 경우[1]에는 이를 할 수 있다(자금 98조 1항).

① 투자자로부터 금전·증권, 그 밖의 재산의 보관·예탁을 받는 행위

② 투자자에게 금전·증권, 그 밖의 재산을 대여하거나 투자자에 대한 제삼자의 금전·증권, 그 밖의 재산의 대여를 중개·주선 또는 대리하는 행위

③ 투자권유자문인력 또는 투자운용인력이 아닌 자에게 투자자문업 또는 투자일임업을 수행하게 하는 행위

④ 계약으로 정한 수수료 외의 대가를 추가로 받는 행위

⑤ 투자자문에 응하거나 투자일임재산을 운용하는 경우 금융투자상품등의 가격에 중대한 영향을 미칠 수 있는 투자판단에 관한 자문 또는 매매 의사를 결정한 후 이를 실행하기 전에 그 금융투자상품등을 자기의 계산으로 매매하거나 제삼자에게 매매를 권유하는 행위

(2) 투자일임업자의 운용에 있어서 금지행위

투자일임업자는 투자일임재산을 운용함에 있어서 다음의 어느 하나에 해당하는 행위를 하여서는 아니 된다. 다만, 투자자 보호 및 건전한 거래질서를 해할 우려가 없는 경우로서 대통령령으로 정하는 경우에는 이를 할 수 있다(자금 98조 2항).

① 정당한 사유 없이 투자자의 운용방법의 변경 또는 계약의 해지 요구에 응하지 아니하는 행위

② 자기 또는 관계인수인이 인수한 증권을 투자일임재산으로 매수하는 행위

③ 자기 또는 관계인수인이 대통령령으로 정하는 인수업무[2]를 담당한 법인의 특정증권 등(자본시장법 제172조 제 1 항의 특정증권 등을 말한다)에 대하여 인위적인 시세를 형성하기 위하여 투자일임재산으로 그 특정증권 등을 매매하는 행위

④ 특정 투자자의 이익을 해하면서 자기 또는 제삼자의 이익을 도모하는 행위

---

1) 자본시장법 제98조 제 1 항 제 1 호 및 제 2 호를 적용할 때 투자자문업자 또는 투자일임업자가 다른 금융투자업, 그 밖의 금융업을 겸영하는 경우로서 그 겸영과 관련된 해당 법령에서 자금 제98조 제 1 항 제 1 호 및 제 2 호에 따른 행위를 금지하지 아니하는 경우를 말한다(자금시 99조 1항).

2) 발행인이나 매출인으로부터 직접 증권의 인수를 의뢰받아 인수조건 등을 정하는 업무를 말한다 (자금시 99조 3항).

⑤ 투자일임재산으로 자기가 운용하는 다른 투자일임재산, 집합투자재산 또는 신탁재산과 거래하는 행위

⑥ 투자일임재산으로 투자일임업자 또는 그 이해관계인의 고유재산과 거래하는 행위

⑦ 투자자의 동의 없이 투자일임재산으로 투자일임업자 또는 그 이해관계인이 발행한 증권에 투자하는 행위

⑧ 투자일임재산을 각각의 투자자별로 운용하지 아니하고 여러 투자자의 자산을 집합하여 운용하는 행위

⑨ 투자자로부터 다음의 행위를 위임받는 행위

가. 투자일임재산을 예탁하는 투자매매업자·투자중개업자, 그 밖의 금융기관을 지정하거나 변경하는 행위

나. 투자일임재산을 예탁하거나 인출하는 행위

다. 투자일임재산에 속하는 증권의 의결권, 그 밖의 권리를 행사하는 행위

⑩ 그밖에 투자자 보호 또는 건전한 거래질서를 해할 우려가 있는 행위로서 대통령령으로 정하는 행위

(3) 성과보수의 제한

투자자문업자 또는 투자일임업자의 성과보수가 제한된다(자금 98조의 2).

① 투자자문업자 또는 투자일임업자는 투자자문과 관련한 투자결과 또는 투자일임재산의 운용실적과 연동된 성과보수를 받아서는 아니 된다. 다만, 투자자 보호 및 건전한 거래질서를 해할 우려가 없는 경우로서 대통령령으로 정하는 경우에는 성과보수를 받을 수 있다.

② 투자자문업자 또는 투자일임업자가 위 단서에 따라 성과보수를 받고자 하는 경우에는 그 성과보수의 산정방식, 그밖에 대통령령으로 정하는 사항을 해당 투자자문 또는 투자일임의 계약서류에 기재하여야 한다.

3. 역외투자자문업자 등의 특례

역외투자자문업자·역외투자일임업자란 자문업 또는 투자일임업을 영위하는 외국 투자자문업자 또는 외국 투자일임업자를 말한다.

이 경우에는 파생상품업무책임자(자금 28조의 2), 경영건전성 감독(자금 30조부터 33조까지), 대주주와의 거래제한(자금 34조부터 36조까지), 상호(자금 38조), 금융투자업자의 다른 금융업무 영위(자금 40조), 금융투자업자의 부수업무 영위(자금 41조),

이해상충의 관리(자금 44조), 정보교류의 차단(자금 45조), 투자권유준칙(자금 50조), 투자권유대행인의 등록(자금 51조), 투자권유대행인의 금지행위(자금 52조), 약관(자금 56조) 및 소유증권의 예탁(자금 61조), 금융투자업 폐지공고(자금 62조), 임직원의 금융투자상품 매매(자금 63조)의 규정은 역외투자자문업자 또는 역외투자일임업자에게는 적용하지 아니한다.

4. 유사투자자문업

불특정 다수인을 대상으로 하여 발행되는 간행물, 전자우편 등에 의하여 금융투자상품에 대한 투자판단 또는 금융투자상품의 가치에 관한 조언으로서 대통령령으로 정하는 것[1)]을 업으로 하는 것을 유사투자자문업이라고 한다

유사투자자문업을 영위하고자 하는 자는 금융위원회가 정하여 고시하는 서식에 따라 금융위원회에 신고하여야 한다(자금 101조 1항).

투자자문업자 또는 투자일임업자의 불건전영업행위 금지에 관한 자본시장법 제98조 제 1 항(제 3 호를 제외한다)은 유사투자자문업 신고를 하여야 하는 자에게 준용한다(자금 101조 4항).

Ⅳ. 신탁업자

1. 선관주의의무 및 충실의무

신탁업자는 수익자에 대하여 선량한 관리자의 주의로써 신탁재산을 운용하여야 하며, 신탁업자는 수익자의 이익을 보호하기 위하여 해당 업무를 충실하게 수행하여야 한다(자금 102조 1항).

2. 신탁재산

(1) 신탁재산의 제한

신탁업자는 ① 금전 ② 증권 ③ 금전채권 ④ 동산 ⑤ 부동산 ⑥ 지상권, 전세권, 부동산임차권, 부동산소유권 이전등기청구권, 그 밖의 부동산 관련 권리 ⑦ 무체재산권(지식재산권을 포함한다) 외의 재산을 수탁할 수 없다(자금 103조 1항).

1) 불특정 다수인을 대상으로 발행 또는 송신되고, 불특정 다수인이 수시로 구입 또는 수신할 수 있는 간행물·출판물·통신물 또는 방송 등을 통하여 투자자문업자 외의 자가 일정한 대가를 받고 행하는 투자조언을 말한다(자금시 102조).

(2) 신탁재산에 따른 신탁의 종류

1) 금전신탁

금전신탁은 위탁자로부터 금전을 수탁하여 신탁회사가 운용하고 신탁기간의 종료시에 수익자에게 금전을 교부하는 것을 말한다.

금전신탁은 다음과 같이 구분한다(자금시 103조). ① 특정금전신탁: 위탁자가 신탁재산인 금전의 운용방법을 지정하는 금전신탁 ② 불특정금전신탁: 위탁자가 신탁재산인 금전의 운용방법을 지정하지 아니하는 금전신탁

2) 재산신탁

재산신탁은 위탁자로부터 금전 외의 재산을 수탁하게 된다. 이에는 증권신탁, 금전채권신탁, 동산신탁,[1] 부동산신탁 등이 있다.

3) 종합재산신탁

신탁업자는 하나의 신탁계약에 의하여 위탁자로부터 신탁재산의 대상이 되는 재산 중 둘 이상의 재산을 종합하여 수탁할 수 있다(자금 103조 2항).

신탁업자는 부동산개발사업을 목적으로 하는 신탁계약을 체결한 경우에는 부동산개발사업을 위해서는 부동산 외에 개발비용을 부담하기 위한 금전이 필요할 수 있으므로, 그 신탁계약에 의한 부동산개발사업별로 금전을 대통령령으로 정하는 사업비[2]의 100분의 15 이내에서 수탁할 수 있다(자금 103조 4항).

(3) 신탁업무의 방법

신탁업자는 수탁한 재산에 대하여 손실의 보전이나 이익의 보장을 하여서는 아니 된다. 다만, 연금이나 퇴직금의 지급을 목적으로 하는 신탁으로서 금융위원회가 정하여 고시하는 경우에는 손실의 보전이나 이익의 보장을 할 수 있다(자금시 104조 1항).

(4) 신탁재산과 고유재산의 구분

「신탁법」에서는 신탁재산은 수탁자의 고유재산 또는 다른 신탁재산과 구별하여 관리하도록 하고 있으며(신탁 30조), 수탁자는 누구의 명의로 하든지 신탁재산을 고유재산으로 하거나 이에 관하여 권리를 취득하지 못한다(신탁 31조 1항)고 하여 신탁재산과 고유재산을 구분하고 있다.

자본시장법상으로도 이 원칙은 적용되지만, 다만 법원의 허가를 얻은 경우에 예외를 인정하는 「신탁법」 제34조 제 2 항은 신탁업자에게는 적용하지 아니하므로

---

1) 동산신탁의 신탁재산은 선박, 항공기, 자동차 등과 같이 등기 또는 등록할 수 있는 것이어야 한다.
2) 공사비, 광고비, 분양비 등 부동산개발사업에 드는 모든 비용에서 부동산 자체의 취득가액과 등기비용, 그밖에 부동산 취득에 관련된 부대비용을 제외한 금액을 말한다(자금시 104조 6항).

(자금 104조 1항), 법원의 허가를 얻지 않고도 신탁재산을 고유재산으로 할 수 있다.

3. 신탁재산운용의 제한

(1) 운용의 방법

신탁업자는 신탁재산에 속하는 금전을 다음의 방법으로 운용하여야 한다(자금 105조 1항, 자금시 106조 5항). ① 증권의 매수 ② 장내파생상품 또는 장외파생상품의 매수 ③ 금융기관에의 예치 ④ 금전채권의 매수 ⑤ 대출 ⑥ 어음의 매수 ⑦ 실물자산의 매수 ⑧ 무체재산권의 매수 ⑨ 부동산의 매수 또는 개발 ⑩ 그밖에 신탁재산의 안전성·수익성 등을 고려하여 대통령령으로 정하는 방법

(2) 차입의 제한

신탁업자는 자본시장법 제103조 제 1 항 제 5 호(부동산) 및 제 6 호의 재산(지상권, 전세권, 부동산임차권, 부동산소유권 이전등기청구권, 그 밖의 부동산 관련 권리)만을 신탁받는 경우, 그밖에 대통령령으로 정하는 경우[1]를 제외하고는 신탁의 계산으로 그 신탁업자의 고유재산으로부터 금전을 차입할 수 없다(자금 105조 2항).

4. 여유자금의 운용

신탁업자는 자본시장법 제103조 제 1 항 제 5 호(부동산) 및 제 6 호의 재산(지상권, 전세권, 부동산임차권, 부동산소유권 이전등기청구권, 그 밖의 부동산 관련 권리)만을 신탁받는 경우 그 신탁재산을 운용함에 따라 발생한 여유자금을 다음의 방법으로 운용하여야 한다(자금 106조).

① 금융기관에의 예치

② 국채증권, 지방채증권 또는 특수채증권의 매수

③ 정부 또는 대통령령으로 정하는 금융기관이 지급을 보증한 증권의 매수

④ 그밖에 법 제103조 제 1 항 제 5 호 및 제 6 호에 따른 신탁재산의 안정성·수익성 등을 저해하지 아니하는 방법으로서 대통령령으로 정하는 방법[2]

---

1) 다음 각 호의 어느 하나에 해당하는 경우를 말한다(자금시 106조 4항).
  1. 법 제103조 제 4 항에 따라 부동산개발사업을 목적으로 하는 신탁계약을 체결한 경우로서 그 신탁계약에 의한 부동산개발사업별로 사업비(제104조 제 6 항에 따른 사업비를 말한다)의 100분의 15 이내에서 금전을 신탁받는 경우
  2. 다음 각 목의 요건을 모두 충족하는 경우로서 금융위원회의 인정을 받은 경우
    가. 신탁계약의 일부해지 청구가 있는 경우에 신탁재산을 분할하여 처분하는 것이 곤란할 것
    나. 차입금리가 공정할 것

2) 다음 각 호의 어느 하나에 해당하는 방법을 말한다(자금시 107조 2항).

5. 불건전 영업행위의 금지

신탁업자는 다음에 해당하는 행위를 하여서는 아니 된다(자금 108조). 다만, 수익자 보호 및 건전한 거래질서를 해할 우려가 없는 경우로서 대통령령으로 정하는 경우에는 이를 할 수 있다.

① 신탁재산을 운용함에 있어서 금융투자상품, 그 밖의 투자대상자산의 가격에 중대한 영향을 미칠 수 있는 매수 또는 매도 의사를 결정한 후 이를 실행하기 전에 그 금융투자상품, 그 밖의 투자대상자산을 자기의 계산으로 매수 또는 매도하거나 제삼자에게 매수 또는 매도를 권유하는 행위

② 자기 또는 관계인수인이 인수한 증권을 신탁재산으로 매수하는 행위

③ 자기 또는 관계인수인이 대통령령으로 정하는 인수업무[1]를 담당한 법인의 특정증권 등(자본시장법 제172조 제 1 항의 특정증권 등을 말한다)에 대하여 인위적인 시세를 형성시키기 위하여 신탁재산으로 그 특정증권 등을 매매하는 행위

④ 특정 신탁재산의 이익을 해하면서 자기 또는 제삼자의 이익을 도모하는 행위

⑤ 신탁재산으로 그 신탁업자가 운용하는 다른 신탁재산, 집합투자재산 또는 투자일임재산과 거래하는 행위

⑥ 신탁재산으로 신탁업자 또는 그 이해관계인의 고유재산과 거래하는 행위

⑦ 수익자의 동의 없이 신탁재산으로 신탁업자 또는 그 이해관계인이 발행한 증권에 투자하는 행위

⑧ 투자운용인력이 아닌 자에게 신탁재산을 운용하게 하는 행위

⑨ 그밖에 수익자 보호 또는 건전한 거래질서를 해할 우려가 있는 행위로서 대통령령으로 정하는 행위

6. 수익증권

신탁업자는 금전신탁계약에 의한 수익권이 표시된 수익증권을 발행할 수 있다(자금 110조 1항).

수익증권은 무기명식으로 한다. 다만, 수익자의 청구가 있는 경우에는 기명식

---

1. 법 제83조 제 4 항에 따른 단기대출
2. 시행령 제106조 제 2 항 각 호의 금융기관이 발행한 채권(특수채증권은 제외한다)의 매수
3. 그밖에 신탁재산의 안정성·수익성 등을 해치지 아니하는 방법으로서 금융위원회가 정하여 고시하는 방법

1) 발행인 또는 매출인으로부터 직접 증권의 인수를 의뢰받아 인수조건 등을 정하는 업무를 말한다(자금시 109조 2항).

으로 할 수 있다(자금 111조 3항). 기명식 수익증권은 수익자의 청구에 의하여 무기명식으로 할 수 있다(자금 111조 4항).

7. 의결권 행사

(1) 의결권 행사의 방법

신탁재산으로 취득한 주식에 대한 권리는 신탁업자가 행사한다. 이 경우 신탁업자는 수익자의 이익을 보호하기 위하여 신탁재산에 속하는 주식의 의결권을 충실하게 행사하여야 한다(자금 112조 1항).

신탁업자는 신탁재산에 속하는 주식의 의결권을 행사함에 있어서 원칙적으로 중립적 의결권행사, 즉 신탁재산에 속하는 주식을 발행한 법인의 주주총회의 참석주식수에서 신탁재산에 속하는 주식수를 뺀 주식수의 결의내용에 영향을 미치지 아니하도록 의결권을 행사하여야 한다(자금 112조 2항).

다만, 신탁재산에 속하는 주식을 발행한 법인의 합병, 영업의 양도·양수, 임원의 선임, 그밖에 이에 준하는 사항으로서 신탁재산에 손실을 초래할 것이 명백하게 예상되는 경우에는 그러하지 아니하다(자금 112조 2항 단서). 이 단서조항은 상호출자제한기업집단에 속하는 신탁업자에게는 적용하지 않는다(자금 112조 5항).

(2) 의결권 행사의 제한

신탁업자는 신탁재산에 속하는 주식이 다음에 해당하는 경우에는 그 주식의 의결권을 행사할 수 없다(자금 113조 3항).

① 동일법인이 발행한 주식 총수의 100분의 15를 초과하여 주식을 취득한 경우 그 초과하는 주식

② 신탁재산에 속하는 주식을 발행한 법인이 자기주식을 확보하기 위하여 신탁계약에 따라 신탁업자에게 취득하게 한 그 법인의 주식

또한 교차행사 등도 제한되어, 신탁업자는 제삼자와의 계약 등에 의하여 의결권을 교차하여 행사하는 등 의결권 행사에 대한 제한규정의 적용을 면하기 위한 행위를 하여서는 아니 된다(자금 112조 4항).

8. 관리형신탁에 관한 특례

자본시장법에서는 관리형신탁에 관한 특례조항을 두고 있다. 그리하여 동산이나 부동산 그리고 지상권, 전세권, 부동산임차권, 부동산소유권 이전등기청구권, 그밖의 부동산 관련 권리만을 수탁받는 신탁업자가 관리형신탁계약을 체결하는 경우

그 신탁재산에 수반되는 금전채권을 수탁할 수 있다(자금 117조의 2).

V. 온라인소액투자중개업자(크라우드펀딩 중개업자)

1. 의 의

크라우드펀딩(crowdfunding)[1]은 군중 또는 다수를 의미하는 「크라우드(crowd)」와 자금제공을 뜻하는「펀딩(funding)」을 조합한 용어로, 창업초기 기업 또는 예비창업자, 아이디어, 사업계획 등을 가진 자금수요자가 자금모집을 중개하는 자(크라우드펀딩 중개업자)가 제공하는 온라인 플랫폼을 통하여 불특정 다수의 대중으로부터 일정수준의 자금을 조달하는 행위를 총칭하는 용어이다.

온라인소액투자중개업자는 크라우드펀딩의 자금모집을 중개하는 자이다.

2. 크라우드펀딩의 유형

크라우드펀딩은 자금모집 및 보상방식에 따라 후원·기부형, 대출형, 증권형(투자형)으로 구분할 수 있다.[2]

(1) 후원형·기부형 크라우드펀딩

후원형(Reward-based crowdfunding)은 영화·연극·음반 제작, 전시회, 콘서트 등의 공연, 스포츠 행사, 그리고 다양한 사회공익 프로젝트 등에 자금을 후원하고 이와 직접적인 연관성이 있는 비금전적인 공연티켓, 시제품, 기념품을 보상으로 받거나 기여자 명단에 이름을 올리는 형태를 말한다.

기부형(Donation-based crowdfunding)은 대가 없는 출연을 통한 자금조달 방식으로 투자자는 출연의 대가로 아무 것도 받지 않는다. 기부형으로 크라우드펀딩을 하는 사업이 반드시 자선이나 비영리여야 하는 것은 아니며, 영리사업을 위하여도 이용할 수 있다.[3]

(2) 대출형 크라우드펀딩

대출형(Lending-based crowdfunding) 크라우드펀딩은 크라우드펀딩 플랫폼이

---

1) 현대적 의미의 크라우드펀딩은 통상 1997년 매릴리언(marillion)이라는 영국 록밴드의 미국 순회공연을 돕기 위해 팬들이 인터넷을 통해 6만 달러 이상을 모금하여 후원한 것을 원조로 들고 있다(금융위원회·금융감독원, 「중개업자·발행인·투자자를 위한 알기 쉬운 크라우드펀딩-자본시장과 금융투자업에 관한 법률에 따른 온라인소액투자중개-」, 2015, 2면.

2) 금융위원회, 금융감독원, 전게서, 4면.

3) 김연미, "벤처창업과 크라우드 펀딩,"「정보법학」 제16권 제 2 호, 2012, 6면.

자금수요자와 투자자들에 대한 자금관계상의 권리를 가지는 것으로, 자금수요자에게는 채권자의 권리를 가지며, 투자자에게는 원리금 수령권을 주어 자금수요자와 투자자 사이에 유기적으로 관여하는 형태이다.[1] 따라서 투자자들과 자금수요자 사이에 일반적으로 채권·채무의 관계가 성립하지는 않는다.

대출형 크라우드펀딩은 개인과 개인 사이에서 이루어지는 P2P금융[2]으로, 일반 대출기관을 통한 자금조달이 쉽지 않은 자금수요자에 대한 정보를 가지고 투자자들이 투자를 결정하며, 투자에 따른 위험은 전적으로 투자자들이 부담하는 방식이다.[3]

(3) 지분형 크라우드펀딩

지분형 크라우드펀딩(Equity－based crowdfunding)은 투자자가 주식이나 채권 등 기업이 발행하는 증권과 프로젝트성 투자계약증권에 대해 투자하여 그에 맞는 지분 및 채권을 취득한 후 이에 대한 이익을 배분을 받거나, 보유 증권 및 채권을 매매함으로서 이익을 추구할 수 있는 형태이다. 기업과 투자자는 상호 유기적인 관계가 형성되며, 투자 대상기업에 대하여 투자자는 후원자로서 역할을 하기도 한다. 지분형 크라우드펀딩은 인터넷을 통해 펀딩 과정이 공개되고, 소셜네트워크 방식의 직접적인 소통과정을 가짐으로써 신뢰를 가지고 투자에 참여할 수 있다.

3. 크라우드펀딩의 구성요소

(1) 의 의

크라우드펀딩시장에 있어서 중심은 온라인 공간에서 발행인과 투자자를 연결해주는 온라인소액투자중개업자이다.[4] 그리고 온라인소액투자중개업자를 통하여 거래하는 신생기업 등 발행인과 일반투자자 및 전문투자자로 이루어진 투자자가 있다. 그리고 크라우드펀딩의 원활한 시장기능의 작동과 투자자보호 등의 역할을 수행하는 중앙기록관리기관, 청약증거금관리기관(증권금융회사, 은행), 투자자명부관리기관, 예탁기관 등이 존재한다.

(2) 온라인소액투자중개업자

일반적으로 크라우드펀딩은 소규모의 자금을 인터넷 등 온라인에 개설된 크라

---

1) 금융위원회·금융감독원, 전게서, 4면.

2) 대출형 크라우드펀딩은 금융기관을 중개기관으로 하지 않는 금융거래방식으로 P2P금융이라고 불리기도 한다. 윤민섭, “P2P금융에 관한 법적 연구,” 「금융법연구」, 제9권 제 2 호, 2012, 452면.

3) P2P금융업자는 최소 자본금 5억원 이상을 갖춰야 하며, 일반 개인투자자의 경우에 동일 차입자에 대한 투자한도는 500만원, 누적금액 5,000만원으로 제한된다(온라인투자연계금융업 및 이용자 보호에 관한 법률 5조).

4) 이들은 크라우드펀딩포털 또는 크라우드펀딩플랫폼으로 불린다.

우드펀딩 포털을 통하여 투자하는 형태를 띠게 된다. 자본시장법에서는 크라우드펀딩 포털을 통하여 크라우드펀딩 중개를 담당하는 금융투자업자를 온라인소액투자중개업자로 명칭하고, 온라인상에서 누구의 명의로 하든지 타인의 계산으로 발행인이 발행하는 채무증권, 지분증권, 투자계약증권의 모집 또는 사모에 관한 중개를 영업으로 하는 자라고 규정하고 있다(자금 9조 27호). 온라인소액투자중개업자는 금융투자업자 중 투자중개업자에 속하는 것으로, 고객자산을 직접 수탁하거나 운용하지 않고 발행회사와 투자자 사이에서 증권을 단순 중개하는 역할을 수행한다.

온라인소액투자중개업자의 영업영위 범위는 중개, 대리, 주선을 고려할 수 있으나 단순중개만 허용하고 대리와 주선을 제외하고 있다.

온라인소액투자중개업자는 일반적인 투자중개업자에 비해 영업범위가 협소하고 투자자의 재산을 관리하지 않는 점 등을 고려하여 진입규제의 수준을 대폭 완화하고 있다. 온라인소액투자중개업자는 금융위원회에 등록하면 업무영위가 가능하며(자금 117조의 3), 자본금도 5억원 이상이면 된다(자금 117조의 4).

온라인소액투자중개업자가 온라인상에서 단순중개업무를 수행하는 점을 감안하여, 내부통제기준 및 준법감시인, 파생상품업무책임자, 소수주주권, 재무건전성 유지, 경영건전성기준에 관한 규정이 적용되지 아니하며(자금 117조의 6 3항), 영업행위 규제에 관한 규정 중 일정 부분의 적용을 배제하고 있다(자금 117조의 7 1항). 이에 따를 때, 다른 금융업무 영위, 적합성의 원칙, 적정성의 원칙, 설명의무, 부당권유의 금지, 투자권유준칙, 투자권유대행인의 등록 등, 계약서류의 교부 및 계약의 해제, 소유증권의 예탁, 매매형태의 명시, 자기계약의 금지, 최선집행의무, 자기주식의 예외적 취득, 임의매매의 금지, 신용공여, 매매명세의 통지, 투자자예탁금의 별도예치, 투자자 예탁증권의 예탁, 집합투자증권 판매 등에 관한 특례, 투자성 있는 예금·보험에 대한 특례, 종합금융투자사업자의 지정 등, 종합금융투자사업자에 관한 특례, 다자간매매체결회사에 관한 특례 규정의 적용을 배제하고 있다(자금 117조의 7 1항).

(3) 발 행 인

1) 의 의

크라우드펀딩을 통하여 증권을 발행할 수 있는 자는 원칙적으로 중소기업을 창업하는 자와 중소기업을 창업하여 사업을 개시한 날부터 7년이 지나지 아니한 자, 혹은 벤처기업·기술혁신형 중소기업이다(자금 9조 27호).

유가증권, 코스닥, 코넥스 시장에 상장된 회사는 동 시장을 통하여 자금을 조달하거나 소액공모를 통하여 자금을 조달할 수 있는 통로가 이미 마련되어 있으므로 크라우드펀딩의 발행인은 비상장 중소기업으로 범위를 제한된다.

2) 자금조달 방법

증권형 크라우드펀딩은 자기자본이 필요한 신생기업 등으로서 대부분 모집의 방식으로 자금을 조달할 것이므로 매출방식은 그 적용을 배제하고 있다. 그러나 50인 미만의 소수에 의한 소액 자금조달도 구태여 제한할 필요가 없기 때문에 사모에 의한 크라우드펀딩은 허용하고 있다(자금 9조 27호).

3) 증권모집의 특례

온라인소액투자중개의 방법으로 대통령령으로 정하는 금액 이하의 증권을 모집하는 경우에는 증권신고서에 관한 규정(119조 및 130조)을 적용하지 아니한다(자금 117조의 10 1항).

크라우드펀딩에 대하여는 신생기업의 자금조달을 지원하기 위하여 예외적으로 발행공시 등 관련 규제를 대폭 완화하고 있기 때문에 위험도가 높다. 이에 따라 투자자보호를 위하여 발행인이 크라우드펀딩을 통해 모집할 수 있는 금액은 연간 30억원으로 제한된다(자금 117조의 10 1항).

(4) 투 자 자

크라우드펀딩의 경우 발행인에 대한 정보의 제공을 상당히 완화된 수준으로 낮추고 있으므로 이에 대비해서 투자자보호를 위한 장치를 마련할 필요가 있다. 이에 따라 자본시장법은 투자보호를 위하여 발행인의 연간 발행한도, 투자자의 연간 투자한도, 청약의사의 철회, 발행증권의 의무예탁 및 1년간 유통제한 등과 같은 제도를 두고 있다.

크라우드펀딩의 경우에 투자자별 투자한도는 발행기업이 투자위험성이 높은 초기 창업·중소기업인 점을 감안해 투자자의 전문성·위험감수능력 등에 따라 투자한도를 차등화하고, 투자한도의 제한이 없는 '전문투자자자 등'의 범위를 확대했다(자금 117조의 10 6항). 일반투자자의 경우에 동일발행인 연간 누적적 투자한도는 500만원, 연간 총 누적 투자한도는 1,000만원이다(자금 117조의 10 6항 2호). 소득요건구비 투자자[1]의 경우에 동일발행인 연간누적적 투자한도는 1,000만원, 연간 총 누적 투자한도는 2,000만원이다(자금 117조의 10 6항 1호).

전문투자자[2]의 경우에는 동일발행인 투자한도와 연간 총 투자한도가 없다.

---

1) 금융소득종합과세 대상자, 사업소득과 근로소득의 합이 1억 원 이상인 자 등.
2) 창투조합, KVF, 신기술조합, 개인투자조합, 전문엔젤, 적격엔젤(투자실적 충족) 등.

제 3 부　증권의 발행 및 유통

제 1 장 발행시장의 규제

제 1 절 서 설

발행시장이란 기업이 발행한 증권을 투자자가 처음으로 취득하는 시장을 말한다. 신규로 주식을 발행하는 경우뿐만 아니라 대주주가 자신의 보유주식을 널리 투자자에게 매도하는 경우와 같이 이미 발행된 증권이라도 대량으로 일반투자자에게 분산 매매되는 거래는 발행시장의 거래에 속한다.

발행시장에 대한 자본시장법상의 규제는 증권신고제도(증권신고서)를 중심으로 하고 있다. 증권신고제도는 증권의 공모시에 발행회사와 증권에 관한 정확한 정보를 투자자에게 제공함으로써 발행회사와 투자자 사이에 발행할 수 있는 정보의 비대칭을 해소하기 위한 제도이다.

증권신고서에는 증권의 모집·매출에 관한 사항, 발행회사의 기업내용 등에 관한 사항이 기재되어야 하며, 증권신고서와는 별도로 발행회사는 일정한 정보가 기재된 투자설명서를 작성하여 금융위원회에 제출하여야 한다(자금 123조).

제 2 절 증권의 모집·매출

I. 서 설

증권을 발행하는 방법으로는 특정개별투자자를 상대로 발행하는 사모와 불특정 다수인에 대해서 공개적으로 발행하는 공모가 있다. 이는 청약대상자의 수에 따라 구분한 것으로 증권신고서에 의한 공시의무가 인정되는가와 관련을 가진다. 공모는 모집과 매출로 구분되며, 사모는 공모가 아닌 것으로 자본시장법에서는 "새로 발행되는 증권의 취득의 청약을 권유하는 것으로서 모집에 해당하지 아니하는 것을 말한다."고 규정하여 모집에 대비하고 있다(자금 9조 8항).

Ⅱ. 공 모

1. 의 의

공모는 회사의 설립시에 공모하는 경우[1]와 일단 설립된 회사가 공모를 통하여 증자를 행하는 경우로 대별할 수 있다. 공모와 사모는 청약대상자 수에 따른 구분으로 다음에 보는 바와 같이 50인이 기준이 된다.

2. 공모증자

공모증자는 최초의 공모[IPO(Initial Public Offering)]와 이후의 공모유상증자로 나눌 수 있는데, 후자에는 주주배정증자,[2] 주주우선공모, 일반공모증자가 있다. 주주배정증자는 주주에게 신주를 우선해서 배정받을 수 있는 신주인수권을 부여하는 것이며, 주주우선공모란 신주모집시에 주간사회사가 유상증자분을 총액인수하여 구주주와 우리사주조합에 우선적으로 배정하여 청약을 받고 실권분을 일반인에게 추가청약 받는 것을 말한다. 공모에 미달하는 주식은 주간사 회사가 인수하게 된다. 일반공모증자는 신주모집시에 기존 주주에 대하여 우선배정을 하지 않고 일반인을 상대로 모집하는 것이다. 발행인은 정관이 정하는 바에 따라 이사회의 결의로서 주주의 신주인수권을 배제하고 불특정 다수인(주주포함)을 상대로 하는 신주를 모집할 수 있다(자금 165조의 6 1항). 이때는 제3자배정증자의 형태를 띠게 된다.

3. 기업공개

기업공개란 최초의 공모와 상장이 함께 행하여지는 것을 일반적으로 의미하지만, 최초의 공모가 선행되지 않는 상장 소위 직상장도 이루어진다. 기업의 공모와 상장을 반드시 함께 실행할 필요는 없다. 그러나 실제로는 상장을 수반하지 않고

---

1) 한겨레신문의 경우를 예를 들 수 있으나, 그 사례가 많지 않다.

2) 상장법인, 공모실적이 있는 법인을 제외한 비공개법인이 주주배정증자를 실시하는 경우는 공모에 해당하지 않는다.

공모가 행하여지는 경우는 그리 많지 않다. 다만 앞으로는 인터넷을 통한 공모의 방식 등 상장을 수반하지 않는 공모가 늘어날 것으로 전망된다.

Ⅲ. 모집과 매출

1. 의 의

모집이란 대통령령으로 정하는 방법에 따라 산출한 50인 이상의 투자자에게 새로 발행되는 증권의 취득의 청약을 권유하는 것을 말한다(자금 9조 7항).[1)]

매출이란 대통령령으로 정하는 방법에 따라 산출한 50인 이상의 투자자에게 이미 발행된 증권의 매도의 청약을 하거나 매수의 청약을 권유하는 것을 말한다(자금 9조 9항).

모집이나 매출은 청약대상자의 수를 50인을 기준으로 하고 있는데, 50인 수의 산정에 있어서 당해 취득청약의 권유 또는 매도청약이나 매수청약의 권유를 하는 날부터 과거 6월 이내에 해당 증권과 동일한 종류의 증권에 대하여 모집 또는 매출에 의하지 않고 청약의 권유를 받은 자를 합산한다(자금시 11조 1항). 매출의 경우 50인 수의 산정에 있어서 거래소시장 밖에서 취득하는 자들만을 고려하도록 하고 있다(자금시 11조 3항).

이는 50인 미만의 자를 대상으로 수회에 걸쳐 모집하는 경우에는 공모의 개념에 포함되지 않아 투자자 보호를 위한 발행공시규제를 회피해 갈 수 있기 때문에 이를 규제하기 위한 것이다.

2. 간주모집

모집이나 매출과 관련하여 청약권유를 받는 자의 수가 50인 미만으로서 증권의 모집에 해당되지 않는 경우에도 금융위원회가 정하는 바에 따라 해당 증권이 발행일로부터 1년 이내에 50인 이상의 자에게 양도될 수 있는 경우에는 증권의 모집으로 본다(자금시 11조 2항). 이를 간주모집이라고 하는데, 「증권의 발행 및 공시 등에 관한 규정」에서는 증권의 종류 및 취득자의 성격 등을 고려하여 모집으로 보는 전매기준을 상세히 규정하고 있다. 증권의 경우 대부분이 전매가능성이 인정되므로 모집으로 인정되지 않기 위해서는 전매제한조치를 취할 필요가 있다.

---

1) 상법에서도 주식 및 사채의 모집에 대하여 규정하고 있지만 이는 자본시장법상 공모 및 사모를 포함하는 개념이다.

Ⅳ. 증권의 발행인과 모집·매출자

증권의 발행인은 증권을 발행하였거나 발행하고자 하는 자를 말한다. 증권의 모집·매출에 있어서 그 주체와 관련해서 모집의 주체는 항상 발행인에 국한되지만, 매출의 주체는 증권의 보유자로서 발행인인 경우도 있지만 발행인 이외의 제 3 자인 경우가 대부분이고(증권의 보유자), 기업공개를 위하여 대주주가 소유하는 기발행주식수를 분산시킬 목적으로 매도하려는 경우에 증권회사가 이를 총액인수한 후 일반투자자에게 매출할 수도 있다.

제 3 절 증권의 인수

Ⅰ. 서 설

증권을 발행함에 있어서 사모의 방법에 의할 때뿐만 아니라 공모를 함에 있어서 발행인의 신용도가 높은 경우에는 인수인을 통하지 않고 발행인이 모든 위험을 부담하면서 직접공모에 의하여 증권을 발행할 수 있다. 이때는 인수수수료, 공인회계사비용 등을 절약할 있으며, 인수인이 시장조성 등을 이유로 발행가격을 낮추고자 하는 현상도 피할 수 있다.

자본시장법 시행령에서는 주권비상장법인이나 설립중인 법인이 인수인의 인수없이 지분증권을 공모하는 경우(직접공모)를 상정하고 있다(자금시 125조 1항 2호 마, 바, 2항 9호). 그러나 인수기관의 공신력에 의하여 공모가 성공할 가능성이 높게 되고, 인수기관이 공모차질로 인한 위험을 부담하는 보험자의 역할을 하기 때문에 간접공모에 따른 비용에 불구하고 인수인을 통한 간접공모가 일반적으로 이용된다.

Ⅱ. 인 수

1. 의 의

증권의 인수란 사모나 공모를 용이하게 하기 위하여 필요한 업무를 담당하거나 나아가 발행된 증권이 소화되지 않는 경우에 발행인이 부담할 위험을 떠맡는 행위를 의미한다.

자본시장법에 따르면 때 인수란 제삼자에게 증권을 취득시킬 목적으로 다음의 어느 하나에 해당하는 행위를 하거나 그 행위를 전제로 발행인 또는 매출인[1]을 위하여 증권의 모집·사모·매출을 하는 것을 말한다(자금 9조 11항). ① 그 증권의 전부 또는 일부를 취득하거나 취득하는 것을 내용으로 하는 계약을 체결하는 것 ② 그 증권의 전부 또는 일부에 대하여 이를 취득하는 자가 없는 때에 그 나머지를 취득하는 것을 내용으로 하는 계약을 체결하는 것

2. 총액인수

증권을 발행함에 있어서 인수인이 이를 매출할 목적으로 그 증권의 발행인으로부터 그 전부 또는 일부를 취득 또는 매수하는 것을 말한다. 이때는 인수된 주식을 처분하지 못하게 되는 위험을 인수인이 부담하면서 높은 수수료를 받는다.

3. 잔액인수

증권을 발행함에 있어서 제 3 자에게 증권의 매매 주선을 하고, 이를 취득하는 자가 없는 때에 그 잔여분을 취득하는 계약을 하는 것이다. 인수인은 주선분에 대한 수수료수입 외에 잔액인수분에 대한 매매차익도 얻을 수 있다.

[인수주선]

인수주선은 위탁모집이라고 하는데, 수수료를 받고 발행인을 위하여 당해 증권의 모집 또는 매출을 주선하거나 기타 직접 또는 간접으로 증권의 모집 또는 매출을 분담하는 것을 말한다(구 증권거래법 2조).

여기서 모집이나 매출의 주체는 발행인이나 매출을 하는 제 3 자이며, 인수인은 모집이나 매출이 원활하게 이루어질 수 있도록 노력만 하면 되므로 모집·매출의 잔량이 생겨도 이를 인수할 의무가 없고, 발행자가 이를 처리하게 된다.

자본시장법상 이는 인수가 아니라 투자중개업에 해당한다.

개정 자본시장법에서는 주선인에 대한 규정을 도입하고(자금 9조 13항) 주선인에 대해서도 인수인과 동일한 증권신고서나 투자설명서 부실기재에 따른 손해배상책임을 부담하도록 하고 있다(자금 125조).

---

1) 자본시장법 제 9 조 제14항 이 법에서 "매출인"이란 증권의 소유자로서 스스로 또는 인수인이나 주선인을 통하여 그 증권을 매출하였거나 매출하려는 자를 말한다.

제 4 절 발행공시제도

Ⅰ. 서 설

자본시장법에서는 발행공시와 관련하여 증권신고서를 중심으로 규정하고 있으며, 발행공시 규제의 적용범위를 확대하고 있다. 구체적으로 증권신고서를 제출해야 하는 발행공시 규제의 적용대상 증권을 투자자 보호의 필요성이 있는 모든 증권으로 확대하고 있다. 이전에는 은행채, 간접투자증권, 주택저당증권(MBS) 등 수익증권, 국가가 매출하는 유가증권 등은 일반적 사채와 경제적 실질이 같음에도 발행공시의무(유가증권신고서)가 면제되어 발행자의 정보가 공시되지 않았다.

자본시장법에는 발행공시의무가 면제되는 증권은 국채, 지방채, 특별한 법률에 의해 당연 설립된 법인이 발행한 사채 등과 같이 발행주체가 국가에 준하는 채권으로 한정하고 있다.

Ⅱ. 증권신고서

1. 의 의

증권의 모집 또는 매출(대통령령으로 정하는 방법에 따라 산정한 모집가액 또는 매출가액 각각의 총액이 대통령령으로 정하는 금액(10억) 이상인 경우에 한한다)은 발행인이 그 모집 또는 매출에 관한 신고서, 증권신고서를 금융위원회에 제출하여 수리되지 아니하면 이를 할 수 없다(자금 119조).

증권신고서의 효력이 발생하지 아니한 증권에 대하여는 거래가 제한되는 것으로, 그 증권의 취득 또는 매수의 청약이 있는 경우에 그 증권의 발행인·매출인과 그 대리인은 그 청약의 승낙을 하여서는 아니 된다(자금 121조 1항). 다만 이에 위반한 모집·매출의 경우 형사처벌되는 것과는 별도로 사법상의 효력에는 영향이 없다고 해석한다.

2. 적용제외

증권신고서에 관한 규정은 국채증권, 지방채증권, 대통령령으로 정하는 법률에 따라 직접 설립된 법인이 발행한 채권, 그밖에 다른 법률에 따라 충분한 공시가 행하여지는 등 투자자 보호가 이루어지고 있다고 인정되는 증권으로서 대통령령으로 정하는 증권[1]에 관하여는 적용하지 아니한다(자금 118조). 이러한 적용제외를 인정하는 것은 국채, 지방채 등은 사실상 채무불이행위험이 극히 적다는 점을 고려한 것이다.

매출에 대한 증권신고서 제출의무의 면제도 인정되어, 발행인 및 같은 종류의 증권에 대하여 충분한 공시가 이루어지고 있는 등 대통령령으로 정한 사유에 해당하는 때에는 매출에 관한 증권신고서를 제출하지 아니할 수 있다(자금 119조 6항).

▶ 참조판례

① "증권거래법 제 8 조 제 1 항에 의한 유가증권발행신고서 제출의무는 국내 발행시장에서 모집에 응하는 투자자를 보호하기 위한 것임에 비추어 볼 때, 국내 투자자가 유통시장에서 그 이면약정에 따라 이를 다시 인수하였는지 여부를 불문하고 해외에서 발행된 전환사채에 대하여는 증권거래법 제 8 조 제 1 항에 의한 유가증권발행신고서 제출의무가 인정되지 아니한다."(대판(전원합의체판결) 2004. 6. 17, 2003 도 7645).

② 50인의 청약권유 대상자 수를 산정에 있어서 제외되는 자와 관련하여, "예외적으로 발행인으로부터 설명을 듣지 아니하고도 발행인의 재무상황이나 사업내용 등의 정보에 충분히 접근할 수 있는 위치에 있을 뿐만 아니라, 그것을 판단할 수 있는 능력을 갖추고 있어 스스로 자기이익을 방어할 수 있는 자는 50인의 청약권유 대상자 수에서 제외하여야 할 것이고, 따라서 50인의 청약권유 대상자 수를 산정함에 있어서 제외되는 자를 규정한 같은 법 시행령 제 2 조의 4 제 3 항 제 7 호 및 유가증권의 발행 및 공시 등에 관한 규정 제 2 조 각 호의 규정 역시 위와 같은 취지에 비추어 제한적으로 해석되어야 한다."(대판 2005. 9. 30, 2003 두 9053).

---

1) 다음 각 호의 증권을 말한다(자금시 119조 2항).

1. 국가 또는 지방자치단체가 원리금의 지급을 보증한 채무증권
2. 국가 또는 지방자치단체가 소유하는 증권을 미리 금융위원회와 협의하여 매출의 방법으로 매각하는 경우의 그 증권
3. 「지방공기업법」 제68조 제 1 항부터 제 6 항까지의 규정에 따라 발행되는 채권 중 도시철도의 건설 및 운영과 주택건설사업을 목적으로 설립된 지방공사가 발행하는 채권
4. 「국제금융기구에의 가입조치에 관한 법률」 제 2 조 제 1 항에 따른 국제금융기구가 금융위원회와의 협의를 거쳐 기획재정부장관의 동의를 받아 발행하는 증권
5. 「한국주택금융공사법」에 따라 설립된 한국주택금융공사가 채권유동화계획에 의하여 발행하고 원리금 지급을 보증하는 주택저당증권 및 학자금대출증권

3. 신고의무자

증권신고서 신고의무를 지는 자는 모집·매출의 대상인 증권의 발행인이다(자금 119조). 발행인에는 "발행하고자 하는 자"도 포함되므로(자금 9조 10항) 법인을 설립하는 경우에는 설립중의 법인도 신고의무를 부담할 수 있다.

매출의 경우에 대주주가 보유주식을 매각하는 경우와 같이 그 주체가 발행인이 아닌 제 3 자가 되는 경우에는 매출의 주체와 신고의무자가 일치하지 않는다. 그러나 기업내용의 공시는 발행인이 잘 알기 때문에 이때에도 신고자는 발행인이다.

4. 증권신고서의 내용

증권신고서의 내용에 대하여 모집 또는 매출에 관한 사항과 발행인에 관한 사항 등 시행령 제125조(신고서의 기재사항 및 첨부서류)에서 상세하게 규정하고 있다. 집합투자증권과 자산유동화증권의 경우에는 별도의 시행령 규정을 두고 있다.

5. 예측정보

자본시장법에서는 예측정보의 기재를 허용하고 있다. 예측정보란 의견·예측 그 밖의 주관적 평가 등의 정보를 말한다. 이는 객관적으로 증명가능하며 확정된 사항에 대한 하드정보에 대응하는 소프트정보로서 손해배상책임에 대하여 특례가 인정된다.

발행인은 증권신고서와 일괄신고서에 발행인(투자신탁의 수익증권 및 투자익명조합의 지분증권의 경우에는 그 투자신탁 및 투자익명조합을 말한다)의 미래의 재무상태나 영업실적 등에 대한 예측 또는 전망에 관한 사항으로서 다음의 사항을 기재 또는 표시할 수 있다. 이 경우 예측정보의 기재 또는 표시는 자본시장법 제125조 제 2 항 제 1 호·제 2 호 및 제 4 호의 방법에 따라야 한다(자금 119조 3항).

① 매출규모·이익규모 등 발행인의 영업실적, 그 밖의 경영성과에 대한 예측 또는 전망에 관한 사항

② 자본금규모·자금흐름 등 발행인의 재무상태에 대한 예측 또는 전망에 관한 사항

③ 특정한 사실의 발생 또는 특정한 계획의 수립으로 인한 발행인의 경영성과 또는 재무상태의 변동 및 일정시점에서의 목표수준에 관한 사항

④ 그밖에 발행인의 미래에 대한 예측 또는 전망에 관한 사항으로서 대통령령

으로 정하는 사항[1)]

6. 정정신고서

(1) 금융위원회의 요구에 의한 정정

금융위원회는 증권신고서의 형식을 제대로 갖추지 아니한 경우 또는 그 증권신고서 중 중요사항에 관하여 거짓의 기재 또는 표시가 있거나 중요사항이 기재 또는 표시되지 아니한 경우와 중요사항의 기재나 표시내용이 불분명하여 투자자의 합리적인 투자판단을 저해하거나 투자자에게 중대한 오해를 일으킬 수 있는 경우에는 그 증권신고서에 기재된 증권의 취득 또는 매수의 청약일 전일까지 그 이유를 제시하고 그 증권신고서의 기재내용을 정정한 신고서, 즉 정정신고서의 제출을 요구할 수 있다(자금 122조 1항). 위 요구가 있는 경우 그 증권신고서는 그 요구를 한 날부터 수리되지 아니한 것으로 본다.

금융위원회의 요구를 받은 후 대통령령으로 정하는 기한 이내에 발행인이 정정신고서를 제출하지 않는 경우에는 해당 증권신고서를 철회한 것으로 본다(자금 122조 6항).

(2) 임의정정과 의무정정

증권신고서(일괄신고추가서류를 포함한다)를 제출한 자는 그 증권신고서의 기재사항을 정정하고자 하는 경우에는 그 증권신고서에 기재된 증권의 취득 또는 매수의 청약일 전일까지 정정신고서를 제출할 수 있다. 이 경우 발행조건 등(자금시 130조 1항) 중요한 사항을 정정하고자 하는 경우 또는 기재나 표시내용이 불분명한 경우 등(자금시 130조 2항) 투자자 보호를 위하여 그 증권신고서에 기재된 내용을 정정할 필요가 있는 경우에는 반드시 정정신고서를 제출하여야 한다(자금 122조 3항).

(3) 일괄신고서의 정정

일괄신고서를 제출한 자는 그 발행예정기간 종료 전까지 정정신고서를 제출할 수 있다. 이 경우 개방형 집합투자증권을 제외하고는 발행예정금액 및 발행예정기간은 이를 정정하여서는 아니 된다. 다만, 발행예정금액의 100분의 20의 범위에서 대통령령으로 정하는 한도[2)] 이하로 감액되는 발행예정금액은 정정할 수 있다(자금

---

1) 자본시장법 제119조 제 3 항 제 1 호부터 제 3 호까지의 규정에 따른 예측정보에 관하여 평가요청을 받은 경우에 그 요청을 받은 자가 그 예측정보의 적정성에 관하여 평가한 사항을 말한다(자금시 123조).

2) 발행예정금액의 100분의 20을 말한다(자금시 130조 4항). 다만, 투자자 보호 등을 위하여 필요하다고 인정되는 경우에는 금융위원회가 그 한도를 발행예정금액의 100분의 20 이하로 정하여 고

122조 4항).

(4) 정정신고서 제출의 효력

정정신고서가 제출된 경우에는 그 정정신고서가 수리된 날에 그 증권신고서가 수리된 것으로 본다. 증권신고서는 증권신고서의 수리 후 다음에 보는 대기기간이 경과하여야 효력이 발생하게 된다.

7. 신고서의 효력발생

(1) 대기기간

증권신고서가 효력을 발생하기 위해서는 증권신고서가 수리된 날로부터 일정한 대기기간이 경과하여야 한다(자금 120조 1항).

[증권신고서의 효력발생기간]

증권 / 발행기업	주식		채권		환매금지집합투자기구	기타 증권
	일반공모, 주주우선공모	주주배정, 제 3 자배정	보증, 담보부, ABS	무보증		
주권상장법인	10일	7일	5일	7일	10일	15일
일반법인	15일					

(2) 정정신고서의 효력발생

위 효력발생시기에도 불구하고 정정신고서는 따로 효력발생시기가 정해진다. 정정신고서의 경우에는 다음에서 정하는 날에 해당 증권신고의 효력이 발생한다. 다만, 다음의 정하는 날이 위 대기기간에서 정하는 날 이전인 경우에는 위 대기기간에 따른다(자금시칙 12조 2항).

① 모집가액, 매출가액, 발행이자율 및 이와 관련된 사항의 변경으로 인하여 정정신고서를 제출하는 경우에는 그 정정신고서가 수리된 날부터 3일이 지난 날

② 자본시장법 제182조 제 1 항(집합투자기구의 등록)에 따라 등록된 사항을 변경하기 위하여 정정신고서를 제출하는 경우에는 그 정정신고서가 수리된 날(집합투자기구만 해당한다)

시할 수 있다.

8. 증권신고서의 철회

증권의 발행인은 증권신고를 철회하고자 하는 경우에는 그 증권신고서에 기재된 증권의 취득 또는 매수의 청약일 전일까지 철회신고서를 금융위원회에 제출하여야 한다(자금 120조 4항).

또한 금융위원회의 요구를 받고도 정정신고서를 일정한 기한내에 제출하지 않은 경우에도 증권신고서를 철회한 것으로 본다(자금 122조 6항).

9. 일괄신고서

(1) 의 의

증권의 종류, 발행예정기간, 발행횟수, 발행인의 요건 등을 고려하여 일정기간 동안 모집하거나 매출할 증권의 총액을 일괄하여 기재한 일괄신고서를 금융위원회에 제출하여 수리된 경우에는 그 기간 중에 그 증권을 모집하거나 매출할 때마다 제출하여야 하는 신고서를 따로 제출하지 아니하고 그 증권을 모집하거나 매출할 수 있다(자금 119조 2항). 주식은 수시로 발행할 필요가 크지 않지만, 회사채는 1년에도 수차 발행하는 사례가 많으므로 건별 증권신고서에 의한 공시는 부담이 된다. 이 때 일괄신고서를 제출함으로써 개별 증권신고서 제출의무를 면제하여 그 부담을 완화하고자 하는 것이다.

이 경우 개방형 집합투자증권을 제외한 증권을 모집하거나 매출할 때마다 일괄신고와 관련된 일괄신고추가서류를 제출하여야 한다.

(2) 일괄신고서의 요건

1) 대상증권

일괄신고서를 제출할 수 있는 증권은 다음의 증권으로 한다(자금시 121조 1항).

① 주권

② 전환사채권·신주인수권·부사채권·교환사채권(주권, 전환사채권 또는 신주인수권부사채권과 교환을 청구할 수 있는 교환사채권만 해당)·이익참가부사채권

③ ②의 사채권을 제외한 사채권

④ 파생결합증권

③ 다음의 어느 하나에 해당하는 집합투자증권(개방형 집합투자증권)

가. 환매금지형집합투자기구가 아닌 집합투자기구의 집합투자증권

나. 가목에 준하는 것으로서 자본시장법 제279조 제 1 항에 따른 외국 집합투자증권

2) 발행예정기간

일괄신고서의 발행예정기간은 일괄신고서의 효력발생일부터 2개월 이상 1년 이내의 기간으로 한다. 다만, 개방형 집합투자증권인 경우에는 일정한 기간동안 수시로 발행되는 특색을 반영하여 해당 집합투자규약에서 정한 존속기간을 발행예정기간으로 한다. 만일 집합투자규약에서 존속기간을 정하지 아니한 경우에는 무기한이 된다(자금시 121조 2항).

일괄신고서를 제출한 자는 발행예정기간 중 3회 이상 그 증권을 발행하여야 한다(자금시 121조 3항).

(3) 일괄신고추가서류

일괄신고서는 1년간 예정물량을 일괄하여 신고하는 것이므로 발행금액이나 금리 등 발행조건은 개별적인 발행이 이루어질 때 확정된다. 자본시장법은 "일괄신고추가서류를 제출하여야 하는 경우 그 일괄신고추가서류가 제출되지 아니하면 그 증권의 발행인·매출인과 그 대리인은 그 증권에 관한 취득 또는 매수의 청약에 대한 승낙을 하여서는 아니 된다."고 하여(자금 121조 2항), 발행금액과 금리 등 발행조건에 관한 일괄신고추가서류를 제출하지 않고서는 거래가 이루어질 수 없도록 하고 있다.

다만 개방형 집합투자증권은 일괄신고추가서류의 제출의무가 면제된다(자금시 122조 1항).

(4) 일괄신고서의 정정

일괄신고서를 제출한 자는 발행예정기간의 종료 전에는 언제든지 정정신고서를 제출할 수 있다. 그러나 개방형 집합투자증권을 제외하고는 발행예정금액과 기간을 정정할 수 없다. 다만 일괄신고서 제출이후 발생한 자금사정 변화를 반영할 수 있도록 발행예정금액의 20% 한도에서 감액정정은 허용하고 있다(자금 122조 4항).

Ⅲ. 투자설명서

1. 의 의

자본시장법에서는 구증권거래법상 사업설명서를 투자설명서로 변경하여, 증권

을 모집하거나 매출하는 경우 그 작성·공시의무를 부과하고 있다. 투자설명서는 투자자가 증권에 대한 정보를 보유한 상태에서 투자판단을 할 수 있도록 정보를 제공하는 것을 목적으로 하고 있다. 투자설명서를 제공함으로써 투자자가 투자설명서에 기재된 정보가 아닌 허황된 정보에 따라서 투자판단을 하지 않게 된다.

증권신고서는 일정한 장소에 비치되고 인터넷을 통하여 공시되지만 투자자가 그 내용을 숙지한다는 보장이 없다. 투자설명서의 경우, 자본시장법에서는 투자설명서의 작성·공시의무 외에 발행인에게 투자자에 대한 투자설명서의 교부의무를 부과하고 있다.

투자설명서는 통상의 투자설명서, 신고서가 수리된 후 효력이 발생하기까지의 기간 동안 청약하기 위한 예비투자설명서,[1] 일부사항을 생략하거나 주요사항만을 발췌하여 표시한 문서·전자문서 등으로 신문·방송 등을 이용한 광고 등에 쓰이는 간이투자설명서의 세 가지가 있다. 증권신고의 대상이 되는 증권의 모집 또는 매출, 그 밖의 거래를 위하여 청약의 권유 등을 하고자 하는 경우에는 앞의 3가지 방법에 의하여야 한다(자금 124조 2항).

실제 모집안내서, 신주청약안내서 등 투자권유를 위한 문서는 그 명칭여하에 불구하고 투자설명서로 보아 자본시장법의 규제대상으로 삼아야 할 것이다.

2. 투자설명서의 작성·공시

증권을 모집하거나 매출하는 경우 그 발행인은 투자설명서 및 간이투자설명서(모집 또는 매출하는 증권이 집합투자증권인 경우로 한정한다)를 그 증권신고의 효력이 발생하는 날(일괄신고추가서류를 제출하여야 하는 경우에는 그 일괄신고추가서류를 제출하는 날로 한다)에 금융위원회에 제출하여야 하며, 이를 총리령으로 정하는 장소에 비치하고 일반인이 열람할 수 있도록 하여야 한다(자금 123조 1항).

투자설명서에는 증권신고서(일괄신고추가서류를 포함한다)에 기재된 내용과 다른 내용을 표시하거나 그 기재사항을 누락하여서는 아니 된다. 다만, 기업경영 등 비밀유지와 투자자 보호와의 형평 등을 고려하여 기재를 생략할 필요가 있는 사항으로서 대통령령으로 정하는 사항[2]에 대하여는 그 기재를 생략할 수 있다(자금 123조 2

1) 예비투자설명서를 제출한 경우로서 증권신고의 효력이 발생할 때까지 증권신고서의 기재사항에 변경이 없는 경우에는 그 증권신고의 효력이 발생한 후에 예비투자설명서를 투자설명서로 사용할 수 있다(자금시 131조 4항).

2) 다음 어느 하나에 해당하는 사항을 말한다(자금시 131조 5항).

1. 「군사기밀보호법」 제 2 조에 따른 군사기밀에 해당하는 사항

항).

대통령령으로 정하는 집합투자증권 및 파생결합증권[1]의 발행인은 위 투자설명서 및 간이투자설명서 외에 다음의 구분에 따라 투자설명서 및 간이투자설명서를 금융위원회에 추가로 제출하여야 하며, 이를 총리령으로 정하는 장소에 비치하고 일반인이 열람할 수 있도록 하여야 한다. 다만, 그 집합투자증권 및 파생결합증권의 모집 또는 매출을 중지한 경우에는 제출·비치 및 공시를 하지 아니할 수 있다(자금 123조 3항).

① 투자설명서 및 간이투자설명서를 제출한 후 총리령으로 정하는 기간마다 1회 이상 다시 고친 투자설명서 및 간이투자설명서를 제출할 것

② 변경등록을 한 경우 변경등록의 통지를 받은 날부터 5일 이내에 그 내용을 반영한 투자설명서 및 간이투자설명서를 제출할 것

3. 투자설명서 교부의무

증권의 공모시에 발행인은 증권신고서 외에도 투자설명서(집합투자증권의 경우 투자자가 투자설명서의 교부를 별도로 요청하지 아니하는 경우에는 간이투자설명서를 말한다)를 작성하여 금융위에 제출하여야 하며, 증권신고의 효력이 발생한 증권을 취득하고자 하는 자에게 투자설명서를 미리 교부하지 아니하면 그 증권을 취득하게 하거나 매도하여서는 아니 된다(자금 124조 1항).

Ⅳ. 공시규제위반의 효력

1. 행정적 규제

(1) 행정조치

금융위원회는 다음의 어느 하나에 해당하는 경우에는 증권신고의 신고인, 증권의 발행인·매출인 또는 인수인 또는 주선인에 대하여 이유를 제시한 후 그 사실을 공고하고 정정을 명할 수 있으며, 필요한 때에는 그 증권의 발행·모집·매출, 그 밖의 거래를 정지 또는 금지하거나 대통령령으로 정하는 조치[2]를 할 수 있다. 이

---

2. 발행인의 업무나 영업에 관한 것으로서 금융위원회의 확인을 받은 사항

1) 자본시장법 시행령 제131조 ⑥ 개방형 집합투자증권 및 금적립계좌 등을 말한다.

2) 다음 각 호의 어느 하나에 해당하는 조치를 말한다(자금시 138조). 1. 1년의 범위에서 증권의 발행 제한 2. 임원에 대한 해임권고 3. 법을 위반한 경우에는 고발 또는 수사기관에의 통보 4. 다른 법률을 위반한 경우에는 관련 기관이나 수사기관에의 통보 5. 경고 또는 주의

경우 그 조치에 필요한 절차 및 조치기준은 총리령으로 정한다(자금 132조).

① 증권신고서·정정신고서 또는 증권발행실적보고서를 제출하지 아니한 경우

② 증권신고서·정정신고서 또는 증권발행실적보고서 중 중요사항에 관하여 거짓의 기재 또는 표시가 있거나 중요사항이 기재 또는 표시되지 아니한 경우

③ 자본시장법 제121조를 위반하여 증권의 취득 또는 매수의 청약에 대한 승낙을 한 경우

④ 투자설명서에 관하여 자본시장법 제123조 또는 제124조를 위반한 경우

⑤ 예비투자설명서 또는 간이투자설명서에 의한 증권의 모집·매출, 그 밖의 거래에 관하여 자본시장법 제124조 제 2 항을 위반한 경우

⑥ 자본시장법 제130조에 따른 조치를 하지 아니한 경우

(2) 과 징 금

금융위원회는 증권신고서 등의 부실기재로 배상책임을 질자가 ① 증권신고서·투자설명서, 그 밖의 제출서류 중 중요사항에 관하여 거짓의 기재 또는 표시를 하거나 중요사항을 기재 또는 표시하지 아니한 때 ② 증권신고서·투자설명서, 그 밖의 제출서류를 제출하지 아니한 경우에는 증권신고서상의 모집가액 또는 매출가액의 100분의 3(20억원을 초과하는 경우에는 20억원)을 초과하지 아니하는 범위에서 과징금을 부과할 수 있다(자금 429조 1항).

2. 형사상 제제

증권신고서를 제출하지 않고 증권을 공모한 자는 5년 이하의 징역이나 2억원 이하의 벌금에 처한다(자금 444조 12호).

투자설명서를 금융위원회에 제출하지 아니하거나, 투자설명서를 미리 교부하지 아니하고 증권을 취득하게 하거나 매도한 자, 투자설명서의 방법에 대하여 규정한 자본시장법 제124조 제 2 항의 어느 하나에 해당하는 방법에 따르지 아니하고 청약의 권유 등을 한 자는 1년 이하의 징역 또는 3천만원 이하의 벌금에 처한다(자금 446조 21호, 22호, 23호). 자본시장법 제132조상의 공시와 관련된 금융위원회의 처분을 위반한 자도 마찬가지이다(자금 446조 24호).

증권신고서 또는 일괄신고추가서류, 정정신고서, 투자설명서 중 중요사항에 관하여 거짓의 기재 또는 표시를 하거나 중요사항을 기재 또는 표시하지 아니한 자 및 그 중요사항에 관하여 거짓의 기재 또는 표시가 있거나 중요사항의 기재 또는 표시가 누락되어 있는 사실을 알고도 자본시장법 제119조 제 5 항에 따른 서명을

한 자와 그 사실을 알고도 이를 진실 또는 정확하다고 증명하여 그 뜻을 기재한 공인회계사·감정인 또는 신용평가를 전문으로 하는 자는 5년 이하의 징역이나 2억원 이하의 벌금에 처한다(자금 444조 13호).

공시규제위반이 경미한 경우 과태료 부과도 인정되는데, 신고서를 제출하지 아니하는 모집·매출에 대하여 부과되는 조치를 하지 아니한 자(5천만원 이하), 증권 발행실적보고서를 제출하지 아니하거나 거짓으로 작성하여 제출한 자(1000만원 이하)의 경우 과태료가 부과된다(자금 449조 1항 36호, 2항 7호).

3. 민사상 제제

(1) 규제위반행위의 사법상 효력

증권신고서의 제출없이 공모를 행한 경우나 투자설명서를 교부하지 않고 계약을 체결한 경우는 법령위반행위에 해당한다. 일반적으로 법령위반행위의 사법상의 효력은 위반된 법령이 효력규정인 경우에는 무효이고, 단속규정인 경우에는 유효한 것으로 본다. 이에 따를 때 법령자체가 사법상 효력을 부정하는 경우에는 무효이겠으나, 그렇지 않은 경우에는 「민법」 제103조의 공서양속에 위반하는지 여부를 기준으로 법령위반행위의 유·무효를 판단할 것이다.

증권신고서의 경우에 증권신고서가 제출되지 않았다고 하더라도 투자자와의 거래 그 자체가 공서양속에 반한 것은 아니기 때문에 증권의 매매가 성립한 경우 그 효력을 부정할 것은 아니다.

(2) 자본시장법상의 손해배상청구권

증권신고서와 투자설명서 중 중요사항에 관하여 거짓의 기재 또는 표시가 있거나 중요사항이 기재 또는 표시되지 아니함으로써 증권의 취득자가 손해를 입은 경우에는 발행인 등은 그 손해에 관하여 배상의 책임을 진다. 다만, 배상의 책임을 질자가 상당한 주의를 하였음에도 불구하고 이를 알 수 없었음을 증명하거나 그 증권의 취득자가 취득의 청약을 할 때에 그 사실을 안 경우에는 배상의 책임을 지지 아니한다(자금 125조 1항).[1]

증권신고서에는 정정신고서와 일괄신고서, 일괄신고서 추가서류도 포함되며, 투자설명서에는 예비투자설명서, 간이투자설명서 모두 포함된다.

---

1) 개정 자본시장법에서는 증권모집의 주선인에 대해서도 인수인과 동일한 증권신고서 부실기재에 따른 배상책임을 부담하도록 하여 증권의 인수 관련 제도를 정비하고 있다. 개정 자본시장법 제125조(거짓의 기재 등으로 인한 배상책임) ① 5. 인수인 또는 주선인(인수인 또는 주선인이 2인 이상인 경우에는 대통령령으로 정하는 자를 말한다)

여기서 투자자에게 오해를 불러일으키는 표시에 대하여 명시하고 있지 않지만 이러한 오인표시도 허위표시에 포함된다고 해석하여야 한다.

위 규정에서 손해배상청구의 요건으로서 중요성요건이 부과되어 있는데, 설명의무와 관련된 구 자본시장법 제47조[1]에서 "투자자의 합리적인 투자판단과 해당 금융투자상품의 가치에 중대한 영향을 미칠 수 있는 사항"을 중요사항으로 보고 있는데, 여기서도 이 기준에 따를 것이다.

손해배상청구시에 증명책임이 전환되어 발행인 등의 선의·무과실의 증명에 의한 면책을 인정한다.[2] 또한 악의의 항변이 허용되는데 이를 위해 발행인 등이 원고의 악의를 증명해야 한다.

▶ 참조판례

위장납입의 경우에 "비록 형식상으로는 유상증자의 외형을 갖추었다 하더라도 실질적으로는 자금을 조달할 의도나 목적이 없어 납입한 주금이 전혀 자본금으로 편입되지 않으므로, 주금의 가장납입 또는 위조된 주금납입금보관증명서에 의한 증자등기를 경료할 의도 하에 마치 실질적인 자금조달에 의하여 유상증자를 할 것처럼 구 증권거래법 제 8 조의 유가증권신고서를 작성하여 금융감독위원회에 제출하는 행위는 같은 법 제207조의 3 제 2 호의 유가증권신고서의 중요한 사항에 관하여 허위의 기재를 한 경우에 해당한다."(대판 2006. 10. 26, 2006 도 5147).

(3) 손해배상채무자

자본시장법에서는 손해배상채무자로 다음의 자를 들고 있다(자금 125조 1항).

① 그 증권신고서의 신고인과 신고 당시의 발행인의 이사(이사가 없는 경우 이에 준하는 자를 말하며, 법인의 설립 전에 신고된 경우에는 그 발기인을 말한다)

② 상법 제401조의 2 제 1 항 각 호의 어느 하나에 해당하는 자로서 그 증권신고서의 작성을 지시하거나 집행한 자. 이는 상법상 업무집행지시자에 대해서도 손해배상채무자로서의 지위를 인정한 것이다.

③ 그 증권신고서의 기재사항 또는 그 첨부서류가 진실 또는 정확하다고 증명하여 서명한 공인회계사·감정인 또는 신용평가를 전문으로 하는 자 등(그 소속단체

1) 금융소비자보호법 제19조에서 규정하고 있다.

2) 대판 2002. 10. 11, 2002 다 38521; 동 2007. 9. 21, 2006 다 81981; 동 2007. 10. 25, 2006 다 16758.

를 포함한다) 대통령령으로 정하는 자. 여기서 공인회계사의 경우 「주식회사의 외부감사에 관한 법」 제17조에 의하여서도 같은 책임을 진다. 시행령에서는 변호사, 변리사, 세무사 등 공인된 자격을 가진 자를 추가하고 있다(자금시 135조 1항).

④ 그 증권신고서의 기재사항 또는 그 첨부서류에 자기의 평가·분석·확인 의견이 기재되는 것에 대하여 동의하고 그 기재내용을 확인한 자

⑤ 그 증권의 인수인 또는 주선인(인수인 또는 주선인이 2인 이상인 경우에는 대통령령으로 정하는 자[1])를 말한다)

⑥ 그 투자설명서를 작성하거나 교부한 자

⑦ 매출의 방법에 의한 경우 매출신고 당시의 그 매출되는 증권의 소유자

(4) 손해배상청구권자

손해배상청구권자는 증권취득자이다. 부실기재로 인하여 손해를 입었다는 점에서는 1차로 취득한 자와 그 후에 취득한 전득자를 차별할 합리적인 이유가 없으므로 손해배상청구권자에는 최초의 취득자에 한정하지 않고 전득자도 포함된다.

시장에서 매수한 자도 여기서의 증권취득자에 포함시킬 것인가가 문제인데, 대법원은 당해 증권을 유통시장에서 취득한 자는 일반 불법행위는 몰라도 자본시장법상의 책임은 물을 수 없다고 하였다.[2]

(5) 예측정보와 손해배상책임

장래실적에 대한 전망과 기업의 재무구조나 영업활동에 관한 설명·의견 등과 같은 예측정보에 대하여는 정보의 미확정성을 고려하여 손해배상책임에 관한 특례규정이 적용된다.

예측정보가 다음에 따라 기재 또는 표시된 경우에는 그 손해에 관하여 배상의 책임을 지지 아니한다. 다만, 그 증권의 취득자가 취득의 청약 시에 예측정보 중 중요사항에 관하여 거짓의 기재 또는 표시가 있거나 중요사항이 기재 또는 표시되지 아니한 사실을 알지 못한 경우로서 발행인 등에게 그 기재 또는 표시와 관련하여 고의 또는 중대한 과실이 있었음을 증명한 경우에는 배상의 책임을 진다(자금 125조 2항).

---

1) 자본시장법 시행령 제135조 ② 다음 각 호의 어느 하나에 해당하는 자를 말한다.
   1. 발행인 또는 매출인으로부터 직접 증권의 인수를 의뢰받아 인수조건 등을 정하는 인수인
   2. 발행인 또는 매출인으로부터 인수 외의 방법으로 그 발행인 또는 매출인을 위하여 해당 증권의 모집·사모·매출을 할 것을 의뢰받거나 그밖에 직접 또는 간접으로 증권의 모집·사모·매출을 분담할 것을 의뢰받아 그 조건 등을 정하는 주선인

2) 대판 2002. 5. 14, 99 다 48979; 동 2002. 9. 24, 2001 다 9311.

① 그 기재 또는 표시가 예측정보라는 사실이 밝혀져 있을 것

② 예측 또는 전망과 관련된 가정이나 판단의 근거가 밝혀져 있을 것

③ 기재 또는 표시가 합리적 근거나 가정에 기초하여 성실하게 행하여졌을 것

④ 그 기재 또는 표시에 대하여 예측치와 실제 결과치가 다를 수 있다는 주의 문구가 밝혀져 있을 것

위 예측정보에 대한 특례규정은 주권비상장법인이 최초로 주권을 모집 또는 매출하기 위하여 증권신고서를 제출하는 경우에는 적용하지 아니한다(자금 125조 3항). 최초공모를 면책거래에서 제외하는 취지는 증권시장에 대한 공시경험이 없는 회사가 예측정보를 지나치게 많이 포함하여 공시하는 것을 억제함으로써 투자자를 보호하기 위한 것이다.[1]

(6) 손해배상액

손해배상액에 대해서 다양한 요인에 의하여 결정되는 주가의 등락분 중 부실공시로 인한 하락분을 가려내어 그 인과관계를 증명하는 것이 어렵기 때문에 이를 법정하고 있다.

손해배상액은 청구권자가 해당 증권을 취득함에 있어서 실제로 지급한 금액에서 다음의 어느 하나에 해당하는 금액을 뺀 금액으로 추정한다(자금 126조 1항).

① 자본시장법 제125조에 따라 손해배상을 청구하는 소송의 변론이 종결될 때의 그 증권의 시장가격(시장가격이 없는 경우에는 추정처분가격을 말한다)

② ①의 변론종결 전에 그 증권을 처분한 경우에는 그 처분가격

다만 배상책임을 질 자는 청구권자가 입은 손해액의 전부 또는 일부가 중요사항에 관하여 거짓의 기재 또는 표시가 있거나 중요사항이 기재 또는 표시되지 아니함으로써 발생한 것이 아님을 증명한 경우에는 그 부분에 대하여 배상책임을 지지 아니한다(자금 126조 2항).

4. 증권관련 집단소송

(1) 의 의

증권의 거래과정에서 발생한 집단적인 피해를 효율적으로 규제하고, 이를 통하여 기업의 투명성을 높이기 위하여 증권집단소송에 대해서 「민사소송법」에 대한 특례를 정하는 것을 목적으로 「증권관련 집단소송법」을 제정하여 시행해 오고 있다.

증권관련 집단소송이란 증권의 매매 그 밖의 거래과정에서 다수인에게 피해가

---

1) 임재연, 전게서, 428면.

발생한 경우 그 중의 1인 또는 수인이 대표당사자가 되어 수행하는 손해배상청구소송을 말한다. 증권관련 집단소송에는 변호사 강제주의가 적용되어 원고와 피고는 변호사를 소송대리인으로 선임하여야 한다.

(2) 소제기의 절차

1) 적용범위

증권관련 집단소송의 소는 다음에 해당하는 손해배상청구에 한하여 제기할 수 있다(증권관련 집단소송법 3조 제 1 항).

① 자본시장법 제125조에 따른 손해배상청구(발행시장에서의 공시의무위반으로 인한 손해배상책임).

② 자본시장법 제162조(제161조에 따른 주요사항보고서의 경우를 제외한다)에 따른 손해배상청구(유통시장에서의 공시의무위반으로 인한 손해배상책임)

③ 자본시장법 제175조, 제177조 또는 제179조에 따른 손해배상청구(미공개정보이용금지위반 및 시세조종금지위반으로 인한 손해배상책임)

④ 자본시장법 제170조에 따른 손해배상청구[감사인(주식회사의 외부감사에 관한 법률)의 손해배상책임]

위 손해배상청구는 주권상장법인이 발행한 증권의 매매 그 밖의 거래로 인한 것이어야 한다.

2) 소송허가요건

증권관련 집단소송사건은 다음의 요건을 구비하여야 한다(증권관련 집단소송법 12조 1항).

① 구성원이 50인 이상이고, 청구의 원인이 된 행위 당시를 기준으로 이 구성원의 보유증권의 합계가 피고 회사의 발행증권 총수의 1만분의 1 이상일 것

② 제 3 조 제 1 항 각호의 손해배상청구로서 법률상 또는 사실상의 중요한 쟁점이 모든 구성원에게 공통될 것

③ 증권관련 집단소송이 총원의 권리실현이나 이익보호에 적합하고 효율적인 수단일 것

④ 제 9 조의 규정에 의한 소송허가신청서의 기재사항 및 첨부서류에 흠결이 없을 것

증권관련 집단소송의 소가 제기된 후 위 요건을 충족하지 못하게 된 경우에도 제소의 효력에는 영향이 없다.

3) 소의 취하·화해 또는 청구포기의 제한

증권관련 집단소송에 있어서 소의 취하, 소송상의 화해 또는 청구의 포기는 법원의 허가를 받지 아니하면 그 효력이 없고, 법원은 소의 취하, 소송상의 화해 또는 청구의 포기의 허가에 관한 결정을 하고자 하는 때에는 미리 구성원에게 이를 고지하여 의견을 진술할 기회를 부여하여야 한다(증권관련 집단소송법 35조). 이는 상소의 취하·상소권의 포기에도 준용된다고 본다.

(3) 분배절차

「증권관련 집단소송법」상 판결절차에서는 손해액의 총액만 산정하고, 구성원의 개별적인 몫은 별도의 분배절차에 의한다. 분배법원과 관련하여, 분배에 관한 법원의 처분·감독 및 협력 등은 제1심 수소법원의 전속관할로 한다(증권관련 집단소송법 39조).

분배의 기준은 판결이유 중의 판단이나 화해조서 또는 인낙조서의 기재내용에 의한다. 권리신고기간 내에 신고하여 확인된 권리의 총액이 분배할 금액을 초과하는 경우에는 안분비례의 방법에 의한다(증권관련 집단소송법 43조).

제 2 장 유통시장의 규제

제 1 절 서　　설

유통시장은 거래소시장과 장외시장으로 나눌 수 있다. 종래 거래소와 관련된 시장으로는 증권거래소의 유가증권시장, 한국증권업협회의 협회중개시장,[1] 선물거래소의 선물시장이 있었는데, 「한국증권선물거래소법」은 각각 독자적으로 운영되던 3개의 시장을 한국증권선물거래소라는 하나의 법인에 통합하여 운영하도록 하였다. 그러나 「한국증권선물거래소법」은 자본시장법에 통합되었고, 자본시장법상 한국거래소로 명칭이 변경되었으며, 통합거래소하에서도 3개의 시장은 당분간은 독자적으로 운영될 예정이다. 이후 2013년 자본시장법 개정으로 거래소허가제가 도입되었으며, 다자간매매체결회사에서 경쟁매매에 의한 거래를 허용함으로써 유통시장에 있어서 복수의 거래소간 경쟁체제의 도입을 위한 법적 기반을 마련하였다.

장외시장은 점두시장(OTC)과 직접거래시장으로 나누어진다. 점두시장은 투자매매업자나 투자중개업자의 창구를 통하여 거래가 이루어지는 것을 말하고, 직접거래시장은 당사자 간의 직접거래를 위한 것으로 자본시장법의 적용범위 밖에 있다.

유통시장의 규제는 유통을 위한 상장제도와 유통공시제도로 나누어 볼 수 있다. 유통공시제도는 정기공시(사업보고서·반기보고서·분기보고서)와 수시공시(주요사항보고서·거래소 수시공시)로 나누어진다.

---

1) 한국증권업협회가 자회사인 (주)코스닥증권시장을 통하여 운영하였는데, 증권거래법 개정으로 코스닥시장으로 명칭이 변경되었다.

제2절 거 래 소

I. 서 설

종래의 증권거래소는 증권회사를 회원으로 하는 회원제법인으로서 여기에는 민법상 사단법인에 관한 규정이 준용되었다. 그 외 한국증권업협회의 협회중개시장이 있었고, 한국선물거래소가 있어 미국달러선물, 양도성예금증서금리선물, 금선물 등의 상품선물과 현물시장·선물시장의 통합방침에 따라 2004년 이래 모든 주가지수상품이 한국선물거래소에서 거래되었다.

한국거래소는 종래 한국증권거래소·한국증권업협회 및 한국선물거래소에 분산되어 있는 유가증권의 매매거래 및 선물거래에 관한 업무를 한국거래소로 통합함으로써 자본시장에서의 거래비용을 절감하고, 이용자의 편의를 도모하여 국민경제의 건전한 발전에 이바지하기 위하여 설립되었다.

지금은 거래소 허가제의 도입으로 한국거래소의 법적 독점권은 인정되지 않는다. 그러나 아직 경쟁거래소가 설립되지 않아서 한국거래소가 유통시장에 있어서 사실상의 독점권을 행사하고 있다.

II. 주식회사제의 채택

종래의 증권거래소는 회원제조직으로서 거래권과 소유권이 일치하였으나, 「한국증권선물거래소법」은 거래권과 소유권을 분리하여 영리목적의 주식회사제를 채택하였으며, 자본시장법에서도 같은 태도이다.[1] 다만 주식회사의 영리성과 결합하여 독점의 폐해가 발생할 수 있으므로 「한국증권선물거래소법」은 이에 대한 보완책으로 사외이사의 과반수선임, 이사장에 대한 금융위의 해임요구권, 동일인 주식보유의 5% 제한 등의 규제규정을 두고 있었으며, 이에 대한 규제는 자본시장법에도 승계되었다. 이에 더하여 자본시장법에서는 거래소에 대해서 추가로 임원의 자격 등에 대하여 규정하고 있다(자금 330조).

1) 자본시장법 제375조(자본금 등) ① 거래소는 자본금 1천억원 이상의 주식회사로 한다.
② 거래소는 본점을 부산광역시에 두고, 필요한 곳에 지점을 둘 수 있다(개정 자본시장법에서는 제373조의 2에서 규정).

Ⅲ. 개설 시장

거래소가 개설하는 금융투자상품 거래소시장은 ① 증권시장 ② 파생상품시장이 있다. 거래소는 시장을 효율적으로 관리하기 위하여 증권시장 또는 파생상품시장별로 둘 이상의 금융투자상품시장을 개설하여 운영할 수 있다(자금 386조 1항).

Ⅳ. 회 원

1. 회원의 자격

거래소의 회원이 될 수 있는 자는 투자매매업 또는 투자중개업의 인가를 받은 자로 한다(회원관리규정 4조).

2. 회원의 구분

자본시장법상 회원은 다음과 같이 구분한다(자금 387조 2항).

① 거래소 결제회원

② 매매전문회원

③ 그밖에 대통령령으로 정하는 회원[1)]

거래소의 회원은 참가할 수 있는 시장 및 매매거래할 수 있는 금융투자상품의 범위에 따라 다음과 같이 구분된다(회원관리규정 3조 1항).

① 증권회원: 증권시장에서 증권의 매매거래에 참가할 수 있는 자

② 지분증권전문회원: 증권시장에서 지분증권(집합투자증권은 제외한다)의 매매거래에 참가할 수 있는 자

③ 채무증권전문회원: 증권시장에서 채무증권의 매매거래에 참가할 수 있는 자

④ 파생상품회원: 파생상품시장에서 장내파생상품거래에 참가할 수 있는 자

⑤ 주권기초파생상품전문회원: 파생상품시장에서 주권을 기초자산으로 하는 장내파생상품거래에 참가할 수 있는 자

거래소회원은 거래소에 대하여 증권의 매매거래 또는 장내파생상품거래에 대

1) 자본시장법 시행령 제359조에 따르면 다음과 같이 구분된다. 1. 증권회원 2. 파생상품회원 3. 증권시장 내의 일부 시장이나 일부 종목에 대하여 결제나 매매에 참가하는 회원 4. 파생상품시장 내의 일부 시장이나 일부 품목에 대하여 결제 또는 매매에 참가하는 회원 5. 그밖에 회원관리규정으로 정하는 회원

한 결제이행책임의 부담 여부에 따라 다음과 같이 구분된다(회원관리규정 3조 2항).

① 결제회원: 자기의 명의로 성립된 증권의 매매거래나 장내파생상품거래에 대하여 자기의 명의로 결제를 하는 회원

② 매매전문회원: 자기의 명의로 성립된 증권의 매매거래나 장내파생상품거래에 따른 결제를 결제회원에게 위탁하는 회원

Ⅴ. 거래소의 허가[1)]

1. 의 의

자본시장법은 거래소 허가제를 도입하여 무허가 시장개설행위를 금지하고 있다(자금 373조). 다만, ① 다자간매매체결회사가 다자간매매체결업무를 하는 경우 ② 협회가 증권시장에 상장되지 아니한 주권의 장외매매거래에 관한 업무를 하는 경우 등의 경우에는 예외를 인정한다.

2. 허가요건

금융투자상품시장을 개설하거나 운영하려는 자는 다음의 사항을 구성요소로 하여 대통령령으로 정하는 시장개설 단위의 전부나 일부를 선택하여 금융위원회로부터 하나의 거래소허가를 받아야 한다(자금 373조의 2 1항).

① 매매의 대상이 되는 금융투자상품의 범위(증권 및 장내파생상품을 말하되, 증권 중 주권, 그 밖에 대통령령으로 정하는 것을 포함한다)

② 회원(거래소시장에서의 거래에 참가할 수 있는 자로서 회원관리규정에 따른 자를 말한다)이 되는 자의 범위

위에 거래소허가를 받으려는 자는 다음의 요건을 모두 갖추어야 한다(자금 373조의 2 2항).

① 「상법」에 따른 주식회사일 것

② 거래소허가 단위별로 1천억원 이상으로서 대통령령으로 정하는 금액 이상의 자기자본을 갖출 것

③ 사업계획이 타당하고 건전할 것

④ 투자자의 보호가 가능하고 금융투자상품시장을 개설·운영하기에 충분한

---

1) 자본시장법 부칙 제15조(한국거래소에 대한 경과조치) ① 한국거래소는 제373조의 2 제 1 항의 개정규정에 따라 시장개설 단위의 전부에 대하여 거래소허가를 받은 것으로 본다.

인력과 전산설비, 그 밖의 물적 설비를 갖출 것

⑤ 정관, 회원관리규정·증권시장업무규정·파생상품시장업무규정·상장규정·공시규정·시장감시규정·분쟁조정규정, 그 밖의 업무에 관한 규정이 법령에 적합하고, 증권 및 장내파생상품의 공정한 가격 형성과 매매 그 밖의 거래의 안정성 및 효율성을 도모하며 투자자의 보호를 위하여 충분할 것

⑥ 임원이 「금융회사의 지배구조에 관한 법률」 제 5 조에 적합할 것

⑦ 대주주가 충분한 출자능력, 건전한 재무상태 및 사회적 신용을 갖출 것

⑧ 대통령령으로 정하는 사회적 신용을 갖출 것

⑨ 이해상충방지체계를 구축하고 있을 것

3. 예비허가

거래소허가를 받으려는 자는 미리 금융위원회에 예비허가를 신청할 수 있다(자법 373조의 4 1항). 금융위원회는 예비허가를 신청받은 경우에는 2개월 이내에 예비허가 여부를 결정하고, 그 결과와 이유를 지체 없이 신청인에게 문서로 통지하여야 한다(자금 373조의 4 2항).

4. 허가의 변경

거래소는 허가받은 시장개설 단위 외에 다른 시장개설 단위를 추가하여 금융투자상품시장을 개설·운영하려는 경우에는 금융위원회의 변경허가를 받아야 한다(자금 373조의 6).

VI. 업 무

거래소는 정관에서 정하는 바에 따라 다음의 업무를 행한다(자금 377조 1항). 다만, ③ 및 ④의 업무는 금융위원회로부터 청산기관 또는 결제기관으로 지정된 거래소로 한정한다.

① 거래소시장의 개설·운영에 관한 업무

② 증권 및 장내파생상품의 매매에 관한 업무

③ 증권 및 장내파생상품의 거래에 따른 매매확인, 채무인수, 차감, 결제증권·결제품목·결제금액의 확정, 결제이행보증, 결제불이행에 따른 처리 및 결제지시에 관한 업무

④ 장내파생상품의 매매거래에 따른 품목인도 및 대금지급에 관한 업무

⑤ 증권의 상장에 관한 업무

⑥ 장내파생상품 매매의 유형 및 품목의 결정에 관한 업무

⑦ 상장법인의 신고·공시에 관한 업무

⑧ 증권 또는 장내파생상품 매매 품목의 가격이나 거래량이 비정상적으로 변동하는 거래 등 대통령령으로 정하는 이상거래의 심리 및 회원(거래소가 개설한 유가증권시장·코스닥시장 또는 파생상품시장에서의 거래에 참가할 수 있는 자로서 자본시장법 제387조 제 1 항의 회원관리규정에 따른 자를 말한다)의 감리에 관한 업무

⑨ 증권의 경매업무

⑩ 거래소시장 등에서의 매매와 관련된 분쟁의 자율조정(당사자의 신청이 있는 경우에 한한다)에 관한 업무

⑪ 유가증권시장·코스닥시장 또는 파생상품시장의 개설에 수반되는 부대업무

⑫ 금융위원회의 승인을 받은 업무

⑬ 그밖에 정관에서 정하는 업무

거래소는 위 업무 외에 다른 업무를 할 수 없다. 다만, 다음의 어느 하나에 해당하는 경우에는 그러하지 아니하다(자금 377조 2항).

① 이 법 또는 다른 법령에서 거래소가 운영할 수 있도록 한 업무를 행하는 경우

② 인가를 받아 금융투자상품거래청산업을 영위하는 경우

Ⅶ. 장외거래시장

장외거래는 거래소 밖에서 이루어지는 거래를 총칭한다. 상장주권의 경우에도 거래소의 업무규정에서 정한 매매수량단위 미만의 단주는 장외에서 거래된다.

장외거래는 증권회사를 통하지 않는 투자자간의 직·간접적인 거래와 증권회사의 창구를 통한 거래(Over-The-Counter Market: OTC)로 분류되는데, 전자는 완전히 매매당사자간의 합의에 의하여 성립하는 거래로서 자본시장법의 규제대상이 되지 않는다.

증권 중 채권은 주식과 달리 그 특성상 거래소시장보다는 장외거래의 비중이 크다. 채권의 장외거래로는 증권회사 창구에서의 대량매매거래, 소액채권, 세금우대채권 매매, 환매조건부 매매 등이 있다.

장외시장 중 호가중개시장[K−OTC: 이전의 프리보드(Free Board)]이란[1] 거래소의 상장요건을 충족하지 못하여 정규시장에서 거래되지 못하거나, 상장이 폐지된 주식을 거래하기 위한 시장이다. 호가중개시장에서는 금융투자협회가 지정하는 법인의 주식에 대해서만 거래를 하게 되는데, 이는 장외매매거래를 위하여 금융투자협회가 운영하는 시장으로서 점두시장(OTC)에서 거래되는 주식의 거래편의성, 안정성을 도모하고자 조직화 되었다. 호가중개시장에서는 금융투자협회가 지정하는 법인의 주식에 대해서만 거래를 하게 된다.

개정 자본시장법(자금 166조의 3)에서는 금융투자업자에게 장외거래의 청산의무를 부과하여 불법 장외거래에 대한 규제를 강화하고 있다.

제3절 유가증권시장 및 코스닥시장

Ⅰ. 상장제도

1. 의 의

주식회사가 증권을 발행하여 자금을 조달하기 위하여는 그 발행증권의 유통성이 보장되어야 하고, 투자자의 입장에서도 유통성이 높은 증권이어야 용이하게 투자자금을 회수할 수 있다. 증권의 유통성은 거래소에서 거래될 때 확보되는데, 증권은 일정한 절차를 거쳐 거래소에서 거래될 수 있다. 위 절차와 관련하여 특정 증권이 거래소에서의 매매거래대상이 되는 것을 상장이라고 하고, 증권시장에 상장된 증권을 발행한 법인을 상장법인이라고 한다.

상장법인 중에서 주권을 발행한 법인이나 주권과 관련된 증권예탁증권이 증권시장에 상장된 경우에 주권상장법인이라고 하며 주권상장법인을 제외한 법인을 주권비상장법인이라고 한다(자금 9조 15항).

주권의 상장은 신규상장, 신주상장, 변경상장,[2] 재상장[3] 등으로 구분할 수 있다.

---

1) 프리보드가 K−OTC로 개편되면서 임의지정제도를 도입하였다. 이는 금융감독원에 사업보고서를 제출하는 기업에 대해서는 해당기업이 주식거래요청을 하지 않아도 금융투자협회가 임의로 이 회사의 주식을 K−OTC 시장을 통해 거래할 수 있다고 지정하는 제도이다.

2) 이미 상장된 후 발행회사가 증권의 종목(상호), 종류, 액면금액, 수량 등을 변경한 후 기존발행 주권의 교체를 위하여 발행된 주권을 상장하는 것.

3) 상장폐지 후 일정기간(5년) 내에 발행인이 자구노력으로 정상을 회복한 후에 당해주권을 다시 상

2. 상장규정

거래소는 증권시장에 상장할 증권의 심사 및 상장증권의 관리를 위하여 상장규정을 정하여야 한다. 이 경우 거래소가 개설·운영하는 둘 이상의 증권시장에 대하여 별도의 상장규정으로 정할 수 있다(자금 390조 1항).

상장규정에는 다음의 사항이 포함되어야 한다(자금 390조 2항).

① 증권의 상장기준 및 상장심사에 관한 사항

② 증권의 상장폐지기준 및 상장폐지에 관한 사항

③ 증권의 매매거래정지와 그 해제에 관한 사항

④ 그밖에 상장법인 및 상장증권의 관리에 관하여 필요한 사항

3. 상장폐지

거래소는 당사자의 신청이나 상장폐지기준에 부합하는 경우 기상장된 증권의 상장폐지를 결정할 수 있다.

거래소의 유가증권시장 상장규정에서 영업보고서 미제출·부도발생 등 일정사유가 있는 경우를 상장폐지기준으로 열거하고, 동 기준에 해당할 우려가 있는 경우 거래소가 사전에 상장폐지를 예고함은 물론 상장폐지기준에 해당하는 경우에도 즉시 상장폐지하지 아니하고 일정기간 동안 상장폐지를 유예하는 한편, 기존 투자자에게 환금의 기회를 제공하기 위하여 정리매매기간을 두고 있다.[1]

(1) 신청에 의한 상장폐지

유가증권시장 주권상장법인, 외국주권상장법인, 외국주식예탁증권상장법인 또는 채무증권(외국채무증권을 포함한다)을 상장한 법인이 당해 주권, 외국주권, 외국주식예탁증권 또는 채무증권의 상장폐지를 하고자 할 경우에는 증권상장폐지신청서에 주주총회의사록 등을 첨부하여 거래소에 제출하여야 한다(유가증권시장 상장규정 77조 1항).

거래소는 상장폐지신청의 경우 이를 거부할 수 있다(유가증권시장 상장규정 77조 2항).

장하는 것, 상장법인의 분할이나 합병에 의하여 설립된 법인이 발행한 주권을 상장시키는 것 등.

1) 「유가증권시장 상장규정」 제94조(상장폐지증권의 공시 및 매매거래허용 등) ① 거래소가 상장증권을 상장폐지하는 경우에는 당해 증권에 대한 상장폐지사실을 공시한다.
② 거래소가 상장증권을 상장폐지하는 경우에는 일정기간 매매거래를 허용할 수 있다.

(2) 신청에 의하지 않는 상장폐지

거래소는 주권, 외국주권, 외국주식예탁증권, 신주인수권증권, 신주인수권증서, 주식워런트증권, 채무증권(외국채무증권을 포함한다) 또는 수익증권을 상장한 법인이 증권 상장폐지기준[1]에 해당되었을 경우에 당해 법인의 신청에 의하지 아니하고 상장을 폐지할 수 있다(유가증권시장 상장규정 79조).

▶ 참조판례

"주식회사 한국증권선물거래소가 제정한 유가증권상장규정은 법률의 규정에 근거를 두고 상장법인 내지 상장신청법인 모두에게 당연히 적용되는 규정으로서 실질적으로 규범적인 성격을 가지고 있음을 부인할 수 없어 관련 법률의 취지에 부합하지 않는 사항을 그 내용으로 할 수는 없고, 주식회사 한국증권선물거래소는 고도의 공익적 성격을 가지고 있는 점을 감안하면, 위 상장규정의 특정 조항이 비례의 원칙이나 형평의 원칙에 현저히 어긋남으로써 정의관념에 반한다거나 다른 법률이 보장하는 상장법인의 권리를 지나치게 제약함으로써 그 법률의 입법 목적이나 취지에 반하는 내용을 담고 있다면 그 조항은 위법하여 무효라고 보아야 한다."면서, 회사정리절차의 개시신청을 하였다는 이유만으로 그 기업의 구체적인 재무상태나 회생가능성 등을 전혀 심사하지 아니한 채 곧바로 상장폐지결정을 하도록 한 구유가증권상장규정(2003. 1. 1. 시행)의 상장폐지규정은 무효라고 하였다(대판 2007. 11. 15, 2007 다 1753).

---

1) 「유가증권시장 상장규정」 제80조(주권의 상장폐지기준)에 따른 상장폐지사유로는 다음이 있다. ① 사업보고서 미제출 ② 사업보고서·반기보고서 또는 분기보고서 미제출 ③ 감사의견의 부적정 또는 의견거절인 경우, 감사범위제한으로 인한 한정인 경우 ④ 영업활동정지 ⑤ 최종부도발생 또는 은행거래정지 ⑥ 자본잠식 ⑦ 주식분포상황: 소액주주의 수가 200명 미만인 경우, 소액주주가 소유하고 있는 주식의 총수가 유동주식수의 100분의 10 미만인 경우 ⑧ 거래량미달 ⑨ 회생절차개시 ⑩ 사외이사수 미달 또는 감사위원회 미설치 등 ⑪ 해 산 ⑫ 공시의무 위반 ⑬ 주식양도의 제한 ⑭ 지주회사의 완전자회사로 되고 당해 지주회사의 주권이 신규상장되는 경우 ⑮ 매출액이 50억원 미만인 경우 ⑯ 주가가 액면가액의 100분의 20이상인 상태가 10일 이상 계속될 것, 액면가액의 100분의 20이상인 일수가 30일 이상일 것 ⑰ 상장시가총액이 50억원 이상인 상태가 10일 이상 계속될 것, 50억원 이상인 일수가 30일 이상일 것 ⑱ 합병, 포괄적 주식교환, 영업 또는 자산양수, 현물출자등과 관련된 최대주주 변경 등 ⑲ 유상증자, 분할 등을 통한 재무구조개선 행위가 상장폐지기준에 해당되는 것을 회피하기 위한 것으로 인정되는 경우, 당해 법인에게 상당한 규모의 재무적 손실을 가져올 것으로 인정되는 횡령·배임 등과 관련된 공시가 있거나 사실 등이 확인된 경우, 「외부감사 및 회계 등에 관한 규정」 제48조에 따른 감리결과 중요한 회계처리기준 위반행위 등이 확인된 경우, 그밖에 공익과 투자자 보호를 위하여 당해 주권의 상장폐지가 필요하다고 인정되는 경우

Ⅱ. 유통공시제도

1. 의 의

유통공시는 기업내용을 공시하는 기업공시제도에 의하는데, 기업공시제도란 증권의 발행인으로 하여금 증권의 내용이나 발행회사의 재산 및 경영상태 등 투자자의 투자판단에 필요한 기업내용을 신속·정확히 공시하게 함으로써 투자자가 증권이나 발행회사의 실태를 정확하게 파악하고 자신의 자유로운 판단과 책임 하에 투자결정을 하도록 하는 제도이다. 이는 증권거래의 공정성을 확보하고 투자자를 보호함에 그 목적이 있다.

증권시장에서의 공시를[1] 공시내용에 따라 분류하면 증권신고서, 투자설명서 등과 같은 발행시장에서의 공시와 정기공시(사업보고서·반기보고서·분기보고서)·수시공시, 특수공시, 공정공시와 같은 유통시장에서의 공시로 나눌 수 있다. 특수공시에는 자기주식취득처분신고서·공개매수신고서·안정조작(시장조성)신고서·합병신고서·주식대량보유상황보고서·임원 또는 주요주주의 주식소유상황보고서 등이 있다. 정기공시와 수시공시를 계속공시라고도 한다.

2. 정기공시제도

(1) 사업보고서

1) 사업보고서 제출대상법인

주권상장법인, 그밖에 모집·매출한 발행인, 증권의 소유자 수가 500인 이상인 발행인 등(자금시 167조 1항)은 그 사업보고서를 각 사업연도경과 후 90일 내에 금융위원회와 거래소에 제출하여야 한다(자금 159조 1항).

2) 사업보고서 제출이 면제되는 법인

사업보고서의 제출이 면제되는 법인은 다음의 어느 하나에 해당하는 경우를 말한다(자금시 167조 2항).

① 파산으로 인하여 사업보고서의 제출이 사실상 불가능한 경우

② 상법 제517조, 그 밖의 법률에 따라 해산사유가 발생한 법인으로서 최근 사업연도의 사업보고서의 제출이 사실상 불가능한 경우

---

1) 공시는 공시책임자를 통하여 이루어지는데, 공시책임자라 함은 유가증권시장주권상장법인의 상근이사 또는 상법 제401조의 2 제 1 항 3호의 규정에 해당하는 상근자로서 해당 유가증권시장주권상장법인을 대표하여 신고업무를 수행할 수 있는 자를 말한다(유가증권시장 공시규정 2조 4항).

③ 주권상장법인 또는 제 1 항 제 1 호에 따른 발행인의 경우에는 상장의 폐지 요건에 해당하는 발행인으로서 해당 법인에게 책임이 없는 사유로 사업보고서의 제출이 불가능하다고 금융위원회의 확인을 받은 경우

④ 제 1 항 제 2 호에 따른 발행인의 경우에는 같은 호 각 목의 어느 하나에 해당하는 증권으로서 각각의 증권마다 소유자 수가 모두 25인 미만인 경우로서 금융위원회가 인정한 경우. 다만, 그 소유자의 수가 25인 미만으로 감소된 날이 속하는 사업연도의 사업보고서는 제출하여야 한다.

⑤ 제 1 항 제 3 호에 따른 발행인의 경우에는 같은 항 제 2 호 각 목의 어느 하나에 해당하는 증권으로서 각각의 증권마다 소유자의 수가 모두 300인 미만인 경우. 다만, 그 소유자의 수가 300인 미만으로 감소된 날이 속하는 사업연도의 사업보고서는 제출하여야 한다.

3) 기재사항 및 첨부서류

사업보고서에 그 회사의 목적, 상호, 사업내용, 임원보수(상법, 그 밖의 법률에 따른 주식매수선택권을 포함하되, 대통령령으로 정하는 것[1]에 한한다), 재무에 관한 사항, 그밖에 대통령령으로 정하는 사항(자금시 168조 2항)을 기재하고, 대통령령으로 정하는 서류를 첨부하여야 한다(자금 159조 2항).

▶ 참조판례

"주식의 취득자가 사업보고서의 내용을 공시할 당시의 당해 주권상장법인의 이사에 대하여 사업보고서의 허위기재 등으로 인하여 입은 손해의 배상을 청구하는 경우, 주식의 취득자는 같은 법 제15조 제 2 항의 규정에 따라 사업보고서의 허위기재 등과 손해 발생 사이의 인과관계의 존재에 대하여 입증할 필요가 없고, 배상의무자인 이사가 책임을 면하려면 이러한 인과관계의 부존재를 입증하여야 한다. 그리고 위 법 제15조 제 2 항 이 요구하는 '손해 인과관계의 부존재사실'의 입증은 직접적으로 문제된 당해 허위공시 등 위법행위가 손해 발생에 아무런 영향을 미치지 아니하였다는 사실이나 부분적 영향을 미쳤다는 사실을 입증하는 방법 또는 간접적으로 문제된 당해 허위공시 등 위법행위 이외의 다른 요인에 의하여 손해의 전부 또는 일부가 발생하였다는 사실을 입증하는 방법으로 가능하다고 할 것이다."(대판 2007. 9. 21, 2006 다 81981).

1) 임원 모두에게 지급된 그 사업연도의 보수 총액을 말한다(자금시 168조 1항).

(2) 연결재무제표

대기업은 독립적으로 운영되기보다는 다른 기업과 더불어 하나의 기업집단을 구성하는 경우가 많다. 이러한 경우 기업집단 전체가 마치 하나의 기업과 같이 운영된다. 이때 기업의 실상을 제대로 파악하기 위해서는 개별기업의 재무제표만으로는 부족하고 다른 관련기업의 재무제표까지 살펴볼 필요가 있다. 이러한 취지에서 작성이 요구되는 것이 연결재무제표이다.

연결재무제표란 둘 이상의 회사가 지배·종속관계에 있는 경우, 지배회사가 작성하는 연결재무상태표, 연결손익계산서 또는 연결포괄손익계산서, 연결자본변동표, 연결현금흐름표, 주석 등을 말한다(외감 1조의 2 2호, 외감시 1조의 2 2항).

연결재무제표는 지배·종속관계에 있는 회사 전체의 재무상황과 경영성과를 파악할 수 있도록 하고, 상호출자·내부거래 및 불공정거래 등에 의하여 왜곡된 부분을 상계·제거하여 적절히 공시하게 함으로써 재무제표의 공정한 공시를 보장하고자 하는 것이다.

이 경우 지배·종속관계는 「주식회사 등의 외부감사에 관한 법률」상의 기준에 의하여 결정되는데, 「주식회사 등의 외부감사에 관한 법률」에 따를 때 지배·종속관계란 주식회사가 경제활동에서 효용과 이익을 얻기 위하여 다른 회사(조합 등 법인격이 없는 기업을 포함한다)의 재무정책과 영업정책을 결정할 수 있는 능력을 가지는 경우로서 그 주식회사(지배회사)와 그 다른 회사(종속회사)의 관계를 말한다. 이 경우 지배·종속관계는 「주식회사 등의 외부감사에 관한 법률」 제13조 제 1 항 제 1 호에 따른 회계처리기준(한국채택국제회계기준) 또는 「주식회사 등의 외부감사에 관한 법률」 제13조 제 1 항 제 2 호에 따른 회계처리기준에 따라 판단하여야 한다(외감시 1조의 3 1항).[1]

자본시장법에서는 지배·종속관계에 있을 때 종속회사에 대한 자료요구권을 인정하고 있다.[2] 그리하여 연결재무제표 작성대상법인 중 사업보고서 제출대상법인

---

1) 이전에는 다음의 기준에 따라 지배·종속관계가 정하여 졌다. ① 주식회사가 다른 주식회사의 발행주식총수의 50%를 초과하여 소유하는 경우 ② 주식회사가 다른 주식회사의 발행주식총수의 30%를 초과하여 소유하면서 최대주주인 경우 ③ 위 ① 또는 ②에 의한 지배회사 및 종속회사가 합하거나, 종속회사와 종속회사가 합하여 다른 주식회사의 발행주식총수의 30%를 초과하여 소유하면서 최대주주인 경우.

2) 개정 자본시장법에서는 지배·종속관계에 있을 때 종속회사에 대한 자료요구권을 인정하고 있다. 자본시장법 제161조의 2(자료요구권 등) ① 연결재무제표 작성대상법인 중 사업보고서 제출대상법인은 사업보고서 등의 작성을 위하여 필요한 범위에서 종속회사에게 관련 자료의 제출을 요구할 수 있다.

② 연결재무제표 작성대상법인 중 사업보고서 제출대상법인은 사업보고서 등의 작성을 위하여 필요한 자료를 입수할 수 없거나 종속회사가 제출한 자료의 내용을 확인할 필요가 있는 때에는 종속

은 사업보고서 등의 작성을 위하여 필요한 범위에서 종속회사에게 관련 자료의 제출을 요구할 수 있다.

(3) 반기보고서와 분기보고서

사업보고서를 제출하여야 하는 법인은 그 사업연도개시일부터 6월간의 사업보고서(반기보고서)와 사업연도개시일부터 3월간 및 9월간의 사업보고서(분기보고서)를 각각 그 기간경과 후 45일 내에 금융감독위원회와 거래소에 제출하여야 한다(자금 160조). 그 기재사항과 기재방법은 사업보고서의 것을 준용한다.

(4) 공시의무위반에 대한 제재

유통공시에 위반한 경우 발행공시위반과 같은 제재가 인정된다. 이에는 행정상 제재(자금 164조, 자금시 175조), 형사상 제재(자금 446조), 민사상 제재(자금 162조)가 있다.

▶ 참조판례

① 사업보고서의 허위기재 등에 의한 손해배상청구에 있어서 "손해 추정조항의 입법 취지에 비추어 볼 때 예컨대 허위공시 등의 위법행위 이후 매수한 주식의 가격이 하락하여 손실이 발생하였는데 그 가격 하락의 원인이 문제된 당해 허위공시 등 위법행위 때문인지 여부가 불분명하다는 정도의 입증만으로는 위 손해의 추정이 깨진다고 볼 수 없다."며 허위공시사실의 공표 전에 투자자가 매수 주식을 그 허위공시 등의 위법행위로 말미암아 부양된 상태의 주가에 모두 처분하였다는 사실의 입증만으로 인과관계 부존재의 입증이 되었다고 할 수 없다고 판시하였다(대판 2002. 10. 11, 2002 다 38521; 동 2007. 9. 21, 2006 다 81981).

② "일반적으로 분식회계 및 부실감사 사실이 밝혀진 후 그로 인한 충격이 가라앉고 그와 같은 허위정보로 인하여 부풀려진 부분이 모두 제거되어 일단 정상적인 주가가 형성되면 그와 같은 정상주가의 형성일 이후의 주가변동은 달리 특별한 사정이 없는 한 분식회계 및 부실감사와 아무런 인과관계가 없다고 할 것이므로, 그 정상주가 형성일 이후에 당해 주식을 매도하였거나 변론종결일까지 계속 보유 중인 사실이 확인되는 경우 증권거래법 제15조 제 1 항 이 정하는 손해액 중 위 정상주가와 실제 처분가격(또는 변론종결일의 시장가격)과의 차액 부분에 대하여는 같은 법 제15조 제 2 항의 인과관계 부존재의 입증이 있다고 보아야 할 것이고, 이 경우 손해액은 계산상 매수가격에서 위 정상주가 형성일의 주가를 공제한 금액

회사의 업무와 재산상태를 조사할 수 있다.

이 된다."(대판 2007. 10. 25, 2006 다 16758, 16765).

Ⅲ. 수시공시제도

1. 의 의

신제품발명이나 기업의 인수·합병 등과 같이 투자판단에 영향을 미칠 중요한 정보가 발생하는 경우, 기업으로 하여금 이를 수시로 공시하도록 하는 제도가 수시공시제도이다. 반면에 수시공시에도 비용이 존재한다. 특히 공시과정에서 회사의 이익이 침해될 수 있다는 점에서 무한정 공시의 대상을 확충할 수 없는 문제가 있다. 따라서 공시유보제도를 통하여 기업의 영업비밀과 정보공시의 균형을 도모하고 있다.

자본시장법은 종래 수시공시사항 중 공적 성격이 강한 것을 대상으로 하는 주요사항보고서 제도를 신설하면서 수시공시의 관할을 거래소로 일원화하는 조치를 취하였다. 수시공시와 관련하여 한국거래소의 유가증권시장 공시규정과 코스닥시장 공시규정에서 공개법인의 수시공시의무를 상세하게 규정하고 있다.

2. 주요사항보고서

(1) 의 의

사업보고서 제출대상법인은 주요사항에 해당하는 사실이 발생한 경우에는 그 사실이 발생한 날의 다음 날까지 그 내용을 기재한 보고서 즉 주요사항보고서를 금융위원회에 제출하여야 한다. 이 경우 자본시장법 제159조 제 6 항(예측정보) 및 제 7 항(대표이사 등의 확인·검토)을 준용한다(자금 161조 1항).

금융위원회는 주요사항보고서가 제출된 경우 이를 거래소에 지체 없이 송부하여야 한다(자금 161조 5항).

(2) 주요사항

주요사항보고서의 제출의무를 발생시키는 주요사항은 다음과 같다(자금 161조 1항).

① 발행한 어음 또는 수표가 부도로 되거나 은행과의 당좌거래가 정지 또는 금지된 때

② 영업활동의 전부 또는 중요한 일부가 정지되거나 그 정지에 관한 이사회

등의 결정이 있은 때

③ 회생절차개시의 신청이 있은 때

④ 해산사유가 발생한 때

⑤ 자본 또는 부채의 변동에 관한 이사회 등의 결정이 있은 때

⑥ 상법 제360조의 2(주식의 포괄적 교환), 제360조의 15(주식의 포괄적 이전), 제522조(합병) 및 제530조의 2(회사의 분할)에 규정된 사실이 발생한 때

⑦ 중요한 영업 또는 자산을 양수하거나 양도할 것을 결의한 때

⑧ 자기주식을 취득(자기주식의 취득을 목적으로 하는 신탁계약의 체결을 포함한다) 또는 처분(자기주식의 취득을 목적으로 하는 신탁계약의 해지를 포함한다)할 것을 결의한 때

⑨ 그밖에 그 법인의 경영·재산 등에 관하여 중대한 영향을 미치는 사항으로서 대통령령으로 정하는 사실이 발생한 때

(3) 정보의 제공요구

금융위원회는 제출된 주요사항보고서가 투자자의 투자판단에 중대한 영향을 미칠 우려가 있어 그 내용을 신속하게 알릴 필요가 있는 경우에는 대통령령으로 정하는 방법에 따라 행정기관, 그 밖의 관계기관에 대하여 필요한 정보의 제공 또는 교환을 요청할 수 있다. 이 경우 요청을 받은 기관은 특별한 사유가 없는 한 이에 협조하여야 한다(자금 161조 4항).

3. 수시공시제도

(1) 의 의

거래소는 주권, 그밖에 대통령령으로 정하는 증권[1]을 상장한 법인(주권등상장법인)의 기업내용 등의 신고·공시 및 관리를 위하여 주권등상장법인 공시규정을 정하여야 한다. 이 경우 유가증권시장과 코스닥시장에 대하여 별도의 공시규정으로 정할 수 있다(자금 391조 1항). 이에 따라 거래소는 수시공시사항에 대하여 유가증권시장 공시규정과 코스닥시장 공시규정을 두어 이에 대하여 상세하게 규정하고 있다.

(2) 공시의 실효성 확보

은행은 주권등상장법인에 대하여 ① 발행한 어음이나 수표가 부도로 된 경우 ② 은행과의 당좌거래가 정지 또는 금지된 경우에 이를 지체 없이 거래소에 통보하

---

1) 다음 각 호의 어느 하나에 해당하는 증권을 말한다(자금시 360조). 1. 사채권 2. 파생결합증권 3. 증권예탁증권 4. 그밖에 법 제391조 제 1 항에 따른 공시규정으로 정하는 증권

여야 한다(자금 392조 1항).

거래소는 수시공시사항에 대하여 투자자의 투자판단에 중대한 영향을 미칠 우려가 있어 그 내용을 신속하게 알릴 필요가 있는 경우에는 대통령령으로 정하는 방법[1]에 따라 행정기관, 그 밖의 관계기관에 대하여 필요한 정보의 제공 또는 교환을 요청할 수 있다. 이 경우 요청을 받은 기관은 특별한 사유가 없는 한 이에 협조하여야 한다(자금 392조 2항). 거래소는 주권등상장법인이 자본시장법 제391조에 따라 신고를 한 경우에는 이를 지체 없이 금융위원회에 송부하여야 한다(자금 392조 3항). 금융위원회는 위 송부를 받은 경우에는 이를 인터넷 홈페이지 등을 이용하여 공시하여야 한다(자금 392조 4항).

(3) 공시사항

1) 의무공시사항

유가증권시장 공시규정에 따를 때 유가증권시장주권상장법인은 주요경영사항이 발생한 때에는 그 사실 또는 결정 내용을 그 사유 발생일 당일에 거래소에 신고하여야 한다(유가증권시장 공시규정 7조 1항).

2) 자율공시사항

주권상장법인은 수시공시사항 이외에 "투자자의 투자판단에 중대한 영향을 미칠 수 있거나 투자자에게 알릴 필요가 있다고 판단되는 사항"으로서 세칙에서 규정하는 사항의 발생 또는 결정이 있는 때에는 사유발생일 다음날까지 거래소에 신고하여야 한다(유가증권시장 공시규정 28조).

(4) 조회공시

1) 의 의

조회공시라 함은 자본시장법 제391조 제 2 항 제 3 호에서의 주권등상장법인에 관한 풍문이나 보도 등의 사실 여부 및 그 법인이 발행한 증권의 가격이나 거래량

---

1) 거래소는 자본시장법 제392조 제 2 항에 따라 행정기관, 그 밖의 관계기관에 대하여 다음 각 호의 기준에 따라 문서(전자문서를 포함한다) 또는 모사전송의 방법으로 필요한 정보의 제공을 요청할 수 있다. 이 경우 그 요청서에는 정보의 제공을 요청하는 사유를 기재하여야 한다(자금시 361조).

1. 어음·수표의 부도나 당좌거래의 정지·금지에 관하여는 「어음법」 제38조 및 「수표법」 제31조에 따른 어음교환소로 지정된 기관
2. 「채무자 회생 및 파산에 관한 법률」에 따른 회생절차의 신청·결정, 상장증권에 중대한 영향을 미칠 수 있는 소송의 제기나 해산사유의 발생에 관하여는 관할법원
3. 거래은행에 의한 해당 법인의 관리 개시에 관하여는 거래은행
4. 그밖에 법 제391조 제 2 항 제 1 호 또는 제 3 호에 따른 신고 또는 확인 요구사항에 관하여는 해당 정보를 소유하고 있는 행정기관, 그 밖의 관계 기관

의 현저한 변동의 원인 등에 대한 거래소의 신고 또는 확인 요구에 관한 사항에 따라 거래소가 유가증권시장주권상장법인에 대하여 기업내용에 관한 공시를 요구하여 해당 유가증권시장주권상장법인이 이에 대하여 거래소에 신고하는 것을 말한다(유가증권시장 공시규정 2조 3항).

이 경우에 다른 법령·천재지변 기타 이에 준하는 사유로 공시하기가 곤란한 경우 외에는 당해 법인은 지체없이 이에 응하여야 한다.

2) 조회공시대상

거래소는 공시규정 제 7 조부터 제10조까지, 제15조, 제16조 및 제28조에서 정하는 사항이거나 이에 준하는 사항에 관하여 세칙에서 정하는 풍문 및 보도의 사실 여부의 확인을 위하여 조회공시를 요구할 수 있으며, 조회공시를 요구받은 유가증권시장주권상장법인은 공시요구시점이 오전인 경우에는 당일 오후까지, 오후인 경우에는 다음 날 오전까지(유가증권시장 업무규정 제26조 제 2 항 각 호의 어느 하나에 해당하는 사유로 조회공시를 요구받은 경우에는 그 다음 날까지로 한다) 이에 응하여야 한다. 다만, 풍문 등의 내용이 1월(공시규정 제 7 조 제 1 항 제 3 호 가목 (1)·(5)·(6) 그밖에 이에 준하는 사항의 경우에는 3월) 이내에 이미 공시한 사항인 경우에는 조회공시를 요구하지 아니할 수 있다(유가증권시장 공시규정 12조 1항).

거래소는 위에도 불구하고 풍문 등이 없더라도 유가증권시장주권상장법인이 발행한 주권 등의 가격 및 거래량이 거래소가 따로 정하는 기준에 해당하는 경우에는 해당 유가증권시장주권상장법인에 대하여 중요한 정보(유가증권시장 공시규정 제 7 조부터 제10조까지, 제15조, 제16조 및 제28조에서 정하는 사항에 관한 정보)의 유무에 대한 조회공시를 요구할 수 있으며, 조회공시를 요구받은 유가증권시장주권상장법인은 요구받은 다음 날까지 이에 응하여야 한다. 다만, 유가증권시장주권상장법인의 주권 등의 가격 및 거래량이 본문의 규정에 의한 최근 조회공시 요구일부터 15일 이내에 다시 본문의 규정에 의한 기준에 해당되는 경우에는 조회공시를 요구하지 아니할 수 있다(유가증권시장 공시규정 12조 2항).

3) 공시의 면제

유가증권시장주권상장법인이 다음의 어느 하나에 해당하는 경우에는 조회공시에 관한 위 규정들을 적용하지 아니할 수 있다(유가증권시장 공시규정 12조 3항).

① 다른 법령, 규정 등에 의하여 불가피한 경우

② 천재·지변·전시·사변·경제사정의 급변 그밖에 이에 준하는 사태가 발생하는 경우

(5) 공시의 유보

1) 의 의

자본시장법은 수시공시사항 중 경영상의 비밀유지와 투자자 보호의 형평을 고려하여 공시의 유보를 인정하는 주권등상장법인의 공시유보제도를 도입하고 있다(자금 391조). 종전에는 발행시장에서의 공시와 유통시장에서의 수시공시에 있어서 군사상 비밀(군사비밀보호법 2조)이나 천재지변 기타 이에 준하는 사유로 공시하기가 곤란한 경우에만 한정적으로 공시유보를 인정하였으나, 현행 규정에서는 경영상 비밀유지와 투자자 보호와의 형평 등을 고려하여 공시하지 않을 필요가 있을 때까지로 공시유보범위가 확대되었다.

2) 거래소에 의한 공시유보

거래소는 유가증권시장주권상장법인의 신고내용이 다음의 어느 하나에 해당하는 경우에는 해당 사유가 해소될 때까지 이의 공시를 일정기간 유보할 수 있다(유가증권시장 공시규정 43조).

① 유가증권시장주권상장법인의 공시내용이 「군사기밀보호법」 등 법률에 의한 기밀에 해당되는 때

② 유가증권시장주권상장법인의 공시내용이 관계법규를 위반하고 있음이 확인되는 때

③ 유가증권시장주권상장법인의 공시내용의 근거사실이 확인되지 않거나 그 내용이 투자자의 투자판단에 혼란을 야기시킬 수 있다고 판단되는 때

④ 공시규정 제14조 제 1 항[1]에 따른 재공시의 내용이 이미 공시한 내용과 유사하다고 인정되는 때

⑤ 공시규정 제14조 제 2 항[2]에 위반된다고 인정되는 때

⑥ 공시규정 제 7 조부터 제10조까지 및 제28조의 규정에서 정하는 사항 또는 이에 준하는 사항이 아닌 것으로서 건전한 거래질서를 해칠 우려가 있다고 판단되는 때

3) 신청에 의한 공시유보

유가증권시장주권상장법인은 경영상 비밀유지를 위하여 필요한 경우 ① 최근 사업연도 매출액의 100분의 10(대규모법인의 경우 100분의 5) 이상의 단일판매계약

---

1) 조회공시에 대하여 의사결정과정에 있다는 내용의 공시(미확정공시)는 1개월 내에 확정내용 또는 진척사항을 공시해야 한다.

2) 공시규정 제14조 제 1 항의 규정에 의한 미확정공시를 재공시하는 경우에는 당해 의사결정 과정에 대한 구체적인 상황이 포함되어야 한다.

또는 공급계약을 체결한 때 및 해당 계약을 해지한 때 ② 최근 사업연도 매출액의 100분의 10(대규모법인의 경우 100분의 5) 이상의 단일판매계약 또는 공급계약을 체결한 때 및 해당 계약을 해지한 때, 공시유보를 거래소에 신청할 수 있다. 이 경우 사전에 거래소와 협의하여야 한다(유가증권시장 공시규정 43조의 2 1항).

거래소는 위의 공시유보 신청에 대하여 기업 경영 등 비밀유지와 투자자 보호와의 형평을 고려하여 공시유보가 필요하다고 인정되는 경우 이를 승인할 수 있다(유가증권시장 공시규정 43조의 2 2항).

(6) 불성실공시

불성실공시라 함은 유가증권시장주권상장법인이 이 규정에 따른 신고의무를 성실히 이행하지 아니하거나 이미 신고한 내용을 번복 또는 변경하여 공시불이행, 공시번복 또는 공시변경의 유형에 해당된 경우를 말한다(유가증권시장 공시규정 2조 5항).

불성실공시가 있는 경우 거래소는 불성실공시법인의 지정과 벌점을 예고하고, 이후 불성실공시법인의 지정과 벌점부과를 하게 된다. 벌금부과 외에 3천만원 내에서 공시위반제재금을 부과할 수 있다.

불성실공시법인으로 지정된 경우나 조회공시에 불응한 경우 거래소는 매매거래를 정지할 수 있다(유가증권시장 공시규정 40조).

또한 공시의무 위반과 관련하여 다음의 경우에는 상장폐지 실질심사위원회의 심사를 거쳐 상장폐지가 될 수 있다(유가증권시장 상장규정 80조 12호, 80조의 3). 불성실공시와 관련하여 상장규정 제75조 제 1 항 제 8 호[1]에 따라 관리종목으로 지정된 유가증권시장주권상장법인이 다음의 어느 하나에 해당하는 경우

① 불성실공시 누계벌점이 최근 1년간 15점 이상 추가된 경우

② 기업경영에 중대한 영향을 미칠 수 있는 사항 등에 대하여 고의 또는 중과실로 공시의무를 위반하여 불성실공시법인으로 지정된 경우

Ⅳ. 공정공시제도

공정공시제도란 미국에서 2000년 10월부터 시행된 Regulation FD를 모델로

1) 유가증권시장주권상장법인이 불성실공시법인지정 등[공시규정 제35조에 따른 불성실공시법인 지정, 제39조 제 2 항에 따른 개선계획서 미제출 또는 제88조 제 5 항에 따른 공시책임자(공시담당자를 포함한다) 미교체를 말한다]에 해당되어 벌점을 부과받는 경우로서 당해 벌점부과일로부터 기산하여 과거 1년 이내의 누계벌점이 15점 이상이 되는 경우.

하여 2002년 11월 도입된 것으로서, 정보의 비대칭성으로 인하여 생겨나는 문제점을 없애기 위한 것이다. 즉 기업의 선택적 정보제공으로 인하여 일반투자자들이 시장에 대한 자신감을 가지지 못하고, 그 결과 투자가 줄고 주가도 낮아지게 되므로 이를 규제하기 위한 제도이다.[1)]

공정공시제도는 선별적 정보제공을 금지하는 것으로, 이에 의할 때 기업의 재무구조나 경영상의 내부정보 등을 애널리스트 등 외부인에게 발설했을 경우 바로 공시를 통해 일반투자자에게도 알려야 한다.[2)] 이는 공시대상으로 열거된 내용만 공개하던 수시공시와 달리 주가에 영향을 미치는 내용을 모두 공개토록 한 것으로 정보유통에 큰 변화가 있게 되었다.

우리나라의 공정공시제도는 자율규제기관인 거래소의 유가증권시장 공시규정 및 코스닥시장 공시규정에 의하여 시행되고 있다.

공정공시제도는 정보의 불균형을 시정하기 위한 제도이지만 지나친 정보관리로 정보흐름이 원활하지 못하고 기업의 부담이 늘어나는 부작용이 있을 수 있다. 기업으로서는 제도위반을 우려해 가능한 한 기업정보를 공개하지 않으려 하며, 이로 인하여 미공개 정보가 늘게 되고, 이를 이용한 불공정행위나 허위정보유포를 통한 주가조작이 더 용이해질 수도 있다.

실제로 기업들이 예전에는 쉽게 주던 자료들을 내놓지 않으려는 경향이 있다고 한다. 과거에 개인투자자들이 쉽게 얻을 수 있었던 시장정보들이 차단될 가능성이 커지게 된다. 이를 통해 정보의 비대칭성을 줄어들지만 주식시장에 공급되는 정보의 질과 양이 모두 떨어진다는 것이다. 그렇게 되면 주가는 오히려 낮아지고, 정보부족으로 주가의 변동폭은 커진다. 과거에 애널리스트나 펀드매니저들은 정보에 대한 분석과 평가를 해 왔으며, 우수한 정보를 생산한 대가로 수수료를 받거나 또는 상대적으로 높은 수익률을 누려왔다. 그런데 공정공시제도는 정보수요자에 의한 적극적 정보생산행위를 차단하는 면이 있다. 이는 누구나 같은 정보를 갖게 되는 대가로 적극적으로 생산된 정보를 잃게 되는 결과를 가져온다고 평가할 수도 있다.

위와 같은 우려에도 불구하고 실제에 있어서 공정공시건수가 수시공시건수의 27.7%에 해당할 정도로 공정공시제도가 새로운 정보공개수단으로 정착되고 있다고 한다.[3)] 다만 그 위반에 대한 제제는 한계가 있다. 공정공시 위반 혐의를 포착하더

1) 미국에서 도입당시 SEC위원장 아서 레빗의 견해이다.
2) 공정공시제도 시행 첫날 52개사가 공정공시를 했다.
3) 김용진, 「자본시장제도론」, 율곡출판사, 2007, 560면.

라도 증명하기가 매우 어렵다. 당사자간에 정보를 주고 받았다는 사실을 시인하지 않으면 대응할 방법이 없다. 공정공시제도 도입 이후 지금까지 적발된 상장기업은 대한화재, 진흥기업 두 곳 뿐이다. 이들도 기존 공시내용을 번복한 것이 문제가 됐을 따름이다. 미국에서도 지금까지 공정공시 위반으로 적발된 기업이 몇 개에 불과하다고 한다.

제 3 장 기업의 인수·합병에 대한 규제

제 1 절 공개매수

Ⅰ. 서 설

1. 의 의

공개매수란 불특정 다수인에 대하여 주식 등의 매수(다른 증권과의 교환을 포함한다)의 청약을 하거나 매도(다른 증권과의 교환을 포함한다)의 청약을 권유하고 증권시장 밖에서 그 주식 등을 매수하는 것을 말한다(자금 133조 1항).

공개매수는 기업매수를 위한 것으로 단기에 대량의 주식을 취득하기 위한 제도이다. 우호적인 기업매수를 위한 공개매수도 이루어지지만 특히 적대적 기업매수를 위한 대표적인 수단이 된다. 또한 공개매수는 기업매수와 관계없이 상장폐지를 위한 수단으로서 이용되기도 한다.

자본시장법상 주식 등을 5% 이상 취득시 공개매수강제에 관한 규정이 적용된다.

2. 공개매수의 종류

공개매수의 종류는 다음과 같이 구분할 수 있다. 첫째, 대상회사 경영진의 대응태도에 따라 적대적, 우호적, 중립적 공개매수로 구분된다. 적대적 공개매수는 대상회사의 경영진이 공개매수에 반대하여 다른 주주에게 공개매수에 응하지 말 것을 권유하는 경우를 말한다. 우호적 공개매수는 적대적 공개매수와는 반대로 대상회사

경영진이 공개매수에 동의하여 다른 주주에게도 공개매수에 응할 것을 권유하는 경우를 말하며, 중립적 공개매수는 대상회사 경영진이 공개매수의 승낙 여부에 대한 찬성이나 반대의 권유를 하지 않는 경우를 말한다. 실제 주로 논의되고 있는 것은 적대적 공개매수에 대한 것이다.[1)]

둘째, 주주에게 지급되는 대가에 따라 교환공개매수, 현금공개매수, 혼합공개매수로 구분된다. 교환공개매수는 공개매수의 대가로 주주에게 다른 유가증권을 제공하는 경우로서, 대상회사의 주주가 공개매수자의 주식을 소유하게 될 때 실질적으로는 공개매수자와 대상회사가 합병하는 것과 같은 결과가 된다.

혼합공개매수는 현금지급과 유가증권 교환이 함께 이루어지는 경우로 일부는 현금을 지급하고 나머지는 유가증권을 지급할 수 있고, 주주에게 현금 또는 유가증권 중에서 선택할 권리를 부여하기도 한다. 대상회사의 주주 중에는 주식의 대가를 현금으로 지급받기를 원하는 주주도 있고, 세금 등의 문제로 유가증권으로 받기를 원하는 주주도 있을 수 있기에 혼합공개매수가 이용될 수 있다.

3. 규제의 필요성

공개매수의 경우 단순히 주식의 매매에 그치는 것이 아니라 매매의 결과 회사의 지배권이 변동될 만큼의 지분이 매매되는 것이기 때문에 이에 대하여 규제하는 것이다. 또한 공개매수자가 대상회사의 주주로부터 불공정하게 주식을 매수할 가능성이 있고, 대상회사의 경영진이 경영권의 방어를 위하여 부당한 방어책을 사용할 경우 주주들의 이익에 반하게 될 가능성이 있게 된다. 이러한 상황에서 특히 대상회사 주주들이 충분한 정보에 접하지 못한 상태에서 성급한 매도청약을 하는 것을 방지하기 위하여 정보개시를 포함한 공개매수에 대한 규제가 필요한 것이다.

---

1) 미국에서 적대적 기업매수의 전형적 형태는 2단계 매수(Two－Tier TOB)이다. 대상회사의 합병을 궁극적 목적으로 하는 2단계 매수의 전형적 형태는 1단계에서 공개매수를 통하여 필요한 주식의 분량을 취득하고, 이 1단계의 공개매수가 성공하면 2단계에서 나머지 주주에 대하여 1단계의 매수가격보다 현저히 불리한 가격으로 소위 축출매수(Freeze－out Merger)를 행한다.

이러한 2단계 매수는 주주들이 2단계에서 불리한 조건으로 주식을 매도하지 않기 위해 1단계에서 주식을 매도하게 되는 강압적 효과를 가지는 것으로 평가되기도 한다. 따라서 이를 규제해야 한다는 주장도 강하게 제기된다.

Ⅱ. 공개매수의 요소

1. 불특정 다수인

불특정 다수인이어야 하는 것은 매수의 상대방이 아니라 매수청약(매도청약의 권유)의 상대방이다. 다수인의 범위는 공개매수 강제의 요건인 10인 이상인 자를 기준으로 한다.

2. 대상증권

공개매수의 적용대상인 "주식 등"은 의결권 있는 주식과 전환사채권 등과 같이 의결권 있는 주식과 관계되는 증권을 말한다(자금시 139조).[1]

의결권이 없는 종류주식이나 의결권이 제한되는 종류주식의 경우에도 정관으로 의결권행사 또는 부활의 조건을 정할 수 있는데(상 344조의 3 1항), 이에 따라 의결권행사가 가능한 경우에는 공개매수의 적용대상이 된다.

자기주식도 공개매수의 대상이 된다. 자기주식의 취득은 유가증권시장 또는 코스닥시장에서 취득하거나 공개매수의 방법에 의하여야 한다(자금 165조의 2 2항).[2]

3. 매수청약 또는 매도청약의 권유

공개매수자가 불특정 다수인을 상대로 매수청약 또는 매도청약의 권유를 하여야 한다. 매수의 청약, 매도청약의 권유의 성질에 대해서는 견해가 갈린다. 이에 대해서 자본시장법 제141조에서 "공개매수자는 공개매수신고서에 기재한 매수조건과

1) ① 주권상장법인이 발행한 증권으로서 다음의 어느 하나에 해당하는 증권
가. 주권
나. 신주인수권이 표시된 것
다. 전환사채권
라. 신주인수권부사채권
마. 가목부터 라목까지의 증권과 교환을 청구할 수 있는 교환사채권
바. 가목부터 마목까지의 증권을 기초자산으로 하는 파생결합증권(권리의 행사로 그 기초자산을 취득할 수 있는 것만 해당한다)
② 주권상장법인 외의 자가 발행한 증권으로서 다음의 어느 하나에 해당하는 증권
가. ①의 증권과 관련된 증권예탁증권
나. ①의 증권이나 가목의 증권과 교환을 청구할 수 있는 교환사채권
다. ①의 증권이나 가목·나목의 증권을 기초자산으로 하는 파생결합증권(권리의 행사로 그 기초자산을 취득할 수 있는 것만 해당한다)

2) 그 외 신탁계약에 따라 자기주식을 취득한 신탁업자로부터 신탁계약이 해지되거나 종료된 때 반환받는 방법이 있는데(자금 165조의 2 2항 3호), 이때 신탁업자는 해당 법인의 자기주식을 증권시장에서 취득하는 방법, 또는 공개매수의 방법에 의하여야 한다(3호 단서).

방법에 따라 응모한 주식 등의 전부를 공개매수기간이 종료하는 날의 다음 날 이후 지체 없이 매수하여야 한다."는 규정은 주주의 응모를 승낙으로 파악하면 설명이 곤란하고, 응모의 취소에 관한 규정은[1] 주주의 응모행위를 승낙으로 보면 승낙에 의하여 계약이 성립한 후 승낙을 취소한다는 어색한 결과가 된다는 이유로, 주주의 응모는 매도청약에 해당하며, 다만 공개매수자는 공고한 조건에 따라 승낙할 의무를 부담한다는 견해가 있다.[2] 여기서 매수의 청약은 법체계상 그리고 실무상 유명무실화한 것이라고 할 수 있다고 한다. 이에 따르면 공개매수자의 매수의 청약은 민법상 청약의 유인으로 보게 된다.

이에 반해 공개매수의 정의에서 매수의 청약과 매도의 청약을 권유하는 행위를 구분하여 규정하며, 응모주주의 응모취소에 관한 규정도 매수의 청약에 대한 승낙, 매도의 청약이라고 구분하므로 주주의 응모를 항상 매도청약이라고 보는 것은 법문의 해석상 무리가 있다. 따라서 공개매수의 공고는 원칙적으로 청약으로 보아 주주의 응모가 있으면 매매계약이 체결되는 것이고, 다만 공개매수의 공고시 응모한 주식이 일정 수량에 미치지 못하는 때에는 응모한 주식 전체를 매수하지 않겠다는 조건을 명시한 경우에는 확정적 의사표시가 아니므로 청약의 유인으로 보아 공개매수자의 승낙이 필요하다며, 공개매수자의 즉시매수원칙을 규정한 자본시장법 제141조 제 1 항은 매수대금을 지체없이 지급하라는 취지의 규정으로 보아야 할 것이라는 견해가 있다.[3]

응모자가 공개매수 예정수량을 넘어갈 때 안분비례에 따르는데(자금 141조 1항 단서), 응모를 승낙으로 보면 설명이 어려워진다. 전자의 견해를 따르기로 한다.

4. 증권시장 밖에서의 매수

주식 등을 증권시장 및 다자간매매체결회사 밖에서 매수하여야 한다. 여기서의 증권시장에는 이와 유사한 시장으로서 해외에 있는 시장을 포함한다(자금 133조 1항). 거래소에서의 매집을 공개매수로 보지 않는 이유는 거래소에는 누구나 참여가 가능하므로 주주간에 평등이 보장되고 또한 거래수량과 가격이 공표되며 경쟁매매에 의하여 공정하게 체결되기 때문이다.[4]

---

1) 자본시장법 제139조 ④ 공개매수대상 주식 등의 매수의 청약에 대한 승낙 또는 매도의 청약(응모)을 한 자(응모주주)는 공개매수기간 중에는 언제든지 응모를 취소할 수 있다.
2) 김건식·정순섭, 전게서, 343면.
3) 임재연, 전게서, 423면.
4) 김건식·정순섭, 전게서, 344면.

5 주식의 수량

다음에 보는 5% 이상의 주식매수는 공개매수하여야 한다는 것은 공개매수 강제의 요건일 뿐 공개매수의 개념규정에는 취득 주식의 수량에 대한 기준이 정해져 있지 않다. 5% 미만이어도 불특정 다수인으로부터 매수 등 공개매수의 요건을 갖추고 있으면 자본시장법상의 공개매수규제규정에 따라야 한다.

Ⅲ. 공개매수의 강제

1. 의 의

주식 등을 대통령령으로 정하는 기간(6개월) 동안 증권시장 밖에서 대통령령으로 정하는 수(10인) 이상의 자로부터 매수 등을 하고자 하는 자는 그 매수 등을 한 후에 본인과 그 특별관계자가 보유하게 되는 주식 등의 수의 합계가 그 주식 등의 총수의 100분의 5 이상이 되는 경우에는 공개매수를 하여야 한다. 다만, 매수 등의 목적, 유형, 그밖에 다른 주주의 권익침해 가능성 등을 고려하여 대통령령으로 정하는 매수 등의 경우에는 공개매수 외의 방법으로 매수 등을 할 수 있다(자금 133조 3항).

1998년 이전에는 공개매수가 강제되는 경우는 5%이상의 주식매수와 25% 이상의 주식매수(소위 의무공개매수)[1]의 두 가지가 있었다. 그러나 후자는 우호적 기업매수를 위한 공개매수에도 적용되어 기업의 구조조정에 방해가 된다는 이유로 1998년 구증권거래법 개정시에 폐지되었다.

2. 적용대상거래

적용대상거래에 대하여 자본시장법 제133조 제 2 항에서 "매수·교환·입찰 기타 유상취득(매수 등)"이라고 하고, 제 3 항에서 "매수 등을 하고자 하는 자는 그 매수 등을 한 후"로 규정하고 있다. 이는 적용대상 거래유형을 예시한 것이므로 어떠한 거래유형이든 유상거래이면 공개매수강제규정이 적용된다고 보아야 한다.

---

1) 의무공개매수란 주식 등의 매수 등을 하고자 하는 자는 당해 매수 등을 한 후에 본인과 그 특별관계자가 보유하게 되는 주식 등의 수의 합계가 당해 주식 등의 총수의 100분의 25 이상이 되는 경우에는 주식 등의 총수의 100분의 50에 1주를 더한 수에서 기 보유주식 등의 수를 공제한 수 이상의 주식 등을 공개매수하여야 한다는 것이다.

3. 5% 이상의 보유

공개매수 강제의 대상이 되는 것은 매수 후 보유주식이 5%에 달해야 한다.

5% 산정시 본인 및 특별관계자의 보유분을 합산하는데, 여기서 특별관계자는 특수관계인(자금시 8조) 및 공동보유자[1]를 말한다(자금 133조 3항, 자금시 141조 1항).

다만 특수관계인이 소유하는 주식 등의 수가 1,000주 미만이거나 공동보유자에 해당하지 아니함을 증명하는 경우에는 특수관계인으로 보지 아니한다(자금시 141조 3항).

소유에 준하는 보유란 자기의 계산으로 주식 등을 소유하는 경우 외에도 주식 등의 인도청구권이나 의결권을 가지는 경우 등도 포함한다(자금시 142조).

5% 산정은 의결권 있는 주식을 전제로 산정한다. 그러나 의결권이 없는 종류주식이나 의결권이 제한되는 종류주식의 경우에도 정관으로 의결권행사 또는 부활의 조건을 정할 수 있는데(상 344조의 3 1항), 이에 따라 의결권행사가 가능한 경우에는 산입대상이 된다.

이미 5% 이상의 주식을 보유하는 자가 추가로 당해 주식 등의 매수 등을 하는 경우에도 공개매수강제의 대상이 된다. 해석상으로는 1주만 매입해도 대상이 되게 되는데, 이는 부당하므로 그 범위를 제한할 필요가 있다.

4. 예 외

소각을 목적으로 하는 주식 등의 매수 등과 같이 일정한 경우 공개매수강제에 대한 예외를 인정하여 공개매수에 의하지 않는 매수 등을 할 수 있다(자금시 143조).

Ⅳ. 공개매수의 절차

1. 공개매수의 공고와 공개매수신고서의 제출

(1) 공개매수의 공고

공개매수에 있어서 투자자 보호를 위한 정보의 개시가 중요하므로 자본시장법

---

1) 공동보유자란 본인과 합의나 계약 등에 따라 다음의 어느 하나에 해당하는 행위를 할 것을 합의한 자를 말한다(자금시 141조 2항).
① 주식 등을 공동으로 취득하거나 처분하는 행위
② 주식 등을 공동 또는 단독으로 취득한 후 그 취득한 주식을 상호양도하거나 양수하는 행위
③ 의결권(의결권의 행사를 지시할 수 있는 권한을 포함한다)을 공동으로 행사하는 행위

에서는 공개매수시에 일정한 사항에 대한 공고를 요구하고 있다.

공고할 사항은 다음과 같다(자금 134조 1항).[1]

① 공개매수를 하고자 하는 자

② 공개매수할 주식 등의 발행인(그 주식 등과 관련된 증권예탁증권, 그밖에 대통령령으로 정하는 주식 등[2]의 경우에는 대통령령으로 정하는 자[3]를 말한다)

③ 공개매수의 목적

④ 공개매수할 주식 등의 종류 및 수

⑤ 공개매수기간·가격·결제일 등 공개매수조건

⑥ 매수자금의 명세, 그밖에 투자자 보호를 위하여 필요한 사항으로서 대통령령으로 정하는 사항

(2) 공개매수신고서의 제출

공개매수공고를 한 자는 대통령령으로 정하는 방법에 따라 공개매수자에 관한 사항 등을 기재한 신고서를 그 공개매수공고를 한 날(공개매수공고일)에 금융위원회와 거래소에 제출하여야 한다. 다만, 공개매수공고일이 공휴일, 그밖에 금융위원회가 정하여 고시하는 날에 해당되는 경우에는 그 다음 날에 제출할 수 있다(자금 134조 2항).

2. 공개매수기간

공개매수기간은 공개매수신고서 제출일로부터 20일 이상 60일 이내의 기간으로 정할 수 있다(자금시 146조 3항). 다만 공개매수기간 중 대항공개매수가 있는 경우에는 대항공개매수기간의 종료일까지 그 기간을 연장할 수 있다(자금시 147조 3호).

3. 공개매수설명서

공개매수설명서는 공개매수에 응하려는 투자자에게 필요한 정보를 직접 제공

1) 자본시장법 제134조 제 1 항에 따른 공개매수공고를 하려는 자는 금융위원회가 정하여 고시하는 방법에 따라 「신문 등의 진흥에 관한 법률」에 따른 일반일간신문 또는 경제분야의 특수일간신문 중 전국을 보급지역으로 하는 둘 이상의 신문에 공고하여야 한다(자금시 145조 1항).

2) 교환사채권과 파생결합증권을 말한다(자금시 145조 2항).

3) 다음 각 호의 자를 말한다(자금시 145조 3항).
  1. 증권예탁증권의 경우에는 그 기초가 되는 주식 등의 발행인
  2. 교환사채권의 경우에는 교환의 대상이 되는 주식 등의 발행인
  3. 파생결합증권의 경우에는 그 기초자산이 되는 주식 등의 발행인

하기 위한 서류로서, 공개매수자는 공개매수를 하고자 할 때에는 공개매수설명서를 작성하여 공개매수공고일에 금융위원회와 거래소에 제출하고, 일정한 장소[1]에 비치하고 일반인이 열람할 수 있도록 하여야 한다.

공개매수설명서의 기재사항은 공개매수신고서의 기재사항에 따른다.[2] 공개매수설명서에는 공개매수신고서에 기재된 내용과 다른 내용을 표시하거나 그 기재사항을 누락하여서는 아니 된다(자금 137조 2항). 공개매수신고서와 다른 내용을 표시하거나 중요사항을 누락한 경우에는 금융위원회는 공개매수를 정지하거나 금지 하는 등의 조치를 내릴 수 있다(자금 146조 2항).

공개매수자는 공개매수할 주식 등을 매도하고자 하는 자에게 공개매수설명서를 미리 교부하지 아니하면 그 주식 등을 매수하지 못한다(자금 146조 3항).

4. 정정신고

(1) 금융위원회의 요구에 의한 정정신고서

금융위원회는 공개매수신고서의 형식을 제대로 갖추지 아니한 경우 또는 그 공개매수신고서 중 중요사항에 관하여 거짓의 기재 또는 표시가 있거나 중요사항이 기재 또는 표시되지 아니한 경우에는 공개매수기간이 종료하는 날까지 그 이유를 제시하고 그 공개매수신고서의 기재내용을 정정한 신고서(정정신고서)의 제출을 요구할 수 있다(자금 136조 1항).

(2) 임의정정

공개매수자는 공개매수조건, 그밖에 공개매수신고서의 기재사항을 정정하고자 하는 경우 공개매수기간이 종료하는 날까지 금융위원회와 거래소에 정정신고서를 제출하여야 한다. 다만, 매수가격의 인하, 매수예정 주식 등의 수의 감소, 매수대금 지급기간의 연장(자금 제136조 제4항 제1호의 경우[3]를 제외한다), 그밖에 공개매수기간의 단축 등은(자금시 147조) 변경할 수 없다(자금 136조 3항).

(3) 의무정정

투자자 보호를 위하여 그 공개매수신고서에 기재된 내용을 정정할 필요가 있

1) 공개매수취급자의 본점과 지점, 그밖에 영업소, 금융위원회, 거래소에 비치(자금시칙 16조).

2) 자본시장법 시행령 제148조(공개매수설명서의 작성 등) 법 제137조 제1항에 따라 공개매수설명서에는 법 제134조 제2항 각 호의 사항을 기재하여야 한다. 다만, 공개매수자가 주권상장법인인 경우에는 금융위원회가 정하여 고시하는 사항의 기재를 생략할 수 있다.

3) 공개매수신고서의 정정신고서를 제출하는 경우 공개매수기간의 종료일에 대하여 "그 정정신고서를 제출한 날이 법 제134조 제1항 제5호에 따라 공고한 공개매수기간 종료일 전 10일 이내에 해당하는 경우에는 그 정정신고서를 제출한 날부터 10일이 경과한 날"로 규정하고 있다.

는 경우로서 다음의 경우에 정정신고서를 제출하여야 한다(자금시칙 15조).

① 공개매수신고서의 기재나 표시내용이 불분명하여 그 공개매수신고서를 이용하는 자로 하여금 중대한 오해를 일으킬 수 있는 내용이 있는 경우

② 공개매수자에게 불리한 정보를 생략하거나 유리한 정보만을 강조하는 등 과장되게 표현된 경우

(4) 정정신고서에 의한 공개매수종료일

공개매수자가 공개매수신고서의 정정신고서를 제출하는 경우 공개매수기간의 종료일은 다음과 같다(자금 136조 4항).

① 그 정정신고서를 제출한 날이 공개매수기간 종료일 전 10일 이내에 해당하는 경우에는 그 정정신고서를 제출한 날부터 10일이 경과한 날

② 그 정정신고서를 제출한 날이 공개매수기간 종료일 전 10일 이내에 해당하지 아니하는 경우에는 그 공개매수기간이 종료하는 날

(5) 변경된 조건의 적용대상

매수조건이 변경된 경우에는 그 이전에 응모한 주주에 대해서도 당연히 변경된 조건이 적용되는 것으로 해석한다.

5. 교환공개매수

공개매수의 정의에 관한 자본시장법 제133조에 따르면 매수에는 증권의 교환도 포함된다. 교환대상 증권은 이미 발행된 것은 물론이고 공개매수자가 신규로 발행하는 것도 포함한다.

신주발행에 의한 교환공개매수는 공개매수자의 관점에서 볼 때 공개매수대상주식으로 납입하는 것으로서 상법상 현물출자에 의한 신주발행에도 해당하므로 법원에 의한 현물출자심사 절차를 받아야 한다. 따라서 통상은 먼저 법원에 감정인의 감정서를 첨부하여 현물출자에 따른 신주발행인가신청을 하여 인가를 받은 후 금융위원회에 증권신고서를 제출하고, 그 후 공개매수의 공고와 공개매수신고서 제출절차를 밟게 된다. 이러한 과정에서 공개매수에 관한 정보가 사전에 공개되므로 적대적 공개매수의 경우에는 교환공개매수의 활용이 어렵고 대상회사 경영진과의 협의에 의한 우호적 공개매수의 경우에 많이 활용된다.

실제로 「독점규제 및 공정거래에 관한 법률」상 지주회사는 자회사의 주식을 당해 자회사 발행주식총수의 100분의 50 미만으로 소유하는 행위가 금지되므로 지주회사의 요건과 자회사편입요건을 충족하기 위해 자회사의 주식취득에 교환공개매

수를 하는 경우가 많다.

그리고 신주에 대한 현물출사시에 현물, 즉 출자를 하는 주식의 과대계상은 금지되는데, 공개매수는 일반적으로 대상 주식의 현시세에 프리미엄을 더하여 공개매수가를 제시하므로 매수 주식의 과대계상이 문제될 수 있다. 보건대 자본시장법상 교환공개매수를 인정하므로 프리미엄이 현저하게 불공정하지 않는 이상 그 유효성을 인정할 것이다.

V. 공개매수에 대한 규제

1. 공개매수에 대한 의견표명

공개매수신고서가 제출된 주식 등의 발행인은 대통령령이 정하는 바에 의하여 그 공개매수에 관한 의견을 표명할 수 있다. 이 경우에는 그 내용을 기재한 문서를 지체없이 금융위원회와 거래소에 제출하여야 한다(자금 138조).

그 의견표명에는 공개매수에 대한 발행인의 찬성·반대 또는 중립의 의견에 관한 입장과 그 이유가 포함되어야 하며, 의견표명 이후에 그 의견에 중대한 변경이 있는 경우에는 지체 없이 그 사실을 알려야 한다(자금시 149조 2항).[1)]

2. 공개매수의 철회 및 응모의 취소

공개매수자는 공개매수공고일 이후에는 공개매수를 철회할 수 없다. 다만, 대항공개매수(공개매수기간 중 그 공개매수에 대항하는 공개매수를 말한다)가 있는 경우, 공개매수자가 사망·해산·파산한 경우, 그밖에 투자자 보호를 해할 우려가 없는 경우로서 어음 또는 수표의 부도 등의 경우(자금시 150조)에는 공개매수기간의 말일까지 철회할 수 있다(자금 139조 1항).

공개매수대상 주식 등의 매수의 청약에 대한 응모 즉 승낙 또는 매도의 청약을 한 자(응모주주)는 공개매수기간 중에는 언제든지 응모를 취소할 수 있다. 이 경우 공개매수자는 응모주주에 대하여 그 응모의 취소에 따른 손해배상 또는 위약금

1) 미국의 경우 SEC Rule 14e-2 (a)에서 공개매수가 개시된 후 10거래일 내에 대상회사가 다음과 같은 견해를 가지는 경우에 그 주주들에게 그에 대한 정보를 나타내는 설명서를 보내도록 하고 있다. ① 공개매수를 받아들이거나 거부하도록 하는 권고 ② 의견없이 중립적 입장임을 밝힘 ③ 어떤 의견도 밝힐 수 없음. 그리고 SEC Rule 14e-2 (b)에서 (a)에서 요구되는 공시에 중대한 변화가 있는 경우 발행인은 중대한 변화에 대한 정보를 개시하는 설명서를 주주에게 보내야 한다고 규정하고 있다.

의 지급을 청구할 수 없다(자금 139조 4항).

3. 별도매수금지

공개매수자는 공개매수공고일부터 그 매수기간이 종료하는 날까지 그 주식 등을 공개매수에 의하지 아니하고는 매수 등을 하지 못한다. 다만, 공개매수에 의하지 아니하고 그 주식 등의 매수 등을 하더라도 다른 주주의 권익침해가 없는 경우로서 대통령령으로 정하는 경우[1]에는 공개매수에 의하지 아니하고 매수 등을 할 수 있다(자금 140조).

4. 공개매수의 조건과 방법

공개매수에 있어서 전부매수·즉시매수원칙에 따라 공개매수자는 공개매수신고서에 기재한 매수조건과 방법에 따라 응모한 주식 등의 전부를 공개매수기간이 종료하는 날의 다음 날 이후 지체 없이 매수하여야 한다. 다만, 다음의 어느 하나에 해당하는 조건을 공개매수공고에 게재하고 공개매수신고서에 기재한 경우에는 그 조건에 따라 응모한 주식 등의 전부 또는 일부를 매수하지 아니할 수 있다(자금 141조 1항).

① 응모한 주식 등의 총수가 공개매수 예정주식 등의 수에 미달할 경우 응모한 주식 등의 전부를 매수하지 아니한다는 조건

② 응모한 주식 등의 총수가 공개매수 예정주식 등의 수를 초과할 경우에는 공개매수 예정주식 등의 수의 범위에서 비례배분하여 매수하고 그 초과 부분의 전부 또는 일부를 매수하지 아니한다는 조건

공개매수자가 공개매수를 하는 경우 그 매수가격은 균일하여야 하며(자금 141조 2항), 공개매수자가 일부 주주의 응모를 배제하는 것은 주주평등의 원칙에 반하므로 허용되지 않는다고 본다.

---

1) 다음의 어느 하나에 해당하는 경우를 말한다(자금시 151조).
① 해당 주식 등의 매수 등의 계약을 공개매수공고 전에 체결하고 있는 경우로서 그 계약체결 당시 법 제133조 제 1 항에 따른 공개매수의 적용대상에 해당하지 아니하고 공개매수공고와 공개매수신고서에 그 계약사실과 내용이 기재되어 있는 경우
② 공개매수사무취급자가 공개매수자와 그 특별관계자 외의 자로부터 해당 주식 등의 매수 등의 위탁을 받는 경우

Ⅵ. 공개매수규정위반에 대한 제재

1. 의결권제한 및 처분명령

공개매수에 관한 자본시장법 제133조 제3항 또는 제134조 제1항·제2항을 위반하여 주식 등의 매수 등을 한 경우에는 그 날부터 그 주식(그 주식 등과 관련한 권리 행사 등으로 취득한 주식을 포함한다)에 대한 의결권을 행사할 수 없으며, 금융위원회는 6개월 이내의 기간을 정하여 그 주식 등(그 주식 등과 관련한 권리 행사 등으로 취득한 주식을 포함한다)의 처분을 명할 수 있다(자금 145조).

2. 손해배상책임

(1) 의 의

공개매수신고서(그 첨부서류를 포함한다) 및 그 공고, 정정신고서(그 첨부서류를 포함한다) 및 그 공고 또는 공개매수설명서 중 중요사항에 관하여 거짓의 기재 또는 표시가 있거나 중요사항이 기재 또는 표시되지 아니함으로써 응모주주가 손해를 입은 경우에는 그 손해에 관하여 배상의 책임을 진다(자금 142조 1항).

여기서 손해배상책임의 주체는 공개매수신고서 및 그 정정신고서의 신고인(신고인의 특별관계자를 포함하며, 신고인이 법인인 경우 그 이사를 포함한다)과 그 대리인, 공개매수설명서의 작성자와 그 대리인이다(자금 142조 1항).

다만 배상의 책임을 질자가 상당한 주의를 하였음에도 불구하고 이를 알 수 없었음을 증명하거나 응모주주가 응모를 할 때에 그 사실을 안 경우에는 배상의 책임을 지지 아니한다(자금 142조 1항).

(2) 예측정보

일정한 요건을 갖춘 예측정보에 대하여 공개매수신고인 등은 그 손해에 관하여 배상의 책임을 지지 아니한다. 다만, 응모주주가 주식 등의 응모를 할 때에 예측정보 중 중요사항에 관하여 거짓의 기재 또는 표시가 있거나 중요사항이 기재 또는 표시되지 아니한 사실을 알지 못한 경우로서 공개매수신고인 등에게 그 기재 또는 표시와 관련하여 고의 또는 중대한 과실이 있었음을 증명한 경우에는 배상의 책임을 진다(자금 142조 2항).

(3) 손해배상액

손해배상청구시에 배상할 금액은 손해배상을 청구하는 소송의 변론이 종결될 때의 그 주식 등의 시장가격(시장가격이 없는 경우에는 추정처분가격을 말한다)에서 응모의 대가로 실제로 받은 금액을 뺀 금액으로 추정한다(자금 142조 3항).

위 추정규정에도 불구하고 공개매수신고서 허위기재 등으로 배상책임을 질자는 응모주주가 입은 손해액의 전부 또는 일부가 중요사항에 관하여 거짓의 기재 또는 표시가 있거나 중요사항을 기재 또는 표시하지 아니함으로써 발생한 것이 아님을 증명한 경우에는 그 부분에 대하여 배상의 책임을 지지 아니한다(자금 142조 4항).

제 2 절 적대적 M&A에 대한 방어책

Ⅰ. 서 설

적대적 기업매수를 바라보는 시각도 나누어져 있다. 공개매수옹호론의 입장에서 볼 때 주로 대상회사가 되는 것은 ① PER이 낮은 회사 ② 부동산이나 현금 등 자산이 많은 회사 ③ 주식의 지분분산이 잘 되어 있는 회사 ④ 부채비율이 낮아서 차입여력이 있는 회사 ⑤ 경영진이 비효율적으로 경영하고 있어서 주식이 저평가된 회사 ⑥ 여러 업종을 운영하고 있어서 대상회사의 지배권을 획득하여 업종별로 회사 또는 사업을 분할하여 매도하면 현재의 주가수준보다 많은 이익이 예상되는 회사가 된다.[1)]

이에 반해 적대적 기업매수에 부정적인 입장에서는 매수자는 경영이 잘되고 있는 회사를 추적하지 경영이 잘못된 회사를 추적하지 않는다고 한다.[2)]

매수자금의 조달도 일반적으로 자신의 자금 또는 자신의 신용이나 자산을 담보로 한 차입금에 의하여 매수자금을 조달하는 것이 일반적이나 때로는 대상회사를 담보로 차입하기도 한다.[3)]

여기서 기업매수자가 적대적 기업매수를 목적으로 자회사를 설립하는 경우도

1) 임재연, 전게서, 421면.
2) Touche Ross Co.의 분석에 의하면 대상회사로서 주요관심을 끄는 회사 중 84%가 우수한 경영진에 의하여 운영되고 있고, 단지 9%만이 경영상태가 나빴다고 한다. A Touche Ross Survey of Corporate Director's Opinions 12(1981).
3) 미국에 있어서 1980년대 적대적 기업매수가 활발하게 이루어졌는데, 이는 Junk Bond 시장의 활성화로 이를 통한 매수자금의 조달이 원활하게 이루어졌기 때문이다.

있다. 이때 1단계에서 공개매수에 성공한 뒤 다음 단계에서 대상회사를 그 자회사와 합병하는 2단계 매수가 미국에 있어서 전형적인 형태였다. 자회사가 대상회사의 주식을 매수한 후 이 자회사를 대상회사에 합병시키면 배후의 기업매수자가 대상회사의 주식을 소유하게 되며, 소멸한 자회사가 공개매수를 위하여 부담한 채무도 전부 대상회사에게 승계된다.

이렇게 적대적 기업매수의 수단이 점차 강압적인 성격을 띠게 되자, 이에 대한 규제의 필요성도 주장되고, 대상회사 경영진의 방어행위를 허용할 것인가가 미국에 있어서 주요 논의과제가 되었다.

Ⅱ. 방어행위의 유형

1. 시차선임제도

일반적인 회사법하에서 매수자는 대상회사의 지배주식을 취득하여도 대상회사 이사회를 재구성하려면 어느 정도 시간이 걸릴 것이다. 대부분의 회사는 이사 선임에 있어서 누적투표권을 인정하지 않고, 이사회 구성원을 1년에 한 번씩 선출한다. 그러나 그가 원하는 자를 취임시키기 위해 다음 정기회까지 기다리기를 원하지 않는 경우, 매수자는 서면동의나 지배주주의 요구에 의해 소집된 특별주주총회에서 현이사를 해임(이유없이)시키고 새로운 이사를 선임할 수 있다.

시차선임제도는 이 과정을 실질적으로 연기시킬 수 있다. 예를 들면 이사를 3그룹으로 구분해서 오직 한 그룹만이 매년 새로이 선임되도록 하는 것이다. 이 경우 새로이 선임되는 이사의 임기는 3년이 될 것이다. 이에 따른 효과는, 결국 매수자가 정상적 선출과정을 통해 이사회의 다수를 선출하기 위해서는 적어도 2년은 지나야 된다는 것이다.

그러나 임기 도중에 이사를 해임시키기에 충분한 주식을 매점한 경우에는 시차선임제도만으로 연기의 효과를 얻기가 어려울 것이다.[1] 또한 매수자가 정관이나

---

1) 미국의 경우 특정 주법에서 이유없이 이사를 해임하는 것을 제한하거나 혹은 이사가 그룹화 된 경우 이사해임을 제한하기도 한다. 우리나라에서도 정관으로 이사의 해임을 제한하기도 한다. 예를 들면 코스닥 상장기업 휴맥스는 2007년 정관을 변경하여 이사의 해임요건을 강화하였는데, 그 내용은 다음과 같다.

제31조의 2(이사의 해임)

① 주주총회에서 이사 해임결의를 하고자 하는 경우 출석한 주주의 의결권의 4분의 3 이상의 수와 발행주식총수의 2분의 1 이상의 수로 하여야 한다.

② 이사 해임과 관한 제 1 항의 요건을 변경하고자 정관을 개정하는 경우에는 제 1 항에 정한 결

업무규칙의 변경에 의해 이사회의 구성원 수를 증가시키는 것을 막지 못한다. 매수자는 자기가 선임한 이사로 그 공석을 매우고 이사회를 지배할 수 있을 것이다. 따라서 이사의 임기와 현 이사회에서의 지배를 보호하기 위한 방어적 정관변경의 다음 단계로서는 시차선임제도만으로 안되고 이사회에 이사의 수를 결정할 독점권을 부여해야 한다.

2. 금낙하산조항(Golden Parachute)[1)]

이는 회사의 이사 또는 임원이 합의 또는 정관의 규정에 의해, 기업매수로 인해 이사 또는 임원이 그 지위를 잃을 때에는 그 이사 또는 임원에게 종래보다 높은 거액의 퇴직금 등의 지급을 보장하는 것이다. 미국에서 이사의 퇴직금을 포함하는 보수의 액은 주주총회가 아니고 이사회가 스스로 결정하는 것이 가능하다. 금낙하산조항은 매수자가 기업매수를 행하여 이사의 경질을 도모하는 경우에 거액의 퇴직금을 지급하도록 함으로써 그 부담에 의해 매수를 단념하게 하는 예방책으로 이용되고 있다. 그러나 이것의 진정한 의미는 방어책보다는 경영진의 지위안정의 의미가 크다. 즉 기업매수의 대상으로 된 회사의 경영진은 만일 기업매수에 의해 자기의 지위를 잃는 경우가 있어도 거액의 퇴직금이 보장되는 결과 자기의 이익을 고려하지 않고 오직 회사 및 전주주의 최대의 이익을 위해 기업매수에 대응하는 것이 가능해지며, 그런 면에서 주주에게 이익을 줄 수도 있다. 그러나 경영진은 회사 및 전 주주에 대해 충실의무를 가지고 그 직무를 수행해야 하므로 그 충실의무에 의거한 행위를 행하기 위해 특별한 이익을 얻는 것은 상당하지 않고, 또한 금낙하산조항이 설정된 이유처럼 실제로 기업매수에 의해 퇴임된 것에 관계없이 경영진이 금낙하산의 이익을 얻기 위해 적극적으로 퇴임하는 경우도 고려해야 할 것이다.

우리나라의 경우 이사가 퇴직시에 지급하는 퇴직위로금에 대해서도, 이는 재직 중의 이사의 직무집행의 대가이므로 보수에 해당한다고 본다(통설·판례).[2)] 퇴직

의 요건에 의하여만 변경할 수 있다.

1) 우리나라 뉴월코프의 정관을 예를 들면,
제42조(이사의 보수와 퇴직금) ① 이사의 보수는 주주총회의 결의로 이를 정한다.
② 이사의 퇴직금의 지급은 주주총회 결의를 거친 임원퇴직금지급규정에 의한다.
③ 이사가 임기 중 적대적 기업매수 및 합병 등으로 인하여 해임될 경우에는 통상적인 퇴직금 이외에 퇴직 보상액으로 대표이사에게 50억 이상, 이사에게 30억 이상을 지급한다.
④ 제 3 항의 조항을 개정 또는 변경할 경우, 그 효력은 개정 또는 변경을 결의한 주주총회가 속하는 사업연도 종료 후 발생한다.

2) 대판 2004. 12. 10, 2004 다 25123 등.

위로금의 지급에 관한 결정이 적법 절차에 따라 이루어졌다고 하여도 그 금액에는 일정한 제한이 있으며, 회사의 규모나 영업실적 등에 비추어 이사의 퇴직금이 과다한 경우에는 회사채권자나 주주에게 배당가능금액을 줄이는 등 직접적인 피해를 주므로 그 효력을 인정하기 어렵다.[1)]

3. 방어적 자기주식취득[2)]

기업매수와 관련하여 자기주식취득은 몇 가지 전략적 목적에 도움을 준다. 첫째, 경영진과 경영진에 우호적인 자가 소유하는 주식비율을 증가시켜 매수가 실패할 가능성을 높인다. 둘째, 공개매수가격 이상으로 대상회사 주가를 올려, 매수자로 하여금 매수가격을 올리거나 혹은 매수자체를 포기하거나 양자를 선택해야 하는 딜레마에 빠지게 한다. 셋째, 기업매수를 포기하는 조건으로 매수자(Mailer)로부터 주식을 재취득할 수 있다.

대상회사는 이러한 재매수를 공개시장에서 시장가격으로 매수할 때도 있고, 현금공개매수로서 주식재매수를 하기도 한다. 미국 증권거래법하에서는 방어적 자기공개매수는 다른 주식재매수에는 적용되지 않는 특수한 법칙과 정보개시 규제를 받는다. 그 중 중요한 것은 매도주식수가 회사가 매수할 주식 수를 넘는 경우 안분비례에 의해 주식을 매입해야 한다는 것이다. 이에 비해서 공개매수가 되지 않는 주식재매수는 부담이 덜한 정보개시 요건만 충족하면 된다. 따라서 대상회사 경영진은 공개매수로 성격 지워 지지 않은 거래로 자기주식을 매수하려 한다. 특히 이 경우 안분비례 요건을 피할 수 있기 때문에 주주에게 대해 공개매수에 응하지 않도록 강제하는 수단으로 이용할 수 있다. 이에 따라 공개시장에서 재매수는 허용되지 않는다는 견해도 있다.[3)]

---

1) 하급심 사례에는 "임원에 대한 보수지급행위가 주주총회에서 주주 전원의 동의가 있었다고 하더라도 그 보수지급이 회사의 채권자를 해하는 등 객관적으로 위법·불공정하면 평이사는 감시의무 위반의 책임을 진다"고 판시한 것이 있다(서울지판 2000. 11. 21, 2000 가합 57165).

2) 우리나라도 자본시장법뿐만 아니라 상법상으로도 배당가능이익의 범위내에서 자기주식취득이 가능하게 개정됨으로 자기주식취득이 더욱 활성화될 것으로 보인다. 자기주식을 방어수단으로 이용한 유명한 사건으로 SK 사건을 들 수 있다. 이 사건에서 소버린이 SK의 주식을 대량으로 취득한 후 경영권에 관여하려고 하자, 2003.12. SK는 경영권 방어를 위해 보유 중이던 자기주식의 매각을 결의하였고, 이에 대하여 소버린이 SK의 자기주식 매각으로 인하여 자신의 의결권이 침해되었다며 의결권침해금지가처분을 신청하였는데, 법원은 "SK가 자기주식을 처분함으로써 소버린의 지분이 희석된다고 하더라도 그 이유만으로는 자기주식처분결의를 무효로 볼 수 없다."고 하며,"동 이사회 결의는 소버린의 경영권 인수시도에 직면하여 이를 방어하기 위한 것이기는 하지만 이사들의 경영판단에 따른 것으로 적법하다."고 판시하였다(서울지결 민사 제50부 2003. 12. 23, 2003 카합 4154).

우리나라의 경우에 일상적으로 취득한 자기주식을 적대적 기업매수의 국면에서 우호적 제 3 자에게 매각하여 의결권을 부활시킬 수 있으므로 방어수단으로서 중요한 의미를 가진다.[1]

4. 그린메일

그린메일이란 적대적 매수자로부터 매수위협을 받고 있는 대상회사가 매수위협자로부터 자기주식을 시가보다 비싼 가격으로 매입하는 것을 의미한다. 이 때 그린메일을 지급하는 조건으로 불가침협정(Standstill Agreement)을 맺는 경우가 일반적이다.[2]

우리나라의 경우 상장법인의 자기주식의 취득방법은 유가증권시장 또는 코스닥시장에서 취득하는 방법과 공개매수에 의한 방법으로 제한되므로 특정인으로부터 회사가 자기주식을 취득하는 미국에 있어서의 전형적인 모습의 그린메일은 이용하기가 불가능하다. 다만 제 3 자나 대주주가 경영권을 유지하기 위해서 적대적 기업매수자로부터 그 지분을 매입하는 것은 가능한데, 이도 기본취지에서 본다면 그린메일의 한 유형으로 볼 수 있다.

일반적인 방어전략은 공격측의 도전에 대응하여 타협을 거부하고 당당히 맞선다는 점에서 공통적인 특징이 있다. 이에 반하여 그린메일은 대상기업측이 공격측과 은밀히 협상을 진행하여 공격을 멈춰 주도록 요청하고 타협 짓는 방어법으로 이용된다.

미국에 있어서 이러한 그린메일을 규제하기 위해서 다수의 기업은 정관상으로 이에 대한 규제조항을 두기도 하고(소위 Shark Repellent Amendment), 또 펜실베니아와 오하이오주를 비롯한 몇몇 주에서는 이익반환법[3]을 규정하고 있기도 하다. 이

---

3) Bradley & Rosenzweig, Defensive Stock Repurchases, 99 Harv. L. Rev. 1378(1986).

1) 자본시장법상 주식매수선택권의 행사에 따른 자기주식처분 등을 제외하고 이사회결의를 거쳐 자기주식을 처분할 수 있다(자금시 176조의 2 1항). 실제 경영권분쟁이 발생하는 경우에 대상회사는 자기주식을 우호적 제 3 자에게 처분하는 방안을 검토하고는 한다. 예를 들면 삼성물산은 2015. 6. 11. 우호적 지분 확대를 통한 원활한 합병진행을 위하여 자기주식 899만주(지분율 5.76%)를 주식회사 KCC에 처분하였다.

2) 적대적 기업매수를 위한 공개매수에 있어서 대부분의 경우 공개매수전 대상회사의 주식을 일부 매수하여 일정한 지분을 획득하는데, 이를 발판취득 또는 잠행매수(Creeping Tender Offer)라 한다. 그런데 때로는 공개매수를 위협하며, 이렇게 취득한 주식을 고가로 대상회사가 매수하여 주도록 위협하기도 한다.

3) 주주가 첫째, 지배주주가 되기 전 24개월 이내 또는 지배주주가 된 후 18개월 내에 주식을 취득(Acquisitions)하였고, 둘째 지배주주가 되고 나서 18개월 이내에 그 주식을 처분(Dispositions)한 경우에는, 회사 그리고 주주는 대표소송을 통해서 위 주주에 대해서 주식처분으로 얻은 모든 이익

에 반해서 우리나라의 경우 그린메일의 지급은 매수자가 대주주 사이의 개인적 거래관계에 의하여 이루어지는 것만 인정되므로 현행 체제하에서 그린메일의 지급에 대해서 직접적인 규제를 하기는 어려운 실정이다.

5. 역-공개매수(PAC-MAN)[1]

역-공개매수란 대상회사가 원매수자에 대해 역으로 매수제의를 하는 것이다. 공격자가 됨으로써 원매수자의 매수의도를 좌절시키고, 때로는 원매수자의 지배권을 취득하기로 한다. 기업전략의 측면에서 이 방법은 매우 세련된 것이지만 그 결과가 가져오는 법적 효과는 지배주주에게 불확실하다. 법적 불확실성으로 인해 이 전략이 많이 이용되지는 못하고 있다.[2]

즉 역공개매수에는 상호보유규정의 적용이라는 문제가 있는데, 대부분의 미 회사법은 자기주식과 자회사의 모회사주식에 대해 의결권행사를 제한하고 있다.[3] 따라서 역공개매수 방어에 있어서 각 당사자가 상호 취득한 주식은 의결권을 행사할 수 없을 것이다. 즉 성공적 역공개매수를 야기한 성공적 공개매수에 의해 상호 모·자관계에서 각자는 다른 회사에 대한 지배주주가 되기 때문에 상호 의결권을 행사할 수 없게 되는 것이다. 결국 의결권은 잔여 주주에게만 남는데 공개매수전략을 짜고 실행하는 자들의 영리함을 고려할 때, 의결권이 무지하고, 무관심한 잔여 주주에게 종국적으로 귀속한다는 것은 매우 역설적인 현상이다.

6. 독약법(Poison Pill)

(1) 의 의

포이즌 필은 대상회사의 주주에 대해서 권리를 부여하는 것인데, 그 권리는 적대적 매수자에 의하여 일정한 지분의 취득 등 개시사유(Triggering events)가 발생한 경우에, 매수자를 제외한 주주에 대하여 대상회사 혹은 매수자의 보통주를 시장가

을 회사에 반환할 것을 청구할 수 있다.

1) 이는 'Turnabout'로 표현되기로 하며, PAC-MAN이란 이름은 전자게임에서 이름을 따왔다. Clark, Corporate Law, Little, Brown & Co., 1986, p. 576.

2) 우리나라에도 이와 관련된 사례가 있는바, 1997년 중원이 레이디가구의 경영권 장악을 위해 주식매수를 시작하여 10.97%를 취득하자, 레이디가구는 이에 대항하여 중원의 주식을 10% 이상을 취득하였으며, 2004년 동성화학이 에스텍의 지분 18.89%를 확보한 상태에서 200만주(18.33%)에 대한 공개매수에 나서자, 에스텍이 동성화학 지분 38만 3,430주(발행주식총수의 10.1%)를 취득하여 경영권 방어에 성공하였다.

3) DEL. CODE ANN. tit 8, § 160(c)(1975); Rev. MODEL BUS. CORP. ACT § 7.21(6).

격보다 훨씬 저렴한 가격으로(예를 들어 반값) 매수할 수 있게 하는 것이다. 그런데 이사회에 대하여 그 권리의 소각권을 인정하는데, 이에 의하여 매수자를 항상 격퇴하는 것이 아니고 매수자를 협상테이블로 불러오는 역할을 하기도 한다.

우리나라에서도 포이즌 필의 도입에 대해서는 찬·반 논의가 있어 왔다. 특히 경제인 단체를 중심으로 도입의 필요성이 강조되었는데, 이를 반영하여 신주인수선택권제도의 도입을 골자로 하는 상법일부개정안이 국회에 제출되기도 하였다.[1] 이 신주인수선택권제도는(소위 워런트에 해당하는 것) 적대적 기업매수의 국면에서 방어수단으로 소위 포이즌 필로 이용될 것을 목적으로 하였다.

(2) 미국에 있어서 포이즌 필의 유형

포이즌 필은 형태가 다양하기 때문에 그 분류를 획일적으로 하기 어려운 면이 있다. 이를 대별해 보면, 대상회사에 대한 권리인가, 매수회사에 대한 권리인가 따라 Flip in Plan과 Flip over Plan으로 나눌 수 있다. 이들은 콜 계획의 형태를 가지는데, 대상회사에 대한 권리지만 풋 계획의 형태를 가지는 것을 Back end Plan이라고 해서 따로 나눌 수 있다.

미국에서의 포이즌 필은 기본적으로 부분매수와 2단계 매수로부터 보호하기 위한 것이어서 우리와는 배경에서 다소 차이가 있다.

1) Flip-over Plan

이사회가 보통주주에 대해 '권리'를 부여하는데(배당으로서), 'Flip over'규정에 의할 때, 만일 양 회사간의 합병이나 대상회사의 자산에 대한 매각 등의 사유가 발생하면 권리를 보유하는 대상회사의 주주는 매수자의 보통주식을 매우 헐값(예를 들면 매수시점에 있어서 시장가격의 반값)에 매수할 수 있게 된다.

2) Flip-in Plan

매수자가 대상회사의 주식을 일정비율이상 취득한 경우에 매수자를 제외한 대상회사의 주주에 대하여 자기회사의 주식을 시장가격보다 현저히 낮은 가격(예를 들면 반값)으로 매수할 수 있는 권리를 부여하는 형태를 말한다. 현재 가장 일반화된 형태라고 할 수 있다.

3) Back end Plan

일정한 지분을 획득한 적대적 매수자가 잔여주식을 일정기간 내에 특정된 최

---

1) 정부는 2011년 포이즌 필 채택을 위한 상법개정안을 국회에 제출하였다. 이 개정안은 채택이 되지 않았고, 자본시장법 개정안에서 신주인수선택권증권(165조의 7)을 도입을 고려하여 이를 이용한 포이즌 필의 구성을 생각해 볼 수 있었지만 이도 채택되지 아니하였다.

소가격 이상으로 매수하지 않을 때 대상회사의 주주들에게 일정한 가격으로 현금이나 채무증서로 교환할 권리를 부여하는 것이다. Back end Plan은 매수자의 지분율 변화를 가져오지는 않지만, 대상회사에 대한 현금상환권이나 다른 상위증권과 전환권을 인정함으로써 대상회사의 자산가치를 현저하게 떨어뜨린다.

(3) 일본에 있어서 포이즌 필의 이용

일본에서도 신주예약권제도가 도입되면서 이를 이용한 포이즌 필의 채택이 기업방어수단으로 가장 유력한 방안이 되게 되었다. 신주예약권의 발행은 공개회사의 경우 이사회의 결의, 비공개회사의 경우 주주총회의 결의를 통하여 발행하게 된다. 기타 신주예약권의 무상배정, 취득조항부신주예약권(강제취득) 등을 이용하여 더욱 기동성이 있는 포이즌 필의 이용이 가능하게 되었다. 그 유형을 보면 다음과 같다.

1) 주주배정형 권리계획

방어수단을 도입하는 시점의 전 주주에게 미리 신주예약권을 발행하는 방안이다. 신주예약권을 주주배정의 방법으로 채택한 대표적인 예로 불독소스 사례를 들 수 있다. 불독소스 사건에서 주주평등의 원칙에 위배여부가 문제가 되었는데 이에 대하여 최고재판소는 그 적법성을 인정하였다.[1] 여기서는 포이즌 필에 따른 실제 행사가 이루어졌다.

2) 신탁형 권리계획

신탁형 권리계획에는 발행회사가 주주를 수익자로 하는 신탁에 직접 신주예약권을 발행하는 것과 특수목적회사(SPC)를 설립하여 여기에 신주예약권을 발행하는 것(주주평등의 문제를 회피하기 위하여 고안됨)이 있다. 전자의 경우에는 신주예약권의 행사권자에서 적대적 매수자를 제외하고 있는데, 이 때 회사가 위탁자이면 이러한 위탁계약의 체결이 주주평등의 원칙에 반하는 것이 아닌가라는 문제가 제기된다. 이를 회피하고자 회사와 별개인 특수목적회사를 신주예약권자로 하고, 신탁계약의 당사자로 하는 방안이 마련되었다.

7. Lock-Ups(제3자배정증자, 영업자산의 양도)

'Lock－ups'란 기업매수쟁탈전에서 대상회사가 우호적 제3자(White Night)에게 다른 매수자에 대해 경쟁에 있어서 유리한 조건을 부여하는 계약이다. 'Lock－

1) 東京支裁決定 平成19.6.28. 商事法務 제1805호(2007.7.15) 43면; 東京高裁決定 平成19.7.9. 商事法務 제1806호(2007. 7.25) 40면; 最高裁決定 平成19.8.7. 商事法務 제1809호(2007.9.5) 16면.

ups'란 기업매수쟁탈전에서 우호적 제 3 자에게 유리한 조건을 부여하여 적대적 기업매수자를 배척한다는 의미를 지니고 있다. 즉 희석화 된 주식으로 경쟁매매를 하는 것이 경제적으로 불가능하다는 것을 발견한 잠재적 매수자를 'Lock－out'한다는 인식에서 나왔다. 일반적으로 우호적 제 3 자에게 제 3 자배정증자를 하거나, 영업자산의 양도를 행하여 경쟁공개매수에 참가하도록 유인한다.

'Lock－ups'의 전통적 형태인 주식 'Lock－ups'는 대상회사의 자기주식이나 미발행주식을 매수할 합의나 매수선택권(Option)을 부여하는 것을 말한다. 주식 'Lock－ups'에 의해 선호된 매수자는 대상회사에 대해 우선적 지위에 서게 되는 이익을 가진다.

미발행주식에 대한 'Lock－ups'는 제 3 자배정증자의 형태를 띨 것인데, 이 경우 시장에서 주당 매수가격이 'Lock－ups'의 가격을 상회하는 한 수혜자는 다른 매수자에 대해 경쟁에서 유리한 지위에 서게 되고, 원매수자의 경우 지분의 희석화라는 불이익을 당하게 된다.

다음으로 유행하는 형태는 자산 'Lock－ups'로 제 3 자에게 대상회사의 주요자산(Crown Jewel)을 매각하거나 매수선택권을 부여하여 적대적 매수자로 하여금 매수의도를 떨어뜨리는 것이다. 만일 적대적 매수자가 대상회사의 특정한 부분이나 부가물을 획득함으로써 통합이익을 얻으려고 매수를 하는 경우 이 자산 'Lock－ups'는 더욱 유용한 것이 된다. 이 자산매각에 의해 대상회사는 매수할 가치를 잃게 되어서 매수자를 매수에서 완전히 제거하는 효과를 가진다.

Ⅲ. 기업방어와 경영진의 의무기준

1. 의 의

기업매수 방어행위의 경우 관련 규정에 따라야 하는 적법성의 요건을 갖추어야 하지만, 여기에 더해서 방어행위가 일반적으로 경영진에 의하여 주도됨으로 인해서 그 재량권의 남용을 방지하기 위해서 부과되는 주의의무의 기준도 충족하여야 한다.

미국에 있어서 1980년대 대부분의 법원은 경영판단의 원칙을 기업매수의 와중에 행해진 경영진의 방어행위에도 적용하였으며, 델라웨어주 법원에서 제시한 기준이 중요한 의미를 가지는데, 대표적인 사례로 Unocal Corp. v. Mesa Petroleum

사건[1)]을 들 수 있다. 이는 추후 경영진의 방어행위를 규제하기 위한 ALI의 제안의 기초가 된 대표적 사례로 여기서 델라웨어주 대법원은 대상회사의 방어행위는 제기된 위험에 대해서 '상당(Reasonable)'해야 한다는 기준을 제시하였다.[2)]

2. 우리나라 판례상의 기준

우리나라에 있어서도 경영판단의 원칙[3)]의 도입 필요성에 대해서는 학설의 태도가 갈리지만, 법원은 경영판단의 원칙이 적용되기 위한 요건을 제시함으로써 경영판단의 원칙의 도입을 인정한다고 볼 수 있다. 대법원은 경영판단의 원칙의 적용요건에 대하여 "경영판단의 원칙이 적용되기 위해서는 합리적으로 이용 가능한 범위 내에서 필요한 정보를 충분히 수집·조사하고 검토하는 절차를 거친 다음, 이를 근거로 회사의 최대 이익에 부합한다고 합리적으로 신뢰하고 신의성실에 따라 경영상의 판단을 내렸고, 그 내용이 현저히 불합리하지 않은 것으로서 통상의 이사를 기준으로 할 때 합리적으로 선택할 수 있는 범위 안에 있는 것이 요구된다."고 하였다.[4)]

이러한 경영판단의 원칙이 기업매수에 대한 방어행위에도 적용될 수 있는가는 분명하지 않다. 판례는 방어수단의 남용 여부를 판단함에 있어서 대체로 '경영권 또는 지배권의 유지의 목적'을 기준으로 삼아 왔다.

적대적 기업매수에 대한 방어가 문제된 초기 대표적 사례로 한화종금사건을 들 수 있다. 여기서 법원은[5)] "이 사건 전환사채발행의 주된 목적은 경영권 분쟁 상황하에서 우호적인 제 3 자에게 신주를 배정하여 경영권을 방어하기 위한 것인 점, 경영권을 다투는 상대방이자 감시인 신청인에게는 이사회 참석기회도 주지 않는 등 철저히 비밀리에 발행함으로써 발행유지가처분 등 사전 구제수단을 사용할 수 없도록 한 점, 발행된 전화사채의 물량은 지배구조를 역전시키기에 충분한 것이었고, 전환기간에도 제한을 두지 않아 발행 즉시 주식으로 전환될 수 있도록 하였으며, 결

---

1) 493 A. 2d 946(Del. 1985): 판결에서 Unocal의 이사회는 '회사의 정책과 효율성에 대해서 위험이 존재한다고 믿을 합리적 근거를 가지는 것'과 이사회가 '사용한 방어행위가 주어진 위험에 대한 대응책으로서 상당(Reasonable)한 것'의 제1차적 증명책임을 진다."고 하였다.

2) W. Jennings, Marsh & C. Coffee, op. cit., p. 712.

3) 미판례상 발전된 것으로 경영판단의 원칙(Business Judgment Rule)이란 법원이 회사의 경영에 관하여 충분한 전문적 지식을 가지고 있지 못하기 때문에 이사의 자기거래가 없는 한 이사의 판단의 와중에 개입하는 것을 꺼리는 사법자제의 원칙이라고 할 수 있다.

4) 대판 2007. 10. 11, 2006 다 33333.

5) 서울고결 1997. 5. 13, 97 라 36.

과적으로 인수인들의 지분이 경영권 방어에 결정적인 역할을 한 점 등에 비추어 볼 때 이 사건 전환사채발행은 현저하게 불공정한 방법에 의한 발행으로서 이점에서도 무효라고 보아야 한다."고 판시하였다.

이후 같은 취지에서 전환사채의 발행이 무효가 되기 위해서는 "회사의 경영권 분쟁이 현재 계속중이거나 임박해 있는 등 오직 지배권 변경을 초래하거나 이를 저지할 목적으로 전환사채를 발행하였음이 객관적으로 명백한 경우라야 할 것이다." 라고 하거나,[1] "전환사채의 발행이 법령 또는 정관의 규정에 근거하여 적법한 절차에 의하여 이루어졌다고 하더라도 주주의 신주인수권을 배제하거나 제한하여 제 3 자 또는 특정 주주에게 신주를 발행하는 경우와 같이 전환사채를 제 3 자 또는 특정 주주에게 발행하는 경우, 법원은 정관에서 부여한 권한을 행사하는 이사회의 결의에 대한 내용통제를 위하여 그 발행에 객관적인 정당성이 있는지를 심사할 수 있다고 할 것이고, 다만 자금조달의 필요가 있고 합리적인 경영상의 목적이 인정되는 한 그에 부수하여 다른 목적이 있었다고 하더라도 그러한 사유만으로는 이를 무효로 할 수 없고, 적어도 자금조달의 목적은 표면적인 이유에 불과하고 다른 주주들의 의사를 무시한 채 지배주주나 경영진의 이익만을 위하여 회사지배관계에 대한 영향력에 변동을 주는 것을 목적으로 한 경우에 한정하여 이를 무효로 볼 것이다." 고 하였다.[2]

그러나 대법원은 "법령이나 정관의 중대한 위반 또는 현저한 불공정이 있어 그것이 주식회사의 본질이나 회사법의 기본원칙에 반하거나 기존 주주들의 이익과 회사의 경영권 내지 지배권에 중대한 영향을 미치는 경우로서 전환사채와 관련된 거래의 안전, 주주 기타 이해관계인의 이익 등을 고려하더라도 도저히 묵과할 수 없는 정도라고 평가되는 경우에 한하여 전환사채의 발행 또는 그 전환권의 행사에 의한 주식의 발행을 무효로 할 수 있을 것이며, 그 무효원인을 회사의 경영권 분쟁이 현재 계속중이거나 임박해 있는 등 오직 지배권의 변경을 초래하거나 이를 저지할 목적으로 전환사채를 발행하였음이 객관적으로 명백한 경우에 한정할 것은 아니다."고 하였다.[3]

그런데 유비케어에 대하여 ㈜엠디하우스가 적대적 M&A를 시도한 상황하에서 유비케어측이 제 3 자배정증자를 실시한 것에 대하여 그 무효를 다툰 유비케어사건

1) 서울고판 2000. 6. 23, 98 나 4608.
2) 수원지결 1997. 12. 16, 97 카합 7333.
3) 대판 2004. 6. 25, 2000 다 37326.

에서 서울남부지원은 "적대적 M&A를 시도한 상황하에서 우호적인 세력에 대해서만 신주를 배정하는 것은 지배권의 변경을 초래하거나 이를 저지할 목적으로 신주를 발행하였음이 객관적으로 명백한 경우로써 현저히 불공정한 신주발행이다."고 하여 대법원 판례와는 또 다른 태도를 취하였다.[1)]

이와 관련하여 조금 색다른 견해를 밝힌 판례로서는 현대엘리베이터사건을 들 수 있다. 이는 KCC에 의한 적대적 기업매수의 국면에서 현대엘리베이터의 이사회가 전격적으로 보통주의 178%에 달하는 주식을 시가의 30% 할인된 가격으로 일반공모의 방법으로 발행한다는 유상증자결의를 한 것에 대해서 신주발행금지가처분의 신청이 제기된 사건이다. 법원은[2)] "경영권의 방어행위가 허용되기 위해서는 법률과 정관이 허용하는 범위 내에서 이루어져야 하는데, 현대엘리베이터가 채택한 유상증자는 상법과 정관상 경영상 자금조달 필요성이 있을 때 허용되는 것이기 때문에 경영권 방어를 위한 유상증자는 법률과 정관의 범위를 벗어났다. 다만 다음과 같은 예외적인 경우에는 경영권 분쟁 중에도 유상증자가 허용될 수도 있다. 첫째, 기존 지배주주나 경영진의 경영권이 유지되는 것이 대상회사나 일반주주에게 이익이 되거나 특별한 사회적 필요가 인정될 것, 둘째, 유상증자 결정과정에서 경영권 분쟁당사자가 아닌 일반주주의 의견과 중립적인 전문가의 조언을 듣는 등 합리적인 절차를 거칠 것."이라고 하였다.

1) 서울남부지결 2004. 11. 25, 2003 가합 16871.

2) 수원지법 여주지원 2003. 12. 12, 2003 카합 369. 방어행위의 적법성에 대하여 "직접적인 법령 또는 정관의 규정이 없는 경우에는 구체적인 해당 경영권 방어행위의 동기나 목적, 방어수단의 합리성 등을 종합하여 그 허용 여부가 결정되어야 하고, 이러한 결정에는 그 방어행위로 추구하는 회사 또는 주주의 이익의 내용, 방어행위 실행의 결정과정이 적정한 절차를 거쳐 상당한 근거를 가지고 이루어졌는지 여부가 중요한 요소로 고려되어야 할 것"이라며, 방어행위로 취한 신주발행에 대하여 "신주발행의 주요목적이 기존 지배주주의 대상회사에 대한 지배권 및 현 이사회의 경영권 방어에 있고, 회사의 경영을 위한 기동성 있는 자금조달의 필요성 및 이를 위한 적합성을 인정하기 어려운 경우라도 적대적으로 기업취득을 시도하는 자본의 성격과 기업취득 의도, 기존 지배주주 및 현 경영진의 경영전략, 대상회사의 기업 문화 및 종래의 대상회사의 사업내용이 사회경제적으로 차지하는 중요성과 기업취득으로 인한 종래의 사업의 지속전망 등에 비추어 기존 지배주주의 지배권 또는 현 경영진의 경영권이 유지되는 것이 대상회사와 일반 주주에게 이익이 되거나 특별한 사회적 필요가 있다고 인정되고, 한편 이러한 신주발행행위가 그 결의 당시의 객관적 사정에 의하여 뒷받침되고, 그 결의에 이르기까지 과정에 대상회사의 경영권 분쟁 당사자인 기존 지배주주가 아닌 일반 주주의 의견과 중립적인 전문가의 조언을 듣는 절차를 거치는 등 합리성이 있는 경우라면 상법 제418조 제 2 항 및 이와 동일한 내용의 규정을 둔 대상회사의 정관규정이 정하는 회사의 경영상 목적을 달성하기 위하여 필요한 경우에 해당한다고 보아 허용되어야 한다."고 판시하였다.

▶ 참조판례

공개매수에 착수하면서 회계장부 열람 및 등사의 가처분을 신청한 사안에서 "주주의 이사회의 의사록 또는 회계의 장부와 서류 등에 대한 열람·등사청구가 있는 경우, 회사는 그 청구가 부당함을 증명하여 이를 거부할 수 있는바, 주주의 열람·등사권 행사가 부당한 것인지 여부는 그 행사에 이르게 된 경위, 행사의 목적, 악의성 유무 등 제반 사정을 종합적으로 고려하여 판단하여야 할 것이고, 특히 주주의 이와 같은 열람·등사권의 행사가 회사업무의 운영 또는 주주 공동의 이익을 해치거나 주주가 회사의 경쟁자로서 그 취득한 정보를 경업에 이용할 우려가 있거나, 또는 회사에 지나치게 불리한 시기를 택하여 행사하는 경우 등에는 정당한 목적을 결하여 부당한 것이라고 보아야 한다."고 판시하였다(대결 2004. 12. 24, 2003 마 1575).

제 3 절 주식대량보유보고제도

1. 의 의

주권상장법인의 주식 등을 대량보유(본인과 그 특별관계자가 보유하게 되는 주식 등의 수의 합계가 그 주식 등의 총수의 100분의 5 이상인 경우를 말한다)하게 된 자는 그 날부터 5일 이내에 그 보유상황, 보유 목적(발행인의 경영권에 영향을 주기 위한 목적 여부를 말한다), 그 보유 주식 등에 관한 주요계약내용 등을 금융위원회와 거래소에 보고하여야 한다(자금 147조 1항).

주식대량보유보고제도 즉 소위 5% rule은 첫째, 경영진을 위해서는 음성적인 주식매집을 통하여 기습적으로 경영권을 획득하려는 적대적 M&A 세력에 대한 방어책이 되고, 둘째, 잠재적 매수경쟁자에게는 지분변동에 대한 상황을 파악하여 경영권 획득방법의 수립에 참조할 수 있는 정보가 되고, 셋째, 일반투자자에게는 투자전략과 지분보유 여부의 결정에 참고할 수 있는 중요한 정보가 된다.

5% 이상 보유자의 보유비율이 1% 이상 변동된 경우에는 변동보고의무가 있다. 이때 그 보유 주식 등의 수가 변동되지 아니한 경우, 그밖에 신주발행 등에 의하여 보유비율이 변동된 경우(자금시 153조 5항)에는 보고의무가 면제된다(자금 147조 1항).

2. 보고내용 및 보고시기에 대한 특례

(1) 보유 목적에 따른 특례

국가나 지방자치단체 등이 아닌 자의 보유 목적이 발행인의 경영권에 영향을 주기 위한 것[1]이 아닌 경우에는 일정한 사항을 모두 기재한 보고서로 보고할 수 있으며, 그 보유 상황에 변동이 있는 경우에는 그 변동이 있었던 달의 다음 달 10일까지 보고할 수 있다(자금시 154조 3항). 이것은 다시 일반투자목적과 단순투자목적으로 나누어진다. 단순투자목적은 「상법」 제369조(의결권), 제418조 제1항(신주인수권) 또는 제462조에 따른 권리(이익배당) 등 보유하는 주식 등의 수와 관계없이 법률에 따라 보장되는 권리만을 행사하기 위한 것이며, 일반투자목적의 경우와 그 보고서의 기재사항에 차이가 나며, 단순투자목적으로 경우 그 보유 상황에 변동이 있는 경우에는 그 변동이 있었던 달의 다음 달 10일까지 보고해야 하며, 일반투자목적으로 경우에 그 보유 상황에 변동이 있는 경우에는 그 변동이 있었던 날부터 10일 이내에 보고해야 한다.

(2) 보고의무자에 따른 특례

전문투자자 중 국가, 지방자치단체 등[2]의 경우에는 일정한 사항을 모두 기재한 보고서로 주식 등의 보유 또는 변동이 있었던 분기의 다음 달 10일까지 보고할 수 있다(자금시 154조 4항).

다만 위 전문투자자 중 금융위원회가 정하여 고시하는 자는 다음의 구분에 따라 보고할 수 있다(자금시 154조 5항). ① 보유 목적이 발행인의 경영권에 영향을 주기 위한 것인 경우에는 주식 등의 보유 또는 변동이 있었던 날부터 5일 이내에 보고할 것 ② 보유 목적이 단순투자목적인 경우에는 주식 등의 보유 또는 변동이 있었던 분기의 마지막 달의 다음 달 10일까지 보고할 것 ③ 보유 목적이 일반투자목적인 경우에는 주식 등의 보유 또는 변동이 있었던 달의 다음 달 10일까지 보고할 것

---

1) 시행령의 개정으로 '경영권에 영향을 주기 위한 것'의 범위를 명확히 하고 일부는 축소하고 있다. 즉 5% 룰의 적용대상에서 배당관련 주주활동, 보편적 지배구조개선을 위해 정관변경을 하는 경우 등은 제외한다(자금시 154조 1항). 또한 시행령에서 「상법」 제385조 제2항(이사의 해임) 또는 제402조에 따른 권리(이사의 위법행위유지청구권), 「상법」 제424조에 따른 권리(신주발행유지청구권)의 행사를 제외하고 있다.

2) 다음 각 호의 어느 하나에 해당하는 자를 말한다(자금시 154조 2항). 1. 국가 2. 지방자치단체 3. 한국은행 4. 그밖에 그 보고내용과 보고시기 등을 달리 정할 필요가 있는 자로서 금융위원회가 정하여 고시하는 자

3. 변경보고

주식대량보유보고의무에 따라 보고한 자는 그 보유 목적이나 그 보유 주식 등에 관한 주요계약내용 등 중요한 사항의 변경이 있는 경우에는 5일 이내에 금융위원회와 거래소에 보고하여야 한다(자금 147조 4항).

4. 냉각기간

주식 등의 보유 목적을 발행인의 경영권에 영향을 주기 위한 것으로 보고하는 자는 그 보고하여야 할 사유가 발생한 날부터 보고한 날 이후 5일까지 그 발행인의 주식 등을 추가로 취득하거나 보유 주식 등에 대하여 그 의결권을 행사할 수 없다(자금 150조 2항).

이는 5일의 보고기한을 이용하여 추가로 주식 등을 취득하거나, 이미 보유하고 있던 주식 등의 보유목적을 경영권에 영향을 주기 위한 것으로 변경한 후 의결권 행사를 함으로써 경영진의 방어기회를 박탈하는 행위를 방지하기 위한 것이다.

이에 위반한 경우 주식 등을 추가로 취득한 자는 그 추가 취득분에 대하여 그 의결권을 행사할 수 없으며, 금융위원회는 6개월 이내의 기간을 정하여 그 추가 취득분의 처분을 명할 수 있다(자금 150조 3항).

제 4 절 의결권 대리행사의 권유

Ⅰ. 서 설

의결권 대리행사는 주주가 자발적으로 대리인을 선임하여 대리행사하는 경우와 타인의 권유로 대리행사를 위임하는 경우가 있다. 「상법」에서는 의결권 대리행사와 관련하여 대리권을 증명하는 서면 즉 위임장의 제출의무에 관해서만 규정하고 있고(상 368조 3항), 후자에 대해서는 자본시장법에서는 규제하고 있다.

의결권 대리행사의 권유는 회사의 입장에서는 주식이 잘 분산된 회사에 있어서 필요한 정족수를 확보하기 위하여 행하거나 또는 회사경영자가 회사지배를 위한 수단으로 이용하며, 주주의 입장에서는 총회에 직접 출석할 수 없거나 출석하지 않은 경우에도 자기의 의사를 주주총회결의에 반영시키고자 하거나, 회사경영자 등의 부당한 지배에 대항하고자 할 때 그 수단으로 이용할 수 있다.

의결권 대리행사의 권유제도는 원래 원활한 주주총회의 성립 등을 도모하고, 의결권의 대리행사를 용이하게 하기 위한 제도였으나, 최근에는 경영권 획득수단(Proxy Contest) 또는 기업지배구조개선의 수단으로도 활용되고 있다.[1] 그러나 이것이 경영자의 회사지배수단으로 이용되어 일반주주의 지위가 약화되고 부당한 피해를 입게 되는 폐단이 빈번하게 발생하자 각국에서는 의결권 대리행사의 권유시에 주주에게 필요한 정보를 제공하고, 주주의 선택의 자유를 보장하도록 의결권 대리행사의 권유에 대한 규제를 가하기 시작하였다.

의결권대리행사의 권유에 대한 규제는 의결사항에 관한 정확한 정보공개와 주주의사의 공정한 반영을 보장함으로써 일반투자자를 보호하기 위한 것이다. 주주총회에서의 의결권행사는 주주의 의안에 대한 올바른 이해에 기초하여 자유로운 결정으로 행사되어야 한다. 주주가 의안의 내용을 알지 못하고 의결권대리행사를 위임하는 것이나 의결권대리행사의 권유가 권유자의 이익을 위해서 악용될 때 주주의 의결권행사가 정당하게 행사될 수 없으므로 이에 대하여 규제하는 것이다. 특히 의결권대리행사의 권유가 기업지배권에 대한 경쟁과정에서 이용될 때 절차규제를 두지 않는 경우 새로운 분쟁이 발생될 소지가 있어 이를 미연에 방지하기 위한 취지도 있다.

Ⅱ. 의결권 대리행사 권유의 의의

1. 의 의

의결권 대리행사의 권유란 다음의 어느 하나에 해당하는 행위를 말한다.[2] [3]

1) 의결권 대리행사의 권유는 위임장을 통하여 이루어지므로 이를 위임장 권유라고 할 수 있다. 이 제도는 주주권 행사에 대하여 무관심한 소수주주에게 타인을 통하여 간접적으로 주주권인 의결권을 행사하게 하는 의미도 있고, 현경영진이나 제 3 자가 경영권 장악과 같은 특정의 목적을 위해서 집단적으로 의결권 대리행사를 권유하는 수단이 되는 측면도 있다. 후자의 경우 일반적으로 위임장쟁탈전이 발생하게 된다.
우리나라의 경우 2003년 하나로통신 건에서는 뉴브리지, 에이아이지 등 외국계펀드 컨소시엄에 대한 제 3 자배정 방식의 유상증자를 추진하는 경영진과 이에 반대하는 당시 최대주주인 LG 그룹 간에 위임장쟁탈전이 벌어졌는데, 노동조합에서 경영진 및 외국계펀드의 편에 서서 별도의 위임장권유신고서를 제출하고 소액주주들의 지지를 이끌어냈던 적이 있다. 현대그룹 경영권 분쟁(2004)에서도 노동조합이 위임장쟁탈전에서 적극적인 역할을 했다.

2) 미국의 경우에도 위임장 권유를 다음과 같이 포괄적으로 규정하고 있다(SEC Rule 14a-1(1))(17 C.F.R. § 240.14a-1(f)(1984)). ① 위임장의 형태를 수반하거나 포함되었는지 여부를 불문한 일체의 의결권 요청행위 ② 일체의 의결권의 행사·불행사 또는 철회의 요청행위 ③ 의결

① 자기 또는 제삼자에게 의결권의 행사를 대리시키도록 권유하는 행위 ② 의결권의 행사 또는 불행사를 요구하거나 의결권 위임의 철회를 요구하는 행위 ③ 의결권의 확보 또는 그 취소 등을 목적으로 주주에게 위임장 용지를 송부하거나, 그 밖의 방법으로 의견을 제시하는 행위

구 증권거래법상 의결권 대리행사의 권유에 대한 정의규정을 두고 있지 않아서 의결권 확보를 위한 의견광고·서신송부 등 사실상의 권유행위에 대한 규제에 어려움이 있었다. 특히 경영권 분쟁과정에서 의결권 확보를 위해 위임장송부와 별도로 신문광고·인터넷홍보·서신송부 등 다양한 방법으로 주주총회에 관련된 사항에 대한 의견표명 및 지지를 호소하는 경우도 있는데, 이를 규제할 필요성이 커지게 되었다. 이에 자본시장법에서는 사실상의 권유행위 등을 의결권 대리행사의 권유에 포함시킨 포괄적 정의규정을 두게 되었다.

2. 권 유 자

의결권 대리행사의 권유에 있어서 권유자에 대한 제한이 없다. 회사와 아무런 이해관계가 없는 제 3 자도 권유자가 될 수 있다.[1] 회사도 스스로 권유자가 될 수 있는가가 문제인데, 일반적으로 이에 대해서 긍정한다.[2] 이에 반해 자기의 의사결정에 자기가 참여한다는 것은 논리적으로 모순이라며 반대하는 견해도 있다. 즉 실제로 행해지고 있는 회사명의의 의결권 대리행사의 권유는 법률상으로는 경영진에 의한 의결권 대리행사의 권유로 보아야 한다는 것이다.[3]

시행령을 보면 해당 상장주권의 발행인과 그 임원 외의 자가 "10인 미만의 의결권피권유자"에게 그 주식의 의결권 대리행사의 권유를 하는 경우는 규제대상인 의결권 대리행사의 권유에서 제외하고 있으므로(자금시 161조 1호) 발행인인 회사는 권유자 범위에 들어간다고 본다.

개정 자본시장법에서는 발행인이 아닌 의결권권유자는 발행인이 의결권 대리행사의 권유를 하는 경우에는 그 발행인에 대하여 주주명부의 열람·등사를 허용하는 행위 등을 할 것을 요구할 수 있도록 하고 있다(자금 152조의 2).

권의 확보, 유보 또는 철회를 위한 주주에 대한 위임장 용지 또는 그 밖의 의견의 제공행위.
3) "10인 미만의 의결권피권유자"에게 그 주식의 의결권 대리행사의 권유를 하는 경우는 제외하고 있다(자금시 161조 1호).

1) 반대, 안문택, 전게서, 211면; 김건식·정순섭, 전게서, 368면: 제 3 자가 권유자가 될 경우에 위임장 경쟁이 일어날 가능성이 높아질 것이라고 한다.
2) 김정수, 「현대증권법론」, 박영사, 2002, 527면; 안문택, 상게서, 211면.
3) 김건식·정순섭, 전게서, 369면.

3. 피권유자

피권유자는 의결권이 있는 주주이다. 여기서의 주주는 주주명부상의 주주가 아닌 실질주주를 의미한다. 시행령에 따르면 다음의 경우는 규제대상인 의결권 대리행사의 권유에서 제외한다(자금시 161조).

① 해당 상장주권의 발행인(그 특별관계자를 포함한다)과 그 임원(그 특별관계자를 포함한다) 외의 자가 10인 미만의 의결권피권유자에게 그 주식의 의결권 대리행사의 권유를 하는 경우

② 신탁, 그 밖의 법률관계에 의하여 타인의 명의로 주식을 소유하는 자가 그 타인에게 해당 주식의 의결권 대리행사의 권유를 하는 경우

의결권대리행사의 권유의 대상에는 주식예탁증권(DR)도 포함된다고 본다. 상장주식의 주식예탁증권은 해당 상장주식에 대한 의결권을 가지므로 주식예탁증권도 여기서의 규제에 포함시키는 것이 타당하다. 특히 해외 DR의 발행이 늘어날 것으로 예상되므로 그 규제의 필요성은 커진다.

일부주주에 대해서만 권유하는 것도 가능한가의 문제가 있다. 그 허용여부에 대한 학설이 갈리는데, 권유자가 회사가 아닌 경우 특별한 제한은 없다고 할 것이다.[1] 권유자가 회사인 경우에 긍성설은 회사의 의결권 대리행사의 권유는 의결정족수를 채우는 등 회사의 실제적 필요 때문에 행하는 것인 반면, 주주는 권유에 관계없이 자유로이 의결권 위임 여부를 선택할 수 있으므로 회사를 위하여 필요한 범위 내에서 일부의 주주에 대해서만 권유하여도 부당하지 않다고 한다. 부정설은 회사의 위임장 권유는 주주에게 의결권 행사의 현실적 기회 제공의 의미가 있는 것이며, 특히 위임장규칙하에서 자료의 제공을 받을 이익도 있으므로 회사의 비용으로 하는 한 주주 전원에게 권유를 해야 한다고 주장한다.[2] 주주평등의 원칙상 허용되지 않는다고도 한다.[3]

보건대, 일부 권유가 특히 불공평하지 않는 한 회사의 실제적 필요에 의한 일부 권유는 가능하다고 보아야 할 것이다.

의결권 경쟁이 이루어진 경우 피권유자인 주주가 양쪽에 중복하여 위임하는

1) 김건식·정순섭, 전게서, 370면.

2) 변제호 등, 전게서, 445면.

3) 김건식·정순섭, 전게서, 370면; 권기범 , 「현대회사법론」, 삼지원, 2005, 572면. 그렇지만 일부 주주에게만 이루어진 위임장 권유 때문에 총회결의가 무효 또는 취소된다고 할 수 없으므로 결과적으로는 이를 부적법하다고 볼 법리적 근거는 희박하다고 한다.

경우에 법적 효과가 어떻게 되는가도 문제된다. 일반적으로 의결권의 위임은 각 당사자가 언제든지 해지할 수 있으므로(민 689조 1항), 중복위임의 경우에는 나중에 받은 위임장이 유효하다고 본다.[1] 서울중앙지법에서도 "일반적으로 주주의 의사는 앞의 위임을 철회하고 다시 뒤의 위임을 한 것으로 보아야 하지만, 앞의 위임의 당사자 사이에 의결권 위임을 일방적으로 철회할 수 없는 특별한 사정이 있는 경우에는 앞의 위임만이 유효하다."고 판시하여 이런 취지를 인정하였다.[2]

4. 권 유

의결권 대리행사의 권유란 회사의 주주나 경영자가 주주총회에서 다수의 의결권을 확보할 목적으로 위임장 용지를 송부하여 의결권의 위임을 주주들에게 요청하는 것을 말한다.

위임의 철회에 대한 요구도 위임장의 권유에 포함되는데, 이는 이미 주어진 위임을 철회하는 것이 위임을 행하는 것만큼이나 주주총회결의에 있어서 의미 있는 행위이므로 이도 같은 위임장규칙에 따라야 한다는 취지가 반영된 것이다.

자본시장법에서는 위임장 용지의 송부뿐만 아니라 그 밖의 방법으로 의견을 제시하는 행위도 권유행위에 속하여 그 규제의 대상이 광범위해졌다. 다만 신문·방송·잡지 등 불특정 다수인에 대한 광고를 통하여 위 정의규정에 해당하는 행위를 하는 경우로서 그 광고내용에 해당 상장주권의 발행인의 명칭, 광고의 이유, 주주총회의 목적사항과 위임장 용지, 참고서류를 제공하는 장소만을 표시하는 경우는 권유에 해당하지 않는다(자금시 161조).

일부의안에 대해서만 의결권 대리행사의 권유를 할 수 있는가의 문제가 있다. 다음에 보는 바와 같이 위임장 용지는 주주총회의 목적사항 각 항목에 대해서 의결권피권유자가 찬·반을 명기할 수 있도록 하여야 한다. 그러나 제 3 자가 의결권 대리행사의 권유를 하는 경우 주주총회의 소집 통지의 수령 전에는 회사제안의 존부 등에 관해 알 수 없는 경우도 있고, 자신이 제안하는 사항에 대해서만 위임장을 얻고자 하는 경우도 있다. 이때 그 항목에 대해서만 찬·반란을 둘 수 있는가가 문제된다. 이에 대해서 대체로 긍정한다.[3] 만일 주주총회의 모든 의안에 대해서 찬·반란을 두어야 한다면 회사가 제안한 의안을 알지 못하는 주주의 경우 사실상 의결권

---

1) 이상훈, "주주총회의 의결권 행사관련 법적 쟁점", 「기업지배구조연구」 v.27(2008), 22면.
2) 서울중앙지결 2008. 4. 29, 2008 카합 1070.
3) 三浦亮太·洴口厚子·山中 修·松下憲, 「株主提案と委任状勧誘」, 商事法務(2008), 118면.

대리행사의 권유를 할 수 없는 결과가 되기 때문이다.

5. 위 임 장

(1) 의 의

의결권 대리행사의 권유자는 피권유자에게 위임장 용지를 송부하게 되고, 피권유자가 이에 기명날인하여 다시 권유자에게 송부한 것이 위임장이다. 위임장은 상법상 의결권 대리행사에 있어서 요구되는 대리권을 증명하는 서면에 해당한다.

위임장 용지는 주주총회의 목적사항 각 항목에 대하여 의결권피권유자가 찬·반을 명기할 수 있도록 하여야 하며, 의결권권유자는 위임장 용지에 나타난 의결권 피권유자의 의사에 반하여 의결권을 행사할 수 없다.

위와 같이 위임장에는 주주의 찬·반의 표시가 기입되도록 한다는 점에서 실제 서면투표제도와 유사한 면을 가지고도 있다. 그런데 찬·반의 표시를 요구하고 있으나, 실제 이를 백지로 하여 위임하는 경우도 많이 있어 이때는 경영진에 의한 권한남용의 우려가 있게 된다.

(2) 위임장의 철회

민법상 위임계약은 각 당사자가 언제든지 해지할 수 있으므로(민 689조 1항), 주주는 대리인이 의결권을 행사하기 전에는 언제든지 의결권 대리행사를 위한 위임을 철회할 수 있다. 주주나 대리인의 사망 기타 능력상실시에도 철회가 가능하다.[1] 철회의 의사표시는 법령에 특별한 규정이 없는 한 일정한 형식을 요하지 않는다. 보통은 회사에 그 의사표시를 하거나 새로운 위임장을 교부함으로써 철회를 하게 되지만, 기타 철회를 나타내는 행동을 통해서도 가능하다. 예를 들어 주주가 주주총회에서 의결권을 주장하거나, 주주가 주주총회에 직접 참여하였을 때 위임장은 철회된 것으로 본다.

위임장을 철회하였을 때 그 위임장을 회수하지 않는 한 주주는 회사에 철회의 사실을 가지고 대항하지 못한다. 다만 회사가 악의인 경우에는 그러하지 아니하다. 이에 대하여 위임장을 회수하지 않아도 위임장 철회의 사실이 회사와의 관계에서 명백해진 이상 주주는 당연히 그 철회로 회사에 대항할 수 있다는 견해도 있다.[2]

미국에서는 회사지배의 수단으로 철회할 수 없는 위임장(Irrevocable Proxy)이 자주 이용되고 있다. 이는 일반위임장과 달리 의결권계약 내지 의결권신탁과 유사

1) Henn & Alexander, Laws of Corporation, West, 1983, p. 520.
2) 今井宏, 「議決權代理行使の勸誘」, 商事法務硏究會(1971), 298면.

한 기능을 가진다.

Ⅲ. 의결권 대리행사의 권유에 있어서 정보개시

1. 위임장 용지 및 참고서류의 교부

(1) 의 의

의결권 대리행사는 회사법의 영역에 속하지만 자본시장법은 정보공시의 관점에서 의결권 대리행사의 권유에 접근한다. 즉 이사의 선임이나 회사의 중요사항을 결정하는 주주는 그 결정에 따라 자신이 보유하는 주식의 가치가 영향을 받을 수 있으므로, 투자자의 보호를 위해 올바른 정보에 기초한 의결권의 행사가 요구된다. 만일 정보를 충분히 가지지 못하거나 혹은 지식이 불충분한 주주로부터 위임장을 얻어서 권유자가 부당하게 자기 뜻을 관철하기 위해서 의결권을 행사하게 되면 주가에도 부정적인 영향을 미치게 된다.

자본시장법에서는 의결권 대리행사의 권유에 있어서 투자자의 정보접근권을 보장하기 위해서 위임장 용지 및 참고서류의 교부에 관한 규정을 두고 있다.

(2) 기재사항

의결권 대리행사의 권유에 있어서 주주의 올바른 판단을 위해서 충분한 정보의 제공이 중요하다. 따라서 자본시장법 시행령에서 정보제공과 관련한 상세한 규정을 두고 있다. 이러한 제한은 백지위임의 여지를 줄이고자 하는데도 그 취지가 있다.

시행령에서는 위임장 용지 및 참고서류의 구체적 기재내용 등에 대해서 금융위원회규정에 의하도록 하였는데(자금시 163조), 이와 관련해서 금융감독원 규정인 「증권의 발행 및 공시 등에 관한 규정」을 두고 있다.[1]

---

1) 제4절에 의결권 대리행사의 권유에 관한 규정을 두어 상세하게 규제하고 있다. 그 중 이사선임에 관한 것인 경우 제3−15조(참고서류) ③에서 다음 사항을 기재하도록 요구하고 있다.

가. 후보자의 성명·생년월일·주된 직업 및 약력

나. 후보자가 사외이사 또는 사외이사가 아닌 이사 후보자인지 여부

다. 후보자의 추천인 및 후보자와 최대주주와의 관계

라. 후보자와 해당 법인과의 최근 3년간의 거래내역. 이 경우의 거래내역은 금전, 증권 등 경제적 가치가 있는 재산의 대여, 담보제공, 채무보증 및 법률고문계약, 회계감사계약, 경영자문계약 또는 이와 유사한 계약등(후보자가 동 계약등을 체결한 경우 또는 동 계약등을 체결한 법인·사무소 등에 동 계약등의 계약기간 중 근무한 경우의 계약등을 말한다)으로 하되 약관등에 따라 불특정 다수인에게 동일한 조건으로 행하는 정형화된 거래는 제외한다.

일본의 경우 권유자가 주주인 경우에 참고서류의 기재사항이 간소화 되어 있다.[1] 주주의 경우에는 정보에 대한 접근권이 상당히 제한되는데 경영진과 동일한 수준의 정보개시를 요구하기가 현실적으로 어려우므로 주주가 참고서류에 기재하여야 할 사항은 장부열람권 등 소수주주권을 행사하여 얻을 수 있는 정보를 기재하면 충분하다는 태도이다. 우리나라도 제 3 자가 의결권 대리행사의 권유를 하는 경우 참고서류의 기재사항에 대한 간략화를 인정한다.[2]

(3) 위임장 용지 및 참고서류의 제출, 비치 및 열람

자본시장법에서는 의결권 대리행사의 권유에 있어서 투자자의 정보접근권을 보장하기 위해 위임장 용지 및 참고서류의 제출, 비치 및 열람에 관한 규정을 두고 있다. 의결권권유자는 자본시장법 제152조에 따라 위임장 용지 및 참고서류를 의결권피권유자에게 제공하는 날 2일 전까지 이를 금융위원회와 거래소에 제출하여야 하며, 본·지점 등에 이를 비치하고 일반인이 열람할 수 있도록 하여야 한다(자금 153조).[3]

(4) 위임장 용지와 참고서류의 정정

1) 금융위원회에 의한 정정

금융위원회는 위임장 용지 및 참고서류의 형식을 제대로 갖추지 아니한 경우 또는 위임장 용지 및 참고서류 중 의결권 위임 관련 중요사항에 관하여 거짓의 기재 또는 표시가 있거나 의결권 위임 관련 중요사항이 기재 또는 표시되지 아니한 경우에는 그 이유를 제시하고 위임장 용지 및 참고서류를 정정하여 제출할 것을 요구할 수 있다(자금 156조 1항).

위 요구가 있는 경우에는 당초 제출한 위임장 용지 및 참고서류는 제출하지 아니한 것으로 본다.

2) 의결권권유자에 의한 정정

첫째, 임의정정으로, 의결권권유자는 위임장 용지 및 참고서류의 기재사항을

1) 委任狀勸誘府令 제21조 내지 제38조, 제40조.

2) 「증권의 발행 및 공시 등에 관한 규정」 제3－15조 ③ 제 1 항에 따른 주주총회의 목적이 다음 각 호의 1에 해당하는 사항인 경우에는 그 내용을 기재하여야 한다. 다만, 권유자가 해당 상장주권의 발행회사, 그 임원 또는 대주주가 아닌 경우 또는 주주총회 목적사항에 반대하고자 하는 자인 경우에는 주주총회의 목적사항의 제목만 기재할 수 있다.

3) 일본 회사법도 같은 취지로 다음의 규정을 두고 있다. 주식회사는 주주총회일로부터 3개월간 대리권을 증명하는 서면 및 전자적 방법에 의해 제공된 사항이 기록된 전자적 기록을 그 본점에 비치하여야 한다(日新會社法 310조 6항). 주주는 영업시간내에 다음의 청구를 할 수 있다. ① 대리권을 증명하는 서면의 열람 및 등사의 청구 ② 전자적 기록에 기록된 사항을 법무성령이 정하는 방법에 의해 표시된 것의 열람 및 등사의 청구(日新會社法 310조 7항).

정정하고자 하는 경우에는 그 권유와 관련된 주주총회일 7일(대통령령으로 정하는 날을 제외한다) 전까지 이를 정정하여 제출할 수 있다(자금 156조 3항).

둘째, 의무정정으로 대통령령으로 정하는 중요한 사항(자금시 165조 2항)을 정정하고자 하는 경우 또는 투자자 보호를 위하여 그 위임장 용지 및 참고서류에 기재된 내용을 정정할 필요가 있는 경우로서 대통령령으로 정하는 경우[1]에는 반드시 이를 정정하여 제출하여야 한다(자금 156조 3항).

2. 부실기재의 효력

의결권 대리행사의 권유자는 위임장 용지 및 참고서류 중 의결권피권유자의 의결권 위임 여부 판단에 중대한 영향을 미칠 수 있는 사항에 관하여 거짓의 기재 또는 표시를 하거나 의결권 위임 관련 중요사항의 기재 또는 표시를 누락하여서는 아니 된다(자금 154조). 부실표시 등의 경우에 5년 이하의 징역 또는 2억원 이하의 벌금에 처한다(자금 444조 19호).

Ⅳ. 위법한 의결권 대리행사의 권유에 대한 규제

자본시장법상 위임장 권유에 대한 제한규정에 위반한 경우의 법적 효력이 문제된다. 학설의 태도를 보면, 위임장 용지에 찬·반란을 두지 않은 경우와 같이 의결권 대리행사의 권유에 관한 규정에 위반한 경우 위 규정이 단속법규에 불과하다고 보아 그 의결권 행사가 유효하다고 본다.[2] 다만 단순한 절차적인 규정이 아니라 의결권의 위임과 관련된 중요사항에 관하여 부실기재를 하거나 이에 대한 정정요구

1) 시행령 제163조 제 2 항 제 3 호에 따른 기재사항이 다음 각 호의 어느 하나에 해당하는 경우를 말한다(자금시 165조 3항).
  1. 기재나 표시사항이 불분명하여 의결권피권유자로 하여금 중대한 오해를 일으킬 수 있는 경우
  2. 의결권권유자에게 불리한 정보를 생략하거나 유리한 정보만을 강조하는 등 과장되게 표현된 경우

2) 임재연, 전게서, 501면; 김정수, 전게서, 533면; 이에 대한 일본 판례: 회사가 주주에 의한 의결권 대리행사의 권유에 대항하는 형태로 추가적으로 행해진 의결권 대리행사의 권유의 시에 권유자에 대한 필요서류를 기재한 참고서류의 교부가 이루어지지 않고, 또한 주주에게 송부한 위임장 용지에 의안에 대한 찬부란을 두지 않은 위임장권유 규제위반에 대하여 이것이 주주총회결의의 취소사유에 해당하는가 여부가 다투어졌다. 판결은 법령위반의 유무에 대하여 위임장은 의결권의 대리행사의 권유를 행하는 자가 권유의 시에 지켜야 할 방식을 정한 규정에 불과한 것이라는 점, 의결권 대리행사의 권유는 주주총회결의의 전단계의 사실행위이고, 주주총회결의의 방법을 규정하는 법령이라고는 할 수 없고, 결의의 방법에 현저한 불공정이 있었다고 할 수도 없다고 하여 주주총회결의의 하자로 보지 않았다(東京支判 平成17.7.7., 判時1915號, 150면).

를 무시한 경우에는 주주총회의 결의에 주주의 의사가 정당하게 반영된 것이 아니므로 그 의결권의 행사는 무효가 된다고 본다.[1)]

그리고 규정위반에 의한 권유의 경우에 주주총회결의의 취소사유가 될 것인가의 문제가 있다. 이에 대해서 의결권 대리행사의 권유는 주주총회의 개최 또는 결의의 성립요건으로서 법률상 강제되는 것은 아니므로 의결권 대리행사의 권유에 대한 규제의 위반은 법령위반으로서 주주총회결의취소의 사유로는 되지 않는다고 본다.[2)] 반면에 의결권 대리행사의 권유에 대한 규제의 제도의 목적 및 규정내용으로 보아 이는 실질적 의미에 있어서 상법의 일부로서 이에 대한 위반은 결의방법이 법령에 위반한 것이 되어 주주총회결의취소의 사유가 된다는 견해도 있다.[3)]

보건대, 의결권대리행사의 권유가 단지 정족수 충족을 목적으로 행하여지는 경우도 있지만 회사 정책에 대한 대립이나 회사 지배권에 대한 충돌에서 이루어지는 경우도 있다. 후자의 경우 소위 위임장쟁탈전이 벌어지는 것으로서 특히 이사선임 등에 있어서 위임장의 수집은 총회결정에 중요한 의미를 지닌다. 이때 위임장 관계서류의 부실기재에 의한 권유와 같은 경우는 주주의 의결권행사에 지장을 가져오는 것으로서 주주총회결의취소 사유인 결의방법의 법령위반이 된다고 하겠다. 즉 회사의 지배권에 영향을 미치는 것과 같이 중대한 사유에 대한 의결권대리행사에 대한 권유가 있는 경우에는 권유자가 회사이든 제 3 자이든 규정에 위반한 권유는 주주총회결의취소 사유가 된다고 하겠다.

다음으로 위임자의 의사에 반하여 의결권이 행사되었을 때에 권유자가 제 3 자인 경우에 이는 당사자간의 문제로 주주총회결의취소의 소의 원인이 되지 않으며, 의결권 행사가 무효로 되지도 않는다고 본다. 다만 위임계약위반으로 민사상 손해배상책임이 문제될 수 있을 뿐이라고 한다.[4)] 그러나 회사가 권유자인 경우에는 회사가 주주의 의사를 알고 있으므로 그 의사에 반한 의결권 행사는 무권대리의 이론

---

1) 이와 같이 그 위반이 중대하거나 결의의 공정한 성립을 방해한 경우에는 결의방법이 현저하게 불공정한 것으로서 결의취소의 사유가 된다고 본다(今井宏, 전게서, 222면).

2) 양만식, "위임장권유와 주주총회결의의 취소", 「기업법연구」 제23권 제 3 호(2009), 184면.

3) 龍田節, "株式會社の委任狀制度 — 投資者保護の視點から—", インバストメント 21券 1號(1968), 36면; 김건식·정순섭, 전게서, 376면. 위임장권유는 법률상 반드시 요구되는 절차는 아니지만 주주의 의사형성에 영향을 주는 절차라는 점에서는 법률상의 절차인 소집이나 결의방법과 차이가 없으므로 결의취소사유로 보는 것이 타당하다고 한다.

4) 반대 김건식·정순섭, 상게서, 377면. 위임장 권유는 단순히 사법상의 거래에 불과한 것이 아니라 자본시장법의 규제를 받는 중요한 지배구조상의 제도이기 때문이라고 한다.; 주주의 찬·부지시에 위반한 대리인의 행위는 무권대리로서 회사에 대한 관계에서도 무효라는 견해도 있다(今井宏, 전게서, 7면).

을 적용해서 의결권 행사는 무효이고 주주총회결의취소사유가 된다고 본다.[1] 회사가 주주로부터 회송된 위임장에 대하여 대리인을 선임하지 않고 위임장을 총회에 제출하지 않은 경우에도 마찬가지로 해석한다.[2]

V. 위임장 경쟁

1. 의 의

위임장제도의 본래적 기능은 주주의 의결권 행사에 편의를 제공함으로써 의결권 행사의 기회를 실질적으로 보장하고 회사로서도 주주총회의 정족수 충족에 도움을 주는 것이지만, 위임장 권유가 주식분산이 잘 되어 있는 대기업에 있어서 권유에 성공한 자가 경영자지위를 차지하고 경영자라는 유리한 조건을 이용하여 회사지배를 장악하는데 도움을 주는 제도로서도 이용되게 되었다.[3]

경영권 획득을 위한 위임장 권유는 위임장 경쟁(Proxy Contest)을 불러오게 되는데, 이는 공개매수에 비하여 비용이 들지 않는 이점이 있다. 그러나 공개매수와 같이 지분의 확보를 가져오는 것이 아니므로 지속적인 경영권 확보의 의미를 가지기 어렵다.

우리나라에 있어서도 의결권 경쟁 목적의 위임장 권유가 늘어나게 되었는데, 의결권 경쟁 목적의 위임장 권유가 있었던 주주총회에서 경영진에 대항하는 측의 의도가 반영되는 사례가 지속적으로 증가하고 있다. 2009년 예를 들면, 대항자 의도가 반영된 11건 중 대규모 감자 반대가 8건, 주주가 경영분쟁이 3건에 이른다.[4] 앞으로도 상장폐지 실질심사 강화 및 한계기업의 시장퇴출 등으로 대주주나 경영진에 대한 소액주주들의 감시 및 경영참여 활동이 계속 증가할 것으로 예상되어 이 추세는 계속될 것으로 예상된다.

---

1) 정동윤, 「회사법」, 법문사, 2000, 337면; 이철송, 「회사법강의」, 박영사, 2015, 436면; 위임장 권유의 법적 성질을 투표행위의 유인이라고 보아 피권유자의 지시에 반하여 권유자가 의결권을 행사하는 것은 무효라고 보는 견해도 있다(김용진, 전게서, 992면).

2) 경영진이 자신을 위하여 위임장을 권유하였으나, 반대하는 위임장을 받은 경우에 그 위임장 실행의 의무를 회피하려면, 즉시 그 위임장을 주주에게 돌려주어야 한다(Henn & Alexander, op. cit., p. 523).

3) E.R. Aranow & H.A. Einhorn, Corporate Proxy Contests: Solicitation and Validity of Broker's Proxies, 23 Chi. L. Rev. 640(1956).

4) 금융감독원의 2009년도 공개매수·위임장권유 현황분석(보도자료 2010.4.14.).

2. 공공적 법인의 특례

공공적 법인이란 국가기간산업 등 국민경제상 중요한 산업을 영위하는 상장법인을 말하는데, 공공적 법인의 경우에는 자신만이 그 주식의 의결권 대리행사의 권유를 할 수 있으므로(자금 152조 3항) 위임장 경쟁이 일어날 수 없다. 이는 공공적 법인에 대하여 적대적 M&A의 공격으로부터 보호하고자 하는 취지가 반영된 것이다. 이외에도 공공적 법인에 대해서는 일정한 기준을 초과한 주식소유가 제한되며(자금 167조 1항), 외국인 또는 외국법인에 대해서는 법령에 의한 주식취득제한 외에 법인의 정관이 정하는 바에 따른 추가적 제한이 가해질 수 있다(자금 168조 2항).

3. 발행인의 의견표명

의결권 대리행사의 권유가 경영진에 의하여 행하여졌든, 제 3 자에 의하여 행하여졌든 발행인이 이에 대하여 의견을 표명하는 경우가 있다. 의견 표명은 회사제안을 가결시키고자 하는 의도에서 이루어질 수 있고, 제 3 자 제안을 부결시키고자 하는 경우에도 행해질 수 있다.

특히 적대적 M&A를 위한 위임장쟁탈전이 벌어지는 경우 발행자의 의견표명은 대상회사의 방어여부에 대한 태도를 가름할 수 있다는 점에서 중요하다.

자본시장법에서는 이 때 그 의견 표명이 과장되거나 허위일 수도 있으므로 그 진정성을 확인하기 위해서 금융위원회와 거래소에 관련 서류의 제출의무를 부과하고 있다(자금 155조). 발행인의 의견표명에 대해서만 관련 서류의 제출의무를 부과하고 있지만, 적대적 M&A를 위한 위임장쟁탈전이 벌어지는 경우 최대주주도 직접적인 이해관계를 가지므로 의견을 표명할 수 있다. 이 때 최대주주에 대하여도 의견표명을 제출하도록 의무화할 필요가 있는지 문제된다. 공개매수의 경우에도 발행인만 의견표명 제출의무가 있고, 최대주주 등이 굳이 의견을 주주들에게 알리고자 하는 경우에는 보통 발행인을 통해서 의견표명이 가능할 것이므로 발행인 외에 최대주주 등에 대하여 별도의 의견표명의무를 부과할 필요는 없다.[1]

Ⅵ. 주주명부의 열람청구

의결권 위임의 경쟁에 있어서 주주명부의 확보는 매우 중요하다. 상위주주가

1) 변재호 등, 전게서, 449면.

소위 안정주주로 구성되어 있는 경우에 의결권 대리행사의 권유에 시간과 노력, 비용을 들인다 하여도 그로 인하여 효과를 얻기가 어렵기 때문에, 일반적으로 의결권 대리행사의 권유를 하려는 경우에 미리 주주명부를 열람하여 주주구성을 파악하려고 한다. 그런데 회사의 경우 의결권 경쟁에서 불리하다고 판단하면 주주명부를 가능하면 주지 않으려고 하거나, 늦게 주려고 할 것이기 때문에 주주명부를 제때에 보기란 쉽지 않다. 이 때 주주는 주주명부열람청구권에 기하여 가처분 소송을 제기할 수 있지만 주주총회의 기일을 넘겨서 열람이 가능할 수도 있으므로,[1] 회사의 부당한 주주명부열람의 거부나 지체에 대하여 규제조치가 필요하다.

특히 상장회사의 경우 실질주주명부의 확보가 중요한데, 실질주주명부는 집단적 권리행사를 위한 주주명부폐쇄나 기준일 설정시에만 작성하게 된다. 실질주주의 명부는 발행인의 본점 또는 명의개서대행회사의 영업소에 비치하지만 주주의 주주명부열람청구권에는 실질주주명부에 대한 열람청구권은 포함되지 않는다.

이와 관련해서 회사에 대한 주주명부열람가처분의 결정이 난 경우 이를 근거로 한국예탁결제원이나 명의개서대리인이 신속하게 주주명부의 열람이나 등사를 해주도록 하는 절차적 규제가 필요하다는 견해도 있다.[2]

제 5 절 공공적 법인주식의 소유제한

Ⅰ. 서 설

공공적 법인이란 국가기간산업 등 국민경제상 중요한 산업을 영위하는 상장법인을 말하는데, 공공적 법인에 대한 주식소유를 제한하여 국가기간산업의 경영권을 보호하고자 한다. 즉 공공적 법인에 대하여 적대적 M&A의 공격으로부터 보호하고자 하는 취지가 반영된 것이다.[3]

현재 공공적 법인으로 한국전력이 지정되어 있다.

1) 주주총회를 소집할 때에는 각 주주에 대한 통지기간은 2주일 밖에 되지 않는다(상 363조).

2) 김선웅, “의결권 대리행사권유의 문제점(주주권의 실질적 행사를 보장하기 위한 주주총회 관련 제도의 개선방향)”, 「기업지배구조연구」 v.27(2008), 7~8면.

3) 공공적 법인의 경우에는 자신만이 그 주식의 의결권 대리행사의 권유를 할 수 있도록 해서 위 취지를 반영하고 있다(자금 152조 3항).

Ⅱ. 공공적 법인의 범위

공공적 법인은 다음의 요건을 모두 충족하는 법인 중에서 금융위원회가 관계 부처장관과의 협의와 국무회의에의 보고를 거쳐 지정하는 법인으로 한다(자금시 162조).

① 경영기반이 정착되고 계속적인 발전가능성이 있는 법인일 것

② 재무구조가 건실하고 높은 수익이 예상되는 법인일 것

③ 해당 법인의 주식을 국민이 광범위하게 분산 보유할 수 있을 정도로 자본금 규모가 큰 법인일 것

Ⅲ. 주식의 초과소유제한

누구든지 공공적 법인이 발행한 주식을 누구의 명의로 하든지 자기의 계산으로 다음의 기준을 초과하여 소유할 수 없다. 이 경우 의결권 없는 주식은 발행주식총수에 포함되지 아니하며, 그 특수관계인의 명의로 소유하는 때에는 자기의 계산으로 취득한 것으로 본다(자금 167조 1항).

① 그 주식이 상장된 당시에 발행주식총수의 100분의 10 이상을 소유한 주주는 그 소유비율

② 제 1 호에 따른 주주 외의 자는 발행주식총수의 100분의 3 이내에서 정관이 정하는 비율

다만 예외적으로 소유비율 한도에 관하여 금융위원회의 승인을 받은 경우에는 그 소유비율 한도까지 공공적 법인이 발행한 주식을 소유할 수 있다(자금 167조 2항).

위에서 규정하는 기준을 초과하여 사실상 주식을 소유하는 자는 그 초과분에 대하여는 의결권을 행사할 수 없으며, 금융위원회는 그 기준을 초과하여 사실상 주식을 소유하고 있는 자에 대하여 6개월 이내의 기간을 정하여 그 기준을 충족하도록 시정할 것을 명할 수 있다(자금 167조 3항).

외국인 또는 외국법인에 대해서는 자본시장법 제168조 제 1 항에 의한 주식취득제한[1] 외에 법인의 정관이 정하는 바에 따른 추가적 제한이 가해질 수 있다(자금

---

1) 자본시장법 시행령 제187조(외국인의 증권 또는 장내파생상품의 취득한도 등) ① 법 제168조 제 1 항에 따른 외국인 또는 외국법인등은 금융위원회가 정하여 고시하는 경우를 제외하고는 누구의

168조 2항).

이를 위반하여 주식을 취득한 자는 그 주식에 대한 의결권을 행사할 수 없으며, 금융감독위원회는 위 증권 또는 장내파생상품을 매매한 자에게 6개월 이내의 기간을 정하여 그 시정을 명할 수 있다(자금 168조 3항).

명의로든지 자기의 계산으로 다음 각 호에서 정한 취득한도를 초과하여 공공적 법인이 발행한 지분증권을 취득할 수 없다. 이 경우 한도초과분의 처분, 취득한도의 계산기준·관리 등에 관하여 필요한 사항은 금융위원회가 정하여 고시한다.

1. 종목별 외국인 또는 외국법인등의 1인 취득한도: 해당 공공적 법인의 정관에서 정한 한도
2. 종목별 외국인 및 외국법인등의 전체 취득한도: 해당 종목의 지분증권 총수의 100분의 40

제 4 장 주권상장법인에 대한 특례[1)]

제 1 절 자기주식취득

1. 의 의

상장법인의 경우 자본시장법상 원칙적으로 자기주식취득이 허용된다(165조의 3 1항). 상장기업에 있어서 자기주식취득은 주가관리와 경영권 보호를 위한 장치로 인식되어 왔다.

이와 달리 구「상법」상으로는 "회사는 자기의 계산으로 자기주식을 취득하지 못한다."고 규정하여(구상 341조) 원칙적으로 자기주식취득을 금지하고 있었다. 그러나 개정「상법」에서 회사는 배당가능이익의 범위 내에서 "자기의 명의와 계산으로 자기의 주식을 취득할 수 있다."고 규정하여(상 341조) 자기주식취득제한을 완화한 규정을 두게 되었는데, 이로서 자본시장법 규정과 균형을 이루게 되었다.

2. 자기주식취득의 방법

주권상장법인은 다음의 방법으로 자기주식을 취득할 수 있다(자금 165조의 3 1항).

① 「상법」 제341조 제 1 항에 따른 방법.[2)] 이에 따를 때 거래소에서의 취득,

---

1) 구증권거래법 제9장 제3절에서 상법 회사편에 대한 다수의 특례조항을 두고 있었다. 자본시장법과 상법의 개정과정에서 구증권거래법의 특례규정 중 지배구조에 관한 특례는 상법에서 규정하고 재무구조에 관한 특례는 자본시장법에서 규정하게 되었다.
주권상장법인에 대한 특례규정은 ① 외국법인등. 다만, 자본시장법 제165조의 16 및 제165조의 18은 그러하지 아니하다. ② 투자회사를 제외하고 적용된다(자금 165조의 2). 또한 이 특례규정은 주권상장법인에 관하여 「상법」 제3편에 우선하여 적용한다.

모든 주주에 대한 취득의 통지 또는 공고를 통한 취득, 공개매수의 방법에 의한 취득이 인정된다.

② 신탁계약에 따라 자기주식을 취득한 신탁업자로부터 신탁계약이 해지되거나 종료된 때 반환받는 방법(신탁업자가 해당 주권상장법인의 자기주식을 상법 제341조 제 1 항의 방법으로 취득한 경우로 한정한다).

3. 처분의 절차

(1) 의 의

주권상장법인은 취득한 자기주식을 처분(신탁계약의 해지를 포함한다)하는 경우에는 이사회 결의 등 대통령령으로 정하는 요건·방법 등의 기준에 따라야 한다(자금 165조의 3 4항, 자금시 176조의 2 1항). 다만, 주식매수선택권의 행사에 따라 자기주식을 교부하는 경우와 신탁계약의 계약기간이 종료한 경우에는 그러하지 아니하다.

(2) 교환사채의 발행

주권상장법인이 소유하고 있는 상장증권 중 자기주식을 교환대상으로 하는 교환사채권을 발행한 경우에는 그 사채권을 발행하는 때에 자기주식을 처분한 것으로 본다(자금시 176조의 2 4항).

제 2 절 합 병

1. 의 의

합병 등에 있어서 그 가액의 산정이 투자자에게 있어서 중요한 의미를 가지기

---

2) 상법 제341조 ① 회사는 다음의 방법에 따라 자기의 명의와 계산으로 자기의 주식을 취득할 수 있다. 다만, 그 취득가액의 총액은 직전 결산기의 대차대조표상의 순자산액에서 제462조 제 1 항 각 호의 금액을 뺀 금액을 초과하지 못한다.
1. 거래소에서 시세(時勢)가 있는 주식의 경우에는 거래소에서 취득하는 방법
2. 제345조 제 1 항의 주식의 상환에 관한 종류주식의 경우 외에 각 주주가 가진 주식 수에 따라 균등한 조건으로 취득하는 것으로서 대통령령으로 정하는 방법

상법 시행령 제 9 조(자기주식 취득 방법의 종류 등) ① 법 제341조 제 1 항 제 2 호에서 "대통령령으로 정하는 방법"이란 다음 각 호의 어느 하나에 해당하는 방법을 말한다.
1. 회사가 모든 주주에게 자기주식 취득의 통지 또는 공고를 하여 주식을 취득하는 방법
2. 「자본시장과 금융투자업에 관한 법률」 제133조부터 제146조까지의 규정에 따른 공개매수의 방법

에 그 공정성을 확보할 필요가 있다. 자본시장법에서는 합병 등[1]에 있어서 그 가액 산정을 중심으로 이에 관한 특례 규정을 두고 있다.

2. 가액의 산정

합병가액의 산정 방법에 대해서는 시행령에서 정하고 있다(자금시 176조의 5). 예를 들어 주권상장법인간 합병의 경우에는 합병을 위한 이사회 결의일과 합병계약을 체결한 날 중 앞서는 날의 전일을 기산일로 한 ① 최근 1개월간 평균종가 ② 최근 1주일간 평균종가 ③ 최근일의 종가를 산술평균한 가액을 기준으로 100분의 10의 범위에서 할인 또는 할증한 가액. 이 경우 가목 및 나목의 평균종가는 종가를 거래량으로 가중산술평균하여 산정한다(자금시 176조의 5 1항 1호).

주권비상장법인의 경우에는 자산가치와 수익가치를 가중산술평균한 가액과 상대가치의 가액을 산술평균한 가액으로 한다(자금시 176조의 5 1호 나목).

개정 자본시장법에서는 주권상장법인이 다른 법인과 합병하는 경우 합병가액의 적정성에 대하여 외부평가기관의 평가를 받도록 하고 있다(자금 165조의 4 2항, 자금시 176조의 5 7항).

제 3 절 주식매수청구권

1. 의 의

주식매수청구권이란 주식교환, 간이주식교환, 주식이전, 영업양도 등, 합병, 간이합병, 분할합병에 관한 이사회 결의에 반대하는 주주가 주주총회 전에 해당 법인에 대하여 서면으로 그 결의에 반대하는 의사를 통지한 경우에만 자기가 소유하고 있는 주식을 매수하여 줄 것을 해당 법인에 대하여 청구할 수 있는 권리이다(자금 165조의 5 1항).

합병 등에 있어서 소수주주가 반대를 하여도 다수결에 의하여 합병결의가 이루어질 수 있기에 소수주주의 이익을 보호하기 위하여 주식매수청구권을 인정한다. 주식매수청구권이 인정되어도 매수가격이 공정하지 못하면 주주의 이익이 보호받을 수 없기에 공정한 가격의 결정을 위한 절차가 중요한 의미를 가진다.

---

1) ① 다른 법인과의 합병 ② 대통령령으로 정하는 중요한 영업 또는 자산의 양수 또는 양도 ③ 주식의 포괄적 교환 또는 포괄적 이전 ④ 분할 또는 분할합병(자금 165조의 4).

주식매수청구권에 관한 자본시장법의 규정은 반대주주의 자격, 매수가격의 결정, 매수기간 등에 있어서 상법과 차이가 있다.

2. 매수가액의 결정

(1) 의 의

주식매수가액의 결정은 원칙으로 주식매수청구자와 회사 간의 협의에 의하여 결정한다(자금 165조의 5 3항).

이점에 있어서 상법과 동일하나(상 530조 2항, 374조의 2 3항), 협의가 이루어지지 않은 경우에 상법에서는 회사 또는 주식의 매수를 청구한 주주는 법원에 대하여 매수가액의 결정을 청구할 수 있는데 반해(상 374조의 2 4항),[1] 자본시장법에서는 다음에 보는 법정의 가격결정과정을 거치도록 하고 있다.

(2) 법정의 매수가격

주식매수가액의 결정에 대하여 당사자 간의 협의가 이루어지지 아니하는 경우의 매수가격은 이사회 결의일 이전에 증권시장에서 거래된 해당 주식의 거래가격을 기준으로 하여 대통령령으로 정하는 방법에 따라 산정된 금액으로 한다(자금 165조의 5 3항).

대통령령에 의할 때 매수가격은 다음의 금액을 말한다(자금시 176조의 7 2항).

① 증권시장에서 거래가 형성된 주식은 다음의 방법에 따라 산정된 가격의 산술평균가격

가. 이사회 결의일 전일부터 과거 2개월(같은 기간 중 배당락 또는 권리락으로 인하여 매매기준가격의 조정이 있는 경우로서 배당락 또는 권리락이 있은 날부터 이사회 결의일 전일까지의 기간이 7일 이상인 경우에는 그 기간)간 공표된 매일의 증권시장에서 거래된 최종시세가격을 실물거래에 의한 거래량을 가중치로 하여 가중산술평균한 가격

나. 이사회 결의일 전일부터 과거 1개월간 공표된 매일의 증권시장에서 거래된 최종시세가격을 실물거래에 의한 거래량을 가중치로 하여 가중산술평균한 가격

다. 이사회 결의일 전일부터 과거 1주일간 공표된 매일의 증권시장에서 거래된 최종시세가격을 실물거래에 의한 거래량을 가중치로 하여 가중산술평균

---

1) "법원은 회사의 재산상태 그 밖의 사정을 참작하여 공정한 가액으로 이를 산정하여야 한다"(상 374조의 2 5항).

균한 가격

② 증권시장에서 거래가 형성되지 아니한 주식은 자산가치와 수익가치를 가중산술평균한 가액과 상대가치의 가액을 산술평균한 가액(자금시 176조의 5 1항 2호 나목)

(3) 법원의 결정가격

주식매수가격에 대하여 협의가 이루지지 않거나, 법정의 매수가격에 대하여도 해당 법인이나 매수를 청구한 주주가 반대하면 법원에 매수가격의 결정을 청구할 수 있다(자금 165조의 5 3항 단서).[1)]

제 4 절 주식의 발행 및 배정 등에 관한 특례

1. 신주발행의 방식

주권상장법인이 신주를 배정하는 경우 다음의 방식에 따른다(자금 165조의 3 1항).

① 주주에게 그가 가진 주식 수에 따라서 신주를 배정하기 위하여 신주인수의

---

1) 법원은 "주주 또는 당해 법인이 법원에 매수가격 결정을 청구한 경우, 일반적으로 주권상장법인의 시장주가는 유가증권시장에 참여한 다수의 투자자가 법령에 근거하여 공시되는 당해 기업의 자산내용, 재무상황, 수익력, 장래의 사업전망 등 당해 법인에 관한 정보에 기초하여 내린 투자판단에 의하여 당해 기업의 객관적 가치가 반영되어 형성된 것으로 볼 수 있고 , 주권상장법인의 주주는 통상 시장주가를 전제로 투자행동을 취한다는 점에서 시장주가를 기준으로 매수가격을 결정하는 것이 당해 주주의 합리적 기대에 합치하는 것이므로, 법원은 원칙적으로 시장주가를 참조하여 매수가격을 산정하여야 한다. 다만 이처럼 시장주가에 기초하여 매수가격을 산정하는 경우라고 하여 법원이 반드시 구 증권거래법 시행령 제84조의 9 제 2 항 제 1 호에서 정한 산정 방법 중 어느 하나를 선택하여 그에 따라서만 매수가격을 산정하여야 하는 것은 아니고, 법원은 공정한 매수가격을 산정한다는 매수가격 결정신청사건의 제도적 취지와 개별사안의 구체적 사정을 고려하여 이사회결의일 이전의 어느 특정일의 시장주가를 참조할 것인지, 또는 일정기간 동안의 시장주가의 평균치를 참조할 것인지, 그렇지 않으면 구 증권거래법 시행령 제84조의 9 제 2 항 제 1 호에서 정한 산정 방법 중 어느 하나에 따라 산정된 가격을 그대로 인정할 것인지 등을 합리적으로 결정할 수 있다. 나아가 당해 상장주식이 유가증권시장에서 거래가 형성되지 아니한 주식이거나(구 증권거래법시행령 제84조의 9 제 2 항 제 2 호) 시장주가가 가격조작 등 시장의 기능을 방해하는 부정한 수단에 의하여 영향을 받는 등으로 당해 주권상장법인의 객관적 가치를 제대로 반영하지 못하고 있다고 판단되는 경우에는, 시장주가를 배제하거나 또는 시장주가와 함께 순자산가치나 수익가치 등 다른 평가요소를 반영하여 당해 법인의 상황이나 업종의 특성 등을 종합적으로 고려한 공정한 가액을 산정할 수도 있으나, 단순히 시장주가가 순자산가치나 수익가치에 기초하여 산정된 가격과 다소 차이가 난다는 사정만으로 위 시장주가가 주권상장법인의 객관적 가치를 반영하지 못한다고 쉽게 단정하여서는 아니 된다."고 판시하였다(대결 2011. 10. 13, 2008 마 264).

청약을 할 기회를 부여하는 방식

② ① 외의 방법으로 특정한 자(해당 주권상장법인의 주식을 소유한 자를 포함한다)에게 신주를 배정하기 위하여 신주인수의 청약을 할 기회를 부여하는 방식

③ ① 외의 방법으로 불특정 다수인(해당 주권상장법인의 주식을 소유한 자를 포함한다)에게 신주인수의 청약을 할 기회를 부여하고 이에 따라 청약을 한 자에 대하여 신주(이미 발행한 주식을 포함한다)를 배정하는 방식

자본시장법에서도 상법에서와 같이 주주배정 및 제 3 자 배정 방식의 신주발행을 인정하면서, 그 외 일반공모증자방식에 의한 신주발행을 인정하고 있다.

일반공모증자는 신주인수권을 인정하지 않는 것으로, 자본조달의 편의성을 위해서 인정되지만 이에 의할 때 주주의 신주인수권은 제한되어 기존주주의 경우 지분희석화의 불이익을 입을 수가 있으므로 그 발행가격의 공정성을 확보할 필요가 있다.

2. 일반공모증자

일반공모증자의 방식으로 신주를 배정하는 경우에는 정관으로 정하는 바에 따라 이사회의 결의로 다음의 어느 하나에 해당하는 방식으로 신주를 배정하여야 한다. 이 경우 상법 제418조 제 1 항 및 같은 조 제 2 항 단서[1]를 적용하지 아니한다(개정 자금 165조의 3 4항).

① 신주인수의 청약을 할 기회를 부여하는 자의 유형을 분류하지 아니하고 불특정 다수의 청약자에게 신주를 배정하는 방식

② 자본시장법 제165조의 7에 따라 우리사주조합원에 대하여 신주를 배정하고 청약되지 아니한 주식까지 포함하여 불특정 다수인에게 신주인수의 청약을 할 기회를 부여하는 방식

③ 주주에 대하여 우선적으로 신주인수의 청약을 할 수 있는 기회를 부여하고 청약되지 아니한 주식이 있는 경우 이를 불특정 다수인에게 신주를 배정받을 기회를 부여하는 방식

④ 투자매매업자 또는 투자중개업자가 인수인 또는 주선인으로서 마련한 수요

---

1) 상법 제418조(신주인수권의 내용 및 배정일의 지정·공고) ① 주주는 그가 가진 주식 수에 따라서 신주의 배정을 받을 권리가 있다.
② 회사는 제 1 항의 규정에 불구하고 정관에 정하는 바에 따라 주주 외의 자에게 신주를 배정할 수 있다. 다만, 이 경우에는 신기술의 도입, 재무구조의 개선 등 회사의 경영상 목적을 달성하기 위하여 필요한 경우에 한한다.

예측 등 대통령령으로 정하는 합리적인 기준[1]에 따라 특정한 유형의 자에게 신주인수의 청약을 할 수 있는 기회를 부여하는 경우로서 금융위원회가 인정하는 방식

3. 실권주의 처리

실권주란 신주를 배정하는 경우 그 기일까지 신주인수의 청약을 하지 아니하거나 그 가액을 납입하지 아니한 주식을 말한다. 기존에 자본시장에서 주식·CB·BW 등을 발행할 때 주주배정 방식이 널리 활용되어 일반공모를 통한 발행시장 형성이 잘 이루어지지 않았고, 실권주가 그 처리 등의 과정에서 편법적인 수단으로 남용될 소지가 있었다.

개정 자본시장법에서는 주식의 배정에 대하여 주주배정, 제 3 자배정, 일반공모증자의 방식을 인정하고, 주주배정 방식에서 실권주가 유리한 가격으로 제 3 자에게 배정되는 것을 방지하기 위하여 주주배정 과정에서 실권주가 발생하는 경우에는 원칙적으로 발행을 철회하도록 하였다(자금 165조의 3 2항).

다만, 금융위원회가 정하여 고시하는 방법에 따라 산정한 가격 이상으로 신주를 발행하는 경우로서 다음의 어느 하나에 해당하는 경우에는 그러하지 아니하다.

① 실권주가 발생하는 경우 대통령령으로 정하는 특수한 관계[2]에 있지 아니한 투자매매업자가 인수인으로서 그 실권주 전부를 취득하는 것을 내용으로 하는 계약을 해당 주권상장법인과 체결하는 경우

② 주주배정의 경우 신주인수의 청약 당시에 해당 주권상장법인과 주주 간의 별도의 합의에 따라 실권주가 발생하는 때에는 신주인수의 청약에 따라 배정받을 주식수를 초과하는 내용의 청약("초과청약")을 하여 그 초과청약을 한 주주에게 우선적으로 그 실권주를 배정하기로 하는 경우. 이 경우 신주인수의 청약에 따라 배정받을 주식수에 대통령령으로 정하는 비율(20%)을 곱한 주식수를 초과할 수 없다.

③ 그밖에 주권상장법인의 자금조달의 효율성, 주주 등의 이익 보호, 공정한 시장질서 유지의 필요성을 종합적으로 고려하여 대통령령으로 정하는 경우[3]

---

1) 자본시장법 시행령 제176조 ⑤ 수요예측(발행되는 주식의 가격 및 수량 등에 대한 투자자의 수요와 주식의 보유기간 등 투자자의 투자성향을 금융위원회가 정하여 고시하는 방법에 따라 파악하는 것을 말한다)을 말한다.

2) 자본시장법 시행령 제176조의 8 ① 계열회사의 관계를 말한다.

3) 자본시장법 시행령 제176조의 8 ③ 다음 각 호의 어느 하나에 해당하는 경우를 말한다.
   1. 법 제130조에 따라 신고서를 제출하지 아니하는 모집·매출의 경우
   2. 주권상장법인이 우리사주조합원(제176조의 9 제 3 항 제 1 호에 따른 우리사주조합원을 말한다)에 대하여 법 제165조의 7 또는 「근로복지기본법」 제38조 제 2 항에 따라 발행되는 신주

제 5 절 우리사주조합원에 대한 우선배정

대통령령으로 정하는 주권상장법인[1] 또는 주권을 대통령령으로 정하는 증권시장[2]에 상장하려는 법인이 주식을 모집하거나 매출하는 경우 상법 제418조에도 불구하고 해당 법인의 우리사주조합원(근로복지기본법에 따른 우리사주조합원을 말한다)에 대하여 모집하거나 매출하는 주식총수의 100분의 20을 배정하여야 한다(자금 165조의 7 1항).

우리사주조합원이 소유하는 주식수가 신규로 발행되는 주식과 이미 발행된 주식의 총수의 100분의 20을 초과하는 경우에는 이를 적용하지 아니한다(자금 165조의 7 2항).

개정 자본시장법에서는 우리사주조합원에 대한 투자자로서의 지위 보호를 위하여 발행가액 등이 확정된 후 청약을 할 수 있도록 청약 시점을 개선하고 있다.[3]

제 6 절 액면미달발행의 특례

「상법」에서는 자본충실의 원칙에 따라 원칙적으로 주식의 액면미달발행을 제한하고 있다(상 330조). 그러나 주식의 실제가치가 액면가에 미치지 못하는 경우에 자본조달에 어려움을 겪을 수 있으므로 주주총회의 특별결의와 법원의 인가를 얻어서 액면미달발행을 할 수 있도록 하고 있다(상 417조). 개정 「상법」에서는 주가가 액면가보다 낮은 경우에도 기업이 주식발행을 통해 자금조달이 가능하도록 무액면주식의 발행을 인정하고 있다(상 329조 1항).

를 배정하지 아니하는 경우로서 실권주(법 제165조의 6 제 2 항 각 호 외의 부분 본문에 따른 실권주를 말한다)를 우리사주조합원에게 배정하는 경우

1) 자본시장법 시행령 제176조의 9 ① 한국거래소가 법 제 4 조 제 2 항 각 호의 증권의 매매를 위하여 개설한 증권시장으로서 금융위원회가 정하여 고시하는 증권시장(유가증권시장)에 주권이 상장된 법인을 말한다.

2) 자본시장법 시행령 제176조의 9 ② 법 제165조의 7 제 1 항 각 호 외의 부분 본문에서 “대통령령으로 정하는 증권시장”이란 유가증권시장을 말한다.

3) 개정 자본시장법에서는 제 3 항을 추가하였다. 제165조의 4(우리사주조합원에 대한 주식의 배정 등에 관한 특례) ③ 제165조의 3 제 1 항 제 1 호의 방식으로 신주를 발행하는 경우 제 1 항에 따른 우리사주조합원에 대한 배정분에 대해서는 「상법」 제419조 제 1 항부터 제 3 항까지의 규정을 적용하지 아니한다.

주권상장법인은 「상법」 제417조에도 불구하고 법원의 인가 없이 주주총회의 특별결의만으로 주식을 액면미달의 가액으로 발행할 수 있다. 다만, 해당 법인이 기존의 액면미달금액의 총액에 대하여 상각을 완료하지 아니한 경우에는 액면미달의 가액으로 발행할 수 없다(자금 165조의 8 1항). 주권상장법인은 주주총회에서 다르게 정하는 경우를 제외하고는 액면미달주식을 주주총회의 결의일부터 1개월 이내에 발행하여야 한다(자금 165조의 8 3항).

액면미달발행을 위한 주주총회의 결의에서는 주식의 최저발행가액을 정하여야 한다. 이 경우 최저발행가액은 대통령령으로 정하는 방법에 따라 산정한 가격 이상이어야 한다(자금 165조의 8 2항, 자금시 176조의 10).

제 7 절 주주에 대한 통지 또는 공고의 특례

주권상장법인이 자본시장법 제165조의 6 또는 상법 제418조 제 2 항의 방식으로 신주를 배정할 때 금융위원회에 제출한 주요사항보고서가 제163조에 따라 금융위원회와 거래소에 공시된 경우에는 주주에게 통지 등에 관한 상법 제418조 제 4 항[1)]을 적용하지 아니한다(자금 165조의 9).

제 8 절 사채의 발행 및 배정 등에 관한 특례

「상법」상 특수한 사채로는 기존에 전환사채(상 531조 1항), 신주인수권부사채(상 516조의 2 1항) 만이 인정되었으나, 「상법」 개정으로 이익참가부사채, 교환사채, 상환사채, 파생결합사채 등 다양한 사채의 발행이 가능하게 되었다(상 469조 2항).

주권상장법인은 정관으로 정하는 바에 따라 이사회의 결의로 「상법」 제469조 제 2 항, 제513조 및 제516조의 2에 따른 사채와 다른 종류의 사채로서 해당 사채의 발행 당시 객관적이고 합리적인 기준에 따라 미리 정하는 사유가 발생하는 경우 주식으로 전환되거나 그 사채의 상환과 이자지급의무가 감면된다는 조건이 붙은 사

---

1) 제 2 항에 따라 주주 외의 자에게 신주를 배정하는 경우 회사는 제416조 제 1 호, 제 2 호, 제 2 호의 2, 제 3 호 및 제 4 호에서 정하는 사항을 그 납입기일의 2주 전까지 주주에게 통지하거나 공고하여야 한다.

채, 그밖에 대통령령으로 정하는 사채를 발행할 수 있다(자금 165조의 11).

이를 조건부자본증권이라고 하며, 특정 발동요건(Trigger Event)이 발생시에 자동적으로 보통주로 전환되거나 상각되는 자본증권을 의미한다.[1] 이는 상장된 중소·중견기업의 효율적이고 다양한 자금조달·합작투자 등을 위한 것으로, 전자는 전환형 조건부자본증권(자금시 176조의 12)이며, 후자는 상각형 조건부자본증권(자금시 176조의 13)이다.

자본시장법에서는 사채의 발행 및 배정 등에 관한 특례규정을 두어 원칙적으로 주식의 발행 및 배정 등에 관한 특례규정을 따르도록 하고,[2] 신주인수권부사채의 경우 기존에 비분리형만 인정하였지만, 자본시장법 개정으로 사채권자가 신주인수권증권만을 양도할 수 있는 사채를 인정하며, 이때는 사모의 방법으로 발행할 수 없도록 제한한다(자금 165조의 10 2항).

원래 자본시장법 개정안에는 신주인수선택권증권(자금 개정안 165조의 7)의 발행을 허용하였는데, 이는 독립 워런트의 의미를 가지는 것으로 미리 정한 가액 등에 따라 신주의 발행 등을 상장기업에 대해 청구할 수 있는 콜옵션(현행은 BW·CB, 스톡옵션과 같은 특정한 형태로만 허용)이다. 신주인수선택권증권은 기업방어수단으로도 활용될 수 있었지만 개정법에는 채택되지 못하였다.

제 9 절 이익배당의 특례

자본시장법에서는 배당투자관행을 정착시킨다는 취지에서 분기배당제도를 도입하고 있다.

「상법」에서도 중간배당, 즉 영업년도 중 1회에 한하여 배당을 하는 것을 인정하고 있다.

---

1) 전환사채는 채권자가 전환권을 행사할 수 있음에 반하여 조건부자본증권의 경우 일정한 사유발생이 전환권 행사의 요건이 된다는 점에서 역전환사채, 의무전환사채라고도 한다.

2) 자본시장법 제165조의 10(사채의 발행 및 배정 등에 관한 특례) ① 주권상장법인이 제165조의 11 제 1 항에 따른 사채(주식으로 전환되는 조건이 붙은 사채에 한한다)와 「상법」 제469조 제 2 항 제 2 호, 제513조 및 제516조의 2에 따른 사채(주권 관련 사채권)를 발행하는 경우에는 제165조의 6 제 1 항·제 2 항 및 제 4 항, 제165조의 9를 준용한다.
② 주권상장법인이 「상법」 제516조의 2 제 1 항에 따른 사채를 발행할 때 같은 조 제 2 항 제 4 호에도 불구하고 사채권자가 신주인수권증권만을 양도할 수 있는 사채는 사모의 방법으로 발행할 수 없다.

분기배당은 직전 결산기의 대차대조표상의 순자산액에서 다음의 금액을 뺀 금액을 한도로 한다(자금 165조의 12 3항).

① 직전 결산기의 자본의 액

② 직전 결산기까지 적립된 자본준비금과 이익준비금의 합계액

③ 직전 결산기의 정기총회에서 이익배당을 하기로 정한 금액

④ 분기배당에 따라 해당 결산기에 적립하여야 할 이익준비금의 합계액

이렇게 배당재원이 당해 연도의 이익이 아니라는 점에서 이익배당과 구별된다. 그 성질에 대해서는 이익배당이 아니고 영업연도 중의 금전의 분배로 본다.

제10절 주식배당의 특례

「상법」상 주식배당은 이익배당총액의 2분의 1에 상당하는 금액을 초과하지 못한다(상 462조의 2 1항 단서). 그러나 주권상장법인은 이익배당총액에 상당하는 금액까지는 새로 발행하는 주식으로 이익배당을 할 수 있다(자금 165조의 13 1항). 다만, 해당 주식의 시가가 액면액에 미치지 못하면 상법의 규제에 따른다.

이 때 주식의 시가는 주식배당을 결의한 주주총회일의 직전일부터 소급하여 그 주주총회일이 속하는 사업연도의 개시일까지 사이에 공표된 매일의 증권시장에서 거래된 최종시세가격의 평균액과 그 주주총회일의 직전일의 증권시장에서 거래된 최종시세가격 중 낮은 가액으로 한다(자금시 176조의 14).

제11절 의결권의 배제·제한 주식의 특례

「상법」에 따르면 의결권의 배제·제한에 관한 종류주식을 많이 발행하게 되면 소수의 주주가 회사를 지배하게 되므로 이를 방지하기 위하여 발행주식총수의 4분의 1을 초과할 수 없도록 하고 있다(상 344조의 3 2항)

그러나 자본시장법상 의결권 없는 주식의 총수는 발행주식총수의 2분의 1을 초과할 수 없도록 해서 한도를 넓히고 있다(자금 165조의 15 2항).

위 한도적용시 불산입항목이 인정되어 「상법」 제370조 제 2 항에 따른 의결권 없는 주식의 총수에 관한 한도를 적용할 때 주권상장법인이 다음의 어느 하나에 해

당하는 경우에 발행하는 의결권이 없거나 제한되는 주식은 그 한도를 계산할 때 산입하지 아니한다(자금 165조의 15 1항).

① 대통령령으로 정하는 방법[1]에 따라 외국에서 주식을 발행하거나, 외국에서 발행한 주권관련사채권 그밖에 주식과 관련된 증권의 권리행사로 주식을 발행하는 경우

② 국가기간산업 등 국민경제상 중요한 산업을 경영하는 법인 중 대통령령으로 정하는 기준[2]에 해당하는 법인으로서 금융위원회가 의결권 없는 주식의 발행이 필요하다고 인정하는 법인이 주식을 발행하는 경우

제12절 주권상장법인 재무관리기준

금융위원회는 투자자를 보호하고 공정한 거래질서를 확립하기 위하여 다음의 사항에 관하여 주권상장법인 재무관리기준[3]을 정하여 고시하고 필요한 권고를 할 수 있다. 다만, 주권과 관련된 증권예탁증권이 증권시장에 상장된 경우에는 그 주권을 발행한 법인에 대하여는 주권상장법인 재무관리기준을 다르게 정할 수 있다(자금 165조의 16 1항).

① 유상증자의 요건에 관한 사항

② 주권 관련 사채권의 발행에 관한 사항

③ 배당에 관한 사항

④ 대통령령으로 정하는 해외증권[4]의 발행에 관한 사항

⑤ 그 밖에 건전한 재무관리에 필요한 것으로서 대통령령으로 정하는 사항

---

1) 상장하기 위하여 주식을 모집 또는 매출하는 법인이 금융위원회가 정하여 고시하는 바에 따라 해외증권을 의결권 없는 주식으로 발행하는 것을 말한다(자금시 176조의 16 1항).

2) 다음 각 호의 어느 하나에 해당하는 법인을 말한다(자금시 176조의 16 2항).
   1. 정부(한국은행·한국산업은행 및 「공공기관의 운영에 관한 법률」에 따른 공공기관을 포함한다)가 주식 또는 지분의 100분의 15 이상을 소유하고 있는 법인
   2. 다른 법률에 따라 주식취득 또는 지분참여가 제한되는 사업을 하고 있는 법인

3) 주권상장법인 재무관리기준은 「증권의 발행 및 공시 등에 관한 규정」 제5장 제3절에서 규정하고 있다.

4) 주권상장법인이 해외에서 발행하는 주권·전환사채권·신주인수권부사채권·이익참가부사채권·교환사채권·증권예탁증권, 그 밖에 이와 비슷한 증권을 말한다(자금시 176조의 17 1항).

제13절 이사회의 성별 구성에 관한 특례

최근 사업연도말 현재 자산총액[금융업 또는 보험업을 영위하는 회사의 경우 자본총액(재무상태표상의 자산총액에서 부채총액을 뺀 금액을 말한다) 또는 자본금 중 큰 금액으로 한다]이 2조원 이상인 주권상장법인의 경우 이사회의 이사 전원을 특정 성(性)의 이사로 구성하지 아니하여야 한다(자금 165조의 20).

제 4 부 불공정거래규제

제 1 장 내부자거래

제 1 절 단기매매차익반환제도

Ⅰ. 서 설

1. 의 의

내부자거래는 증권시장에 대한 신뢰를 손상시킴에도 불구하고 실제로 그것을 증명하기란 쉽지 않다. 증권시장에서 내부자거래에 대한 소문이나 의혹은 무성하지만 실제로 조사를 통하여 형사처벌을 받거나 손해배상에 이른 예는 그다지 많지 않다. 단기매매차익반환규정은 이러한 내부자거래규제의 어려움을 덜기 위하여 마련된 규정이다.

단기매매차익반환제도는 일정한 내부자에 대하여 단기매매차익을 얻은 경우 내부정보의 이용 여부에 불구하고 당해 법인에 반환하도록 하는 것이다. 자본시장법에서는 "주권상장법인의 임원, 직원(직무상 미공개중요정보를 알 수 있는 자에 한한다) 또는 주요주주가 특정증권 등을 매수한 후 6개월 이내에 매도하거나 특정증권 등을 매도한 후 6개월 이내에 매수하여 이익을 얻은 경우에는 그 법인은 그 임직원 또는 주요주주에게 그 이익을 그 법인에게 반환할 것을 청구할 수 있다."고 규정하고 있다(자금 172조 1항).

2. 위헌여부

단기매매차익반환규정은 이사 등이 매수 후 6개월 내에 당해주식을 매도할 의도를 가졌는가에 상관없이 적용된다. 이사 등이 매수의 시점에서 단기간 내에 당해 주식을 처분할 의도를 가졌는가 여부를 증명하는 것은 불가능하기 때문이다. 따라서 내부정보이용자와 순수한 마음을 가지고 기술적인 오류를 범한 자 사이에 아무런 도덕적 차이를 두지 않으며, 반면에 보다 간교한 내부자는 규정에서 정한 기준을 넘어서지 않음으로서 그 책임을 면할 수 있다는 비판이 가해진다.[1)]

이렇게 내부정보의 부당이용에 상관없이 반환의무를 부과하는 것이 재산권보호에 관한 헌법위반은 아닌가라는 문제가 발생한다. 이에 대하여 헌법재판소는 "증권거래법 제188조 제 2 항은 단기매매차익을 반환하게 함으로써 일반 투자자들의 이익을 보호함과 동시에 증권시장의 공평성, 공정성을 확보함으로써 일반투자자들의 증권시장에 대한 신뢰를 확보하고자 하는데 비하여, 이로 인하여 제한되는 청구인들과 같은 내부자의 재산권에 대한 제한은 내부자에게 일체의 주식거래를 금지하는 것이 아니라 단지 단기매매에 해당하는 경우 그 이익을 회사로 반환하도록 하는데 그치고, 나아가 내부정보를 이용하였다고 하더라도 6월의 기간이 지나면 아무런 제한 없이 주식거래를 할 수 있고 그 차익도 보유할 수 있으므로 이 사건 법률조항에 의한 재산권의 제한이 이로 인하여 달성할 수 있는 공익에 비하여 결코 크다고 볼 수도 없다."고 하여 합헌성을 인정하였다.[2)]

Ⅱ. 적용범위 및 요건

1. 증명의 범위

일반적으로 동조의 반환의무는 구체적인 거래에 있어서 내부정보가 현실적으로 이용되었는지 여부에 상관없이 부과된다. 내부정보를 현실로 이용한 것을 동조

1) Thomas Lee Hazen, The Law of Securities Regulation(5th ed.), Thomson/West, 2005, p. 572.

2) 헌재결 2002. 12. 18, 99 헌바 105, 2001 헌바 48(병합); 일본 대법원도 동조의 규제수단이 입법목적달성을 위한 수단으로써 필요 또는 합리성을 흠결한 것이 아니고 헌법에 위반한 것은 아니라고 판단함에 있어서 다음과 같이 판시하였다. "동조는 거래의 태양 등을 고려하여 이러한 비밀의 부당이용의 여지가 없다고 생각되는 거래의 유형을 정할 것을 대장성령에 위임한 것이지만 위 목적(내부정보의 부당한 이용)을 달성하기 위해서 동 규정을 적용할 필요가 없는 거래는 대장성령에 정해진 경우에 한하는 것은 아니고 유형적으로 보아서 거래의 태양자체로 보아 상기 비밀을 부당하게 이용할 것이 인정되지 않는 경우에는 동조는 적용되지 않는다고 해석하는 것이 상당하다."(最高判 平成 14.2.23., 民輯 56券2號, 332면)고 하였으며, 證券取人法 제164조 제 8 항에서 적용제외를 규정하고 있는데, 우리나라와 같이 "매수 또는 매도의 태양 기타 사정을 고려하여 대장성령에서 정한 경우"로 하고 있다.

의 반환의무의 발생요건으로 하면, 당해 사실을 증명하는 것이 매우 어렵기 때문이다.

일본이나 미국[1]의 경우 "'비밀을 부당하게 이용하는 것을 방지하기 위하여'라는 문구가 있으므로 내부정보가 현실적으로 이용된 것을 반환의무발생의 요건으로 해야 하고, 그렇게 해석하지 않으면 동조는 헌법에 저촉될 가능성이 생기게 된다." 라거나,[2] "내부정보의 현실적인 이용을 반환의무발생의 요건으로 해야 하는 것은 아니라는 점에 대해서는 찬성하지만 부당이용의 가능성이 전혀 없는 경우에까지 동조의 반환의무가 생긴다고 해석하는 것은 의문이다."라는 견해도 있다.[3]

미국 판례에서도 그 증명의 범위를 제한하고 있다. 판례를 보면 "16조 (b)항은 내부자에 의해 미공표 된 정보를 이용한 투기적인 단기매매로부터 외부의 주주를 보호하기 위해 제정된 것이다. 따라서 입안자가 이러한 목적을 위해서 유효하다고 생각한 유일의 방법은 객관적인 증명의 기준에 기초해 책임을 과하는 것이다."고 하며,[4] "현실적으로 내부정보가 불공정하게 이용되었다는 것을 증명해야 한다는 주관적 증명의 기준에 의하면 6개월 내에 이익을 얻을 목적이었는가를 묻지 않는 규정의 취지가 무의미해진다."고 하였고,[5] "객관적 기준은 사실상 법정의 기간 내에 생긴 모든 거래에 대해서 내부자의 의도 내지 현실의 투기적 거래의 존재 유무에 상관없이 엄격한 책임을 과하는 것이고, 이러한 접근에 의할 때 증명의 곤란을 완화함으로써 내부정보의 부당이용에 의한 투기적 거래를 근절하려는 법의 기능을 최대한으로 발휘시킨다."고 하였다.[6]

통계에 의하면, 이 제도를 위반하는 주체가 임원, 주요주주보다는 내부정보에 접근이 쉽지 않은 직원이 압도적으로 많으며, 그 위반은 또한 제도에 대한 충분한 이해부족에 많은 부분 기인한다며, 적어도 이 제도가 본래의 취지와 다소 동떨어진 방향으로 규제를 실현하는 측면이 있음을 부인할 수 없다고 한다.[7]

---

1) 15 U.S.C.A. § 78p(b).
2) 佐夕木秀雄, "會社役員に 對する不當利益返還請求權發生の要件", 商事法務 789號(1977), 31면.
3) 森田 章, 判批(東高判 平成45년5월27일), 判評 409號(1995), 217면.
4) Smolowe v. Delendo Corp., 136 F. 2d 231, 235(2nd Cir. 1943), cert. denied 320 U.S. 751.
5) Ibid., p. 236.
6) Bershad v. McDonough, 428 F. 2d 693, 696(7th Cir. 1970). cert. denied 400 U. S. 992.
7) 최민용, "단기매매차익의 반환 －매매의 개념을 중심으로－", 「상사판례연구」 제19집 제4권(2006), 159면; 자본시장법에서는 직무상 미공개중요정보를 알 수 있는 자로서 대통령령으로 정하는 자에 한한다.

그러나 우리나라의 헌법재판소는 이에 대해서 "증권거래법 제188조 제 2 항이 정하는 단기매매차익반환제도는 문면상 내부자가 실제로 미공개 내부정보를 이용하였는지 여부에 관계없이 ① 내부자가 ② 6월 이내의 기간에 ③ 자기회사의 주식 등을 거래하여 ④ 차익이 발생한 경우라는 형식적인 요건에만 해당하면 반환책임이 성립하고, 내부정보를 이용하지 않고 주식거래를 하였다는 등 일체의 반증을 허용하지 않는 내부자에 대한 엄격책임을 부과하고 있다. 이는 미공개 내부정보의 이용 유무를 적용의 적극 또는 소극 요건으로 할 경우 그 입증 및 인정이 실제상 극히 곤란하기 때문에 단기매매차익청구권의 신속하고 확실한 행사를 방해하고 결국 입법목적을 잃게 되는 결과를 가져온다는 점 및 일반투자자들의 증권시장에 대한 신뢰의 제고라는 입법목적을 고려한 불가피한 입법적 선택이라 할 것이다."고 하여, 주관적 증명을 요구하지 않는다고 하였다.[1)]

대법원도 "단기매매차익 반환제도는 주권상장법인 또는 협회등록법인(현 코스닥상장법인)의 내부자가 6월 이내의 단기간에 그 법인의 주식 등을 사고 파는 경우 미공개 내부정보를 이용하였을 개연성이 크다는 점에서 거래 자체는 허용하되 그 대신 내부자가 실제로 미공개 내부정보를 이용하였는지 여부나 내부자에게 미공개 내부정보를 이용하여 이득을 취하려는 의사가 있었는지 여부를 묻지 않고 내부자로 하여금 그 거래로 얻은 이익을 법인에 반환하도록 하는 엄격한 책임을 인정함으로써 내부자가 미공개 내부정보를 이용하여 법인의 주식 등을 거래하는 행위를 간접적으로 규제하려는 제도라 할 것이다."라고 하여 증명책임을 제한하고 있다.[2)]

2. 차익반환의무자

(1) 주요주주

다음의 경우 주요주주로 본다(자금 9조 1항). ① 누구의 명의로 하든지 자기의 계산으로 법인의 의결권 있는 발행주식총수의 100분의 10 이상의 주식(그 주식과 관련된 증권예탁증권을 포함한다)을 소유한 자 ② 임원의 임면(임면) 등의 방법으로 법인의 중요한 경영사항에 대하여 사실상의 영향력을 행사하는 주주로서 대통령령으로 정하는 자

자본시장법에서는 주요주주에 대하여 "주요주주가 매도·매수한 시기 중 어느 한 시기에 있어서 주요주주가 아닌 경우에는 적용하지 아니한다."고 규정하고 있다

1) 헌재결 2002. 12. 18, 99 헌바 105, 2001 헌바 48(병합).
2) 대판 2004. 5. 28, 2003 다 60396.

(자금 172조 6항). 이와 관련하여 주요주주가 내부자로 간주되는 시기에 대하여, 주식을 매수하여 주요주주가 되는 때에도 단기매매차익반환의무가 적용된다고도 하지만, 매도·매수한 시기 중 어느 한 시기에 있어서 주요주주가 아닌 경우에는 단기매매차익반환의무를 부담하지 않는다고 보겠다. 즉 매수 당시에 주요주주가 아니면 회사의 내부정보를 이용하였다고 볼 수 없고, 특히 자본시장법 제172조 제 6 항의 "매수한 시기"를 "매수한 후"로 해석하는 것은 부당하며, 규정의 형식과 취지상 "매수할 당시"로 해석하는 것이 타당하기 때문이다.[1)]

> ▶ 참조판례
>
> "내부자로 하여금 그 단기매매차익을 반환할 의무를 부담하도록 하기 위하여서는 그 내부자가 그러한 주식거래의 직접적인 주체이거나, 그 주체가 아닌 경우에는 그 주체의 행위를 그 내부자의 행위와 동일시할 수 있는 경우에 해당하여야 한다."며 처에게 주식거래를 위임한 경우에는 이 규정이 적용된다고 하였다(대판 2007. 11. 30, 2007 다 24459).

(2) 임원과 직원

임원에는 등기이사·감사뿐만 아니라 사실상 당해 법인의 이사의 업무를 수행하는 소위 비등기임원도 이에 해당한다. 그리고 상법상 업무집행지시자(상 401조의 2)도 포함된다. 직원은 임원 이외의 모든 피용자를 의미한다. 자본시장법에서는 직무상 미공개중요정보를 알 수 있는 자로서 대통령령으로 정하는 자에 한하고 있다.

여기서 "대통령령으로 정하는 자"란 다음의 어느 하나에 해당하는 자로서 증권선물위원회가 미공개중요정보를 알 수 있는 자로 인정하는 자를 말한다(자금시 194조). ① 그 법인에서 자본시장법 제161조 제 1 항 각 호의 어느 하나에 해당하는 사항의 수립·변경·추진·공시, 그밖에 이에 관련된 업무에 종사하고 있는 직원 ② 그 법인의 재무·회계·기획·연구개발에 관련된 업무에 종사하고 있는 직원

임원·직원이 내부자로 간주되는 시기와 관련하여 주요 주주에 대한 것과 같은 규정이 없으므로 매도하거나 매수한 어느 한 시기에만 임·직원의 지위에 있으면 적용대상이 된다.

판례는 법인 내부자가 정직처분을 받아 신분 및 임무수행상의 제한을 받는 상태에서 그 법인의 주식을 매수한 경우에도 이 규정의 적용을 받는다고 하였다.[2)]

1) 임재연, 전게서, 684면.

3. 거래의 유형

자본시장법에 따르면 증권에 대한 매수 및 매도를 행위유형으로 요구하고 있지만, 위 규정은 내부자거래를 규제하여 증권시장의 공정성을 제고하기 위한 것으로서 이를 위해서는 매수 및 매도의 의미를 융통성 있게 해석할 필요가 있다.

미국의 경우 전환사채나 전환우선주식의 보통주식으로의 전환, 합병이나 자본재구성시의 주식의 교환 등 비전형적 거래도 당해 거래 유형이 내부정보의 투기적 남용을 초래하는 것인 한 매수 또는 매도에 해당하는 것으로 해석한다.[1]

우리나라 법원도 증권거래법상 매수에는 민법상의 전형계약인 매매 외에 신주인수와 같은 비전형적 거래도 포함된다고 하고 있다.[2] 예를 들면 회사의 악재를 알고 있는 내부자가 주식을 매도한 후에 지배력을 유지하기 위해서 다시 주식을 매입하는 경우에 매수의 방법이 아니고 주주총회나 이사회를 통하여 제 3 자배정에 의한 유상증자를 시행하게 하여 이를 자신이 인수하는 방법을 이용할 수 있다. 단기매매차익반환규정의 유효성을 확보하기 위해서는 이러한 편법에 대해서도 그 적용을 인정할 필요가 있다.

법원은 이사가 차명계좌를 통하여 공개시장에서 주식을 매도한 후 같은 날 같은 가격으로 매도수량 중 일부를 실명계좌로 다시 매수한 경우, "비록 공개시장에서의 증권예탁에 혼합임치의 성격이 있어 매도 및 매수되는 주식을 특정할 수 없다 할지라도 실질적으로 동일한 시점에 차명계좌로부터 매도주문과 실명계좌로부터의 매수주문이 존재하였다면 차명계좌에서의 매도가격과 실명계좌에서의 매수가격이 정확히 일치하는 수량에 관한 한 증권거래법 제188조 제 2 항의 적용대상인 매매에 해당하지 아니한다고 보아야 한다."고 판시하였다.[3]

자본시장법에서는 매매를 옵션을 포함하는 취지로 정의하고 있다. 즉 매수에는 "권리 행사의 상대방이 되는 경우로서 매수자의 지위를 가지게 되는 특정증권 등의 매도"를 포함하고, 매도에는 "권리를 행사할 수 있는 경우로서 매도자의 지위를 가지게 되는 특정증권 등의 매수"를 포함한다. 이는 매도선택권과 그것을 포함

---

2) 대판 2008. 3. 13, 2006 다 73218.

1) 미국 증권거래법 제 3 조 (a)항 (13), (14)호가 매수를 매수 혹은 기타 취득을 위한 모든 계약을 포함하는 개념으로, 매도를 매도 또는 기타 처분을 위한 모든 계약을 포함하는 개념으로 정의하고 있다(SEA(1934) § 3(a)).

2) 서울지판 2000. 6. 9, 98 가합 114133.

3) 대판 2005. 3. 25, 2004 다 30040.

한 파생결합증권의 매도·매수를 의미한다. 여기에는 매수선택권(콜 옵션)은 포함되지 않는다. 매수선택권의 매수나 매도는 그 자체를 특정증권 등의 매수나 매도로 처리하는 것이 타당하기 때문이다.

그리고 상속이나 증여에 의한 무상취득, 주식배당, 주식분할, 주식병합에 의한 주식취득은 매수 또는 매도에 해당되지 않는다.

4. 예외의 인정범위

자본시장법 제172조 제 6 항에 따르면 "매도 또는 매수의 성격 기타 사정 등을 감안하여 대통령이 정한 경우"[1]에 적용제외를 인정하는데, 이는 유형적으로 보아 거래의 태양자체에서 비밀을 부당하게 이용한 것이 아닌 경우에는 적용제외를 인정하는 것이다.

시행령상의 예외의 범위를 예시적으로 본 하급심 판결이 있지만,[2] 대법원은 "증권거래법 제188조 제 2 항이 적용되지 아니하는 경우로서 같은 조 제 8 항 및 이

---

1) 시행령에서는 단기매매차익반환규정의 적용이 제외되는 거래유형으로 다음의 경우를 들고 있다(자금시 198조).
① 법령에 따라 불가피하게 매수하거나 매도하는 경우
② 정부의 허가·인가·승인 등이나 문서에 의한 지도·권고에 따라 매수하거나 매도하는 경우
③ 안정조작이나 시장조성을 위하여 매수·매도 또는 매도·매수하는 경우
④ 모집·사모·매출하는 특정증권 등의 인수에 따라 취득하거나 인수한 특정증권 등을 처분하는 경우
⑤ 주식매수선택권의 행사에 따라 주식을 취득하는 경우
⑥ 이미 소유하고 있는 지분증권, 신주인수권이 표시된 것, 전환사채권 또는 신주인수권부사채권의 권리행사에 따라 주식을 취득하는 경우
⑦ 자본시장법 제172조 제 1 항 제 2 호에 따른 증권예탁증권의 예탁계약 해지에 따라 자본시장법 제172조 제 1 항 제 1 호에 따른 증권을 취득하는 경우
⑧ 자본시장법 제172조 제 1 항 제 1 호에 따른 증권 중 제196조 제 1 호 라목에 따른 교환사채권 또는 자본시장법 제172조 제 1 항 제 3 호에 따른 교환사채권의 권리행사에 따라 증권을 취득하는 경우
⑨ 모집·매출하는 특정증권 등의 청약에 따라 취득하는 경우
⑩ 「근로자복지기본법」 제32조에 따라 우리사주조합원에게 우선 배정된 주식의 청약에 따라 취득하는 경우
⑪ 주식매수청구권의 행사에 따라 주식을 처분하는 경우

2) "시행령 제83조의 6의 단기매매차익반환의 예외사유 규정 또한 예외사유를 한정적으로 열거한 것이 아니라 이를 예시한 것으로 봄이 타당하다고 할 것인바, 단기매매차익이 통상적인 주식매매에서 발생한 것이 아니라 합병을 위한 매수, 기업지배권을 획득하기 위한 공개매수, 또는 적대적 M&A를 방어하기 위한 매수 등 비통상적인 매매와 관련하여 발생한 경우에 그 매매가 비자발적인 것이었고 차익의 발생이 내부중요정보의 이용과 상관없는 것이라면 이는 단기매매차익반환대상에서 제외하는 것이 법 제188조 제 2 항, 제 8 항에 부합하는 것이다."(서울지법 남부지원 2000. 3. 24, 99 가합 7825).

에 근거한 구증권거래법 시행령 제83조의 6에서 정한 예외사유는 한정적으로 열거된 것으로서 구시행령에서 정하지 아니한 사유로까지 그 반환책임의 예외사유를 넓힐 것을 예정한 것은 아니다. 다만, 위 조항의 입법목적과 단기매매차익반환의 예외를 정한 구시행령 제83조의 6의 성격 및 헌법 제23조가 정하는 재산권 보장의 취지를 고려하여 위 예외사유에 해당하지 아니하더라도 내부자거래에 의한 주식거래가 아님이 명백한 경우 즉 거래의 유형상 애당초 내부정보의 이용가능성이 객관적으로 없는 경우에는 법 제188조 제 2 항이 적용되지 아니할 뿐이다."고 하였다.[1)]

대법원은 주요주주가 공개시장을 통하여 주식매수를 통한 기업인수를 시도하였다가 사정상 포기하고 주식을 매도한 경우, "피고가 적대적 주식대량매수자의 지위에서 주식을 거래하였다는 그 외형 자체만으로부터 내부정보에의 접근 가능성이 완전히 배제된다고 볼 수는 없는 점을 고려하면 결국 '내부정보에 대한 부당한 이용의 가능성이 전혀 없는 유형의 거래'에는 해당하지 않는다고 보아야 할 것이므로, 같은 법 제188조 제 2 항의 적용 대상인 매도에 해당하여 단기매매차익의 반환책임을 피할 수 없다고 할 것이다."고 하여 단기매매차익반환책임을 인정하였다.[2)] 또한 회사가 주가의 하락을 막고 회사에 대한 적대적 기업인수에 대한 방어책으로 주식을 매수했으나, 경영악화로 타회사에 부득이 회사의 경영권을 양도하기 위한 수단으로 주식을 매도한 경우에도 내부정보의 이용가능성을 인정하였다.[3)]

5. 적용대상 금융투자상품

단기매매차익반환규정이 적용되는 금융투자상품에 대하여 내부자거래규제의 대상이 되는 특정증권 등과 동일하게 규정하여 다음을 들고 있다(자금 172조 1항).

① 그 법인이 발행한 증권(대통령령으로 정하는 증권[4)]을 제외한다)

1) 대판 2004. 2. 12, 2002 다 69327; 동 2004. 5. 28, 2003 다 60396; 헌법재판소도 같은 취지이다(헌재결 2002. 12. 18, 99 헌바 105, 2001 헌바 48(병합)).
2) 대판 2004. 5. 28, 2003 다 60396.
3) 대판 2004. 2. 13, 2001 다 36580.
4) 단기매매차익반환 면제 증권으로 다음을 든다(자금시 196조).
① 채무증권. 다만, 다음 각 목의 어느 하나에 해당하는 증권은 제외한다
가. 전환사채권
나. 신주인수권부사채권
다. 이익참가부사채권
라. 그 법인이 발행한 지분증권(이와 관련된 증권예탁증권을 포함한다) 또는 가목부터 다목까지의 증권(이와 관련된 증권예탁증권을 포함한다)과 교환을 청구할 수 있는 교환사채권
② 수익증권
③ 파생결합증권(법 제172조 제 1 항 제 4 호에 해당하는 파생결합증권은 제외한다)

② ①의 증권과 관련된 증권예탁증권

③ 그 법인 외의 자가 발행한 것으로서 ① 또는 ②의 증권과 교환을 청구할 수 있는 교환사채권

④ ①부터 ③까지의 증권만을 기초자산으로 하는 금융투자상품

6. 반환청구권자

단기매매차익반환에 있어서 거래를 통한 손해는 거래상대방이 보게 되는데 반하여 이익의 반환청구권은 회사가 가진다는 특색이 있다. 단기매매차익반환의 1차적인 청구권자는 당해 법인이다. 당해 법인의 주주는 그 법인에 대하여 반환청구를 하도록 요구할 수 있으며, 당해 법인이 그 요구를 받은 날부터 2월내에 그 청구를 하지 아니하는 때에만 그 주주는 당해 법인을 대위하여 그 청구를 할 수 있다(자금 172조 2항).

이전에는 증권선물위원회도 법인을 대위하여 청구할 수 있었다. 지금은 이를 삭제하고 증권선물위원회의 해당법인에 대한 통보와 단기매매차익의 공시제도를 도입하여 보완하고 있다(자금 172조 3항).

7. 이익의 산정

시행령에서 이익산정에 대한 기준을 제시하고 있는데, 이에 따르면 이익은 원칙적으로 다음과 같이 된다(자금시 195조).

(매도 평균단가 − 매수평균단가)×매도 수량과 매수 수량 중 적은 값 − 비용

시행령에 따를 때 단순한 주가차이를 기본적인 이익으로 보게 된다. 그러나 주가란 시장상황에 따라서 변동하는 것이므로 그 변동분을 전부 이익으로 볼 수는 없다. 예를 들어 주식시장 상황의 호전으로 주가가 상승한 경우에는 그 상승분은 이익에서 빼야 할 것이다. 따라서 업종평균 변동률을 산정하고 이에 대해서 개별기업의 차별적 변동액을 이익으로 산정하는 것이 타당한 방안일 것이다.[1]

6개월 기간 내에 수차의 거래가 이루어지는 중복거래의 경우에 이익을 어떻게 산정할 것인가도 문제인데, 이에 대해서는 다양한 견해가 있다. ① 수수료 및 거래

1) 상세는 시세조종행위부분에서 검토한다.

세를 매도대금총액에서 매수대금총액과의 차액에 의하는 총액차감법 ② 6개월 내의 거래량을 가중치로 한 매도평균가격에서 매수평균가격을 공제하여 차익을 산정하는 가중평균법 ③ 매수한 순서와 매도한 순서를 맞추어 순서대로 매도가격에서 매수가격을 공제하여 차액을 산정하는 선입선출법 ④ 6개월 내의 매수분은 최저가부터, 매도분은 최고가부터 순서대로 배열하고, 거래량을 가중치로 하여 매도가격에서 매수가격을 공제하여 차익만 합산하고, 차손은 공제하지 않음으로써 가능한 최대의 이익을 산정하는 매수최저가 매도최고가방식 등이 있다.[1] 우리나라의 시행령은 선입선출법에 의하고 있다.

법원은 지배주식의 양도와 함께 경영권이 주식양도인으로부터 주식양수인에게 이전하는 경우 "경영권의 이전은 지배주식의 양도에 따르는 부수적인 효과에 불과하고, 그 양도대금은 지배주식 전체에 대하여 지급되는 것으로서 주식 그 자체의 대가임이 분명하다."고 하여,[2] 경영권 프리미엄 또한 주식의 단기매매로 인하여 얻은 이익에 해당한다고 하였다.

또한 법원은 "이사가 차명계좌를 통하여 공개시장에서 주식을 매도한 후 같은 날 같은 가격으로 매도수량 중 일부를 실명계좌로 다시 매수한 경우, 매도일시 및 가격과 매수일시 및 가격이 일치하는 부분을 제외한 나머지 부분에 대하여만 단기매매차익의 반환을 명해야 한다."고 판시하였다.[3]

제 2 절 미공개중요정보 이용행위의 금지

Ⅰ. 서 설

1. 의 의

미공개중요정보 이용행위의 금지는 소위 내부자거래의 금지로서 자본시장법에서는 "내부자는 상장법인의 업무 등과 관련된 미공개중요정보, 즉 투자자의 투자판단에 중대한 영향을 미칠 수 있는 정보로서 불특정 다수인이 알 수 있도록 공개되기 전의 것을 특정증권 등의 매매, 그 밖의 거래에 이용하거나 타인에게 이용하게

1) 미국의 판례는 대부분 이 방식에 의한다고 한다(임재연, 전게서, 698면).
2) 대판 2004. 2. 13, 2001 다 36580.
3) 대판 2005. 3. 25, 2004 다 30040.

하여서는 아니 된다.”(자금 174조)고 규정하고 있다. 이러한 미공개중요정보의 이용에 대한 규제는 미국 판례상 확립된 ‘중요성’의 해석기준을 받아들이고 있다.

내부자거래를 금지하는 취지는 내부자가 직무상 알게 된 미공개정보를 이용하여 증권을 매매한다면, 이와 같은 정보를 알지 못하는 일반투자자의 희생하에 부당한 이득을 얻는 불공정거래가 되기 때문이다.

2. 내부자거래규제에 대한 찬·반

내부자거래의 규제에 반대하는 입장은 효율성을 강조한다. 내부자거래에 의하여 미공개정보가 주가에 조기 반영되어 시장의 효율성 또는 금융자원분배의 효율성이 높아지며, 내부자거래가 없이 정보가 공개된 경우에 비하여 주가가 급격하게 변동하지 않는다고 한다. 이 때 내부자와 반대방향의 투자자는 내부자거래가 없을 때에 비하여 조금이라도 고가로 증권을 매도하거나 저가로 증권을 매수할 수 있으므로 실제로는 어느 누구도 피해를 입지 않는다고 한다.

예를 들어 호재가 있으면, 일반거래는 내부자거래에 의해 1차 주가상승이 있게 되고 나중에 정보공개시 2차 상승이 있게 된다. 악재가 있을 때에도 내부자거래에 의하여 1차 하락과 정보공개시 추가하락이 있게 된다. 내부자거래의 규제에 반대하는 입장은 위에서처럼 내부자거래에 의하여 주가가 단계적으로 변동되게 될 때 거래 상대방이 1차 상승이나 하락에 의하여 거래할 수 있다는 점을 강조한다.

이에 반해 규제에 찬성하는 견해는 공정성을 강조한다. 내부자거래가 있게 되면 내부정보에 접근하기 어려운 일반투자자가 증권시장을 신뢰하지 못하여 그 시장을 떠나는 결과가 초래되고, 정보가 완전히 공개되었더라면 그 상대방은 보다 고가로 매도하거나 저가로 매수할 수 있었을 것이라는 문제를 제기한다.

II. 내부자거래 규제요건

1. 규제대상 증권 및 발행인

내부자거래의 규제대상 증권은 “특정증권 등”이라고 하여 단기매매차익반환규정에서의 대상증권과 동일하다(자금 172조 1항). 여기서는 상장법인이 발행한 증권은 물론 그 법인 이외의 자가 그 법인과 관련된 증권을 기초자산으로 하여 발행한 신종증권도 포함하고 있다. 다만 당해법인이 아니면서 일정한 관계에 있는 법인이 발행한 증권은 규제대상이 아니다. 예를 들면 어떤 회사에 호재의 정보가 있는 경우 그 협력업체에게도 호재가 된다. 이 때 그 협력업체가 발행한 증권은 대상이 아니다.

개정 자본시장법에서는 규제의 대상에 상장법인뿐만 아니라 상장예정법인도 포함하고 있다(자금 174조 1항). 또한 합병 등을 통해 우회상장하려는 기업의 미공개중요정보를 이용하는 행위 등도 미공개중요정보 이용행위금지의 대상이 되게 하여 불공정거래에 관한 규제를 개선하였다.

2. 내부자 또는 정보수령자

내부자거래의 규제의 대상이 거래에 있어서 거래자가 내부자이거나 정보수령자이어야 한다. 이들만이 정보의 공개 또는 내부자거래의 회피의무를 부담하기 때문이다. 여기서 내부자의 범위를 보면 다음과 같다.

(1) 내부자(1차 내부자)

내부자에는 당해 법인(그 계열회사를 포함) 및 임·직원과 대리인, 주요주주가 있다. 이들은 내부 정보를 이용하거나 타인으로 하여금 이용하게 하여서는 아니 된다. 당해 법인은 자기주식취득이나 그 처분과정에서 내부정보를 이용할 수 있기 때문에 이를 규제한다.

▶ 참조판례

"임직원의 미공개정보 이용행위는 그것이 자신의 이익을 추구할 목적으로 자기의 계산으로 하는 것이든 또는 당해 법인에게 이익이 귀속될 자사주식의 처분처럼 타인의 이익을 위하여 타인의 계산으로 하는 것이든 아무런 제한을 두고 있지 아니하였던 데다가 같은 법 제215조가 법인의 대표자, 대리인·사용인 기타 종업원이 그 법인의 업무에 관하여 제207조의 2의 위반행위를 한 때에 행위자를 벌하도록 규정한 것을 보면 당해 법인의 임직원 또는 대리인이 미공개정보를 이용하여 법인의 업무에 관하여 자사의 주식을 매각하는 경우에도 그 법인의 임직원 또는 대리인은 당연히 형사처벌되는 것이라 할 것이므로, 개정된 법률에서 미공개정보 이용행위금지의 주체로 법인을 추가하고 당해 법인의 금지위반행위를 처벌의 대상으로 삼게 되었다고 하여 구법의 규정을 달리 볼 수는 없다."(대판 2002. 4. 12, 2000 도 3350).

(2) 준내부자(1차 내부자)

당해 법인에 대하여 법령에 의한 허가·인가·지도·감독 기타의 권한을 가지는 자와 당해 법인과 계약을 체결하고 있거나 체결을 교섭하고 있는 자가 준내부자가 된다(자금 174조 1항 3, 4호). 후자에는 외부감사인, 인수계약을 체결한 증권회사, 명의개서대행회사, 거래은행, 변호사 또는 회계사, 컨설팅회사 등이 포함된다.

(3) 내부자의 임·직원 및 대리인

주요주주 또는 준내부자의 대리인(이에 해당하는 자가 법인인 경우에는 그 임직원 및 대리인을 포함한다)·사용인 기타 종업원(내부자의 어느 하나에 해당하는 자가 법인인 경우에는 그 임·직원 및 대리인)도 미공개정보이용행위가 금지된다(자금 172조 1항 5호).

(4) 내부자지위의 연장

위 내부자에 해당하는 자가 이에 해당하지 않게 된 날로부터 1년이 경과하지 아니한 자도 규제대상이다(자금 172조 1항).

(5) 직무관련성

내부자가 정보를 알게 된 것이 자신의 직무와 관련성이 있어야 한다. 구체적으로 주요주주의 경우 "권리를 행사하는 과정에서", 준내부자의 경우 "그 권한을 행사하는 과정에서" 혹은 "그 계약을 체결·교섭 또는 이행하는 과정에서" 각각 미공개중요정보를 알게 될 것을 요건으로 명시하고 있다.

(6) 정보수령자(2차 내부자)

내부자로부터 중요한 미공개정보를 전달받은 자도 내부자거래의 규제대상이 된다(자금 172조 1항 6호). 그리하여 당해 법인이 발행한 증권의 매매 그 밖의 거래와 관련하여 그 정보를 이용하거나 다른 사람으로 하여금 이를 이용하게 하지 못한다. 이 때 규제대상의 제한이 필요한데, 제1차 정보수령자로부터 미공개내부정보를 다시 전달받은 제2차 정보수령자가 증권의 매매 그 밖의 거래와 관련하여 전달받은 당해 정보를 직접 이용하는 경우에만 제1차 정보수령자가 처벌대상이 되고(2차 정보수령자는 처벌대상 아님), 제2차 정보수령자가 그 정보를 직접 이용하지 않고 다시 다른 사람에게 전달하여 이용하게 하는 경우에는 제1자 정보수령자도 처벌대상이 아니다.[1] 그러나 자본시장법의 개정으로 제2차, 제3차 정보수령자는 시장질서 교란행위의 금지조항에 의하여 규제되게 되었다(자금 178조의 2 1항).

미국에서는 정보수령자에 대하여 ① 내부자가 신임의무에 위반하여 정보를 제

1) 대판 2002. 1. 25, 2000 도 90.

공하였고 ② 정보수령자가 내부자의 신임의무위반을 알거나 알았어야 하고 ③ 정보제공자가 정보수령자로부터 이익을 얻거나 또는 정보수령자에게 경제적 이익을 얻게 할 의사가 있어야 규제대상이 된다고 해석한다.[1] 이와 같이 정보수령자의 책임을 내부자의 신임의무위반에서 파생되는 것이라고 보기 때문에 제2차, 제3차 정보수령자도 규제대상에 포함된다.

정보수령자와 달리 정보의 생성자는 규제의 대상이 되지 않는다.[2] 예를 들면 M&A를 추진하는 자가 그 추진과정에서 주식을 매수하는 경우도 흔히 볼 수 있는데, 이들은 정보생성자로서 내부자나 준내부자에 해당하지 않고, 정보수령자의 범위에 당해 회사의 인수를 위한 일방 당사자는 포함되지 않는다. 즉, M&A 추진정보는 "상장법인의 업무 등과 관련하여 발생한 정보"에 해당하지 않는다. 다만 정보의 생성자라 할지라도 공개매수 등의 경우 다음에 보는 바와 같이 일정한 규제규정을 두고 있다.

▶ 참조판례

"증권거래법 제188조의 2 제 1 항, 제207조의 2 제 1 호는 내부자로부터 미공개 내부정보를 전달받은 제1차 정보수령자가 유가증권의 매매 기타의 거래에 관련하여 당해 정보를 이용하거나 다른 사람에게 이를 이용하게 하는 행위만을 처벌할 뿐이고, 제1차 정보수령자로부터 제1차 정보수령과는 다른 기회에 미공개 내부정보를 다시 전달받은 제2차 정보수령자 이후의 사람이 유가증권의 매매 기타의 거래와 관련하여 전달받은 당해 정보를 이용하거나 다른 사람에게 이용하게 하는 행위는 그 규정조항에 의하여는 처벌되지 않는 취지라고 판단된다."(대판 2002. 1. 25, 2000 도 90).

3. 공개되지 아니한 중요한 정보

내부자거래의 규제가 되는 행위는 "상장법인의 업무 등과 관련하여 일반인에게 공개되지 아니한 중요한 정보"를 이용하는 행위이다. 즉 정보의 중요성과 미공

1) Dirks v. S.E.C. 463 U. S. 646(1983). 내부자의 신인의무위반이 되는지 여부는 정보제공의 목적에 의하여 결정된다. 그것은 내부자가 부적절한 정보개시로 인하여 직접, 간접으로 개인적 이익을 얻는지 여부이다. 만일 내부자가 개인적으로 이익을 얻지 못한다면 주주들에 대한 신인의무위반이 되지 않는다고 하였다.

2) 정보생성자도 자본시장법 개정으로 시장질서 교란행위금지조항에 의해 규제되게 된다(자금 178조의 2 1항).

개성의 두 가지 요건을 갖추어야 한다. 여기서 중요성의 요건은 정보의 객관적 내용에 관한 문제이고, 미공개성의 요건은 정보의 시간적 범위에 관한 문제이다.

(1) 업무관련성

상장법인의 업무 등과 관련된 중요한 정보의 이용이 금지되므로 정보가 업무관련성이 있어야 한다. 따라서 주가에 영향을 미치지만 업무와 관련이 없는 시장정보, 즉 특정증권 등에 대한 주가흐름의 분석, 예측 등과 같은 정보는 내부정보가 될 수 없다.

(2) 미공개정보와 대기기간

미공개정보란 일반인에게 공개되어 공개시장에서 광범위하게 유포되기 전의 정보이다. 시행령에서는 정보가 공개된 후 일정한 기간이 경과하기 전까지는 미공개정보로 보고 있다. 일정기간의 경과란 내부자의 입장에서 보면 증권거래를 할 수 있는 대기기간이라 할 수 있다. 이 대기기간은 정보이용의 균형의 관점에서 인정되는 것이다.

대기기간과 관련하여 시행령에서는 다음과 같이 규정하고 있다(자금시 201조 1항).

① 법령에 따라 금융위원회 또는 거래소에 신고되거나 보고된 서류에 기재되어 있는 정보: 그 내용이 기재되어 있는 서류가 금융위원회 또는 거래소가 정하는 바에 따라 비치된 날부터 1일

② 금융위원회 또는 거래소가 설치·운영하는 전자전달매체를 통하여 그 내용이 공개된 정보: 공개된 때부터 3시간

③ 「신문 등의 진흥에 관한 법률」에 따른 일반일간신문 또는 경제분야의 특수일간신문 중 전국을 보급지역으로 하는 둘 이상의 신문에 그 내용이 게재된 정보: 게재된 날의 다음 날 0시부터 6시간. 다만, 해당 법률에 따른 전자간행물의 형태로 게재된 경우에는 게재된 때부터 6시간으로 한다.

④ 「방송법」에 따른 방송 중 전국에서 시청할 수 있는 지상파방송을 통하여 그 내용이 방송된 정보: 방송된 때부터 6시간

⑤ 「뉴스통신진흥에 관한 법률」에 따른 연합뉴스사를 통하여 그 내용이 제공된 정보: 제공된 때부터 6시간

(3) 중요한 정보

1) 의 의

구증권거래법 제188조의 2 제 2 항은 "일반인에게 공개되지 아니한 중요한 정

보"에 관하여 "제186조 제 1 항 각 호의 1에 해당하는 사실(수시공시사항에 관한 사실) 등에 관한 정보 중 투자자의 투자판단에 중대한 영향을 미칠 수 있는 것"이라고 규정하고 있었다. 이처럼 내부정보와 수시공시사항을 연결시켜 내부자거래의 규제범위가 과도하게 좁아지는 문제가 있었다. 이에 대하여 대법원은 "제186조 제 1 항 제 1 호 내지 제13호 소정의 사실들만을 미공개정보 이용행위금지의 대상이 되는 중요한 정보에 해당하는 것으로 제한하고자 하는 취지에서가 아니라, 중요한 정보인지의 여부를 판단하는 기준인 '투자자의 투자판단에 중대한 영향을 미칠 수 있는 정보'를 예시하기 위한 목적"이라고 하여,[1] 수시공시사항에 해당해야 한다는 문구를 순전히 예시적인 것으로 해석하였다.

자본시장법에서는 미공개중요정보를 "투자자의 투자판단에 중대한 영향을 미칠 수 있는 정보"라고 하여 수시공시사항과의 관계를 단절하고 있다.

2) 중요한 정보의 범위

미공개중요정보란 투자자의 투자판단에 중대한 영향을 미칠 수 있는 정보로서 대통령령으로 정하는 바에 따라 불특정 다수인이 알 수 있도록 공개되기 전의 것이다.

3) 정보의 중요성 기준

중요한 정보란 반드시 객관적으로 명확한 것만 이용이 금지되는 미공개정보에 해당하는 것이 아니라, 합리적인 투자자라면 그 사실의 중대성과 사실이 발생할 개연성을 함께 고려하여 증권의 거래에 관한 의사를 결정함에 있어서 중요한 가치를 지니는 정보를 가리킨다.[2]

이것은 미국 판례상 제시된 개연성 - 중대성 기준에 따른 것인데,[3] 이에 따를 때 공시의무가 부과되는 사항에 관한 이사회 결의가 있거나 최종부도가 발생한 시점 이전이라도 합리적인 투자자가 유가증권의 거래에 관하여 의사결정을 함에 있어서 중요한 정보로 간주할 정도의 정보라면 그 시점에서 이미 중요한 정보가 생성된 것으로 보아야 하고, 그 정보가 반드시 명확하고 확정된 것일 필요는 없다.

---

1) 대판 2000. 11. 24, 2000 도 2827.

2) 대판 1994. 4. 26, 93 도 695 등.

3) SEC v. Texas Gulf Sulphur Co., 401 F. 2d 833(2d Cir. 1968) 판결에서 채택된 것으로 당시 광물시추견본의 상업성이 확실하지 않아서 공시할 사항이 아니었다는 피고들의 항변에 대하여 법원은 "당해 정보가 사실로 확정될 개연성과 그 정보가 공개될 경우 주가에 영향을 미칠 중대성이 인정되면 중요한 정보로 보아야 한다."고 판시하였다.
TSC Industries, Inc. v. Northway, Inc., 426 U.S. 438(1976)에서 채택한 실질적 개연성 기준도 있다. 이는 합리적인 투자자가 그 정보를 중요하다고 여길 만한 실질적 개연성이 있으면 그 정보는 중요한 정보라는 것이다.

▶ 참조판례

① 주식교환방식에 의한 인수·합병을 추진하는 주식회사의 대주주이자 상무이사인 피고인이 전환사채의 거래에 앞서 그 인수 회사의 담당 직원에게 내부정보를 미리 알려준 것만으로는 위 인수 회사 혹은 그 자산운영사에게 위 내부정보가 공개된 것으로 볼 수 없으므로 피고인이 미공개 내부정보를 위 전환사채 거래에 이용한 것이라고 보았다(대판 2006. 5. 11, 2003 도 4320).

② 甲 제약회사가 자기자본금의 3.07%를 출자하여 국내 최초의 바이오 장기개발전문회사인 乙 회사의 신주를 인수함으로써 乙 회사의 출자지분 10.24%를 보유하게 된다는 내용의 정보는, 당시 주식시장에 바이오 테마 붐이 일고 있었던 점과 甲 제약회사가 이를 자진하여 공시한 점 등을 종합하면 일반 투자자가 甲 제약회사의 유가증권 거래에 관한 의사를 결정하는 데 있어 중요한 가치가 있는 정보라고 보았다(대판 2010. 5. 13, 2007 도 9769).

③ 상장법인 등이 발행한 어음 또는 수표가 부도처리 되었을 때뿐만 아니라, 은행이 부도처리하기 전에 도저히 자금조달이 어려워 부도처리될 것이 거의 확실시되는 사정도 당해 법인의 경영에 중대한 영향을 미칠 수 있는 사실로서 합리적인 투자자라면 누구든지 당해 법인의 주식의 거래에 관한 의사를 결정함에 있어서 상당히 중요한 가치를 지니는 것으로 판단할 정보에 해당한다고 하였다(대판 2000. 11. 24, 2000 도 2827).

④ 상장회사의 추정 영업실적이 전년도에 비하여 대폭으로 호전되었다는 사실은 그 회사의 유가증권의 가격에 중대한 영향을 미칠 것임이 분명하므로, 그에 관한 매출액, 순이익 등의 추정 결산실적 등의 정보는 중요한 정보에 해당한다고 하였다(대판 1995. 6. 29, 95 도 467).

4) 투자자의 투자판단에 대한 중대한 영향

여기서 투자자란 합리적 투자자를 가정한다. 대법원은 "합리적인 투자자가 해당 유가증권을 매수 또는 계속 보유할 것인지 아니면 처분할 것인지 여부를 결정하는데 있어서 중요한 가치가 있는 정보, 바꾸어 말하면 일반투자자들이 일반적으로 안다고 가정할 경우에 해당 유가증권의 가격에 중대한 영향을 미칠 수 있는 사실"이라고 판시하였다.[1)]

1) 대판 1995. 6. 29, 95 도 467.

5) 미공개와 적극적 부실표시

자본시장법 제174조는 소위 침묵에 의한 내부자거래를 규제하는 것이고, 정보를 적극적으로 허위기재하거나 누락하는 경우에는 시세조종행위의 규제대상이 된다.

(4) 외부정보

회사의 주가에 영향을 줄 만한 시장정보 또는 회사에 대한 외부로부터의 정보는 규제대상이 아니다. 시장정보는 회사정보 외에 증권시장에서 당해 회사가 발행한 증권의 수급에 영향을 줄 수 있는 사건이나 상황에 관한 정보를 말한다. 공개매수의 대상이 되었다는 사실, 경영권에 영향을 미칠 수 있는 주식 등의 대량처분·취득, 기관투자자가 당해 회사의 주식에 대해서 대규모의 매수주문을 냈다는 사실 등이 시장정보의 예이다. 자본시장법은 공개매수정보와 주식 등의 대량처분·취득 정보를 이용한 거래에 대해서는 특칙규정을 두어 내부자거래의 규제대상으로 하고 있다. 그 밖의 시장정보는 특정회사의 업무 등과 관련성이 없으므로 내부정보에 해당하지 않는 것으로 본다.

4. 금지행위

금지되는 행위는 내부정보를 특정증권 등의 매매, 그 밖의 거래에 이용하거나 타인에게 이용하게 하는 행위이다. 매매거래 자체가 금지되는 것이 아니라 정보의 이용행위가 금지되는 것이므로 정보를 보유한 상태에서 매매를 하더라도 정보를 이용하지 않은 경우, 즉 내부정보가 거래의 요인이 아닌 경우에는 내부자거래에 해당하지 않는다. 그러나 정보의 보유자가 거래에 나선 경우에는 일응 정보를 이용한 것으로 추정할 수 있을 것이다.

Ⅲ. 특 칙

1. 공개매수에 관한 특칙

공개매수의 경우 미공개정보는 대상회사의 업무 등과 관련하여 발생한 정보가 아니라 공개매수에 관한 정보이다. 이는 회사외부정보이지만 자본시장법에서는 공개매수자의 내부자가 대상회사 증권을 거래하는 경우도 내부자거래로 보기 위해서 특칙을 두고 있다.

자본시장법에 따를 때 다음의 어느 하나에 해당하는 자(이에 해당하지 아니하게 된 날부터 1년이 경과하지 아니한 자를 포함한다)는 주식 등에 대한 공개매수의 실시 또는 중지에 관한 미공개정보를 그 주식 등과 관련된 특정증권 등의 매매, 그 밖의 거래에 이용하거나 타인에게 이용하게 하여서는 아니 된다. 다만, 공개매수를 하려는 자(공개매수예정자)가 공개매수공고 이후에도 상당한 기간 동안 주식 등을 보유하는 등 주식 등에 대한 공개매수의 실시 또는 중지에 관한 미공개정보를 그 주식 등과 관련된 특정증권 등의 매매, 그 밖의 거래에 이용할 의사가 없다고 인정되는 경우에는 그러하지 아니하다(자금 174조 2항).

① 공개매수자(그 계열회사를 포함한다) 및 공개매수자의 임직원·대리인으로서 그 직무와 관련하여 공개매수의 실시 또는 중지에 관한 미공개정보를 알게 된 자

② 공개매수자의 주요주주로서 그 권리를 행사하는 과정에서 공개매수의 실시 또는 중지에 관한 미공개정보를 알게 된 자

③ 공개매수자에 대하여 법령에 따른 허가·인가·지도·감독, 그 밖의 권한을 가지는 자로서 그 권한을 행사하는 과정에서 공개매수의 실시 또는 중지에 관한 미공개정보를 알게 된 자

④ 공개매수자와 계약을 체결하고 있거나 체결을 교섭하고 있는 자로서 그 계약을 체결·교섭 또는 이행하는 과정에서 공개매수의 실시 또는 중지에 관한 미공개정보를 알게 된 자

2. 주식 등의 대량취득·처분에 관한 특칙

주식 등의 대량취득·처분은 주가에 중대한 영향을 미치는 거래이기 때문에 그 정보를 이용한 거래가 행해질 가능성이 높다. 그러나 이것도 회사외부정보이다. 자본시장법은 이러한 거래도 내부자거래로 보기 위해서 주식 등의 대량취득·처분에 관한 특칙을 두고 있다.

대량취득·처분을 하는 자 등은 주식 등의 대량취득·처분에 대한 정보이용이 금지된다. 다만, 대량취득·처분을 하려는 자가 제149조에 따른 공시 이후에도 상당한 기간 동안 주식 등을 보유하는 등 주식 등에 대한 대량취득·처분의 실시 또는 중지에 관한 미공개정보를 그 주식 등과 관련된 특정증권 등의 매매, 그 밖의 거래에 이용할 의사가 없다고 인정되는 경우에는 그러하지 아니하다(자금 174조 3항).

제 2 장 시세조종 등 불공정거래행위의 금지

Ⅰ. 서 설

증권시장은 다수의 투자주체가 참여하는 시장으로서, 투자자간의 수요와 공급에 의하여 가격이 형성되는 곳이다. 그러나 때로는 소위 '작전' 등을 통하여 그 가격이 인위적으로 조작되기도 하는데, 이는 시장의 공정한 가격형성을 막고 시장의 신뢰를 저하시키는 것으로서 이에 대한 규제가 요구된다.

시세조종행위란 수요와 공급의 원칙에 의하여 형성되어 져야 할 시세를 지배 또는 인위적으로 조종하는 것에 의하여 투자자를 기망하는 의도적 또는 고의적인 행위를 말하며, 이에 유인된 투자로 인하여 일반투자자들이 많은 손해를 입게 된다. 이러한 시세조종은 다양한 방법으로 이루어지며, 또한 시세조종행위는 허위공시, 내부자거래 등과 연결되어 일어나는 양상을 보인다.

문제가 되는 것은 주가가 인위적으로 변동된다는 의심이 들지만 시세가 조작되었다는 사실이 명백하지 않은 경우이다. 특히 현실거래에 의한 시세조종의 경우 그 위법성을 인정하기가 매우 어려운 면을 지니고 있다. 이 경우 대체로 대량의 주문에 의하여 시세조종이 이루어지게 되나 시장에는 대량의 주문이 많이 이루어지고 있으며, 이러한 대량주문의 경우 어느 정도 시세에 영향을 미칠 수밖에 없다. 이 때 정상적인 투자목적의 거래와 시세조종행위를 구별해 내는 것은 쉽지 않은 일이다.

자본시장법에는 시세조종행위에 대한 규제규정을 두고 있으며, 그로 인한 형사처벌 및 손해배상책임에 관한 규정도 두고 있다. 그러나 시세조종행위에 대한 사적 구제에 어려움이 있다. 이전에 시세조종행위는 위계에 의한 불공정행위를 제외하고는 모두 목적범의 형식의 취하고 있었다.[1] 그러나 목적요건은 주관적인 것으로서 그 목적을 증명하는 것이 쉽지 않다. 또한 시세조종과 손해사이의 인과관계도 증명에 어려움이 있으며, 그 손해는 어떤 금액을 기준으로 할 것인가 등 여러 문제가 발생한다.

증권거래법에서는 위계에 의한 불공정행위를 시세조종행위에 포함하여 규정하였으나, 자본시장법에서는 제178조 부정거래행위 등의 금지로 따로 규정하고 있다.

Ⅱ. 시세조종행위의 유형

1. 위장거래에 의한 시세조종행위

위장거래에 의한 시세조종행위(자금 176조 1항)는 거래가 성황을 이루고 있는 듯이 잘못 알게 하거나, 기타 타인으로 하여금 그릇된 판단을 하게 할 목적으로 통정 및 가장매매를 하는 것으로서 이를 통칭하여 위장거래라고 한다. 위장거래는 독립적으로 이루어지기보다는 일반적으로 다른 공모조작행위 등과 연계하여 이루어진다.

먼저 통정매매란 양 당사자가 미리 통정한 후 같은 상장증권이나 장내파생상품에 대하여 같은 시기에 같은 가격으로 매매하는 행위이다. 여기에는 명시적인 통정뿐만 아니라 묵시적인 통정의 경우도 포함한다.[2] 그런데 증권시장에서 과거 자전거래[3]가 많이 이루어졌다. 이러한 자전매매도 시장의 시세와 자전거래 가격이 다를 경우 시세조종의 결과를 유발할 수 있다. 현재는 거래소 규정상 대량매매만 허용되고 자전거래는 허용되지 않는다.[4]

다음으로 가장매매란 권리이전을 목적으로 하지 않는 매매행위로서, 예를 들

1) 자본시장법에서 위계에 의한 불공정행위는 부정거래행위로 시세조종행위와는 구분된다.

2) 대판 1998. 12. 8, 98 도 3051.

3) 이는 매매의 쌍방 당사자가 일정한 시점에 동일한 가격과 동일한 수량의 매수·매도주문을 내어 매매계약을 체결시키는 행위로서, 경쟁매매과정에서 처리하기 곤란하거나 경쟁매매에 의하면 주가의 급등락이 우려되는 대량거래를 하려는 경우에 주가에 영향을 미치지 않고 대량거래를 성사시킬 수 있는 거래방식이다.

4) 대법원은 "통정행위에 대하여 당해 행위자에게 그 거래가 성황을 이루고 있는 듯이 잘못 알게 하거나 기타 타인으로 하여금 그릇된 판단을 하게 할 목적이라는 불법목적이 있어야 하는 반면, 이러한 시장조작행위라고 하더라도 유가증권의 시세를 고정시키거나 안정시킬 목적으로 하는 경우에는 같은 법 제188조의 4 제 3 항에 의하여 기간, 간격 및 주체 등에 관한 엄격한 조건하에 예외적으로 허용된다."고 하여 통정매매가 안정조작의 요건을 충족하는 경우에는 적법성을 인정하였다(대판 1997. 12. 26, 97 도 2609).

면 동일인이 같은 시기에 매매하여 실질적 소유자에 변화가 없는 경우 등을 말한다.

그리고 이러한 통정 및 가장매매의 위탁 및 수탁행위에 대하여도 책임을 부과한다. 위탁자가 통정·가장매매로 나아가지 아니한 경우에 이의 적용을 받고, 실제 통정·가장매매로 나아간 경우에는 통정·가장매매의 책임을 지게 될 것이다.

2. 현실거래에 의한 시세조종행위

현실거래에 의한 시세조종행위(자금 176조 2항)는 매매가 성황을 이루고 있는 듯이 잘못 알게 하거나, 그 시세를 변동시키는 행위이다. 이는 실제로 거래행위를 함으로써 시세를 인위적으로 조작하는 것을 말한다. 전형적인 주가조작의 형태이지만, 실제 거래가 이루어지기 때문에 외관상으로는 정상적인 거래행위와 위법한 시세조종행위의 구별이 어렵다. 여기서도 실제 거래가격을 변동시키는 매매거래뿐만 아니고 그 위탁이나 수탁도 금지하고 있는데, 이에 따라서 증권회사가 집행을 하지 않은 경우일지라도 고객이 그러한 위탁을 하는 행위 또는 증권회사가 실제 주문집행을 하지는 않았지만 수탁을 한 경우까지도 금지된다.

현실거래에 의한 시세조종이 되기 위해서는 먼저 객관적 요건으로 피해자는 인위적 가격이 존재함을 나타내 보여야 한다. 다음으로 주관적 요건으로 유인목적의 존재를 증명해야 한다. 인위적 가격에 대하여 미국상품선물거래위원회는 "가격이 특정의 거래가격에 영향을 미치는 수요와 공급 시장과 경제적 힘을 반영하지 못할 때 인위적이 된다. 그것은 경제적 용어로 말할 때 균형을 이루지 못하는 가격이다."고 하였다.[1)]

간단히 말하면 수요와 공급에 영향을 미치는 모든 힘이 합법적이면 그 가격은 인위적이지 않게 된다. 반면에 수요와 공급에 영향을 미치는 힘이 불법적이면 그 가격은 필연적으로 인위적이게 된다. 따라서 초점은 궁극적인 가격이 아니라 그 가격에 영향을 미치는 힘에 두어져야 한다.[2)] 그러나 인위적인 가격의 존재가 인정된다고 하여도 증권가격은 다양한 요인에 의하여 결정되는 복잡한 성격을 지니고 있으므로 시세조종행위를 이유로 손해배상청구를 하는 경우 시세조종 만에 의하여 손해가 발생했다는 것을 증명하는 것은 시세조종의 규모의 대소를 불문하고 쉬운 일이 아니다. 이에 따라서 미국에서는 현실거래에 의한 시세조종의 경우 입법으로 이

1) In re Indiana Farm Bureau, [1982－1984 Rransfer Binder] Comm. Fut. L. Rep.(CCH) at 27,288.

2) Benjamin E. Kozinn, Note: "The great copper caper: is market manipulation really a problem in the wake of the sumitomo debacle?", 69 Fordam L. Rev. 243(1996).

를 규제하지 말아야 한다는 견해도 유력하게 제기되고 있다.[1]

여기서 행위주체로서 법문은 "누구든지"라고 하여 주체를 제한하지 않고 있다. 매매거래의 주체는 원칙적으로 당해 매매거래의 효과가 귀속되는 자이나 경우에 따라서는 당해 매매거래를 실행한 자가 주체가 될 수도 있다.

그리고 주관적 요건으로 유인목적이 요구되는데, 판례에 의하면 유인목적이란 인위적인 조작을 가하여 시세를 변동시킴에도 불구하고 투자자에게는 그 시세가 유가증권시장에서 자연적인 수요·공급의 원칙에 의하여 형성된 것으로 오인시켜 유가증권의 매매거래에 끌어들이려는 목적을 말한다.[2]

3. 허위표시 등에 의한 시세조종행위

허위표시 등에 의한 시세조종행위(자금 176조 2항)는 매매거래를 유인할 목적으로 시세가 자기 또는 타인의 조작에 의하여 변동한다는 말의 유포행위나 허위표시 행위, 즉, 유가증권의 매매에 있어 중요한 사실에 관하여 고의로 허위이거나 오해를 유발시키는 표시를 하는 행위를 말한다.

4. 불법적인 안정조작 및 시장조성행위

불법적인 안정조작 및 시장조성행위(자금 176조 3항)도 금지된다. 안전조작이란 신주발행시 구주가격을 지지하는 것으로서 일정한 기간 동안 증권의 가격의 안정을 기하여 증권의 모집 또는 매출을 원활하게 하고자 하는 경우에 행하여진다. 이는 구주의 가격이 일정 수준에 미치지 못하면 신주발행에서 대량실권이 발생하여 기업의 자금조달이 어렵게 될 우려가 있기 때문에 이루어진다.[3]

시장조성은 기업공개시에 시장조성을 하는 것으로서 모집 또는 매출한 증권의 시장가격을 지지하기 위해서 그 수요·공급을 당해 증권의 최초 상장 또는 등록 후 일정기간 조성하는 경우를 말한다. 시장조성을 위한 증권의 매매거래를 할 수 있는

---

1) 시세조종행위는 자기 규제적이며 또한 이를 강제적으로 금지하는 것은 비용이 들므로 현실거래의 경우 그 거래자의 의도에 상관없이 시세조종적인 것으로서 금지해서는 안 된다는 것이다. Daniel R. Fischel & David Ross, "Schould the Law prohibit Manipulation in Financial Market", 105 Harv. L. Rev. 503(1991); 그러나 규제의 필요성을 강조하는 견해도 있다. Steve Thel, "$850,000 in Six Minutes – The Mechanics of Securities Manipulation", 79 Cornell L. Rev. 219(1994), pp. 221~224.

2) 대판 2005. 11. 10, 2004 도 1164.

3) 대통령령에 정하는 바에 위반하여 이루어진 유가증권의 시세고정·안정목적의 매매거래 등 행위를 처벌하도록 규정한 구증권거래법 제188조의 4 제 3 항이 명확성의 원칙에 위반하고, 위임입법의 한계를 일탈하였다며 헌법에 위반된다는 결정을 하였다(헌재결 2005. 5. 26, 2003 헌가 17).

자는 당해 증권의 인수인에 한한다.[1] 여기서도 그 매매거래뿐만 아니라 그 위탁이나 수탁을 하는 행위가 규제된다.

안정조작 : 30일 범위내 ← 청약종료일 = 구주가격을 지지
시장조성 : 상장, 등록일 → 6개월 범위내 = 시장가격을 지지
* 이전에는 시장조성의무가 부과되었으나 지금은 폐지되고 합의에 의한 시장조성이 인정된다: 합의위반시 손해배상책임(민법 제750조나 자본시장법 제125조 제 1 항 "투자설명서 중 중요사항에 대한 허위기재"에 따른 손해배상책임이 인정된다)

5. 현선연계에 의한 시세조종

상장증권 또는 파생상품의 매매와 관련하여 파생상품과 기초자산 간의 연계시세조종행위, 상장증권 간의 연계시세조종행위 등을 금지한다.

개정 자본시장법에 따를 때 누구든지 증권, 파생상품 또는 그 증권·파생상품의 기초자산 중 어느 하나가 거래소에 상장되거나 그밖에 이에 준하는 경우로서 대통령령으로 정하는 경우[2]에는 그 증권 또는 파생상품에 관한 매매, 그 밖의 거래와 관련하여 다음의 어느 하나에 해당하는 행위를 하여서는 아니 된다(자금 176조 4항).

① 파생상품 매매에서 부당한 이익을 얻거나 제삼자에게 부당한 이익을 얻게 할 목적으로 그 파생상품의 기초자산의 시세를 변동 또는 고정시키는 행위

② 파생상품의 기초자산의 매매에서 부당한 이익을 얻거나 제삼자에게 부당한 이익을 얻게 할 목적으로 그 파생상품의 시세를 변동 또는 고정시키는 행위

③ 증권의 매매에서 부당한 이익을 얻거나 제삼자에게 부당한 이익을 얻게 할 목적으로 그 증권과 연계된 증권(자금시 207조)의 시세를 변동 또는 고정시키는 행위

④ 증권의 기초자산의 매매 등에서 부당한 이익을 얻거나 제삼자에게 부당한 이익을 얻게 할 목적으로 그 증권의 시세를 변동 또는 고정시키는 행위

⑤ 파생상품의 매매 등에서 부당한 이익을 얻거나 제삼자에게 부당한 이익을

1) 자본시장법 시행령 제203조(안정조작 및 시장조성을 할 수 있는 자) 법 제176조 제 3 항 제 1 호에서 "대통령령으로 정하는 자"란 다음 각 호의 어느 하나에 해당하는 자를 말한다.
  1. 법 제119조 제 1 항에 따른 신고서를 제출하는 경우에는 그 신고서에 안정조작이나 시장조성을 할 수 있다고 기재된 투자매매업자
  2. 법 제119조 제 1 항에 따른 신고서를 제출하지 아니하는 경우에는 인수계약의 내용에 안정조작이나 시장조성을 할 수 있다고 기재된 투자매매업자

2) 자본시장법 시행령 제206조의 2(시세조종의 적용대상) 거래소가 그 파생상품을 장내파생상품으로 품목의 결정을 하는 경우를 말한다.

얻게 할 목적으로 그 파생상품과 기초자산이 동일하거나 유사한 파생상품의 시세를 변동 또는 고정시키는 행위

①은 파생상품 매매에서 부당한 이익을 얻거나 제삼자에게 부당한 이익을 얻게 할 목적으로 그 파생상품의 기초자산의 시세를 변동 또는 고정시키는 행위를 금지한다. 예를 들면 선물, 옵션의 매매에서 부당한 이익을 얻을 목적으로 그 기초자산(증권 또는 상품)의 시세를 변동 또는 고정시키는 행위가 이에 해당한다.

②는 파생상품의 기초자산의 매매에서 부당한 이익을 얻거나 제삼자에게 부당한 이익을 얻게 할 목적으로 그 장내파생상품의 시세를 변동 또는 고정시키는 행위를 금지한다. ①과 반대방향의 연계시세조종행위를 대상으로 하지만 그 가능성이 크지 않다. 파생상품은 증권에 비하여 그 시세를 변동시키기 곤란하고 선물시장의 규모에 비추어 선물시장에서 시세를 변동시켜 현물시장에서 이익을 얻기 위해서는 필요한 비용이 너무 크기 때문이다.

③은 증권의 매매에서 부당한 이익을 얻거나 제삼자에게 부당한 이익을 얻게 할 목적으로 그 증권과 연계된 증권으로서 대통령령으로 정하는 증권의 시세를 변동 또는 고정시키는 행위(현현연계)를 금지한다. 예를 들면 파생결합증권에 대하여 그 기초자산인 증권의 시세를 변동시키는 것이다. ELS를 예를 들면 만기상환평가일에 기초자산인 주식의 가격을 하락시켜 조기상환조건이 충족되지 않게 하는 경우가 될 수 있다. 그러나 이때 매매의 유인목적을 인정하기 어려울 것이다.

④는 ③과 반대방향의 연계시세조종행위를 대상으로 한다.

⑤는 선선연계 시세조종행위에 대한 규제라고 할 수 있다.

▶ 참조판례

① "통정매매는 반드시 매도인과 매수인 사이에 직접적인 협의가 이루어져야 하는 것은 아니고 그 중간에 매도인과 매수인을 지배·장악하는 주체가 있어 그가 양자 사이의 거래가 체결되도록 주도적으로 기획·조종한 결과 실제 매매가 체결되는 경우도 포함한다고 해석함이 타당하다."(대판 2013. 9. 26, 2013 도 5214).

② "'매매거래를 유인할 목적'이라 함은 인위적인 조작을 가하여 시세를 변동시킴에도 불구하고 투자자에게는 그 시세가 유가증권시장에서의 자연적인 수요·공급의 원칙에 의하여 형성된 것으로 오인시켜 유가증권의 매매거래에 끌어들이려는 목적을 말하고, 그 제 1 호 소정의 '유가증권의 매매거래가 성황을 이루고 있는 듯이 잘못 알게 하거나 그 시세를 변동시키는 매매거래'라 함은 본래 정상적인 수

요·공급에 따라 자유경쟁시장에서 형성될 시세 및 거래량을 시장요인에 의하지 아니한 다른 요인으로 인위적으로 변동시킬 가능성이 있는 거래를 말하는 것으로서, 이에 해당하는지의 여부는 그 유가증권의 성격과 발행된 유가증권의 총수, 매매거래의 동기와 유형, 그 유가증권 가격의 동향, 종전 및 당시의 거래상황 등을 종합적으로 고려하여 판단하여야 한다."(대판 2004. 3. 26, 2003 도 7112; 동 2002. 6. 14, 2002 도 1256; 동 2001. 6. 26, 99 도 2282).

③ "매매계약의 체결에 이르지 아니한 매수청약 또는 매수주문이라 하더라도 그것이 유가증권의 가격을 상승 또는 하락시키는 효과를 가지고 제 3 자에 의한 유가증권의 매매거래를 유인하는 성질을 가지는 이상 증권거래법 제188조의 4 제 2 항 제 1 호 소정의 '유가증권의 매매거래가 성황을 이루고 있는 듯이 잘못 알게 하거나 그 시세를 변동시키는 매매거래 또는 그 위탁이나 수탁을 하는 행위'에 해당하고, 단지 매수주문량이 많은 것처럼 보이기 위하여 매수의사 없이 하는 허수매수주문도 본조 제 2 항 제 1 호가 금지하는 이른바 현실거래에 의한 시세조종행위의 유형에 속한다."(대판 2002. 6. 14, 2002 도 1256).

④ ""유가증권의 시세를 변동시키는 매매거래행위"라 함은 유가증권시장에서 수요·공급의 원칙에 의하여 형성된 유가증권의 가격을 인위적으로 상승 또는 하락시키는 등의 조작을 가하는 매매거래를 말하는 것으로서, 최초로 상장되는 주식의 경우에는 기형성된 주식가격이 없으므로 비록 상장 당일 매매거래의 가격제한폭의 적용기준인 상장기준가에 영향을 미치는 매매거래라 할지라도 이에 해당한다고 볼 수 없다."(대판 1994. 10. 25, 93 도 2516).

⑤ "유가증권의 모집·매출을 원활하게 하기 위한 시장에서의 필요성에 의하여 그 시행 령 제83조의 8 제 1 항 소정의 안정조작과 시장조성을 그 이하 조항이 정하는 기간·가격 및 주체 등에 관한 엄격한 조건하에 예외적으로 허용하는 의미라고 보아야 한다."(대판 2004. 10. 28, 2002 도 3131).

⑥ "시장조성이 이루어지는 대상이 되는 유가증권은 증권거래소나 코스닥증권시장 등 유가증권 유통시장의 특성상 유통시장에서 거래되는 주식 전체가 된다고 하더라도, 그와 같은 시장조성의 보호대상이 되는 유가증권의 보유자로서 시장조성 포기로 인한 손해배상을 구할 수 있는 자는 해당 유가증권의 발행을 주간한 증권사가 모집 또는 매출한 유가증권의 발행에 참가하여 이를 인수한 투자자들과 그들로부터 해당 유가증권을 특정하여 직접 인수한 투자자(공개된 유통시장에서 불특정 주식을 매수한 자는 제외)라고 보는 것이 타당하다."(대판 2002. 5. 14, 99 다 48979; 동 2002. 9. 24, 2001 다 9311).

Ⅲ. 목적의 존재

시세조종행위란 인위적으로 시세를 조작하는 행위로서 우리나라에서는 모두 목적범의 형식을 취하고 있다. 시세조종행위 안에서도 통정매매나 가장매매의 경우 통상적인 거래가 아니기 때문에 시세조종적 사실이 있으면 위법한 목적의 존재도 인정할 수 있을 것이다. 허위표시에 의한 시세조종의 경우도 그 목적을 인정할 수 있으며, 안정조작이나 시장조성의 경우는 특정한 상황하에서만 이루어지므로 그 요건을 벗어난 경우 위법한 목적을 인정할 수 있을 것이다.

문제는 현실거래에 의한 시세조종의 경우이다. 주식의 매매가 있으면 시세의 변동이 따르게 되므로 정상적인 거래와 시세의 변동을 위한 시세조종적인 행위를 구별하기가 쉽지 않다. 따라서 주관적 요건으로서 유인목적이 중요한 구별기준으로 작용할 수밖에 없다. 그러나 증권의 매매는 투자나 경영권의 확보 등 다양한 목적으로 행하여지고 있으며, 또한 그 목적이라는 것은 내심의 문제이기 때문에 그 증명이 매우 어려운 것이다.

이러한 유인목적의 해석에 대하여 대량매매의 경우 그로 인한 시세의 변동은 당연하기 때문에 현실거래에 있어서 유인목적이란 자기의 매매거래에 의하여 시세가 변동하는 것을 인식하는 것만으로는 부족하고, 그것으로 인하여 타인의 매매거래를 유인할 목적을 가질 것을 요한다고 보며, 다만 유인목적의 증명이 어렵기 때문에 거래의 동기, 거래의 태양 등으로부터 유인목적을 인정하는 견해가 있다.[1)]

유인목적을 좀더 완화해서 해석하는 견해도 있다. 즉 유인목적을 유가증권시장에서 유가증권의 매매거래 등을 유인할 목적으로 해석하고, 다만 목적은 의도와 같이 적극적일 필요는 없으며 당해 거래의 결과 제 3 자가 그 매매거래에 유인될 지도 모른다는 미필적 인식으로도 충분하다고 본다.[2)]

---

1) 神崎克郎, "現實取引による上場操縱", 「法曹時報」, 第44卷 3號, 13면; 協同飼料사건에 대한 日本最高裁判所(平成 6年7月10日)는 "증권취인법 제125조 제 2 항 제 1 호 후단(현행법 제159조 제 2 항 제 1 호 후단)은 유가증권의 시장을 변동시키는 일련의 매매거래 등 모두를 위법이라고 하는 것은 아니고 그 중 유가증권시장에서 유가증권의 매매거래를 유인할 목적, 즉 인위적인 조작을 가해서 시세를 변동시키면서도 투자자에게 그 시세가 자연스런 수급관계에 의하여 형성된 것이라고 잘못 알게 해서 유가증권시장에서 유가증권의 매매거래를 유혹할 목적을 가지고 하는 시세를 변동시킬 가능성이 있는 매매거래를 금지하는 것이다."라고 판시하였다.

2) 芝原邦爾, "相場の操縱罪", 「法學敎室」 第165號, 98면; 우리나라 대법원도 같은 취지로 유인목적에 대하여 "인위적인 조작을 가하여 시세를 변동시킴에도 불구하고 투자자에게는 그 시세가 유가증권시장에서의 자연적인 수요·공급의 원칙에 의하여 형성된 것으로 오인시켜 유가증권의 매매거래에 끌어들이려는 목적을 말하는데… 유인목적은 다른 목적과의 공존 여부 어느 목적이 주된

그러나 자기의 매매거래에 따른 영향으로 타인을 끌어들이지 않을까라는 인식은 시세조종자가 아니어도 통상 대량의 증권거래를 행하는 자이면 누구나 가지게 되는 것이고, 인식의 정도에 대하여 제 3 자가 매매거래에 유입될 수 있다는 미필적 인식으로 족하다고 하면 이는 적법행위와 위법거래를 구별하는 기준으로 작용할 수 없는 문제가 발생한다.

이와 달리 어떠한 매매거래도 정도의 차이는 있지만 결과적으로 타인의 매매거래를 유인하므로 그것을 의도하였는가 아닌가에 따라서 구별하는 것은 무리라면서 변동조작죄의 본질은 '인위적 조작목적'에 있다고 보아야 한다는 견해가 있다.[1] 시세조종행위가 위법시되는 이유는 제 3 자의 매매거래를 유인하는 것 자체에 있는 것이 아니고, 자연적인 수급관계에 의해 형성되어야 할 시세에 인위적인 조작을 가한 데에 있다고 하는 것이다.[2]

보건대 유인목적을 요구하고 있는 자본시장법의 태도에 비추어 이를 배제하는 해석은 어려움이 있으며, 유인목적을 완화해서 해석할 수밖에 없다고 생각한다. 그렇다면 목적의 요건을 완화해서 제 3 자로 하여금 당해 유가증권의 매매거래를 하도록 유인할 의도 정도로 해석하고자 한다.

그렇다고 해도 그 증명에 어려움이 있다. 대부분의 경우 시세조종행위에 대하여 형사상의 제재가 가하여진 후 이를 보고 손해배상청구를 하게 될 것이다. 규제기관과 달리 개인의 경우 시세조종사실에 대한 증명은 더욱 어려울 것이기 때문에 판례를 통하여 목적에 대한 추정태양을 형성할 필요가 있다.[3] 대법원은 이와 관련

것인지는 문제되지 아니하고, 그 목적에 대한 인식의 정도는 적극적 의욕이나 확정적 인식임을 요하지 아니하고, 미필적 인식이 있으면 족하며…"라고 판시하였다(대판 2003. 12. 12, 2001 도 606; 동 2005. 11. 10, 2004 도 1164; 동 2007. 11. 29, 2007 도 7471).

1) 加賀讓治, 「證券相場操縱規制論」, 成文堂(2001), 256면: 시세조종의 반사회성이 '증권시장의 공정의 파괴'에 있다는 입장에서 말하면 법문상의 유인목적이 있든지 없든지 시세조종행위로서 처벌되어야 한다고 한다; 藤田觀光사건 판결에서도 "그 유인이라는 단어자체에 의미가 있는 것은 아니고 그것은 매매거래가 번성한 것으로 보이게 하는 것 혹은 유가증권의 시세를 변동시킬 매매거래가 의도적, 목적적으로 행하여 졌다는 것을 추상적으로 표현한 것이므로 인위적으로 매매거래가 번성하다고 보이게 하는 것, 혹은 인위적으로 유가증권의 시세를 조작하려는 목적이라는 말로 바꿀 수 있다."고 하였다(東京地裁判決(平成 5年5月19日)).

2) 미국에서도 상품선물거래위원회는 Indiana Farm Bureau 사건에서 원고는 피고의 인위적인 가격을 형성하고자 하는 목적을 증명해야 한다고 하였다. 위원회는 목적의 요소를 증명하기 위하여 피고가 의도적으로 시장가격의 흐름에 영향을 주어 이것이 합법적인 수요와 공급의 힘을 반영하지 못하도록 하였다는 것을 나타내 보여야 한다고 하였다(In re Indiana Farm Bureau Coop. Ass'n, Inc., [1982−1984 Rransfer Binder] Comm. Fut. L. Rep.(CCH) p. 21,796 at 27,283(CFTC Dec., 17, 1982).

3) 시세조종행위에 대한 증권거래법의 규정이 공문화 되었다며 그 실효성을 보장하기 위하여 이상하다고 생각되는 요소 즉 이상한 객관적 상황이 있는 경우에 거증책임을 전환하는 규정으로 개정

해서 "당사자가 이를 자백하지 않더라도 그 유가증권의 성격과 발행된 유가증권의 총수, 매매거래의 동기와 태양(순차적 가격상승주문 또는 가장매매, 시장관여율의 정도, 지속적인 종가관여 등), 그 유가증권의 가격 및 거래량의 동향, 전후의 거래상황, 거래의 경제적 합리성 및 공정성 등의 간접사실을 종합적으로 고려하여 판단할 수 있다."고 판시하였다.[1] 미국에서도 연방증권법 성립이후 판례상 유인목적을 정황증거에 의하여 증명하는 것을 인정하였다.[2]

▶ 참조판례

"증권거래법 제188조의 4 제 1 항 위반죄가 성립하기 위하여는 통정매매 또는 가장매매 사실 외에 주관적 요건으로 '거래가 성황을 이루고 있는 듯이 잘못 알게 하거나 기타 타인으로 하여금 그릇된 판단을 하게 할 목적'이 있어야 하는데, 이러한 목적은 다른 목적과의 공존 여부나 어느 목적이 주된 것인지는 문제되지 아니하고, 그 목적에 대한 인식의 정도는 적극적 의욕이나 확정적 인식임을 요하지 아니하고 미필적 인식이 있으면 족하며, 투자자의 오해를 실제로 유발하였는지 여부나 타인에게 손해가 발생하였는지 여부 등도 문제가 되지 아니한다."(대판 2004. 3. 26, 2003 도 7112).

Ⅳ. 손해배상청구권

1. 서 설

시세조종행위에 대하여는 형사상의 제재가 가하여지고 있으나 투자자의 입장에서 이보다 더 중요한 것은 그 투자로 인한 손해를 보상받은 것이다.

자본시장법 제177조에서 제 1 항에서 다음의 거래유형에 따라 구분하여 손해

할 필요가 있다는 견해도 있다. 안문택, 전게서, 448면; "일정의 객관적 상황으로부터 시세조종의 동기가 추정되는 경우는 그러한 목적이 없었다는 것을 시세조종자 측에서 증명하여야 한다."는 주장도 있다. 神崎克郎, "相場操縱の規制"(上), 「商事法務」 第477號 193면.

1) 대판 2003. 12. 12, 2001 도 606; 동 2002. 6. 14, 2002 도 937 등.

2) Federal Corp. 결정(Federal Corp., 25 SEC 227, 230(1947))에서 SEC는 "사람의 내심을 탐구하는 것은 불가능하므로, 통상의 경우(즉 자백이 없는 경우), 시세조종의 목적의 인정이 정황증거로부터 인출된 추정에 기초할 필요가 있다."라는 정황증거론을 제기하였고, 이는 그 후 자주 인용되어 시세조종행위에 관한 소송에 많은 영향을 미쳤다. Louis Loss & Joel Seligman, Securities Regulation, Little, Brown & Co., 3d ed.(1991), p. 3968.

배상책임을 인정한다.

① 그 위반행위로 인하여 형성된 가격에 의하여 해당 증권 또는 파생상품에 관한 매매 등을 하거나 그 위탁을 한 자가 그 매매 등 또는 위탁으로 인하여 입은 손해

② ①의 손해 외에 그 위반행위(제176조 제 4 항 각 호의 어느 하나에 해당하는 행위로 한정한다)로 인하여 가격에 영향을 받은 다른 증권, 파생상품 또는 그 증권·파생상품의 기초자산에 대한 매매 등을 하거나 그 위탁을 한 자가 그 매매 등 또는 위탁으로 인하여 입은 손해

③ ① 및 ②의 손해 외에 그 위반행위(제176조 제 4 항 각 호의 어느 하나에 해당하는 행위로 한정한다)로 인하여 특정 시점의 가격 또는 수치에 따라 권리행사 또는 조건성취 여부가 결정되거나 금전 등이 결제되는 증권 또는 파생상품과 관련하여 그 증권 또는 파생상품을 보유한 자가 그 위반행위로 형성된 가격 또는 수치에 따라 결정되거나 결제됨으로써 입은 손해

②의 경우는 ①의 시세조종의 대상이 된 증권이나 파생상품은 아니지만 그 시세조종행위로 영향받은 다른 증권, 파생상품 또는 그 증권·파생상품의 기초자산에 대한 매매 등으로 입은 손해를 보상하기 위한 것이며, ③은 시세조종행위로 가격에 영향을 받은 다른 증권, 파생상품 또는 그 증권·파생상품의 기초자산에 대한 매매 등을 하지는 않고 보유만 한 경우에 연계시세조종행위로 인해 입은 손해를 배상하기 위한 것이다.

손해배상책임에 관한 규정을 두고 있지만, 실제 시세조종행위로 인하여 발생한 손해를 배상받는 것은 쉬운 일이 아니다. 이는 먼저 위법한 시세조종행위의 존재가 인정되어야 한다. 그런데 우리나라에서 시세조종행위는 모두 목적범의 형식을 띠고 있다. 그러나 목적은 내면의 문제로서 이를 인정하기는 매우 어려운 일이다. 다음으로 이러한 위법한 시세조종행위의 존재가 인정되어도 투자자의 손해와 그 행위사이의 인과관계가 인정되어야 한다. 이도 역시 어려운 증명의 문제를 지니고 있다. 그리고 이러한 관계가 인정되어도 투자자가 입은 손해는 어떠한 범위에서 인정할 것인가, 즉 손해액은 어떤 가격을 기준으로 할 것인가도 문제이다. 주식의 시세는 항상 변화무쌍한 것으로서 이중 시세조종행위로 인한 가격변동분을 추출해 낸다는 것은 또한 매우 어려운 일이다.

2. 위법한 시세조종사실의 존재

시세조종사실과 관련하여 시세조종행위의 유형 및 목적의 존재에 대하여는 앞에서 살펴보았다.

3. 시세조종행위와 손해 사이에 인과관계의 존재

자본시장법 제177조에서 제 1 항에서 "위반행위로 인하여 형성된 가격에 의하여 매매거래를 하였을 때"를 손해배상청구의 요건으로 규정하고 있으므로, 손해배상청구를 하는 원고는 시세조종행위와 손해 사이의 인과관계, 즉 시세조종행위로 인하여 부당하게 형성된 가격에 의하여 매매거래를 하였고, 그로 인하여 손해가 발생하였다는 사실을 증명하여야 한다. 이를 부당하게 형성된 가격으로 거래하였을 것을 요하는 거래인과관계와 부당하게 형성된 가격에 의하여 손해가 발생하였다는 손해인과관계로 설명하기도 한다.[1)]

거래인과관계가 인정되기 위해서는 피해자의 주식거래와 주가조작사이에 견련성이 있어야 한다. 견련성이란 행위자의 허위표시나 오해를 유발시키는 행위를 피해자가 합리적으로 신뢰하여 거래하였을 것을 요구하는 것이다. 다음으로 손해인과관계란 시세조종행위로 인하여 피해자가 손해를 입을 것을 요구하는 것으로, 시세조종행위로 인하여 모든 투자자가 손해를 보는 것은 아니기 때문에 주가조작행위와 피해자의 손해사이에 인과관계가 인정되기 위해서는, 자본시장법 등의 위반행위가 피해자의 손해에 직접적인 원인이 되거나 적어도 위반행위가 필연적으로 손해를 야기할 수밖에 없는 경우라야 한다.

그러나 다수의 당사자 간의 경쟁매매에 의하여 가격이 결정되는 주식시장에서 그 시세의 여러 결정요인 중에 피해자의 손해가 시세조종행위로 인한 것임을 이끌어내고, 또한 시세조종행위로 인하여 형성된 가격부분을 산정해 내어 그로 인한 손해를 증명해야 하기 때문에 그 인과관계의 증명이란 매우 어려운 일이다.

따라서 앞에서의 위법한 시세조종행위의 존재가 인정되고, 그로 인하여 형성된 가격으로 거래한 사실이 인정되면 원고의 손해와 피고의 시세조종행위 사이에 인과관계의 존재를 추정할 수 있을 것이고, 이에 대하여 피고가 시세의 변동이 피고의 행위와 무관하게 이루어졌다는 사실을 증명하여 위 추정을 깨뜨릴 수 있다고 해야 할 것이다.[2)]

1) 임재연, 전게서, 852면.

참고로 시세조종행위에 관한 사례는 아니지만 사업보고서 등을 허위기재한 자의 손해배상책임과 관련한 사례에서 법원은 "유가증권의 취득자는 같은 법 제15조 제 2 항의 규정에 따라 사업보고서의 허위기재 등과 손해발생간의 인과관계의 존재에 관하여 입증할 필요가 없고, 주권상장법인 등이 책임을 면하기 위하여 이러한 인과관계의 부존재를 입증해야 한다."고 판시하여 증명책임의 전환을 인정하였다.[1]

4. 손해액의 산정

시세조종행위가 있다고 하여도 주식의 시세는 항상 변동하는 것이므로 어떤 가격을 기준으로, 또한 어떤 시점의 가격을 기준으로 해서 손해액을 산정할 것인가가 문제가 된다. 이에 대하여는 견해가 갈리고, 우리나라 하급심 판례의 태도도 일치하지 않았다. 그러나 대법원에서 시세조종행위에 따른 손해배상청구소송에서 그 손해액 산정의 기준을 제시함으로써 판례의 입장을 명확히 하였다.[2]

1) 학 설

제1설은 시세조종행위가 없었다면 형성되었을 정상적인 가격과 시세조종행위의 결과 형성된 가격으로서 원고가 거래한 거래가격과의 차액이 손해라는 견해로서, 여기서 손해는 시세조종행위로 인하여 형성된 불공정한 가격으로 매수함으로써 발생한 손해를 의미하고, 시세조종행위가 없었다면 유가증권을 매수하지 않았을 것인데 시세조종행위로 인하여 매수가 유발되어 입은 손해는 아니라고 한다.[3]

제2설은 원고가 매수한 시점의 가격과 매도시의 가격의 차액, 또는 아직 매각하지 않은 경우에는 손해배상청구시의 가격의 차액을 손해액으로 보는 견해이다. 원고가 매수한 가격과 손해배상청구시의 가격의 차액을 손해액으로 추정하고, 피고로 하여금 손해배상청구시의 가격이 시세조종행위와 관련이 없다는 사정을 주장·

2) 임재연, 상게서, 852면; 김정만, "시세조종행위의 규제, 증권거래에 관한 제문제(하)", 법원행정처(재판자료 91집, 2001.6.), 245면; 김주영·김태선, "주가조작에 따른 손해배상청구사건에 있어서 배상액의 산정방법에 관한 고찰", 「증권법연구」 제2권 제 1 호(2001), 118면.

1) 대판 2002. 10. 11, 2002 다 38521: 그런데 사업보고서의 허위기재 등으로 인한 손해배상청구권에 관한 구 증권거래법 제15조 제 2 항은 "14조의 규정에 의하여 배상책임을 질자가 청구권자가 입은 손해액의 전부 또는 일부를 허위로 기재·표시하거나 중요한 사항을 기재·표시하지 아니함으로써 발생한 것이 아님을 입증한 경우에는 그 부분에 대하여 배상책임을 지지 아니한다."고 하여 증명책임의 전환의 취지를 규정하고 있기에 시세조종행위와 같이 보기는 어렵다.

2) 손해배상을 청구하려는 원고가 시세조종기간 중 수차례에 걸쳐 당해 유가증권의 매수와 매도를 하였거나, 종전부터 당해 유가증권을 보유한 상태에서 추가로 매수한 후 매도한 경우에는 선입선출법(먼저 매수한 것부터 매도된 것으로 보는 방법)과 후입선출법 중 어느 방식에 의하는 가에 따라 손해액이 다르게 산정되는데, 이러한 경우에는 후입선출법에 의하여 산정하는 것이 타당하다.

3) 김건식·정순섭, 전게서, 468면; 임재연, 전게서, 854면; 김주영·김태선, 전게논문, 132면.

증명하게 하여 감액을 인정하자는 견해도 이 범주에 포함시킬 수 있다.[1)]

2) 판 례

이에 대하여 대법원은 제1설의 태도를 취하였다. 그리하여 "증권거래법 제188조의 4 제 2 항 제 1 호의 시세조종행위로 인하여 형성된 가격에 의하여 유가증권시장 또는 코스닥시장에서 당해 유가증권의 매매거래 또는 위탁을 한 투자자가 그 매매거래 또는 위탁에 관하여 입은 손해를 산정함에 있어서는, 그와 같은 시세조종행위가 없었더라면 매수 당시 형성되었으리라고 인정되는 주가(정상주가)와 시세조종행위로 인하여 형성된 주가로서 그 투자자가 실제로 매수한 주가(조작주가)와의 차액상당(만약, 정상주가 이상의 가격으로 실제 매도한 경우에는 조작주가와 그 매도주가와의 차액상당)을 손해로 볼 수 있다"고 판시하였다.[2)]

그러나 이와 달리 시세조종행위가 인정되는 경우 원고가 총매수한 가격과 총매도한 가격의 차이를 손해액으로 인정한 판례도 있다. 이에 따르면 "손해액의 산정에 대하여 시세조종 등 불공정거래행위로 인하여 피해자가 주식거래로 입은 손해액은 그 불공정거래행위가 없었더라면 피해자가 매도 또는 매수하였으리라고 인정되는 정상가격과의 차액상당으로 보아야 할 것인바, 주식시장에서의 주식의 정상가격은 그 형성 당시의 당해 회사의 실적, 시장의 수급 상황 등 여러 가지 여건에 의하여 경쟁매매를 통하여 결정되므로 특정시점에서 특정한 행위 또는 조건의 가감에 따른 정상가격을 추정하는 것은 불가능에 가까운 점, 증권거래법 제15조가 유가증권신고서 등의 허위기재로 인하여 그 발행인 등이 같은 법 제14조의 규정에 의하여 손해배상책임을 지는 경우 배상하여야 할 손해액은 피해자가 당해 유가증권을 취득함에 있어서 실지로 지급한 액에서 변론종결 당시의 그 시장가격 또는 변론종결 전

1) Investment, 昭和 41년 5, 6월분(大阪證券取引所), 118면.

2) 대판 2004. 5. 28, 2003 다 69607, 69614; 서울고판 2000. 12. 5, 2000 나 22456: 다만, 변론종결 전에 정상주가보다 높은 가격에 처분함으로써 매수주가와 처분주가와의 차액이 매수주가와 정상주가의 차액보다 적을 경우에는 그 적은 금액을 손해액으로 인정하고, 정상주가보다 낮은 가격에 매수한 원고들은 그 후 주가가 더 하락함에 따라 손해를 입었다고 하더라도 이는 특별사정으로 인한 손해로 보고 특별사정에 대한 증명이 없는 경우 그 청구를 인용하지 않았다.
참고로, 분식결산에 의하여 회사의 재무제표 등이 허위로 작성되었는데도 감사인이 부실감사로 인하여 이를 발견하지 못한 사안에서 대법원은 "감사인의 부실감사로 손해를 입게 된 주식투자자가 민법상의 불법행위책임에 기하여 배상을 구할 수 있는 손해액의 산정은 구증권거래법상의 손해배상책임에 있어서의 손해액 산정에 관한 같은 법 제197조 제 2 항 및 제15조가 적용될 수 없고, 원칙적으로 그 실제매수 또는 매도가액이 아니라 부실감사가 밝혀지기 직전의 정상적인 주가와 부실감사가 밝혀진 후의 거래에서 계속된 하종가가 마감되어 다시 정상적인 주가가 형성되었을 때 그 정상주가와의 차액에 의하여야 할 것이고, 또 그와 같이 주가가 다시 정상적으로 형성되기 이전에 매도가 이루어지고 그 가액이 그 후 다시 형성된 정상적인 주가를 초과하는 경우에는 그 매도가액과의 차액에 의하여야 한다"고 판시하였다(대판 1999. 10. 22, 97 다 26555).

에 그 주식을 처분한 때에는 그 처분가격을 공제한 금액으로 한다고 규정하고 있는 점, 원고들의 일련의 매수 및 매도행위가 피고의 단일한 시세조종 등 불공정거래행위로 인한 것인 점 등을 비추어 보면, 원고들의 손해액은 총매수가액에서 총매도가액을 공제하는 방법으로 구하는 것이 적당하다"고 판시하였다.[1]

3) 검 토

제2설은 손해액의 산정이 편리하고, 실제 피해자가 입은 실손해액을 반영한다는 점에서 이점이 있다는 것은 인정할 수 있으나, 손해액의 범위를 너무 넓게 인정하는 문제가 있다. 즉 매도시의 가격이란 시세조종뿐만 아니라 여러 다양한 요인에 의하여 결정되는 것인데, 만일 시세가 시황의 영향 등으로 추가 하락한 경우에도 이에 따르면 모두 손해로 인정되게 된다. 또한 주식의 시세란 시시각각 변하는 것인데, 손해액의 산정을 원고의 매도시점 또는 변론종결시를 기준으로 하게 되면 그 손해액이 원고의 개인적 사정에 따라 변하는 불합리성도 있다.

따라서 손해를 일정한 시점을 기준으로 하여 확정할 필요가 있는데 그 시점은 피해자가 주식을 매수한 시점으로 보는 것이 변론종결일이나 처분한 시점으로 보는 것에 비하여 합리적이다. 그러한 입장에서 제1설의 태도가 타당하다고 본다.

그런데 제1설과 입장이 동일한 대법원은 만일 피해자가 정상주가 이상의 가격으로 매각한 경우에는 조작주가와 실제로 매각한 주가와의 차액만을 손해액으로 산정하였다. 그러나 피해자가 정상가보다 높은 가격으로 주식을 매입한 손해가 있음에도 불구하고 사후적으로 취득가보다 높은 가격으로 처분했다고 하여 그 부분을 손해액에서 제외하는 것은 문제가 된다. 이는 정상가와 처분가의 차액부분을 피해자가 아닌 시세조종자의 이익에 귀속시키게 되는 결과를 낳는다. 즉 시세조종자의 경우 정상주가와 조작주가의 차액만큼 이익을 보았음에도 나중에 주가가 정상주가 이상으로 상승하였다고 해서 이를 손해에서 공제하게 되면 결과적으로 시세조종자에게 그 액만큼 이익을 보전시켜 주는 부당한 결과가 된다. 또한 주식의 처분의 시점이나 소제기 시점에 따라 손해배상액이 달라지는 문제도 있다.

반대로 시세조작사실이 드러나면서 주가가 추가로 하락하여 그 처분가격 혹은 변론종결시의 가격과 조작주가와의 차액이 정상주가와 조작주가와의 차액을 넘어가는 경우에는 그 손해를 특별사정으로 인한 손해로 보아 시세조종 등 시세조종행위를 한 자가 그 사정을 알았거나 알 수 있었을 경우에 한하여 손해액에 포함된다고 해석할 것이다.

---

1) 부산고판 1998. 8. 27, 98 나 574; 서울지판 2000. 6. 30, 98 가합 114034.

문제는 정상가격의 산정이다. 손해배상액 산정에 있어서 시세조종행위과 상관없는 다른 요인에 의한 가격변동액만큼 손해액의 산정에서 제외하여야 한다. 따라서 시세조종행위에 영향을 받지 않은 정상가격의 산정을 해 내어야 하는데, 이에 대하여 정상주가의 산정이 불가능하다면서, 시세조종행위가 이루어지지 않은 기간동안의 최고가를 정상주가로 보아 손해액을 산정한 경우도 있다.[1] 그러나 이는 투자자의 손해를 과도하게 축소하는 것으로서 타당하지 않다. 미국에서는 정상주가를 산정하는 방법으로 사건영향분석법[2]을 널리 사용하고 있다. 이는 특정사건이 주가에 미치는 영향을 평가하는 통계적인 기술로서, 특정사건이 발생한 기간 중의 주가동향과 당해 사건이 없었더라면 진행되었을 주가동향을 비교하여 그 차이가 통계적으로 의미를 가지는 경우에 그 차이를 가지고 정상주가를 산정하는 방법이다.

우리나라 대법원도 이를 받아 들여 "정상주가의 산정방법으로는, 전문가의 감정을 통하여 그와 같은 시세조종행위가 발생하여 그 영향을 받은 기간(사건기간) 중의 주가동향과 그 사건이 없었더라면 진행되었을 주가동향을 비교한 다음 그 차이가 통계적으로 의미가 있는 경우 시세조종행위의 영향으로 주가가 변동되었다고 보고, 사건기간 이전이나 이후의 일정 기간의 종합주가지수, 업종지수 및 동종업체의 주가 등 공개된 지표 중 가장 적절한 것을 바탕으로 도출한 회귀방정식을 이용하여 사건기간 동안의 정상수익률을 산출한 다음 이를 기초로 사건기간 중의 정상주가를 추정하는 금융경제학적 방식 등의 합리적인 방법에 의할 수 있다."고 판시하였다.[3]

이와 같이 정상주가의 산정에는 주식을 발행한 회사가 가지는 개별적 사정(영업실적, 부채비율, 전망 등), 시장의 상황, 그 회사가 속하는 업계의 상황, 국내 및 국제적 사회·경제 전반의 정세 등 여러 요인을 고려해서 판단하여야 한다.

▶ 참조판례

① "사건연구방식의 분석을 활용하는 경우, 시세조종행위가 발생한 기간(이른바 사건기간) 이전의 일정 기간(이른바 추정기간)의 종합주가지수, 업종지수 및 동종업체의 주가 등 공개된 지표 중 가장 적절한 것을 바탕으로 도출한 회귀방정식을 이용하여 사건기간 동안의 정상수익률을 산출한 다음 이를 기초로 추정한

1) 서울고판 2000. 12. 5, 98 가합 114034.
2) 사건영향분석법은 기본 3단계 절차를 거쳐 행하여지는데 이는 첫째, 사건의 정보가 시장에 도달하는 기간의 정의, 둘째, 사건을 둘러싼 비정상적인 주가의 산출, 셋째, 비정상적인 주가의 통계적 유의성의 검증이다.
3) 대판 2004. 5. 28, 2003 다 69607, 69614.

‘사건기간 중의 일자별 정상주가’ ‘사건기간 중의 일자별 실제주가’비교하여 그 차이가 통계적으로 의미가 있는 경우에 한하여 시세조종행위의 영향으로 인하여 주가가 변동되었다고 보아 상당인과관계가 존재한다는 판단을 하게 되는 것이므로 사건기간과 추정기간을 정확히 설정하는 것이 무엇보다 중요하다 할 것인바, 사건기간의 설정과 관련하여서는 달리 특별한 사정이 없는 한 시세조종행위가 시작된 날을 사건기간의 개시일로 삼음이 상당하고, 다른 한편 사건기간 이전의 특정 기간을 추정기간으로 설정함에 있어서는 정상주가의 산정을 위한 회귀방정식의 신뢰도에 결정적인 문제가 생길 정도로 사건기간으로부터 멀리 떨어진 기간을 추정기간으로 설정하거나 주가의 기대수익률에 큰 영향을 미칠 수 있는 구조적 변화가 일어나기 이전의 기간까지 추정기간에 포함해서는 아니 될 것이다.”(대판 2007. 11. 30, 2006 다 58578).

② “‘위반행위로 얻은 이익’이라 함은 거기에 함께 규정되어 있는 ‘손실액’에 반대되는 개념으로서 당해 위반행위로 인하여 행위자가 얻은 이윤 즉 그 거래로 인한 총 수입에서 그 거래를 위한 총 비용을 공제한 차액을 말하고, 따라서 현실거래로 인한 시세조종행위로 얻은 이익은 그 시세조종행위와 관련된 유가증권 거래의 총 매도금액에서 총 매수금액 외에 그 거래를 위한 매수수수료, 매도수수료, 증권거래세(증권거래소의 경우 농어촌특별세를 포함한다) 등의 거래비용도 공제한 나머지 순매매이익을 의미한다.”(대판 2002. 6. 14, 2002 도 1256, 대판 2002. 7. 26, 2002 도 1855). 여기서 “양도소득세”(대판 2003. 11. 14, 2003 도 686), “청약환불금”(대판 2004. 5. 28, 2004 도 1465)은 공제 대상인 거래비용에 포함되지 아니한다.

제 3 장 부정거래행위

Ⅰ. 의 의

부정거래행위에 대하여 자본시장법에서는 금융투자상품의 매매 그 밖의 거래와 관련하여 일정한 부정행위를 금지하는 것과 금융투자상품의 매매, 그 밖의 거래 또는 시세변동을 목적으로 위계의 사용 등을 금지하는 것으로 나누고 있다.

부정거래행위의 규제에 관한 본 규정이 미국(SEC Rule 10b-5)이나 일본에 비해서는 미흡하지만 포괄적 사기금지규정의 역할을 한다.

Ⅱ. 매매 등의 거래와 관련한 부정거래행위

1. 적용범위

금융투자상품의 매매 그 밖의 거래와 관련하여 일정한 부정행위를 금지한다. "금융투자상품의 매매 그 밖의 거래"로 되어 있어 상장 여부를 불문하고, 증권의 경우 공모와 사모를 포함한다.

매매 외에 담보제공계약, 합병계약, 교환계약 등도 포함된다.

2. 부정수단의 사용

"부정한 수단, 계획 또는 기교를 사용하는 행위"가 금지된다(자금 178조 1항 1호). 여기서 '부정한 수단, 계획 또는 기교'란 사회통념상 부정하다고 인정되는 일체의 수단, 계획 또는 기교를 말한다.[1] 여기서 부정성을 사기에 한정하지 않고 사회

통념에 반하는 일반적 부정을 포함하는 의미로 본다.[1]

3. 허위표시의 사용

중요사항에 관하여 거짓의 기재 또는 표시를 하거나 타인에게 오해를 유발시키지 아니하기 위하여 필요한 중요사항의 기재 또는 표시가 누락된 문서, 그 밖의 기재 또는 표시를 사용하여 금전, 그 밖의 재산상의 이익을 얻고자 하는 행위는 금지된다(자금 178조 1항 2호).

예를 들면 회사 내부자 등이 주식을 매수한 후 허위 재무정보를 기재한 사업보고서를 제출하고, 이를 발표하여 주가를 상승시킨 후 매도하여 부당이득을 취하려는 경우 등이 될 것이다.

▶ 참조판례

① "허위사실을 유포하거나 허위의 표시를 하였는지 여부는 공시내용 자체가 허위인지 여부에 의하여 판단하여야 할 것이지 실제로 공시내용을 실현할 의사와 능력이 있었는지 여부에 의하여 판단할 것은 아니다."면서, 주주총회의 결의를 거쳐 회사의 사업목적을 추가하는 정관변경을 한 다음 그 사실을 공시하거나 기사화한 것이 허위사실을 유포하거나 허위의 표시를 한 것으로 볼 수는 없다고 하였다(대판 2003. 11. 14, 2003 도 686).

② "구증권거래법 제188조의 4 제 4 항 제 1 호의 유가증권의 매매 등 거래와 관련한 행위인지 여부나 허위의 여부 및 부당한 이득 또는 경제적 이익의 취득 도모 여부 등은 그 행위자의 지위, 발행회사의 경영상태와 그 주가의 동향, 그 행위 전후의 제반 사정 등을 종합적으로 고려하여 객관적인 기준에 의하여 판단하여야 한다."면서, 주식회사의 대표이사가 분식결산의 방법으로 작성된 허위의 재무제표에 기초하여 그 회사의 재무에 관하여 허위의 사항을 기재한 사업보고서 등을 증권거래위원회나 증권거래소에 제출하고, 불확실한 사업전망을 마치 확정되었거나 곧 착수할 것처럼 공표하면서 그 내용을 신문보도나 유인물을 통하여 홍보하여 그 회사의 주가가 상승하자 자신이 지배하는 주식을 매도하여 상당한 경제적 이득을 얻었고, 그에 앞서 미리 사모전환사채를 인수하는 방법으로 주식의 매도에 대비하였다가 주식을 매도한 후 그 전환사채를 주식으로 전환하여 그 회사에 대한 자신

1) 대판 2011. 10. 27, 2011 도 8109.
1) 김건식·정순섭, 전게서, 474면.

의 지분율을 유지한 경우, 증권거래법상 사기적 부정거래행위에 해당한다고 하였다(대판 2001. 1. 19, 2000 도 4444).

③ "구증권거래법 제188조의 4 제 4 항 소정의 '부당한 이득'은 유가증권의 처분으로 인한 행위자의 개인적이고 유형적인 경제적 이익에 한정되지 않고, 기업의 경영권 획득, 지배권 확보, 회사 내에서의 지위상승 등 무형적 이익 및 적극적 이득뿐 아니라 손실을 회피하는 경우와 같은 소극적 이득, 아직 현실화되지 않는 장래의 이득도 모두 포함하는 포괄적인 개념으로 해석하는 것이 상당하다."(대판 2003. 11. 14, 2003 도 686).

④ "구증권거래법 제188조의 4 제 4 항 제 2 호의 '중요한 사항'이란, 미공개정보 이용행위 금지조항인 같은 법 제188조의 2 제 2 항 에서 정한 '일반인에게 공개되지 아니한 중요한 정보'와 궤를 같이 하는 것으로서, 당해 법인의 재산·경영에 관하여 중대한 영향을 미치거나 유가증권의 공정거래와 투자자 보호를 위하여 필요한 사항으로서 투자자의 투자판단에 영향을 미칠 수 있는 사항을 의미한다. 또한, 위와 같은 중요한 사항에 관하여 허위 또는 부실 표시된 문서를 증권선물거래소를 통하여 이미 공시한 상태에서 이를 단순히 시정하지 않고 방치하는 데 그치는 것이 아니라, 구체적인 상황에서 그 문서가 투자자의 투자판단에 영향을 미칠 수 있는 사항에 관하여 오해를 유발할 수 있는 상황임을 알면서도, 이를 금전 기타 재산상의 이익을 얻는 기회로 삼기 위해서 유사한 취지의 허위 또는 부실 표시 문서를 계속 증권선물거래소에 보고하는 등의 방법으로 적극적으로 활용하는 행위는 위 조항에서 정한 문서의 이용행위에 포함될 수 있다."(대판 2009. 7. 9, 2009 도 1374).

⑤ "구증권거래법 제188조의 4 제 4 항 제 2 호는 그 문언의 해석상 일단 '타인에게 오해를 유발하게 함으로써 금전 기타 재산상의 이익을 얻기 위하여' 중요한 사항에 관한 허위·부실 표시 문서를 이용한 이상 그로써 바로 위 조항 위반죄가 성립하는 것이고, 문서 이용행위로 인하여 실제 '타인에게 오해를 유발'하거나 '금전 기타 재산상의 이익을 얻을 것'을 요하지 않으므로, 허위·부실 표시 문서 이용행위와 타인의 오해 사이의 인과관계 여부는 위 죄의 성립에 아무런 영향을 미치지 않는다."고 판시하였다(대판 2006. 4. 14, 2003 도 6759).

4. 허위시세의 이용

금융투자상품의 매매, 그 밖의 거래를 유인할 목적으로 거짓의 시세를 이용하는 행위는 금지된다(자금 178조 1항 3호).

시세조종행위는 적극적으로 허위의 시세를 만들어내는 것인데 비하여 여기서는 그러한 허위시세를 이용하는 행위를 규제한다.

Ⅲ. 위계 등에 의한 부정거래행위

1. 의 의

누구든지 금융투자상품의 매매, 그 밖의 거래를 할 목적이나 그 시세의 변동을 도모할 목적으로 풍문의 유포, 위계의 사용, 폭행 또는 협박을 하여서는 아니 된다(자금 178조 2항).

2. 적용범위

위계 등에 의한 부정거래행위의 목적이 "금융투자상품의 매매, 그 밖의 거래" 또는 "그 시세의 변동"으로서 그 행위유형이 넓다.

3. 풍문의 유포

풍문이란 진위여부가 불확실한 소문을 말하며 그 유포에 대한 방법이나 수단에 대한 제한이 없으므로 인터넷, 휴대폰문자 등 모든 방법이 포함된다. 유포는 일반적으로 불특정 다수인에게 전파하는 행위를 말하지만 특정인에게 전파하는 것도 포함한다.

4. 위계의 사용

위계란 거래상대방이나 불특정투자자를 기망하여 일정한 행위를 유인할 목적의 수단·계획·기교 등을 말한다.[1] 위계의 상대방은 거래의 상대방일 필요가 없고 불특정 다수인이라도 무방하다.

5. 폭행 또는 협박

그 행위의 유형으로 폭행 또는 협박도 포함시킨 것은 부정거래행위의 적용범위에 공백이 없도록 하기 위한 것이다.

---

1) 대판 2008. 5. 15, 2007 도 11145.

▶ 참조판례

① "'위계'란 거래 상대방이나 불특정 투자자를 기망하여 일정한 행위를 유인할 목적의 수단·계획·기교 등을 말하는 것이고, '기망'이라 함은 객관적 사실과 다른 내용의 허위사실을 내세우는 등의 방법으로 타인을 속이는 것을 의미한다."(대판 2010. 12. 9, 2009 도 6411, 대판 2011. 3. 10, 2008 도 6335).

② "상장법인 등이 재무구조에 변경을 초래하는 감자 또는 증자에 관한 정보를 스스로 공표하는 경우, 상장법인 등의 임직원으로서는 그러한 정보의 공표로 인하여 투자자들의 오인·착각을 유발하지 않도록 합리적인 근거에 기초하여 성실하게 정보를 공표하여야 한다. 만일 이와 달리 상장법인 등이 객관적으로 보아 감자 등을 할 법적 또는 경제적 여건을 갖추고 있지 아니하거나 또는 임직원이 감자 등을 진지하고 성실하게 검토·추진하려는 의사를 갖고 있지 않은데도, 감자 등의 검토계획을 공표하면 투자자들이 그 실현가능성이 높은 것으로 판단하여 주식거래에 나설 것이고 이로 인하여 주가의 변동이 초래될 것이라고 인식하면서도 그에 따른 이득을 취할 목적으로 검토계획의 공표에 나아간 경우에는, 이러한 행위는 투자자들의 오인·착각을 이용하여 부당한 이득을 취하려는 기망적인 수단, 계획 내지 기교로서 구증권거래법 제188조의 4 제 4 항 제 1 호 에서 정한 '위계를 쓰는 행위'에 해당한다."(대판 2011. 3. 10, 2008 도 6335).

③ 피고인 甲, 乙이 주가상승을 통한 시세차익을 얻기로 공모한 후 乙의 자금을 이용하여 외국법인 명의 계좌로 丙회사의 주식을 매수하거나 제 3 자배정 유상증자에 乙소유의 외국 페이퍼컴퍼니 명의로 참여하여 丙회사의 주식을 인수함으로써, 마치 해외기관투자자나 다수의 해외펀드 투자를 유치한 듯한 외양을 갖추는 위계를 사용하였다는 주장에 대하여 "피고인들이 위 주식거래를 함에 있어 관련 외국법인의 실체를 과장하거나 그에 관한 허위의 정보를 제공하는 등 허위사실을 내세웠다는 특별한 사정이 없는 이상, 乙의 위와 같은 투자행태를 법률이 금지하는 위계의 사용에 해당한다고 단정하기에 부족하다."고 하였다(대판 2010. 12. 9, 2009 도 6411).

제 4 장 시장질서 교란행위의 금지

Ⅰ. 의　　의

기존 자본시장법상 불공정거래에 대한 규제에 한계가 있다는 지적이 꾸준히 제기되어 왔다. 미공개정보이용행위의 금지에 있어서 정보수령자의 범위를 제1차 정보수령자로 제한하고 있었으며, 시세조종행위의 경우에도 주관적 요건으로 목적성이 요구되어 이를 증명하기에 어려움이 있었다. 이에 자본시장법 개정으로 시장질서 교란행위에 대한 규제조항이 도입되게 되었다.

여기서는 기존 불공정거래행위에 포함되지 않았던 미공개 중요정보 이용행위를 "시장질서 교란행위"로 처벌하는 규정 및 "목적성"이 인정되지 않더라도 시세에 부당한 영향을 주는 시장질서 교란행위를 규제하는 내용의 규정을 신설하였다(자금 178조의 2).

시장질서 교란행위에 대한 규제의 특징은 기존의 불공정거래가 형사처벌 위주의 규제체계를 가지는데 반하여 과징금 부과에 초점을 두고 있다는 점을 수 있다.

Ⅱ. 새롭게 추가된 미공개 중요정보 이용행위

첫째, 미공개정보 이용행위의 규제조항하에서는 정부수령자의 경우 제1차 정보수령자만 처벌의 대상이 된다. 그러나 시장질서 교란행위 규제조항 하에서는 2차·3차 등 간접적으로 상장법인의 미공개정보를 취득하여 이용한 경우도 규제대상이 된다.

둘째, 해킹·절취 등 부정한 방법으로 미공개정보를 얻거나 이 정보를 간접적으로 취득하여 이용한 경우도 규제된다.

셋째, 본인이 생성한 시장정보를 활용하거나 해당 시장정보를 간접적으로 취득하여 주식거래 등을 한 경우도 대상이 된다.

Ⅲ. 목적성이 인정되지 않는 시세조종성행위

첫째, 시세조종행위는 목적성이 요구됨에 반하여, 목적성이 인정되지 않더라도 시세에 부당한 영향을 주는 행위는 시장질서 교란행위로 규제되게 되었다. 예를 들면 자동 주문 프로그램을 통하여 특정 회사의 주식을 거래하였는데, 프로그램의 오류로 인하여 주문이 폭주하면서 주가가 급변한 경우 이전에 시세조종행위의 규제에 있어서 목적성이 인정되지 않아 규제가 어려웠지만 이에 대하여도 시장질서 교란행위로 규제할 수 있게 되었다.

둘째, 기존에 시세조종행위 및 부정거래행위 등의 금지에 관한 자본시장법 제176조 및 제178조로 처벌하기 어려운 유형에 대한 규제를 새롭게 도입하고 있다. 이는 다음의 허수호가, 가장매매, 손익이전 또는 조세회피 목적의 통정매매, 풍문의 유포, 거짓으로 계책을 꾸미는 등의 행위이다.

① 허수호가: 거래 성립 가능성이 희박한 호가를 대량으로 제출하거나 호가를 제출한 후 해당 호가를 반복적으로 정정·취소하여 시세에 부당한 영향을 주거나 줄 우려가 있는 행위

② 가장매매: 권리의 이전을 목적으로 하지 아니함에도 불구하고 거짓으로 꾸민 매매를 하여 시세에 부당한 영향을 주거나 줄 우려가 있는 행위

③ 손익이전 또는 조세회피 목적의 통정매매: 손익이전 또는 조세회피 목적으로 자기가 매매하는 것과 같은 시기에 그와 같은 가격 또는 약정수치로 타인이 그 상장증권 또는 장내파생상품을 매수할 것을 사전에 그 자와 서로 짠 후 매매를 하여 시세에 부당한 영향을 주거나 영향을 줄 우려가 있는 행위

④ 풍문의 유포, 거짓으로 계책을 꾸미는 등의 행위: 풍문을 유포하거나 거짓으로 계책을 꾸미는 등으로 상장증권 또는 장내파생상품의 수요·공급 상황이나 그 가격에 대하여 타인에게 잘못된 판단이나 오해를 유발하거나 상장증권 또는 장내파생상품의 가격을 왜곡할 우려가 있는 행위

Ⅳ. 과징금의 부과

금융위원회는 시장질서 교란행위 금지를 위반한 자에 대하여 5억원 이하의 과징금을 부과할 수 있다. 다만, 그 위반행위와 관련된 거래로 얻은 이익(미실현 이익을 포함한다) 또는 이로 인하여 회피한 손실액에 1.5배에 해당하는 금액이 5억원을 초과하는 경우에는 그 이익 또는 회피한 손실액의 1.5배에 상당하는 금액 이하의 과징금을 부과할 수 있다(자금 429조의 2).[1)]

시장질서 교란행위 위반에 대한 과징금부과는 고의 또는 중과실을 요건으로 하지 않는다.

---

1) 이는 불공정거래의 벌금상환(부당이득액의 3배)을 감안하여 형사처벌 요건보다 낮은 요건을 위반한 시장질서 교란행위에 대하여는 이보다 낮은 1.5배로 규율하는 것으로 볼 수 있다.

제 5 부 집합투자

제1장 총 설

제1절 개 관

집합투자란 2인 이상에게 투자권유를 하여 모은 금전 등 또는 「국가재정법」 제81조에 따른 여유자금을 투자자 또는 각 기금관리주체로부터 일상적인 운용지시를 받지 아니하면서 재산적 가치가 있는 투자대상자산을 취득·처분, 그 밖의 방법으로 운용하고 그 결과를 투자자 또는 각 기금관리주체에게 배분하여 귀속시키는 것을 말한다(자금 6조 5항).

집합투자업이란 집합투자를 영업으로 하는 것을 말한다(자금 6조 4항). 자산운용업이나 투자신탁업 등이 이에 해당한다.

제2절 집합투자기구

Ⅰ. 집합투자기구의 종류

1. 집합투자기구의 의의

집합투자기구란 집합투자를 수행하기 위한 기구로서 다음을 말한다. ① 투자신탁 ② 투자회사 ③ 투자유한회사 ④ 투자합자회사 ⑤ 투자합자조합 ⑥ 투자익명조합 ⑦ 사모투자전문회사를 말한다(자금 9조 18항).

2. 집합투자기구의 구분

(1) 법적 구조에 따른 구분

집합투자기구는 법적 구조에 따라 ① 신탁형(투자신탁) ② 회사형(투자회사, 투자유한회사, 투자합자회사) ③ 조합형(투자합자조합, 투자익명조합)으로 나눌 수 있다. 이때 투자자는 신탁형에서는 수익자, 회사형에서는 주주 또는 사원, 조합형에서는 조합원 또는 출자자의 지위를 가진다.

(2) 운용대상에 따른 구분

집합투자기구는 집합투자재산의 운용대상에 따라 다음과 같이 구분한다(자금 229조).

① 증권집합투자기구: 집합투자재산의 50%를 초과하여 증권에 투자하는 집합투자기구로서 ② 및 ③에 해당하지 아니하는 집합투자기구

② 부동산집합투자기구: 집합투자재산의 50%를 초과하여 부동산(부동산을 기초자산으로 한 파생상품, 부동산 개발과 관련된 법인에 대한 대출, 그밖에 대통령령으로 정하는 방법[1])으로 부동산 및 대통령령으로 정하는 부동산과 관련된 증권(자금시 240조 5항)에 투자하는 경우를 포함한다)에 투자하는 집합투자기구

③ 특별자산집합투자기구: 집합투자재산의 50%를 초과하여 특별자산(증권 및 부동산을 제외한 투자대상자산을 말한다)에 투자하는 집합투자기구

④ 혼합자산집합투자기구: 집합투자재산을 운용함에 있어서 ①부터 ③까지의 규정의 제한을 받지 아니하는 집합투자기구

⑤ 단기금융집합투자기구: 집합투자재산 전부를 대통령령으로 정하는 단기금융상품[2])에 투자하는 집합투자기구로서 대통령령으로 정하는 방법(자금시 241조 2항)

---

1) 다음 각 호의 어느 하나에 해당하는 방법을 말한다(자금시 240조 4항).
   1. 부동산의 개발
   2. 부동산의 관리 및 개량
   3. 부동산의 임대
   4. 지상권·지역권·전세권·임차권·분양권 등 부동산 관련 권리의 취득
   5. 「기업구조조정 촉진법」 제 2 조 제 1 호에 따른 채권금융기관(「금융산업의 구조개선에 관한 법률」에 따른 금융기관이었던 자로서「청산절차 또는 채무자 회생 및 파산에 관한 법률」에 따른 파산절차가 진행 중인 법인을 포함한다)이 채권자인 금전채권(부동산을 담보로 한 경우만 해당한다)의 취득

2) 원화로 표시된 자산으로서 다음 각 호의 어느 하나에 해당하는 것을 말한다(자금시 241조 1항).
   1. 남은 만기가 6개월 이내인 양도성 예금증서
   2. 남은 만기가 5년 이내인 국채증권, 남은 만기가 1년 이내인 지방채증권·특수채증권·사채권(법 제71조 제 4 호 나목에 따른 주권 관련 사채권 및 사모의 방법으로 발행된 사채권은 제외

으로 운용되는 집합투자기구

Ⅱ. 특수한 형태의 집합투자기구

1. 환매금지형집합투자기구

투자신탁·투자유한회사·투자합자회사·투자유한책임회사·투자합자조합 및 투자익명조합을 설정·설립하고자 하는 집합투자업자 또는 투자회사의 발기인(집합투자업자 등)은 환매를 보장한 자본시장법 제235조 제 1 항에도 불구하고 존속기간을 정한 집합투자기구에 대하여만 집합투자증권의 환매를 청구할 수 없는 집합투자기구(환매금지형집합투자기구)를 설정·설립할 수 있다(자금 230조 1항).

일정한 경우 즉 부동산집합투자기구 등과 같이 집합투자기구의 투자대상자산의 현금화하기 곤란한 사정 등을 고려하여 대통령령으로 정하는 경우(자금시 242조 2항)에는 집합투자업자 등은 그 집합투자기구를 환매금지형집합투자기구로 설정·설립하여야 한다(자금 230조 5항).

2. 종류형집합투자기구

자본시장법에서는 투자자의 균등한 권리에 관하여 규정하고 있지만(189조 2항, 196조 5항 및 208조 1항 등) 이에도 불구하고 집합투자업자 등은 같은 집합투자기구에서 판매보수의 차이로 인하여 기준가격이 다르거나 판매수수료가 다른 여러 종류의 집합투자증권을 발행하는 집합투자기구(종류형집합투자기구)를 설정·설립할 수 있다(자금 231조 1항).

3. 전환형집합투자기구

집합투자업자 등은 복수의 집합투자기구 간에 각 집합투자기구의 투자자가 소유하고 있는 집합투자증권을 다른 집합투자기구의 집합투자증권으로 전환할 수 있는 권리를 투자자에게 부여하는 구조의 집합투자기구(전환형집합투자기구)를 설정·설립할 수 있다(자금 232조 1항).

한다)·기업어음증권. 다만, 환매조건부매수의 경우에는 남은 만기의 제한을 받지 아니한다.
3. 남은 만기가 1년 이내인 제79조 제 2 항 제 5 호에 따른 어음(기업어음증권은 제외한다)
4. 법 제83조 제 4 항에 따른 단기대출
5. 만기가 6개월 이내인 제79조 제 2 항 제 5 호 각 목의 금융기관에의 예치
6. 다른 단기금융집합투자기구의 집합투자증권

전환형집합투자기구는 다음의 요건을 모두 충족하여야 한다(자금 232조 1항). ① 복수의 집합투자기구 간에 공통으로 적용되는 집합투자규약이 있을 것 ② 집합투자규약에 집합투자기구 간의 전환이 금지되어 있을 것

4. 모자형집합투자기구

집합투자업자 등은 다른 집합투자기구(모집합투자기구)가 발행하는 집합투자증권을 취득하는 구조의 집합투자기구(자집합투자기구)를 설정·설립할 수 있다(자금 233조 1항).

자집합투자기구를 설정·설립하는 경우에는 다음의 요건을 모두 충족하여야 한다(자금 233조 1항). ① 자집합투자기구가 모집합투자기구의 집합투자증권 외의 다른 집합투자증권을 취득하는 것이 허용되지 아니할 것 ② 자집합투자기구 외의 자가 모집합투자기구의 집합투자증권을 취득하는 것이 허용되지 아니할 것 ③ 자집합투자기구와 모집합투자기구의 집합투자재산을 운용하는 집합투자업자가 동일할 것

5. 상장지수집합투자기구

상장지수집합투자기구는 다음의 요건을 모두 갖춘 집합투자기구를 말한다(자금 234조 1항).

① 기초자산의 가격 또는 기초자산의 종류에 따라 다수 종목의 가격수준을 종합적으로 표시하는 지수의 변화에 연동하여 운용하는 것을 목표로 할 것. 이 경우 기초자산의 가격 또는 지수는 대통령령으로 정하는 요건[1]을 갖추어야 한다.

② 수익증권 또는 투자회사 주식의 환매가 허용될 것

③ 수익증권 또는 투자회사 주식이 해당 투자신탁의 설정일 또는 투자회사의 설립일부터 30일 이내에 증권시장에 상장될 것

상장지수집합투자기구의 경우에는 자본시장법 제34조 제1항 제1호·제2

1) 다음 각 호의 요건을 모두 갖춘 경우를 말한다(자금시 246조).

1. 거래소, 외국 거래소 또는 금융위원회가 정하여 고시하는 시장에서 거래되는 종목의 가격 또는 다수 종목의 가격수준을 종합적으로 표시하는 지수일 것
2. 제1호의 가격 또는 지수가 같은 호의 시장을 통하여 투자자에게 적절하게 공표될 수 있을 것
3. 기초자산의 가격의 요건, 지수의 구성종목 및 지수를 구성하는 종목별 비중, 가격 및 지수의 변화에 연동하기 위하여 필요한 운용방법 등에 관하여 금융위원회가 정하여 고시하는 요건을 충족할 것

호, 제87조 제 3 항(제186조 제 2 항에서 준용하는 경우를 포함한다), 제88조, 제147조, 제172조, 제173조 및 제235조부터 제237조까지의 규정은 적용하지 않는다(자금 234조 1항).

상장지수집합투자증권의 상장은 증권상장규정에서 정하는 바에 따른다(자금시 250조 1항). 거래소는 상장지수집합투자기구의 집합투자증권에 대하여 금융위원회가 정하여 고시하는 사유가 발생한 때에는 그 집합투자증권의 상장을 폐지할 수 있다(자금시 250조 2항). 상장지수투자신탁의 집합투자업자와 상장지수투자회사는 상장지수집합투자기구의 집합투자증권의 상장이 폐지된 경우에는 상장폐지일부터 총리령으로 정하는 기간 이내에 상장지수집합투자기구를 해지하거나 해산하여야 한다(자금시 250조 3항).

Ⅲ. 집합투자기구의 업무수행

1. 의결권의 행사

투자신탁재산 또는 투자익명조합재산에 속하는 지분증권(그 지분증권과 관련된 증권예탁증권을 포함한다)의 의결권 행사는 그 투자신탁 또는 투자익명조합의 집합투자업자가 수행하여야 하며, 투자회사 등의 집합투자재산에 속하는 지분증권의 의결권 행사는 그 투자회사 등이 수행하여야 한다. 다만, 투자회사 등은 그 투자회사 등의 집합투자업자에게 그 투자회사 등의 집합투자재산에 속하는 지분증권의 의결권 행사를 위탁할 수 있다(자금 184조 1항).

2. 판매계약의 체결

투자신탁이나 투자익명조합의 집합투자업자 또는 투자회사 등은 집합투자기구의 집합투자증권을 판매하고자 하는 경우 투자매매업자와 판매계약을 체결하거나 투자중개업자와 위탁판매계약을 체결하여야 한다. 다만, 투자신탁이나 투자익명조합의 집합투자업자가 투자매매업자 또는 투자중개업자로서 집합투자기구의 집합투자증권을 판매하는 경우에는 판매계약 또는 위탁판매계약을 체결하지 아니한다(자금 184조 5항).

3. 투자회사의 업무위탁

투자회사는 투자회사 주식의 발행 및 명의개서 등의 업무를 일반사무관리회사에 위탁하여야 한다(자금 184조 6항). 투자회사는 주식회사에 해당하지만 소위 페이퍼 컴퍼니이기 때문에 업무를 위탁하게 된다.

제 2 장 사모펀드

Ⅰ. 사모집합투자기구

사모집합투자기구란 집합투자증권을 사모로만 발행하는 집합투자기구로서 기관투자자 등 전문투자자를 제외한 투자자의 총수가 100인 이하인 것을 말한다(자금 9조 19항, 자금시 14조). 이 경우 100인을 산출할 때 다른 집합투자기구가 그 집합투자기구의 집합투자증권 발행총수의 100분의 10 이상을 취득하는 경우에는 그 다른 집합투자기구의 투자자의 수(자본시장법 시행령 제14조 제 1 항에 따른 투자자)를 합하여 산출한다(자금시 14조 2항).

사모집합투자기구도 공모집합투자기구와 마찬가지로 신탁형, 회사형, 조합형으로 구성할 수 있다.

사모집합투자기구는 단순투자목적으로 구성하는 것도 가능하지만, 실제로는 기업인수목적이나 기업구조조정목적으로 이용되었다. 구자본시장법에서는 일반사모펀드 외에 기업인수목적의 집합투자기구로서 사모투자전문회사, 재무구조개선기업의 경영정상화와 재무안정을 위한 기업재무안정사모투자전문회사, 헤지펀드의 구성을 위한 전문사모집합투자기구에 대해서 따로 규정하고 있었지만, 2015년 자본시장법 개정으로 사모집합투자기구는 '운용목적'에 따라서 일반사모펀드와 전문사모집합투자기구를 통합하여 전문투자형 사모집합투자기구로 하고 사업구조 또는 지배구조의 개선 등을 위하여 지분증권 등에 투자·운용하는 투자합자회사인 경영참여형 사모집합투자기구의 2 종류로 단순화하였다. 2021년 자본시장법 개정으로 사모집합투자기구는 '투자자의 유형'에 따라 기존의 경영참여형 사모집합투자기구에 해당하는 기관전용 사모집합투자기구, 그 나머지를 일반 사모집합투자기구로 나누고,

그 투자자총수를 100인 이하로 확대하였다(자금 9조 19항).

[사모의 구분]

① 증권신고서 제출의무가 면제되는 기준: 사모(49인 기준) – 이 법에서 "모집"이란 대통령령으로 정하는 방법에 따라 산출한 50인 이상의 투자자에게 새로 발행되는 증권의 취득의 청약을 권유하는 것을 말한다(자금 9조 7항). 이 법에서 "사모"란 새로 발행되는 증권의 취득의 청약을 권유하는 것으로서 모집에 해당하지 아니하는 것을 말한다(자금 9조 9항).
② 집합투자기구에 대한 규제가 완화되는 기준: 사모집합투자기구(100인 기준) – 이 법에서 "사모집합투자기구"란 집합투자증권을 사모로만 발행하는 집합투자기구로서 대통령령으로 정하는 투자자의 총수가 대통령령으로 정하는 방법에 따라 산출한 100인 이하인 것을 말한다(자금 9조 19항).

Ⅱ. 일반 사모집합투자기구

1. 의 의

일반 사모집합투자기구란 기관전용 사모집합투자기구를 제외한 사모집합투자기구를 말한다. 2015년 개정 자본시장법상 사모집합투자기구는 전문투자형 사모집합투자기구와 경영참여형 사모집합투자기구로 구분되었는데, 전문투자형 사모집합투자기구는 그 이전의 일반사모펀드나 전문사모집합투자기구(헤지펀드)를 통합한 것이다. 다만 개정법에 따른 일반 사모집합투자기구나 이전의 전문투자형 사모집합투자기구는 적격투자자만을 대상으로 하므로 그 이전의 전문사모집합투자기구(헤지펀드)의 대체로서의 의미가 강하다.

구 자본시장법상의 전문사모집합투자기구는 투자판단의 전문성과 투자위험에 대한 부담능력을 갖춘 적격투자자만으로 구성된 사모펀드에 대하여 규제를 완화함으로써 소위 헤지펀드를 도입하자는 취지에서 입법화된 것이다.[1] 전문사모집합투자기구의 경우 운용주체를 집합투자업자로 제한하고, 대상 투자자는 적격투자자로 제한하되, 자산운용에 대한 규제는 일반사모펀드에 비하여 완화하고 있었는데,[2] 이

1) 헤지펀드가 성공하기 위해서는 먼저 전담중개업무를 담당할 증권사가 투자자 유치 및 공동투자, 펀드운용 관련 자금지원 및 조사업무 등을 맡아야 한다. 즉 프라임 브로커의 육성이 이루어져야 한다.
2) 전문사모집합투자기구는 집합투자규약에 따라 투자자에 대한 손익의 분배 또는 손익의 순위 등

규제가 전문투자형 사모집합투자기구를 거쳐 일반 사모집합투자기구에도 반영되고 있다.

2. 일반 사모집합투자업의 등록

일반 사모집합투자업이란 집합투자업 중 일반 사모집합투자기구를 통한 집합투자를 영업으로 하는 것을 말한다(자금 8조 28항). 일반 사모집합투자업자란 집합투자업자 중 일반 사모집합투자업을 영위하는 자를 말한다(자금 8조 29항).

이전에 전문투자형 사모집합투자기구의 운용사는 인가를 받아야 했고, 경영참여형 사모집합투자기구의 업무집행사원은 사전등록을 해야 했다. 그러나 일반 사모집합투자업에 대하여 등록제가 적용되어, 자기자본 10억원과 투자운용인력 3인 이상, 기타 설비요건 등을 갖추면 일반 사모집합투자업의 등록이 가능해졌다(자금 249조의 3, 자금시 271조의 2).

누구든지 일반 사모집합투자업 등록을 하지 아니하고는 일반 사모집합투자업을 영위할 수 없다(자금 249조). 이에 위반한 경우에 3년 이하의 징역 또는 1억원 이하의 벌금에 처한다(자금 445조).[1]

3. 적격투자자

일반 사모집합투자기구인 투자신탁이나 투자익명조합의 일반 사모집합투자업자 또는 일반 사모집합투자기구인 투자회사 등은 다음의 어느 하나에 해당하는 투자자(적격투자자)에 한정하여 집합투자증권을 발행할 수 있다(자금 249조의 2).

① 전문투자자로서 대통령령으로 정하는 투자자[2]

② 1억원 이상으로서 대통령령으로 정하는 금액[3] 이상을 투자하는 개인 또는

에 관한 사항을 정할 수 있다(구 자금 249조의 2 9항).

1) 경영참여형 사모집합투자기구의 경우에는 미등록 영업행위에 관한 규정이 적용되지 않는다(자금 249조의 20).

2) 자본시장법 시행령 제271조 ① 법 제249조의 2 제 1 호에서 "대통령령으로 정하는 투자자"란 다음 각 호의 어느 하나에 해당하는 자를 말한다.

1. 국가
2. 한국은행
3. 제10조 제 2 항 각 호의 어느 하나에 해당하는 자
4. 주권상장법인
5. 제10조 제 3 항 제 1 호부터 제 8 호까지 및 제13호부터 제18호까지의 어느 하나에 해당하는 자

3) 자본시장법 시행령 제271조 ② 법 제249조의 2 제 2 호에서 "대통령령으로 정하는 금액"이란 다음 각 호의 구분에 따른 금액을 말한다.

1. 법 제249조의 7 제 1 항 각 호의 금액을 합산한 금액이 일반 사모집합투자기구의 자산총액에

법인, 그 밖의 단체(「국가재정법」 별표 2에서 정한 법률에 따른 기금과 집합투자기구를 포함한다)

기존에 사모펀드에 투자하기 위해서는 5억원 이상을 투자해야 했지만, 이제는 1억원만 있으면 시장에 참여할 수 있게 완화되었다.

일반 사모집합투자기구의 투자자는 그 집합투자증권을 적격투자자가 아닌 자에게 양도해서는 아니 된다(자금 249조의 8 2항).

4. 일반 사모집합투자기구의 영업행위규제

(1) 의 의

구자본시장법상 사모펀드에 대해서도 공모펀드와 동일하게 적합성·적정성의 원칙이 부과되고, 광고가 전면금지되며, 운용상품 판매를 위해서는 투자매매·투자중개업의 인가를 받아야 했으나, 개정법에서는 사모펀드 판매시 적합성·적정성 원칙을 면제하고, 일부 투자권유광고를 허용하며, 운용상품 직접판매를 허용하고 있다.

(2) 투자권유의 규제

일반 사모집합투자기구의 집합투자증권을 판매하는 금융투자업자는 투자자가 적격투자자인지를 확인하여야 한다(자금 249조의 4).

적합성의 원칙과 적정성의 원칙에 관한 규정은 일반 사모집합투자기구의 집합투자증권을 판매하는 금융투자업자가 그 사모집합투자기구의 집합투자증권을 판매하는 경우에는 적용하지 아니한다. 다만, 적격투자자 중 일반투자자 등 대통령령으로 정하는 자가 요청하는 경우에는 그러하지 아니하다(금소 17조 5항, 18조 4항).

일반 사모집합투자기구의 집합투자증권을 판매하는 금융투자업자는 적격투자자에게 적합성의 원칙과 적정성의 원칙의 적용을 별도로 요청할 수 있음을 미리 알려야 한다(금소 17조 6항, 18조 5항).

5. 집합투자재산 운용방법

(1) 금전차입 등의 제한

일반 사모집합투자업자가 일반 사모집합투자기구의 집합투자재산을 운용하는 경우 다음의 금액을 합산한 금액이 일반 사모집합투자기구의 자산총액에서 부채총

서 부채총액을 뺀 가액의 100분의 200을 초과하지 아니하는 일반 사모집합투자기구에 투자하는 경우: 1억원

2. 제 1 호 외의 일반 사모집합투자기구에 투자하는 경우: 3억원

액을 뺀 가액의 100분의 400 이내에서 대통령령으로 정하는 비율을 초과해서는 아니 된다. 다만, 투자자 보호 및 집합투자재산의 안정적 운용을 해칠 우려가 없는 경우로서 대통령령으로 정하는 일반 사모집합투자기구의 경우에는 ①과 ②를 합산한 금액 또는 제 3 호의 금액이 각각 일반 사모집합투자기구의 자산총액에서 부채총액을 뺀 가액의 100분의 400 이내에서 대통령령으로 정하는 비율을 초과해서는 아니 된다(자금 249조의 7 1항).

① 파생상품에 투자하는 경우 그 파생상품의 매매에 따른 위험평가액[1)]

② 집합투자재산으로 해당 일반 사모집합투자기구 외의 자를 위하여 채무보증 또는 담보제공을 하는 방법으로 운용하는 경우 그 채무보증액 또는 담보목적물의 가액

③ 일반 사모집합투자기구의 계산으로 금전을 차입하는 경우 그 차입금의 총액

④ 그밖에 거래의 실질이 차입에 해당하는 경우로서 대통령령으로 정하는 경우에는 대통령령으로 정하는 방법에 따라 산정한 그 실질적인 차입금의 총액

(2) 재산운용에 대한 제한

일반 사모집합투자업자는 일반 사모집합투자기구의 집합투자재산을 운용할 때 다음의 어느 하나에 해당하는 행위를 해서는 아니 된다(자금 249조의 7 2항).

① 부동산을 취득한 후 5년 이내의 범위에서 대통령령으로 정하는 기간 이내에 이를 처분하는 행위. 다만, 부동산개발사업에 따라 조성하거나 설치한 토지·건축물 등을 분양하는 경우, 그 밖에 투자자 보호를 위하여 필요한 경우로서 대통령령으로 정하는 경우는 제외한다.

② 건축물, 그 밖의 공작물이 없는 토지로서 그 토지에 대하여 부동산개발사업을 시행하기 전에 이를 처분하는 행위. 다만, 일반 사모집합투자기구의 합병·해지 또는 해산, 그 밖에 투자자 보호를 위하여 필요한 경우로서 대통령령으로 정하는 경우는 제외한다.

③ 일반 사모집합투자업자가 일반 사모집합투자기구의 집합투자재산을 개인 및 그 밖에 대통령령으로 정하는 자에게 직접 대여하거나 이를 회피할 목적으로 「대부업 등의 등록 및 금융이용자 보호에 관한 법률」 제 3 조에 따라 등록한 대부업자 등 대통령령으로 정하는 자와의 연계거래 등을 이용하는 행위

④ 일반 사모집합투자업자가 일반 사모집합투자기구의 집합투자재산을 금전의

---

1) 일반 집합투자업의 경우 집합투자기구의 자산총액에서 부채총액을 뺀 가액의 100분의 100을 초과하여 투자하는 행위는 금지된다(자금시 80조 6항).

대여로 운용하는 경우 그 집합투자기구의 집합투자증권을 다음의 자 이외의 자에게 발행하는 행위. 다만, 집합투자재산의 안정적 운용을 해칠 우려가 없는 경우로서 일반 사모집합투자기구가 금전을 대여한 차주의 목적이 대통령령으로 정하는 경우에 해당하는 경우에는 그러하지 아니하다. ⓐ 국가 ⓑ 한국은행 ⓒ 전문투자자 중 대통령령으로 정하는 자

⑤ 일반 사모집합투자업자가 규제를 회피할 목적으로 투자목적회사가 아닌 법인으로서 이와 유사한 목적 또는 형태를 가진 법인을 설립 또는 이용(그 법인이 발행한 지분증권에 투자하는 행위를 포함한다)하는 행위. 다만, 외국 투자대상자산의 취득을 목적으로 설립된 외국법인 등 대통령령으로 정하는 법인을 설립 또는 이용하는 행위는 제외한다.

Ⅲ. 기관전용 사모집합투자기구

1. 의 의

기관전용 사모집합투자기구는 경영권 참여, 사업구조 또는 지배구조의 개선 등을 위하여 지분증권 등에 투자·운용하는 투자합자회사로서 지분증권을 사모로만 발행하는 집합투자기구를 말한다(자금 9조 19항 1호).

일반적으로 지분증권(Equity)에 투자하는 펀드라는 의미에서 PEF(Private Equity Fund)라고 부른다. 기관전용 사모집합투자기구는 투자합자회사로서 다른 정함이 없으면 상법상 합자회사에 관한 규정이 적용된다.

2. 사원 및 출자

(1) 사원의 구성

기관전용 사모집합투자기구의 사원은 1인 이상의 무한책임사원과 1인 이상의 유한책임사원으로 하되, 사원의 총수는 100명 이하로 한다(자금 249조의 11 1항). 사원 총수를 계산함에 있어서 다른 집합투자기구가 그 기관전용 사모집합투자기구의 지분을 100분의 10 이상 취득하는 경우에는 그 다른 집합투자기구의 투자자의 수를 합하여 계산하여야 한다(자금 249조의 11 2항). 전문투자자 중 대통령령으로 정하는 자[1]는 사원의 총수 계산에서 제외한다(자금 249조의 11 3항).

1) 다음 각 호의 어느 하나에 해당하는 자를 말한다(자금시 271조의 14 1항).
1. 제10조 제 1 항 각 호의 어느 하나에 해당하는 자

(2) 유한책임사원에 대한 제한

유한책임사원은 다음에 해당하는 자여야 한다(자금 249조의 11 6항). ① 전문투자자로서 대통령령으로 정하는 투자자[1] ② 그 밖에 전문성 또는 위험감수능력 등을 갖춘 자로서 대통령령으로 정하는 투자자[2]

유한책임사원은 기관전용 사모집합투자기구재산인 주식 또는 지분의 의결권 행사 및 대통령령으로 정하는 업무집행사원의 업무[3]에 관여하여서는 아니 된다(자금 249조의 11 4항).

(3) 사원의 출자

기관전용 사모집합투자기구 사원의 출자의 목적은 금전에 한한다. 다만, 객관적인 가치평가가 가능하고 사원의 이익을 해할 우려가 없는 경우로서 다른 모든 사원의 동의가 있는 경우에는 증권으로 출자할 수 있다(자금 249조의 11 5항).

한국산업은행과 중소기업은행은 그 설립목적에 부합하는 범위에서 기관전용 사모집합투자기구에 출자할 수 있다(자금 249조의 11 7항).

기관전용 사모집합투자기구는 그 업무집행사원의 특수관계인인 유한책임사원의 출자지분이 그 기관전용 사모집합투자기구의 전체 출자지분 중 대통령령으로 정하는 비율[4] 이상인 경우 해당 유한책임사원 관련 정보 및 기관전용 사모집합투자

---

2. 제10조 제 3 항 제12호·제13호에 해당하는 자 중 금융위원회가 정하여 고시하는 자

1) 다음 각 호의 자를 말한다(자금시 271조의 14 4항).
1. 국가
2. 한국은행
3. 다음 각 목의 기준을 모두 충족하는 주권상장법인(코넥스시장에 상장된 법인은 제외한다)
가. 금융위원회에 나목의 기준을 충족하고 있음을 증명하는 자료를 제출할 것
나. 가목에 따라 자료를 제출한 날의 전날의 금융투자상품 잔고가 100억원(「주식회사 등의 외부감사에 관한 법률」에 따라 외부감사를 받는 주식회사는 50억원) 이상일 것
다. 가목에 따라 자료를 제출한 날부터 2년이 지나지 않을 것
4. 시행령 제10조 제 2 항 각 호의 자
5. 시행령 제10조 제 3 항 제 1 호부터 제 6 호까지, 제 6 호의 2, 제 7 호부터 제14호까지 또는 같은 항 제18호 각 목의 자. 이 경우 같은 항 제 9 호의 경우에는 다음 각 목의 집합투자기구로 한정한다.
가. 기관전용사모집합투자기구
나. 기관전용사모집합투자기구의 유한책임사원이 집합투자증권 전부를 보유하는 일반사모집합투자기구

2) 이에 해당하는 투자자 중 기관전용 사모집합투자기구의 업무집행사원의 임원 또는 운용인력이 그 기관전용 사모집합투자기구에 투자하는 경우 출자액은 1억원 이상으로 제한된다(자금시 271조의 14 5항).

3) 자본시장법 시행령 제271조의 18 제 3 항 각 호의 업무를 말한다(자금시 271조의 14 2항).

4) "대통령령으로 정하는 비율"이란 100분의 30 이상으로서 금융위원회가 정하여 고시하는 비율을 말한다(자금시 271조의 14 5항).

기구의 투자 구조 등 대통령령으로 정하는 사항(자금시 271조의 14 6항)을 대통령령으로 정하는 기간[1] 이내에 금융위원회에 보고하여야 한다(자금 249조의 11 8항).

3. 기관전용 사모집합투자기구재산의 운용방법

기관전용 사모집합투자기구의 집합투자재산 운용에 관하여는 일반 사모집합투자기구에 관한 자본시장법 제249조의 7을 준용한다. 다만 금융위원회에 보고에 관한 조항과 의결결 행사에 대한 예외조항은 제외한다(자금 249조의 12 1항).

기관전용 사모집합투자기구는 대통령령으로 정하는 방법에 따라 다음 각 호의 사항에 관하여 금융위원회에 보고하여야 한다(자금 249조의 12 2항). ① 파생상품 매매 및 그에 따른 위험평가액 현황 ② 채무보증 또는 담보제공 현황 ③ 금전차입 현황 ④ 그 밖에 금융시장의 안정 또는 건전한 거래질서를 위하여 필요한 사항으로서 대통령령으로 정하는 사항

4. 투자목적회사

투자목적회사란 사모집합투자기구와 동일한 투자목적으로 설립된 페이퍼 컴퍼니를 말한다. 사모집합투자기구는 투자시에 투자목적회사를 중간 연결통로로 이용해서 그 투자목적을 달성할 수 있다.

투자목적회사는 다음의 요건을 모두 충족하는 회사를 말한다(자금 249조의 13 1항).

① 「상법」에 따른 주식회사 또는 유한회사일 것

② 자본시장법 제249조의 12 제 1 항의 투자를 목적으로 할 것(경영권 참여의 목적)

③ 그 주주 또는 사원이 다음에 해당하되, 가목에 해당하는 주주 또는 사원의 출자비율이 대통령령으로 정하는 비율(50%) 이상일 것

가. 기관전용 사모집합투자기구 또는 그 기관전용 사모집합투자기구가 투자한 투자목적회사

나. 투자목적회사가 투자하는 회사의 임원 또는 대주주

다. 그밖에 투자목적회사의 효율적 운영을 위하여 투자목적회사의 주주 또는

---

1) "대통령령으로 정하는 기간"이란 기관전용 사모집합투자기구의 업무집행사원의 특수관계인인 유한책임사원의 출자지분이 그 기관전용 사모집합투자기구의 전체 출자지분 중 제 5 항에 따른 비율에 해당하게 된 날부터 3영업일을 말한다(자금시 271조의 14 7항).

사원이 될 필요가 있는 자로서 대통령령으로 정하는 자

④ 그 주주 또는 사원인 기관전용 사모집합투자기구의 사원의 수와 기관전용 사모집합투자기구가 아닌 주주 또는 사원의 수를 합산한 수가 49명 이내일 것

⑤ 상근임원을 두거나 직원을 고용하지 아니하고, 본점 외에 영업소를 설치하지 아니할 것

투자목적회사 재산의 투자비율 산정방식과 그 밖에 투자목적회사 재산의 운용에 관하여 필요한 사항은 대통령령으로 정한다(자금 249조의 13 4항).

투자목적회사에 관하여는 제242조(이익금의 분배), 제249조의 11 제 3 항(일부 전문투자자를 100인의 사원총수에서 제외) 및 제249조의 18(상호출자제한기업집단의 지분 처분)(자금 249조의 13 5항).

일반투자자를 대상으로 하는 일반 사모집합투자기구가 주주 또는 사원인 투자목적회사에 관하여는 자본시장법 제184조 제 3 항 · 제 4 항(집합투자재산의 보관·관리 업무를 신탁업자에게 위탁) 및 제249조의 8 제 2 항 제 5 호(신탁업자가 다른 신탁업자에게 업무를 위탁한 경우)를 준용한다(자금 249조의 13 6항).

5. 업무집행사원

(1) 선 임

기관전용 사모집합투자기구는 정관으로 무한책임사원 중 1인 이상을 업무집행사원으로 정하여야 한다. 이 경우 그 업무집행사원이 회사의 업무를 집행할 권리와 의무를 가진다(자금 249조의 14 1항). 업무집행사원은 법령과 정관에 따라 기관전용 사모집합투자기구를 위하여 그 직무를 충실히 수행하여야 한다(자금 249조의 14 5항).

(2) 금지행위

업무집행사원(법인이 업무집행사원인 경우 ② 및 ③에 대하여는 법인의 임·직원을 포함한다)은 다음의 행위를 하여서는 아니 된다(자금 249조의 14 6항).

① 기관전용 사모집합투자기구와 거래하는 행위(사원전원 동의가 있는 경우를 제외한다)

② 원금 또는 일정한 이익의 보장을 약속하는 등의 방법으로 사원이 될 것을 부당하게 권유하는 행위

③ 사원 전원의 동의 없이 사원의 일부 또는 제삼자의 이익을 위하여 기관전용 사모집합투자기구가 소유한 자산의 명세를 사원이 아닌 자에게 제공하는 행위

④ 그밖에 기관전용 사모집합투자기구 사원의 보호 및 기관전용 사모집합투자기구재산의 안정성 등을 해할 우려가 있는 경우로서 대통령령으로 정하는 행위[1)]

(3) 업무집행사원의 등록

기관전용 사모집합투자기구의 업무집행사원으로서 기관전용 사모집합투자기구재산의 운용업무를 영위하려는 자는 다음의 요건을 갖추어 금융위원회에 등록하여야 한다(자금 249조의 15 1항).

① 1억원 이상으로서 대통령령으로 정하는 금액[2)] 이상의 자기자본을 갖출 것

② 임원(합자회사의 업무집행사원 등 대통령령으로 정하는 자[3)]를 포함한다)이 자본시장법 제24조에 적합할 것

③ 운용인력을 대통령령으로 정하는 수[4)] 이상 갖출 것

④ 자본시장법 제44조에 따라 이해상충이 발생할 가능성을 파악·평가·관리할 수 있는 적절한 내부통제기준을 갖출 것

6. 지분양도

기관전용 사모집합투자기구의 무한책임사원은 출자한 지분을 타인에게 양도할 수 없다. 다만, 정관으로 정한 경우에는 사원 전원의 동의를 받아 지분을 분할하지 아니하고 타인에게 양도할 수 있다(자금 249조의 17 1항).

기관전용 사모집합투자기구의 유한책임사원은 무한책임사원 전원의 동의를 받아 출자한 지분을 분할하지 아니하고 타인에게 양도할 수 있다(자금 249조의 17 2항).

---

1) 다음 각 호의 어느 하나에 해당하는 행위를 말한다(자금시 271조의 20 2항).
   1. 정관을 위반하여 기관전용 사모집합투자기구재산을 운용하는 행위
   2. 기관전용 사모집합투자기구재산을 운용할 때 정당한 이유 없이 일반적인 거래조건을 벗어나는 불공정한 조건으로 거래하는 행위
   3. 기관전용 사모집합투자기구재산에 관한 정보를 업무집행사원의 고유재산 운용에 이용하는 행위
   4. 특정 기관전용 사모집합투자기구나 투자목적회사의 이익을 해치면서 자기 또는 제 3 자의 이익을 도모하는 행위
   5. 법 제249조의 11부터 제249조의 18까지의 규정에 따른 금지나 제한을 회피할 목적으로 하는 행위로서 장외파생상품거래, 신탁계약, 연계거래 등을 이용하는 행위

2) 1억원을 말한다. 이 경우 자기자본을 산정하는 기준일은 등록 신청일로 한다(자금시 271조의 21 1항).

3) 다음 각 호의 어느 하나에 해당하는 자를 말한다(자금시 271조의 21 2항).
   1. 합자회사의 업무집행사원
   2. 유한책임회사의 업무집행자
   3. 유한회사의 이사 또는 합명회사의 업무집행사원

4) 2명을 말한다(자금시 271조의 21 3항).

기관전용 사모집합투자기구의 무한책임사원 및 유한책임사원은 양도의 결과 기관전용 사모집합투자기구의 사원 총수가 100인을 초과하지 아니하는 범위에서는 지분을 분할하여 양도할 수 있다(자금 249조의 17 3항).

기관전용 사모집합투자기구의 유한책임사원은 그 지분을 유한책임사원의 자격(자금 249조의 11 6항 각 호)을 가지지 아니하는 자에게 양도해서는 아니 된다(자금 249조의 17 5항).

제 3 장 은행·보험에 대한 특칙

제 1 절 은행에 대한 특칙

Ⅰ. 집합투자업겸영은행

은행으로서 집합투자업에 관한 금융투자업인가를 받은 자, 즉 집합투자업겸영은행은 인가받은 범위에서 투자신탁의 설정·해지 및 투자신탁재산의 운용업무를 영위할 수 있다(자금 250조 1항).

집합투자업겸영은행은 투자신탁재산의 운용과 관련하여 다음에 해당하는 행위를 하여서는 아니 된다(자금 250조 3항).

① 자기가 발행한 투자신탁의 수익증권을 자기의 고유재산으로 취득하는 행위

② 자기가 운용하는 투자신탁의 투자신탁재산에 관한 정보를 다른 집합투자증권의 판매에 이용하는 행위

③ 자기가 운용하는 투자신탁의 수익증권을 다른 은행을 통하여 판매하는 행위

④ 단기금융집합투자기구를 설정하는 행위

Ⅱ. 집합투자재산의 보관·관리업무를 영위하는 은행

집합투자재산의 보관·관리업무를 영위하는 은행은 그 집합투자기구의 집합투자재산에 관한 정보를 자기가 운용하는 투자신탁재산의 운용 또는 자기가 판매하는 집합투자증권의 판매를 위하여 이용하여서는 아니 된다(자금 250조 4항).

Ⅲ. 일반사무관리회사의 업무를 영위하는 은행

일반사무관리회사의 업무를 영위하는 은행은 해당 집합투자기구의 집합투자재산에 관한 정보를 자기가 운용하는 투자신탁재산의 운용 또는 자기가 판매하는 집합투자증권의 판매를 위하여 이용하여서는 아니 된다(자금 250조 5항).

Ⅳ. 집합투자증권의 판매를 영위하는 은행

투자매매업 또는 투자중개업 인가를 받아 집합투자증권의 판매를 영위하는 은행은 다음에 해당하는 행위를 하여서는 아니 된다(자금 250조 6항).

① 자기가 판매하는 집합투자증권의 집합투자재산에 관한 정보를 자기가 운용하는 투자신탁재산의 운용 또는 자기가 운용하는 투자신탁의 수익증권의 판매를 위하여 이용하는 행위

② 집합투자증권의 판매업무와 「은행법」에 따른 업무를 연계하여 정당한 사유 없이 고객을 차별하는 행위

Ⅴ. 이해상충방지

은행[1]이 이 법에 따라 집합투자업, 신탁업(집합투자산의 보관·관리업무를 포함한다) 또는 일반사무관리회사의 업무를 영위하는 경우에는 임원(사실상 임원과 동등한 지위에 있는 자로서 대통령령으로 정하는 자[2]를 포함한다)을 두어야 하고, 임·직원에게 ① 「은행법」에 따른 업무(②부터 ④까지의 업무 및 대통령령으로 정하는 업무는 제외한다) ② 집합투자업 ③ 신탁업 ④ 일반사무관리회사의 업무를 겸직하게 하여서는 아니 되며, 전산설비 또는 사무실 등의 공동사용 금지 및 다른 업무를 영위하는 임·직원 간의 정보교류 제한 등 대통령령으로 정하는 이해상충방지체계[3]를 갖추어야

1) 보험회사도 준용된다.

2) 「상법」 제401조의 2 제 1 항 각 호의 어느 하나에 해당하는 자를 말한다(자금시 272조 2항).

3) 은행은 법 제250조 제 7 항 본문에 따라 다음 각 호의 사항을 포함한 이해상충방지체계를 갖추어야 한다(자금시 272조 3항).

1. 독립된 부서로 구분되어 업무처리와 보고가 독립적으로 이루어질 것
2. 법 제250조 제 7 항 각 호의 업무 담당자 간에 업무에 관한 회의나 통신을 한 경우에는 내부통제기준이 정하는 방법 및 절차에 따라 그 회의 또는 통신에 관한 사항을 기록·유지하고 준법감시인의 확인을 받을 것

한다. 다만, 임원의 경우 ①의 업무 중 ②부터 ④까지의 업무와 이해상충이 적은 업무로서 대통령령으로 정하는 업무와 ②부터 ④까지의 업무를 겸직할 수 있으며, ③ 및 ④의 업무 간에는 겸직할 수 있다(자금 250조 7항).

정보교류차단장치에 대한 규제의 개정에 따라 추후 은행 및 보험회사 등에 대한 과도한 이해상충방지체계 구축의무를 합리적으로 개선하기 위하여 퇴직연금 등의 업무에 대해서는 은행 및 보험회사 등의 이해상충방지체계 구축의무 대상에서 제외하도록 할 예정이다.

제 2 절 보험회사에 대한 특칙

Ⅰ. 의 의

보험회사로서 집합투자업에 관한 금융투자업인가를 받은 자를 집합투자업겸영보험회사라 하는데, 자본시장법에서는 이에 대한 특칙규정을 두고 있다.

Ⅱ. 집합투자업겸영보험회사

보험회사로서 집합투자업에 관한 금융투자업인가를 받은 자(집합투자업겸영보험회사)는 인가받은 범위에서 투자신탁의 설정·해지 및 투자신탁재산의 운용업무를 영위할 수 있다. 이 경우 투자신탁의 설정·해지 및 투자신탁재산의 운용업무는 「보험업법」 제108조 제 1 항 제 3 호에 따른 특별계정(특별계정 내에 각각의 신탁계약에 의하여 설정된 다수의 투자신탁이 있는 경우 각각의 투자신탁을 말한다)에 한하며, 그 특별계정은 이 법에 따른 투자신탁으로 본다(자금 251조 1항).

집합투자업겸영은행의 금지행위에 관한 자본시장법 제250조 제 3 항(제 2 호에

---

3. 법 제250조 제 7 항 각 호의 업무 간에 직원을 파견하지 아니할 것
4. 집합투자증권의 판매업무를 담당하는 직원이 법 제250조 제 7 항 제 2 호부터 제 4 호까지(제 3 호의 경우 집합투자재산의 보관·관리업무만 해당한다)의 어느 하나에 해당하는 업무를 겸직하지 아니할 것
5. 출입문을 달리하는 등 정보공유를 막을 수 있을 정도로 사무실이 공간적으로 분리될 것
6. 법 제250조 제 7 항 각 호의 업무에 관한 전산자료가 공유될 수 없도록 독립되어 저장·관리·열람될 것
7. 그밖에 이해상충을 방지하기 위하여 필요한 사항으로서 금융위원회가 정하여 고시하는 사항

한한다)은 집합투자업겸영보험회사에 준용하며, 같은 조 제 4 항부터 제 6 항까지의 규정은 보험회사에 준용한다(자금 251조 2항).

집합투자업겸영보험회사는 금전대여를 금지하는 자본시장법 제83조 제 4 항에 불구하고 투자신탁재산에 속하는 자산을 「보험업법」에서 정하는 방법에 따라 그 보험에 가입한 자에게 대출하는 방법으로 운용할 수 있다(자금 251조 4항).

제 6 부 금융투자상품시장

제 1 장 금융투자상품거래의 법률관계

Ⅰ. 서 설

금융투자상품의 매매는 다음의 두 가지 유형으로 이루어진다. 첫째, 당사자의 직접교섭을 통한 상대거래로 이루어지는 경우이다. 상대거래는 사법상의 일반매매로서 민법과 상법의 규정이 적용된다. 둘째, 거래소와 같은 시장에서 불특정 상대방과의 사이에서 시장거래로 이루어지는 경우이다. 개인투자자의 경우에는 일반적으로 이러한 시장에서의 거래에 직접 참여하지 못하고 금융투자업자를 통하여 거래하게 된다.

Ⅱ. 매매의 진행단계

증권이나 장내파생상품의 매매는 크게 계약의 체결과 이행의 두 단계로 나눌 수 있다. 계약의 이행을 결제라 한다. 결제는 대개 증권의 교부가 수반되지 않는 집중예탁을 통한 장부상의 대체결제로 이루어진다.

시장거래의 경우에는 계약의 체결과 결제사이에 결제의 대상인 증권과 대금을 확정하는 절차인 청산이라고 하는 별개의 단계가 개재하는 것이 보통이다.

Ⅲ. 거래소에서의 매매거래

1. 의 의

거래소에서는 회원인 금융투자업자만이 매매거래를 할 수 있다. 따라서 고객은 금융투자업자와 증권 또는 장내파생상품 매매거래계좌설정계약을 체결하여 매매거래를 하게 된다. 다음 단계로 자금이나 증권을 금융투자업자에게 예탁하고, 매매주문을 하게 되며,[1] 금융투자업자는 주문을 전산프로그램을 통해 거래소가 운영하는 전산시스템에 접수하고, 경쟁매매의 원칙에 따라 매매계약을 체결하게 된다.

거래소는 매매계약이 이루어지게 되면 각 금융투자업자의 매도와 매수의 차감결제자료를 결제기관인 한국예탁결제원에 통보하고, 한국예탁결제원이 결제자료를 금융투자업자에게 통보하면 금융투자업자는 결제를 하고, 투자자에게는 그에 따른 결제 및 수탁수수료를 청구하게 된다. 이후 한국예탁결제원의 예탁자계좌부와 금융투자업자가 작성한 투자자계좌부의 기재사항이 변경됨으로써 결제가 완료되게 된다.

2. 매매거래의 종류

(1) 당일결제거래

매매계약을 체결한 당일에 결제하는 거래로 매도자는 매도증권을, 매수자는 매수대금을 상호교부하게 된다. 현재 당일결제거래는 채무증권의 경우에만 행해지고 있다.

(2) 익일결제거래

매매계약을 체결한 날의 다음날로 결제하는 거래로 국채딜러간 매매거래에 적용되고 있다.

(3) 보통거래

매매계약을 체결한 날부터 3영업일째에 결제하는 거래로 현재 거의 대부분의 증권이 이 방식으로 거래된다.

3. 매매체결방법

(1) 딜러시장

시장조성업무를 담당하는 딜러가 자신이 담당하는 특정 종목에 대하여 매도호가와 매수호가를 지속적으로 제시하여 투자자들과 거래를 체결함으로써 당해 종목의 시장성이 확보되는 시장이다.

---

1) 금융투자업자는 문서(주문표)·전화·전보·모사전송·전자우편·컴퓨터 이와 유사한 전자통신의 방법으로 주문을 받을 수 있다(유가증권시장 업무규정 시행규칙 109조 1항).

딜러는 매도가격과 매수가격의 차액을 수입으로 얻게 된다. 딜러의 호가, 즉 제시가격이 주도하는 시장이라는 의미에서 호가중심시장이라고도 한다.[1)]

(2) 경쟁매매시장

시장조성업무를 담당하는 딜러없이 매도인의 매도주문과 매수인의 매수주문을 경쟁적으로 대응시켜 거래를 성립시키는 시장을 말한다. 투자자의 주문이 주도하는 시장이라는 의미에서 주문중심시장이라고도 한다.

거래소 시장은 경쟁매매시장으로 현재에는 전부 전산시스템을 통하여 매매거래가 이루어지고 있다.

4. 경쟁매매의 원칙

매매거래는 개별경쟁매매의 방법에 의하며, 개별경쟁매매는 단일가격에 의한 개별경쟁매매와 복수가격에 의한 개별경쟁매매로 구분한다(유가증권시장 업무규정 22조 1항). 경쟁매매에는 다음의 원칙이 적용된다.

(1) 가격우선의 원칙

낮은 가격의 매도호가는 높은 가격의 매도호가에 우선하고, 높은 가격의 매수호가는 낮은 가격의 매수호가에 우선한다. 다만, 시장가호가는 지정가호가에 가격적으로 우선하되, 매도시장가호가와 하한가의 매도지정가호가, 매수시장가호가와 상한가의 매수지정가호가는 각각 동일한 가격의 호가로 본다(유가증권시장 업무규정 22조 2항 1호).

(2) 시간우선의 원칙

동일한 가격호가간의 우선순위와 시장가호가간의 우선순위는 호가가 행하여진 시간의 선후에 따라 먼저 접수된 호가가 뒤에 접수된 호가에 우선한다(유가증권시장 업무규정 22조 2항 2호).

(3) 수탁매매우선의 원칙

동시호가[2)]간에는 위탁매매가 자기매매에 우선한다(유가증권시장 업무규정 시행세

---

1) 매매거래가 부진한 종목에 대하여 유동성공급자(Liquidity Provider)로서 LP계약을 체결한 증권회사가 지속적으로 매도·매수호가를 제시함으로써 안정적인 가격형성을 유도하기도 한다. 자기매매 영업을 허가받은 결제회원인 증권회사에 대해서만 LP 자격이 인정된다.

2) 시간우선의 원칙에도 불구하고 다음 각 호의 호가는 동시호가로 한다(유가증권시장 업무규정 22조 1항).

1. 당해 가격이 상한가로 결정되는 경우 상한가 매수호가. 이 경우 제23조 제 3 항의 규정에 의하여 상한가로 간주된 시장가호가 및 제37조 제 1 항에서 정하는 종목의 최초가격결정시 호가할 수 있는 최고호가가격의 호가를 포함한다.

칙 34조 1항). 자기매매란 증권의 매매를 자기명의와 자기계산으로 영리를 목적으로 계속적·반복적으로 영업으로 하는 행위를 말한다. 거래소에서는 금융투자업자만이 자기명의로 거래를 할 수 있다.

(4) 수량우선의 원칙

동시호가의 우선순위에 있어서 위탁매매호가간, 자기매매호가간에는 호가별로 수량이 많은 호가가 수량이 적은 호가(수량이 동일한 때에는 거래소시스템상의 기록순위로 한다)보다 다음 ①의 수량에 달할 때까지 우선한다(유가증권시장 업무규정 시행세칙 34조 2항). ①의 수량을 초과하는 호가는 위와 같은 방법으로 ②부터 순차적으로 적용한다.

① 매매수량단위의 10배

② 매매수량단위의 50배

③ 매매수량단위의 100배

④ 매매수량단위의 200배

⑤ 잔량의 2분의 1. 이 경우 매매수량단위 미만은 매매수량단위로 4사 5입한다.

⑥ 잔량

Ⅳ. 증권위탁매매의 법률관계

1. 위탁매매

위탁매매인이란 자기의 명의로 타인의 계산으로 매매를 하는 자를 말한다. 즉, 매매의 주선을 영업으로 하는 자이다. 금융투자업자의 거래소에서의 매매는 위탁매매로서 금융투자업자가 자기명의와 위탁자의 계산으로 매매를 하게 된다.

2. 위탁계약의 성립시기

(1) 의　　의

위탁매매계약은 낙성계약이므로 당사자 간의 매매주선의 합의로 성립하고 목적물이나 대금의 수수는 그 요건이 아니다. 일반적으로 금융투자업자에 있어서 위탁계약의 성립과정을 보면, 위탁자인 고객은 1단계로 먼저 매매거래설정계약을 하

2. 당해 가격이 하한가로 결정되는 경우 하한가 매도호가. 이 경우 제23조 제3항의 규정에 의하여 하한가로 간주된 시장가호가 및 제37조 제1항에서 정하는 종목의 최초가격결정시 호가할 수 있는 최저호가가격의 호가를 포함한다.

고, 다음 단계로 현금이나 대용증권을 예탁하고, 마지막으로 증권 등의 매매주문을 내게 된다. 물론 대부분의 경우는 매매거래설정계약과 동시에 현금 등을 예탁하게 되나 이것이 꼭 일치할 필요는 없다. 그렇다면 이 중 어느 단계에서 위탁계약이 성립되었다고 볼 것인가가 문제된다. 이것은 결국 어느 단계에서 당사자 간에 있어서 일정한 권리·의무가 발생하는 매매주선의 합의가 있었다고 볼 것인가가 기준이 될 것인데, 이를 각 단계별로 살펴보면 다음과 같다.

(2) 매매거래계좌설정계약의 체결단계

먼저 1단계에서 고객은 매매거래계좌설정계약을 체결하게 되는데, 이는 고객과 금융투자업자간의 거래관계에 적용될 기본계약으로서 이 계약에 의하여 장차 고객과 금융투자업자가 거래를 할 때 일정한 조건에 따를 의무를 부과할 뿐이고 이것만에 의하여 고객과 금융투자업자에게 아무런 급부의무를 발생시키지 않는다.

따라서 매매거래계좌설정계약만에 의하여 위탁자와 위탁매매인 사이에 일정한 권리·의무를 발생시키는 위탁계약이 성립하였다고 보기 어렵다.

(3) 현금이나 대용증권을 예탁한 단계

다음으로 고객이 현금이나 대용증권을 예탁한 단계인데, 이 단계에 있어서도 고객이 매매를 위탁하였다고 볼 수 없고, 위탁매매인도 특정의 주식을 매입하거나 매도해야 할 의무가 발생하지 않으므로 위탁계약이 성립하였다고 보기 어렵다.

그런데 대법원은 증권회사의 직원이 고객이 예탁한 금원으로 고객 몰래 임의로 매매하고 예탁금을 인출하여 도피한 사안에서 "증권매매거래의 위탁계약의 성립시기는 위탁금이나 위탁증권을 받을 직무상 권한이 있는 직원이 증권매매거래를 위탁한다는 의사로 이를 위탁하는 고객으로부터 금원이나 주식을 수령하면 곧바로 위탁계약이 성립한다고 할 것이고, 그 이후에 그 직원의 금원수납에 관한 처리는 위 계약의 성립에 영향이 없다."고 하였는데,[1] 위 경우에 당사자 간에 있어서 특정 주식의 매매에 관한 합의가 있었다고 보기 어렵다고 볼 것이므로 위탁계약의 성립을 인정한 위 판례의 태도는 의문이다. 다만 다음의 포괄적 일임매매의 경우에는 이와 달리 볼 것이다.

(4) 고객이 매수주문을 낸 단계

마지막으로 고객이 매수주문 등을 낸 단계이다. 이때 위탁매매인인 금융투자업자는 고객의 주문에 따라 유가증권을 매수하거나 매도해야 할 의무를 부담하게

---

1) 대판 1994. 4. 29, 94 다 2688; 동 2004. 2. 27, 2001 다 38067; 동 1997. 2. 14, 95 다 19140: 이들은 채권매매에 관한 위탁의 경우이다.

될 것이므로, 일반적으로는 이 단계에 이르러서 비로소 위탁계약이 성립한다고 볼 수 있다. 판례도 같은 태도이다.[1)]

그런데 매매주문의 형태와 관련해서 보면, 고객이 매매주문표를 내거나 전화로 주문을 하는 것과 달리 오늘날 사이버 거래가 많이 이용되는데, 이때는 어떤가라는 의문이 생긴다. 그러나 사이버 거래의 경우에도 주식의 매매는 금융투자업자의 서버를 통하여 이루어지는 것이므로 마찬가지로 보아야 한다.

(5) 포괄적 일임매매의 경우

매매목적물, 가격, 매매시기 등에 관하여 금융투자업자에 일임하는 포괄적 일임매매[2)]의 경우에는 위와 달리 보아야 한다. 포괄적 일임매매의 경우에는 현금 등을 예탁하면서 매매에 관하여 포괄위임하는 것으로서 포괄위임시에 증권회사는 유가증권 매매에 관한 의무를 부담하게 된다. 또한 매매주문도 일반적으로 고객이 하지 않고 금융투자업자의 임·직원이 하게 된다. 따라서 포괄적 일임매매의 경우에는 예탁금의 수령과 일임매매의 성립시에 매매에 관한 위탁계약이 성립한다고 보아야 한다. 판례도 "증권거래의 문외한이며 초심자들인 원고들이 피고회사인 증권회사의 영업부장 겸 지배인을 통하여 주식투자를 하기로 하고 동인에게 유망한 종목의 주식을 적당한 시기에 적당한 수량을 매입·매도하여 이득금을 남기도록 부탁하면서 주식매수대금조로 금전을 지급하였다면, 원고들과 피고회사 사이에 증권매매거래의 위탁계약이 성립된다."거나,[3)] "주식투자자가 증권회사에 대하여 매매를 위탁하는 주식의 종목, 수량, 시기, 가격을 특정하여 주문하지 아니하였다 하여 주식매매위탁계약이 아니라고 할 수 없고, 유망주식을 적당한 시기에 적당한 수량, 가격으로 매입 또는 매각하여 달라고 위탁할 수도 있다."거나,[4)] "원고가 증권회사의 지배인 겸 영업부장실에서 동인에게 적당한 시기에 적당한 증권을 적당량 매입·매도하여 이득금이 남도록 관리하여 달라고 하면서 주식매수대금조로 금전을 교부하고, 그 영업부장의 명함 뒷면이나 위 회사 영업부장용 메모지상에 그 금원을 보관하고 있다는 취지의 보관증을 작성 교부받았다면, 원고와 그 증권회사

1) 대판 1993. 12. 28, 93 다 26632, 26649에서 "고객이 증권회사와 체결하는 매매거래계좌설정계약은 고객과 증권회사 간의 계속적인 거래관계에 적용될 기본계약에 불과하므로 특별한 사정이 없는 한 그에 의하여 바로 매매거래에 관한 위탁계약이 이루어지는 것이 아니고, 매매거래계좌설정계약을 토대로 하여 고객이 매수주문을 할 때 비로소 매매거래에 관한 위탁이 이루어지는 것이라고 보아야 한다."고 판시하였다.

2) 자본시장법상으로는 일임매매에 관한 규정이 삭제되었다.

3) 대판 1980. 5. 27, 80 다 418.

4) 대판 1979. 3. 27, 78 다 2483, 2484.

사이에 증권매매위탁계약이 성립된 것으로 보아야 한다."고 판시하여[1] 위와 같은 태도를 보이고 있다.

1) 대판 1980. 11. 11, 80 다 135.

제 2 장 금융투자상품의 청산·결제

Ⅰ. 서 설

다자간매매체결시스템인 거래소를 통하여 이루어지는 금융상품의 장내거래는 거래약정으로부터 거래확인과 청산을 거쳐 증권의 인·수도와 자금의 지급을 통하여 결제되는 다수의 단계를 거쳐 종결된다.

이는 대별하여 청산과 결제의 절차로 나눌 수 있는데, 2006년 8월 31일 거래소와 예탁결제원 사이에 이루어진 청산업무와 결제업무의 분리수행에 관한 기본적인 합의에 기초하여 이에 대한 제도의 정비가 이루어졌다.

Ⅱ. 청산·결제의 의의

1. 청 산

계약의 체결과 결제사이에는 청산이라고 하는 별개의 단계가 개재하는 것이 보통이다. 청산이란 결제의 대상인 증권과 대금을 확정하는 절차를 말한다.

2. 결 제

결제는 거래당사자가 거래상 부담하는 채무를 이행하는 절차로 인도와 지급의 두가지 면으로 구성된다. 증권이나 현물상품의 인도가 실제로 일어나는 것은 현물인도에 의한 결제를 조건으로 하는 거래의 경우에 한한다. 그런데 증권의 경우 실물결제를 하지만 장부상 기재에 의한 대체결제를 한다. 파생상품거래는 실물이 없는 상태로 대부분 차액결제방식으로 결제되고 있으므로 증권이나 현물상품의 인도가 행해지는 경우는 별로 없다.

Ⅲ. 청산의 절차

1. 거래확인

거래확인은 거래당사자 사이에 종목·가격·수량·결제일·거래상대방 등과 같은 거래조건을 확인하는 과정이다. 확인과정에서 거래조건의 오류가 발견되는 경우에는 그것을 수정하는 절차를 밟거나 거래를 취소하여야 한다. 구체적인 거래확인과정은 거래의 유형에 따라 다르다.

금융투자업자가 자기계산으로 하는 매매는 당사자인 금융투자업자가 거래를 확인함으로써 거래확인이 완료된다. 그러나 금융투자업자가 투자자의 위탁에 의하여 체결하는 위탁매매는 금융투자업자와 투자자간에도 체결통지·배분지시·거래확인·승인의 절차를 밟아야 한다.

거래소 거래에서는 매매가 체결된 시점에 거래를 자동적으로 확인하여 조회가 완료된 것으로 처리하는 이른바 'Locked－in－trade'시스템을 취하고 있다.

2. 최종결제의무의 확정

최종결제의무의 확정이란 다수의 거래주체 사이에 복잡하게 발생하는 채권·채무를 차감 등을 통하여 단순화하는 최종의 결제의무의 확정과정이다. 최종결제의무의 확정은 결제의 방법에 따라 이를 분류해 볼 수 있다.

(1) 전량결제

전량결제는 거래의 건별로 증권의 전량을 인도하고 대금의 전액을 지급하는 방식을 말한다. 결제가 일정 시점을 기다리지 않고 즉시 일어날 수 있기 때문에 위험을 최소화할 수 있다. 전량결제는 거래의 건수가 적고 자금의 규모가 큰 시장에 적합한 결제방식으로 주로 장외 채권매매거래에 이용된다.

(2) 차감결제

차감결제는 거래소 각 회원별로 매도증권과 매수증권 또는 매도대금과 매수금액을 각각 차감한 잔량이나 잔액만을 가지고 결제하는 방법이다. 복수의 당사자 사이에 존재하는 복수의 채권·채무를 차감함으로써 결제에 필요한 증권과 자금의 규모를 최소화하게 된다. 이렇게 결제규모를 감소시킴으로써 결제에 수반되는 비용과 위험을 최소화하는 측면이 있는 반면에 일정기간의 결제수요를 일정시점에 충족시킨다는 점에서 결제를 지연시키는 측면이 있다. 차감결제는 상대차감과 다자간차감으로 나누어 볼 수 있다.

(3) 중앙청산소

다자간차감의 불확실성을 피하기 위하여 고안된 것이 바로 중앙청산소(CCP)[1]라는 개념이다. 중앙청산소란 모든 증권거래에서 투자자의 상대방이 되는 자를 말한다. 중앙청산소가 도입되면 모든 증권거래는 일반당사자와 중앙청산소 사이의 거래로 전환되기 때문에 상대차감이 가능해 진다.

중앙청산소가 이미 금융투자상품거래 당사자 간에 형성되어 있는 채권채무관계를 자신에게 집중시킬 수 있는 법적 수단으로는 첫째, 경개방식, 둘째, 면책적 채무인수방식, 셋째, 거래당사자방식의 세가지를 들 수 있다. 자본시장법에서는 "거래소는 증권시장 및 파생상품시장에서의 매매거래를 원활하게 하기 위하여 증권시장업무규정 및 파생상품시장업무규정이 정하는 바에 따라 회원을 대신하여 그 회원의 증권시장 또는 파생상품시장에서의 매매거래에 의한 채권·채무에 대하여 그 채권을 행사 또는 취득하거나 그 채무를 이행 또는 인수할 수 있다."고 규정하여 면책적 채무인수구조를 취하고 있다(자금 398조 1항).[2] 이에 의할 때 잠재적인 매도인과 매수인인 청산회원은 청산기관과 청산서비스이용계약을 체결하는 시점에 면책적 채무인수구조에 대한 포괄적인 동의를 제공한 것으로 볼 수 있다.

3. 금융투자상품거래청산업

개정 자본시장법에서는 '금융투자상품거래청산업'을 신설하고 장외파생상품의 중앙청산소(CCP) 설치 근거를 마련하고 있다(자금 9조 25항). 여기서는 청산업 인가제를 도입하여 향후 다양한 형태의 청산서비스(장외파생상품, 증권대차, RP 등)가 제공될 수 있도록 하고 있다.[3] 또한 해당 거래의 채무불이행이 시장에 중대한 영향을

---

1) 개념상으로 CCP는 청산의 한가지 방법에 지나지 않지만 흔히 청산을 CCP와 동일시 하기도 한다(김건식·정순섭, 전게서, 609면).

2) 유가증권시장 업무규정에서는 명백히 면책적 채무인수를 밝히고 있다. 유가증권시장 업무규정 제73조(면책적 채무인수) ① 거래소는 제72조의 2의 규정에 의하여 확인한 매매거래에 대하여 회원이 상대방인 회원에 부담하는 채무를 인수하고, 당해 회원은 거래소가 인수한 채무와 동일한 내용의 채무를 거래소에 부담한다.
② 제 1 항의 규정에 의하여 거래소에 채무를 이전한 회원은 이전하기 전에 상대방인 회원에 대하여 부담하는 채무를 면한다.

줄 우려가 있는 장외파생거래는 청산회사를 통한 청산을 의무화하고 있다(자금 323조의 2).

Ⅳ. 결제의 법적 구조

1. 의 의

결제란 계약의 이행행위를 말한다. 증권거래가 대량적·집단적·반복적으로 이루어지는 증권시장에서 결제의 원활화를 위한 증권대체결제제도 등 여러 제도를 두고 있다. 청산도 결제의 원활을 위한 전초단계라고 할 수 있다.

2. 결제방식

결제방식에는 차감유무에 따라 앞에서 본 전량결제와 차감결제로 나눌 수 있고, 반대매매의 허용유무에 따라 실물결제와 차금결제로 나눌 수 있다. 실물결제는 결제일 전 반대매매를 허용하지 않고 결제증권과 결제대금을 실제로 수수하는 결제방식이고, 차금결제는 청산거래나 선물거래 등에서 결제기일 전에 반대매매를 통하여 매매차금만을 수수하는 결제방식이다. 실물결제는 현물결제와 대체결제로 구분할 수 있다. 현물시장에서 차금결제는 거의 이용되지 않는다.

3. 수행주체

(1) 결제회원

시장에서 자기의 명의로 성립된 증권의 매매거래 또는 매매전문회원으로부터 결제를 위탁받은 증권의 매매거래에 대하여 자기의 명의로 결제를 하는 회원을 말한다.

(2) 결제내역의 통지

거래소는 확정된 결제내역 즉 결제증권 및 결제대금의 내역을 회원 및 한국예탁결제원에 통지한다(유가증권시장 업무규정 75조 1항).

(3) 거래소와 결제회원 간 증권 및 대금의 수수

결제회원은 통지받은 결제내역에 따라 증권 또는 대금을 예탁결제원의 결제업

---

3) 자본시장법 제323조의 2(무인가 청산영업행위 금지) 누구든지 이 법에 따른 금융투자상품거래청산업인가(변경인가를 포함한다)를 받지 아니하고는 금융투자상품거래청산업을 영위하여서는 아니된다.

무규정에 의한 결제시한(16시)까지 거래소에 납부하여야 하고, 거래소는 결제시한 후 결제회원에게 지급한다(유가증권시장 업무규정 75조-2 1항). 거래소와 결제회원 간 증권 및 대금의 수수는 예탁결제원계좌와 결제회원계좌 간에 대체하는 방법으로 한다(유가증권시장 업무규정 75조-2 2항). 위에서 결제계좌를 통하여 결제회원과 증권 및 대금을 수수하는 것은 직접 거래소계좌를 통하여 결제회원과 증권 및 대금을 수수하는 것과 동일한 효력이 있는 것으로 한다(유가증권시장 업무규정 75조-2 3항).

이처럼 결제에 있어서 거래소가 당사자이면서 계좌는 예탁결제원계좌를 이용하는 특색이 있다.

(4) 결제의 불이행

특정회원이 결제를 이행하지 못하는 경우의 위험은 거래소가 부담한다. 자본시장법에서는 회원의 결제불이행이 있는 경우 거래소가 회원의 손해에 대한 배상책임을 지도록 하였다(자금 399조 1항). 업무규정상으로는 거래소가 회원의 채무를 면책적으로 인수하여 상대방 회원에 대한 채무자가 된 것으로 보기 때문에 거래소는 손해배상책임이 아닌 결제채무를 부담한다.

거래소는 결제회원이 매매거래의 결제를 이행하지 아니하거나 그 우려가 있다고 인정되는 경우에는, 일정한 기간을 정하거나 그 사유가 소멸될 때까지 다음의 어느 하나에 해당하는 조치를 하거나 당해 결제회원이 부담하는 채무인수를 하지 아니할 수 있다(유가증권시장 업무규정 76조 1항).

① 매매거래의 전부 또는 일부의 정지

② 당해 결제회원이 거래소로부터 수령할 예정인 증권의 전부 또는 일부나 현금의 전부 또는 일부의 지급정지

③ 그밖에 세칙이 정하는 조치

4. 결제계좌

대개 실물이 없는 파생상품시장의 경우에는 거래소가 청산과 결제를 맡게 되므로 업무담당기관의 문제는 발생하지 않는다. 증권시장의 경우 업무로서의 결제의 수행주체는 예탁결제원이다. 그런데 증권시장에서의 매매거래에 따른 채권·채무의 이행 및 종결절차로서의 '결제의 당사자'는 거래의 당사자인 청산기관(거래소)이라고 보아야 한다.

여기서 문제는 결제계좌명의와 관련한 양 기관간의 법적 관계이다. 이에 대해서 양 기관이 합의하여 "거래소시장에서의 결제를 위한 증권의 인·수도와 대금의

지급·수령은 거래소 계좌를 대신하여 예탁결제원 계좌를 통하여 이루어진다는 내용을 거래소 및 예탁결제원 규정에 명시한다."고 하였다.

[자본시장법상 청산·결제기관]

청산기관업무	결제기관업무
제378조 ① 증권시장 및 파생상품시장에서의 매매거래에 따른 매매확인, 채무인수, 차감, 결제증권·결제품목·결제금액의 확정, 결제이행보증, 결제불이행에 따른 처리 및 결제지시업무는 청산기관으로서 거래소가 수행한다.	제297조(증권시장 결제기관) 증권시장에서의 매매거래에 따른 증권인도 및 대금지급 업무는 결제기관으로서 예탁결제원이 수행한다. 제378조 ② 파생상품시장에서의 품목인도 및 대금지급업무는 결제기관으로서 거래소가 수행한다.

제 7 부　증권감독기관과 관계기관

제 1 장 증권감독기관

제 1 절 금융위원회

Ⅰ. 서 설

「금융위원회 설치 등에 관한 법률」에 따르면 "금융정책, 외국환업무취급기관의 건전성 감독 및 금융감독에 관한 업무를 수행하게 하기 위하여 국무총리소속하에 금융위원회를 둔다."고 규정하고 있다(금설 3조 1항).[1]

금융위원회와 금융감독원의 설치는 금융산업의 선진화와 금융시장의 안정을 도모하고 건전한 신용질서와 공정한 금융거래관행을 확립하며 예금자 및 투자자등 금융수요자를 보호함으로써 국민경제의 발전에 기여함을 목적으로 한다(금설 1조).

Ⅱ. 업 무

1. 금융위원회의 소관사무

금융위원회의 소관사무는 다음과 같다(금설 17조).

① 금융에 관한 정책 및 제도에 관한 사항

② 금융기관 감독 및 검사·제재에 관한 사항

③ 금융기관의 설립, 합병, 전환, 영업 양수·도 및 경영 등의 인·허가에 관한

1) 금융위원회는 대통령에 의해 임명되는 임명직 위원 5인과 당연직 위원 4인을 포함한 9인의 위원으로 구성된다(금설 4조 1항, 2항, 3항). 당연직 위원은 기획재정부 차관, 금융감독원 원장, 예금보험공사 사장, 한국은행 부총재 등 4인이다(금설 4조 1항).

사항

④ 자본시장의 관리·감독 및 감시 등에 관한 사항

⑤ 금융중심지의 조성·발전에 관한 사항

⑥ ①부터 ⑤까지의 사항에 관련된 법령 및 규정의 제·개정 및 폐지에 관한 사항

⑦ 금융 및 외국환업무취급기관의 건전성 감독에 관한 양자·다자간 협상 및 국제협력에 관한 사항

⑧ 외국환업무취급기관의 건전성 감독에 관한 사항

⑨ 그밖에 다른 법령에서 금융위원회의 소관으로 규정된 사항

2. 금융감독원에 대한 지도·감독

금융위원회는 이 법과 다른 법령이 규정하는 바에 따라 금융감독원의 업무·운영·관리에 대한 지도·감독을 하며, 다음의 사항을 심의·의결한다(금설 18조).

① 금융감독원의 정관변경에 대한 승인

② 금융감독원의 예산 및 결산 승인

③ 기타 금융감독원을 지도·감독하기 위하여 필요한 사항

3. 금융투자업자에 대한 감독 및 조치명령권

금융위원회는 투자자를 보호하고 건전한 거래질서를 유지하기 위하여 금융투자업자가 이 법 또는 이 법에 따른 명령이나 처분을 적절히 준수하는지 여부를 감독하여야 한다(자금 415조).

금융위원회는 투자자를 보호하고 건전한 거래질서를 유지하기 위하여 금융투자업자에게 다음의 사항에 관하여 필요한 조치를 명할 수 있다. 다만, ⑦의 장내파생상품의 거래규모의 제한에 관한 사항에 관하여는 위탁자에게도 필요한 조치를 명할 수 있다(자금 416조).

① 금융투자업자의 고유재산 운용에 관한 사항

② 투자자 재산의 보관·관리에 관한 사항

③ 금융투자업자의 경영 및 업무개선에 관한 사항

④ 각종 공시에 관한 사항

⑤ 영업의 질서유지에 관한 사항

⑥ 영업방법에 관한 사항

⑦ 장내파생상품 및 장외파생상품의 거래규모의 제한에 관한 사항

⑧ 그밖에 투자자 보호 또는 건전한 거래질서를 위하여 필요한 사항으로서 대통령령으로 정하는 사항

4. 승인사항

금융투자업자는 ① 합병, 분할 또는 분할합병 ② 주식의 포괄적 교환 또는 이전 ③ 해산 ④ 금융투자업 전부의 양도 또는 양수 ⑤ 금융투자업 전부(이에 준하는 경우를 포함한다)의 폐지 등을 하는 경우에는 금융위원회의 승인을 받아야 한다(자금 417조 1항).

제 2 절 증권선물위원회

증권선물위원회는 5인의 위원으로 구성되어 있으며, 위원장은 금융위원회 부위원장이 겸임한다(금설 20조 1항, 2항).

증권선물위원회는 ① 자본시장의 불공정거래 조사 ② 기업회계의 기준 및 회계감리에 관한 업무 ③ 금융위원회 소관사무 중 자본시장의 관리·감독 및 감시등과 관련된 주요사항에 대한 사전심의 ④ 자본시장의 관리·감독 및 감시등을 위하여 금융위원회로부터 위임받은 업무 등을 행한다(금설 19조).

자본시장법상의 권한으로 증권선물위원회는 주로 내부자거래 또는 시세조종행위 등 불공정거래행위의 단속에 관한 권한을 가진다. 구체적으로 내부자의 단기매매차익의 발생사실을 알게 된 경우 그 법인에 통보할 권한(자금 172조), 불공정거래조사권한(자금 427조), 금융위원회 권한 중 중요한 사항의 사전 심의(자금 439조), 금융위원회가 위임한 사항(자금 438조 2항), 그리고 불공정행위를 사전에 차단하기 위해 공시토록 하고 있는 상장법인 임원 및 주요 주주의 주식소유상황 보고 접수 및 비치의 권한(자금 173조 2항) 등을 가진다.

「주식회사 등의 외부감사에 관한 법」상 증권선물위원회는 감사인지정(외감 4조의 3), 회계처리기준 심의(외감 13조 1항), 회계감리업무(외감 15조), 감사인 등에 대한 등록취소 등과 같은 조치권(외감 16조) 등에 관한 권한을 가진다.

제 3 절 금융감독원

Ⅰ. 업 무

금융감독원은 금융위원회 또는 증권선물위원회의 지도·감독을 받아 금융기관에 대한 검사·감독업무 등을 수행하기 위하여 설립되었다(금설 24조 1항).

금융감독원은 이 법과 다른 법령이 규정하는 바에 따라 다음의 업무를 수행한다(금설 37조).

① 금융위원회법 제38조 각 호의 기관의 업무 및 재산상황에 대한 검사

② 위의 검사결과에 따른 이 법과 다른 법령의 규정에 의한 제재

③ 금융위원회 및 소속기관에 대한 업무지원

④ 기타 이 법과 다른 법령에서 금융감독원이 수행하도록 하는 업무

Ⅱ. 감독에 따른 규제

1. 시정명령 및 징계요구

금융감독원장은 금융위원회법 제38조 각 호에 해당하는 기관의 임·직원이 다음에 해당하는 경우에는 당해 기관의 장에게 이를 시정하게 하거나 당해 직원의 징계를 요구할 수 있다(금설 41조 1항).

① 이 법 또는 이 법에 의한 규정·명령 또는 지시를 위반한 경우

② 이 법에 의하여 원장이 요구하는 보고서 또는 자료를 허위로 작성하거나 그 제출을 태만히 한 경우

③ 이 법에 의한 금융감독원의 감독과 검사업무의 수행을 거부·방해 또는 기피한 경우

④ 원장의 시정명령이나 징계요구에 대한 이행을 태만히 한 경우

2. 임원의 해임권고 등

금융감독원장은 금융위원회법 제38조 각 호에 해당하는 기관의 임원이 이 법 또는 이 법에 의한 규정·명령 또는 지시를 고의로 위반한 때에는 당해 임원의 해임을 임면권자에게 권고할 수 있으며, 당해 임원의 업무집행의 정지를 명할 것을 금

융위원회에 건의할 수 있다(금설 42조).

3. 영업정지 등

금융감독원장은 금융위원회법 제38조 각 호의 기관이 이 법 또는 이 법에 의한 규정·명령 또는 지시를 계속 위반하여 위법 또는 불건전한 방법으로 영업하는 경우에는 금융위원회에 다음을 명할 것을 건의할 수 있다(금설 42조).

① 당해 기관의 위법행위 또는 비행의 중지

② 6월의 범위내에서의 업무의 전부 또는 일부 정지

Ⅲ. 금융분쟁의 조정

종전에 한국은행과 증권감독원, 보험감독원에 각각 관련 분쟁조정위원회가 설치되어 있었는데, 금융감독기관이 통합됨에 따라 각 금융감독기관에 속해 있던 분쟁조정기관도 통합되어 금융감독원에 금융분쟁조정위원회가 설치되었다.

조정위원회는 검사대상기관과 예금자 등 금융수요자 기타 이해관계인 사이에 발생하는 금융관련분쟁의 조정에 관한 사항을 심의·의결하는 기구이다(금설 51조).

이때 분쟁당사자가 조정위원회의 조정안을 수락한 경우, 당해 조정안은 재판상의 화해와 동일한 효력을 가진다(금설 55조). 그러나 금융감독원장의 합의권고에 의해 당사자가 합의하는 경우에는 계약의 효력만이 발생하게 된다.

제 2 장 금융투자업 관계기관

제 1 절 한국금융투자협회

종래 증권거래법하에서는 증권업협회, 자산운용협회 및 선물협회 등과 같이 복수의 자율규제기관이 필요하였으나, 자본시장법에서는 기능별규율체제를 도입하고 금융투자업의 겸영이 허용됨에 따라 자율규제기관을 한국금융투자협회로 통합하였다.

협회의 회원이 될 수 있는 자는 금융투자업자, 그밖에 금융투자업과 관련된 업무를 영위하는 자로서 대통령령으로 정하는 자[1])로 한다(자금 285조 1항).

협회는 회원 간의 건전한 영업질서 유지 및 투자자 보호를 위한 자율규제업무 등을 행하며, 증권시장에 상장되지 아니한 주권의 장외매매거래시장(K-OTC)을 운영하고 있다(자금 286조 1항, 2항). 또한 분쟁의 자율조정기능을 가져, 협회는 자본시장법 제286조 제 1 항 제 2 호에 따른 분쟁의 자율조정을 위하여 필요한 분쟁조정규정을 정한다(자금 288조 1항).

---

1) 대통령령으로 정하는 자란 다음과 같은 자를 말한다(자금시 306조).
   1. 일반사무관리회사
   2. 집합투자기구평가회사
   3. 채권평가회사
   4. 그밖에 협회 정관에서 회원으로 정하는 자

제 2 절 한국예탁결제원

Ⅰ. 서 설

한국예탁결제원은 "증권 등의 집중예탁과 계좌 간 대체, 매매거래에 따른 결제업무 및 유통의 원활을 위하여" 설립되었다(자금 294조 1항). 예탁결제원은 법인으로 한다(자금 294조 2항).

주식 · 사채 등의 전자등록에 관한 법률이 시행되게 됨으로써 한국예탁결제원은 증권의 예탁기관으로서의 의미보다는 전자등록기관으로서의 지위가 강해지게 되었다.

한국예탁결제원의 법적 성격은 자본시장법에 의하여 설립된 특수법인으로 본다(자금 294조 2항). 또한 한국예탁결제원이 아닌 자는 예탁결제업무 등을 영위할 수 없도록 규정함으로써, 단일한 중앙예탁결제기관으로서의 지위를 명확히 하고 있다(자금 298조).

[증권예탁결제제도의 개요]

◇ 투자자는 증권을 예탁자(법인으로 한정 – 예탁결제원에 계좌를 개설한 자)에게 예탁 → 예탁결제원에 재예탁하는 예탁자는 투자자계좌부 작성(기재시 예탁결제원에 예탁된 것으로 본다) → 예탁결제원에 재예탁 → 예탁자계좌부 작성[1]

◇ 예탁의 강제: 투자매매업자·투자중개업자가 보관하는 투자자 소유의 증권(자금 75조), 금융투자업자가 고유재산운용에 따라 소유하는 증권(자금 61조), 투자자계좌부 작성시(자금 310조)[2]

1) 이후의 권리이전은 증권의 실물을 이동함이 없이 계좌부상의 대체기재만으로 이루어진다. 권리행사도 계좌부의 기재를 기초로 이루어지며, 반환시에는 증권자체가 아니라 예탁된 증권과 동종·동량의 증권을 반환한다.

2) 투자자로부터 예탁받은 증권 등을 예탁결제원에 다시 예탁하는 예탁자는 투자자계좌부를 작성하여야 한다(자금 310조). 이전에는 금융투자업자가 반환청구에 대비하기 위해 일정량은 자체보관이 가능했지만 1997년 이래 예탁이 강제되었다.

Ⅱ. 업 무

1. 의 의

(1) 고유업무

예탁결제원은 그 목적을 달성하기 위하여 고유업무로서 다음의 업무를 행한다(자금 296조 1항).

① 증권 등의 집중예탁업무

② 증권 등의 계좌 간 대체업무

③ 증권시장에서의 증권의 매매거래(다자간매매체결회사에서의 증권의 매매거래를 포함한다)에 따른 증권의 인도와 대금의 지급에 관한 업무

④ 예탁결제원과 유사한 업무를 영위하는 외국 법인(외국예탁결제기관)과의 계좌설정을 통한 증권 등의 예탁, 계좌 간 대체 및 매매거래에 따른 증권 등의 인도와 대금의 지급에 관한 업무

여기서 ③은 다자간매매체결회사를 포함한 증권시장에서의 매매거래에 따른 결제업무를 제외한 그 외 장외시장, 예컨대 금융투자협회가 운영하는 K－OTC, 자본시장법 제78조에 의한 전자증권중개회사에서의 매매거래 및 투자중개업자와 투자자 또는 기관투자자 간의 매매거래 등의 결제를 말한다.

주식을 자국 외에서 상장하는 경우에는 원주상장과 주식예탁증권상장(DR) 방식이 이용된다. 원주상장은 다시 외국주식의 실물주권을 상장국가에서 직접 유통시키는 방식과 과 중앙예탁결제기관간의 업무제휴에 의한 상장으로 구분된다. 후자는 상장국가의 중앙예탁결제기관이 본국의 중앙예탁결제기관에 상장국가의 중앙예탁결제기관 명의의 계좌를 개설하여 주권은 본국 중앙예탁결제기관에 보관하고, 상장국가에서는 계좌간 대체의 방식에 의하는 것이다. ④는 바로 이 중앙에탁결기관간의 업무제휴에 의한 예탁결제업무를 말한다.

(2) 부수업무

한국예탁결제원은 정관에서 정하는 바에 따라 고유업무에 부수하는 업무로서 다음의 업무를 행한다(자금 296조 2항).

① 증권 등의 보호예수업무

② 예탁증권 등의 담보관리에 관한 업무

③ 자본시장법 제80조에 따라 집합투자업자·투자일임업자와 집합투자재산을

보관·관리하는 신탁업자 등 사이에서 이루어지는 집합투자재산의 취득·처분 등에 관한 지시 등을 처리하는 업무[1)]

④ 그밖에 금융위원회로부터 승인을 받은 업무

▶ 참조판례

"보호예수계약에서 정한 기간이 지난 후 제3자가 보호예수 된 주권에 대하여 소유권을 가지고 있다고 주장하면서 그 소유권에 기하여 증권예탁결제원에 주권의 인도를 청구하는 경우, 제3자가 주권의 소유권자이고 보호예수의무자인 주권의 발행회사가 증권예탁결제원으로부터 주권을 반환받더라도 다시 소유권자인 제3자에게 반환해야 할 의무가 있으면 증권예탁결제원으로서는 제3자에 대하여 주권의 인도를 거부할 수 없으나, 제3자가 소유권자가 아니거나 소유권자라고 하더라도 보호예수의무자가 제3자에 대한 관계에 있어서 그 주권을 점유할 권리가 있으면 증권예탁결제원으로서는 제3자에게 주권을 인도해서는 안 된다. 따라서 위와 같은 경우에 증권예탁결제원이 보호예수의무자와 제3자 중 누구에게 주권을 반환해야 하는지는 제3자가 소유권자인지 여부 및 제3자와 보호예수의무자의 관계에 따라 결정되는바, 증권예탁결제원이 선량한 관리자의 주의를 다하여도 보호예수의무자와 제3자 중 누구에게 주권을 반환해야 할 것인지를 알 수 없는 경우에는 '과실 없이 채권자를 알 수 없는 경우'에 해당하므로, 민법 제487조 후단의 채권자 불확지를 원인으로 하여 주권을 변제공탁할 수 있다."(대판 2008. 10. 23, 2007 다 35596).

(3) 겸영업무

한국예탁결제원은 정관에서 정하는 바에 따라 다음의 겸영업무를 영위할 수 있다(자금 296조 2항).

① 다음 각 목의 어느 하나에 해당하는 업무. 이 경우 이 법 또는 다른 법률에서 인가·허가·등록·신고 등이 필요한 경우에는 인가·허가 등을 받거나 등록·신고 등을 하여야 한다.

가. 증권의 명의개서대행업무

1) 한국예탁결제원은 2004년 펀드넷(FundNet)이라는 표준화·자동화된 전산시스템의 구축을 통해 이 업무를 수행하고 있다. 이를 통해 집합투자증권은 예탁결제원에 집중예탁되고, 집합투자재산으로 운용되는 증권은 위 시스템 내에서 집합투자기구별로 구분관리 및 결제되도록 하고 있다.

나. 증권대차의 중개 또는 주선업무
다. 그밖에 금융위원회의 승인을 받은 업무
② 이 법 또는 다른 법령에서 예탁결제원의 업무로 규정한 업무
③ 그밖에 금융위원회로부터 승인을 받은 업무

2. 집중예탁제도

(1) 고객의 예탁

1) 임의예탁·의무예탁

증권의 보유자는 본인의 의사에 따라 금융투자업자·은행·보험회사·일정한 기관투자자·외국예탁결제기관·외국금융기관 등 보관기관에 증권을 예탁할 수 있다. 투자자의 예탁은 본인의 의사여부에 따르는 임의적인 것이다. 대주주나 기관투자자는 증권을 예탁하지 않고 개인 또는 회사금고에 보관하기도 한다.

그러나 증권의 보유자가 거래소에서 매매거래를 하기 위해서는 의무적으로 증권을 예탁결제원에 집중예탁하여야 한다.[1)]

2) 예탁의 강제

예탁자는 자기가 소유하고 있는 증권 등과 투자자로부터 예탁받은 증권 등을 투자자의 동의를 얻어 예탁결제원에 예탁할 수 있다(자금 309조 1항). 즉 임의예탁이 가능하다. 그러나 다음의 경우에는 예탁결제원에의 예탁이 강제된다.

㈎ 투자자 예탁증권의 예탁

투자매매업자 또는 투자중개업자는 금융투자상품의 매매, 그 밖의 거래에 따라 보관하게 되는 투자자 소유의 증권(대통령령으로 정하는 것을 포함한다)을 예탁결제원에 지체 없이 예탁하여야 한다. 다만, 투자자가 소유한 증권이 외화증권인 경우로서 대통령령으로 정하는 경우에는 예탁결제원에 예탁하지 아니할 수 있다(자금 75조).

㈏ 소유증권의 예탁

금융투자업자는 그 고유재산을 운용함에 따라 소유하는 증권을 예탁결제원에

---

1) 의무예탁이 면제되는 되는 것은 자본시장법 또는 법 시행령이나 다른 법령에 따라 해당 증권을 예탁결제원에 예탁할 수 있는 증권 또는 증서로 발행할 수 없는 경우, 발행인이 투자자와 해당 증권을 예탁결제원에 예탁할 수 있는 증권 또는 증서로 발행하지 않을 것을 발행조건 등에 따라 약정한 경우, 외화증권을 예탁결제원이 지정한 외국보관기관에 지정할 수 없어 금융위원회가 고시하는 외국보관기관에 예탁하는 경우 및 그밖에 증권의 성격이나 권리의 내용 등을 고려할 때 예탁이 부적합한 경우로서, 투자계약증권, 집합투자증권을 제외한 합자회사, 유한책임회사, 합자조합, 익명조합의 출자지분이 표시된 것 및 만기가 3일 이내인 어음이다(자금시 63조 2항 및 자금시칙 7조의 2).

지체없이 예탁하여야 한다. 다만, 투자자가 소유한 증권이 외화증권인 경우로서 대통령령으로 정하는 경우에는 예탁결제원에 예탁하지 아니할 수 있다(자금 61조).

㈐ 투자자계좌부에 기재한 경우

투자자로부터 예탁받은 증권 등을 예탁결제원에 다시 예탁하는 예탁자는 투자자계좌부를 작성하여야 하는데, 투자자가 예탁한 증권 등을 예탁결제원에 다시 예탁하는 예탁자가 투자자계좌부에 기재한 때에도 지체없이 이를 예탁결제원에 예탁하여야 한다(자금 310조 2항).

3) 예탁가능한 증권

예탁결제원에 예탁가능한 증권은 대체가능성이 있으면 된다. 자본시장법상의 증권과 동일할 필요는 없다. 이에 대하여 "예탁대상증권 등"이라는 용어를 사용하며 이는 예탁결제원이 지정하게 된다(자금 308조). 예탁결제원은 주식, 사채 등 전형적인 증권 외에 어음과 같은 사법상의 유가증권도 예탁대상증권에 포함시키고 있다.

4) 투자자계좌부의 작성

집중예탁제도는 증권의 원소유자 · 예탁자(중간보관기관) · 중앙예탁기관 등 3자 간의 계좌에 의하여 이루어지는데, 예탁자가 고객으로부터 예탁받은 증권을 예탁결제원에 재예탁하려면 ① 투자자의 성명 및 주소, ② 예탁유가증권의 종류 및 수와 그 발행인의 명칭, ③ 기타 총리령이 정하는 사항 등을 기재한 투자자계좌부를 작성 · 비치하여야 한다(자금 310조 1항). 투자자가 예탁한 증권을 예탁하기 위해서는 투자자의 동의를 받게 되어 있다(자금 309조 2항).

투자자가 예탁한 증권을 투자자계좌부에 기재한 때에는 지체없이 이를 예탁결제원에 예탁해야 하며(자금 310조 2항), 예탁자는 증권을 예탁결제원에 재예탁할 때까지는 자기소유분과 구분하여 보관하여야 한다(자금 310조 3항). 투자자계좌부에 기재된 증권 등은 그 기재를 한 때에 예탁결제원에 예탁된 것으로 본다(자금 310조 4항).

(2) 예탁자의 예탁결제원에의 재예탁

1) 예 탁 자

예탁자는 예탁결제원에 계좌를 개설한 자로 현재 금융투자업자 · 은행 · 보험회사 · 일정한 기관투자자 · 외국예탁결제기관 · 외국금융기관 등이 예탁결제원에 계좌를 개설할 수 있는 예탁자로 되어 있다. 즉 법인만 예탁자 자격을 가진다.

우리사주조합에 우선 배정되어 조합원이 취득하는 주식에 대해서는 증권금융회사가 우리사주조합으로부터 일괄예탁받아 예탁결제원에 계좌를 개설하여 예탁한다.

2) 예탁자계좌부의 기재사항 및 구분

예탁결제원은 예탁자계좌부를 작성·비치하되, 예탁자의 자기소유분과 투자자 예탁분이 구분될 수 있도록 하여야 한다(자금 309조 3항).

(3) 계좌부 기재의 효력

투자자계좌부와 예탁자계좌부에 기재된 자는 각각 그 증권 등을 점유하는 것으로 본다(자금 311조 1항). 따라서 주권의 점유자로서 적법한 소지인으로 추정된다.

투자자계좌부 또는 예탁자계좌부에 증권 등의 양도를 목적으로 계좌 간 대체의 기재를 하거나 질권설정을 목적으로 질물인 뜻과 질권자를 기재한 경우에는 증권 등의 교부가 있었던 것으로 본다(자금 311조 2항).

예탁증권 등의 신탁은 「신탁법」 제 3 조 제 2 항[1]에 불구하고 예탁자계좌부 또는 투자자계좌부에 신탁재산인 뜻을 기재함으로써 제삼자에게 대항할 수 있다(자금 311조 3항).

▶ 참조판례

"증권거래법 제174조의 3 제 1 항, 제 2 항 의 규정은 고객의 증권회사 또는 대체결제회사에 대한 관계를 규율하기 위한 것이지 고객의 발행회사에 대한 관계를 규율하기 위한 규정으로 볼 수 없고, 같은 법 제174조의 8 제 1 항, 제 2 항이 대체결제회사의 통지와 발행회사의 실질주주명부 기재를 요건으로 하여 주식의 명의개서의 효력을 인정하고 있는 점들을 종합하여 볼 때, 증권회사의 고객계좌부나 대체결제회사의 예탁자계좌부에 한 기재만으로 주식의 명의개서와 동일한 효력을 인정할 수는 없는 법리이므로, 타인 명의로 주식을 매입한 경우 단순히 증권회사의 고객계좌부나 대체결제회사의 예탁자계좌부에 한 기재만으로 구 상속세 및 증여세법 제41조의 2 제 1 항에서 요구하는 주식의 명의개서의 효력이 있다고 할 수 없다."(대판 2007. 2. 8, 2005 두 10200).

1) 「신탁법」 제 3 조(신탁의 공시) ② 유가증권에 관하여는 신탁은 대통령령의 정하는 바에 의하여 증권에 신탁재산인 사실을 표시하고 주권과 사채권에 관하여는 또한 주주명부 또는 사채원부에 신탁재산인 사실을 기재함으로써 제삼자에게 대항할 수 있다.

3. 예탁의 종류

(1) 일반예탁

일반예탁은 예탁자가 고객으로부터 예탁받은 증권이나 자기소유증권을 예탁결제원에 예탁하는 통상의 실물예탁방식이다.

(2) 의제예탁

투자자계좌부에 기재된 증권은 실물증권이 아직 예탁결제원에 예탁되지 않더라도 그 기재시에 예탁결제원에 예탁된 것으로 본다(자금 310조 4항). 이에 따라 투자자는 투자자계좌부에 기재된 것만으로도 예탁결제원에 예탁된 것으로 보아, 그 투자자가 증권을 점유하는 것으로 간주하고, 이에 따른 공유지분을 가지는 것으로 추정하게 된다.

의제예탁은 증권의 도난·분실시에 투자자 보호를 위한 것으로 예탁자와 예탁결제원의 연대보전의무를 인정한다(자금 313조 1항).

(3) 권리예탁

권리예탁은 신규발행주식의 예탁으로서, 예탁주식의 권리행사로 새로 발행되는 주식(신주발행·무상증자·주식배당 등)은 ① 예탁결제원이 예탁자계좌부에 권리예탁으로 기재하고 ② 당해 예탁자에게 통지하고 ③ 실질주주에게 배정되어 발행되는 주권의 명의는 예탁결제원명의로 일괄발행되며 ④ 이를 예탁결제원이 일괄수령하여 예탁자계좌부에 권리예탁에서 증권예탁으로 계정대체하여 예탁처리하고 ⑤ 당해 예탁자에게 통지한다. 신주인수인은 주금납입 다음날부터 주주로서의 지위를 취득한다. 이때 일괄예탁에 의하면 신주는 예탁자계좌부에 기재함으로써 예탁된 것으로 간주할 수 있다.

(4) 증권의 일괄예탁

예탁자 또는 그의 투자자가 증권을 인수 또는 청약하거나 기타의 사유로 새로이 증권의 발행을 청구하는 경우에 당해 증권의 발행인은 예탁자 또는 그의 투자자의 신청에 의하여 이들에 갈음하여 예탁결제원을 명의인으로 하여 당해 증권을 발행할 수 있다(자금 309조 5항).

이는 증권발행비용의 절감과 집중예탁의 효율을 높이기 위하여 청약자의 사전신청이 있는 경우에는 예탁결제원명의로 주권을 일괄발행하는 것이다. 이 때 주식이나 채권의 경우에는 「주식·사채 등의 전자등록에 관한 법률」에 따른 전자등록의 방법으로 실물의 발행을 피할 수 있다. 전자등록된 주식에 대한 예탁결제원 명의로

의 명의개서는 인정되지 않는다.

4. 증권예탁의 법적 성질

(1) 혼합보관

예탁결제원은 예탁자가 예탁한 증권을 다른 예탁자가 예탁한 증권과 분리하지 않고 종류·종목별로 혼합하여 보관할 수 있고(자금 309조 4항), 혼합보관에 의하여 예탁유가증권에 대한 고객이나 예탁자의 단독소유권이 소멸되고 공유지분권으로 변경된다(자금 312조 1항).

예탁결제원은 혼합보관된 예탁증권의 권리의 이전·변경·소멸 등을 계좌부상 계좌대체방식에 의하여 관리하게 된다.

이 예탁은 혼장임치와 위임의 혼합계약의 성질을 가진다.

(2) 혼장임치

증권예탁은 대체물의 임치에 있어서 수치인이 임치된 물건과 동종·동질의 다른 임치물과 혼합하여 보관하고, 반환할 때에는 임치된 것과 동량을 반환하면 된다는 특약이 있는 임치이다.

5. 예탁증권의 반환

(1) 반환청구권자

예탁자의 투자자나 그 질권자는 예탁자에 대하여, 예탁자는 예탁결제원에 대하여 언제든지 공유지분에 해당하는 예탁증권 등의 반환을 청구할 수 있다. 이 경우 질권의 목적으로 되어 있는 예탁증권 등에 대하여는 질권자의 동의가 있어야 한다(자금 312조 2항).

(2) 반환의 제한

예탁결제원은 예탁자의 파산·해산, 그밖에 대통령령으로 정하는 사유[1]가 발생한 경우 총리령으로 정하는 기준 및 방법에 따라 예탁증권 등 중 투자자 예탁분의 반환 또는 계좌 간 대체를 제한할 수 있다(자금 312조 3항).

---

1) 다음 각 호의 어느 하나에 해당하는 사유를 말한다(자금시 314조).
 1. 예탁자에 대한 인가·허가·등록 등의 취소 또는 업무의 정지
 2. 예탁자의 파산·해산 또는 제 1 호에 준하는 경우

6. 대체결제제도

예탁결제원을 통하여 증권대체결제가 이루어지는데, 이는 유가증권의 매매거래에 있어서 투자자·증권회사·금융기관 등이 소유하는 유가증권을 미리 일정한 기관에 예탁함으로써 매매거래 등에 따른 유가증권의 수수를 실물의 교부에 의하지 않고, 미리 설정한 예탁기관의 계좌 사이에서 대체함으로써(장부상의 기재) 결제를 완료하는 제도이다. 이에 의하여 증권소유자는 실물보관에 따른 분실·도난 등 사고를 예방할 수 있고, 증권시장 전체로서는 실물이동 없는 계좌 간 이체에 의하여 결제가 신속·정확·확실해짐으로써 증권거래의 안정성과 유동성이 높아지게 된다.

증권 등의 전자등록제의 시행으로 증권 등은 실물 발행없이 전자등록기관의 전자등록부에 등록되며 주식의 양도는 전자등록계좌의 대체등록이 되어야 효력이 발생한다(전자증권법 35조 2항). 전자등록계좌는 자본시장법상 예탁자계좌부, 투자자계좌부와 같은 의미를 가지는 것으로 대체결제의 취지는 동일하다고 하겠다.

7. 주식·사채 등의 전자등록[1)]

주식·사채 등의 전자등록에 관한 법률 시행령이 2019. 9. 16.부터 시행되게 되었다. 이에 따라 주식·사사채 등을 전자적으로 등록해 상장주식 등 증권의 발행·사유통 및 권리행사가 전면 실물없이 이루어지게 되었다. 이전에 주식·사사채를 실물증권으로 발행하면서 유통과정에서 위험이 따를 뿐 아니라 불투명한 음성적 거래가 만연하였다. 주식의 전자등록을 도입한 것은 주식을 전자적으로 발행·사유통할 수 있도록 하여 이용자의 편의를 도모하고 자본시장이 투명하도록 하기 위한 것이다.

전자등록제도의 시행으로 예약결제원은 증권의 예탁기관으로서의 의미보다는 전자등록기관으로서의 지위가 중요해지게 되었다.

---

1) 상법 제356조의 2(주식의 전자등록) ① 회사는 주권을 발행하는 대신 정관에서 정하는 바에 따라 전자등록기관(유가증권 등의 전자등록 업무를 취급하도록 지정된 기관을 말한다. 이하 같다)의 전자등록부에 주식을 등록할 수 있다.
② 전자등록부에 등록된 주식의 양도나 입질은 전자등록부에 등록하여야 효력이 발생한다.
③ 전자등록부에 주식을 등록한 자는 그 등록된 주식에 대한 권리를 적법하게 보유한 것으로 추정하며, 이러한 전자등록부를 선의로, 그리고 중대한 과실 없이 신뢰하고 제 2 항의 등록에 따라 권리를 취득한 자는 그 권리를 적법하게 취득한다.
④ 전자등록의 절차·방법 및 효과, 전자등록기관의 지정·감독 등 주식의 전자등록에 관하여 필요한 사항은 대통령령으로 정한다.

주식 등의 전자등록에 의할 때 회사는 주권 등을 발행하는 대신 정관에서 정하는 바에 따라 전자등록기관의 전자등록부에 주식 등을 등록할 수 있다(상 356조의 2 1항).[1] 전자등록은 발행인이나 권리자가 단독으로 신청하게 된다(전자증권법 30조 1항).[2] 전자등록부에 등록된 주식 등의 양도나 입질은 전자등록부에 등록하여야 효력이 발생한다(전자증권법 35조 2항, 3항).[3] [4] 이는 전자등록에 대하여 주권 등의 교부와 같은 효력을 인정하는 것이다.

전자등록계좌부에 등록된 경우 적법하게 증권상 권리를 갖는 것으로 추정하며(전자증권법 35조 1항), 이러한 전자등록부를 선의로 중대한 과실 없이 전자등록계좌부의 권리 내용을 신뢰하고 소유자 또는 질권자로 전자등록된 자는 해당 전자등록주식 등에 대한 권리를 적법하게 취득한다(전자증권법 35조 5항).

전자등록제도는 전자등록 당사자 및 구성, 업무, 계좌간 대체절차, 결제시스템 등 절차법적 측면이 강하다. 이는 시행령에 위임되고 있다.

회사가 전자등록기관의 전자등록부를 전자주주명부(상 352조의 2)로 이용한다면, 상법상 기명주식의 명의개서, 약식질, 명의개서대리인, 주주명부의 폐쇄 등의 규정은 적용될 여지가 없고, 또한 실질주주와 명의주주는 언제나 일치하게 되어 실질주주와 명의주주의 불일치에서 발생하는 문제는 없게 된다.[5]

Ⅲ. 예탁결제원의 권리행사

1. 예탁자 또는 고객의 신청

예탁주권에 대한 권리행사는 발행회사가 작성하는 실질주주명부에 기재된 실질주주가 직접 행사하는 것이 원칙이지만, 예탁결제원은 예탁자 또는 투자자의 신

1) 발행인은 전자등록의 방법으로 주식 등을 새로 발행하거나 이미 주권 등이 발행된 주식 등을 권리자에게 보유하게 하거나 취득하게 하려는 경우에 신규 전자등록을 신청할 수 있다(전자증권법 25조).

2) 전자등록 신청을 받은 전자등록기관 또는 계좌관리기관은 지체 없이 전자등록계좌부에 해당 전자등록주식 등의 계좌간 대체의 전자등록을 하여야 한다(전자증권법 30조 2항).

3) 양도하는 경우에는 계좌간 대체의 전자등록을 하게 된다.

4) 기준일상의 실질주주와 명의주주가 일치하게 되며, 때문에 주주명부폐쇄의 절차가 필요하지 않게 된다.

5) 현행 규정상으로는 엄연히 구분되지만 전자등록기관이 발행회사에게 주주명세를 통보하여 주주명부를 작성하는 것보다는 전자등록기관이 주주명부를 작성하여 이를 발행회사에 통보하는 것이 효율적이고 간명하다는 주장도 있다. 실제 2007년 상법개정안에는 전자등록부를 주주명부로 본다는 규정이 있었다(개정안 356조의 2 1항).

청에 의하여 예탁증권에 관한 권리를 행사할 수 있다(자금 314조 1항).

그러나 예탁결제원은 예탁증권 등에 대하여 자기명의로 명의개서 또는 등록을 청구할 수 있는데(자금 314조 2항), 자기명의로 명의개서된 주권에 대하여 주권불소지, 주주명부, 주권에 관하여 실질주주의 신청이 없는 경우에도 주주로서 권리를 행사할 수 있다(자금 314조 3항). 주권에 관한 권리란 주권의 병합, 분할의 청구, 회사합병 등으로 주권의 교체가 있는 경우 그 교체의 청구, 준비금의 자본전입, 주식배당, 신주인수권의 행사 등에 의해 발행하는 주권의 수령, 주권상실시의 공시최고의 신청 등에 관한 권리를 말한다.

2. 의결권의 행사

구자본시장법상 예탁결제원의 명의로 명의개서된 주권을 소유하고 있는 주주가 주주총회일의 5일전까지 예탁결제원에 그 의결권의 직접행사·대리행사 또는 불행사의 뜻을 표시하지 아니하는 경우에는 예탁결제원이 그 의결권을 행사할 수 있다(자금 314조 5항)고 하였으며, 예탁결제원의 의결권행사에 대하여 구 시행령에서는 중립적 의결권행사제도(Shadow Voting)에 대하여 규정하고 있었다.

개정 자본시장법에서는 위에서 언급한 의결권행사에 관한 조항을 삭제하였으며, 또한 상장기업 주주총회의 내실 있는 운영을 위하여 주주총회활성화의 장애요인으로 작용하던 예탁결제원의 중립적 의결권행사제도도 2015년부터 폐지하였다(자금 314조).[1] 결과적으로 예탁결제원의 의결권행사는 인정되지 않으며, 이는 주주총회성립을 지원하기 위한 중립적 의결권행사제도가 경영진에 의한 남용으로 주주총회 활성화의 장애요인이 되어 온 점, 2010년부터 전자투표제가 시행된 점 등을 종합적으로 감안한 것이다.

3. 조건부자본증권에 대한 권리행사

조건부자본증권은 사채의 발행 당시 객관적이고 합리적인 기준에 따라 미리 정한 사유가 발생하는 경우 주식으로 전환되는 조건이 붙은 전환형 조건부자본증권과 그 사채의 상환과 이자지급 의무가 감면된다는 조건이 붙은 상각형 조건부자본증권으로 구분된다(자금 165조의 11, 자금시 176조의 12, 13).

---

1) 집합투자업자와 달리 예탁결제원에 대하여 유예기간을 주었으며, 추가적으로 주주총회성립의 어려움 등을 감안하여, 전자투표의 도입과 전주주대상 위임장권유제도 시행을 조건으로 3년간 이를 더 유예하였다.

구자본시장법에서는 조건부자본증권에 대해 전환형의 경우에는 주식전환사유, 상각형의 경우에는 채무재조정사유가 발생하였을 경우 이를 예탁결제원에 지체 없이 통지하도록 하여 예탁결제원이 관련 업무를 준비할 수 있도록 하였으나(자금 165조의 11 8항, 자금시 317조의 2 1항), 이 조항도 삭제되었다.

4. 실기주의 권리행사

종래 예탁결제원은 실기주에 대하여 권리가 배정될 경우에 「민법」 제734조의 사무관리인으로서 권리행사를 하여왔다. 자본시장법에서는 예탁결제원이 실기주와 실기주과실을 관리할 수 있는 근거를 마련하고 있다. 예탁결제원은 예탁자를 통하여 투자자에게 반환된 후 투자자의 명의로 명의개서가 되지 않은 예탁결제원 명의의 주권의 권리행사에 따라 발행인으로부터 주권을 수령한 경우 그 주권 중 수령일부터 1년이 지난 주권은 금융투자협회를 통한 장외매매거래의 방법으로 매각하여 현금으로 관리할 수 있다. 다만, 협회를 통한 주권의 장외매매거래가 불가능한 경우 등 금융위원회가 정하여 고시하는 경우에는 그 주식의 수령일부터 1년이 지나지 않은 경우에도 증권시장 등을 통하여 이를 매각할 수 있다(자금시 317조의 2).

Ⅳ. 실질주주제도

1. 의 의

실질주주는 예탁결제원에 주권을 예탁한 자로서 실질주주명부에 주소와 성명이 개재된 자이다. 실질주주가 아닌 주주, 즉 주주명부에 등재된 주주를 명부주주라고 부른다. 예탁결제원은 예탁증권 등에 대하여 자기명의로 명의개서 또는 등록을 청구할 수 있는데, 예탁에 의하여 예탁결제원 명의로 명의개서된 주식의 실질적인 소유자가 실질주주이다. 자본시장법에서는 "예탁증권 등 중 주식의 공유자"라고 하며, 주주로서의 권리 행사에 있어서는 각각 자본시장법 제312조 제 1 항에 따른 공유지분에 상당하는 주식을 가지는 것으로 본다(자금 315조 1항).

2. 실질주주의 인식

실질주주에게 권리행사의 기회를 제공하기 위해서는 발행인이 누가 실질주주인가를 인식하여야 한다. 그런데 주주명부상으로는 예탁결제원이 주주로 등재되어 있으므로 주주명부를 가지고는 실질주주를 파악할 수 없다. 매일 주주의 변동은 무수히 일어나므로 실질주주를 파악하기 위하여 실질주주명부를 작성하게 되는데, 실질주주명부는 집단적 권리행사를 위한 주주명부폐쇄나 기준일 설정시에만 작성한다.[1]

3. 실질주주명부의 작성

실질주주명부의 작성을 위한 절차를 보면 다음과 같다.

첫째, 예탁증권 등 중 주권의 발행인은 주주권을 행사할 자를 정하기 위하여 주주명부를 폐쇄하거나 기준일을 정한 때에는 예탁결제원에 지체없이 통지하여야 한다(자금 315조 3항).

둘째, 고객인 실질주주는 예탁자가 작성한 고객계좌부에만 나타나기 때문에 예탁결제원은 발행인에 실질주주를 통지해 주기 위하여, 예탁자에 대해 실질주주에 관한 사항을 통보해 줄 것을 요청할 수 있으며, 이에 따라 예탁자는 지체없이 통보하여야 한다(자금 315조 4항).

셋째, 예탁결제원은 폐쇄기간의 초일 또는 기준일의 실질주주에 관하여 다음의 사항을 지체 없이 주권의 발행인 또는 명의개서대행회사에 통지하여야 한다(자금 315조 3항 후단).

① 성명 및 주소

② 실질주주가 갖는 공유지분에 상당하는 주식의 종류와 수

넷째, 예탁결제원으로부터 실질주주에 관한 사항을 통지받은 발행인은(또는 명의개서를 대행하는 회사) 그 통지를 받은 사항과 통지 연월일을 기재하여 실질주주명부를 작성·비치하여야 한다(자금 316조 1항).

4. 실질주주명부 기재의 효과

실질주주명부에의 기재는 주주명부에의 기재와 동일한 효력을 가진다(자금 316조 2항). 따라서 주주명부의 효력인 대항력, 자격수여적 효력, 면책적 효력 등이 인정된다.

---

1) 전자증권법에 의할 때 기준일을 정한 경우 등과 분기별로 전자등록주식의 소유자를 파악하려는 경우에 소유자명세를 작성하게 된다.

5. 주식수의 합산

발행인 또는 명의개서를 대리하는 회사는 주주명부에 주주로 기재된 자와 실질주주명부에 실질주주로 기재된 자가 동일인이라고 인정되는 때에는 주주로서의 권리행사에 있어서 주주명부의 주식수와 실질주주명부의 주식수를 합산하여야 한다(자금 316조 3항).

6. 실질주주명부의 비치

실질주주명부는 발행인의 본점 또는 명의개서대행회사의 영업소에 비치하여야 한다.

7. 실질주주의 권리행사

자본시장법은 실질주주제도를 도입하고 상장법인의 실질주주명부작성을 의무화하여 상법이 요구하는 명의개서절차를 거치지 않고 고객이 주주권을 행사할 수 있는 길을 열어 놓고 있다.

실질주주는 주주로서의 권리행사를 함에 있어서 각각 고객계좌부에 기재된 예탁유가증권에 대한 공유지분에 상당하는 주식을 가지는 것으로 보므로, 의결권·신주인수권·이익배당청구권 등 상법상의 공익권과 자익권을 가진다. 그러나 자본시장법 제314조 제3항의 주권불소지, 주주명부, 주권에 관한 권리는 행사할 수 없다. 다만, 회사의 주주에 대한 통지 및 상법 제396조 제2항에 따른 주주명부의 열람 또는 등사 청구에 대하여는 그 권리를 행사할 수 있다.

또한 주주명부에의 등재를 전제로 하는 주주총회소집권, 대표소송제기권, 이사의 위법행위유지청구권, 위법한 신주발행유지청구권 등은 여전히 예탁자를 통하여 예탁결제원으로부터 주권을 반환받아 발행회사에 명의개서를 청구하여 주주명부상 주주로 등재된 후에만 행사할 수 있다.

위와 같은 불합리를 피하기 위하여 자본시장법에서는 실질주주증명서제도[1]를 도입하고 있다. 예탁결제원은 예탁자 또는 그 투자자가 주주로서의 권리를 행사하기 위하여 증권 등의 예탁을 증명하는 문서(실질주주증명서)의 발행을 신청하는 경우에는 총리령으로 정하는 방법에 따라 이를 발행하여야 하며, 이 경우 투자자의 신청은 예탁자를 거쳐야 한다(자금 318조 1항). 예탁자 또는 그 투자자가 실질주주증명

---

1) 전자증권법에서는 소유자증명서제도로 규정하고 있다(전자증권법 39조).

서를 발행인에게 제출한 경우에는 주식이전의 대항요건에 관한 「상법」 제337조 제1항에 불구하고 발행인에게 대항할 수 있다(자금 318조 3항).

실질주주증명서는 행사하고자 하는 주주권의 내용과 행사기간을 적시하여 발행하기 때문에 증명서에 따른 주주권의 행사목적과 기간에 제한을 받는다.

제 3 절 금융투자상품거래청산회사

1. 의 의

자본시장법에서는 '금융투자상품거래청산업'[1]을 신설하고 제6편 제2장의 2 금융투자상품거래청산회사에 관한 장을 두어 장외파생상품의 중앙청산소(CCP) 설치 근거를 마련하고 있다.[2]

여기서는 청산업 인가제를 도입하여 향후 다양한 형태의 청산서비스(장외파생상품, 증권대차, RP 등)가 제공될 수 있도록 하고 있다. 또한 장외파생거래 등의 결제불이행 위험을 축소하기 위한 글로벌 시장에서의 노력을 국내에 수용하기 위하여 금융투자업자의 채무불이행이 국내 자본시장에 중대한 영향을 줄 우려가 있는 장외파생상품의 매매 등에 대해서는 금융투자상품거래청산회사에서 의무적으로 청산하도록 하고 있다.

자본시장법에 따를 때 증권시장 및 파생상품시장에서의 매매거래(다자간매매체결회사에서의 거래를 포함)에 따른 청산업무는 청산기관으로서 금융위원회가 지정하는 거래소가 수행하며, 파생상품시장에서의 결제업무는 결제기관으로서 금융위원회가 지정하는 거래소가 수행한다(자금 378조). 부칙에 따르면 한국거래소에 대해서 금융위원회가 청산기관 및 결제기관으로 지정한 것으로 본다(부칙 15조 3항).

따라서 위 조항에 따를 때 금융투자상품거래청산회사는 증권시장 및 파생상품시장에서의 매매거래 및 다자간매매체결회사에서의 거래를 제외한 거래, 즉 장외거래를 대상으로 한 청산만을 담당할 수 있다.

---

1) 금융투자상품거래청산업이란 금융투자상품거래청산회사가 금융투자업자, 그밖에 대통령령으로 정하는 자(청산대상업자)를 상대방으로 하여, 청산대상업자가 대통령령으로 정하는 금융투자상품의 거래(청산대상거래)를 함에 따라 발생하는 채무를 채무인수, 경개, 그 밖의 방법으로 부담하는 것을 영업으로 하는 것을 말한다(자금 9조 25항).

2) 자본시장법 개정이 되면서 IRS 등 청산의무거래 대상인 장외파생상품 CCP는 한국거래소(KRX)에 인가하였다.

2. 금융투자상품거래청산업의 인가

금융투자상품거래청산업을 영위하려는 자는 청산대상거래 및 청산대상업자를 구성요소로 하여 청산업 인가업무 단위의 전부나 일부를 선택하여 금융위원회로부터 하나의 금융투자상품거래청산업인가를 받아야 한다(자금 323조의 3 1항).

금융투자상품거래청산업인가를 받으려는 자는 "청산업 인가업무 단위별로 200억원 이상으로서 대통령령으로 정하는 금액 이상의 자기자본을 갖출 것" 등 인가요건을 모두 갖추어야 한다(자금 323조의 3 2항).

3. 무인가 청산영업행위의 금지

누구든지 금융투자상품거래청산업인가(변경인가를 포함한다)를 받지 아니하고는 금융투자상품거래청산업을 영위하여서는 아니 된다(자금 323조의 2).

제 4 절 증권금융회사

증권금융회사는 금융투자상품의 매도·매수 등과 관련하여 투자매매업자 또는 투자중개업자에 대하여 필요한 자금 또는 증권의 대여 등을 하는 것으로서, 금융위원회의 인가를 받고 증권금융업무를 영위할 수 있다(자금 323조의 21). 인가를 받으려는 자는 500억원의 이상의 자기자본의 요건 등을 갖추어야 한다(자금 324조 2항).

제 5 절 신용평가회사

개정 자본시장법에서는 금융투자상품 등에 대하여 공정한 신용평가를 함으로써 보다 신뢰성 있는 투자자 보호가 이루어지도록 신용평가회사에 관한 규제를 현행 「신용정보의 보호 및 이용에 관한 법률」에서 자본시장법으로 이관하면서 신용평가회사의 평가방법 및 신용평가서 등의 투자자에 대한 공시의무를 확대하고 있다.

무인가 신용평가는 금지되어, 누구든지 신용평가업인가를 받지 아니하고는 신용평가업을 영위하여서는 아니 된다(자금 335조의 2). 신용평가업인가를 받으려는 자는 "50억원 이상의 자기자본을 갖출 것" 등 인가요건을 모두 갖추어야 한다(자금

335조의 3 2항).

제 6 절 명의개서대행회사

Ⅰ. 상법상 명의개서대리인

발행인만이 주주명부의 작성, 주주에 대한 통보업무를 수행할 수 있다면 이로 인한 업무처리절차가 복잡해지므로 명의개서대리인제도가 필요하다. 「상법」에서는 정관이 정하는 바에 따라 명의개서대리인을 둘 수 있도록 하였다(상 337조).

Ⅱ. 자본시장법상 명의개서대리인

1. 의 의

거래소 상장예정회사 또는 금융투자협회 K-OTC 예정회사는 상장예비심사 또는 상장신청시 명의개서대행계약서를 제출하여야 한다(유가증권시장 상장규정 세칙 20조 및 22조, 코스닥시장 상장규정 세칙 3조 2항, 장외주식의 호가중개에 관한 규정 3조 3호). 이처럼 상장요건으로서 명의개서대행계약의 체결이 요구됨으로써 상장법인은 의무적으로 명의개서대리인을 두게 된다.

실질적으로 상장기업의 경우 주식이 대량으로 발행되고 그 분산도가 높아 발행인이 스스로 명의개서업무를 수행하기에는 어려움이 있으므로 명의개서대리인을 두게 된다. 또한 명의개서대리인제도는 통일규격증권용지의 사용을 통하여 증권의 위·변조를 방지하고, 발행회사의 가장납입과 주식초과발행을 방지하는 역할도 한다.

2. 명의개서대행회사의 등록

증권의 명의개서를 대행하는 업무를 영위하려는 자는 금융위원회에 등록하여야 한다(자금 365조 1항). 명의개서대행회사는 예탁결제원 또는 전국적인 점포망을 갖춘 은행으로 제한된다(자금 365조 2항). 예탁결제원의 경우에는 자본시장법에 따라 증권의 명의개서대행업무를 법상 겸영업무로서 당연히 취급하므로(자금 296조 6호), 명의개서대행업무의 영위를 위하여 별도로 금융위원회에 등록할 필요는 없다.

현재 명의개서대행회사의 자격을 가진 자는 하나은행, 국민은행, 한국예탁결제원이다.

3. 명의개서대행회사의 부수업무

명의개서대행회사는 명의개서대행업무 외에 증권발행회사와의 계약에 기하여 증권의 배당·이자 및 상환금의 지급을 대행하는 업무와 증권의 발행을 대행하는 업무를 영위할 수 있다(자금 366조).

여기서 증권의 배당지급을 대행하는 업무는 주식의 현금배당금 및 주식배당의 지급을 대행하는 업무를 말하며, 증권의 이자지급업무는 채권 이자의 지급을 대행하는 업무를 말한다. 그리고 증권의 상환금지급업무는 채권 또는 수익증권 등의 원금의 상환을 대행하는 업무를 말한다.

4. 명의개서의 효력발생시기

발행회사가 명의개서대리인을 둔 경우 명의개서대리인이 취득자의 성명과 주소를 기명주식의 경우에는 주주명부에, 기명식 채권의 경우에는 사채원부에 기재한 때에 명의개서한 것으로 본다.

제 7 절 기타 회사

1. 종합금융회사

종합금융회사는 기업에 대한 종합적인 금융지원을 원활하게 하기 위하여 설립된 회사로서 금융위원회의 인가를 받아 업무를 행할 수 있다. 종합금융회사의 주요 업무는 ① 1년 이내에 만기가 도래하는 어음의 발행·할인·매매·중개·인수 및 보증 ② 설비 또는 운전자금의 투융자 ③ 증권의 인수·매출 또는 모집·매출의 중개·주선·대리 ④ 외자도입, 해외 투자, 그 밖의 국제금융의 주선과 외자의 차입 및 전대 ⑤ 채권의 발행 ⑥ 기업의 경영 상담과 기업인수 또는 합병 등에 관한 용역 ⑦ 지급보증 ⑧ 위의 업무에 부수되는 업무로서 대통령령으로 정하는 업무이다(자금 336조 1항).

종합금융회사는 위의 업무 외에 다음의 어느 하나에 해당하는 업무를 이 법 또는 해당 법률이 정하는 바에 따라 인가·허가·등록 등을 받아 영위할 수 있다(자금 336조 2항). ① 「여신전문금융업법」에 따른 시설대여업무 ② 집합투자업(투자신탁의 설정·해지 및 투자신탁재산의 운용업무에 한한다) ③ 금전신탁 외의 신탁업 ④ 증권을 대상으로 하는 투자매매업 및 투자중개업(증권의 인수·매출 또는 모집·매출의 중개·주선·대리에 관한 업무는 제외한다) ⑤ 「외국환거래법」에 따른 외국환업무 ⑥ 그 밖에 위의 업무와 관련된 업무로서 대통령령으로 정하는 업무

2. 자금중개회사

자금중개회사는 금융기관 등 간 자금거래의 중개업무를 영위하는 것으로 금융위원회의 인가를 받아야 한다. 자금중개회사의 인가를 받기 위해서는 20억원 이상의 자기자본 등 인가요건을 갖추어야 한다(자금 355조 2항).

자금중개회사의 주요 업무로는 금융기관간 콜자금거래 중개와 대차, 단기자금거래 중개와 대차, 채권매매 중개, 금중개와 외국환중개 등이 있다.

3. 단기금융회사

기금융회사는 단기금융업무, 즉 1년 이내에 만기가 도래하는 어음의 발행·할인·매매·중개·인수 및 보증업무와 그 부대업무로서 대통령령으로 정하는 업무[1]를 영위하는 것으로서, 금융위원회의 인가를 받아 업무를 행한다(자금 360조 1항).

투자매매업 또는 투자중개업에 관한 금융투자업인가를 받은 자가 기업어음증권에 대한 투자매매업 또는 투자중개업을 영위하는 경우에는 이를 단기금융업무로 보지 아니한다(자금 362조 1항). 반대로 단기금융회사(종합금융회사를 포함한다)가 해당 업무를 영위하는 경우에는 이를 기업어음증권에 대한 투자매매업 또는 투자중개업으로 보지 아니한다(자금 362조 2항).

---

1) 어음을 담보로 한 대출업무를 말한다(자금시 348조 2항).

제 3 편

보 험 법

제 1 장 서　론

제 1 절　보험의 개념

Ⅰ. 보험의 의의

하늘에는 예측할 수 없는 풍운이 돌고 있고, 사람의 경우 조석으로 변화하는 길흉화복이 있다. 이 말은 우리가 살아가는 우주에서 일어나는 사건들이 인간의 능력으로 정확히 예측하기 어려운 대자연의 물리적 화학적 생물학적 작용에 따라 변화하고 있고, 그곳에서 살아가는 인류는 자연의 변화무쌍한 섭리 하에 살아가야만 하는 형국을 표현한 것이다. 사람들은 홀로 태어나서 성장하고 가족을 이루고 대를 이을 후손을 낳고 결국에는 노인이 되고 삶을 마감하는 과정을 거친다. 이러한 삶의 과정에서 인간은 고봉을 올라가는 등산객처럼 때로는 평지를 때로는 험난한 산악 길을 걸어야 한다. 그리고 불행하게도 인간은 홍수, 태풍, 지진, 우박, 절도, 강도, 살인, 질병 등 각종의 불행한 사건에 노출되어 살아갈 운명에 놓여 있다.

이처럼 예로부터 사람들은 예측할 수 없는 사고 발생 위험으로부터 자유롭지 못하고, 불안 속에서 생의 바다를 건너야 하고, 때로는 인간이 만들어 낸 문명의 위험으로부터 끊임없는 위협을 받고 있다.

이러한 위험 중 지진·풍수해 등과 같이 인간의 힘으로 근본적인 발생을 억제할 수 없는 것과 교통사고·화재 등과 같이 사람의 노력 여하에 방지가 가능한 위험이 있다. 그리고 이러한 불의의 사고는 필연적으로 사람들에게 경제적인 손실을 안겨준다.

등산객이 산속에서 일어나는 여러 위험을 극복하여야 등반에 성공할 수 있듯이 우리들이 행복하고 안전한 삶을 위해서는 삶의 여정 속에서 발생할 수 있는 위험에 대한 대비가 필요하다.

그런데 인간이 살아가면서 겪는 위험은 삶을 포기하지 않는 한 완전히 배제할 수도 없고 피할 수도 없다. 그런데 복잡한 사회 경제생활 속에서 인간이 경험하는 위험은 통계학적으로 보면 일정한 수준의 확률적 수치를 기록하며 발생한다는 사실이다. 이러한 수학적 예측을 통해 인간의 위험도 어느 정도 관리할 수 있는 것으로 여겨지고 있다. 다만 위험을 실제로 당하는 주인공이 존재하므로 누가 여기에 해당 되느냐의 문제만 남아 있을 뿐이다. 인간은 늘 좋은 삶, 아름답고 행복한 삶을 욕망하고 추구한다. 이러한 풍요로운 삶을 위해서는 가장 기본적인 물질적 기초로서 의식주의 해결이 중요하다. 이러한 기본적 생활의 터전 위에서 보다 고차원적인 문화적인 삶을 추구할 수 있다.

예부터 사람들은 불측의 위험으로부터 발생하는 손실에 대비하기 위하여 개인적 집단적 노력을 강구하여 왔다. 사람들은 위험을 인식하고, 위험을 측정·평가하고 위험에 대비한 각종의 사회적 제도를 구축하여 왔다. 위험을 회피하거나 방지하는 방법, 위험을 보유하거나 이전 또는 분산하는 방법 등 위험에 대비하는 다양한 방안을 강구해 냈다. 이 중 보험(insurance, assurance, versicherung)제도는 자연적 위험 또는 인위적 위험으로 인한 사고로 발생하는 손실의 발생 위험을 이전하거나 분산하는 경제적 제도 중의 하나이다. 보험제도는 사건의 무작위성과 우연성을 인정하고, 이러한 성질의 사고는 어디에나 존재하지만 총체적으로 예측이 가능하다는 확률이론에 기반을 두고 있다.

그러나 보험제도는 적극적으로 위험의 발생 자체를 방지하고자 하는 제도는 아니며 소극적인 측면에서 우연한 사고 발생으로 인한 경제적 수요를 충족시키는 것을 목적으로 한다. 경제 제도적 관점에서 보면 보험이란 동일한 우발적 사고 발생의 위험에 놓여 있는 다수의 사람들이 하나의 보험단체를 구성하고 보험료의 형식으로 미리 금전을 내어서 공동의 기금을 마련하고, 단체의 구성원 중에 우발적 사고가 발생하였을 때에 보험금 등의 급부를 통하여 경제적 손실을 회복하게 하는 사회경제적 구제제도이다. 공동기금은 보험단체를 구성하는 각 개별구성원으로부터 대수의 법칙을 응용하여 확률적으로 계산한 보험료에 의하여 조성된다. 우리가 보통 보험제도의 특성의 하나로서 기술성을 거론하는데 이것은 위험의 측정과 보험료의 계산 방식이 통계나 수학적인 기술을 사용하기 때문이다. 보험은 이러한 통계학·수학 등 기술적 특성을 반영함에 따라 보험제도의 안정적이고 합리적인 운용을 위하여 다수의 사람으로 구성되는 위험단체(Gefahrengemeinschaft)의 존재를 전제로 한다.

동일한 위험에 놓여 있는 많은 사람이 상호간에 보험제도를 창설하고 운용하기 위하여 스스로 법률상의 단체를 형성하거나 보험업을 영위하기 위한 목적으로 회사를 설립하여 다수의 보험계약자와 보험계약을 체결함으로써 간접적으로 위험단체를 형성하는 것을 고려할 수 있다.

이러한 측면에서 볼 때 위험단체를 형성하여 위험에 대비하는 것이 아니라 개인이나 법인이 스스로 준비금을 적립하여 미래에 불측의 재해에 대비하는 제도인 자가 보험과 구별된다. 보험은 우발적이고, 불확실한 손실의 위험을 회피하기 위하여 주로 사용되는 재정상 또는 금전상의 손실을 보호하는 수단이자 위험관리의 한 형태이며 보험이라는 서비스를 공급하는 법적 주체인 보험자(insurer, insurance company, or insurance carrier)와 보험을 구입하는 법적 주체인 보험계약자(insured or policyholder)의 법률관계를 통해 형성된다.

Ⅱ. 보험의 정의

1. 의　의

최근 은행·증권·보험을 포함한 금융업은 하나의 금융지주회사나 은행지주회사 등으로 지배체제가 집중화 되고 있다. 금융상품도 금융기능이 융합되어 있는 금융복합상품이 출현하고 있다. 또한 보험상품이나 펀드 상품을 을 은행에서 판매하는 금융대리제도가 도입되어 금융상품의 판매채널이 통합화되어 가는 추세이다. 이러한 추세에도 불구하고 금융업은 기본적으로 은행·증권·보험업이 기능적으로 분리되어 운용되고 있고, 사장에 대한 진입규제도 각 업종에 따라 인허가를 받아야 하는 등의 업종구분이 명확하게 ㄱ분되어 운용되고 있는 실정이다. 이에 따라 금융업의 융합화 복합화 추세에서 불구하고 은행업 및 증권업과 구별되는 보험에 대한 정의를 명확히 하는 것은 다른 금융권역과의 업무영역의 구분을 위해서 뿐만 아니라 보험업으로서 그 업무가 허용된 업무 인지 여부에 대한 판별을 위한 가늠자로서 보험업에 대한 정의가 필요하다. 또한 보험 내지 보험업의 정의는 무허가 보험업을 처벌하는 형사벌칙 부과 여부를 결정하는 기준이 되기도 하므로 보험업을 어떻게 정의하고, 해석할 것인가의 문제는 보험법학의 중요과제 중의 하나이다.

예금 및 대출, 금융투자상품 등 여러 가지 금융상품이 판매되고 있는 현 상황에서 금융회사가 어떤 금융상품을 판매하고, 그러한 금융상품의 거래와 관련하여 법적 문제가 생기는 경우에 어떠한 법을 끌어다 해결할 것인지 문제된다.

현행 금융관련법(이하 '금융법'이라 한다) 중 자본시장과 금융투자업에 관한 법률(이하 "자본시장법" 이라 한다) 및 보험업법은 업의 정의, 취급하는 상품의 정의, 업을 영위하는 주체에 대하여 명확하게 구별하여 규정하고 있다(자금 6조, 3조 및 8조, 보험 2조). 그러나, 은행법에서는 은행업의 정의와 은행업의 영위주체인 은행에 관하여 명확하게 규정하고 있으나, 은행이 취급하는 은행상품에 대한 정의규정을 두고 있지 않다(은행 2조).

이처럼 금융법의 기본체계가 해당 금융업종, 금융업의 주체, 금융상품이라는 정의를 통해 금융업간의 분업을 기본으로 하고 있고, 취급하는 금융상품의 종류에 따라 적용되는 법률이 달라진다. 또한 금융거래와 관련하여 분쟁이 발생한 경우 금융상품(계약)이 무엇이냐 여부에 따라 그 적용 법률도 결정되게 되므로 보험이 무엇인지에 관한 정의가 명확히 설정되고 이해될 필요가 있다.

경제적 제도인 보험제도는 보험계약이라는 법제도를 통하여 운영되기 때문에 보험계약과 보험자에게 적용 내지 준용되는 법률을 명확하게 하기 위해서는 보험제도의 목적을 명확하게 하여 다른 경제적제도와 구별하여 그 기능을 명확하게 하는 것이 필요하다.

2. 보험의 기능에 관한 학설

보험계약법에서는 보험이 무엇이며 이를 인식하는 기준은 무엇인가에 관하여 정면으로 다루지 않고 있다. 다만 보험이 가진 기능에 대해서는 많은 이론에 의해 설명된다. 이는 아마 보험제도가 가진 추상적 제도성에서 기인한 것으로 볼 수 있다. 일찍이 보험이 무엇인지 여부에 관하여 보험이 가진 기능을 중심으로 여러 가지로 의견이 갈리고 있는데 이는 각 이론이 제창하는 고유의 목적 내지 시대배경에 차이가 있고 보는 시각이 다르기 때문이다.[1)]

(1) 손해보상계약설

보험의 기능은 손해를 전보 또는 분담하는 것이라는 이론이다. 이 견해는 손해보험과 생명보험을 통일적으로 파악하려고 한다. 보험계약법상 손해보험계약은 손해전보계약이고(상 665조), 보험계약의 목적은 금전으로 산정할 수 있는 이익에 한

1) 상법강의(하)(제22판), 664면 이하 참조.

하여 보험계약의 목적으로 할 수 있다(상 668조)고 되어 있기 때문에 손해보험에서는 손해보상원칙이 지배한다. 그러나, 정액보험인 생명보험에서는 보험사고가 발생하면 손해의 유무에 상관없이 보험가입 시에 약정된 금액을 보험금으로 지급하는 점을 설명하는데 한계를 가지고 있다.

(2) 경제적 수요 충족설

보험의 기능은 보험가입자에게 우연히 발생하는 경제적 수요를 충족하는 것이라는 이론이다. 즉, 보험계약은 보험자가 보험계약자에게 보험사고로 인하여 발생한 경제적 수요의 충족을 목적으로 하거나 장래의 경제적 수요충족을 목적으로 하는 계약이라고 설명한다. 그러나, 생명보험에서 구체적인 수요가 발생하는 것이 아니기 때문에 이 이론은 타당하지 않다는 비판이 제기된다.

(3) 경제생활 확보설

보험가입의 효과에서 착안한 이론이다. 여기서는, 보험사고가 발생하면 금전이 확실히 지불되는 것을 보장하는 것으로 현재의 경제생활의 안정을 확보하는 것에 보험의 기능이 있다는 이론과 보험이 가진 기능은 경제생활의 안정을 꾀하기 위한 경제적 준비라고 보고 보험사고발생 전의 준비에 중점을 두는 이론이 있다. 그러나 이 이론들은 저축 등 다른 경제제도와 명확하게 구별되지 않는다는 비판이 있다.

(4) 기 업 설

보험계약을 다른 계약과 구별하는 것에 주안을 둔 이론이다. 보험료에 의해 보험자금을 형성하고, 보험가입자의 보험수요에 대응할 수 있도록 중립적인 위험중개기관으로서 보험기업이 존재하며 보험기업이 사전에 정한 보험료를 통해 보험가입자의 위험을 인수하는 계약이 보험계약이라는 것이다. 그러나, 이 이론은 보험의 기능을 설명할 수 없다는 비판이 있다.

(5) 이익공유설

보험의 구조에서 착안한 이론이다. 보험은 (i) 보험가입자와 보험회사, (ii) 보험단체내의 보험가입자 상호간, (iii) 보험시장에 참여하는 보험기업 간(공동보험이나 재보험)에 각각 특수한 이익 공유관계가 존재하는데, (i)에서 경제적 위험을 공유하고, (ii) 및 (iii)을 통해 보험단체 내부 구성원 사이, 보험회사 간에 위험을 공유하는 제도가 보험의 본질이라고 한다.

3. 소　결

최근의 학설은 보험의 기능을 명확히 하려는 것이 아니라 기업설과 이익공유

설 등과 같이 보험의 구조에 초점을 맞추어 보험제도의 내용을 명확히 하려 한다. 즉, 보험은 위험에 대응하는 수단으로서 집단내의 위험을 평균화하여 우연한 사고에 대응하기 위한 경제적 위험 보장제도이고, 이를 위해 보험가입자가 지급하는 보험료에 의해 공통의 준비재산을 형성하는 것을 필요로 하며, 보험적 방법에 의해 위험이 분산되는 것이라고 설명한다. 보험이 무엇인지에 관한 정의는 매우 어려운 과제이다. 보험의 가진 내용 및 본질, 다른 금융제도와 구별되는 것으로서 보험고유의 특성 및 기능을 포괄하여 설명할 수 있는 보험에 관한 새로운 정의가 필요하다.

보험개념의 실천적 의의는 보험업법이나 보험계약법의 규율대상 범위를 한정하는 역할을 수행한다. 보험업법이나 보험계약법은 보험이라는 사실관계 또는 보험계약이라는 법률관계를 그 대상으로 하여 규범화 해 놓은 법규로서 이러한 법규는 보험현실과 보험규범간의 끊임없는 작용·반작용에 의하여 변화 발전한다.

Ⅲ. 보험의 종류

보험업이란 보험을 영업으로 하는 것을 말한다. 보험은 상법상 기본적 상행위의 하나에 속한다(상 46조). 보험은 여러 가지 기준에 따라 그 종류를 나누어 볼 수 있다. 첫째, 보험업을 운영하는 목적에 따라 공보험과 사보험으로 나누어 볼 수 있다. 공보험은 보통 국가 또는 공공단체가 공동 경제적 목적으로 운영하는 보험을 말한다. 이에 반해 사보험은 보통 개인이나 사법인이 사경제적 목적으로 운용하는 보험을 말한다. 둘째, 영리성의 유무에 따라 영리보험과 상호보험으로 나눌 수 있으며 여기서 영리보험이란 보험자가 보험의 인수를 영업으로 하는 보험을 말한다(상 46조 17호). 이에 비해 상호보험이란 보험자가 그 구성원 상호간의 이익을 위하여 행하는 보험이다. 상호보험에서는 보험계약자가 피보험자인 동시에 보험자인 단체의 구성원이므로 이의 법률관계는 보험관계를 매개로 하는 사단관계라 볼 수 있다.[1)]

셋째, 보험사고의 객체에 따라 재산보험과 인보험으로 구분하고 재산보험에는 물건보험과 재산보험이 있다. 그 밖에 보험금 지급방법에 따라 손해보험과 정액보험, 보험사고의 발생장소에 의하여 해상보험, 육상보험, 항공보험으로 나눌 수 있고, 보험인수의 순서에 따라 원보험과 재보험으로 분류할 수 있다. 또한 보험목적의

1) 상법강의(하)(제22판), 526면.

수에 따라 개개의 물건 또는 사람을 보험목적으로 하는 개별보험과 복수의 물건 또는 사람을 집단적으로 보험목적으로 하는 집합보험, 보험계약자가 기업이냐 여부에 따라 기업보험과 가계보험으로 분류하기도 한다. 한편 보험가입의 강제 유무에 따라 임의보험과 강제보험으로 구분한다.[1)]

Ⅳ. 보험의 효용과 폐단

1. 보험의 효용

보험은 사회경제생활을 안정적으로 영위하고, 위험의 현실화로부터 경제적 위험을 보장하는 등 오늘날 경제생활에 있어 필수적인 유용한 경제제도이다. 그 밖에도 보험은 다음과 같은 효용을 제공한다.

첫째, 보험은 우리의 경제생활을 위협하는 갖가지 위험에 대비하기 위한 제도이다. 보험의 기본적인 기능은 위험을 분산하고 전가시키는 것이다. 보험은 경제적으로는 위험에서 오는 불안을 제거하거나 경감시켜 보험의 이용자에게 안심을 제공하여 합리적인 생활설계나 기업경영을 가능하게 한다. 둘째, 보험은 신용수단으로서 이용되기도 한다. 건물을 담보로 은행에서 융자를 받을 때 화재보험에 가입하도록 하는 것은 담보의 목적인 건물이 화재로 소실되는 경우에 채권자인 은행이 보험회사로부터 보상을 받아 채권확보를 하기 위한 것이고 이는 바로 보험이 신용수단으로 이용되고 있음을 나타낸 것이다.[2)] 셋째, 보험회사는 다수의 보험계약자로부터 보험료를 받아 이를 관리하는 자로서 투자를 위한 많은 자금을 마련할 수 있다. 이렇게 마련된 자금은 산업자금으로 안정적으로 활용할 수 있다. 넷째, 보험은 사고발생의 경우에 소정의 보험금을 지급함으로써 보험가입자의 생활 내지는 경영의 안정에 이바지 할 뿐만 아니라 사고발생 그 자체의 방지에도 기여하고 있다.

2. 보험의 폐단

보험은 인간의 이성으로 찾아낸 가장 훌륭한 제도의 하나이지만 이를 악용할 경우 여러 폐해를 야기하기도 한다. 보험가입자가 보험금을 노려 보험사고를 일으키거나 보험에 가입하였다는 것을 이유로 주의를 게을리함으로써 사고발생 가능성을 높게 하는 것은 보험이 가지는 역기능 중의 하나이다.[3)] 또 하나의 폐단은 보험계약

1) 상법강의(하)(제22판), 527~528면 참조.
2) 양승규, 「보험법의 법리」, 18면

에서 역선택의 가능성이다. 예컨대 건강에 이상이 있는 사람이 보험에 가입한다든지 무보험 상태에 있는 자가 보험사고가 발생한 후에 이를 속이고 보험에 가입하여 보험금을 수령하는 것 등이 그 예이다. 이러한 폐단은 정보의 비대칭으로부터 발생한다.

제2절 보 험 업

Ⅰ. 보험업의 의의

1. 의 의

보험업이 영위되려면 보험의 수요자와 보험의 공급자가 필요하다. 보험시장은 보험의 수요자와 공급자가 만나는 곳을 말하는데 물리적 의미에서 사람들이 직접 만나고 거래하는 시장이 아니라 보험계약이 이루어지는 추상적 공간으로서 개념이다. 보험업은 대표적인 규제사업의 한 분야로서 보험업을 영위하기 위해서는 정부로부터 허가를 득하여야 한다. 이러한 제도설정상의 특성으로 보험업이라는 사적 현상이 선존하고 이에 대한 규율로서 보험법이 등장한 것이아니며 보험시장의 형성을 위해서는 보험회사의 설립이 우선시 되고 따라서 보험시장의 공급자는 일정한 자로 한정될 수밖에 없다. 이러한 보험시장진입 규제로 인하여 다른 일반시장과 달리 보험시장은 완전경쟁시장은 아니다. 보험업법에서는 보험이 무엇인지 밝히지 않은 채 보험업에 관한 정의 규정만을 두고 있다. 즉, 보험업이란 보험상품의 취급과 관련하여 발생하는 보험의 인수(引受), 보험료 수수 및 보험금 지급 등을 영업으로 하는 것으로서 생명보험업·손해보험업 및 제3보험업을 말한다(보험 2조 2호). 결국 보험업이란 그 취급 대상이 보험상품이라는 점과 이러한 보험상품의 취급과 관련하여 발생하는 일련의 법적·사실적 행위인 보험의 인수, 보험료의 수수 및 보험금 지급 등을 구성요소로 하는 사업을 말한다고 볼 수 있다.

판례는 보험사업이라 함은 같은 위험에 놓여 있는 다수의 보험가입자로부터 위험을 인수하여 그 대가로서 위험률에 따른 보험료를 받아 이를 관리, 운영하고, 그 가입자에게 불확정한 사고가 생길 때에는 일정한 보험금액 기타 급여를 지급하는 것을 내용으로 하는 사업이라고 보고 있다. 또한 보험사업의 범위는 그 사업의

3) 양승규, 「보험법의 법리」, 19면.

명칭이나 법률적 구성형식에 구애됨이 없이 그의 실체 내지 경제적 성질을 실질적으로 고찰하여 판단하여야 한다고 판시하고 있다.[1)] 그리고 보험업의 본질적인 특징은, 첫째 우연한 사고의 발생에 대한 경제적인 불안에 대비하는 제도일 것, 둘째 경제적인 불안을 제거·경감하기 위하여 다수의 경제주체가 공동으로 비축금을 마련하는 제도일 것, 셋째 그 방법으로서 이른바 대수의 법칙을 응용한 확률계산에 의하여 급부와 반대급부의 균형을 유지하도록 하는 제도일 것이 요구된다고 하였다.[2)]

2. 보험업의 종류

보험업의 종류로는 생명보험업, 손해보험업 및 제3보험업이 있다. 생명보험업이란 생명보험상품의 취급과 관련하여 발생하는 보험의 인수, 보험료 수수 및 보험금 지급 등을 영업으로 하는 것을 말한다(보험 2조 3호). 손해보험업이란 손해보험상품의 취급과 관련하여 발생하는 보험의 인수, 보험료 수수 및 보험금 지급 등을 영업으로 하는 것을 말한다(보험 2조 4호). 그리고 제3보험업이란 제3보험상품의 취급과 관련하여 발생하는 보험의 인수, 보험료 수수 및 보험금 지급 등을 영업으로 하는 것을 말한다(보험 2조 5호).

Ⅱ. 보험상품

1. 보험상품의 의의

보험업은 보험상품을 취급하는 것을 영업으로 하는 것이다. 보험상품은 보험업의 주체인 보험회사가 판매하려고 만든 구체적인 거래 대상 또는 상품을 말하는데 보험업법은 보험상품에 대해 다음과 같이 정의하고 있다. 즉 보험상품이란 위험보장을 목적으로 우연한 사건 발생에 관하여 금전 및 그 밖의 급여를 지급할 것을 약정하고, 대가를 수수(授受)하는 계약으로서 생명보험상품, 손해보험상품 및 제3보험상품을 말한다(보험 2조 1호). 위 정의 규정에 기초하여 보험상품을 분설해 보면 보험상품이란 (i) 위험보장을 목적으로, (ii) 우연한 사건 발생에 관하여, (iii) 금전 및 그 밖의 급여를 지급할 것을 약정하고 대가를 수수하는 계약을 말한다.

이하에서는 보험상품의 요소를 이루는 구성 부분에 대하여 살펴본다.

---

1) 대판 1990. 6. 26, 89 도 2537; 동 2001. 12. 24, 2001 도 205; 헌재결 2003. 2. 27, 2002 헌바 4 등.

2) 대판 1989. 1. 31, 87 도 2172(서울형사지판 1987. 2. 19, 86 노 1545).

2. 보험상품의 요건

(1) 위험보장 목적성

보험상품은 위험을 보장하는 것을 목적으로 하여야 한다. 따라서 투기적 목적이나 도박을 목적으로 하는 것은 보험상품이 아니라고 볼 수 있다. 위험보장 목적성은 금융투자상품과 비교되는 요소로서 보험상품의 위험 보장 기능 및 피보험이익을 제시한 것으로, 기대이익을 목적으로 하는 사행적 성격의 상품인 복권, 경마권 등을 보험상품에서 제외하고자 한 것이다.

여기서 위험의 내용이 무엇인지 명확하지 않는데 위험이란 사람의 경제생활과 관련하여 발생할 수 있는 유·무형의 위험을 포함하며 물리적 위험뿐만 아니라 제도상의 위험을 포함하여 경제주체에게 경제적 손실을 초래할 수 있는 위험이 모두 포함된다. 위험은 정적 위험과 동적 위험, 기본적 위험과 특수한 위험, 순수위험과 투기위험 등 다양한 기준에 의하여 분류할 수 있다. 이러한 위험 중에서 보험의 대상이 되는 위험은 순수위험(Pure Risk)이 그 대상이 된다. 개인과 기업이 직면할 수 있는 위험은 개인적 위험(personal risks)과 자산위험(property risks), 배상위험(liability risks)과 타인의 의무불이행으로부터 발생하는 위험(risks arising from faiaure of others) 등으로 분류할 수 있다. 개인적 위험은 조기 사망, 노령, 질병과 장해, 실업 등으로 인한 자산 또는 소득의 상실을 초래할 수 있는 위험이다. 자산의 위험은 자산의 상실 또는 추가적인 비용 혹은 소득상실을 초래할 수 있는 자산의 사용으로 인한 손실위험이다. 배상책임위험은 고의 또는 부주의에 의한 타인의 신체 또는 물건의 손상에 대한 법적 책임이다. 우리나라의 불법행위법에 의하면 고의 또는 과실에 의한 불법행위 책임과 다른 사람의 권익을 침해함으로써 발생하는 법적 책임을 모두 포함한다. 이러한 배상위험은 현재의 자산 또는 미래의 소득의 상실 위험을 포함한다. 타인의 의무불이행위험은 다른 사람이 이행해야할 의무와 서비스의 제공을 불이행함으로써 발생하는 위험을 말하고, 계약을 이행기에 완료하지 못하거나 채무를 소정의 이행기에 불이행함으로써 발생한다. 이러한 위험은 인터넷을 발달, 전자상거래(e-commerce)의 급성장과 대기업의 아웃소싱의 증가하는 추세와 더불어 다른 사람의 채무불이행과 관련된 다양한 새로운 위험들이 나타나고 있다.[1)]

보험상품이 위험보장을 목적으로 한다는 것은 그 보장의 대상이 위험뿐만 아

---

1) EMMETT J. VAUGHAN · THERESE VAUGHAN, *Fundamentals of Risk and Insurance*, Tenth edition, John Wiley & Sons, Inc, 2008, pp. 6~7.

니라 위험에 더하여 위험이 현실화 되어 발생할 수 있는 경제적 손실을 보전하는 것도 포함된다. 위험보장 이외에 다른 목적도 일부 포함하고 있는 경우에 보험상품으로 볼 수 있을지 문제되는데 주된 목적이 위험보장을 목적으로 한다면 그 것 또한 보험상품으로 보아야 할 것이다. 이와 관련하여 판례는 보험의 본질이 우연한 사고로 입을 수 있는 경제적인 불안을 제거 또는 경감시킬 목적을 달성하는 데 있음에 비추어, 단지 경제적 가치 있는 급부의 제공으로 손해가 보전되는 측면이 있다는 이유만으로 쉽게 인정하여서는 아니 되고, 그러한 경제적 위험보장의 목적이 보험업 영위가 문제되는 대상영업의 주된 목적인지에 따라 판단하여야 한다고 보았다.[1)]

(2) 우연한 사건성

보험상품은 우연한 사건성을 내포하여야 한다. 따라서 우연성이 결여되어 있는 사건은 보험상품에서 내포할 수 없다. 이러한 점을 고려하여 상법 제659조에서는 고의에 의한 면책규정을 두고 있다. 다만 자살의 경우 보험수익자 등 유족의 보호를 위하여 보험보장의 대상으로 삼고 있는 것도 있다. 우연한 사고란 사고의 발생 자체나 발생의 시기, 규모, 상태 등이 불확정한 것을 말한다. 불확정성은 객관적임을 요하지 아니하고 주관적으로 계약당사자에게 불확정하면 되는 것이다. 다만 손해보험상품 중 보증보험의 경우 보험계약자의 고의적인 불법행위 또는 채무불이행도 보장의 대상으로 한다는 점에서나 책임보험에서도 피보험자의 고의에 의한 사고의 경우도 보장하는 경우가 있다는 점에서 우연한 사건성의 요건은 엄격한 것으로 보기 곤란하다.

(3) 금전 등의 지급약정 및 대가의 수수

보험상품은 금전 및 그 밖의 급여를 지급할 것을 약정하고, 대가를 수수하는 계약이다. 이 점에서 보험상품은 결국 보험계약을 지칭하는 것임을 알 수 있다. 보험자의 반대급부로는 금전 이외에 그 밖의 급여의 지급도 가능하며 그 밖의 급여에는 금전 이외에 현물 급여 및 용역이 포함된다.

가령, 손해보험에서 유리보험의 경우에 유리가 파손되는 사고가 발생한 경우에는 유리를 구입하여 대체해 주는 것으로 급여에 갈음할 수 있다.

이와 관련하여 우리 판례는 "보험업법이 규정하는 보험상품의 개념요소 중 '그 밖의 급여'에 용역을 포함하는 것은 보험사업자가 다양한 보험수요에 맞추어 보험급부를 다양하게 구성하는 것을 가능하게 하려는 의미이지, 계약 당시 용역제공 여

1) 대판 2014. 5. 29, 2013 도 10457.

부가 미리 정하여지지 아니한 방식으로 용역계약을 체결하는 경우를 모두 보험상품으로 규제하려는 의도는 아니라 할 것이므로, 보험업법이 규정하는 '그 밖의 급여'에 포함되는 용역은 경제적 위험보장을 목적으로 제공되는 용역, 즉 위험에 대한 보상으로서 원칙적으로 금전으로 급부가 이루어져야 하지만, 보험사 내지는 고객의 편의 등을 위하여 금전에 대한 대체적 의미에서 용역이 제공되는 경우만을 의미하는 것이라고 보아야 할 것이다"라고 판시하였다.[1)]

3. 보험상품의 종류

(1) 상법상 보험의 분류

상법에서는 보험을 손해보험과 인보험으로 나누고 있다. 손해보험은 화재보험, 운송보험, 해상보험, 책임보험, 재보험, 자동차보험, 보증보험이 있다. 인보험은 생명보험, 상해보험 및 질병보험으로 구분한다(상 720조, 730조 및 737조).

(2) 보험업법의 상품구분

1) 생명보험상품

생명보험상품이란 위험보장을 목적으로 사람의 생존 또는 사망에 관하여 약정한 금전 및 그 밖의 급여를 지급할 것을 약속하고 대가를 수수하는 계약으로서 대통령령으로 정하는 계약을 말한다(보험 2조 1호 가목). 생명보험상품에 해당하는 것으로 생명보험계약, 연금보험계약, 퇴직보험계약이 있다(보험 2조 1호 및 보험시 1조의 2 2항). 각각의 보험종목 내지 계약의 구분기준은 보험업감독규정에서 규정하고 있다(보험업감독규정 1-2조의 2). 이에 의하면 생명보험계약이란 사람의 생존 또는 사망에 관하여 약정한 금전 및 그 밖의 급여를 지급할 것을 약속하고 대가를 수수하는 보험계약을 말한다. 또한 연금보험계약이란 사람의 생존에 관하여 약정한 금전 및 그 밖의 급여를 연금으로 지급할 것을 약속하고 대가를 수수하는 보험계약을 말하고, 퇴직보험계약이란 사람의 퇴직에 관하여 약정한 금전 및 그 밖의 급여를 연금 또는 일시금으로 지급할 것을 약속하고 대가를 수수하는 보험계약을 말한다.

2) 손해보험상품

손해보험상품이란 위험보장을 목적으로 우연한 사건으로 발생하는 손해에 관하여 금전 및 그 밖의 급여를 지급할 것을 약속하고 대가를 수수하는 계약으로서 대통령령으로 정하는 계약을 말한다. 계약상 채무불이행 또는 법령상 의무불이행으로 발생하는 손해를 포함하고, 질병·상해 및 간병으로 인한 손해는 제외한다. 손해

1) 대판 2014. 5. 29, 2013 도 10457.

보험상품에 해당하는 것으로 화재보험, 해상보험(항공·운송보험), 자동차보험, 보증보험, 재보험, 책임보험, 기술보험, 권리보험, 도난보험, 유리보험, 동물보험, 원자력 보험, 비용보험, 날씨보험이 있다(보험시 1조의 2).

3) 제3보험상품

제3보험상품이란 위험보장을 목적으로 사람의 질병·상해 또는 이에 따른 간병에 관하여 금전 및 그 밖의 급여를 지급할 것을 약속하고 대가를 수수하는 계약으로서 대통령령으로 정하는 계약을 말한다. 제3보험상품에 속하는 보험계약으로는 상해, 질병, 간병보험계약이 있다. 상해보험은 사람의 신체에 입은 상해에 대하여 치료에 소요되는 비용 및 상해의 결과에 따른 사망 등의 위험에 관하여 금전 및 그 밖의 급여를 지급할 것을 약속하고 대가를 수수하는 보험계약을 말하고, 질병보험이란 사람의 질병 또는 질병으로 인한 입원·수술 등의 위험에 관하여 금전 및 그 밖의 급여를 지급할 것을 약속하고 대가를 수수하는 보험계약을 말한다. 질병보험의 보험사고에서 질병으로 인한 사망사고는 제외되어 있다. 이 점은 상해로 인한 결과 즉 상해사망을 보험사고로 보는 상해보험과 대비된다. 간병보험이란 치매 또는 일상생활장해 등 타인의 간병을 필요로 하는 상태 및 이로 인한 치료 등의 위험에 관하여 금전 및 그 밖의 급여를 지급할 것을 약속하고 대가를 수수하는 보험계약을 말한다.

제3절 보 험 법

Ⅰ. 보험법의 체제

보험업과 그 보험업의 영위과정에서 이루어지는 보험계약에 관한 사항을 규율하는 법규에는 보험공법과 보험사법이 있다. 보험공법이란 보험업에 관한 공법적 법규의 총체를 지칭하는 바, 이에는 보험업감독법과 공보험에 관한 법 등이 있다. 우리나라의 경우 보험업감독법에는 보험업법이 있고, 공보험에 관한 법은 다시 사회보험법과 경제정책보험법이 있는데 사회보험법에 속하는 것으로는 국민건강보험법, 산업재해보상보험법, 선원보험법 등이 있고, 경제정책보험에 속하는 것으로는 수출보험법 등이 있다.[1] 보험사법이란 보험에 관한 사법적 법규의 총체를 말하는데

1) 상법강의(하)(제22판), 531면.

이에는 보험기업조직법과 보험기업활동법이 있다. 보험기업조직법에 관한 사항은 보험업법이 규율하고 있고, 보험기업활동에 관한 사항은 주로 상법 제4편 보험편에 규정되어 있다.[1] 이와 같이 보험에 관련된 법률체계는 보험계약을 중심으로 보험자와 보험가입자간의 사법적 법률관계를 규율함을 목적으로 하는 보험계약법과 보험업이 가지는 공공적 특성으로 인해 이에 대한 규율을 중심으로 하는 보험업법의 이원적 체제로 이루어져 있다.[2] 영리보험인 사보험의 보험계약은 사법상의 채권계약이고, 보험계약의 체결은 기본적 상행위로서 상법의 적용을 받아야 하나, 사보험업이 가지는 공공적 성격으로 인하여 엄격한 국가의 감독 필요성이 제기되는 바, 보험업법은 이러한 감독의 적정성을 확보하기 위하여 제정된 것이며, 그 주요 규율목적은 보험가입자 보호와 보험경영의 안정성 확보 등을 통한 보험시장의 건전성을 유지하는 것에 있다.

Ⅱ. 보험업법의 역사

1. 보험업법 제정 以前

우리나라에서의 보험업은 생명보험업에서 출발하였는데 1891년 1월 일본 제국생명이 대리점형태로 국내에 진출하면서 시작되었으며 당시에는 보험업을 규율할 법규범이 존재하지 않았다. 한일합방 이후 조선총독부는 조선 내에서의 회사설립 및 외국회사의 본점 및 지점 설치 시에 총독부의 허가를 받도록 하는 회사령을 1910년 12월 29일 공포하고, 1911년 6월 1일부터 시행하였는데, 이 회사령이 최초의 보험감독관계법이라 할 수 있다.

2. 보험업법의 제정

보험업법은 1961년 5·16 군사혁명정부 이후 법제정 작업이 본격적으로 추진되어 1962년 1월 15일에 제정되었다. 이윽고 1962년 1월 20일 보험업법 시행령·보험모집단속법 및 외국보험사업자에 관한 법률이 차례대로 제정되었다. 1962년 4월 11일에는 보험모집단속법 시행규칙, 동년 4월 17일에는 보험업법 시행규칙, 동년 12월 29일에는 대한재보험공사법이 제정되어 보험관계법령의 기초가 완성되었

---

1) 상법강의(하)(제22판), 531면.

2) 보험업법 이외에도 의료보험·산재보험 등의 공보험에 관한 법규도 보험관련 법규에 포함된다고 할 수 있다.

다. 이와 같이 보험법제의 초기에는 보험에 관한 감독법제가 다기화 되어 있었으나 1977년 보험모집단속법이 폐지되어 보험업법에 통합 흡수되면서 모집에 관한 사항을 포함하여 보험감독법규가 보험업법으로 일원화되었다(1977. 12 .31. 법률 제3043호).[1)]

(1) 제정배경

신 상법의 제정에 따라 종래 시행상 많은 문제가 되어온 보험관계법령을 정비하여 보험사업자의 합법적 지도감독과 보험계약자·피보험자 기타 이해관계인의 이익을 보호함으로써 국민경제의 건전한 발전을 도모하고자 제정되었다.

(2) 주요내용

(i) 보험사업은 재무부장관의 면허를 얻도록 하고 재무부장관은 필요하다고 인정할 때에는 면허신청자에게 상당한 금액을 공탁시킬 수 있게 하였다.

(ii) 보험사업은 자본금 또는 기금의 총액 5억 환 이상의 주식회사 또는 상호회사로서 그 2분의 1이상을 납입하지 아니하면 이를 영위할 수 없도록 하였다.

(iii) 보험회사의 다른 사업의 겸영을 제한하고, 그 임원이 다른 업무에 종사하고자 할 때에는 재무부장관의 인가를 받도록 하며, 보험회사는 생명보험사업과 손해보험사업을 동일체 내에서 겸영할 수 없도록 하였다.

(iv) 재무부장관은 보험회사에 대하여 보고의 요구 및 서류 등의 검사권을 가지며 필요한 경우 업무집행방법의 변경 또는 재산의 공탁 기타 감독상 필요한 명령을 할 수 있도록 하였다.

(v) 보험회사의 기초서류의 변경은 재무부장관의 인가사항으로 하고 보험회사의 상호협정은 신고사항으로 하며, 재무부장관은 필요한 경우 기초서류의 변경명령, 상호협정명령을 할 수 있도록 하며 보험회사가 법령 등에 위반할 경우와 공익저해 시 임원의 해임, 사업정지·면허취소 등을 할 수 있도록 하였다.

(vi) 보험회사는 주주총회 또는 사원총회의 의결을 거쳐 계약으로써 다른 보험회사에 그 업무와 재산의 관리를 위탁할 수 있도록 하고 이에 필요한 사항을 정하도록 하였다.

(vii) 재무부장관은 보험회사의 업무 또는 재산상태에 의하여 다른 보험회사와의 합병·업무와 재산관리의 위탁 또는 계약의 이전 등을 권고할 수 있도록 하며 그

1) 우리나라 보험업법의 기초가 되었던 일본 보험업법의 경우도 우리나라 보험업법의 발달과 동일하게 '보험모집의 거래에 관한 법률'이라는 별도의 법에 의하여 규율하였으나 1996. 4. 1 일본의 신보험업법에 흡수 통합되었다.

사업의 계속이 곤란하다고 인정할 경우 등에는 사업의 정지등 정리명령을 할 수 있도록 하였다.

(viii) 보험회사의 합병, 해산 및 청산에 관하여 필요한 절차 등을 규정하였다.

3. 보험업법의 개정

보험업법은 1962년 1월 15일 제정된 이후 보험업의 발전 및 대·내외 여건의 변화 등에 따라 수차례의 개정이 이루어졌다. 보험업법 제정 이후 중요한 개정은 1997년 개정, 2003년 보험업법 개정, 2010년 보험업법 개정이다. 변화하는 경제 및 금융 환경에 탄력적으로 적용하기 위해서는 이러한 개정은 지속적으로 이루어질 것으로 전망된다.

제 4 절 보험회사 및 보험모집종사자

Ⅰ. 보험회사

1. 보험회사의 의의

일반적으로 회사(company, corporation)란 상행위 또는 그 밖의 영리 행위를 목적으로 하는 사단법인을 말한다. 이에 따라 우리 상법도 회사라 함은 상행위나 그 밖의 영리를 목적으로 하여 설립한 법인을 말한다고 규정한다(상 169조). 상법상 회사의 종류에는 합명회사, 합자회사, 유한책임회사, 주식회사와 유한회사의 5종이 있다(상 170조). 회사의 개념에서 그 구성요소로서 영리성과 법인성을 도출할 수 있다. 영리의 사전적 의미는 재산상의 이익을 꾀하는 것을 말한다. 영리를 목적으로 한다는 의미와 관련하여 회사가 영리사업을 경영하여 이익귀속의 주체가 된다는 뜻으로 풀이하는 설도 있으나 이익귀속의 주체가 됨과 동시에 그 이익을 사원에게 분배하여야 한다는 뜻으로 해석하여야 한다.[1] 이러한 점에 비추어 사원이 없는 재단법인은 회사가 될 수 없고 공법인이 목적으로서가 아닌 수단으로서 영리사업을 하는 경우라도 회사로 보기 곤란하다. 종래 상법은 회사의 개념구성 요소로서 사단성을 요구하였으나 2011년 4월 개정 상법에서 사단성을 삭제하였다.[2]

1) 상법강의(상)(제25판), 462면.
2) 상법강의(상)(제25판), 464면.

보험회사(insurance company)라 함은 통상 보험업을 영위하는 주체를 말한다. 보험업법에서는 보험회사에 관한 정의 규정을 별도로 두고 있는데 보험회사란 보험업법 제 4 조의 규정에 의한 허가를 받아 보험업을 영위하는 자를 말한다(보험 2조 6호). 또한 보험회사는 상법상 보험자로서 보험계약의 당사자에 해당한다(상 638조의 2 등).

2. 법적 형태

보험회사는 주식회사 형태의 보험회사와 상호회사 형태의 보험회사, 그리고 외국보험회사 국내지점 형태의 보험회사가 있다. 보험회사는 상법상의 주식회사만이 될 수 있고, 기타 합명회사, 합자회사, 유한회사는 물론 조합형태, 비법인 형태의 보험회사는 있을 수 없다.

3. 상호회사

보험업법은 상법상의 회사 형태가 아닌 특수한 회사형태의 하나로서 상호회사 제도를 두고 있다. 상호회사라 함은 보험업을 경영할 목적으로 보험업법에 의하여 설립된 회사로서 보험계약자를 사원(社員)으로 하는 회사를 말한다(보험 2조 7호). 상호회사는 보험업법 제정 시부터 인정되는 보험회사의 형태이나 현실적으로 상호회사는 존재하지 않는다. 상호회사에 대해 독일 보험감독법 제15조와 오스트리아 보험감독법 제12조에서도 상호회사의 의의를 사원상호간의 보험을 행하는 것을 목적하는 사단법인이라고 설명하고 있다.

4. 외국보험회사의 국내지점

외국보험회사라 함은 대한민국 외의 국가의 법령에 의하여 설립되어 대한민국 이외의 국가에서 보험업을 영위하는 자를 말한다(보험 2조 8호). 이러한 외국보험회사는 금융위원회로부터 보험업의 허가를 받아 국내에서 지점형태로 진출하여 보험업을 영위할 수 있다. 외국보험회사가 국내에서 보험업의 영위를 위하여 설립한 영업소를 외국보험회사 국내지점이라고 한다. 외국보험회사 국내지점은 보험업을 영위한다는 점에서 보험업을 영위하지 아니하고 보험시장에 관한 조사 및 정보의 수집 등을 위하여 설치한 외국보험회사 등의 국내사무소와 구별된다(보험 12조).

5. 소액단기전문보험회사

소액단기보험회사는 모집할 수 있는 보험상품의 종류, 보험기간, 보험금의 상한액, 연간 총보험료 상한액 등 대통령령으로 정하는 기준을 충족하는 보험회사를 말한다(보험 9조 2항 2호).

그동안 보험업 영위를 위해서는 리스크 규모와 무관하게 높은 자본금이 요구됨에 따라 신규사업자의 진입이 쉽지 않았다. 이에 따라 소규모·단기보험만을 전문으로 판매하는 보험업을 도입하고, 자본금 요건을 대폭 완화하였다. 소액단기전문보험회사는 일상생활의 다양한 위험을 보장할 수 있는 보험을 개발하여 판매할 수 있다. 이에 따라 기존 보험업권에서 활성화되지 않았던 반려견보험, 골프·레저보험, 자전거보험, 여행자보험, 날씨보험, 티켓보험, 변호사보험 등 다양한 상품이 활성화될 것으로 기대된다.[1)]

소액단기전문보험회사의 겨우 10억 원 이상의 범위에서 대통령령으로 정하는 금액을 납입하면 보험업의 허가를 받을 수 있다. 그러나 기본 인프라 구축 비용 등이 초기에 상당히 소요될 것이므로 실질적인 활성화를 위해서는 기존 보험회사의 인프라의 임차 및 연계 사용 허용, 인적·물적 요건의 완화 등을 통하여 규제를 보다 완화할 필요가 있다.

소액단기전문보험회사가 취급할 수 있는 보험상품의 종류, 보험기간, 계약당 보험금 상한액, 연간 총 수입보험료 등은 향후 대통령령에서 구체화될 예정이다(보험 9조 2항 2호).

일본은 2006년 보험업법을 개정하여 소액단기보험업을 도입하였으며, 2019년 기준 약 100여 개의 소액단기전문 보험회사가 영업 중이다. 여행업자, 가전회사, 부동산회사 등 다양한 산업에서 소액단기전문 보험업에 진출하고 있으며, 소액단기전문 보험사회에서 시작하여 일반 손해보험회사로 전환한 사례도 있다.

한편 정보 통신 기술의 발전에 따라 블록체인, P2P 보험 등과 함께 보험시장의 혁신에 기여할 것으로 기대된다.

6. 보험회사의 기능

보험회사가 다른 일반회사와 구별되는 특성은 무엇인가? 보험회사의 주요한 활동은 무엇이 있는가? 보험회사는 다른 일반회사가 가지고 있는 기획, 총무, 회계,

---

1) 이성남, 「보험업법」, 씨아이알, 2022, 267~268면.

인사관리, 시장조사 업무 등 이외에도 보험요율의 결정, 보험상품의 개발, 보험인수 및 심사, 손해사정, 투자 등의 활동을 수행한다.

Ⅱ. 보험모집종사자

1. 서　설

상법상 대리상은 일정한 상인을 위하여 상업사용인이 아니면서 상시 그 영업부류에 속하는 거래의 대리 또는 중개를 하는 자라고 규정하고 있다(상 87조). 이러한 대리상 제도는 기업이 영업활동의 영역을 확대할 필요가 있어 도입된 제도로서 무역, 운송, 은행, 보험 등과 같은 넓은 지역에서 많은 계약을 계속적·반복적으로 체결하는 기업에 있어서 그 필요성이 크다.[1] 여기서 상시 그 영업부류에 속하는 거래를 대리하는 자를 체약대리상(Sales Agent)이라고 하고, 이를 중개하는 자를 중개대리상(Marketing Agent)이라고 한다.[2] 또한 상법은 대리상의 권리와 의무에 관한 사항을 규정하고 있다. 본인에 대한 대리상의 의무로서 통지의무(상 88조), 경업피지의무(상 89조), 영업비밀 준수의무(상 92조의 3) 등을 규정하고 있고, 반면에 대리상이 본인에 대하여 가지고 있는 권리로서 보수청구권(상 61조), 유치권(상 91조), 보상청구권(상 92조의 2) 등을 규정하고 있다. 대리상과 제3자와의 관계를 보면 체약대리상이 한 법률행위에 대하여는 대리의 법리에 의하여 당연히 본인이 의무와 책임을 부담하고 대리상은 특별한 사정이 없는 한 책임과 의무를 부담하지 아니한다. 중개대리상이 한 행위에 대하여는 대리상은 당사자로서 처음부터 관여하지 않으므로 제3자에 대하여 계약상의 의무와 책임을 부담할 여지가 없다.[3] 그러나 대리상이 그의 업무수행중 제3자에게 불법행위를 한 경우에는 특별한 사정이 없는 한 대리상만이 책임을 부담하고 본인은 책임을 지지 않는다. 대리상의 경우 계약의 해지에 관하여 규정하고 있다. 즉 당사자가 계약의 존속기간을 약정하지 아니한 때에는 각 당사자는 2월전에 예고하고 계약을 해지할 수 있다(상 92조 1항).

한편 상법상 중개인(Broker)은 타인간의 상행위의 중개를 영업으로 하는 자이다(상 93조). 상법이 규정하고 있는 중개인의 의무로는 견품보관의무(상 95조), 결약서 교부의무(상 96조), 장부작성 및 등본교부의무(상 97조), 성명 상호묵비의무(상 98

1) 상법강의(상)(제25판), 295면.
2) 상법강의(상)(제25판), 298면.
3) 상법강의(상)(제25판), 304면.

조), 중개인의 이행책임(상 99조) 등을 규정하고 있다. 중개인의 권리로서 보수청구권을 인정하고 있는데, 중개인의 보수는 당사자 쌍방이 균분하여 부담하도록 규정하고 있다(상 100조). 중개인은 비용상환청구권 및 급여수령권이 원칙상 인정되지 않는다(상 94조).

한편 상법상의 대리상 및 중개상의 규정과 별도로 보험업법은 보험을 모집할 수 있는 자로서 보험설계사, 보험대리점, 보험중개사, 보험회사의 임원 또는 직원을 규정하고 있다. 이러한 모집종사자는 법적 기능상 대리 또는 중개 업무를 수행하는 자이다(보험 83조 1항).

2. 보험설계사

(1) 의 의

보험설계사라 함은 보험회사·보험대리점 또는 보험중개사에 소속되어 보험계약의 체결을 중개하는 자로서 금융위원회에 등록을 마친 자를 말한다(보험 2조 9호).

보험설계사는 보험회사 등에 소속되어 모집활동을 하는 자이다. 여기서 소속의 의미가 무엇인지 문제되는데 통상 보험설계사는 보험회사 등과 위임계약을 체결하고 보험회사 등의 영업소에 출근하여 보험모집에 관한 업무를 수행한다.[1] 따라서 소속이란 보험회사 등과 일정한 법률관계를 토대로 보험을 모집하는 업무를 수행하는 것을 의미한다.

종래에는 보험회사를 위하여 보험계약의 체결을 중개하는 자만이 보험설계사로 정의하고 있었으나, 2010년 개정 보험업법은 보험회사 외에서 보험대리점, 보험중개사에 소속되어 모집업무에 종사하여 온 종래의 모집사용인을 보험설계사로 그 명칭을 변경하고 통합하여 규정하였다.[2] 이와 같이 모집사용인을 보험설계사로 통합하여 규정한 이유는 보험대리점 및 보험중개사 소속사용인의 경우 실질적으로 보험설계사와 동일한 업무를 수행하고 있음에도 사용인이라는 별도의 명칭을 사용하고 있어 이들이 모집질서 관련규정 등 보험업법을 위반한 경우에도 제재조치를 취할 수 있는 마땅한 법적 근거가 없어 효과적인 규율을 하는데 일정한 한계가 있었다.[3] 이에 따라 보험설계사와 모집사용인간의 제재의 형평성을 제고하고 모집사용

1) 보험설계사와 보험회사와의 법률관계에 대해서는 정찬형, 「백산상사법논집(백산 정찬형교수화갑기념)」(서울: 박영사, 2008), 985~988면 참조.

2) 이성남, 「보험업법」, 씨아이알, 2022, 324면.

3) 보험설계사는 모집에 관한 보험업법의 규정을 위반하거나 보험업법에 명령이나 처분을 위반한 경우에 업무정지를 명하거나 등록을 취소할 수 있다(보험 86조 참조).

인에 대한 제재를 통하여 모집질서에 대한 규율을 강화하고자 사용인을 보험설계사로 흡수하여 규정한 것이다.

(2) 법적 지위

1) 내부관계

보험설계사 등의 법적 지위는 보험회사 등과의 내부관계와 보험모집 활동을 하는 과정에서 가지는 보험계약자와의 대외적인 관계로 나누어 파악해 볼 수 있다. 보험설계사는 보험회사 등에 소속되어 모집업무를 수행하는 자이므로 보험회사 등과 고용 등 일정한 법률관계를 형성하게 된다.[1] 이러한 보험회사 등과 내부관계에서의 법적 지위는 양자 간에 체결한 계약의 내용에 따라 달라질 수 있는데 보통 보험설계사는 보험회사 등과 모집 업무에 관한 위탁계약을 체결하는 것이 보통이다. 따라서 그 법률행위의 형식상으로만 보면 보험설계사는 보험회사 등의 피고용인으로 볼 수 없다. 그러나 보험설계사와 보험회사 등과의 내부적인 계약관계의 성질이 무엇이냐에 대해 논란이 있으며 이에 대해 보험설계사는 보험회사에 종속되어 보험모집사무를 수행하는 점에서 고용 내지는 위임계약과 비슷한 성질을 띠고 있는 혼합계약이라고 풀이하는 견해도 있다.[2] 보험대리점 등에 소속된 보험설계사의 경우도 보험대리점 등과 동일한 법률관계를 형성하고 있다. 생각건대 고용은 노무자 자신에 의한 노무의 공급 그 자체를 목적으로 하고 제공되는 노무에 의한 어떤 일의 완성은 고려되지 아니하며, 사용자가 노무자를 지휘·감독하여 노무의 공급만을 받는 계약이기 때문에 순수한 고용계약[3]이라고 보기 어렵고, 또한 보험설계사는 독립적인 지위에서 그 중개 업무를 처리하지 못하고 보험사업자의 지휘 감독을 받고 있는 점에서 순수한 의미의 위임이라고 보기도 어려운 면이 있다.

한편, 우리나라 대법원은 보험설계사의 근로자성을 부인하고 있으며[4] 나아가 보험설계사의 교육을 담당하는 트레이너에 대해서도 근로자성을 부인하는 태도를 취하고 있다.

그동안 판례는 "보험설계사의 근로자성 판단 여부와 관련하여 보험회사와 체결하는 계약이 민법상의 고용계약이든 또는 도급계약이든 그 계약의 형식에 관계없이 그 실질에 있어 근로자가 사업 또는 사업장에 임금을 목적으로 종속적인 관계에서 사용자에게 근로를 제공하였는지 여부에 따라 결정되는 것이고, 여기서 종속적

1) 이성남, 「보험업법」, 씨아이알, 2022, 325면.
2) 양승규, 「보험법의 법리」, 삼지원, 2000, 155면.
3) 곽윤직, 「채권각론」, 신정수정판, 박영사, 2000, 337면.
4) 대판 2000. 1. 28, 98 두 9219.

인 관계가 있는지 여부를 판단함에 있어서는 업무의 내용이 사용자에 의하여 정하여지고 취업규칙·복무규정·인사규정 등의 적용을 받으며 업무수행 과정에 있어서도 사용자로부터 구체적이고 직접적인 지휘·감독을 받는지 여부, 사용자에 의하여 근무시간과 근무장소가 지정되고 이에 구속을 받는지 여부, 근로자 스스로가 제3자를 고용하여 업무를 대행케 하는 등 업무의 대체성 유무, 비품·원자재·작업도구 등의 소유관계, 보수가 근로 자체의 대상적 성격을 갖고 있는지 여부와 기본급이나 고정급이 정하여져 있는지 여부 및 근로소득세의 원천징수 여부 등 보수에 관한 사항, 근로제공관계의 계속성과 사용자에의 전속성의 유무와 정도, 사회보장제도에 관한 법령 등 다른 법령에 의하여 근로자로서의 지위를 인정받는지 여부, 양 당사자의 경제·사회적 조건 등 당사자 사이의 관계 전반에 나타나는 사정을 종합적으로 고려하여 판단하여야 한다"고 하였다.[1]

그러나 최근 판례는 "근로자성을 판단하는 기준이 동일한 정도의 의미를 가지고 있는 것이 아니라 기본급이나 고정급이 정하여져 있는지 여부, 근로소득세를 원천징수하였는지, 사회보장제도에 관하여 근로자로 인정받는지 등의 사정은 사용자가 우월한 지위를 이용하여 임의로 정할 여지가 크기 때문에 그러한 점들이 인정되지 않는다는 것만으로 근로자성을 쉽게 부정하여서는 안 된다"고 하면서[2] 근로자성 여부를 판단하는 기준을 동일한 가치로 보는 것이 아니라 각 요소별로 차별화하여 보고 있으며 보험회사 사무실에서 텔레마케터로 근무한 보험설계사에 대해 근로자성을 인정하기도 하였다.[3] 따라서 보험설계사의 근로자성 여부는 일률적으로 판단할 것이 아니라 판례에서 설시하고 있는 판단 기준에 부합하는지 여부 등을 종합하여 근로자성 여부를 결정하여야 할 것이다.

한편 판례는 "우체국에서 보험관리사로 근무하다가 퇴직한 갑 등이 퇴직금 지급을 구한 사안에서, 보험관리사는 업무위임계약의 성격이 강하여 전통적인 근로자성이 약화되어 있어 임금을 목적으로 우체국과 종속적인 관계에서 근로를 제공하였다고 보기 어려우므로, 갑 등은 근로기준법상 근로자에 해당하지 않는다"고 보았다.[4] 한편, 보험설계사는 보험회사와 위임계약을 체결하고 그 보험회사에 소속되어 보험계약 체결의 중개업무를 수행하는 자이며 독립적 사업자의 지위에 있으므로 상법 제10조 이하에서 규정하고 있는 상업사용인이라고 보기 어려운 것으

1) 대판 2000. 1. 28, 98 두 9219.
2) 대판 2007. 7. 7, 2006 도 777; 동 2006. 12. 7, 2004 다 29736 등.
3) 대전지판 2011. 3. 24, 2010 나 11154; 서울행판 2006. 4. 19, 2005 구합 32873.
4) 부산고판 2011. 5. 4, 2010 나 3094.

로 판단된다.

2) 외부관계

보험설계사가 보험을 모집하면서 갖는 법적 지위가 무엇이냐 하는 점도 논란이 되고 있는데 보험설계사의 외부관계에서 법적 지위는 보험계약자와 보험회사 등과의 사이에서 보험계약의 체결을 중개하는 자이다. 이처럼 보험설계사는 보험계약의 체결에 대한 대리권이 인정되지 않으므로 보험설계사가 보험계약자로부터 보험계약의 청약에 대해 승낙을 할 수 없고 나아가 보험계약자나 피보험자 등으로부터 고지의무를 수령할 권한이나[1] 나아가 보험료 수령권한도 없다.[2] 다만, 보험설계사가 보험료를 영수하는 것은 보험설계사의 지위 자체에서 인정된 권한으로서가 아니라 보험계약자의 편의를 위한 보험회사의 영업정책적인 이유로 보험회사가 보험설계사에게 보험료를 수령할 수 있도록 위임한 것에 불과하다.[3] 그러나 현실적으로 보험계약 체결 시 보험계약자는 보험설계사로부터 보험 가입권유와 보험상품에 대한 설명을 들으며 보험계약청약서 등을 작성하여 건네주는 등 보험회사의 대리인으로서 권한을 가지고 있는 듯한 인식을 강하게 주는 것이 보통이므로 보험설계사에게 고지·통지의무 수령권한을 인정하는 등 법적 지위의 재검토가 요청된다는 주장이 제기되고 있다.[4] 그런데 최근 상법의 개정에 따라 보험설계사는 보험자가 작성한 영수증을 보험계약자에게 교부하는 경우에 한정하여 보험계약자로부터 보험료를 수령할 수 있는 권한, 보험자가 작성한 보험증권을 보험계약자에게 교부할 수 있는 권한을 가진다(상 646조의 2　3항).

또한 보험설계사는 보험계약의 체결과 관련하여 중개행위를 하는 자일뿐만 아니라 계약법적 관점에서 보면 보험자의 채무이행을 위하여 사용되는 자이므로 보험설계사의 고의나 과실은 보험자의 고의나 과실로 본다(민 391조).

한편 보험회사는 보험대리점 또는 보험중개사와 직접 법률관계를 형성하고 모집의 위탁을 하는데 이 경우 보험대리점 및 보험중개사 소속 보험설계사의 행위는

---

1) 대판 1979. 10. 30, 79 다 1234; 동 1978. 5. 22, 78－7 양지보험분쟁 등.

2) 양승규 외, 보험법의 쟁점, 120면

3) 이성남, 「보험업법」, 씨아이알, 2022, 326면.

4) 한편, 보험계약의 당사자가 명시적으로 약관의 내용과 달리 약정한 경우에는 배제된다고 보아야 하므로 보험회사를 대리한 보험대리점 내지 보험외판원이 보험계약자에게 보통보험약관과 다른 내용으로 보험계약을 설명하고 이에 따라 계약이 체결되었으면 그때 설명된 내용이 보험계약의 내용이 되고 그와 배치되는 약관의 적용은 배제된다고 판시하고 있다(대판 1989. 3. 28, 88 다 4645), 이러한 판례의 내용으로 볼 때 보험설계사를 단순한 보험계약 체결의 중개자로 보아야하는지 의문이다.

보험회사에 어떠한 의미를 가지고 있는 것인가? 보험회사의 입장에서 볼 때 보험대리점이나 그 소속 보험설계사의 보험계약 모집행위는 포괄하여 그 보험대리점의 행위로 볼 수밖에 없다. 보험대리점은 보험계약의 체결을 대리하는 자로서 보험회사와 위임계약을 체결한다. 그리고 보험대리점 소속 보험설계사의 경우 별도로 보험대리점과 위임계약을 체결하고 그 보험대리점을 위하여 보험모집에 종사하는 자이다. 그런데 이 경우 보험대리점 소속 보험설계사가 모집한 보험계약을 대리를 통하여 체결된 것으로 보아야 하는지 또는 중개를 통하여 체결된 것으로 보아야 하는지 여부가 문제되는데, 보험대리점 소속 보험설계사의 경우 자신은 보험계약의 체결의 중개하는 자에 불과하나 그 소속 대리점의 위임을 받아 위임계약의 내용에 의거하여 위임사무를 처리하는 지위에서 보험계약을 모집한 것이고, 나아가 그러한 관계에서 보험대리점의 이행보조자로서의 지위에 있는 자로 볼 수 있으므로 보험대리점 소속 보험설계사가 모집한 보험계약은 결국 대리를 통하여 모집한 계약으로 보아야 할 것이다.

보험중개사나 보험설계사의 경우 보험계약의 체결을 중개하는 자라는 점에서 동일한 법적 지위를 가지고 있다. 그러나 보험설계사는 보험회사 등에 소속되어 중개행위를 하는 자이나, 보험중개사는 독립적인 지위에서 중개행위를 하는 자라는 점에서 다르다. 그런데 보험중개사 소속 보험설계사는 보험중개사를 위하여 보험계약의 체결을 중개하는 자이므로 결국은 보험중개사의 중개행위로 간주된다.

보험계약 모집종사자가 회사로부터 자기가 모집한 보험계약을 해약하도록 하라는 지시를 받았으나 이를 이행하지 않은 사이 보험사고가 발생하여 보험금을 지급하도록 한 경우, 업무상 배임죄가 될 수 있는지 문제된다. 판례에 따르면 업무상 배임죄는 타인에 대한 신뢰관계에서 일정한 임무에 따라 사무처리를 할 법적의무가 있는 자가 당해 사정 하에서 당연히 할 것이 법적으로 기대되는 행위를 하지 않는 때에 성립하는 것이므로, 보험계약 모집인이 보험회사로부터 자기가 모집하여 체결시킨 보험계약이 위험성이 크니 해약하도록 하라는 지시를 받고 이를 이행하지 아니하는 사이 보험사고가 발생하여 보험회사가 그 계약에 따른 보험금을 지급하게 되었다 하더라도 위 보험모집인에게 보험계약자들을 설득하여 보험계약을 해약시켜야 할 법적 의무가 있다 할 수 없어 업무상 임무에 위배된다고 할 수 없다고 보았다.[1)]

1) 대판 1986. 8. 19, 85 도 2144.

▶ 참조판례

민법 제391조는 이행보조자의 고의·과실을 채무자의 고의·과실로 본다고 규정하고 있는데, 이러한 이행보조자는 채무자의 의사 관여 아래 채무이행행위에 속하는 활동을 하는 사람이면 족하고 반드시 채무자의 지시 또는 감독을 받는 관계에 있어야 하는 것은 아니므로, 그가 채무자에 대하여 종속적 또는 독립적인 지위에 있는가는 문제되지 않으며, 이행보조자가 채무의 이행을 위하여 제 3 자를 복이행보조자로서 사용하는 경우에도 채무자가 이를 승낙하였거나 적어도 묵시적으로 동의한 경우에는 채무자는 복이행보조자의 고의·과실에 관하여 민법 제391조에 의하여 책임을 부담한다.[1)]

3. 보험대리점

(1) 의 의

보험대리점에 대한 사법적 규율은 상법 제2편 상행위, 제4편 보험, 민법상의 대리 및 위임에 관한 규정이 적용된다. 보험업은 보험을 인수하는 것을 영업으로 하는 상행위에 속한다. 보험회사의 내부적 영업보조자로서 직원 등이 있고, 외부적 보조자로서 보험대리점, 보험중개사 등이 있다.

보험대리점이라 함은 보험회사를 위하여 보험계약의 체결을 대리하는 자로서 보험업법 제89조의 규정에 의하여 등록된 자를 말한다(보험 2조 10호) 상법은 일정한 상인을 위하여 상업사용인이 아니면서 상시 그 영업부류에 속하는 거래의 대리 또는 중개를 영업으로 하는 자를 대리상으로 규정하고 있다.[2)]

보험대리점은 보험회사의 임의대리인으로서 보험계약의 모집에 필요한 사무를 처리하며 보험계약의 체결이라는 법률행위를 대리하는 자이다. 따라서 보험대리점이 보험계약자와 보험계약을 체결한 경우 그 법률상의 효과는 본인인 보험회사에 직접 귀속된다.

보험대리점은 보험회사와 체결한 대리점위탁계약에 기초하여 보험회사를 대신하여 보험계약을 체결하고 보험료를 수령하는 것을 기본적 업무로 하는 모집종사자이다.

보험대리점은 보험계약의 체결권을 가지는 보험체약대리점과 보험계약의 중개

---

1) 대판 2011. 5. 26, 2011 다 1330.
2) 이성남, 「보험업법」, 씨아이알, 2022, 342면.

만을 하는 보험중개대리점으로 나눌 수 있는데 일반적으로 손해보험의 경우는 보험체약대리점이 이용되고 생명보험의 경우에는 그 특수한 성격으로 인하여 승낙권을 보험회사에 집중시킬 필요에서 보험중개대리점이 많이 이용된다.[1)]

그러나 보험업법에 의하여 인정되는 보험체약대리점만을 인정하고 있다. 그리고 보험대리점의 법적 형태는 개인과 법인이 가능하며 법인 아닌 사단이나 재단도 가능하다. 그러나 조합형태의 보험대리점은 법문상 불가능하다.

(2) 보험대리점의 법적 지위

대리법의 일반원칙에 의하면 대리인은 본인에 대하여 신의성실의 원칙에 따라 업무를 수행하고 대리인의 권한 범위 내에서 행위를 할 의무를 부담한다.[2)] 대리인은 위임된 업무를 수행하면서 보험회사에 의하여 부여된 모든 합리적인 지시를 준수하여야 한다.[3)]

만약 이러한 의무를 위반할 경우 그리고 본인이 그 결과로서 손해를 입은 경우 대리인은 본인에 대하여 그 손해에 대한 책임을 져야 한다. 보험대리인이 보험회사에 대하여 책임을 부담하는 몇 가지 사례를 살펴보면 대리인에게 보험계약을 취소할 수 있는 권한이 주어지고 그러한 요청을 받았음에도 보험계약을 취소하지 않은 경우,[4)] 보험회사에 대하여 신청서를 전달함이 없이 대리인이 구두로 보장약속을 하는 경우,[5)] 중대한 사실을 보험자에게 알리지 아니한 경우,[6)] 피보험자에게 권한 없이 대리를 하는 경우,[7)] 대리인이 알고 있는 위험이 잘못 체결된 경우,[8)] 증권이 전달되는 시기까지 피보험자가 건강한 상태에 있을 것을 조건으로 하는 상황 하에서 신청자의 악화된 건강상태를 보험회사에 알리지 않고 있는 동안 생명보험의 초회 보험료를 영수한 경우, 보험회사의 지시를 따르지 않은 경우 등이다.

물론 만약 대리인이 보험회사를 해하는 부정직하거나 사기적인 행위를 한 경

1) Keeton & Widiss, Insurance Law, 1988, at 36.
2) 이러한 원칙의 일반적인 검토를 위해서는 Douglas R. Richmond, "Insurance Agent and Broker Liability," 40 Tort Trial & Ins. Prac. L.J. 1(2004)을 참조.
3) Robert H. Jerry, Ⅱ/Douglas R. Richmond, op. cit(Fn 286). P.241.
4) Gulf Ins. Co. v. Kolob Corp., 404 F.2d 115(10th cir. 1968).
5) Milwakee Mut. Ins. Co. v. Wessels, 449 N.E. 2d 897(Ⅲ. App.Ct. 1983).
6) Utica Mut. Ins. Co. v. Costal Marine, Inc., 578 F. Supp. 1376(E.D. La. 1984)(보험회사에 소송의 경과를 알리지 않은 경우); Ala. Farm Bureau Mut. Cas. Ins. Co. v. Moore, 435 So. 2d 712(Ala. 1983)(인수결정에 중대한 사실) etc.
7) Elmer Tallant Agency v. Bailey Wood Prods. Inc., 374 So. 2d 1312(Ala. 1979).
8) Hawkeye Cas. Co. v. Frisbee, 25 N.W. 2d 521(Mich. 1947).

우에는 대리인은 그 결과로 발생한 손해를 배상할 책임을 부담할 수 있다. 이와 대조적으로 법원은 대리인이 비록 업무를 태만히 했을지라도 권한의 범위 내에서 행동하고 보험회사가 원하지 않는 위험을 승낙하지 않았다면 그에 대한 책임을 부담하지 않는 것으로 본다. 법원은 더 나아가 만약 대리인의 잘못으로 보험회사가 보통 문제되고 있는 위험을 보장하는 데 필요한 보험료보다 낮은 보험료를 받은 경우 대리인은 보험료 총액의 차이만큼만 책임을 부담한다고 판시하고 있다.[1]

보험대리점이 보험계약자와 보험계약을 체결한 경우 그 법률상의 효과는 제3자인 보험회사에 귀속된다. 판례도 이러한 취지에서 "보험회사를 대리하여 보험료를 수령할 권한이 부여되어 있는 보험대리점이 보험계약자에 대하여 보험료의 대납약정을 하였다면, 그것으로 곧바로 보험계약자가 보험회사에 대하여 보험료를 지급한 것과 동일한 법적 효과가 발생하는 것이고, 실제로 보험대리점이 보험회사에 대납을 하여야만 그 효과가 발생하는 것은 아니며 보험계약의 효력이 의사흠결·사기·강박 또는 일정한 사정의 지(知)·부지(不知)에 의하여 영향을 받을 경우에, 그 사실의 유무는 보험대리점을 표준으로 하여 결정한다"고 판시하고 있다.[2] 보험계약의 체결을 대리하는 보험대리점은 보험계약체결의 대리권과 함께 고지수령권, 통지수령권 및 보험료수령권도 갖는 것으로 보는 것이 일반적이다.[3]

대리에 있어서 법률행위의 당사자는 대리인이므로 의사표시의 요건은 본인이 아니라 대리인을 표준으로 하여 판단하여야 한다. 우리나라 민법도 의사표시의 효력이 의사의 흠결·사기·강박, 또는 어느 사정을 알았거나 과실로 알지 못한 것으로 인하여 영향을 받을 경우에 그 사실의 유무는 대리인을 표준으로 판단한다고 하여 이러한 취지를 규정하고 있다(민 116조 1항). 그러나 대리행위의 흠으로부터 생기는 효과는 본인에게 귀속하게 된다. 이 때 대리인이 취소권 등을 대리행사할 수 있는지 여부는 수권행위의 해석에 의하여 결정된다.[4]

4. 보험중개사

(1) 보험중개사의 의의

일반적으로 보험중개사(Insurance Broker)란 보험회사 또는 불특정 다수의 보험계약자로부터 위임을 받아 그들 사이의 보험계약체결을 중개하는 것을 영업으로 하

1) United Pac. Ins. Co. v. Price, 593 P.2d at 1214(Or.Ct.App. 1979).
2) 대판 1995. 5. 26, 94 다 60615 등.
3) 양승규·장덕조, 「보험법의 쟁점」, 법문사, 2000, 138면.
4) 송덕수, 전게서, 246면.

며 그 대가인 중개수수료를 보험회사로부터 받는 독립된 상인을 말한다.[1)]

보험업법은 보험중개사에 관하여 별도의 정의 규정을 두고 있는데 보험중개사란 독립적으로 보험계약의 체결을 중개하는 자(법인이 아닌 사단과 재단을 포함한다)로서 제89조에 따라 등록된 자를 말한다(보험 2조 11호). 보험중개사는 보험계약의 체결을 중개하는 자라는 면에서 보험대리점과 구별되고 보험회사 등에 소속되지 아니하고 독립적인 지위에서 보험계약을 중개하는 자라는 면에서 보험설계사와 구별된다.[2)]

보험중개사의 종류는 생명보험중개사·손해보험중개사·제3보험중개사가 있으며 각 종류별 보험중개사는 취급할 수 있는 보험의 종목이 다르다(보험시 34조 1항 및 35조). 또한 보험중개사는 법적 형태에 따라 개인보험중개사와 법인보험중개사로 구분한다. 이러한 법적 형태에 의한 구분은 등록기준과 영업보증금의 예탁 및 계산 서류의 제출 등에서 차이가 난다. 영국 등 주요국의 보험거래에 있어서도 보험중개사는 방대한 정보축적 및 위험평가능력을 기초로 보험자에 대한 요율제시 등 매우 중요한 역할을 담당하며 보험거래에 있어서 결정적인 매개기능을 수행하고 있다.

(2) 보험중개사제도의 도입취지 및 연혁

보험중개사제도는 16세기경부터 해상보험계약의 체결에 필요한 서비스의 제공과 관련하여 생성·발전되었다. 오늘날 세계 보험시장의 중심지라고 할 수 있는 영국의 로이즈보험시장에서는 주로 보험중개사를 통하여 보험계약이 체결되고 있다[3)]. 보험중개사제도는 금융기관보험대리점제도와 함께 비교적 최근에 도입된 제도로서 기존의 보험모집조직의 비전문성과 높은 유지비용을 해결하고 보험계약자에게 보다 좋은 상품을 공급할 수 있으며 보험거래질서의 공정성을 강화하고자 도입된 제도이다.

보험중개사제도는 1977년 보험업법 개정 시에 도입되었으나 정부에 의하여 인가된 보험상품이 획일적인 요율로 판매되는 상황이었으므로 종래의 보험설계사나 보험대리점 외에 새로운 형태의 모집조직인 보험중개사제도의 필요성은 긴급한 현안이 아니었다. 오히려 보험업계에서는 보험중개사에 대한 관리 감독상의 문제점 등을 이유로 그 시행을 반대하였다. 이에 따라 정부는 보험업계와 기존의 모집종사

---

1) 김영국, "보험중개사의 법적 지위에 관한 고찰" 「한양법학」 제18집(2005. 12), 309면.
2) 이성남, 「보험업법」, 씨아이알, 2022, 368면.
3) John Birds, Modern Insurance Law, 1997, 173면.

자의 반발을 고려하여 보험중개사의 허가절차에 관한 세부적인 시행령을 마련하지 아니하였고 그 결과 20여 년 동안 보험중개사제도는 시행되지 못하였다.[1)]

그런데 보험업의 정보화의 진전과 규제완화, 기업의 국제화가 가속화되면서 우리나라의 기업들이 재보험을 중심으로 해외에서 보험중개사와 거래하는 사례가 증가하고, 매년 새롭게 개발·판매되는 각종 보험상품에 대하여 보다 자세한 정보를 얻고자 하는 보험소비자의 현실적인 욕구가 증대됨에 따라 보험중개사제도의 필요성이 크게 대두되었다. 여기에 WTO체제의 출범 및 OECD가입에 따른 보험시장 개방으로 손해보험중개사는 1997년 4월부터 인보험중개사의 경우 1998년 4월부터 드디어 시행되었다.[2)]

(3) 법적 지위

우리 상법 제93조에 의하면 중개인이란 타인간의 상행위의 중개를 영업으로 하는 자를 말한다. 따라서 보험중개사의 법적 지위와 관련하여 보험중개사가 상법상의 상인에 해당하는지 의문이다. 상법상 상인에는 당연상인과 의제상인이 있다. 회사는 상행위를 하지 않더라도 상인으로 본다(상 5조 2항). 또한 회사가 기본적 상행위를 영위하면 당연상인이 되고(상 4조), 상행위를 영위하지 않는 경우에는 의제상인이 된다. 법인인 보험중개사는 회사로서 당연상인이 되고, 개인보험중개사의 경우도 상법 제46조 제11호의 중개에 관한 행위를 영업으로 하는 자이므로 상인에 해당한다고 보아야 한다.[3)]

보험업법상의 중개사의 정의에 의할 때 보험중개사는 보험계약의 체결을 중개하는 자이다. 여기서 중개란 보험계약자와 보험회사 사이에서 보험계약이 성립될 수 있도록 힘쓰는 사실행위를 하는 것을 말한다. 상법상의 중개인은 단순히 타인간의 상행위를 중개하는 자로 규정하고 있으나 보험업법에서는 보험중개사의 독립적 지위를 강조하여 독립적인 지위에서 보험계약의 체결을 중개하는 자로 규정한다. 보험중개사는 연혁적으로 보면 영미에서 활성화되어 있는 Insurance Broker제도를 모델로 하여 도입된 것이다. 특히 영국에서 보험중개사는 보험계약자에게 보험회사의 건전성, 보험시자에 관한 정조, 보험회사가 판매하는 다양한 보험상품 정보, 보험금을 청구하는 역할 등 다양한 서비스를 제공한다.[4)]

1) 이형규, "보험중개인의 법적 지위", 「법학논총」 제15집(1998. 10)」, 127면.
2) 김영국, "보험중개사의 법적 지위에 관한 고찰" 「한양법학」, 제18집(2005. 12)」, 307~308면.
3) 보험중개사의 상사중개인성과 특수성에 대해서는 김영국, "보험중개사의 법적 지위에 관한 고찰" 「한양법학」 제18집(2005. 12), 310~311면 참조.
4) 한기정, 「보험업법」, 박영사, 2019, 436면.

보험중개사는 보험계약의 체결에 힘쓰는 사실행위를 하는 자이므로 보험계약을 체결할 대리권이 없고 보험계약의 당사자가 아닌 제3의 독립적인 지위에 있는 자로서 고지수령권 및 통지 수령권한이 없다. 다만, 보험업법상의 지위와 별도로 보험중개사가 보험회사 또는 보험계약자와 보험중개사간에 별도의 약정에 따라 보험계약의 대리권한을 위임받은 경우에는 보험계약의 대리권은 인정된다.

(4) 보험중개계약

보험중개사에게 보험의 중개를 의뢰하는 자는 보험중개사와 중개계약을 체결하는데 중개계약이란 상행위의 중개를 위탁하는 자가 중개인에게 중개로 인하여 계약이 성립하면 보수를 지급하기로 하고 중개인은 중개인수를 하기로 한 합의를 말한다.[1] 이러한 중개계약에는 일방적 중개계약과 쌍방적 중개계약이 있는 바, 일방적 중개계약은 중개로 인하여 성립하는 계약 즉 본 계약의 일방으로부터 위임을 받은 경우를 말하며 쌍방적 중개계약은 본 계약의 당사자 쌍방으로부터 위임이 있는 중개계약을 말한다. 어떤 계약이 일방적 중개계약인지 쌍방적 중개계약인지 여부는 구체적 사정에 따라 판단하여야 한다. 또한 보험중개사는 보험회사와 보험계약자에 대한 관계에서 원칙적으로 독립적인 제 3 자의 지위에 있으므로 보험중개사가 보험회사를 기망하고 그 기망으로 인하여 보험회사가 보험계약을 체결한 때에는 보험계약자가 그 사실을 알았거나 알 수 있었을 경우에 한하여 보험회사는 그 계약을 취소할 수 있다(민 110조 2항).

5. 금융기관보험대리점 등

(1) 의 의

금융기관보험대리점제도란 은행 등의 금융기관이 보험회사의 대리점 또는 중개사 자격으로 보험상품을 판매하는 제도이다(보험 91조 1항). 금융의 겸업화·종합화의 진전에 따라 금융기관간 칸막이식 규제가 완화되고, 한곳의 금융기관에서 각종 금융서비스를 한꺼번에 제공받을 수 있는 금융수요자의 욕구가 증대됨에 따라 보험상품의 판매방식도 새로운 방식으로 변화가 불가피 해졌다. 금융업은 은행·금융투자·보험으로 크게 나뉘어 각기 고유한 영역에서 발전을 하였다.[2] 금융업은 그 업무의 특성상 국민경제에 미치는 영향이 크므로 국가의 각종의 규제가 가해지고 있는 대표적인 규제산업에 속한다. 금융기업에 대하여 국가가 행하는 규제에는 진

1) 이성남, 「보험업법」, 씨아이알, 2022, 371면.
2) 이성남, 「보험업법」, 씨아이알, 2022, 356면.

입규제, 업무영역규제, 가격규제, 건전성규제, 공시규제 등 소비자보호를 위한 규제 등이 있다.[1] 그 중 업무영역규제는 금융업에 속하는 세부 금융업종에 대한 영위주체와 영역을 설정하고, 이를 토대한 한 업무영역의 제한 및 완화 등에 관한 규제제도이다. 규제방식은 개별 금융업법에 의하여 해당 금융회사의 업무에 대하여 전업주의 원칙을 선언하는 직접적인 제한 방식과 해당 금융회사가 소유할 수 있는 자회사의 업무범위를 제한하는 간접적 규제방식이 있다.

(2) 도입배경

우리나라에서는 경쟁을 실질적으로 제한하는 등 불공정한 보험모집행위를 할 우려가 있다는 이유로 2003년 개정 전 보험업법 제149조와 동법 시행규칙 제47조의 2 제 2 호에 근거하여 은행·증권회사·종합금융회사·투자신탁회사·상호신용금고 및 시설대여업자 등 금융업무를 주로 영위하는 기관에 대해 보험대리점 등록을 허용하지 아니하였다. 그러나 2000년 8월 규제개혁위원회의 권고에 따라 은행 등이 보험모집조직이 될 수 없도록 하는 시행규칙 제47조의 2 제 2 호에 대하여 유효시한이 2003년 8월 4일자로 규정됨에 따라 금융기관보험대리점제도의 시행시기와 관련된 법령개정이 불가피하게 되었다. 이에 따라 금융이용자 편익 증대 및 금융업의 경쟁력을 제고시키고, 금융의 종합화·겸업화 추세에 부응하기 위하여 주로 유럽제도를 참고하여 금융기관보험대리점제도를 도입하였다.[2]

(3) 법적 지위

금융기관보험대리점도 그 기능상 보험계약의 체결의 대리 또는 중개업무를 수행하므로 위에서 설명한 보험대리점 또는 보험중개사의 법적 지위와 동일하다. 금융기관보험대리점 등도 보험회사의 대리점 내지 보험중개사이므로 보험회사와 위임계약 등 내부적 법률관계를 형성한다.

---

1) 이성남, 「보험업법」, 씨아이알, 2022, 356면.
2) 이성남, 「보험업법」, 씨아이알, 2022, 357면.

제 2 장 보험감독법

제 1 절 서 설

Ⅰ. 보험업법의 목적

보험업법은 자신의 존재 목적을 분명하게 밝히고 있다. 즉, 보험업법의 목적은 보험업을 영위하는 자의 건전한 운영을 도모하고, 보험계약자·피보험자 그 밖의 이해관계인의 권익을 보호함으로써 보험업의 건전한 육성과 국민경제의 균형 있는 발전에 기여하는 것이다(보험 1조). 이러한 보험업법의 목적규정은 왜 필요하고 그 지위와 기능은 무엇일까? 보험업법과 같은 행정법규에서는 대부분 법률 조문의 맨 처음에 목적조항을 두고 있는 것이 통례이다. 이러한 목적규정에서는 대개 당해 법규가 규율하고자 하는 생활의 범위와 대강을 밝히고, 당해 법규가 지향해야 하는 이념과 방향을 제시한다. 보험업법에서 차지하는 목적규정의 지위는 이념적으로 최상위에 있는 조항이라고 볼 수 있고, 그 기능은 보험업법이 지향하는 정책의 목표와 보험업법의 올바른 해석을 위한 핵심적인 기준을 제공하는 것이다. 보험업법의 목적조항을 구체적으로 보면 보험업법의 적용대상 내지 규제 대상이 보험업이라는 점을 직접적으로 밝히고 있고, 나아가 보험업법이 지향하는 궁극적인 목적이 보험업의 건전한 육성과 국민경제의 균형 있는 발전이라는 점과 이러한 목적에 도달하기 위한 직접적인 목표로서 보험업을 영위하는 자의 건전한 운영을 도모, 보험계약자·피보험자 그 밖의 이해관계인의 권익보호라는 점을 선언하고 있다.

이러한 보험업법의 목적규정은 보험업법이 제정된 당시부터 존재하는 규정이다. 그 후 특별한 변화가 없다가 2003년 보험업법 개정시 "보험업을 효율적으로 지도·감독"이라는 문구를 삭제하여 시장의 자율성을 제고하고 규제의 합리적 완화를 촉진하고자 삭제하였다.

Ⅱ. 보험계약의 체결 제한

1. 의 의

보험업법은 보험회사가 아닌 자와 보험계약의 체결, 중개 또는 대리행위를 원칙적으로 금지하고 있다(보험 3조 본문). 여기서 말하는 보험회사가 아닌 자란 보험업을 경영하기 위하여 보험종목별로 금융위원회부터 허가를 받은 자가 아닌 자를 말한다(보험 2조 6호). 보험계약은 사인간의 채권·채무를 발생시키는 채권계약의 일종으로서 근대 민법의 3대 원칙중 하나인 법률행위자유원칙 또는 사적 자치원칙에 따라 계약의 체결여부, 상대방의 선택 및 계약 내용의 결정 등을 당사자의 협의로 자유롭게 결정할 수 있는 것이 원칙이다. 따라서 본 조항은 거래상대방을 보험회사로 제한하고 있다는 점에서 보면 법률행위 자유원칙의 예외에 해당하는 조항이다. 이 규정에 따라 보험거래는 보험회사가 아닌 자와의 보험거래를 제한되게 되며 특히 비록 외국의 보험회사가 국내의 보험회사와 동일한 보험상품을 취급하고 있더라도 그러한 보험상품을 국내에서 판매를 할 수 없게 된다. 다만, 이러한 보험거래의 상대방 제한은 대통령령이 정하는 일정한 경우에는 예외가 허용되고 있다(보험 3조 단서).

2. 보험계약 체결 제한제도의 연혁

1962년 보험업법 제정 당시에는 이 규정은 없었다. 그 후 1962년 12월 29일 본조가 신설되었으며 당시에는 "누구든지 다른 법령에 특별한 규정이 있거나 각령으로 정하는 경우를[1] 제외하고는 본 법 또는 외국보험사업자에 관한 법률에 의한

---

1) 제 1 조의 2(보험계약의 체결) 법 제15조의 2의 규정에서 각령으로 정하는 경우라 함은 다음 각 호의 1의 경우를 말한다.

1. 법 또는 외국보험사업자에관한법률에 의한 면허를 받지 아니한 종류의 보험계약을 외국보험사업자(외국보험사업자에관한법률에 의한 외국보험사업자를 말한다)와 체결하는 경우
2. 국제조약이나 협정(외국과의 차관계약을 포함한다)에 의하여 보험계약을 체결하는 경우
3. 외국에서 보험계약을 체결하고 보험기간이 경과하기 전에 국내에서 그 계약을 지속하는 경우
4. 기타 재무부장관이 승인하는 경우[본조신설 1963·5·31]

면허를 받지 아니한 자와 보험계약을 종결하지 못한다고 규정되어 있었다(구 보험 15조의 2). 그 후 1977년 보험업법 개정시 "대통령령이 정하는 경우"가 삭제되었고,[1] 다시 1997년 보험업법 개정 시 본조의 단서 규정이 신설되었다.[2] 다만 1977년 보험업법에서 대통령령이 정하는 경우를 삭제하였지만 여전히 보험업법시행령에서 보험회사가 아닌 자와 보험계약의 체결이 허용된 경우를 규정하고 있었다.

3. 보험계약 체결 제한의 예외

(1) 의 의

보험업법은 보험회사가 아닌 자와 보험계약의 체결을 원칙적으로 금지하면서 일정한 경우에는 외국보험회사와 보험계약의 체결을 허용하고 있다(보험 3조 및 보험시 7조). 이것은 국내에 지점을 설치한 외국보험회사는 보험회사로서 취급되어 국내 보험소비자와 보험계약의 체결이 허용되는 반면 국내에 지점을 설치하지 아니한 외국보험회사와 보험계약의 체결을 금지한다. 이것은 일종의 외국과의 직접적인 보험거래를 금지하는 제도이자 보험시장의 영역을 국내에 한정하는 것이다.

보험업법이 외국보험회사와의 직접적인 보험거래를 금지하는 이유는 외국보험회사는 원칙적으로 국내법의 적용을 받지 않아 각종 탈법적이고 불공정한 행위로 국내보험시장을 혼란시킬 우려가 있고, 외국보험회사와 보험거래를 하는 과정에서 국내 보험계약자에게 불측의 손해를 입힐 우려가 있기 때문이다. 그러나 보험회사와의 보험계약 체결만을 허용할 경우 국내 보험소비자에게 외국의 선진 보험상품에 대한 수요를 충족시킬 수 없는 문제가 발생하고, 국내에서 개발되어 판매되지 아니한 보험상품의 구입기회를 제한하는 문제가 있다. 따라서 외국의 시장개방 압력에 대한 조화 필요성을 고려하여 외국과의 직접적인 보험거래를 규제할 필요성이 낮은 보험종목에 대해서는 이를 허용하여 국내 보험시장의 글로벌 경쟁력을 확보할 필요가 있다.[3] 또한 정보·통신 기술발전에 따른 인터넷 등의 일반화로 국내에 지점을

---

1) 제 4 조(보험계약의 체결) 누구든지 법령에 특별한 규정이 있는 경우를 제외하고는 보험사업자가 아닌 자와 보험계약을 체결하거나 이를 중개 또는 대리하지 못한다.

2) 제 4 조(보험계약의 체결) 누구든지 보험사업자가 아닌 자와 보험계약을 체결하거나 이를 중개 또는 대리하지 못한다. 다만, 대통령령이 정하는 경우에는 그러하지 아니하다. 〈개정 1997·8·28〉

3) 우리나라와 같이 외국도 보험계약의 체결에 관하여 일정한 제한을 두고 있는 것이 일반적이다. 미국의 경우 보험계약의 체결에 있어 보험회사 외에 일반국민을 대상으로 하는 규제는 없다(뉴욕주 보험법 1102조). 일본의 경우에는 보험회사는 물론 일반국민의 경우도 일본에 지점 등을 설치하지 아니한 보험회사와 보험계약을 체결하기 위해서는 허가를 요하는 것으로 규정하고 있다(일본 보험업법 186조 2항).

설치하지 아니한 외국보험회사가 직접 국내 보험소비자에 대하여 접근할 수 있는 기회가 증대되고 있으므로 이러한 규제의 실효성 확보가 하나의 과제로 등장하고 있다.[1)]

(2) 허용되는 경우

보험업법은 국제거래와 관련된 계약이거나 국내에서 보험가입이 거절되거나 판매되지 않은 계약 등 해외 보험구입의 필요성이 인정되는 보험계약의 경우 보험계약의 체결제한을 완화하고 있다. 이에 따라 외국보험회사와 보험계약의 체결이 허용되는 경우 보험계약의 확인방법 및 외국보험회사의 대한민국 안에서의 보험계약 체결 또는 모집방법 등에 관하여 필요한 사항은 금융위원회가 정하도록 하고 있다. 외국보험회사와 보험계약의 체결이 가능한 경우는 (ⅰ) 외국보험회사와 생명보험계약·수출적하보험계약·수입적하보험계약·항공보험계약·여행보험계약·선박보험계약·장기상해보험계약 또는 재보험계약을 체결하는 경우, (ⅱ) 대한민국에서 취급되는 보험종목에 관하여 셋 이상의 보험회사로부터 가입이 거절되어 외국보험회사와 보험계약을 체결하는 경우, (ⅲ) 대한민국에서 취급되지 아니하는 보험종목에 관하여 외국보험회사와 보험계약을 체결하는 경우, (ⅳ) 외국에서 보험계약을 체결하고, 보험기간이 지나기 전에 대한민국에서 그 계약을 지속시키는 경우, (ⅴ) 기타 보험회사와 보험계약을 체결하기 곤란한 경우로서 금융위원회의 승인을 얻은 경우이다.

4. 위반 시의 효과

보험업법 제 3 조를 위반하여 보험계약을 체결한 경우 그 효과는 어떻게 되는가? 사법상의 효과를 무효로 돌릴 것인가 문제되는데 이규정은 강행법규적 성질을 가진 것으로 볼 수 없고, 단순한 단속규정에 불과한 것으로 보아 당해 보험계약의 효력은 인정된다고 볼 것이다. 보험업법 제 3 조를 위반한 자에게는 과태료 부과의 제재가 따른다.

1) 安居孝啓, 「最新 保険業法の 解説」, 大成出版社, 2010, 544면.

제 2 절 보험업의 허가

Ⅰ. 보험종목별 허가주의 채택

보험업을 경영하기 위해서는 허가주의 원칙에 따라 금융당국의 허가를 받아야 보험업의 경위가 가능하다. 보험업의 허가는 포괄주의 허가제도가 아닌 보험종목별 허가주의를 취하고 있다(보험 4조). 종목별 허가주의 채택으로 보험업의 진입 문턱이 낮아지고 전문 보험업을 영위하는 보험회사의 출현이 가능하게 되었다.[1)]

허가를 받으려는 자는 보험업이 생명보험업과 손해보험업의 겸영을 금지하고 있으므로 우선 어느 업종에 대한 허가를 받을 것인지 결정하여야 하고, 보험종목별 허가주의를 채택하고 있는 관계로 영위 업종이 결정되면 그 해당업 전체 보험종목를 영위할 것인지 아니면 해당업종의 어느 한 종목 또는 일부 종목의 보험업을 영위할 것인지 여부를 결정하여야 한다.

보험업의 허가는 강학상의 허가를 의미하는 것인가? 금융시장 내지 보험시자의 진입에 있어서 정부는 일정한 제한을 할 수 있는 진입규제 권한을 가진다. 이러한 진입규제를 제한하는 방법으로 허가, 특허, 인가, 등록 신고 등의 방법이 있는데 우리나라 보험업법은 보험시자의 신규진입에 대해 허가주의를 채택하고 있는 것이다. 강학상 허가란 법령에 의하여 자연적 자유가 제한되어 있는 경우에 일정한 요건을 충족하면 그러한 자유의 제한을 해제하여 주는 행정행위이다. 보험업의 허가도 일종의 강학상 허가에 해당한다. 허가에 해당한다면 보험업의 허가에 있어 허가당국이 재량권을 가질 수 있는 것인가? 판례는 허가는 법령에 규정이 있는 등 특별한 사정이 없는 한 기속행위라고 해석한다. 이러한 점에서 보험업의 허가도 기속행위에 속한다고 볼 수 있다. 다만 허가의 세부요건을 보면 허가 당국의 재량판단의 여지가 넓게 인정되고 있는 것이 특징이다.

Ⅱ. 허가를 신청할 수 있는 자

보험업을 허가를 받을 수 있는 자는 주식회사, 상호회사 및 외국보험회사로 제한된다(보험 4조 6항).

---

1) 이성남, 「보험업법」, 씨아이알, 2022, 180면.

허가를 받은 외국보험회사의 국내지점은 보험회사로 보고, 허가에 조건을 붙일 수 있다(보험 4조 6항 및 7항).

Ⅲ. 허가를 받을 수 있는 보험종목의 단위

1. 허가 보험종목 단위

보험업을 영위하고자 하는 자는 보험종목별로 금융위원회의 허가를 받아야 하는데 허가를 받을 수 있는 보험종목은 생명보험업, 손해보험업, 제3보험업으로 구분하여 각 업종별로 세분화 되어 있다(보험 4조 1항). 생명보험업에 속하는 보험종목으로는 (i) 생명보험, (ii) 연금보험(퇴직보험 포함), (iii) 그 밖에 대통령령이 정하는 보험종목이 포함된다. 손해보험업에 해당하는 보험종목은 (i) 화재보험, (ii) 해상보험(항공·운송보험 포함), (iii) 자동차보험, (iv) 보증보험, (v) 재보험과(보험 4조 1항 2호), (vi) 책임보험, (vii) 기술보험, (viii) 권리보험, (ix) 도난·유리·동물·원자력 보험, (x) 비용보험, (xi) 날씨보험이 있다(시행령 8조 1항). 제3보험업에 속하는 보험종목으로는 상해보험, 질병보험, 간병보험이 있다(보험 4조 1항). 그 밖에 보험회사는 별도의 특별법에 의하여 판매가 허용되는 보험, 예컨대, 퇴직연금 등을 취급할 수 있다.

2. 허가 보험종목의 확대

보험업의 허가를 받은 자는 해당 보험종목의 재보험에 대한 허가를 받은 것으로 본다(보험 4조 2항). 또한 생명보험업이나 손해보험업에 해당하는 보험종목의 전부에 관하여 허가를 받은 자는 제3보험업에 해당하는 보험종목에 대한 허가를 받은 것으로 본다(보험 4조 3항). 그리고 경제질서의 건전성을 해친 사실이 없으면 해당 생명보험업 또는 손해보험업의 종목으로 신설되는 보험종목에 대한 허가를 받은 것으로 본다(보험 4조 4항).

3. 제3보험업에 관한 허가를 받은 자의 질병사망 특약 취급 허용

제3보험업에 관하여 허가를 받은 자는 질병을 원인으로 하는 사망을 제3보험의 특약 형식으로 담보하는 보험으로서 다음의 요건을 충족하는 보험을 영위할 수 있다(보험 4조 5항 및 보험시 15조 2항).

(ⅰ) 보험만기는 80세 이하일 것, (ⅱ) 보험금액의 한도는 개인당 2억원 이내일 것, (ⅲ) 만기 시에 지급하는 환급금은 납입보험료 합계액의 범위 내일 것

그런데 여기서 제3보험업의 관하여 허가를 받은 자의 범위가 제3보험업의 전부를 받은 자로 한정해야 하는지 아니면 제3보험업의 일부 종목에 대한 허가를 받은 자의 경우도 포함되는지 여부가 문제될 수 있다. 법문에서 제3보험업에 관하여 허가를 받은 자라고 규정하고 있고, 특별히 허가의 범위를 문제 삼고 있지 않으므로 제3보험업에 관한 전부허가를 받은 자나 일부만을 허가 받은 경우에도 포함되는 것으로 보아야 할 것이다.

또한 우리가 생각해 보아야 할 점은 보험업법 제4조 제5항의 주체가 제3보험업에 관하여 허가를 받은 자임에도 하위 규정인 시행령을 보면 손해보험업의 전부를 허가 받은 자라고 별도로 규율주체를 밝히고 있다는 점이다. 이는 보험업법 제10조가 보험업의 겸영에 관한 규정으로서 손해보험업을 영위하는 자가 질병특약을 영위할 수 있는 범위를 규정함에 있어 손해보험업의 전부 허가를 받은 자만이 질병특약의 운용이 가능하다는 점을 밝혀 두고자 하는데서 비롯된 것이다, 보험업법 제4조 제5항은 제3보험업에 관한 영위허가를 받은 자의 질병사망특약 취급 허용범위의 문제를 규율하고 있고, 손해보험업의 질병특약의 겸영문제는 보험업법 제10조의 보험업의 겸영제한 규제에서 다루고 있는 것이다.

Ⅳ. 허가요건

보험업의 허가요건은 외국보험회사가 허가를 받으려는 경우, 보험종목을 추가하려는 경우 및 주식회사 및 상호회사의 경우로 나누어 허가요건을 달리 규정하고 있다.

1. 주식회사 및 상호회사

보험업에 대한 허가를 받기 위해서는 다음과 같은 요건을 모두 갖추어야 한다(보험 6조 1항).

(ⅰ) 자본금 또는 기금을 보유할 것

(ⅱ) 보험계약자를 보호할 수 있고 그 경영하려는 보험업을 수행하기 위하여 필요한 전문 인력과 전산설비 등 물적(物的) 시설을 충분히 갖추고 있을 것. 이 경우 대통령령으로 정하는 바에 따라 업무의 일부를 외부에 위탁하는 경우에는 그 위

탁한 업무와 관련된 전문 인력과 물적 시설을 갖춘 것으로 본다.

(iii) 사업계획이 타당하고 건전할 것

(iv) 대주주(최대주주의 특수관계인인 주주를 포함한다)가 「금융회사의 지배구조에 관한 법률」 제 5 조 제 1 항 각 호의 어느 하나에 해당하지 아니하고, 충분한 출자능력과 건전한 재무상태를 갖추고 있으며, 건전한 경제질서를 해친 사실이 없을 것

2. 외국보험회사(보험업법 제 6 조 제 2 항)

(i) 일정한 영업기금을 보유할 것

(ii) 국내에서 경영하려는 보험업과 같은 보험업을 외국 법령에 따라 경영하고 있을 것

(iii) 자산상황·재무건전성 및 영업건전성이 국내에서 보험업을 경영하기에 충분하고, 국제적으로 인정받고 있을 것

(iv) 보험계약자를 보호할 수 있고 그 경영하려는 보험업을 수행하기 위하여 필요한 전문 인력과 전산설비 등 물적(物的) 시설을 충분히 갖추고 있을 것. 이 경우 대통령령으로 정하는 바에 따라 업무의 일부를 외부에 위탁하는 경우에는 그 위탁한 업무와 관련된 전문 인력과 물적 시설을 갖춘 것으로 본다.

(v) 사업계획이 타당하고 건전할 것

3. 보험종목 추가의 경우

보험종목 추가의 경우에도 보험업법 제 6 조 제 1 항에서 정한 허가요건, 즉 (i) 일정한 자본금 및 기금을 보유할 것 (ii) 보험계약자를 보호할 수 있고, 경영하려는 보험업을 수행하기 위하여 필요한 전문 인력과 전산설비 등 물적 시설을 충분히 갖추고 있을 것. (iii) 사업계획이 타당하고 건전할 것, (iv) 대주주가 금융사지배구조법 제 5 조 제 1 항 각 호의 어느 하나에 해당하지 아니하고, 충분한 출자능력과 건전한 재무상태를 갖추고 있으며, 건전한 경제질서를 해친 사실이 없을 것을 요구한다(보험 6조 3항 1호 및 6조 1항). 또한 대통령령으로 정하는 건전한 재무상태와 사회적 신용을 갖출 것을 별도로 요구한다(6조 3항 2호).

그러나, 위 (iv)의 요건은 대통령령으로 정하는 완화된 요건을 적용한다(보험 6조 3항 1호).

4. 유지요건

보험계약자를 보호할 수 있고 그 경영하려는 보험업을 수행하기 위하여 필요한 전문 인력과 전산설비 등 물적(物的) 시설을 충분히 갖추고 있을 것이라는 보험회사의 허가요건은 대통령령으로 정하는 바에 따라 보험업의 허가를 받은 이후에도 계속하여 유지되어야 한다. 다만, 보험회사의 경영건전성을 확보하고 보험가입자 등의 이익을 보호하기 위하여 대통령령으로 정하는 경우로서 금융위원회의 승인을 받은 경우에는 그러하지 아니하다(보험 6조 4항).

5. 허가 및 승인의 세부 요건

보험업의 허가, 승인의 세부 요건에 관하여 필요한 사항은 대통령령으로 정한다(보험 6조 8항).

V. 허가 절차

1. 예비허가와 본허가

보험업은 예비허가 절차를 규정하고 있다. 예비허가는 본허가를 신청하려는 자가 금융위원회에 신청한다(보험 7조 1항).

금융위원회는 2개월 이내에 심사하여 허가 여부를 통지하여야 한다. 다만 정하는 바에 따라 그 기간을 연장할 수 있다(보험 7조 2항).

예비허가에 조건을 붙일 수 있고, 예비허가의 조건을 이행한 후 본허가를 신청하면 허가하여야 한다(보험 7조 3항 및 4항). 예비허가의 기준과 그 밖에 예비허가에 관하여 필요한 사항은 총리령으로 정한다(보험 7조 5항).

2. 허가 신청서 제출

허가를 받으려는 자는 신청서에 다음의 서류를 첨부하여 금융위원회에 제출하여야 한다. 다만, 보험회사가 취급하는 보험종목을 추가하려는 경우에는 정관은 제출하지 아니할 수 있다(보험 5조).

(i) 정관, (ii) 업무 시작 후 3년간의 사업계획서(추정 재무제표를 포함한다), (iii) 경영하려는 보험업의 보험종목별 사업방법서, 보험약관, 보험료 및 책임준비금

의 산출방법서 중 대통령령으로 정하는 서류, (ⅳ) 그 밖에 대통령령으로 정하는 서류

3. 허가 여부 심사 및 허가

금융위원회는 허가요건을 충족하였는지 여부에 관한 심사 절차를 거친 후에 허가증을 교부한다. 금융위원회는 허가에 조건을 붙일 수 있다(보험 4조 7항).

Ⅵ. 허가의 취소

1. 의 의

허가의 취소란 일정한 사유가 있는 경우 소급 또는 장래에 향하여 보험업에 관한 허가를 무효화 하는 것이다.

2. 허가의 취소 사유(보험업법 제134조 제 2 항 각호 부분)

(1) 거짓이나 그 밖의 부정한 방법으로 보험업의 허가를 받은 경우

(2) 허가의 내용 또는 조건을 위반한 경우

(3) 영업의 정지기간 중에 영업을 한 경우

(4) 시정명령을 이행하지 아니한 경우

(5) 금융회사의 지배구조에 관한 법률 별표 각 호의 어느 하나에 해당하는 경우(영업의 전부정지를 명하는 경우로 한정한다)

(6) 금융소비자 보호에 관한 법률(이하 '금소법'이라고 한다) 제51조 제 1 항 제 4 호 또는 제 5 호에 해당하는 경우

(7) 금융소비자보호법 제51조 제 2 항 각 호 외의 부분 본문 중 대통령령으로 정하는 경우(영업 전부의 정지를 명하는 경우로 한정한다)

3. 절 차

보험업의 허가취소는 가장 강력한 제재수단 중의 하나이고, 처분을 당하는 상대방으로서는 매우 중대한 이해가 걸려 있는 조치이므로 허가의 취소에 앞서 청문 등의 사전적인 권리구제 절차를 반드시 거치도록 하고 있다(보험 134조 2항). 절차적 요건으로 보험업의 허가 취소의 경우 금융감독원장의 건의가 필요한지 여부에 대하여 논란이 있을 수 있으나 명문의 규정상 금융감독원장의 허가취소 건의는 절차적

요건이 아닌 것으로 보인다.

4. 효 과

허가 취소사유가 있는 경우 금융위원회는 6개월 이내의 기간을 정하여 영업 전부의 정지를 명하거나 청문을 거쳐 보험업의 허가를 취소할 수 있다(보험 134조 2항).

허가의 취소로 인하여 취소 이전에 보험회사가 행한 보험계약의 체결 등의 사법적 효과는 아무런 영향이 없다. 또한 보험업의 허가취소는 보험회사의 해산사유의 하나이다(보험 137조 1항). 따라서 당해 보험회사는 해산하고 청산절차를 밟아야 한다.

5. 외국보험회사 국내지점의 특칙

(1) 본점의 사유에 의한 허가 취소

금융위원회는 외국보험회사의 본점이 다음 각 호의 어느 하나에 해당하게 되면 그 외국보험회사국내지점에 대하여 청문을 거쳐 보험업의 허가를 취소할 수 있다(보험 74조 1항).

가. 합병, 영업양도 등으로 소멸한 경우

나. 위법행위, 불건전한 영업행위 등의 사유로 외국감독기관으로부터 보험업법 제134조 제 2 항에 따른 처분에 상당하는 조치를 받은 경우

다. 휴업하거나 영업을 중지한 경우

(2) 지점의 사유에 의한 허가 취소

금융위원회는 외국보험회사국내지점이 다음 각 호의 어느 하나에 해당하는 사유로 해당 외국보험회사국내지점의 보험업 수행이 어렵다고 인정되면 공익 또는 보험계약자 보호를 위하여 영업정지 또는 그 밖에 필요한 조치를 하거나 청문을 거쳐 보험업의 허가를 취소할 수 있다(보험 74조 2항).

가. 보험업법 또는 보험업법에 따른 명령이나 처분을 위반한 경우

나. 금융소비자보호법 보호에 관한 법률 또는 같은 법에 따른 명령이나 처분을 위반한 경우

다. 외국보험회사의 본점이 그 본국의 법령을 위반한 경우

라. 그 밖에 해당 외국보험회사국내지점의 보험업 수행이 어렵다고 인정되는 경우

(3) 본점에 관한 사항의 보고의무

외국보험회사국내지점은 그 외국보험회사의 본점이 위의 허가의 취소사유에 해당할 경우 그 사유가 발생한 날부터 7일 이내에 그 사실을 금융위원회에 알려야 한다(보험 74조 3항).

Ⅶ. 상호 및 명칭

1. 상법의 원칙

상호란 문자로서 표시되는 상인의 자기표시 명칭으로서 상품을 표시하는 기호 또는 도형인 상표나 영업자체의 동일성을 표시하는 기호 또는 도형인 영업표와 다르다. 우리 상법에 의하면 상인은 그 성명 기타의 명칭으로 상호를 정할 수 있도록 하고 있다(상 18조). 다만 회사의 경우에 그 종류에 따라 합명회사, 합자회사, 유한책임회사, 주식회사 또는 유한회사의 문자를 사용하여야 한다(상 19조). 따라서 주식회사인 보험회사는 반드시 주식회사란 명칭을 사용하여야 한다.

2. 보험업법의 특칙

그리고 보험회사는 그 상호 또는 명칭 중에 주로 경영하는 보험업의 종류를 표시하여야 한다(보험 8조 1항). 보험회사가 아닌 자는 그 상호 또는 명칭 중에 보험회사임을 표시하는 글자를 포함하여서는 아니 된다(보험 8조 2항). 이와 같이 보험업법에서 상호 및 명칭에 관한 규제를 둔 이유는 보험계약자 등이 적법하게 허가 받아 영위하는 자를 쉽게 구별하여 보험거래를 하게 함으로써 보험계약자의 권익을 보호하기 위함이다. 또한 명칭의 오남용으로 인한 피해를 막고 회사의 영업의 종류를 정확하게 공시하도록 하여 건전한 보험거래질서를 유지하기 위함이다.

Ⅷ. 보험업의 겸영제한

1. 겸영금지 영역

보험회사는 생명보험업과 손해보험업을 겸영(兼營)할 수 없다. 다만 겸영할 수 있는 경우를 예외적으로 허용하고 있다(보험 10조). 이와 같이 보험업법 제10조는 생명보험업과 손해보험업을 겸영(兼營)할 수 없다고 규정을 하면서 단서에서는 겸영이 가능한 경우에 대해 열거하여 규정하고 있다. 위 규정에 의하면 제3보험업의 겸영에 대해서는 금지하고 있지 않으므로 생명보험업을 영위하는 보험회사와 손해보험업을 영위하는 보험회사는 제3보험업을 겸영할 수 있다. 다만 손해보험업을 영위하는 보험회사가 질병보험의 특약 형식으로 질병사망보험을 부가하고자 하는 경우에는 후술하는 바와 같이 일정한 제한이 따른다.

또한 생명보업업과 손해보험업의 겸영금지 규정에 따라 생명보험업과 손해보험업은 주계약뿐만 아니라 특약의 형식으로 부가하는 형태의 겸영도 허용이 되지 않는다. 따라서 생명보험업을 영위하는 보험회사가 손해보험업의 보험종목인 자동차보험을 주계약뿐만 아니라 특약의 형식으로도 겸영할 수 없다.

제3보험업을 영위하는 보험회사는 손해보험업 또는 생명보험업의 전 종목 또는 일부 종목에 대해 겸영할 수 있다. 그러나 제3보험업을 영위하는 회사도 생명보험업과 손해보험업을 동시에 겸영할 수 없다. 손해보험업의 일부를 영위하는 보험회사도 제3보험업을 영위할 수 있다.

2 겸영가능 영역

(ⅰ) 생명보험의 재보험 및 제3보험업의 재보험

(ⅱ) 다른 법령에 따라 겸영할 수 있는 보험종목으로서 대통령령으로 정하는 보험종목

(ⅲ) 대통령령으로 정하는 기준에 따라 제3보험의 보험종목에 부가되는 보험

Ⅸ. 보험회사의 업무 규제

1. 보험회사의 겸영업무(보험업법 제11조)

(1) 허용된 겸영업무

(ⅰ) 대통령령으로 정하는 금융 관련 법령에서 정하고 있는 금융업무로서 해당 법령에서 보험회사가 할 수 있도록 한 업무

(ⅱ) 대통령령으로 정하는 금융업으로서 해당 법령에 따라 인가·허가·등록 등이 필요한 금융업무

(ⅲ) 그 밖에 보험회사의 경영건전성을 해치거나 보험계약자 보호 및 건전한 거래질서를 해칠 우려가 없다고 인정되는 금융업무로서 대통령령으로 정하는 금융

업무

(2) 겸영업무 영위 신고

겸영업무를 영위하려는 보험회사는 그 업무를 시작하려는 날의 7일 전까지 금융위원회에 신고하여야 한다(보험 11조 2문).

2. 보험회사의 부수업무

보험회사는 부수업무를 영위할 수 있다. 다만 업무를 하려는 날의 7일 전까지 금융위원회에 신고하여야 한다(보험 11조의 2 1항). 부수업무의 범위에 대해서는 특별한 제한을 두고 있지 않다. 그러나 부수업무의 내용이 (i) 보험회사의 경영건전성을 해치는 경우, (ii) 보험계약자 보호에 지장을 가져오는 경우, (iii) 금융시장의 안정성을 해치는 경우에는 금융위원회는 그 부수업무의 영위를 제한하거나 시정할 것을 명할 수 있다(보험 11조의 2 2항). 제한명령 또는 시정명령은 그 내용 및 사유가 구체적으로 적힌 문서로 하여야 한다(보험 11조의 2 3항). 금융위원회는 신고받은 부수업무 및 제한명령 또는 시정명령을 한 부수업무를 대통령령으로 정하는 방법에 따라 인터넷 홈페이지 등에 공고하여야 한다(보험 11조의 2 4항).

3. 겸영업무 및 부수업무의 회계처리

다른 금융업 또는 부수업무를 하는 경우에는 대통령령으로 정하는 바에 따라 그 업무를 보험업과 구분하여 회계 처리하여야 한다(보험 11조의 3).

X. 외국보험회사 등의 국내사무소 설치

1. 국내사무소의 설치

외국보험회사, 외국에서 보험대리 및 보험중개를 업으로 하는 자 또는 그 밖에 외국에서 보험과 관련된 업을 하는 자는 보험시장에 관한 조사 및 정보의 수집이나 그 밖에 이와 비슷한 업무를 하기 위하여 국내에 사무소를 설치할 수 있다(보험 12조 1항).

2. 설치 요건

외국보험회사, 외국에서 보험대리 및 보험중개를 업으로 하는 자 또는 그 밖에 외국에서 보험과 관련된 업을 하는 자이어야 하고, 설치목적은 보험시장에 관한 조사 및 정보의 수집이나 그 밖에 이와 비슷한 업무를 하기 위한 것이어야 한다. 또한 국내사무소는 그 명칭 중에 사무소라는 글자를 포함하여야 한다(보험 12조 4항).

3. 설치신고

외국보험회사 등이 국내사무소를 설치하는 경우에는 그 설치한 날부터 30일 이내에 금융위원회에 신고하여야 한다(보험 12조 2항).

4. 금지행위

국내사무소는 (i) 보험업을 경영하는 행위, (ii) 보험계약의 체결을 중개하거나 대리하는 행위, (iii) 국내 관련 법령에 저촉되는 방법에 의하여 보험시장의 조사 및 정보의 수집을 하는 행위, (iv) 그 밖에 국내사무소의 설치 목적에 위반되는 행위로서 대통령령으로 정하는 행위를 할 수 없다(보험 12조 3항).

5. 업무정지 및 폐쇄

금융위원회는 국내사무소가 보험업법 또는 보험업법에 따른 명령 또는 처분을 위반한 경우에는 6개월 이내의 기간을 정하여 업무의 정지를 명하거나 국내사무소의 폐쇄를 명할 수 있다(보험 12조 5항). 외국보험회사 국내지점의 경우 보험계약의 이전 후 국내사무소로 지위를 유지하고자 하는 경우에는 그러한 지위를 계속 보유할 수도 있다.

제 3 절 보험회사에 대한 규제

Ⅰ. 서 설

상법은 기업에 관한 일반법으로서 기업자체의 탄생 및 소멸뿐만 아니라 기업생활의 일반에 적용된다. 따라서 보험회사도 회사의 일종이므로 상법의 규정이 적용되는 것은 당연하다. 상법상 일반회사와 다른 특성을 가지므로 보험업법에서는 상법의 특별법적 성격을 보유한 규정을 두고 있다. 특히 보험업법 제3장은 보험기업인 보험회사에 관하여 상법의 회사 편에 관한 규정의 특별규정으로서 역할을 수행한다. 한편 상법의 회사 편과 비교하여 볼 때 보험업법에서는 상법상의 회사 형태와 다른 보험업법에 의하여 특별히 인정되는 상호회사에 관한 설립 근거 규정을 두고 있는 점이 매우 독특한 특징이라고 할 수 있다. 종래 보험업법 제3장에서는 상법의 특칙으로 임원 및 지배구조에 관한 여러 규정을 두고 있었다. 그러나 글로벌 금융위기 이후 전 세계적으로 금융회사의 바람직한 지배구조에 관한 중요성이 강조되고, 금융회사의 이사회와 감사위원회의 역할 강화 등 금융회사의 지배구조에 관한 규율을 강화할 필요성이 제기되었다. 이에 따라 이사회, 임원의 자격요건 등에 관한 사항을 통일적으로 규율하여 금융회사의 투명성과 책임성을 제고하고 건전한 운영을 유도하여 금융시장의 안정성을 유지하기 위한 제도적 기반을 마련하기 위하여 2015년 7월 31일 금융회사의 지배구조에 관한 법률(법률 제14271호, 시행 2016. 8.1.)을 제정하여 금융회사의 지배구조에 관한 규제를 통합하여 운용하게 되었다. 그 결과 임원의 자격(13조) 및 겸직제한(14조), 사외이사의 선임(15조), 감사위원회(16조), 내부통제기준 등(17조)의 규정이 모두 금융회사의 지배구조에 관한 법률(이하 '금융사지배구조법'이라 한다)로 이관되었다. 이에 따라 보험업법에는 제2절 주식회사의 자본감소, 조직변경 등에 관한 특례규정과 제3절 상호회사의 설립, 사원의 권리와 의무, 상호회사의 기관, 계산, 정관변경, 사원의 퇴사, 해산, 청산에 관한 사항을 정한 규정, 제4절 외국보험회사의 국내지점의 허가취소, 국내자산보유의무, 국내에서의 대표자에 관한 규정만이 존재하게 되었다.

Ⅱ. 보험회사의 지배구조

1. 서 설

보험회사는 외국보험회사의 국내지점을 제외하고 영업소로서 본점과 각 영업소를 두고 있으며, 그 곳에 소속되어 근무하는 많은 임·직원을 두고 있다. 보험회사의 인적 요소는 협의로는 경영층에 속하는 임원과 경영층의 업무를 보좌하는 직원이 있고 광의로는 보험회사의 임·직원 외에도 보험모집 업무를 담당하는 각종 모집에 종사하는 자 즉 보험설계사 보험대리점·보험중개사도 보험회사의 인적 요소에 포함되는 것으로 볼 수 있다.

기업은 인적 설비와 물적 설비를 갖추어야 하는데 그 인적 설비에는 기업의 경영자와 기업의 보조자가 있다. 기업의 경영자는 개인기업의 경우에는 일반적으로 기업의 주체, 즉 상인이 되고, 법인기업의 경우에는 기업의 주체와 구별되는 기관이 된다. 기업의 보조자에는 특정한 상인에 종속하여 기업의 내부에서 기업을 보조하는 자와 기업의 외부에서 독립한 상인으로 기업을 보조하는 자가 있다. 전자에는 상업사용인, 후자에는 대리상·중개인·위탁매매인·운송주선인·운송인·창고업자 등이 있다. 이 중 대리상은 특정한 상인을 보조하는 자이나 중개인은 불특정한 상인을 보조하는 자라는 점에서 구별된다.[1]

보험회사의 경우 임원은 기업주체의 기관에 해당되는 자이고 이사가 아닌 임원 및 직원의 경우는 기업내부의 보조자에 해당한다. 그리고 보험회사 소속 보험설계사의 경우는 보험회사의 근로자는 아니지만 보험회사에 소속되어 있으므로 기업내부의 보조자에 가깝다. 그러나 보험대리점·보험중개사는 보험회사 외부에서 독립한 상인으로서 보험기업을 보조하는 자이다. 보험회사의 경우 보험상품의 유통과정에 참여하는 자, 즉 영업부서의 직원의 경우에는 경영보조자에 속하고, 그 밖의 기획부서나 보상부서·언더라이팅 부서·보험계리부서·감사 및 준법감시부서 등에 근무하는 직원의 경우에는 기술적 보조자이다.

2. 보험회사의 임원

(1) 임원의 의의

보험회사의 임원은 이사, 감사, 집행임원 및 업무집행책임자를 말한다(지배 2조 2호). 여기서 이사는 사내이사, 사외이사 및 그 밖에 상시적인 업무에 종사하지 아니하는 이사를 말한다(지배 2조 3호). 사외이사란 상시적인 업무에 종사하지 아니하는 이사로서 선임되는 사람을 말하고, 업무집행책임자란 이사가 아니면서 명예회장·회장·부회장·사장·부사장·전무·상무·이사 등 업무를 집행할 권한이 있는 것으로 인정될 만한 명칭을 사용하여 금융회사의 업무를 집행하는 사람을 말한다(지배 2조 4호 및 5호).

보험회사의 임원의 경우 보험업의 허가를 신청하는 신청서에 기재하여야 할 사항(보험시 9조 1항) 중의 하나로 결격사유가 없어야 하고(지배 5조), 겸직제한의 규제를 받는다(지배 10조). 보험회사의 임원은 최대주주 및 그의 특수관계인이 법인인 경우 이들의 특수관계인에 해당하는 자이며(지배 6조), 금지 또는 제한되는 자산운용의 규제를 받는다(보험 105조). 나아가 불공정한 대출의 규제를 받는 자이고(보험

1) 상법강의(상)(제25판), 87면.

110조의 2), 보험업법 위반의 경우 제재조치를 받는 자의 지위를 갖게 된다(보험 134조). 또한 보험회사의 임원은 보험모집에 종사할 수 있는 자에 해당하나, 이 중 대표이사·사외이사·감사·감사위원은 모집업무에 종사할 수 없다(보험 83조).

대표이사는 보험계약의 체결 당사자인 보험회사의 대표기관이므로 지위의 충돌이 있어 모집을 할 수 없는 자로 규정한 것이고, 사외이사는 그 업무의 독립성과 집행임원을 감독하여야 하는 특수한 지위 때문에 모집에 종사할 수 없도록 한 것이다. 그리고 감사나 감사위원은 그 직무가 이사의 직무집행을 감독하며 회사의 업무와 재산상태를 조사하는 지위에 있고(상 412조), 감사위원회는 감사에 갈음하는 기관으로서(상 415조의 2) 양자 모두 조사와 감독업무를 담당하는 기관이므로 회사의 직접적 업무집행인 모집업무를 수행하는 것은 타당하지 않기 때문이다.[1]

(2) 임원의 자격요건

보험회사 임원의 자격요건 규정은 적극적 요건을 규정하지 아니하고, 소극적 요건만을 열거하고 있다. 이러한 소극적 요건의 열거는 예시적 열거가 아니라 한정적 열거 규정으로 보아야 하고, 이에 열거되지 아니한 사유로 임원자격을 배제할 수 없다. 금융사지배구조법에서 규정하고 있은 임원의 결격 사유는 다음과 같다(5조 1항).

(i) 미성년자·피성년후견인 또는 피한정후견인

이 규정은 보험회사의 임원이 성격상 고도의 전문지식과 판단능력을 갖춘 자가 임원이 되어야 한다는 점을 고려하여 판단능력이 미성숙한 자들을 임원에서 배재하고자 하는 것이다.

(ii) 파산선고를 받고 복권(復權)되지 아니한 사람

파산의 원인은 보통파산원인과 법인의 파산원인, 상속재산의 파산원인이 있다. 보통파산원인은 채무자가 지급을 할 수 없는 때에 법원이 신청에 의하여 결정으로 파산을 선고한다(파 305조 1항). 채무자가 지급을 정지한 때에는 지급을 할 수 없는 것으로 추정한다(파 305조 2항). 파산결정서에는 파산선고의 연·월·일·시를 기재하여야 하고, 파산은 선고를 한 때부터 그 효력이 생긴다(파 310조 및 311조).

파산선고를 받은 채무자는 (i) 면책의 결정이 확정된 때, (ii) 신청에 기한 파산폐지의 결정이 확정된 때, (iii) 파산선고를 받은 채무자가 파산선고 후 사기파산으로 유죄의 확정판결을 받음이 없이 10년이 경과한 때의 어느 하나에 해당하는 경우에는 복권된다(파 574조 1항).

1) 상법강의(상)(제25판), 81면.

당연 복권될 수 없는 파산선고를 받은 채무자가 변제 그 밖의 방법으로 파산채권자에 대한 채무의 전부에 관하여 그 책임을 면한 때에는 파산계속법원은 파산선고를 받은 채무자의 신청에 의하여 복권의 결정을 하여야 한다(파 575조 1항). 이 때 복권의 신청을 하는 때에는 그 책임을 면한 사실을 증명할 수 있는 서면을 제출하여야 한다(파 574조 2항).

이 규정의 결격사유는 소비자의 신뢰를 바탕으로 하는 보험업 및 금융업의 특성상 경제적 신용을 잃은 자가 보험회사의 경영자에 위치하는 것을 방지하고자 하는 규정으로 풀이된다.

(iii) **형사처벌 전력자**

i) 금고 이상의 실형을 선고받고 그 집행이 끝나거나(집행이 끝난 것으로 보는 경우를 포함한다) 집행이 면제된 날부터 5년이 지나지 아니한 사람

ii) 금고 이상의 형의 집행유예를 선고받고 그 유예기간 중에 있는 사람

iii) 금융사지배구조법 또는 금융관계법령에 따라 벌금 이상의 형을 선고받고 그 집행이 끝나거나(집행이 끝난 것으로 보는 경우를 포함한다) 집행이 면제된 날부터 5년이 지나지 아니한 사람

(iv) **행정조치를 받은 전력자**

i) 일정한 행정조치를 받은 회사의 임직원이나 임직원이었던 자

일정한 행정조치란 금융법에 따른 영업의 허가·인가·등록 등의 취소, 금융산업의 구조개선에 관한 법률 제10조 제 1 항에 따른 적기시정조치, 금융산업의 구조개선에 관한 법률 제14조 제 2 항에 따른 행정처분을 말한다.

위와 같은 행정조치를 받은 금융회사의 임직원 또는 임직원이었던 사람으로서 해당 조치가 있었던 날부터 5년이 지나지 아니한 사람이 그 대상이 된다. 자칫 이 규정은 헌법상의 자기책임의 원칙에 반할 우려가 있으므로 그 조치를 받게 된 원인에 대하여 직접 또는 이에 상응하는 책임이 있는 사람으로서 대통령령으로 정하는 사람으로 한정하고 있다.

ii) 금융사지배구조법 또는 금융관계법령에 따라 임직원 제재조치(퇴임 또는 퇴직한 임직원의 경우 해당 조치에 상응하는 통보를 포함한다)를 받은 사람으로서 조치의 종류별로 5년을 초과하지 아니하는 범위에서 대통령령으로 정하는 기간이 지나지 아니한 사람

(v) **해당 금융회사의 공익성 및 건전경영과 신용질서를 해칠 우려가 있는 경우로서 대통령령으로 정하는 사람**

(3) 임원결격자의 효과

금융회사의 임원으로 선임된 사람이 전술한 임원 결격 사유의 어느 하나에 해당하게 된 경우에는 그 직(職)을 잃는다.

다만 금융사지배구조법 또는 금융관계법령에 따라 임직원 제재조치(퇴임 또는 퇴직한 임직원의 경우 해당 조치에 상응하는 통보를 포함한다)를 받은 사람으로서 조치의 종류별로 5년을 초과하지 아니하는 범위에서 대통령령으로 정하는 기간이 지나지 아니한 사람으로서 직무정지, 업무집행정지 또는 정직요구(재임 또는 재직 중이었더라면 조치를 받았을 것으로 통보를 받은 경우를 포함한다) 이하의 제재를 받은 경우에는 그 직을 잃지 아니한다(지배 5조 2항).

(4) 사외이사의 자격요건

1) 적극적 요건

금융회사의 사외이사는 금융, 경제, 경영, 법률, 회계 등 분야의 전문지식이나 실무경험이 풍부한 사람으로서 대통령령으로 정하는 사람이어야 한다(지배 6조 3항).

2) 소극적 요건

사외이사의 경우에는 임원의 결격사유 외에 사외이사에 고유한 결격 사유를 별도로 규정하고 있다(지배 6조 1항). 다만 사외이사가 됨으로써 최대주주의 특수관계인에 해당하게 되는 사람은 사외이사가 될 수 있다.

사외이사가 될 수 없는 사람은 다음과 같다.

(i) 최대주주 및 그의 특수관계인(최대주주 및 그의 특수관계인이 법인인 경우에는 그 임직원을 말한다)

(ii) 주요주주 및 그의 배우자와 직계존속·비속(주요주주가 법인인 경우에는 그 임직원을 말한다)

(iii) 해당 금융회사 또는 그 계열회사(「독점규제 및 공정거래에 관한 법률」 제 2 조 3호에 따른 계열회사를 말한다)의 상근(常勤) 임직원 또는 비상임이사이거나 최근 3년 이내에 상근 임직원 또는 비상임이사이었던 사람

(iv) 해당 금융회사 임원의 배우자 및 직계존속·비속

(v) 해당 금융회사 임직원이 비상임이사로 있는 회사의 상근 임직원

(vi) 해당 금융회사와 대통령령으로 정하는 중요한 거래관계가 있거나 사업상 경쟁관계 또는 협력관계에 있는 법인의 상근 임직원이거나 최근 2년 이내에 상근 임직원이었던 사람

(vii) 해당 금융회사에서 6년 이상 사외이사로 재직하였거나 해당 금융회사 또

는 그 계열회사에서 사외이사로 재직한 기간을 합산하여 9년 이상인 사람

(viii) 그 밖에 금융회사의 사외이사로서 직무를 충실하게 이행하기 곤란하거나 그 금융회사의 경영에 영향을 미칠 수 있는 사람으로서 대통령령으로 정하는 사람

사외이사는 전문적인 지식과 경험을 바탕으로 경영진이나 특정 주주의 이익이 아닌 회사 전체의 이익을 보호하는 데 힘써야 하고, 이사회의 구성원으로서 이사회의 감독기능이 정상화되도록 기여하여야 하며 경영진으로부터 독립적인 지위에서 회사의 경영이 적법하고 건전하게 이루어지도록 힘을 기울여야 한다는 점을 고려하여 별도의 자격요건을 정하고 있는 것이다.

(5) 사외이사의 당연 면직 사유

금융회사의 사외이사가 된 사람이 사외이사의 결격사유가 된 경우에는 그 직을 잃는다. 사외이사의 면직의사와 관계없는 당연 면직 사유이다. 사외이사가 임원의 결격사유가 있게 된 경우에도 그 직을 잃게 된다.

(6) 임원의 자격요건 적합요건 보고

금융회사는 임원을 선임하려는 경우 임원의 자격요건 및 사외이사의 자격요건을 충족하는지를 확인하여야 한다(지배 7조 1항).

금융회사는 임원을 선임한 경우에는 지체 없이 그 선임사실 및 자격요건 적합여부를 금융위원회가 정하여 고시하는 바에 따라 인터넷 홈페이지 등에 공시하고 금융위원회에 보고하여야 한다(지배 7조 2항).

금융회사는 임원을 해임(사임을 포함한다)한 경우에는 금융위원회가 정하여 고시하는 바에 따라 지체 없이 그 사실을 인터넷 홈페이지 등에 공시하고 금융위원회에 보고하여야 한다(지배 7조 3항).

3. 주요 업무집행책임자

(1) 의의 및 임면

업무집행책임자란 이사가 아니면서 명예회장·회장·부회장·사장·부사장·행장·부행장·부행장보·전무·상무·이사 등 업무를 집행할 권한이 있는 것으로 인정될 만한 명칭을 사용하여 금융회사의 업무를 집행하는 사람을 말한다(지배 2조 5호). 업무집행책임자 중 전략기획, 재무관리, 위험관리 및 그 밖에 이에 준하는 업무로서 대통령령으로 정하는 주요업무를 집행하는 업무집행책임자를 주요업무집행책임자라 하고, 이들은 이사회의 의결을 거쳐 임면한다(지배 8조 1항).

(2) 법률관계 및 임기

주요업무집행책임자와 해당 금융회사의 관계에 관하여는 민법의 위임에 관한 규정을 준용한다(지배 8조 3항).

주요업무집행책임자의 임기는 정관에 다른 규정이 없으면 3년을 초과하지 못한다(지배 8조 2항).

(3) 이사회 보고 의무

주요업무집행책임자는 이사회의 요구가 있으면 언제든지 이사회에 출석하여 요구한 사항을 보고하여야 한다(지배 9조).

4. 임원의 겸직 제한 및 허용

(1) 겸직 제한 및 허용

1) 금융회사의 상근 임원의 다른 영리법인 겸직 제한

금융회사의 상근 임원은 다른 영리법인의 상시적인 업무에 종사할 수 없다(지배 10조 1항 본문). 다만 금융산업의 구조개선에 관한 법률 제10조 제 1 항 제 4 호에 따라 관리인으로 선임되는 경우, 금융회사 해산 등의 사유로 청산인으로 선임되는 경우에는 상시적인 업무에 종사할 수 있다(지배 10조 1항 단서).

2) 금융회사 상근 임원의 다른 회사의 상근 임·직원 겸직 허용

금융회사의 상근 임원은 다음의 경우 다른 회사의 상근 임직원을 겸직할 수 있다(지배 10조 2항).

(i) 해당 금융회사가 은행인 경우: 그 은행이 의결권 있는 발행주식 총수의 100분의 15를 초과하는 주식을 보유하고 있는 다른 회사의 상근 임직원을 겸직하는 경우

(ii) 해당 금융회사가 상호저축은행인 경우: 그 상호저축은행이 의결권 있는 발행주식 총수의 100분의 15를 초과하는 주식을 보유하고 있는 다른 상호저축은행의 상근 임직원을 겸직하는 경우

(iii) 해당 금융회사가 보험회사인 경우: 그 보험회사가 의결권 있는 발행주식 총수의 100분의 15를 초과하는 주식을 보유하고 있는 다른 회사의 상근 임직원을 겸직하는 경우(「금융산업의 구조개선에 관한 법률」 제 2 조 제 1 호 가목부터 아목까지 및 차목에 따른 금융기관의 상근 임직원을 겸직하는 경우는 제외한다)

(iv) 그 밖에 이해상충 또는 금융회사의 건전성 저해의 우려가 적은 경우로서 대통령령으로 정하는 경우

3) 은행 임·직원의 겸직 제한

은행의 임직원은 한국은행, 다른 은행 또는 금융지주회사법 제2조 제1항 제5호에 따른 은행지주회사의 임직원을 겸직할 수 없다. 다만, 「은행법」 제37조 제5항에 따른 자은행의 임직원이 되는 경우에는 겸직할 수 있다(지배 10조 3항).

4) 금융지주회사 및 그의 자회사 등의 임·직원의 겸직 허용

금융지주회사 및 그의 자회사 등의 임직원은 다음의 경우에는 겸직할 수 있다(10조 4항).

(i) 금융지주회사의 임직원이 해당 금융지주회사의 자회사등의 임직원을 겸직하는 경우

(ii) 금융지주회사의 자회사등(금융업을 영위하는 회사 또는 금융업의 영위와 밀접한 관련이 있는 회사로서 대통령령으로 정하는 회사로 한정한다)의 임직원이 다른 자회사등의 임직원을 겸직하는 경우로서 다음의 어느 하나의 업무를 겸직하지 아니하는 경우

i) 자본시장과 금융투자업에 관한 법률 제6조 제4항에 따른 집합투자업(대통령령으로 정하는 경우는 제외한다)

ii) 보험업법 제108조 제1항 제3호에 따른 변액보험계약에 관한 업무

iii) 그 밖에 자회사등의 고객과 이해가 상충하거나 해당 자회사등의 건전한 경영을 저해할 우려가 있는 경우로서 금융위원회가 정하여 고시하는 업무

(2) 겸직승인 및 보고

금융회사는 해당 금융회사의 임·직원이 다른 회사의 임직원을 겸직하려는 경우에는 이해상충 방지 및 금융회사의 건전성 등에 관하여 대통령령으로 정하는 기준을 갖추어 미리 금융위원회의 승인을 받아야 한다. 다만, 이해상충 또는 금융회사의 건전성 저해의 우려가 적은 경우로서 대통령령으로 정하는 경우에는 (i) 겸직하는 회사에서 수행하는 업무의 범위, (ii) 겸직하는 업무의 처리에 대한 기록 유지에 관한 사항, (iii) 그 밖에 이해상충 방지 또는 금융회사의 건전성 유지를 위하여 필요한 사항으로서 대통령령으로 정하는 사항을 대통령령으로 정하는 방법 및 절차에 따라 금융위원회에 보고하여야 한다(지배 11조 1항).

금융회사는 해당 금융회사의 임원이 다른 금융회사의 임원을 겸직하는 경우(제10조에 따른 겸직은 제외한다)로서 대통령령으로 정하는 경우에는 대통령령으로 정하는 방법 및 절차에 따라 금융위원회에 보고하여야 한다(지배 11조 2항).

(3) 겸직제한 및 시정 명령

금융위원회는 금융회사가 겸직기준을 충족하지 아니하는 경우 또는 겸직 보고

방법 및 절차를 따르지 아니하거나 보고한 사항을 이행하지 아니하는 경우에는 해당 임직원 겸직을 제한하거나 그 시정을 명할 수 있다(지배 11조 3항).

(4) 손해배상

임직원을 겸직하게 한 금융지주회사와 해당 자회사 등은 금융업의 영위와 관련하여 임직원 겸직으로 인한 이해상충 행위로 고객에게 손해를 끼친 경우에는 연대하여 그 손해를 배상할 책임이 있다. 다만, 다음 어느 하나에 해당하는 경우에는 그러하지 아니하다(지배 11조 4항).

(i) 금융지주회사와 해당 자회사 등이 임직원 겸직으로 인한 이해상충의 발생가능성에 대하여 상당한 주의를 한 경우

(ii) 고객이 거래 당시에 임직원 겸직에 따른 이해상충 행위라는 사실을 알고 있었거나 이에 동의한 경우

(iii) 그 밖에 금융지주회사와 해당 자회사 등의 책임으로 돌릴 수 없는 사유로 손해가 발생한 경우로서 대통령령으로 정하는 경우

5. 이 사 회

(1) 이사회의 구성 및 운영

금융회사는 이사회에 사외이사를 3명 이상 두어야 한다(지배 12조 1항). 사외이사의 수는 이사 총수의 과반수가 되어야 한다. 다만, 대통령령으로 정하는 금융회사의 경우 이사 총수의 4분의 1 이상을 사외이사로 하여야 한다(지배 12조 2항).

금융회사는 사외이사의 사임·사망 등의 사유로 사외이사의 수가 이사회의 구성요건에 미치지 못하게 된 경우에는 그 사유가 발생한 후 최초로 소집되는 주주총회 또는 사원총회에서 사외이사 수 요건을 충족하도록 조치하여야 한다(지배 12조 3항). 이사의 선임은 주주총회에서 선임하거나 사원총회에서 선임할 수 있는 것을 고려하여 둔 규정이다(상 382조 1항 및 보험 59조 2항).

(2) 이사회 의장의 선임

이사회는 매년 사외이사 중에서 이사회 의장을 선임한다(지배 13조 1항).

이사회는 사외이사가 아닌 자를 이사회 의장으로 선임할 수 있으며, 이 경우 이사회는 그 사유를 공시하고, 사외이사를 대표하는 자를 별도로 선임하여야 한다(13조 2항).

선임사외이사는 다음의 업무를 수행한다(지배 13조 3항).

(i) 사외이사 전원으로 구성되는 사외이사회의의 소집 및 주재

(ii) 사외이사의 효율적인 업무수행을 위한 지원

(iii) 사외이사의 책임성 제고를 위한 지원

금융회사 및 그 임직원은 선임사외이사가 위의 업무를 원활하게 수행할 수 있도록 적극 협조하여야 한다(지배 13조 4항).

(3) 이사회의 운영

금융회사는 주주와 예금자, 투자자, 보험계약자, 그 밖의 금융소비자의 이익을 보호하기 위하여 그 금융회사의 이사회의 구성과 운영, 이사회 내 위원회의 설치, 임원의 전문성 요건, 임원 성과평가 및 최고경영자의 자격 등 경영승계에 관한 사항 등에 관하여 지켜야 할 구체적인 원칙과 절차를 마련하여야 한다(14조 1항).

지배구조 내부규범에 규정하여야 할 세부적인 사항과 그 밖에 필요한 사항은 대통령령으로 정한다(지배 14조 2항).

금융회사는 다음의 사항을 금융위원회가 정하는 바에 따라 인터넷 홈페이지 등에 공시하여야 한다(지배 14조 3항).

(i) 지배구조 내부규범을 제정하거나 변경한 경우 그 내용

(ii) 금융회사가 매년 지배구조 내부규범에 따라 이사회 등을 운영한 현황

(4) 이사회의 권한

이사회는 다음의 사항을 심의·의결한다(지배 15조 1항).

(i) 경영목표 및 평가에 관한 사항

(ii) 정관의 변경에 관한 사항

(iii) 예산 및 결산에 관한 사항

(iv) 해산·영업양도 및 합병 등 조직의 중요한 변경에 관한 사항

(v) 내부통제기준 및 위험관리기준의 제정·개정 및 폐지에 관한 사항

(vi) 최고경영자의 경영승계 등 지배구조 정책 수립에 관한 사항

(vii) 대주주·임원 등과 회사 간의 이해상충 행위 감독에 관한 사항

이러한 이사회의 심의·의결 사항은 정관으로 정하여야 한다지배 (15조 2항).

이사회의 권한 중 지배인의 선임 또는 해임과 지점의 설치·이전 또는 폐지에 관한 권한은 정관에서 정하는 바에 따라 위임할 수 있다(지배 15조 3항).

(5) 이사회 내 위원회

금융회사는 이사회 내 위원회로서 다음의 위원회를 설치하여야 한다. 이 경우 감사위원회는 상법에 따른 감사위원회로 본다(지배 16조 1항).

(i) 임원후보추천위원회

(ii) 감사위원회

(iii) 위험관리위원회

(iv) 보수위원회

이러한 위원회의 설치의무는 독임제에 의한 의사결정 및 집행의 구조를 배제하고 위원회에 의하여 합의제 의사결정을 도모하기 위함이다. 금융회사의 정관에서 정하는 바에 따라 감사위원회가 보수위원회의 심의·의결 사항을 심의·의결하는 경우에는 보수위원회를 설치하지 아니할 수 있다. 다만, 대통령령으로 정하는 금융회사의 경우에는 그러하지 아니하다(지배 16조 2항).

위원회 위원의 과반수는 사외이사로 구성한다(지배 16조 3항). 위원회의 대표는 사외이사로 한다(지배 16조 4항).

6. 임원후보추천위원회

이사는 주주총회에서 선임하고(상 382조 1항), 정관으로 주주총회에서 선임하는 경우를 제외하고는 대표이사는 이사회에서 선임한다(상 389조 1항). 집행임원 및 대표집행임원의 선임 및 해임은 이사회에서 한다(상 408조의 2 3항).

금융회사의 경우 주요 임원선임의 적정성을 기하기 위하여 금융회사의 임원 중 사외이사, 대표이사, 대표집행임원, 감사위원을 주주총회 또는 이사회에서 임원을 선임하려는 경우 임원후보추천위원회의 추천을 받은 사람 중에서 선임하여야 한다(지배 17조 1항 및 3항). 특히 사외이사 후보를 추천하는 경우에는 금융사지배구조법 제33조 제 1 항에 따른 주주제안권을 행사할 수 있는 요건을 갖춘 주주가 추천한 사외이사 후보를 포함시켜야 한다(지배 17조 4항). 이 때 임원후보추천위원회는 3명 이상의 위원으로 구성한다(지배 17조 2항). 임원후보추천위원회의 위원은 본인을 임원 후보로 추천하는 임원후보추천위원회 결의에 관하여 의결권을 행사하지 못한다(지배 17조 5항).

그러나, 임원후보추천위원회는 3명 이상의 위원으로 구성한다는 규정, 위원회 위원의 과반수는 사외이사로 구성한다는 규정, 위원회의 대표는 사외이사로 한다는 규정은 최초로 제12조 제 1 항에 따른 이사회를 구성하는 금융회사가 그 임원을 선임하는 경우에는 적용하지 아니한다(지배 17조 6항).

7. 감사위원회

(1) 구성 및 선임

감사위원회는 3명 이상의 이사로 구성한다. 이 경우 감사위원회 위원 중 1명 이상은 대통령령으로 정하는 회계 또는 재무 전문가이어야 한다(지배 19조 1항).

감사위원회의 경우 다른 위원회와 달리 사외이사가 감사위원의 3분의 2 이상이어야 한다(지배 19조 2항).

(2) 감사위원회 구성요건 충족의무

금융회사는 감사위원의 사임·사망 등의 사유로 감사위원의 수가 감사위원회의 구성요건에 미치지 못하게 된 경우에는 그 사유가 발생한 후 최초로 소집되는 주주총회에서 구성요건을 충족하도록 조치하여야 한다(지배 19조 3항).

(3) 감사위원 후보 추천

감사위원 후보는 임원후보추천위원회에서 추천한다. 이 경우 위원 총수의 3분의 2 이상의 찬성으로 의결한다(지배 19조 4항). 금융회사는 감사위원이 되는 사외이사 1명 이상에 대해서는 다른 이사와 분리하여 선임하여야 한다(지배 19조 5항).

(4) 선임 및 해임

감사위원을 선임하거나 해임하는 권한은 주주총회에 있다(지배 19조 6항).

(5) 선임 및 해임 시 의결권 행사 제한

감사위원이 되는 이사의 선임에 관하여는 의결권 없는 주식을 제외한 발행주식 총수의 100분의 3을 초과하는 수의 주식을 가진 주주는 그 초과하는 주식에 관하여 감사위원의 선임에 있어서는 의결권을 행사하지 못한다. 그리고 회사는 정관으로 위 비율보다 낮은 비율을 정할 수 있다(지배 19조 6항 및 상 409조 2항 및 3항).

최대주주, 최대주주의 특수관계인, 그 밖에 대통령령으로 정하는 자가 소유하는 금융회사의 의결권 있는 주식의 합계가 그 금융회사의 의결권 없는 주식을 제외한 발행주식 총수의 100분의 3을 초과하는 경우 그 주주는 100분의 3을 초과하는 주식에 관하여 감사위원이 되는 이사를 선임하거나 해임할 때에는 의결권을 행사하지 못한다. 다만, 금융회사는 정관으로 100분의 3보다 낮은 비율을 정할 수 있다(지배 19조 7항).

(6) 상근감사 설치 의무

자산규모 등을 고려하여 대통령령으로 정하는 금융회사는 회사에 상근하면서 감사업무를 수행하는 감사를 1명 이상 두어야 한다. 다만, 이 법에 따른 감사위원회를 설치한 경우(감사위원회 설치 의무가 없는 금융회사가 이 조의 요건을 갖춘 감사위원회를 설치한 경우를 포함한다)에는 상근감사를 둘 수 없다(지배 19조 8항).

상근감사를 선임하는 경우 감사위원의 선임 시 의결권 행사의 제한에 관하여 설명한 전술한 내용의 규제를 받는다(지배 19조 9항).

(7) 상근감사 및 사외이사가 아닌 감사위원의 자격 요건

상근감사 및 사외이사가 아닌 감사위원의 자격요건에 관하여는 사외이사의 자격요건과 동일하게 적용한다. 다만 해당 금융회사의 상근감사 또는 사외이사가 아닌 감사위원으로 재임(在任) 중이거나 재임하였던 사람은 금융사지배구조법 제 6 조 제 1 항 제 3 호에도 불구하고 상근감사 또는 사외이사가 아닌 감사위원이 될 수 있다(지배 19조 10항).

(8) 감사위원회 또는 감사에 대한 지원

감사위원회 또는 감사는 금융회사의 비용으로 전문가의 조력을 구할 수 있다(지배 20조 1항). 금융회사는 감사위원회 또는 감사의 업무를 지원하는 담당부서를 설치하여야 한다(지배 20조 2항). 금융회사는 감사위원회 또는 감사의 업무 내용을 적은 보고서를 정기적으로 금융위원회가 정하는 바에 따라 금융위원회에 제출하여야 한다(지배 20조 3항).

8. 위험관리위원회

위험관리위원회는 다음에 관한 사항을 심의·의결한다(지배 21조).

(i) 위험관리의 기본방침 및 전략 수립

(ii) 금융회사가 부담 가능한 위험 수준 결정

(iii) 적정투자한도 및 손실허용한도 승인

(iv) 위험관리기준의 제정 및 개정

(v) 그 밖에 금융위원회가 정하여 고시하는 사항

9. 보수위원회

보수위원회는 대통령령으로 정하는 임직원에 대한 보수와 관련한 다음에 관한 사항을 심의·의결한다(지배 22조 1항).

(i) 보수의 결정 및 지급방식에 관한 사항

(ii) 보수지급에 관한 연차보고서의 작성 및 공시에 관한 사항

(iii) 그 밖에 금융위원회가 정하여 고시하는 사항

금융회사는 임직원이 과도한 위험을 부담하지 아니하도록 보수체계를 마련하여야 한다(지배 22조 2항).

금융회사는 대통령령으로 정하는 임직원에 대하여 보수의 일정비율 이상을 성과에 연동(連動)하여 미리 정해진 산정방식에 따른 보수로 일정기간 이상 이연(移延)하여 지급하여야 한다. 이 경우 성과에 연동하는 보수의 비율, 이연 기간 등 세부 사항은 대통령령으로 정한다(지배 22조 3항).

금융회사는 대통령령으로 정하는 임직원의 보수지급에 관한 연차보고서를 작성하고 결산 후 3개월 이내에 금융위원회가 정하는 바에 따라 인터넷 홈페이지 등에 그 내용을 공시하여야 한다(지배 22조 4항).

연차보고서에는 다음의 사항이 포함되어야 하며, 연차보고서의 작성에 관한 세부 기준은 대통령령으로 정한다(지배 22조 5항).

(i) 보수위원회의 구성, 권한 및 책임 등

(ii) 임원의 보수총액(기본급, 성과보수, 이연 성과보수 및 이연 성과보수 중 해당 회계연도에 지급된 금액 등)

10. 금융지주회사의 완전자회사의 특례

금융지주회사가 발행주식 총수를 소유하는 자회사 및 그 자회사가 발행주식 총수를 소유하는 손자회사(손자회사가 발행주식 총수를 소유하는 증손회사를 포함한다)는 경영의 투명성 등 대통령령으로 정하는 요건에 해당하는 경우에는 사외이사를 두지 아니하거나 이사회 내 위원회를 설치하지 아니할 수 있다(지배 23조 1항).

완전자회사 등이 감사위원회를 설치하지 아니할 때에는 상근감사를 선임하여야 한다(지배 23조 2항).

11. 내부통제기준

(1) 의 의

금융회사는 법령을 준수하고, 경영을 건전하게 하며, 주주 및 이해관계자 등을 보호하기 위하여 금융회사의 임직원이 직무를 수행할 때 준수하여야 할 기준 및 절차를 마련하여야 하는데 이를 내부통제기준이라고 한다(지배 24조 1항).

금융지주회사가 금융회사인 자회사 등의 내부통제기준을 마련하는 경우 그 자회사 등은 내부통제기준을 마련하지 아니할 수 있다(지배 24조 2항).

내부통제기준에서 정하여야 할 세부적인 사항과 그 밖에 필요한 사항은 대통령령으로 정한다(지배 24조 3항).

(2) 준법감시인의 임면 등

자산규모 등을 고려하여 대통령령으로 정하는 투자자문업자 및 투자일임업자는 제외하고 금융회사는 내부통제기준의 준수 여부를 점검하고 내부통제기준을 위반하는 경우 이를 조사하는 등 내부통제 관련 업무를 총괄하는 사람을 1명 이상 두어야 하며, 준법감시인은 필요하다고 판단하는 경우 조사결과를 감사위원회 또는 감사에게 보고할 수 있다(지배 25조 1항). 금융회사는 사내이사 또는 업무집행책임자 중에서 준법감시인을 선임하여야 한다. 다만, 자산규모, 영위하는 금융업무 등을 고려하여 대통령령으로 정하는 금융회사 또는 외국금융회사의 국내지점은 사내이사 또는 업무집행책임자가 아닌 직원 중에서 준법감시인을 선임할 수 있다.

금융회사(외국금융회사의 국내지점은 제외한다)가 준법감시인을 임면하려는 경우에는 이사회의 의결을 거쳐야 하며, 해임할 경우에는 이사 총수의 3분의 2 이상의 찬성으로 의결한다(지배 25조 3항).

준법감시인의 임기는 2년 이상으로 한다(지배 25조 4항).

금융회사는 준법감시인을 직원 중에서 선임하는 경우 「기간제 및 단시간근로자 보호 등에 관한 법률」에 따른 기간제근로자 또는 단시간근로자를 준법감시인으로 선임하여서는 아니 된다(지배 25조 5항).

금융회사는 준법감시인에 대하여 회사의 재무적 경영성과와 연동하지 아니하는 별도의 보수지급 및 평가 기준을 마련하여 운영하여야 한다(지배 25조 6항).

12. 대주주 변경 승인제도

(1) 규제의 의의

보험업의 허가를 받을 경우 대주주는 결격사유가 없어야 하고, 충분한 출자능력과 건전한 재무상태를 갖추고 있으며, 건전한 경제질서를 해친 사실이 없어야 한다(보험 6조 1항). 이와 같이 보험업법에서는 보험업 허가 시에 대주주에 대하여 그 자격을 엄격히 심사한다. 그런데 보험업에 대한 허가를 받은 이후에 대주주가 변경되는 경우, 즉 기존의 보험회사의 주식을 취득함으로써 대주주가 되려는 자에게도 동일한 심사를 하는지 여부가 문제되는데 이에 관하여 보험업법은 미리 금융위원회의 승인을 받도록 하고 있다(지배 31조 1항).

(2) 규제의 범위

금융회사의 발행 주식을 취득·양수하여 대주주가 되고자 하는 자를 그 규제의 대상으로 한다. 이러한 대주주에는 최대주주의 경우 최대주주의 특수관계인인 주주를 포함하며, 최대주주가 법인인 경우 그 법인의 중요한 경영사항에 대하여 사실상 영향력을 행사하고 있는 자로서 대통령령으로 정하는 자도 포함한다. 여기서 대통령령에 해당하는 자는 (ⅰ) 최대주주인 법인의 최대주주(최대주주인 법인의 주요 경영사항을 사실상 지배하는 자가 그 법인의 최대주주와 명백히 다른 경우에는 그 사실상 지배하는 자를 포함한다), (ⅱ) 최대주주인 법인의 대표자이다.

대주주란 최대주주와 주요주주를 말한다. 최대주주란 금융회사의 의결권 있는 발행주식(출자지분을 포함한다) 총수를 기준으로 본인 및 그와 대통령령으로 정하는 특수한 관계가 있는 자가 누구의 명의로 하든지 자기의 계산으로 소유하는 주식(그 주식과 관련된 증권예탁증권을 포함한다)을 합하여 그 수가 가장 많은 경우의 그 본인을 말한다. 여기서 규정하는 대통령령으로 정하는 특수관계인의 범위는 다음과 같다(지배시 3조 1항).

1) 본인이 개인인 경우

독점규제 및 공정거래에 관한 법률 시행령 제3조의 2 제1항 제2호 가목에 따른 독립경영자 및 같은 목에 따라 공정거래위원회가 동일인관련자의 범위로부터 분리를 인정하는 자는 제외한다.

(ⅰ) 배우자(사실상의 혼인관계에 있는 사람을 포함한다)

(ⅱ) 6촌 이내의 혈족

(ⅲ) 4촌 이내의 인척

(ⅳ) 양자의 생가(生家)의 직계존속

(ⅴ) 양자 및 그 배우자와 양가(養家)의 직계비속

(ⅵ) 혼인 외의 출생자의 생모

(ⅶ) 본인의 금전이나 그 밖의 재산으로 생계를 유지하는 사람 및 생계를 함께 하는 사람

(ⅷ) 본인이 혼자서 또는 그와 (ⅰ)부터 (ⅶ)까지의 관계에 있는 자와 합하여 법인이나 단체에 100분의 30 이상을 출자하거나, 그 밖에 임원(업무집행책임자는 제외한다)의 임면 등 법인이나 단체의 중요한 경영사항에 대하여 사실상의 영향력을 행사하고 있는 경우에는 해당 법인 또는 단체와 그 임원, 다만 본인이 혼자서 또는 그와 (ⅰ)부터 (ⅶ)까지의 관계에 있는 자와 합하여 임원의 임면 등의 방법으로 그 법인 또는 단체의 중요한 경영사항에 대하여 사실상의 영향력을 행사하고 있지 아니함이 본인의 확인서 등을 통하여 확인되는 경우에 그 임원은 제외한다.

(ix) 본인이 혼자서 또는 그와 (i)부터 (viii)까지의 관계에 있는 자와 합하여 법인이나 단체에 100분의 30 이상을 출자하거나, 그 밖에 임원의 임면 등 법인이나 단체의 중요한 경영사항에 대하여 사실상의 영향력을 행사하고 있는 경우에는 해당 법인 또는 단체와 그 임원, 다만 본인이 혼자서 또는 그와 (i)부터 (viii)까지의 관계에 있는 자와 합하여 임원의 임면 등의 방법으로 그 법인 또는 단체의 중요한 경영사항에 대하여 사실상의 영향력을 행사하고 있지 아니함이 본인의 확인서 등을 통하여 확인되는 경우에 그 임원은 제외한다.

2) 본인이 법인이나 단체인 경우

(i) 임원

(ii) 독점규제 및 공정거래에 관한 법률에 따른 계열회사 및 그 임원

(iii) 혼자서 또는 위 1)의 각 목의 관계에 있는 자와 합하여 본인에게 100분의 30 이상을 출자하거나, 그 밖에 임원의 임면 등 본인의 중요한 경영사항에 대하여 사실상의 영향력을 행사하고 있는 개인(그와 위 1) 각 목의 관계에 있는 자를 포함한다) 또는 법인(계열회사는 제외한다), 단체와 그 임원

(iv) 본인이 혼자서 또는 본인과 (i)부터 (iii)까지의 관계에 있는 자와 합하여 다른 법인이나 단체에 100분의 30 이상을 출자하거나, 그 밖에 임원의 임면 등 다른 법인이나 단체의 중요한 경영사항에 대하여 사실상의 영향력을 행사하고 있는 경우에는 해당 법인, 단체와 그 임원그러나 본인이 임원의 임면 등의 방법으로 그 법인 또는 단체의 중요한 경영사항에 대하여 사실상의 영향력을 행사하고 있지 아니함이 본인의 확인서 등을 통하여 확인되는 경우에 그 임원은 제외한다.

주요주주란 (i) 누구의 명의로 하든지 자기의 계산으로 금융회사의 의결권 있는 발행주식 총수의 100분의 10 이상의 주식(그 주식과 관련된 증권예탁증권을 포함한다)을 소유한 자, (ii) 임원(업무집행책임자는 제외한다)의 임면(任免) 등의 방법으로 금융회사의 중요한 경영사항에 대하여 사실상의 영향력을 행사하는 주주로서 대통령령으로 정하는 자이다.

여기서 대통령령으로 정하는 자에는 다음과 같다.

1) 혼자서 또는 다른 주주와의 합의·계약 등에 따라 대표이사 또는 이사의 과반수를 선임한 주주

2) 다음 각 목의 구분에 따른 주주

(i) 금융회사가 자본시장법 제 8 조 제 1 항에 따른 금융투자업자(겸영금융투자업자는 제외하며 이하 "금융투자업자"라 한다)인 경우: 다음의 구분에 따른 주주

ⅰ) 금융투자업자가 자본시장법에 따른 투자자문업, 투자일임업, 집합투자업, 집합투자증권에 한정된 투자매매업·투자중개업 또는 온라인소액투자중개업 외의 다른 금융투자업을 겸영하지 아니하는 경우: 임원(「상법」 제401조의 2 제1항 각 호의 자를 포함한다. 이하 이 호에서 같다)인 주주로서 의결권 있는 발행주식 총수의 100분의 5 이상을 소유하는 사람

ⅱ) 금융투자업자가 자본시장법에 따른 투자자문업, 투자일임업, 집합투자업, 집합투자증권에 한정된 투자매매업·투자중개업 또는 온라인소액투자중개업 외의 다른 금융투자업을 영위하는 경우: 임원인 주주로서 의결권 있는 발행주식 총수의 100분의 1 이상을 소유하는 사람

(ⅱ) 금융회사가 금융투자업자가 아닌 경우: 금융회사(금융지주회사인 경우 그 금융지주회사의 「금융지주회사법」 제2조 제1항 제2호 및 제3호에 따른 자회사 및 손자회사를 포함한다)의 경영전략·조직변경 등 주요 의사결정이나 업무집행에 지배적인 영향력을 행사한다고 인정되는 자로서 금융위원회가 정하여 고시하는 주주

(3) 대주주의 승인 대상이 아닌 자의 범위(금융사지배구조법 제31조 제1항 단서)

(ⅰ) 국가

(ⅱ) 「예금자보호법」에 따른 예금보험공사

(ⅲ) 「한국산업은행법」에 따른 한국산업은행(「금융산업의 구조개선에 관한 법률」에 따라 설치된 금융안정기금의 부담으로 주식을 취득하는 경우만 해당한다)

(ⅳ) 자본시장법에 따른 전문사모집합투자업자 및 온라인소액투자중개업자의 대주주가 되려는 자. 다만, 자본시장법 시행령」 별표 1에 따른 금융투자업 인가를 받은 자의 대주주가 되려는 자는 제외한다.

(ⅴ) 최대주주 또는 그의 특수관계인인 주주로서 금융회사의 의결권 있는 발행주식 총수 또는 지분의 100분의 1 미만을 소유하는 자. 다만, 제4조 각 호의 어느 하나에 해당하는 자는 제외한다.

(ⅵ) 「금융회사부실자산 등의 효율적 처리 및 한국자산관리공사의 설립에 관한 법률」에 따른 한국자산관리공사

(ⅶ) 「국민연금법」에 따른 국민연금공단

(ⅷ) 회사의 합병·분할에 대하여 금융관련법령에 따라 금융위원회의 승인을 받은 금융회사의 신주를 배정받아 대주주가 된 자

(4) 승인요건

1) 대주주가 금융기관인 경우

(ⅰ) 해당 금융기관에 적용되는 재무건전성에 관한 기준으로서 금융위원회가 정하는 기준을 충족할 것

(ⅱ) 해당 금융기관이 상호출자제한기업집단 등이거나 주채무계열에 속하는 회사인 경우에는 해당 상호출자제한기업집단 등 또는 주채무계열의 부채비율이 100분의 300 이하로서 금융위원회가 정하는 기준을 충족할 것

(ⅲ) 다음의 요건을 충족할 것. 다만, 그 위반 등의 정도가 경미하다고 금융위원회가 인정하거나, 그 사실이 건전한 업무 수행을 어렵게 한다고 볼 수 없는 경우에는 그렇지 않다.

ⅰ) 최근 5년간 금융관련법령, 「독점규제 및 공정거래에 관한 법률」 또는 「조세범 처벌법」을 위반하여 벌금형 이상에 상당하는 처벌받은 사실이 없을 것

ⅱ) 최근 5년간 채무불이행 등으로 건전한 신용질서를 저해한 사실이 없을 것

ⅲ) 「금융산업의 구조개선에 관한 법률」에 따라 부실금융기관으로 지정되거나 금융관련법령에 따라 허가·인가 또는 등록이 취소된 금융기관의 대주주 또는 그의 특수관계인이 아닐 것. 다만, 법원의 판결에 의하여 부실책임이 없다고 인정된 자 또는 부실에 따른 경제적 책임을 부담한 경우 등 금융위원회가 정하는 기준에 해당하는 자는 제외한다.

ⅳ) 그 밖에 ⅰ)부터 ⅲ)까지의 규정에 준하는 것으로서 금융위원회가 정하여 고시하는 건전한 금융거래질서를 저해한 사실이 없을 것

2) 대주주가 기금 등인 경우

다음의 요건을 충족할 것. 다만, 그 위반 등의 정도가 경미하다고 금융위원회가 인정하거나, 그 사실이 건전한 업무 수행을 어렵게 한다고 볼 수 없는 경우에는 그렇지 않다.

(ⅰ) 최근 5년간 금융관련법령, 「독점규제 및 공정거래에 관한 법률」 또는 「조세범 처벌법」을 위반하여 벌금형 이상에 상당하는 처벌받은 사실이 없을 것

(ⅱ) 최근 5년간 채무불이행 등으로 건전한 신용질서를 저해한 사실이 없을 것

(ⅲ) 「금융산업의 구조개선에 관한 법률」에 따라 부실금융기관으로 지정되거나 금융관련법령에 따라 허가·인가 또는 등록이 취소된 금융기관의 대주주 또는 그의 특수관계인이 아닐 것. 다만, 법원의 판결에 의하여 부실책임이 없다고 인정된 자 또는 부실에 따른 경제적 책임을 부담한 경우 등 금융위원회가 정하는 기준에

해당하는 자는 제외한다.

(ⅳ) 그 밖에 ⅰ)부터 ⅲ)까지의 규정에 준하는 것으로서 금융위원회가 정하여 고시하는 건전한 금융거래질서를 저해한 사실이 없을 것

3) 대주주가 내국법인인 경우

(ⅰ) 최근 사업연도 말 현재 부채비율이 100분의 300 이하로서 금융위원회가 정하는 기준을 충족할 것

(ⅱ) 해당 법인이 상호출자제한기업집단등의 계열회사이거나 주채무계열에 속하는 회사인 경우에는 해당 상호출자제한기업집단등 또는 주채무계열의 부채비율이 100분의 300 이하로서 금융위원회가 정하는 기준을 충족할 것

(ⅲ) 차입으로 조성된 자금이 출자금의 3분의 2 이하일 것

(ⅳ) 다음의 요건을 충족할 것. 다만, 그 위반 등의 정도가 경미하다고 금융위원회가 인정하거나, 그 사실이 건전한 업무 수행을 어렵게 한다고 볼 수 없는 경우에는 그렇지 않다.

ⅰ) 최근 5년간 금융관련법령, 「독점규제 및 공정거래에 관한 법률」 또는 「조세범 처벌법」을 위반하여 벌금형 이상에 상당하는 처벌받은 사실이 없을 것

ⅱ) 최근 5년간 채무불이행 등으로 건전한 신용질서를 저해한 사실이 없을 것

ⅲ) 「금융산업의 구조개선에 관한 법률」에 따라 부실금융기관으로 지정되거나 금융관련법령에 따라 허가·인가 또는 등록이 취소된 금융기관의 대주주 또는 그의 특수관계인이 아닐 것. 다만, 법원의 판결에 의하여 부실책임이 없다고 인정된 자 또는 부실에 따른 경제적 책임을 부담한 경우 등 금융위원회가 정하는 기준에 해당하는 자는 제외한다.

ⅳ) 그 밖에 ⅰ)부터 ⅲ)까지의 규정에 준하는 것으로서 금융위원회가 정하여 고시하는 건전한 금융거래질서를 저해한 사실이 없을 것

4) 대주주가 내국인으로 개인인 경우

(ⅰ) 금융회사 임원의 결격사유에 해당하지 아니할 것

ⅰ) 미성년자·피성년후견인 또는 피한정후견인

ⅱ) 파산선고를 받고 복권(復權)되지 아니한 사람

ⅲ) 금고 이상의 실형을 선고받고 그 집행이 끝나거나(집행이 끝난 것으로 보는 경우를 포함한다) 집행이 면제된 날부터 5년이 지나지 아니한 사람

ⅳ) 금고 이상의 형의 집행유예를 선고받고 그 유예기간 중에 있는 사람

ⅴ) 금융사지배구조법 또는 금융관계법령에 따라 벌금 이상의 형을 선고받고

그 집행이 끝나거나(집행이 끝난 것으로 보는 경우를 포함한다) 집행이 면제된 날부터 5년이 지나지 아니한 사람

vi) 다음 각 목의 어느 하나에 해당하는 조치를 받은 금융회사의 임직원 또는 임직원이었던 사람(그 조치를 받게 된 원인에 대하여 직접 또는 이에 상응하는 책임이 있는 사람으로서 대통령령으로 정하는 사람으로 한정한다)으로서 해당 조치가 있었던 날부터 5년이 지나지 아니한 사람

① 금융관계법령에 따른 영업의 허가·인가·등록 등의 취소

② 「금융산업의 구조개선에 관한 법률」 제10조 제 1 항에 따른 적기시정조치

③ 「금융산업의 구조개선에 관한 법률」 제14조 제 2 항에 따른 행정처분

vii) 금융사지배구조법 또는 금융관계법령에 따라 임직원 제재조치(퇴임 또는 퇴직한 임직원의 경우 해당 조치에 상응하는 통보를 포함한다)를 받은 사람으로서 조치의 종류별로 5년을 초과하지 아니하는 범위에서 대통령령으로 정하는 기간이 지나지 아니한 사람

viii) 해당 금융회사의 공익성 및 건전경영과 신용질서를 해칠 우려가 있는 경우로서 대통령령으로 정하는 사람

5) 대주주가 외국법인인 경우

(i) 승인신청일 현재 금융업으로서 금융위원회가 정하는 업무를 영위하고 있을 것(주식취득대상 금융회사가 금융지주회사인 경우에는 승인신청일 현재 금융업을 영위하는 외국 법인의 지주회사인 경우를 포함한다)

(ii) 국제적으로 인정받는 신용평가기관으로부터 투자적격 이상의 신용평가등급을 받거나 외국 법인이 속한 국가의 감독기관이 정하는 재무건전성에 관한 기준을 충족하고 있는 사실이 확인될 것

(iii) 최근 3년간 금융업의 영위와 관련하여 외국 법인이 속한 국가의 감독기관으로부터 법인경고 이상에 해당하는 행정처분을 받거나 벌금형 이상에 해당하는 형사처벌을 받은 사실이 없을 것

(iv) 다음의 요건을 충족할 것. 다만, 그 위반 등의 정도가 경미하다고 금융위원회가 인정하거나, 그 사실이 건전한 업무 수행을 어렵게 한다고 볼 수 없는 경우에는 그렇지 않다.

i) 최근 5년간 금융관련법령, 「독점규제 및 공정거래에 관한 법률」 또는 「조세범 처벌법」을 위반하여 벌금형 이상에 상당하는 처벌받은 사실이 없을 것

ii) 최근 5년간 채무불이행 등으로 건전한 신용질서를 저해한 사실이 없을 것

iii) 「금융산업의 구조개선에 관한 법률」에 따라 부실금융기관으로 지정되거나 금융관련법령에 따라 허가·인가 또는 등록이 취소된 금융기관의 대주주 또는 그의 특수관계인이 아닐 것. 다만, 법원의 판결에 의하여 부실책임이 없다고 인정된 자 또는 부실에 따른 경제적 책임을 부담한 경우 등 금융위원회가 정하는 기준에 해당하는 자는 제외한다.

iv) 그 밖에 i)부터 iii)까지의 규정에 준하는 것으로서 금융위원회가 정하여 고시하는 건전한 금융거래질서를 저해한 사실이 없을 것

6) 대주주가 외국인으로 개인인 경우(주식 취득대상 금융회사가 금융지주회사인 경우만 해당한다)

(i) 승인신청일 현재 5년 이상 외국금융회사의 상근임원으로 근무한 경력이 있을 것

(ii) 금융회사의 임원의 자격요건을 갖출 것

i) 미성년자·피성년후견인 또는 피한정후견인

ii) 파산선고를 받고 복권(復權)되지 아니한 사람

iii) 금고 이상의 실형을 선고받고 그 집행이 끝나거나(집행이 끝난 것으로 보는 경우를 포함한다) 집행이 면제된 날부터 5년이 지나지 아니한 사람

iv) 금고 이상의 형의 집행유예를 선고받고 그 유예기간 중에 있는 사람

v) 금융사지배구조법 또는 금융관계법령에 따라 벌금 이상의 형을 선고받고 그 집행이 끝나거나(집행이 끝난 것으로 보는 경우를 포함한다) 집행이 면제된 날부터 5년이 지나지 아니한 사람

vi) 다음 각 목의 어느 하나에 해당하는 조치를 받은 금융회사의 임직원 또는 임직원이었던 사람(그 조치를 받게 된 원인에 대하여 직접 또는 이에 상응하는 책임이 있는 사람으로서 대통령령으로 정하는 사람으로 한정한다)으로서 해당 조치가 있었던 날부터 5년이 지나지 아니한 사람

① 금융관계법령에 따른 영업의 허가·인가·등록 등의 취소

② 「금융산업의 구조개선에 관한 법률」 제10조 제1항에 따른 적기시정조치

③ 「금융산업의 구조개선에 관한 법률」 제14조 제2항에 따른 행정처분

vii) 금융사지배구조법 또는 금융관계법령에 따라 임직원 제재조치(퇴임 또는 퇴직한 임직원의 경우 해당 조치에 상응하는 통보를 포함한다)를 받은 사람으로서 조치의 종류별로 5년을 초과하지 아니하는 범위에서 대통령령으로 정하는 기간이 지나지 아니한 사람

viii) 해당 금융회사의 공익성 및 건전경영과 신용질서를 해칠 우려가 있는 경우로서 대통령령으로 정하는 사람

(iii) 외국인이 속한 국가의 금융감독기관으로부터 해당 외국인이 본국의 금융지주회사의 대주주로서 결격사유에 해당되지 않는다는 확인이 있을 것

(iv) 다음의 요건을 충족할 것. 다만, 그 위반 등의 정도가 경미하다고 금융위원회가 인정하거나, 그 사실이 건전한 업무 수행을 어렵게 한다고 볼 수 없는 경우에는 그렇지 않다.

i) 최근 5년간 금융관련법령, 「독점규제 및 공정거래에 관한 법률」 또는 「조세범 처벌법」을 위반하여 벌금형 이상에 상당하는 처벌받은 사실이 없을 것

ii) 최근 5년간 채무불이행 등으로 건전한 신용질서를 저해한 사실이 없을 것

iii) 「금융산업의 구조개선에 관한 법률」에 따라 부실금융기관으로 지정되거나 금융관련법령에 따라 허가·인가 또는 등록이 취소된 금융기관의 대주주 또는 그의 특수관계인이 아닐 것. 다만, 법원의 판결에 의하여 부실책임이 없다고 인정된 자 또는 부실에 따른 경제적 책임을 부담한 경우 등 금융위원회가 정하는 기준에 해당하는 자는 제외한다.

iv) 그 밖에 i)부터 iii)까지의 규정에 준하는 것으로서 금융위원회가 정하여 고시하는 건전한 금융거래질서를 저해한 사실이 없을 것

(v) 차입으로 조성된 자금이 출자금의 3분의 2 이하일 것

7) 대주주가 경영참여형 사모집합투자기구 등인 경우

(i) **승인심사 범위**

경영참여형 사모집합투자기구의 업무집행사원과 그 출자지분이 100분의 30 이상인 유한책임사원 및 경영참여형 사모집합투자기구를 사실상 지배하고 있는 유한책임사원이나 투자목적회사의 주주나 사원인 경영참여형 사모집합투자기구의 업무집행사원과 그 출자지분이 100분의 30 이상인 주주나 사원 및 투자목적회사를 사실상 지배하고 있는 주주나 사원이어야 한다. 그러나 경영참여형 사모집합투자기구에 대하여 사실상의 영향력을 행사하고 있지 않다는 사실이 정관, 투자계약서, 확약서 등에 의하여 확인된 경우는 제외한다.

(ii) **승인심사 대상별 요건**

i) 금융기관인 경우 : 대주주가 금융기관인 경우와 동일 요건

ii) 기금등인 경우: 위에서 설명한 1)(iii)의 요건

iii) 내국법인인 경우: 위에서 설명한 1)(iii)의 요건 및 최근 사업연도 말 현

재 부채비율이 100분의 300 이하로서 금융위원회가 정하는 기준을 충족할 것, 해당 법인이 상호출자제한기업집단등의 계열회사이거나 주채무계열에 속하는 회사인 경우에는 해당 상호출자제한기업집단등 또는 주채무계열의 부채비율이 100분의 300 이하로서 금융위원회가 정하는 기준을 충족할 것

ⅳ) 내국인으로서 개인인 경우: 위에서 설명한 1)(ⅲ)의 요건 및 위 4)(ⅰ)의 요건

ⅴ) 외국 법인인 경우: 위에서 설명한 1)(ⅲ)의 요건 및 국제적으로 인정받는 신용평가기관으로부터 투자적격 이상의 신용평가등급을 받거나 외국 법인이 속한 국가의 감독기관이 정하는 재무건전성에 관한 기준을 충족하고 있는 사실이 확인될 것, 최근 3년간 금융업의 영위와 관련하여 외국 법인이 속한 국가의 감독기관으로부터 법인경고 이상에 해당하는 행정처분을 받거나 벌금형 이상에 해당하는 형사처벌을 받은 사실이 없을 것

ⅵ) 외국인으로서 개인인 경우: 위에서 설명한 1)(ⅲ)의 요건 및 위 4)(ⅰ)의 요건

(5) 승인절차

1) 승인신청

승인신청은 주식의 취득 전 승인신청과 취득 한 후에 승인을 신청하는 절차를 달리하고 있다. 주식의 취득 등을 통하여 대주주가 되려는 자는 미리 승인 신청을 하여야 한다(지배 31조 1항). 주식의 취득 등이 기존 대주주의 사망 등 대통령령으로 정하는 사유로 인한 때에는 취득 등을 한 날부터 3개월 이내에서 대통령령으로 정하는 기간 이내에 금융위원회에 승인을 신청하여야 한다(지배 31조 2항).

(6) 승인받지 않는 경우의 효과

금융위원회는 승인을 받지 아니하고 취득 등을 한 주식과 취득 등을 한 후 승인을 신청하지 아니한 주식에 대하여 6개월 이내의 기간을 정하여 처분을 명할 수 있다(지배 31조 3항). 승인을 받지 아니하거나 승인을 신청하지 아니한 자는 승인 없이 취득하거나 취득 후 승인을 신청하지 아니한 주식에 대하여 의결권을 행사할 수 없다(지배 31조 4항).

13. 최대주주의 자격 심사 제도

(1) 의 의

최대주주는 보험업 설립 허가 시 또는 이미 설립되어 있는 보험회사의 주식을

취득할 경우 보험업법에서 정하는 결격사유가 없어야 하고, 충분한 출자능력과 건전한 재무상태를 갖추고 있으며, 건전한 경제질서를 해친 사실이 없어야 한다(보험 6조 1항).

그런데 보험회사가 설립된 후 또는 보험회사의 대주주가 된 이후에 비로소 결격사유에 해당하게 된 경우에 그대로 대주주의 지위를 갖게 할 것인지 여부가 문제되었다. 금융회사의 대주주가 된 이후에 일정한 요건을 갖추지 못할 경우, 특히 재무적·사회적 신용이 낮은 대주주가 금융회사를 경영할 경우 금융회사 운영 리스크가 커질 수 있으므로, 금융회사의 건전한 경영을 위하여 대주주에 대하여 일정한 자격요건을 유지하도록 하고 이를 주기적으로 심사할 필요가 있다는 취지에서 설립허가 시나 주식취득 시 외에도 주기적으로 자격을 심사하여 부적격자를 퇴출하기 위하여 자격심사제도를 도입한 것이다.

이러한 자격심사제도에서는 심사 대상범위와 요건을 어떻게 설정할 것인가, 심사 주기는 어떻게 할 것인가, 심사결과 자격에 흠이 발견된 경우의 그 효과는 어떻게 할 것인가, 심사절차는 어떠한 절차를 거치게 할 것인지 여부가 주요 관심사가 된다.

(2) 적격성 심사 대상

금융회사의 최대주주 중 최다출자자 1인이 그 심사대상이 된다. 최다출자자 1인이 법인인 경우 그 법인의 최대주주 중 최다출자자 1인을 말하며, 그 최다출자자 1인도 법인인 경우에는 최다출자자 1인이 개인이 될 때까지 같은 방법으로 선정한다. 다만, 법인 간 순환출자 구조인 경우에는 최대주주 중 대통령령으로 정하는 최다출자자 1인으로 한다(지배 32조 1항).

여기서 대통령령으로 정하는 최다출자자는 순환출자 구조의 법인이 속한 기업집단의 동일인 또는 그 밖에 이에 준하는 자로서 금융위원회가 정하는 자를 말한다.[1] 다만, 동일인이 법인인 경우에는 그 법인의 최대주주 중 최다출자자 1인을 말하며, 그 최다출자자 1인도 법인인 경우에는 최다출자자 1인이 개인이 될 때까지 같은 방법으로 선정한다(지배시 27조 1항).

(3) 적격성 심사 주기

적격성 심사 대상자를 대통령령으로 정하는 기간마다 적격성 유지요건에 부합

1) 제 2 조 2. "기업집단"이라 함은 동일인이 다음 각목의 구분에 따라 대통령령이 정하는 기준에 의하여 사실상 그 사업내용을 지배하는 회사의 집단을 말한다.
가. 동일인이 회사인 경우 그 동일인과 그 동일인이 지배하는 하나이상의 회사의 집단
나. 동일인이 회사가 아닌 경우 그 동일인이 지배하는 2이상의 회사의 집단

하는지 여부를 심사하여야 한다(지배 32조 1항).

여기서 대통령령으로 정하는 기간이란 2년을 말한다. 다만, (i) 금융회사는 해당 금융회사의 적격성 심사대상이 적격성 유지요건을 충족하지 못하는 사유가 발생한 사실을 인지한 경우 지체 없이 그 사실을 금융위원회에 보고하는 경우, (ii) 적격성 심사대상과 금융회사의 불법거래 징후가 있는 등 특별히 필요하다고 인정하는 경우에는 2년 이내의 기간으로 할 수 있다(지배 32조 1항 및 2항, 지배시 27조 2항).

(4) 적격성 유지요건

(i) 다음 중 하나에 해당하지 아니할 것

i) 미성년자·피성년후견인 또는 피한정후견인

ii) 파산선고를 받고 복권(復權)되지 아니한 사람

iii) 금융사지배구조법 또는 금융관계법령에 따라 벌금 이상의 형을 선고받고 그 집행이 끝나거나(집행이 끝난 것으로 보는 경우를 포함한다) 집행이 면제된 날부터 5년이 지나지 아니한 사람

iv) 다음 각 목의 어느 하나에 해당하는 조치를 받은 금융회사의 임직원 또는 임직원이었던 사람(그 조치를 받게 된 원인에 대하여 직접 또는 이에 상응하는 책임이 있는 사람으로서 대통령령으로 정하는 사람으로 한정한다)으로서 해당 조치가 있었던 날부터 5년이 지나지 아니한 사람

① 금융관계법령에 따른 영업의 허가·인가·등록 등의 취소

② 「금융산업의 구조개선에 관한 법률」 제10조 제 1 항에 따른 적기시정조치

③ 「금융산업의 구조개선에 관한 법률」 제14조 제 2 항에 따른 행정처분

v) 금융사지배구조법 또는 금융관계법령에 따라 임직원 제재조치(퇴임 또는 퇴직한 임직원의 경우 해당 조치에 상응하는 통보를 포함한다)를 받은 사람으로서 조치의 종류별로 5년을 초과하지 아니하는 범위에서 대통령령으로 정하는 기간이 지나지 아니한 사람

(ii) 다음의 요건을 모두 충족할 것. 다만, 그 위반 등의 정도가 경미하다고 인정되거나 해당 금융회사의 건전한 업무 수행을 어렵게 한다고 볼 수 없는 경우는 제외한다.

i) 최근 5년간 금융관계법령, 「독점규제 및 공정거래에 관한 법률」 또는 「조세범 처벌법」을 위반하여 벌금형 이상에 상당하는 형사처벌을 받은 사실이 없을 것

ii) 「금융산업의 구조개선에 관한 법률」에 따라 부실금융기관으로 지정되었거나 금융관계법령에 따라 영업의 허가·인가·등록 등이 취소된 금융기관의 대주주

또는 그 특수관계인이 아닐 것. 다만, 법원의 판결에 따라 부실책임이 없다고 인정된 자 또는 부실에 따른 경제적 책임을 부담하는 등 금융위원회가 정하여 고시하는 기준에 해당하는 자는 제외한다.

iii) 최근 5년간 부도발생 및 그 밖에 이에 준하는 사유로 은행거래정지처분을 받은 사실이 없을 것

iv) 최근 3년간 「신용정보의 이용 및 보호에 관한 법률」에 따른 종합신용정보집중기관에 금융질서 문란정보 거래처 또는 약정한 기일 내에 채무를 변제하지 아니한 자로 등록된 사실이 없을 것

v) 최근 5년간 「채무자 회생 및 파산에 관한 법률」에 따른 회생절차 또는 파산절차를 진행 중인 기업의 최대주주 또는 주요주주로서 해당 기업을 회생절차 또는 파산절차에 이르게 한 책임이 인정되지 아니하고 이에 직접 또는 간접으로 관련된 사실이 없을 것

(5) 금융위원회의 적격성 심사

금융위원회는 적격성 심사대상자를 상대로 적격성 유지요건에 부합하는지 여부를 심사하여야 한다.

(6) 적격성 유지요건 미 충족 시 효과

1) 금융회사의 보고의무

금융회사는 해당 금융회사의 적격성 심사대상이 적격성 유지요건을 충족하지 못하는 사유가 발생한 사실을 인지한 경우 지체 없이 그 사실을 금융위원회에 보고하여야 한다(지배 32조 2항).

2) 조치이행 요구

금융위원회는 심사 결과 적격성 심사대상이 적격성 유지요건을 충족하지 못하고 있다고 인정되는 경우 해당 적격성 심사대상에 대하여 6개월 이내의 기간을 정하여 해당 금융회사의 경영건전성을 확보하기 위한 다음의 전부 또는 일부를 포함한 조치를 이행할 것을 명할 수 있다(지배 32조 4항).

(i) 적격성 유지요건을 충족하기 위한 조치

(ii) 해당 적격성 심사대상과의 거래의 제한 등 이해상충 방지를 위한 조치

(iii) 그 밖에 금융회사의 경영건전성을 위하여 필요하다고 인정되는 조치로서 대통령령으로 정하는 조치

3) 의결권 행사 중지명령

금융위원회는 적격성 심사 결과 적격성 심사대상이 (i) 금융관계법령의 위반

으로 금고 1년 이상의 실형을 선고받고 그 형이 확정된 경우, (ii) 그 밖에 건전한 금융질서 유지를 위하여 대통령령으로 정하는 경우에 해당하는 경우로서 법령 위반 정도를 감안할 때 건전한 금융질서와 금융회사의 건전성이 유지되기 어렵다고 인정되는 경우에는 5년 이내의 기간으로서 대통령령으로 정하는 기간 내에 해당 적격성 심사대상이 보유한 금융회사의 의결권 있는 발행주식(최다출자자 1인이 법인인 경우 그 법인이 보유한 해당 금융회사의 의결권 있는 발행주식을 말한다) 총수의 100분의 10 이상에 대하여는 의결권을 행사할 수 없도록 명할 수 있다.

(7) 자료 제출 요구

금융위원회는 적격성 심사를 위하여 필요한 경우에는 금융회사 또는 적격성 심사대상에 대하여 필요한 자료 또는 정보의 제공을 요구할 수 있다(지배 32조 3항).

제4절 보험모집행위 규제

I. 적합성 원칙

1. 의 의

금융상품판매업자등은 금융상품계약체결 등을 하거나 자문업무를 하는 경우에는 상대방인 금융소비자가 일반금융소비자인지 전문금융소비자인지를 확인하여야 한다(금소 17조 1항). 이를 한마디로 적합성의 원칙이라고 한다.

적합성 원칙이란 원래 증권 Broker-Dealer로 하여금 투자자의 투자목적, 재산상황, 투자경험 등에 비추어 적합한 투자가 아니면 고객에 대해서 투자를 권유해서는 안 된다는 원칙을 말한다.[1)]

이러한 적합성 원칙은 2010년 개정 보험업법에 의하여 소비자 보호강화 차원에서 도입되었고, 2020년 금소법의 제정에 따라 보험상품을 비롯한 금융상품 판매시에 금소법에 의하여 적합성 원칙이 적용된다.

이를 보험상품의 판매측면에서 보면 보험회사 또는 보험의 모집에 종사하는 자가 보험계약을 체결하기 전에 면담 또는 질문을 통하여 보험계약자의 연령, 재산상황, 보험가입의 목적 등 대통령령으로 정하는 사항을 파악하여 보험계약자에게

---

1) Nat'l Ass'n of Sec. Dealers, NASD Rule 2310, NASD Manual (CCH) 4261 (2000).

적합한 보험상품을 제공하여야 한다는 원칙이다.

따라서 적합성 원칙에 따라 보험계약자에게 실제로 필요하고 적합한 보험상품을 제공하기 위하여 보험계약의 체결을 권유하는 자들이 지켜야 할 내용을 규정하고, 부적합한 상품의 권유가 금지된다.

2. 적합성 원칙의 수범자

적합성 원칙 규정의 적용대상은 금융상품판매업자등이다. 따라서 금융상품 직접판매업자인 보험회사, 금융상품 중개 대리 판매업자인 보험대리점이나 보험중개사 등 보험모집종사자가 모두 그 적용 대상이 된다.

보험회사 등은 현실적으로 보험모집종사자를 통하여 적합성 원칙을 준수할 것이므로 보험회사가 직접 그 주체가 되는 경우는 흔하지 않을 것이나 조직적·전사적으로 적합성 원칙을 이행하지 않은 경우에는 보험회사 등 법인도 행위의 주체가 될 수 있을 것이다.

3. 적합성 원칙의 내용

(1) 고객특성 파악

금융상품판매업자등은 금융상품계약체결등을 하거나 자문업무를 하는 경우에는 상대방인 금융소비자가 일반금융소비자인지 전문금융소비자인지를 확인하여야 한다(금소 17조 1항).

(2) 고객정보 파악

1) 파악시기

금융상품판매업자등은 일반금융소비자에게 다음 각 호의 금융상품 계약 체결을 권유(금융상품자문업자가 자문에 응하는 경우를 포함한다)하는 경우에는 면담·질문 등을 통하여 고객정보를 파악한다(금소 17조 2항).

2) 파악정보

가. 「보험업법」 제108조 제 1 항 제 3 호에 따른 변액보험 등 대통령령으로 정하는 보장성 상품

(가) 일반금융소비자의 연령

(나) 재산상황(부채를 포함한 자산 및 소득에 관한 사항을 말한다. 이하 같다)

(다) 보장성 상품 계약 체결의 목적

나. 투자성 상품(「자본시장과 금융투자업에 관한 법률」 제 9 조 제27항에 따른 온라인소액투자중개의 대상이 되는 증권 등 대통령령으로 정하는 투자성 상품은 제외한다. 이하 이 조에서 같다) 및 운용 실적에 따라 수익률 등의 변동 가능성이 있는 금융상품으로서 대통령령으로 정하는 예금성 상품

(가) 일반금융소비자의 해당 금융상품 취득 또는 처분 목적

(나) 자산상황

(다) 취득 또는 처분 경험

다. 대출성 상품

(가) 일반금융소비자의 재산상황

(나) 신용 및 변제계획

라. 그 밖에 일반금융소비자에게 적합한 금융상품 계약의 체결을 권유하기 위하여 필요한 정보로서 대통령령으로 정하는 사항

(3) 고객확인·유지·관리·제공

일반금융소비자로부터 서명(「전자서명법」 제 2 조 제 2 호에 따른 전자서명을 포함한다. 이하 같다), 기명날인, 녹취 또는 그 밖에 대통령령으로 정하는 방법으로 확인을 받아 이를 유지·관리하여야 하며, 확인받은 내용을 일반금융소비자에게 지체 없이 제공하여야 한다(금소 17조 2항).

4. 적합성 판단기준

고객으로부터 파악된 고객정보를 기초로 하여 판매권유 여부에 관한 적합성 여부를 판단하여야 하는데 그 적합성 판단 기준은 다음과 같다(금소 17조 3항 후문).

5. 적합성 판단 후 조치 사항

금융상품판매업자등은 파악된 고객정보를 고려하여 그 일반금융소비자에게 적합하지 아니하다고 인정되는 계약 체결을 권유해서는 아니 된다(금소 17조 3항 전문).

6. 적합성 원칙 적용제외

금융상품판매업자등이 「자본시장과 금융투자업에 관한 법률」 제249조의 2에 따른 전문투자형 사모집합투자기구의 집합투자증권을 판매하는 경우에는 위에서 설명한 고객정보 파악, 고객확인·유지·관리·제공, 적합성 판단후 조치사항 등에 대

한 규정을 적용하지 아니한다. 다만, 같은 법 제249조의 2에 따른 적격투자자 중 일반금융소비자 등 대통령령으로 정하는 자가 대통령령으로 정하는 바에 따라 요청하는 경우에는 그러하지 아니하다(금소 17조 5항). 다만 이 경우 금융상품판매업자 등은 대통령령으로 정하는 자에게 적합성 규제의 적용을 별도로 요청할 수 있음을 대통령령으로 정하는 바에 따라 미리 알려야 한다(금소 17조 6항).

7. 적합성 원칙 위반 효과

(1) 계약해지

금융소비자는 금융상품판매업자 등이 대통령령으로 정하는 금융상품에 관한 계약을 체결할 때 자신의 정보에 비교하여 적합하지 아니한 상품을 권유하여 계약을 체결한 경우에는 5년 이내의 대통령령으로 정하는 기간 내에 서면 등으로 해당 계약의 해지를 요구할 수 있다. 이 경우 금융상품판매업자 등은 해지를 요구받은 날부터 10일 이내에 금융소비자에게 수락여부를 통지하여야 하며, 거절할 때에는 거절사유를 함께 통지하여야 한다(금소 47조 1항).

금융소비자는 금융상품판매업자등이 정당한 사유 없이 해지 요구를 따르지 않는 경우 해당 계약을 해지할 수 있다(금소 47조 2항).

계약이 해지된 경우 금융상품판매업자등은 수수료, 위약금 등 계약의 해지와 관련된 비용을 요구할 수 없다(금소 47조 3항). 계약의 해지요구권의 행사요건, 행사범위 및 정당한 사유 등과 관련하여 필요한 사항은 대통령령으로 정한다(금소 47조 4항).

(2) 과태료 부과

적합성의 원칙을 위반한 자, 즉 정보를 파악하지 아니하거나 확인을 받지 아니하거나 정보를 유지 관리하지 아니한 자, 확인 받은 내용을 지체 없이 제공하지 아니한 자에게 3천만원 이하의 과태료가 부과된다(금소 69조 2항 1호 및 2호).

(3) 손해배상

금융상품판매업자등이 고의 또는 과실로 금소법을 위반하여 금융소비자에게 손해를 발생시킨 경우에는 그 손해를 배상할 책임이 있다(금소 44조 1항).

증권회사의 임직원이 강행규정에 위반된 이익보장으로 투자를 권유하였으나 투자결과 손실을 본 경우에 투자가에 대한 불법행위책임이 성립되기 위하여는, 이익보장 여부에 대한 적극적 기망행위의 존재까지 요구하는 것은 아니라 하더라도, 적어도 거래경위와 거래방법, 고객의 투자상황(재산상태, 연령, 사회적 경험 정도 등),

거래의 위험도 및 이에 관한 설명의 정도 등을 종합적으로 고려한 후, 당해 권유행위가 경험이 부족한 일반 투자가에게 거래행위에 필연적으로 수반되는 위험성에 관한 올바른 인식형성을 방해하거나 또는 고객의 투자상황에 비추어 과대한 위험성을 수반하는 거래를 적극적으로 권유한 경우에 해당하여, 결국 고객에 대한 보호의무를 저버려 위법성을 띤 행위인 것으로 평가될 수 있는 경우라야 한다.[1)]

II. 적정성의 원칙

1. 의 의

적정성의 원칙이란 금융상품판매업자가 투자성 상품 및 대출성 상품 등에 대하여 일반금융소비자에게 계약 체결을 권유하지 아니하고 금융상품 판매 계약을 체결하려는 경우에 면담·질문 등을 통하여 미리 고객이 가지고 있는 일정한 정보를 파악하고, 이를 고려하여 일반금융소비자에게 적정하지 아니하다고 판단되는 경우에는 대통령령으로 정하는 바에 따라 그 사실을 알리고, 그 일반금융소비자로부터 서명, 기명날인, 녹취, 그 밖에 대통령령으로 정하는 방법으로 확인을 받아야 하는 원칙을 말한다.

2. 적정성 원칙의 적용요건

(1) 적용시기

금융상품판매업자는 대통령령으로 각각 정하는 보장성 상품, 투자성 상품 및 대출성 상품에 대하여 일반금융소비자에게 계약 체결을 권유하지 아니하고 금융상품 판매 계약을 체결하려는 경우에 적용된다(금소법 18조 1항).

(2) 파악정보(금소법 제18조 제1항)

1) 변액보험 등 대통령령으로 정하는 보장성 상품

가. 일반금융소비자의 연령

나. 재산상황(부채를 포함한 자산 및 소득에 관한 사항을 말한다. 이하 같다)

다. 보장성 상품 계약 체결의 목적

2) 투자성 상품

가. 일반금융소비자의 해당 금융상품 취득 또는 처분 목적

---

1) 대판 1994. 1. 11, 93 다 26205.

나. 재산상황

다. 취득 또는 처분 경험

3) 대출성 상품

가. 일반금융소비자의 재산상황

나. 신용 및 변제계획

4) 기타 정보

금융상품판매업자가 금융상품 판매 계약이 일반금융소비자에게 적정한지를 판단하는 데 필요하다고 인정되는 정보로서 대통령령으로 정하는 사항에 관한 정보

3. 적용제외

금융상품판매업자가 「자본시장과 금융투자업에 관한 법률」 제249조의 2에 따른 전문투자형 사모집합투자기구의 집합투자증권을 판매하는 경우에는 적정성 원칙의 규정을 적용하지 아니한다. 다만, 같은 법 제249조의 2에 따른 적격투자자 중 일반금융소비자 등 대통령령으로 정하는 자가 대통령령으로 정하는 바에 따라 요청하는 경우에는 그러하지 아니하다(금소 18조 4항).

이 경우 금융상품판매업자는 대통령령으로 정하는 자에게 적정성의 원칙의 적용을 별도로 요청할 수 있음을 대통령령으로 정하는 바에 따라 미리 알려야 한다(금소 18조 5항).

4. 적정성 원칙 위반 효과

(1) 계약해지

금융소비자는 금융상품판매업자 등이 대통령령으로 정하는 금융상품에 관한 계약을 체결할 때 적정성의 원칙을 위반하여 계약을 체결한 경우에는 5년 이내의 대통령령으로 정하는 기간 내에 서면 등으로 해당 계약의 해지를 요구할 수 있다. 이 경우 금융상품판매업자 등은 해지를 요구받은 날부터 10일 이내에 금융소비자에게 수락 여부를 통지하여야 하며, 거절할 때에는 거절사유를 함께 통지하여야 한다(금소 47조 1항). 금융소비자는 금융상품판매업자등이 정당한 사유 없이 해지 요구를 따르지 않는 경우 해당 계약을 해지할 수 있다(금소 47조 2항).

계약이 해지된 경우 금융상품판매업자등은 수수료, 위약금 등 계약의 해지와 관련된 비용을 요구할 수 없다(금소 47조 3항). 계약의 해지요구권의 행사요건, 행사범위 및 정당한 사유 등과 관련하여 필요한 사항은 대통령령으로 정한다(금소 47조

4항).

(2) 과태료 부과

적정성 원칙의 적용을 위하여 파악하여야 하는 고객의 정보를 파악하지 아니하거나 금융상품이 적정하지 아니하다는 사실을 알리지 아니하거나 확인을 받지 아니한 자에 대해 3천만 원 이하의 과태료를 부과한다(금소 69조 2항 3호 및 4호).

(3) 손해배상

금융상품판매업자등이 고의 또는 과실로 금소법을 위반하여 금융소비자에게 손해를 발생시킨 경우에는 그 손해를 배상할 책임이 있다(금소 44조 1항).

Ⅲ. 설명의무

1. 의 의

설명의무란 금융판매업자 등이 일반금융소비자에게 계약 체결을 권유하는 경우 및 일반금융소비자가 설명을 요청하는 경우에 금융상품에 관한 중요한 사항을 일반금융소비자가 이해할 수 있도록 설명하여야 하는 의무를 말한다.

2. 설명의무제도 인정근거

이러한 설명의무제도는 신의성실의 원칙 내지 고객보호의무에 기초한다. 설명의무는 보험자 측이 가지고 있는 정보를 보험계약자 측에 잘 흐르게 함으로써 정보의 비대칭으로부터 초래될 수 있는 소비자의 상품선택권의 자유를 보호하기 위한 것으로도 풀이할 수 있다. 보험자 측의 적정한 설명의무의 이행을 기초로 하여 보험계약자는 보험상품의 내용을 파악하고 그 가격의 적정성 평가 등을 통해 계약 체결 여부를 합리적으로 판단할 수 있게 된다. 한편 보험거래에서 보험계약자 측에 편중되어 있는 각종의 위험상황에 대한 보험계약자의 정보는 고지의무제도를 통하여 보험자 측에 전달될 수 있도록 하여 보험자의 보험계약의 위험선택 여부 및 조건 등을 정할 수 있도록 규정하고 있다.

3. 연 혁

종래 설명의무에 관한 규제는 2010년 보험업법 개정 시에 보험업법에 도입되어 규율되었으나 법률 제17112호로 금융소비자보호에 관한 법률이 제정(2020. 3.

24.)됨으로써 보험상품을 비롯한 모든 금융상품에 관한 설명의무 규제를 통합하여 규제하게 되었고 동법은 2021. 3. 25.부터 시행하게 되었다.

4. 설명의무 규제법규

설명의무 규제는 금융소비자보호에 관한 법률, 보험계약법, 약관의 규제에 관한 법률에서 규정하고 있다. 보험계약법에 의하면 보험자는 보험계약을 체결할 때에 보험계약자에게 보험약관을 교부하고 그 약관의 중요한 내용을 설명하여야 한다(상 638조의 3 1항). 만약 보험자가 보험약관의 교부 및 설명의무를 위반한 경우에는 보험계약자는 보험계약이 성립한 날로부터 3개월 이내에 그 계약을 취소할 수 있다(상 638조의 3 2항).

한편 약관의 규제에 관한 법률에서는 사업자로 하여금 고객에게 약관의 내용을 계약의 종류에 따라 일반적으로 예상되는 방법으로 분명하게 밝히고, 고객이 요구할 경우 그 약관의 사본을 고객에게 내주어 고객이 약관의 내용을 알 수 있게 하도록 규정하고 있다(약규 3조 2항). 또한 사업자는 계약의 성질상 설명하는 것이 현저하게 곤란한 경우를 제외하고 약관에 정하여져 있는 중요한 내용을 고객이 이해할 수 있도록 설명하여야 한다(약규 3조 3항). 그리고 만약 사업자가 설명의무를 위반하여 계약을 체결한 경우 해당 약관을 계약의 내용으로 주장할 수 없다(약규 3조 4항).

그런데 약관의 규제에 관한 법률 및 보험계약법상의 설명의무는 약관의 중요한 내용에 관한 설명의무이고, 그 효과는 사법적 효과로서 공통적인 성질을 가지고 있다. 그러나 보험계약법과 약관의 규제에 관한 설명의무의 요건은 양자 모두 약관의 중요내용에 대한 설명의무라는 점에서 유사하나, 그 위반의 효과는 확연히 다르다.

금융소비자보호에 관한 법률에서 부과되는 설명의무는 그 위반의 경우 사법적 효과가 부여되는 것이 아니라 과징금 등의 공법상의 제재에 따르는 점에서 차이가 있다. 또한 설명의무의 대상이 일반소비자에 한정된다는 점이 다른 점이다.

한편 보험업법은 보험상품에 관한 설명의무의 규제는 금융소비자보호법에 이관하면서 보험계약의 체결 시부터 보험금 지급 시까지의 주요 과정에 관한 설명의무와 보험금의 지급절차 및 지급내역에 대한 설명의무 규제는 그대로 존치하고 있다(보험 95조의 2 3항 및 4항).

즉 보험계약 체결단계에서의 설명의무는 금융소비자보호법이 담당하고, 보험계약 체결 이후의 단계에서의 설명은 보험업법이 담당하고 있다고 보면 된다.

5. 보험계약법과 약관의 규제에 관한 법률상의 설명의무 위반 효과

(1) 문제의 소재

보험계약은 보험약관이라는 정형화되어 있는 문서에 의하여 체결된다. 그런데 이러한 보험약관의 규제에 관하여 약관의 규제에 관한법률과 보험계약법이 규제를 하고 있는데 보험약관의 사실에 대하여 어느 법이 일반법이고 특별법인지 여부가 문제된다. 또한 설명의무의 위반효과와 관련하여 보험계약법은 보험계약자에게 취소권을 부여하고 있고, 반면 약관의 규제에 관한 법률은 당해 약관의 내용을 주장할 수 없도록 하는 효과를 부여하고 있다. 이처럼 설명의무 위반 효과에 대하여 서로 다른 효과를 부여하고 있는데 설명의무 위반의 경우에 어느 법을 적용하여야 하는지 여부도 문제된다. 이와 관련한 학설 및 판례의 논의를 본다.

(2) 학　　설

1) 단독 적용설

보험약관의 설명의무 위반의 경우에 상법의 규정이 단독으로 적용된다는 견해이다. 주요논거는 첫째, 보험약관의 규제에 관하여는 특별법인 상법이 우선하여 적용된다는 것이다. 둘째 설명의무 위반에 따른 취소권이 불행사 또는 제척기간의 경과에 따라 설명의무 위반의 하자는 치유된다는 것이다. 셋째, 보험계약자 평등의 원칙 및 보험단체의 수지 균등을 위해 해당 약관 조항의 적용을 배제할 수 없다는 것이다.[1)]

2) 병존적 적용설

상법과 약관의 규제에 관한 법률의 규정이 상호 모순되지 않으므로 상법 제638조의 3에 의한 적용 후에도 약관의 규제에 관한 법률을 적용하여 해당 약관조항의 적용배제를 주장할 수 있다는 입장이다. 병존적 적용설은 다음과 같은 논거를 추가로 들고 있다.

첫째, 상법의 규정은 약관의 규제에 관한 법률 외에 보험계약자를 보호하기 위한 추가적인 규정이다. 따라서 약관의 규제에 관한 법률이 인정하는 효과 외에 보험계약의 취소권을 덤으로 인정하여 주는 것이다.

둘째, 보험계약자를 보호하기 위해서 도입된 상법의 규정이 오히려 보험계약자로 하여금 3개월 이내에 보험약관을 재확인할 의무를 지게 하는 부당한 결과를

1) 한기정, 「보험법(제2판)」, 박영사, 2019, 144면.

초래한다는 것이다.[1)]

셋째, 보험계약자 평등의 원칙 또는 위험단체의 수지균등을 이유로 약관의 규제에 관한 법률의 적용을 배척하는 것은 보험계약자에게 불리하고 보험자에게만 유리하게 되어 합리적이지 않다.[2)]

(3) 판 례

상법 제638조의 3 제 1 항 및 약관의규제에관한법률 제 3 조의 규정에 의하여 보험자는 보험계약을 체결할 때에 보험계약자에게 보험약관에 기재되어 있는 보험상품의 내용, 보험료율의 체계, 보험청약서상 기재 사항의 변동 및 보험자의 면책사유 등 보험계약의 중요한 내용에 대하여 구체적이고 상세한 명시·설명의무를 지고 있다고 할 것이어서, 만일 보험자가 이러한 보험약관의 명시·설명의무에 위반하여 보험계약을 체결한 때에는 그 약관의 내용을 보험계약의 내용으로 주장할 수 없다.[3)]

(4) 소 결

우선 상법과 약관의 규제에 관한 법률의 적용 영역의 동일성 여부이다. 양법의 규정은 보험약관의 설명에 관한 보험자의 의무를 규정한 것으로 의무부과의 요건은 동일하다. 다만 그 효과만 차이가 있을 뿐이다. 그러므로 동일한 영역에 대한 규율대상을 규정하고 있는 것이므로 두 개의 법은 병존할 수 없고 어느 일방의 규정만이 적용되는 것으로 보아야 한다. 그런데 국내에 존재하는 약관일반에 관하여 약관의 규제에 관한 법률이 일반법으로 적용되는 것이고 상법의 규정은 보험약관에 관한 규정 중 설명사항에 대하여 규정한 것이므로 설명의무 이행과 관련하여 볼 때 상법의 규정이 약관의 규제에 관한 법률에 비하여 특별법적 지위에 있는 것으로 볼 수 있다. 보험약관의 규정은 고객에 따라 차별을 두어 적용할 수 없고, 설명의무 불이행 규정이 보험약관의 핵심 규정인 경우에는 설명의무를 불이행하였다는 이유로 적용하지 아니한 것은 결국 공허한 내용 규정없는 계약이 존재하게 될 뿐만 아니라 보험단체의 구성원에 대하여 평등한 대우의 필요성, 보험거래의 안정성 유지, 보험약관에 의한 거래의 형성 및 유지, 설명의무 효과의 시간적 제약성 등을 고려해 보건대 상법 단독적용설이 타당하다고 생각한다. 또한 상법의 개정 연혁 및 입법자의 취지 등을 고려하더라도 상법의 설명의무 규정이 단독으로 적용되는 것으로 보아야

1) 최준선, 「보험·해상·항공운송법(제10판)」, 2016, 70면.
2) 최기원, 「보험법(제3판)」, 2002, 127면.
3) 대판 1999. 3. 9, 98 다 43342, 43359.

하고 설명의무 불이행에 대한 제재는 사법적 제재로서 취소권의 인정으로 족하고 부실설명에 따른 제재는 다른 공법적 제재수단을 통하여 철저한 설명이 이행될 수 있도록 하는 것이 필요하다. 또한 의존적 소비자를 독립적 합리적 소비자로 성장시키고, 교육을 통한 상품 설명기회 확대로 설명의무제도를 보충하는 기능을 수행하도록 할 필요가 있다.

6. 설명의무의 주체

보험계약법상 교부·설명의무의 주체는 보험자라고 규정하고 있다. 그러나 보험자는 구체적인 설명의무를 이행할 능력이 없으므로 보험자의 설명의무는 보험을 모집할 수 있는 임·직원이나 모집업무를 위탁받은 보험모집종사자가 행한다.[1] 금융소비자보호법상의 설명의무의 주체는 금융판매업자 등이다.

금융판매업자 등이란 금융상품판매업자 또는 금융상품자문업자를 말하는데 여기서 금융상품판매업자는 금융상품판매업을 영위하는 자로서 대통령령으로 정하는 금융 관계 법률에서 금융상품판매업에 해당하는 업무에 대하여 인허가 또는 등록을 하도록 규정한 경우에 해당 법률에 따른 인허가를 받거나 등록을 한 자 및 금융소비자보호법 제12조 제 1 항에 따라 금융상품판매업의 등록을 한 자를 말한다. 또한 금융관계법률에서 금융상품판매업에 해당하는 업무에 대하여 해당 법률에 따른 인허가를 받거나 등록을 하지 아니하여도 그 업무를 영위할 수 있도록 규정한 경우에는 그 업무를 영위하는 자도 포함한다.

금융판매업자는 직접 판매업자와 판매 대리·중개업자로 구분되는데 직접판매업자는 금융상품판매업자 중 금융상품직접판매업을 영위하는 자를 말하고, 자본시장과 금융투자업에 관한 법률에 따른 투자중개업과 자신이 직접 계약의 상대방으로서 금융상품에 관한 계약의 체결을 영업으로 하는 것을 금융상품직접판매업이라고 한다. 판매대리·중개업자는 금융상품판매업자 중 금융상품판매대리·중개업을 영위하는 자를 말한다. 여기서 금융상품판매대리·중개업이란 금융상품에 관한 계약의 체결을 대리하거나 중개하는 것을 영업으로 하는 것을 말한다.

금융상품자문업자란 금융상품자문업을 영위하는 자로서 금융관계법률에서 금융상품자문업에 해당하는 업무에 대하여 인허가 또는 등록을 하도록 규정한 경우에 해당 법률에 따른 인허가를 받거나 등록을 한 자 및 금융상품자문업의 등록을 한 자를 말한다. 여기서 금융상품자문업이란 이익을 얻을 목적으로 계속적 또는 반복

1) 양승규, 「보험법(제5판)」, 삼지원, 2004, 113면.

적인 방법으로 금융상품의 가치 또는 취득과 처분결정에 관한 자문에 응하는 것을 말한다. 다만, 다음 경우의 어느 하나에 해당하는 것은 제외한다.

(1) 불특정 다수인을 대상으로 발행되거나 송신되고, 불특정 다수인이 수시로 구입하거나 수신할 수 있는 간행물·출판물·통신물 또는 방송 등을 통하여 조언을 하는 것

(2) 그 밖에 변호사, 변리사, 세무사가 해당 법률에 따라 자문업무를 수행하는 경우 등 해당 행위의 성격 및 금융소비자 보호의 필요성을 고려하여 금융상품자문업에서 제외할 필요가 있는 것으로서 대통령령으로 정하는 것

보험업법 및 금융소비자보호법에 의하면 설명 내용에 따라 다르게 규정되어 있다. 금융소비자보호법상의 (i) 보험계약의 중요사항에 대한 설명의무는 보험회사 또는 보험모집종사자이고, (ii) 보험업법상의 보험계약의 체결과 보험금 지급과정에 대한 설명의무의 주체는 보험회사이다. 이와 같이 설명의무의 주체를 달리한 이유는 설명내용에 대한 업무주체를 고려하여 규정한 것이다. 그러나 비록 보험회사가 설명의무의 주체인 경우에도 설명의무의 이행은 자연인이 할 수밖에 없으므로 보험회사가 소속 보험설계사 또는 임직원, 기타 모집종사자 등을 통하여 이행하는 것이 일반적이다. 이러한 경우 모집종사자는 보험회사의 이행보조자 내지 기관으로서 행위하는 것이 되어 그 효과는 보험회사에 귀속한다.

7. 설명의무이행의 상대방

보험계약법에 의한 명시·설명의무의 상대방은 보험계약자이다. 보험약관의 설명의무의 상대방은 반드시 보험계약자 본인에 국한되는 것이 아니라, 보험자가 보험계약자의 대리인과 보험계약을 체결할 경우에는 그 대리인에게 보험약관을 설명하는 것도 가능하다.[1] 따라서 보험계약자와 피보험자가 다른 경우 피보험자에게 별도로 설명하지 않아도 된다.

따라서 양돈축협이 개별 농가를 피보험자로 하여 보험계약을 체결한 경우 양돈축협 직원에게 약관의 중요한 내용을 설명하였다면 보험자로서는 그 설명의무를 다하였다고 보아야 한다.[2]

금소법상의 설명의무의 상대방은 일반금융소비자이다. 일반금융소비자란 국가, 한국은행, 대통령령으로 정하는 금융회사 등 전문금융소비자가 아닌 금융소비

1) 대판 2001. 7. 27, 2001다23973.
2) 서울고판 2001. 9. 22, 2001 나 42556.

자를 말한다.

보험업법상 설명의무의 상대방은 일반보험계약자에 한하고 전문보험계약자는 설명의무의 상대방이 아니다. 또한 보험회사는 보험계약의 체결 시부터 보험금 지급 시까지의 주요 과정을 대통령령으로 정하는 바에 따라 일반보험계약자에게 설명하여야 한다. 보험계약의 중요사항에 대한 설명의무는 절대적 의무이나 보험계약의 체결에서 지급에 이르기까지 주요과정에 대한 설명의무는 일반보험계약자가 설명을 거부하지 아니한 경우에 한하여 설명하여야 하는 상대적 의무조항이다.

8. 설명사항

금융소비자 보호에 관한 설명사항은 보험계약의 중요사항이고, 보험업법상의 설명사항은 보험계약의 주요과정 등이다. 금융소비자보호법에 의한 설명사항은 다음과 같다. 다만 일반금융소비자가 특정 사항에 대한 설명만을 원하는 경우 해당 사항으로 한정한다.

(1) 보장성 상품

1) 보장성 상품의 내용

2) 보험료(공제료를 포함)

3) 보험금(공제금을 포함) 지급제한 사유 및 지급절차

4) 위험보장의 범위

5) 그 밖에 위험보장 기간 등 보장성 상품에 관한 중요한 사항으로서 대통령령으로 정하는 사항

(2) 투자성 상품

1) 투자성 상품의 내용

2) 투자에 따른 위험

3) 대통령령으로 정하는 투자성 상품의 경우 대통령령으로 정하는 기준에 따라 금융상품직접판매업자가 정하는 위험등급

4) 그 밖에 금융소비자가 부담해야 하는 수수료 등 투자성 상품에 관한 중요한 사항으로서 대통령령으로 정하는 사항

(3) 예금성 상품

1) 예금성 상품의 내용

2) 그 밖에 이자율, 수익률 등 예금성 상품에 관한 중요한 사항으로서 대통령령으로 정하는 사항

(4) 대출성 상품

1) 금리 및 변동 여부, 중도상환수수료(금융소비자가 대출만기일이 도래하기 전 대출금의 전부 또는 일부를 상환하는 경우에 부과하는 수수료를 의미한다. 이하 같다) 부과 여부·기간 및 수수료율 등 대출성 상품의 내용

2) 상환방법에 따른 상환금액·이자율·시기

3) 저당권 등 담보권 설정에 관한 사항, 담보권 실행사유 및 담보권 실행에 따른 담보목적물의 소유권 상실 등 권리변동에 관한 사항

4) 대출원리금, 수수료 등 금융소비자가 대출계약을 체결하는 경우 부담하여야 하는 금액의 총액

5) 그 밖에 대출계약의 해지에 관한 사항 등 대출성 상품에 관한 중요한 사항으로서 대통령령으로 정하는 사항

(5) 금융상품과 연계되거나 제휴된 금융상품 또는 서비스 등이 있는 경우

1) 연계·제휴서비스등의 내용

2) 연계·제휴서비스등의 이행책임에 관한 사항

3) 그 밖에 연계·제휴서비스등의 제공기간 등 연계·제휴서비스등에 관한 중요한 사항으로서 대통령령으로 정하는 사항

(6) 청약 철회의 기한·행사방법·효과에 관한 사항

(7) 그 밖에 금융소비자 보호를 위하여 대통령령으로 정하는 사항

그리고 보험회사는 보험계약 체결단계, 보험금 청구 단계, 보험금 심사지급 단계별로 중요 사항을 일반보험계약자에게 설명하여야 한다. 설명방법에 대하여는 아무런 제한이 없으나 보험계약 체결 단계(보험계약 승낙 거절 시 거절사유로 한정한다), 보험금 청구 단계 또는 보험금 심사·지급 단계의 경우 일반보험계약자가 계약 체결 전에 또는 보험금 청구권자가 보험금 청구 단계에서 동의한 경우에 한정하여 서면, 문자메시지, 전자우편 또는 모사전송 등으로 중요 사항을 통보하는 것으로 이를 대신할 수 있다(보험시 42조의 2 3항).

☞ 고객의 자산을 관리하는 금융기관은 고객에 대하여 선량한 관리자로서의 주의의무를 부담하는 것이므로, 고객의 투자목적·투자경험·위험선호의 정도 및 투자예정기간 등을 미리 파악하여 그에 적합한 투자방식을 선택하여 투자하도록 권유하여야 하고, 조사된 투자목적에 비추어 볼 때 고객에게 과도한 위험을 초래하는 거래행위를 감행하도록 하여 고객의 재산에 손실을 가한 때에는 그로 인한 손해를 배상할

책임이 있다. 그러나 투자자가 금융기관의 권유를 받고 어느 특정한 상품에 투자하거나 어떠한 투자전략을 채택한 데에 단지 높은 위험이 수반된다는 사정만으로 일률적으로 금융기관이 적합성의 원칙을 위반하여 부당하게 투자를 권유한 것이라고 단정할 수는 없으며, 투자자로서도 예상 가능한 모든 위험을 회피하면서 동시에 높은 수익률이 실현될 것을 기대할 수는 없고 위험과 수익률의 조합을 스스로 투자목적에 비추어 선택할 수밖에 없는 것이다. 또한 금융기관이 일반 고객과 선물환거래 등 전문적인 지식과 분석능력이 요구되는 금융거래를 할 때에는, 상대방이 그 거래의 구조와 위험성을 정확하게 평가할 수 있도록 거래에 내재된 위험요소 및 잠재적 손실에 영향을 미치는 중요인자 등 거래상의 주요 정보를 적합한 방법으로 설명할 신의칙상의 의무가 있다고 할 것이나, 계약자나 그 대리인이 그 내용을 충분히 잘 알고 있는 경우에는 그러한 사항에 대하여서까지 금융기관에게 설명의무가 인정된다고 할 수는 없다.

아울러 금융기관이 고객과 역외펀드에 연계된 1차 선물환계약을 체결하면서 기본적인 환 헤지의 기능에 관하여는 어느 정도 설명하였으나 위 선물환계약에 수반되는 특별한 위험성에 관하여는 충분한 설명을 하지 않은 데에는 고객 보호의무를 위반한 잘못이 있으나, 위 고객이 1차 선물환계약의 만기일에 펀드를 해지하지 않고 선물환계약만을 정산하면서 선물환계약의 의미와 정산금의 발생내역에 관한 설명을 다시 들었으므로, 그 무렵에는 선물환계약의 특별한 위험성에 관하여 잘 알고 있었다고 보이므로 그 후 위 금융기관이 1차 선물환계약과 비교하여 만기 및 약정 환율만 다른 2차 선물환계약을 체결하면서 별도로 선물환계약의 특별한 위험성에 관하여 설명할 의무를 부담한다고 볼 수 없다.[1)]

9. 설명시기

금융소비자보호법에 의하면 일반금융소비자에게 계약 체결을 권유(금융상품자문업자가 자문에 응하는 것을 포함한다)하는 경우 및 일반금융소비자가 설명을 요청하는 경우에 설명하여야 한다. 보험업법상 보험금 지급과 관련해서는 일반보험계약자가 보험금 지급을 요청하는 때에 설명하도록 그 시기를 규정하고 있다. 또한 보험계약의 주요 과정에 대한 설명은 보험계약체결 단계, 보험금 청구 단계, 보험금 심사·지급 단계에서 일정한 사항을 설명하여야 한다. 다만, 일반보험계약자가 설명을

1) 대판 2010. 11. 11, 2010 다 55699.

거부하는 경우에는 그러하지 아니하다.

금융상품판매업자등은 설명에 필요한 설명서를 일반금융소비자에게 제공하여야 하며, 설명한 내용을 일반금융소비자가 이해하였음을 서명, 기명날인, 녹취 또는 그 밖에 대통령령으로 정하는 방법으로 확인을 받아야 한다. 다만, 금융소비자 보호 및 건전한 거래질서를 해칠 우려가 없는 경우로서 대통령령으로 정하는 경우에는 설명서를 제공하지 아니할 수 있다(금소 57조 2항).

10. 보험업법상 잔존하는 설명의무 규제

보험업법에서는 보험회사는 보험계약의 체결 시부터 보험금 지급 시까지의 주요 과정을 대통령령으로 정하는 바에 따라 일반보험계약자에게 설명하여야 하고, 다만, 일반보험계약자가 설명을 거부하는 경우에는 예외를 허용한다(보험 95조의 2 3항).

또한 보험업법은 보험회사에게 일반보험계약자가 보험금 지급을 요청한 경우에는 대통령령으로 정하는 바에 따라 보험금의 지급절차 및 지급내역 등을 설명하도록 하고, 보험금을 감액하여 지급하거나 지급하지 아니하는 경우에는 그 사유를 설명하도록 하고 있다(보험 95조의 2 4항).

11. 설명의무 위반의 효과

(1) 손해배상청구

금융상품판매업자등이 고의 또는 과실로 금소법을 위반하여 금융소비자에게 손해를 발생시킨 경우에는 그 손해를 배상할 책임이 있다(금소 44조 1항). 또한 금융상품판매업자등이 설명의무를 위반하여 금융소비자에게 손해를 발생시킨 경우에는 그 손해를 배상할 책임을 진다. 다만, 그 금융상품판매업자등이 고의 및 과실이 없음을 입증한 경우에는 그러하지 아니하다(금소 44조 2항).

☞ 보험회사 또는 보험모집종사자는 고객과 사이에 보험계약을 체결하거나 모집함에 있어서 보험료의 납입, 보험금·해약환급금의 지급사유와 그 금액의 산출 기준, 변액보험계약인 경우 그 투자형태 및 구조 등 개별 보험상품의 특성과 위험성을 알 수 있는 보험계약의 중요사항을 명확히 설명함으로써 고객이 그 정보를 바탕으로 보험계약 체결 여부를 합리적으로 판단을 할 수 있도록 고객을 보호하여야 할 의무가 있고, 이러한 의무를 위반하면 민법 제750조 또는 구 보험업법 제102조 제 1 항

(2010. 7. 23. 법률 제10394호로 개정되기 전의 것, 이하 같다)에 기하여 이로 인하여 발생한 고객의 손해를 배상할 책임을 부담한다.[1]

☞ 보험회사 또는 보험모집종사자는 고객과 보험계약을 체결하거나 모집할 때 보험료의 납입, 보험금·해약환급금의 지급사유와 금액의 산출 기준은 물론이고, 변액보험계약인 경우 투자형태 및 구조 등 개별 보험상품의 특성과 위험성을 알 수 있는 보험계약의 중요사항을 명확히 설명함으로써 고객이 정보를 바탕으로 보험계약 체결 여부를 합리적으로 판단을 할 수 있도록 고객을 보호하여야 할 의무가 있고, 이러한 의무를 위반하면 민법 제750조 또는 구 보험업법(2010. 7. 23. 법률 제10394호로 개정되기 전의 것, 이하 같다) 제102조 제 1 항에 따라 이로 인하여 발생한 고객의 손해를 배상할 책임을 부담한다.

여기서 보험회사 또는 보험모집종사자가 고객에게 보험계약의 중요사항에 관하여 어느 정도의 설명을 하여야 하는지는 보험상품의 특성 및 위험도 수준, 고객의 보험가입경험 및 이해능력 등을 종합하여 판단하여야 하지만, 구 보험업법 제97조 제 1 항, 제95조 제 1 항, 구 보험업법 시행령(2011. 1. 24. 대통령령 제22637호로 개정되기 전의 것) 제42조 등에서 규정하는 보험회사와 보험모집종사자의 의무 내용이 유력한 판단 기준이 된다. 그리고 보험계약의 중요사항은 반드시 보험약관에 규정된 것에 한정된다고 할 수 없으므로, 보험약관만으로 보험계약의 중요사항을 설명하기 어려운 경우에는 보험회사 또는 보험모집종사자는 상품설명서 등 적절한 추가자료를 활용하는 등의 방법으로 개별 보험상품의 특성과 위험성에 관한 보험계약의 중요사항을 고객이 이해할 수 있도록 설명하여야 한다.[2]

(2) 해지 요구 및 해지

금융소비자는 금융상품판매업자등이 설명의무를 위반하여 대통령령으로 정하는 금융상품에 관한 계약을 체결한 경우 5년 이내의 대통령령으로 정하는 기간 내에 서면 등으로 해당 계약의 해지를 요구할 수 있다. 이 경우 금융상품판매업자등은 해지를 요구받은 날부터 10일 이내에 금융소비자에게 수락여부를 통지하여야 하며, 거절할 때에는 거절사유를 함께 통지하여야 한다(금소 47조 1항). 금융소비자는 금융상품판매업자등이 정당한 사유 없이 제 1 항의 요구를 따르지 않는 경우 해당 계약을 해지할 수 있다(금소 47조 2항).

---

1) 대판 2013. 6. 13, 2010 다 34159.
2) 대판 2014. 10. 27, 2012 다 22242.

(3) 과징금 부과

금소법상 설명의무를 위반한 경우 금융상품직접판매업자 또는 금융상품자문업자가 설명의무를 위반하여 중요한 사항을 설명하지 아니하거나 설명서를 제공하지 아니하거나 설명한 내용을 이해하였음을 서명, 기명날인, 녹취 또는 그 밖에 대통령령으로 정하는 방법으로 확인을 받지 아니한 경우에는 그 위반행위와 관련된 계약으로 얻은 수입 또는 이에 준하는 금액의 100분의 50 이내에서 과징금을 부과할 수 있다. 다만, 위반행위를 한 자가 그 위반행위와 관련된 계약으로 얻은 수입 등이 없거나 수입 등의 산정이 곤란한 경우로서 대통령령으로 정하는 경우에는 10억원을 초과하지 아니하는 범위에서 과징금을 부과할 수 있다(금소 57조 1항).

Ⅳ. 금융상품등에 관한 광고 관련 준수사항

1. 의 의

금융상품은 고객에게 판매하기 위해 만들어진 무형의 상품이다. 이에 따라 보험회사는 고객들에게 보험상품의 존재를 알리고, 보다 많은 보험상품의 판매를 위해 다양한 마케팅 전략 및 기법을 활용하기도 한다. 보험상품의 존재를 알리기 위해서는 입소문을 내는 방법 등이 있으나 방송이나, 신문 등을 통한 광고, 인터넷 포탈 등을 이용한 광고 등 그 방법이 다양화 되고 있다. 광고란 사업자 등이 상품 등에 관한 사항을 신문·인터넷신문, 정기간행물, 방송, 전기통신, 그 밖의 방법으로 소비자에게 널리 알리거나 제시하는 것을 말한다.[1] 따라서 보험모집광고란 보험상품의 판매를 위해 신문·인터넷, 방송 등의 매체를 이용하여 보험의 내용을 알리고 가입을 촉구하는 것을 말한다고 볼 수 있다. 모집광고에서 나타날 수 있는 사회적 문제는 허위과장광고에 따른 피해이다. 따라서 모집광고에서의 광고내용의 진정성 확보는 광고규제의 핵심내용이 된다.

보험업법은 모집광고와 관련하여 보험상품에 대한 광고원칙, 보험상품광고 시 포함하여야 할 내용을 규정하고 있다. 또한 보험상품광고 시 금지사항, 보험상품에 대한 광고 방법 및 절차 등에 관한 사항도 상세히 규정하고 있다(보험 95조의 4).

1) 그 밖의 방법으로서 전단·팸플릿·견본 또는 입장권, 인터넷 또는 PC통신, 포스터·간판·네온사인·애드벌룬 또는 전광판, 비디오물·음반·서적·간행물·영화 또는 연극, 자기 상품 외의 다른 상품, 그 밖에 전술한 매체 또는 수단과 유사한 매체 또는 수단 등이 포함된다.

2. 규제 연혁

그동안 보험상품의 표시광고에 관한 사항은 공정거래위원회가 관할하는 표시·광고의 공정화에 관한법률(이하 '표시광고법'이라 한다)에 의하여 규율되어 왔으나 최근 TV광고, 홈쇼핑 등을 이용한 보험상품 판매광고가 확대되고 허위·과장 광고를 규제할 제도적 장치가 미비하다는 지적이 꾸준히 제기되어 왔다. 그러나 표시광고법의 금지사항이 추상적으로 규정되어 사전예방 기능이 미약하였다. 예컨대 표시광고법령에서는 허위광고, 기만적인 광고 등 모든 광고에 적용 가능한 추상적 문구로 금지행위가 규정되어 이로 인해 복잡한 보험상품 광고에 대한 법 적용이 어려웠다. 나아가 허위 과장광고에 대한 적극적이고 신속한 시정 및 관리 등이 곤란하였다.[1] 이에 따라 2010년 개정 보험업법에서 외국의 입법례를 참고하여 보험상품의 광고에 대해 표시광고법의 내용을 일반적으로 적용하되, 보험계약의 특성에 부합하도록 보험상품의 광고 시 필수포함 사항 및 금지사항 등 광고기준을 법제화하게 된 것이다. 그런데 이 규정은 2020년 금소법의 제정에 따라 다시 금소법으로 이관되어 규율되고 있다.

3. 금융상품 등에 관한 광고금지

금융상품판매업자등이 아닌 자 및 투자성 상품에 관한 금융상품판매대리·중개업자 등 대통령령으로 정하는 금융상품판매업자등은 금융상품판매업자등의 업무에 관한 광고 또는 금융상품에 관한 광고(이하 "금융상품등에 관한 광고"라 한다)를 해서는 아니 된다(금소 22조 1항).

---

1) 표시·광고의 공정화에 관한 법률 제15조(관계기관 등의 장의 협조) ① 공정거래위원회는 이 법의 시행을 위하여 필요하다고 인정되는 때에는 관계행정기관 기타의 기관 또는 단체의 장의 의견을 들을 수 있다.
② 공정거래위원회는 이 법의 시행을 위하여 필요하다고 인정되는 때에는 관계행정기관 기타의 기관 또는 단체의 장에게 필요한 조사를 의뢰하거나 필요한 자료를 요청할 수 있다.
③ 공정거래위원회는 제6조 제3항 또는 제7조 제1항의 규정에 의한 명령의 이행을 확보하기 위하여 필요하다고 인정되는 때에는 관계행정기관 기타의 기관 또는 단체의 장에게 필요한 협조를 요청할 수 있다.
④ 공정거래위원회는 금융·보험 사업자 등이 제3조 제1항의 규정에 위반하였다고 인정되어 직권으로 조사할 사유가 있는 경우에는 이를 조사하지 아니하고 금융위원회에 통보하여 금융위원회로 하여금 이를 처리하도록 하여야 한다.
⑤ 제4항의 규정에 의한 통보를 받은 금융위원회는 금융·보험관계법령이 정하는 바에 따라 이를 성실히 처리하여 그 결과를 공정거래위원회에 통보하여야 한다.

4. 금융상품 등에 관한 광고를 할 수 있는 자

한국금융투자협회, 보험협회 중 생명보험회사로 구성된 협회, 보험협회 중 손해보험회사로 구성된 협회, 상호저축은행중앙회, 여신전문금융업협회, 이에 준하는 기관으로서 대통령령으로 정하는 기관, 그 밖에 금융상품판매업자등이 아닌 자로서 금융상품판매업자등을 자회사 또는 손자회사로 하는 금융지주회사 등 대통령령으로 정하는 자는 금융상품등에 관한 광고를 할 수 있다(금소 22조 1항).

5. 금융상품 등에 관한 광고의 원칙

금융상품판매업자등이 금융상품등에 관한 광고를 하는 경우에는 금융소비자가 금융상품의 내용을 오해하지 아니하도록 명확하고 공정하게 전달하여야 한다(금소 22조 2항).

6. 금융상품 등에 관한 광고 시 포함내용

금융상품판매업자등이 하는 금융상품등에 관한 광고에는 다음 각 호의 내용이 포함되어야 한다(금소 22조 3항). 다만, 전문투자형 사모집합투자기구의 집합투자증권에 관한 광고에 대해서는 그러하지 아니하다(금소 22조 3항 단서).

(1) 금융상품에 관한 계약을 체결하기 전에 금융상품 설명서 및 약관을 읽어 볼 것을 권유하는 내용

(2) 금융상품판매업자등의 명칭, 금융상품의 내용

(3) 보장성 상품의 경우: 기존에 체결했던 계약을 해지하고 다른 계약을 체결하는 경우에는 계약체결의 거부 또는 보험료 등 금융소비자의 지급비용이 인상되거나 보장내용이 변경될 수 있다는 사항

(4) 투자성 상품의 경우

1) 투자에 따른 위험

2) 과거 운용실적을 포함하여 광고를 하는 경우에는 그 운용실적이 미래의 수익률을 보장하는 것이 아니라는 사항

(5) 예금성 상품의 경우: 만기지급금 등을 예시하여 광고하는 경우에는 해당 예시된 지급금 등이 미래의 수익을 보장하는 것이 아니라는 사항(만기 시 지급금이 변동하는 예금성 상품으로서 대통령령으로 정하는 금융상품의 경우에 한정한다)

(6) 대출성 상품의 경우: 대출조건

(7) 그 밖에 금융소비자 보호를 위하여 대통령령으로 정하는 내용

7. 금융상품 등에 관한 광고 시 금지행위

금융상품판매업자등이 금융상품등에 관한 광고를 하는 경우 다음과 같은 상품별 구분에 따라 소정의 행위를 해서는 아니된다(소보법 22조 4항).

(1) 보장성 상품

1) 보장한도, 보장 제한 조건, 면책사항 또는 감액지급 사항 등을 빠뜨리거나 충분히 고지하지 아니하여 제한 없이 보장을 받을 수 있는 것으로 오인하게 하는 행위

2) 보험금이 큰 특정 내용만을 강조하거나 고액 보장 사례 등을 소개하여 보장내용이 큰 것으로 오인하게 하는 행위

3) 보험료를 일(日) 단위로 표시하거나 보험료의 산출기준을 불충분하게 설명하는 등 보험료등이 저렴한 것으로 오인하게 하는 행위

4) 만기 시 자동갱신되는 보장성 상품의 경우 갱신 시 보험료등이 인상될 수 있음을 금융소비자가 인지할 수 있도록 충분히 고지하지 아니하는 행위

5) 금리 및 투자실적에 따라 만기환급금이 변동될 수 있는 보장성 상품의 경우 만기환급금이 보장성 상품의 만기일에 확정적으로 지급되는 것으로 오인하게 하는 행위 등 금융소비자 보호를 위하여 대통령령으로 정하는 행위

(2) 투자성 상품

1) 손실보전(損失補塡) 또는 이익보장이 되는 것으로 오인하게 하는 행위. 다만, 금융소비자를 오인하게 할 우려가 없는 경우로서 대통령령으로 정하는 경우는 제외한다.

2) 대통령령으로 정하는 투자성 상품에 대하여 해당 투자성 상품의 특성을 고려하여 대통령령으로 정하는 사항 외의 사항을 광고에 사용하는 행위

3) 수익률이나 운용실적을 표시하는 경우 수익률이나 운용실적이 좋은 기간의 수익률이나 운용실적만을 표시하는 행위 등 금융소비자 보호를 위하여 대통령령으로 정하는 행위

(3) 예금성 상품

1) 이자율의 범위·산정방법, 이자의 지급·부과 시기 및 부수적 혜택·비용을 명확히 표시하지 아니하여 금융소비자가 오인하게 하는 행위

2) 수익률이나 운용실적을 표시하는 경우 수익률이나 운용실적이 좋은 기간의

것만을 표시하는 행위 등 금융소비자 보호를 위하여 대통령령으로 정하는 행위

(4) 대출성 상품

1) 대출이자율의 범위·산정방법, 대출이자의 지급·부과 시기 및 부수적 혜택·비용을 명확히 표시하지 아니하여 금융소비자가 오인하게 하는 행위

2) 대출이자를 일 단위로 표시하여 대출이자가 저렴한 것으로 오인하게 하는 행위 등 금융소비자 보호를 위하여 대통령령으로 정하는 행위

8. 표시광고법과의 관계

금융상품 등을 광고할 경우 표시광고법 제 4 조 제 1 항에 따른 표시·광고사항이 있는 경우에는 같은 법에서 정하는 바에 따른다(금소 22조 5항). 따라서 보험상품의 광고도 표시광고법의 적용대상이 되며 보험업법이 특별히 정하고 있는 사항에 대해서는 보험업법이 표시광고법에 우선하여 적용된다. 또한 다른 사업자와 달리 보험사업자가 표시광고법에서 규정한 위반사실이 인정되는 경우에도 공정거래위원회는 이를 조사하지 아니하고 금융위원회에 통보하여 금융위원회로 하여금 이를 처리하도록 규정하고 있다(표시광고법 15조 4항).

9. 보험협회의 표시광고 기준 준수 확인

보험협회는 필요하면 보험회사 또는 보험의 모집에 종사하는 자로부터 광고물을 미리 제출받아 보험회사 등의 광고가 이 법이 정한 광고기준을 지키고 있는지 여부를 확인하고, 그 결과에 대한 의견을 해당 금융상품판매업자등에게 통보할 수 있다(금소 22조 6항).

보험의 모집에 관한 광고는 상업광고의 성격을 가진 것으로 헌법상 표현의 자유의 보호영역에 속하므로 보험협회가 보험회사로부터 광고물을 사전에 제출받아 확인하는 것이 우리 헌법이 보장하고 있는 사전검열에 해당하지 않는가 하는 의문이 생길 수 있다.

건강기능식품협의회의 광고심사와 관련하여 헌법재판소는 헌법 제21조 제 1 항이 모든 국민은 언론·출판의 자유를 가진다고 하여 표현의 자유를 보장할 때 그 표현의 범위에는 상업광고도 포함되는 것이고, 상업광고의 성격을 가진 이 사건 건강기능식품 광고 역시 표현의 자유에 의한 보호를 받는 것이므로, 동조 제 2 항에 따라 이에 대한 사전검열은 절대적으로 금지되는 것이라고 한다.

다만, 헌법재판소는 사전검열금지원칙 적용에 있어서, 일반적으로 허가를 받기

위한 표현물의 제출의무의 존재, 행정권이 주체가 된 사전심사절차의 존재 등의 4가지 요건을 모두 갖춘 사전심사절차의 경우에만 사전검열금지원칙 위반으로 절대적으로 금지시켜 왔으므로, 이 사건의 경우에도 동 요건에 해당하는지 여부를 심사하여 처리하면 되고, 그것으로 충분하다고 한다. 먼저 행정권이 주체가 된 사전심사절차의 존재 요건과 관련하여 이 사건 건강기능식품협회의 경우는 그 구성과 운영의 현황에 비추어 행정주체성을 인정하기 어려우므로, 다른 요건들에 해당하는지 여부를 검토할 필요 없이 사전검열금지원칙에 위배되지 않는다고 할 것이다."라고 판시하였다.[1] 이러한 헌법재판소의 판례 취지에 비추어 보면 보험협의의 광고심사는 행정주체에 의한 사전심사로 보기 어려워 헌법에 위반되는 사전검열로 보기 어렵다고 판단된다.

10. 금융상품등에 관한 광고의 방법 및 절차

금융상품등에 관한 구체적인 내용, 광고의 방법과 절차는 대통령령으로 정한다(금소 22조 7항).

11. 금융상품등에 관한 광고 규제 위반 시 효과

(1) 과징금 부과

금융상품직접판매업자 또는 금융상품자문업자가 금융상품 등에 관한 광고시 포함내용과 금지행위 규정을 위반한 경우에는 금융위원회는 그 위반행위와 관련된 계약으로 얻은 수입 또는 이에 준하는 금액(이하 이 조에서 "수입등"이라 한다)의 100분의 50 이내에서 과징금을 부과할 수 있다. 다만, 위반행위를 한 자가 그 위반행위와 관련된 계약으로 얻은 수입등이 없거나 수입등의 산정이 곤란한 경우로서 대통령령으로 정하는 경우에는 10억원을 초과하지 아니하는 범위에서 과징금을 부과할 수 있다(금소 57조 1항 4호).

(2) 과태료 부과

금융위원회는 금융상품 등에 관한 광고를 할 수 없는 자가 광고를 하거나, 금융상품 등에 관한 광고 시 포함내용과 금지행위 규정을 위반하여 광고를 한자에게 1억원 이하의 과태료를 부과할 수 있다(금소 69조 1항 5호).

금융상품판매대리·중개업자가 금융상품계약체결등의 업무를 대리하거나 중개하게 한 금융상품판매대리·중개업자가 금융상품 등에 관한 광고시 포함내용과 금

1) 헌재결(전원재판부) 2010. 7. 29, 2006 헌바 75.

지행위 규정을 위반한 경우에는 1억원 이하의 과태료를 부과할 수 있다(금소 69조 1항 6호).

V. 중복계약 체결 확인 의무

1. 제도의 의의

보험회사 등은 동일 위험을 담보하는 보험계약의 가입여부를 확인하여 보험계약자에게 고지하여야 하고, 중복계약의 확인절차 등에 대해서는 대통령령에서 정하도록 위임하고 있다(보험 95조의 5). 이와 같은 중복계약 체결 확인제도는 보험계약자로 하여금 적정한 수준의 보험을 가입할 수 있는 선택권을 보장하기 위해 보장내용이 유사한 다수보험 가입여부를 사전에 확인하여 이를 보험계약자에게 고지하게 하도록 한 것이다. 이는 보험소비자가 중복 가입으로 인한 보험료의 과다지출을 억제하고, 추가보장 등의 이유로 중복가입을 원하는 경우 외에는 보험회사가 중복 가입을 권유할 수 없도록 하는 등 소비자의 보험가입 의도에 적합하지 않은 상품 권유를 금지함으로써 보험계약자의 권익을 보호하고, 공정한 보험거래 관행을 확립하기 위하여 종래 감독규정에 반영된 내용을 보험업법으로 상향 규정하였다.[1)]

2. 중복계약 체결 확인 의무자

보험회사 또는 보험의 모집에 종사하는 자가 확인의무자이다. 통상 보험계약의 모집은 보험모집종사자에 의하여 행해지므로 보험회사가 중복계약체결 확인의무가 있는지 의문이나 보험회사는 모집종사자가 확인의무를 제대로 이행할 수 있도록 계약확인시스템과 내규 등의 제도를 구축하고 최종적인 확인의무를 져야 하므로 보험회사도 확인의무자에 포함한 것이다.

3. 중복확인 대상 보험계약 및 확인내용

(1) 중복확인 대상 보험계약

중복 확인의무의 대상이 되는 보험계약은 실제 부담한 의료비만 지급하는 제3보험상품 계약이 이에 해당한다. 다만 (ⅰ) 여행 중 발생한 위험을 보장하는 보험계약으로서 다음의 어느 하나에 해당하는 보험계약, 즉 ⅰ) 관광진흥법 제 4 조에 따

---

1) 이성남, 「보험업법」, 씨아이알, 2022, 408면.

라 여행업자가 여행자를 위하여 일괄 체결하는 보험계약, ii) 특정 단체가 그 단체의 구성원을 위하여 일괄 체결하는 보험계약, (ii) 국외여행, 연수 또는 유학 등 국외체류 중 발생한 위험을 보장하는 보험계약은 중복확인 의무 대상 계약이 아니다. 여기서 동일한 위험이 무엇을 의미하는지 여부가 문제된다. 위험의 동일성 여부는 피보험자의 동일성 여부, 담보 내용의 동일성 여부로 판단한다.

(2) 확인 내용

확인 내용은 모집하고자 하는 보험계약과 동일한 위험을 보장하는 보험계약을 체결하고 있는지 여부이고, 구체적으로는 보험회사 또는 보험의 모집에 종사하는 자가 실손의료보험계약을 모집하는 경우에는 피보험자가 되려는 자가 이미 다른 실손의료보험계약의 피보험자로 되어 있는지를 확인하여야 한다(보험시 42조의 5 2항). 확인 결과, 피보험자가 되려는 자가 다른 실손의료보험계약의 피보험자로 되어 있는 경우에는 보험금 비례분담 등 보장금 지급에 관한 세부 사항을 안내하여야 한다(보험시 42조의 5 3항).

4. 위반의 효과

보험회사가 중복계약 체결 확인의무를 제대로 이행하지 아니한 경우에 관하여 벌칙이나 과징금, 과태료 부과 규정은 따로 마련되어 있지 않다. 그러나 보험업법 제134조에 의한 일반적 제재규정에 따라 제재조치가 가능하다.

Ⅵ. 통신수단을 이용한 모집관련 준수사항

1. 의 의

통신수단을 이용한 모집이란 보험모집종사자가 모집의 방식의 하나로 통신수단을 이용하여 모집하는 것을 말한다. 홈쇼핑 TV를 통한 모집을 통신수단을 이용한 모집으로 볼 수 있는지 문제되나, 통신수단을 활용한 모집은 보험계약의 청약의 권유와 청약의 수령이 통신수단을 통하여 이루어지는 경우를 말하므로 홈쇼핑 TV를 통하여 광고를 본 자가 전화를 이용하여 청약의 의사표시를 하였다면 이는 결과적으로 전화를 이용한 모집으로서 통신수단을 이용한 모집에 해당한다.[1]

---

1) 이성남, 「보험업법」, 씨아이알, 2022, 410면.

2. 통신수단을 이용하여 모집할 수 있는 자 및 모집원칙

전화·우편·컴퓨터통신 등 통신수단을 이용하여 모집을 하는 자는 보험업법 제83조에 따라 모집을 할 수 있는 자이어야 한다. 통신수단을 이용하여 모집하는 경우에는 다른 사람의 평온한 생활을 침해하는 방법으로 모집을 하여서는 안 된다(보험 96조 1항).

다른 사람의 평온한 생활을 침해한다는 것은 협박·강요 등의 불법적 방법, 심야에 전화를 이용하여 모집하면서 공포심이나 불안감을 유발하는 방법, 계속적·반복적으로 전화, 우편, 이메일 발송하는 방법으로 모집하는 것 등을 말한다. 판례에 의하면 금융기관이 파산과 면책결정으로 면책된 채무에 대하여 강제집행을 경고하며 변제를 요구하는 내용의 통지를 수차례 발송한 행위는 채무자의 생활의 평온 및 경제활동의 자유를 부당히 침해한 것으로 불법행위가 된다고 한 사례가 있다.[1]

3. 통신수단 제공의무

보험회사는 일정한 경우에는 보험계약자 등이 통신수단을 이용할 수 있도록 하여야 한다(보험 96조 2항). 즉 (i) 보험계약을 청약한 자가 청약의 내용을 확인·정정 요청하거나 청약을 철회하고자 하는 경우, (ii) 보험계약자가 체결한 계약의 내용을 확인하고자 하는 경우, (iii) 보험계약자가 체결한 계약을 해지하고자 하는 경우에는 통신수단을 이용할 수 있도록 하여야 한다. 다만, 보험계약자가 체결한 계약을 해지하고자 하는 경우에는 보험계약자가 계약을 체결하기 전에 통신수단을 이용한 계약해지에 동의한 경우에 한하여 통신수단을 이용할 수 있다.

4. 위반 시 효과

보험회사의 소속 임·직원 또는 소속 보험설계사가 다른 사람의 평온한 생활을 침해하는 방법으로 모집하는 경우에는 그 보험회사에 대하여 해당 보험계약의 수입보험료의 100분의 20 이하의 범위에서 과징금을 부과할 수 있다. 다만, 보험회사가 그 위반행위를 막기 위하여 해당 업무에 관하여 상당한 주의와 감독을 게을리 하지 아니한 경우에는 과징금을 부과할 수 없다(보험 196조 2항). 보험회사가 통신수단을 이용한 준수사항을 위반한 경우 5천만 원 이하의 과태료를 부과한다(보험 209조 1항 3호). 보험회사의 발기인·설립위원·이사·감사·검사인·청산인 등이 위반한 경우에

1) 서울중앙지판 2006. 6. 7, 2005 가합 100354.

는 2천만 원 이하의 과태료를 부과하고(보험 209조 2항 19호), 제96조 제 1 항을 위반한 자는 1천만 원 이하의 과태료를 부과한다(보험 209조 3항 9호).

Ⅶ. 보험계약의 체결 또는 모집에 관한 금지제도

1. 의의 및 연혁

보험계약의 체결 또는 모집에 종사하는 자는 그 체결 또는 모집하는 과정에서 보험회사나 자신의 이익을 위해서 보험거래의 상대방의 이익을 침해할 우려가 높다. 이러한 점을 고려하여 보험계약의 체결 또는 모집에 종사하는 자에게 이하에서 설명하는 행위를 금지하고 있다(보험 97조 1항). 종래 보험업법에서는 금지하고 있던 아래의 내용은 삭제되고, 금소법의 제정으로 동 법에 이관되어 운용되고 있다.

(i) 보험계약자나 피보험자에게 보험상품의 내용을 사실과 다르게 알리거나 그 내용의 중요한 사항을 알리지 아니하는 행위

(ii) 보험계약자나 피보험자에게 보험상품의 내용의 일부에 대하여 비교의 대상 및 기준을 분명하게 밝히지 아니하거나 객관적인 근거 없이 다른 보험상품과 비교하여 그 보험상품이 우수하거나 유리하다고 알리는 행위

(iii) 보험계약자나 피보험자가 중요한 사항을 보험회사에 알리는 것을 방해하거나 알리지 아니할 것을 권유하는 행위

(iv) 보험계약자나 피보험자가 중요한 사항에 대하여 부실한 사항을 보험회사에 알릴 것을 권유하는 행위

2. 금지행위의 유형

(i) 보험계약자 또는 피보험자로 하여금 이미 성립된 보험계약을 부당하게 소멸시킴으로써 새로운 보험계약을 청약하게 하거나 새로운 보험계약을 청약하게 함으로써 기존보험계약을 부당하게 소멸시키거나 그 밖에 부당하게 보험계약을 청약하게 하거나 이러한 것을 권유하는 행위

(ii) 실제 명의인이 아닌 자의 보험계약을 모집하거나 실제 명의인의 동의가 없는 보험계약을 모집하는 행위

(iii) 보험계약자 또는 피보험자의 자필서명이 필요한 경우에 보험계약자 또는 피보험자로부터 자필서명을 받지 아니하고 서명을 대신하거나 다른 사람으로 하여

금 서명하게 하는 행위

(ⅳ) 다른 모집 종사자의 명의를 이용하여 보험계약을 모집하는 행위

(ⅴ) 보험계약자 또는 피보험자와의 금전대차의 관계를 이용하여 보험계약자 또는 피보험자로 하여금 보험계약을 청약하게 하거나 이러한 것을 요구하는 행위

(ⅵ) 정당한 이유 없이 「장애인차별금지 및 권리구제 등에 관한 법률」 제 2 조에 따른 장애인의 보험가입을 거부하는 행위

(ⅶ) 보험계약의 청약철회 또는 계약 해지를 방해하는 행위

3. 보험계약의 체결에 관한 금지행위 위반 시 효과

(1) 과 징 금

보험회사의 소속 임직원 또는 소속 보험설계사가 위반한 경우에는 그 보험회사에 대하여 해당 보험계약의 수입보험료의 100분의 20 이하의 범위에서 과징금을 부과할 수 있다. 다만, 보험회사가 그 위반행위를 막기 위하여 해당 업무에 관하여 상당한 주의와 감독을 게을리 하지 아니한 경우에는 그러하지 아니하다(보험 196조 2항).

(2) 과 태 료

보험회사의 발기인 등이 위반한 경우는 2천만 원 이하의 과태료를 부과한다(보험 209조 2항 18호). 제97조 제 1 항을 위반한 자에게는 1천만 원 이하의 과태료를 부과한다(보험 209조 3항 10호).

(3) 손해배상청구

부활제도에 대해 잘못 설명하여 손해를 본 경우 보험계약자 등은 보험업법 제102조에 의하여 손해배상을 청구할 수 있고, 이때 그 위반행위에 대한 증명책임은 손해배상을 청구하는 측에 있다.[1])

---

1) 대판 2010. 11. 25, 2010 다 39192.

제 5 절 자산운용 규제

Ⅰ. 의의 및 연혁

1. 의 의

보험회사의 자산운용 규제는 보험회사가 운용자산을 건전하게 운용·보전하고 보험계약자의 보험금 청구에 대하여 적기에 충분히 응할 수 있는 재원을 충실히 확보하기 위해 필요하다. 보험회사의 자산이 불건전하게 운용되는 경우, 금융시장에 악영향을 초래하고 금융시스템을 불안하게 하여 경제질서를 크게 해칠 수 있고, 궁극적으로 다수의 보험계약자에게 보험금 지급불능으로 인하여 막대한 손해를 야기할 수 있다.[1] 또한 보험자산의 편중운용, 대주주에 의한 사금고화를 방지할 필요가 있다. 보험업법은 보험회사의 자산의 적정한 운용을 도모하기 위하여 투기적 목적의 대출 등을 금지하는 여신규제와 업무용 부동산이 아닌 부동산의 소유금지, 동일인 및 동일차주 등에 대한 여신 및 자산취득 규제, 대주주 및 자회사 등에 대한 여신 및 자산취득 규제를 두고 있으며 무분별한 출자를 제한하기 위하여 출자제한 규제, 불공정한 대출규제, 대주주 등과의 거래규제 및 자회사 관련 규제제도를 두고 있다.

2. 규제 연혁

2003년 개정 보험업법에 의하여 본장이 신설되었으며 종래에는 자산운용의 원칙조항과 특별계정의 설정 및 운용에 관한 근거 규정 등 극히 일부 사항만을 법률에서 규정하였고 자산운용에 관한 구체적인 규제는 대통령령 등 하위규정에 위임하였다. 보험업법 제정 당시에는 자산운용 규제에 관한 사항을 직접 규제하는 법률적 차원의 규정은 존재하지 않았으나 제1차 개정 보험업법 제74조의 2가 "보험회사의 재산의 이용은 각령의 정하는 방법과 비율에 따라야 한다."고 규정함으로써 보험업법상의 규율이 시작되었다. 이에 따라 1963년 시행령에 의하여 재산이용의 방법(7조의 2), 재산이용의 비율(7조의 3)에 관한 규정이 마련되었다.[2]

보험회사의 자산운용 방법은 자산의 규모가 커짐에 따라 운용대상 자산의 종류도 점차 다양화 되었다. 2003년을 기준으로 그 이전까지는 보험회사는 유가증권의 취득, 부동산의 취득 및 이용, 대출 및 어음의 할인, 대통령령이 정하는 금융기

1) 이성남, 「보험업법」, 씨아이알, 2022, 472면.
2) 이성남, 「보험업법」, 씨아이알, 2022, 473면.

관에 예금, 신탁회사에 대한 금전·유가증권 또는 부동산의 신탁, 기타 대통령령이 정하는 방법으로 자산을 운용할 수 있었다(구 보험 19조).

그러나 2003년부터는 보험회사의 자산운용에 관한 규제의 중요성이 부각됨에 따라 자산운용 규제에 대한 법률적 근거를 명확히 하였으며, 규제의 투명성을 제고하고자 자산운용에 관한 장을 신설하였고, 종래 대통령령에서 규정하였던 자산운용 방법 및 비율에 관한 조항 등을 법률로 상향하여 규정하였다. 또한 보험회사의 자산운용 방법을 법률에 열거하여 규정하는 방식에서 금지되거나 제한되는 자산운용 방법을 규정하고 이것을 제외한 자산운용을 원칙적으로 허용하는 방식으로 규제태도를 전환하였다.

3. 자산운용원칙

보험회사는 그 자산을 운용할 때 안정성·유동성·수익성 및 공익성이 확보되도록 하여야 하고, 선량한 관리자의 주의로써 그 자산을 운용하여야 한다(보험 104조). 이러한 보험자산의 운용원칙에 따르면 보험회사의 자산은 무엇보다 안정적 운용이 중요하다는 점을 강조한다. 그리고 자산의 안정적 운용을 위하여 유동성이 고려되어야 하고, 어느 정도의 수익성도 거둘 수 있어야 한다. 또한 보험회사의 자산은 다수의 보험계약자의 보험료로 구성되기 때문에 신탁재산적 성격을 가지고 있다고 볼 수 있고, 이러한 보험자산의 공공적 특성을 고려하여 자산운용에 대한 공익성을 요구한다. 또한 이러한 보험자산의 운용원칙은 선량한 관리자로서의 주의의무를 다할 때 달성될 수 있다.[1)]

Ⅱ. 금지 또는 제한되는 자산운용

대통령령으로 정하는 업무용 부동산이 아닌 부동산의 소유를 금지하고, 특별계정을 통한 부동산의 소유를 금지하고 있다. 또한 상품이나 유가증권에 대한 투기를 목적으로 하는 자금의 대출, 직접·간접을 불문하고 해당 보험회사의 주식을 사도록 하기 위한 대출 및 정치자금의 대출을 금지하고, 해당 보험회사의 임·직원에 대한 대출 등 일정한 종류의 여신행위를 금지하고 있다. 마지막으로 자산운용의 안정성을 크게 해칠 우려가 있는 행위로서 대통령령으로 정하는 행위를 하지 못하도록 자산운용에 제한을 두고 있다(보험 105조).

1) 이성남, 「보험업법」, 씨아이알, 2022, 474면.

Ⅲ. 자산운용의 방법 및 비율 규제

보험회사는 일반계정(제108조 제1항 제1호 및 제4호의 특별계정을 포함한다)에 속하는 자산과 제108조 제1항 제2호에 따른 특별계정에 속하는 자산을 운용할 때 다음과 같은 비율을 초과할 수 없다(보험 106조 1항).

1. 운용방법 및 비율

자산운용방법	자산운용한도	
	일반계정	특별계정
① 동일한 개인 또는 법인에 대한 신용공여	100분의 3	100분의 5
② 동일한 법인이 발행한 채권 및 주식 소유의 합계액	100분의 7	100분의 10
③ 동일차주에 대한 신용공여 또는 그 동일차주가 발행한 채권 및 주식 소유의 합계액	100분의 12	100분의 15
④ 동일한 개인·법인, 동일차주 또는 대주주(그의 특수관계인을 포함한다)에 대한 총자산의 100분의 1을 초과하는 거액 신용공여의 합계액	100분의 20	100분의 20
⑤ 대주주 및 대통령령으로 정하는 자회사에 대한 신용공여	자기자본의 100분의 40[1]	100분의 2
⑥ 대주주 및 대통령령으로 정하는 자회사가 발행한 채권 및 주식 소유의 합계액	자기자본의 100분의 60[2]	100분의 3
⑦ 동일한 자회사에 대한 신용공여	자기자본의 100분의 10	100분의 4
⑧ 부동산의 소유	100분의 25	100분의 15
⑨ 외국환이나 외국부동산의 소유[3]	100분의 50	100분의 50
⑩ 파생상품거래를 위한 대통령령으로 정하는 바에 따른 위탁증거금의 합계액[4]	100분의 6[5]	100분의 6[6]

※ 위에서 특별한 기준이 없는 경우 일반계정의 경우 총자산, 특별계정의 경우에는 각 특별계정의 자산이 기준이다.

1) 자기자본의 100분의 40에 해당하는 금액이 총자산의 100분의 2에 해당하는 금액보다 큰 경우에는 총자산의 100분의 2.
2) 자기자본의 100분의 60에 해당하는 금액이 총자산의 100분의 3에 해당하는 금액보다 큰 경우에는 총자산의 100분의 3.
3) 외국환이나 외국부동산의 소유 비율의 경우 외화표시 보험에 대하여 지급보험금과 같은 외화로 보유하는 자산의 경우에는 금융위원회가 정하는 바에 따라 책임준비금을 한도로 자산운용비율의 산정 대상에 포함하지 아니한다.
4) 파생상품거래는 금융위원회가 정하는 바에 따른 위험회피 수단 요건에 해당하는 경우는 제외한다. 장외파생상품거래의 경우에는 약정금액을 말한다.
5) 장외파생상품거래에 관하여는 총자산의 100분의 3 미만.
6) 장외파생상품거래에 관하여는 각 특별계정 자산의 100분의 3 미만.

2. 운용비율의 조정 및 합산 계산

자산운용비율은 자산운용의 건전성 향상 또는 보험계약자 보호에 필요한 경우에는 대통령령으로 정하는 바에 따라 그 비율의 100분의 50의 범위에서 인하하거나, 발행주체 및 투자수단 등을 구분하여 별도로 정할 수 있다(보험 106조 2항).

대통령령으로 정하는 금액 이하의 특별계정에 대하여는 일반계정에 포함하여 자산운용비율을 적용한다(보험 106조 3항).

3. 자산운용방법 및 비율제한의 예외

(1) 의 의

자산운용비율은 시장에서의 자산가격의 변동, 담보권의 실행 등 법적 조치에 따라 보험회사의 의도와 관계없이 그 비율이 변화하는 경우가 생기게 된다. 이러한 경우 일률적으로 자산운용비율을 준수하도록 강요하는 것은 타당하지 않다. 이에 따라 보험회사가 의도하지 않은 외부적 변수에 의하거나 재무건전성 기준의 준수 및 보험계약자 보호를 위하여 필요한 경우로서 불가피하게 자산운용비율을 초과하게 된 경우에는 금융위원회로부터 승인을 얻어 그 비율초과의 예외를 인정받을 수 있도록 하고 있다(보험 107조).

(2) 예외 유형

1) 보험회사의 자산가격의 변동, 담보권의 실행, 그 밖에 보험회사의 의사와 관계없는 사유로 자산상태가 변동된 경우

2) 다음 중 어느 하나에 해당하는 경우로서 금융위원회의 승인을 받은 경우

(ⅰ) 재무건전성 기준을 지키기 위하여 필요한 경우

(ⅱ) 기업구조조정 촉진법에 따른 출자전환 또는 채무재조정 등 기업의 구조조정을 지원하기 위하여 필요한 경우

(ⅲ) 그 밖에 보험계약자의 이익을 보호하기 위하여 필수적인 경우

(3) 예외 허용기간

이상과 같이 자산가격의 변동, 담보권의 실행, 그 밖에 보험회사의 의사와 관계없는 사유로 자산상태가 변동된 경우에는 그 한도가 초과하게 된 날부터 1년 이내에 자산운용 방법 및 비율에 관한 규정에 적합하도록 하여야 한다. 다만 대통령령으로 정하는 사유에 해당하는 경우에는 금융위원회가 정하는 바에 따라 그 기간을 연장할 수 있다. 기간을 연장할 수 있는 사유란 보험회사가 자산운용 비율의 한

도를 초과하게 된 날부터 1년 이내에 한도를 초과하는 자산을 처분하는 것이 일반적인 경우에 비추어 해당 보험회사에 현저한 재산상의 손실이나 재무건전성의 악화를 초래할 것이 명백하다고 금융위원회가 인정하는 경우를 말한다.

Ⅳ. 특별계정의 설정·운용

1. 특별계정의 의의

특별계정이란 보험회사가 특정보험계약의 자산운용 손익 등을 구별하여 관리하기 위하여 준비금에 상당하는 자산의 전부 또는 일부를 그 밖의 자산과 구별하여 이용하기 위한 계정을 말한다(보험 108조 1항). 이러한 특별계정의 설정 운용은 일반계정과 다른 특별계정 간에 자산을 엄격히 구분하여 운용하고 거기서 발생하는 손익을 명확하게 하여 적정한 보험계약 가격의 형성을 통한 보험계약자간의 형평성을 도모하고, 보험경영의 투명성을 제고하기 위한 것이다. 일본의 경우도 특별계정의 설정 및 운용에 관한 규정, 계정 간 대체 금지, 특별계정 자산의 평가에 관한 규정을 두고 있다(일본 보험 118조~119조).

2. 특별계정의 설정·운용 대상 보험계약

특별계정을 설정하여 운용할 수 있는 보험계약으로는 연금저축계약, 근로자퇴직급여보장법 제16조 제2항에 따른 보험계약 및 퇴직보험계약, 변액보험계약, 그 밖에 금융위원회가 필요하다고 인정하는 보험계약이 있다(보험 108조 1항).

3. 구분회계

특별계정에 속하는 자산은 다른 특별계정에 속하는 자산 및 그 밖의 자산과 구분하여 회계처리 하여야 한다(보험 108조 2항). 특별계정에 속하는 이익을 그 계정상의 보험계약자에게 분배할 수 있다(보험 108조 3항).

4. 특별계정의 운용방법 및 평가

(1) 차입금지

정상적인 경우라면 보험회사는 보험계약자로부터 보험료 수입에 의해 자금이 유입되고 이렇게 쌓여진 자산은 다양한 형태의 자산의 취득에 사용되는 것이 자산운용의 정상적인 흐름이므로 특별한 경우가 아니면 자금의 차입이 필요하지 않다.

그러나 자산운용 및 보험금 지급 등의 과정에서 자금의 조달이 일시적으로 필요한 경우가 생길 수 있다. 이러한 특수한 상황이 닥치면 보험회사는 일정한 제한 하에 자금을 차입할 수 있다.

이와 관련하여 보험회사는 근로자퇴직급여에 따른 보험계약 및 퇴직보험계약에 대하여 설정된 특별계정의 부담으로 차입할 수 없는 것이 원칙이다. 다만, 각 특별계정별로 자산의 100분의 10의 범위에서 다음 중 어느 하나에 해당하는 방법으로 차입하는 경우에는 차입을 허용하고 있다(보험 108조 4항 및 보험시 53조 2항).

(i) 은행으로부터의 당좌차월

(ii) 금융기관으로부터의 만기 1개월 이내의 단기자금 차입

(iii) 일반계정으로부터의 만기 1개월 이내의 단기자금 차입. 이 경우 금리는 금융위원회가 정하여 고시하는 기준에 따른다.

(iv) 기타 금융위원회가 정하여 고시하는 방법

(2) 금지행위

보험회사의 자산운용은 최대한 자율적인 경영판단 하에 운용되는 것이 바람직하고, 특정 보험계약자의 이익을 위하여 운용되거나 구체적인 자산운용 거래과정에서 불공정거래행위를 방지할 필요가 있다. 이에 따라 보험회사가 특별계정 자산을 운용하면서 다음과 같은 행위를 하지 못하도록 하고 있다(보험 108조 4항 및 보험시 53조 3항).

(i) 보험계약자의 지시에 따라 자산을 운용하는 행위

(ii) 변액보험계약에 대하여 사전수익률을 보장하는 행위

(iii) 특별계정에 속하는 자산을 일반계정 또는 다른 특별계정에 편입하거나 일반계정의 자산을 특별계정에 편입하는 행위. 다만, 다음의 행위는 할 수 있다.

i) 특별계정의 원활한 운영을 위하여 금융위원회가 정하여 고시하는 바에 따라 초기투자자금을 일반계정에서 편입받는 행위

ii) 특별계정이 일반계정으로부터 만기 1개월 이내의 단기자금을 금융위원회가 정하여 고시하는 금리 기준에 따라 차입받는 행위

iii) 퇴직보험계약을 같은 법 제16조 제 2 항에 따른 보험계약으로 전환하면서 자산을 이전하는 행위

iv) 변액보험 특별계정을 자본시장과 금융투자업에 관한 법률 제233조에 따른 모자형집합투자기구로 전환하면서 모집합투자기구로 자집합투자기구의 자산을 이전하는 행위

ⅴ) 그 밖에 ⅰ)부터 ⅳ)까지에 준하는 행위로서 금융위원회가 정하여 고시하는 행위

(ⅳ) 보험료를 어음으로 수납하는 행위

(ⅴ) 특정한 특별계정 자산으로 제 3 자의 이익을 꾀하는 행위

(3) 특별계정의 이익의 분배, 자산운용 실적의 비교·공시, 운용전문인력의 확보, 의결권 행사의 제한 등 보험계약자 보호에 필요한 사항은 대통령령으로 정한다(보험 108조 4항).

V. 다른 회사에 대한 출자 제한 규제

보험회사는 축적된 자산을 이용하여 다양한 재무활동을 수행하게 되는데 그 재무활동의 일환으로 다른 회사에 대하여 출자를 할 수도 있고, 다른 회사의 주식을 취득할 수 있다. 그러나 보험회사가 일정 수 이상의 주식을 취득하는 경우에는 규제를 가하고 있다. 보험업법은 보험회사가 다른 회사의 의결권 있는 발행주식 총수 또는 출자지분의 100분의 15를 초과하는 주식을 소유할 수 없도록 제한하고, 다만, 금융위원회의 승인을 받거나 신고로써 승인을 갈음하는 자회사의 주식에 대하여는 의결권 있는 발행주식 총수 또는 출자지분의 100분의15를 초과하여 주식을 소유할 수 있다(보험 109조).

다른 회사에 대한 출자제한은 사실상의 자기주식 취득으로서 회사지배를 왜곡하고 자본충실을 저해하므로 다른 법률에서도 규제하고 있는 것이다. 상법은 자회사에 의한 모회사의 주식취득을 금지하고 있으며[1] 회사가 다른 회사의 발행주식 총수의 10분의1을 초과하여 취득한 때에는 그 다른 회사에 대하여 지체 없이 통지할 의무를 부과하고 있다(상 342조의 3). 또한 모자회사간이 아닌 회사의 경우 상호주식의 소유는 인정하면서 의결권의 행사를 제한하고 있다.[2] 공정거래법은 상호출

---

1) 제342조의 2(자회사에 의한 모회사주식의 취득) ①다른 회사의 발행주식의 총수의 100분의 50을 초과하는 주식을 가진 회사(이하 "모회사"라 한다)의 주식은 다음의 경우를 제외하고는 그 다른 회사(이하 "자회사"라 한다)가 이를 취득할 수 없다. 〈개정 2001.7.24〉

1. 주식의 포괄적 교환, 주식의 포괄적 이전, 회사의 합병 또는 다른 회사의 영업전부의 양수로 인한 때
2. 회사의 권리를 실행함에 있어 그 목적을 달성하기 위하여 필요한 때

2) 제369조 ③ 회사, 모회사 및 자회사 또는 자회사가 다른 회사의 발행주식의 총수의 10분의 1을 초과하는 주식을 가지고 있는 경우 그 다른 회사가 가지고 있는 회사 또는 모회사의 주식은 의결권이 없다.

자제한 기업집단에 속하는 회사는 자기의 주식을 취득 또는 소유하고 있는 계열회사의 주식을 취득 또는 소유할 수 없도록 하고 있다(독규 9조).[1)]

VI. 자금지원 관련 금지행위

1. 의 의

보험회사가 다른 금융기관 또는 회사와 탈법적인 자금지원 관련 행위를 할 수 없도록 규제한다(보험 110조). 이와 같은 규제를 하는 이유는 거래상대방을 직접규제 대상으로 하는 보험회사의 자산운용 규제를 우회적인 방법을 통하여 회피하는 것을 차단하기 위한 것이다.[2)] 부실금융회사에 대한 실사결과 기업집단 간 주식의 교차 보유 및 신용공여 등 우회적인 자금지원으로 장부상의 부실보다 실제 부실이 큰 것으로 발견됨에 따라 사회적인 물의를 야기한 바 있다. 이러한 연유에 따라 자금지원관련 금지행위는 2000년 보험업법 개정 시 신설되었다.

2. 금지 유형

(i) 보험업법 제106조와 제108조에 따른 자산운용 한도의 제한을 피하기 위하여 다른 금융기관 또는 회사의 의결권 있는 주식을 서로 교차하여 보유하거나 신용공여를 하는 행위

(ii) 「상법」 제341조와 「자본시장과 금융투자업에 관한 법률」 제165조의 3에 따른 자기주식 취득의 제한을 피하기 위한 목적으로 서로 교차하여 주식을 취득하는 행위

(iii) 그 밖에 보험계약자의 이익을 크게 해칠 우려가 있는 행위로서 대통령령으로 정하는 행위

3. 금지규정 위반의 효과

보험회사는 위 규정에 위반하여 취득한 주식에 대하여는 의결권을 행사할 수

---

1) 제 9 조(상호출자의 금지등) ① 일정규모이상의 자산총액등 대통령령이 정하는 기준에 해당되어 제14조(상호출자제한기업집단등의 지정)제 1 항의 규정에 따라 지정된 기업집단(이하 "상호출자제한기업집단"이라 한다)에 속하는 회사는 자기의 주식을 취득 또는 소유하고 있는 계열회사의 주식을 취득 또는 소유하여서는 아니된다. 다만, 다음 각호의 1에 해당하는 경우에는 그러하지 아니하다.

2) 성대규·안종민, 「한국보험업법(개정2판)」, 두남, 466면.

없다(보험 110조 2항). 또한 금융위원회는 위 규정을 위반하여 주식을 취득하거나 신용공여를 한 보험회사에 대하여 그 주식의 처분 또는 공여한 신용의 회수를 명하는 등 필요한 조치를 할 수 있다(보험 110조 3항).

Ⅶ. 대주주와 거래제한

1. 보험업법상의 대주주와 거래제한 규제의 의의

상법상의 자기거래 규제 제도의 취지를 반영하여 보험업법은 보험회사와 대주주간의 불건전, 불공정 거래를 규제하고 있다. 대주주의 범위는 최대주주와 주요주주가 포함되고, 이들의 공통점은 보험회사의 경영을 좌지우지할 수 있는 지위에 있는 자이라는 점이다. 그래서 대주주는 보험회사에 대하여 부당한 경영간섭, 부당한 거래 강요, 보험자산의 사금고화 등의 불법적인 행위를 할 우려가 높다고 볼 수 있다. 이러한 점을 고려하여 보험업법은 대주주와의 거래제한 규정을 두고 있다. 동 제도는 2003년 보험업법 개정 시에 신설되었다.

2. 대주주와 거래제한 내용

(1) 보험회사와 대주주의 거래금지 행위

보험회사는 (i) 대주주가 다른 회사에 출자하는 것을 지원하기 위한 신용공여, (ii) 대주주에게 자산을 대통령령으로 정하는 바에 따라 무상으로 양도하거나 일반적인 거래 조건에 비추어 해당 보험회사에 뚜렷하게 불리한 조건으로 자산에 대하여 매매·교환·신용공여 또는 재보험계약을 하는 행위를 할 수 없다(보험 111조 1항).

(2) 대주주의 보험회사에 대한 금지행위

보험회사의 대주주는 그 보험회사의 이익에 반하여 대주주 개인의 이익을 위하여 다음에 해당하는 행위를 할 수 없다(보험 111조 5항).

(i) 부당한 영향력을 행사하기 위하여 해당 보험회사에 대하여 외부에 공개되지 아니한 자료 또는 정보의 제공을 요구하는 행위. 다만, 금융사지배구조법 제33조 제7항에 해당하는 경우는 제외한다.

(ii) 경제적 이익 등 반대급부를 제공하는 조건으로 다른 주주 또는 출자자와 담합하여 해당 보험회사의 인사 또는 경영에 부당한 영향력을 행사하는 행위

(iii) 보험업법 제106조 제 1 항 제 4 호 및 제 5 호에서 정한 비율을 초과하여 보험회사로부터 신용공여를 받는 행위

(iv) 보험업법 제106조 제 1 항 제 6 호에서 정한 비율을 초과하여 보험회사에게 대주주의 채권 및 주식을 소유하게 하는 행위

(v) 그 밖에 보험회사의 이익에 반하여 대주주 개인의 이익을 위한 행위로서 대통령령으로 정하는 행위

3. 대주주와 거래 시 이사회 사전 의결사항

보험회사는 그 보험회사의 대주주에 대하여 대통령령으로 정하는 금액 이상의 신용공여를 하거나 그 보험회사의 대주주가 발행한 채권 또는 주식을 대통령령으로 정하는 금액 이상으로 취득하려는 경우에는 미리 이사회의 의결을 거쳐야 한다. 이 경우 이사회는 재적이사 전원의 찬성으로 의결하여야 한다(보험 111조 2항).

4. 대주주와 거래 시 사후 보고 및 공시

보험회사는 대주주와 (i) 대통령령으로 정하는 금액 이상의 신용공여, (ii) 해당 보험회사의 대주주가 발행한 채권 또는 주식을 대통령령으로 정하는 금액 이상으로 취득하는 행위, (iii) 해당 보험회사의 대주주가 발행한 주식에 대한 의결권을 행사하는 행위를 하였을 때에는 7일 이내에 그 사실을 금융위원회에 보고하고 인터넷 홈페이지 등을 이용하여 공시하여야 한다(보험 111조 3항).

보험회사는 대주주에 대한 신용공여나 그 대주주가 발행한 채권 또는 주식의 취득에 관한 사항을 대통령령으로 정하는 바에 따라 분기별로 금융위원회에 보고하고, 인터넷 홈페이지 등을 이용하여 공시하여야 한다(보험 111조 4항).

5. 대주주와 거래 제한 조치 등

보험회사의 대주주가 재무 및 경영위험 등 경제적 위기상황에 처한 경우 보험회사에 대하여 불법적인 요구를 할 가능성이 더욱 높아지고 보험회사를 이용한 경제위기의 타계를 도모할 가능성이 높아진다. 이에 따라 보험회사의 대주주가 부채가 자산을 초과하는 등 재무구조가 부실하여 보험회사의 경영건전성을 뚜렷하게 해칠 우려가 있는 경우로서 대통령령으로 정하는 경우에는 대주주가 지배하는 당해 보험회사에 대하여 다음과 같은 조치를 취할 수 있다(보험 111조 6항).

(i) 대주주에 대한 신규 신용공여 금지, (ii) 대주주가 발행한 유가증권의 신

규 취득 금지, (iii) 그 밖에 대주주에 대한 자금지원 성격의 거래제한 등 대통령령으로 정하는 조치를 할 수 있다(보험 111조 6항).

여기서 대통령령이 정하는 경우란 (i) 대주주(회사만 해당하며, 회사인 특수관계인을 포함)의 부채가 자산을 초과하는 경우, (ii) 대주주가 자본시장법에 따른 신용평가회사 중 둘 이상의 신용평가회사에 의하여 투자부적격 등급으로 평가받은 경우를 말한다.

6. 대주주 등에 대한 자료제출 요구 등

대주주에 대한 규제의 실효성을 제고하고, 보험회사와 대주주간에 지켜야 할 규범을 적법하게 준수하는지 여부를 살펴보기 위해 보험업법 제106조 및 제111조를 위반한 혐의가 있다고 인정되는 경우에는 금융위원회는 보험회사 또는 그 대주주에 대하여 필요한 자료의 제출을 요구할 수 있다(보험 112조).

▶ 참조판례

〈보험회사와 대주주의 거래에서, 상대방에게 지원·교부된 자금이 특정한 상품 또는 용역의 거래를 전제로 그와 대가관계에 있는 경우, 대가의 지급조건이 통상적인 거래 관행에 비추어 보험회사에 현저히 불리하더라도 보험업법 제111조 제1항 제2호에 따라 금지되는 자산 매매 행위인지 여부〉

보험회사와 대주주의 거래제한에 관한 구 보험업법(2010. 7. 23. 법률 제10394호로 개정되기 전의 것, 이하 '보험업법'이라고 한다) 제2조 제12호, 제111조 제1항 제2호, 구 보험업법 시행령(2011. 1. 24. 대통령령 제22637호로 개정되기 전의 것) 제2조 제1항과 구 보험업 감독규정(2010. 4. 1. 금융위원회고시 제2010－7호로 개정되기 전의 것) 제5－4조 [별표 10]의 규정 형식과 내용, 취지와 체계 등을 종합하면, 보험회사가 대주주와 현저하게 불리한 조건으로 자산을 매매하는 행위와 보험회사가 현저하게 불리한 조건으로 대주주에게 신용을 공여하는 행위는 개념상 서로 구별되고, 여기에서 '신용공여'는 금융거래상의 신용위험을 수반하는 거래를 개념적 표지로 하는 것으로서 거래 상대방의 장래의 지급능력에 따라 상환이 지급불능에 빠질 위험이 있거나 그와 실질적으로 동일한 위험을 수반하는 금융상의 거래를 의미하므로, 상대방에게 지원·교부된 자금이 특정한 상품 또는 용역의 거래를 전제로 하여 그와 대가관계에 있는 것임이 인정되는 때에는 자산을 매매하는 행위로 볼 수 있다. 따라서 설령 대가의 지급조건이 상대방으로부터 이행의 제공이 불확실한 상태에서 위험에 관한 적정한 담보 없이 이를 선이행하는 등 통상적인 거래 관행에 비추어 보험회사에 현저히 불리하더라도, 이는 보험업법 제111조 제 1 항 제 2 호에 의하여 금지되는 자산 매매행위이며, 이를 가리켜 신용공여를 하는 행위에 해당한다고 볼 수 없다.[1]

〈자산거래나 신용공여의 거래조건이 보험회사에 객관적으로 현저하게 불리한 경우, 구 보험업법 제111조 제 1 항 제 2 호에 해당하는지 여부(원칙적 적극) 및 거래로 인해 보험계약자 등의 권리나 이익을 현저하게 해치는 정도에 이르러야 위 규정에 해당하는지 여부〉

보험회사의 대주주에 대한 일정한 자산거래와 신용공여를 규제함으로써 보험회사 보유 자산의 부실을 사전에 엄격하게 방지하고자 하는 구 보험업법(2010. 7. 23. 법률 제10394호로 개정되기 전의 것, 이하 '보험업법'이라고 한다) 제111조 제 1 항 제 2 호의 입법 취지를 고려할 때, 자산거래나 신용공여의 거래조건이 보험회사에 객관적으로 현저하게 불리한 경우에는 특별한 사정이 없는 한 보험업법 제111조 제 1 항 제 2 호에 해당하고, 반드시 해당 거래로 인해 보험회사의 자산운용의 안정성·수익성 등에 악영향을 미치고 그로 인하여 보험금 지급능력을 저하시키는 등으로 보험계약자 등의 권리나 이익을 현저하게 해치는 정도에 이르러야만 위 규정에 해당한다고 볼 것은 아니다.[2]

Ⅷ. 타인을 위한 채무보증 금지

1. 의 의

보험회사의 자산은 자기자본보다는 타인의 부채가 대부분을 차지한다. 따라서 보험자산의 대부분은 미래의 부채를 갚기 위한 재원으로 활용된다는 특성을 가지고 있다. 그러므로 보험회사의 자산의 건전한 관리는 무엇보다 중요하다. 채무보증으로 인한 보험료 환급 또는 보험금 지급이 곤란해지는 상황을 막고, 보험자산이 함부로 타인의 담보 등에 사용되는 것을 막아 보험자산의 부당유출을 방지할 필요가 있다.[3] 이에 따라 보험회사의 소유자산의 담보제공행위를 원칙적으로 금지하고 있

1) 대판 2015. 10. 29, 2013 두 23935.
2) 대판 2015. 10. 29, 2013 두 23935.

다(보험 113조).

2. 소유자산의 담보제공 금지 등

타인을 위한 담보제공 및 채무보증 행위란 오로지 타인에게만 경제적 이익을 귀속시키고 보험회사는 오로지 책임만을 부담하게 하여 결과적으로 자산건전성을 해칠 수 있는 위험을 초래할 가능성이 높아진다. 따라서 보험회사는 타인을 위하여 그 소유자산을 담보로 제공하거나 채무보증을 할 수 없다. 여기서 타인이란 보험회사를 제외한 모든 자를 말하며 개인, 조합, 법인, 권리능력 없는 사단 또는 재단 등 그 법적 형태는 불문하고, 보험회사의 계열회사 또는 자회사도 당연히 타인에 포함된다. 타인을 위한 담보제공 및 보증이 금지되므로 보험회사가 자신을 위하여 담보를 제공하거나 보증채무를 부담하는 것은 허용된다.[1)]

채무보증이라 함은 채권자의 채권을 담보하기 위하여 제공하는 인적·물적 담보를 말한다. 따라서 여기의 채무보증에는 보험회사가 보증인 또는 연대보증인이 되거나 타인을 위하여 물상보증인이 되는 경우도 포함한다. 타인을 위한 것인지 여부는 명의의 여부에 관계없이 그 경제적 이익의 귀속주체가 타인인 경우 이에 해당한다고 보아야 한다. 보험회사가 소유하는 동산 및 부동산, 재산권 등을 목적으로 하는 한 그 담보제공 형태가 양도담보, 가등기 담보, 저당권, 질권설정 등 어떠한 형태이건 불문하며 나아가 제 3 자로서 물상보증인이 되는 경우도 금지되고 보증인으로서 인적담보를 제공하는 경우도 금지된다. 타인을 위한 것인지 여부는 법률행위의 외형이나 형식에 구애되지 않고 주채무자가 누구인지, 채무보증에 따른 경제적 이익의 귀속주체가 누구인지 등을 종합적으로 판단하여야 할 것이다.

3. 담보 및 채무보증이 허용되는 경우

보험회사의 채무보증행위는 보험업법 또는 보험업법 시행령에서 정한 경우 허용되고 있는데 보험업법에 의하여 허용된 것으로 보험업법 제 2 조 제 3 호의 규정에 의한 보증보험회사의 보증행위와 보험업법 제171조 제 2 항에 의한 손해보험회사의 보증행위가 있다. 이러한 유형의 보증행위는 타인을 위한 보증행위임에도 보증행위 자체가 자신의 영업행위에 속하거나 정책적 이유에 따라 특별히 보증이 허

---

3) 정찬형, 주석 금융법(Ⅱ)[보험업법2], 한국사법행정학회, 2007, 264면; 성대규·안종민, 「한국보험업법(개정2판)」, 2015, 483면 참조.

1) 이성남, 「보험업법」, 씨아이알, 2022, 553면.

용되는 경우이다. 또한 대통령령에 따라 보증이 허용된 것으로 (ⅰ) 신용위험을 이전하려는 자가 신용위험을 인수한 자에게 금전 등의 대가를 지급하고, 신용사건이 발생하면 신용위험을 인수한 자가 신용위험을 이전한 자에게 손실을 보전해 주기로 하는 계약에 기초한 증권 또는 예금을 매수하는 것(보험시 57조의 2 1항), (ⅱ) 외국에서 보험업을 경영하는 자회사를 위한 채무보증을 할 수 있다. 이 경우에는 다음의 요건을 모두 갖추어야 한다(보험시 57조의 2 2항). (ⅰ) 채무보증 한도액이 보험회사 총자산의 100분의 3 이내일 것, (ⅱ) 보험회사의 직전 분기 말 지급여력비율이 100분의 200 이상일 것, (ⅲ) 보험금 지급 채무에 대한 채무보증일 것, (ⅳ) 보험회사가 채무보증을 하려는 자회사의 의결권 있는 발행주식(출자지분을 포함한다) 총수의 100분의 50을 초과하여 소유할 것, 이 경우 외국 정부에서 최대 소유 한도를 정하는 경우 그 한도까지 소유하는 것을 말한다.

4. 위반 시 효과

보험회사가 타인을 위하여 그 소유자산을 담보로 제공한 경우 그 사법적 효과가 문제되는 바, 보험업법의 금지규정의 성격을 효력규정으로 보아야 하는지 단속규정에 불과한 것인지 여부에 따라 달라 질수 있다. 그런데 담보제공 및 보증을 금지하는 규정은 타인을 위한 보증의 효력 자체를 발생하지 않게 하려는 취지의 규정이 아니라 보험자산의 안정적 운용도모라는 정책적 이유에 따라 금지하는 것이므로 동 조항의 성격은 단속규정으로 해석하는 것이 타당하다. 따라서 보험회사가 타인을 위하여 채무보증을 하거나 담보를 제공한 경우 그 사법적 효력은 유효하며 다만 보험업법에 의한 제재를 받을 수 있을 뿐이다. 보험업법에 의하면 보험회사가 본 조를 위반한 경우 1천만 원 이하의 과태료를 부과한다(보험 209조 1항 8호). 또한 보험회사의 발기인, 설립위원, 이사, 감사 등은 5백만 원 이하의 과태료의 처분을 받을 수 있다(보험 209조 2항 22호). 한편 보험회사가 동 규정을 위반하여 채무를 보증하거나 담보를 제공한 경우 그 해소를 위한 조치를 취할 수 있는지 여부가 문제된다. 보험업법은 명문으로 보증채무 해소를 위한 조치 등 필요한 시정조치권한을 부여하고 있지 않다. 그러나 보험회사의 업무운용이 적정하지 않거나 자산상황이 불량하여 보험계약자 및 피보험자 등의 권익을 해칠 우려가 있다고 인정하는 경우에는 금융위원회는 업무집행방법의 변경 명령을 통하여 법위반 사항을 해소할 수 있는 조치를 할 수 있는 것으로 볼 수 있다(보험 131조 1항).

▶ 참조판례

(ⅰ) 만일 보험회사가 계약상 권리를 취득함과 동시에 책임을 부담하는 경우이거나 또는 다수의 당사자가 존재하는 계약에서 권리를 취득함과 동시에 이에 관련된 채무에 대하여 타인과 연대책임을 지는 경우에는 동 규정의 위반이 아닌 것으로 판시한 바 있다.[1]

(ⅱ) 보험업법 제19조는 보험사업자는 그 재산을 대통령령이 정하는 바에 의하여 운용하여야 한다고 규정하고 보험업법시행령 제14조 제 5 항은 재무부장관은 보험사업자의 재산의 건전한 운용을 위하여 필요한 경우에는 재산의 운용방법이나 재산이용에 관한 기준을 정할 수 있다고 규정하고 있고 위 시행령 제14조의 규정을 근거로 하여 재무부장관이 제정한 보험회사의 재산운용에 관한 준칙은 30여 조문에 결쳐서 보험사업자의 재산의 운용방법과 기준을 규정하면서 제37조에서 보험회사는 제29조에 정하는 유가증권 대여의 경우를 제외하고는 그 소유재산을 타인을 위하여 담보로 제공하거나 타인을 위하여 채무의 보증을 할 수 없다고 규정하고 있다.

위 규정들의 입법취지는 원래 보험사업을 영위하는 보험업자의 재산운용은 보험사업자의 자율에 맡기는 것이 원칙이겠지만 보험사업이 갖는 공공성·사회성 때문에 그 재산운용방법과 기준을 법령에 명시하여 일정한 행위를 금지, 제한함으로써 보험사업자를 효율적으로 지도감독하고 보험계약자, 피보험자 기타 이해관계인의 권익을 보호하여 보험사업의 건전한 육성과 국민경제의 균형있는 발전에 기여하려함에 있다 할 것이고 한편 위 규정들에 위반한 재산운용행위 자체는 그 사법상의 효력까지도 부인하지 아니하면 안 될 정도로 현저히 반사회성, 반도덕성을 지닌 것이라고 할 수 없을 뿐 아니라 그 행위의 사법상의 효력을 부인하여야만 비로소 보험업법의 목적을 이룰 수 있다고 볼 수 없으므로 위 규정들은 강행법규가 아닌 단속법규에 지나지 아니한다 할 것이고 따라서 위 규정들에 위반하여 법률행위가 이루어졌다 하더라도 그 행위의 사법상의 효력에는 아무런 영향이 없다고 할 것이다.[2]

---

1) 대전고판 2008. 11. 20, 2007 누 2591.
2) 대판 1989. 9. 12, 88 다카 2233.

Ⅸ. 자회사 규제

1. 의 의

보험회사는 본체에서 보험업을 영위하고 범위의 경제를 실현하고자 업무의 확장을 기도하는 것이 보통이다. 이러한 업무의 직접적 확장 이외에 다른 업무를 영위하기 위하여 다른 회사와 제휴를 하거나 자회사를 통하여 업무의 간접적 확장이 가능하다. 그런데 보험회사가 축적된 자산을 통하여 무한정 업무영역을 확장할 경우 보험업 발전에 저해가 될 수 있고, 자회사의 경영위험이 그대로 보험회사에 전가되어 보험회사가 파산하는 등의 위험을 초래될 소지도 있으므로 무분별한 출자를 통한 자회사의 편입을 규제할 필요가 있다. 보험업법은 자회사가 영위하는 업종에 따라 그 소유를 규제하고, 자회사와의 일정한 거래행위를 제한한다.[1)]

2. 보험업법상 자회사

보험업법상의 자회사란 보험회사가 다른 회사, 민법 또는 특별법에 따른 조합의 의결권 있는 발행주식 총수의 100분의 15, 또한 출자지분의 100분의 15를 초과하여 소유하는 경우의 그 다른 회사 등을 말한다(보험 2조 18호).

3. 자회사 소유 규제

(1) 의 의

보험회사는 금융위원회의 승인을 받아 자회사를 소유할 수 있다. 다만, 보험업 경영과 밀접한 관련이 있는 업무 등으로서 대통령령으로 정하는 업무를 주로 하는 회사를 자회사로 소유하려는 경우에는 신고로써 승인을 갈음할 수 있다(보험 115조 1항). 보험회사가 소유하고 있는 자회사가 업무를 추가하거나 변경하는 경우에도 승인 또는 신고 등의 절차를 거쳐야 한다(보험 115조 3항). 여기서 승인 또는 신고는 사전적인 승인 또는 신고를 의미한다.

(2) 소유 가능 자회사

1) 승인대상 자회사

보험회사는 (ⅰ) 금융기관이 경영하는 금융업, (ⅱ) 신용정보업 및 채권추심업, (ⅲ) 보험계약의 유지·해지·변경 또는 부활 등을 관리하는 업무, (ⅳ) 그 밖에 보

1) 이성남, 「보험업법」, 씨아이알, 2022, 560면.

험업의 건전성을 저해하지 아니하는 업무로서 대통령령으로 정하는 업무를 주로 하는 회사를 자회사로 소유할 수 있다(보험 115조 1항). 여기서 대통령령으로 정하는 업무란 (i) 외국에서 하는 사업, (ii) 기업의 후생복지에 관한 상담 및 사무처리 대행업무가 해당한다(보험시 59조 2항). 그러나 보험회사의 대주주가 은행법에 따른 비금융주력자인 경우에는 은행을 자회사로 소유할 수 없다(보험 115조 2항).

2) 신고대상 자회사

보험회사는 일정한 경우 신고로써 자회사를 소유할 수 있다. 신고로 소유가 가능한 자회사는 (i) 보험회사의 사옥관리업무, (ii) 보험수리업무, (iii) 손해사정업무, (iv) 보험대리업무, (v) 보험사고 및 보험계약 조사업무, (vi) 보험에 관한 교육·연수·도서출판·금융리서치·경영컨설팅 업무, (vii) 보험업과 관련된 전산시스템·소프트웨어 등의 대여·판매 및 컨설팅 업무 등을 주로 하는 회사이다(보험시 59조 1항).

4. 자회사에 관한 보고의무 등

(1) 소유보고

보험회사는 자회사를 소유하게 된 날부터 15일 이내에 그 자회사의 정관과 대통령령으로 정하는 서류를 금융위원회에 제출하여야 한다(보험 117조 1항).

(2) 사업보고

보험회사는 자회사의 사업연도가 끝난 날부터 3개월 이내에 자회사의 대차대조표와 대통령령으로 정하는 서류를 금융위원회에 제출하여야 한다(보험 117조 2항).

제 6 절 재무건전성 규제

I. 재무건전성 기준 준수의무

보험회사의 재무상태표를 보면 왼쪽 부분은 자산, 오른쪽 부분은 부채와 자본 항목으로 되어 있다. 보험회사의 재무상태가 튼튼하게 유지되려면 보험회사가 보유하는 자산이 부실화되지 않고, 가격경쟁력을 가지고 있어야 한다. 또한 부채의 구성도 조달이율이 저금리로 조달되고 부채의 만기도 비교적 장기간일 것을 요한다. 나아가 자본도 충분하게 확보되어 있어야 한다. 이러한 점을 고려하여 보험회사의 재무건전성 즉 보험금 지급능력과 경영의 건전성을 유지하기 위하여 보험업법은 (i) 자본의 적정성에 관한 사항, (ii) 자산의 건전성에 관한 사항, (iii) 그 밖에 경영건전성 확보에 필요한 사항에 관하여 대통령령에서 정하는 재무건전성 기준을 보험회사에게 준수하도록 요구하고 있다(보험 123조 1항). 그리고 만약 보험회사가 위와 같은 기준을 준수하지 아니하거나 못하여 경영건전성을 해칠 우려가 있다고 인정되는 경우에는 금융위원회는 대통령령으로 정하는 바에 따라 자본금 또는 기금의 증액명령, 주식 등 위험자산의 소유 제한 등 필요한 조치를 할 수 있다(보험 123조 2항).

Ⅱ. 자본의 적정성에 관한 재무건전성 기준

1. 의 의

보험회사의 재무건전성 기준을 어떻게 설정하고 운영하여야 할 것인지 여부가 문제되는데 우리나라 보험업법은 지급여력비율을 측정 도구로 삼고 있다. 지급여력비율은 지급여력금액을 지급여력기준금액으로 나눈 비율로서 보험회사의 재무건전성을 측정하는 핵심지표가 된다.

2. 자본의 적정성 기준

자본의 적정성에 관한 사항의 재무건전성 기준은 지급여력비율을 100분의 100 이상 유지하는 것이다(보험 123조 1항 및 보험시 65조 2항 1호).

3. 지급여력금액

지급여력금액이란 자본금, 계약자배당을 위한 준비금, 대손충당금, 후순위차입금, 그 밖에 이에 준하는 것으로서 금융위원회가 정하여 고시하는 금액을 합산한 금액에서 미상각신계약비, 영업권, 그 밖에 이에 준하는 것으로서 금융위원회가 정하여 고시하는 금액을 뺀 금액을 말한다(보험시 65조 1항 1호).

4. 지급여력기준금액

지급여력기준금액이란 보험업을 경영함에 따라 발생하게 되는 위험을 금융위원회가 정하여 고시하는 방법에 의하여 금액으로 환산한 것을 말한다(보험업감독규정 7-2조).

Ⅲ. 자산의 건전성에 관한 재무건전성 기준

1. 의 의

보험회사는 자산의 건전성을 유지하고, 관리하기 위해서는 대출채권 등 일정한 보유자산의 건전성을 정기적으로 분류하고 대손충당금을 적립할 것이 요청된다. 금융기관이 자산운용하면서 부담하고 있는 신용리스크 정도에 대한 평가를 통해 부실자산의 발생을 사전에 예방하고 이미 발생한 부실자산의 조기정상화를 촉진함으로써 금융기관 자산운용의 건전화를 도모하기 위한 것이다.

2. 자산의 건전성 분류(보험업감독규정 7-3조)

(1) 분류주기 및 분류단계

보험회사는 정기적으로 차주의 채무상환능력과 금융거래내용 등을 감안하여 보유자산의 건전성을 (i) 정상, (ii) 요주의, (iii) 고정, (iv) 회수의문, (v) 추정손실의 5단계로 분류하고, 적정한 수준의 대손충당금 및 대손준비금을 적립하여야 한다.

(2) 분류대상 자산

분류대상 자산은 (i) 대출채권, (ii) 유가증권, (iii) 보험미수금, (iv) 미수금·미수수익·가지급금 및 받을어음·부도어음, (v) 그 밖에 보험회사가 건전성 분류가 필요하다고 인정하는 자산이다.

3. 대손충당금 등 적립기준(보험업감독규정 7-4조)

(1) 적립기준

대손충당금은 (i) 정상 분류 자산 금액의 0.5% 이상, (ii) 요주의 분류 자산 금액의 2% 이상, (iii) 고정 분류 자산 금액의 20% 이상, (iv) 회수의문 분류 자산 금액의 50% 이상, (v) 추정손실 분류 자산 금액의 100%이다.

(2) 가계대출

가계대출채권이란 개인에 대한 생활자금 또는 주택자금 등 비영리용도의 대출과 사업자로 등록되지 아니한 개인에 대한 부업자금 대출 등을 말하는데 이러한 가계대출의 적립기준은 (i) 정상분류 자산 금액의 1% 이상, (ii) 요주의분류 자산 금액의 10% 이상, (iii) 고정분류 자산 금액의 20% 이상, (iv) 회수의문 분류 자산 금액의 55% 이상이다. (v) 추정손실 분류 자산 금액의 100%이다.

(3) 부동산프로젝트 파이낸싱 대출채권

(i) 정상 분류 자산 금액의 0.9% 이상, (ii) 요주의 분류 자산 금액의 7% 이상, (iii) 고정 분류 자산 금액의 20% 이상, (iv) 회수의문 분류 자산 금액의 50% 이상, (v) 추정손실 분류 자산 금액의 100%이다.

(4) 대손준비금 적립방법

보험회사는 결산 시(분기별 임시결산을 포함한다) 보유자산에 대한 대손충당금 적립액이 위에서 정한 금액에 미달하는 경우 그 차액을 대손준비금으로 적립(분기별 임시 결산 시로서 대손준비금 적립이 확정되지 않은 경우에는 적립예정금액을 산정하는 것을 말한다)하되, 이익잉여금에서 보험업법 및 다른 법률에 따라 적립한 적립금을 차감한 금액을 한도로 한다. 다만, 미처리결손금이 있는 경우에는 미처리결손금이 처리된 때부터 대손준비금을 적립하며, 기존에 적립한 대손준비금이 결산일 현재 적립하여야 하는 대손준비금을 초과하는 경우에는 그 초과하는 금액을 환입할 수 있다.

Ⅳ. 그 밖에 경영건전성 확보에 필요한 사항에 관한 재무건전성 기준

1. 의　　의

자본의 적정성과 자산의 건전성에 관한 기준 외에 보험회사의 위험, 유동성 및 재보험의 관리에 관하여 금융위원회가 정하여 고시하는 기준을 충족할 것을 요한다.

2. 유동성 관리기준

보험회사는 적정한 유동성을 유지하기 위하여 다음의 방법으로 차입할 수 있다. (i) 은행으로부터의 당좌차월, (ii) 환매조건부채권의 매도, (iii) 정부로부터의 국채인수 지원자금 차입, (iv) 후순위차입 또한 후순위채권 발행, (v) 본점으로부터의 차입(외국보험회사의 국내지점에 한한다), (vi) 채권의 발행, (vii) 기업어음의 발행, (viii) 만기의 영구성, 배당지급의 임의성, 기한부후순위채무보다 후순위인 특성을 갖는 자본증권(보험업감독규정 7-9조).

3. 재보험 관리

(1) 보　　고

보험회사는 예상 투자수익을 감안하여 재보험료를 산정하거나 상당한 보험위험의 전가가 없는 재보험계약으로서 금융감독원장이 정하는 계약을 체결하거나 동 계약의 조건을 변경하는 경우에는 계약 체결 후 1개월 이내에 계약체결 내용을 금융감독원장에게 제출하여야 한다(보험업감독규정 7-12조).

(2) 회계처리

계약기간이 1년을 초과하는 재보험계약에 대하여는 동 계약에 의해 발생하는 보험료, 보험금 및 수수료 등 수익과 비용은 그것이 발생한 기간에 정당하게 배분되도록 회계처리 하여야 한다. 재보험의 책임준비금 요건(보험시 63조 2항)을 충족하지 아니하는 계약에 대하여는 예치금 또는 예수금으로 회계처리 하여야 한다.

보험회사가 재보험자산을 감액하는 경우에는 이를 전액 감액하여야 한다. 다만, 재보험자산에서 재보험을 받은 해당 보험회사가 가입한 보험계약의 책임준비금(지급준비금과 미경과 보험료적립금을 말한다)을 차감하여 감액할 수 있다(보험업감독규정 7-13조).

V. 재무건전성 기준 준수의무 위반 시 효과

금융위원회는 보험회사가 재무건전성 기준을 지키지 아니하여 경영건전성을 해칠 우려가 있다고 인정되는 경우에는 대통령령으로 정하는 바에 따라 자본금 또는 기금의 증액명령, 주식 등 위험자산의 소유 제한 등 필요한 조치를 할 수 있다(보험 123조 2항). 이에 따라 보험회사가 재무건전성에 관한 기준을 준수하지 못한 경우, 지급여력비율, 경영실태평가 등을 고려하여 경영개선권고, 경영개선요구, 경영개선명령 등 단계별 조치를 취할 수 있다.

[보험회사 적기시정조치 제도의 주요 내용]

구분	경영개선권고	경영개선요구	경영개선명령
조치 기준	① 지급여력비율 100%미만 ② 경영실태평가 종합평가등급 3등급이상으로서 자본적정성 부문 평가등급 4등급이하 ③ 경영실태평가결과 종합평가등급이 3등급(보통)이상으로서 보험리스크, 금리리스크 및 투자리스크 부문의	① 지급여력비율 50% 미만 ② 경영실태평가 종합평가등급 4등급이하 ③ 거액금융사고 또는 부실채권발생으로 ①②의 기준 미달 명백 ④ 경영개선권고에 따른 경영개선계획 불승인	① 지급여력비율 0% 미만 ② 부실금융기관 ③ 경영개선요구에 따른 경영개선계획 불승인

	평가등급 중 2개 이상의 등급이 4등급(취약)이하 ④ 거액금융사고 또는 부실채권발생으로 ①②③의 기준 미달 명백		
조치 내용	조직·인력 운영의 개선, 자본금의 증액 또는 감액, 신규업무 진출 제한 등	점포 폐쇄 및 신설제한, 임원진 교체요구, 영업의 일부정지 등	주식소각, 영업양도, 외부관리인 선임, 합병 및 계약이전 등

제 7 절 기초서류 규제

Ⅰ. 서 설

1. 기초서류의 의의

기초서류라 함은 보험종목별 사업방법서, 보험약관, 보험료 및 책임준비금 산출방법서를 말한다(보험 5조 3호). 기초서류는 보험업을 영위하고자 하는 자가 보험업의 허가를 받고자 하는 경우에 허가 신청 시에 제출하는 서류 중의 하나이다. 특히 보험회사가 허가 시에 제출한 기초서류를 원시 기초서류라고 한다.

보험상품은 보험약관에 의하여 담보위험의 설정 및 그 보상내용이 결정되고, 그러한 담보위험 및 보상내용에 따라 보험료 및 책임준비금 산출방법서가 작성된다. 또한 사업방법서에는 보험상품을 판매하기 위한 영업방침이 담겨져 있어 보험약관, 사업방법서, 보험료 및 책임준비금 산출방법서는 상호 밀접한 관련성을 가지고 있다. 특히 보험료 및 책임준비금 산출방법서는 보험가격을 결정하는 기초통계자료 및 구체적인 계산공식 등에 관한 사항이 포함되어 있고, 보험금 지급 등의 재원으로 사용되는 책임준비금의 산출기초가 작성되어 있는 서류이므로 중요한 감독대상이라고 하지 않을 수 없다. 이와 같이 기초서류는 그 내용이 전문적이고, 일반소비자의 이해가 곤란한 분야이며, 소비자의 이익에 직접적인 영향을 미치는 점을 고려하여 외국에서도 보험상품에 대한 사전 인가제 또는 신고제를 통하여 엄격한 감독이 이루어지고 있다. 특히 미국은 보험상품의 표준약관 및 관련조항들이 법령에 위반하거나 불합리할 경우에는 해당 보험종목의 보험증권 양식 및 보험약관에 대해서 사전인가를 철회할 수 있도록 규정하고 있다.[1]

1) 미국 뉴욕 주 보험업 제3202조.

2. 보험약관

보험약관은 그 명칭이나 형태 또는 범위를 불문하고 계약의 일방 당사자가 다수의 상대방과 계약을 체결하기 위하여 일정한 형식에 의하여 미리 마련한 계약의 내용이 되는 것이다. 약관은 시장경제가 발전하여 대량생산, 대량거래, 대량소비의 경제가 발전되면서 나타난 법적 현상이다. 이러한 약관에 의한 거래는 시장경제, 전자상거래가 발전할수록 더욱 더 확대되고 있다.

오늘날 행동경제학 등의 연구에 힘입어 이상적인 인간이 아닌 구체적 현실적 인간을 중심으로 한 경제이론이 발전하고 있고, 법학 분야에서도 계약자유 보다 계약정의가 보다 강조되고 있는 바, 특히 노동계약에서 노동자 보호, 생활필수품의 공급계약의 보장, 약관에 의한 계약에서 고객의 보호, 주택임대차보호법에서 임차인 보호 등에서 이러한 정신을 엿볼 수 있다.[1]

3. 사업방법서

사업방법서는 사업경영지역, 피보험자의 범위, 보험종목 등 사업경영일반에 관한 사항, 보험계약의 체결 절차, 보험료의 수금, 보험계약의 변경, 제지급금의 처리절차 등 보험사업운용에 필요한 핵심적인 사항을 기술해 놓은 서류를 말한다. 다시 말하면 사업방법서는 보험자가 영위하고자 하는 보험사업의 종류에 관하여 그 사업운용에 관한 기본방침을 정한 서류라고 볼 수 있다. 이러한 사업방법서는 보험회사의 내부기관에 대하여는 구속력이 있으나 보험가입자에 대하여는 구속력이 없다.

4. 보험료 및 책임준비금 산출방법서

보험료 및 책임준비금 산출방법서는 보험료 산정의 기초가 되는 예정기초율과 보험료의 계산에 관한 사항 및 책임준비금의 계산에 관한 사항을 기술한 서류를 말한다. 이러한 보험료 및 책임준비금은 객관적이고 합리적인 통계자료를 기초로 적정하게 산정되어야 한다.

Ⅱ. 규제 연혁

2003년 이전까지는 판매전 신고 또는 판매 후 보고제도를 통하여 기초서류에

1) 이은영, 「약관규제법」, 박영사, 1994, 11면.

대한 규제가 이루어지고 있었다. 구 보험업법에 의하면 보험상품을 신고상품과 제출상품으로 구분하고, 모든 상품에 대해 3단계의 심사절차를[1] 거치도록 함으로써 절차의 복잡 및 중복으로 인한 신속한 상품 개발을 저해한다는 비판이 제기되었다.[2] 또한 신고상품과 제출상품의 구분기준이 포괄적·추상적으로 규정되어[3] 신고 또는 제출상품 해당 여부의 판단이 곤란하다는 문제점도 제기되었다. 이에 따라 개정 보험업법에서는 제출상품 제도를 소비자 보호를 저해하지 않는 범위 내에서 자율적으로 개발하여 운용하는 자율상품 제도로 전환하였다.[4] 아울러 신고상품 구분기준을 명확히 설정하고 신고상품 이외 상품은 모두 자율상품화 하는 Negative방식으로 운영하는 것으로 개정하였다.

그러나 새로운 보험요율 체계를 도입하는 등 부실판매 가능성이 큰 상품에 대해서는 신고상품으로 분류하여 소비자 피해를 사전에 차단하고, 상품개발의 자율화에 대응하여 사후감독 강화하며, 감독당국이 부실판매 가능성이 높은 상품을 매분기 선정하여 심사하는 집중심사제도 도입하여 내실있는 검증이 이루어지도록 하였다. 아울러 회사 내부에 보험상품 검증시스템을 구축토록 함으로써 부실상품 개발을 방지하고, 부실판매 등에 따른 과징금 제도를 신설하여 제재의 실효성을 제고하였다.[5]

Ⅲ. 기초서류의 작성 및 신고

1. 기초서류의 작성

보험회사는 취급하려는 보험상품에 관한 기초서류를 작성하여야 한다(보험 127조 1항).

2. 기초서류의 작성 및 변경원칙

보험회사는 기초서류를 작성·변경할 경우 다음의 사항을 준수하여야 한다(보

1) 3단계 심사절차: 보험회사의 선임계리사 확인 → 보험개발원 확인 → 금융감독원의 심사 즉 신고상품의 경우 3중 확인절차를 사전에 거친 후 판매하고 제출상품의 경우 ① 선임계리사 확인만 거친 후 판매하고 판매 후 ② 보험개발원 확인, ③ 금융감독원 심사 절차를 거친다.
2) 종례 제출상품이 90%, 신고상품이 10%를 점하고 있었다.
3) 보험계약자를 부당하게 차별하지 않을 것, 보험으로서의 효용가치가 미흡 하지 않을 것, 보장내용이 계약자의 도덕적 해이를 유발하지 않을 것 등
4) 즉 신고상품 및 제출상품 규제체제에서 신고상품 및 자율상품 규제체계로 운영한다.
5) 부실상품의 연간 수입보험료 일부(25%까지)를 과징금으로 부과한다.

험 128조의 3 1항). (i) 보험업법 또는 다른 법령에 위반되는 내용을 포함하지 아니할 것, (ii) 정당한 사유 없이 보험계약자의 권리 축소 또는 의무 확대 등 보험계약자에게 불리한 내용을 포함하지 아니할 것, (iii) 그 밖에 보험계약자 보호, 재무건전성 확보 등을 위하여 대통령령으로 정하는 바에 따라 금융위원회가 정하는 기준에 적합할 것 등이다.

보험회사가 기초서류를 작성·변경할 때 그 내용이 (i) 법령의 제정·개정에 따라 새로운 보험상품이 도입되거나 보험상품 가입이 의무화 되는 경우, (ii) 보험회사가 금융기관보험대리점 등을 통하여 모집하는 경우, (iii) 보험계약자 보호 등을 위하여 대통령령으로 정하는 경우 중 어느 하나에 해당하지 아니하면 기초서류 작성·변경원칙을 준수한 것으로 추정한다.

3. 기초서류 작성 및 변경 신고

기초서류를 작성하거나 변경하려는 경우 그 내용이 (i) 법령의 제정·개정에 따라 새로운 보험상품이 도입되거나 보험상품의 가입이 의무화 되는 경우, (ii) 보험회사가 금융기관보험대리점 등을 통하여 모집하는 경우, (iii) 보험계약자 보호 등을 위하여 대통령령으로 정하는 경우 등 어느 하나에 해당하는 경우에는 미리 금융위원회에 신고하여야 한다(보험 127조 2항). 다만, 보험회사가 금융기관보험대리점 등을 통하여 모집하는 경우로서 대통령령으로 정하는 경미한 사항을 변경하려는 경우에는 그러하지 아니하다.

대통령령이 정하는 경미한 사항이란 보험회사가 취급하는 보험상품에 관한 기초서류의 기재사항 중 보험요율에 관한 사항만을 금융위원회가 정하여 고시하는 바에 따라 달리 정하는 경우를 말한다.

금융위원회는 보험회사가 기초서류를 신고할 때 금융감독원의 확인을 받도록 할 수 있다(보험 128조 1항). 또한 금융위원회는 기초서류를 신고하는 경우 보험료 및 책임준비금 산출방법서에 대하여 보험요율 산출기관 또는 대통령령으로 정하는 보험계리업자의 검증확인서를 첨부하도록 할 수 있다(보험 128조 2항).

4. 자료제출 요구

금융위원회는 기초서류의 내용이 보험계약자 보호 등을 위하여 필요하다고 인정되면 보험회사에 대하여 기초서류에 관한 자료의 제출을 요구할 수 있다(보험 127조 3항).

5. 위반의 효과

보험회사가 신고의무를 위반한 경우, 또는 기초서류 작성의무를 위반한 경우에는 해당 연간 수입보험료의 100분의 20 이하의 범위에서 과징금을 부과한다(보험 196조 1항).

Ⅳ. 기초서류 변경권고

1. 기초서류 변경의 의의

기초서류는 보험업의 허가 시에 필수적으로 제출하는 서류이다. 이러한 기초서류는 영구불변의 것이 아니라 보험업의 영위과정에서 얼마든지 새로 제정되거나 변경이 되는데 허가 이후 신규로 보험약관 등을 제정하거나 허가 시에 제출한 보험약관 등을 변경하는 경우를 포괄하여 기초서류의 변경이라고 한다. 보험업법은 기초서류의 변경이 있는 경우 미리 신고하게 하거나 사후에 감독당국에 제출하도록 규정하고 있다. 기초서류의 변경이란 명시적 변경과 묵시적 변경을 포함한다. 즉 신고한 기초서류와 달리 운용한 것은 사실상 묵시적 변경이 이루어진 것으로 볼 수 있을 것이다.

2. 기초서류 변경권고제도의 의의

기초서류를 사전에 신고 받아 그 이상 유무를 곧바로 모두 걸러내는 것은 어려운 일이다. 또한 감독비용 측면에서도 이러한 방식의 규제는 바람직하지도 않다. 따라서 특별한 경우가 아니면 보험회사로 하여금 자유롭게 기초서류를 개발하고 운영할 수 있는 자율성을 최대한 부여하되, 문제가 되는 기초서류에 대해서는 감독수단을 동원하여 문제를 제거할 필요가 있다. 이에 따라 보험회사가 운용하는 기초서류의 내용이 법률에 위반되는 등 일정한 경우에는 사후적으로 해당 기초서류의 내용을 보험회사가 스스로 변경하도록 권고하는 제도를 마련하였다.

2010년 이전 구 보험업법은 보험회사의 업무 및 자산상황 그 밖의 사정변경으로 인하여 공익 또는 보험계약자 보호와 보험회사의 건전한 운영을 크게 해할 우려가 있거나 보험회사의 기초서류에 법령을 위반하거나 보험계약자에게 불리한 내용이 있다고 인정하는 경우 청문을 거쳐 기초서류의 변경 또는 그 사용의 정지를 명할 수 있었다.

개정 보험업법에서는 이와 같은 기초서류의 변경 및 사용정지 명령제도 외에 기초서류에 대한 즉시적인 대응과 탄력적인 운영을 도모하기 위하여 다소 완화된 제도로서 기초서류 변경권고제도를 신설하였다. 또한 기초서류 변경권고제도의 자의적인 운영을 방지하기 위하여 반드시 문서의 형식으로 권고하도록 규정하였다.

3. 기초서류 변경권고 요건

보험회사가 신고한 기초서류의 내용 및 제출한 기초서류에 관한 자료의 내용이 기초서류 작성 및 변경원칙에 위반하거나 보험요율산출원칙에 반하여야 한다.

기초서류 작성 및 변경원칙은 (i) 보험업법 및 다른 법령에 위반되는 내용을 포함하지 아니할 것, (ii) 정당한 사유 없는 보험계약자의 권리 축소 또는 의무 확대 등 보험계약자에게 불리한 내용을 포함하지 아니할 것, (iii) 기타 보험계약자 보호, 재무건전성 확보 등을 위하여 대통령령으로 정하는 바에 따라 금융위원회가 정하는 기준에 적합할 것 등이다(보험 128조의 3).

보험요율산출원칙은 보험요율은 객관적이고 합리적인 통계자료를 기초로 대수의 법칙 및 통계신뢰도를 바탕으로 하여야 하며, (i) 보험요율이 보험금과 그 밖의 급부에 비하여 지나치게 높지 아니할 것, (ii) 보험요율이 보험회사의 재무건전성을 크게 해칠 정도로 낮지 아니할 것, (iii) 보험요율이 보험계약자 간에 부당하게 차별적이지 아니할 것 등이다(보험 129조).

4. 기초서류 변경 및 사용정지 명령과 비교

보험업법 제131조 제2항에 의한 기초서류 변경 및 사용정지 명령은 (i) 보험회사의 업무 및 자산상황 그 밖의 사정의 변경으로 공익 또는 보험계약자의 보호와 보험회사의 건전한 경영을 크게 해칠 우려가 있는 경우와 (ii) 보험회사의 기초서류에 법령을 위반하거나 보험계약자에게 불리한 내용이 있다고 인정되는 경우에 발령할 수 있고, 그 대상도 기초서류가 신고대상 상품인지 여부를 불문하고 모든 기초서류를 대상으로 한다.

반면에 기초서류 변경권고는 그 대상을 신고한 기초서류에 한정하고 있고, 보험업법 기초서류 작성 및 변경원칙(보험 128조의 3)에 위반되거나 보험요율산출원칙(보험 129조)에 위반한 경우를 변경권고 요건으로 하는 점에서 기초서류 변경 및 사용정지 명령과 차이가 있다.[1] 따라서 기초서류 변경 및 사용정지 명령이 기초서류변경권고에 비하여 발령요건이 보다 완화되어 있고 그 대상 또한 넓다고 볼 수 있다.

5. 변경권고 형식

기초서류 변경권고는 그 내용 및 사유가 구체적으로 적힌 문서로 하여야 한다(보험 127조의 2 2항).

6. 변경권고 절차

금융위원회는 보험회사가 신고한 기초서류 및 제출한 기초서류의 내용이 보험업법 제128조의 3(기초서류 기재사항 준수의무) 또는 제129조(보험요율의 산출원칙)를 위반하는 경우에는 신고접수일 또는 제출접수일(검증확인서를 제출한 경우에는 검증확인서의 제출 일을 말한다)부터 20일(권고 받은 사항에 대하여 다시 변경을 권고하는 경우에는 10일을 말한다) 이내에 그 기초서류의 변경을 권고할 수 있다.

7. 해외 입법례

프랑스는 계약서류 등이 법규에 위반하는 경우에는 보험자문위원회의 동의를 얻어 철회하거나 정정명령이 가능하다.[1] 독일의 경우 보험약관 및 보험료 및 책임준비금 산출원칙 등을 포함하는 사업계획서에 대하여 신규보험계약이 체결되기 이전에 수정을 명할 수 있고, 보험계약자 보호를 위하여 필요시 기 체결한 보험계약의 사업계획서의 변경 또는 폐지를 명할 수 있다.[2]

미국 뉴욕 주는 기 인가한 약관이라 하더라도 법규위반, 심사내용 위반 등이 발견될 경우 변경 및 인가 철회 명령이 가능하다.[3]

일본의 경우 감독당국은 신고상품 수리 후 90일 이내에 신고사항의 변경 및 신고철회 명령을 할 수 있다.[4] 또한 감독당국은 보험회사의 건전한 운영과 계약자

---

1) 보험업법 제131조 제 2 항 : 금융위원회는 보험회사의 업무 및 자산상황, 그 밖의 사정의 변경으로 공익 또는 보험계약자의 보호와 보험회사의 건전한 경영을 크게 해칠 우려가 있거나 보험회사의 기초서류에 법령을 위반하거나 보험계약자에게 불리한 내용이 있다고 인정되는 경우에는 청문을 거쳐 기초서류의 변경 또는 그 사용의 정지를 명할 수 있다. 다만, 대통령령으로 정하는 경미한 사항에 관하여 기초서류의 변경을 명하는 경우에는 청문을 하지 아니할 수 있다.

1) 프랑스 보험법전 310－8.

2) 독일 보험감독법 제81a조.

3) 뉴욕 주 보험법 제3202조.

4) 일본 보험업법 제125조 제 4 항.

보호를 위하여 필요한 경우 기초서류에 대하여 변경을 명령할 수 있는 일반변경명령권을 가지고 있다(보험 131조).[1]

V. 기초서류 기재사항 준수의무

1. 의 의

보험회사는 기초서류에 기재된 사항을 준수하여야 한다(보험 127조의 3).

구 보험업법은 기초서류에 대한 신고의무만을 부과하고 신고의무를 위반한 경우 과태료에 처할 수 있도록 규정하고 있었지만 기초서류에 대한 준수의무를 규정하는 조항이 별도로 존재하지 아니하였다.

이에 따라 보험업법 제127조의 신고의무 조항을 폭넓게 해석하여 동 규정이 신고의무뿐만 아니라 기초서류 준수의무도 암묵적으로 부과하고 있는 것으로 해석하는 견해도 있었다. 그런데 기초서류에서 정하고 있는 사항을 위반하여 보험금 수령자에게 지급해야 할 제지급금을 고의로 지연하거나 은닉하는 사례가 종종 지적되어 이에 대한 제재 규정의 신설이 필요하였다.

이에 따라 개정 보험업법은 보험회사에 대해 기초서류 준수에 대한 의무를 부여하고, 고의적인 보험금 지급 지연 및 부지급 등 기초서류 준수의무 위반(unfair insurance practice)에 대해 과징금 부과 등 행정처분의 근거를 마련하게 된 것이다.

2. 의무의 내용

기초서류란 보험종목별 사업방법서, 보험약관, 보험료 및 책임준비금산출방법서를 말하는데 보험회사는 이와 같은 기초서류에 기재된 사항을 준수하여야 한다. 즉 사업방법서가 정하고 있는 사항을 위반하거나 보험약관의 내용과 달리 운용하는 행위가 금지되고, 보험요율을 신고한 요율 또는 작성한 보험요율과 달리 적용하는 것이 금지된다.

준수의무 위반여부의 판단자료는 적법절차에 의하여 신고된 기초서류나 기 작성된 기초서류가 된다. 나아가 사실상의 변경이 이루어진 경우에는 형식적인 기초서류를 기준으로 할 것인지 실질적인 기초서류를 기준으로 판단할 것인지 문제된다. 사실상 변경이 생긴 부분에 대해서는 기초서류 변경 및 작성 원칙 준수 여부와

---

1) 일본 보험업법 제131조.

신고의무 위반 여부를 따져 보아야 하고, 기초서류 준수 의무 위반 여부는 형식적인 기초서류가 아닌 실질적인 기초서류 위반 여부를 중심으로 판단하여야 할 것이다.

기초서류 준수 위반과 관련하여 검사에 지적된 대표적인 기초서류 위반사례는 사업방법서와 달리 공시이율을 계산한 경우, 보험약관의 대출이율을 잘못 적용한 사례 등이 있다.

3. 위반의 효과

기초서류 준수의무를 위반한 경우에는 해당 보험계약의 연간 수입보험료의 100분의 20 이하의 범위에서 과징금을 부과할 수 있다(보험 196조 1항).

Ⅵ. 기초서류의 관리기준

1. 의　　의

기초서류 관리기준이란 기초서류를 작성하거나 변경할 때 지켜야 할 절차와 기준을 말한다. 보험회사는 기초서류 관리기준을 정하고 이를 지켜야 할 의무를 부담한다(보험 128조의 2 1항).

2. 기초서류 관리기준 포함사항

기초서류 관리기준에는 (i) 기초서류 작성·변경의 절차 및 기준, (ii) 기초서류의 적정성에 대한 내부·외부 검증 절차 및 방법, (iii) 기초서류 작성 오류에 대한 통제 및 수정 방법, (iv) 기초서류 작성 및 관리과정을 감시·통제·평가하는 방법 및 관련 임·직원 또는 선임계리사의 역할과 책임, (v) 그 밖에 기초서류 관리기준의 제정·개정 절차 등 대통령령으로 정하는 사항을 포함하여야 한다(보험 128조의 2 2항).

3. 보고 및 변경 명령 등

보험회사는 기초서류 관리기준을 제정 또는 개정하는 경우에는 금융위원회에 보고하여야 하며, 금융위원회는 해당 기준이나 그 운용이 부당하다고 판단되면 기준의 변경 또는 업무의 개선을 명할 수 있다(보험 128조의 2 3항). 기초서류관리기준의 작성 및 운용 등에 필요한 사항은 대통령령으로 정한다(보험 128조의 2 3항).

제 8 절 정보 비대칭과 보험시장의 폐해 규제

Ⅰ. 서 설

보험계약은 계약의 일종이므로 일반 계약이 가지고 있는 특성을 지니고 있다. 그러나, 일반계약의 성격과 달리 보험계약만의 두드러진 특성을 가지고 있는데 선의계약성과 사행계약성이 그것이다.

학설로는 보험계약이 선의계약(good faith)에 기초한다는 견해 혹은 최대선의(utmost good faith)에 기초한다는 견해가 있다. 다수설은 보험계약은 선의 또는 최대선의에 기초한다는 입장이다. 보험계약이 선의성 또는 최대선의성을 띤다는 것은 보험계약의 당사자에게 선의의무(the duty of good faith), 최대선의의무(the duty of utmost good faith)가 요구된다는 의미이기도 하다.

보험계약이 사행계약이기 때문에 선의성 또는 최대선의성이 인정된다고 보는 것이 통설이다. 이에 따르면 보험계약의 사행계약성으로 인해서 보험이 도박 또는 투기의 목적으로 악용되면 도덕적 위험이 생길 수 있고 이때문에 선의성 또는 최대선의성이 요구된다는 것이다.

사행계약성이란 보험계약의 일방 또는 쌍방 당사자가 부담하는 급부의무의 존재 또는 급부량이 우연한 사건의 발생에 의해 확정되는 계약을 말한다. 보험금 지급이 불확정한 사고의 우연한 발생에 달려 있다는 점에서 보험계약은 도박, 복권, 파생상품 등과 같이 사행적 성격을 띠게 된다.

이러한 보험계약의 성격은 바로 보험시장의 정보 비대칭성과 관련이 있다. 보통 거래의 현실에서 당사자들은 자신의 이익을 최대한 누리려고 하는 것이 통상적이므로 거래조건의 일부나 전부에 있어 과장이나 허위 내용이 개입될 수 있고, 이러한 경우에도 사기적 성격을 띠지 않는 한 허용된다.

Ⅱ. 보험시장에서 정보 비대칭

1. 의 의

정보란 관찰이나 측정을 통하여 수집한 자료를 실제 문제에 도움이 될 수 있도록 정리한 지식이나 자료를 말한다. 이러한 정보는 모든 거래에 있어서 또는 어떠한 의사결정에 있어서 합리적인 선택, 신속한 의사 결정을 도와주는 역할을 수행한다. 따라서 정보는 때로는 투자에서 성공요소가 되고, 거래에서 비용의 절감수단이 되기도 한다.

모든 거래에는 정보가 필요하고 이러한 정보는 거래에 따라 다양한 의미를 가지고 있으며 거래관계의 성립 및 효력 등에 영향을 미치게 된다. 실제 거래계에서는 거래주체간의 정보는 양적·질적인 측면에서 상이하게 분포하게 되는데, 거래주체간의 정보량의 차이에 의하여 초래되는 문제가 정보 비대칭(asymmetric information)문제이다.

정보의 비대칭 및 그 악용으로 인한 폐해는 심각하다. 때로는 시장실패의 원인이 되기도 하고, 금융위기의 원인 중 하나가 되기도 한다. 따라서 보험시장의 효율성, 거래의 적정화를 위해서는 정보의 흐름의 원활화, 정보 공유로 인한 정보의 편재를 극복할 수 있는 제도적인 장치가 마련될 필요가 있다.

2. 보험정보의 비대칭 현황

(1) 보험정보의 의의

보험정보란 광의로는 보험거래 당사자가 가지고 있는 모든 정보를 말하고, 협의로는 보험거래에서 필요한 정보를 말한다고 볼 수 있다.

보험정보 비대칭이란 보험거래에서 필요한 정보를 한 쪽의 당사자만 가지고 있고 상대방은 정보가 없거나 부족한 상태를 말한다.

이상적인 보험시장 경우에 보이지 않는 손의 이론은 모든 경제주체가 필요한 정보를 가지고 있다고 가정하나, 실제로는 어느 한쪽 당사자에게 정보가 편재되어 이로 인한 정보 비대칭 현상이 발생하고, 시장경제에서 추구하는 완전시장의 달성에 장애가 초래된다.

보험시장의 실패는 사회적 복리후생의 감소와 국가경제의 균형적 발전을 저해하므로 정부정책이 작용하여야 할 필요성이 요구된다. 그러나, 지나친 정부정책의 개입은 보험계약자의 권익 침해와 보험회사의 경영효율성을 저하시키므로, 정부정책의 최소한의 개입과 함께 보험거래의 주체인 보험회사와 보험계약자의 역선택 및 도덕적 해이에 대한 정보 비대칭성 완화 노력이 요구된다.

(2) 보험거래의 구조 및 정보 편재 현황

보험이란 동질의 경제상의 위험에 놓여 있는 다수인이 하나의 위험단체를 구성하여 미리 통계적 기초에 의하여 산출된 일정한 금액을 내어 일정한 공동자금을 만들고 현실적으로 우연한 사고를 입은 사람에게 이 공동자금에서 일정한 금액을 지급하여 경제생활의 불안에 대비하는 제도라고 설명된다. 미국의 보험학회에서는 보험이란 손실이 발생한 경우에 손실을 보상하거나 다른 금전적인 대가를 제공하거나 혹은 그 리스크와 관련된 서비스를 제공하기로 약정한 보험자에게 그와 같은 리스크를 전가함으로써 계약자의 예기치 못한 손실을 집단화한 것이라고 한다.

보험거래는 단체성, 기술성, 공공성 및 사회성, 사행계약성(투기, 도박 등 악용) 등의 특성을 가지고 있다.

보험거래의 구조를 보면 보험계약자, 보험모집 종사자, 보험회사의 거래구조를 갖는 것이 보통이다. 이 때 보험계약자 측은 보험목적물에 관한 정보, 피보험자에 관한 정보를 가지고 있다. 그러한 정보로는 피보험자의 나이, 성별, 습관, 질병유무, 신체장해 유무, 운전경력, 운전면허, 종사하는 직업·직종, 보험목적물의 소재지, 보험목적물의 구조 및 특성, 자동차의 용도 등이 있다. 반면 보험회사는 보험상품 정보 즉 가격, 보상하는 손해, 면책하는 손해, 책임개시시기, 해제 및 해지 사유, 무효, 취소 실효 등 사유, 그 밖에 재무적 정보, 건전성 규제 비율 충족하는지 여부, 상장 비상장 여부, 계열사 간 거래 여부, 임원 및 집행임원 등, 감독당국의 각종 지적사항 등의 정보를 가지고 있다.

3. 보험에서 정보 비대칭이 초래하는 문제

정보비대칭은 보험계약이나 거래와 관련하여 최근 이슈화되고 학문적인 체계를 갖추게 되었다. 경영학에서 정보의 비대칭 문제를 체계적으로 다룬 것은 G. Arkelof가 레몬시장을 분석함으로써 정보 비대칭은 궁극적으로 시장의 붕괴를 초래한다고 주장하였고, Holmstrom 등이 신호보내기 현상을 들어 정보의 비대칭 문제가 인력시장에서 어떻게 해소되는지 증명하였다. 전통적으로 정보 비대칭에 관한 논의는 거래에 있어서 구매하는 자 측에 초점을 맞추었다. 그러나 최근에는 제품이 전문화·정교화 되고 제조자간의 경쟁심화, 소비자의 권리의식이 향상되면서부터 제조자·판매자 쪽으로 책임의 무게가 실리게 되었다. 보험산업은 위험을 담보하는 전형적인 정보 비대칭 산업으로 보험계약자 측의 역선택, 도덕적 해이를 위험선택 과정을 통해 제어하는 것이 중요해 졌다.

보험시장에서 정보비대칭을 이용하여 보험수요자 측이 야기하는 문제로 역선택(Adverse Selection), 모럴해저드(Moral Hazard)가 있다. 상품의 공급 여부와 요율의 결정은 보험수요자의 위험 크기에 기초하는데 보험수요자의 불리한 정보를 알리지 않으려는 속성으로 말미암아 정보의 비대칭 문제가 발생한다.

이러한 결과의 극단을 보여주는 실증적 자료가 보험사기 적발건수인데 매년 증가하는 추세이다.

반면 실적 중심의 영업 추진 등 정보의 비대칭을 보험회사가 이용하는 것이 있는데, 정보의 불제공, 부실제공, 과잉제공 문제 등의 발생 보험소비자에 불리한 약관 제정, 보험약관 등 중요정보의 미제공 불충분제공 보험설계사 등이 보험계약자에게 자필서명을 받지 않거나 보험약관 및 청약서 부본 미전달, 보험약관의 중요내용 설명불이행, 보험계약자가 원하지 아니한 상품 판매 등을 들 수 있다. 결국 보험계약자 측의 역선택 및 모럴해저드, 나아가 보험사기와 보험회사의 부실한 정보제공 등은 보험료 상승이나 법률리스크 증가로 경영부실화를 초래하게 된다.

4. 보험법상 정보 비대칭 방지 제도

(1) 개 요

보험회사의 보험상품 정보 불제공, 부실제공, 과잉제공 등은 보험소비자에게 피해를 발생시킨다. 보험계약자의 역선택 및 모럴해저드, 보험사기를 방지하기 위하여, 고지의무 및 보험계약 심사제도, 자기부담금, 공동보험 제도, 보험금액 지급배수 제한, 보험계약의 해지, 무효·취소제도 보험약관의 모럴조항 배제, 즉 비상위험 부담보, 비정상적 위험행위 부담보 등을 이용하고 있다. 또한 보험사기 방지 체계를 확립하고, 보험사기 조사 활동도 강화하고 있다. 한편 보험업법에서는 보험업법상의 기초서류 규제, 보험상품 광고규제, 보험상품 공시규제, 설명의무규제, 적합성 규제 등을 두고 있다.

(2) 역선택 및 모럴해저드 방지제도

1) 역선택(Adverse Selection)

보험계약자 등이 보험자로부터 이익을 얻기 위해 자신의 부보 가능성에 대한 우월적 지식을 이용하려는 경향을 역선택이라고 한다. 역선택의 문제는 감추어진 특성 때문에 발생하고, 역선택의 현상은 정보를 가진 쪽의 자기 선택(self-selection) 과정에서 생기는 현상이다. 이러한 역선택에 대한 방어책으로 생각해 볼 수 있는 방안으로 인보험계약에서 우량 피보험체임을 증명하기 위하여 건강진단서 제출 등의 신호보내기(signaling)를 통하여 상대방에게 선택할 수 있도록 적극적인 행동을 취하는 것과 보험계약자 정보를 갖지 못한 보험자가 취할 수 있는 보험계약

심사, 건강진단서 등 개인정보, 자동차 운전자 경력, 사고경험, 자동차 모델 등의 정보를 활용하여 엄선(screening)할 수 있는 장치를 구축하도록 하는 것이다.

2) 모럴해저드(Moral Hazard)

보험에서 모럴해저드는 정보가 비대칭적으로 분포된 상황에서 피보험자 또는 보험수익자가 보험금을 취득할 목적으로 피보험자나 보험목적물을 고의적으로 사상 또는 손괴할 수 있는 위험이다. 이러한 모럴해저드는 보험계약에 불가피하게 수반하여 나타나는 현상인데 감추어진 행동 때문에 발생하고, 정보를 가진 쪽에서 자신의 이익을 위해 정보를 갖지 못한 쪽의 이익에 반하는 행위를 할 가능성이 있다. 결국 이러한 역선택 결과 보험단체 내에 고위험 피보험자가 다수 존재하게 되고, 모럴해저드로 인한 다수의 보험사고 발생으로 이어져 예정위험률을 초과하는 손해가 발생하고, 이로 인하여 보험료 인상을 초래하는 악순환이 반복될 수 있다.

Ⅲ. 고지의무제도

이모가 피보험자의 어머니를 대리하여 조카를 피보험자로 하는 보험계약을 2007년 6월 29일 체결하였다. 이모는 이 사건 보험계약 당시 '계약전 알릴의무 사항'에 기재된 "최근 3개월 이 내에 의사로부터 진찰, 검사를 통하여 진단을 받았거나 그 결과 치료, 입원, 수술, 투약 을 받은 사실이 있었습니까?"라는 질문에 대하여 "아니오"라고 답변하였다.

그런데 피보험자는 2007년 6월 어지럼증으로 동네 의원에 내원하였다가 초음파검사 결과 3개의 갑상선결절이 있다는 소견을 들었고, 2007년 6월 12일 내분비내과에 내원하여 갑상선 결절(thyroid nodules)로 진단되었다.

피보험자는 2008년 7월 2일 출산한 후 2008년 9월 23일 이비인후과에 재차 입원하여 2008년 9월 24일 전신 마취 하에 갑상선 전절제술 및 중심경부 임파선 곽청술을 시행받은 후, 동년 9월 26일에 퇴원하였다. 이에 따라 피보험자는 보험회사에 보험금을 청구하였고, 보험회사는 자체조사 결과 보험계약자 등이 고지의무를 위반하였다는 이유로 보험금 지급을 거절하였다.

1. 고지의무(duty of disclosure) 제도의 의의

우리 상법은 보험계약자 측의 정보편재를 해소하고 적정한 위험평가를 통한 보험거래가격의 적정한 수준을 유지하기 위하여 고지의무 제도를 두고 있다. 고지의무제도는 보험계약 당시에 보험계약자 또는 피보험자가 고의 또는 중대한 과실로 인하여 중요한 사항을 고지하지 아니하거나 부실의 고지를 한 때에는 보험자는 그 사실을 안 날로부터 1월내에, 계약을 체결한 날로부터 3년 내에 한하여 계약을 해지할 수 있는 제도이다(상 651조).[1]

이처럼 고지의무 규정 내용을 보면 고지의무 이행주체인 보험계약자 등이 중요한 사항을 스스로 알아서 보험자에게 알리도록 하는 능동적 혹은 자발적 고지의무 제도를 채택한 것임을 이해할 수 있다.

그러나 보험관련 지식이 충분하지 않은 고지의무 이행주체가 스스로 고지하여야 할 중요사항을 인식하고 고지한다는 것은 너무나 가혹하므로 보험자측이 중요사항으로 고려되는 사항들을 미리 질문하고 이에 대하여 답하는 형식의 수동적 답변의무 내지 응답의무로 고지의무 제도 운용의 일대 변화가 일어나고 있다. 프랑스(1989년), 호주(1998년), 그리고 최근에는 독일(2007년), 일본(2008년)이 고지의무를 응답의무로 전환하는 보험법 개정을 단행하였다. 영국의 경우도 최근 소비자보험법(Consumer Insurance Act 2012)을 제정하여 고지의무의 주관적 요건을 고의 또는 과실로 제한하였고 고지의무를 능동적 고지의무에서 수동적 고지의무로 전환하였다. 이러한 영국의 고지의무 제도의 변화는 정보비대칭성과 깊은 역사적 관련성을 갖고 있다. 해상보험의 초기에는 보험자가 선박과 적하에 관한 정보를 파악하는 것이 곤란하였고 출항, 선박 및 적하에 관한 정보는 전적으로 보험계약자 측에 관한 정보인 것에 기인하여 고지의무를 엄격하게 요구하였다. 즉 보험자가 질문한 사항이 아니더라도 중요한 사항이면 고지해야 하고, 주관적 요건인 고의 또는 과실을 별도로 요구하지 않았다. 그러나 영국의 보험법을 계수한 미국의 경우에는 영국의 고지의무 법리는 해상보험에만 적용하고 그 밖의 보험에서는 고의에 의한 불고지만 고지의무위반으로 취급하여 고지의무의 엄격성을 완화하였다. 그러나 보험기술의 발달로 보험자의 정보파악 능력이 제고되었고, 질문표 등을 통하여 중요사항에 대한 조사 및 입수가 용이해지고 있는 점을 고려하여 고지의무 제도의 엄격성을 점차 완화되고 있다.

우리나라의 경우 실무상으로는 생명보험표준약관 제21조에서는 계약자 또는

---

1) 수동적 답변의무로 전환한 일본 보험법 제 4 조 (고지의무) 보험계약자 또는 피보험자가 되는 자는 손해보험계약의 체결 시, 손해보험계약으로 전보하게 되는 손해의 발생가능성(이하 본 장에서 위험 이라 한다)에 관한 중요한 사항 중에 보험자가 되는 자가 고지를 요구한 것(제28조 제 1 항 및 제29조 제 1 항에서 고지사항이라 한다)에 대하여 사실을 고지하여야 한다.

피보험자(보험대상자)는 청약시(진단계약의 경우에는 건강진단시 포함) 청약서에서 질문한 사항에 대하여 알고 있는 사실을 반드시 사실대로 알려야 한다고 규정하여 상법상 능동적 고지의무가 수동적 답변의무 제도와 유사하게 운용되고 있다.[1]

기본적으로 보험료의 구성요소 중의 하나인 위험보험료는 피보험자의 위험사정 및 정도에 비례하고, 보험단체는 동질의 위험을 가진 다수인의 결합을 요하므로 보험가격을 산출하거나 인수여부를 결정하게 되는데 이때 위험측정에 필요한 사항은 계약의 중요사항에 속하는 사항으로 취급된다. 고지의무 제도는 보험자가 보험사고발생의 가능성을 측정함에 있어서 중요한 정보를 가지고 있는 보험계약자로 하여금 진실한 정보를 보험자에게 제공하도록 하여 보험계약자의 역선택(adverse selection)을 막고 아울러 도덕적 해이(moral hazard)를 방지하는 기능도 수행한다.[2]

보험계약법상의 고지의무 제도를 계약법을 규율하는 최고 이념인 신의칙에 기초한 것으로 파악하는 경우 고지의무는 그 의무의 형태, 효과 등에는 차이가 있어도 다른 계약유형에서도 동일하게 그 존재를 인정받을 수 있다.

이른바 최고선의계약에 가령 보험계약, 토지매매계약, 주식인수계약 등은 일방적으로 알 수 없는 정보가 존재하고 그것이 계약체결에 중대한 영향을 미치는 것은 고지의무를 발생시키고 이 경우 묵비라도 부실고지가 된다고 해석하는 견해도 존재한다.

고지의무는 당사자 간의 정보의 편재가 존재하는 경우 계약법의 일반 법리에 따라 계약상의 부수의무로서 인정되는 상대방에 대한 정보제공의무이다. 따라서 당사자 간의 정보와 전문적 지식의 불균형이 있는 계약체결에서 신의칙상 부과되는 일방 당사자의 상대방 당사자에 대한 정보제공의무와 공통되는 점이 있다.

2. 구별개념

고지의무 제도는 시간적 범위에서 볼 때 보험계약의 청약과 함께 이행되어야 하는 의무이다. 이러한 점에서 보험계약이 성립된 후에 부과되는 위험변경·증가의 통지의무와 보험사고에 대한 통지의무 등과 구별된다. 또한 기능적인 측면에서 볼 때 고지의무는 보험 인수를 위한 전제요소로서 위험의 평가와 측정에 필요한 정보를 수집하기 위한 것이라는 점에서 보험계약 후 위험사정의 변경으로 인한 보험관

---

1) 화재보험약관은 계약자, 피보험자 또는 이들의 대리인은 청약시 청약서(질문서를 포함합니다)에서 질문한 사항에 대하여 알고 있는 사실을 반드시 사실대로 알려야 합니다(14조).

2) 박세민, 「보험법」, 박영사, 2011, 178면.

계의 조정 또는 보험사고에 대한 조사 및 손해액의 확인을 위해 필요한 보험사고의 통지의무 등과 구별된다.

3. 인정근거 및 이유

보험계약이 체결되기 전에는 당사 간에 계약상의 권리·의무는 발생하지 않는 것이 보통이다. 따라서 아직 보험계약자나 피보험자의 지위에 있지 아니한 자에게 고지할 의무를 부담하게 하는 근거에 대해서는 종래 다양한 이론이 제시되었다. 크게 다음과 같은 두 가지 견해로 정리할 수 있다. 하나는 그 근거를 보험제도의 기술적 구조의 특수성에서 찾는 견해이고, 또 하나는 계약법의 일반법리에서 구하는 견해이다. 전자의 견해로서 기술설과 위험측정설이 있고, 후자의 견해로서는 보험계약의 사행계약성 및 선의계약성이다. 전자의 입장은 보험제도는 대수의 법칙을 이용하여 보험사고 발생에 개연율을 산출하고, 보험료 총액과 지급보험금의 총액이 균형을 이루도록 해야 한다. 이러한 제도를 유지하기 위해서는 동질의 위험을 가진 다수의 보험가입자로 구성되어야 할 필요가 있고, 이를 위해서는 보험자가 각각의 계약에 대해 위험을 측정하고, 위험이 높은 피보험자에 대해서는 인수를 거절하거나 보험료 할증 등 적절한 위험선택이 필요하다. 그러나 보험자 스스로 위험선택에 필요한 정보를 구하는 것은 실제로 곤란하기 때문에 보험계약에 필요한 위험상황에 관한 정보를 알고 있는 보험가입자에게 중요사항에 대한 고지를 요구한다고 설명한다. 그러나 이 견해는 보험자측이 보험계약자 및 피보험자에게 고지를 요구할 필요가 있다는 것은 설명할 수 있지만 보험계약자나 피보험자가 왜 보험계약의 성립 이전에 보험자에 대하여 고지의무를 부담하는 것인가에 관해서는 충분하게 설명하지 못한다는 비판이 제기될 수 있다. 이러한 비판을 고려하여 고지의무의 근거를 보험계약의 사행계약성과 선의계약성에서 그 근거를 찾는 입장이 대두되었다. 즉 보험계약은 보험급부의 유무 및 그 대소가 우연한 사정에 의하여 영향을 받기 때문에 그러한 사정을 알고 있는 보험계약자 측이 사정을 모르는 보험자에게 그 사실을 숨기고 보험계약을 체결하는 것은 공정·공평하지 않으므로 위험사정을 보험자에게 알리는 것이 신의칙상 요구된다는 것이다. 이러한 보험계약상의 특수한 구조가 고지의무를 법적인 의무로 인정하게 된 것이라고 한다.

생각건대 보험업은 급부·반대급부균등의 원칙에 따라 각각의 보험계약이 가지고 있는 위험의 정도에 따라 보험료의 부담을 요구하고, 일정 한도를 초과하는 위험을 가진 경우에는 보험을 체결하지 않는다는 기본원칙에 의하여 운용되고 있다.

그러므로 보험자의 입장에서는 위험에 관한 정보를 수집하여 위험정도를 판단할 필요가 있는데 위험에 관한 정보는 보험계약자 측에 편재되어 있는 것이 보통이므로 보험자로서는 위험에 관한 정보수집을 위하여 보험계약자 측으로부터 고지를 받는 것이 필수적으로 요구된다. 이러한 사정에 따라 고지의무는 보험자의 위험측정의 필요에 따라 특히 법률에서 부과하는 의무라고 설명하는 것이 타당하다. 따라서 고지의무의 인정근거를 어느 하나의 설명에서 구하는 것보다는 사행계약적 성질, 기술설 및 위험측정설, 정보비대칭의 해소 등 종합적인 관점에서 그 근거를 찾아야 할 것이다.

보험계약에서 고지의무제도를 확립한 중요한 사건이 Carter v. Boebm 사건인데 맨스필드 경(Lord Mansfield)은 다음과 같이 언급하고 있다.[1]

보험계약은 사행계약이고, 보험계약자 또는 피보험자에게 존재하는 특별한 위험사정에 의존하여 우연한 사건발생 확률이 계산되는데 보통 이러한 특수한 위험사정은 보험계약자나 피보험자 측에 존재하는 사실이고, 그들이 알고 있는 사항이다. 그리고 보험자는 보험계약자 측의 진술 내지 표시에 의존하게 되고, 그들이 알고 있는 사항에 대해 진실하게 알릴 것으로 확신한다. 따라서 어떤 사정이 존재하지 아니한 것으로 보험자를 믿게 하는 경우에는 마치 어떤 사정이 존재하지 아니한 것처럼 위험을 측정하도록 보험자를 오도할 수 있다.[2]

생각건대 보험계약법상의 고지의무제도는 상법이 규정하는 법정의 의무이나 그 근본 정신은 계약법의 최고원리인 신의칙에 기초하여 연원한 것으로 볼 수 있고, 위험의 이전과 그 이전에 따르는 대가를 측정함으로써 보험제도의 적정한 운용을 위하여도 필요하므로 보험제도의 기술적 구조, 사행계약성 또는 선의계약성에서 그 근거를 찾는 것이 합리적이다.

따라서 고지의무 제도는 그 제도의 주관적인 측면은 보험계약자 측의 선의성을 요구하고 있는 제도이고, 객관적인 측면에서 이러한 고지사항을 바탕으로 적정

1) Insurance is a contract based upon speculation. The special facts, upon which the contingent chance is to be computed, lie most commonly in the knowledge of the insured only; the underwriter trusts to his representation and proceeds upon the confidence that he does not keep back any circumstance in his knowledge, to mislead the underwriter into a belief that the circumstance does not exist, and to induce him to estimate the risk as if it did not exist. Good faith forbids either party by concealing what he privately knows, to draw the other into a bargain from his ignorance of that fact, and his believing the contrary.

2) John Birds, BIRDS' MODERN INSURANCE LAW(tenth edition), SWEET & MAXWELL, 2016, p 123.

한 보험료를 산출하는 측면에서 볼 때 기술성의 요청에 따른 것이기도 하다.

4. 법적 성질

고지의무란 보험계약자 또는 피보험자가 보험계약의 체결당시에 보험자에 대하여 중요한 사항을 고지하거나 부실고지를 하지 아니할 의무를 말한다.[1]

이러한 고지의무는 보험계약에서 지는 주된 급부의무인가? 또는 부수적 의무인가? 그리고 고지의무 제도에 의하여 이행하는 보험계약자 등의 고지는 법률행위인가? 혹은 준법률행위인가? 하는 점이 문제 된다. 보험계약이라고 하는 채권채무관계에서 보험계약자는 주된 채무로서 보험료 납입의무를 부담하고, 부수의무로서 고지의무 등의 의무를 부담한다. 그러나 고지의무 위반의 경우에 해지권을 발생시킨다는 점에서 단순히 부수의무로 취급하여서는 아니 되고 보다 고양된 의무로서 급부의무와 유사한 지위를 갖는 의무로 파악하여야 할 것이다.

고지의무를 위반한 경우 보험자는 보험계약을 해지하고 고지의무 위반사실과 보험사고간에 인과관계가 인정되는 경우에는 보험자는 보험금 지급의무도 면할 수 있지만 고지의무 부담을 지고 있는 보험계약자나 피보험자가 되려는 자에게 그 의무 이행을 강제할 수는 없고, 그 의무불이행에 대하여 손해배상을 청구할 수도 없다. 따라서 고지의무는 진정한 의무는 아니고 보험계약자 측이 보험계약상의 이익을 향수하기 위하여 전제요건으로 이행해야 할 자기의무 내지 간접의무이다.[2]

이러한 고지의무는 계약의 체결 전에 이행되어야 할 의무이므로 법률의 규정에 따라 이행하여야 할 의무이고, 보험계약자 등이 자기불이익을 방지하기 위한 자기의무이고 보험계약의 효과로서 부담하는 의무가 아니다.[3]

고지의무에 따라 이행하는 고지는 피보험자 또는 보험목적물이 가지고 있는 위험상황에 대하여 보험자에게 알리는 행위로서 일정한 법률효과의 발생을 원하는 내심의 의사를 외부로 표시하는 의사표시와 달리 법률효과가 행위자의 의사에 기해서가 아니라 법률의 규정에 의하여 발생하는 준법률행위로서 표현행위에 해당한다. 또한 고지는 보험목적물의 위험상황에 대한 사실을 알리는 관념의 통지에 해당하고

---

1) 고지의무제도는 위험이 보험계약자의 개인적인 사정과 관련이 있다면 보험자는 그 측정이 현실적으로 어렵게 때문에 위험에 관한 정보를 보험자도 획득하기 위해 고지의무제도의 존재의 의미가 있다. 영국에서는 고지의무(the duty of disclosure)의 인정근거를 보험자와 보험계약자 사이의 특별한 관계, 즉, 보험계약자가 중요사항을 알고 보험자는 모르는 것이 일반적이라는 점에서 찾고 있다. 고지의무제도의 입법적 근거를 제공한 대표적인 사건이 Carter v. Boehm 사건이었다.

2) 상법강의(하)(제22판), 593면.

3) 상법강의(하)(제22판), 593면.

자기의 의사를 알리는 의사의 통지나 감정의 표시와 구별된다.

5. 고지의무를 부담하는 자

우리 상법에 의하면 고지의무를 부담하는 자로는 보험계약자와 피보험자가 있다. 보험계약자나 피보험자가 다수인 경우에는 모두가 고지의무를 부담한다. 따라서 고지의무는 보험계약자나 피보험자 모두에게 개별적으로 부과되어 있는 자신의 의무라고 볼 수 있다. 그러나 고지의무는 보험계약이 성립되기 전에 이행되는 것을 요하므로 여기서 보험계약자 또는 피보험자라 함은 엄밀히 말해서 보험계약자 또는 피보험자가 되려는 자이다.

보험계약자와 피보험자가 동일인이 아닌 경우에는 고지하여야 할 중요한 사항은 피보험자 측에 관한 정보가 관심의 대상이므로 피보험자가 고지의무자에 포함되는 것이 지극히 자연스러운 것이다. 피보험자의 건강상태가 보험계약의 인수여부를 결정하는 중요한 의미를 갖고 있는 인보험계약에서는 피보험자를 고지의무자로 하는 것이 특히 중요한 의미를 갖는다.

보험계약자와 피보험자가 다른 경우에는 각기 개별적으로 고지의무를 부담하므로 자신에 관한 정보를 고지하면 그것으로 충분하다. 그런데 실무에서는 모집종사자가 피보험자에 관한 고지사항을 당해 피보험자로부터 직접 고지를 받지 않고 보험계약자로부터 고지를 받는 경우가 있다. 이때 이러한 고지의무 이행방식은 법적으로 적법한 것인지 여부가 문제되고, 만약 보험계약자가 대신 고지의무를 이행하게 되거나 타인이 대리인으로서 고지의무를 이행하게 되는 경우에는 자신이 알고 있는 사항만 고지하면 되는 것인지 아니면 적극적으로 탐지하여 알려야 할 의무가 있는지 여부가 문제되는데 이에 대해서는 고지의무의 주관적 요건에 관한 부분에서 서술한다.

6. 고지의 시기

고지의무의 이행시기와 관련하여 상법 제651조는 보험계약 당시에 고지할 것을 요구하고 있다. 여기서 보험계약 당시가 무엇을 의미하는지에 관해 판례는 보험계약의 성립 시로 보고 있다.[1] 보험계약은 원칙적으로 보험계약자의 청약에 대하여 보험자가 승낙함으로써 성립하고, 보험자가 보험계약자로부터 보험계약의 청약과 함께 보험료 상당액의 전부 또는 일부의 지급을 받은 때에는 다른 약정이 없으면

1) 대판 2012. 8. 23, 2010 다 78135, 78142.

30일 내에 상대방에 대하여 낙부의 통지를 발송하여야 하며, 보험자가 기간 내에 낙부의 통지를 해태한 때에는 승낙한 것으로 본다(상 638조의 2 1항 및 1항). 즉 보험계약의 성립 시기란 엄밀히 말해 보험자가 승낙한 때를 말하고, 승낙의 의사표시의 효력은 상대방에게 도달하였을 때 발생하므로 보험자의 승낙의 의사표시가 청약자에게 도달하는 시점에 비로소 보험계약은 성립한다. 한편 낙부통지의 해태에 따른 승낙의제의 경우에는 보험계약의 성립시란 보험계약의 청약과 함께 보험료 상당액의 전부 또는 일부의 지급을 받은 때로부터 30일이 되는 시점이 된다.

보험계약의 성립 전에 보험자가 질문 표에 의해 고지를 요구한 때부터 계약 성립까지 고지할 것을 요한다. 계약 성립 전에 한 번 했던 고지를 수정하는 것도 가능하다고 해석된다. 계약상 보험자의 책임개시가 계약 성립 전의 시점에 소급할 때는 그 시점 이후에 생긴 사실은 고지할 필요가 없다고 해석된다.

그런데 고지의무의 이행시기와 관련하여 언제가 보험계약의 성립 시인지 구별하는 것은 매우 모호하므로 고지의무의 이행시기를 개정할 필요가 있다.

고지의무의 이행시기를 계약의 성립 시까지로 하는 것은 보험계약자에게 불리하게 작용할 수 있고, 실무상으로는 보험모집종사자가 보험계약의 청약의 의사표시를 수령할 때에 고지를 받는 것이 보통이므로 이러한 실무의 현실을 반영하여 고지의무의 이행시기는 보험계약을 청약할 때로 보는 것이 타당하다.

생명보험표준약관에 의하면 고지의무의 이행시기를 청약할 때로 규정하고 있다(표준약관 13조).

7. 고지의 방법

고지하는 방법에 대해서도 특별한 방식을 요하지 아니하므로 고지는 구두 또는 서면에 의하여, 묵시적·명시적 방법에 의하여 이행할 수 있다. 그러나 실제 보험계약 실무에서는 청약서에 질문사항을 두고 각 질문사항에 대하여 고지의무의 이행주체가 각각의 질문에 대하여 답변하는 형식을 취하고 있다.

8. 고지의무 위반의 요건

상법 제651조에 의하면 고지의무의 이행주체가 (i) 고의 또는 중대한 과실로 인하여 (ii) 중요한 사항을 고지하지 아니하거나 부실의 고지를 한 경우에는 고지의무 위반이 된다고 규정하고 있다. 즉 주관적 요건으로서 고의 또는 중대한 과실이 요구되고, 객관적 요건으로 중요한 사항을 고지하지 아니하거나 중요한 사항을 부실하게 고지하는 것을 요한다.

상법에서는 보험계약자에게 고지의무를 부과하면서 그 위반의 경우 보험계약을 해지할 수 있는 권한을 보험자에게 부여하고 있다. 그런데 고지의무 위반에 대해 보험자의 권한남용 또는 악용가능성이 있으므로 이를 제한하는 방안으로 보험계약자 측의 고의 또는 중과실이라는 요건을 추가하여 보험자의 해지권 남용을 억제하고 있다.

보험계약 체결당시에 보험계약자 또는 피보험자에게 고의 또는 중대한 과실이 있었느냐 여부는 고지의무 위반이 나타나는 심리적 과정을 기초로 판단하여야 할 것이다. 우선 보험계약자 등은 어떤 사실의 존재 또는 부존재를 인식하고, 그러한 사실이 보험계약상 고지대상이 된다는 사실 즉 중요성에 대한 평가를 통한 인식과정을 거쳐 보험자에게 고지하는 과정을 거치게 된다. 고의는 이러한 인식과정을 모두 거치게 되나 중과실은 이러한 인식과정을 모두 인식하지 못하거나 그 중의 일부를 인식하지 못한 것을 말한다.

(1) 주관적 요건

우리나라 상법은 고지의무 이행주체의 고의 또는 중과실을 고지의무 위반에 관한 주관적 요건으로 한다. 이러한 고지의무의 주관적 요건은 이행주체의 정신상의 관념적 상태를 말하는 것으로 주관적 사정의 존부는 보험계약 당시의 보험계약 체결 경위, 고지사항의 성격 등 여러 간접적인 사정을 토대로 그 존부를 판단할 수 밖에 없다. 우리나라는 주관적 요건으로 고의 또는 중과실을 요구하는데 이러한 입법태도는 세계적으로 통일되어 있지 않고 주관적 요건을 어느 정도로 요구할 것인지 문제는 각 국가의 입법정책에 따라 다르게 운용되고 있다. 영국의 1906년 해상보험법은 주관적 요건을 요구하지 않고, 고지의무 위반의 경우 계약취소와 보험금 지급을 면할 수 있도록 규정하고 있었다. 그 후 소비자보호 경향의 추세에 힘입어 2012년 소비자보험법(Consumer Insurance(Disclosure and Representations) Act 2012)은 고지의무 위반이 되려면 과실을 요구하도록 하였다.

1) 고　　의

형사 및 민사 관련 법규정에서는 사람의 주관적 상태에 대하여 고의·과실, 선의·악의 등의 개념을 사용하고 있다. 특히, 민사법에서 사람의 주관적 상태와 관련하여 선의·악의, 고의·과실의 개념을 사용하고 있는데 선의란 어떤 사실을 단지 알지 못하는 것을 말하고, 반대로 악의란 어떠한 사실을 알고 있는 상태를 말한다. 즉 사실을 알고 있기만 하면 악의가 되고, 남을 해칠 의사가 있어야만 악의가 되는 것은 아니다.

고의란 일정한 결과의 발생을 인식하면서도 이를 의욕하고 행하는 정신상태를 말한다. 고의의 요소로는 결과발생을 지각하는 인식적 요소와 이를 행하는 의지적 요소가 모두 갖추어져야 한다.[1] 그런데 고의가 되기 위해서는 결과발생을 인식하는 것 외에 그것이 위법하다는 인식까지 있어야 하느냐에 대해서는 견해의 대립이 있으나 판례는 위법성의 인식은 요하지 않는다고 한다.[2]

이러한 점을 종합해 보면 고지의무 위반요건으로서의 고의도 인식적 요소와 의지적 요소가 갖추어져야 한다. 그렇다면 인식적 요소에서 무엇을 인식하여야 하느냐의 문제가 제기되는데 그 인식의 대상은 중요사항이다. 중요사항은 어떤 사실을 전제로 하여 그 사항이 중요한 사항에 해당하는가 하는 평가적 과정을 거쳐 도출되므로 고의의 인식대상으로 중요사항의 인식과정은 먼저 어떠한 사항 내지 사실의 인식이 먼저 선행되고, 그러한 사실이 고지하여야 할 중요사항이라는 것을 인식하는 과정을 거치게 된다.

학설은 대체로 고지의무 위반요건으로서 고의에 관하여 대체로 (ⅰ) 고의란 중요한 사실의 존재를 알고 있거나 고지한 사실이 부실하다는 사실을 알고 있는 것이라고 설명한다. 즉 고의란 해의가 아니고 중요한 사실을 알면서 고지하지 않는 것 또는 허위인 줄 알면서 고지하는 것을 의미하거나[3] (ⅱ) 고의란 해의 또는 적극적 기망의사를 말하는 것이 아니라 고지사항을 알고 있다는 의미로 파악한다. 즉 고의에 의한 고지의무 위반이란 첫째, 고지의무자가 어떤 사실의 존재를 알고 있고, 둘째, 그 사실의 중요한 점도 인식하면서, 셋째, 그 사실이 고지의무의 대상이 된다는 것(고지의무 해당성)을 인식한 채 고의로 알리지 않거나 부실하게 고지하는 것을 말한다. 이러한 관점에서 고지의무위반에서 고의 성립에는 사실의 인식, 중요성의 인식 및 고지 당위성에 대한 인식이 모두 요구된다고 할 수 있다고 설명하는 견해도 있다.[4]

생각건대 고지의무 위반요건으로서 고의란 보험계약의 체결을 계기로 어떠한 사항을 인식하고, 그 사항이 중요한 사항에 해당하는 것을 인식하고서도 감히 보험자에게 고지하지 않거나 부실하게 고지하려는 의사를 말한다고 볼 수 있다. 인식대상으로서 중요한 사실은 현실적으로 존재하는 사실과 함께 마땅히 인식하였어야

1) 지원림, 「민법강의(제10판)」, 박영사, 2012. 21면 참조.
2) 대판 2004. 3. 26, 2003 도 7878.
3) 정찬형, 전게서, 560면; 장덕조, 전게서, 120면.
4) 박세민, 전게서, 196면. 최준선, 「보험법·해상법(제5판)」, 삼영사, 2010, 88면.

할 사항도 포함된다. 영국 해상보험법 제18조 제 1 항은 "통상의 업무수행 과정에서 자신이 알고 있어야만 하는 모든 사항은 알고 있는 것으로 간주된다"고 규정하고 있다.

우리 판례에 의하면 고의의 의미와 그 입증방법에 대하여 설시하고 있다. 즉 고의란 사람의 주관적 심리상태로서 어떤 사실에 대한 인식과 자신의 행위에 의하여 일정한 결과가 발생하리라는 것을 알면서 이를 행하는 심리상태를 말한다. 여기에는 확정적 고의는 물론 미필적 고의도 포함된다. 고의와 같은 내심의 의사는 이를 인정할 직접적인 증거가 없는 경우에는 사물의 성질상 고의와 상당한 관련성이 있는 간접사실을 증명하는 방법에 의하여 입증할 수밖에 없고, 무엇이 상당한 관련성이 있는 간접사실에 해당할 것인가는 사실관계의 연결상태를 논리와 경험칙에 의하여 합리적으로 판단하여야 한다고 한다.[1]

2) 중 과 실

고지의무 위반의 주관적 요건으로서 고의 외에 중대한 과실로 인하여 중요한 사항을 고지하지 아니하거나 부실의 고지를 한 경우에도 고지의무 위반이 된다. 일반적으로 과실이란 주의의무 위반을 의미한다. 과실이란 일정한 결과(손해)가 발생할 것이라는 것을 인식하고 이를 회피해야 했음에도 불구하고 주의의무를 다하지 못하여 이를 인식하지 못하고 그러한 행위를 하는 심리상태를 말한다.[2] 과실은 주의의무가 있음을 전제로 이 주의의무를 위반한 것인데 채무불이행의 요건으로서의 과실은 거래상 요구되는 주의의무를 위반한 것을 말하며 불법행위의 요건으로서의 과실은 사회생활상 요구되는 주의의무 위반을 의미한다.[3]

과실은 그 전제가 되는 주의의무의 정도에 따라 추상적 과실과 구체적 과실로 구분된다. 추상적 과실은 일반적으로 행위자의 직업이나 경제적 지위 등에 비추어 평균인에게 통상적으로 요구되는 주의의무를 위반한 것을 말한다. 민법에서는 선량한 관리자의 주의의무를 기준으로 하여 이 주의의무를 위반한 경우의 과실을 추상적 과실로 본다(민 374조 참조). 그리고 채무불이행책임을 비롯한 민법상의 책임이 성립하기 위한 과실은 원칙적으로 이러한 추상적 과실이 그 기준이 된다. 이와 달리 구체적 과실이란 행위자의 구체적 주관적 능력에 따른 주의의무를 게을리 한 것

1) 대판 2001. 3. 9, 2000 다 67020.

2) 형법에서 말하는 과실이란 정상의 주의를 태만히 함으로써 죄의 성립요소인 사실을 인식하지 못한 것을 말한다(형 제14조). 이러한 과실의 종류에는 인식 없는 과실과 인식이 있는 과실이 있으며 보통의 과실 업무상의 과실, 중과실로 나누기도 한다.

3) 지원림, 전게서, 21면 참조.

으로 민법에서는 자기재산 또는 고유재산에 대한 것과 동일한 주의를 다하지 않은 경우를 의미한다. 민법상 구체적 과실을 기준으로 하는 것으로는 무상수치인(민 695조), 친권자(민 922조), 상속인의 상속재산 관리(민 1022조) 등 세 가지 경우가 있다. 이들은 모두 무상행위인 점이 공통이다. 불법행위가 성립하기 위한 과실의 기준에 대해서는 추상적 과실을 기준으로 한다는 것이 다수설이며 판례의 견해이다. 즉 불법행위 성립요건으로서 과실은 이른바 추상적 과실만이 문제되는 것이고 이러한 과실은 사회평균인으로서의 주의의무를 위반한 경우를 가리키는 것이지만 그러나 여기서 사회평균인이라고 하는 것은 추상적인 일반인을 말하는 것이 아니라 그 때 그 때의 구체적인 사례에 있어서 보통인을 말하는 것이다.[1]

중대한 과실이란 거래상 요구되는 주의의무를 현저하게 위반한 경우 달리 표현하면 누구에게나 명명백백하였을 점을 주의하지 않았던 경우에 존재한다. 민법은 대체로 어떤 사람이 무상으로 또는 압도적으로 타인의 이익을 위하여 행동하는 경우, 채권자 측에 흠이 있는 경우 또는 법 정책적 필요가 있는 경우에 채무자가 중과실에 대해서만 책임을 지도록 함으로써 그의 책임을 경감하여 주고 있다.[2]

고지의무 위반 요건으로 중대한 과실은 이러한 민법상의 과실의 개념과 별반 다르지 않다. 판례에서도 일반적으로 중과실에 의한 고지의무 위반이란 조금만 주의를 기울였다면 알고 있던 어느 사실에 대한 중요성의 인식 및 고지 당위성에 대해 알았을 텐데 현저한 부주의로 그 사실의 중요성을 잘못 판단하거나 고지의무 대상이 되는 중요한 사실이라는 것을 알지 못한 것을 말한다고 판시하고 있다.[3]
중대한 과실의 유무는 구체적 사실관계에서 보통인이 베풀어야 할 주의를 표준으로 객관적으로 판단되어야 한다. 다만 표의자의 직업 등 개인사정이 당해 거래에 영향을 주는 경우에는 그것도 고려하여야 한다.[4]

중과실 여부는 고지의 객관적 대상인 중요사항의 인식과 이에 대하여 보험자에게 고지하는 이행과정에서 인식대상 내지 사실과 관련된 심리적 상태를 말하는 것이므로 이와 관련하여 중대한 과실의 의미를 밝히는 것이 보다 명확한 인식태도이다.

이러한 관점에 따라 학설은 고지의무자의 고지의무 이행과정에 따라 단계별로 설명하기도 한다. 즉 고지의무자가 그 의무를 이행하는 과정은 다음의 세단계로 구

1) 대판 2001. 1. 19, 2000 다 12532.
2) 지원림, 전게서, 22면.
3) 대판 1996. 12. 23, 96 다 27971.
4) 지원림, 전게서, 262면.

분해 볼 수 있다. 제1단계는 고지사항에 해당하는 중요한 사항을 인식하는 것이다. 제2단계로 고지사항에 해당하는 사실을 알고 있으면서 보험계약자의 주관적 판단으로 중요한 사항이라고 인식하는 것이다. 제3단계에서는 고지의무자가 고지사항을 알고 있고 그 중요성에 대하여 인식하고 있는 상태에서 고지를 착오 없이 하는 것이다. 이와 같이 세분화하여 단계별로 보면 (i) 제1단계로 주요한 사항의 존재를 알지 못한 경우, (ii) 제2단계로 고지대상이 된다는 것을 알지 못한 경우 (iii) 제3단계로 질문표에의 답변 등 고지의무 이행과정에서 제대로 고지하지 못한 경우 등에서 중과실 여부가 문제된다.[1] 중요사실 자체를 알지 못한 것이 중과실에 포함되는 것인가 하는 문제에 대해 학설[2] 및 판례가 다음과 같이 대립한다.

(i) **소극설 내지 불포함설**

중과실로 인한 고지의무 위반이란 당해사실의 중요성과 고지의 당위성에 대한 부지의 경우만 해당하며 중요사실의 존재를 알지 못한 경우는 포함되지 않는다는 것이다. 고지의무는 고지의무자가 알고 있는 사실을 고지하도록 하는 것이지(독일보험법 19조 1항 참조), 그에게 탐지의무까지 부담시키는 것은 아니므로 이를 부정하는 것이 타당하다고 본다. 물론 이 경우에도 보험계약자가 업무상 당연히 알 수 있는 사실에 대해 중과실로 알지 못한 경우는 중과실에 의한 고지의무 위반에 해당되는 것으로 해석하여야 할 것이다.[3]

(ii) **적극설 내지 포함설**

고지의무자의 중과실로 인하여 중요사실의 존재를 알지 못하여 고지하지 못한 경우에도 고지의무 위반이 된다고 한다. 이에 따르면 전혀 모르는 사실에 대해서까지 탐지해서 고지할 것을 요구할 것은 아니라고 하면서 피보험자가 기왕증의 유무를 중과실로 고지하지 않는 경우가 여기에 해당하는 것이라고 한다.[4]

(iii) **판　　례**

판례는 불포함설의 입장으로 이해되고 있다.[5] 즉 고지의무 위반이 성립하기 위하여는 고지의무자에게 고의 또는 중대한 과실이 있어야 하고(상 651조 참조), 여기서 말하는 중대한 과실이란 고지하여야 할 사실은 알고 있었지만 현저한 부주의로 인하여 그 사실의 중요성의 판단을 잘못하거나 그 사실이 고지하여야 할 중요한

---

1) 장덕조, 전게서, 124면.
2) 장덕조, 전게서, 121면.
3) 상법강의(하)(제22판), 610면; 양승규, 「보험법(제5판)」, 삼지원, 2004, 122면; 최준선, 전게서, 88~89면.
4) 최기원, 「보험법(제3판)」, 2002, 173면; 이기수 외 2인, 「보험해상법(제8판)」, 2008, 89면.
5) 최준선, 전게서, 89면; 박세민, 전게서, 199면 참조.

사실이라는 것을 알지 못하는 것을 말한다.[1] 참고로 일본의 경우 고지해야할 중요사항은 고지의무자가 알고 있는 사실에 한정되는가에 관한 점에 대해 (i)고지의무자는 알고 있는 사실만을 고지하면 된다고 보는 견해와 (ii) 알지 못하는 사실이라도 알지 못하는 것에 대해 중과실이 있다면 고지의무위반이 된다는 견해가 대립한다. (i)설이 통설적 견해이다. 그 이유에 대해 고지의무자에 대해 모르는 사실의 탐지의무를 부과하는 것은 고지의무제도의 취지를 넘어선 것이라고 설명한다. 일본 판례는 고지의무자에게 보험계약 체결 당시에는 중요사실을 떠올리지 못했어도 약간의 주의를 기울였다면 기억해낼 수 있던 경우에는 중과실에 의한 불고지에 해당한다고 해석하여 (ii)설을 인정하였다.[2] 즉, 병명은 알지 못하더라도 중환의 자각증상 즉 중대한 질병에 걸렸던 사실자체도 고지사항이 된다고 한다.[3]

(iv) **검 토**

포함설이 새로운 사실에 대한 탐지의무를 부과하지 않는 것으로 제한 해석한다면 양설의 차이는 없다. 그러나 고지의무의 이행과정을 심리적 관점에서 고찰해 볼 때 주의의무를 이행하여야 할 상황은 위험평가 내지 가격 측정에 필요한 보험계약상의 위험사실을 인식하지 못하는 과실, 위험사실은 인식하였으나 고지하여야 할 중요한 사실이라는 것을 판단하는 과정에서 주의의무를 다하지 못한 과실,[4] 나아가 위험상황과 중요성은 인식하였으나 고지의무 이행과정상에서 주의의무를 다하지 못한 과실이 존재할 수 있다.

중대한 과실의 범위에 중요사실 자체를 알지 못한 것도 중과실에 당연히 포함

1) 대판 1996. 12. 23, 96 다 27971.

2) 3개월 전에 가벼운 뇌출혈증상이 있던 사실을 잊고 고지하지 않은 사례, 大判 大正 4·6·26 民錄 21輯 1044면.

3) 大判 大正 7·3·4 民錄 24輯 323면.

4) 제2단계의 문제로서 고지의무자가 중요한 사항을 알고는 있었으나 그가 주관적으로 중요한 사항이 아니라 판단하여 고지하지 아니한 경우 중과실의 범위에 포함되는가? 이는 고의의 해석에서 관련 사항이 고지의무의 대상이 된다는 인식을 포함할 것인가와 표리를 이루는 논의이다. 고지사항을 알면서 고지하지 아니한 경우 그 동기를 문제삼지 아니하고 고의로 보는 입장인 해당 중요사항에 대한 인식만을 고의로 파악하는 견해에 의하면 이 경우 일견 고의에 해당하는 것으로도 보인다. 그러나 고지의무 대상이 된다는 인식을 고의에 포함시킨다면 이 단계에서 과실이 있는 것도 고의가 아니라 과실문제로 귀착된다. 따라서 이때 경한 과실만이 있는 경우 고지의무 위반이 되지 않는다.
중요한 사항은 객관적으로 해석하여야 하므로 질문표에 기재되지 않은 사항도 중요한 사항은 그 중요성을 유지하나 단지 그것을 보험계약자는 과실없이 알지 못하였다고 보는 것이 논리적이다. 그리하여 중요한 사항이 되는 사실을 알고는 있었으나 고지의무자가 주관적으로 중요한 사항이 아니라고 판단한 경우 즉 고지의무의 대상이 된다는 인식'에 있어 과실이 있는 경우도 과실로 분류한다(장덕조, 전게서, 123~124면).

된다고 보아야 한다. 이는 마치 마네킹으로 알고서 총을 격발했는데 사실은 사람이었던 경우에 과실을 인정하는 경우와 같다. 그러나 여기서 사실은 현존하는 객관적 사실이어야 하고, 존재하지 아니한 사실은 그 대상이 아니다.

최근 판례도 중요한 사실의 존재자체를 인식하지 못한 경우도 중과실 여부의 요소로 보고 있는 것으로 평가할 수 있다.[1] 중요한 사실 자체를 알지 못하는 경우에도 자신의 상황에 대한 인식과 다른 사람에 대한 상황인식을 나누어 판단하여야 할 것으로 생각된다.

고지의무자의 사회적 지위나 개인적 경험 등을 고려하여 평균인이었다면 고지의 대상이 되는 중요한 사실을 알았을 것인가라는 기준으로 결정한다.

영국 해상보험법 제18조 제 1 항은 "통상의 업무수행 과정에서 자신이 알고 있어야만 하는 모든 사항은 알고 있는 것으로 간주된다"고 하고 있다. 이 규정에 의하여 고지의무자가 그의 경험이나 업무상 객관적인 기준에 의하여 당연히 알고 있으리라고 요구되는 사항에 대하여는 그가 알지 못하였다는 이유로 항변할 수 없으므로 그 부분까지는 탐지의무가 부과되는 셈이다. 그 이상의 부분, 즉 객관적으로 요구되는 알았어야만 한다는 기준 이상에 대하여는 탐지의무를 이유로 하여 중요한 사실의 존재를 인식하지 못한 데 대하여 중과실을 인정할 수는 없다.[2]

생각건대 고지의무 위반요건으로서 중대한 과실이란 현저히 주의를 결하여 (i) 어느 사항 내지 사실이 고지해야 할 중요한 사실 내지 사항이라는 자체를 인식하지 못한 경우, (ii) 어느 사실 내지 사항은 알고 있었으나 그 사실의 중요성에 대한 평가를 잘못한 경우, (iii) 중요한 사실이라는 점을 알았으나 고지의무의 이행과정에서 잘못이 있는 경우이다.

3) 과실 여부의 판단기준 및 입증책임

중대한 과실이 있는지는 보험계약의 내용, 고지하여야 할 사실의 중요도, 보험계약의 체결에 이르게 된 경위, 보험자와 피보험자 사이의 관계 등 제반 사정을 참작하여 사회통념에 비추어 개별적·구체적으로 판단하여야 하고, 그에 관한 증명책임은 고지의무 위반을 이유로 보험계약을 해지하고자 하는 보험자에게 있다.[3]

1) 대판 2013. 6. 13, 2011 다 54631, 54648.
2) Malcolm A, Clarke, the law of insurance contracts, Lloyds of London Press, 1994, p.459.
3) 대판 2013. 6. 13, 2011 다 54631.

(2) 객관적 요건

1) 중요사항

고지의무 위반이 성립하기 위해서는 객관적 요건으로 중요한 사항을 고지하지 아니하거나 부실의 고지를 하여야 한다. 이처럼 중요한 사항은 고지의무의 대상이 되는 사실인데 막연히 중요사항이라고 규정하고 있는 바, 과연 고지해야 할 중요한 사항이 무엇인지, 중요성 판단의 자료 및 기준은 무엇인지, 중요성의 판단은 누가 하는 것인지, 중요성에 관한 입증책임은 누가 부담하는지 여부에 대한 의문이 제기된다.

고지해야 할 중요한 사항은 막연히 중요한 사항이 아니라 보험계약에 있어 위험에 관한 중요한 사항이다. 여기서 위험이란 손해보험의 경우는 손해발생의 가능성, 인보험의 경우 보험사고 또는 보험금 지급사유 발생 가능성을 의미한다. 그리고 위험에 관한 중요한 사항이란, 보험자가 보험계약의 체결 여부, 계약의 조건 가령 보험료의 할증 부가, 보험금액의 감소, 담보범위 제외 및 한정 등에 영향을 미치는 사항을 의미한다.

객관적으로 존재하는 사실이나 어떤 사실이 보험계약에서 고지하여야 할 중요한 사항인지 여부는 보험계약자의 주관적인 관점 또는 객관적인 관점에서 규범적으로 판단할 수 있다. 그런데 중요성의 판단은 보험계약자 측의 주관적인 관점에서 바라본 중요성이 아니라 보험계약의 내용 등에 기초한 객관적인 관점에서 중요성을 의미하는 것으로 보아야 할 것이다.

고지해야 할 중요사항에는 보험사고 발생률의 측정과 관련되어 있는 보험위험사실과, 보험계약자 측이 부정하게 보험금을 취득하려는 의도를 가진 도덕위험사실이 있다. 보험위험사실로는 피보험자의 신체 또는 보험목적에 관해 (i) 직접 존재하는 위험한 사항, 가령 피보험자의 연령, 건강상태, 기왕증, 유전적 질환, 건물의 구조·사용목적, 인화물질 소재 여부 등, (ii) 보험목적의 주변 환경에 존재하는 위험한 사항, 가령 피보험자의 직업·신분, 피보험자의 부모의 생존의 여부와 사인인 병명, 혈족, 특히 가족의 유전적 질병의 존부·사인, 건물주변의 환경 등, (iii) 앞의 두가지 위험의 존재를 추측할 수 있는 위험한 사항, 가령 타사에서 보험가입을 거절당한 사실, 입원사실, 직장에서 병가를 받은 사실 등이 있다. 도덕적 위험사실로는 보험계약자의 재산이나 수입에 비해 다수의 보험계약을 체결하여 고액의 보험료를 부담하고 있는 사실 등이 있다.[1)]

1) 岡田豊基, 「現代保険法」, 中央經濟社, 2012, 54면.

대법원은 '중요한 사항'이란 보험자가 보험사고의 발생과 그로 인한 책임부담의 개연율을 측정하여 보험계약의 체결 여부 또는 보험료나 특별한 면책조항의 부가와 같은 보험계약의 내용을 결정하기 위한 표준이 되는 사항으로서, 객관적으로 보험자가 그 사실을 안다면 그 계약을 체결하지 아니하거나 적어도 동일한 조건으로는 계약을 체결하지 아니할 것인 사항을 가리킨다고 일응의 기준을 제시하고 있으며 어떠한 사실이 중요한 사항인가는 보험의 종류에 따라 달라질 수밖에 없는 것으로서 보험의 기술에 비추어 객관적으로 관찰하여 판단되어야 한다고 한다.[1]

그러나 대법원이 제시하고 있는 기준에 의하더라도 중요한 사항이 구체적으로 무엇에 관한 중요한 사항을 말하는 것이고, 나아가 과연 어떠한 사항들이 중요한 사항인지 여부는 보험계약자나 피보험자로서는 스스로 파악하기 매우 곤란하다. 우리 상법이 예정하고 있는 고지의무 제도가 능동적·자발적 고지제도이지만 중요한 사항은 보험계약에 있어 보험자가 요구하는 정보이고, 이러한 정보는 보험의 비전문가인 보험계약자가 스스로 알아서 고지하는 것은 곤란하므로 보험자가 계약에 있어 필요한 정보를 보험계약자에게 질문하여 획득하도록 하는 체계를 마련할 필요가 있다.

이에 따라 실무에서는 현재 및 과거의 질병, 현재의 장애상태, 외부환경 등 3개 분야 총 18개 항목을 청약서에서 질문할 사항으로 규정하고 이러한 사항을 보험계약에게 보험계약 체결 전에 질문하고 그에 응답하는 것으로 고지의무 제도를 운용하고 있다(표준사업방법서 부표 1 참조). 이와 같이 보험계약 청약서에서 질문한 사항을 고지하도록 하고 있는 바, 이로써 표준약관 및 표준사업방법서에 의한 고지의무제도의 운용이 보험계약법이 정하고 있는 능동적 고지의무를 수동적 고지의무로 전환한 것인지에 관하여 해석론상 다툼이 있다.[2]

한편 상법 제651조의 2에서 보험자가 서면으로 질문한 사항은 중요한 사항으로 추정한다는 규정을 두고 있고, 실무에서는 청약서와 함께 질문사항을 마련하여 청약 시에 고지사항을 함께 수집하고 있다. 이와 같이 질문표에 기재된 사항은 중요사항으로 법률상 추정되고 기재되지 아니한 사항은 중요사항이 아니라고 추정할

1) 대판 2003. 11. 13, 2001 다 49623; 동 2004. 2. 26, 2003 다 55233 등 참조.

2) 보험자가 중요사항에 대해 질문을 하는 경우에, 질문하지 않은 사항에 대해서도 자발적 고지의무가 있는지에 대해 학설의 대립이 있다. 첫째, 고지의무를 응답의무로 제한하는 명문의 규정이 없는 한 자발적 고지의무가 인정된다는 입장, 둘째, 질문하지 않은 사항에 대해서는 독일의 구보험계약법 18조처럼 보험계약자가 악의적으로 묵비한 경우에만 보험자가 계약을 해제할 수 있다고 보는 입장, 셋째, 고지의무를 순수한 응답의무로 파악하여 질문하지 않은 사항에 대해서는 자발적 고지의무가 없다고 보는 입장 등이 있다[한기정, "고지의무의 수동화 −자발적 고지의무에서 수동적 응답의무로−", 비교사법 제16권 제3호(통권46호), 한국비교사법학회, 2009, 340면].

수 있는 바, 전자는 보험가입자 측의 반증에 의하여 후자에 대해서는 보험자의 반증에 의해 이 추정을 깨뜨릴 수 있다. 즉 법률상 추정의 결과 보험계약자나 피보험자는 보험자가 질문한 사항이 중요사항에 해당되지 아니한다는 반대사실을 적극적으로 입증해야 한다. 그러나 보험에 관한 문외한인 보험계약자 측에 이러한 입증책임을 부담하게 하는 것은 너무나 가혹하다. 독일의 입법례에 따라 법률상 추정규정을 삭제하고 보험자가 질문한 사항이 객관적이고도 중요한 사실이라는 점을 입증하도록 해야 한다.[1)]

서면으로 질문한 사항은 모두 중요한 사항인가? 이에 대해서 판례는 보험계약자나 피보험자가 보험계약 당시에 보험자에게 고지할 의무를 지는 상법 제651조에서 정한 '중요한 사항'이란 보험자가 보험사고의 발생과 그로 인한 책임부담의 개연율을 측정하여 보험계약의 체결 여부 또는 보험료나 특별한 면책조항의 부가와 같은 보험계약의 내용을 결정하기 위한 표준이 되는 사항으로서 객관적으로 보험자가 그 사실을 안다면 그 계약을 체결하지 아니하든가 또는 적어도 동일한 조건으로는 계약을 체결하지 아니하리라고 생각되는 사항을 말하고, 어떠한 사실이 이에 해당하는가는 보험의 종류에 따라 달라질 수밖에 없는 사실인정의 문제로서 보험의 기술에 비추어 객관적으로 관찰하여 판단되어야 하는 것이나, 보험자가 서면으로 질문한 사항은 보험계약에 있어서 중요한 사항에 해당하는 것으로 추정되고(상 651조의 2), 여기의 서면에는 보험청약서도 포함될 수 있으므로, 보험청약서에 일정한 사항에 관하여 답변을 구하는 취지가 포함되어 있다면 그 사항은 상법 제651조에서 말하는 '중요한 사항'으로 추정된다고 한다.[2)]

중요성 여부의 판단기준을 특정 보험자가 만든 기준에 의할 것인지 아니면 모든 보험자가 공통으로 사용하는 위험선택 기준에 의할 것인지 관하여 논의가 있고, 일본의 판례는[3)] 후자의 객관적 기준설을 따르고 있는데 반하여 학설은 보험자 스스로 경영판단 원칙에 따라 자유롭게 위험선택을 할 수 있고, 또 그 위험선택기준도 질문표와 같은 형태로 사용하고 있기 때문에 주관적 기준설이 타당하다는 견해가 우세하다.[4)]

또한 중요성에 대한 판단의 주체를 누구로 할 것인지와 관련하여 영국의 경우는 신중한 보험자(Prudent Insurer)의 판단에 의하여야 한다고 보고 있다.[5)] 우리 대

1) 한기정, 전게서, 211면.
2) 대판 2004. 6. 11, 2003 다 18494.
3) 日大判 4·4·14 民錄 21輯 486면.
4) 石山卓磨,「現代保險法」, 成文堂, 2011, 54면.

법원은 중요한 사항 여부에 대한 최종적인 판단은 보험계약자 측도 아니고 보험자도 아닌 보험의 기술에 정통한 전문가의 감정에 의하여 결정될 수밖에 없다고 한다.[1] 그러나 이렇게 하면 중요사항 여부는 매우 탄력적으로 결정될 사항이 되어 법적으로 불안정한 상태에 놓여지게 되어 보험계약자 측은 불측의 손해를 입을 수 있으므로 중요사항인지 여부는 보험계약의 체결시의 관련 자료 즉 보험약관이나 청약서, 보험안내자료 등을 통하여 나타난 객관적인 자료에 의거하여 판단되는 것이 바람직하다.

한편 일본의 보험법은 손해의 발생가능성에 관한 중요한 사항 중에 보험자가 고지를 요구한 것에 대하여 사실을 고지하도록 하고 있는 바, 이러한 수동적 고지의무제도에서는 설령 보험자의 질문표에 기재되어 있지 아니한 사항 중 중요사항에 해당한다고 인정되어도 그것을 질문하지 않는 한 고지사항이라고 할 수 없고, 해당사항의 불고지를 이유로 한 계약해지는 할 수 없다. 보험자가 질문표에 중요하지 않는 사항을 기재하여 고지를 요구할 수 있는지에 대해서 논의가 있다. 보험법은 고지사항을 위험에 관한 중요사항으로 제한하고 있고, 또 그것이 편면적 강행규정이므로 중요사항에 해당하지 않는 사항을 질문하는 것은 강행규정에 반하여 허용되지 않는다는 견해가 있다.

행위규범으로서 고지의무를 넓게 인정함으로써 보험자가 위험선택에 사용하지 않는 사실에 대해서도 자유롭게 고지사항으로 하는 것은 계약당사자간의 정보격차를 시정하기 위하여 필요한 한도에서 고지의무를 인정한 제도적 취지를 면탈할 수 있다는 것이다. 그러나 보험자가 위험과 관계없는 사항이나 관계가 있더라도 중요하지 않은 사항을 질문하여 고지를 요구하여 이 사항들에 대해 고지의무 위반을 이유로 계약을 해지하는 것은 불가능하지만 질문 자체도 허용되지 않는다고 보아야 할 필요는 없다. 중요하지 않는 사항을 위험선택에 이용하는 것은 허용되지 않지만 위험선택을 행하는 참고자료로 사용되는 것은 인정될 수 있기 때문이다.

일본 보험법에서는 중요한 사항이 위험에 관한 중요한 사항이라고 규정하여 보다 구체적인 범위를 정하고 있다.[2] 어떠한 사실이 중요한 사항에 해당하는가 여부는 보험의 종류에 따라 달라질 수밖에 없는 사실인정의 문제로서 보험의 기술에

---

5) MALCOLM A. CLARKE, THE LAW OF INSURANCE CONTRACTS, LLOYD'S OF LONDON PRESS LTD, 1989, p. 444.

1) 대판 1996. 12. 23, 96 다 27971.

2) 제 4 조(고지의무) 보험계약자 또는 피보험자가 되는 자는 손해보험계약의 체결 시에 손해보험계약에 의해 전보하게 되는 손해의 발생가능성(이하 이 장에서 「위험」이라 한다)에 관한 중요한 사항 중에 보험자가 되는 자가 고지를 요구한 것(제28조 제 1 항 및 제29조 제 1 항에서 「고지사항」이라 한다)에 대하여 사실을 고지하여야 한다.

비추어 객관적으로 관찰하여 판단되어야 하고, 구체적으로는 화재보험에서 건물의 위치나 구조, 재질, 용도, 자동차보험계약에 있어서는 피보험자동차의 용도나 차종, 운전자의 사고 이력 등이 있다고 한다.

2) 중요사항인 것

보험실무상 상해보험에서 이륜자동차의 소유 및 운전 여부는 중요한 사항으로 다루고 있고 이에 관하여 분쟁이 자주 발생한다. 판례도 이륜자동차의 소유 및 운전여부는 중요사항이라고 보았다.[1]

생명보험에서 고혈압,[2] 직장 건강검진 결과에서 추적검사 하라는 소견,[3] 암재발 가능성 및 재검사 권유받은 사실,[4] 자동차보험에서 주운전자에 관한 사항,[5] 유상운송 여부,[6] 이행보증보험에서 공사금액과 공사기간,[7] 등이 중요한 사항으로 인정되었다.

3) 중요사항이 아닌 것

자동차보험에서 피보험차량이 기명피보험자의 소유인지 여부,[8] 보증보험에서 보증인에 관한 사항,[9] 자동차임대업자가 피보험차량을 지입차주로 하여금 자신의 감독을 받지 않고 유상운송에 제공하도록 허용한 것[10] 등이 있다.

위험선택에 영향이 없는 사항 즉 중요하지 않은 사항에 대해 고지를 요구한 경우, 보험계약자 등은 거기에 응답할 필요는 없고, 이러한 경우에도 고지의무 위반은 성립되지 않는다.

4) 다른 보험계약의 존재 사실이 중요한 사항인지 여부

다른 보험계약 사실이 보험자에게 고지해야 할 중요한 사실인가? 이와 관련하여 일본의 학설 및 판례는 보험계약자 및 피보험자가 되는 자가 피보험자, 보험의 목적물 및 보험사고를 같이 하는 다른 보험계약을 체결하고 있는 경우에는 위험측정에 관한 사실은 아니라고 보고 있다.[11]

---

1) 대판 2011. 12. 8, 2009 다 20451.
2) 대판 2010. 7. 22, 2010 다 25353.
3) 대판 2011. 4. 11, 2009 다 103349.
4) 대판 1999. 11. 26, 99 다 37474.
5) 대판 1994. 4. 25, 93 다 52082.
6) 대판 1993. 4. 13, 92 다 52085.
7) 대판 1987. 6. 9, 86 다카 216.
8) 대판 2005. 7. 14, 2004 다 36215.
9) 대판 2001. 2. 13, 99 다 13737.
10) 대판 1997. 9. 5, 95 다 25268.
11) 大串淳子 외, 「解說 保險法」, 弘文堂, 平成 20년, 44면; 大判 昭和 2·11·2 民集 6券 593면.

일본 상법에서는 다른 보험계약의 고지의무에 대하여 규정하고 있지 않다. 판례도 생명보험에서 다른 보험계약의 고지의무는 상법이 정한 고지의무의 대상이 아니라고 보았다. 따라서 생명보험 실무에서는 이러한 판례에 따라 다른 보험계약 체결사실을 고지사항으로 정하고 있지 않다. 이에 비하여 손해보험회사는 보험약관에 의하여 다른 보험계약의 고지의무를 규정하고 있다.

그러나 우리나라의 경우 보험업감독업무 시행세칙에서 규정하는 생명보험과 손해보험의 표준사업방법서에 의하면 생명보험과 손해보험 공히 계약전 알릴의무 사항으로 다른 보험회사와 보험계약 체결 여부에 대하여 고지하도록 요구하고 있다.[1]

이와 관련하여 대법원은 보험자가 생명보험계약을 체결함에 있어 다른 보험계약의 존재 여부를 청약서에 기재하여 질문하였다면 이는 그러한 사정을 보험계약을 체결할 것인지의 여부에 관한 판단자료로 삼겠다는 의사를 명백히 한 것으로 볼 수 있고, 그러한 경우에는 다른 보험계약의 존재 여부가 고지의무의 대상이 된다고 할 것이다. 그러나 그러한 경우에도 보험자가 다른 보험계약의 존재 여부에 관한 고지의무위반을 이유로 보험계약을 해지하기 위하여는 보험계약자 또는 피보험자가 그러한 사항에 관한 고지의무의 존재와 다른 보험계약의 존재에 관하여 이를 알고도 고의로 또는 중대한 과실로 인하여 이를 알지 못하여 고지의무를 다하지 않은 사실이 입증되어야 할 것이라고 판시하고 있다.[2]

또한 손해보험에 있어서 동일한 보험계약의 목적과 동일한 사고에 관하여 수개의 보험계약을 체결하는 경우에는 보험계약자는 각 보험자에 대하여 각 보험계약의 내용을 통지하도록 규정하고 있으므로, 이미 보험계약을 체결한 보험계약자가 동일한 보험목적 및 보험사고에 관하여 다른 보험계약을 체결하는 경우 기존의 보험계약에 관하여 고지할 의무가 있다고 할 것이나, 손해보험에 있어서 위와 같이 보험계약자에게 다수의 보험계약의 체결 사실에 관하여 고지 및 통지하도록 규정하는 취지는, 손해보험에서 중복보험의 경우에 연대비례보상주의를 규정하고 있는 상

1) 18. 다른 보험회사(우체국보험 및 각종 공제계약 판매사 포함)에 생명보험, 손해보험, 제3보험 또는 각종 공제계약을 가입하고 있습니까?

회사명	건수	보험료(월)

2) 대판 2001. 11. 27, 99 다 33311.

법 제672조 제 1 항과 사기로 인한 중복보험을 무효로 규정하고 있는 상법 제672조 제 3 항, 제669조 제 4 항의 규정에 비추어 볼 때, 부당한 이득을 얻기 위한 사기에 의한 보험계약의 체결을 사전에 방지하고 보험자로 하여금 보험사고 발생 시 손해의 조사 또는 책임의 범위의 결정을 다른 보험자와 공동으로 할 수 있도록 하기 위한 것일 뿐, 보험사고발생의 위험을 측정하여 계약을 체결할 것인지 또는 어떤 조건으로 체결할 것인지 판단할 수 있는 자료를 제공하기 위한 것이라고 볼 수는 없으므로 중복보험을 체결한 사실은 상법 제651조의 고지의무의 대상이 되는 중요한 사항에 해당되지 아니한다고 판시하였다.[1)]

한편 상법에서는 인보험의 경우에 다른 보험계약 사항을 고지하도록 하고 있지 않다. 그 이유는 생명보험은 정액보험으로 운용되고, 영미법과 달리 인보험의 경우 피보험이익을 인정하지 않는 점, 손해보험에는 중복보험을 체결하여 다른 보험계약을 통하여 이득을 취할 수 있는 가능성을 배제할 수 없다는 점, 손해보험에서는 대리점이 계약체결 대리권을 가지고 있기 때문에 계약은 즉시 체결되어, 사후적으로 중복가입을 확인할 필요가 있는데 생명보험에서는 그럴 필요가 없는 점 등이다.

그러나 손해보험의 경우 제672조 제 2 항에서 동일한 보험계약의 목적과 동일한 사고에 관하여 수개의 보험계약을 체결하는 경우에는 보험계약자는 각 보험자에 대하여 각 보험계약의 내용을 통지하여야 한다고 규정하고 있다. 위 규정은 손해보험에서는 피보험자가 입은 손해를 넘어서는 보상을 받을 수 없다는 실손보상원칙(principle of indemnity) 내지 이득금지원칙이 적용된다. 이러한 원칙은 명문의 규정은 없으나 하나의 강행적 법리로 작용한다. 따라서 이러한 원칙을 위반한 계약의 경우 무효가 될 가능성이 있다. 손해보험에서 이러한 통지의무를 둔 이유에 손해보험의 대원칙인 실손보상원칙을 관철하고, 다수의 중복보험 가입으로 인한 도덕적 위험을 방지하고, 다수 중복보험에 대한 보험금 지급업무의 효율화를 기하고자 하는 것이다. 그런데 우리 판례는 계약체결 후 다수보험 가입사실은 위험이 현저하게 변경 또는 증가된 것으로 보지 않는다.

[손해보험]

보험사고발생의 위험을 측정하여 계약을 체결할 것인지 또는 어떤 조건으로 체

1) 대판 2003. 11. 13, 2001 다 49623.

결할 것인지 판단할 수 있는 자료를 제공하기 위한 것이라고는 볼 수 없으므로, 손해보험에 있어서 다른 보험계약을 체결한 것은 상법 제652조 및 제653조의 통지의무의 대상이 되는 사고발생의 위험이 현저하게 변경 또는 증가된 때에 해당되지 않는다고 본다.1)

[생명보험]

생명보험계약 체결 후 다른 생명보험에 다수 가입하였다는 사정만으로 상법 제652조 소정의 사고발생의 위험이 현저하게 변경 또는 증가된 경우에 해당한다고 할 수 없다.2)

생명보험이나 상해보험 및 질병보험에서 생존급부를 단기간에 집중적으로 중복하여 과도하게 가입하는 경우 인수심사자는 도덕적 위험을 우려하여 보험계약의 조건을 부과하거나 인수를 거절할 수 있다. 실제로 인보험의 경우 정액성 생존급부를 이용한 보험사기가 다수 발생하고 있고, 자신의 적정한 보험료 부담능력을 초과하는 보험에 집중적으로 가입한 후 사고원인이 불분명한 사망사고를 야기하여 고액의 사망보험금이 지급되는 사례도 있으므로 다른 보험계약의 다수 가입사실은 보험의 인수여부를 결정하는 데 있어 중요한 사항이 아니라고 할 수 없다. 따라서 다른 보험가입 사실은 도덕적 위험을 추정해 볼 수 있는 추정적 위험상황에 관한 것으로 다른 보험계약의 존재나 내용은 위험측정에 영향을 주는 중요한 사항으로서 고지사항이라고 할 수 있다.

이와 같이 다른 보험계약 가입사실은 고지의무 사항으로서 이를 제대로 알리지 않은 경우에는 고지의무 위반이 되지만 이미 보험사고가 발생한 경우에 있어서는 다른 보험계약의 존재 사실과 보험사고의 발생과의 인과관계를 인정하는 것은 신중하게 접근하여야 할 것이다.

5) 불고지 또는 부실고지

고지의무 위반이 되려면 중요한 사항에 대한 고지하지 아니하거나 부실한 고지가 있어야 한다. 통설은 고지하지 아니하는 것은 중요사항을 묵비(non-disclosure)하는 것을 말한다고 한다. 또한 부실의 고지란 중요사항에 대해 사실과

1) 대판 2003. 11. 13, 2001 다 49630.
2) 대판 2001. 11. 27, 99 다 33311.

다르게 알리는 것(mispresentation)을 가리킨다. 고지한 사항 중 세부사항에 있어 다소 사실과 다르더라도 전체적으로 평가하여 사실에 부합하는 것이라면 부실고지로 보지 않는다.[1] 일부 사항이 누락된 고지의 경우에는 불고지인가 부실고지인가 여부에 대해 논의가 있을 수 있지만 구별의 실익은 없으므로 어느 쪽으로 새겨도 무방하다. 따라서 고지되지 않는 부분이 중요한 사항이라면 고지의무 위반이 성립될 수 있다. 그러나 불고지(non－disclosure)와 부실고지(mispresentation)를 구별하여 요건과 효과를 달리하는 영미법계에서 구별의 실익이 있다. 실무계에서는 보험자가 고지사항을 만들어 보험계약자 측에 기재하도록 하고 있는데 그 양식을 보면 답변란 "예, 아니오"로 표기하도록 하고 있는데 이러한 질문에 대해 답변을 기재하지 않는 경우 예 또는 아니오 중 어느 것으로 취급할 것인지 여부가 문제된다. 이와 관련한 학설로는 질문표에 아무런 기재를 하지 아니한 채 공란으로 남겨 둔 경우에는 해당사항 없음 이라는 부정적 답변으로 보는 견해가 있다.[2] 그러나 무응답을 "아니오"라는 부정적 답변으로 해석하는 것은 너무 의제된 해석이 아닌가 한다. 무응답의 경우는 그야말로 불고지로 보고 판단하는 것이 옳다고 생각된다.[3]

무응답의 동기가 질문의 의도를 제대로 파악하지 못한 경우 또는 당해 사항에 대해 알지 못하여 응답하기 곤란한 경우, 추후에 응답을 보완할 예정인 경우 등 여러 가지 사정이 있을 수 있다. 보험자가 응답의 기회를 주었고, 응답을 촉구하였으나 응답을 듣지 못한 경우에는 보험자에게 비난의 화살을 돌릴 수는 없는 것이다. 더구나 수동적 답변의무인 경우에는 "예" 또는 "아니오"로 반드시 답변을 해야 한다면 고지의무 위반의 객관적 요건으로서 불고지의 요건은 무용한 요건이 될 가능성이 있다. 그 이유는 "예" 또는 "아니오"로 모든 질문사항에 빠짐없이 응답한 경우에는 불고지라는 판단은 있을 수 없고 그러한 고지가 진실한 것이냐 아니면 부실한 것이냐 여부만이 문제될 것이기 때문이다. 요컨대 질문사항에 대해 무응답이 있는 경우에는 불고지로 보고 거기에 보험계약자 측의 고의 또는 과실이 있었는지 아니면 보험자 측의 악의 또는 중과실이 있었는지 여부에 따라 고지의무 위반 여부를 판단하면 족한 것이다.

(3) 고지의무 위반 요건으로서 고의 또는 중과실 인정 사례

(i) 갑이 을 보험회사에 피보험자를 병으로 하는 보험계약을 청약하고 보험청

1) 양승규, 전게서, 122면; 임용수, 전게서, 112면.
2) 박세민, 전게서, 195면; 양승규, 전게서, 123면, 임용수, 전게서, 109면.
3) 한기정, 전게서, 212면.

약서의 질문표에 병이 최근 5년 이내에 고혈압 등으로 의사에게서 진찰 또는 검사를 통하여 진단을 받았거나 투약 등을 받은 적이 없다고 기재하여 을 회사에 우송하였는데, 사실은 청약 당일 병이 의사에게서 고혈압 진단을 받았고, 이에 갑이 상법 제651조에서 정한 중요한 사항에 대한 고지의무를 위반하였는지가 문제 된 사안에서, 보험계약을 청약한 이후 보험계약이 성립하기 전에 병이 고혈압 진단을 받았음에도 갑은 청약서의 질문표를 작성하여 을 회사에 우송할 때에 고의 또는 중과실로 그러한 사실이 없다고 기재하는 등 고지의무를 위반하였다.[1)]

(ii) 갑이 오토바이를 소유·운전하면서도 '비소유 및 비탑승'으로 고지하여 을 보험회사와 상해사망 시 보험금이 지급되는 보험계약을 체결한 후 자신의 오토바이를 운전하다가 상해사고로 사망하자, 을 회사가 고지의무 위반을 이유로 보험계약을 해지한 사안에서, 위 보험계약 체결 당시 갑은 자신의 오토바이를 피보험차량으로 하여 을 회사의 자동차보험에 가입하고 있었으므로 고지의무 위반 사실에 대한 을 회사의 악의 또는 중대한 과실이 인정된다.[2)]

(iii) 이 건 사고 선박에는 항해기기로서 레이다 마그네팅콤파스 및 자이로콤파스가 설치되어 있었으나 위 선박이 이건 피보험적하화물을 싣고 일본국 하관항을 향하여 캄항을 출항할 당시에는 오직 자이로콤파스만이 정상기능을 보유하고 있었을 뿐 그밖에 레이다나 마그네팅콤파스는 그 성능이 불량하여 이미 정상기능을 잃고 있었고 위 선박이 캄항을 출항한 후 약 3시간 30분후인 1982. 7. 17. 15:30경부터는 자이로콤파스마저 고장이 생겨 정상적인 항해를 계속할 수 없었으므로 위 선박의 선장 김□진은 하관항으로의 운항을 포기하고 캄항으로 회항하기로 결심하고 그 취지를 본사인 소외 서양사에 무전으로 보고한 사실을 인정할 수 있는바, 이와 같은 일련의 사정에 비추어 보면 소외 서양사는 본건 보험계약 체결당시인 1982. 7. 19경에는 이미 위와 같은 일련의 사정을 알고 있었다고 보여지므로 위 서양사가 위와 같은 일련의 사정을 숨긴 채 이건 보험계약을 체결한 것은 소론과 같이 고의 내지 중대한 과실로 중요사항에 관한 고지의무를 위반하였다고 할 것이다.[3)]

(iv) 갑이 손해보험업을 영위하는 을 주식회사와 냉동창고건물에 관한 보험계약을 체결하였는데, 체결 당시 보험의 목적인 건물이 완성되지 않아 잔여공사를 계속하여야 한다는 사정을 을 회사에 고지하지 않은 사안에서, 위 냉동창고건물은 형

1) 대판 2012. 8. 23, 2010 다 78135, 78142.
2) 대판 2011. 12. 8, 2009 다 20451.
3) 대판 1986. 11. 25, 85 다카 2578.

식적 사용승인에도 불구하고 냉동설비공사 등 주요 공사가 완료되지 아니하여 잔여 공사를 계속하여야 할 상황이었고, 이러한 공사로 인하여 완성된 냉동창고건물에 비하여 현저히 높은 화재 위험에 노출되어 있었으며, 위험의 정도나 중요성에 비추어 갑은 보험계약을 체결할 때 이러한 사정을 고지하여야 함을 충분히 알고 있었거나 적어도 현저한 부주의로 인하여 이를 알지 못하였다.[1]

(v) 중요한 사항임을 잊어버리고 불고지하거나 자각의 기왕증에 대한 불고지도 중과실에 해당된다. 질문표에 의하여 고지하는 경우에 그 기재사항을 한번 읽어보았으면 잘못 고지된 것을 알 수 있었음에도 불구하고 이를 게을리함으로써 알지 못한 것도 여기에 해당된다.[2] 특히 치료를 받았던 중대질병 등에 대해서는 정확한 병명을 알지 못하더라도 이를 불고지하면 고지의무 위반이 된다.

(vi) 질문표의 질문란에 있는 질문사항에 대해 불고지하거나 부실고지하였다면 일반적으로 그 질문사항이 중요한 사항으로 추정되므로 보험계약자가 그 질문사항이 중요하지 않다는 점을 입증하지 못하는 한 고지의무 위반으로 해석된다. 즉 질문란의 질문사항은 고지의무자의 주의를 환기하였기 때문에 그의 고의 또는 중과실을 쉽게 입증할 수 있을 것이다.[3] 질문란에서 질문하더라도 건강진단 결과 정상으로 판정을 받은 경우에 보험계약자나 피보험자가 고의로 불고지한 경우가 아니면 고지의무 위반으로 다룰 수 없다.[4]

(4) 고지의무 위반요건으로서 고의 또는 중과실 부정 사례

(i) 피보험자 갑이 을 보험회사와 보험계약을 체결하면서 갑상선 결절 등의 사실을 고지하지 않은 사안에서, 건강검진결과 통보 내용에 비추어 갑으로서는 어떠한 질병을 확정적으로 진단받은 것으로 인식하였다고 보기 어려운 점, 위 검진 이후 2년여 동안 별다른 건강상의 장애나 이상 증상이 없었으며 갑상선 결절과 관련된 추가적인 검사나 치료도 받지 않았던 점 등에 비추어, 피보험자 갑이 고의 또는 중대한 과실로 인하여 중요한 사실을 고지하지 아니한 것으로 단정하기 어렵다.[5]

(ii) 지입차주가 승합차를 렌터카 회사에 지입만 하여 두고 온양영업소장이라는 직함을 부여받아 실제로는 렌터카 회사의 아무런 지시·감독 없이 독자적으로 운행하며 온양지역을 거점으로 온양에서 천안으로 통학하는 학생들을 등·하교시켜

---

1) 대판 2012. 11. 29, 2010 다 38663, 38670.
2) 양승규, 전게서, 122면.
3) 임용수, 보험법, 2006, 법률정보센타, 111면.
4) 임용수, 상게서, 113면.
5) 대판 2011. 4. 14, 2009 다 103349, 103356.

주는 여객유상운송에 제공한 경우, 그 운행형태는 대여자동차 본래의 운행형태에 비하여 사고위험률이 현저히 높다고 볼 수 없어 영업용자동차보험계약에 있어 고지의무의 대상이 되는 중요한 사항에 해당하지 않을 뿐 아니라, 그렇지 않다 하더라도 보험자가 고지의무의 대상이 되는 사항에 관하여 스스로 제정한 보험청약서 양식을 사용하여 질문하고 있는 경우에 보험청약서에 기재되지 않은 사항에 관하여는 원칙적으로 고지의무 위반이 문제될 여지가 없다 할 것이므로, 보험자가 제공한 보험청약서에 당해 차량이 지입차량으로서 지입차주에 의하여 유상운송에 제공되고 있는지 여부에 관한 사항이 없었다면 그 사실을 특별히 부기하지 않았다고 하여 보험계약자인 렌터카 회사에게 중대한 과실이 있다고 볼 수 없다.[1]

(iii) 가벼운 신경쇠약, 편도선염, 완치된 성병 등을 고지하지 않더라도 이는 고지의무 위반으로 볼 수 없으며 가벼운 위궤양, 위염 등에 대해 의사로부터 정확한 병명을 듣지 못해 불고지한 경우도 고의 또는 중대한 과실에 의한 고지의무 위반으로 볼 수 없다.[2]

(5) 고지의무를 제 3 자가 이행하는 경우 주관적 요건

1) 문제의 제기

우리 상법은 고지의무 위반 시 제1차적으로 보험계약자 또는 피보험자의 고의 또는 중대한 과실이 있었는지 여부를 고려한다. 그러나 실제로 보험계약을 체결하는 과정에서 고지의무를 보험계약자나 피보험자가 직접 이행하지 아니하고 제 3 자가 이행하는 경우도 있다. 이러한 경우에는 현실적으로 고지를 하는 자의 주관적 요건이 기준이 되나 이 때 현실적으로 고지하는 자의 고의나 중과실을 판단하는 기초자료 즉 고의나 과실의 인식 대상이 되는 범위를 어디까지로 보아야 하는지가 문제된다.

2) 보험계약자와 피보험자가 동일인이 아닌 경우

보험계약자와 피보험자가 다른 경우에는 고지의무는 보험계약자 또는 피보험자 모두에게 부여되어 있으므로 보험자는 이들에 대하여 각각 고지의무 이행기회를 부여하고 그들로 하여금 고지의무를 이행토록 하여야 할 것이다. 만약 고지의무 기회를 제공하지 아니한 경우에는 고지의무 위반 요건 충족 여부를 따질 필요 없이 고지의무 위반을 인정할 수 없다. 그러나 고지의무의 이행도 다른 사람이 대행하거나 대리할 수도 있으므로 이러한 경우 보험계약자나 피보험자 중 어느 한 사람에

1) 대판 1996. 12. 23, 96 다 27971.
2) 김성태, 보험법강론, 법문사, 2001, 217면.

대하여 고지의무 이행기회를 주는 것도 가능하다고 생각된다.

보험계약자 또는 피보험자가 고지할 사항은 위의 중요한 사항으로서 계약의 체결에 있어서 보험계약자등이 알고 있는 사실이나 당연히 알아야 할 사항에 한정된다. 고지의무자는 중요한 사실을 조사하거나 탐지하여 고지할 의무가 있는 것은 아니며, 알고 있는 사실과 당연히 알아야 할 사항을 고지하면 되는 것이다. 이러한 고지의무의 원칙은 자신이 직접 이행하는 경우를 의미하며 만약 보험계약자나 피보험자 중 어느 1인이 고지의무를 모두 이행하는 경우 다른 사람에 관한 정보는 자신이 알고 있는 사항뿐만 아니라 다른 사람이 알고 있는 사항, 당연히 알아야 할 사항도 고지하여야 한다.

3) 대리인이나 사자에 의하여 고지하는 경우

고지의 법적 성격을 준법률행위로 본다면 여기에는 의사표시의 하자에 관한 규정이 적용된다. 한편, 고지의무를 피보험자나 보험계약자가 직접 이행하지 않고 제 3 자로 하여금 이행하도록 하는 경우, 즉 대리인으로 하여금 대리하도록 하거나 사자를 통하여 이행하는 경우에는 고지의무 위반의 주관적 요건에 관한 판단을 어떻게 하여야 하는가? (i) 대리인을 통하여 고지하는 경우에 고지의무 위반의 주관적 요건에 대한 판단은 본인과 대리인을 모두 고려하여 판단하여야 할 것이다. 고지사항의 인식 및 부지, 중요성에 관한 판단은 본인 및 대리인을 모두 고려하여 판단하여야 하고(민 116조 2항), 고지의무 이행과정상의 고의 또는 중과실 여부는 대리인을 표준으로 판단하면 될 것이다(민 116조 1항). 고지의무의 이행과정상의 고의 또는 과실 여부는 대리인을 표준으로 하여 결정하는 경우가 대부분일 것이다(민 116조 1항). 따라서 대리인이 질문표를 제대로 확인하지 아니하고 고지사항을 제대로 고지하지 않는 경우에는 중과실 여부는 대리인을 기준으로 판단한다. 또한 대리인이 특별히 알고 있는 사항은 본인이 알고 있는 것과 동일하게 취급한다(상 646조). 따라서 고지의무 사항을 대리인이 알지 못하였다고 하더라도 본인이 알고 있는 경우에는 대리인의 부지를 주장할 수 없다. 대리인에 의하여 고지할 때는 본인이 알고 있는 사실뿐 아니라 대리인 자신이 알고 있는 사실도 고지하여야 한다. 이는 대리인의 독자적인 고지의무를 인정하는 결과가 되어 보험계약자는 전혀 모르는 사항이라 하더라도 대리인만이 알고 있는 사항을 대리인이 고지하지 않으면 보험자가 고지의무 위반을 이유로 계약을 해지할 수 있다. 이 규정은 1906년 영국해상보험법 제19조에 기원을 두는 것이나 영국에서도 최근 대리인의 독립적 귀책사유에 의하여 피보험자가 보험금을 받지 못하는 것은 부당하다고 보고 최소한 가계보험에서만큼은 삭제하고자 한다.[1] 보험설계사의 권유에 의하여 보험계약자가 보험자 또는 보험의에게 중요사실을 알면서 고지하지 않은 경우도 고의로 고지의무를 위반한 경우에 해당한다.[2] 독일의 경우 보험계약자가 자신의 대리인에게 계약을 체결하게 한 경우 위험을 판단하는 상황에 대하여 인지를 하고 있는 때에는 대리인에게도 보험계약자와 같은 정도의 고지의무가 생기게 된다.[3] 본인이 고지의무 사항에 대하여 대리인에게 고지하도록 지시를 하였으나 대리인이 불고지 또는 부실 고지한 경우 이러한 사정은 보험계약자 측의 사정에 불과하므로 보험자는 고지의무 위반으로 해지할 수 있다. 대리인이 본인의 의사에 따라 고지의무를 위반한 경우에도 마찬가지이다.

4) 검　토

고지의무 이행의 이상적인 모습은 특별한 사정이 없는 한 보험계약자나 피보험자가 각각 개별적으로 이행하는 것이다. 이렇게 하는 것이 분쟁을 예방하는 좋은 방법이 된다. 타인이 고지하는 경우 보험계약자 측과 보험자 중 누가 피보험자의 건강상태를 확인할 의무가 있는지 문제되는데 이 사안에서 제1심과 대법원은 보험자에게 확인의무가 있다고 본 반면 서울고등법원은 보험계약자 측에 있다고 보고 있다. 생각건대 보험자 측의 탐지의무 내지 확인의무와 보험계약자 측의 탐지 내지 확인의무는 별개의 것이고 보험자가 요구하는 고지사항에 대해서는 보험계약자 측의 정보이므로 보험자는 고지의무 이행 기회를 충실히 제공하고 이에 대해 중요사항의 존부에 대해서는 보험계약자 측에서 확인하여 고지하는 것이 타당하다고 생각한다.

9. 고지의무의 위반의 효과

(1) 보험계약의 해지

보험계약자 등이 고지의무를 위반한 경우에는 보험자는 보험계약을 해지할 있다(상 651조). 고지의무 위반이 하나의 법정 해지사유가 되고 이러한 사유가 충족되면 보험자는 해지권을 행사할 수 있다. 해지권은 법률관계의 발생·변경·소멸을 일방의 당사자의 의사표시에 의존하는 형성권이다. 해지권은 보험자의 권한이므로 이를 행사할 것인지 여부는 원칙적으로 보험자의 자유의사에 달려 있다. 보험계약의 해지는 보험자의 일방적 의사표시에 의하여 성립하는 형성권으로서 해지의 효력은

---

1) 장덕조, 전게서, 112~113면.
2) 박세민, 전게서, 196~197면.
3) 김은경, "개정 독일보험계약법상 고지의무에 대한 고찰", 「경희법학」 제44권 제 3 호(2009), 349면.

상대방인 보험계약자에게 도달한 때에 발생한다(민 543조 1항 및 111조). 해지의 의사표시를 내용증명우편이나 등기우편으로 한 경우에는 도달을 추정할 수 있으나 보통우편의 방법으로 발송되었다는 사실만으로는 그 우편물이 상당기간 내에 도달하였다고 추정할 수 없고 송달의 효력을 주장하는 측에서 증거에 의하여 도달사실을 입증하여야 한다.[1]

해지의 상대방은 보험계약자에 국한되는 것이 아니고 보험계약자나 그의 상속인 또는 그들의 대리인에 대하여 해지의 의사표시를 하여야 한다. 따라서 타인을 위한 보험에 있어서도 보험금 수익자에게 해지의 의사표시를 하는 것은 특별한 사정이 없는 한 효력이 없다.[2]

해지권의 행사범위와 관련하여 일부해지가 허용되는지 여부가 문제된다. 가령 보험계약자가 다수인 경우, 여러 개의 각기 독립된 보험목적물을 하나의 계약으로 체결한 경우, 피보험자가 다수인 경우, 보험계약이 종합보험(Package Insurance), 각기 구별되는 독립된 담보가 주계약과 특약 등 여러 개 체결된 경우 등에서 문제될 수 있다. 고지의무 위반과 관련하여 우리 판례는 경제적으로 독립한 여러 물건에 대하여 화재보험계약을 체결함에 있어 집합된 물건 전체에 대하여 단일의 보험금액으로써 계약을 체결하거나 물건을 집단별로 나누어 따로이 보험금액을 정하거나 간에, 보험의 목적이 된 수개의 물건 가운데 일부에 대하여만 고지의무 위반이 있는 경우에 보험자는 나머지 부분에 대하여도 동일한 조건으로 그 부분만에 대하여 보험계약을 체결하지 아니하였으리라는 사정이 없는 한 그 고지의무 위반이 있는 물건에 대하여만 보험계약을 해지할 수 있고 나머지 부분에 대하여는 보험계약의 효력에 영향이 없다고 할 것이고, 이 경우 보험계약자가 일부 물건에 대하여 고지하지 아니한 사항이 보험계약의 나머지 부분에 있어서도 상법 제651조에서 정한 '중요한 사항', 즉 보험자가 보험사고의 발생과 그로 인한 책임부담의 개연율을 측정하여 보험계약의 체결 여부 또는 보험료나 특별한 면책조항의 부가와 같은 보험계약의 내용을 결정하기 위한 표준이 되는 사항으로서 객관적으로 보험자가 그 사실을 안다면 그 계약을 체결하지 아니하든가 또는 적어도 동일한 조건으로는 계약을 체결하지 아니하리라고 생각되는 사항에 해당하는 경우에만 그 불고지를 들어 계약 전체를 실효시키거나 취소할 수 있다고 판시하였다.[3]

1) 대판 2002. 7. 26, 2000 다 25002; 동(전) 1977. 2. 22, 76 누 263; 동 1993. 5. 11, 92 다 2530 등 참조.
2) 대판 1989. 2. 14, 87 다카 2973.
3) 대판 1999. 4. 23, 99 다 8599.

해지권의 행사방법으로 서면 구두, 전자적 방법에 의한 것, 이메일, 모바일 통신기기를 활용하는 방법 등이 있을 수 있다. 이러한 방법 중 해지의사표시의 확실한 도달과 증거확보의 용이성을 고려하여 보험자가 자유롭게 선택할 수 있으나 보험자는 대개 서면에 의하여 해지권을 행사하고 있다.

해지권을 행사하기 위한 고지의무 위반사실에 대한 입증책임은 보험자에게 있다. 판례는 보험자가 다른 보험계약의 존재 여부에 관한 고지의무 위반을 이유로 보험계약을 해지하려면 보험계약자 또는 피보험자가 다른 보험계약의 존재를 알고 있는 점 외에 그것이 고지를 요하는 중요한 사항에 해당한다는 사실을 알고도, 또는 중대한 과실로 알지 못하여 고지의무를 다하지 아니한 사실을 입증하여야 한다고 판시했다.[1)]

보험자가 고지의무 위반, 보험사기 등이 경합되어 해지나 취소 등을 하고자 하는 경우에 이러한 구제 수단이 모두 인정될 수 있는지 여부와 관련하여 우리 판례는 보험계약을 체결하면서 중요한 사항에 관한 보험계약자의 고지의무 위반이 사기에 해당하는 경우에는 보험자는 상법의 규정에 의하여 계약을 해지할 수 있음은 물론 보험계약에서 정한 취소권 규정이나 민법의 일반원칙에 따라 보험계약을 취소할 수 있다. 따라서 보험금을 부정취득할 목적으로 다수의 보험계약이 체결된 경우에 민법 제103조 위반으로 인한 보험계약의 무효와 고지의무 위반을 이유로 한 보험계약의 해지나 취소는 그 요건이나 효과가 다르지만, 개별적인 사안에서 각각의 요건을 모두 충족한다면 위와 같은 구제수단이 병존적으로 인정되고, 이 경우 보험자는 보험계약의 무효, 해지 또는 취소를 선택적으로 주장할 수 있다고 판시하였다.[2)]

보험자는 고지의무를 위반한 계약이 타인을 위한 보험계약이나 타인의 생명보험계약의 경우에도 보험계약자에 대해 해지권을 행사할 수 있다.

(2) 인과관계의 존부와 해지권 행사 가능성

[2014년 상법 개정 전후 규정 비교]

법률 제4470호, 1991.12.31. 일부개정	법률 제12397호, 2014.3.11 일부개정
제655조 (계약해지와 보험금액청구권) 보험사고가 발생한 후에도 보험자가 제650조, 제651조, 제652조와 제653조의 규정에 의하여 계약을 해지한 때에는 보험금액을 지급할 책임이 없고 이	제655조(계약해지와 보험금청구권) 보험사고가 발생한 후라도 보험자가 제650조, 제651조, 제652조 및 제653조에 따라 계약을 해지하였을 때에는 보험금을 지급할 책임이 없고 이미 지급한

1) 대판 2004. 6. 11, 2003 다 18494.
2) 대판 2017. 4. 7, 2014 다 234827.

미 지급한 보험금액의 반환을 청구할 수 있다. 그러나 고지의무에 위반한 사실 또는 위험의 현저한 변경이나 증가된 사실이 보험사고의 발생에 영향을 미치지 아니하였음이 증명된 때에는 그러하지 아니하다.	보험금의 반환을 청구할 수 있다. 다만, 고지의무(告知義務)를 위반한 사실 또는 위험이 현저하게 변경되거나 증가된 사실이 보험사고 발생에 영향을 미치지 아니하였음이 증명된 경우에는 보험금을 지급할 책임이 있다.

고지의무에 위반한 사실 또는 위험의 현저한 변경이나 증가된 사실이 보험사고의 발생에 영향을 미치지 아니하였음이 증명된 때에는 그러하지 아니하다는 문구의 해석과 관련하여 보험금을 지급하여야 하고 보험료를 반환할 수 없는 외에 해지권도 행사할 수 없느냐 여부에 관하여 논쟁이 있었다.

학설은 "그러하지 아니하다"의 의미를 둘러싸고 고지의무 위반사실과 보험사고 발생 사이에 인과관계가 없으면 해지권을 행사할 수 없다고 해석하는 견해[1]와 해지권은 행사할 수 있되 보험금은 지급해야 된다는 의미로 해석하는 견해가 있었다.[2]

그런데 대판 2010. 7. 22, 2010 다 25353 판결에서 다음과 같이 판시함으로써 이러한 논란을 정리하였고, 이러한 판결의 취지를 반영하여 2014년도에 상법 개정시에 "그러하지 아니하다"라는 문구를 "보험금을 지급할 책임이 있다"라고 개정하였다.

상법 제651조는 고지의무위반으로 인한 계약해지에 관한 일반적 규정으로 이에 의하면 고지의무에 위반한 사실과 보험사고 발생 사이에 인과관계를 요하지 않는 점, 상법 제655조는 고지의무위반 등으로 계약을 해지한 때에 보험금액청구에 관한 규정이므로, 그 본문뿐만 아니라 단서도 보험금액청구권의 존부에 관한 규정으로 해석함이 상당한 점, 보험계약자 또는 피보험자가 보험계약 당시에 고의 또는 중대한 과실로 중요한 사항을 불고지·부실고지하면 이로써 고지의무위반의 요건은 충족되는 반면, 고지의무에 위반한 사실과 보험사고 발생 사이의 인과관계는 '보험사고 발생 시'에 비로소 결정되는 것이므로, 보험자는 고지의무에 위반한 사실과 보험사고 발생 사이의 인과관계가 인정되지 않아 상법 제655조 단서에 의하여 보험금액 지급책임을 지게 되더라도 그것과 별개로 상법 제651조에 의하여 고지의무위반을 이유로 계약을 해지할 수 있다고 해석함이 상당한 점, 고지의무에 위반한 사실과 보험사고 발생 사이의 인과관계가 인정되지 않는다고 하여 상법 제651조에 의한

1) 양승규, 전게서, 127면 등.
2) 최기원, 전게서, 147면 등.

계약해지를 허용하지 않는다면, 보험사고가 발생하기 전에는 상법 제651조에 따라 고지의무위반을 이유로 계약을 해지할 수 있는 반면, 보험사고가 발생한 후에는 사후적으로 인과관계가 없음을 이유로 보험금액을 지급한 후에도 보험계약을 해지할 수 없고 인과관계가 인정되지 않는 한 계속하여 보험금액을 지급하여야 하는 불합리한 결과가 발생하는 점, 고지의무에 위반한 보험계약은 고지의무에 위반한 사실과 보험사고 발생 사이의 인과관계를 불문하고 보험자가 해지할 수 있다고 해석하는 것이 보험계약의 선의성 및 단체성에서 부합하는 점 등을 종합하여 보면, 보험자는 고지의무를 위반한 사실과 보험사고의 발생 사이의 인과관계를 불문하고 상법 제651조에 의하여 고지의무위반을 이유로 계약을 해지할 수 있다고 할 것이다. 그러나 보험금액청구권에 관해서는 보험사고 발생 후에 고지의무위반을 이유로 보험계약을 해지한 때에는 고지의무에 위반한 사실과 보험사고 발생 사이의 인과관계에 따라 보험금액 지급책임이 달라진다고 할 것이고, 그 범위 내에서 계약해지의 효력이 제한될 수 있다고 할 것이다.[1)]

생각건대 고지의무를 위반한 자의 경우 제대로 고지를 하였다면 처음부터 보험인수가 거절되거나 보험료의 증가 등의 조건이 달리 취급되어 인수되거나 보험사고가 발생하기 전에 고지의무 위반사실이 발견된 경우에는 해지가 자유로운 반면 보험사고가 발생한 경우에는 고지의무 위반으로 해지할 수 없다면 형평에 맞지 않은 것이므로 타당한 개정이라고 생각한다.[2)]

(3) 보험계약 해지권 행사의 제한

1) 제척기간의 경과

고지의무 위반의 경우 보험자는 언제든지 해지권을 행사할 수 있는 것은 아니고 일정한 기간 내에 한하여 해지권을 행사할 수 있다. 즉 보험자는 고지의무 위반을 안날로부터 1개월 이내, 계약체결일로부터 3년 내에 한하여 해지권을 행사할 수 있다(상 651조 본문). 여기서 1개월 또는 계약체결일로부터 3년의 기간은 소멸시효기간이 아니라 제척기간이다. 고지의무 위반의 경우 1개월 또는 3년의 해지권의 행사기간 중 먼저 기간이 도래하면 보험자는 더 이상 계약을 해지할 수 없다. 이 때 보험자가 안 날이라고 함은 불고지 또는 부실고지 사실을 확실하게 안 것, 즉 해지권 행사를 위하여 필요하다고 인정되는 고지의무 위반사실 등 모든 요건을 구체적

---

1) 대판 2010. 7. 22, 2010 다 25353.

2) 이성남, "계약전 알릴의무 위반으로 인한 보험계약해지권 행사의 제한", 방재와 보험(한국화재보험협회)(2003 신년호), 54~57면.

으로 확인한 때를 의미하는 것이지 고지의무 위반 사실에 대해 의심을 품는 정도로는 안 날로 볼 수 없다. 이러한 해석론은 다음과 같은 판례의 취지에서도 도출할 수 있을 것이다.

화재보험보통약관에서 보험계약자가 계약 후 위험의 현저한 증가가 있음에도 보험자에게 그 사실을 지체 없이 통지할 의무를 이행하지 않았을 때를 보험계약의 해지사유로 규정하는 한편 보험자가 그러한 사실을 안 날부터 1개월이 지났을 때에는 계약을 해지할 수 없도록 규정한 경우, 이는 보험자가 보험계약의 해지 원인이 존재하고 해지하고자 하면 언제든지 해지할 수 있는 상태에 있음에도, 해지 여부를 결정하지 않은 상태를 지속시킴으로써 보험계약자를 불안정한 지위에 처하게 하는 것을 방지하려는 취지로서, 해지권 행사기간의 기산점은 보험자가 계약 후 위험의 현저한 증가가 있는 사실을 안 때가 아니라 보험계약자가 위와 같은 통지의무를 이행하지 아니한 사실을 보험자가 알게 된 날이라고 보아야 한다. 나아가 보험계약자가 보험자에 대하여 위험의 현저한 증가가 없었다거나 그러한 사실을 알지 못하였다고 주장하면서 통지의무 위반이 없다고 다투고 있는 경우에는 그때까지 보험자가 보험계약자의 통지의무 위반에 관하여 의심을 품고 있는 정도에 그치고 있었다면 그러한 사정만으로 해지권이 발생하였다고 단정할 수 없으므로 이러한 상태에서 곧바로 해지권의 행사기간이 진행한다고 볼 수는 없고, 그 후 보험자가 보험계약자의 통지의무 위반 여부에 관하여 조사·확인절차를 거쳐 보험계약자의 주장과 달리 보험계약자의 통지의무 위반이 있음을 뒷받침하는 객관적인 근거를 확보함으로써 통지의무 위반이 있음을 안 때에 비로소 해지권의 행사기간이 진행한다고 보아야 한다.[1]

한편 생명보험표준약관에서는 해지권 행사의 제척기간을 상법과 비교하여 볼 때 단축하여 운용하고 있다. 즉 회사가 그 사실을 안 날부터 1개월 이상 지났거나 또는 보장개시일부터 보험금 지급사유가 발생하지 않고 2년(진단계약의 경우 질병에 대하여는 1년)이 지났을 때에는 해지권 행사가 제한된다고 규정하고 있다(14조 1항 2호). 보통 암보험 등의 특별한 경우가 아니면 보장개시일은 보험계약의 체결과 동시에 시작되므로 상법에서 규정하고 있는 계약을 체결한 날로부터 3년내 보다 단축한 것이다. 이러한 규정은 보험자에게 불리하게 변경한 것으로 상법 제663조의 취지에 비추어 볼 때 유효한 약정이라고 볼 수 있다.[2]

1) 대판 2011. 7. 28, 2011 다 23743.
2) 한기정, 전게서, 224면.

2) 보험자의 악의 또는 중과실

상법 제651조 단서에 의하면 보험자가 보험계약 체결 시에 보험계약자 등의 불고지 또는 부실고지를 알고 있거나 중대한 과실로 알지 못한 경우에는 보험계약을 해지할 수 없다. 고지의무는 보험자의 정보 부족을 해소하기 위하여 마련한 제도이므로 보험계약자에 관한 정보를 알고 있거나 조금만 주의를 기울였다면 알 수 있었던 경우에는 보험자를 보호할 필요가 없다. 오늘날 정보통신기술의 발달에 따라 보험자의 보험정보의 관리기술이 획기적으로 발전하였다. 또한 보험정보의 공유 등을 통하여 보험계약에 관한 정보를 보험자가 상당한 정도 보유하고 있고, 보유정보를 용이하게 접근하여 사용할 수 있는 시스템이 구축되어 있으며, 정보통신 기술의 발전에 따라 향후에는 더욱 놀라운 기술발전을 이룩할 것이다. 특히 보험업법 제95조의 5에서는 보험회사 또는 보험모집종사자로 하여금 실손의료보험을 모집함에 있어 중복보험계약 여부를 확인하도록 의무화하고 있다. 이러한 점에 비추어 보험계약자 등의 고지사항 중에서 보험자가 자사 정보 또는 정보 공유시스템을 통하여 알고 있거나 알 수 있는 정보는 보험계약자 측이 고지하지 아니하였거나 잘못 고지하였다고 하더라도 보험자의 악의·중과실로 인정될 수 있다.

이렇게 보면 사실상 보험계약자 측이 부담하는 의무를 보험자 쪽에 부담시키는 결과가 된다는 비판이 제기될 수 있다. 그러나 미국의 경우 정보화 기술이 발전하기 이전부터 보험자가 고지의무 위반사실을 알 수 있는 정보를 보유하고 있는 경우 보험자의 해지권을 제한하는 법리를 구축하였다. 그리고 미국의 주류적 판례는 보유정보에 대한 주의의무를 제한적으로 인정하거나 널리 인정하는 경향이다. 우리 대법원도 일찍이 보험자의 보유정보의 활용과 관련하여 자사의 계약정보를 통하여 확인하지 않은 점에 대해 보험자의 악의 또는 중대한 과실을 인정하였다.

한편 생명보험이나 질병보험에서는 보험자가 위험선택을 하기 위한 유용하고 확실한 정보가 있을 경우 고지의무의 대상으로서 질문하거나 검사를 요구하는 것이 허용되는지 여부가 문제될 수 있다. 유전자검사에 의해 장래 발병할 질병을 예측하는 기술이 발달하고 있는데 유전자검사의 결과를 고지하도록 하거나 보험가입 시에 유전자 검사를 받을 것을 요구할 수 있느냐의 문제이다. 미국이나 유럽의 일부 나라에서는 유전자 정보의 사용을 법률에 의해 제한하고 있다. 그 이유는 개인의 사생활의 자유라는 가치의 보호를 위한 것이다. 그러나 보험회사의 경우 유전자 검사에 의하여 자신의 위험상황을 미리 알고 있는 보험계약자 측의 역선택을 어떻게 방지할 것인가 하는 문제에 직면하게 된다. 질병은 유전적 요인과 생활습관이나 주위

환경 등 외부적 요인이 상호 작용하는 것이고, 유전적 질환 정보는 중대한 사생활 정보이므로 이에 대한 제한 없는 요구는 보험제도의 특성에 비추어 보다도 바람직하지 않다고 보여진다.

▶ 참조판례

보험계약자가 2006. 4. 15. 오토바이를 피보험차량으로 하여 자동차보험에 가입하여 이 사건 보험 가입 당시까지 위 오토바이에 관한 자동차보험을 유지하고 있었다면, 이러한 자동차보험에 가입한 내역은 특별한 사정이 없는 한 피고의 전산망에 입력되어 있었다고 보아야 할 것이다. 따라서 보험자로서는 이 사건 보험의 인수 여부를 결정하고 고지의무 위반으로 인한 자신의 불이익을 방지하기 위하여 인적사항을 이용하여 전산망에서 보험가입현황을 조회함으로써 위 자동차보험 가입내역을 쉽게 확인할 수 있었을 것이고, 그 결과 오토바이 소유 및 탑승 여부에 관한 고지의무 위반사실도 쉽게 알 수 있었을 것이다.[1]

또한 보험자의 고지사항에 대하여 추가적인 질의를 통하여 중요한 정보를 취득할 수 있었음에도 이를 하지 않는 경우, 보험자가 고지 기회를 제대로 제공하지 아니한 경우, 보험계약 전 후의 공지의 사실로 중요한 사항을 알 수 있는 경우, 가령 경주지역에 지진이 발생하고 여진이 계속되는 상황에서 보험목적물이 소재하는 지역이 바로 지진 피해 지역에 속함에도 불구하고 건물 훼손 등의 사실을 확인하지 아니한 채 아무런 조사 없이 인수한 경우는 보험자의 고의 또는 중대한 과실을 인정할 수 있다. 이와 같이 보험자의 악의 또는 중대한 과실에 따른 계약해지의 제한은 보험자에게 위험선택의 기회가 제공되었고, 또한 기회를 얻을 수 있었기에 보험계약을 해제할 권리를 인정할 필요가 없기 때문이다.

3) 보험모집종사자의 악의 또는 중과실

보험자의 악의·중과실과 관련하여 또 하나의 논점이 되는 것은 보험자의 대리인의 악의 또는 중과실을 보험자의 악의 또는 중과실로 동일하게 취급할 것인가 하는 점이다. 2014년 개정상법에서는 다음과 같이 보험대리상에 관한 규정을 신설하였는데 이러한 상법규정을 기준으로 위의 논점을 살펴본다.

제646조의 2(보험대리상 등의 권한) ① 보험대리상은 다음 각 호의 권한이 있다.

1) 대판 2011. 12. 8, 2009 다 20451.

1. 보험계약자로부터 보험료를 수령할 수 있는 권한
2. 보험자가 작성한 보험증권을 보험계약자에게 교부할 수 있는 권한
3. 보험계약자로부터 청약, 고지, 통지, 해지, 취소 등 보험계약에 관한 의사표시를 수령할 수 있는 권한
4. 보험계약자에게 보험계약의 체결, 변경, 해지 등 보험계약에 관한 의사표시를 할 수 있는 권한

② 제 1 항에도 불구하고 보험자는 보험대리상의 제 1 항 각 호의 권한 중 일부를 제한할 수 있다. 다만, 보험자는 그러한 권한 제한을 이유로 선의의 보험계약자에게 대항하지 못한다.

③ 보험대리상이 아니면서 특정한 보험자를 위하여 계속적으로 보험계약의 체결을 중개하는 자는 제 1 항 제 1 호(보험자가 작성한 영수증을 보험계약자에게 교부하는 경우만 해당한다) 및 제 2 호의 권한이 있다.

④ 피보험자나 보험수익자가 보험료를 지급하거나 보험계약에 관한 의사표시를 할 의무가 있는 경우에는 제 1 항부터 제 3 항까지의 규정을 그 피보험자나 보험수익자에게도 적용한다.

대리의 일반법리에 의할 때 대리행위에서의 악의·과실은 대리인을 표준으로 결정하므로 보험자의 악의 또는 중과실 외에 보험대리점의 악의 또는 중과실도 보험자의 그것으로 당연히 포함된다(민 116조 1항). 또한 임·직원의 경우는 보험계약의 체결에 있어 보험자의 이행보조자 지위에 있다고 볼 수 있으므로 이러한 자의 악의·과실은 보험자의 악의나 과실이 될 수 있다(민 391조).

그러나, 고지의무 수령권한이 인정되지 않는 보험설계사, 보험중개대리상, 보험중개사의 경우는 고지수령권이 없어 이러한 자의 악의 또는 중과실의 경우는 보험자의 그것으로 볼 수 없다. 그런데 현실적으로 보험계약체결 시 고지를 수령하는 자는 모집에 종사하는 자들이므로 이러한 자에 대해 고지 수령권을 모두 인정하지 아니하는 것은 문제가 있다고 본다.

한편 대법원은 보험자의 악의나 중대한 과실에는 보험자의 그것뿐만 아니라 이른바 보험자의 보험의를 비롯하여 널리 보험자를 위하여 고지를 수령할 수 있는 지위에 있는 자의 악의나 중과실도 당연히 포함된다고 할 것이나, 보험자에게 소속된 의사가 보험계약자 등을 검진하였다고 하더라도 그 검진이 위험측정자료를 보험자에게 제공하는 보험자의 보조자로서의 자격으로 행해진 것이 아니라면 그 의사가

보험자에게 소속된 의사라는 사유만으로 그 의사가 검진 과정에서 알게 된 보험계약자 등의 질병을 보험자도 알고 있으리라고 보거나 그것을 알지 못한 것이 보험자의 중대한 과실에 의한 것이라고 할 수는 없다고 할 것이며, 이와 같이 해석하는 것이 환자에 대한 비밀의 누설이나 기록의 공개를 원칙적으로 금지하고 있는 의료법의 취지에도 부합한다고 판시했다.[1]

비교법적인 관점에서 볼 때 일본법은 고지의무 위반으로 인한 해제요건으로서 주관적 요건으로 고의 또는 중대한 과실을 요구하는 것은 우리나라 상법과 동일하나, 해지권의 제한사유로서 주관적 요건은 악의 또는 과실을 요구하는 점에서 악의 또는 중대한 과실을 요구하는 우리 상법과 다른 입법태도를 취하고 있다.[2]

4) 보험모집종사자의 고지방해

보험모집종사자의 고지방해는 보험계약자 등의 보험자에 대한 고지행위를 못하도록 하거나 부실하게 고지하도록 하는 일체의 행위를 말한다. 주요 유형은 보험모집종사자가 불고지 및 부실고지 교사·방조·종용하는 행위이다. 가령 청약서 고지란에 보험계약자 등으로 하여금 서명만을 하게하고, 보험모집종사자가 임의대로 고지사항을 기입하여 보험자에게 제출한 경우나 보험가입 후 3년이 경과하면 고지의무위반은 문제 삼을 수 없다는 등의 이유로 질병 등을 고지하지 않도록 하여 보험계약자 등이 부고지 등을 한 경우이다. 이러한 모집종사자들의 고지방해 행위에 대해서는 신의칙 또는 보험자의 선임·감독상의 과실을 물어 해지권 행사를 부정함으로써 고지방해로 인한 불이익을 보험자에게 돌리는 것이 형평에 맞다.

---

1) 대판 2001. 1. 5, 2000 다 40353.

2) 일본 보험법 제28조 (고지의무위반에 의한 해제) 보험자는 보험계약자 또는 피보험자가 고지사항에 대하여 고의 또는 중대한 과실로 사실에 대한 고지를 하지 않거나 부실고지를 한 때에는 손해보험계약을 해제할 수 있다.

② 보험자는 전항의 규정에도 불구하고, 다음의 경우에는 손해보험계약을 해제할 수 없다.

1. 손해보험계약의 체결 시에, 보험자가 전항의 사실을 알거나 과실로 알지 못했던 때
2. 보험자를 위해 보험계약 체결의 중개를 할 수 있는 자(보험자를 위해보험계약 체결의 대리를 할 수 있는 자 제외. 이하 「보험중개인」이라 함)가 보험계약자 또는 피보험자가 전항의 사실을 고지하는 것을 방해한 때
3. 보험중개인이 보험계약자 또는 피보험자에 대하여 전항의 사실을 고지하지 않거나 부실고지를 하는 것을 권한 때

③ 전항 제 2 호 및 제 3 호의 규정은 해당 각 호에서 규정하는 보험중개인의 행위가 없었다고 하여도 보험계약자 또는 피보험자가 제 1 항의 사실을 고지하지 않거나 부실고지를 하였다고 인정되는 경우에는 적용하지 아니한다.

④ 제 1 항 규정에 따른 해제권은 보험자가 동항 규정에 따른 해제원인이 있는 것을 알았던 때부터 1개월간 행사하지 않은 때에는 소멸한다. 손해보험계약 체결 시부터 5년이 경과한 때에도 이와 같다.

보험모집종사자의 고지방해와 관련하여 일본의 논의를 잠시 들여다보자. 일본의 경우 보험모집종사자가 고지방해 등을 행한 경우에 대해 해제권을 제한하는 규정을 두고 있다(일본 보험법 28조 1항). 이러한 보험법의 규정은 신의칙 혹은 보험중개인에 대한 보험자의 선임·감독상의 과실 등의 법리를 통해 보험자로부터의 고지의무위반에 의한 해제를 부정하고 보험중개인의 고지방해 등에 의해 발생한 불이익을 보험자에게 부담하도록 한 것이다.

이러한 규정의 적용 대상이 되는 보험모집종사는 보험계약의 체결의 중개만을 행할 수 있는 자, 즉 고지의무 수령권을 가지지 않는 자이다. 가령 보험회사 소속 보험설계사가 여기에 속하고 보험중개사나 그 소속 보험설계사 등이 이에 해당할 수 있다. 보험대리점의 경우 고지 받지 않았던 사실을 듣게 되면 고지방해 등을 논할 필요도 없이 고지의무 위반에 의한 해지를 할 수 없다. 그러나 보험중개사나 그 소속 보험설계사의 경우 보험자에 의해 불고지 교사나 방조 등이 있었다는 특별한 사정이 없는 한 보험자는 보험계약을 해지할 수 있다.

일본과 달리 우리나라는 고지방해에 대하여 상법에 명문의 규정을 두고 있지 않다. 다만 보험업법에서 보험계약의 체결 또는 모집에 종사하는 자에게 체결 또는 모집에 관하여 (i) 보험계약자나 피보험자가 중요한 사항을 보험회사에 알리는 것을 방해하거나 알리지 아니할 것을 권유하는 행위, (ii) 보험계약자나 피보험자가 중요한 사항에 대하여 부실한 사항을 보험회사에 알릴 것을 권유하는 행위를 하지 못하도록 하고 있을 뿐이다(보험 97조 1항 3호 및 4호). 보험업법은 이러한 금지행위를 보험회사 소속 임·직원 또는 소속 보험설계사가 위반하면 당해 보험회사에 대해 과징금을 부과할 수 있고(보험 196조 2항), 보험회사의 임·직원이 위반한 경우에는 2천만원 이하의 과태료를 부과할 수 있도록 하고 있다(보험 209조 2항 18호).

실무상 자주 분쟁이 되는 사례는 보험계약자 등이 고지사항에 대하여 보험모집종사자에게 구두로 알렸으나 이러한 사실이 보험자에게 고지되지 않는 경우이다. 이 경우 보험설계사 등은 중개권한만 가지고 있어 고지수령권이 인정되지 않기 때문에 보험자의 악의 또는 중과실이 되지 않는 것이 원칙이다.

이러한 불고지 및 부실고지가 보험모집종사자와 보험계약자 등간에 공모에 의하여 이루어진 경우에는 보험자의 해지권은 인정된다고 보아야 한다. 이러한 경우는 모집종사자의 고지방해 행위가 개입되었지만 보험계약자 등에 의하여 불고지 또는 부실고지가 있었을 것이라고 인정되기 때문이다. 가령 보험모집종사자가 자기 친족이나 친구 등과 공모하여 친족이나 친구의 보험가입이 인수될 수 있도록 청약서를 작성하여 제출한 경우가 이에 해당할 수 있다.

한편 고지사항의 일부를 누락하여 고지하는 경우에는 어떻게 처리할 것인가 여부도 문제된다. 가령 건강검진결과 흉부 X-ray 검사결과 우상엽 폐결절 및 폐기종의 중한 질병을 고지하지 아니하고 경미한 고혈압만을 고지한 경우 이러한 일부 고지를 보험모집종사자가 적극적으로 권유하거나 일부 누락 고지를 권유한 경우를 제외하고는 보험자의 해지권을 인정된다고 보아야 한다.

5) 보험자의 보험약관 교부·설명의무 위반

보험자는 보험계약을 체결할 때에 보험계약자에게 보험약관을 교부하고 그 약관의 중요한 내용을 설명하여야 할 의무를 부담한다(상 638조의 3 1항). 그런데 보험자가 이러한 중요한 사항을 설명하지 아니하며 보험계약자가 보험자에게 고지를 제대로 못한 경우에는 어떻게 취급할 것인가에 관한 문제가 대두된다.

이와 관련하여 대법원은 보험자 및 보험계약의 체결 또는 모집에 종사하는 자는 보험계약의 체결에 있어서 보험계약자 또는 피보험자에게 보험약관에 기재되어 있는 보험상품의 내용, 보험료율의 체계 및 보험청약서상 기재사항의 변동사항 등 보험계약의 중요한 내용에 대하여 구체적이고 상세한 명시·설명의무를 지고 있으므로, 보험자가 이러한 보험약관의 명시·설명의무에 위반하여 보험계약을 체결한 때에는 그 약관의 내용을 보험계약의 내용으로 주장할 수 없고, 보험계약자나 그 대리인이 그 약관에 규정된 고지의무를 위반하였다 하더라도 이를 이유로 보험계약을 해지할 수 없다고 판시하고 있다.[1)]

생각건대 보험자는 자신에게 편재되어 있는 보험약관에 관한 정보를 보험계약자에게 전달하고 이해를 구하는 것이 필요하고 보험계약자는 자신에 관한 정보를 상대방인 보험자에게 고지함으로써 정보의 균형 상태에서 적정하게 보험계약이 체결될 수 있다. 그런데 보험계약자의 고지의무사항이 보험자가 가지고 있는 보험약관에 관한 정보에 의하여 의존하는 경우에는 보험자의 설명의무의 이행이 선행되어야 하고 만약 설명의무를 이행하지 아니한 사실과 관련을 가지고 있는 불고지나 부실고지는 보험계약자 측을 탓할 수 없는 것이다.

6) 해지권의 포기나 불고지·부실고지 사유의 소멸

해지권은 보험자에게 부여된 권리로서 그 행사 여부는 보험자의 자유이다. 이러한 해지권의 포기는 명시적 포기와 묵시적 포기가 인정된다. 명시적 포기는 계약의 상대방에게 포기 의사를 분명하게 천명하는 것을 말하고, 묵시적 포기란 고지의

1) 대판 1996. 4. 12, 96 다 4893.

무가 인정되는 사건임에도 보험금을 지급하지 아니하고 보험계약을 그대로 유지하거나 보험금을 지급하면서 해지의 의사는 따로 표시하지 않고 보험료를 계속 수납하는 경우가 이에 해당한다.

해지권의 포기는 상대방 있는 단독행위로서 상대방인 보험계약자의 동의 없이 일방적으로 행사할 수 있다. 그런데 보험계약의 해지권의 포기는 사전에 포괄적으로 행사할 수 있는지 사후에도 언제든지 해지권의 포기가 허용되는지 여부는 보험자의 역할을 무엇을 볼 것인지와 관련하여 생각해 볼 점이 있다. 보험자를 보험단체의 관리자로 본다면 이러한 해지권 행사의 자의적 포기는 제한해야 하지 않을까? 특히 해지권의 포기의 자유를 폭 넓게 인정하면 보험자의 자의적 행사로 인해 보험계약자 형평 대우 원칙에도 어긋날 소지도 배제할 수 없다. 이러한 점에서 볼 때 해지권의 포기는 상당한 합리적 이유가 있어야 할 것이다.

보험계약 체결 시에 고지의무를 위반하였는데 보험가입 후에 불고지 내지 부실고지 사항이 해소된 경우에는 해지권을 행사할 수 있는지 여부가 문제된다.

불고지 또는 부실 고지된 사항이 해소되면 인수 거절 또는 조건의 변경이라는 결과를 초래한 특수한 위험이 소멸되었고, 위험측정 자료가 현행 계약과 일치되었기 때문에 해지권을 행사할 수 없도록 하는 것이 타당하다.[1]

(4) 해지권 행사의 효과

1) 총　설

보험계약의 해지 효력은 해제와 달리 장래에 향하여 발생하는 것이 원칙이다(민 550조). 따라서 해지의 경우는 비소급효가 원칙이고 해지되기까지 보험계약의 효력은 유효한 것이므로 이때까지 발생하는 계약상의 권리·의무는 상호 행사하거나 이행되어야 한다. 또한 해제의 효과로서 발생하는 원상회복 의무는 발생하지 아니한다(민 548조). 따라서 보험자는 해지 시까지 받은 보험료를 적법하게 수령할 수 있고, 해지 시까지 보험료에 대해 아직 받지 못한 것은 그 지급을 청구할 수 있다. 그리고 이미 지급한 보험금에 대하여 반환을 청구할 수도 없다.

2) 고지의무 위반으로 인한 해지의 특수적 효력

보험계약자 측의 고지의무 위반이 있는 경우 보험자는 해지권을 갖게 되고 이를 행사하면 당해 보험계약의 효력은 장래에 향하여 소멸하게 된다. 이와 같이 보험계약이 소멸된 후에는 보험료의 정산 문제와 해지환급금 및 보험금의 정산 문제가 남게된다. 우리 상법은 고지의무 위반의 경우 그 효과로서 발생하는 해지권의

1) 한기정, 전게서, 229면.

행사에 관한 규정과 보험금 지급 여부에 관한 규정을 별도로 두고 있다.

우리나라 상법에 의하면 고지의무 위반으로 인한 보험계약의 해지의 경우 보험사고가 발생하지 않은 경우에는 계약해지의 일반 법리와 별다른 차이가 없지만 보험사고가 발생한 후에 보험계약을 해지하는 경우에는 고지의무 위반 사실과 인과관계가 있는 사고인가 여부에 따라 그 효과를 달리하고 있다.

만약 인과관계가 없는 보험사고가 발생한 경우라면 보험계약의 해지 효력은 일반 계약의 해지 법리와 동일하게 장래에 향하여 계약의 효력을 소멸시키는 효력이 발생한다. 그러나 고지의무 위반 사실과 인과관계 있는 보험사고가 발생한 경우에는 계약 해지의 일반 법리와 다른 특수한 법리를 구축하고 있다. 즉 상법 제655조 본문은 보험사고가 발생한 후에도 보험자가 제651조(고지의무 위반으로 인한 계약해지) 등의 규정에 의하여 계약을 해지하였을 때에는 보험금을 지급할 책임이 없고, 이미 지급한 보험금의 반환을 청구할 수 있다고 규정하고 있다. 이러한 규정에 의하면 '장래에 향하여서만' 계약관계를 해소 시키는 통상의 민법상의 계약해지와는 달리 고지의무 위반에 의한 계약해지는 과거의 보험사고 발생 시까지 소급하여' 계약관계를 해소시키는 특별한 효력을 인정하고 있음을 알 수 있다. 이와 같은 규정의 취지는 고지의무 위반이 있었다는 사실은 통상적으로 보험 사고 발생 후에 발견된다는 점을 고려하여 보험 사고 발생 후의 계약해지에 의해서라도 고지의무 위반자를 보험보호에서 배제할 수 있게 함으로써, 고지의무의 이행을 촉진하고, 충분한 이행을 확보하도록 한 취지이다.

또한 제655조 본문은 보험자가 고지의무 위반을 이유로 계약을 해지하면 이미 발생한 보험사고에 대해서 책임을 부담하지 않는다고 규정하면서, 제655조 단서에서는 고지의무를 위반한 사실이 보험사고 발생에 영향을 미치지 아니하였음이 증명된 경우에는 보험금을 지급할 책임이 있다고 규정하고 있다. 이 때 고지의무를 위반한 사실이 보험사고 발생에 영향을 미치지 아니한 사실에 대한 입증책임은 보험계약자가 부담한다.[1] 여기서 보험자의 보험금 지급책임을 면하는 이론 구성에 있어서 보험계약의 제한적 소급효로 해결할 것인지 면책사유의 일종으로 취급할 것인지 이론상의 논의가 있을 수 있는데 상법 제655조를 면책사유에 관한 규정으로 보는 것이 타당하다. 이렇게 보는 것이 해지의 일반 법리와 통일성을 기할 수 있기 때문이다.

위에서 본 바와 같이 고지의무와 인과관계가 없는 사고의 경우 인과 관계 있

---

1) 대판 2014. 3. 13, 2013 다 91405, 91412.

는 보험사고와 달리 보험금을 지급하도록 한 이유는 인과관계 있는 보험사고의 경우에는 보험계약 당시에 예정하지 못한 특별한 위험에 의하여 발생한 것으로서 그러한 위험은 사전에 위험평가에서 제외되어 요율에 반영되어 있지 않는 특별위험으로 이러한 위험으로 인한 사고는 애초에 보험자의 보험급부의 범위에서 벗어나 있기 때문에 소급하여 면책을 하는 것이다. 이와 달리 인과관계 없는 보험사고의 경우에는 인수위험의 범위에 속하는 위험이 현실화된 것에 불과하고, 이에 대한 위험담보의 대가는 이미 요율에 반영되어 있으므로 보상대상에서 제외할 이유가 없다는 점에서 보험자의 보험급부를 인정한 것이다.

이와 같이 고지의무 위반으로 인한 해지의 상황에서 해지 이전에 발생한 보험사고에 대해 고지사실과 보험사고간의 인과관계 유무를 기준으로 보험자의 책임 여부를 달리 규정하고 있으므로 인과관계의 존부판단은 매우 중요한 의미를 갖게 된다. 이와 관련하여 학설은 인과관계를 넓게 이해하려는 입장과 좁게 이해하려는 입장으로 나뉘고 있다.[1] 또한 판례의 태도에 대해 인과관계를 넓게 인정하고 있는 것으로 평가하고, 인과관계를 넓게 인정하는 방향이 타당하다고 하는 견해가 있다.[2]

생각건대, 민사관계에서 인과관계의 판단기준은 상당인과관계를 기준으로 해석하는 것이 학설 및 판례의 기본적인 태도이다. 따라서 보험관계에서 고지의무 위반과 보험사고와의 사이에 인과관계를 판단하는 기준에 있어서도 동일하게 보아야 한다. 종래 상법 제655조의 해석론과 관련하여 해지권을 행사와 인과관계를 결부시키는 입장에서 인과관계를 넓게 인정하려는 경향이 있었으나 대법원이 2010. 7. 22, 2010 다 25353 판결에서 해지권과 인과관계는 무관하다는 입장을 분명히 하였고, 이에 따라 2014년 상법 개정을 통해 고지의무 위반으로 인한 해지권 행사와 보험금 지급 여부에 대하여 분명하게 역할 분담이 이루어진 상황에서 인과관계를 넓게 파악하려는 것은 타당하지 않고, 보험거래에서 열위적 지위에 있는 보험계약자를 보호하고, 인과관계론의 일반 법리에도 부합하는 측면에서 상당인과관계를 기준으로 해석하는 것이 타당하다.[3]

3) 비례보상제도 도입 여부

고지의무를 위반한 경우, 고지의무 위반사실과 보험사고와 인과관계가 인정되면 보험금 전액을 지급하지 않는 것이 원칙이다. 그러나 고지의무 위반사항이 중요

1) 한기정, 전게서, 231~235면 참조.
2) 한기정, 전게서, 233면.
3) 이기수·최병규·김인현, 「보험·해상법(제9판)」, 박영사, 109면.

하고 보험자의 고의가 개입되어 있는 경우는 모르되 보험료의 증액으로 보험계약을 인수할 수 있는 경우에는 보험자의 전액 면책이 과도하게 가혹한 것이 아닌가 하는 문제가 제기된다.

이에 따라 고지의무 위반의 효과로서 전무 또는 전부의 원칙을 버리고 현실적으로 지급된 보험료와 정당하게 지급하여야 할 보험료의 비율에 따라 비율적으로 감액된 보험금을 지급하는 비례보상제도를 도입하는 방안이 영국 등에서 시행되고 있다.

영국에서는 1906년 해상보험법 제18조에서 고지의무와 관련된 규정을 두고 있었는데, 고지의무 제도 등 일부 제도의 개정을 위해 소비자보험법(Consumer Insurance Act 2012)을 제정하여 2013년 4월 6일부터 시행하고 있다. 소비자보험법이 담고 있는 주요내용은 고지의무와 관련하여 자발적 고지의무 제도를 수동적 답변의무로 변경하는 것이고, 비율적 보상제도를 도입하는 것이다.

비율적 보상제도는 경과실에 의한 고지의무 위반의 경우에도 전액급부를 대신해 비율적 감액을 정하는 것은 현행 제도보다 불리하므로 도입에 문제가 있으나 중과실에 의한 고지의무 위반에 한해 비례보상주의에 의한 보험급부를 정하는 약정은 보험자의 해지권 및 보험금 전액면책의 항변이 포기되는 한 허용될 수 있다고 해석해야 할 것이다. 그러나 이러한 비례보상주의는 주관적 요건을 중과실과 경과실로 확실하게 구분할 수 있는 것을 전제로 하는 것인데 그 구별이 용이하지 않다는 점에서 객관적인 지표에 따라 비례보상주의를 적용할 수 있는 방안을 고려하여 도입 여부를 검토해 볼 수 있다.

실무약관에서는 통지의무 위반과 관련하여 비례보상주의를 도입하여 시행하고 있다. 즉 계약자 또는 피보험자가 계약 체결 후 그 직업 또는 직무를 변경하거나 이륜자동차 또는 원동기장치자전거를 직접 사용하게 된 경우에는 지체 없이 서면으로 회사에 알리도록 하고, 피보험자가 직업 또는 직무를 변경하였을 경우에는 변경된 위험등급에 따라 보험료를 달리하여 적용한다. 계약 체결 후 피보험자의 직업 또는 직무의 변경으로 피보험자의 위험이 현저하게 증가하였음에도, 계약자 또는 피보험자가 직업 또는 직무변경 통지를 하지 않은 경우에는 보험금 지급사유 발생의 여부와 관계없이 그 사실을 안 날로부터 1개월 이내에 계약을 해지할 수 있다. 또한 보험금 지급사유 발생이 직업 또는 직무의 변경과 관계가 있음을 회사가 증명한 경우에는 다음과 같이 삭감하여 지급한다(D생명 상해보험약관 23조).

4) 보험계약 해지 이전의 보험사고에 대한 해지 후 보험금 지급 범위

보험계약이 해지되고 해지의 효력이 발효된 후에 발생한 보험사고에 대해서는 보험자의 보험금 지급책임은 없다. 그런데 보험계약의 해지 이전에 보험사고가 발생하고, 그 사고가 고지의무 위반사실과 인과관계가 없는 것으로 판명된 경우에 해지 이전에 발생한 보험사고에 대해 보험자는 보험금 지급책임을 부담하는데 보험사고의 발생으로 해지 후에도 보험사고의 결과가 연속되는 특수한 유형의 사고의 경우에는 해지 이전의 보험사고로 보아 보험금을 지급하여야 하는지 자주 문제가 된다.

통상 암보험의 경우 보험금 지급사유로서 (ⅰ) 암으로 진단이 확정된 때에는 진단급여금, (ⅱ) 그 암의 치료를 직접 목적으로 하여 수술을 받았을 때 지급되는 수술 급여금, (ⅲ) 그 암의 치료를 직접 목적으로 하여 4일 이상 계속 입원하였을 때 지급되는 입원급여금, (ⅳ) 그 암의 치료를 직접목적으로 하여 통원하였을 때 지급되는 통원급여금, (ⅴ) 그 암을 직접적인 원인으로 하여 사망하거나 제1급의 장해 상태가 되었을 때 지급되는 사망급여금 등으로 나누어져 있다.

이와 같이 보험금 지급사유가 세분화 되어 있는 경우, 만약 피보험자가 암 진단을 받은 후에 보험사고와 인과관계가 없는 고지의무 위반 사실이 밝혀져 보험자가 당해 보험계약을 해지하였으나 해지 이후에 피보험자가 암 입원, 암 수술, 암 사망에 결과가 순차적으로 발생한 경우 보험자로서는 해지 이전에 암 진단 확정에 따른 암 진단급여금의 지급에 대해서는 이론의 여지없이 보험금 지급책임을 부담하지만 계약해지 이후의 암 입원·수술·사망보험금까지도 보험금을 지급해야 하는지가 여부가 전형적인 문제 사례이다.[1)]

지금까지 살펴본 바와 같이 보험사고가 일시적으로 발생하고 결과가 일거에 실현되는 보험사고의 경우에는 보험계약 해지 후의 보험사고(보험금 지급사유)의 연속 내지 연장의 문제는 발생하지 않을 가능성이 높다. 그러나 보험약관에서 특정한 위험의 발생을 전제로 이후에 후속적으로 일어나는 일련의 과정의 진행단계에 따라 보험금 지급사유를 구분하여 설정한 경우, 이를 별개의 독립적인 보험사고로 보아야 하는지 여부가 문제된다. 이러한 문제는 사실적 문제와 법률적 평가의 문제가 결합된 것으로서 매우 어려운 해석 과제가 되고 있다.

보험사고에 관하여 상법이나 보험약관에서 별도의 정의를 두고 있지 않는 것이 보통이므로 보험사고의 단위 및 내용은 각 개별 보험약관에 따라 판단할 수 밖

1) 이성남, "보험사고 발생 후 고지의무 위반에 따른 보험계약해지 및 보험금 지급책임의 범위", 「법과 기업연구」 제7권 제 1 호(2017. 5), 3~30면.

에 없는 것으로 보인다. 그리고 단일한 보험사고인지 여부는 위험의 독립성 및 단일성, 사건의 동일성, 위험보험료의 개별적인 측정가능성 여부로 판단하여야 한다.

이러한 측면에서 볼 때 손해보험과 달리 인보험에서 암이나 질병의 발병에서부터 전개되는 일련의 과정을 나누어 보험금 지급사유로 세분화해 놓은 것은 각각의 보험금 지급사유를 별개의 보험사고로 설정한 것으로 보이고, 개별 보험금 지급사유가 보험사고인 점에 대해 계약자 입장에서도 합리적 예측이 가능한 것으로 보이며 이러한 점에 대해서는 보험계약자도 인식하고 보험에 가입한 것으로 볼 수 있다. 따라서 암보험약관에서 정하고 있는 각각의 보험금 지급사유는 보험약관에 의하여 설정된 보험사고의 단위로 보아야 하고, 각 보험금 지급사유는 별개 독립적인 보험사고로 보는 것이 타당한 것으로 생각된다.

요컨대 보험사고로서 단일한 질병이나 상해를 규정하고 있는 경우에는 그 결과로 일어나는 일련의 손해 등은 보험계약의 해지나 보험기간의 종료 후에도 담보의 대상으로 하는 것이고 질병이나 상해를 원인으로 생기는 일련의 결과 사실이 독립적인 보험사고로 되어 있는 경우에는 보험계약 해지 이전이나 보험기간 내에 발생하여야만 보험자의 보험금 지급책임이 발생한다. 그리고 하나의 보험금 지급사유가 해지 전후에 걸쳐 지속되는 경우에는 원인된 보험사고의 발생 즉 상해나 질병과 상당인과관계가 있는 것을 조건으로 일련의 보험금 지급사유가 나타나는 경우로 보아 보험자의 책임이 발생하는 것으로 이해할 수 있다.

그러나 보험사고의 발생과 이어서 연속하여 일어나는 보험금 지급사유는 원인된 보험사고의 파생적 결과로서 세부적인 보험금 지급사유는 하나의 동일한 보험사고를 전제로 일어나는 병적 진행 상태에 따라 필요한 의학적 조치에 따라 구분한 것으로 이를 자연적 위험 내지 인위적 위험의 새로운 발생으로 평가하기 어려우므로 보험계약 해지 후에 비로소 발생한 보험사고로 보기 곤란한 측면이 있다는 반대견해도 설득력이 전혀 없는 것은 아니라고 생각된다.

5) 보험료의 청산

보험계약이 해지되면 더 이상 계약은 유효하게 존재하지 아니하므로 보험자는 해지 이후에 발생하는 보험료를 더 이상 청구할 수 없다. 그리고 보험계약자는 보험료를 더 이상 납부할 의무가 없고 적립된 보험료는 반환을 청구할 수 있다.

(5) 사기와 착오 규정의 경합적용

1) 문제의 제기

보험계약자 측이 중요한 사항을 불고지 또는 부실고지하여 착오에 빠진 보험자가 보험계약을 인수하게 된 경우 상법 제651조의 규정에 따라 고지의무 위반을 이유로 해지권을 행사할 수 있다. 또한 우리 민법 제109조와 제110조에서는 착오·강박 또는 사기에 의한 의사표시를 한 경우 당해 의사표시를 취소할 수 있도록 하고 있다. 따라서 보험계약자 측의 불고지 또는 부실고지에 따라 보험자가 착오에 빠져 보험계약을 승낙하거나 암 보험계약자 측의 기망행위를 통하여 보험자가 보험계약을 승낙한 경우 착오나 사기를 이유로 승낙의 의사표시를 취소할 수 있는가 하는 점이 문제된다.

2) 논의의 이유

고지의무 위반의 경우 이는 보험자에게 착오에 의한 의사표시의 동기로 되고, 보험자를 기망하여 고지의무를 위반한 경우 이는 보험자에게 사기로 인한 의사표시의 동기로 작용하게 된다. 이 때 고지의무 위반과 착오와 사기의 요건을 모두 충족하게 되면 고지의무 위반에 따른 보험계약의 해지 및 일정한 경우 보험금 지급 면책이라는 효과가 발생하고, 사기와 착오의 경우에는 취소권이라는 효과가 생기며, 보험자의 면책이 무제한 가능하고, 고지의무 위반으로 인한 해지권은 보험계약을 체결한 날로부터 3년 내에 행사되어야 하나 취소권은 10년 내에 행사하면 된다. 따라서 상법상의 고지의무 제도와 민법상의 착오·사기로 인한 취소제도를 경합적으로 인정하여야 하느냐의 문제는 보험계약 당사자의 이해관계에 중대한 영향을 미치는 문제이다.

3) 학 설

이에 관하여 학설은 다음과 같이 견해가 갈리고 있다.

(가) 상법 단독 적용설

보험계약법의 고지의무 관련 규정은 민법상의 사기나 착오에 관한 규정의 예외규정 또는 특칙이므로 고지의무 위반에 관해서는 보험계약법 규정만이 적용되어야 한다는 입장이다.

보험계약은 선의성·단체성·기술성의 특성을 반영하여 소급효를 제한하여 해지의 효과를 부여한 것이므로 상법만이 적용된다는 것이다.[1)]

(나) 중복 적용설

고지의무 위반 관련 규정과 민법상의 사기·착오에 관한 규정은 그 인정근거·요건·효과를 다르게 규정하고 있고, 개별적이고 독립적인 제도에 기초하여 운용되고 있으므로 일반법과 특별법의 관계에 있지 않다는 입장이다. 따라서 고지의무 위

1) 서돈각·정완용, 전게서, 378~379면; 정희철, 전게서, 389면.

반의 경우 상법상의 제도 외에도 민법상의 제도에 의하여 보험자는 계약의 해지 또는 취소 주장이 가능하다고 본다.[1)]

㈐ 절 충 설

사기의 경우는 보험계약자 측의 윤리적 비난 가능성이 높으므로 이를 보호할 가치가 없으므로 상법과 민법의 중복적용을 인정하되, 착오의 경우에는 선의로 인해 반윤리성이 적으므로 이에 대해서는 민법 제109조의 착오 규정의 적용을 부정하는 입장이다.[2)] 우리나라 및 일본의 다수설의 태도이다.[3)]

4) 판　　례

우리 판례는 사기와 착오의 경우에 중복적용을 인정하면서 다음과 같이 판시하고 있다. 보험계약을 체결함에 있어 중요한 사항에 관하여 보험계약자의 고지의무위반이 사기에 해당하는 경우에는 보험자는 상법의 규정에 의하여 계약을 해지할 수 있음은 물론 민법의 일반원칙에 따라 그 보험계약을 취소할 수 있다.[4)]

또한 공사도급계약과 관련하여 체결되는 이행(계약)보증보험계약이나 지급계약보증보험에 있어 그 보험사고에 해당하는 수급인의 채무불이행이 있는지 여부는 그 보험계약의 대상으로 약정된 도급공사의 공사금액, 공사내용 및 공사기간과 지급된 선급금 등을 기준으로 판정하여야 하므로, 이러한 보증보험계약에 있어 공사계약 체결일이나 실제 착공일, 공사기간도 공사대금 등과 함께 그 계약상 중요한 사항으로서 수급인 측에서 이를 허위로 고지함으로 말미암아 보험자가 그 실제 공사의 진행상황을 알지 못한 채 보증보험계약을 체결한 경우에는 이는 법률행위의 중요한 부분에 관한 착오로 인한 것으로서 민법의 일반원칙에 따라 보험자가 그 보험계약을 취소할 수 있다.[5)]

5) 소　　결

고지의무 위반의 경우 상법상의 계약해지권에 의한 대응 외에 민법상의 사기나 착오에 의한 계약의 취소를 경합적으로 인정할 것인가의 문제는 법 적용의 대상 및 영역 측면에서 고지의무 위반의 국면이 동일한지 다른지에 관하여 살펴보아야 하고, 관련 제도의 취지나 인정 근거 등의 측면에서 동일한지 다른지에 대해서도

1) 채이식, 전게서, 60면; 최준선, 전게서, 101면.
2) 상법강의(하)(제22판), 609～610면; 이기수·최병규·김인현, 전게서, 122～123면. 한기정, 전게서, 243면; 장덕조, 전게서, 137면.
3) 山下友信 外,「保険法」, 有斐閣, 2015, 268~269면.
4) 대판 1991. 12. 27, 91 다 1165.
5) 대판 2002. 7. 26, 2001 다 36450.

고려하여 판단하여야 한다.

상법의 고지의무 위반의 경우에는 주관적 요건으로서 고의 또는 중과실을 요한다. 상법의 고지의무 위반 여부만을 판단하여야 하는 경우에는 고의나 중과실 모두 동일하게 취급되므로 이를 구별할 필요가 없으나 민법상의 사기나 취소의 경합 적용 문제를 논함에 있어서는 주관적 요건을 나누어 살펴볼 필요가 있다.

보험계약자 측이 고의로 고지의무를 위반한 경우에는 보험계약의 사기에 있어서의 고의와 동일하므로 이 경우에는 경합의 문제가 발생할 수 있다. 고지의무 위반의 경우에는 주관적 요건으로 고의가 있고, 그러한 고의를 가지고 중요사항에 대하여 불고지 또는 부실하게 고지를 하면 요건을 충족한다. 반면 고지의무를 위반한 보험계약을 민법상의 사기에 의하여 취소하고자 하는 경우에는 (ⅰ) 보험계약자 측의 고의 즉 기망의 의사가 있을 것, (ⅱ) 기망행위가 있을 것, (ⅲ) 보험자가 기망행위에 의하여 착오에 빠질 것, (ⅳ) 보험자가 착오에 의하여 의사표시를 할 것, (ⅴ) 기망행위가 위법하여야 할 것 등의 요건이 필요하다.

또한 고지의무를 위반한 보험계약을 민법상의 착오에 의하여 취소하고자 하는 경우 (ⅰ) 의사표시가 존재하고 그 의사표시를 함에 있어 착오가 있을 것, (ⅱ) 법률행위의 내용의 중요부분에 착오가 있을 것, (ⅲ) 의사표시를 취소하려는 보험자에게 중대한 과실이 없을 것 등의 요건이 필요하다.

생각건대 사기로 인한 의사표시의 취소는 사기로 인한 불법적인 수단에 의하여 표의자의 자기결정의 자유가 침해당한 것을 이유로 의사표시의 취소를 인정한다. 그리고 착오의 경우에는 표의자의 이익을 위하여 객관적으로 표시된 바가 표의자의 실제의 의사와 일치 되지 않음을 표의자가 주장할 수 있도록 하기 위함이다.[1]

그리고 고지의무 위반으로 인한 해지는 최대선의의무 위반에 대한 제재 또는 보험제도의 본질 훼손에 대한 방어, 위험상황에 적절한 보험료의 부과 및 이상위험의 퇴출이라는 의미를 가지고 있다.

상법상의 고의로 인한 고지의무 위반의 경우에는 보험계약자 측의 주관적 요건이 주로 문제되나 사기로 인한 취소의 경우에는 보험계약자 측의 주관적 요건과 보험자 측의 주관적 요건이 상호작용하여 요건을 구성하고 있다. 또한 착오 취소의 경우에는 보험계약자 측의 주관적 의사는 고려되지 않고 보험계약자 측의 고의로 인한 고지의무 위반에 따라 착오에 빠진 보험자가 보험계약의 승낙의 의사표시를 한 것인지 여부만 고려한다. 이러한 점에서 볼 때 고지의무 위반으로 인한 해지제

---

1) 지원림, 전게서, 269면 참조.

도, 착오취소 및 사기 취소 제도는 그 제도의 인정 취지가 상이하고, 그 요건 및 효과가 서로 다르므로 각 제도가 모두 적용된다고 보는 것이 타당하다.

10. 보험계약의 부활과 고지의무에 관한 제 문제

(1) 보험계약의 부활의 의의

보험계약의 부활이란 계속보험료 미납으로 보험계약이 해지되고 해지환급금이 지급되지 아니한 경우에 보험계약자가 일정한 기간 내에 연체보험료에 약정이자를 붙여 보험자에게 지급하고 그 계약을 다시 살릴 수 있는 제도이다(상 650조의 2). 즉 해지로 인하여 실효상태에 빠진 보험계약의 효력을 회복시키는 제도이다. 일본의 경우는 보험법에 보험계약의 부활에 관한 규정이 없고, 보험약관상의 제도로서 실무에서 운용되고 있는 제도이다.[1)]

우리나라의 경우 생명보험표준약관에서는 보험료의 납입연체로 인한 해지계약의 부활과(27조), 강제집행 등으로 인한 해지계약의 특별부활(28조)을 인정하고 있다.

보험계약이 해지되면 보험계약은 효력이 상실되므로 보험계약자는 더 이상 보험료를 납입 할 필요가 없고, 보험계약자에게 돌아갈 해지환급금 등이 존재하는 경우에는 해지환급금의 청구권은 그대로 존속하게 된다.

보험계약의 부활제도를 인정하는 실익은 보험계약의 효력을 회복함으로써 기존의 보험계약과 동일한 보상조건 및 보험료 부담 등의 장점을 계속 유지할 수 있고, 새로운 계약 체결에 따른 부가보험료의 부담 등 추가적인 비용을 절감할 수 있는 효과가 있기 때문이다.

(2) 법적 성질

보험계약의 부활이 기존의 계약과 연결되어 있는 특수한 계약이냐 아니면 다른 하나의 신계약 체결이냐 여부가 법적 성질의 문제이다. 특수계약설은 부활계약이란 해지된 보험계약을 해지되지 않은 것으로 되살리는 특수한 계약이라고 한다. 신계약설은 부활계약이란 해지된 보험계약과 동일한 내용의 새로운 보험계약이라는 입장이다.

생각건대 상법의 규정에 의하면 보험계약의 부활이라는 제도는 아무런 법적 토대가 없는 새로운 계약을 체결하는 것이 아니라 기존의 어떤 보험계약을 기초로 하는 것이고, 그 기존계약의 부활을 청구하는 것이므로 신규계약설은 설득력이 떨

1) 山下友信·米山高生, 「保險法解説」, 有斐閣, 2010, 241면.

어진다. 보험계약의 부활은 기존의 계약에 터 잡아 기존계약과 관련 하에 다시 그 계약을 되살리는 계약이라는 점, 부활은 기존계약을 되살리는 것이고 그 실익도 충분히 인정할 수 있으므로 계약당사자간의 합의에 의해, 해지된 보험계약의 효력을 소멸하게 하여 계약이 해지되기 전의 상태로 회복하게 하는 것을 내용으로 한 특수한 계약이라고 보는 것이 타당하다.[1)]

우리 판례도 "이 사건 보험약관 제 7 조 제 1 항은 회사의 책임의 시기 및 종기에 관하여 '회사의 책임은 보험증권에 기재된 보험기간의 첫날 오후 4시에 시작하며 마지막 날 오후 4시에 끝납니다. 그러나 특정암, 일반암 또는 상피내암에 대한 회사의 책임은 보험증권에 기재된 보험기간의 첫날로부터 그 날을 포함하여 90일이 지난 날의 다음날에 시작하며 마지막 날에 끝납니다.'라고 규정하고, 위 약관 제17조 제 2 항은 효력상실된 계약이 부활하는 경우 위 약관 제 7 조의 규정을 다시 적용한다고 규정하고 있음을 알 수 있는바, 상법 제656조에 의하면, 보험자의 책임은 당사자 간에 다른 약정이 없으면 최초의 보험료의 지급을 받은 때로부터 개시한다고 규정하고 있음에 비추어, 위 약관 제 7 조는 상법의 일반 조항과 다르게 책임개시시기를 정한 것으로 보험자가 구체적이고 상세한 명시·설명의무를 지는 보험계약의 중요한 내용이라 할 것이고, 위 약관의 내용이 거래상 일반적이고 공통된 것이어서 보험계약자가 별도의 설명 없이도 충분히 예상할 수 있었던 내용이라 할 수 없다"고 판시[2)]하였는데 동 판결은 특수계약설을 취한 것으로 평가 된다.[3)]

(3) 보험계약의 부활의 요건

보험계약의 부활을 위해서는 첫째, 기존의 계약이 상법 제650조 제 2 항에 따라 보험계약이 해지된 것이어야 한다. 둘째, 해지환급금이 지급되지 아니한 경우여야 한다. 셋째, 보험계약자는 일정한 기간 내에 연체보험료에 약정이자를 붙여 보험자에게 지급하여야 한다(상 650조의 2). 이와 같이 보험계약의 부활은 기존의 보험계약이 보험료의 미납에 의해 보험계약이 해지된 경우에 한하여 인정되므로 보험계약자로부터 임의해지. 보험자로부터의 고지의무·통지의무 위반 등에 의한 해지에 의한 경우는 부활이 인정되지 않는다. 보험계약의 부활을 보험료 미납으로 인한 해지의 경우에 한하여 인정하는 이유는 일시적으로 경제적 곤궁 상태에 처한 보험계약자에게 기존 보험계약을 회복하여 유지할 수 있는 기회를 주기 위한 정책적 배려의

1) 상법강의(하)(제22판), 655면; 한기정, 전게서, 391면.
2) 대판 2005. 12. 9, 2004 다 26164.
3) 한기정, 전게서, 392면.

산물이라고 본다.

그런데 보험료의 미납으로 보험계약의 해지요건을 갖추었으나 보험자가 해지를 하지 아니하거나 해지의 의사표시가 적법하게 상대방에게 도달하지 아니한 상태에 있는 보험계약의 경우에는 종래 계약의 실효라고 보고 이러한 계약의 경우 부활을 인정하였다. 그러나 보험약관이 실효라는 제도를 인정하지 아니하고 있는 상태에서 이른바 실효상태에 있는 보험계약의 처리에 관한 특별한 절차를 두는 것이 타당하다고 생각한다.

(4) 부활의 절차

보험계약의 부활을 위해서는 기존의 보험계약의 보험계약자가 보험자에 대해 부활을 청구하여야 한다(상 650조의 2).

그리고 이러한 보험계약의 부활은 상법 제638조의 2의 규정이 준용되므로 청약과 승낙 등의 절차를 반복하여야 하고, 이러한 절차는 부활을 위한 절차이지 새로운 계약을 체결하기 위한 것은 아니다.

(5) 부활의 효과

보험계약의 부활로 인하여 해지되기 전의 보험계약이 회복된다. 생명보험표준약관에 의하면 부활보험계약이 성립한 경우 계약자는 부활(효력회복)을 청약한 날까지의 연체된 보험료에 평균공시이율 + 1% 범위 내에서 각 상품별로 회사가 정하는 이율로 계산한 금액을 더하여 납입하여야 하고, 다만, 금리연동형보험은 각 보험상품별 사업방법서에서 별도로 정한 이율로 계산한다(생명보험표준약관 27조 1항).

(6) 부활의 경우 특수문제

1) 보험계약의 부활 시 고지의무 이행 필요 여부

보험계약의 부활은 상법 제638조의 2의 규정이 준용되므로 보험계약의 부활청약과 부활승낙이라는 절차를 거치게 된다.

그런데 부활 시에 고지의무를 다시 이행하게 하여야 하는가에 관하여 학설상의 대립이 있다. 부활의 법적 성질을 어떻게 보는지 여부에 따라 견해가 갈리고 있는데 신규계약설에 의하면 부활은 새로운 계약의 체결이므로 당연히 고지의무를 부담하게 된다. 통설인 특수계약설에 의하면 부활은 보험계약이 아니고 이미 해지된 보험계약을 되살리는 계약이므로 보험계약의 체결 시에 적용되는 고지의무가 당연히 적용된다고 볼 수 없다. 그러나 생명보험표준약관에 의하면 고지의무를 요구하고 있다(27조 2항). 보험계약에서 발생할 수 있는 도덕적 위험을 제거하기 위해서는 부활 청약 시에도 위험선택의 절차는 요구된다고 보아야 할 것이다.

부활 시에 고지하여야 할 중요한 사항은 기존 보험계약의 체결 이후에 생긴 것이어야 하는가 아니면 해지 이후 부활 전에 생긴 사유에 국한되는가 하는 고지의무 이행의 시적 범위에 관한 문제인데 어떠한 시기에 생긴 사유인지 불문하고 부활 청약 시에 존재하는 중요한 사항에 대해서 고지하여야 할 것이다.

한편 부활 이후에 기존 보험계약의 고지의무 위반 사항이 발견된 경우에도 부활 후에는 이를 주장할 수 없다.[1]

또한 고지의무 위반의 주장은 보험계약 체결 후 그 사실을 안 날로부터 1월내에, 계약을 체결한 날로부터 3년 내에 한하여 계약을 해지할 수 있다(상 651조). 신계약설에 의하면 당연히 부활계약이 체결된 시점이 제척기간의 기산점이 되나, 이때 보험계약의 체결한 날은 기존계약의 체결일이 아니라 부활계약의 체결일로 보아야 한다.

2) 기존 보험계약의 하자의 승계 및 조건의 변경

기존 보험계약의 체결 시에 의사표시의 하자 등이 있었던 경우 부활 이후에도 존속하는지 여부가 문제가 제기될 수 있다. 신계약설에 따르면 새로운 계약의 체결로 보므로 이러한 하자는 더 이상 문제될 것이 없다. 그러나 특수계약설에 의하면 해지된 보험계약이 부활로 인하여 되살아나므로 기존의 계약에 존재하는 하자는 그대로 존속하게 되는 것으로 보게 된다.[2] 그러나 부활절차를 통하여 기존의 하자가 치유되는지 여부만 남게 되는데 기존의 계약이 타인의 사망보험으로서 타인의 서면동의를 받지 않았는데 부활 시에 서면동의를 얻은 경우에는 그러한 하자는 치유된 것으로 보아야 할 것이다. 이렇게 보지 않을 경우 부활이라는 절차는 아무런 의미도 없게 되고 말 것이기 때문이다. 부활이 기존계약의 회복을 그대로 인정하는 것이라면 모르되 부활절차에서 고지의무 이행 등 계약 체결의 모든 절차를 다시 이행하도록 하고 있기 때문에 하자가 치유되는 것으로 보아도 아무런 문제가 없고 계약자 보호를 위해서도 하자가 치유되는 것으로 보아야 한다.

한편 기존 보험계약에 의하여 설정된 보험금액, 보험목적물, 보험기간, 피보험자, 보험수익자 등의 변경이 가능한지 여부가 문제되는데 기존 보험계약과 동일성을 해하지 않는 범위에서 조건의 변경이 가능하다고 생각된다. 따라서 보험목적물 및 피보험자의 변경은 불가능하고 나머지 사항은 당사자의 합의에 의하여 변경이 가능하다고 할 것이다.

---

1) 상법강의(하)(제22판), 656면.
2) 한기정, 전게서, 396~397면.

3) 보험자의 승낙의무

보험계약의 체결 시에는 보험계약자의 청약에 대해 보험계약을 승낙할 것인지 여부는 원칙적으로 보험자의 자유에 속하는 것이다. 다만 우리나라 상법은 보험계약자가 청약과 함께 보험료의 전부 또는 일부를 납입하는 경우에 보험자에게 낙부통지의무를 부과하고 있을 뿐이다(상 638조의 2 1항).

이러한 관점에서 피보험자의 건강상태에 아무런 문제가 없는 경우에도 모럴리스크에 관한 막연한 불안이 있다는 이유만으로 보험자는 부활을 거부할 수 있는지 여부가 문제된다. 뉴욕 주 보험법 제3203조에서는 피보험자가 보험적격자인 경우에는 보험자는 부활을 거부할 수 없다고 되어 있고, 일단 보험에 가입이 인정되어 그 후 계약을 실효한 자에 대해서는 신규계약의 보험청약자보다도 강한 지위가 인정된다.

보험계약의 부활 시에 보험자가 고지를 요구하는 경우에는 고지의무에 관한 상법의 여러 규정이 직접 적용 되는 것인지 유추 적용되는 것인지 관계없이 적용되고, 고지의무 제도는 보험자가 위험선택을 행하는 경우를 규율하는 것이므로 상법에 의해 보험계약의 부활 시에 보험계약의 청약과 승낙이라는 절차를 이행하는 과정에서 요구되는 위험선택의 절차 진행을 위해서 고지의무는 이행될 필요가 있다.

이에 따라 보험계약의 체결 당시에는 아무런 문제없이 보험가입이 가능하였으나 보험계약의 부활 당시에 위험상황이 변하여 보험가입이 불가능하게 된 경우에 보험자는 부활을 승낙하지 않을 수 있다. 이러한 점에서 보험자의 자유재량은 일정한 한계를 가진 것으로 해석하여야 한다.

4) 부활 보험계약의 책임개시 시기

보험계약의 부활 시 책임개시 시기와 관련하여 신계약설에 의하면 새로운 보험계약 및 약관의 규정에 따라 정해지게 된다. 즉 보험자는 다른 약정이 없으면 부활보험료를 받은 때부터 책임이 개시된다(상 656조). 그런데 특수계약설에 의하면 기존의 보험계약의 책임개시 시기를 말하는 것인지, 부활 후의 보험계약의 책임개시 시기를 가리키는 것인지가 문제가 된다. 특히 자살면책기간의 적용과 관련하여 생명보험표준약관에서는 부활 청약일부터 2년이 지난 후의 자살의 보험금을 지급하도록 규정하여 이 문제를 해결하고 있다(생명보험표준약관 5조 1호 나목). 또한 실무약관에서는 암 보장개시일과 관련하여 보장개시일은 계약일 또는 부활(효력회복)일부터 그 날을 포함하여 90 일이 지난 날의 다음날로 한다고 규정한다(D생명 암보험약관 25조). 이러한 약관 규정의 취지는 부활 시에 다시 고지를 요구하는 것과 같은 의미로 보험계약자 등에 의한 역선택을 방지하는 데 있다.

5) 부활계약의 청약 철회 문제

보험업법에 의하면 청약철회제도를 규정하고 있다. 즉 일반보험계약자로서 보험회사에 대하여 대통령령으로 정하는 보험계약을 청약한 자가 보험증권을 받은 날로부터 15일(거래 당사자 사이에 15일보다 긴 기간으로 약정한 경우에는 그 기간) 이내에 대통령령으로 정하는 바에 따라 청약철회의 의사를 표시하는 경우에는 특별한 사정이 없는 한 이를 거부할 수 없다. 다만, 청약을 한 날로부터 30일을 초과한 경우에는 그러하지 아니하다고 규정한다(보험 102조의 4 1항). 보험업법상의 청약철회제도와 별개로 실무약관에서는 종래부터 청약철회제도를 두고 있었다. 생명보험표준약관에 의하면 다음과 같이 청약의 철회에 대해 규정하고 있다.

[생명보험표준약관]

제17조(청약의 철회) ① 계약자는 보험증권을 받은 날 부터 15일 이내에 그 청약을 철회할 수 있습니다. 다만, 진단계약, 보험기간이 1년 미만인 계약 또는 전문보험계약자가 체결한 계약은 청약을 철회할 수 없습니다.

② 제 1 항에도 불구하고 청약한 날부터 30일이 초과된 계약은 청약을 철회할 수 없습니다.

이와 같은 청약철회제도와 관련하여 보험계약의 부활 시 보험증권을 발급하여야 하는지 여부, 부활계약의 체결 후 부활청약에 대해 청약철회가 가능한지 여부가 문제 된다.

상법에 의하면 보험계약이 성립한 때에는 지체없이 보험증권을 작성하여 보험계약자에게 교부하여야 하고, 기존의 보험계약을 연장하거나 변경한 경우에는 보험자는 그 보험증권에 그 사실을 기재함으로써 보험증권의 교부에 갈음할 수 있다고 규정하고 있다(상 640조).

보험계약의 부활의 경우에는 보험증권을 교부할 의무를 부과하고 있지 않으므로 보험증권의 교부의무가 발생하지 않는다고 보아야 한다. 그럼에도 불구하고 부활계약의 경우 청약철회를 인정할 수 있는 것인지 여부가 논란이 될 수 있는데 부활의 경우에는 보험자에게 보험증권의 교부의무를 인정할 수 없다는 점, 이에 따라 청약철회의 기산점이 불분명하다는 점, 청약철회제도는 보험가입 시 경솔하게 보험에 가입한 보험계약자를 보호하기 위한 것인데 부활의 경우에는 보험계약자의 신중한 판단에 의하여 부활 여부를 결정한다는 점을 고려해 보건대 보험계약의 부활에서는 청약철회가 인정되지 않는 것으로 해석하는 것이 타당하다.

11. 외국의 고지의무 제도

(1) 영 국

영국의 해상보험법(MIA: Marin Insurance Act) 제17조에서는 해상보험계약이 최대 선의의무에 기한 계약이며 최대선의의무 위반이 있는 경우 그 계약은 해제될 수 있다고 규정하고 있다. 이 규정은 영국의 해상보험의 기본원칙을 선언한 규정으로서 이러한 최대선의의무에 고지의무가 파생되어 나온다고 설명한다.[1] 영국해상보험법에서는 고지의무 위반의 요건으로 주관적 요건을 필요로 하지 아니하고 고지의무 위반의 효과로서 계약해제권을 부여하며 고지의무 위반과 보험사고 사이에 아무런 인과관계가 존재하지 않더라도 보험자는 보험계약을 해제하고 보험금 지급책임을 면할 수 있다.[2] 영국에서는 고지의무 위반의 경우 특별히 주관적 요건을 요구하지 아니한 바, 이러한 점으로 보험계약에서 불량위험을 배제하고 도덕적 위험을 방지하며 기타 보험사고 발생의 개연율을 측정하고 특히 보험자에게는 고지의무 위반시 민법상의 사기로 인한 취소의 경우에 비하여 보다 쉽게 계약을 무효로 할 수 있는 장점이 된다고 한다.[3]영국 보험법에 있어서 보험자의 고지의무는 보험자의 정보제공의무 또는 설명의무의 하나로 이해된다. 이는 보험자와 보험계약자 사이에 존재하는 최대선의의 원칙에 기초한 것이다. 영국 보험법 상 최초로 보험자의 고지의무(duty of disclosure)가 인정된 것은 1776년의 Cater v. Boehm 사건 판결이다. 이 사건에서 Mansfield 판사는 "한 계약당사자가 자기 자신만이 알고 있는 사실을 상대방에게 숨김으로써 계약상대방이 그것을 모른 채 계약을 체결하도록 오도한다든지 실제 상황과는 다른 방향으로 상황을 인식하게 하였다면 그것은 바로 최대선의의 원칙을 위반"한 것이라고 판시하였다. 이 판결을 통해 고지의무 상호성의 원칙(principle of reciprocity of duty of disclosure)을 천명함으로써, 보험계약자뿐만 아니라 보험자의 고지의무(즉, 정보제공의무)도 인정한 것으로 볼 수 있다.

(2) 일 본

일본의 경우 보험계약자나 피보험자가 고지의무 위반이 되기 위한 요건으로서

1) Templeman, Marine Insurance: Its Principles And Practice, 2008, p.20. 참조.
2) Pan Atlantic Insuranc Co., Ltd v. Pine Top Insurance Co., Ltd[1994].
3) Malcolm A, Clarke, the law of insurance contracts, Lloyds of London Press, 1994, p.550.

고의 또는 중대한 과실을 요하며 고지의무 위반이 있는 경우 보험계약을 해제할 수 있는 효과를 부여한다(일본 보험법 28조 등). 여기서 주목할 점은 해지라는 용어를 쓰지 않고 해제라는 용어를 사용하고 있는 점이다. 일반적으로 해제는 소급효가 있고 해지는 장래효가 있는 것이다. 해제라는 효과는 소급하여 계약을 무효화 시키므로 해제 이전에 발생한 사고에 대해서도 보험자의 보험금 지급책임은 발생하지 않는다. 이러한 점에서 고지의무 위반의 경우 계약을 해지할 수 있도록 하고, 고지의무 위반 사실과 인과관계가 있는 사고에 대해서는 보험금 지급책임을 면하는 것으로 규정하는 우리나라 상법의 규정태도와 사뭇 다른 점이다.

(3) 중 국

비교적 최근에 입법화된 중국의 보험법에서는 보험계약자 또는 피보험자는 보험자가 질문한 사실에 대해 고지하여야 하고, 보험계약자가 고의 또는 중과실로 고지의무를 이행하지 않을 경우 보험자는 계약해제권을 갖는다. 또한 보험계약자가 고의로 고지의무를 이행하지 않을 경우, 보험자는 보험금 지급책임을 부담하지 않고 보험료를 반납하지 않아도 된다. 보험계약자가 중과실로 고지의무를 이행하지 않아 보험사고의 발생에 중대한 영향을 줄 경우, 보험자는 계약해제 전에 발생한 보험사고에 대하여 보험금 지급책임을 지지 않되 보험료를 반납하여야 한다(중국 보험업 16조).

(4) 독 일

독일의 경우 보험계약자가 고지의무의 위반요건으로서 고의 또는 중대한 과실을 요하지 않는다. 보험자가 해제권을 행사하기 위한 요건으로서 고의 또는 중대한 과실을 요하며 계약을 한달 안에 해지할 수 있을 뿐이다(독일 보험계약법 19조 1항 및 2항).[1)]

---

1) 제19조(고지의무) (1) 보험계약자는 합의된 내용으로 계약을 체결하는데 있어 보험자가 결정하는데 중요하다고 여겨지는 상황과 보험자가 텍스트 형식으로 질의한 것으로 보험계약자에게 알려진 위험상황을 계약의 체결의사를 보낼 때까지 보험자에게 고지해야 한다. 보험자가 보험계약자의 의사의 표시 후에 그러나 계약의 인수전에 제1문의 취지에 따른 질문을 한 경우에도 보험계약자는 고지를 할 의무가 있다.
(2) 보험계약자가 제 1 항에 따른 고지의무를 위반한 경우 보험자는 계약을 해제할 수 있다.
(3) 보험계약자가 고지의무를 고의 또는 중과실로 위반한 것이 아닌 경우에는 보험자의 해제권은 행사할 수 없다. 이 경우 보험자는 한 달 안에 계약을 해지할 수 있다.
(4) 보험자가 고지되지 않은 상황을 알았거나 또는 다른 조건이 있음에도 불구하고 계약을 체결하였을 경우라면 중과실로 고지의무를 위반하였다는 사유로 보험자는 해제권과 제 3 항 2문에 따른 해지권을 행사할 수 없다. 다른 조건은 보험자의 청구에 따라 보험계약자에게 귀책사유를 물을 수 없는 의무위반의 경우에 진행 중인 보험료기간부터 소급적으로 계약의 요소가 된다.
(5) 보험자가 보험계약자에게 텍스트형식으로 통지하여 고지의무 위반의 결과를 알려준 경우라면

(5) 시 사 점

영국의 경우 고지의무 위반에 대해 주관적 요건을 필요로 하지 않는 것이 특징이고 일본 보험법은 우리나라와 동일하게 고지의무 위반요건으로서 보험계약자 또는 피보험자의 고의나 중과실을 요구하는 점에도 동일한 태도를 취하고 있다. 중국의 보험법 및 독일 보험계약법에서는 고지의무 위반에 대해 보험계약의 해지 및 면책이라는 단순한 공식에 의하여 해결하는 것이 아니라 고지의무 위반에 대해 보험계약 당사자 간의 계약조정 절차 등을 둔 것은 우리에게 시사하는 바가 크다고 생각한다. 특히 중국 보험법의 경우 보험계약자 등의 주관적 사정에 따라 계약의 처리 및 보험금 지급, 보험료 반환 문제에 대해 체계적으로 규정하고 있는 바, 이에 관한 연구 검토가 필요하다고 생각한다.

제 9 절 보험의 도덕적 위험 방지제도

I. 서 설

금융감독원에 따르면 우리나라의 경우 2015년 보험사기로 적발된 금액은 6,549억 원이며 관련 혐의자는 83,431명에 이른다. 보험사기는 중대한 사회적 범죄이고, 보험제도의 기반을 무너뜨릴 수 있는 것으로 반드시 척결되어야 하는 것이다.

보험사기 범죄의 형태는 과거에는 개인의 단독범행에 주로 국한되었으나, 최근에는 조직폭력배, 전문브로커 등에 의한 조직적인 범행이 증가하고 있다. 또한 가족이나 지인을 대상으로 하는 강력범죄가 발생할 정도로 보험범죄의 조직화, 흉포화로 인한 사회적 불안이 가중되고 있다. 보험사기로 인한 보험회사의 손실은 일차적으로 보험회사의 부담이 되겠지만 궁극적으로는 보험료의 인상으로 이어져 보험가입자의 부담이 증가하게 되는 문제가 발생한다. 아울러, 보험사기는 보험금 수취를 위한 살인·방화 등의 범죄를 유발하는 등 사회적으로도 큰 해악을 미치는 중대

제 3 항과 제 4 항에 따른 권리가 보험자에게 귀속된다. 보험자가 고지되지 않은 위험상황 또는 고지내용이 부정확성을 알았다면 그 권리는 주장할 수 없다.

(6) 제 4 항 제2문의 경우 계약변경을 통해 보험료가 10% 이상 증가하거나 고지되지 아니한 상황에 대한 위험을 담보하지 않는다면 보험계약자는 보험자의 통지가 도달한 후 한 달 안에 계약을 해지할 수 있다. 보험자는 보험계약자에게 통지에서 위의 권리를 알려주어야 한다.

한 범죄행위로서 반드시 막아야 하는 병리적 현상이다. 이에 따라 보험사기를 예방하고, 적발할 수 있는 사전적·사후적 시스템을 갖출 것이 요청되는데 이하에서는 보험사기 방지에 관한 법제도를 중심으로 살펴본다.

Ⅱ. 보험계약과 보험사기

보험시장은 정보의 비대칭이 존재하는 대표적인 시장이다. 또한 보험계약은 사행계약적 성격을 가지고 있다. 보험시장에 존재하는 이러한 정보의 비대칭과 보험계약의 사행계약적 성질은 보험계약의 체결 및 유지 중에 역선택을 유발하거나 도덕적 위험을 초래할 유인을 제공한다. 보험사기는 이러한 역선택이나 도덕적 위험이 극단화되어 나타난 결과인데 최근 가계부채의 증가와 고용구조의 불안정 등 경제적 어려움으로 인해 가족, 친인척 등이 보험사기를 공모하거나 인터넷을 통해 범죄자를 모집하는 등 보험사기 범죄가 조직화, 대규모화하는 추세를 보이고 있다. 보험사기는 비단 보험사기로 끝나는 것이 아니라 보험사기를 위하여 배우자나 친족을 살해하거나 방화하는 등의 강력사건이 먼저 선행된다는 점이다. 따라서 보험사기는 일반적인 사기행위와 다른 입장에서 그 심각성을 인지하고 이를 방지하기 위한 노력이 필요하다.

보험계약법상 고지의무 제도는 보험계약의 사행계약성·선의계약성이라는 기초 하에 사전에 보험가입자의 협력을 얻어 보험가입자가 알고 있는 정보를 파악함으로써 도덕적 위험(Moral Hazard)에 의한 보험사기를 사전에 방지하는 기능을 수행한다. 또한 고지의무 위반으로 인한 해지제도(상 651조), 고의에 의한 보험사고의 면책제도(상 659조) 등을 두고 있다. 보험업법에서는 보험사기 적발 및 처벌을 강화하기 위하여 보험사기조사 제도를 두고 있다(보험 162조~164조).

Ⅲ. 보험사기의 개념

1. 보험사기의 의의

보험사기에 대한 정확한 정의는 존재하지 않으나 보험사기란 보험계약자 또는 피보험자 등이 보험회사를 기망하여 보험계약에 의한 급부를 제공받거나 제 3 자로 하여금 제공받게 하는 행위를 말한다고 볼 수 있다. 보험사기특별법에서는 보험사기행위란 보험사고의 발생, 원인 또는 내용에 관하여 보험자를 기망하여 보험금을 청구하는 행위를 말한다고 규정한다(보험사기특별법 2조). 또한 미국에서는 보험사기를 연성사기(Soft Fraud)와 경성사기(hard fraud)로 분류하나 우리나라에서는 이러한 분류의 실익은 없다. 경성사기는 보험금을 취득할 목적으로 충돌, 절도, 화재 등을 고의적으로 야기하거나 계획하는 것을 말하고, 연성사기는 보험사고를 기화로 손해를 과장하는 것으로 경성사기보다 흔하게 발생하고 기회적 사기로 불린다. 대표적이다. 요컨대 보험사기는 보험제도의 이용 등과 관련하여 보험회사를 기망하여 보험금 등의 재산상 이익을 취득하는 행위를 말한다.

2. 보험사기죄의 구성요건

(1) 형 법

형법 제347조 제 1 항은 사람을 기망하여 재물의 교부를 받거나 재산상의 이익을 취득한 자는 10년 이하의 징역 또는 2천만 원 이하의 벌금에 처한다고 규정하고 있다. 따라서 사기죄는 타인을 기망하여 착오에 빠트리고 그 처분행위를 유발하여 재물, 재산상의 이익을 얻음으로써 성립한다. 사기죄의 객관적 구성요건을 살펴보면 다음과 같다. (ⅰ) 사기죄의 객체는 재물 또는 재산상의 이익이다. 타인 소유·타인 점유의 재물을 말하며 동산 부동산을 불문한다. 재산상의 이익은 적극적·소극적, 일시적·영속적 이익을 불문한다. 외관상 재산상 이익을 취득할 수 있는 사실관계만 있으면 족하므로 이익의 취득이 사법상 유효할 것을 요하지 않는다. (ⅱ) 기망행위란 거래관계에서 지켜야 할 신의칙에 반하는 행위로서 사람으로 하여금 착오를 일으키게 하는 일체의 행위를 말한다. 또한 기망행위의 대상은 보통 사실에 관한 내외부적 사실을 불문한다. 순수한 가치판단 내지 의견의 진술은 기망행위의 대상에서 제외된다. 그리고 형법상 사기죄의 요건으로 기망은 널리 재산상의 거래관계에서 서로 지켜야 할 신의와 성실의 의무를 저버리는 모든 적극적 또는 소극적 행위를 말하는 것으로서 반드시 법률행위의 중요 부분에 관한 것임을 요하지 않는다.[1)]

▶ 참조판례

사기죄의 실행행위로서의 기망은 반드시 법률행위의 중요 부분에 관한 허위표시임을 요하지 아니하고 상대방을 착오에 빠지게 하여 행위자가 희망하는 재산적

1) 대판 2007. 10. 25, 2005 도 1991.

> 처분행위를 하도록 하기 위한 판단의 기초가 되는 사실에 관한 것이면 족한 것이므로, 용도를 속이고 돈을 빌린 경우에 있어서 만일 진정한 용도를 고지하였더라면 상대방이 돈을 빌려주지 않았을 것이라는 관계에 있는 때에는 사기죄의 실행행위인 기망은 있는 것으로 보아야 한다(대판 1996. 2. 27, 95 도 2828).

기망행위의 수단·방법은 명시·묵시·작위·부작위에 의한 기망이 가능하다. 기망행위의 정도는 거래관계에서 신의칙에 반하는 정도는 되어야 한다. (iii) 착오는 반드시 법률행위에 대한 중요 부분에 대한 것임을 요하지 않고 동기의 착오로도 족하다. (iv) 상대방이 착오에 빠져 재산상의 처분행위를 하여야 한다. 여기서 처분행위라 함은 범인 등에게 재물을 교부하거나 재산상의 이익을 부여하는 재산적 처분행위를 의미하며, 그것은 피기망자가 처분의사를 가지고 그 의사에 지배된 행위를 하여야 하고, 피기망자는 재물 또는 재산상의 이익에 대한 처분행위를 할 권한이 있는 자여야 한다.[1] (v) 다수설은 재산상의 손해를 요하는 것으로 해석하나 판례는 피해자의 전체 재산상의 손해가 없다고 하여도 사기죄의 성립에는 영향이 없다고 본다.[2] (vi) 재산상의 이익을 취득하여야 한다. 재산상의 이익은 피해자가 입은 재산상의 손해에서 비롯되어야 한다. 사기죄의 주관적 요건으로 고의와 불법영득의 의사가 있어야 한다.

> ▶ 참조판례
>
> 사기죄는 타인을 기망하여 그로 인한 하자 있는 의사에 기하여 재물의 교부를 받거나 재산상의 이득을 취득할 때 성립하고, 사기죄의 요건으로서의 기망은 널리 재산상의 거래관계에 있어서 서로 지켜야 할 신의와 성실의 의무를 저버리는 모든 적극적 또는 소극적 행위를 말하며, 사기죄의 성립에 있어서 피해자에게 손해를 가하려는 목적을 필요로 하지는 않지만 적어도 타인의 재물 또는 이익을 침해한다는 의사와 피기망자로 하여금 어떠한 처분을 하게 한다는 의사는 있어야 한다(대판 1998. 4. 24, 97 도 3054).

(2) 보험사기특별법

보험사기죄는 보험사기행위로 보험금을 취득하거나 제 3 자에게 보험금을 취득

1) 대판 2012. 6. 28, 2012 도 4773 등.
2) 대판 2010. 12. 9, 2010 도 12928.

하게 함으로써 성립하는 범죄이다(보험사기특별법 8조). 보험사기행위는 보험사고의 발생, 원인 또는 내용에 관하여 보험자를 기망하는 것이다(보험사기특별법 2조). 보험사기 행위의 객체는 보험금이다. 보험금이란 보험자의 반대급부로서 보통 현금 내지 금전을 의미하고 재물에 해당한다. 이러한 점에서 보험사기는 재산상의 이익취득을 그 구성요건으로 하지 않는 것인가 하는 의문이 든다. 그렇게 볼 경우 보험금 취득 목적의 사기로 인한 보험계약의 체결은 사기죄로 처벌할 수 없는 문제가 생긴다. 보험사기행위가 되려면 보험사고의 발생, 원인 또는 내용에 관하여 기망하는 것인데 피보험자가 질병을 숨기고 보험계약을 체결한 경우에 보험사기특별법에서 정하는 보험사기행위에 속하지 않을 수 있다. 이러한 과정에서 보험사기특별법은 보험사기 행위에 대한 정의를 지나치게 좁게 설정하고 있는 것이 아닌가 하는 의문이 있다.

3. 보험사기의 유형

보험계약의 체결 후에 발생하는 보험사기 유형으로는 (ⅰ) 고의로 보험사고를 유발하는 행위, (ⅱ) 발생하지 않은 보험사고를 발생한 것으로 위장하는 행위, (ⅲ) 보험사고가 발생한 후에 보험에 가입하는 행위, (ⅳ) 발생한 손해보다 많은 금액을 보험금으로 청구하는 행위, (ⅴ) 사고 후 운전자 또는 차량 바꾸기 등이 있다.

보험종목별로 보험사기 주요 유형을 살펴보면 다음과 같다.

생명보험에서 사기의 대표적인 유형은 위장 사망이다. 가령 어떤 사고에 의하여 피보험자에 대해 실종신고를 한 후 실종선고를 받아 보험금을 청구하는 것이다.

건강보험에서 사기는 주로 피보험자 또는 의료기관 등에 의하여 발생한다. 보험금 청구를 위한 정보를 속이거나 은폐하거나 잘못된 정보를 기재하는 것이다. 의료기관은 제공한 서비스 보다 높은 수준의 서비스를 제공한 것으로 보험금을 과다청구하거나(up-coding or upgrading) 실제 하지 않은 진단, 투약, 검사를 시행한 것으로 하여 보험금을 청구하는 행위(phantom billing) 등이 포함된다.

자동차보험 사기 유형은 교통사고로 인한 사망으로 위장하거나 충돌을 연출(Staged collisions)하거나 과다 청구하는 것(Exaggerated claims) 등이 포함된다.

재물보험에서는 보험가액 이상의 보험금을 받아 내기 위하여 또는 팔리지 않은 보험목적물을 파괴하여 보험금을 취득하는 행위 등이 포함된다.

4. 보험사기 관련 주요 판례

(1) 입원치료의 의미와 입원 여부의 판단 방법

'입원'이라 함은 환자의 질병에 대한 저항력이 매우 낮거나 투여되는 약물이 가져오는 부작용 혹은 부수효과와 관련하여 의료진의 지속적인 관찰이 필요한 경우, 영양상태 및 섭취음식물에 대한 관리가 필요한 경우, 약물투여·처치 등이 계속적으로 이루어질 필요가 있어 환자의 통원이 오히려 치료에 불편함을 끼치는 경우 또는 환자의 상태가 통원을 감당할 수 없는 상태에 있는 경우나 감염의 위험이 있는 경우 등에 환자가 병원 내에 체류하면서 치료를 받는 것이다. 보건복지부 고시에 의하면 '요양급여의 적용기준 및 방법에 관한 세부사항' 등의 제반 규정에 따라 환자가 6시간 이상 입원실에 체류하면서 의료진의 관찰 및 관리 아래 치료를 받는 것을 의미한다. 입원실 체류시간만을 기준으로 입원 여부를 판단할 수는 없고, 환자의 증상, 진단 및 치료 내용과 경위, 환자들의 행동 등을 종합하여 판단하여야 한다.[1)]

(2) 장기간 입원을 통해 실제 지급받을 수 있는 보험금보다 다액의 보험금을 기망행위로 편취한 경우 사기죄의 성립여부 및 그 성립범위

기망행위를 수단으로 한 권리행사의 경우 그 권리행사에 속하는 행위와 그 수단에 속하는 기망행위를 전체적으로 관찰하여 그와 같은 기망행위가 사회통념상 권리행사의 수단으로서 용인할 수 없는 정도라면 그 권리행사에 속하는 행위는 사기죄를 구성하는데, 보험금을 지급받을 수 있는 사유가 있다 하더라도 이를 기화로 실제 지급받을 수 있는 보험금보다 다액의 보험금을 편취할 의사로 장기간의 입원 등을 통하여 과다한 보험금을 지급받는 경우에는 지급받은 보험금 전체에 대하여 사기죄가 성립한다.[2)]

(3) 경미한 상해를 가장하여 과다한 보험금을 지급받은 경우 보험금에 관한 사기죄의 성립 여부 및 성립 범위

피고인이 보험금을 편취할 의사로 허위로 보험사고를 신고하거나 고의로 보험사고를 유발한 경우 보험금에 관한 사기죄가 성립하고, 나아가 설령 피고인이 보험사고에 해당할 수 있는 사고로 경미한 상해를 입었다고 하더라도 이를 기화로 보험금을 편취할 의사로 상해를 과장하여 병원에 장기간 입원하고 이를 이유로 실제 피

---

1) 대판 2009. 5. 28, 2008 도 4665.

2) 대판 2009. 5. 28, 2008 도 4665.

해에 비하여 과다한 보험금을 지급받는 경우에는 보험금 전체에 대해 사기죄가 성립한다.[1)]

Ⅳ. 보험사기 방지 법제

1. 총 설

보험사기에 대한 대처 방안으로 사기로 체결된 계약을 무효화 하는 방안과 사기를 범한 자에 대한 처벌방안을 고려해 볼 수 있다. 이에 따라 우리나라의 경우 민법상 제도로서 보험계약의 무효(민 103조) 및 사기로 인한 취소제도(민 110조)를 두고 있고, 상법상의 제도로서 사기에 의한 초과보험(상 669조 4항), 사기에 의한 중복보험계약(상 672조 3항) 등을 두고 있다. 사기에 의한 초과보험과 중복보험의 경우 그러한 보험계약은 무효가 되고, 보험자는 그 사실을 안 때까지의 보험료를 청구할 수 있다(상 669조 4항).

한편 보험사기에 대한 공법상의 대응수단으로 형법상의 사기죄(형법 347조 등) 규정, 보험업법상 보험계약자 등의 보험사기 금지의무제도(보험 102조의 2), 보험관계 업무종사자에 대한 보험사기 금지제도(보험 102조의 3), 관계자에 대한 조사제도(보험 162조~164조) 등이 있다.

2. 형법 및 형사특별법

보험사기를 처벌하는 법으로 형법과 특정경제범죄 가중처벌 등에 관한 법률이 있다. 형법은 사람을 기망하여 재물의 교부를 받거나 재산상의 이익을 취득한 자는 10년 이하의 징역 또는 2천만 원 이하의 벌금에 처한다(형법 347조 1항). 사람을 기망하여 제 3 자로 하여금 재물의 교부를 받게 하거나 재산상의 이익을 취득하게 한 때에도 위와 동일하게 처벌한다(형법 347조 2항). 또한 컴퓨터 등 정보처리장치에 허위의 정보 또는 부정한 명령을 입력하거나 권한 없이 정보를 입력·변경하여 정보처리를 하게 함으로써 재산상의 이익을 취득하거나 제 3 자로 하여금 취득하게 한 자는 10년 이하의 징역 또는 2천만 원 이하의 벌금에 처한다(형법 347조의 2). 특정경제범죄 가중처벌 등에 관한 법률에 의하면 사기 등을 범하여 그 범죄행위로 인하여 취득하거나 제 3 자로 하여금 취득하게 한 재물 또는 재산상 이익의 가액이 5억

1) 대판 2011. 2. 24, 2010 도 17512.

원 이상일 때에는 다음과 같이 구분하여 가중 처벌한다(특정경제범죄 가중처벌 등에 관한 법률 3조 1항). (i) 이득액이 50억 원 이상일 때에는 무기 또는 5년 이상의 징역, (ii) 이득액이 5억 원 이상 50억 원 미만일 때에는 3년 이상의 유기징역

3. 보험사기방지특별법

보험사기행위의 조사·방지·처벌에 관한 사항을 정함으로써 보험계약자, 피보험자, 그 밖의 이해관계인의 권익을 보호하고 보험업의 건전한 육성과 국민의 복리증진에 이바지함을 목적으로 보험사기방지특별법이 법률 제14123호(2016.3.29.)로 제정되었고, 2016년 9월 30일부터 시행되었다. 동 법의 주요내용을 보면 보험사기행위를 보험사고의 발생, 원인 또는 내용에 관하여 보험자를 기망하여 보험금을 청구하는 행위를 말한다고 정의하고(보험사기방지특별법 2조 1호), 보험회사가 보험사기혐의 건에 대해 금융위원회에 보고할 수 있는 근거를 마련하였다(보험사기방지특별법 4조). 또한 보험사기 조사과정에서 보험계약자 등의 개인정보의 침해방지 의무와 특별한 사정없이 보험사고 조사를 이유로 보험금 지급을 거절하거나 삭감하여 지급하지 못하도록 규정하고 있다(보험사기방지특별법 5조). 나아가 보험사기행위로 보험금을 취득하거나 제 3 자에게 보험금을 취득하게 한 자는 10년 이하의 징역 또는 5천만 원 이하의 벌금에 처하도록 규정한다(보험사기방지특별법 8조). 보험사기죄를 범하거나 상습으로 보험사기를 범한 사람은 그 범죄행위로 인하여 취득하거나 제 3 자로 하여금 취득하게 한 보험금의 가액이 5억 원 이상일 때에는 (i) 보험사기 이득액이 50억 원 이상일 때에는 무기 또는 5년 이상의 징역, (ii) 보험사기 이득액이 5억 원 이상 50억 원 미만일 때에는 3년 이상의 유기징역으로 구분하여 가중 처벌한다(보험사기방지특별법 11조).

4. 보험업법

보험시장에서 발생하는 부정행위 등에 대한 조사와 관련하여 보험업법은 조사대상 및 방법, 보험조사협의회, 조사관련 정보의 공표 등에 관한 사항을 규율하고 있다(보험 162조~164조).

5. 민 법

민법에 의하여 거래당사자의 사기의 경우에는 해당 계약을 취소할 수 있는 권리를 부여한다(민 110조).

6. 상 법

상법에서는 보험금액이 보험계약의 목적의 가액을 현저하게 초과한 때에는 그 계약이 보험계약자의 사기로 인하여 체결된 때에는 그 계약은 무효로 한다. 그러나 보험자는 그 사실을 안 때까지의 보험료를 청구할 수 있다(상 669조 4항). 또한 동일한 보험계약의 목적과 동일한 사고에 관하여 수개의 보험계약이 동시에 또는 순차로 체결된 경우에 그 보험금액의 총액이 보험가액을 초과한 때에는 그 계약이 보험계약자의 사기로 인하여 체결된 때에는 그 계약은 무효로 한다. 그러나 보험자는 그 사실을 안 때까지의 보험료를 청구할 수 있다(상 672조 3항).

V. 보험계약자 등의 사기금지 의무

1. 의 의

보험은 그 계약의 특성상 보험사기에 매우 취약한 구조를 가지고 있다. 이에 따라 보험계약법은 보험계약자에 대해 최대선의의무(Utmost Good Faith)를 부과하고 사전에 고지의무를 이행하도록 하는 등의 도덕적 위험을 방지할 수 있는 장치를 두고 있다. 이와 별도로 보험업법에서는 특별히 보험계약자, 피보험자, 보험금을 취득할 자, 그 밖에 보험계약에 관하여 이해관계가 있는 자는 보험사기행위를 금지하고 있다(보험 102조의 2). 보험계약자 등의 보험사기 금지 의무 규정은 2010년 보험업법 개정 시 신설된 것이다.

2. 위반의 효과

보험계약자 등의 사기금지 규정을 위반한 경우에 일반인의 경우에는 형사법에 따라 처벌이 되고 보험업법에 의하여 특별한 조치를 받지 않는다. 다만 보험계약자, 피보험자, 보험금을 취득할 자가 보험설계사, 보험대리점, 보험중개사인 경우에 이들에 대해 금융위원회는 업무를 정지시키거나 등록을 취소할 수 있다(보험 86조 2항, 88조 2항, 90조 2항).

Ⅵ. 보험설계사 등 보험관계업무종사자의 보험사기 개입금지 의무

1. 의 의

보험회사의 임직원, 보험설계사, 보험대리점, 보험중개사, 손해사정사, 그 밖에 보험 관계 업무에 종사하는 자는 (ⅰ) 보험계약자, 피보험자, 보험금을 취득할 자, 그 밖에 보험계약에 관하여 이해관계가 있는 자로 하여금 고의로 보험사고를 발생시키거나 발생하지 아니한 보험사고를 발생한 것처럼 조작하여 보험금을 수령하도록 하는 행위, (ⅱ) 보험계약자, 피보험자, 보험금을 취득할 자, 그 밖에 보험계약에 관하여 이해관계가 있는 자로 하여금 이미 발생한 보험사고의 원인, 시기 또는 내용 등을 조작하거나 피해의 정도를 과장하여 보험금을 수령하도록 하는 행위를 하여서는 아니 된다(보험 102조의 3).

2. 입법배경 및 취지

금융감독원의 보도자료에 의하면 해마다 상당 규모의 보험사기가 적발되고 있고, 이로 인하여 보험금이 사기범에게 누수되어 선량한 보험계약자의 보험료 부담이 늘어나고 있다. 특히, 최근 태백시에서는 보험설계사 70여 명 등이 주민, 병원 등과 공모하여 150억 원의 보험금을 편취한 보험사기 사건이[1] 발생하는 등 보험지식이 많고 보험사의 업무처리 방식을 잘 알고 있는 모집종사자의 경우 보험사기로 적발된 인원의 증가율이 다른 직종에 비해 상대적으로 큰 것으로 나타나고, 모집종사자와 관련된 보험사기범죄가 다발적이고 반복적으로 발생하고 있다.[2]

이에 따라 보험설계사, 보험대리점, 보험중개사 등 모집종사자를 포함하여 보험관계 업무에 종사하는 자에 대해 보험사기 금지의무를 명시적으로 부과하고, 이를 위반하는 경우 등록을 취소하는 등 강력한 제재를 통해 보험관계자의 보험사기의 유인을 제거함으로써 보험사기로 인한 사회적 손실을 경감시킨다는 의지를 천명할 필요가 있었다.[3]

---

1) 보험설계사 70여 명, 주민 300여 명, 3개 병원이 공모하여 거액의 보험에 가입한 뒤 병원은 가짜 입·퇴원 확인서를 발급해 주는 대가로 요양급여비와 입원치료비를 받고, 보험설계사는 보험가입자와 병원을 연결시켜주고 부당하게 보험금을 타낼 수 있는 수법을 알려주면서 보험 가입 수수료를 챙김(연합뉴스 2011. 11. 4, "법·도덕 실종 보여준 태백 보험사기").

2) 송윤아, '보험모집종사자의 보험사기 적발현황', KIRI WEEKLY 포커스, 보험연구원, 2011. 11. 24.

3) 보험업법 일부개정법률안(박대동의원 대표발의), 검토보고서(2013. 4) 참조.

이에 따라 국회는 2013년 12월 19일 본회의를 개최하여 보험사기행위에 연루된 보험관계업무종사자에 대한 등록취소 등을 골자로 하는 보험업법에 관한 일부개정안을 의결하였다. 이러한 내용의 보험업법 일부개정 법률안은 정부에 이송되어 2014년 1월 14일 공포되었고, 2014년 7월 15일부터 시행되게 되었다.

3. 보험사기 개입 금지

보험회사의 임·직원, 보험설계사, 보험대리점, 보험중개사, 손해사정사, 그 밖에 보험관계업무에 종사하는 자는 보험계약자, 피보험자, 보험금을 취득할 자, 그 밖에 보험계약에 관하여 이해가 있는 자로 하여금 (ⅰ) 고의로 보험사고를 발생시키거나 발생하지 아니한 보험사고를 발생한 것처럼 조작하여 보험금을 수령하도록 하는 행위 (ⅱ) 이미 발생한 보험사고의 원인, 시기 또는 내용 등을 조작하거나 피해의 정도를 과장하여 보험금을 수령하도록 하는 행위를 하지 못한다.

이러한 행위 유형은 보험업무 종사자가 사기행위에 개입하는 행위를 구체화해 놓은 것으로 (ⅰ)의 행위는 고의사고 유발이나 보험사고 조작에 개입하는 것을 규제하고자 하는 것이다. 단순히 고의사고를 유도하거나 보험사고를 조작하도록 하여 보험금 청구에 이르게 하는 행위는 사기의 교사행위에 속한다. 실제로 고의사고를 내거나 사고를 조작하여 보험금을 청구한 자는 정범으로서 처벌된다.

(ⅱ)의 행위는 이미 정상적으로 발생한 보험사고를 기화로 발생할 수 있는 사기행위를 금지하고 하는 것이다. 가령 보험약관에 따라 보상하지 아니하는 손해에 해당하는 손해를 보상하는 손해로 둔갑시키는 행위가 이에 해당할 수 있다.

보험사기 개입행위가 금지된 자는 보험회사의 임·직원, 보험설계사 등 모집조직, 손해사정사, 그 밖에 보험관계업무종사자이다. 여기서 그 밖에 보험관계업무에 종사하는 자가 누구인가 문제되는데 여기에는 보험계리사, 보험협회, 보험요율산출기관의 재직자, 법인보험대리점 및 법인보험중개사, 보험계리업자에 소속되어 있는 직원 등이 포함될 수 있다.

보험수리, 견인업체 종사자 및 병원 등에서 근무하는 자가 이에 포함될 것인지 의문이나 이들에 대하여까지 보험업법상의 의무를 부과하는 것은 바람직하지 않고, 이러한 의무 위반의 효과가 등록취소 등의 행정적 조치가 가해질 뿐이라는 점을 고려할 때 이들에 대해서까지 확대 해석하는 것은 타당하지 않은 것으로 생각된다. 한편, 보험관계업무종사자가 스스로 주체가 되어 보험사고를 유발하거나 조작하거나 보험사기의 원인, 시기 등을 조작하는 행위는 보험업법 제102조의 3의 규정이 아닌 보험업법 제102조의 2에 의하여 그 의무가 별도로 부여되어 있다.

▶ 참조판례

[보험사고 유발 내지 조작]

그동안 판례에서는 진료기록 등을 허위로 작성하여 요양급여비용 등을 편취한 행위,[1] 입원필요성이 없는 환자들을 유치하여 요양급여비용을 편취한 행위,[2] 입원한 것처럼 허위서류를 발급받아 보험금을 청구한 행위,[3] 등을 대표적인 보험사고 유발 내지 조작행위로 보았다.

[피해의 과장]

피해의 정도를 과장하여 보험금을 청구하는 유형은 가령 선견적서 조작을 통하여 부품판매가격을 부풀린 행위, 사고차량의 사용가능한 부품(알루미늄휠, 범퍼, 등)을 물 세척 및 단순 도장 등의 방법으로 마치 신품으로 교환된 것처럼 사진촬영을 실시한 후, 보험회사에 고가의 신품부품을 청구하였으며 또한, 실제 작업하지 않은 외부패널(차량외부)의 도장 작업을 보험회사에 허위도장비용을 청구하는 행위 등이 이에 속한다.[4]

4. 보험사기 개입금지의무 위반의 효과

(1) 보험업법상의 효과

보험설계사, 보험대리점, 보험중개사가 보험계약자, 피보험자 또는 보험금을 취득할 자로서 보험업법 제102조의 2에 의한 보험사기 금지의무를 위반하거나 보험 관계 업무 종사자로서 보험업법 제103조의 3의 보험사기 개입금지 의무를 위반한 경우에는 등록이 취소될 수 있다(보험 86조 2항, 88조 2항, 90조 2항).

보험회사의 임·직원, 그 밖에 보험 관계 업무에 종사하는 자에 대해서는 특별한 행정적 조치가 따르지 않는다. 그런데 손해사정사가 보험업법 제102조의 2 및 제102조의 3을 위반한 경우 등록을 취소할 수 있는지 의문이다.

생각건대, 보험업법 제190조가 보험계리사·선임계리사·보험계리업자·손해사

1) 부산지판 2012. 2. 22, 2011 고정 1112.
2) 부산지법 동부지판 2012. 1. 13, 2011 고단 1348.
3) 서울서부지판 2011. 4. 27, 2010 고단 2209-1(분리), 2010 고단 2557(병합).
4) 금융감독원 보도자료(외제차량 수리비 및 부품값을 조작한 외제차량 정비업체 적발, 2011. 2. 14.) 참조.

정사 및 손해사정업자에 관하여는 제86조를 준용한다고 규정하고 있고, 보험업법 제86조 제 2 항에서 보험업법 제102조의 2 및 제102조의 3의 규정을 위반하면 등록을 취소할 수 있도록 규정하고 있으므로 손해사정사가 보험업법 제102조의 2 및 동법 제102조의 3을 위반한 경우에도 등록을 취소할 수 있을 것이다. 보험계리사의 경우 명시적인 규정은 없으나 그 밖의 보험 관계 업무에 종사하는 자에 포함하는 해석론에 의할 경우 보험계리사에 대한 등록취소도 가능할 것으로 판단된다. 다만, 보험회사의 임·직원 등은 별도의 등록제도를 두고 있지 않으므로 등록취소 등의 행정적 조치는 불가능 하나 이러한 자의 경우에도 보험업법 제134조에 의한 검사 및 제재조치로서 문책 등의 조치는 가능할 것으로 생각된다.

(2) 형사법상의 효과

보험회사의 임·직원이나 보험설계사 등 보험 관계 업무 종사자가 스스로 보험사기 행위를 하거나 교사행위를 한 경우에는 형법에 따라 처벌될 수 있다(형 347조 및 31조). 특히 보험업법 제102조의 3에 의한 보험사기 개입행위는 형법상의 사기죄의 교사 내지 방조에 해당할 가능성이 높으므로 이러한 교사 내지 방조의 요건에 해당하는 것으로 판단될 경우 행정상의 조치와 별개로 형사적 제재가 내려질 수 있음은 물론이다.

(3) 민사법상의 효과

민사법상으로 보험 관계 업무 종사자에 의한 보험사기 개입행위만을 염두해 둔 별도의 규정은 존재하지 않는다. 다만 보험계약자 등의 보험사기 행위에 대하여 적용될 수 있는 다수의 규정이 존재한다. 보험업법 제102조의 2나 동 법 제102조의 3의 행위가 선량한 풍속 기타 사회질서에 위반한 사항을 내용으로 하는 경우에 그러한 행위에 의하여 체결된 보험계약의 경우 무효로 될 수 있고(민 103조), 보험계약이 사기에 의하여 체결된 경우에는 그러한 보험계약은 보험회사에 의하여 취소될 수 있다(민 110조). 또한 초과보험(상 669조 4항)이나 중복보험(상 672조 3항)이 보험계약자의 사기에 의하여 체결된 경우에는 동 보험계약은 무효가 된다. 한편 자동차보험 등 표준약관에 의하면 보험계약이 사기로 체결된 경우 보험회사가 일정한 기간 내에 당해 보험계약을 취소할 수 있다(자동차보험표준약관 50조 참조).[1] 또한 보험사기의 경우 보험계약의 무효 또는 취소 이외에 보험금 지급이 면책되거나 계약을

1) 제50조(보험계약의 취소) 보험회사가 보험계약자 또는 피보험자의 사기에 의해 보험계약을 체결한 점을 증명한 경우, 보험회사는 보험기간이 시작된 날부터 6개월 이내(사기 사실을 안 날부터는 1개월 이내)에 계약을 취소할 수 있습니다.

해지할 수 있는 효과도 발생할 수 있다.[1)]

5. 소　　결

보험사기는 보험제도가 가지고 있는 모럴가능성 등 취약점을 악용하는 것으로 이러한 사기행위에 연루된 자들은 대개 보험제도를 잘 알고 있는 자이거나 보험제도에 관한 지식이 풍부한 모집종사자 등에 의하여 유발되는 경우가 상당하므로 보험 관계 업무 종사자에 대해 보험사기 개입금지의무를 부여한 것은 타당한 입법으로 생각된다.

또한 개정 보험업법은 보험설계사, 보험대리점, 보험중개사 등 모집종사자를 포함하여 보험 관계 업무에 종사하는 자에 대해 보험사기 금지의무를 명시적으로 부과하고, 이를 위반하는 경우 등록을 취소하는 등 강력한 제재를 통해 보험 관계자의 보험사기의 유인을 제거함으로써 보험사기로 인한 사회적 손실[2)]을 경감시킨다는 측면에서도 그 의의가 있다고 생각한다.[3)]

그러나 다음과 같은 점은 향후 개선할 필요가 있다. 첫째, 보험사기 행위는 보험금 청구를 위한 전제요건이 되므로 특별한 경우가 아니면 보험사고 조작 등의 행위가 선행된다. 이러한 보험금 청구를 위한 보험사고 유발 등의 예비행위를 포함하여 보험거래의 특성상 고유하게 존재할 수 있는 불공정거래 행위를 발굴하여 형법

1) 자동차보험 표준약관 제53조 참조, 제59조(보험사기행위 금지) 보험계약자, 피보험자, 피해자 등이 보험사기행위를 행한 경우 관련 법령에 따라 형사처벌 등을 받을 수 있습니다.
생명보험표준약관 제15조(사기에 의한 계약) 계약자 또는 피보험자가 대리진단, 약물사용을 수단으로 진단절차를 통과하거나 진단서 위·변조 또는 청약일 이전에 암 또는 인간면역결핍바이러스(HIV) 감염의 진단 확정을 받은 후 이를 숨기고 가입하는 등의 뚜렷한 사기의사에 의하여 계약이 성립되었음을 회사가 증명하는 경우에는 보장개시일부터 5년 이내(사기사실을 안 날부터는 1개월 이내)에 계약을 취소할 수 있습니다.

2) 보험사기로 인한 보험금 누수비율은 12.4%규모로 국민 1인당 7만원, 가구당 20만원의 보험료를 추가 부담하는 것으로 추정되고 있음.

[보험사기로 인한 보험금 누수 비율 및 부담액]

(단위 : 억원, %)

구분	보장성 보험금(A)	보험사기 추정액(a)	비율 (a/A)	1인당 부담액	1가구당 부담액
생·손보	256,349	31,585	12.3	63,924원	184,145원
생·손보 및 공제 포함	274,156	34,105	12.4	69,024원	198,837원

* FY 2010 기준
자료: 서울대 산학협력단 연구용역(금융감독원)

3) 보험업법 일부개정법률안(박대동의원 대표발의), 검토보고서(2013. 4) 참조.

상의 사기죄와 다른 특수한 금지행위 요건규정을 신설하고, 이에 대한 효과로서 과징금이나 징벌적 손해배상금 등을 부과할 수 있는 새로운 규정을 두어 보험사기 행위를 사전에 조사하고 조치할 수 있는 법제도상의 개선이 요망된다.

둘째, 보험사기는 강력범죄 및 방화 등의 선행행위와 결합되는 매우 중대한 사회질서 위반행위임에도 표준약관 등에서 민법상의 사기로 인한 취소 규정 보다 오히려 취소권의 행사기간을 단기로 규정하고 있는 것은 보험사기를 방지하기 위한 보험업 계 전체의 노력과 배치되는 것으로 이에 대한 개선이 필요하다고 생각한다. 또한 보험사기 등과 관련된 행위에 대한 면책 및 취소 등의 규정이 무질서하게 규정되어 있어 혼란을 초래할 소지가 있으므로 통일적인 규정정비가 필요하다.

셋째, 보험업법 제102조의 2 및 제103조의 3에 대한 의무위반은 형법상 사기죄의 처벌 등과 병과될 가능성이 높다. 따라서 보험 관계 업무 종사자의 보험사기 및 보험사기 개입금지 의무 위반에 대한 적발과 조치가 형사처벌 절차 등과 연계하여 진행될 수 있는데 금융감독당국이 보험 관계 업무 종사자의 보험업법 제102조의 2 및 제103조의 3 위반사실에 대해 형사법원의 판단과 관계 없이 독자적인 관점에서 조사하여 등록취소 등의 행정적 집행을 할 수 있는지 의문스럽다. 그러나 보험 관계 업무 종사자의 보험사기 및 보험사기 개입금지 의무는 보험업법에 의하여 부여되어 있는 의무이므로 이러한 의무를 보험관계업무종사자가 위반한 경우에는 금융감독당국은 관련자에 대한 형사고발 등의 조치와 함께 독자적인 관점에서 등록취소 등 필요한 행정처분을 할 수 있을 것으로 보인다.

Ⅶ. 보험사기 조사

1. 조사제도의 의의 및 연혁

관계자의 조사제도는 보험회사의 적정한 업무운용을 점검하기 위한 검사제도와 달리 보험계약 관련자의 보험업법 및 보험사기 등 불건전 보험거래 행위를 조사하기 위한 것이다. 관계자 조사제도는 1988년 보험업법 개정으로 신설되었고, 2003년 보험업법 개정 시 관계자를 조사할 수 있는 주체가 종전 금융감독원에서 금융위원회로 변경되었다. 종전 규정에 의하여 조사 대상이었던 ‘기타 관계자’가 ‘그 밖에 보험계약에 관하여 이해관계자’로 범위가 한정되었다.

한편, 1999년 금융감독기구의 통합에 따라 금융감독원 내에 보험사기조사 부서가 신설되고, 보험사기 조사관련 보험업법상의 제도가 정비됨에 따라 보험관련 정보의 통합집중 및 이러한 정보의 활용을 통한 보험사기 조사업무가 본격화되기 시작하여 현재 상당한 성과를 거두고 있다.

보험사기는 주로 자동차보험, 장기손해보험, 보장성 생명보험에서 많이 발생하는 것으로 나타나고 있다. 사기유형은 사고내용 조작, 음주·무면허 운전, 운전자바꿔치기 등 허위·과다사고, 고의사고, 피해과장 순으로 적발되고 있다. 특히 자동차사고 환자의 피해과장 및 병원의 과장청구가 증가하고 있으며, 생명·장기보험에서는 허위 및 과다 장해 등이 증가하고 있다.[1]

▶ 참조판례(무효)

갑이 자신이나 그 처인 을을 보험계약자로, 을을 피보험자로 하는 다수의 보험계약을 체결하였다가 을이 교통사고로 사망하자 보험금의 지급을 청구한 사안에서, 갑이 을을 살해하도록 교사하였던 전력, 석연치 않은 보험사고 경위, 경제형편에 비해 지나치게 과다한 보험료 등 제반 사정에 비추어 볼 때, 위 다수의 보험계약은 보험금을 부정취득할 목적으로 체결한 것으로 추인되므로 민법 제103조에 정한 선량한 풍속 기타 사회질서에 반하여 무효라고 판시하였다.[2]

▶ 참조판례(취소)

공사도급계약과 관련하여 체결되는 이행(계약)보증보험계약이나 지급계약보증보험에 있어 보험사고에 해당하는 수급인의 채무불이행이 있는지 여부는 보험계약의 대상으로 약정된 도급공사의 공사금액, 공사내용 및 공사기간과 지급된 선급금 등을 기준으로 판정하여야 하므로, 이러한 보증보험계약에 있어 공사기간이나 선급금액도 공사대금 등과 함께 계약상 중요한 사항으로서 이를 허위로 고지하는 것은 기망행위에 해당할 수가 있고, 따라서 이러한 경우에는 민법의 일반원칙에 따라 보험자가 그 보험계약을 취소할 수 있다고 한다.[3]

2. 조사대상

조사의 대상이 되는 사항은 (ⅰ) 보험업법 및 보험업법에 따른 명령 또는 조치

1) 보다 상세한 내용은 금융감독원 보도자료(2013. 10. 14.) 참조.
2) 대판 2009. 5. 28, 2009 다 12115.
3) 대판 1998. 6. 12, 97 다 53380.

를 위반한 사실이 있는 경우, (ii) 공익 또는 건전한 보험거래질서의 확립을 위하여 필요한 경우이다. 조사의 대상이 되는 상대방은 보험회사, 보험계약자, 피보험자, 보험금을 취득할 자, 그 밖에 보험계약에 관하여 이해관계가 있는 자이다(보험 162조 1항). 조사사항과 관련하여 (i) 의 경우로서 중요한 의미를 갖는 것은 보험업법 제 3 조 보험계약의 체결제한 규정 등이다. 또한 공익 또는 건전한 보험거래질서의 확립을 위하여 필요한 경우란 어떠한 것인지 문제되나 보험사기에 조사가 대표적으로 이에 해당한다. 보험금을 취득할 자는 생명보험의 경우 보험수익자가 되며 손해보험의 경우 피보험자가 이에 해당한다. 보험금을 취득할 자는 보험계약의 효력에 의하여 직접 청구권을 가지는 자이며 보험금 청구권을 양수한 자는 해당하지 않고, 보험금 채권을 대위하거나 압류한 자도 이에 포함되지 않는다고 보아야 한다. 그 밖에 보험계약에 관하여 이해관계를 갖는 자가 누구인지 문제되나 보험계약에 관하여 직접적이거나 간접적 이해관계를 갖는 자는 모두 포함된다고 보아야 할 것이다. 따라서 의사나 병원, 정비업체나 그 직원의 경우, 대리운전의 경우 대리운전자 등이 이에 포함될 수 있다.

3. 조사방법

조사당국은 조사에 필요한 경우 (i) 조사사항에 대한 사실과 상황에 대한 진술서의 제출, (ii) 조사에 필요한 장부, 서류, 그 밖의 물건의 제출을 요구할 수 있다(보험 162조 2항). 조사를 하는 자는 그 권한을 표시하는 증표를 지니고 이를 관계인에게 내보여야 한다(보험 162조 3항).

4. 관계자에 대한 조치 요구

관계자가 조사를 방해하거나 제출하는 자료를 거짓으로 작성하거나 그 제출을 게을리 한 경우에는 관계자가 소속된 단체의 장에게 관계자에 대한 문책 등을 요구할 수 있다(보험 162조 4항). 허위자료의 제출 등에 대하여 문책함으로써 관계자의 성실한 자료 제출 및 조사협조를 담보하기 위한 제재장치이다.[1] 한편, 자료제출 요구를 정당한 이유 없이 거부·방해 또는 기피한 자에 대해서는 1천만 원 이하의 과태료가 부과된다(보험 209조 3항 17호).

---

1) 국회 재정경제위원회, 보험업법 개정법률안 심사보고서, 2003년, 87면.

5. 보험조사협의회

(1) 의 의

관계자의 보험사기 등을 조사하기 위해서는 금융위원회 뿐만 아니라 여러 기관들의 협력이 필수적이다. 조사대상 관계자의 보험가입 여부를 확인하기 위해서는 보험협회 및 보험개발원, 관계자의 보험금 이중청구를 확인하기 위해서는 국민건강보험관리공단·산재보험을 관리하는 기관[1] 등과의 협조가 필요하다. 예를 들어 자동차 사고로 사람이 상해를 입은 경우 건강보험으로 치료받은 후 보험회사에 상해에 대한 치료비를 청구하는 것을 적발하기 위해서는 보험회사와 건강보험관리공단의 협력이 있어야 한다. 보험조사협의회는 보험조사에 이해관계가 있는 기관들이 상호 협력할 수 있는 장을 마련하여 보험조사가 보다 효과적으로 이루어질 수 있도록 하는 기구이다.[2] 보험조사협의회 설치 규정은 2003년 보험업법 개정에 의하여 신설되었다. 2010년 보험업법 개정으로 보험조사협의회의 구성기관으로 보건복지부가 추가되었고, 2014년 4월에는 경찰청이 보험조사협의회의 구성기관으로 추가되었다. 보험사기 조사를 집행하는 기구로 미국의 경우, 각 주 보험감독청 산하에 보험사기조사국(Insurance Fraud Bureau: IFB)이 설치되어 있고, 영국 역시 보험범죄사기방지국(Crime & Fraud Prevention Bureau: CFPB)이 마련되어 있다.

(2) 보험조사협의회 구성 및 운영

보험조사협의회는 금융위원회가 임명하거나 위촉하는 15명 이내의 위원으로 구성할 수 있는데, 그 구성원은 금융위원회가 지정하는 소속 공무원 1명, 보건복지부장관이 지정하는 소속 공무원 1명, 경찰청장이 지정하는 소속 공무원 1명, 해양경찰청이 지정하는 소속 공무원 1명, 금융감독원장이 추천하는 사람 1명, 생명보험협회의 장, 손해보험협회의 장, 보험요율산출기관의 장이 추천하는 사람 각 1명, 보험사고의 조사를 위하여 필요하다고 금융위원회가 지정하는 보험관련 기관 및 단체의 장이 추천하는 사람 등이다(보험시 76조). 협의회 위원의 임기는 3년이며, 협의회의 의장은 위원 중에서 호선한다. 보험사기 조사와 대책 수립을 위해서는 수사기관의 협조가 필수적이다. 경찰청과 해양경찰청이 조사협의회에 참여하게 된 것은 이러한 이유 때문이다. 협의회는 (i) 조사업무의 효율적 수행을 위한 공동 대책의 수

1) 2002년 재정경제부가 마련한 보험업법 개정 초안에는 협의회의 구성기관으로 경찰청이 포함되어 있었으나, 부처협의 과정에서 삭제되었다. 2014년 법 시행령 개정으로 경찰청이 구성기관으로 추가 되었다.
2) 성대규·안종민, 「한국보험업법(개정2판)」, 두남, 677면.

립 및 시행에 관한 사항, (ii) 조사한 정보의 교환에 관한 사항, (iii) 공동조사의 실시 등 관련기관 간 협조에 관한 사항 등을 심의한다. 협의회의 회의는 협의회장이 필요하다고 인정하거나 재적위원 3분의 1 이상의 요구가 있는 때에 협의회장이 소집한다(보험시 77조 및 78조).

6. 조사 관련 정보의 공표

(1) 의 의

보험사기 등 보험거래질서를 문란하게 하는 행위의 유형과 실례를 정부당국이 공표함으로써 관계자의 위법행위를 예방하기 위해서는 관련정보 및 자료의 공표가 필요하다. 공표할 수 있는 내용은 '관계자에 대한 조사실적·처리결과, 그 밖에 관계자의 위법행위를 예방하는 데 필요한 정보 및 자료'이다. '관계자에 대한 조사실적'이라는 문구만을 놓고 볼 때 관계자에 대한 개인정보의 공표도 가능한 것으로 볼 수 있으나 개인을 식별할 수 있는 정보의 공표는 제한된다고 볼 것이다.[1]

(2) 정보 및 자료의 공표 방법

정보 및 자료의 공표 방법에 대해서는 대통령령으로 위임하고 있는데, 대통령령에 따르면 조사대상 행위의 유형 및 조사의 처리결과에 관한 통계자료와 위법행위의 예방이 필요한 홍보자료를 신문, 방송 또는 인터넷 홈페이지 등을 통하여 공표할 수 있다(보험시 79조). 보험업법상으로는 개인정보의 공표도 가능한 것으로 보이나, 인권 침해의 소지를 우려하여 객관적인 정보와 자료만 공표할 수 있도록 하고 있는 것으로 해석된다.[2]

제10절 보험규제의 실효성 확보 제도

Ⅰ. 검사 및 제재 제도

보험규제는 건전한 보험거래질서를 유지하고 보험계약자 등을 보호하기 위한 것이다. 이러한 보험규제는 사전예방적 차원의 규제와 사후규제 제도로 대별 할 수 있는데 사후규제 보험규제의 실효성을 확보하기 위해서 법 위반에 대해 형사벌칙과

1) 성대규·안종민, 「한국보험업법(개정2판)」, 두남, 680면.
2) 국회 재정경제위원회, 보험업법 개정법률안 심사보고서, 2003, 87~88면.

과징금 및 과태료, 각종의 영업상의 조치 및 보험업 종사자에 대한 징계벌에 이르기까지 다양한 제재수단을 마련해 놓고 있다. 보험업법은 보험회사의 건전한 경영을 도모하고 보험거래질서의 확립과 보험소비자 등 이해관계자를 보호하고 공익의 실현을 위하여 보험회사는 물론 보험업 관계자에 대하여 각종의 의무를 부과하고 있으며 이를 위반할 경우에는 해당 기관에 대해서 뿐만 아니라 임·직원 등에 대하여도 제재조치를 취할 수 있도록 하고 있다. 이러한 제재 제도는 보험업법의 실효성을 확보하는 중요한 장치임과 동시에 해당 제재 조치를 받는 당사자에게는 불이익한 조치로서 법 집행에 엄격성과 신중함이 요청되고 있다.

보험회사를 비롯한 금융회사는 금융당국에 의해 상시적으로 철저한 감독을 받고 있으며 때로는 검사를 받기도 한다. 금융당국은 검사 시에 보험법령 등의 위반사항이 적발될 경우 당해 보험회사 등 기관 및 그 소속 임·직원 등에 대하여 그 책임에 상응하는 제재 조치를 취할 수 있다. 금융당국의 검사 및 제재절차에 관한 구체적인 사항은 금융위원회 고시인 금융기관의 검사 및 제재에 관한 규정(이하 '규정'이라 한다)에서 정하고 있는데 동 규정에 의하면 제재란 보험업법 등 금융관련 법령을 집행하는 금융당국이 보험회사 또는 그 임·직원의 금융관련 법령[1] 위반행위에 대하여 내리는 영업상, 신분상, 금전상의 불이익한 조치를 말한다(규정 3조 18호). 이러한 제재조치의 발령에는 법치행정의 원리에 따라 법률적 근거가 필요하고 그 처분의 내용은 과잉금지 또는 비례의 원칙을 준수하여야 하는 제한이 따른다.

범죄행위의 유형을 정하는 구성요건 규정과 제재 규정인 처벌 규정을 별도의 조항에서 정하고 있는 법규인 경우 처벌규정에서 범죄구성요건에 해당하는 당해 법률규정을 명시하는 것이 통상의 예이다.

그러나 처벌규정 자체에서 범죄구성요건을 규정하고 있는 것도 아니고 범죄구성요건에 해당하는 규정을 특정하지도 아니한 경우에는 죄형법정주의에 있어서 명확성의 원칙에 위배될 수 있다. 그리고 처벌규정 자체는 아무런 불명확한 점이 없더라도 구성요건 조항이 불명확하면 처벌조항까지 포함하여 전체가 명확성 원칙에 위배된다.

---

1) 금융관련법령은 금융기관검사 및 제재에 관한 규정 제3조 제1호에 열거되어 있다. 대표적으로 은행법, 신탁업법, 자본시장법, 보험업법, 외국환거래법 등이 이에 속한다.

Ⅱ. 검사제도

1. 검사제도의 의의

우리나라는 보험업에 대한 실질적 감독주의를 취하고 있다. 감독효과를 제고하기 위하여 다양한 감독수단을 통해 감독을 하고 있는데 대표적인 감독수단으로 각종 행위에 대한 인·허가, 정관변경 등의 보고제도, 기초서류 신고제도 등을 두고 있고, 각종의 준수의무를 부과하고 있다. 또한 법규상의 의무위반 여부, 감독정책 이행실태 등에 대하여 검사하게 하고, 위법행위 발견 시 제재조치를 할 수 있도록 하고 있다. 검사라 함은 보험회사의 업무전반 및 재산상황에 대하여 금융업 관련 법령의 위반과 부당행위 여부를 조사하는 사실행위를 말한다. 보험회사를 비롯한 금융기관에 대한 검사는 금융감독원이 수행한다(금설 24조). 이러한 검사에는 그 범위 및 방법에 따라 종합검사와 부문검사, 서면검사와 현장검사 등으로 나누어진다.

2. 검사업무의 흐름

검사업무의 개략적인 처리절차는 대략 다음과 같이 진행한다. (ⅰ) 상시 감시 등을 통한 검사 정보 수집, (ⅱ) 검사 사전예고(검사착수 1주전), (ⅲ) 검사착수 및 검사 실시, (ⅳ) 검사종료, (ⅴ) 금융감독원 내부처리 절차(검사서 작성 → 부서 자체심의 → 제재심의실 심사조정 → 조치 예정내용 사전통지 → 의견수렴 및 제재심의위원회 심의), (ⅵ) 금융위원회 상정 및 의결(1개월 내외), (ⅶ) 검사결과 통보(검사종료 후 1~5개월), (ⅷ) 권리구제절차(이의신청, 행정심판, 행정소송)

3. 검사의 구분

보험회사는 그 업무 및 자산상황에 관하여 금융감독원의 검사를 받아야 하는데(보험 133조 2항), 검사는 종합검사와 부문검사로 구분되고, 검사의 실시는 현장검사 또는 서면검사의 방법에 의하여 행한다[금융기관 검사 및 제재에 관한 규정(이하 '제재규정'이라 한다) 8조].

4. 검사 수단

(1) 주주현황 및 사업에 관한 보고, 자료제출 명령

금융위원회는 공익 또는 보험계약자 등의 보호를 위하여 보험회사에게 보험업법이 정하는 감독업무의 수행과 관련한 주주의 현황 그 밖에 사업에 관한 보고 또는 자료제출을 명할 수 있다(보험 133조 1항).

(2) 관계인의 출석 및 의견진술 요구

금융감독원장은 검사를 할 때 필요하다고 인정하면 보험회사에 대하여 업무 또는 자산에 관한 보고, 자료의 제출, 관계인의 출석 및 의견의 진술을 요구할 수 있다(보험 133조 3항).

(3) 외부감사인에 대한 자료 제출 요구

금융감독원장은 주식회사의 외부감사에 관한 법률에 따라 보험회사가 선임한 외부감사인에게 그 보험회사를 감사한 결과 알게 된 정보나 그 밖에 경영건전성과 관련되는 자료의 제출을 요구할 수 있다(보험 133조 6항).

5. 검사결과 보고 및 조치

금융감독원장은 검사를 한 경우에는 그 결과에 따라 필요한 조치를 하고, 그 내용을 금융위원회에 보고하여야 한다(보험 133조 5항).

6. 자료 제출 및 검사의 한계

보험회사 등에 대한 자료 제출 및 검사는 아무런 제한없이 수행할 수 있는 것이 아니라 일정한 한계하에서 수행되어야 한다. 금융위원회가 사업에 관한 보고를 명 할 때에는 감독업무 수행과 관련되어야 하고, 그 목적이 공익이나 보험계약자 등의 이해관계자를 보호하기 위한 것이어야 한다. 금융감독원의 자료 제출이나 관계인의 출석 요구 등은 아무 때나 할 수 있는 것이 아니고 검사를 할 때라는 시기상의 제한이 따르며, 검사에 필요한 경우로 한정되어야 한다(보험 133조 1항 및 3항 참조). 또한 검사를 하는 자는 그 권한을 표시하는 증표를 지니고 이를 관계인에게 내보여야 한다(보험 133조 1항 및 4항).

Ⅲ. 제재 제도 개관

1. 보험업법 위반에 대한 제재 규정의 체계

보험업법은 공법적 성격을 강하게 가지고 있는 법규이므로 대부분의 개별규정에서 보험회사 등에게 작위 또는 부작위 의무를 부과하고 있다. 보험업법이 부여하고 있는 의무가 제대로 준수되고 있는지 여부에 대하여 검사를 통하여 점검하도록 되어 있고, 만약 의무를 부과받은 보험회사 등이 그 의무를 이행하지 않거나 위법 행위를 한 경우 일정한 제재를 가하도록 되어 있다

보험업법 위반에 대한 제재 권한은 금융위원회에 부여되어 있고, 보험회사에 대한 주의·경고 또는 그 임직원에 대한 주의·경고·문책의 요구조치는 금융위원회의 위임을 받아 금융감독원장이 직접 행사할 수 있다(보험 134조 1항). 보험업법 제134조는 보험업법 및 보험업법에 따른 규정·명령 또는 지시를 위반할 경우에 보험회사 및 그 소속 임·직원, 국내사무소 및 그 소속 임·직원, 보험대리점 및 보험중개사와 그 소속 임·직원 등에 대하여 제재를 할 수 있는 일반적 제재 근거 조문이다. 또한 보험업법 위반에 대하여 형사벌칙과 과징금, 과태료 등을 부과할 수 있는데 이는 보험업법 제197조 이하에서 규정하고 있다.

보험업법은 각 개별규정에 대한 위반의 효과로서 과징금, 형사벌칙 및 과태료 규정을 별도로 두고 있는데, 금지나 작위·부작위 의무를 부과하면서도 이를 위반한 경우 그에 따른 제재규정을 두지 않은 경우도 있다. 규정 형식이 금지나 의무를 부과하고 있는 규정은 그 위반행위에 대한 효과 규정을 별도로 두는 것이 보통인데 각 개별규정 위반행위에 대하여 개별적 효과를 부여하고 있는 조항이 있는가 하면 아무런 효과규정도 두고 있지 않은 규정도 있는 것이다.[1] 또한 어떤 행위에 대해서는 과징금도 부과할 수 있고, 동시에 형사벌칙도 부과할 수 있는 이중 제재를 예정하고 있는 규정도 존재한다.[2] 이러한 이중제재 규정은 과잉금지원칙 위반 문제가 제기될 수 있는데 보험업법은 이러한 이중처벌의 논란을 입법적으로 해결하고 있다(보험 206조).

▶ 참조판례(헌재결 2005. 6. 30, 2002 헌바 83, 판례집 17-1, 812)

(1) 죄형법정주의와 명확성원칙

헌법 제12조 및 제13조를 통하여 보장되고 있는 죄형법정주의의 원칙은 범죄와 형벌이 법률로 정하여져야 함을 의미하며, 이러한 죄형법정주의에서 파생되는 명확성의 원칙은 법률이 처벌하고자 하는 행위가 무엇이며 그에 대한 형벌이 어떠한

1) 예컨대, 보험업법 제105조는 보험회사에 대하여 설권규정 및 선언적 규정으로서 동 법위반에 대한 별도의 조치가 예정되어 있지 않으며 동 법에 근거하여 제재를 할 수 있는지 논란이 있다.
2) 가령 보험업법 제111조의 대주주와 제한 규정을 위반한 경우 과징금과 벌칙이 별도로 부과될 수 있다(보험 196조 및 200조).

것인지를 누구나 예견할 수 있고, 그에 따라 자신의 행위를 결정할 수 있도록 구성요건을 명확하게 규정하는 것을 의미한다(헌재결 2004. 11. 25, 2004 헌바 35, 공보 99, 1295, 1298).

그러나 처벌법규의 구성요건이 명확하여야 한다고 하여 모든 구성요건을 단순한 서술적 개념으로 규정하여야 하는 것은 아니고, 다소 광범위하여 법관의 보충적인 해석을 필요로 하는 개념을 사용하였다고 하더라도 통상의 해석방법에 의하여 건전한 상식과 통상적인 법감정을 가진 사람이면 당해 처벌법규의 보호법익과 금지된 행위 및 처벌의 종류와 정도를 알 수 있도록 규정하였다면 헌법이 요구하는 처벌법규의 명확성에 배치되는 것이 아니다. 그렇지 않으면 처벌법규의 구성요건이 지나치게 구체적이고 정형적이 되어 부단히 변화하는 다양한 생활관계를 제대로 규율할 수 없게 될 것이기 때문이다(헌재결 2004. 11. 25, 2004 헌바 35, 공보 99, 1295, 1298).

(2) 명확성 판단의 기준

어떠한 법규범이 명확한지 여부를 판단하는 기준은 명확성원칙의 근거와 관련하여 찾을 수 있다. 명확성원칙은 법규범의 의미내용이 불확실하면 법적 안정성과 예측가능성을 확보할 수 없고 법집행 당국의 자의적인 법해석과 집행을 가능하게 한다는 것을 그 근거로 하므로(헌재결 2002. 7. 18, 2000 헌바 57, 판례집 14-2, 1, 16 참조), 당해 법규범이 수범자에게 법규의 의미내용을 알 수 있도록 공정한 고지를 하여 예측가능성을 주고 있는지 여부 및 당해 법규범이 법을 해석·집행하는 기관에게 충분한 의미내용을 규율하여 자의적인 법해석이나 법집행이 배제되는지 여부, 다시 말하면 예측가능성 및 자의적 법집행 배제가 확보되는지 여부에 따라 명확성원칙에 위반되는지 여부를 판단할 수 있다.

2. 제재 대상행위

금융기관의 검사 및 제재에 관한 규정에 의하면 금융기관 또는 그 임·직원이 금융관련법령을 위반하거나 그 이행을 태만히 하는 경우 등을 제재 대상행위로 예시하고 있다(규정 5조). 제재 대상행위로 횡령 등 형법 위반에 대한 행위도 그 대상으로 하고 있으나 금융관련법령의 위반행위를 제재 대상으로 하는 것이 원칙이고 위법행위뿐만 아니라 부당행위도 포함하고 있는 점이 특징이다. 또 규정에 의하면 제재 대상자를 행위자, 감독자, 보조자, 지시자로 분류하여 각 행위 관련자의 역할에 따라 제재 수위를 달리 적용하고 있다.

3. 제재 조치의 종류

보험업법 등 금융관련법령 위반행위에 대한 금융당국의 제재 조치는 그 제재의 대상에 따라 보험회사 등 기관에 대한 제재와 그 임·직원에 대한 제재 등으로 나누어지고 보험회사 등에 대한 기관제재로서 보험업의 허가취소·영업의 일부 또는 전부정지·시정명령·주의·경고 등이 있고, 임·직원에 대한 제재로는 주의·경고·문책의 요구 등이 있다(보험 134조). 한편 보험업법은 이와 같이 보험회사의 임·직원, 국내사무소, 보험대리점 및 보험중개사 등의 임·직원을 그 제재대상자로 하는 일반적 규정을 두고 있고(보험 134조 및 136조), 보험설계사 등 보험모집종사자에 대해서는 별도의 제재 근거와 제재의 종류를 마련해 놓고 있다(보험 86조, 88조, 90조). 보험설계사 등의 경우 모집관련 규정 위반을 전제로 업무정지 또는 등록취소 조치가 가능한 것으로 규정하고 있고, 보험회사 임·직원에 대하여 가할 수 있는 주의·경고·문책 등의 신분상 제재조치는 규정하고 있지 않다. 참고로 금융기관 및 검사에 관한 규정은 보험업법 등 개별 금융법령의 조치수단을 종합하여 제재 조치의 종류를 별도로 규정하고 있는데 기관에 대한 조치로서 영업의 인가·허가 또는 등록의 취소, 영업·업무의 일부 또는 전부정지, 영업점 영업의 전부 또는 일부정지, 위법부당행위의 중지, 계약의 이전결정, 위법내용의 공표 또는 게시의 요구, 기관경고, 기관주의 등이 있고(규정 17조), 임원에 대한 조치로는 해임권고, 업무집행의 전부 또는 일부의 정지, 문책경고, 주의적 경고, 주의 등이 있다(규정 18조), 또 직원에 대한 조치로는 면직, 정직, 감봉, 견책 또는 주의 등의 조치가 있다(규정 19조). 또한 제재의 내용에 따라 영업상, 신분상, 금전상의 제재로 구별할 수 있고 영업상의 제재에는 영업의 인가, 허가 또는 등록의 취소, 신분상의 제재에는 해임권고(면직), 업무집행정지(정직), 문책경고(감봉), 주의적 경고(견책) 등이 있고, 금전상의 제재로서 과징금과 과태료가 있다.[1] 기타의 조치로서 변상요구, 업무방법 개선, 확약서 및 양해각서의 징구 등의 조치가 있다.[2]

---

1) 과징금이 부과되는 행위유형에는 특별이익제공 행위(보험 98조), 대주주 및 자회사에 대한 신용공여한도 초과 행위(보험 106조), 대주주와 거래제한(보험 111조) 등이 있다. 과태료 부과대상행위는 다른 업무의 겸영 규정 위반행위(보험 10조 및 11조), 타인에 대한 모집위탁 등(보험 99조) 등이 있다.

2) 확약서는 경영관리상의 경미한 취약점과 위법사항에 대한 시정 및 재발 방지 목적으로 금융기관 대표자 등으로부터 징구한다. 양해각서는 리스크관리, 내부통제시스템, 자산건전성 등 경영관리상 심각한 취약점과 중대한 위법사항의 시정 및 재발방지 목적으로 금융기관 이사회 전원이 서명하여

[보험회사 임·직원 등의 제재 조치 종류 및 근거]

제재 대상	제재 대상행위	제재의 종류	제재 근거	비고
임 원	보험법령 위반	해임권고, 직무정지 문책경고, 주의적 경고, 주의	보험 134조	기관조치 병과
직 원	보험법령 위반	면직, 정직, 감봉, 견책, 주의 등	보험 134조	기관조치 병과
보험모집 종사자	모집관련 법령	업무정지, 등록취소	보험 86조 등	기관조치 또는 조치생략

4. 보험업법 위반에 따른 제재 조치의 대상자

(1) 보험회사 및 그 소속 임·직원

보험업법 또는 보험업법에 따른 규정·명령 또는 지시를 위반하여 건전한 경영을 해칠 우려가 있다고 인정되는 경우에는 보험회사 및 그 소속 임·직원에 대하여 제재조치를 취할 수 있다(보험 134조).

(2) 국내사무소, 보험대리점 및 보험중개사

국내사무소 및 그 소속 임·직원도 보험업법상의 제재 대상자에 포함된다(보험 136조). 보험대리점 및 보험중개사의 경우에는 개인사무소 및 법인 등 그 법인격 형태 여부를 불문하고, 보험업법 제136조에 의하여 보험업법 제133조 및 제134조를 준용하도록 규정하고 있으므로 이들에 대해서 기관 및 임직원에 대한 조치 등을 할 수 있다.

보험대리점 및 보험중개사의 경우 보험회사 및 그 임·직원의 조치와 동일하게 조치가 될 수 있다. 특히 보험대리점 및 보험중개사의 경우 그 법적 형태가 법인인 경우에는 그 소속 임·직원에 대해서도 제재 조치가 가능하다. 그러나 대개 우리나라 법인보험대리점 및 보험중개사의 경우 그 소속 보험설계사를 제외한 순수한 임·직원은 극소수에 불과하고 대부분이 보험설계사로 구성되어 있으므로 그 법인 소속 임·직원 신분으로 조치를 받는 경우는 실무상 거의 없다. 보험대리점 등의 소속 보험설계사는 보험회사 소속 보험설계사간의 관계와 마찬가지로 임·직원에 해당되지 않을 것으로 보인다. 법인대리점이나 보험중개사의 조직 중 임·직원은 보험업법 제136조에 의하여 그 소속 보험설계사는 각 개별 보험업법의 규정에 따라서 주로 보험업법 제4장 모집관련 규정에 의하여 조치되고 조치의 내용은 주로 등록취소나 업

체결한다.

무정지 등의 조치가 취해질 수 있으며 보험회사나 법인보험대리점 소속 임·직원에 대하여 취하는 제재 조치는 선택할 수 없다.

(3) 자회사 및 업무수탁자

보험업법은 "보험수리업무, 손해사정업무, 보험사고 및 보험계약 조사업무를 수행하는 자회사와 보험회사의 사옥관리업무, 보험수리업무, 손해사정업무, 보험대리업무 등 보험업법 시행령 제59조 제 1 항 각호의 업무를 보험회사로부터 위탁받은 자는 금융감독원의 검사를 받아야 한다"고 규정하고 있다(보험 136조).[1] 그러나 검사결과 이들의 위규행위가 적발되었을 경우 이에 대한 처리, 즉 제재 조치에 관한 규정을 두고 있지 않다. 그러므로 이들은 제재조치의 대상자는 아니다. 그런데 이러한 자들이 보험업법의 규정을 위반한 경우 제재적 처분이나 징계처분을 받지 않더라도 형사벌칙 위반에 대해서는 처벌이 가능하도록 하는 방안을 마련함이 타당하다.

(4) 보험협회, 보험요율산출기관, 그 밖의 단체

보험협회, 보험요율산출기관 및 그 밖에 보험대리점협회 등은 금융감독원이 검사를 받으며 보험법령 위반시 제재 조치를 받을 수 있다(보험 179조).

(5) 손해사정사 및 보험계리사 등

손해사정사업자 및 보험계리업자는 금융감독원의 검사를 받는다. 또한 보험법령을 위반할 경우 등록취소 및 업무정지 처분을 받을 수 있고, 손해사정업자 및 보험계리업자 및 임·직원에 대해서도 제재 조치를 취할 수 있다(보험 190조 및 192조).

Ⅳ. 제재조치의 법적 성격

1. 문제의 소재

행정쟁송의 대상은 행정청의 처분을 그 대상으로 하는 바, 금융당국의 제재 조치에 대한 권리구제와 관련하여 금융당국의 제재 조치가 처분성을 가지고 있는지 문제된다. 처분성이 있다고 인정되면 행정쟁송을 통하여 권리구제를 받을 수 있으

1) 그 밖에 보험사고 및 보험계약 조사업무, 보험에 관한 교육·연수·도서출판·금융리서치·경영컨설팅 업무, 보험업과 관련된 전산시스템·소프트웨어 등의 대여·판매 및 컨설팅 업무, 보험계약 및 대출 등과 관련된 상담업무, 보험에 관한 인터넷 정보서비스의 제공업무, 자동차와 관련된 긴급출동·차량관리·운행정보 등 부가서비스 업무, 보험계약자 등에 대한 위험관리 업무, 건강·장묘·장기간병·신체장애 등의 사회복지사업 및 이와 관련된 조사·분석·조언 업무 등을 위탁받은 자로 포함된다.

나 처분성이 부인될 경우에는 행정소송을 통하여 권리구제를 받을 수 없으므로 다른 법적 구제수단을 강구해야 하기 때문이다. 따라서 금융당국의 제재조치의 법적 성격규명은 중요한 문제라고 볼 수 있다. 이하에서는 보험업법 위반에 대한 벌칙규정의 체계 및 일반적 제재조항으로서 보험업법 제134조의 내용을 살펴보고 나아가 금융당국의 제재조치에 대한 법적 성격과 관련한 행정소송 사례를 통하여 금융당국의 제재조치의 법적 성격을 살펴본다.

2. 행정처분의 개념

행정처분에 관하여 행정심판법 등에서 그에 관한 정의규정을 두고 있다. 행정심판법은 처분이란 "행정청이 행하는 구체적 사실에 관한 법집행으로서의 공권력의 행사 또는 그 거부, 그 밖에 이에 준하는 행정작용을 말한다."고 규정하고 있고 (행정심판법 2조 1호), 행정소송법은 처분 등이라 함은 "행정청이 행하는 구체적 사실에 관한 법집행으로서의 공권력의 행사 또는 그 거부와 그 밖에 이에 준하는 행정작용 및 행정심판에 대한 재결을 말한다."고 규정하고 있다(행정소송법 2조 1호). 행정절차법에 의하면 처분이라 함은 "행정청이 행하는 구체적 사실에 관한 법집행으로서의 공권력의 행사 또는 그 거부와 기타 이에 준하는 행정작용을 말한다."고 규정하고 있다(행정절차법 2조 2호). 판례에 의하면 항고소송의 대상이 되는 행정처분은 행정청의 공법상 행위로서 특정 사항에 대하여 법규에 의한 권리의 설정 또는 의무의 부담을 명하거나 기타 법률상의 효과를 직접 발생케 하는 등 국민의 구체적인 권리·의무에 직접 관계가 있는 행위를 말한다고 판시하고 있다.[1]

3. 제재조치의 행정처분성 인정 여부

(1) 일 반 론

금융당국이 행하는 각종의 제재조치는 보험회사 등에 대하여 권리를 제한하거나 의무를 부과하는 측면에서 불이익한 처분이므로 침익적 행정작용에 속한다. 금융당국이 보험회사 등에 행하는 처분 중 과징금 또는 과태료 부과 조치는 금전상의 불이익을 부과하는 조치이므로 전술한 행정처분 개념에 의할 때 행정처분성을 인정하는 데 이론이 없다. 문제는 금융당국이 보험업법 제134조에 의하여 행하는 각종의 제재조치, 즉 보험회사에 대한 주의·경고, 보험회사 임·직원에 대한 주의·경고·문책의 요구 등이 행정처분에 해당하는지 여부인데 이에 대해서는 다툼이 있다.

1) 대판 2004. 11. 26, 2003 두 10251, 10268 등.

보험회사 임·직원에 대한 주의·경고 또는 문책의 요구, 임원에 대한 해임권고, 직무정지의 요구 등의 제재조치는 직접적으로 제재대상자에 대하여 권리의무의 변동을 초래하게 하는 것이 아니라 금융당국의 요구에 따라 보험회사의 내부적인 조치로 제재가 이루어지기 때문이다. 금융당국의 제재 조치와 관련하여 그동안 법원 판례태도를 종합하여 보면 보험회사에 대한 주의·경고, 시정명령, 영업의 일부정지, 영업의 전부정지 또는 보험업 허가의 취소 조치는 구체적 사실에 관한 법집행으로서의 공권력의 행사인 행정처분에 해당하는 것으로 볼 수 있다. 보험회사 임·직원에 대한 신분상의 제재 조치는 판례의 태도가 일관되어 있지 않으나 금융당국의 보험회사에 대한 조치요구에 대해서는 처분성을 인정하지 않는 것이 주류적 태도이며 최근 행정처분 개념의 확대 및 권리구제의 강화라는 측면에서 금융당국의 각종 요구조치에 대해서는 처분성을 인정하려는 경향을 보이고 있다. 항고소송의 대상이 되는 행정처분은 행정청의 공법상 행위로서 특정사항에 대하여 법규에 의한 권리의 설정 또는 의무의 부담을 명하거나 기타 법률상 효과를 발생하게 하는 등 국민의 권리의무에 직접 관계가 있는 행위를 가리키는 것이고 행정권 내부에서의 행위나 알선, 권유, 사실상의 통지 등과 같이 상대방 또는 기타 관계자들의 법률상 지위에 직접적인 법률적 변동을 일으키지 아니하는 행위는 항고소송의 대상이 되는 행정처분이 아니라고 할 것이다.[1)]

(2) 개별적 검토

1) 처분성이 인정된 제재 조치

① 문책경고

금융기관 검사 및 제재에 관한 규정(이하 '제재규정'이라 한다) 제22조는 금융기관의 임원이 문책경고를 받은 경우에는 금융업 관련 법 및 당해 금융기관의 감독 관련 규정에서 정한 바에 따라 일정기간 동안 임원선임의 자격제한을 받는다고 규정하고 있다. 은행법 제18조 제 3 항의 위임에 기한 구 은행업감독규정 제17조 제 2 호 (다)목, 제18조 제 1 호는 제재규정에 따라 문책경고를 받은 자로서 문책경고일로부터 3년이 경과하지 아니한 자는 은행장, 상근감사위원, 상임이사, 외국은행지점 대표자가 될 수 없다고 규정하고 있다. 따라서 문책경고는 그 상대방에 대한 직업선택의 자유를 직접 제한하는 효과를 발생하게 하는 등 상대방의 권리의무에 직접 영향을 미치는 행위로서 행정처분에 해당한다.[2)]

1) 대판 1996. 3. 22, 96 누 433; 동 2005. 2. 17, 2003 두 10312 등.
2) 대판 2005. 2. 17, 2003 두 14765.

② **문책요구**

대법원의 판례는 아니지만 최근 금융감독원의 문책요구에 대하여 처분성을 인정하고 본안에서 이에 대한 심사를 통하여 원고의 청구를 인용한 사례가 있다.[1)]

③ **정직요구**

이 사건 정직 조치요구는 증권거래법 제53조 제5항에 근거한 것인데, 그와 같은 요구의 이행을 강제하거나 징계요구의 거부에 대하여 제재할 수 있는 규정이 증권거래법상 따로 마련되어 있지 않기는 하다. 그러나, 소외 회사가 증권거래법 제53조 제7항 및 금융기관 검사규정 제15조 제1항에 근거한 정리 및 보고의무를 이행하기 위해서는 이 사건 조치요구에 따른 처리가 선행되어야 하고, 위 정리 및 보고의무를 이행하지 않는 경우 소외 회사의 임·직원이 금융감독원장으로부터 제재를 받을 수도 있다. 또한 금융위원회는 증권거래법 제54조에 따라 증권회사의 경영 및 업무개선에 관해 필요한 명령을 할 수도 있어, 증권회사의 업무에 관해 광범위한 감독권한을 가지고 있다.

이와 같은 사정에 비추어 보면, 소외 회사에게는, 이 사건 조치요구에 따라 정해진 기한 내에 이를 정리하고 그 내용을 보고하기 위해 제반 절차에 착수할 것이 사실상 강제되어 있다고 할 것이어서, 이 사건 조치요구는 소외 회사의 협력을 기대하여 행하는 사실의 통지에 불과하다고 보기 어렵고, 소외 회사에게 의무의 부담을 명하거나 기타 법률상 효과를 발생하게 하는 것으로서 항고소송의 대상이 되는 행정처분에 해당한다고 봄이 상당하다.[2)]

④ **영업**(업무)**정지**

무자격자에 대하여 보험모집을 위탁하였다는 이유로 영업정지처분을 내린 사안에서 법원에서는 행정처분성을 인정하여 본안 판단하였다.[3)]

⑤ **임원의 개선요구**

개선요구를 받은 임원은 일정기간 임원선거의 피선거권이 박탈되어 그 상대방에 대한 직업선택의 자유를 직접 제한하는 효과를 발생하는 등 상대방의 권리의무에 직접 영향을 미치는 행위로서 행정처분에 해당한다.[4)]

⑥ **과징금 부과**

유가증권신고서를 사전에 제출하지 아니한 이유로 과징금 부과처분을 내린 사

1) 서울행판 2005. 12. 8, 2004 구합 36106.
2) 서울행판 2009. 9. 3, 2009 구합 15944.
3) 서울행판 2002. 5. 22, 99 구 36682.
4) 서울행판 2007. 3. 16, 2005 구합 28249.

안에서 처분성을 인정하고 본안 판단하였다.[1)]

⑦ **보험설계사 등록취소**

보험료 횡령을 이유로 금융위원회가 등록취소 처분을 내린 사안에서 처분성을 인정하고 본안에 들어가 등록취소 처분이 정당하다고 판시하였다.[2)]

2) 처분성 부인된 제재 조치

① **해임권고 처분**

해임권고는 그 자체로 원고의 권리의무에 영향을 미치지 아니하는 것이고, 징계권자인 금융기관의 협력을 기대하여 행하는 단순한 사실의 통지에 불과하지 행정소송의 대상이 되는 처분으로 볼 수 없다.[3)]

② **해임권고**(상당) **통보**

해임권고 상당 통보는 권리의무에 직접적인 변동을 초래하는 처분에 해당하지 아니한다.[4)]

③ **면직요구**

면직요구 조치는 임면권자의 임의적 협력을 기대하여 행하는 비권력적 사실행위로 청구인의 권익을 직접적이고 구체적으로 침해하는 공권력의 행사로서 처분에 해당하지 않는다.[5)]

④ **정직요구**

정직 3개월의 징계를 요구한 이 사건 조치는 징계권자인 □□증권의 협력을 기대하여 행하는 권고적 성격의 행위에 불과한 것으로 □□증권에 의하여 징계가 행해지기 전까지 이 사건 조치만으로 피조치자의 법률상의 지위에 직접적인 변동을 가져오는 것은 아니므로 이 사건 조치는 항고소송의 대상이 되는 행정처분이라고 할 수 없다.[6)]

⑤ **견책요구**

퇴직자에 대한 견책 상당 통보에 대하여도 행정소송의 대상이 되는 처분성을 부인하였다.[7)]

---

1) 서울행판 2005. 9. 30, 2002 구합 11752.
2) 서울행판 2008. 10. 16, 2008 구합 24453.
3) 서울행판 1999. 12. 21, 99 구 22690.
4) 서울행판 2003. 5. 21, 2003 구합 1332.
5) 서울행판 2003. 9. 5, 2003 구합 3093; 2005 구합 32859.
6) 서울행판 2006. 5. 11, 2005 구합 32514.
7) 서울행판 2003. 3. 20, 2002 구합 34311.

⑥ **문책경고(상당) 통보**

행정소송의 대상이 되는 처분은 행정청의 공법상의 행위로서 국민의 권리의무에 직접적 변동을 초래하는 행위인데, 퇴직임원에 대한 통보는 어떠한 법적 근거에 기인한 것이 아니라 금융기관에 재직 중이었다면 문책경고의 제재에 해당한다는 취지의 단순한 사실의 통지에 불과하므로 행정소송의 대상이 아니다.[1)]

(3) 소 결

생각건대, 금융당국이 행사하는 금융회사 등에 대한 제재 및 임·직원에 대한 징계조치 요구는 행정처분적 성질을 가진 것으로 보아야 할 것이다. 다만 기관주의 및 개인주의 조치 등의 경우에는 당해 처분으로 곧바로 권리의무 관계에 영향을 미치는 것은 아니므로 항고소송의 대상이 되는 행정처분은 아닌 것으로 사료된다.

V. 형사벌칙 제도

1. 서 설

보험업법 위반행위에 대한 가장 강력한 제재수단으로 형사벌칙이 존재한다. 형사벌이 가해지는 경우는 형벌의 보충성의 원칙에 따라 가장 최후적 제재수단이므로 그 위반행위가 중한 것에 한정하여 규정되어야 한다. 우리 보험업법은 다양한 보험업법 위반행위에 대하여 형사처벌이 가능하도록 여러 규정을 두고 있다.

2. 형사처벌 대상행위

보험모집관련 규제의 위반행위 중 형사처벌을 받을 수 있는 행위는 (1) 보험업법 제98조(특별이익의 제공 금지)의 규정에 반하여 특별이익을 제공한 경우(보험 202조 2호), (2) 보험업법 제83조(모집할 수 있는 자) 제 1 항의 규정을 위반하여 모집을 한 자, (3) 거짓이나 그 밖의 부정한 방법으로 보험설계사, 보험대리점 또는 보험중개사의 등록을 한 자, (4) 보험업법 제86조(등록취소 등) 제 2 항 및 제88조(보험대리점의 등록취소 등) 제 2 항, 제90조(보험중개사의 등록취소 등) 제 2 항에 따른 업무정지 명령을 위반하여 모집을 한 자가 그 대상이 된다(보험 204조 1항).

---

1) 서울행판 2004. 2. 28, 2004 두 381.

3. 보험회사 등 법인의 형사처벌

법규정이 개인에게 의무를 부여하고 이러한 의무를 이행하지 아니하였음을 이유로 개인에게 형사처벌하는 경우에는 벌칙 적용상에 문제는 거의 발생하지 않는다. 그런데 형사처벌이 법인에게 부여된 의무를 법인의 피용자가 위반한 경우 피용자를 벌하는 외에 그 법인도 처벌을 하는 경우가 있는데 이에 관하여 규정하고 있는 것이 양벌규정이다. 형사벌칙에 해당하는 행위가 발견되면 검사가 인지하여 수사하거나 제 3 자의 고발에 의하여 수사를 개시하게 된다. 금융감독원은 검사 시 형사처벌 대상행위를 적발한 경우 모두 예외 없이 고발하는 것은 아니며 사안의 경중에 따라 형사고발 조치한다. 형사벌칙에 해당하는 행위가 발견되면 형사고발 조치 외에 관련자에 대하여 보험업법 제134조에 따라 보험회사 및 관련 임·직원에 대해 문책 등의 징계조치가 가능하고 보험모집종사자의 경우에는 그 경중에 따라 등록취소 처분 등이 가능하다. 회사합병의 경우 합병으로 인하여 소멸한 법인이 그 종업원 등의 위법행위에 대해 양벌규정에 따라 부담하던 형사책임은 합병으로 인하여 존속하는 법인에 승계되는가? 이와 관련하여 우리 대법원은 회사합병이 있는 경우 피합병회사의 권리·의무는 사법상의 관계나 공법상의 관계를 불문하고 모두 합병으로 인하여 존속하는 회사에 승계되는 것이 원칙이지만 그 성질상 이전을 허용하지 않는 것은 승계의 대상에서 제외되어야 할 것인 바, 양벌규정에 의한 법인의 처벌은 어디까지나 형벌의 일종으로서 행정적 제재처분이나 민사상 불법행위책임과는 성격을 달리하는 점, 형사소송법 제328조가 '피고인인 법인이 존속하지 아니하게 되었을 때'를 공소기각 결정의 사유로 규정하고 있는 것은 형사책임이 승계되지 않음을 전제로 한 것이라고 볼 수 있는 점 등에 비추어 보면 합병으로 인하여 소멸한 법인이 그 종업원 등의 위법행위에 대해 양벌규정에 따라 부담하던 형사책임은 그 성질상 이전을 허용하지 않는 것으로 합병으로 인하여 존속하는 법인에 승계되지 않는다.[1]

법인간의 공범성립 여부에 관하여 양벌규정에 의하여 법인이 처벌받는 경우에 법인의 사용인들이 범죄행위를 공모한 후 일방 법인의 사용인은 실행행위에 직접 가담하지 아니하고 다른 공모자인 다른 법인의 사용인만이 분담 실행한 경우에도 그 법인은 공동정범의 죄책을 면할 수 없다.[2]

---

1) 대판 2007. 8. 23, 2005 도 4471.
2) 대판 1983. 3. 22, 81 도 2545.

법인격 없는 사단에 대하여서도 양벌규정을 적용할 것인가에 관하여는 아무런 명문의 규정을 두고 있지 아니하므로 죄형법정주의 원칙상 법인격 없는 사단에 대하여는 같은 법 제74조에 의하여 처벌할 수 없고 나아가 법인격 없는 사단에 고용된 사람이 유상운송행위를 하였다 하여 법인격 없는 사단의 구성원 개개인이 위 법 제74조 소정의 개인의 지위에 있다 하여 처벌할 수도 없다.[1]

법인은 기관을 통하여 행위하므로 법인이 대표자를 선임한 이상 그의 행위로 인한 법률효과는 법인에게 귀속되어야 하고 법인 대표자의 범죄행위에 대하여는 법인 자신이 책임을 져야 하는 바, 법인 대표자의 법규 위반행위에 대한 법인의 책임은 법인 자신의 법규 위반행위로 평가될 수 있는 행위에 대한 법인의 직접 책임으로서 대표자의 고의에 의한 위반행위에 대하여는 법인 자신의 고의에 의한 책임을 대표자의 과실에 의한 위반행위에 대하여는 법인 자신의 과실에 의한 책임을 지는 것이다.[2]

4. 형사처벌 사례

(1) 보험회사의 1인 주주가 회사의 재산을 부당히 감소시킨 경우, 구 보험업법 위반(배임)죄의 성부와 관련하여 1인 주주의 회사라 할지라도 법인격을 가진 영리법인과 그 이윤귀속주체인 주주와를 동일시 할 수 없을 뿐 아니라 특히 보험회사에 관하여는 보험계약자, 피보험자 기타 이해관계인의 이익을 보호하기 위하여 자본금의 법정최저한도, 재무부장관의 보험회사에 대한 업무 기타 재산상태 심사권, 이익배당의 제한 등 보험업법상 일정한 법적 규제를 가하고 있는 점 등에 비추어 보험회사의 부당한 재산감소를 그 1인 주주 자신의 재산 감소와 동일한 것으로 볼 수 없으므로 위 1인 주주의 회사재산 부당감소 행위는 구 보험업법(1971. 1. 19. 법률 제2288호)위반 (배임)죄에 해당한다.[3]

(2) 보험업을 영위하는 상법상 회사의 임원 등이 구 보험업법(1971. 1. 19 법률 제2288호) 제130조 제1항 소정의 배임죄의 주체가 될 수 있는지 여부에 대해 구 보험업법(1971. 1. 19 법률 제2288호) 제130조 제1항의 규정을 보면 동조 소정의 배임죄의 주체는 상법상 회사가 아닌 보험관리인, 보험계리인, 상호회사의 발기인, 이사 기타 임원 등임을 명시하고 있으므로 보험업을 영위하는 상법상 회사의 임원 등

1) 대판 1995. 7. 28, 94 도 3325.
2) 대판 2010. 9. 30, 2009 도 3876.
3) 서울고판 1983. 2. 2, 74 노 211 제1형사부.

은 상법 제622조 소정의 특별배임죄의 주체가 됨은 별론으로 하고 위 법 제130조 제 1 항 소정의 배임죄의 주체가 될 수는 없다.[1)]

(3) 재무부 보험과장이 보험회사 주식인수 등에 대한 노력의 대가의 취지로 금원을 수취한 경우 직무에 관하여 뇌물을 수수한 경우에 해당하는지 여부에 대해 보험회사의 감독관청인 재무부의 보험과장으로서 보험회사의 감독에 관한 실무책임을 지고 있던 피고인이 상피고인이 보험회사의 주식 등을 금 2억 5천만 원으로 인수할 수 있도록 많은 노력을 기울여준 데 대한 대가의 취지와 앞으로도 동 보험회사의 운영과정에서 감독관청의 실무책임자로서 계속적인 선처를 바란다는 취지에서 위 상피고인이 제공하는 금원을 수취하였다면 피고인은 그 직무에 관하여 뇌물을 수수한 경우에 해당한다.[2)]

(4) 보험업법 위반 여부에 대하여 처벌사례를 보면 무허가 보험업을 영위한 것에 대한 사례들이 다수 발견된다. 몇 가지 판례를 보면 다음과 같다.

1) 교통범칙금 보상업의 보험업 해당여부

유사수신 행위의 규제에 관한 법률의 입법 취지, 같은 법 제 2 조 제 4 호 규정의 입법의도 및 규정형식 등을 종합하여 보면, 같은 법 제 2 조 제 4 호 소정의 '유사수신행위'라 함은 "보험업법 제 5 조 제 1 항의 규정에 의한 금융감독위원회의 허가를 받지 아니하고 실질적으로 보험사업을 하여 회비 등의 명목으로 금전을 수입함으로써 불특정다수인으로부터 자금을 조달하는 것을 업으로 하는 행위"를 말한다. 또한 보험사업이라 함은 같은 위험에 놓여 있는 다수의 보험가입자로부터 위험을 인수하여 그 대가로서 위험율에 따른 보험료를 받아 이를 관리·운영하고, 그 가입자에게 불확정한 사고가 생길 때에는 일정한 보험금액 기타의 급여를 지급하는 것을 내용으로 하는 사업으로서, 보험사업의 범위는 그 사업의 명칭이나 법률적 구성형식에 구애됨이 없이 그의 실체 내지 경제적 성질을 실질적으로 고찰하여 판단하여야 한다. 따라서 교통범칙금 상당액을 보상해 주기로 약정하고 연회비를 납부받은 영업행위가 실질적으로 무허가 보험사업으로 유사수신 행위의 규제에 관한 법률 제 2 조 제 4 호 소정의 '유사수신행위'에 해당한다.[3)]

2) 상조회의 보험업 해당 여부

상조회의 상조사업은 동질적인 경제상의 위험에 놓여 있는 다수 회원이 사망

---

1) 대판 1984. 7. 24, 83 도 830.
2) 대판 1984. 7. 24, 83 도 830.
3) 대판 2001. 12. 24, 2001 도 205.

이라는 우연한 사고가 발생한 경우의 재산상의 수요를 충족시키기 위하여 입회비, 상조회비라는 명목으로 일정한 금액을 출연시키고 사고가 발생한 때에 일정한 금액을 지급한다는 점에서 실질적으로는 보험사업을 영위한 것이다. 따라서 허가 없이 대한종합복지상조회를 조직하여 상조사업을 영위한 것을 보험업법 위반행위에 해당한다.[1] 또한 보험사업을 규제하는 보험업법의 정신에 비추어 볼 때 보험사업의 범위는 그 사업의 명칭이나 법률적 구성형식에 구애됨이 없이 그의 실체 내지 경제적 성질을 실질적으로 고찰하여 해석하여야 할 것인바, 피고인이 운영한 이 사건 상조사업은 실질적인 면에서 고찰할 때 동질적인 경제상의 위험에 놓여있는 다수의 회원이 사망이라는 우연한 사고가 발생한 경우의 재산상의 수요를 충족시키기 위하여 가입회비, 상조비라는 명목으로 일정한 금액을 출연하고 사고가 발생할 때 상조부의금의 명목으로 일정한 금액을 지급한다는 점에서 그 사업명칭이나 출연 또는 지급금의 명칭에 불구하고 보험사업을 영위한 것이라고 하여야 할 것이므로 피고인이 허가 없이 위 상조사업을 영위한 것은 보험업법 위반행위에 해당한다고 할 것이라고 판시하였다.[2]

Ⅵ. 과징금 제도

1. 과징금의 의의

과징금이란 행정법상 의무를 불이행하거나 위반한 자에 대하여 당해 위반행위로 얻은 경제적 이익을 박탈하기 위하여 부과하거나 사업의 취소·정지에 갈음하여 부과되는 금전상의 제재를 말한다. 다만 세법에 근거한 금전적 부담은 제외된다. 과징금은 부과금으로도 불린다.[3] 과징금 제도를 제일 먼저 도입한 것은 독점규제 및 공정거래에 관한 법률로서 원래 이 제도는 주로 경제법상의 의무위반 행위로 인한 불법적인 이익을 박탈하기 위하여 그 이득액에 비례하여 과하여지는 일종의 행정제재금적 성격을 가진 것이다.[4]

1) 대판 1993. 3. 9, 92도3417.
2) 대판 1990.6.26, 89도2537.
3) 홍정선, 「행정법원론(상)(제18판)」(서울: 박영사, 2010), 638면.
4) 김동희, 「행정법 I (제16판)」(서울: 박영사, 2010), 449면; 박균성, 「행정법론(상)(제9판)」(서울: 박영사, 2010), 545면.

2. 법적 성질

과징금은 금전상 제재라는 점에서 형사벌로서의 벌금이나 행정벌로서 과태료와 다를 바 없고 행정법상 실효성의 확보를 위한 수단이라는 점에서 행정벌로서 과태료와 다를 바 없다. 그러나 과징금은 행정법상 의무위반·불이행에 대해 가해지는 것인 점에서 형사벌과 다르고 행정법상 의무위반·불이행에 대해 가해지더라도 그것은 성질상 처벌은 아니며 부당이득환수 또는 영업정지 처분에 갈음하는 금전의 납부 등 불이익의 부과라는 점에서 행정벌과 구별된다. 아울러 행정벌은 사법기관이 부과하나 과징금은 행정기관이 부과하는 점에서도 양자는 차이를 가진다. 과징금 부과는 비록 제재적 성격을 가진 것이기는 하여도 기본적으로는 법 위반행위에 의하여 얻은 불법적인 경제적 이익을 박탈하기 위하여 부과하는 것이고 이에 과징금을 부과함에 있어서 위반행위의 내용과 정도, 기간과 횟수 외에 위반행위로 인하여 취득한 이익의 규모 등도 아울러 참작하도록 규정하고 있다. 그러므로 위법행위에 대하여 부과되는 과징금의 액수는 당해 행위의 구체적 태양 등에 기하여 판단되는 그 위법성의 정도뿐만 아니라 그로 인한 이득액의 규모와도 상호 균형을 이룰 것이 요구되고, 이러한 균형을 상실할 경우에는 비례의 원칙에 위배되어 재량권의 일탈·남용에 해당할 수 있다.[1)]

[과태료와 과징금 제도의 차이점 비교][2)]

구분	과태료	과징금
성질	의무위반에 대한 벌	의무이행 확보 수단
부과주체	(원칙) 법원	행정청
금액측정기준	가벌성의 정도	의무위반·불이행시 예상수익
불복	질서행위위반 규제법	행정쟁송법

3. 법적 근거

과징금 부과행위는 그 자체가 독립적인 침익적 행정행위인 까닭에 법률유보의 원리상 반드시 법률의 근거를 요한다. 현재로는 과징금에 대한 통칙적 규정은 없고

1) 대판 2004. 10. 27, 2002 두 6842; 동 2001. 2. 9, 2000 두 6206 등.
2) 홍정선, 「행정법원론(상)(제18판)」(서울: 박영사, 2010), 639면.

다만 개별 법규에서 단편적으로 나타나고 있을 뿐이다.[1] 보험업법상 과징금 부과의 근거규정은 보험업법 제196조이다.

4. 과징금의 유형

과징금은 법령위반 행위에 따른 부당이득을 환수하는 성격을 갖거나 부당이득을 환수하는 성격과 행정제재의 성격을 갖는 과징금, 사업의 취소 및 정지에 갈음하거나 사업의 취소와 선택관계에 놓이는 과징금으로 구분되기도 한다.[2]

5. 보험업법상 과징금 제도의 도입

우리나라의 과징금 제도는 1980년 12월 31일 법률 제3320호로 제정된 독점금지 및 공정거래에 관한 법률에서 실정법상 최초로 도입되었다. 보험업법은 2003년 개정 보험업법에서 특별이익 제공, 대주주 및 자회사에 대한 신용공여, 동일인 대출한도 초과 등의 행위에 대하여 과징금을 부과할 수 있도록 함으로써 도입하였고,[3] 2010년 개정 보험업법에서는 과징금 부과사유를 보다 확대하여 규정하였다. 일본에서는 2003년 금융실무회에서 위반행위의 정도와 태양에 상응한 다양한 제재수단을 활용함으로써 시장에 대한 신뢰향상을 기대할 수 있다는 취지로 과징금 제도 도입을 제안하여 2004년 증권거래법 개정을 통해 과징금 제도가 도입되었다. 2017년 개정법에서는 과징금의 부과대상 행위를 추가하고 부과액의 한계를 대폭

---

1) 홍정선, 「행정법원론(상)(제18판)」(서울: 박영사, 2010), 640면.

2) 최영찬, "과징금제도에 관한 고찰," 「법제」, 2001. 11 .3, 3면이하 참조.

3) 제196조 (과징금) ① 금융감독위원회는 보험회사가 제98조, 제106조 및 제111조의 규정을 위반한 때에는 다음 각호의 구분에 따라 과징금을 부과할 수 있다.
   1. 제98조의 규정을 위반하여 특별이익을 제공하거나 그 제공을 약속하는 경우 : 특별이익의 제공대상이 된 해당 보험계약의 연간 수입보험료의 100분의 50 이하
   2. 제106조 제 1 항 제 1 호 내지 제 3 호의 규정에 의한 신용공여 등의 한도를 초과한 경우 : 초과한 신용공여액 등의 100분의 10 이하
   3. 제106조 제 1 항 제 5 호의 규정에 의한 신용공여의 한도를 초과한 경우 : 초과한 신용공여액의 100분의 20 이하
   4. 제106조 제 1 항 제 6 호의 규정에 의한 채권 또는 주식의 소유한도를 초과한 경우 : 초과소유한 채권 또는 주식의 장부가액 합계액의 100분의 20 이하
   5. 제111조 제 1 항의 규정을 위반하여 신용공여하거나 자산을 매매 또는 교환 등을 한 경우 : 당해 신용공여액 또는 당해 자산의 장부가액의 100분의 20 이하

② 제98조 또는 제106조 제 1 항 제 1 호 내지 제 3 호·제 5 호 및 제 6 호의 규정을 위반한 자에게는 정상에 따라 제200조 또는 제202조의 규정에 의한 벌칙과 제 1 항의 규정에 의한 과징금을 병과할 수 있다.

③ 제 1 항의 규정에 의한 보험회사에 대한 과징금의 부과 및 징수·절차 등에 대하여는 은행법 제65조의 4 내지 제65조의 8의 규정을 준용한다.

상향하였다.

6. 과징금 부과대상 행위

과징금을 부과할 수 위반행위를 위반행위의 주체에 따라 구분하면 다음과 같다(보험 196조 1항 및 2항).

(1) 위반행위의 주체가 보험회사인 경우

1) 제95조의 4 제 1 항부터 제 3 항까지를 위반하여 광고하는 경우: 해당 보험계약의 연간 수입보험료의 100분의 50 이하

2) 제98조를 위반하여 특별이익을 제공하거나 제공하기로 약속하는 경우: 특별이익의 제공 대상이 된 해당 보험계약의 연간 수입보험료 이하

3) 제99조 제 1 항을 위반하여 모집을 할 수 있는 자 이외의 자에게 모집을 위탁한 경우: 해당 보험계약의 수입보험료의 100분의 50 이하

4) 제105조 제 1 호를 위반하여 업무용 부동산이 아닌 부동산(저당권 등 담보권의 실행으로 취득하는 부동산은 제외한다)을 소유하는 경우: 업무용이 아닌 부동산 취득가액의 100분의 30 이하

5) 제106조 제 1 항 제 1 호부터 제 3 호까지의 규정에 따른 신용공여 등의 한도를 초과한 경우: 초과한 신용공여액 등의 100분의 30 이하

6) 제106조 제 1 항 제 5 호에 따른 신용공여의 한도를 초과한 경우: 초과한 신용공여액 이하

7) 제106조 제 1 항 제 6 호에 따른 채권 또는 주식의 소유한도를 초과한 경우: 초과 소유한 채권 또는 주식의 장부가액 합계액 이하

8) 제110조 제 1 항을 위반하여 자금지원 관련 금지행위를 하는 경우: 해당 신용공여액 또는 주식의 장부가액 합계액의 100분의 30 이하

9) 제111조 제 1 항을 위반하여 신용공여를 하거나 자산의 매매 또는 교환 등을 한 경우: 해당 신용공여액 또는 해당 자산의 장부가액 이하

10) 제127조를 위반한 경우: 해당 보험계약의 연간 수입보험료의 100분의 50 이하

11) 제127조의 3을 위반한 경우: 해당 보험계약의 연간 수입보험료의 100분의 50 이하

12) 제128조의 3을 위반하여 기초서류를 작성·변경한 경우: 해당 보험계약의 연간 수입보험료의 100분의 50 이하

13) 제131조 제 2 항 및 제 4 항에 따라 금융위원회로부터 기초서류의 변경·사용중지 명령 또는 보험료환급·보험금증액 명령을 받은 경우: 해당 보험계약의 연간 수입보험료의 100분의 50 이하

(2) 위반행위의 주체가 소속 임·직원 또는 소속 보험설계사인 경우

보험업법 제95조의 2·제96조 제 1 항·제97조 제 1 항을 위반한 경우에는 그 보험회사에 대하여 해당 보험계약의 수입보험료의 100분의 20 이하의 범위에서 과징금을 부과할 수 있다. 다만, 보험회사가 그 위반행위를 막기 위하여 해당 업무에 관하여 상당한 주의와 감독을 게을리 하지 아니한 경우에는 그러하지 아니하다(보험 196조 2항).

7. 과징금 부과의 한계

과징금의 부과 여부는 부과권자의 재량사항이다. 그러나 이러한 재량행위도 일정한 한계를 가지고 있다. 판례는 과징금을 부과할 것인지 여부와 만일 과징금을 부과한다면 과징금의 부과액수를 얼마로 정할 것인지에 관하여서는 감독당국이 재량을 가지고 있고 또한 그 재량권 내에서 과징금을 부과함에 있어서도 위반행위의 내용 및 정도, 위반행위의 기간 및 횟수, 위반행위로 인해 취득한 이익의 규모 등을 참작하여야 하는 것이며, 과징금 부과의 재량 행사에 있어 비례의 원칙을 위배하는 경우 재량권의 일탈·남용으로서 위법하다고 한다.[1] 과징금 부과 처분이 사회통념상 재량권의 범위를 일탈하거나 남용한 경우에는 위법하고, 재량권의 일탈·남용 여부는 처분사유로 된 위반행위의 내용과 당해 처분행위에 의하여 달성하려는 공익목적 및 이에 따르는 모든 사정을 객관적으로 심리하여 공익침해의 정도와 그 처분으로 인하여 개인이 입게 될 불이익을 비교·교량하여 판단하여야 한다.[2] 제재적 행정처분인 청소년보호법상의 과징금 부과처분이 사회통념상 재량권의 범위를 일탈하거나 남용한 경우에는 위법하고, 재량권의 일탈·남용 여부는 처분사유로 된 위반행위의 내용과 당해 처분행위에 의하여 달성하려는 공익목적 및 이에 따르는 모든 사정을 객관적으로 심리하여 공익침해의 정도와 그 처분으로 인하여 개인이 입게 될 불이익을 비교·교량하여 판단하여야 한다.[3] 또한 과징금 부과는 비록 제재적 성격을 가진 것이기는 하여도 기본적으로는 법 위반행위에 의하여 얻은 불법적인 경제

1) 대판 2002. 5. 28, 2000 두 6121 등.
2) 대판 2001. 7. 27, 99 두 9490.
3) 대판 2001. 3. 9, 99 두 5207.

적 이익을 박탈하기 위하여 부과하는 것이고 이에 과징금을 부과함에 있어서 위반행위의 내용과 정도, 기간과 횟수 외에 위반행위로 인하여 취득한 이익의 규모 등도 아울러 참작하도록 규정하고 있으므로, 위법행위에 대하여 부과되는 과징금의 액수는 당해 행위의 구체적 태양 등에 기하여 판단되는 그 위법성의 정도뿐만 아니라 그로 인한 이득액의 규모와도 상호 균형을 이룰 것이 요구되고, 이러한 균형을 상실할 경우에는 비례의 원칙에 위배되어 재량권의 일탈·남용에 해당할 수 있다.[1] 가령 보험회사가 공시이율의 산정을 단순한 착오에 의하여 잘못 산정하여 보험업감독규정이 정하고 있는 범위를 초과하여 운영한 경우에 기초서류 준수위반에 해당하나 이러한 경우 과징금은 소비자에 대한 피해여부, 보험회사의 이익취득 규모 등을 감안하여 과징금 부과를 생략할 수 있도록 제재기준을 정립하여야 할 것이다. 또한 보험청약서 등의 사업방법서 별지에 기재된 양식을 단순히 변경하여 사용하거나 혹은 취지에 반하지 아니한 양식의 변경 사용 등은 외형상 기초서류 준수 위반에 해당하더라도 법 취지에서 금지하고자 하는 것에 해당되지 아니한 경우로서 이러한 경우 과징금을 부과하는 것은 너무나 가혹한 것이고 재량권을 일탈한 것으로 판단된다. 또한 과징금 부과 대상행위가 신·구법에 걸쳐 있는 경우, 즉 무배당 퇴직보험 금리연동형 상품의 공시이율에 관하여 부당한 공동행위를 할 것을 약정한 합의가 개정된 공정거래법 시행 전에 개시되어 그 후에도 지속된 이상, 부당한 공동행위에 대한 과징금 산정에서 종전의 규정을 적용하여야 한다"고 판시하였다.[2]

8. 과징금 부과 요건상의 문제

과징금 부과요건은 관련 행정법규 위반 사실이라는 객관적 요건만 충족되면 족하다. 판례도 "과징금이나 과태료 같은 행정제재의 경우 행정법규 위반이라는 객관적 사실에 대하여 과하는 제재이므로 원칙적으로는 위반자의 고의 또는 과실을 요하지 아니하지만, 위반자가 그 의무를 알지 못하는 것이 무리가 아니었다고 할 수 있어 그것을 정당시할 수 있는 사정이 있을 때 또는 그 의무의 이행을 그 당사자에게 기대하는 것이 무리라고 하는 사정이 있을 때 등 그 의무 해태를 탓할 수 없는 정당한 사유가 있는 때에는 이를 부과할 수 없다"고 한다.[3]

---

1) 대판 2004. 10. 27, 2002 두 6842; 동 2001. 2. 9, 2000 두 6206 등.

2) 대판 2009. 10. 29, 2009 두 11218, 공정거래위원회 2008. 10. 27. 의결 제2008-282호「13개 생명보험사의 부당한 공동행위에 대한 건」, 공정거래위원회 2010. 3. 30. 의결 제2010-038호「13개 생명보험사의 부당한 공동행위 관련 삼성생명보험에 대한 과징금 일부 직권취소의 건.

3) 대판 2000. 5. 26, 98 두 5972; 동 2003. 5. 25, 2002 두 5177; 동 2002. 5. 24, 2001 두 3952

통상 고시 또는 공고에 의하여 행정처분을 하는 경우에는 그 처분의 상대방이 불특정 다수인이고 그 처분의 효력이 불특정 다수인에게 일률적으로 적용되는 것이므로, 행정처분에 이해관계를 갖는 자가 고시 또는 공고가 있었다는 사실을 현실적으로 알았는지 여부에 관계없이 고시가 효력을 발생하는 날에 행정처분이 있음을 알았다고 보아야 할 것이다.[1]

9. 벌칙과 과징금의 병과

보험업법 제98조, 제106조 제 1 항 제 1 호부터 제 3 호까지·제 5 호·제 6 호 또는 제111조 제 1 항을 위반한 자에게는 정상(情狀)에 따라 제200조 또는 제202조에 따른 벌칙과 제 1 항에 따른 과징금을 병과(倂科)할 수 있다(보험 196조 3항).

10. 과징금 부과 및 징수절차

과징금의 부과 및 징수 절차 등에 관하여는 「은행법」 제65조의 4부터 제65조의 8까지의 규정을 준용한다(보험 196조 4항).

Ⅶ. 과태료 제도

1. 서 설

(1) 의 의

행정질서벌이란 행정법규 위반에 대하여 과태료가 과하여지는 행정벌이다. 행정질서벌인 과태료는 형벌과는 그 성질을 달리한다. 일반적으로 행정형벌은 행정목적을 직접적으로 침해하는 행위에 대하여 과하여지고 행정질서벌은 정보제공적 신고의무 위반과 같이 행정목적을 간접적으로 침해하는 행위에 대하여 과하여진다.[2]

▶ 참조판례(대판 2012. 10. 11, 2011 두 19369)

수도조례 및 하수도사용조례에 기한 과태료의 부과 여부 및 그 당부는 최종적으로 질서위반행위규제법에 의한 절차에 의하여 판단되어야 한다고 할 것이므로, 그 과태료 부과처분은 행정청을 피고로 하는 행정소송의 대상이 되는 행정처분이

등.

1) 대판 2000. 9. 8, 99 두 11257.

2) 박균성, 「행정법론(상)(제9판)」(서울: 박영사, 2010), 538면.

라고 볼 수 없다.

질서위반행위규제법 제20조 제 1 항이 행정청의 과태료 부과처분에 대하여 이의신청을 거치지 않으면 행정소송을 제기하는 등으로 불복할 수 없다고 해석되는 한도에서 무효이거나 헌법상 재판청구권의 제한으로 헌법을 위반한 것이라고 주장한다. 그러나 원고들의 주장과 같이 질서위반행위규제법 제20조 제 1 항을 무효라고 볼 아무런 근거가 없으므로, 이 부분 주장은 받아들일 수 없다. 또한 질서위반행위규제법이 행정청의 과태료 부과처분에 대하여 당사자가 이의제기를 통해 불복할 수 있고, 이의제기가 있으면 그 효력이 상실되도록 함으로써 행정청의 과태료 부과처분이 그 자체로는 국민의 권리의무 등에 직접적으로 어떠한 영향을 미치지 못하도록 하는 한편, 법원으로 하여금 과태료의 부과 여부 및 그 당부를 질서위반행위규제법에 의한 절차에 의하여 판단하도록 한 것을 두고 헌법상 보장된 재판청구권의 행사를 제한하고 있다고 볼 수도 없다. 이 부분 주장 역시 받아들일 수 없다.

(2) 형법총칙의 적용문제

행정질서벌인 과태료는 형벌이 아니므로 행정질서벌에는 형법총칙의 규정이 적용되지 않는다. 보험업법에서는 제197조부터 제205조까지에 규정된 죄를 범한 자에게는 정상에 따라 징역과 벌금을 병과할 수 있다고 직접적으로 규정하고 있으나(보험 206조), 행정형벌과 과태료의 병과에 관해서는 특별한 규정을 두고 있지 않다. 이에 관하여 판례는 행정형벌과 행정질서벌의 병과가능성과 관련하여 피고인이 행형법에 의한 징벌을 받아 그 집행을 종료하였다고 하더라도 행형법상의 징벌은 수형자의 교도소 내의 준수사항 위반에 대하여 과하는 행정상의 질서벌의 일종으로서 형법 법령에 위반한 행위에 대한 형사책임과는 그 목적, 성격을 달리하는 것이므로 징벌을 받은 뒤에 형사처벌을 한다고 하여 일사부재리의 원칙에 반하는 것은 아니라고 보았다.[1)]

▶ 참조판례(헌재결 1998. 5. 28, 96 헌바 83)

죄형법정주의는 무엇이 범죄이며 그에 대한 형벌이 어떠한 것인가는 국민의 대표로 구성된 입법부가 제정한 법률로써 정하여야 한다는 원칙인데, 부동산등기특별조치법 제11조 제 1 항 본문 중 제 2 조 제 1 항에 관한 부분이 정하고 있는 과태

1) 대판 2000. 10. 27, 2000 도 3874.

료는 행정상의 질서유지를 위한 행정질서벌에 해당할 뿐 형벌이라고 할 수 없어 죄형법정주의의 규율대상에 해당하지 아니한다.

(3) 형벌과 과태료

형벌법규가 초래하는 전과자의 양산을 우려하여 근래에는 형벌법규를 비형벌 법규로 대체하려는 움직임이 활발하다. 형벌법규의 비범죄화에 있어서 크게 주목되는 것은 과태료 규정의 활용이다. 과태료는 행정기관이 규범위반자에게 가하는 금전적 제재이다. 과태료는 상대방에게 금전적 불이익을 부과하는 것이지만 형벌의 일종인 벌금 자체는 아니다. 이 점에서 과태료납부자는 수형자가 아니며 따라서 전과자로도 되지 않는다. 과태료는 형벌의 일종인 벌금과 엄밀히 구별된다. 과태료는 어디까지나 행정상의 제재처분이기 때문이다. 그러나 금전적 불이익을 과한다는 점에서는 형사처벌과 유사한 점이 적지 않다. 과태료의 이러한 특징을 고려하여 2008년부터 질서위반행위규제법이 시행되고 있다.[1] 형벌과 구별되는 또 다른 제재로 각종 소송절차상의 질서벌이 있다. 소송절차상의 질서벌은 소송절차의 진행과 관련하여 부과되는 제재 장치이다. 증인에 대한 구인과 과태료, 심리방해자에 대한 감치처분이 그 예이다.[2]

▶참조판례(헌재결 1998. 5. 28, 96 헌바 83)

어떤 행정법규 위반의 행위에 대하여 이를 단지 간접적으로 행정상의 질서에 장애를 줄 위험성이 있음에 불과한 경우로 보아 행정질서벌인 과태료를 과할 것인지 아니면 직접적으로 행정목적과 공익을 침해한 행위로 보아 행정형벌을 과할 것인지는 기본적으로 입법권자가 제반사정을 고려하여 결정할 입법재량에 속하는 문제이다. 그런데 부동산투기를 막기 위하여 부동산 소유권 이전등기 신청을 의무화하고 이에 대한 제재방법으로 행정형벌보다 그 정도가 약한 행정질서벌인 과태료를 선택한 것은 적절하다.

2. 과태료 부과대상 행위

보험업법 위반행위에 대한 과태료 부과금액을 2017. 4. 18. 법개정으로 최고액

1) 신동운, 「형법총론 (제6판)」(서울: 법문사, 2011), 777~778면.
2) 신동운, 「형법총론 (제6판)」(서울: 법문사, 2011), 779면.

을 5천만원에서 1억원으로 대폭 사향 조정하였다. 보험업법 위반의 경우 1억원 이하의 과태료, 3천만원, 2천만원, 1천만원 이하의 과태료 등 위반행위의 종류에 따라 탄력적으로 부과할 수 있도록 하였다(보험 209조).

3. 과태료의 부과

(1) 부과권자

보험업법 위반에 따른 과징금은 금융위원회가 부과 징수한다(보험 209조 5항).

(2) 법적용의 시간적 적용범위

질서위반행위의 성립과 과태료의 처벌은 행위 시의 법률에 따른다고 규정함으로써 죄형법정주의 한 원칙인 행위시법주의를 명문화 해놓고 있다(질서위반행위규제법 3조 1항). 또한 속인주의와 속지주의 원칙에 따라 대한민국 영역 밖에서 우리 국민이 질서위반행위를 한 경우에도 적용되며 대한민국 영역 밖의 선박 또는 항공기 안에서 행한 질서위반행위에 대해서도 적용된다(질서위반행위규제법 3조 2항 및 3항)

(3) 과태료 부과의 성립 요건

1) 고의 또는 과실에 의한 위반행위

종래 판례에서는 과태료 위반행위에 대하여 고의 또는 과실이 필요한지 여부와 관련하여 과태료와 같은 행정질서벌은 행정질서 유지를 위하여 행정법규 위반이라는 객관적 사실에 대하여 과하는 제재이므로 반드시 현실적인 행위자가 아니라도 법령상 책임자로 규정된 자에게 부과되고 또한 특별한 규정이 없는 한 원칙적으로 위반자의 고의·과실을 요하지 아니한다.[1] 과태료는 원칙적으로 위반자의 고의·과실을 요하지 아니하나, 위반자가 그 의무를 알지 못하는 것이 무리가 아니었다고 할 수 있어 그것을 정당시할 수 있는 사정이 있을 때 또는 그 의무의 이행을 그 당사자에게 기대하는 것이 무리라고 하는 사정이 있을 때 등 그 의무 해태를 탓할 수 없는 정당한 사유가 있는 때에는 이를 부과할 수 없다.[2] 그러나 이러한 판결이 있은 후 2007.12.21. 법률 제8725호로 제정된 질서위반행위규제법에서는 과태료의 부과를 위해서는 고의 또는 과실이 필요하다고 규정하고 있는 바(질서위반행위규제법 7조), 동 규정의 제정에 따라 앞으로 판례의 변경이 예상된다.

2) 위법성의 인식

질서위반행위가 성립하려면 자신의 행위가 위법하다고 인식해야 한다. 즉 위

---

1) 대판 1994. 8. 26, 94 누 6949.
2) 대판 2000. 5. 26, 98 두 5972.

법성이 인식이 있어야 한다. 만약 자신의 행위가 위법하지 않다고 오인하고 행한 질서위반행위는 그 오인에 정당한 사유가 있는 경우에 과태료를 부과하지 않는다(질서위반행위규제법 8조).

3) 책임능력 등

형사처벌과 마찬가지로 질서위반행위에 있어서도 14세가 되지 아니한 자의 행위에 대해서 과태료를 부과하지 않는다(질서위반행위규제법 9조) 또한 심신장애로 인하여 행위의 시비를 판단할 능력이 없거나 그 판단에 따른 행위를 할 능력이 없는 자도 과태료를 부과하지 않는다(질서위반행위규제법 10조 1항). 심신장애로 인하여 시비를 판단할 능력이 미약한 자에 대해서는 과태료를 감경한다(질서위반행위규제법 10조 2항). 다만, 형법상 원인에 있어서의 자유로운 행위와 같이 행위자가 스스로 심신장애상태를 야기하여 질서위반행위를 한 경우에는 과태료 부과를 면제하거나 감경하지 않는다(질서위반행위규제법 10조 3항).

(4) 과태료 부과 제척기간

질서위반행위가 종료된 날로부터 5년이 경과한 경우에는 질서위반행위에 대하여 과태료를 부과할 수 없다(질서위반행위규제법 19조 1항). 과태료 부과에 따른 법원의 결정이 있는 경우에는 그 결정이 확정된 날부터 1년이 경과하기 전까지는 과태료를 정정부과 하는 등 해당결정에 따른 필요한 처분을 할 수 있다(질서위반행위규제법 19조 2항). 종래 판례는 과태료의 제재는 범죄에 대한 형벌이 아니므로 그 성질상 처음부터 공소시효(형사소송법 249조)나 형의 시효(형 78조)에 상당하는 것은 있을 수 없고, 이에 상당하는 규정도 없으므로 일단 한번 과태료에 처해질 위반행위를 한 자는 그 처벌을 면할 수 없는 것이며, 예산회계법 제96조 제 1 항은 "금전의 급부를 목적으로 하는 국가의 권리로서 시효에 관하여 다른 법률에 규정이 없는 것은 5년간 행사하지 아니할 때에는 시효로 인하여 소멸한다."고 규정하고 있으므로 과태료 결정 후 징수의 시효, 즉 과태료 재판의 효력이 소멸하는 시효에 관하여는 국가의 금전채권으로서 예산회계법에 의하여 그 기간은 5년이라고 할 것이지만, 위반행위자에 대한 과태료의 처벌권을 국가의 금전채권과 동일하게 볼 수는 없으므로 예산회계법 제96조에서 정해진 국가의 금전채권에 관한 소멸시효의 규정이 과태료의 처벌권에 적용되거나 준용되지는 않는다고 판시하고 있었다.[1)]

1) 대결 2000. 8. 24, 2000 마 1350.

4. 수개의 질서위반행위의 처리

하나의 행위가 둘 이상의 질서위반행위에 해당하는 경우에는 각 질서위반행위에 대하여 정한 과태료 중 가장 중한 과태료를 부과한다(질서위반행위규제법 13조 1항). 그러나 두 개 이상의 질서위반행위가 경합하는 경우에는 각 질서위반행위에 대하여 정한 과태료를 각각 부과한다. 다만 다른 법령에 특별한 규정이 있는 경우에는 그 법령에 따른다(질서위반행위규제법 13조 1항).

5. 과태료 부과 대상자

법인의 대표자, 법인 또는 개인의 대리인·사용인 및 그 밖의 종업원이 업무에 관하여 법인 또는 그 개인에게 부과된 법률상의 의무를 위반한 때에는 법인 또는 그 개인에게 과태료를 부과한다(질서위반행위규제법 11조 1항). 또한 2인 이상이 질서위반행위에 가담한 때에는 각자가 질서위반행위를 한 것으로 본다(질서위반행위규제법 12조 1항). 신분에 의하여 성립하는 질서위반행위에 신분이 없는 자가 가담한 때에는 신분이 없는 자에 대하여도 질서위반행위가 성립한다(질서위반행위규제법 12조 2항). 신분에 의하여 과태료를 감경 또는 가중하거나 과태료를 부과하지 아니하는 때에는 그 신분의 효과는 신분이 없는 자에게는 미치지 아니한다(질서위반행위규제법 12조 3항).

6. 과태료의 산정

행정청 및 법원은 과태료를 정함에 있어 질서위반행위의 동기·목적·방법·결과, 질서위반행위 이후의 당사자의 태도와 정황, 질서위반행위자의 연령·재산상태·환경, 그 밖에 과태료의 산정에 필요하다고 인정되는 사유 등을 참작하여야 한다(질서위반행위규제법 14조)

[과태료 부과액 산정절차]

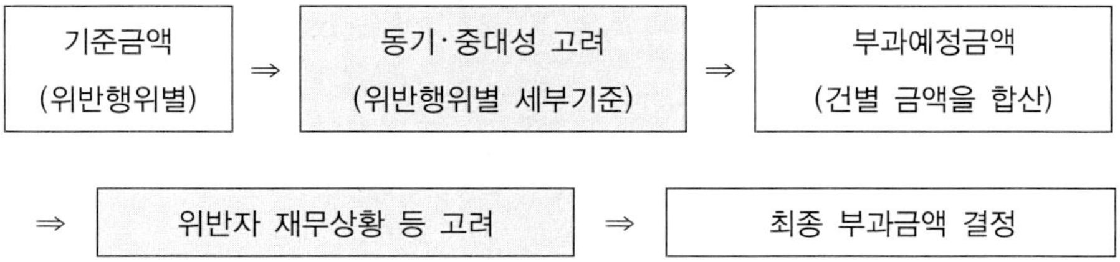

기준금액 (위반행위별) ⇒ 동기·중대성 고려 (위반행위별 세부기준) ⇒ 부과예정금액 (건별 금액을 합산)

⇒ 위반자 재무상황 등 고려 ⇒ 최종 부과금액 결정

7. 과태료 부과 및 징수

과태료의 부과 징수 절차는 사전통지 및 의견제출(질서위반행위규제법 16조), 과징금 부과(질서위반행위규제법 16조), 이의제기(질서위반행위규제법 16조), 법원에 통보(질서위반행위규제법 16조), 행정청에 통보사실 통보(질서위반행위규제법 16조), 심문(질서위반행위규제법 16조), 과태료 결정 재판(질서위반행위규제법 16조) 등의 절차로 진행된다.

8. 과태료 처분에 대한 불복 절차

(1) 이의제기

과태료 부과통지를 받은 날로부터 60일 이내에 해당 기관에 즉 금융위원회에 서면으로 이의제기를 할 수 있다(질서위반행위규제법 20조 1항). 이의 제기가 있으면 행정청의 과태료 부과처분은 그 효력을 상실한다(질서위반행위규제법 20조 2항). 이의제기에 따른 통지를 받기 전에는 당사자는 서면으로 이의제기를 철회할 수 있다(질서위반행위규제법 20조 3항).

(2) 통 보

이의제기를 받은 행정청은 이의제기를 받은 날로부터 14일 이내에 이에 대한 의견 및 증빙서류를 첨부하여 관할 법원에 통보하여야 한다(질서위반행위규제법 21조 1항). 그리고 이러한 사실을 당사자에게 통지하여야 한다(질서위반행위규제법 21조 3항).

(3) 심 문

법원은 심문기일을 열어 당사자의 진술을 들어야 한다(질서위반행위규제법 31조 1항). 법원은 검사의 의견을 구하여야 하고, 검사는 심문에 참여하여 의견을 진술하거나 서면으로 의견을 제출하여야 한다(질서위반행위규제법 31조 2항). 법원은 당사자 및 검사에게 심문기일을 통지하여야 한다(질서위반행위규제법 31조 3항).

(4) 재 판

과태료 재판은 이유를 붙인 결정으로써 한다(질서위반행위규제법 36조 1항). 결정서의 원본에는 판사가 서명날인하여야 한다. 다만, 이의제기서 또는 조서에 재판에 관한 사항을 기재하고 판사가 이에 서명날인함으로써 원본에 갈음할 수 있다(질서위반행위규제법 36조 2항).

(5) 결정의 고지

결정은 당사자와 검사에게 고지함으로써 효력이 생긴다(질서위반행위규제법 37조 1항). 결정의 고지는 법원이 적당하다고 인정하는 방법으로 한다. 다만, 공시송달을 하는 경우에는 민사소송법에 따라야 한다(질서위반행위규제법 37조 2항).

법원사무관 등은 고지의 방법·장소와 연월일을 결정서의 원본에 부기하고 이에 날인하여야 한다(질서위반행위규제법 37조 3항).

(6) 항　　고

당사자와 검사는 과태료 재판에 대하여 즉시 항고를 할 수 있다. 이 경우 항고는 집행정지의 효력이 있다(질서위반행위규제법 38조 1항).

(7) 집　　행

과태료 재판은 검사의 명령으로써 집행한다. 이 경우 그 명령은 집행력 있는 집행권원과 동일한 효력이 있다(질서위반행위규제법 42조 1항). 검사는 과태료를 최초 부과한 행정청에 대하여 과태료 재판의 집행을 위탁할 수 있고, 위탁을 받은 행정청은 국세 또는 지방세 체납처분의 예에 따라 집행한다(질서위반행위규제법 43조 1항).

9. 과태료 부과사례

(1) 기초서류 변경신고의무 위반

1) 2006. 12. 31.～2008. 12. 1. 기간중 □□전자㈜ 및 △△생명보험㈜와 각각 생산물종합보험 및 회사금융종합보험 계약 총 7건을 체결하면서 해당 기초서류에 없는 보험료 환급조항(No Claim Bonus)을 추가하고도 금융감독원에 기초서류 변경내용을 제출하지 아니 하였다.[1] 이에 대해 금융위원회는 ○○화재의 2개 상품의 기초서류 변경신고의무 위반과 관련하여 2010년 11월 19일 금융위원회에서 상품별로 1개의 위반행위로 보아 과태료를 부과하였다(7.5백만 원×2건=15백만 원). 특히 본 건의 경우 시기(2006.12. 및 2007.12)를 달리하여 각각 별개의 보험상품에 동 특약을 추가하고 이러한 변경사실을 제출하지 아니한 것인 바, 신고의무의 발생시기가 서로 다르고 변경내용의 밀접한 관련성도 인정하기 곤란하여 각 개별 상품단위별로 위반행위의 수를 산정하였다.

2) 2006. 3. 17. (무)□□보험에 대한 기초서류를 변경 신고하면서, 동 상품의 최초 신고시(2002.4.18) 금융감독원의 요구로 사업방법서에 기재된 사항(중대한 질병

1) 우량단체환급특약(손해율에 따라 보험계약자에게 환급), 동 특약은 다른 상품에 일괄하여 영향을 미치는 변경사항이 아니며 보험회사가 원하는 상품에 덧붙여 사용할 수 있는 특약이다.

및 수술 발생율은 3년마다 재산출하여 신계약에 적용함 등)을 사업방법서에서 삭제하고도 보험상품신고서상에는 변경사항이 없는 것으로 하여 신고하는 등 기초서류 변경에 따른 신고의무를 이행하지 않았다. 이에 대해 금융위원회는 보험업법 제127조에 따른 기초서류 변경 사전 신고의무를 미이행한 책임을 물어 과태료 1000만 원을 부과하였다. 이 건의 경우 관련 보험상품이 하나의 상품으로서 전형적인 1개의 위반행위에 해당한다.

(2) 모집관련 준수사항 위반

1) 갱신계약 시 보험료가 인상될 수 있다는 보험계약의 중요내용을 표준상품설명대본(상품설명대본 및 청약녹취대본)에 기재하지 않은 채 실제 보험계약 체결시 계약자에게 동 내용을 제대로 안내하지 않음에 따라 이와 관련한 다수 민원발생을 초래하였고[1] 관련계약 193,447건 중 894건의 청약 녹취내용을 확인해 본 결과, 갱신보험료의 변동 또는 인상가능성에 대해 제대로 알리지 않은 불완전판매계약이 769건(86.0%)에 달하고 있다.[2] 이에 대해 보험업법 제97조 위반으로 보험모집종사자에게 과태료를 부과하여야 하나 보험회사의 관리자에게 감독책임을 물어서 견책조치 등을 취하였다.

2) 암발생 증가 추세[3] 및 갱신 시 나이 증가 등에 따라 갱신보험료 인상을 예상할 수 있었음에도 상품안내장에 가입당시의 최초 보험료만 예시하고 갱신보험료 인상 가능성에 대해 명확하게 기재하지 않았다.[4] 이에 대해 보험업법 제95조 위반에 해당하여 과태료 부과대상이나 경미한 사항으로 보아 과태료 부과는 생략하였고, 행위자에 대하여 주의 조치하였다.

---

1) 갱신보험료 관련 민원(2010년 2월부터 갱신 도래)이 2010년 2월 5건에서 2010년 3월 21건으로 급증하고 있다.

2) 갱신보험료에 대해 전혀 설명하지 않은 경우가 148건(16.6%), 갱신보험료가 변동하지 않는다고 설명한 경우가 3건(0.3%), 특정금액을 언급하며 소액 인상된다고 설명하거나 혹은 약간 인상될 수 있다고 설명한 경우가 29건(3.3%), 갱신보험료가 인상될 수 있다는 구체적인 설명없이 변동된다고만 설명한 경우가 589건(65.9%)이다.

3) 암으로 인한 사망률(인구 10만명당) : 110.8명('95년) → 134.5명('05년)

4) "갱신시에는 갱신시 나이에 해당하는 보험요율을 갱신시점에 새로 산출하여 적용하므로 납입보험료 및 해약환급금이 변경된다"고만 기재, 2005. 12. 1 제작 이후 2006. 5. 29 수정 조치하였다.

Ⅷ. 징계조치 제도

1. 문제의 제기

형벌과 구별되는 또 다른 제재조치로 징계벌이 있다. 징계벌은 특수영역에 종사하는 사람들을 상대로 규범이 마련되어 있는 경우에 이들이 준수해야 할 규범에 위반할 때 규범위반자에 부과되는 제재이다. 공무원의 비위행위에 대하여 가해지는 파면, 해임, 정직, 감봉, 견책 등의 징계처분이 징계벌의 대표적인 예이다(국가공무원법 78조 이하). 보험업법 등 금융관련 법령에서는 보험회사 등 금융회사의 임·직원이 보험법령 등 금융관련 법령 등을 위반한 경우 해당회사에 대하여 허가의 취소, 6개월 이내의 영업의 전부정지 또는 일부정지, 주의·경고, 해당 위반행위에 대한 시정명령을 할 수 있고, 그 임·직원에 대하여 주의·경고·문책을 요구할 수 있으며, 임원에 대하여 별도로 해임권고, 직무정지의 요구 등을 할 수 있다(보험 134조 1항 및 2항). 이와 같이 보험회사 및 보험회사의 임·직원에 대하여 영업상의 제재 및 임·직원에 대한 조치사항은 다른 산업에서 볼 수 없는 특이한 것이다. 보험회사의 임·직원에 대하여 이러한 각종의 징계벌을 과할 수 있는 이론적·정책적 근거는 무엇인지 의문이다.

2. 징계벌 부과의 근거

보험업법을 비롯한 금융업에서는 금융회사에 대한 제재조치뿐만 아니라 금융회사의 소속 임·직원에 대하여 주의·경고·문책 등을 요구할 수 있도록 규정해 놓고 있다. 다른 산업과 달리 회사의 임·직원에 대해 개별법상의 행정질서벌 외에 광범한 조치를 취할 수 있도록 규정하고 있는 법제는 금융법제의 특유한 현상으로 보인다. 공무원의 경우도 징계처벌을 받을 수 있도록 국가공무원법이나 감사원법에서 규정하고 있는데 이는 그 지위의 특성에서 연원한 것이고 이와 관련하여 그 제재의 이론적 근거에 대해서는 그동안 행정법 영역에서 논의되어 왔고 오늘날 대체로 특수한 법률관계 이론에 의하여 정리되었다. 그런데 이와 같이 보험회사를 비롯한 금융회사의 임·직원에 대해 징계처분을 할 수 있도록 법률적 근거를 마련해 놓고 있는 이론적 근거는 무엇인가? 이것은 아마도 첫째, 국가의 금융에 대한 포괄적 감독권한에서 비롯된 것이고 둘째, 금융산업의 국가경제에서 차지하는 중요성이며, 셋째, 금융의 공공성 측면이고, 넷째, 금융소비자 보호 및 효율적 규제를 위한 것등을 들 수 있다.

3. 징계벌 사유 및 징계벌의 종류

보험업법은 징계벌 사유를 매우 폭넓게 인정하고 있다. 즉, 보험업법 제134조는 보험업법 또는 보험업법에 따른 규정, 명령 또는 지시를 위반하여 보험회사의 건전한 경영을 해칠 우려가 있다고 인정되는 경우로 규정하고 있다. 이를 위반할 경우 임·직원에 대하여 주의, 경고, 문책을 요구할 수 있으며 임원의 경우에는 해임권고 또는 직무정지를 요구할 수 있다. 이러한 금융당국의 징계조치 요구는 행정처분으로 민사소송의 대상이 아니다.[1)]

임원은 등기임원의 경우만 임원에 해당하는 조치를 하며 사실상 이사 및 비등기 임원에 대해서는 임원에 대한 제재기준을 준용하여 양정은 하되 구체적인 조치는 직원 신분에 해당하는 조치를 한다(검제시 46조의 3).

[임·직원에 대한 조치의 종류 및 효과 정리]

임원	직원	조치를 받은 경우 효과
해임권고	면직	해임일부터 5년간 임원선임 불가
직무정지 요구	정직	정지 종료일부터 4년간 임원선임불가
문책 경고	감봉	문책경고일로부터 3년간 임원선임 불가
주의적 경고	견책	3년 내 가중사유(임원) 6개월간 승격·승급 불허(직원)
주의	주의	3년 내 가중사유(직원)

4. 형벌과 징계벌

형벌과 구별되는 또 다른 제재조치로 징계벌이 있다. 징계벌은 특수영역에 종사하는 사람들을 상대로 규범이 마련되어 있는 경우에 이들이 준수해야 할 규범에 위반할 때 규범위반자에 부과되는 제재이다. 공무원의 비위행위에 대하여 가해지는 파면, 해임, 정직, 감봉, 견책 등의 징계처분이 징계벌의 대표적인 예이다(국가공무원법 78조 이하). 형벌은 일반국민을 대상으로 중요한 법익을 보호하기 위하여 부과되는 제재이다. 이에 대하여 징계벌은 공무원 또는 일정한 직역의 종사자에 한정하여 부과되는 제재로서 파면, 감봉, 정직, 제명 등의 특수한 형태를 취한다는 점에서 구

1) 서울민사지판 1984. 10. 17, 84 가합 3300.

별된다. 징계벌에 대해서는 헌법 제13조 제 1 항 후단에 근거한 일사부재리의 효력이 발생하지 않는다. 따라서 징계벌이 부과된 사건에 대해 형사처벌을 가하는 것은 금지되지 않는다.[1]

Ⅸ. 제재적 행정처분

1. 개 념

보험업법 등 금융관련 법령을 위반한 경우 보험회사 등 금융회사에 대하여 영업의 허가 취소, 6개월 이내의 영업의 일부 또는 전부정지, 기관경고, 기관주의 등의 조치가 내려진다. 이러한 종류의 조치는 일종의 제재적 행정처분으로서 이에 대하여 불복하는 방법은 금융감독 당국에 대한 이의절차 또는 행정소송절차를 통하여 구제받을 수 있다.

2. 보험업법상 제재적 행정처분의 종류

(1) 보험회사

보험회사가 보험회사(그 소속 임·직원을 포함한다)가 이 법 또는 이 법에 따른 규정·명령 또는 지시를 위반하여 보험회사의 건전한 경영을 해칠 우려가 있다고 인정되는 경우에는 보험회사에 대하여 주의, 경고, 시정명령, 6개월 이내에 영업정지를 할 수 있다(보험 134조). 제재조치의 종류는 그 위법성 및 결과를 고려하여 정하고 이에 관하여 금융기관 검사 및 제재에 관한 규정에서는 일응의 기준을 제시하고 있다(규정 17조).

(2) 보험대리점, 보험중개사, 보험설계사

보험설계사, 보험대리점, 보험중개사는 보험업법 제86조, 제88조, 제90조에 의하여 등록취소나 업무의 정지를 받을 수 있으며 보험대리점 및 보험중개사의 경우 기관주의 또는 기관경고의 조치를 받을 수 있다(보험 136조).

3. 효 과

시정명령이나, 허가의 취소, 영업의 정지는 해당 조치 자체가 효과를 가지고 있는 조치이다. 그런데 보험회사에 대한 조치 중 특이한 것으로 기관경고가 있다.

1) 신동운, 「형법총론(제6판)」(서울: 법문사, 2011), 779면.

기관주의는 주의를 촉구하는 의미의 경고적 제재에 불과하나 기관경고는 영업정지 전단계의 조치로서 현실적으로 자주 이용되고 있는 조치이다. 금융회사가 기관경고를 받은 경우 조치를 받은 후 3년 동안 보험회사의 대주주의 자격을 가질 수 없는 등의 제한이 따른다(보험 6조 5항 및 보험업감독규정 2-6조 3항 및 7-36조 1항 3호).

4. 금융감독 당국의 제재 조치에 대한 불복

(1) 불복절차 안내

금융감독 당국은 행정심판 및 행정소송 절차와 별도로 제재조치에 대한 불복절차로서 이의절차를 마련해 놓고 있다. 금융감독원장은 금융기관 또는 그 임·직원에 대하여 그 제재에 관하여 이의신청·행정심판·행정소송의 제기, 기타 불복을 할 수 있는 권리에 관한 사항을 제재 대상자에게 알려주어야 한다(규정 36조)

(2) 이의신청

금융위원회 또는 금융감독원장으로부터 제재를 받은 금융기관 또는 그 임·직원은 당해 제재처분 또는 조치요구가 위법 또는 부당하다고 인정하는 경우에는 금융위원회 또는 금융감독원장에게 이의를 신청할 수 있다. 다만 과징금, 과태료 등 금융관련 법규에서 별도의 불복절차가 마련되어 있는 경우에는 그 절차에 따른다(규정 37조 1항).

(3) 직권재심

금융감독원장은 증거서류의 오류, 누락, 법원의 무죄판결 등으로 그 제재가 위법 또는 부당함을 발견하였을 때에는 직권으로 재심하여 당해 처분을 취소 변경한다(규정 37조 5항).

X. 보험회사 등 법인의 행정법 위반에 대한 제재조치의 특수문제

1. 문제의 소재

보험업법은 보험회사 내지 법인 보험모집종사자에 대하여 각종의 의무를 부과하고 있다. 그리고 이러한 의무를 이행하지 않는 경우에는 보험회사에 대해 영업의 전부 또는 일부정지 및 기관경고 등의 조치를 취할 수 있으며 별도의 규정이 있는 경우 과징금 또는 과태료를 부과할 수 있고, 형사벌칙도 부과할 수 있도록 규정되어 있다. 그런데 보험회사 또는 법인 보험모집종사자에 대하여 의무를 부과하고 이를 위반한 경우 보험회사 및 법인 보험모집종사자에 대하여 형사벌칙 등 각종의 제재조치를 할 수 있도록 규정한 것은 이들 법인이 범죄능력과 행정법규를 위반할 능력이 있음을 전제로 하는 것인지 아니면 정책적 이유로 법률에서 제재처분만을 하도록 한 것인지 분명하지 않다. 이러한 문제를 해결하기 위해서 첫째, 법인의 사법상의 능력과 공법상의 능력 유무, 둘째, 사법영역에서는 법인의 대표자의 행위를 법인의 행위로 보고 있는데 형사법과 행정법 영역에서는 누구의 행위를 법인의 행위로 보아야 하는지 여부, 셋째, 보험업법 제98조에 의하면 모집에 종사하는 자 즉 보험대리점 및 그 소속 보험설계사 모두에게 보험계약자 등에게 특별이익을 제공할 수 없도록 하고 있는데 이러한 조항을 법인 보험대리점 소속 보험설계사가 위반한 경우 소속 보험설계사 외에 법인 보험대리점도 같이 처벌할 수 있는지 여부 등 법인책임과 개인책임의 귀속관계에 대해 살펴보기로 한다.

2. 보험회사 등 법인의 공법상 능력

(1) 개 요

민사법에 의하면 법인에 대해 권리능력(민 34조)과 불법행위능력(민 35조)을 명문으로 인정하고 있다. 그리고 통설에 의하면 법인의 행위능력도 있는 것으로 본다. 그리고 법인은 대표기관을 통하여 행위를 하고 대표기관의 행위가 법인행위로 간주된다(민 35조 1항). 기타 임·직원의 불법행위에 대해서는 사용자 책임을 부담한다(민 756조). 이하에서는 공법상의 능력으로서 범죄능력과 형벌능력, 행정법 위반능력과 제재능력에 대해 살펴본다.

(2) 법인의 범죄능력

1) 비교법적 고찰

법인이란 법률에 의하여 법인격이 부여된 사단 또는 재단을 말한다. 민사법의 영역에 있어서는 인격이 권리와 의무의 주체가 될 수 있는 자격을 의미한다. 사법상의 인격개념을 형법으로 가지고 오게 되면 인격은 특히 의무의 주체라는 의미로 이해된다. 그리하여 형법상 인격은 형벌을 받을 수 있는 자격으로서 의미를 갖는다. 형벌은 범죄를 전제로 한다.[1)]

법인의 범죄능력을 인정할 것인가에 대하여는 대륙법계와 영미법계의 태도에 차이가 있다. 범죄의 주체를 윤리적 인격자로 파악하는 대륙에서는 이를 부정함에 반하여 실용주의적 형법관에 바탕을 두고 있는 영미에서는 법인 단속의 사회적 필

1) 신동운, 「형법총론(제6판)」(서울: 법문사, 2011), 107면.

요성을 중시하여 법인의 범죄능력을 인정하고 있는 것이다. 즉 대륙에서는 로마법 이래 “단체는 죄를 범하지 못한다”라는 원칙이 적용되고 있었다. 이에 반하여 영미에서는 죄를 범한 자에는 자연인뿐만 아니라 법인도 포함된다고 해석하고 있다.[1] 우리나라에서도 법인의 범죄능력을 부정하는 것이 전통적인 견해라고 할 수 있다.[2] 다만 행정형법, 특히 경제형법이나 환경형법의 분야에서 법인처벌의 폭이 확대되는 경향에 따라 법인의 형사책임과 관련하여 그 범죄능력을 재검토해야 한다는 주장이 일어나고 있다.[3]

2) 법인의 본질과 범죄능력

법인의 범죄능력을 부정하는 견해는 법인의제설과 연결되고, 법인실재설은 법인의 범죄능력을 인정하는 견해와 연결되는 것이 논리적으로 타당하다고 생각한다. 그러나 법인의 범죄능력의 문제는 법인의 본질에 관한 사법상의 이론에 영향을 받은 것이 아니라 어디까지나 이론적 형사정책적 고려의 결과에 지나지 않는다. 사법상의 법률효과의 귀속과 형법상의 범죄능력이 반드시 일치하는 것은 아니다. 따라서 법인의 본질과 범죄능력은 논리적으로 필연적인 관계에 있는 것은 아니며 법인실재설을 취한다고 하여 반드시 법인의 범죄능력을 인정해야 하는 것은 아니라고 해야 한다.[4]

3) 법인의 범죄능력 인정 여부

㈎ 부 정 설

범죄는 자연인의 의사활동에 따른 행위이므로 의사와 육체가 없는 법인은 행위의 주체가 될 수 없다는 입장이다. 법인은 결국 기관인 자연인을 통하여 행위를 하므로 그 자연인에게 형사책임을 인정하면 족하고 법인까지 처벌할 필요는 없으며 법인을 처벌할 때에는 범죄와 관계없는 자까지 처벌하는 것이 되어 근대형법의 기본원칙인 개인책임과 자기책임의 원칙에 반하는 결과가 된다고 한다. 책임은 위법행위에 대한 비난가능성을 의미하는데 법인에 관하여는 사회윤리적 비난이라는 의미에서의 책임비난을 귀속시킬 수 없고 법인의 인격은 법인의 목적에 의한 제한을 받으므로 범죄를 행하는 것은 법인의 목적 범위 안에 속한다고 할 수 없다고 한다. 형법이 규정하고 있는 가장 중요한 형벌인 사형과 자유형은 법인에게 집행할 수 없

1) 이재상, 「형법총론(제7판)」(서울: 박영사, 2011), 91~92면.
2) 이재상, 「형법총론(제7판)」(서울: 박영사, 2011), 92면.
3) 김일수·서보학, 「형법총론(제11판)」(서울: 박영사, 2006), 137면; 유기천, 「개정 형법학(총론강의)」(서울: 일조각, 1980), 108면; 정성근·박광민, 「형법총론(제4판)」(서울: 삼지원, 2008), 87면.
4) 이재상, 「형법총론(제7판)」(서울: 박영사, 2011), 92~93면.

으므로 형법은 자연인만 범죄의 주체로 인정하고 있다고 보아야 하고, 법인의 기관의 범죄에 의하여 얻은 재산 또는 이익을 박탈해야 한다는 형사정책적 목적은 형벌 이외의 다른 수단에 의하여 달성하여야 한다는 것이다.[1]

(나) 긍 정 설

법인의 범죄능력을 부정하는 것은 법인의제설을 전제로 하는 것이나 법인실재설에 의하면 타당하다고 할 수 없고 법인은 그 기관을 통하여 의사를 형성하고 이에 따라 행위를 할 수 있다는 견해이다. 그 의사는 구성원인 개인의 의사와는 다른 법인의 고유한 의사이고 이를 기관의 행위에 의하여 실현하는 것이므로 법인에게도 의사능력과 행위능력이 있다고 해야 하는 점, 법인의 기관의 행위는 기관의 구성원인 개인의 행위임과 동시에 법인의 행위라는 양면성을 가지므로 법인을 처벌한다고 하여 이중처벌이 되는 것은 아니라는 점, 책임능력을 형벌적응능력이라고 해석하면 이러한 능력은 법인에게도 있다고 해야 하는 점, 법인이 사회적 존재로서 활동하는 행위는 법인의 목적범위 내에 속하는 것이므로 법인도 범죄행위를 행할 수 있고 재산형과 자격형은 법인에게도 효과적인 형벌이 될 수 있는 점, 생명형과 자유형에 해당하는 형벌로서 법인의 해산과 업무정지를 생각할 수 있고 법인의 반사회적 활동으로부터 사회를 방위하기 위하여는 법인의 범죄능력을 인정할 필요가 있다는 점 등을 근거로 들고 있다.[2] 이러한 견해는 우리나라 소수설의 입장이다.[3]

(다) 부분적 긍정설

형사범에 있어서는 법인의 범죄능력을 부정하면서 행정범에 대하여는 이를 인정하는 견해이다.[4] 행정범에 있어서는 윤리적 요소가 약한 반면 행정적 단속목적이라는 합목적적·기술적 요소가 강하다는 것을 이유로 한다. 책임능력이나 형벌체계에 비추어 법인의 범죄능력은 일반적으로 부정하여야 하지만 법인 처벌의 명문규정이 있는 경우에는 법인의 행위를 인정할 수 있고 따라서 범죄의 주체가 된다고 해석하는 견해도 부분적 긍정설의 범위에 속한다고 할 수 있다.[5]

---

1) 이재상, 「형법총론(제7판)」(서울: 박영사, 2011), 93~94면; 손동권·김재윤, 「새로운 형법총론」(서울: 율곡출판사, 2011), 105~106면.
2) 이재상, 「형법총론(제7판)」(서울: 박영사, 2011), 94면.
3) 김일수·서보학, 「형법총론(제11판)」(서울: 박영사, 2006), 137면; 정성근·박광민, 「형법총론(제11판)」(서울: 삼지원, 2009), 87면.
4) 이재상, 「형법총론(제7판)」(서울: 박영사, 2011), 94면; 임웅, 「형법총론 제4정판」(서울: 법문사, 2012), 82~84면.
5) 이재상, 「형법총론(제7판)」(서울: 박영사, 2011), 95면; 오영근, 「형법총론(제2판)」(서울: 박영사, 2012), 146면 참조(오영근 교수님은 양벌규정을 두고 있지 않는 경우에는 해석론상 법인의 범죄능력을 부정해야 한다고 한다. 유추해석금지의 원칙상 법인을 행위주체로 포함하는 규정이나 양

㈑ 판 례

판례는 법인의 범죄능력과 관련하여 법인은 기관인 자연인을 통하여 행위를 하게 되는 것이기 때문에, 자연인이 법인의 기관으로서 범죄행위를 한 경우에도 행위자인 자연인이 범죄행위에 대한 형사책임을 지는 것이고, 다만 법률이 목적을 달성하기 위하여 특별히 규정하고 있는 경우에만 행위자를 벌하는 외에 법률효과가 귀속되는 법인에 대하여도 벌금형을 과할 수 있을 뿐이라고 한다.[1] 또한 법인격 없는 사단과 같은 단체는 법인과 마찬가지로 사법상의 권리의무의 주체가 될 수 있음은 별론으로 하더라도 법률에 명문의 규정이 없는 한 그 범죄능력은 없고 그 단체의 업무는 단체를 대표하는 자연인인 대표기관의 의사결정에 따른 대표행위에 의하여 실현될 수 밖에 없는 바, 구 건축법(1995. 1. 5. 법률 제4919호로 개정되기 전의 것) 제26조 제 1 항의 규정에 의하여 건축물의 유지·관리의무를 지는 '소유자 또는 관리자'가 법인격 없는 사단인 경우에는 자연인인 대표기관이 그 업무를 수행하는 것이므로, 같은 법 제79조 제 4 호에서 같은 법 제26조 제 1 항의 규정에 위반한 자라 함은 법인격 없는 사단의 대표기관인 자연인을 의미한다.[2] 법인이 처리할 의무를 지는 타인의 사무에 관하여는 법인이 배임죄의 주체가 될 수 없고 법인을 대표하여 사무를 처리하는 자연인인 대표기관이 바로 타인의 사무를 처리하는 자로서 배임죄의 주체가 된다.[3]

㈒ 검 토

최근 행위론 분야에서 사회적 행위론과 규범적 행위론이 등장하면서 행위에 있어서 어느 정도 평가적 요소가 개입되고 있는 것은 사실이다. 그러나 이것은 자연인의 행위성을 인정하기 위한 국면에서 도입된 것이고 법인의 행위성을 인정하고자 하는 이론이 아니다. 기본적으로 행위는 규범적 평가 이전의 문제이다. 누가 행위의 주체로 될 수 있는가의 문제가 바로 행위의 주체 내지 행위능력의 문제이다.

형법에서 행위의 주체는 원칙적으로 자연인에 한한다. 자연인인 이상 연령이나 책임능력의 유무는 불문하고 형사미성년자와 정신병자도 행위의 주체가 될 수 있다. 문제는 자연인 이외에 법인도 행위의 주체가 될 수 있는가에 있다. 이것이 법

벌규정을 두고 있지 않은 경우에는 행위주체를 자연인에 한한다고 해야 한다는 것이다. 따라서 행정범에서는 범죄능력을 인정하고 형사범에서는 인정하지 말아야 한다는 부분적 긍정설도 타당하지 않다고 주장하신다).

1) 대판 1994. 2. 8, 93 도 1483.

2) 대판 1997. 1. 24, 96 도 524.

3) 대판 1985. 10. 8, 83 도 1375.

인의 범죄능력에 관한 문제로 다루어지고 있다.[1)]

현행법을 보면 형법총칙 및 각칙 어느 규정에서도 법인에 대한 범죄능력을 인정하는 규정을 두고 있지 않다. 다만 개별 행정법에서 양벌규정을 두어 법인에 대한 처벌 가능성을 열어두고 있을 뿐이다.

각 행정법에 규정된 양벌규정에 의하더라도 법인의 범죄능력을 인정하고 있는 것은 아니며 법인처벌에 대한 근거를 밝히고 있는 것에 불과하다. 그리고 형법에서 법인의 범죄능력에 관한 아무런 규정을 두고 있지 않음에도 행정형벌에서는 별도로 양벌규정을 두고 있는 것은 형사범에서는 법인의 범죄능력이나 행위능력을 인정하기 어렵기 때문인 것으로 평가된다. 법인에 대하여 당연히 행위능력이나 범죄능력이 인정된다고 할 때 굳이 양벌규정을 두어야 할 필요가 없다.

행위의 존재론적 측면은 신체적 정신적 동작을 전제로 한 것인데 법인은 이러한 능력이 없다는 점, "법률이 없으면 범죄도 없고 형벌도 없다"(Nullum Crimen, Nulla poena sine lege)는 죄형법정주의 원칙상 현행법의 해석론으로서는 법인에 대한 범죄능력을 인정하기는 곤란한 것으로 보인다. 다만, 자연인의 경우 권리능력을 가지고 의사능력 및 행위능력을 갖게되는 것은 자연스러운 것이고 법인이라는 것이 법에 의하여 사법상 권리능력 및 책임능력이 주어진 것처럼 형법상의 범죄능력 및 형벌능력도 법에 의하여 주어질 수 있는 것이다.

현재 형법전에는 법인의 범죄능력이나 처벌여부에 대해서 아무런 규정을 두고 있지 않다. 그러나 다수의 행정형법이나 특별형법에서는 법인을 처벌하는 양벌규정을 두고 있다. 또한 법인의 의사를 인정할 수 없는 것인가? 법인의 행위는 자연인의 행위와 구별되는 행위이어서 이에 따른 의사가 인정되는 당연하다. 다만 그 법인의 의사를 누가 결정하는 것인가는 정책적으로 결정해야 할 문제이다.

오늘날 행위론도 존재론적·현상학적인 관점에서 규범적 관점의 행위론으로 발전하고 있고, 책임론도 책임의 근거와 관련하여 도의적 책임론에서 사회적 책임론으로 책임의 본질이 무엇인지에 관하여 심리적 책임론에서 규범적 책임론으로 발전해 가고 있는 추세이다. 간접정범과 같이 자연인의 행위도 규범적 관점에서 행위성을 인정하는 경우도 있다. 또한 사실세계의 변화 즉 법적 사실세계의 변화를 무시할 수 없다. 사회에서 차지하는 단체나 법인의 위협은 점차 증대되고 있고 이러한 정신이 반영된 규범도 존재한다. 의사는 법인내부 조직에 의한 의사결정의 과정을 거쳐 법인의사가 세워진다. 이러한 점에서 개인의사와 법인 내지 단체의사는 별개

1) 이재상, 「형법총론(제7판)」(서울: 박영사, 2011), 91면.

의 독립적 의미를 가질 수 있다.

공법의 영역에서도 법인에 대하여 권리와 의무가 부여되어 있고, 심지어 소송법상의 당사자 능력(민소 51조) 및 소송능력(민소 64조 및 형소 27조)도 인정되고 있다. 범죄행위를 전제하지 않는 법인의 처벌은 책임주의 관점에서 옳지 못하다. 무엇인가 그에 대한 행위성을 인정하지 않고 책임만을 지게 할 수 없다.

또한 일반형사범에서 조직적인 사기행위나 폭행행위, 명예훼손행위 등이 발생하면 이에 대한 대처가 필요하다. 기본권 침해의 주체로서 국가뿐만 아니라 지방자치단체 나아가 법인도 인정하고 있는 점, 부작위 행위의 측면에서는 자연인의 행위와 법인의 행위는 동일한 가치를 가지고 있는 점 등에서 법인의 범죄행위 능력을 인정하여야 한다. 법인은 형사법 영역에서 보호법익을 넓게 향유하고 있는 반면 형사책임을 지지 않는 것은 정의와 형평의 원칙에도 어긋나는 측면이 있다.

형법상 범죄능력은 행정형벌과 일정한 차이가 있으므로 법인의 책임귀속을 넓히는 것은 자기책임의 원칙상 바람직하지 않다. 따라서 대표기관의 행위로 제한함이 타당하다. 대표이사와 같이 이중적 지위를 갖고 있는 자의 행위의 경우 개인으로서의 행위와 법인으로서 행위를 가지고 있고, 법인의 행위로서의 성격을 갖는 경우로 평가되는 경우에도 자신의 행위로서도 책임을 부담하여야 한다.

그래서 법인에 대한 처벌 외에 개인도 책임을 지는 것이다. 이것은 법인이 존재론적인 행위를 현실적으로 할 수 없다는 한계에서 그리고 법인의 행위성을 인정하여야 한다는 측면에서 이중적 행위성을 인정하지 않을 수 없다. 따라서 모든 영역에서 법인 및 단체의 행위능력을 인정하되 누구의 어떠한 행위를 법인이나 단체의 행위로 귀속시킬 것인가 하는 범위획정만 남아 있다고 볼 수 있다.

(3) 법인의 형벌능력

1) 형벌능력 인정 여부

법인의 수형능력에 대해서는 이론적으로 법인의 범죄능력이 인정되면 당연히 수형능력도 인정되고 법인의 범죄능력이 부정되면 수형능력도 부정되어야 한다. 그런데 우리나라의 각종 행정형법에서는 행위자 이외에 법인을 처벌하는 양벌규정을 두고 있고 그 벌은 형벌이다. 이에 대해 다수설은 법인의 범죄능력을 부정하면서도 이 양벌규정을 근거로 하여 법인의 수형능력을 일반적으로 인정한다.

생각건대 행정형법분야에서 만큼은 양벌규정이 존재하므로 법인의 수형능력을 인정하여야 하고, 특히 현행법의 해석론상 법인의 범죄능력을 부정할 수밖에 없지만 법인의 사회적 활동이 중요시되고 개인의 행위와 구별되는 법인의 행위를 인정하는 이상 범죄능력의 인정과 함께 형벌능력이 있는 것으로 보아야 한다.

그러므로 입법론으로 일반 형사범의 경우에도 법인의 범죄능력 및 형벌능력을 인정할 수 있는 규정이 마련되어야 할 것으로 보인다. 또한 현행법상 법인에게 부과할 수 있는 형벌은 벌금 등의 금전벌에 한정되므로 향후에 형벌의 종류를 다양화 할 수 있는 방안을 강구하는 것이 좋을 듯하며 그러한 것으로 해산, 영업의 정지, 영업의 양도, 금융의 제한, 주식의 박탈과 같은 제재종류를 새로운 형사 제재수단으로 정립할 필요가 있다.[1)]

2) 범죄능력과 형사책임

범죄능력과 형벌능력은 일치할 것을 요하는 것이 원칙이다. 형벌은 범죄행위의 주체에게 그 행위를 이유로 과하는 법률효과이기 때문이다. 그런데 각종의 행정형법에서는 행위자 이외의 법인을 처벌하는 규정을 두고 있다(보험 208조 등 참조). 법인을 처벌하는 규정은 대부분 양벌규정의 방식에 의하고 있다. 법인의 범죄능력을 인정하는 견해에 의하면 법인은 자기행위에 의하여 당연히 형벌의 객체가 될 수 있다. 이에 반하여 법인의 범죄능력을 부정하는 경우에는 법인의 형벌능력을 인정할 것인가에 대하여 다시 견해가 대립한다. 법인의 수형능력도 부정하는 것이 이론적으로 철저하다고 보는 견해도[2)] 있으나 다수설은 이러한 행정형법에 대하여는 법인도 형벌능력을 가진다고 해석하고 있다.

3) 법인처벌의 법적 성질

㈎ 무과실 책임설

법인의 처벌규정은 범죄주체와 형벌주체의 동일을 요구하는 형법의 일반원칙 또는 책임주의 원칙에 대한 예외로서 행정단속의 목적을 위하여 정책상 무과실책임을 인정한 것이라는 견해이다. 이에 의하면 종업원이 위반행위에 대하여 법인이 무조건적으로 책임을 지는 전가책임 또는 대위책임이 인정된다.

㈏ 과실 책임설

법인의 처벌규정을 종업원의 선임감독에 있어서 법인의 과실책임을 인정한 것으로 해석하는 견해이다. 즉 자기행위 책임이라는 견해이다. 이 견해는 과실추정설, 과실의제설, 과실책임설, 부작위감독책임설로 나누어진다.[3)]

---

1) 손동권·김재윤, 「새로운 형법총론」(서울: 율곡출판사, 2011), 110면 참조.
2) 이형국, 「형법총론」(서울: 법문사, 1990), 166면.
3) 이재상, 「형법총론(제7판)」(서울: 박영사, 2011), 99~100면.

㈐ **판례의 태도**

대법원은 면책조항이 있는 양벌규정에서 법인의 책임이 과실책임임을 분명히 하고 있다.[1] 한편 면책조항이 없는 양벌규정에 의한 영업주의 처벌근거에 대해 대법원은 처음에는 무과실책임설을 따르기도 하는 듯한 표현을 하기도 하였으나[2] 대체로 과실책임설을 따랐다고 할 수 있다.[3] 그러나 헌법재판소 결정이후에는 면책조항이 있든 없든 영업주가 개인이든 법인이든 양벌규정에 의한 개인이나 법인의 처벌은 과실책임임을 분명히 하고 있다.[4] 생각건대 양벌규정의 처벌 근거는 법인의 행위로 볼 수 없는 종업원 등의 행위에 대한 법인처벌의 근거로 보아야 한다. 일반적으로 법인의 의사가 개재된, 즉 최고위층의 의사가 개입된 경우에는 그 자체로 자신의 책임을 부담하는 것으로 보아야 할 것이다.

4) 보험업법의 양벌규정

㈎ **양벌규정의 구조**

보험업법 제208조 제1항은 법인의 대표자나 법인 또는 개인의 대리인, 사용인, 그 밖의 종업원이 그 법인 또는 개인의 업무에 관하여 제200조, 제202조 또는 제204조의 어느 하나에 해당하는 위반행위를 하면 그 행위자를 벌하는 외에 그 법인 또는 개인에게도 해당 조문의 벌금형을 과(科)한다. 다만, 법인 또는 개인이 그 위반행위를 방지하기 위하여 해당 업무에 관하여 상당한 주의와 감독을 게을리 하지 아니한 경우에는 그러하지 아니하다고 규정하고 있다. 이와 같은 양벌규정은 법인이 행위자에 대한 감독의무를 고의 또는 과실로 불이행한 경우 이에 대하여 벌금형을 받을 수 있다고 규정하고 있다. 행위자인 임·직원의 경우에는 고의로 보험업법 제200조, 제202조 및 제204조의 어느 하나에 해당하는 행위를 하면 각 조문에 따라 처벌된다.

㈏ **양벌규정에 관한 헌법재판소 판례**

헌법재판소는 "책임 없는 자에게 형벌을 부과할 수 없다"고 선언함로써 책임주의는 형사법의 기본원리로서 헌법상 법치국가의 원리에 내재하는 원리인 동시에 국민 누구나 인간으로서 존엄과 가치를 가지고 스스로의 책임에 따라 자신의 행동을 결정할 것을 보장하고 있는 헌법 제10조의 취지로부터 도출되는 당연한 원리임을 강조하였다.[5]

---

1) 대판 1992. 8. 18, 92 도 1395.

2) 대판 1982. 9. 14, 82 도 1439.

3) 대판 1977. 5. 24, 77 도 412; 동 1987. 11. 10, 87 도 1213.

4) 오영근, 「형법총론(제2판)」(서울: 박영사, 2012), 149면 참조.

㈐ **사용인부분과 책임주의**

'종업원' 관련 부분은 법인이 고용한 종업원 등의 범죄행위에 관하여 비난할 근거가 되는 법인의 의사결정 및 행위구조, 즉 종업원 등이 저지른 행위의 결과에 대한 법인의 독자적인 책임에 관하여 전혀 규정하지 않은 채, 단순히 법인이 고용한 종업원 등이 업무에 관하여 범죄행위를 하였다는 이유만으로 법인에 대하여 형사처벌을 과하고 있는바, 이는 다른 사람의 범죄에 대하여 그 책임 유무를 묻지 않고 형벌을 부과함으로써 법치국가의 원리 및 죄형법정주의로부터 도출되는 책임주의원칙에 반한다.

법인의 경영방침이나 주요의사를 결정하거나 그 법인의 전체 업무를 관리·감독할 수 있는 지위에 있는 기관이나 종업원 혹은 그와 같은 지위에 있는 자로부터 전권을 위임받은 대리인이 그의 권한 범위 내에서 한 행위는 그 법인의 행위와 동일시할 수 있을 것이고, 그와 같은 지위에 있는 자가 법인의 업무에 관하여 한 범법행위에 대하여 법인에게 형사책임을 귀속시키더라도 책임주의에 반한다고 볼 수 없을 것이다.

따라서 이 사건 법률조항 중 '대표자' 관련 부분과 이 사건 법률조항 소정의 대리인·사용인 기타의 종업원 중 위와 같은 자 관련 부분은 헌법에 위반되지 아니하나, 그 이외의 대리인·사용인 기타의 종업원 관련 부분은 '책임 없는 형벌 없다'는 책임원칙에 위반된다.[1]

헌법재판소는 사업주가 비난받아야 할 것인지 여부를 판단하는 기준으로 ① 사업주가 사용인의 범죄행위에 실질적으로 가담하였거나 지시 또는 도움을 주었는가, ② 사업주가 사업주의 업무와 관련한 사용인의 행위를 지도하고 감독하는 노력을 게을리 하였는가를 제시하였다.[2]

㈑ **법인의 대표자 부분과 책임주의**

헌법재판소는 책임주의에 근거하면서도 법인의 대표자와 관련된 양벌규정의 부분에 대해서는 법인의 면책가능성을 규정하지 않더라도 헌법위반이 아니라고 판단하고 있다. 즉, 법인은 기관을 통하여 행위하므로 법인이 대표자를 선임한 이상 그의 행위로 인한 법률효과는 법인에게 귀속되어야 하고 법인 대표자의 범죄행위에 대하여는 법인 자신이 자신의 행위에 대한 책임을 부담하여야 하는 바, 법인 대표

---

5) 헌재결 2007. 11. 29, 2005 헌가 10, 판례집 제19권 2집, 520.

1) 헌재결 2010. 7. 29, 2009 헌가 25·29·36, 2010 헌가 6·25(병합).

2) 헌재결 2007. 11. 29, 2005 헌가 10.

자의 법규위반행위에 대한 법인의 책임은 법인 자신의 법규위반행위로 평가될 수 있는 행위에 대한 법인의 직접책임으로서, 대표자의 고의에 의한 위반행위에 대하여는 법인 자신의 고의에 의한 책임을, 대표자의 과실에 의한 위반행위에 대하여는 법인 자신의 과실에 의한 책임을 부담하는 것이다. 따라서 법인의 '대표자' 관련 부분은 대표자의 책임을 요건으로 하여 법인을 처벌하므로 책임주의원칙에 반하지 아니한다고 한다.[1)]

5) 양벌규정의 요건

㈎ 양벌규정의 행위주체

① 사 용 인

양벌규정에는 이익귀속의 주체와 직접행위자라는 두 사람의 행위주체가 등장한다. 이 가운데 주된 행위주체는 어디까지나 자연인인 직접행위자이다. 법인 또는 개인의 대표자, 대리인, 사용인 기타 종업원 등 자연인이 구성요건의 행위주체이다. 이 경우 직접행위자를 통칭하여 사용인 또는 종업원이라고 한다. 사용인의 범위에는 사업주와 정식고용계약이 체결되어 근무하는 자뿐만 아니라 그 법인의 업무를 직접 또는 간접으로 수행하면서 사업주의 통제·감독 하에 있는 자도 포함된다.[2)]

② 법인의 대표자

양벌규정의 사용인 가운데 법인의 대표자는 그 밖의 대리인, 사용인 기타 종업원과 구별되는 특수한 위치에 있다. 법인의 행위는 법인을 대표하는 자연인인 대표기관의 의사결정에 따른 행위에 의하여 실현된다. 그러므로 자연인인 대표기관의 의사결정 및 행위에 따라 법인의 책임유무를 판단할 수 있다. 즉 법인은 기관을 통하여 행위하기 때문에 법인이 대표자를 선임한 이상 대표자의 행위로 인한 법률효과는 법인에게 귀속된다. 그리하여 법인 대표자의 범죄행위에 대하여는 법인 자신이 자신의 행위에 대한 책임을 부담하게 된다.[3)] 법인의 대표자에는 그 명칭 여하를 불문하고 당해 법인을 실질적으로 경영하면서 사실상 대표하고 있는 자도 포함된다.[4)]

③ 사 업 주

양벌규정에서 또 하나의 행위주체는 위법행위로 인한 이익의 귀속주체인 법인 또는 개인이다. 이 경우 이익의 귀속주체를 통칭하여 사업주 또는 사용주라고 한다.

---

1) 구 농산물품질관리법 제37조 위헌제청 등, 헌재결 2010. 7. 29. 2009 헌가 25·29·36, 2010 헌가 6·25(병합).

2) 신동운, 「형법총론(제6판)」(서울: 법문사, 2011), 111면. 대판 2006. 2. 24, 2003 도 4966.

3) 헌재결 2010. 7. 29, 2009 헌가 25 등, 판례집 제22권 2집 상, 183.

4) 대판 1997. 6. 13, 96 도 1703.

국가는 양벌규정의 사업주 또는 사용주에 해당하지 않는다.[1] 형벌부과의 주체인 국가가 동시에 형벌부과의 대상이 될 수 없기 때문이다. 그러나 지방자치단체는 형벌부과의 주체가 아니므로 양벌규정의 적용대상이 된다. 양벌규정에서 이익귀속의 주체인 법인 또는 개인은 직접행위자인 사용인에게 범죄가 인정될 때 비로소 처벌된다. 다만 직접행위자인 사용인에게 존재하는 책임조각사유들은 사업주의 형사처벌에 여향을 미치지 못한다. 책임조각사유는 구체적인 행위자를 놓고 그 사람에 대한 비난가능성을 배제하는 사유이기 때문이다.[2]

(나) 업무관련성

양벌규정이 있다고 하여 사용인의 범죄행위를 이유로 사업주를 무조건 처벌하는 것은 아니다. 양벌규정은 사용인이 사업주의 업무에 관하여 행위를 할 때 비로소 적용된다. 사용인의 행위가 사업주의 업무에 관하여 행한 것으로 보기 위하여는 객관적으로 사업주의 업무를 위하여 하는 것으로 인정할 수 있는 행위가 있어야 하고 주관적으로 사용인이 사업주의 업무를 위하여 한다는 의사를 가지고 행위를 하여야 한다.[3] 사용인이 개인적인 목적으로 위법행위를 한 경우에 그 사용인을 양벌규정을 매개로 처벌하는 것은 허용되지 않는다. 양벌규정을 매개로 사용인의 개인적인 행위까지 사업주 처벌조항으로 처벌하게 된다면 양벌규정은 단순히 당해 처벌조항의 주체를 확장시키는 정도를 넘어 전혀 다른 새로운 구성요건을 창출하는 것이 되어 죄형법정주의에 위반되기 때문이다.[4]

(4) 법인의 행정법 위반능력 및 행정제재능력

1) 문제의 제기

보험업법은 보험회사 등 법인에 대하여 일정한 의무를 부과하고 그 의무를 불이행하는 경우 즉 작위의무나 부작위 의무를 이행하지 않는 경우 형사벌칙 외에 과태료 및 과징금 등 금전벌과 보험회사에 대한 허가의 취소, 영업의 정지, 주의 또는 경고의 조치를 취할 수 있도록 규정하고 있다(보험 134조). 그렇다면 여기서 과징금, 과태료 및 기타 행정법상의 제재조치에 대하여 법인이 이를 위반할 능력을 가지고 있으며 그 위반에 대하여 행정제재를 가할 수 있는지 여부가 문제된다. 각종 행정법령은 보험회사 등 금융회사에 의무를 부과하고 있으며 이를 위반한 경우에는 일정한 행정제재처분을 할 수 있도록 규정하고 있는 바, 보험회사 등 법인이 민법이

---

1) 대판 2009. 6. 11, 2008 도 6530.

2) 신동운, 「형법총론(제6판)」(서울: 법문사, 2011), 112면.

3) 대판 1997. 2. 14, 96 도 2699.

4) 신동운, 「형법총론(제6판)」(서울: 법문사, 2011), 112~113면.

나 형사법 분야의 법리와 달리 직접 행정법규를 위반할 수 있는 행위능력이 있는 것을 전제로 하여 처분을 할 수 있다는 것인지, 아니면 행정법규 위반행위능력은 없으나 제재능력이 인정되어 제재조치를 받을 수 있다는 것인지 문제된다.

2) 법인의 행정법 위반능력 및 제재능력 여부

(가) 실정법적 근거

보험업법은 금융위원회는 보험회사(그 소속 임·직원을 포함)가 이 법 또는 이 법에 따른 규정·명령 또는 지시를 위반하여 보험회사의 건전한 경영을 해칠 우려가 있다고 인정되는 경우에는 금융감독원장의 건의에 따라 다음 각 호의 어느 하나에 해당하는 조치를 하거나 금융감독원장으로 하여금 제 1 호의 조치를 하게 할 수 있다고 규정하고 있다(보험 134조 1항).

또한 은행법은 금융위원회는 은행이 이 법 또는 이 법에 따른 규정·명령 또는 지시를 위반하여 은행의 건전한 경영을 해칠 우려가 있다고 인정되면 금융감독원장의 건의에 따라 다음 각호의 어느 하나에 해당하는 조치를 하거나 금융감독원장으로 하여금 해당 위반행위의 중지 및 경고 등 적절한 조치를 하게 할 수 있다고 규정하고 있다(은행 53조 1항). 나아가 자본시장법에 의하면 금융위원회는 금융투자업자가 다음 각 호의 어느 하나에 해당하는 경우에는 금융투자업 인가 또는 금융투자업 등록을 취소할 수 있다고 규정하고(자금 420조 1항). 금융위원회는 금융투자업자가 제 1 항 각 호(제 6 호를 제외)의 어느 하나에 해당하거나 별표 1 각 호의 어느 하나에 해당하는 경우에는 6개월 이내의 업무의 전부 또는 일부의 정지, 신탁계약, 그 밖의 계약의 인계명령, 위법행위의 시정명령 또는 중지명령. 위법행위로 인한 조치를 받았다는 사실의 공표명령 또는 게시명령, 기관경고, 기관주의 등의 조치를 할 수 있다고 규정하고 있다(자금 420조 3항).

이러한 보험업법을 비롯한 금융법의 규정에 의하면 그 이론적인 타당성 여부를 떠나 보험회사는 임·직원과 별도로 행정법규를 위반할 능력이 있음을 명시적으로 밝히고 있다. 따라서 적어도 금융 행정법에서는 법인의 행정법 위반능력과 제재능력을 모두 인정하고 있는 것으로 보이며 이와 같이 명문의 규정에서 행정법 위반능력과 제재능력을 인정하고 있는 이상 이론적 논의는 실익이 없는 것으로 보인다. 다만 법인이 책임을 지는 범위와 관련하여 누구의 어떠한 행위에 대하여 법인이 책임을 부담할 수 있는 것인지 여부에 논의의 초점이 맞추어져야 할 것으로 생각된다.

(나) 행정질서벌

질서위반행위규제법에서는 법인의 대표자, 법인 또는 개인의 대리인·사용인 및 그 밖의 종업원이 업무에 관하여 법인 또는 그 개인에게 부과된 법률상의 의무를 위반한 때에는 법인 또는 그 개인에게 과태료를 부과한다고 규정하고 있다(질서위반행위규제법 11조 1항). 따라서 행정질서벌에 대한 법인의 과태료 부과능력이 인정된다. 그러나 행정질서벌에 대한 법인의 위반능력에 대하여 명시적인 규정을 두고 있지 않으나 이 경우 법인은 법인의 고용관계 위임관계 여부와 관계없이 내부규정상 또는 계약상 법인의 업무를 수행하는 경우 법인이 책임을 부담한다.

(5) 소　　결

법인의 공법상 능력을 종합해 보면 형사범의 경우 다수설 판례가 범죄능력을 부정하고 있고, 행정형벌의 경우 양벌규정을 근거로 형벌능력을 인정하거나 혹은 부정하거나 부분적으로 긍정하는 학설이 대립한다. 행정법 위반능력을 보면 과태료·과징금 등 금전벌의 위반에 대한 능력 및 제재능력을 인정한다. 또한 제재적 행정처분의 경우에도 모두 위반능력 및 제재능력을 명문으로 인정하고 있다. 법인의 공법상 능력 및 책임귀속 관계를 표로 정리하면 다음과 같다.

[법인의 공사법상 능력 및 책임귀속관]

<table>
<tr><th colspan="2">구분</th><th>종류</th><th>인정 여부</th><th>근거</th><th>법인책임의 인적범위</th></tr>
<tr><td colspan="2" rowspan="2">민법</td><td>불법행위능력</td><td>○</td><td>민법 제35조</td><td>대표기관/제35조 제 1 항</td></tr>
<tr><td>불법행위책임</td><td>○</td><td>민법 제35조</td><td>대표기관/제35조 제 1 항</td></tr>
<tr><td colspan="2" rowspan="2">형법</td><td>범죄능력</td><td>×(다수설, 판례)</td><td>규정 없음</td><td>대표기관</td></tr>
<tr><td>형벌능력</td><td>△</td><td>규정 없음</td><td>대표기관</td></tr>
<tr><td rowspan="6">행정법</td><td rowspan="2">행정형벌</td><td>범죄능력</td><td>×</td><td>규정 없음</td><td>대표자, 대리인
사용인, 종업원</td></tr>
<tr><td>형벌능력</td><td>○
(다수설, 판례)</td><td>보험 제208조</td><td>대표자, 대리인
사용인, 종업원</td></tr>
<tr><td rowspan="2">질서벌</td><td>위반능력</td><td>○</td><td>질규* 규정 무
보험 제209조</td><td>대표자, 대리인
사용인, 종업원</td></tr>
<tr><td>제재능력</td><td>○</td><td>질규* 제11조</td><td>대표자, 대리인
사용인, 종업원</td></tr>
<tr><td rowspan="2">제재적
행정처분</td><td>위반능력</td><td>○</td><td>보험 제134조</td><td>임원 및 직원</td></tr>
<tr><td>제재능력</td><td>○</td><td>보험 제134조</td><td>임원 및 직원</td></tr>
</table>

*질서위반행위규제법

3. 보험회사 등의 소속 직원의 책임과 그 보험회사 등 법인의 책임

(1) 문제의 제기

지금까지 법인의 능력에 대해서 살펴보았다. 보험업법에 의하면 법인의 행정법규 위반능력 및 제재능력에 관하여 명문으로 인정하고 있다(보험 134조). 그런데 존재론적으로 바라볼 때 법인은 행위를 할 수 없으므로 법인 구성원의 누군가의 행위를 매개하여 법인의 행위로 의제하는 과정을 거쳐 법인의 행위가 확정되게 된다. 따라서 법인의 행위는 누구의 행위이어야 하며 어떠한 내용의 행위이어야 하는지 여부가 규명되어야 한다. 이하에서는 법인의 책임귀속을 위한 단계별 판단기준을 제시해 보고자 한다.

(2) 행위자 확정

법인책임과 개인책임을 논하기에 앞서 그 전제로서 누가 행위자인지 먼저 규명되어야 하고, 그 다음 그 행위의 책임을 보험회사 등 법인에게 귀속시킬 수 있느냐 여부를 따져 보아야 한다. 구성요건은 위법행위의 정형이다. 위법행위의 정형에 행위의 주인공으로서 등장할 수 있는 사람을 가리켜서 행위주체라고 한다.[1)]

그런데 보험업법의 경우 각 개별규정은 위법행위의 정형을 기술하고 있다. 대개 보험회사를 그 의무의 주체로 하여 작위 내지 금지의무를 부과하고 있다. 그리고 이와 같이 보험회사에 부여된 의무는 그 소속 직원이 위반하게 된다. 보험업법의 위반에 대한 행위주체는 그러한 위반행위의 정형에 부합하는 주인공으로 등장할 수 있는 자가 된다. 즉 보험업법에 위반되는 행위를 현실적으로 수행한 자를 말한다.

누가 행위자인지 여부는 현실적으로 육체적 행위를 통하여 의사를 실현한 자를 말하는데 보험회사 등 법인 소속 직원의 행위에서 행위자의 구별은 용이하지 않다. 통상적으로 실무에서는 보험회사의 위임전결규정을 참고로 하여 최종결재자를 행위자로 보고, 그 하위자들은 보조자로 상위자를 감독자로 조치한다. 작위행위의 경우에는 이러한 기준에 따라 행위자를 비교적 쉽게 판별할 수 있지만 부작위의 경우는 더욱 행위자를 구별하기 어렵다.

부작위의 경우에는 의무부과가 누구에게 부여되어 있는지 확인하고 보험회사 등 법인에게 의무가 부과되어 있는 경우에는 작위행위와 동일한 절차에 따라 위임전결 규정상 행위책임이 누구에게 있느냐를 보고 부작위 행위자를 판별한다. 위임전결 규정에 명확히 기재되어 있지 아니한 경우에는 보험회사의 대표이사에게 행위

1) 신동운, 「형법총론(제6판)」(서울: 법문사, 2011), 105면.

책임이 있는 것으로 볼 수 있을 것이다.

(3) 행위자와 법인과의 관계 파악

이와 같은 기준에 따라 행위자가 결정되면 이러한 행위자와 법인과의 관계를 파악한다. 질서위반행위규제법에 의하면 법인의 대표자, 법인의 대리인·사용인 및 그 밖의 종업원이 업무에 관하여 법인에게 부과된 법률상의 의무를 위반한 때에는 법인 또는 그 개인에게 과태료를 부과한다고 규정하고 있다. 따라서 대표자 등의 행위는 명문의 규정에 따라 법인에게 책임이 귀속된다.

이와 같이 법인의 책임이 인정되는 범위를 법규에서 명확하게 규정하고 있는 경우에는 그에 따라서 처리하면 될 것이다. 다만 그러한 규정이 없는 경우 어떻게 처리해야 할 것인지 여부가 문제된다. 즉 누구의 어떠한 행위를 무엇을 근거로 누구에게 어느 정도의 제재를 할 것인가? 누구의 문제에서는 보험회사의 임·직원, 보험대리점, 보험중개사의 임·직원, 그 소속 보험설계사이고 특히 최근 회사 및 법인조직의 유연화에 따라 그 소속 임·직원들의 법적 지위가 임시직, 계약직, 촉탁직 등 다양한 형태의 근로관계가 형성되고 있는 바, 이들의 행위를 회사에 귀속시킬 수 있는지 아니면 이들만의 행위로 보아야 하는지 여부가 문제된다. 나아가 보험회사 등 법인에 소속된 자, 즉 대표이사, 임원, 직원의 행위에 대해서 예외 없이 무차별하게 법인의 행위로 간주될 수 있는가? 동일 조문 내에서 법인과 자연인에게 의무를 부과하고 있는 경우에는 어떻게 보아야 하는가?

(4) 개인책임의 확장 및 분리

행위자가 확정된 경우 그러한 행위에 대한 책임을 개인에게 전속시켜야 할 것이지 아니면 그러한 개인의 행위에 대하여 보험회사 등 법인에게 귀속시킬 것인지 여부를 따져보아야 한다. 만약 보험업법에 보험회사와 별도로 그 개인에게도 의무가 부과되어 있는 경우에는 원칙적으로 개인의 행위책임이 보험회사 등 법인에게 귀속되지 아니한다. 다만 개인의 행위에 법인 등이 공동으로 관여를 하든가 아니면 지시 또는 방조한 경우에는 함께 책임을 지울 수 있으며 감독책임을 제대로 수행하지 아니한 경우에는 별도로 책임을 추궁할 수 있을 것이다.

가령 특별이익제공 금지는 보험회사 및 보험모집종사자 모두에게 의무가 부여되어 있다. 따라서 보험대리점 소속 보험설계사가 보험계약자에게 특별이익을 제공한 경우 원칙적으로 소속 보험설계사의 개인책임이고 다만 보험대리점에게 책임을 귀속시킬 수 있는 별도의 사정이 있다면 보험대리점에게도 그 책임을 부과할 수 있다.

그리고 개인책임을 보험회사 등 법인의 책임으로 귀속시키려면 행위자가 자신을 위한 것이 아닌 법인의 업무를 수행한다는 의사가 있어야 하고 객관적으로 법인의 업무성이 인정되어야 할 것이다. 가령 직원이 횡령을 한 경우 이는 법인의 책임으로 귀속시키기 곤란하다. 또한 법인의 지시나 감독정책에 현저히 반하여 행위한 경우도 법인에게 책임을 귀속시키기 곤란하다.

예컨대 공정거래법상의 공동행위에 대하여 경영자들은 평소에 그러한 행위를 하지 않도록 신경을 쓰고 직원들에 대하여 평소에 교육을 시켜왔는데 어느 일선부서의 직원들이 다른 금융회사와 서로 가격정보 등을 교환하여 이러한 행위가 공정거래당국에 적발되어 담합행위로 과징금 조치를 받게 되는 경우에도 당해 법인은 공정거래법 위반으로 조치를 받아야 하는가?

이러한 경우에는 보험회사 등 법인 책임 조각될 수도 있을 것이다. 그러나 판례는 양벌규정에서 정한 사용인 기타 종업원에는 법인 또는 개인과 정식으로 고용계약을 체결하고 근무하는 자뿐만 아니라 법인 또는 개인의 대리인, 사용인 등 자기의 업무보조자로 사용하면서 직접 또는 간접으로 법인 또는 개인의 통제·감독 아래 있는 자도 포함된다.[1)]

그리고 사용인 등의 어떠한 행위로 법인이 제재를 받아야 하는지 여부에 대하여 대법원은 객관적 외형상으로 영업주의 업무에 관한 행위이고 종업원이 그 영업주의 업무를 수행함에 있어서 위법행위를 한 것이라면 그 위법행위의 동기가 종업원 기타 제 3 자의 이익을 위한 것에 불과하고 영업주의 영업에 이로운 행위가 아니라 하여도 영업주는 그 감독해태에 대한 책임을 면할 수 없다고 한다.[2)]

그러나 이것은 책임주의의 원칙에 반하는 것이고 법관의 편의를 위한 것으로 받아들이기 곤란하므로 구체적인 행위사정을 고려하여 법인의 책임 여부를 따져 보아야 할 것이다. 각 행위자의 지위를 고려하여 법인 등에 대한 책임 인정범위를 검토하면 다음과 같다.

1) 대표이사

대표이사의 경우에는 법인을 대표하는 자이고 민사상 불법행위도 법인의 책임으로 귀속되므로 대표이사의 위반행위는 당연히 법인의 위반행위로 간주된다.

2) 임 원

임원의 경우도 경영층을 구성하는 자이고 법인의 의사결정에 깊숙이 관여하는 자이므로 이들의 행위도 법인의 행위로 귀속된다.

---

1) 대판 2003. 6. 10, 2001 도 2573.

2) 대판 1987. 11. 10, 87 도 1213.

3) 직 원

직원은 법인의 단순한 피용자에 불과하므로 이들의 행위에 대해서 법인에 귀속시키는 것은 무리가 있을 수 있다. 그러나 행정목적 달성을 위해서는 직원의 행위도 법인의 행위로 보아 조치할 수 있다.

4) 소속 보험설계사

소속 보험설계사의 행위도 행위의 성질에 따라 법인의 행위로 귀속될 경우도 있을 것이다. 다만 이들은 보험회사의 근로자가 아니고 독립된 사업자이므로 이들의 행위를 법인의 행위로 간주하려면 법인의 지시 등에 따른 경우 등 보다 엄격한 기준이 적용되어야 할 것이다.

5) 보험대리점 및 그 소속 보험설계사

명문의 규정이 없는 한 원칙적으로 보험대리점 및 그 소속 보험설계사의 행위에 대해 보험회사로 귀속시키기 곤란하다. 다만 다른 특별한 사정이 있는 경우 즉 보험회사의 대표이사 내지 임·직원의 지시 등에 따라 행위한 경우에는 보험회사의 책임귀속이 가능하다.

(5) 판례의 태도

우리 판례는 행정법규 위반에 대한 제재조치 부과의 요건과 관련하여 행정법규 위반에 대하여 가하는 제재조치는 행정목적의 달성을 위하여 행정법규 위반이라는 객관적 사실에 착안하여 가하는 제재이므로 위반자의 의무 해태를 탓할 수 없는 정당한 사유가 있는 등의 특별한 사정이 없는 한 위반자에게 고의나 과실이 없다고 하더라도 부과될 수 있다고 하면서 공사수주나 공사계약의 체결 등에 관한 포괄적 권한을 위임받은 건설회사의 이사가 구 건설산업기본법(2000. 1. 12. 법률 제6112호로 개정되기 전의 것) 제21조 소정의 건설업등록증 등의 대여금지에 관한 위반행위를 한 경우, 회사가 뒤늦게 그 위반행위를 알았다고 하더라도 그에 대한 행정책임을 져야 한다고 한다.[1] 또한 판례는 과태료와 같은 행정질서벌은 행정질서유지를 위래 의무위반이라는 객관적 사실에 대하여 과하는 제재이므로 반드시 현실적인 행위자가 아니라도 법령상 책임자로 규정된 자에게 부과되고, 원칙적으로 위반자의 고의·과실을 요하지 아니하나, 위반자가 그 의무를 알지 못하는 것이 무리가 아니었다고 할 수 있어 그것을 정당시할 수 있는 사정이 있을 때 또는 그 의무의 이행을 그 당사자에게 기대하는 것이 무리라고 하는 사정이 있을 때 등 그 의무 해태를 탓할 수 없는 정당한 사유가 있는 때에는 이를 부과할 수 없다고 판시하였다.[2] 그러나, 행

---

1) 대판 2003. 9. 2, 2002 두 5177.

정법규 위반에 대한 행정 제재에서도 책임주의를 포기할 수 없고, 아무런 책임이 없는 자에게 책임을 부과하는 것은 행정편의적 발상에 지나지 않으므로 행정적 제재처분에 있어서도 귀책사유가 있음을 전제로 하여 조치를 하여야 할 것이다. 이러한 점을 반영하여 질서위반행위규제법에서는 과태료의 부과에 있어 고의 또는 과실을 요하는 것으로 규정하였다(질서위반행위규제법 7조).

(6) 소 결

법인책임 여부를 따지기 위해서는 가장 먼저 법위반 행위의 행위자가 누구인지 확정되어야 하며 그 행위가 법인과의 관계에서 누구인지가 밝혀져야 한다. 법인의 경우 그 특성상 수직적 의사결정 과정을 거치게 되고 최종 결재자의 결재행위가 끝나고 구체적인 행위에 착수하게 된다. 이와 같이 법인의 업무는 다수인이 개입하여 수행하게 되므로 이들 중 누가 행위자인지 규명되어야 한다.

보험업법 등 금융법 위반에 있어 행위자는 그 임무의 특성에 따라 행위 관련자를 행위자, 감독자, 보조자, 지시자로 구분하고 제재수준 결정시 고려하고 있다(검제시 52조). 그러나, 현행기준에 의하면 관련자 구분기준이 추상적으로 기술되어 있어 실제 실무적용상 관련자 구분이 용이하지 않다. 실무상 행위자는 보험회사 내부의 위임전결규정 등을 참고로 하여 최종결재자의 행위로 보고 조치하고 있다.

[행위관련자 구분]

구 분	표 지	제재 수위
행위자	위법·부당한 행위를 실질적으로 주도한 자	법정형으로 제재
지시자	위법·부당행위를 지시 또는 종용한 자(사실상의 영향력을 행사하는 상위직급자를 포함)	행위자와 동일하게 제재
보조자	행위자의 의사결정을 보조하거나 지시에 따른 자	위법·부당행위의 성격과 규모, 관여 정도에 따라 1단계 내지 3단계 감경
감독자	위법·부당행위가 발생한 업무를 지도·감독할 지위에 있는 자	직무와의 관련성 및 관여 정도에 따라 1단계 내지 3단계 감경

법인은 권리능력·행위능력을 가지고 실재하는 것이기는 하나 그것 자체가 스스로 활동하지는 못한다. 따라서 법인이 사회에서 활동하기 위하여서는 법인의 의사를 결정하고 그에 기하여 외부에 대하여 행위하고 내부의 사무를 처리할 수 있는 일정한 조직이 필요하다. 이러한 조직을 이루는 것이 법인의 기관이다.

2) 대판 2000. 5. 26, 98 두 5972.

이러한 법인의 기관은 의제설에 의하면 법인과 구별되는 존재로서 법인의 대리인이라고 하게 되나 실재설에 의하면 법인의 구성부분이라고 하게 된다. 이러한 법인의 기관에는 이사·사원총회·감사 등이 있다.[1)]

민사법 영역에서는 법인의 대표기관의 행위에 대해서는 직접적인 책임을 부담하고(민 35조), 그의 피용자의 행위에 대해서는 피용자의 불법행위가 성립하는 것을 전제로 하여 사용자 책임을 부담한다(민 756조).

형사법의 영역에서는 법인의 범죄능력은 부정하는 것이 판례이므로 법인에 대하여 형사상의 처벌을 할 수는 없다.

그러나 각종 행정법규 위반에 대한 형사처벌, 즉 행정형벌 규정은 소위 양벌규정을 두고 있어 직접 행위를 하는 자 외에 그 행위자의 사용인 등을 처벌할 수 있다. 따라서 형사처벌에서 법인의 범죄능력 인정 여부와 관계없이 법인에 대하여 벌금의 형을 부과하고 있다. 민법상의 불법행위책임은 대표기관의 행위에 대하여 법인 자신이 책임을 부담하며 회사 직원의 경우에는 법인 자기책임은 부담하지 아니하며 사용자 책임을 부담할 뿐이고, 형사책임의 경우에는 법인의 경우 범죄능력이 인정되지 아니하므로 법인에 형사처벌을 과할 수 없음이 원칙이다.

한편 보험회사 등 법인의 행정법규 위반에 대한 제재조치의 범위는 법인 자신의 행위에 대한 계약상 책임과 대리인의 행위에 대한 계약상 책임, 보험회사 등 법인 소속 행위자 중 법인이 직접 책임을 지는 자의 행위를 포함하여 사용자 책임을 지는 관계에 있는 자의 불법행위 책임을 지는 경우까지 포함되는 것으로 생각된다.

1) 송덕수, 「신민법강의(제4판)」(서울: 박영사, 2011), 432면.

Ⅰ. 판례색인

Ⅱ. 사항색인

[ㅊ]

공저자 약력

정찬형

서울대학교 법과대학(법학과) 졸업
서울대학교 대학원(법학석사)
법학박사(서울대학교)
미국 워싱턴대학교 Law School 및 듀크대학교 Law School에서 상법연구(Visiting Scholar)
독일 뮌스터대학교 법과대학에서 상법연구(Gastprofessor)
충북대학교 법학과 전임강사 및 국립경찰대학 법학과 조교수·부교수
사법시험위원·공인회계사시험위원, 대한상사중재원 중재인
법무부 법무자문위원회 위원
고려대학교 법과대학 및 법학전문대학원 교수(상법 및 금융법 담당)
현 고려대학교 법학전문대학원 명예교수

저　　서
어음·수표선의취득연구(박영사)
사례연구 어음·수표법(법문사)
어음법·수표법(공저)(서울대출판부)
EC 회사법(박영사)
주석어음·수표법(Ⅰ)(Ⅱ)(Ⅲ)(공저)(한국사법행정학회)
주석 상법(제 5 판)(회사 Ⅲ)(회사 Ⅴ)(회사 Ⅵ)(공저)(한국사법행정학회)
회사법강의(제 4 판)(박영사)
어음·수표법강의(제 7 판)(박영사)
상법판례평석(홍문사)
상법개론(제18판)(법영사)
객관식 상법(제 5 판)(법영사)
판례상법(상)·(하)(제 2 판)(박영사)
상법강의(상)(제25판)(박영사)
상법강의(하)(제22판)(박영사)
상법사례연습(제 4 판)(박영사)
상법강의요론(제18판)(박영사)
영미어음·수표법(고려대출판부)
은행법강의(제 3 판)(공저)(박영사)
주석 금융법 Ⅰ(은행법)·Ⅱ(보험업법)·Ⅲ(자본시장법)(공저)(한국사법행정학회)
백산상사법논집 Ⅰ·Ⅱ(박영사)
로스쿨 금융법(공저)(박영사)
금융법강의(공저)(박영사)
로스쿨 회사법(제 2 판)(박영사)
로스쿨 어음·수표법(박영사)
로스쿨 상법총칙·상행위법(공저)(박영사)

김택주

서울대학교 법과대학(법학과) 졸업
서울대학교 대학원(법학석사)
부산대학교 대학원(법학박사)
미국 듀크대학교 보스톤 칼리지 법과대학에서 연구(Visiting Scholar)
동아대학교 법과대학 교수 역임
사법시험, 행정고시, 공인회계사 시험위원
현 국민대학교 법과대학 교수

저　　서
상법강의(국민대학교 출판부)
자본시장법강의(국민대학교 출판부)
상사판례(Ⅰ)(국민대학교 출판부)

이성남
고려대학교 대학원(법학석사 및 법학박사)
금융감독원 법무팀장 역임
김앤장 법률사무소, 법무법인 태평양에서 금융보험 분야 전문위원 역임
금융감독원 금융분쟁조정위원
한국은행 목포본부 자문교수, 서민금융진흥원 자문교수
공인회계사, 손해사정사 및 보험계리사 시험 출제위원
한국보험법학회 감사, 한국기업법학회 부회장, 금융법학회 연구이사
현 국립목포대학교 경영대학 금융보험학과 교수

저 서
보험업법(씨아이알)
보험모집규제론(마인드탭)
핀테크와 법(공저)(제3판)(씨아이알)

제 2 판
금융법강의

초판발행 2009년 9월 10일
제2판발행 2022년 5월 31일

지은이 정찬형 · 김택주 · 이성남
펴낸이 안종만 · 안상준

편 집 이승현
기획/마케팅 조성호
표지디자인 이수빈
제 작 고철민 · 조영환

펴낸곳 (주) 박영사
서울특별시 금천구 가산디지털2로 53, 210호(가산동, 한라시그마벨
등록 1959. 3. 11. 제300-1959-1호(倫)

전 화 02)733-6771
f a x 02)736-4818
e-mail pys@pybook.co.kr
homepage www.pybook.co.kr
ISBN 979-11-303-4230-6 93360

정 가 59,000원